4° M 206 1,V,1

Hanovre

Anonyme ou Collectif

Monumenta Germaniae historica

Libri pontificalis

MONVMENTA GERMANIAE HISTORICA

INDE AB ANNO CHRISTI QVINGENTESIMO
VSQVE AD ANNVM MILLESIMVM
ET QVINGENTESIMVM

EDIDIT

SOCIETAS APERIENDIS FONTIBVS
RERVM GERMANICARVM MEDII AEVI

GESTORVM PONTIFICVM ROMANORVM
VOL. I

BEROLINI
APVD WEIDMANNOS
MDCCCXCVIII

MONVMENTA
GERMANIAE

HISTORICA

INDE AB ANNO CHRISTI QVINGENTESIMO
VSQVE AD ANNVM MILLESIMVM
ET QVINGENTESIMVM

EDIDIT

SOCIETAS APERIENDIS FONTIBVS
RERVM GERMANICARVM MEDII AEVI

GESTORVM PONTIFICVM ROMANORVM
VOL. I

BEROLINI
APVD WEIDMANNOS
MDCCCXCVIII

GESTORVM

PONTIFICVM ROMANORVM

VOL. I.

LIBRI PONTIFICALIS

PARS PRIOR.

EDIDIT

THEODORVS MOMMSEN.

ACCEDVNT TABVLAE QVATTVOR

BEROLINI
APVD WEIDMANNOS
MDCCCXCVIII

LIBRI ADHIBITI:

Libri infra expressi litteris diductis ad hanc editionem collati sunt toti, reliqui ad specimen, id est ad Petrum (I); a Sotere (XIII) ad Anterotem (XX) ad principia (scilicet ad nomina et spatia episcopatus); ad Cornelium (XXII); a Marcellino (XXX) ad Miltiadem (XXXIII) ad principia; in Silvestro (XXXIV) ad locos hos: p. 48, 18 *hic fecit constitutum* ... p. 52, 7 *per diversa loca lxu* — p. 60, 3 *possessio quod donauit* ... p. 60, 15 *cordionon praest. sol. dccc* — p. 64, 5 *coronam ex argento purissimo* ... p. 66, 4 *dona uoti sui* — p. 68, 17 *item quod obtulit gallicanus* ... p. 69, 1 *praest. sol. lui*; ad Leonem I (XLVII); ad Vigilium (LXI) usque ad p. 152, 6 *sunt de ecclesia*; ad Honorium I (LXXII); ad Vitalianum (LXXVIII). Qui libri quo loco adhibiti sint, ostendit margo inferior.

EPITOMAE RECENSIONIS PRIORIS:

F = Feliciana epitome edita integre p. 229—263.
  F^1 = Parisinus 1451 saec. VIII fin. p. LXX.
  F^2 = Vaticanus reginae 1127 saec. IX p. LXX.
  F^3 = Bernensis 225 saec. IX p. LXX.

K = Cononiana epitome edita usque ad Felicem IV p. 229—263.
  K^1 = Parisinus 2123 saec. IX p. LXXI. XCIV.
  K^2 = Veronensis cap. LII saec. IX p. LXXI. XCIV.

CLASSIS PRIMA LIBRORUM PLENORUM:

A^1 = Lucensis 490 saec. VIII p. LXXIV
W^1 = Vaticanus 629 saec. XI p. LXXVI.
W^2 = Florentinus bibl. nat. I. III. 17 saec. XII p. LXXVII.
W^3 = Florentinus Laur. 23, 4 saec. XVI p. LXXVII.
W^4 = Florentinus Ricc. 321 saec. XV. collatus ad Leonem I. solum p. LXXVII.
A^2 = Florentinus Laur. S. Marci 604 saec. X. deficit p. 128—153 et inde a p. 200; praeterea multa omissa sunt p. LXXVIII.
A^4 = Havniensis 1582 saec. XII. finit p. 52, 6 p. LXXVII.
D^1 (D nude in vita Silverii) = Parisinus 5516 saec. IX inde a Silverio (LX). contuli praeter locos speciminis vitam Silverii p. LXXIX.
X^1 = Vaticanus reginae 1896 saec. XIII. non pervenit nisi ad p. 89—166 p. LXXIX.
X^2 = Parisinus bibl. Mazar. 2013 saec. XII p. LXXIX.
X^3 = Parisinus bibl. Arnam. 988 saec. XIII p. LXXIX.
A^5 = Vaticanus 5269 saec. XIII p. LXXIX.
Freh. = Freherianus deperditus p. LXXIX.
A^6 = Vindobonensis 632 saec. XI/XII. finit p. 185 p. LXXX.
A^7 = Monacensis 4112 saec. XII. deficiunt p. 149—154. finit p. 180 p. LXXX.
Y = Mediolanensis Ambros. H 111 sup. saec. XVI. collatus in locis speciminis supra dictis usque ad Callistum p. LXXX.
A^3 = Parisinus 317 saec. XII p. LXXXI.
Z^1 = Florentinus Laur. Ashburnham. 1814 saec. XI/XII p. LXXXI. } epitome.
Z^2 = Parisinus 4999 A saec. XIV p. LXXXI.

CLASSIS SECVNDA LIBRORVM PLENORVM:

C^3 = Bernensis 408 saec. IX p. LXXXI.
C^2 = Guelferbytanus Augustanus 10. 11 saec. IX p. LXXXII.
C^4 = Parisinus 5140 saec. XI p. LXXXIII.
B^4 = Leidensis Vossianus Q. 41 saec. IX p. LXXXIV.
B^1 = Neapolitanus IV. A. 8 saec. VII fin.; deficit p. 119 p. LXXXIV.
B^3 = Coloniensis 164 saec. IX p. LXXXVI.
B^2 = Parisinus 13729 saec. IX p. LXXXVI.
T = Taurinensis F. IV. 18 saec. VIII ad p. 129—131 p. LXXXVIII.
Q = Trevirensis 1341 saec. XII/XIII p. LXXXIX.
B^5 = Bruxellensis 8380 + 9012 saec. IX/X incipiens p. 27 p. LXXXIX.
B^6 = Vindobonensis 473 saec. X p. LXXXIX.
B^7 = Mediolanensis Ambrosianus M 77 sup. saec. IX/X p. LXXXIX.
D^1 = Parisinus 5516 saec. IX a Petro (I) ad Agapitum I (LIX) p. XC.

D^2 = Leidensis Vulcanii 58 saec. XII p. XC.
C^1 = Leidensis Vossianus Q. 60 saec. VIII/IX. collatus praeter locos speciminis ad Vigilii (LXI) vitam totam et ad vitam Sergii I (LXXXVI) p. XCI.
C^6 = Vindobonensis 388 saec. XI/XII p. XCI.
P^1 = Florentinus Laur. 20, 10 saec. XII. finit p. 183 p. XCII.

P^2 = Parisinus 16897 saec. XII p. XCII.
O = Vaticanus Ottobonianus 2629 saec. XV. collatus ad speciminis locos usque ad finem vitae Cornelii itemque ad Vitalianum p. XCII.
N = Monacensis 14387 saec. IX, epitome p. XCIII.

CLASSIS TERTIA LIBRORVM PLENORVM:

E^5 = Farnesianus deperditus saec. IX incipiens p. 145 p. XCIV.
G = Vaticanus 3761 saec. X incipiens p. 84 p. XCVI.
E^6 = Florentinus Laur. 66, 35 saec. XV p. XCVI.
E^4 = Mutinensis VI. F. 5 saec. XI p. XCVII.
E^1 = Vaticanus 3764 saec. XI p. XCVIII.
E^7 = Vaticanus 296 saec. XII ad p. 222—226 p. CI.

E^2 = Parisinus 5143 saec. XIV incipiens p. 146 p. CI.
S = Vaticanus 1340 saec. XIV, epitome p. CII.
$Mut.$ = Mutinensia excerpta ord. l. 12 saec. VII/VIII p. XCIII.
H^1 = Vaticanus 3762 saec. XII, epitome Petri Guillermi p. CIII.
H^2 = Romanus Vallicell. C 79 saec. XV, epitomei eadem continuata p. CIII.
$Cr.$ = editio Petri Crabbii a. 1538 p. CVII.
$Mog.$ = editio Moguntina a. 1602 p. CVIII.

P in margine significat Pontificalis textum plenum oppositum epitomatis.
I. II. III numeri in margine adscripti ibi, ubi libri differunt, codicum classes tres distinguunt; quinam libr singulis locis intellegantur, declarat adnotatio.
FK aut *F* aut *K* in margine praescribuntur locis in epitomis aut diverse relatis a Pontificali aut in hoc omissis.
⟨ ⟩ quae comprehenduntur, adsunt in epitomis Feliciana et Cononiana aut ambabus aut altera utra, a Bonifatio II (LVII) ad Cononem (LXXXV) in sola Cononiana.
⟨' '⟩ quae comprehenduntur habet sola epitome Feliciana.
⟨˩ ˩⟩ quae comprehenduntur habet sola epitome Cononiana.
p c minusculae litterae adiectae ad codicis notam significant lectionem primitivam illa, haec emendatam; altera utra ubi sola reperitur, lectio quae non ponitur consentit cum textu.
rel(iqui) codices in apparatu intelleguntur qui ad hunc locum collati sunt secundum classes sub textu recensiti exceptis iis, quorum lectio enuntiatur. exempli gratia 30, 10 ubi sic est: 'noctu *II (rel.) III (rel.), om. I (rel.)*', intellege *noctu* esse in classium II et III libris omnibus praeter $B^{6,7}F^4$. quorum lectio affertur, abesse ab omnibus cl. I praeter $A^{5,6,7}$*Freh.* nominatos inter eos qui habent *noctu*.
etiam in apparatu ubi ad lectionem aliquam adscribitur, intellege de eadem lectione apud editores priores non recte referri.
om. in apparatu refertur ad uocabulum proxime praecedens solum; plura ubi deficiunt, ea diserte repetuntur.

PROLEGOMENA.

CAPVT PRIMVM.

LIBRI PONTIFICALIS ORIGO ET AETAS.

Ecclesiae Christianorum ex quo episcopatum singularem admiserunt, potiores earum probabile est episcoporum suorum laterculos formavisse nomina spatiaque praesulum enuntiantes ad exemplum quodammodo indicum imperatoriorum[1]), non ad usus vitae quotidianae, cum ad annos designandos etiam Christiani secundum legem publicam fastis consularibus vel in Aegypto et in Oriente laterculis imperatoriis uterentur[2]), sed memoriae causa. Eiusmodi laterculi cum necessario ad ipsos ecclesiarum conditores redirent, ab apostolis quae institutae credebantur, continuum inde praesulum ordinem efficere potuerunt etiam per tempora antiquiora non necessario ficticium; nam collegiis episcoporum plurium sive presbyterorum, quae singularem episcopatum praecesserunt, verisimile est primarios sacerdotes ita praesedisse, ut facile pro monarchis procederent[3]). Ad ecclesiam Romanam quod attinet, quamquam singulare episcopium

---

[1]) Praesidum laterculos similes formatos esse certe in provinciis iis, quae tempora per eorum nomina enuntiare solent, praesertim in Asia minore, verisimile est, quamquam certis argumentis nondum stabilitum. [2]) Primus ex episcopis Romanis Hadrianus I a. 781 desciscens ab imperio Constantinopolitano annis imperatoriis substituit suos episcopales (Bresslau *Urkundenlehre* 1, 836). [3]) Primordia episcopatus monarchici cum omnino quaerenda sint in provincia Asia, comparari poterit consuetudo quae ibi obtinuit municipalis, ut civitati praeessent quidem ἄρχοντες numero plures, sed in instrumentis publicis plerumque unius tantum eorum nomina ponerentur formula recepta τῶν περί τινα. Ita in titulo Aphrodisiensi C. I. Gr. 2760 nominantur ἄρχοντες οἱ περὶ Αὐρήλιον ... Βλάστον, in Theraeo l. c. 2457 ἄρχοντες tres, eorum primus ὁ πρῶτος ἄρχων, in decreto item Theraeo anni fere p. Chr. 149 nuperrime reperto (Hiller a Gaertringen inscr. Graec. insularum n. 325. 326): ἐπὶ ἀνθυπάτου Μομμίου Σεισέννα, ἀρχόντων δὲ τῶν σὺν Τι. Ἰουλίῳ Κλέωνι. Similia passim inveniuntur.

haec per totum saeculum primum vix admisit, certe inde a vergente saeculo secundo episcoporum eius laterculus extitit ita formatus, ut Petrum non solum ecclesiae urbis Romae creatorem faceret, sed item conditorem episcopatus singularis et ab eo incipiens decurreret ad tempora posteriora. Temporum quoque spatia ad singula nomina iam ea aetate adscripta fuisse non dubitatur; etiam res gestas, scilicet quae ecclesiam tangerent, a laterculis non prorsus afuisse verisimile est. Primitivus hic episcoporum Romanorum index fundamentum est vitarum pontificum Romanorum corporis quod edimus pseudo-Damasiani (sic enim appellabimus); scilicet nomina eius et spatia ut ex parte ficticia sunt, ita ab antiquissimo illo laterculo non recedunt nisi uno loco, nimirum qui nunc in indice quintus est Anencletus, eum constat effectum esse ex nomine episcopi tertii Cleti male geminato et immutato. Sed ecclesiae Romanae primordia episcopalia difficultatibus multis et gravibus obnoxia hoc loco non explicabuntur[1]); alium locum et ampliorem ea sibi postulant atque praefationem corpori vitarum episcoporum eorum per medii aevi tenebras composito praemittendam. Missis igitur reliquis episcoporum Romanorum laterculis tam inserto chronicis Eusebii et Hieronymi quam quos habent scripta ecclesiastica alia, solummodo hoc loco tractabimus indices vitarum duos seorsum traditos hoc nostro corpore pseudo-Damasiano anteriores et ipsos in id receptos; adiungemus item fragmentum corporis vitarum Damasiano simile ab hoc non separandum.

 Antiquior duorum indicum illorum is videtur esse, qui non habet nisi nuda pontificum nomina eorumque spatia per annos menses dies. Indicem (sic enim nude eum appellamus) tradiderunt corpora constitutionum ecclesiasticarum a sexto inde saeculo passim compilata; sed probabile est eum multo ante conscribi coeptum esse, fortasse tum cum ecclesia Romana pro Graeca Latinam linguam adoptavit. Indicem cum infra (p. XXXIII—XL) in tractatu de auctoribus ad corpus Damasianum conscribendum adhibitis edidimus coniunctum, ubi item (p. XXIX—XXXII) librorum qui eum servaverunt recensum damus, adscripsimusque praeterea ad singulas corporis Damasiani vitas spatia in eo tradita.

 Certae aetatis laterculus secundus est insertus chronographiae urbanae conscriptae sub Constantino I a. 334, continuatae sub Constantio II ad a. 354, finiens in episcopo tum sedente Liberio, a quo nomen traxit hodie usurpatum Liberiani. Praeter alia communiter utilia continentur eo complura spectantia ad urbem Romam: laterculus praefectorum urbi, dies depositionum episcoporum eius a Lucio ad Iulium, feriale ecclesiae Romanae, laterculus episcoporum cum spatiis suis gestisque, denique chronica urbis Romae imperatoriae potissimum aetatis digesta ad imperatorum tempora. Chronographia tota cum edita sit in primo volumine chronicorum nostrorum minorum, episcoporum recensum (l. c. p. 73—76) non repetimus coniunctum, sed et in tractatu de spatiis episcoporum (infra p. XLIII—XLVII) Liberiana cum reliquis composuimus et ipsum catalogum adnotationi nostrae integrum inseruimus ad singulos episcopos divisum.

 Corpus vitarum, quod diximus simile esse Damasiani, nobis appellatum Symmachianum, non integrum ad nos pervenit. Servavit partem eius extremam codex bibliothecae capitularis Veronensis n. XXII (20) saec. VI potius quam VII. Deficiente quaternione primo et primo folio (cum octavo) quaternionis secundi eiusdem quaternionis folia secundum tertium quartum, cuius pagina altera tota fere vacat, continent vitarum episcoporum Romanorum partem extremam; in folio quod sequitur, codicis hodie quarto,

---

[1]) De originibus ecclesiae Romanae et nuperrime et plane egregie exposuit Adolfus Harnack (*die ältesten christlichen Datirungen und die Anfänge einer bischöflichen Chronographie in Rom* in actis minoribus academiae Berolinensis a. 1892 p. 617—658; conferendus item commentarius cardinalis Francisci Segnae 'de successione Romanorum pontificum' editus Romae a. 1897. Mei labores quod non tam imperfecti evaserunt quam expectandum fuit in libro ecclesiastico ab homine minime ecclesiastico recensito, eo effectum est, quod eundem Harnackium in magnis minutisque perpetuo consulere potui.

integri olim tertio decimo (quaternionibus, qui integri supersunt, inde a tertio a manu prima in fine inscripti sunt numeri) incipit Hieronymi commentarius de viris illustribus cum auctario Gennadii, quem excipiunt gesta Acaciana (Maassen *Quellen* 1 p. 763). Supersunt ex pontificum vitis Anastasii II pars extrema et tota vita Symmachi, cui numerus praefigitur LII, copiose enarrata; his subiuncta episcoporum nomina LIII—LX ab Hormisda ad Vigilium additis spatiis cum gesta nulla habeant adscripta, videntur adiecta esse a librario fortasse ipsius huius codicis. Scripsit igitur auctor sedente Hormisda et quidem, ut observat Duchesnius, durante schismate eo quod finem habuit a. 519. Folia novem quae desiderantur si non continuerunt nisi catalogum paparum, singula quinas fere vitas habuerunt. Potest recensus hic Liberianum continuavisse: sed obstat, quod auctor corporis Damasiani quamquam catalogum Liberianum adhibuit, corpus Symmachianum ignoravit. — Ediderunt quae ex eo supersunt corporis Damasiani editores Franciscus et Iosephus Blanchinius (vol. 3 a. 1728 p. 209 imperfecte, plene vol. 4 a. 1735 p. LXIX) et sub titulo fragmenti Laurentiani, propterea quod auctor favet Symmachi adversario Laurentio, Duchesnius (vol. 1 p. 43—46 cf. p. XXX). Mihi codicem denuo contulit Edmundus Hauler diligentissime et ipse quoque eum recognovi. Reliquias has commentarii Damasiano antiquioris et longe praestantioris, quamquam inter eas et corpus Damasianum nulla coniunctio intercedit, nos una cum ea proponimus, ut leguntur in codice Veronensi. Lineola | significat puncta, quibus in codice passim commata separantur.

1   [ad] ‖ imperatorem Anastasium directa per Cresconium et Germanum episcopos, | *f. 1*
    quae tanta scribturarum caelestium auctoritate suffulta est, | ut qui hanc intenta
    mente sub divino timore perlegerit, | inaniter hactenus inter ecclesias Orientis
    et Italiae | schisma tam nefarium perdurare cognoscat.

5   LII: Symmachus sedit annos quindecim menses septem dies viginti et septem. cum
    hoc autem fuerat Laurentius Romanae ecclesiae presbyter ordinatus episcopus
    tantaque clerum ac | populum Romanum discordia feralis invaserat, ut nec divina
    consideratio | nec metus regius partes a propria conlisione cohiberet. | tunc
    coguntur | utrique, | Symmachus scilicet et | Laurentius, regium subituri iudicium
10 petere comitatum. | ibi Symmachus multis pecuniis optinet; Laurentius ad
    gubernandam ecclesiam Nuceriam Campaniae civitatem plurimis coactus minis |
    promissionibusque dirigitur. | post aliquod autem annos pro multis criminibus
    aput regem Symmachus accusatur. quem rex | sub occasione paschali, | quod
    non cum universitate celebraverat, ad comitatum convo[cat] rationem d[e
15 tantae] festivitatis dissonantia ‖ redditurum: fecitque apud Ariminum reseder[e. *f. 1'*
    d]umque ibidem cum suis clericis aliquantisper moratur, promeridianis horis
    super litus maris ambulans vidit mulieres inde transire, cum quibus accusabatur
    in scelere: quae comitatum petebant regia iussione. dissimulans ergo se | scire
    quod viderat nocte media dormientibus cunctis cum uno tantum conscio fugiens
20 regreditur Romam | seque intra beati Petri apostoli septa concludit. | tunc pres-
    byteri et diaconi | nec non reliqui clericorum, quos secum deduxerat, | adeunt
    regem et sine sua conscientia | Symmachum fugisse testantur. | per quos rex |
    tam ad senatum quam ad clerum praecepta | super eius quodam modo damna-
    tione transmittit. | accusatur etiam ab universo clero Romano, quod contra de-
25 cretum | a suis decessoribus observatum ecclesiastica dilapidasset praedia | et per

---

4 tam schisma *cod.* cognoscit *cod.*   11 nucerinam *cod.*   14 *versus hiat*: ||| r(*vestigium tantummodo*)ationem (*littera exesa, sed satis certa*) h (*vel* 1 *vel* b *vel* d *cet.*) |c (*vel* r *vel* s) a (*vel* u *vel* m) n (?) ||| (*deficiunt litterae tres angustae vel duae latiores*) f(*exesa, sed certa*)estivitatis dissonant(nt *ligatae*)ia (ia *minores*). Duchesne rationem (quasi de) festiuitatis dissonantia *contra codicis vestigia.*   23 quodadmodo *cod.* 25 dilapidasse *cod.*

hoc anathematis | se | vinculis inretisset. | pro diebus autem paschalibus ab omnibus paene | vir venerabilis Petrus Altinatis episcopus | a rege visitator ecclesiae Romanae deposcitur | et post sanctam festivitatem synodus in urbem Romam pro voluntate senatus et cleri iubente rege de eius excessibus iudicatura convenit atque id agitur | a nonnullis episcopis et senatorib[us t]an[tu]m, 5 Symmac[hus ne] ‖ audientiae subderetur, | hoc palam pro eius defensione clamantibus, quod a nullo possit Romanus pontifex, | etiamsi talis sit, qualis accusatur, audiri. | sed electiores antistites | tam pro religionis intuitu | quam pro regia iussione censebant tantae rei negotium paene ubique vulgatum sine examine nullatenus deserendum. | cumque synodus sub hac dissonantia plus 10 inter partes ministraret fomenta discordiae, | tandem constituit, ut libellus, quem offerebant accusatores Symmachi, susceptus inter gesta sollemniter panderetur. | quo facto mox | per episcopos | idem Symmachus, ut occurreret ad iudicium, convenitur. | sed cum per clericos, qui ei observabant, fuisset eius negata praesentia, | iterum et tertio secundum regulas, ut ad synodalem conveniat audien- 15 tiam, per antistites admonetur, | nullumque dignatus est dare responsum. | tunc aliquanti episcopi videntes | nihil se in causa proficere | clerum, qui discesserat | a consortio Symmachi, | semel | et iterum commonent, ut ad eum praetermisso revertatur examine. | qui se nequaquam hoc facere posse respondit, | priusquam tantis criminibus impetitus discussione regulari | vel absolvatur, 20 si innocens fuerit, | vel, si reus extiterit, | a sacerdotio deponatur. | sed moras episcopi n[on fer]entes, | cum viderent magis | ac magis | studia | ‖ divisionis augeri, quae sibi utilia visa sunt pro Symmachi persona, constituunt | et sic urbem in summa confusione derelinquunt. | clerus ergo et senatus electior, qui consortium vitaverat Symmachi, | petitionem regi pro persona Laurenti dirigit, qui 25 eo tempore Ravennae morabatur, | Symmachi violentiam persecutionemque declinans, ut ipse Romanae praesederet ecclesiae, ubi dudum fuerat summus pontifex ordinatus, | quia hoc et canonibus esset adfixum, | ut unusquisque illic permaneat, | ubi primitus est consecratus antistis, vel, si quibusdam commentis exinde remotus fuerit, eum modis omnibus esse revocandum. | sic Laurentius ad 30 urbem veniens per annos circiter quattuor Romanam tenuit ecclesiam. | per quae tempora quae bella civilia gesta sint | vel quanta homicidia perpetrata, | non est praesenti relatione pandendum. | dumque partes se mutua | dissensione collidunt | ac pro suis studiis regale praesidium saepe deposcunt, ad ultimum petitionem Symmachus regi per Dioscorum Alexandrinum diaconum destinavit 35 adserens | magnum sibi praeiudicium fieri et maxime de titulis ecclesiarum, quos intra urbem Laurentius optinebat. | ad hanc insinuationem regis animus delinitus patricio F[esto] ‖ praecepta dirigit | admonens, ut omnes ecclesiae tituli | Symmacho reformentur | et unum Romae pateretur esse pontificem. | quod ubi Laurentius comperit, urbem noluit diuturna conluctatione vexari | ac | sua sponte 40 in praediis memorati patricii Festi | sine delatione concessit | ibique sub ingenti abstinentia terminum vitae sortitus est. | Symmachum vero postmodum quamvis victorem de multis rebus fama decoloravit | obscenior et maxime de illa, quam vulgo conditariam vocitabant, | nec non et de ordinibus ecclesiasticis, quos acceptis palam pecuniis distrahebat. | pro quibus rebus usque ad finem vitae eius 45 ecclesia Romana in schismate perduravit. hic beati Martini ecclesiam iuxta

---

5 senatori(*paene certa*)b(?)/////a(?)n(:\/|m symmach(?)//// *cod.; restituit Duch.*   21 extiterit *integre codex*   18 n////e(?)nt/s *codex*   33 dissentione *Duch. errore*   37 ante ad *spatium unius litterae;* a *eminet*   38 patricio f//// *codex*   39 *fortasse scr.* Roma   42 *spatium unius litterae ante* symmachum   44 quas *cod.*   45 ante pro *spatium unius litterae*   46 schismatae *cod.* ante hic *spatium unius litterae*

sanctum Silvestrem | Palatini inlustris viri pecuniis fabricans et exornans | eo ipso instante dedicavit. | nonnulla etiam cymeteria | et maxime sancti Pancrati | renovans plura illic nova quoque construxit.

LIII. Hormisda | sedit annos novem | dies decem et septem.
LIIII. Iohannis sedit annos duo menses novem dies | XVI. |
LV. Felix | sedit annos quattuor menses duo dies | XII. |
LVI. Bonifatius sedit annos duo dies viginti et sex.
LVII. Iohannis sedit annos duo menses quattuor dies | VI. |
LVIII. Agapitus sedit | menses undecem dies octo. |
LVIIII. Silverius sedit | menses novem. |
|| LX. Vigilius sedit annos decem et octo menses duo dies novem. | moritur in Syra- *f. 3'* cusis secunda feria | nocte | septimo idus Iunias indictione tertia. |

Post Indicem antiquissimum et gesta pontificum scripta sub episcopo Liberio et gesta finientia in Symmacho tempore sequitur corpus vitarum quod edimus pseudo-Damasianum. Id iam explicabitur, quatenus fieri potest, a quibus auctoribus et ubi conditum sit; quinam sit operis titulus; quo tempore scriptum sit vel potius scribi coeptum et quo denuo prodierit recognitum; quos auctores ad opus condendum scriptores adhibuerint; denique quam formam auctor et continuatores libro dederint. Explicabuntur haec, ut dixi, quantum fieri potest; nam quaestionibus illis mox apparebit responsa passim deficere, mihi certe non datum esse ut iustis desideriis responderem.

Conditum esse vitarum corpus ab episcopo Damaso (a. 366—384) enuntiant epistulae praefationis loco iam in priore editione ei praemissae Hieronymi ad Damasum et huius responsio. Hoc enim enuntiant rogante Hieronymo Damasum episcoporum Romanorum 'actus gestorum' sive 'gesta' enarravisse et ipsis epistulis praemissis Hieronymi cura ea publice prodire. At olim demonstravit Schelestratius (antiq. eccl. vol. I p. 346 seq. 369 seq.) epistulas has subditicias esse. Certe quae de episcopis Romanis in chronicis Hieronymus habet, tota refragantur corpori vitarum, et ad hoc si sua formasset, multa ei mutanda fuerunt, exempli causa Constantini baptisma a Nicomedia et Eusebio transferendum Romam ad Silvestrum. Sane scripsit chronica vivo Damaso a. 378 potueruntque vitae postea ad eum transmitti; sed librum de viris illustribus composuit post Damasi obitum eiusque mortui ibi mentionem faciens (c. 103) parum gratus homo de vitis illis ne verbum quidem fecit. Mire ingrata etiam posteritas fuit, scilicet corporis huius ab episcopo Romano conscripti et ad auctorem illustrem missi per annos trecentos nemo meminit ante Bedam auctorem saeculi octavi (p. XVI). Denique ad res quae spectant, de quarti saeculi episcopis quae narrantur, tam exilia sunt et perturbata, ut nullo modo aequali tribui possint, verba autem tam inscita et inepta, ut abhorreant vel ab illo homine versificatore parum felici, sed non plane barbaro et ab humanitatis vetustae reliquiis non omnino destituto. Itaque post Schelestratium nemo ausus est patrocinium rudis huius commenti suscipere profecti ab auctore aliquatenus imitato epistulas veras notissimas ab Hieronymo ad Damasum et vice versa datas[1]). Nihilominus praefationes eae omnino corpori aequales effecerunt, ut vitae

---

1 siruestrem *ante corr. cod.; sequitur punctum duplex*   9.10 *spatium ante* menses   12 *in fine manus posterior adscripsit quaedam verba ex Genesi.*

[1]) Hieronymi versioni quattuor euangeliorum praemissa epistula ad Damasum papam aliaeque similes, maxime duae (ep. 35. 36 Hieronymianarum) Damasi ad Hieronymum et huius ad illum subditicias complures procreaverunt Hieronymo Damasove adscriptas (opp. vol. 11 p. 273 seq.; Hinschius decretales pseudo-Isidorianae p. 498; Tischendorf evang. apocr. ed. 2 p. 51), sed aetate ita recenti, ut eas pontificalis libri auctor adhibere non potuerit. At ut ex epistulis veris Damasi et Hieronymi commercium epistularium novit, ita praefatorias illas commentus est ad exemplum earum, quae martyrologio Hieronymiano pro praefatione sunt,

crederentur non privata opera elaboratae, sed ab ipsis episcopis ecclesiae primariae publice editae, continuatae autem, cum ad Damasi ipsius vitam et episcoporum posteriorum notitia auctoris nulla adscripta reperiretur, iussu succedentium pontificum tamquam opera publice mandata. Procedente aetate sane et libro ab ecclesia recepto vere pontificum iussu eum continuatum esse probabile est, sed ad eam aetatem, quam mihi tractandam sumpsi, id vix pervenit[1]). Omnino haec sive ficticia sive vera origo publica incredibilem corporis per saecula posteriora auctoritatem explicabit. — Anastasium bibliothecarium Nicolai I saec. IX auctorem corporis appellavit primus Panvinius mero errore, deinde per saecula refutato quidem, sed non abiecto. Diximus de eo infra, ubi editores et apparatus recensentur. — Librum scriptum esse a clericis dioecesis Romanae inde potissimum apparet, quod passim auctores addunt acta quae citant adservari in eius archio, qua de re infra, ubi de fontibus dicetur, sermo redibit. Confirmant rem aliquatenus certe domicilia codicum antiquissimorum. Classis primae liber primarius ut hodie ita origine est Lucensis, eiusdemque classis libro usus est Hadrianus I episcopus Romanus (vide ad 98, 4). Classis tertiae interpolatio una certe (vide infra ad 32, 2) item ducit ad Etruriam, et ex eiusmodi libro sumpta sunt saec. VII excerpta fortasse non adservata tantum, sed scripta quoque Mutinae. In secunda classe antiquissimi quique libri sunt Bobienses duo, hodie alter Neapolitanus, alter Taurinensis. Item adhibuerunt librum auctores Italici vetusti Paulus diaconus et qui scripsit gesta episcoporum Neapolitanorum. Beda Anglus quod eodem usus est, commercio eius cum Italis recte convenit neque absimile veri est Pontificalem librum Transalpinis primum innotuisse per eundem Bedam. Epitomae certe Cononianae, quam mox videbimus scriptam esse in monasterio aliquo dioecesis Augustodunensis in Burgundia et inter testimonia de Pontificali transalpina tempore primum locum tenere, origines aliquatenus coniunctae sunt cum Bedanis; nam qui primus eam adhibuit auctor chronicorum a. 741 totus pendet a Beda. Felicianam epitomen et ipsam origine Gallicam item infra apparebit non sexti saeculi esse, sed octavi. Gestorum plenorum codices origine Gallici, inter quos eminent Fuldenses, quamquam multi sunt, nullus inter eos reperitur scriptus ante Carolum magnum. — Num in ipsa urbe liber scriptus sit, minus certum est; nam quod multa narrantur de Roma urbe eiusque locis et aedificiis, ex re explicandum est, non ex auctoris domicilio. Fundorum civitatis scriptor bis meminit in Sotere p. 16, 1 et in Anterote p. 26, 10 modo singulari. — Continuationes in ipsa urbe conscriptas esse inde colligitur, quod plura in iis referuntur desumpta ex actis tabularii Vaticani (p. XXII).

Titulum operis libri secundum classes suas enuntiant sic, collocantes eum modo ante epistulas praefatorias, modo post eas, modo geminatum loco utroque:

cl. I: episcopale: *sic A^1 ante epistulas; $A^5 A^6 A^7$ titulo carent.*

cl. II libri optimi quique $C^3 B^4 B^1$ titulum nullum habent; reliqui meliores $B^2 B^3$ (ubi prior titulus deficit pagina ante epistulas vacua relicta) B^5 (cuius principium deperditum explet apographum Audomariense) B^6 (ubi deest cum folio primo titulus prior) $B^7 D$ titulos habent duos, alterum ante epistulas: liber episcopalis (ep. om. B^7) in quo continentur acta beatorum pontificum urbis Romae, *alterum ante vitas:* gesta supra scriptorum (scriptis B^7) pontificum[2]).

---

scilicet Chromatii et Heliodori ad Hieronymum de martyrologio Eusebiano vertendo et huius responsio adsentiens. Eas epistulas adlegatas iam a Cassiodoro (inscr. div. litt. c. 32: *passiones martyrum legite constanter, quas inter alia in epistula sancti Hieronymi ad Chromatium et Heliodorum reperitis*), temere omnino ficticiis hodie vulgo adnumeratas, Pontificalis libri auctori notas fuisse ad vitam Marcellini (p. 41) ostendi.

[1]) *Nostrae sedis* quod meminit vita Martini I p. 181,18 non recte huc trahitur; locus enim descriptus est ex actis concilii Laterani. [2]) Omisi quae praemittunt $B^2 B^3 D$ priori: *in nomine domini (dei et salvatoris* ins. B^2) *nostri iesu christi incipit* — B^7 *incipit*; posteriori $B^{2.3.5.6.8} D$: *in dei nomine incipiunt.*

cl. III et ipsa titulo caret; certe nullus est in E¹ neque ante epistulas neque ante vitas quemque habet E⁶, venit a librario ipsius.

epitome Feliciana titulo caret.

epitomae Cononianae praescribitur: ordo episcoporum Romae.

Subieci intitulationes librorum quorundam deteriorum sine dubio a librariis excogitatas:

A²: catalogus apostolicorum Damasi ad Hieronimum *post epistulas.*

A⁴: gesta pontificum.

Q: gesta beatorum Romanorum pontificum a beatissimo Damaso papa conscripta ex rogatu Ieronimi presbiteri *in fine vitarum.*

E⁶: chronica pontificum.

C¹ ante epistulas: capitula. ordo episcoporum sedis apostolicae Romanae ecclesiae, *ante vitas:* ordo e. s. a. sanctae ecclesiae Romanae beatissimi principis apostolorum Petri ab ipso inchoante.

P¹: incipiunt capitula *ante vitas.*

recensio Guillermi (Duch. 2 p. XXV): series pontificum Romanorum qui in sede beati Petri usque ad hoc tempus sederunt.

recensionis factae sub Martino V († 1431) praefatio incipit sic: liber iste intitulatur Damasus de gestis pontificum.

Auctorem vetustiorem qui librum nominatim citet habemus nullum. In martyrologio quod sub Bedae nomine fertur ad VIII id. Aug. (vide p. 34) laudantur *gesta pontificalia;* sub eodem titulo liber adlegatur a papa Nicolao I in epistula scripta a. 858 (p. 216) et a Rodulfo Fuldensi († 865) et ab Hincmaro Remensi († 882), quamquam hic etiam *libri* vel *codicis episcopalis* titulo utitur (vide infra inter excerpta). Etiam codicum catalogi antiquiores ubi librum recensent, ponunt *gesta pontificum Romanorum* vel *gesta pontificum* nude (Becker catalogi bibliothecarum antiqui 8 n. 105; 12 n. 17; 22 n. 225; 37 n. 85).

Itaque auctor libro titulum nullum indidit; *episcopale* vel *liber episcopalis* appellatur parum apte deficiente determinatione omnino necessaria; *gesta pontificum Romanorum* vel *pontificum* nude ut aptum est, ita omnino effectum ex epistulis praefatoriis. Nos retinuimus nomen hodie vulgatum.

Accedimus ad quaestionem et gravissimam et perplexam, quando corpus vitarum nostrum scribi coeptum sit. Late de ea re et vel maxime nostra aetate viri eruditi dissentiunt: ad septimum saeculum extremum libri originem rettulerunt et alii et Waitzius (*neues Archiv* 4, 224. 9, 469); sexto incipiente eum conditum esse obtinuit opinio, ex quo publice prodiit forma operis finiens in Felice IV defensa inter alios a Schelestratio (antiq. eccl. 1, 354 seq.), eandemque et Rossius constanter tenuit et nuperrimus editor Duchesnius multis defendit. Pendet a determinatione ea maxime de institutorum ecclesiasticorum primordiis ante hunc librum non memoratorum controversiae nec paucae nec leves. Expendamus argumenta. Dicetur primum de terminis quos codices suppeditant; deinde quaeremus, qui auctores hoc corpore aut non usi sint aut usi; item quaenam temporis indicia auctores suppeditent a corporis conditore adhibiti; denique videbimus, numquid colligi possit ex institutis in libro commemoratis et ex ipsa narrationis sermonisque aequabilitate vel diversitate. Bis recensitum esse corpus vitarum cum ex lectionum indiciis infra tractatis certo efficiatur, tractandum est hoc loco de aetate editionis utriusque. Prior cum ipsa non supersit, supersint et epitomae eius duae et excerpta inde sumpta in classe tertia, quam videbimus contaminatam esse ex editionibus duabus, quaestio instituenda est tripertito, agendumque primum de aetate Felicianae epitomae, deinde de aetate Cononianae, denique videndum, quo tempore classis tertiae contaminatorum archetypum scriptum sit.

Feliciana editionis prioris epitome tradita una cum sylloge canonum Sanctimauriana formata in Gallia c. a. 549 finit in Felice IV († 530). At syllogae eius quae habemus exemplaria longe recentiora sunt scripta saec. VIII vel IX, neque constat, quo tempore syllogae ei epitome haec adiuncta sit.

Epitome altera cum finiat in Conone († 687), inde ut recte colligetur plenum exemplar ab epitomatore compendiatum ad eum episcopum pervenisse, ita nequaquam id pertinet ad Pontificalis editionem priorem; nam in codicum elencho, quem infra dabimus, demonstrabitur epitomen eam contaminatam esse ex editionibus duabus. Prioris editionis vestigia ostendit laterculus infra compositus, non comparere in epitome post Vigilium et desinunt fortasse iam antea paullo, id est circa eadem tempora, ubi desinit Feliciana.

Id ipsum obtinet de recensionis prioris reliquiis, quas servant libri contaminati. Certe cum ad aetatem fere Theodericianam classis tertiae libri locis non ita paucis mutatis vel adiectis a melioribus discedant, vitae posteriores per libros quotquot extant tanta aequabilitate decurrunt, ut hanc partem evidenter appareat contaminationem nullam subiisse.

Itaque cum excerpta terna pariter finirent circa tempora Theodericiana, potuit videri decisum esse de termino editionis prioris, eamque aetatis determinationem secuti sunt, ut diximus, et alii multi et nuper Duchesnius. Sed non satis attenderunt viri docti ad coniunctionem epitomae cum canonum sylloge Sanctimauriana. Eam non qui condidit, sed posteriore tempore, saeculo opinor octavo, qui eius exemplum fecit, nactus Pontificalis editionem priorem adiecit ei corpus vitarum non integrum, sed quatenus ad syllogen eam utile esset, itaque cum animadvertisset in sylloge Sanctimauriana epistulas pontificum Romanorum nullas reperiri posteriores Symmacho († 514) et Bonifatio II († 532), ut alia multa omisit, ita posteriorem partem abicere et potuit et debuit, ad Bonifatium II non satis attendens. Haec est epitome, unde proficiscuntur excerpta illa terna, quorum certe Feliciana et Cononiana, fortasse item quae in classem tertiam recepta sunt infra videbimus ita comparata esse, ut non ex ipso Pontificali sumi potuerint, sed ex breviario eius iis quae habemus ampliore. Ita consensus ille probabilem explicationem habebit neque per eum praecluditur inquisitio de ipsius libri pontificalis termino. Vere de editione priore quae rescivimus, hoc solum demonstrant, quod demonstratione non indiget, eam non prodiisse ante obitum Theoderici.

De tempore factae editionis secundae certiora proferri possunt; ea absoluta fuit sedente Conone (686. 687).

Aut in Iohanne V aut in successore eius Conone finivisse codicem eorum qui hodie extant antiquissimum Neapolitanum B^1 constat ex indice episcoporum ei praescripto perveniente ad episcopum illum spatio post nomen vacuo relicto. Quod si sumas, quod certe sumi potest, quamquam propter scripturae aetatem parum probabile est, librum hodie mutilum ulterius processisse, quod de ipso non valet, de archetypo eius obtinebit.

Item codicis Lucensis in classe prima primarii quamquam corpus vitarum continuum finit in Constantino (708—715), videtur is descriptus esse ex archetypo pariter ad Cononem perducto. Scilicet quod corpori ei ibi subscriptum est manu miniatoris, sed aequalis: *huc*[1]) *usque CXXVIIII anni sunt quod Langobardi venerunt et VII menses*, quamquam scriptum est post Constantini vitam, ad eum non recte refertur, non tam propterea quod ita ambigimus, utrum creationis annus intellegendus sit an mortis, quam quod annus ita effectus sive 579 sive 586 ad Langobardorum adventum nullo modo

---

[1]) Lineola super c videtur casu adiecta esse; certe legi non potest cum Duchesnio *hunc*, quod numquam sic breviatur.

quadrat. Longe probabilius statuemus scriptorem *hucusque* vocabulum posuisse de anno scriptionis, secundum consuetudinem librariorum notissimam, et adventum intellegi Langobardorum in Italiam, quo pro aera etiam Rotharis rex utitur in prologo edicti. is est a. p. Chr. 568, annus igitur ab eo CXXVIII fit 698, incidens in spatium successoris Cononis Sergii I (687—701).

Etiam classis tertiae antiquissimum exemplum hodie notum, scilicet id quod usurpavit epitomator Cononianus, finiebat in obitu Cononis.

Denique ad eundem terminum ducit codicum secundae editionis condicio. Videbimus infra tam primam classem quam secundam fluxisse ex archetypo communi easdemque in crisi leges obtinere pariliter usque ad Cononem. Contra in extremis quinque vitis nostrae editionis codicum affinitates mutantur et apparent indicia archetypi tractati diverse. Eae igitur ad corpus vitarum Cononianum post intervallum adiectae sunt, pariter atque in ipso Lucensi corpori finienti in Constantino commentarioli duo subiuncti sunt, prior quaternionibus seorsum numeratis I. II. [III] habens vitas episcoporum a Gregorio II Constantini successore ad Stephanum II († 757), posterior a praecedente separatus inde ad Hadrianum I († 795); tenemus hic auctaria duo adhuc a corpore antiquiore distincta. Similiter Beda ad chronica sua scripta a. 725 adhibuit gestorum pontificalium exemplar perveniens ad ipsum tum sedentem episcopum Gregorium II (715—731); habuit videlicet corpus nostrum cum auctario episcopi unius. Haec igitur additamenta crisin requirunt a corpore antiquiore diversam et suis legibus rectam, eamque ob causam cum aliquo loco mihi subsistendum esset posterioribus impari, selegi eum, in quo finit liber primarius Lucensis.

Haec quae posuimus ut quae post Cononem sequuntur declarant additamenta esse ad editionem vitarum secundam subinde adiecta, ita nequaquam inde probatur vitas ad Cononem usque omnes adfuisse in secundae recensionis archetypo. Archetypum id, a quo pendent libri editionis secundae quos habemus omnes, nihil impedit quominus iam auctarium auctariave adsciverit adiecta ad recensionem secundam absolutam, et sunt quae suadeant. Classis tertiae graviter interpolatae archetypum si extitit, ut videbimus extitisse, saec. VII exeunte vel incipiente VIII, ante id tempus reicienda est separatio classium duarum primae et secundae, nam a secunda pendet tertia; et haec librorum affinitas, ut non necessario requirit, ita certe commendat longius aliquod intervallum inter archetypi communis perscriptionem et perscriptionem archetypi interpolatorum. Accedit, id quod longe gravius est, condicio vitarum a Gregorio primo ad Cononem. De iis quae Duchesnius passim (ut de Martino I vol. I p. 340) exposuit et nuper Felix Georgius Rosenfeld (*über die Composition des liber pontificalis bis zu Constantin* Marburgi 1896) p. 38 seq. amplificavit, etsi non omnia probarim nec facile segregantur diversitates oriundae ex auctorum adhibitorum diversitate eaeque quae redeunt ad diversitatem ipsorum scriptorum, hoc mihi quoque admodum probabile videtur septimi saeculi vitas proficisci a scriptoribus pluribus per vices succedentibus.

Certiora fortasse argumenta ad quaestionem decidendam suppeditabit auctorum comparatio, tam eorum qui corpus hoc in usum suum aut converterunt aut non adhibuerunt, cum si habuissent, certo adhibuissent, quam adhibitorum a corporis conditoribus, quatenus hi faciunt ad aetatis quaestionem dirimendam. Haec argumenta etiam ad priorem editionem perveniunt.

Gregorius Turonensis (natus c. a. 538 obiit a. 594) quamquam commercium habuit cum Pelagio I et Gregorio I episcopis Romanis et quae de iis per missos comperisset scriptis suis inseruit (hist. Franc. 10, 4; cf. in glor. mart. c. 82), neque in historia Francorum neque in reliquis commentariis quicquam rettulit ex libro episcopali. Contra quidem dixit Duchesnius (vol. I p. LII seq.) contendens laterculum episcoporum Turonensium historia illa comprehensum (10, 31) formatum esse ad exemplum episcopalis

Romani et narrationem libri in glor. mart. c. 39 de Iohanne I sumptam esse ex ipso. At similitudo illa non ultra pervenit quam pervenire debuit propter argumenti similitudinem; *cessare episcopatum* non est locutio scriptori illi propria, sed legitima et communis (cf. Suetonius Caes. 76: *consulis morte cessantem honorem*) nec desunt, quae differant, ut spatia episcopatus in Pontificali in principio vitarum enuntiata, apud Francum ante sepulturam. Narratio autem de Iohanne I, quam suo loco (p. 133) apposui, venit omnino ad utrumque scriptorem ex auctore eodem, sed auctor sine dubio est is qui scripsit chronica Italica, apud quem verba *cum dolo* tam apud Gregorium quam in Pontificali usurpata pariter reperiuntur. Denique Gregorius cum neget haec se ex libro scripto sumpsisse *(multi quidem sunt martyres apud urbem Romam, quorum historiae passionum nobis integrae non sunt delatae: de Iohanne tamen episcopo, quoniam agon eius ad nos usque non accessit scriptus, quae a fidelibus comperi, tacere nequivi)*, parum intellego, nec magis intellexerunt Waitzius (*neues Archiv* 11, 229) et Kruschius (ad h. l.), quomodo hoc loco Duchesnius uti potuerit ad evincendum contrarium. Omnino fidelis is, qui Gregorio haec narravit, chronica illa, quorum praeterea apud Gregorium vestigium non reperitur, domi legerat, et prae se fert relatio Gregoriana eiusmodi traditionis indicia certa: persecutionem Arianorum in Pontificali tributam Iustino imperatori, apud Gregorium papae Iohanni, gladiatores missos a Theoderico ad catholicos per Italiam exterminandos, alia similia.

Gregorius I episcopus ipse Romanus († 604) corpus vitarum, si eo tempore extitit, noverit necesse est. Attamen non solum nullo loco ad id respicit, sed uno, de quo infra (p. XXV) dicemus, ordinationum episcopalium ita meminit, ut si gesta ei nota fuissent, vix ea praeteriisset.

Martyrologium Hieronymianum, cuius forma hodie nota redit ad exemplar in Burgundia scriptum a. 627/8 (Krusch *neues Archiv* 20, 439), quae de Urbano episcopo habet, Duchesnius iudicavit proficisci ex indice sepulturarum episcoporum Romanorum probabiliter; sed eum indicem infra videbimus non compilatum esse ex libro Pontificali, quae Duchesnii opinio est, sed e contrario adhibitum ad Pontificalem compilandum.

Isidorus Hispalensis († 636) non magis corporis huius meminit neque habet quae recte ad id referantur.

Chronica Francica, quae adlegari solent sub nomine Fredegari, scripta c. a. 642 laterculum receperunt episcoporum Romanorum cum spatiis suis (l. 3 c. 24) finientem in Theodoro (642—649) spatio in hoc non expleto; corpus nostrum ignorant.

Beda igitur Anglus, ut supra (p. XI) iam diximus, inter auctores libro pontificali usos antiquissimus est excerptis copiosis inde insertis in librum de temporibus publici iuris factum a. 725 (Chronica minora vol. 3 p. 227).

De auctoribus a Pontificalis scriptore adhibitis dicetur capite secundo; ad aetatem ipsius determinandam duo soli faciunt, falsarius Symmachianus et Gregorius primus.

Falsarius Symmachianus nobis notus per corpora canonum, ut infra (p. XXI) videbimus, composita aetate Theodericiana (certe antiquissimum eorum exceptis Symmachianis his non habet constitutionem a. 494 posteriorem) cum propter commentorum suorum argumenta ante Symmachi episcopatum (498—514) scribere non potuerit, scripsisse videtur annis eius primis, potueruntque ita commenta eius transire in vitarum corpora condita saeculo sexto incipiente. Sed cum probabile sit post aliquod intervallum demum eorum auctoritatem ita crevisse, ut in eiusmodi libros reciperentur, eorum admissio melius convenit saeculo eidem exeunti vel incipienti septimo.

Gregorii magni († 604) epistula quaedam suppeditavisse videtur, ut infra (p. XX) exponetur, quae in gestis (p. 2, 5) leguntur de Petri episcopatu Antiocheno.

Ex institutis ecclesiasticis in libro pontificali memoratis unum certe, iudice Duchesnio ipso p. 125, Gregorio magno posterius est, ieiunium scilicet paschale secundum epistulas Leonis I, Gelasii, Gregorii magni sex hebdomadum, in Pontificalis editione utraque sub Telesphoro (p. 12, 3) ad septem hebdomadas extensum. Inde cum Duchesnius effecerit scriptoris pietatem singularem et amplificandi cultus studium, nos e contrario colligemus eum scripsisse post Gregorium magnum. Si qui rerum sacrarum magis quam sum ego gnari similia ulterius persequentur, fortasse eius generis aetatis indicia alia deprehendent.

Intervalla denique inter episcopatus, quae cum absint a reliquis episcoporum Romanorum laterculis auctor Pontificalis libri perpetuo enuntiat, sic ut leguntur infra ostendemus perscribi non potuisse aetate Theodericiana, sed originem libri per ea referri ad saeculi septimi decennia priora.

Superest ut videamus de narrationis continuitate et sermonis proprietate.

Vitae quanta similitudine explicentur per saecula priora, non opus est exponere. Sub nomine Damasi cum auctor latere voluerit, expectes eum primum operis terminum fecisse in Liberio; sed scriptori, qui Felicem II in vita Liberii ait in praediolo suo requievisse et post paucos versus addit eundem capite esse truncatum, apprime convenit corpus vitarum a Damaso elaboratum, sed item continens sine ulla auctoris mutati indicatione et ipsius Damasi vitam et successorum, narratas omnes pari et aequabilitate et exilitate. Recensentur in singulis momenta eadem eodem fere ordine collocata, interrupta hic illic per longos donariorum recensus. Non omnino desunt meliora; sed cum auctori copia fuerit chronicorum Italicorum, ut mox (p. XIX) videbimus, necesse est inter sordes frugi quaedam apparere. Ita in vita Liberii cum erroribus gravissimis conflata est narratio probabilis et apud auctorem Latinum alium nullum reperta. Quod fuse exposuit Duchesnius (praef. p. XXXVI—XLVIII) ab Anastasio II ad Silverium (a. 496—537) narrationem recte procedere, apparere etiam hic illic indicia spiritus eius, quo reguntur aequales, id nos quoque probamus, sed utrum Pontificalis haec ipse de sua memoria enarret an sequatur bonum auctorem, id quaeritur, maxime in homine saepenumero, ut praesertim demonstrant quae ex actis concilii Laterani excerpsit, descriptore magis quam scriptore. Quam rudis haec moles sit, egregie ipse Duchesnius (l. c. et p. 294) docuit, demonstrans in media vita Silverii inde a verbis p. 146, 3 *eodem tempore ambulavit* narrationem incipere magna ex parte ante proposita repetentem spiritu plane diverso et sine dubio in plerisque commenticiam. Idem Duchesnius narrationes illas recte procedentes non negat interrumpi mortis diebus falsis, ut in Bonifatio II (p. 146, 4) et Iohanne II (p. 141, 22); eos dies ait interpolatos, quis interpolaverit, non dicit, cum evidenter narratio vera veniat ab auctore expilato, dies ficticii ab expilatore. Saepe apparent indicia auctoris aequalis, exempli causa in vita Symmachi consulatus Paulini secundum usum Gothicum (p. 122, 23), et tempore procedente scriptor a meris fabulis abstinens in universum sequitur ordinem rerum gestarum; nihilominus abundant errores tales, quales aequalis committere non potuit. Certe si libri editio prior scripta est, ut eam scriptam credit Duchesnius, sedente Bonifatio secundo (530—532), id est sub rege Athalarico in ipso termino regni Ostrogothici, ei epochae narratio nequaquam convenit. Theodericus in editione priore sub epitheto haeretici introduci solet. A Symmacho dicuntur damnati esse Petrus invasor sedis apostolicae et Laurentius Nucerinus (p. 121, 22); illum notum est fuisse visitatorem sedis Romanae, hunc Symmachi adversarium et coacti sunt clerici urbani anathematizare 'Petrum Altinatem et Laurentium Romanae ecclesiae pervasorem' (Thiel ep. pont. I, 697; index ad Cassiodori varias p. 495); potuitne aequalis Petri et Laurentii partes ita confundere et invertere? potuitne rerum ordinem ita perturbare, ut post narratam Symmachi 'cum gloria' agnitionem sequantur turbae notissimae primorum eius annorum?

immo evidenter habemus hic non aequalem studio et odio abreptum, sed hominem sua scilicet rerum notitia nulla instructum narrationem in chronicis inventam luxantem et pessumdantem. Sola extrema vitarum pars indicia continet scriptoris aequalis, ut sub Severino relatio de Isacio exarcho (p. 175) iure laudata a Duchesnio (p. 329). Additamentorum rationem consentaneum est diversam esse; invenitur exempli causa sub Leone II mentio synodi sextae *nuper in regia urbe celebratae* (p. 200, 8), de qua quae referuntur totidem verbis descripta sunt ex epistula episcopi eius quae extat; item sub Conone (p. 208, 19) auctor meminit legati *nondum persoluti*.

Ad sermonem denique quod attinet, qui fieri potuerit, ut ad aevum Theodericianum referretur, mihi non liquet. Etiam minus intellegitur, si prior pars corporis saeculo fere uno et dimidio scripta est ante posteriorem, quod per totum corpus sermo non solum barbarus est, sed aequabiliter barbarus iisdem locutionibus vulgaribus et vitiosis passim redeuntibus. Theodericiana aetas nequaquam tanta inscitia fuit, quantam per cuiusvis paginae constantissimam infantiam hic liber prodit. Eo tempore scripti libri, ut Cassiodori variae et liber episcopalis Symmachianus, toto caelo differunt. Neque Pontificalis scriptus est ut Iordaniani in Illyrici abditis, sed omnino in Italia ab homine, qui aliquem in clero locum teneret et suarum virium fiducia magnum opus non aggrederetur solum, sed etiam aequalibus probaret. Unus, quem ex rerum gestarum scriptoribus cum hoc homine recte compares, is est qui saeculo VII medio chronica scripsit quae dicuntur Fredegariana.

Itaque ut concludamus, de vitarum corporis aetate erravit Duchesnius, recte iudicavit Waitzius. Recensionem etiam priorem Gregorio primo posteriorem esse mihi videtur extra dubium esse; secunda anterior est Sergio I. Comprehenditur igitur utriusque recensionis origo finibus saeculi septimi, per quod probabile est corpus vitarum per intervalla crevisse. Ecclesiastici spiritus et studia ecclesiae Romanae ut universum corpus regunt, ita eo nomine utraque recensio pariliter fere procedit, quamquam secunda hic illic res ampliavit et emendavit, ut p. 39, 17 Gaium episcopum ex confessore martyrem fecit, p. 96, 8 crudele pontificis decretum contra tradita aptavit ad sanctae sedis humanitatem solitam. Gravius est quod in vita Silvestri p. 52, 3, ubi agitur de sacerdotibus eligendis, prior requirit, ut neque clericus quisquam contradicat neque fidelis, altera fidelem sustulit. In universum autem cum recensio secunda, quantum nobis datum est comparare utramque, non sit nisi prior passim pessumdata, fortasse non separabantur magno temporis intervallo. Equidem priorem recensionem primis saeculi septimi decenniis tribuerim, posteriorem crediderim coeptam esse saeculo eodem medio. Donec invenientur certiora, in his adquiescemus.

CAPVT SECVNDVM.

LIBRI PONTIFICALIS ELEMENTA.

Quibus copiis instructus auctor accesserit ad gesta pontificum Romanorum enarranda quaerenti Pseudo-Damasus respondet haec repperisse se *suae sedis studio*, id est sibi ipsi ecclesiae Romanae episcopo scrinia eius patuisse, praeterea auctores non adlegans; scilicet hic quoque Roma locuta est. Nos iam indicabimus corporis vitarum elementa, id est quid auctori eius ad manus fuisse videatur ad librum compilandum, sed omissis hoc loco chronographicis et sepulturis, quippe de quibus seorsum disputetur capitibus tertio et quarto. Sunt autem elementa illa et pauca et magna ex parte suspecta, ut tam eius aevi rerum ignorantia quam scriptoris mala fraus per totum librum spirent et dominentur.

I. De Cypriano episcopo Carthaginiensi quae traduntur in vita Cornelii (p. 29) etsi vera sunt (certe Celerini lectoris epistulae Cypriani passim meminerunt), non veniunt ex ipsius Cypriani scriptis, sed ex passione Cornelii. Non recte igitur a Schelestratio (ant. eccl. 1, 396) Cyprianus refertur inter auctores a scriptore libri Pontificalis usurpatos.

II. Hieronymi librum de viris illustribus auctor adhibuit ad vitam Petri (p. 2 seq.) et Clementis (p. 7, 7) et Victoris (p. 19, 1), continuationem Gennadianam in vita Gelasii (p. 117, 13). Notitiam eum habuisse commercii epistolici inter Hieronymum et Damasum et expressisse in epistulis praefatoriis eas, quae praecedunt martyrologium Hieronymianum, supra (p. XI adn.) ostendi. Eo martyrologio, cuius sine dubio non novit nisi formam hodie extantem epitomatam et interpolatam antiquiorem Gregorio magno (ep. 8, 28 [29]), auctor usus est perperam, ut solet, in Alexandro (10, 4); de Urbano autem (23, 3) cum auctor princeps evitet errorem in martyrologio eo commissum (de quo infra dicemus in capite de sepulturis), locum aliunde desumpsit.

III. Rufini recognitiones pseudo-Clementinae expilatae sunt in vitis Petri (p. 3, 4—4, 3) et Clementis (p. 7, l. 8—12), quorum excerptorum pars fortasse accessit demum in editione posteriore.

IV. Dionysii cyclum paschalem adhibitum esse in vitae Victoris (p. 19, 1) recensione secunda statuit Duchesnius (vol. 1 p. LXIII), non recte; locos vere ad id caput ab auctore adsumptos nos ibi adnotavimus. Multo minus eidem concedi poterit auctori notum fuisse cyclum Victorianum propterea solummodo, quod recensio prima nomen ponit Theophili Alexandrini ut a Victorio ita a chronographis omnibus commemorati.

V. Chronica Italica scriptori ad manus fuisse videri supra iam (p. XVI) significavi. Scilicet ad vitas episcoporum qui fuerunt ante Constantinum I rerum publicarum Romanarum scriptorem nullum adhibitum esse cum appareat, eapropter omnino, quod eorum temporum auctores Christianorum putandi sunt raro meminisse, sacerdotum autem eorum nomina vix ulla posuisse, postquam Christiani pacem quam dicunt, id est dominationem adepti sunt, rerum scriptores ad eorum res sacerdotesque attendere debuerunt, quique septimo saeculo gesta episcoporum Romanorum explicabat, nullo modo id perficere potuit nisi adsumptis annalibus saecularibus. Vere, ut supra (p. XVII) dixi, vestigia eorum deprehenduntur et per tempora Constantiana in vita Liberii et etiam certiora per tempora Theodericiana ita perturbata, ut non ex aequali memoria descendere videantur, sed ex libro aliquo scripto imperite expilato. Quales annales auctor adsumpserit, parum liquet propter ipsius silentium et imperfectam nostram de eius aetatis scriptoribus notitiam; sed tamen de iis quae rescivimus qui expendit, in scriptore saeculi septimi in Italia degente cogitabit de chronicis, quorum reliquias sub titulo consularium Italicorum nos composuimus (chron. min. vol. I p. 249—339), fuse res narrantibus et per ea saecula late sparsis. Accedit, quod consularium eorum sola particula plene servata, scilicet Anonymi Valesiani quem dicunt pars posterior spectans ad tempora Theodericiana, et in rebus et in ipsis verbis convenit cum vita Iohannis I (p. 133 seq.). Itaque etsi quae de statu rerum publico in gestis antiquioribus reperiuntur aliunde quoque desumi potuerunt, in re incerta de Italicis potissimum chronicis coniectura facienda erit. — Contra vitae episcoporum saeculi septimi passim prae se ferunt scriptorum aequalium et virtutes et vitia; inter haec eminet silentium admodum eloquens de haeresi papae Honorii (cf. Döllinger *Papstfabeln* p. 163 seq.), quamquam damnatio eius propter eam facta in concilio Constantinopolitano uno verbo significatur (p. 200, 13).

VI. Gregorii I epistula ad Eulogium patriarcham Alexandrinum (7, 37 [40]) adhibita videtur in vita Petri (p. 2, 5). Scilicet episcopatum Petri Antiochenum, commentum auctorum Syrorum memoratum primum apud Iohannem Chrysostomum et Iohannem Malalam Antiochenos, primus ex auctoribus hodie notis ad certos annos redigit Gregorius in epistula illa, edoctus, ut videtur, a patriarcha Eulogio. Epistula quamquam publice prodiit demum sedente Hadriano I Pontificalis libri auctori innotescere potuit ex tabulario ecclesiae Romanae.

VII. Martyrum passiones ad haec gesta magnam rerum copiam vel certe fabularum suppeditasse iure expectes, cum praesertim auctor vestigia sequens Constituti Silvestriani scribat ab episcopo Clemente per septem regiones singulos notarios constitutos esse ad gesta martyrum per suam cuiusque regionem sollicite colligenda laudenturque episcopi Anteros (p. 26, 4) et Fabianus (p. 27, 6) propter diligentiam in ea re praestitam. Accedit, quod episcoporum urbis martyria ipsa praefatio memorat et ex episcopis uno et triginta primis ad martyrium pervenisse dicuntur tres et viginti (I—IV. VI—IX. XII. XV. XVII. XIX—XXV. XXVII—XXXI), ex quibus viginti eum honorem iam editio prior tribuit, duo Anicetus (XII) et Eutychianus (XXVIII) in editione secunda accesserunt, tertium Gaium (XXIX) prior editio confessorem facit, secunda martyrem. Sed iustae expectationi narrationes parum respondent. Longe plerosque ex episcopis martyribus auctor verbo tantummodo ait martyrio coronatos esse, nec multum differt, quod in Alexandro (VII) quaedam addit ex martyrologio Hieronymiano errore ad episcopum relata et in Lucio (XXIII) et Stephano (XXIV) de successione monet. — Passiones quae dici possint non adhibuit nisi Caeciliae in Urbano (XVIII), Cornelii (XXII), Xysti II cum Laurentio diacono (XXV), Silvestri (XXXIIII), Felicis II (XXXVIII), item in editione demum secunda Susannae in Gaio (XXIX) et Marcelli (XXXI). Accedit in vita Eusebii (XXXII) narratio similis de inventa sancta cruce et de Iuda Cyriaco. Marcellino (XXX), Liberio (XXXVII), Xysto III (XLVI) in hoc recensu locum non dedimus, quoniam partem faciunt fraudium Symmachianarum. Excepta narratione de sancta cruce, cuius forma pristina ad nos pervenit, reliquae ipsae aut totae perierunt, ut Xysti II, Felicis II, Marcelli, suppressae fortasse substitutis excerptis desumptis ex ipso libro Pontificali auctoritatis scilicet maioris, aut extant quidem, sed forma aut certo indidem interpolata aut certe ab interpolationis suspicione non aliena, id quod cadit in acta Caeciliae, Cornelii, Susannae, Silvestri[1]); neque enim quod sciam passionum illarum libri scripti extant ad Pontificalis aetatem adscendentes neque ita comparatae sunt formae vulgatae, ut ipsae sese satis tueantur. Exempli causa passionis sanctae Caeciliae recensio, quam l. c. (p. 22) adlegavi utpote iudice Rossio omnium optimam, et alia prae se fert indicia originis recentioris et ad eam formandam adhibiti sunt Tertullianus et Augustinus. Ipsa narratio, de qua docte exposuit Erbes (*Zeitschrift für Kirchengeschichte* vol. 9 a. 1888 p. 1—66; cf. Neumann *Staat und Kirche* 1, 310), non videtur originis esse valde remotae; ecclesia sanctae Caeciliae nominatur primum a. 499 (v. indicem ad Cassiodorum p. 408) et passionem eius Erbes iudicat exemplatam ad similem Africanam sub nominibus Martiniani et Maximae relatam apud Victorem Vitensem in commentariis de persecutione Wandalica (1, 10, 30) scriptis a. 486. Pontificalis autem scriptor quae inde affert continentur nudis nominibus Caeciliae et Valeriani sponsi eius et Tiburtii adiunctis aliquo modo ad epi-

---

[1]) Fabulosa vita Silvestri, unde proficiscitur Constantini primi baptisma Romanum per episcopum cum totaque mythorum propago inde oriunda, conficta est in Syria saec. V novitque eam iam Moses Chorenensis (459—481); eodem autem saeculo in Latinum translata est et passim lectitata teste indice Gelasii I (492—496) librorum recipiendorum aut non recipiendorum. Eandem adlegant gesta Liberii (v. p. 77 adn.) scripta aetate Symmachiana. Vita ea quae circumfertur Latine scripta quamquam retractata est (v. ad p. 47), a forma ea quam Pontificalis adhibuit non multum videtur recedere.

scopum Urbanum sub Alexandro. — Narrationes hae ut declarant has quoque pias litteras incuriose et exiliter in Italia tractatas esse passionesque martyrum per ea tempora in urbe Roma lectas esse numero paucas et argumento inanes, ita ne has quidem ostendunt ibidem crevisse; certe narrationes de cruce inventa et de baptismate Constantini Silvestriano origine Syriacae sunt, Caeciliana origine Africana.

VIII. Canones apostolorum qui dicuntur Latine factos a Dionysio circa tempora Symmachi papae (498—514) et conciliorum corpori praemissos novit auctor, nam Hieronymus personatus in praefatione (p. 1, 7) ait cupere se a Damaso cognoscere, qui episcopi Romani eos canones laeserint; quamquam id quo tendat non perspicitur (cf. tamen 139, 18) neque in ipso libro ad eam rem reditur oblivione opinor auctoris insciti. — De concilio Nicaeno a. 325 quae habet in Silvestro (p. 48, 18 cf. p. 107, 8), potuit sumere tam ex actis quam ex chronicis. — Concilium Constantinopolitanum a. 381, in Occidente sub Vigilio († 555) demum agnitum et ex eo inde tempore factum oecumenicum secundum, recte praeteritur in constitutione tributa Hilaro (p. 107, 8), quae quamquam abest ab epitomis, vix afuit a recensione primitiva. — Concilium Ephesinum a. 431 generale tertium obiter commemoratur sub Hilaro (p. 107, 8). — De concilio Calchedonensi a. 450 generali quarto agitur sub Leone I (p. 101 seq.) verbis ut multis, ita perturbatis admodum, sed ut appareat ipsa acta a scriptore lecta esse (v. adn. ad p. 102, 1). — Concilii generalis quinti Constantinopolitani secundi a. 551 liber non meminit. — De concilio generali sexto Constantinopolitano tertio a. 680/1 vide quae dicentur p. XXII. — Addi poterunt argumenta euangeliorum antiqua (egit de iis nuper Corssen *monarchianische Prologe zu den Evangelien*, Gebhardt et Harnack *Texte und Untersuchungen* vol. 15); inde enim sumpta sunt, ut monuit Traubius, verba vitae Petri 2, 1: *Marcus . . Petri in baptismate filius.*

IX. Decreta episcoporum Romanorum una cum synodo facta (etiam sede vacante solorum presbyterorum et diaconorum 115, 18) passim afferuntur, ut synodi quoque non raro mentio fiat (ita 139, 12. 164, 5), semel locus et dies enuntietur (107, 4), non raro addatur decretum in archio reconditum esse (94, 8. 201, 13 al.). Formulae variant: sollemnes sunt locutiones *hic constituit* (5, 2. 10, 5 cet.) vel *hic constitutum fecit* (75, 10. 91, 3), reperitur item *hic fecit decretalem* (107, 4) adiecto argumento constituti: sed etiam non raro generaliter dicitur *hic constitutum fecit de omni ecclesia* (48, 18. 73, 5. 85, 7. 88, 2. 94, 8. 107, 4. 115, 18. 116, 16) vel *hic constitutum fecit de* (in 172, 1) *ecclesia* 14, 11. 20, 2. 83, 35. 87, 3. 172, 1; additur 94, 8: *maxime et de religione;* 88, 2: *et de regulis monachorum et de Iudaeis et de paganis.* Eae locutiones ita accipiendae erunt ut 91, 3: *multa constituit ecclesiae,* scilicet qualecumque decretum sic indicatur argumento non enuntiato. — Constitutiones hae pontificiae cum incipiant ab ipso Petri successore primo et aequabiliter per omnes vitas adnotentur, inter eas per quinque prima saecula perpaucae inveniuntur aliunde notae sincerae, scilicet Siricii ad Himerium episcopum Tarraconensem (p. 86, 11), Innocentii I ad Decentium Iguvinum (p. 90, 12), eiusdem de Pelagio et Caelestio ad episcopos Carthaginienses (88, 6), Hilari in synodo Romana habita a. 465 (p. 107, 14), ex quibus tertia et quarta possunt afuisse ab editione priore. A duabus epistulis, quas primo loco posuimus, cum incipiat sylloge Dionysiana decretalium episcopalium Romanarum sedente Symmacho (498—514) edita (Maassen 1 p. 432), unde transierunt in pleraque eius generis corpora posteriora, etiam synodale decretum a. 465 cum nobis servatum sit per auctarium quoddam eiusdem syllogae Dionysianae (Maassen 1 p. 447. 475), epistula denique Innocentii ad Carthaginienses a simili origine non abhorreat (Maassen l. c. p. 247), has ex decretalium corpore aliquo pendente a Dionysiano Pontificalis libri scriptor adsciverit necesse est. Ex eodem corpore sumptae videntur esse constitutiones episcoporum subditiciae redeuntes ad fraudes Symmachianas, id est profectae ex corpore quodam relationum synodorumque, quod

post Coustanti egregiam disquisitionem (epist. pontif. I p. LXXXIV) non dubitatur compositum esse sedente Symmacho eodem spiritu et fortasse ab eodem homine. Sunt autem quae ad id corpus redeunt haec:
1. Constitutum Silvestri q. d., synodus Romana CCCXXXIIII episcoporum habita sub Silvestro (Coustant app. p. 43). Accedunt epistulae tres, una concilii Nicaeni ad Silvestrum (*beatissimo papae* Coustant p. 53), duae huius ad illud (*gaudeo* Coustant p. 54; *gloriosissimus* Migne vol. 8 p. 823).
2. Synodus Romana alia CCLXXV episcoporum, item habita sub Silvestro (Coustant p. 55 can. 1—6; plene ex cod. Vallicelliano F 54 saec. XI Carolus Poisnel *mélanges d'archéologie et d'histoire* vol. 6 a. 1886 p. 4 seq.).
3. Gesta Liberii episcopi (Coustant p. 89 seq.).
4. Gesta de purgatione Xysti III episcopi (Coustant p. 117 seq.).
5. Gesta de Polychronio (Coustant p. 120 seq.).
6. Synodus Sinuessana habita sub Marcellino episcopo (Coustant p. 29 seq.).

Harum fraudium Pontificalis libri scriptori copia cum esset, late iis usus est, praesertim synodis duabus, sed item gestis Liberii (v. p. 77. 80), Xysti III (v. p. 96), synodo Sinuessana (v. in Marcellino p. 41), forma tamen paullum diversa ab hodie nota; nam non solum synodum alteram ita plenam legit, ut eam exhibet unus codex Vallicellianus, sed etiam de Marcellino ea refert, quae acta ficticia Sinuessana non satis reddunt. Traditae autem sunt fraudes Symmachianae per decretalium corpora. Coniunctas et eo quo nos eas recensuimus ordine eas habet corpus a codice antiquissimo saec. VI appellatum Sanblasianum (Maassen 1 p. 504), nisi quod primae id non habet nisi epitomam (eam edidit Duchesnius 1 p. CXXXIV not.) et secundam omisit. Sylloge canonum alia quae nuncupari solet a codice Vaticano 1342 (Maassen 1 p. 512) easdem habet etiam pleniores, sed dispersas, scilicet primum n. 1 et 2, hanc tamen, ut supra diximus, imperfectam, post alia n. 3, item post alia n. 4. 5. 6. Simillimo libro, sed etiam pleniore, cum n. 2 integram habuerit, usum esse scriptorem libri Pontificalis inde confirmatur, quod codex eius omnium primarius saec. VIII Lucensis item decretalium syllogen exhibet simillimam Sanblasianae. Eam ipsam supra (p. XVI) diximus praeter fraudes illas Symmachianas nullam constitutionem admisisse Gelasiana a. 494 posteriorem; formata autem est in Italia adsumpta Dionysiana non multis annis anteriore. — Episcoporum posteriorum constituta a Pontificali adhibita esse conici potest Leonis primi et Hormisdae; sed neutrum certum est. Leonis I epistularum corpus diversum ab iis quae adhuc extant (v. in opp. Leonis ed. Ballerin. quae exponuntur vol. 1 p. 543 seq.), sed iis simillimum versavit qui scripsit locum p. 104, 11, qui abest ab epitomis et videtur accessisse in editione secunda. Ex Anastasii epistula ad Hormisdam in huius epistularium recepta sumpta sunt verba imperatoris (128, 6): *nos iubere volumus, non nobis iuberi:* sed facile fieri potuit, ut in chronica ea transierint inde a Pontificalis scriptore adscita. — Contra vitae episcoporum saeculi septimi quae de eorum temporum decretis synodisque referunt, sumpta fere sunt ex ipsis actis, ut in Theodoro (p. 179 seq.) et Martino I (p. 181 seq.) plura descripta sunt ad verbum ex actis concilii Lateranii; item in Agathone (p. 193 seq.) quae de concilio generali sexto Constantinopolitano referuntur, veniunt, ut intellexit Doellinger (*Papstfabeln* ed. 2 p. 163), non ex actis concilii publicatis, sed ex relationibus legatorum Romanorum Constantinopolim missorum ad pontificem directis et in archio Vaticano adservatis. Denique in Leone II (p. 200 seq.) auctor hausit ex epistula eius ad Constantinum Pogonatum.

Haec igitur episcoporum Romanorum constituta sive genuina sive subditicia Pontificalis scriptori ad manus fuerunt, scilicet quod attinet ad quinque prima saecula ea fere quae continet collectio Sanblasiana, id est Siricio antiquius decretum nullum, a quinto inde saeculo medio perpauca. Ab ea sylloge quae absunt et comparent apud auctorem libri Pontificalis et primum et solum, numero admodum multa, ea constat paucis fortasse exceptis ita conficta esse, ut falsarius ad ipsas res passim et aliis documentis et consuetudine ecclesiastica uteretur, nomina episcoporum temere comminisceretur. Fraudis suspicionem confirmant geminationes. Siricii decretum genuinum (86, 11): *hic constituit hereticum sub manus impositione reconciliari* iisdem fere verbis adest iam in Eusebio (45, 7): *hic hereticos invenit in urbe Roma, quos per manus inpositionis reconciliavit*[1]). Lucio quod tribuitur in editione utraque (32, 8): *hic praecepit, ut duo presbiteri et tres diaconi omni loco episcopum non desererent,* plane respondet, ut ibi adnotavimus, canoni secundo concilii a. 595 poteritque fortasse inter aetatis quoque indicia referri. Decreta attributa Euaristo (9, 8), Zephyrino (20, 5), Bonifatio I (93, 4) veniunt, ut ibi adscripsimus et observavit item Duchesnius (vol. I p. CCLXXV), ex concilio Silvestriano episcoporum CCLXXV auctoris nostri fraude inter episcopos diversos distributa.

X. Nomina episcoporum formantur, ut fieri solet in litteratura Christianorum, more non Romano, sed Graeco, scilicet nusquam comparent nomina tria legitima, sed solitarium unum, quod exactum ad Romanam consuetudinem plerumque cognominis formam habet. Forma signi non reperitur ante Eusebium, raro praenominis (Lucius, Gaius, Marcus) vel gentilicii (Cornelius, Iulius).
Additur patria in episcopis omnibus uno excepto Conone (LXXXV), quamquam et ibi epitome Cononiana eam enuntiat. Ad Romanos, qui sunt longe plurimi, cum adscribatur aliquoties regio, eos locos composuimus adiunctis reliquis, quibus Pontificalis regionum urbis meminit.

[subdiaconus (regionarius) primae regionis *et* regionis sextae 147, 10. 12.
[regio prima ad sanctum Paulum, tertia ad sanctum Laurentium, sexta vel *[sic]* septima ad sanctum Petrum 112, 12. 13.
de regione prima Aventinense 85, 1.
[in regione II via Mamurtini 87, 4.
[in regione III iuxta thermas Domitianas qui cognominantur Traianas p. 71, 12.
de regione V tauma *(om. A¹)* Caput tauri 119, 1; de regione Caput tauri 10, 1.
de regione Vico patrici 6, 1.
de regione Celio monte 7, 1; de Caelio monte 141, 5.
de regione Via lata 11, 1. 43, 3.
de regione Urbe Ravennantium 21, 1.
[in Sicinini regione 48, 15.
[in regione ad duo amantes 48, 16.
[in regione Orfea 48, 17.

Composuimus haec enuntiata eodem vocabulo, sed vix eadem significatione: nam ubi numerus deest, regio et de loco aliquo intra urbem viave urbana accipi potest. Locos duos, quos primos posuimus, spectare ad urbis Romae septem regiones ecclesiasticas dubium non est, quae divisio cum diaconorum ecclesiae urbanae numero septenario coniuncta in catalogo Liberiano refertur ad Fabianum episcopum (p. 27) et est omnino antiquissima. Utrum reliquae regiones numerum habentes ad easdem regiones pertineant an hic quoque ut alibi aliqua memoria supersit regionum ab Augusto institutarum quattuordecim, non liquet. Egerunt de hac quaestione sane difficili Henr. Jordan (*Topographie der Stadt Rom* 2, 315) et Duchesne (*mélanges d'archéologie et d'histoire* vol. 10 a. 1890 p. 126) et nuper Elter (de forma urbis Romae in indice Bonnensi a. 1891 II p. XIII).

Episcopis non origine Romanis provincia adscribi solet, scilicet dicuntur Itali, Campani, Tusci, Marsi, Graeci (Graeci etiam V *Antiochenus de civitate Bethleem* Euaristus adeo-

---

[1]) Simili fraude falsarius Symmachianus decretum id inter Silvestriana recepit.

que LXXV *Hierosolymitanus* Theodorus, quem tamen quidam libri faciunt *Melitenum*), Syri, Spani, Dalmatae, Afri, Sardi, saepe adiecta civitate; quae ubi sola invenitur (*natione Tiburtinus* XLIX Simplicius), provincia videtur excidisse. Ad aetatem vitarum determinandam indicationes hae nihil conferunt.

Aliquoties adscribitur, ex qua condicione episcopus ad eum locum pervenerit, ut *ex philosopho* adscriptum est ad Hyginum (X) et Xystum II (XXV), ad hunc, ut monuit Duchesnius (1 p. LXXVIII), propterea quod qui Q. Sextii sententias Latine vertit Rufinus auctorem errore credidit Xystum esse episcopum Romanum; *ex medicis* ad Eusebium (XXXII); *ex monacho* vel *ex monachis* ad Dionysium (XXVI), Adeodatum (LXXIX), Agathonem (LXXXI); *ex anachoreta* ad Telesphorum (IX); *clericus a sanctos Iohannem et Paulum* ad Agapetum (LIX).

Denique patris nomen adici solet, sed in Hygino (X) et Dionysio (XXVI) auctor adnotat genealogiam se non invenisse; alibi deest excusatione non addita (IX. LXXXVII). Condicio etiam patris aliquoties enuntiatur, ut XLIV. L. LIX—LXIII. LXXII. LXXIV. LXXV.

Haec, quae memoravimus, praeter nomina libro Pontificali propria sunt; nam reliqui quos habemus Indices patriam patremque non enuntiant neque excepto fortasse Clemente (IV) aliunde ea innotuerunt. Possunt omnino descendere ex laterculo antiquo scrinii episcopalis; sed quod tanta aequabilitate adscripta sunt, certe in parte antiquiore suspicionem auget, quacum omnia tractanda sunt, quae sola fide huiusce auctoris innituntur.

XI. Synchronismi imperatorii et consulares in parte priore ad Liberium usque sumpti sunt ex catalogo Liberiano omnes quamquam corrupti passim itaque hoc loco praetermittentur. Felix II qui sequitur necessario iis caret, utpote cuius tempora comprehendantur Liberianis (79, 2); post hunc Damasum (366—384) auctor ait (82, 6) fuisse temporibus Iuliani (361—363) perperam omnino. A Siricio (384—399) ad Simplicium (468—483) synchronismi deficiunt, omnino ob eam solam causam, quod duce deficiente auctor imparem se esse sensit incepto non facillimo in imperio diviso et Occidentis rebus per totum saeculum quintum perturbatis. Redeunt (114, 3 = 115, 10) in Felice III (483—492), qui aequalis dicitur regum Odovacri (476—493) et Theoderici (489—526). Componuntur deinde tam 116, 2 Gelasius (492—496) quam 119, 3 Anastasius II (496—498; hic in ed. 2) cum Theoderico; item 120, 2. 4. 122, 23 Symmachus (498—514) cum Theoderico et Anastasio Augusto (491—518) adscriptis ad utrumque terminum consulibus; item 126, 2. 132, 1 Hormisda (514—523) adscriptis similiter consulibus[1]) cum Theoderico et Anastasio; item 133, 3. 137, 26 Iohannes I (523—526) adscriptis similiter consulibus cum Theoderico et Iustino (518—527; in ed. 2); item 138, 2 Felix IV (526—530) adscriptis similiter consulibus cum Theoderico et Iustino (in ed. 2); item 139, 2 Bonifatius II (530—532) cum Athalarico (526—534) et Iustino; denique 141, 6 Iohannes II (533—535) cum Athalarico et Iustiniano (527—565). Deinceps ab Agapeto inde synchronismi imperatorii deficiunt, nisi quod extremae vitae quosdam habent in paucis codicibus tantummodo (218, 5. 220, 18. 221, 11. 222, 2. 226, 16) evidenter a librariis posterioribus interpolatos. Itaque non ex Liberianis deprompti synchronismi non raro falsi complectuntur tempora Gothica videturque qui eos inseruit hoc secutus esse, ut declararet quinam reges in Italia simul cum Orientis imperatoribus dominati sint; narratio cum pergat non mutata, auctorem alium successisse non crediderim neque ubi synchronismi illi incipiunt neque ubi deficiunt.

XII. Clerus urbis Romae et dioecesis urbanae quomodo institutus sit et subinde auctus, iure expectes eiusmodi scriptor ut narret; nihilo minus ad eas quaestiones in

---

[1]) Altero loco 132, 1, quem habent duae recensiones, spatium Hormisdae extenditur ad a. 523, altero 126, 3, qui non est nisi in posteriore, perperam ad a. 522.

Pontificali quae spectant, non solum fabulosa sunt et passim inter se contraria, sed etiam exilia et iusto argumento fere destituta. — Ordinationes clericorum dignitatis maioris, cum presbyterorum et diaconorum urbis Romae tum extra urbem per dioecesim urbanam vel, ut auctor noster ait, *per diversa loca*, episcoporum, inde ab ipso Petro per singulos episcopos proxime ante mortem et sepulturam ita enuntiantur, ut eam adnotationem appareat ad formam pertinuisse ab auctore stabilitam: quod ordinationes in quibusdam vitis maxime in recensione priore et in secundae libris optimis quibusque non suo loco leguntur, redeunt turbae eae, ut explicabitur capite septimo, ad primum corporis auctorem inscite et incuriose Indici antiquo inserentem catalogum Liberianum. Eum enim cum fundamentum sibi sumeret, in eo non repertas ordinationes per margines videtur adiecisse, librarii autem posteriores iis deinde locos adsignavisse diversos, non raro etiam in his suo arbitrio usi. Partes in clericis ordinandis ullas fuisse populi ipsiusve cleri auctor noster ignorat, ab ipso principio ordinationes referens factas ab episcopo. — Ordinationes ab episcopo Romano factas in commentarios relatas esse et per se verisimile est et confirmari videtur verbis Gregorii magni in epistula 9, 147 [58] scripta a. 599 ad Secundinum: *de ordinationibus ... apostolicae sedis pontificum utrum post beatissimum Hormisdam († 523) aliqua sint addita, vestra caritas requirit; sed usque ad Vigilii papae tempora (537—555) expositas ordinationes praesulum esse cognoscat.* Neque enim perspicio, cur ordinationis vocabulum Duchesnius (vol. 1 p. CLIV) hic accipiat de decretis nescio quibus admissa significatione minus propria et reiecta sollemni. Eiusmodi laterculum auctor noster quominus ex ecclesiae scriniis adsumpserit, non solum nihil obstat, sed sunt quae confirment. Monuit Harnackius ordinationum formam sollemnem, qualis reperitur per vitas priores sine dubio ficticia, aliquatenus mutari ab Iohanne I (LV) usque ad Silverium (LX) (scilicet deficiunt ordinationes ipsae LVII, presbyteri et diaconi LV, presbyteri LIX, diaconi LVIII. LX; nominantur menses insoliti LVI) et propterea verae traditionis speciem prae se ferre, redire autem formam suspectam a Vigilio (LXI) ad Pelagium II (LXV) Gregorii praecessorem, easque ordinationes postea insertas videri ad explendum hiatum laterculi a Gregorio memoratum. Omnino ordinationes clericorum priores etsi non minus subditiciae habendae sunt quam quae de antiquiorum temporum episcopis praeterea narrantur, tamen partem posteriorem cur in dubium vocemus, causa nulla est. Sed ut vera sint quae traduntur, utilitatem nullam habent. Ex numeris trium ordinum, quos solos auctor enuntiat, non enuntiatis nominibus neque sedium episcopalium exceptis duabus Fundorum Campaniae (26, 10 in sola ed. priore) et Corsicae insulae (221, 8), nomine autem hominum nullo, inde ne hoc quidem colligas sub papa de quo agitur tot episcopia fuisse quot creavit episcopos; potuit enim sub eodem metropolitano eadem sedes plus semel vacare. Ordinationes ipsas per plerosque pontifices (exceptionem faciunt Hormisdas 131, 25 et Iohannes I 137, 24) ita numerari, ut numeri ordinationum longe inferiores sint numero annorum episcopi eius, exempli causa Silvester, qui sedit annos XXIII, sacerdotes ordinavisse dicitur LVIII, ordinationem celebrarit sexies tantum, mirum est; neque enim causa ulla intellegitur, cur loci plerique per multum tempus vacarint. Non minus offendit, quod ordinationes pleraeque factae dicuntur mense Decembri[1]; id quod neque cum quorundam episcoporum spatiis recte conciliatur (Blanchinius ad Anastasium vol. 3 p. 178; Duchesne vol. 1 p. CLIV) et abhorret a consuetudine non solum aetatis posterioris, sed ipsorum quoque temporum in Pontificali tractatorum. Gelasius certe in

---

[1] Mensis December in prima parte solus invenitur, postea saepe usque ad Adeodatum (191, 6); adiungitur ei Februarius 113, 8. 117, 22. 125, 11. Substituuntur Februarius et Martius 138, 11; quadragesima et mensis septimus (al. September) 162, 12; Iunius 202, 1; Martius 216, 4. Passim mensis non enuntiatur, maxime in vitis posterioribus.

epistula a. 494 data ad episcopos Lucaniae et Bruttiorum et Siciliae (c. 11 p. 368 Thiel) *ordinationes*, inquit, *presbyterorum et diaconorum nisi certis temporibus et diebus exercere non audeant, id est quarti mensis ieiunio, septimi et decimi* (cf. in Callisto 21, 6), *sed etiam quadragesimalis initii ac medianae quadragesimae die sabbati ieiunio circa vesperam noverint celebrandas*, vel, ut eadem referuntur in libro diurno (c. 6 Sickel): *ordinationes presbyterorum seu diaconorum non nisi primi, quarti, septimi et decimi mensum ieiuniis, sed et ingresso quadragesimali atque medianae vespere sabbati noveri celebrandas*. Ordinationum ratio haec, quae pariliter continuatur post Constantinum, quomodo concilietur cum ecclesiae institutis item certissimis, adhuc non explicuerunt, quod sciam, rerum ecclesiasticarum periti, ne is quidem, qui data opera argumentum tractavit Iosephus Catalanus (pontificale Romanum illustratum. Romae 1738 pars 1 tit. 2 § 12); vere ordinationes ita per universum volumen procedunt, quasi non intellegatur solita consecratio sacerdotum succedentium, sed sollemnitas nescio quae maior disparibus intervallis celebrata. Videant de ea quaestione qui in res ecclesiasticas inquirunt, unicum tamen testimonium huiusce auctoris quam sit infirmum probe memores[1]. — Presbyteros urbis Romae, si Pontificalem audimus, primus Cletus (6, 8) ordinavit *ex praecepto Petri* (quem tamen et ipsum ait 4, 9 ordinavisse presbyteros decem) numero XXV; his presbyteris Euaristus titulos divisit (9, 8), Dionysius ecclesias dedit (36, 6); item aetate Diocletiana Marcellus titulos constituit in urbe Roma XXV totidemque creavit presbyteros (43, 10. 13). Eodem spectant patenae XXV positae ab Urbano (22, 4) et scyphi hamaeque XXV ab Hilaro dedicati *per titulos* (110, 17). Missis repetitionibus inanibus et nominibus ficticiis hoc inde colligimus parochias urbanas auctorem numerasse quinque et viginti, qui numerus prope accedit ad eum quem efficimus ex subscriptionibus synodi Romanae a. 499, scilicet duodetriginta[2]). Obiter memorantur tituli Crescentianae 87, 4; Damasi 84, 7; Equitii sive Silvestri 47, 11. 71, 13. 31; Fasciolae 114, 1; sanctorum Iohannis et Pauli 142, 1 (cf. 124, 13); Marcelli 44, 7; Sabinae 100, 10; Vestinae 88, 11. — In diaconis notum est ecclesiam Romanam constanter retinuisse numerum septenarium apostolorum (Act. 6, 3. 21, 8); etiam secundum auctorem nostrum et Petrus tot diaconos ordinavit (4, 8) et Euaristus (9, 8); septem regiones Clemens fecit (7, 5); Fabianus diaconis regiones divisit (27, 5; id quod venit ex catalogo Liberiano), Dionysius parochias (36, 6), Gaius regiones (39, 15). Diximus de iis antea (p. XXIII).

XIII. Aedificia a pontificibus facta et fundi donariaque ab ipsis aut sedentibus iis ab aliis oblata ecclesiis urbis Romae ut per tria prima saecula consentaneum est in hoc vitarum corpore vix comparere (mentio fit sepulcri Petri in Anencleto 8, 5, basilicae Callisti in hoc 21, 9, fabricarum coemeterialium in Fabiano 27, 7), ita deinceps magnam libri partem constituunt et fortasse omnium optimam, neque tamen recepta sunt in formam ab auctore stabilitam, sed prout res incidit auctor de ecclesiis coemeteriisque factis refectisve notitiam proponit minime spernendam et possessionum anathematumque ecclesiis oblatorum amplos laterculos affert, omnium maxime in Silvestro, ubi recensentur dona Constantiniana p. 47—71, sed item in Marco 73, 9 seq., in Damaso 84, 7 seq., in Innocentio I 88, 9 seq., in Bonifatio I 93, 6 seq., in Caelestino p. 94, 10 seq., in Xysto III p. 97, 4. Laterculorum horum maxime insignis Silvestrianus unde descendat, quaeritur. Recensentur in eo non solum urbis Romae ecclesiae iussu imperatoris aedificatae

---

[1]) Exposuit de hac quaestione difficillima neque intra huius praefationis terminos concludenda nuper Harnackius in actis minoribus academiae Berolinensis a. 1897 p. 761—778.   [2]) Conspectum dedi in ed. mea ad calcem variarum Cassiodori p. 508. Titulos duos *sancti Laurentii* et *Damasi* pro uno numerandos esse, scilicet *sancti Laurentii in Damaso* recte observavit Duchesnius vol. 1 p. 165; de titulis Pammachii et Vizantis quominus idem statuatur, obstat numerus presbyterorum per singulas ecclesias non superior ternario. Homonymiae aliae num lateant in indice, videant rerum gnari.

et dona iis oblata, sed item factae et instructae in Italia, ut Capuae (70, 4) et Neapoli (70, 20), inter haec dona privati cuiusdam Gallicani oblata ecclesiae Ostiensi (68, 17); quae omnia cum uno tenore decurrant, parum intellegitur, qua via pervenerint in scrinia episcopi urbis Romae. Ipsi autem indices non solum iusto ordine procedunt, sed etiam aperte spectant ad largitiones imperatorias; fundi enim ecclesiis attribuuntur non solum in Italia, sed per multas provincias, Siciliam, Numidiam, diocesin Orientis (58, 18), quae cum complecti videatur Antiochiam Alexandream Aegyptum, collegit inde Duchesnius (vol. 1 p. CL) indicem factum esse eo tempore, quo Aegyptus pars fuit dioecesis illius separata inde ante finem saeculi quarti, nimium fortasse tribuens auctori ibi, ubi a mendaciis abstinet, certe turbido. Reditus quoque ex parte effecti aromatis mercibusque Orientis cum ea attributione conveniunt. Convenit item aetati Constantinianae possessio, quam *fiscus occupaverat tempore persecutionis* (64, 10)[1]) conveniutque eidem nomen illud Gallicani, quo appellantur consules duo a. 317 et 330[2]). Ecclesias Christianis Constantinum multis locis aedificandas curasse cum Eusebius testis sit[3]), in urbe Roma ad eum aliquatenus certe redeunt basilicae duae Laterana et Vaticana. In domo Laterana cum iam a. 313 iudicium habitum sit de Donatistis praeside episcopo Miltiade[4]), eam ab ipso Constantino episcopo ei dono datam esse non absimile veri est; certe ecclesia ibi facta ut in hoc libro passim, ita iam in actis synodi Romanae a. 487 appellatur *basilica Constantiniana* (Thiel p. 259). Basilicam denique sancti Petri in Vaticano a Constantino I aedificatam esse fidem faciunt et tegulae ibi repertae eius nomine inscriptae[5]) et quod in eius arcu quodam lectum est epigramma notissimum[6]); accedit alterum a nostro auctore solo fere relatum Constantini et Helenae (57, 10) corruptum neque tamen confictum. Etiam basilicam sanctae Agnetis factam esse a Constantii filia non Constantia, ut legitur in hoc libro 62, 23, sed Constantina testatur titulus acrostichus Buecheleri n. 301. Denique Helenam matrem Constantini sepultam esse in urbe Roma auctor noster (65, 21. 66, 11) et Eusebius (vita Constantini 3, 47) pariter referunt. — Haec verarum relationum indicia ut diligenter expendenda sunt, ita non obliviscendum tradi haec a mendacissimo nugatore eiusque solius fidem vere nullam esse, eo magis quod tota haec narratio Constantiniana arte coniuncta est cum baptismate Silvestriano (54, 24 et al.) et sine dubio labem inde traxit. Quid quod apud hunc auctorem etiam sancti Pauli basilica a Constantino dicitur facta esse (60, 11), quam ex rescripto Valentiniani II, Theodosii et Arcadii emisso ad Sallustium praefectum urbis constat coeptam esse fabricari a. demum 386 (Avellana ed. Guenther vol. 1 ep. 3). Hoc tenendum ut nomina dubia, ita ipsos indices corruptos incuriose, sed in summa re geminos esse recensum continentes largitionum imperatoriarum saeculo potissimum quarto ecclesiis Christianorum in Italia oblatarum. Sed tamen cum laterculi hi non ad formam libri pertineant, non

---

[1]) Quid significet possessio *praestans nomini* (vel *nomine*) *Christianorum solidos CXX* (64, 13), equidem nescio. — *Schenica deserta in urbe Albanense* (69, 20) Nibbyum fere secutus Rossius (*Bull. di arch. crist.* 1869 p. 76. 1873 p. 102) iudicavit castra esse legionis II Parthicae constituta ibi per saeculum tertium, quarto autem translata in Orientem. At scaenici vocabulum Latine accipi posse pro castrensi nego, cogitandumque potius erit de theatro cum villa imperatoria coniuncto (Sueton. Dom. 4). [2]) *Ambronius* (59, 9; v. l. *Ambrosius*) sive *Hybromius* (60, 3) alibi non nominatur nec magis *Festus* (55, 19), quem classis III librorum *praepositum sacri cubiculi* facit. [3]) Vita Constantini 1, 42. 2, 45. Exposuit de hisce donationibus Constantini Rossius *Bull. di arch. crist.* 1863 p. 49. [4]) Optatus Milevitanus de schism. Donatist. l. 1 c. 23: *convenerunt* (episcopi iudices) *in domum Faustae* (fortasse uxoris Constantini) *in Laterano*. [5]) C. I. L. XV n. 1656. Sane expectes earum testes plures et certiores. [6]) Ex Anonymo Einsidlensi (C. I. L. vol. VI p. X n. 6) aliisque Buecheler anthol. Lat. n. 300: *quod duce te mundus surrexit in astra triumphans, hanc Constantinus victor tibi condidit aulam*. Alterius quoque inscriptionis ab eodem Anonymo exceptas (C. I. L. l. c. n. 10; Buecheler n. 315) pater et filius sine dubio sunt Constantinus I et aut Constantinus II aut Constantius II. — Titulus 'in imagine Constantini' ibidem olim lectus (Buecheler n. 902) sine dubio aetatis est longe posterioris alludens ad sanitatem aegroto a Petro redditam, id est ad leprae fabulam.

hoc loco tractandi sunt, sed commentariis illustrandi, id quod Duchesnius egregie (praesertim vol. 1 p. CXL—CLIV) perfecit. Unum addo omnino comparandam esse chartam Tiburtinam scriptam a. 487 (l. c. p. CXLVI) inventariis hisce simillimam.

XIV. Denique varia praeterea in vitas relata, terrae motus et eclipses et similia, librorum scriptorum hic illic notitia inserta, haereticorum, praesertim Manichaeorum persecutiones, iudicia de episcoporum moribus, quae non comparent ante Gelasium I (116, 12), in hac introductione ut tractentur, non requiritur. Externa cum perraro tangantur, mirabilis sane accidit notitia de rege Britannorum Lucio imperante Commodo facto Christiano (17, 4), quam tamen ad auctorem Pontificalis libri redire et Britannis ex eo demum innotuisse alio loco (chron. min. vol. 3 p. 115 ad historiam Brittonum Nennianam) demonstravi.

CAPVT TERTIVM.

ORDO ET SPATIA EPISCOPORVM ROMANORVM.

Nomina episcoporum urbis Romae cum spatiis episcopatuum praeter annos etiam menses diesque enuntiantibus, quae libro Pontificali pro fundamento sunt, unde venerint, hodie exploratum est. Scilicet extiterunt antiquo tempore et extant adhuc laterculi episcoporum duo Latine scripti[1]), quorum utrumque adhibuerunt qui librum hunc compilarunt auxeruntve. Sunt autem hi.

1. Liberianus qui dicitur, insertus, ut supra (p. VIII) diximus, chronographiae urbanae scriptae a. p. Chr. 354 imperante Constantio II sub episcopo urbis Liberio, habet praeter episcoporum nomina eorumque annos menses dies adnotationes quasdam rerum memorabilium, medium ita locum tenens inter laterculum et chronographiam. Hunc Pontificalis totidem fere verbis et ita, ut singula capita ab hisce excerptis ordiri soleant, suo volumini inseruit. Nos eum in hac praefatione non repetivimus, sed singulis vitis quae in Catalogo respondent subscripsimus.

2. Index quem nos nuncupamus est laterculus habens praeter nomina solos annos menses dies episcopatus, recensitus hoc loco ad duodecim exemplaria mox nominanda[2]). Exemplaria ea omnia redire ad unum idemque archetypum colligitur cum ex consensu eorum in nominibus et numeris plerisque, tum potissimum inde, quod in Indice hoc (composito omnino utilitatis studio maiore quam veritatis ad illustrandam continuationem Romani episcopatus ab ipsa origine ad diem praesentem non interruptam) schismata omnia praetereuntur, sed admittitur una cum Liberio Felix II

---

[1]) Chronicis Hieronymianis, quibus inserta sunt episcoporum Romanorum nomina cum annis, sed omissis fere mensibus diebusque, in Pontificali libro formando nullae partes datae sunt. Tractabimus autem hoc loco non quaestionem difficillimam et late patentem de episcoporum Romanorum origine et ordine, quam duo viri egregii Lightfoot (*the apostolic fathers, Clement* vol. 1 p. 201 sq.) et Harnack (act. minor. acad. Berol. a. 1892 p. 617 seq.) doctrina et sagacitate sibi propria nuper elucidaverunt. Utiliter praeterea adhibebuntur quae de spatiis episcoporum exposuit Duchesnius praesertim vol. 1 p. XVI—XXI. Nos hoc solum nobis proposuimus explorare, quibusnam auctoribus in ordine episcoporum constituendo spatiisque episcopatuum determinandis ii usi sint qui Pontificalem librum formarunt et formatum recognoverunt.   [2]) Etiam Graece scripti episcoporum Romanorum catalogi, scilicet qui sint scripti post Constantinum, itemque scripti lingua aliqua Orientali ex eodem laterculo origine urbano proficisci videntur admittuntque licet non omnes Felicem II (cf. Lightfoot l. c. p. 240 seq. 314 seq. 322). Sed cum menses raro habeant, dies semper omittant, hoc loco potuerunt omitti. — Picturarum indices ecclesiae urbanae sancti Pauli (cf. Duchesne vol. 1 p. XXV seq. LXXX seq.; Lightfoot l. c. p. 318) a nobis praetermissi sunt propter causam infra expositam.

(n. XXXVIII) omnino propterea, quod eum Indicis auctor non pro antipapa habuit, sed pro coepiscopo, recte ni fallor[1]). Scilicet ut narrat Sozomenus (hist. eccl. 4, 11—15) Liberio episcopo a Constantio in exilium misso vicarius eius factus est Felix diaconus; deinde populo Romano rogante, ut Liberius sibi redderetur, et suadentibus episcopis Sirmii congregatis imperator Liberio permisit, ut Romam rediret et una cum Felice episcopatum administraret (γράφουσί τε προσδέξασθαι αὐτὸν οἱ ἐν Σιρμίῳ ἐπίσκοποι Φήλικι τῷ ἡγουμένῳ τότε τῆς Ῥωμαίων ἐκκλησίας καὶ τῷ ἐνθάδε κλήρῳ, ἄμφω δὲ τὸν ἀποστολικὸν ἐπιτροπεύειν θρόνον καὶ κοινῇ ἱερᾶσθαι μεθ᾽ ὁμονοίας). Paullo post defuncto Felice Liberius solus episcopus remansit (ὀλίγον δὲ χρόνον Φήλικος ἐπιβιώσαντος μόνος Λιβέριος τῆς ἐκκλησίας προΐστατο). Hanc litigiorum compositionem sequitur fere narratio libri Pontificalis, in minoribus hic plura conturbans, sed rei summam recte enuntians verbis p. 79, 2: *omnes itaque anni Felicis in huius* (Liberii) *ordine dinumerantur*. Sequitur eandem item is qui Indicem composuit, cuius octo exemplaria ex novem Felici spatium aut nullum (n. 1. 3. 4. 5. 8. 9) aut paene nullum (n. 2. 6) adscribunt, unum solum nequaquam egregium (n. 7) solito more formatum spatium apponit. — In spatiis determinandis Indicis exemplaria in duas quodammodo familias ita discedunt, ut ab una parte stent exemplaria antiquiora maxime 1. 2. 3. 4, ab altera recentiora maxime 7. 8. 9, quamquam non desunt loci a communi hac lege recedentes. Archetypum omnium extitisse saeculo quinto exeunte vel certe incipiente sexto inde colligitur, quod ex exemplaribus antiquissimum quod videtur finit in spatio Gelasii I (492—496), tria ex ordine temporum sequentia in spatio Hormisdae († 523), sextum in Iohanne II († 535). Laterculus quo tempore in hanc formam redactus sit cum determinari nequeat[2]), certe nihil obstat, quominus vetustate Liberianum aut aequet aut superet. Immunem eum mansisse a corruptelis Liberiano propriis infra ostendemus.

Indicis exemplaria post Schelestratium Bianchinium Vignolium Lipsium alios nuper composuit Duchesnius (vol. 1 p. 24—33) numero novem[3]), quibus decimo loco addidimus spatia fragmenti Veronensis supra p. XI edita pervenientia a Symmacho ad Vigilium, undecimo quae subiecta sunt epitomae Felicianae pervenientia a Bonifatio IV ad Pelagium II, duodecimo quae reperiuntur in continuatione Prosperiana Havniensi a Felice III ad Deusdedit. Ipse quamquam eius generis codices non paucos evolvi[4]), plerosque laterculos vidi sumptos esse non tam ex Indice quam ex libro Pontificali[5]) neque ullum

---

[1]) Exposui de controversiis his in commentario *die römischen Bischöfe Liberius und Felix II* inserto ephemeridi *deutsche Zeitschrift für Geschichtswissenschaft, neue Folge* 1 a. 1896/7 p. 167—179.   [2]) Lightfootius (l. c. p. 311) Leonini vocabulum ei tribuit propterea quod in paschali Cizensi scripto a. 447 haec leguntur (chron. min. vol. 1 p. 507): *huic collectioni paschalium dierum non solum seriem consulum conexuimus, sed etiam annos apostolicae sedis antistitum et aetates regni principum Romanorum diligentissima adnotatione subdidimus.* At eius generis tabulas certe inde ab aetate Constantiniana publice circumferri solitas esse cum ostendat chronographia Philocaliana, verba illa non determinant, cuius naturae index is de quo agunt fuerit.   [3]) Catalogos aliquot aetatis recentioris recenset Maassen *Quellen* 1 p. 405. Compilationes indigestae, quas proponunt editores Solesmenses (*origines de l'église Romaine par les membres de la commission de Solesmes* vol. 1 Parisiis 1886 p. I—CXII) et Pitra (analecta novissima spicilegii Solesmensis, altera continuatio tom. 1 a. 1885 p. 315—334) utilitatem non habent.   [4]) Inter libros quos ego examinavi unus Monacensis 14732 (olim S. Emmerami G 117) saec. XII, finiens in Iohanne III († 574) mutilus, non redit ad librum pontificalem, cum omittat Anacletum et admisso Marcellino Marcellum, sed ad Indicem. Numeri tamen, quos enotavi, a testatis nostris non recedunt nisi apertis corruptelis (casu opinor Pio tribuuntur d. XXI cum catalogo Liberiano), nec dignus visus est liber recens, quem in hunc ordinem referrem.   [5]) Catalogi derivati ex Pontificali cum plerumque textum classium meliorum sequantur, inveniuntur tamen recedentes a numeris vulgaribus et pendentes a classe tertia. Ita catalogus libri Havniensis 1582 finiens in Nicolao II († 1061) habet spatia haec: Anterotis (qui Pontianum praecedit) XII. I. XII (cum vulgaribus) — Pontiani V. II. II (fere ut cl. III) — Marcelli V. VII. XXI (cum vulg.) — Eusebii II. II. XXV (cum cl. III) — Pelagii primi XI. X. XVIII (cum vulgaribus). Similiter editus nuper (spicilegium Casin. tom. 1 a. 1888 p. 419 cf

deprehendi, qui utilitatem aliquam haberet. — Exemplaria quae composui non proficisci e Pontificali declarat ipsa aetas codicum et magis etiam syllogarum, quibus continentur, ut mittamus Anacletum in Pontificalem librum perperam receptum, in laterculis illis recte praeteritum aliaque similia vera antiquitatis indicia, de quibus infra dicetur. Vere originem ducunt Indicis exemplaria quae supersunt ex corporibus canonum synodicorum et decretorum pontificalium secundum seriem pontificum dispositorum incipientium ab initio saeculi VI; ea eiusmodi laterculum pariter requirunt atque corpora constitutionum imperatorum (cf. chron. min. vol. 3 p. 412). Ex nostris quinque et in his vetustissima quaeque I. II. III. IV. VII ex eius generis corporibus constat descendere et reliqua quoque ex similibus syllogis proficisci probabile est. Origo igitur communis confirmat quod supra exposuimus exemplaria Indicis omnia redire ad idem archetypum subinde continuatum.

1. Arrasiensis n. 644, antea S. Vedasti, saec. IX; index praemissus est syllogae canonum Quesnelianae. Spatia finiunt in Felice III (492), nomina in Severino († 640). praescribitur: *brcb[e] nominum episcoporum urbis Romae qui fuerunt a sancto Petro quis quantum sedit*. Edidit primus Duchesnius p. 14, ad quem repetivi.

2. Corbeiensis olim, deinde S. Germani n. 936, iam Parisinus n. 12097 saec. VI. Praemittitur syllogae canonum quae ab hoc codice appellari solet (Maassen *Quellen* 1, 556). Nomina et spatia finiunt a prima manu in Hormisda († 523); adiecta sunt manu diversa nomina et anni (sine mensibus diebusque) ad Vigilium, cui dantur anni non XVII toti, sed tantummodo XIIII. Praescribitur: *incipiunt nomina apostolicorum*, subscribitur a manu tertia non noni saeculi, sed (admonuit Traubius) duabus prioribus fere aequali: *ab apostoleca sede Petri apostoli usque ordenatione sancti Silvestri anni CCLVII* (*luii* est in litura a manu diversa). Ediderunt Mabillon primus (vetera analecta ed. 1682 vol. 3 p. 426, ed. 1723 p. 218) et ad codicem Duchesne p. 16; photographice repraesentaverunt Bastard *peintures et ornaments des manuscrits* tab. 7 (secundum numerationem *neues Archiv* 8, 453) a Gelasio ad Hormisdam et a Marco inde ad finem Zangemeister et Wattenbach in exemplis codd. Lat. tab. 40.

3. Teatinus origine, iam Vaticanus reginae n. 1997 fortasse saec. VIII, syllogae canonum, quae ab hoc codice appellatur (Maassen l. c. p. 526). Index reperitur medius inter concilia Romae habita sub Symmacho a. 499 et 502. Nomina et spatia finiunt in Hormisda († 523), ad quem numerantur episcopi LII. Praescriptio nulla; subscriptum *expl. amen*. Edidit primus Lipsius *Chronologie der römischen Bischöfe* (1869) p. 128 (cf. p. 78) ad exemplum Bethmanni, deinde Duchesne p. 18; recognovi codicem, qui ab editione Duchesniana non differt.

4. Remensis olim, deinde apud Phillippsium n. 1743, iam Berolinensis Phill. n. 84 saec. VIII, syllogae canonum quae ab hoc codice appellari solet (Maassen l. c. p. 638; Rose *lat. Meerman-Hdschr.* p. 171). Indicem f. 293 praecedit decretum papae Gelasii de libris recipiendis vel non recipiendis, sequitur laterculus provinciarum Galliarum (chron. min. vol. 1 p. 564). Spatia finiunt in Hormisda († 523), nomina in Felice IIII

---

praef. p. CII) ex codice Casinate 557 scripto c. a. 1166 finiens in Silvestro et propterea venditatus pro thesauro habet et Anacletum et cum Marcellino Marcellum, Anicetum ante Pium, Anterotem ante Pontianum, numeros fere tertiae classis (ut Dionysio dantur a. II m. III d. VII). Omnino quibus copia data est laterculorum scriptorum inspiciendorum, desiderandum est, primum ne acta agant inutilibus et merita nocte sepultis in lucem prolatis, deinde et multo magis, ut eorum publice rationem reddant, qui non descendunt ex libro pontificali, id est qui non habent Anacletum et Marcellum. Nam quamquam errant, qui eius generis laterculum nacti propter propria quaedam plerumque vitiosa eum ineditum credunt neque causa est, cur Index pontificum Romanorum aliter tractetur atque reliqua scripta pluribus codicibus tradita, exemplorum collatorum optandum est ut numerus augeatur.

(† 530). Episcopi numerantur; postremus Felix IIII est quinquagesimus quartus. Praescribitur et subscribitur: $\overline{incp}$ (in fine $\overline{explnt}$) *nomina episcoporum qui in urbe Romae* (*roma* in fine) *fuerunt*. Ediderunt ad apographum Pertzii Lipsius l. c. et a Bergero descriptum Duchesne p. 20. Ipse recognovi neque quicquam repperi quod in exemplari edito mutandum esset.

5. Laudunensis saec. VII ('ex bibliothecae manuscripto S. Ioannis Laudunensis ab annis plus mille descripto'), hodie deperditus, una cum catalogo patriarcharum Alexandrinorum, cuius spatia finiunt in Timotheo Elurio († 477), nomina in Apollinari (c. a. 559). Spatia episcoporum Romanorum, quae non habent nisi annos et menses, finiunt in Pelagio I († 561), nomina (a prima manu ut videtur, nam ad eum adscriptum est *usque praesens tempore Mauritii imp. Augusti*) in Pelagio II († 590); accedit nomen Gregorii I. Praescriptum est: *incipiunt Romanorum nomina sacerdotum*. — Laterculus haud scio an Graecis potius adnumerandus sit quam oriundis ex ecclesiis Latinis. Nam praeter coniunctionem cum altero Alexandrino omittit dies (cf. p. XXVIII not. 2) neque habet Felicem II., quae duo momenta in solis Graecae ecclesiae laterculis observata sunt. Praeterea admodum perturbatus est. Addit episcopos quattuor male geminatos vel ficticios post Fabianum (21) Victorem, post Xystum II (25) Maximum, post Damasum (39) Musonium, post Agapitum (59) Vigilium; ita cum Felicem II, ut dixi, omittat, Dionysium (26) habeat quidem, sed non numeret, duobus numeris demptis, quattuor additis laterculi Laudunensis ultimus Gregorius I, Indicis LXIV, hic est LXVI. Edidit laterculum Montfaucon ad Athanasii opera tom. I part. I (1698) p. XC.

6. Coloniensis n. 212 continens syllogen canonum, quae ab eo appellatur, in foliis duobus a glutinatore adiectis indicem pontificum habet scriptum a manu vetustiore, saeculi ut videtur sexti. Spatia, quatenus a prima manu sunt, finiunt in Iohanne II († 535), nomina in successore eius Agapito; eius spatium itemque nomina spatiaque ad Pelagium II († 590), nomen solum successoris eius Gregorii I. adiecit manus altera. Praescriptum: *incipiunt nomina sanctorum episcoporum qui sedem beati Petri sedere meruerunt*, subscriptum a manu prima: *qui fiunt anni DVIII* (non *DCVIII*, ut est apud Duchesnium). Ediderunt Maassen *Quellen* 1 (1870) p. 958 et Jaffé et Wattenbach eccl. Colon. codd. mss. (1874) p. 165. Photographice expressum dederunt Zangemeister et Wattenbach in exemplis codd. Lat. tab. 37. 38, ad quos repetivi.

7. Albigensis n. 2 saec. IX canonum syllogae ei, quam enarrat Maassen l. c. p. 592, praeposuit laterculos tres, dioecesium Galliae (cf. chron. min. vol. 1 p. 524), provinciarum imperii Romani (l. c. p. 563), episcoporum urbis Romae. Nomina et spatia perveniunt ad Pelagium II († 590) adiecto successore Gregorio I cum spatio corrupto. Episcopi non numerantur. Praescriptio et subscriptio nullae. Edidit Duchesnius l. c. p. 26, ad quem repetivi.

8. Fredegariana quae dicitur sylloge scripta saec. VII medio in fine libri primi inter excerpta Hieronymiana et Isidoriana catalogum continet episcoporum Romanorum, cuius in vetustissimis exemplaribus spatia finiunt in Iohanne IV († 642) adiecto sine spatio nomine successoris Theodori. Manus altera in exemplo primario indicem continuavit ad Hadrianum I. († 795). Praescriptum: *incipit $\overline{not}$ de episcopis sanctae ecclesiae Romanae qui cui successit vel quanto tempore fuit*. Post Dodwellium (diss. de pontif. Rom. post opp. postuma Pearsonii Londinii 1688 p. 222), qui libro usus est Oxoniensi Bodleiano mus. 74 derivato ex melioribus (cf. *neues Archiv* 4, 383), indicem eum edidit inter Fredegariana Kruschius (script. Merov. vol 2 p. 34), exprimens codicem, a quo reliqui pendent, Parisinum 10910 saec. VII/VIII adiecta varia lectione Mettensis n. 134 et Bernensis n. 313. Illum item adhibuit Duchesnius p. 28.

9. Corbeiensis olim, deinde S. Germani n. 255, iam Parisinus 12205 saec. VIII. Praecedunt scripta varia Augustini et Nili et regulae sanctorum patrum Serapionis aliorumque. Spatia perveniunt ad Cononem († 687), nomina ad Iohannem VI (†;705). Praescribitur: *incp de episcopis Romanae ecclesiae.* Abest ab hoc exemplari Petrus. Episcopi non numerantur, sed adscribitur ad Gregorium I: *fiunt usque hic LXIII.* Edidit primus Mabillon in analectis ed. 1682 vol. 3 p. 428, ed. 1723 p. 219; item ad codicem Duchesnius p. 31.

10. Codex Veronensis n. XXII (20) saec. VI, de quo supra p. VIII dixi, initio mutilus continet nomina et spatia episcoporum a Symmacho ad Vigilium († 555). Iis numeros praescribit LII—LX.

11. Codices duo pleni epitomae finientis in Felice IIII Parisinus n. 1451 et Vaticanus reginae n. 1127 post eam, ut infra in codicum enarratione dicetur, sistunt nomina episcoporum cum spatiis suis a Felice IIII (quem index repetit errore) ad Pelagium II († 590). Laterculus alter eorundem librorum finiens in Hadriano I († 795) vel in Paschali I († 824) a nobis non est receptus utpote derivatus ex libro Pontificali. Illi, quem admisimus, subscriptum est: *a beato Petro usque nunc fiunt anni CCCCXLIIII et menses VII* (*ui* Vat.) *excepto interuallos* (*-lus* Vat.) *episcopati.* Numeri librum Pontificalem continuantes esse debuerunt LVI—LXV, sed cum primum episcopum numeratum iam in epitoma laterculus repetat et duos sequentes male geminet, praescripti sunt pro veris numeri LVII—LXVIII.

12. Codicis Havniensis n. 454 collectanea Prosperum continuantia (dixi de eis in chron. min. vol. 1 p. 266) inter alia exhibent nomina episcoporum Romanorum cum spatiis suis a Felice III († 492) ad Deusdedit († 618), quae laterculo inserui.

Numeros episcopis praescribunt ex laterculis his tertius quartus quintus decimus undecimus numeratque episcopos etiam nonus. Missis quinto et undecimo, de quorum numeratione corrupta supra diximus, tertius et quartus nominibus recensitis recte respondent, item nonus, nisi quod cum ab eo Petrus absit, Gregorius I Indicis LXIV hic est LXIII. Consentit cum Indice continuator Marcellini Vigilium faciens episcopum LVIIII (chron. min. vol. 2 p. 46). — Pontificalis liber convenit cum Indice eatenus, quod addit duos Anencletum et Marcellinum. — Differt laterculus decimus omnium optimus Symmachianus unum episcopum nescio quomodo addens; nam Symmachus Indicis LI ibi est LII. Fieri potest, ut omisso Petro scriptor admiserit Anencletum et Marcellinum. — Hieronymus cum Petrum inter episcopos non numeret et omittat Felicem II, episcopus ei extremus Damasus, Indicis XXXVII, Pontificalis XXXIX, apud Hieronymum est |XXXV. Sequuntur Hieronymum continuatores eius Prosper, apud quem extremus Leo I, Indicis XLV, Pontificalis XLVII, est XLIII, item Marcellinus ipse (chron. min. l. c.).

PROLEGOMENA.

1 *(1—8, om. 9)*							
Petrus	sed. ann.	XXV	mens.	II	d.	III	
sanctus petrus *3. 4. 8*		xx *2*				ii *8*	
petrus apostolus *5*		xxxu *4*					
beatus petrus *7*							
2 *(1—9)*							
Linus	sed. ann.	XI	mens.	III	d.	XII	
iulius *5*		xii *9*		ii *4*		ii *4*	
		xiii *5*		u *9*		xuii *8*	
				ui *5*		om. *7*	
3 *(1—9)*							
Cletus	sed. ann.	XII	mens.	I	d.	II	
clytus *2*		ui *4*		ii *9*		u *9*	
aniclytus *6*		uiii *9*				uiii *6*	
anclitus *7*		xi *1*				uiiii *7*	
		xxii *6*				xii *1*	
						xuiiii *8*	
4 *(1—9)*							
Clemens [I]	sed. ann.	VIIII	mens.	I	d.	X	
climens *2*		ui *9*		ii *6. 7. 8*		i *2*	
				x *2*		xiiii *9*	
6 *(1—9)*							
Euaristus	sed. ann.	VIIII	mens.	X	d.	II	
euuaristus *1. 2. 7*		uiii *2. 4*		iii *9*		xii *9*	
euuarestus *4*		xiiii *9*					
euarestns *5*							
euaritus *8*							
7 *(1—9)*							
Alexander [I]	sed. ann.	XII	mens.	VII	d.	II	
		uii *9*		ui *9*		ui *9*	
		x *6. 7. 8*		uiii *4*			
8 *(1—9)*							
Xystus [I]	sed. ann.	X	mens.	II	d.	I	
xistus *2. 5*		xxu *9*		iii *5. 8*		ii *8*	
syxtus *3. 8*				(errat Duch. de *6*)			
sixtus *4. 6. 7*							
9 *(1—9)*							
Telesphor	sed. ann.	XI	mens.	I	d.	XXI	
talesfor *3*	telisforus *6*	xii *1*		iii *6. 7. 8. 9*		xui *7*	
telespur *7*	thelisforus *9*					xxui *9*	
telesior *8*	talesphorus *5*						
thelispher *2*	talisfurus *4*						
telesforus *1*							
10 *(1—9)*							
Egenus	sed. ann.	IIII	mens.	III	d.	I	
ygenus *8*	aginus *3*	iii *4*		ii *3. 4*		iii *7*	
ygaenus *1*	ingenuos *6*	ui *9*		om. *1*		iiii *6. 9*	
yginus *9*	eugenius *4*	xu *1*				xi *1*	
iginus *5*						om. *8*	

Propter laterculorum praescripta numerosque episcopis praescriptos vide praemissa. — Compendia codicum in vocabulis ann. — mens. — d. *non adnotantur. — Nominibus singulis episcoporum praem.* dom. *6. —* dies om. *hic et deinceps 5.*

ad *3*: isti uiuente dom. petro sederunt *adnotat 6.*

11 *(2—9; om. 1)*				
Pius [I]	sed. ann. XVIIII	—	d.	XI
osus *2*	xuiii *2. 4. 9.*	iiii *6. 7. 8. 9*		i *2*
				iii *7. 8. 9*
12 *(1—7. 9; om. 8)*				
Anicetus	sed. ann. XI	mens. IIII	d.	III
anichetus *1*	anecitus *7.*			ii *2*
anicitus *2. 3. 9*	niceta *5*			
anecetus *4*				
13 *(1—9)*				
Soter	sed. ann. VIIII	mens. II	d.	XXI
sother *3. 6. 7. 8*	uiii *4. 5. 6*	iii *1*		ii *9*
suther *4*	xiiii *9*	u *9*		
socher *2*		ui *6. 7. 8*		
14 *(1—9)*				
Eleutherius	sed. ann. XV	mens. III	d.	II
eleuterius *5. 6*	filetus *9* u *9*	ii *1*		i *1*
heleuterius *3*		x *9*		xxii *9*
eleuterus *1*				
eleuther *8*				
15 *(1—9)*				
Victor [I]	sed. ann. XV	mens. III	d.	X
uictor *4*	x *6. 7. 8*	ii *6. 7. 8*		
		iiii *5*		
16 *(1—7. 9; om. 8)*				
Zeferinus	sed. ann. XVIII	mens. VI	d.	X
zepherinus *5. 7*	uiii *6. 7*	uii *2. 6. 7*		iii *1*
zyferinus *6*	xuii *4*			u *9*
ciferinus *4*				xu *6*
g(?)epherinus *2*	seuerinus *9*			
17 *(1—9)*				
Callistus [I]	sed. ann. V	mens. X	d.	X
callestus *1*	ui *7*	ii *7. 8. 9*		
calistus *2. 3. 4. 5. 7*		iii *6*		
calestus *8. 9*		xi *1*		
18 *(1—9)*				
Urbanus [I]	sed. ann. VIIII	mens. I	d.	II
orbanus *4. 8*	iiii *7. 8*	x *6. 7. 8*		i *1*
	uiii *4*			xii *6. 7. 8*
19 *(1—9)*				
Pontianus	sed. ann. VII	mens. X	d.	XXII
poncianus *4. 8*	u *1*	u *1. 6. 7. 9*		ii *7. 8. 9*
potentianus *7*	uiiii *6. 7. 8. 9*			xii *6*
20 *(1—9)*				
Anteros	sed. —	mens. I	d.	XVIIII
antheros *3*	i *4*	ii *5*		x *9*
anterus *1. 4. 5. 7. 8*	x *6*			xi *2*
antherus *6. 9*	xi *9*			xii *6. 7. 8*
anthyrus *2*	xii *1. 7. 8*			xuii *4*

PROLEGOMENA. XXXV

21 *(1—9)*				
Fabianus	sed. ann. XIIII	mens. II	d.	X
fauianus *2*		i *8. 9*		xi *7. 8*
flauianus *4. 8*		iiii *5*		
gatitanus *9*		om. *7*		
22 *(1—9; post Fabianum ins.* Victor a. XV m. III *5)*				
Cornelius	sed. ann. II	mens. III	d.	X
cornilius *2. 4. 6. 8*	iii *8*	ii *7. 9*		iii *7. 8. 9*
				incert. *2*
23 *(1—7. 9, om. 8)*				
Lucius	sed. ann. III	mens. VII	d.	X
lucas *1*	iiii *2. 3. 4*	i *7*		u *1*
	uiiii *6*	iii *6. 9*		iii *7. 9*
		uiii *2. 3*		incert. *2*
24 *(1—9)*				
Stefanus [I]	sed. ann. VI	mens. V	d.	V
stephanus *1. 3. 9*	xi *5*	i *2*		ii *7. 8*
steuanus *4*	om. *9*	om. *9*		x (?) *2*
				om. *9*
25 *(1—9)*				
Xystus [II]	sed. ann. I	mens. X	d. XXVI	
xistus *5* sixtus *4. 6*	uii *5*	i *2*		xuii *4*
sistus *2*		om. *5*		xxiii *7. 8*
it. sixtus *7*				xxu *1*
syxtus *3. 8*				incert. *2*
26 *(1—9; post Eutychianum 5, hoc loco inserens* Maximus a. VIII m. V*)*				
Dionysius	sed. ann. VIII	mens. V	d.	IIII
dionisius *1. 4. 8* dionitius *6. 7*	ui *7. 8. 9*	ii *7. 8*		i *9*
zionisius *3* dionethius *2*	uii *1*	uiiii *5*		iii *2*
dyonisius *9*	uiiii *5*			
27 *(1—9)*				
Felix [I]	sed. ann. IIII	mens. I	d.	XXV
felex *4*	iii *9*	ii *5*		xxui *8*
	uii *6*	iii *8*		incert. *2*
		u *7*		
28 *(1—9)*				
Eutychianus	sed. ann. I	mens. I	d.	I
euticianus *4. 5. 6. 9* puthicinus *8*	iiii *6*	ii *7*		ii *3. 4*
outitianus *7*	u *8*	om. *5*		xi *6*
euthitianus *2*	om. *5*			inc. *2*
euthicianus *3*				om. *9*
29 *(1—9)*				
Gaius	sed. ann. XI	mens. IIII	d.	XII
gagius *4*		ui *7*		uii *7*
				xi *2*
				xu *4*
30 *(1—9)*				
Marcellus	sed. ann. I	mens. IIII	d.	XVI
marcellinus *5*	uiiii *5. 7. 8. 9*	iii *7*		xii *3. 4*
		ui *6*		incert. *2*.
		om. *5*		

e*

XXXVI PROLEGOMENA.

32 (1—9) Eusebius	sed.	—	mens. VI	d. III	
		i 6	i 8. 9		
		u 7	om. 2. 5. 7		
		ui 8. 9			
33 (1—9) Miltiades	sed. ann. IIII		—	—	
militiades 5. 9	melsiadis 2		uii 5		
…tiadis 6	melciades 1				
militiadis 7	melchiadis 3. 4				
miliciadis 8					
34 (1—9) Silvester	sed. ann. XXIII		mens. X	d. XI	
seluester 4	xxii 1		om. 5	x 2	
… ter 6	xxxiii 5				
35 (1—5. 7—9; om. 6) Marcus	sed. ann. II		—	d. XX	
marus 4	om. 5		i 2	x 9	
murcus 7			uiii 5	om. 7. 8	
36 (1—9) Iulius	sed. ann. XV		mens. II	d. VII	
sulius 9	u 8		iiii 5	uiii 2	
periit 6	xuii 5			x 9	
				xuii 6 om. 7. 8	
37 (1—9; inter Iulium et Liberium ins. …… [nomen deficit charta lacera] sed. ann. VII mens. VIII dies VII 6)					
Liberius	sed. ann. VI		mens. IIII	d. VIII	
			iii 7. 8	iiii 7. 8. 9	
			ui 9	uiiii 4	
38 (1—4. 6—9; om. 5) Felix [II]	sed.	—	—	—	
felex 4		a. I 6	m. ii 7	d. i 2	
		a. uiii 7		d. ui 7	
39 (1—9) Damasus	sed. ann. XVIII		mens. III	d. XI	
damassus 1. 3 (m. pr.) 4	uiii 7		om. 5	uiii 6	
				x 1. 7 xii 9	
40 (1—9; post Damasum inserit Musonius ann. [sine spatio] 5)					
Siricius	sed. ann. XV		—		
siricus 1. 7			i 4	xi 7	
syricius 3. 6. 8. 9				xxi 3	
41 (1—9) Anastasius [I]	sed. ann. III		—	d. X	
anastasius 2			i 5	xxi 2. 4	
				xxiiii 6 om. 3. 7	
42 (1—9) Innocentius [I]	sed. ann. XV		mens. II	d. XXI	
innocencius 1	xuii 4		i 8. 9	xxii 1. 3	
			iii 1. 5		

ad 34: siluester] positio eius kal. ianuarias adnotat 2.
ad 38: felix] puncta sequuntur adiecta a manu prima 2.

PROLEGOMENA. XXXVII

43 (1—9)				
Zosimus	sed. ann.	VII	mens. VIIII	d. XVIIII
iosemus 2		*i 7. 8. 9*	*iii 7. 8. 9*	*uiiii 2*
zosemus 8		*iiii 6*	*iiii 1. 6*	*xi 7. 9*
			uiii 4	*xu 6. 8*
			xuiiii 2 [manus sec.]	*xxiiii 1*
44 (1—9)				
Bonifatius [I]	sed. ann.	III	mens. VIII	d. VI
bonefatius 2. 6				*uiii 3*
bonefacius 4. 8				*xiii 6*
bonifacius 5				*xuiiii 4*
45 (1—9)				
Caelestinus [I]	sed. ann.	VIIII	mens. X	d. XVII
celestinus 2. 3. 7		*iii 8*	*xi 4*	*xui 6. 9*
		uiii 7. 9		*xuiiii 3. 4*
46 (1—9)				
Xystus [III]	sed. ann.	VIII	—	d. XVIIII
sistus 2	*xistus 5*	*iii 5*	*iii 8*	*xui 6*
syxtus 3. 6	*it. sixtus 7*	*ui 8*		*xuii 9*
sixtus 4				*xx 4*
47 (1—9)				
Leo [I]	sed. ann.	XXI	mens. I	d. XIII
		uiii 6	*om. 6. 7*	*xiiii 8*
		xii 8		*xuiii 6*
		xx aut xxi 2		
48 (1. 2 [v. add. m. sec.]. 3—9)				
Hilarus	sed. ann.	VI	mens. III	d. X
hilarius 1. 5	*hylarus 3*	*uii 6*	*ii 3. 5. 9*	*xi 8*
helarus 2. 4	*helarius 6. 8*			*xii 9*
49 (1—9)				
Simplicius	sed. ann.	XV	—	d. VII
symplicius 6		*xui 8*	*i 7. 8. 9*	*iii 7*
simplitius 7				*ui 9*
50 (1—9. 12)				
Felix [III]	sed. ann.	VIII	mens. XI	d. XVII
it. felix 2	*1 fin. sp.*	*uiiii 5*	*u 2*	*xuiii 7. 9*
felex 4		*xuii 12*	*x 6. 9*	*xxuii 8*
filius 8			*om. 5*	
51 (1 nom., 2—9. 12 sp.)				
Gelasius [I]	sed. ann.	IIII	mens. VIII	d. XVIII
athelacius 2		*ii 4*	*om. 7*	*xiii 8*
gelatius 6. 7				*xuiiii 4*
52 (1 nom., 2—9. 12 sp.)				
Anastasius [II]	sed. ann.	I	mens. XI	d. XXIIII
anasthasius 2			*x 7*	*xiii 7*
anostatius 6				*xxiii 9*
53 (1 nom., 2—9. 10. 12 sp.)				
Symmachus	sed. ann.	XV	mens. VII	d. XVII
simmachus 1. 4. 5. 12			*ui 5*	*xxu 8*
symmacus 2			*uiii 8*	*xxui 6*
simachus 7				*xxuii 7. 10*
				xxuiii 3. 4

PROLEGOMENA.

54 *(1 nom., 2—9. 10. 12 sp.)*
Hormisda   sed. ann. VIIII   —   d. XVIII
    ormisda *1. 4*   uiii *4. 8*   uii *12*
    ormisdas *5*   xuiii *12*   xiii *6*
    horomista *8*   xui *9*
    ormesda *7*   xuii *2. 8. 10*
    hormista *12*   om. *4*

55 *(1. 4 nom.; 2 [m. sec. annos solos]. 5. 6. 8—10. 12 sp.; om. 7)*
Iohannes [I]   sed. ann. II   mens. VIIII   d. XVI
    iohannis *1. 2. 4. 6. 8. 10*   uiii *6. 8. 12*   u *6*

56 *(1. 4 nom.; 2 [m. sec. annos solos]. 5. 6. 8—12 sp.; om. 7)*
Felix [IIII]   sed. ann. IIII   mens. II   d. XII
    felex *4*   ii *5. 8*   om. *8*   xiii *8*
     iii *2 [m. sec.]. 12*   xiiii *12*

57 *(1 nom.; 2 [m. sec. a. solos]. 5. 6. 8—10. 11 [sic ordinans: 57. 58. 56. 57. 58—65 itaque bis ponens ep. 57. 58]. 12; om. 7)*
Bonifatius [II]   sed. ann. II   —   d. XXVI
    bonefatius *2. 6. 11 (loco pr.)*   i *6*   xui *6*
    bonifacius *5. 8. 12*   xxu *11 (F² loco priore)*
    benefatius *11 (loco post.)*

58 *(1 nom.; 2 [m. sec. a. solos]. 5—12 sp.)*
Iohannes [II]   sed. ann. II   mens. IIII   d. VI
    iohannis *8. 10*   i *7*   u *11 (F² loco posteriore)*
    it. iohannis *2*   iii *11 (F² loco priore,*   xxu *11 (F² loco priore)*
    ioannes *5*   F¹ *loco utroque)*   xxui *11 (F¹ loco priore)*
    ioahnis *7*
    mercurius *1*

59 *(1 nom.; 2 [m. sec. a. solos]. 6 [nom. m. pr., sp. m. sec.]. 7—12 sp.)*
Agapitus   sed.   —   mens. XI   d. XVIII
    agapetus *1*   i *2 [m. sec.]. 5*   i *11 (F²)*   uiii *10*
    agapius *5*   iiii *9*   om. *5. 7. 12*   xuii *11 (F²)*
     u *7*
     xi *12*

60 *(1 nom.; 2 [m. sec. a. solos]. 5 [post Agapitum ins. Vigilius mens. XII (sic), habens item Vigilium loco suo]. 6 [m. sec.]. 7—12 sp.)*
Silverius   sed. ann. I   mens. V   d. XI
    seluerius *6*   ii *9*   iii *7*   xii *7*
    siluius *8*   om. *5. 10*   uiii *10*   xxui *9*
    silagerius *7*   x *5*   om. *10*
    seuerus *12*

61 *(1 nom.; 2 [m. sec. a. solos]. 5. 6 [m. sec.]. 7—12 sp.)*
Vigilius   sed. ann. XVII   mens. VI   d. XXVI
     ii *7*   ii *10*   uiiii *10*
     xiiii *2 [m. sec.]*   iii *5*   om. *9*
     xuiii *10*   uii *9*
     xuiiii *5*   om. *7*
     xui *11 (F²)*

62 *(1 nom.; 5. 6 [m. sec.]. 7—9. 11. 12 sp.)*
Pelagius [I]   sed. ann. IIII   mens. X   d. XVIII
    peladius *6. 7*   om. *9*   u *12*   uiiii *12*
    gelasius *5*   om. *5*   xuii *8*
     xuiiii *9*

PROLEGOMENA. XXXIX

63 *(1. 5 nom.; 6 [m. sec.]. 7—9. 11. 12 sp.)*
Iohannes [III]	sed. ann.	XII	mens.	XI	d. XXVI
iohannis *1. 8*		xi *8*		x *11 (F¹)*	xuiii *8*
ioahnis *7*				om. *8*	xxiii *7*
catellus qui et iohannis *5*					xxuii *12*

64 *(1. 5 nom.; 6—9. 11. 12 sp.)*
Benedictus [I]	sed. ann.	IIII	mens.	I	d. XXVIII
				om. *8. 11 (F²)*	xxuii *6. 9*
					om. *11 (F²)*

65 *(1. 5 nom.; 6 [m. sec.]. 7—9. 11. 12 sp.)*
Pelagius [II]	sed. ann.	X	mens.	II	d. X
peladius *6. 8.*					xi *6*
it. peladius *7*					

66 *(1. 5. 6 [nom.]; 7—9. 12 sp.)*
Gregorius [I]	sed. ann.	XIII	mens.	VI	d. X
		lxu *7*		ii *9*	om. *7*
				om. *7*	

67 *(1 nom.; 8. 9. 12 sp.)*
Sabinianus	sed. ann.	I	mens.	V	d. VIIII
sauinianus *1. 8. 9. 12*					uiii *12*

68 *(1 nom.; 8. 9. 12 sp.)*
Bonifatius [III]	sed.	—	mens.	VIII	d. XXII
bonefacius *8*		uiii *8*		uiiii *12*	
bonifacius *12*				om. *8*	

69 *(1 nom.; 8. 9. 12 sp.)*
Bonefatius [IIII]	sed. ann.	VI	mens.	VIII	d. XIII
bonipatius *1*		om. *9*			om. *9*
bonefacius *8*					
it. bonifatius *9*					
bonifacius *12*					

70 *(1 nom.; 8. 9. 12 sp.)*
Deusdedit	sed. ann.	III		—	d. XX

71 *(1 nom.; 8. 9 sp.)*
Bonefatius [V]	sed. ann.	V	mens.	X	—
bonefacius *8*					
bonifatius *9*					

72 *(1 nom.; 8. 9 sp.)*
Honorius [I]	sed. ann.	XII	mens.	XI	d. XVII

73 *(1 nom.; 8. 9 sp.)*
Severinus	sed.	—	mens.	II	d. IIII

74 *(8. 9)*
Iohannes [IIII]	sed. ann.	I	mens.	VIIII	d. XVIII
iohannis *8*				uiii *9*	ui *9*

75 *(8 [nom. m. pr., sp. sec.]. 9 sp.)*
Theodorus	sed. ann.	VI	mens.	V	d. XVIII
theuderus *8*				i *8*	

ad 65: usque praesens tempore mauritii imperat. augusti *adscribit 5*.
ad 66: fiunt usque hic lxiii *adnotat 9* (vide supra p. XXXI).

76 *(8 [m. sec.]. 9.)* Martinus [I]	sed. ann.	VI iii 9	mens.	I	d. XXVI
77 *(8 [m. sec.]. 9)* Eugenius [I]	sed. ann.	II	mens.	VIIII	d. XXIIII xuiiii 9
78 *(8 [m. sec.]. 9.)* Vitalianus	sed. ann.	XIIII xiii 8	mens.	VI	—
79 *(8 [m. sec.]. 9)* Adeodatus	sed. ann.	IIII	mens.	II	d. V
80 *(8 [m. sec.]. 9)* Donus	sed. ann.	I	mens.	V	d. X
81 *(8 [m. sec.]. 9).* Agatho	sed. ann.	II	mens.	VI	d. IIII xiiii 9
82 *(8 [m. sec.]. 9)* Leo [II]	sed.	—	mens.	X	d. XVII xuiii 9
83 *(8 [m. sec.]. 9)* Benedictus [II]	sed.	—	mens.	X	d. XII xiii 9
84 *(8 [m. sec.]. 9)* Iohannes [V] _{iohannis 8}	sed. ann.	I om. 9	—		d. VIIII x 9
85 *(8 [m. sec.]. 9)* Conon	sed.	—	mens.	XI	—
86 *(9 nom.; 8 [m. sec.] sp.)* Sergius [I]	sed. ann.	XIII	mens.	VIII	d. XXIII
87 *(9 nom.; 8 [m. sec.] sp.)* Iohannes [VI] _{iohannis 8}	sed. ann.	III	mens.	II	d. XII
88 *(8 [m. sec.])* Iohannes [VII] _{iohannis 8}	sed. ann.	II	mens.	VII	d. XVII
89 *(8 [m. sec.])* Sisinnius	sed.	—	—		d. XX
90 *(8 [m. sec.])* Constantinus	sed. ann.	VII	—		d. XV

PROLEGOMENA.

Laterculi hi duo Liberianus et Index non solum ex eadem radice creverunt, sed etiam numeri mensium dierumque, quos in parte prima a catalogi statu primitivo afuisse non ambigitur, ita (ut egregio acumine perspexit Lightfootius[1]) et conspirant et differunt, ut necesse sit aut ex Liberiano in Indicem eos translatos esse aut ex Indice in Liberianum. Id ut intellegatur, subieci eius partis numeros utrosque, quos comparanti tenendum est et Liberianum indicem unico exemplari servatum duobus locis male hiare et in Indicis exemplaribus hodie notis quibusdam locis numeros ita differre, ut archetypi communis lectio dubia sit.

	Index:			Cat. Liberianus:	
	m.	d.	m.	d.	
Petrus	II	III	I	VIIII	Petrus
Linus	III	XII	IIII	XII	Linus
Cletus	I	II (XII)	II	X	Cletus
Clemens	II (I)	X	XI	XII	Clemens
			X	III	Anacletus
Euaristus	X	II	VII	II	Euaristus
Alexander	VII	II	II	I	Alexander
Xystus	II	I	III	XXI	Xystus
Telesphorus	III (I)	XXI	III	III	Telesphorus
Hyginus	III	IIII (I)	III	VI	Hyginus
Pius	IIII *(om.)*	III (XI)	IIII	XXI	Pius
Anicetus	IIII	III	. . .	. . .	Anicetus
Soter	II (VI)	XXI	. . .	. . .	Soter
Eleuther	III	II	III	II	Eleuther
Victor	III	X	II	X	Victor

Menses diesque cum tam per quattuor primos episcopos quam fortasse inde a Sotere, certo ab Eleuthero ita concordent, ut contraria ad librariorum errores recte referantur, per episcopatus interpositos ita differunt, ut numeros in Indice ad Euaristum adscriptos Liberianus referat ad Anacletum et sic deinceps certe ad Hyginum, fortasse ad Soterem. Eius erroris origo omnino inde repetenda est[2]), quod Anacletus Cleti gemellus et antiquiori ordini in catalogo Liberiano male insertus ibi ad se traxit Euaristi menses diesque et sic deinceps. Quo modo Liberianus errorem eatenus sanaverit, ut fortasse a Sotere, certo a Victore numeri rursus conveniant, definiri nequit propter statum quo eum accepimus mancum et corruptum. Hoc apparet Indicem hoc loco ad formam primitivam propius accedere quam Liberianum, id quod aliis argumentis infra confirmabitur. Omnino a communi archetypo tempore procedente duo laterculi ii quos habemus ita abierunt, ut in Pontificali compilando pro diversis adhiberentur. Quomodo autem adhibiti sint, iam videamus.

Catalogi Liberiani exemplar scriptori libri Pontificalis praesto fuisse nostro vere unico plenius et emendatius inde colligitur, quod hoc ubi hiat, scilicet in Aniceto Sotere Eleuthero Zephyrino, quae deficiunt, consulatus praesertim ex libro Pontificali aliquatenus sarciri potuerunt.

Indicis exemplaria cum supra viderimus discedere in familias duas locis non paucis differentes, utriusque familiae numeri comparandi sunt cum numeris quos tradunt item diverse codices libri pontificalis.

---

[1]) L. c. p. 267.   [2]) Lightfootius causam erroris inde repetit, quod hiatum, quo ante Victorem Liberiani exemplar quod habemus laborat, adfuisse censet iam in eo quod adhibuit qui Indicem confecit; menses igitur diesque non ex Indice in Liberianum translatos esse, quae nostra opinio est, sed e contrario ex Liberiano in Indicem. At Indicem qui conscripsit non post saeculum quintum, eum parum credibile est adhibuisse Liberiani catalogi exemplar mutilum.

Sequitur conspectus spatiorum adscriptorum episcopis Romanis a Petro ad Constantinum tam in duobus laterculis, quibus libri Pontificalis auctor usus est, quam in ipsius libri Pontificalis recensione utraque. Tabulam per spatia XXXVI prima disposui tripertito, ut primus ordo habeat numeros catalogi Liberiani adiecta, quae fere nulla est, varia lectione [1]); secundus numeros Indicis secundum duodecim, de quibus supra p. XXVIII seq. diximus, exemplaria, quorum tamen quintum non habet nisi annos et menses diebus praetermissis; tertius numeros libri Pontificalis adiecta varia lectione epitomarum duarum FK et librorum $A^1.C^3.B^1$ (ad I—LII). $B^{2.3.4}T$ (ad LV). G (ad XL—XC). E^5 (ad LXI—XC). $E^{1.6}$, ut referuntur in editione, adsumpta ad iudicium de horum codicum indole confirmandum varia lectione librorum $C^{1.2}$. Secundi ordinis textum disposui ad exempla cum libro pontificali maxime consentientia et simillima ei, quod eius auctor adhibuit, posthabitis passim antiquioribus et probabilioribus. Tertii ordinis textum dedi ad editionis secundae codices plerosque raro ab Indice recedentes. In varia lectione, subiecta quae videntur profecta esse ex editionis prioris reliquiis (scilicet alia in epitoma K servata, alia in libris $C^3 E^{1.6}$ ex utraque editione contaminatis) convenientia cum numeris Liberianis vel prope ad eos accedentia, distincta sunt uncis quadratis.

A Liberio inde (XXXVII—XC) cum liber Pontificalis ex solo Indice pendeat et ab eo raro discedat, uno ordine numeros composui. In textu paucis locis iis, in quibus Pontificalis ab Indice recedit, huius numeros adieci intra ( ) praemissa littera P. In apparatu variam lectionem ad Indicem pertinentem ab ea quae in Pontificali reperitur lineola separavi.

Denique in tabulam hanc recepi episcoporum Romanorum chronologiam, qualem momentis omnibus singillatim expensis inde a Pontiano (nam spatia priora constat ficticia esse) Duchesnius (vol. 1 p. CCLX—CCLXII) egregia disquisitione composuit. Propter dubia et incerta multa sane et gravia eos qui hac tabula utentur ad ipsum remittimus ducem etiam in tenebris fidum et prudentem.

---

[1]) Repetita sunt quae in chronicis minoribus protuli vol. 1 p. 73—76 et in additamentis vol. 3 p. 718.

PROLEGOMENA.   XLIII

Cat. Liberianus				Index				Pontificalis		
				1–8	XXV	II	III	XXV	II	III
I PETRVS	XXV	I	VIIII		xx 2		ii 8		i $C^3E^{1\cdot 6}$	uiii $C^3E^{1\cdot 6}C^2c$
					xxxu 4					
II LINVS	XII IIII		XII	1–9	XI	III	XII	XI	III	XII
					xii 9	ii 4	ii 4	xii K		xi B^1
					xiii 5	u 9	xuiii 8	xu $C^3E^{1\cdot 6}$		xiii B^2
						ui 5	om. 7			
III CLETVS	VI	II	X	1–9	XII	I	II	XII	I	XI
(post Clementem Liber.)					ui 4	ii 9	sic 2. 3. 4	uii K		xx K
					uiii 9		u 9			uiii F^3
					xi 7		uiii 6			
					xxii 6		uiii 7			
							xii 1			
							xxuiii 8			
IV CLEMENS	VIIII	XI	XII	1–9	VIIII	II	X	VIIII F^3	II	X
(ante Cletum Liberianus)					ui 9	sic 6. 7. 8	i 2	xi K	om. K	xi B^4
						i 1. 3. 4. 5. 9	xiiii 9			
						x 2				
V ANACLETVS	XII	X	III		omissus			VIIII	II	X
								xii $FKC^{2\cdot 3}E^{1c\cdot 6}$	x PKC^3E^6	iii F
										uii $KC^3E^{1c\cdot 6}C^2$
VI EVARISTVS	XIII VII		II	1–9	VIIII	X	II	VIIII	X	II
					uiii 2. 4	iii 9	xii 9	uiii F^3	ui $E^{1\cdot 6}$	
					xiiii 9			xiii $K^1C^3E^{1\cdot 6}C^2p$	uii KC^3C^2p	
								xuii K^2		
VII ALEXANDER	VIII	II	I	1–9	X	VII	II	X	VII	II
	uii *Vind.*				sic 6. 7. 8	ui 9	ui 9	uiii $E^{1\cdot 6}$	u $E^{1p\cdot 6}$	
					uiii 9	uiii 4		xii K	uii F^3	
					xii 1. 2. 3. 4. 5					
VIII XYSTVS I	X	III	XXI	1–9	X	II	I	X	II	I
					xxu 9	iii 5. 8	ii 8		iii $C^3E^{1\cdot 6}C^2p$	xxi $C^3E^{1\cdot 6}C^2p$

f*

XLIV PROLEGOMENA.

Cat. Liberianus			Index				Pontificalis		
				XI	III	XXI	XI	III	XXI
IX TELESPHOR	XI	III	1—9	xii 1	sic 6.7.8.9 i 1.2.3.4.5	xui 7 xxii 9	ii K		xxii (C³E¹·⁶)
X HYGINVS	XII	VI	1—9	IIII iii 4 ui 9 xu 1	III ii 3.4 om. 1	IIII sic 6.9 i 2.3.4 iii 7 xi 1 om. 8	x $KE^{1p·6}$ iii B²C²c	III ui F¹	IIII iii F¹ uii K uiii C³E¹p·⁶C²p [?]
XI PIVS (post Anicetum Liber. et in Pontif. FK et cl. III)	XX	IIII xxi Brux.	2—9	XVIII xuiii 2.4.9	IIII sic 6.7.8.9 om. 2.3.4.5	IIII sic 7.8.9 i 2 xi 3.4.6	XVIIII xi C³E¹·⁶ xu K xuiii F² xx C²p	IIII iii $KC^aE^{1·6}C^2p$	III xxi $KC^3E^{1p·6}C^2p$
XII ANICETVS (ante Pium libri dicti)	.....	.....	1—7.9	XI	IIII	III ii 2	IIII uiii $KC^aE^{1·6}$ uiii C²p	IIII	III om. K
XIII SOTER	VIIII	.....	1—9	VIIII uiii 4.5.6 xiiii 9	VI sic 6.7.8 ii 2.3.4.5 u 9	XXI ii 9	VIII uiii F¹·²K	VI ii K iii C³E¹·⁶ uiii F³	XXI xxii B² om. C³E¹·⁶C²p
XIIII ELEVTHER	.....	III	1—9	XV u 9	III iii 1 x 9	II i 1 xxii 9	XV	III ui C³E¹·⁶	II u C³E¹·⁶C²p
XV VICTOR	VIII	II	1—9	X sic 6.7.8 xu 1.2.3.4.5.9	II sic 6.7.8 iii 1.2.3.4.9 iiii 5	X	X xu K	II iii K om. B⁴	X om. B⁴
XVI ZEPHYRINVS	.....	X	1—7.9	VIII sic 6.7 xuiii 4 xuiii 1.2.3.5.9	VII sic 2.6.7 ui 1.3.4.5.9	X iii 1 u 9 xu 6	VIII uii F² uiiii C²c xiii C²p xuiii C³E¹·⁶ xuiii K	VII ii C³E¹·⁶C²p iii K ui F²	X

PROLEGOMENA. XLV

Cat. Liberianus			Index			Pontificalis		
XVII CALLISTVS V II X			1—9	V uii 7	II sic 7.8.9 iii 6 x 2.3.4.5	VI sic F[1.3]B[1.2.3.4]E[1]C[2] u F[2]KC[3]E[8] uiii A[1]	II xi K	X xi F
XVIII VRBANVS VIII XI XII			1—9	IIII sic 7.8 uiii 4 uiiii 1.2.3.5.6.9	X sic 6.7.8 i 1.2.3.4.5.9	IIII uiii C[3]E[1.6]C[2]p uiiii K	X i K xi C[3]E[1.6]C[2]p	XII ii K
XVIIII PONTIANVS V II VII 230 Iul. 21—235 Sept. 28			1—9	VIIII sic 6.7.8.9 u 1 uii 2.3.4.5	V sic 1.6.7.9 x 2.3.4.5.8	XII sic 6.7.8 i 1 ii 2.3.4.9	V ii KC[3]E[1.6] uiii F[2]	II xxii K om. C[3]E[1p.6]
XX ANTEROS — I X 235 Nov. 21—236 Ian. 3			1—9	XII sic 1.7.8 i 4 x 6 xi 9 om. 2.3.5	I ii 5	XII xi F[1.2] om. C[3]E[1p]	I	XII xuiiii K
XXI FABIANVS XIIII I X 236 Ian. 10—250 Ian. 20			1—9	XIIII	II i 8.9 iiii 5 om. 7	XIIII xiii KC[3]E[8]	XI i FKC[3]E[p.6] xii C[c]	XI x KC[3]E[8]
XXII CORNELIVS II III X 251 Mart.—253 Iun.			1—9	II iii 8	II sic 7.8.9 x 1.3.4.6	II i F iii C[3]E[1.6]C[2]p	II iii K om. C[3]E[1.6]	III x KC[3]E[1.6]C[2]p
XXIII LVCIVS III VIII X 253 Iun. 25—254 Mart. 5			1—7.9	III iii 2.3.4 uiii 6	III sic 6.9 i 7 uii 1.4.5 uiii 2.3	III sic 7.9 u 1 x 3.4.6	III uiii KE[1p.6]	III x KE[1p.6]

XLVI PROLEGOMENA.

	Cat. Liberianus		Index			Pontificalis		
XXIIII	STEPHANVS I IIII II XXI 254 Mai. 12 — 257 Aug. 2	1—9	VI xi 5 om. 9	V i 2 om. 9	II sic 7. 8 u 1. 3. 4. 6 om. 9	VI $C^3E^{1.6}C^2p$ u F^2 uii $A^1B^{2.3.4}C^{1.2c}$	V $\boxed{\text{ii } KC^3E^{1c.6}C^2p}$	II u K x E^{1c} xu C^3EC^2p
XXV	XYSTVS II II XI VI 257 Aug. 30 — 258 Aug. 6	1—9	I uii 5	X i 2 om. 5	XXIII sic 7. 8 xuii 4 xxu 1 xxui 3. 6. 9	I $\boxed{\text{ii } C^3E^{1.6}C^2p}$	X $\boxed{\text{xi } C^3E^{1.6}C^2p}$	XXIII $\boxed{\text{uii } C^3E^6C^2p}$ xxii K xxiiii F
XXVI	DIONYSIVS VIII II IIII 259 Iul. 22 — 268 Dec. 26	1—9	VI sic 7. 8. 9 uii 1 uiii 2. 3. 4. 6 uiiii 5	II sic 7. 8 u 1. 2. 3. 4. 6. 9 uiiii 5	IIII i 9 iii 2	VI ii $C^3E^{1.6}C^2p$ u F^2 $\boxed{\text{uiii } K}$	II iii $C^3E^{1.6}C^2p$ iiii E^6 u K	IIII uii $C^3E^{1.6}C^2p$
XXVII	FELIX I V XI XXV 269 Ian. 5 — 274 Dec. 30	1—9	IIII iii 9 uii 6	III sic 8 i 1. 2. 3. 4. 6. 9 ii 5 u 7	XXV xxui 8	IIII ii $C^3E^{1.6}$	III i K x $C^3E^{1.6}$	XXV u $C^{1.2}p$ om. $C^3E^1p.^6$
XXVIII	EVTYCHIANVS VIII XI III 275 Ian. 4 — 283 Dec. 7	1—9	I iiii 6 u 8 om. 5	I ii 7 om. 5	I ii 3. 4 xi 6 om. 9	I $\boxed{\text{uiii } C^3E^{1.6}C^2p}$	I x $C^3E^{1.6}C^2p$	I ii K $\boxed{\text{iiii } C^3E^{1.6}C^2p}$
XXVIIII	GAIVS XII IIII VII 283 Dec. 17 — 296 Apr. 22.	1—9	XI	IIII uii 7	XII uii 7 xi 2 xu 4	IIII i E^{1c} [?]	IIII	XII $\boxed{\text{uiiii } KC^3E^{1.6}C^2p}$
XXX	MARCELLINVS VIII III XXV 296 Iun. 30 — 304 Oct. 25	1—9	VIII sic 5. 7. 8. 9 i 1. 2. 3. 4. 6	IIII iii 7 ui 6 om. 5	XVI xii 3. 4	VIIII ui E^{1c} $\boxed{\text{uiii } F^2KC^3E^{1p.6}C^2p}$	IIII $\boxed{\text{ii } KC^3E^{1.6}C^2p}$ om. B^3pC^1	XVI xu F^2 xxii $E^{1.6}$ xxu C^3 xxui C^2p

PROLEGOMENA.   XLVII

	Cat. Liberianus			Index *omissus*		Pontificalis		
XXXI	MARCELLVS I VII XX ui *Vind.* 308 Mai. 27 (Iun. 26?)—309 Ian. 16					V iiii *F*	VII ui B^1C^1 *om. F*	XXI *om. F*
XXXII	EVSEBIVS — IIII XVI 309 (310?) Apr. 18—309 (310?) Aug. 17	1—9	'VI *sic* 8. 9 i 6 u 7 *om.* 1.2.3.4.5	I *sic* 8. 9 ui 1.3.4.6 *om.* 2.5.7	III	VI ii $C^3E^{1.6}C^2p$ uii $F^{1.3}$	I	III xxu $C^3E^{1.6}C^2p$
XXXIII	MILTIADES III VI VIII 311 Iul. 2 — 314 Ian. 11	1—9	IIII	uii 5	—	IIII iii $FC^3E^1C^2p$	VII *sic* $A^1C^3cE^{1.6}C^2p$ iiii F^1 ui $F^{2.3}$ *om.* $KB^{1.2.3.4}$	VIII *sic* $F^{1.3}A^1C^3EF^p$ uii F^2C^2 xxi E^{1c} *om.* $KB^{1.2.3.4}$
XXXIIII	SILVESTER XXI XI — 314 Ian. 31 — 335 Dec. 31	1—9	XXIII xxii 1 xxxiii 5	X *om.* 5	XI x 2	XXIII xxii K^2 xxu K^1	X *om.* C^3	XI xii $E^{1.6}$ *om.* C^3
XXXV	MARCVS — VIII XX 336 Ian. 18 — 336 Oct. 7	1—5. 7—9	II *om.* 5	— i 2 uiii 5	XX x 9 *om.* 7. 8	II	VIII *om. F*	XX *om. F*
XXXVI	IVLIVS XV I XI 337 Febr. 6—352 Apr. 12	1—9	XV u 8 xuiii 5	II iiii 5	VII uiii 2 x 9 xuiii 6 *om.* 7. 8	xi $C^3E^{1.6}C^2p$	II i *F*	VII *sic* $KB^{2.3}E^1$ ui $A^1B^{1.4}C^3$ uiii E^8 *om. F*

PROLEGOMENA.

	Index			
XXXVII LIBERIVS 352 Mai. 17 — 366 Sept. 24	1—9	VI	III sic 7. 8 iiii 1. 2. 3. 4. 5. 6 ui 9	IIII sic 7. 8. 9 uiii 1. 2. 3. 6 uiiii 4
		u $F^{\prime 2}$ x $C^3 E^{1.6} C^2$p	iiii K^2 uiii $C^3 E^{1.6} C^2$p	iii $F^{1.2} C^3 E^{1.6} C^2$p uiii K
XXXVIII FELIX II	1—4. 6—9	— (P I) i 6 uiii 7	— (P III) ii 7	— (P II) i 2 ui 7
		iii F	ii E^1 iiii E^6 om. F	om. FE^1
XXXVIIII DAMASVS 366 Oct. 1 — 384 Dec. 11	1—9	XVIII uiii 7	III om. 5	XI uiii 6 x 1. 7 xii 9
		xuii F^2	ii $C^3 E^{1.6} C^2$p	x $C^3 E^{1.6}$
XL SIRICIVS 384 Dec. — 399 Nov. 26	1—9	XV	— i 4	— xi 7 xxi 3
			xi $C^3 G E^1 C^2$ xu (sic) E^6	xxu $F C^3 G E^{1.6} C^2$
XLI ANASTASIVS I 399 Nov. 27 — 401 Dec. 19	1—9	III	— i 5	X xxi 2. 4 xxiiii 6 om. 3. 7
		ii $C^3 E^{1.6}$ iiii K^1	x $B^3 C^2$p	xxiiii $K^2 E^{1.6}$ xxui C^3 xxuii K^1 om. C^{2c}
XLII INNOCENTIVS I 401 Dec. 22 — 417 Mart. 12	1—9	XV xuii 4	II i 8. 9 iii 1. 5	XXI xxii 1. 3
		xui F^1 om. B^1	i F	xx $C^3 G E^{1.6}$ xxii K
XLIII ZOSIMVS 417 Mart. 18 — 418 Dec. 26	1—9	I sic 7. 8. 9 iiii 6 uii 1. 2. 3. 4. 5	III sic 7. 8. 9 iiii 1. 6 uiii 4 uiiii 2. 3. 5	XI sic 7. 9 uiiii 2 xu 6. 8 xuiiii 3. 4 xxiiii 1
		uii K	ii F uiii $C^3 G E^{1.6} C^2$p uiiii K	xii A^1 xxiii K xxu $C^3 G E^{1.6} C^2$p
XLIIII BONIFATIVS I 418 Dec. 29 — 422 Sept. 4	1—9	III	VIII	VI (VII P) uiii 3 xiii 6 xuiiii 4
		iiii K^1	u C^2p uiiii F^1	u F^2 ui $F^1 K$ xiii $C^3 G E^{1.6} C^2$p

PROLEGOMENA. XLIX

Index

		VIII	X	XVII
XLV CAELESTINVS 422 Sept. 10 — 432 Iul. 27	1—9	sic 7. 9 iii 8 uiiii 1. 2. 3. 4. 5. 6	xi 4	xuii 6. 9 xuiiii 3. 4
		nii F^2 uiiii KE^{1p}	i $GE^{1.6}$ om. C^3	uiiii $C^3GE^{1.6}$ xui F^2 xuiii K^1

		VIII	—	XVIIII
XLVI XYSTVS III 432 Iul. 31 — 440 Aug. 19	1—9	iii 5 ui 8	iii 8	xui 6 xuii 7 xx 4
		nii F^2		xuiii F^2

		XXI	I	XIII
XLVII LEO I 440 Sept. 29 — 461 Nov. 10	1—9	uiii 6 xii 8 xx 2	om. 6. 7	xiiii 8 xuiii 6
				xxui E^1 xxuiii $C^{3.2p}GE^6$

		VI	III	X
XLVIII HILARVS 461 Nov. 19 — 468 Febr. 29	1—9	nii 6	ii 3. 5. 9	xi 8 xii 9
		u F^2 uii C^1	ii C^3	

		XV	I	VII
XLVIIII SIMPLICIVS 468 Mart. 3 — 483 Mart. 10	1—9	xui 8	om. 1. 2. 3. 4. 5. 6	iii 7 ui 9
			om. $C^3GE^{1.6}$	ui F^2 xuii C^3

		VIII	XI	XVII
L FELIX III 483 Mart. 13 — 492 Mart. 1	1—9. 12	uiiii 5 xuii 12	u 2 x 9 om. 5	xuiii 7. 9 xxnii 8
		iiii K^1 nii F^2C^2	xii C^3	xii F xuiii $C^3GE^{1.6}C^{2p}$

		IIII	VIII	XVIII
LI GELASIVS 492 Mart. 1 — 496 Nov. 21	2—9. 12	ii 4	om. 7	xiii 8 xuiiii 4
			nii F^2	nii F^2 niii F^{1c} uiiii $C^3GE^{1c.6}$ xnii C^1 xuiiii E^{1p} om. KF^{1p}

		I	XI	XXIIII
LII ANASTASIVS II 496 Nov. 24 — 498 Nov. 19	2—9. 12		x 7	xiii 7 xxiii 9
			x C^1	xxxiiii F

PROLEGOMENA.

Pope	Index			
LIII SYMMACHVS 498 Nov. 22—514 Iul. 19	2—10. 12	XV	VII ui 5 uiii 8	XXVII xuii 2. 9. 12 xxu 8 xxui 6 xxuiii 3. 4
			ui F^2KC^1 uiii E^1	xxui E^1 xxxu F^2 xxxui F^1
LIIII HORMISDA 514 Iul. 20—523 Aug. 6	2—10. 12	VIIII uiii 4. 8 xuiii 12	—	XVII sic 2. 8. 10 nii 12 xiii 6 xui 9 xuiii 3. 7 om. 4
		uiii $F^2B^{2.3}C^{2c}$		xui F
LV IOHANNES I 523 Aug. 13—526 Mai. 18	5. 6. 8—10. 12	II	VIIII uiii 6. 8. 12	XVI sic 8. 9. 10. 12 u 6
		om. C^{2p}	iiii K^2 nii K^1 uiii FE^1C^{2c}	xu FK xuii A^1TGE^1 xxii E^6
LVI FELIX IIII 526 Iul. 12—530 Sept. 22	5. 6. 8—10. 12	IIII ii 5. 8 iii 2. 12	II om. 8	XIII sic 8 xii 6. 9. 10 xiii 12
		ii F	om. F	xiii F
LVII BONIFATIVS II 530 Sept. 22—532 Oct. 17	5. 6. 8—10. 11. 12	II	— i 6	XXVI xui 6
LVIII IOHANNES II 533 Ian. 2—535 Mai. 8	5—12	II	IIII i 7	VI xxu (xxui, u) 11
			om. C^{2p}	
LVIIII AGAPITVS 535 Mai. 13—536 Apr. 22	5—12	— sic 8. 10 i 5 iiii 9 u 7 xi 12	XI om. 5. 7. 12	XVIII uiii 10
		uiii C^3GE^6		x C^3GE^6 xuiii C^1
LX SILVERIVS 536 Iun. 1/8—537 Mart. 11	5—12	I ii 9 om. 5. 10	V iii 7 uiiii 10 x 5	XI xii 7 xxui 9 om. 10
		om. C^3GE^6	ii K uiii E^6 uiiii C^3GE^1	om. C^3
LXI VIGILIVS 537 Mart. 29—555 Iun. 7	5—12	XVII ii 7 xuiii 10 xuiiii 5	VI ii 10 iii 5 uii 9 om. 7	XXVI uiiii 10 om. 9
			u E^1 uii A^1	xxu E^3

PROLEGOMENA.

Index

LXII PELAGIVS I 556 Apr. 16 — 561 Mart. 4	5—9. 11. 12	IIII (P XI) om. 9 iiii $KC^3GE^{1.6}C^2$p xi $A^1B^{2.3.4}C^{1.2}$c	X om. 5	XVIII xuii 8 xuiiii 9 xxuiii $B^{2.3}C^{1.2}$c
LXIII IOHANNES III 561 Iul. 17 — 574 Iul. 13	6—9. 11. 12	XII xi 8	XI om. 8 x E^5	XXVI xuiii 8 xxiii 7 xxuii $K^1GE^{1.6}$
LXIIII BENEDICTVS I 575 Iun. 2 — 579 Iul. 30	6—9. 11. 12	IIII iii $GE^{1.6}$	I om. 8	XXVIII xxuii 6. 9 xuiii $GE^{1.6}$ xxuiiii A^1
LXV PELAGIVS II 579 Nov. 26 — 590 Febr. 7	6—9. 11. 12	X om. B^3	II	X xi 6
LXVI GREGORIVS I 590 Sept. 3 — 604 Mart. 12	7—9. 12	XIII lxu 7 xiiii C^3 xu $B^{2.3}$	VI ii 9 om. 7	X om. 7 xiii $B^{2.3}C^{2}$c
LXVII SABINIANVS 604 Sept. 13 — 606 Febr. 22	8. 9. 12	I	V ui K	VIIII xuiii K xuiiii GE^6
LXVIII BONIFATIVS III 607 Febr. 19 — 607 Nov. 12	8. 9. 12	— uiii 8	VIII om. 8 uiiii C^1	XXII xxuiii $GE^{1.6}$
LXVIIII BONIFATIVS IIII 608 Aug. 25 — 615 Mai. 8	8. 9. 12	VI om. 9	VIII uiiii C^{2}c	XIII om. 9
LXX DEVSDEDIT 615 Oct. 19 — 618 Nov. 8	8. 9. 12	III	—	XX (P XXIII) xx $KGE^{5.6}$ xxiiii E^1
LXXI BONIFATIVS V 619 Dec. 23 — 625 Oct. 25	8. 9	V	X (P om.) x E^6C^2	— x KGE^6 xiii E^1
LXXII HONORIVS 625 Oct. 27 — 638 Oct. 12	8. 9	XII	XI	XVII
LXXIII SEVERINVS 640 Mai. 28 — 640 Aug. 2	8. 9	—	II	IIII ii K
LXXIIII IOHANNES IIII 640 Dec. 24 — 642 Oct. 12	8. 9	I	VIIII uiii 9 uiii B^3E^3 om. GE^6	XVIII ui 9 xuiiii K om. A^1GE^6

	Index			
LXXV THEODORVS 642 Nov. 24 — 649 Mai. 14	8.9	VI	V i 8	XVIII uiii KGE^6 xiii B^3C^{2c}
LXXVI MARTINVS I 649 Iul. — 653 Iun. 17	8.9	VI iii 9	I	XXVI
LXXVII EVGENIVS I 654 Aug. 10 — 657 Iun. 2	8.9	II	VIIII uiii $B^3E^1C^{2c}$	XXIIII xuiiii 9 xxiii C^3
LXXVIII VITALIANVS 657 Iul. 30 — 672 Ian. 27	8.9	XIIII xiii 8 xiii C^3	VI	—
LXXVIIII ADEODATVS 672 Apr. 11 — 676 Iun. 17	8.9	IIII	II	V
LXXX DONVS 676 Nov. 2 — 678 Apr. 11	8.9	I	V	X
LXXXI AGATHO 678 Iun. 27 — 681 Ian. 10	8.9	II u C^{2p}	VI	IIII xiiii 9 iii E^1 xiii KGE^6
LXXXII LEO II 682 Aug. 17 — 683 Iul. 3	8.9	—	X	XVII xuiii 9
LXXXIII BENEDICTVS II 684 Iun. 26 — 685 Mai. 8	8.9	—	X	XII xiii 9
LXXXIIII IOHANNES V 685 Iul. 23 — 686 Aug. 2	8.9	I om. 9	—	VIIII x 9 xiiii E^6
LXXXV CONON 686 Oct. 21 — 687 Sept. 21	8.9	—	XI	— xxiii E^1
LXXXVI SERGIVS I 687 Dec. 15 — 701 Sept. 8	8	XIII	VIII	XXIII xxiiii $C^3E^5C^2$
LXXXVII IOHANNES VI 701 Oct. 30 — 705 Ian. 11	8	III	II om. $E^{1p.6}$	XII xiii $C^{1.2}$
LXXXVIII IOHANNES VII 705 Mart. 1 — 707 Oct. 18	8	II	VII ui $B^{2.3.4}$	XVII xxii E^6
LXXXVIIII SISINNIVS 708 Ian. 15 — 708 Febr. 4	8	—	—	XX
XC CONSTANTINVS 708 Mart. 25 — 715 Apr. 9	8	VII ui E^6	—	XV xx $GC^{1.2p}$

Iam videamus primum in ordine spatiisque episcopatuum quaenam Pontificalis nostri libri scripti habeant sumpta ex laterculo Liberiano. Habet quaestio haec, quam per singulos codices dispertiri noluimus, utilitatem non exiguam cum in universam ad horum temporum chronologiam tum praesertim ad crisin libri eius quem edimus.

1. In collocandis Cleto et Clemente apud Pontificalem nullum indicium remanet ordinis Liberiani videturque ab exordio auctor eius in ea re Indici obsecutus Cletum ante Clementem collocavisse. Ad diversitatem eam respicit locus p. 7, 10, quem in epitomis non repertum si addidit auctor secundus, eo confirmare voluit ordinem a primo auctore praelatum: *ideo propter Linus et Cletus ante eum* (Clementem) *conscribuntur eo quod ab ipso principe apostolorum ad ministerium sacerdotalem exhibendum sunt episcopi ordinati.* Sed tamen Pontificalem qui scripsit catalogi Liberiani ordinationem tam imperite invertit, ut consulatus retineret non mutatos itaque apud eum post Cletum episcopum adscriptis annis 77—83 veniat Clemens episcopus adscriptis annis 68—79.

2. Anacletum in Indice recte omissum cum Liberiano auctor Pontificalis retinuit, neque id mutaverunt posteriores.

3. E contrario in Pio et Aniceto ordinatio inversa falsa[1]) ex Liberiano transiit in recensionis prioris epitomen utramque *(FK)* itemque in recensionis posterioris codices C^3 et classis tertiae omnes, in his in excerpta antiquissima Mutinensia, pariterque est in catalogo paparum codicibus tribus classis secundae $B^{1,2,3}$ praemisso contra ordinem in ipsis observatum.

4. Post Marcellinum episcopum Marcellum inserit catalogus Liberianus, non agnoscit Index[2]) recte omnino, quamquam viri docti omnes opinor, in his Rossius et Duchesnius, illum secuti sunt. Nam primum facit cum Indice laterculus insertus chronographiae a. 354 depositionum episcoporum Romanorum ordinatus a. 336 (chron. min. 1 p. 70) plenus inde a Lucio († a. 254; Xystus II. transiit in feriale ecclesiae Romanae laterculo subiunctum) non habens Marcellum. Item Hieronymus gravissimus auctor episcopo Romano XXVIII Marcelliano (sic) subiungit ad a. Abr. 2321 XXVIIII Eusebium[3]). Id ipsum faciunt Optatus et Augustinus[4]) episcopos nominatim enumerantes. Denique ex ipso catalogo Liberiano interpolationis origo prodit; scilicet rerum gestarum tempora omisso Marcello ita ordinat:

    Marcellinus ordinatur a. 296 Iun. 30.
     episcopus a. VIII m. III d. XXV
     [damnatur a. 303 Aug. 23 [5])].
     depositio eius a. ... Ian. 15.
     cessat episcopatus a. VII m. VI d. XXV
    Eusebius ordinatur a. ... Apr. 18.
     episcopus — m. IV d. XVI
     depositio eius a. ... Aug. 17.
    Miltiades ordinatur a. 311 Iul. 2.

---

[1]) Invertunt ordinem item auctores saeculi quarti Optatus de schism. Donat. 2, 3 et Augustinus ep. 53. [2]) Indicis exemplaria omnia (nam de quinti lectione parum constat) pro Marcellino et Marcello unum Marcellum ponunt, qui vere est Marcellinus. [3]) Consentientibus in omittendo Marcello codicibus melioribus omnibus accedente Prospero (chron. min. vol. 1 p. 446 c. 949 p. 447 c. 972) cum interpolat codex Hieronymi Leidensis Scal. 14 (*F* Schoenii) saec. IX descriptus qui videtur ex exemplari scripto imperante Anastasio. Si constaret interpolationem illam sumptam omnino ex libro Pontificali adfuisse iam in archetypo, faceret id ad huius aetatem determinandam; sed potest Marcellus additus esse tempore longe posteriore. [4]) Locis supra adn. 1 citatis. Apud Augustinum Goldbacher testatur Marcellinum abesse a codicibus probis omnibus. [5]) Acta ficticia synodi Sinuessanae (Mansi vol. 1 p. 1257): *damnatus est Marcellinus episcopus suo iudicio X k. Sept. Diocletiano VIII et Maximiano VII clarissimis consulibus.* Acta haec qui finxit saec. VI ineunte (vide supra p. XXII) diem iudicii vix videtur commentus esse. Antea quoque (p. 1251) idem auctor meminit Vulcanalium, qui dies idem est.

Hi numeri non ad amussim concordant, sed aliquatenus conveniunt et inter se et cum reliqua rerum notitia nobis tradita. Cessavit episcopatus post Marcellinum occisum neque diserte traditur, quando Christiani in urbe Roma ad episcopum rursus creandum, scilicet Eusebium, animos confirmarint. Sed cum persecutioni in urbe Roma finem imposuerit Maxentius et is bona ecclesiarum Christianarum confiscata reddiderit episcopo Miltiadi[1]), ad eius tempora res redigitur. Ordinationis Miltiadis cum diem noverimus nec magnopere differant quae de Eusebii, cui Miltiades successit, temporibus traduntur[2]) neque quicquam ducat ad intervallum solito maius inter Eusebium et Miltiadem statuendum, Eusebii ordinatio recte referri potest ad anni 310 menses extremos vel sequentis anni primos. Sedis inter Marcellinum et Eusebium vacantis spatia certo tradita sunt consentientibus cum catalogi Liberiani codice codicibus Pontificalis. Ad hos numeros si intervallum computamus, coepit id Marcellino occiso secundo semestri a. 303. Quocum consentit qui scripsit concilium Sinuessanum Marcellinum significans damnatum esse a. 303 Aug. 23. Ita ab ordinatione a. 296 Iun. 30 ad damnationem a. 303 Aug. 23 Marcellinus sedit a. VII m. I d. XXIII. Corpus Marcellini depositum esse die XVIII k. Febr. = Ian. 15 cum constet tam ex indice depositionum episcoporum inserto chronographiae quam ex martyrologiis[3]), eundem fere diem (XVII k. Febr.) Pontificalis habeat in Marcello, sperni poterit quod scribit idem Marcellinum depositum esse Apr. 25, cum per XXV dies insepultum iacuisset; ceterum per aliquod tempus id iusta sepultura caruisse consentaneum est utpote hominis publice occisi. Refragatur spatium Marcello adscriptum in Liberiano a. VIII m. III d. XXV, in Indicis exemplaribus melioribus a. I m. IIII d. XVI (alia aliter); sed cum numeri admodum varient, potest substitui id quod supra computando effecimus. Periisse Marcellinum, ut diximus, secundo semestri a. 303 recte convenit temporibus persecutionis Diocletianae coeptae Nicomediae a. 303 Febr. 23. Illo fere tempore Diocletianus Romam advenit et vicennalia ibi celebravit a. 303 Nov. 20, nec dubium est imperatore praesente poenas contra Christianos constitutas severius quam antea exactas esse. Eodem rettulerim quod ait auctor libri de mortibus persecutorum[4]) post paucos menses ex urbe Diocletianum rursus exiisse propter *libertatem populi Romani* sibi intolerabilem. Ita quamquam, ut dixi, numeri in minoribus discrepant, dubitationes graviores tollentur eiecto Marcello. — Sed Marcellus etsi inter episcopos urbis Romae non recte admissus est, admissus est non sine causa. Extant elogia tam Marcelli quam Eusebii non multo post a papa Damaso († 384) scripta[5]), quae utrumque 'rectorem' appellant et quamquam

---

[1]) Eusebius hist. eccl. 8, 14: Μαξέντιος ... ἀρχόμενος μὲν τὴν καθ' ἡμᾶς πίστιν ἐπ' ἀρεσκείᾳ καὶ κολακείᾳ τοῦ δήμου Ῥωμαίων καθυπεκρίνατο ταύτῃ τε τοῖς ὑπηκόοις τὸν κατὰ Χριστιανῶν ἀνεῖναι προστάττει διωγμόν. Augustinus brev. collat. c. 34: *legebatur Melchiades misisse diaconos cum litteris Maxentii imp. et litteris praefecti praetorio ad praefectum urbis, ut ea reciperent, quae tempore persecutionis ablata memoratus imperator Christianis iusserat reddi.* [2]) Dies ordinationis Eusebii traditus in catalogo Liberiano non est dubius nec magis dies depositionis in eadem chronographia servatus. Sed de hoc recte monuit Rossius *Roma sott.* 2, 209, cum Eusebius mortuus sit in Sicilia, nequaquam constare de anno translationis cadaveris in coemeterium urbanum, immo vix eam adscribi posse anno ei quo obiit. De spatio differunt catalogus Liberianus habens m. IIII d. XVI, et Index, cuius exemplaria meliora ei dant m. VI d. III, et Hieronymus adscribens ei m. VII; sed vel sic constat eum non perannasse. [3]) Martyrol. Hieronymianum et sub die XVII k. Febr.: *Romae via Salaria in cimiterio Priscillae depositio sancti Marcelli episcopi* (al. *papae et confessoris*) et sub sequenti XVI k. Febr.: *depositio sancti Marcelli episcopi*. Nomen corruptum est similiter atque in Indice; inter episcopos Romanos qui vere fuit Marcellinus vulgo appellatur nomine non suo Marcelli. [4]) De mort. persec. 17. [5]) Duchesne I p. 166. 167. Diligentissime et doctissime egit Rossius de elogiis his *Roma sott.* 2, 201—207. Apparet ex iis in lapsis tractandis tam Marcellum quam Eusebium exegisse paenitentiam, contra adversarios duce Heraclio contendisse, ut venia concederetur omnibus eam flagitantibus; quod Damasus ait de Heraclio omnino, *Christum eum in pace negasse,* pacem intellegit, ut Cyprianus passim (ep. 55, 5. 17, ep. 57, 1 in., ep. 68, 5 e.), eam quae propter paenitentiam lapso conceditur

non satis intelleguntur deficiente rerum harum urbanarum notitia plena[1]), hoc ostendunt sub eorum regimine propter lapsos, ut saepe antea, sectarum Christianarum litigia violenter exarsisse et ambo a tyranno, scilicet Maxentio, in exilium actos esse, Eusebium in Sicilia obiisse exulem. Haec certe non sunt ficticia. Etiam Augustini adversarius Petillianus Marcellum episcopum agnoscit Miltiadem appellans tertium episcopum a Marcellino[2]). Denique catalogi Liberiani auctor narrans res tempore proximas et sibi plene notas non temere Marcellum episcopis inseruit adiecto spatio a. I m. VII d. XX. Haec ut inter se concilientur, statuendum erit Maxentium persecutioni Christianorum urbis Romae ita finem imposuisse, ut non statim episcopi creandi potestas eis fieret itaque per aliquod tempus Marcellum presbyterum episcopi vices egisse. Ei administrationi spatium abunde suppetit. Maxentius quamquam Romae rerum potitus est a. 306 exeunte, Augustus declaratus est demum a. 307 Oct. 27 et consul primum processit a. 308 Apr. 20 (v. quae exposui in Hermae vol. 32 p. 539). Inter ea tempora et Eusebium episcopum factum exeunte a. 310 vel ineunte a. 311 apte inseritur spatium Marcelli. Ita tam recte catalogi Liberiani auctor Marcelli spatium eo quo episcopium cessabat comprehendere potuit quam recte praeterierunt Marcellum in episcoporum ordine Hieronymus et Indicis auctor aliique scriptores. — Ceterum de Marcellino quae narrat liber Pontificalis fuisse eum inter traditores, sed mox paenitentia acta supplicium subiisse aliquatenus confirmantur testimoniis aliis[3]) videnturque vera esse. Item potest verum esse quod legitur in Pontificali Marcellini corpus humatum esse cura Marcelli presbyteri; nam ad sepulturas pontificum in vitis illis quae spectant, non uno loco produnt originem ex depositionum episcoporum Romanorum laterculo deperdito auctoritatis non spernendae; neque quicquam obstat, quominus presbyter hic Marcellus is ipse fuerit, quem post aliquot annos supra vidimus vice episcopi ecclesiae praefuisse. Reliqua de Marcello quae narrantur tam in libro Pontificali quam in passione (act. sanct. ad Ian. 16 vol. 2 p. 12) non solum quaeritur num vera sint, sed etiam annon pertineant origine sive ad Marcellinum sive ad Marcellum ab eo qui ecclesiae Romanae praefuit diversum.

5. In spatiis episcopatuum ordinandis Liberiani catalogi indicia reperiuntur haec: *K* in episcopis 1. 2. 3. 5. 6. 10. 11. 12. 17. 18. 19. 21. 22. 23. 24. 26. 29. 30 respondet vel prope accedit ad numeros catalogi Liberiani, quamquam non semper spatia tota, sed annos vel menses vel dies solos inde adscivit. Potest sane in uno alterove loco de numerorum origine dubitari; passim pendere epitomatorem a numeris catalogi Liberiani evidenter apparet.

---

ex foedere Christiano, contra laudans Eusebium *foedera pacis integra servantem*. Comparari poterit iudicium de secta hac Cypriani de lapsis c. 16: *ante offensam placatam indignantis domini ... vis infertur corpori eius et sanguini et plus modo in dominum ... delinquunt quam cum dominum negaverunt: pacem putant esse quam quidam fallacibus verbis venditant: non est pax illa, sed bellum.* Verba elogii dedicati Marcello (cf. Rossi l. c. et Harnack, *Gesch. der christlichen Litteratur* 1 p. 661) *exemplo pariter pulsi feritate tyranni ... pertulit exilium* adhuc male intellecta et propterea coniecturis temptata (cf. Rossius l. c. p. 206) ita accipienda sunt: *exemplo (Eusebii decessoris), pariter pulsi feritate tyranni, (Marcellus) pertulit exilium.*

[1]) Eadem innuit Eusebius de mart. Palaest. c. 12 horum annorum probra significans, sed ab iis enarrandis abstinens. [2]) Augustinus in breviculo collationis cum Donatistis c. 34 (vol. 9 p. 575 Maur.): *dixerunt Melchiadem tertium episcopum fuisse ab illo qui tunc erat cum traditio illa facta esset* significat Marcellinum (vide contra Petillianum l. 2 c. 202 vol. 9 p. 275). [3]) Testis antiquissimus est Petillianus Augustini adversarius (Augustinus l. c.) neque hic contra dicit (l. c. 2, 208, p. 280). Item in concilio Sinuessano (supra p. LIII, not. 5) conficto, ut dixi, saec. VI ineunte Marcellinus quoniam turificavit suo iudicio condemnatur. Paenitentiam eum egisse confirmant et silentium Donatistarum in loco supra adn. 2 adlegato et quod Marcellinus receptus est in indicem depositionum episcoporum.

cl. III codicum Pontificalis (E^6C^3 et a prima scriptura E^1) in spatiis 1. 2. 5—8. 10—12. 17—25. 28—30. 33 numeros Liberianos vel certe vestigia eorum servavit.

F spatia Liberiana certa (cf. 21) non habet exceptis duobus episcopis Anacleto (5) in Indice omisso et Miltiade (33), cui quod Indicis exemplaria pleraque tribuunt spatium nudum a. IIII, huic epitomatori videtur displicuisse.

cl. I et II codicum Pontificalis similiter a numeris Liberianis abstinent exceptis duobus episcopis Marcello (31) in Indice omisso et aliquatenus Miltiade (33); scilicet in hoc cl. I ut epitome F retinet spatium Liberianum, cl. II facit cum Indice.

Indicem e contrario Pontificalis sequitur in his:

1. In Cleto et Clemente ordinandis, ut supra vidimus, libri Pontificalis primus auctor Indicem secutus est, neque id mutaverunt qui eum postea recensuerunt.

2. Pium et Anicetum antea inverso ordine positos ad Indicem ordinavit recensio ea, a qua pendent libri cl. I. II.

3. Felix II (38) ex Indice in librum Pontificalem ab ipso eius auctore primo translatus est, cum exemplaria omnia tam epitomata quam plena eum habeant. Spatium exempla Indicis omittunt recte omnino, quoniam, ut ipse liber Pontificalis (p. 79, 2) ait, id comprehenditur spatio simul sedentis episcopi Liberii. Sed in Pontificali ut quae de obitu eius narrantur pessime turbata sunt et quodammodo duplicata, ita spatium quoque ei adscribitur, non idem tamen in libris omnibus; scilicet epitome Cononiana et cl. I et II libri Pontificalis fere consentientia ei tribuunt a. I m. III d. II; cl. III a. I m. II, Feliciana epitome a. III, quae commenticia esse apparet omnia et adiecta ad hiatum explendum. Primus Pontificalis auctor utrum numeros eos posuerit quos habent libri KAB eosque in EF corruperint librarii an spatium ab ipso non adiectum diasceuastae posteriores diversa ratione expleverint, non definio.

4. Spatia ad Indicem constituta reperiuntur haec:

K in episcopis 7. 8. 9. 13. 15. 16. 19. 20. 24. 25. 27. 28. 29. 32. 33. 34. 35. 36 numeros aut omnes aut ex parte ad Indicem exhibet, sed ita, ut ubi exemplaria variant, sequatur fere familiam antiquiorem et plerumque puriorem (n. 7. 13. 15. 16. 24. 27). Contrarium raro evenit, ut in Eusebio (c. 32); sed cum Indicis exemplaria passim divergant, singularibus in tali re non est obsecundandum.

F et cl. I. II ut supra vidimus in spatiis constanter sequuntur Indicem tribus episcopis exceptis Anacleto (5) et Marcello (30) utpote in Indice omissis et aliquatenus Miltiade (33) utpote in Indice annos solos habente. In his quatenus spatia Liberiana secuti sint, supra adnotavimus; praeterea F Marcello tribuit spatium temere excogitatum, Pontificalis cl. I et II Anacleto spatium decessoris Clementis temere repetitum. Adhibuit autem tam scriptor libri eius a quo pendet epitome F quam qui scripsit exemplarium cl. I et II archetypum, ut recte observavit Duchesnius (p. LXXIX), Indicis exemplaria minime proba, scilicet talia fere, qualia sunt Albigense (n. 7) descriptum ex codice scripto a. 673 et Fredegarianum (n. 8) item saeculi VII exeuntis (vide quae supra diximus de K). Inde confirmatur quod supra posuimus neque Pontificalis editionem alteram (cf. p. XVII) neque Felicianam epitomen (cf. p. XIV) eo statu, quo nos eam habemus, prodiisse ante saeculum septimum. Epitomen Felicianam qui ita interpolavit quaeri poterit, utrum adhibuerit Indicis aliquod exemplum an editionis posterioris, quam ei non ignotam fuisse infra videbimus. Sed magis Indicem adsumpsit, cuius abundant exemplaria maxime Fredegariana, quoniam alteri opinioni obstant quae modo rettulimus spatia Anacleti et Marcellini a libris cl. I. II recedentia.

Habuit igitur qui Pontificalem primus ordinavit utrumque episcoporum laterculum tam Indicem quem dicimus quam Liberianum et in spatiis episcopatuum ordinandis utroque uti potuit. Duplices numeros non videtur posuisse, quoniam eiusmodi geminationum codices exempla nulla suppeditant excepto uno E^1, quem constat ex contaminatione saec. XI originem trahere. Posteriore interpolatione in librum Pontificalem venisse ea quae habet ex catalogo Liberiano negandum est; nam huiusce libelli paucis noti vestigia maxime reperiuntur in editionis prioris reliquiis K et cl. III, adsunt in F et cl. I. II iis maxime locis, in quibus Index deficit. Quod si superesset editionis prioris exemplum integrum, sine dubio numeri Liberiani in eo primarium locum tenerent; cum enim laterculum ad chronicorum formam prope accedentem fundamentum operis sui esse voluit auctor Pontificalis itaque verisimile est numeros quoque ubi laterculi duo differebant ad hunc potissimum eum formasse. Sed tempore procedente cum Indicis exemplaria ubivis prostarent et is quoque insertus collectionibus conciliorum et decretorum papalium ad canonicam quodammodo auctoritatem pervenisset, ad cum vetusta episcoporum ordinatio spatiaque ei non congruentia subinde mutata sunt.

A Liberio (37) inde cum scriptori unius tantummodo laterculi copia fuerit, spatia in Indice enuntiata eadem fere sunt atque libri Pontificalis. Sed cum differant Indicis exemplaria antiquiora a recentioribus et magis corruptis, quaeritur, ad utros numeros Pontificalis exemplaria sese applicent, item de paucis locis, ubi Pontificalis libri ab Indice recedunt, quaeritur quid statuendum sit. Inde observationes efficiuntur hae:

> K et quae in hac parte cum ea concordat Pontificalis cl. III sequuntur fere Indicis numeros antiquiores. Ita Simplicio (49) mensem nullum dant indices boni 1—6 et Pontificalis cl. III, m. I indices deteriores 7—9 et epitomae FK et cl. I. II; Pelagio I (62) a. IIII Indicis exemplaria omnia et K et cl. III, a. XI cl. I. II; Deusdedit dies XX Index et K et cl. III, dies XXIII cl. I et II.

> F, qui non habet nisi spatia 37—56, in his quoque sequitur Indicis exemplar aliquod deterius. Notabilis est consensus epitomae huius cum indice 8 in Felice IV (56).

> cl. I et II concordant, ut modo vidimus, in erroribus meris, quales indicavimus in Pelagio I et Deusdedit; unde colligitur eos errores commissos esse a scriptore archetypi recensionis posterioris translatos inde in classem utramque.

Ad chronologiam episcoporum Romanorum ordinandam Pontificalis liber inutilis est, si exceperis supplementa ad explendos hiatus catalogi Liberiani pertinentia et praeterea, ut consentaneum est, partis posterioris spatia ex parte sine dubio non ex laterculo aliquo in Pontificalem librum translata, sed in Pontificale corpus ab aequalibus relata et inde fere ad laterculos adiecta. In reliquis ad episcopatuum spatia determinanda redeundum est ad duos laterculos primitivos, ex quibus Pontificalis auctores et ordinatores pendent. Spretis fontibus purioribus qui ex hoc turbido lacu hauriunt, sibi aliisque melius consulent abstinentes in rebus saeculorum priorum explicandis a libro Pontificali.

INTERVALLA EPISCOPATVS.

Intervallorum episcopatus sede inter pontifices duos vacante solus liber pontificalis recensum proponit, ad singulas vitas extremo loco adnotans spatia episcopatus cessantis. Laterculum inde effectum subieci repetitis in eo quoque inde ab eo tempore, quo aliquam utilitatem habere incipiunt, spatiis episcoporum ad computationem fere Duchesnianam (cf. p. XLII); nam de intervallis iudicium ferri non potest nisi spatiis adsumptis. Ipse etsi vitas edere mihi proposui, chronologiam pontificum Romanorum nequaquam suscepi pertractandam. Ceterum episcoporum Romanorum spatia a saeculo inde quarto incipiente paucis exceptis certa sunt et dubitationi nulli obnoxia. — Inde ab Anastasio I (XLI) ut numeri facilius conferrentur, intervallorum numeris traditis postposui effectos ex spatiorum computatione Duchesniana.

    I. Petrus.
   II. Linus.
  III. Cletus
      sed. vac. d. XX.
  IV. Clemens
      sed. vac. d. XXI.
   V. Anencletus
      sed. vac. d. XIII (xu *F*, xuii *K*).
  VI. Euaristus
      sed. vac. d. XVIIII.
 VII. Alexander
      sed. vac. d. XXXV (xxxuii $F^{1.2}$, xxxuiii F^3, xxx *K*).
VIII. Xystus I
      sed. vac. m. II (d. ii *II. III*).
  IX. Telesphor
      sed. vac. d. VII.
   X. Hyginus
      sed. vac. d. III.
  XI. Pius
      sed. vac. d. XIIII.
 XII. Anicetus
      sed. vac. d. XVII (uii *FK III*).
XIII. Soter
      sed. vac. d. XXI (xi *FK*).
XIV. Eleuther
      sed. vac. d. XV (xui *FK*, u *II. III*).
 XV. Victor
      sed. vac. d. XII.
XVI. Zephyrinus
      sed. vac. d. VI.
XVII. Callistus I
      sed. vac. d. XVI (ui *F II. III*).
XVIII. Urbanus
      sed. vac. d. XXX.
 XIX. Pontianus 230 Iul. 21 — 235 Sept. 28.
      sed. vac. d. X. — m. I d. XXV *Liberianus*.
  XX. Anteros 235 Nov. 21 — 236 Ian. 3
      sed. vac. d. XIII (ii *F*, uii *K*).
 XXI. Fabianus 236 Ian. 10 — 250 Ian. 20
      sed. vac. d. VII. — a. I . . . . *Liberianus*.
XXII. Cornelius 251 Mart. . . — 253 Iun. . .
      sed. vac. d. LXVI.
XXIII. Lucius 253 Iun. 25 — 254 Mart. 5
      sed. vac. d. XXXV.

XXIV. Stephanus I 254 Mai. 12 — 257 Aug. 2
   sed. vac. d. XXII.
XXV. Xystus II 257 Aug. 30 — 258 Aug. 6
   sed. vac. a. II *(sic FK,* d. xxxu *P).* — m. XI d. XVI *Liberianus.*
XXVI. Dionysius 259 Iul. 22 — 268 Dec. 26
   sed. vac. d. V.
XXVII. Felix I 269 Ian. 5 — 274 Dec. 30
   sed. vac. d. V.
XXVIII. Eutychianus 275 Ian. 4 — 283 Dec. 7
   sed. vac. d. VIII. — d. XII *Liberianus.*
XXIX. Gaius 283 Dec. 17 — 296 Apr. 22
   sed. vac. d. XI. — m. II d. VIII *Liberianus.*
XXX. Marcellinus 296 Iun. 30 — 303 Aug. 23 (?)
   sed. vac. a. VII m. VI d. XXV. — *Vide supra p. LIII seq.*
XXXI. Marcellus
   sed. vac. d. XX. — *Vide supra p. LIII seq.*
XXXII. Eusebius 310 (?) Apr. 18 — Aug. 17
   sed. vac. d. VII. — *Vide supra p. LIII seq.*
XXXIII. Miltiades 311 Iul. 2 — 314 Ian. 11
   sed. vac. d. XVI. — d. XX *Liberianus.*
XXXIV. Silvester 314 Ian. 31 — 335 Dec. 31
   sed. vac. d. VIIII *(sic $F^{1.3}$, uiii F^2K, xu P).* — d. XVII *Liberianus.*
XXXV. Marcus 336 Ian. 18 — Oct. 7
   sed. vac. d. XX. — m. IV d. V *Liberianus.*
XXXVI. Iulius I 337 Febr. 6 — 352 Apr. 12
   sed. vac. d. XXV. — m. I d. VIII *Liberianus (cf. Duchesne vol. 1 p. CXL).*
XXXVII. Liberius 352 Mai. 17 — 366 Sept. 24
   sed. vac. d. VI.
XXXVIII. Felix II
   sed. vac. d. XXXVIII. — *Vere obiit sedente Liberio.*
XXXIX. Damasus 366 Oct. 1 — 384 Dec. 11
   sed. vac. d. XXXI (xxxui *F*, xxui *K*).
XL. Siricius 384 Dec. — 399 Nov. 26
   sed. vac. d. XX.
XLI. Anastasius I 399 Nov. 27 — 401 Dec. 19
   sed. vac. d. XXI: d. 2.
XLII. Innocentius I 401 Dec. 22 — 417 Mart. 12
   sed. vac. d. XXII. — d. 5 *(Duchesne p. CCLI).*
XLIII. Zosimus 417 Mart. 18 — 418 Dec. 26
   sed. vac. d. XI. — d. 2 *(Duchesne p. CCLI).*
XLIV. Bonifatius I 418 Dec. 29 — 422 Sept. 4
   sed. vac. d. VIIII: d. 5.
XLV. Caelestinus 422 Sept. 10 — 432 Iul. 27
   sed. vac. d. XXI: d. 3.
XLVI. Xystus III 432 Iul. 31 — 440 Aug. 19
   sed. vac. d. XXII. — *Supra dies XL teste Prospero c. 1341 (chr. min. 1 p. 478):* m. 1 d. 9.
XLVII. Leo I 440 Sept. 29 — 461 Nov. 10
   sed. vac. d. VII: d. 8.

XLVIII. Hilarus 461 Nov. 19 — 468 Febr. 29
  sed. vac. d. X: d. 2.
XLIX. Simplicius 468 Mart. 3 — 483 Mart. 10
  sed. vac. d. VI (u *F*, uii *A*¹): d. 2.
 L. Felix III 483 Mart. 13 — 492 Mart. 1
  sed. vac. d. V: —.
 LI. Gelasius 492 Mart. 1 — 496 Nov. 21
  sed. vac. d. VII: d. 2.
 LII. Anastasius II 496 Nov. 24 — 498 Nov. 19
  sed. vac. d. VI *(sic FK,* iiii *P)*: d. 2.
LIII. Symmachus 498 Nov. 22 — 514 Iul. 19
  sed. vac. d. VII: —.
LIV. Hormisdas 514 Iul. 20 — 523 Aug. 6
  sed. vac. d. VI (uii *II*): d. 6.
 LV. Iohannes I 523 Aug. 13 — 526 Mai. 18
  sed. vac. d. LVIII: m. 1 d. 23.
LVI. Felix IIII 526 Iul. 12 — 530 Sept. 22
  sed. vac. d. III: —.
LVII. Bonifatius II 530 Sept. 22 — 532 Oct. 17
  sed. vac. m. II d. XV: m. 2 d. 15.
LVIII. Iohannes II 533 Ian. 2 — 535 Mai. 8
  sed. vac. d. VI: d. 4.
LIX. Agapetus 535 Mai. 13 — 536 Apr. 22
  sed. vac. m. I d. XXVIII: ?
 LX. Silverius 536 Iun. — 537 Mart.

LXI. Vigilius 537 Mart. 29 — 555 Iun. 7
  sed. vac. m. III d. V: m. 10 d. 8 *(Duchesne p. CCLV)*.
LXII. Pelagius I 556 Apr. 16 — 561 Mart. 4
  sed. vac. m. II (iii *II. III*) d. XXV: m. 4 d. 12.
LXIII. Iohannes III 561 Iul. 17 — 574 Iul. 13
  sed. vac. m. X d. III: m. 10 d. 19.
LXIV. Benedictus I 575 Iun. 2 — 579 Iul. 30
  sed. vac. m. III d. X: m. 3 d. 26.
LXV. Pelagius II 579 Nov. 26 — 590 Febr. 7
  sed. vac. m. VI (iii *alii*) d. XXV: m. 6 d. 26.
LXVI. Gregorius I 590 Sept. 3 — 604 Mart. 12 (= a. 13 m. 6 d. 10)
  sed. vac. 604 Mart. 13 — Sept. 12 m. V d. XVIII: m. 6.
LXVII. Sabinianus 604 Sept. 13 — 606 Febr. 22 (= a. 1 m. 5 d. 10)
  sed. vac. 606 Febr. 23 — 607 Febr. 18 m. XI d. XXVI (xxuii *alii*): m. 11 d. 27.
LXVIII. Bonifatius III 607 Febr. 19 — 607 Nov. 12 (= m. 8 d. 25)
  sed. vac. 607 Nov. 13 — 608 Aug. 24 m. X d. VI: m. 9 d. 12.
LXIX. Bonifatius IV 608 Aug. 25 — 615 Mai. 8 (= a. 6 m. 8 d. 14)
  sed. vac. 615 Mai. 9 — Oct. 18 m. VI d. XXV: m. 5 d. 10.
LXX. Deusdedit 615 Oct. 19 — 618 Nov. 8 (= a. 3 d. 21)
  sed. vac. 618 Nov. 9 — 619 Dec. 22 m. I d. XVI: a. 1 m. 1 d. 14.
LXXI. Bonifatius V 619 Dec. 23 — 625 Oct. 25 (= a. 5 m. 10 d. 3)
  sed. vac. 625 Oct. 26 d. XIII: d. 1.
LXXII. Honorius 625 Oct. 27 — 638 Oct. 12 (= a. 12 m. 11 d. 16).
  sed. vac. 638 Oct. 13 — 640 Mai. 27 a. I m. VII d. XVIII: a. 1 m. 7 d. 15.

LXXIII. Severinus 640 Mai. 28 — Aug. 2 (= m. 2 d. 6)
    sed. vac. 640 Aug. 3 — Dec. 23 m. IIII d. XXIIII (xxuiiii *alii*): m. 4 d. 21.
LXXIV. Iohannes IV 640 Dec. 24 — 642 Oct. 12 (= a. 1 m. 9 d. 19),
    sed. vac. 642 Oct. 13 — Nov. 23 m. I d. XIII: m. 1 d. 11.
LXXV. Theodorus 642 Nov. 24 — 649 Mai. 14 (= a. 6 m. 5 d. 21)
    sed. vac. 649 Mai. 15 — 649 Iul. 4 d. LII (m. i d. xui *alii*): m. 1 d. 20.
LXXVI. Martinus I 649 Iul. 5 — in exilium missus 653 Iun. 17 (= a. 3 m. 11 d. 13),
    defunctus a. 655 Sept. 16 (in exilio igitur a. 2 m. 2 d. 29; post ordinationem vixit a. 6 m. 2 d. 12)
    sed. vac. 653 Iun. 18 — 654 Aug. 9: a. 1 m. 1 d. 22).
LXXVII. Eugenius I 654 Aug. 10 — 657 Iun. 2 (= a. 2 m. 9 d. 24)
    sed. vac. 657 Iun. 3 — Iul. 29 m. I d. XXVIII: m. 1 d. 27.
LXXVIII. Vitalianus 657 Iul. 30 — 672 Ian. 27 (= a. 14 m. 5 d. 29)
    sed. vac. 672 Ian. 28 — Apr. 10 m. II d. XIII: m. 2 d. 14.
LXXIX. Adeodatus 672 Apr. 11 — 676 Iun. 17 (= a. 4 m. 2 d. 7)
    sed. vac. 676 Iun. 18 — Nov. 1 m. IIII d. XV: m. 4 d. 15.
LXXX. Donus 676 Nov. 2 — 678 Apr. 11 (= a. 1 m. 5 d. 10)
    sed. vac. 678 Apr. 12 — Iun. 26 m. II d. XV: m. 2 d. 15.
LXXXI. Agatho 678 Iun. 27 — 681 Ian. 10 (= a. 2 m. 6 d. 15)
    sed. vac. 681 Ian. 11 — 682 Aug. 16 a. I m. VII d. V: a. 1 m. 7 d. 6.
LXXXII. Leo II 682 Aug. 17 — 683 Iul. 3 (= m. 10 d. 17)
    sed. vac. 683 Iul. 4 — 684 Iun. 25 m. XI d. XXII: m. 11 d. 22.
LXXXIII. Benedictus II 684 Iun. 26 — 685 Mai. 8 (= m. 10 d. 13)
    sed. vac. 685 Mai. 9 — Iul. 22 m. II d. XV: m. 2 d. 14.
LXXXIV. Iohannes V 685 Iul. 23 — 686 Aug. 2 (= a. 1 d. 11)
    sed. vac. 686 Aug. 3 — Oct. 20 m. II d. XVIII: m. 2 d. 18.
LXXXV. Conon 686 Oct. 21 — 687 Sept. 21 (= m. 11)
    sed. vac. 687 Sept. 22 — Dec. 14 m. II d. XXIII: m. 2 d. 23.
LXXXVI. Sergius 687 Dec. 15 — 701 Sept. 8 (= a. 13 m. 8 d. 25)
    sed. vac. 701 Sept. 9 — Oct. 29 m. I d. XX: m. 1 d. 21.
LXXXVII. Iohannes VI 701 Oct. 30 — 705 Ian. 11 (= a. 3 m. 2 d. 13)
    sed. vac. 705 Ian. 12 — Febr. 28 m. I d. XVIII: m. 1 d. 17.
LXXXVIII. Iohannes VII 705 Mart. 1 — 707 Oct. 18 (= a. 2 m. 7 d. 18)
    sed. vac. 707 Oct. 19 — 708 Ian. 14 m. III: m. 2 d. 27.
LXXXIX. Sisinnius 708 Ian. 15 — Febr. 4 (= d. 21)
    sed. vac. Febr. 5 — Mart. 24 m. I d. XVIII: m. 1 d. 20.
XC. Constantinus 708 Mart. 25 — 715 Apr. 9 (= a. 7 d. 16)
    sed. vac. 715 Apr. 10 — Mai. 18 d. XL: m. 1 d. 9.

    Intervalla episcopatuum in libri Pontificalis editionem relata etiam priorem, cum adsint iam in epitomis vix mutata, absunt et ab Indice et a catalogo Liberiano, quamquam hic diuturnas sedis vacationes per persecutionem Decianam (XXV/XXVI) et Diocletianam (XXX/XXXI) adnotavit, in hac formula usus *cessavit episcopatus* inde sine dubio translata in librum Pontificalem. Ita cum intervallorum indicatio huic auctori propria sit, pertinet ea ad fidem eius aestimandam adeoque ad aetatem vitarum determinandam. Sed ad computationes has recte tractandas tenendum est pluribus ex causis eius generis numeros etiam veros raro ad amussim concordare. Dies ordinationis et mortis quamquam comprehendendi sunt spatiis, facile evenit, ut aut bis numerentur aut ex spatiis ad intervalla transferantur. Diverso errore pro die mortis non raro substituitur dies depositionis aucto spatio, diminuto intervallo. Etiam computandi leges vacillant; sollemni usu cum tempora numerentur per annos et menses, ut fiant a Mai. 15 ad Iul. 4 m. 1 (Mai. 15 — Iun. 14) d. 20 (Iun. 15—30 + Iul. 1—4), possunt item tempora numerari per dies solos 17 (Mai. 15—31) + 30 (Iun.) + 4 (Iul. 1—4) = 51. — Ipsa intervalla si haberemus recte tradita ita ut spatia habemus, magnopere chronologiam adiuvarent; nam dies depositionum magna ex parte aut ignorantur aut possunt certe in dubitationem vocari (ut in Bonifatio IV defuncto a. 615 epitaphium quod extat diem habet a Pontificali diversum). Sed quamquam in Pontificali intervalla vix ullo loco desunt neque libri in iis magnopere variant, qui ibi leguntur numeri non solum per ea tempora ficticii sunt, ubi spatiis quoque fides abneganda est, sed etiam postea, ubi haec in universum vera sunt, manent commenticia; certe intervalla quae ex indice Liberiano efficiuntur, auctor libri Pontificalis incuriose sprevit numeris substitutis sine dubio falsis, continuanturque etiam post Liberium intervalla ficticia, ut sedes dicitur vacavisse per dies 38 post Felicem II (XXXVII) Liberii scilicet successorem, quem ipse liber alio loco ait obiisse ante Liberium; item post Xystum III (XLVI) intervallum adnotatur dierum 22, cum constet ex testimonio scriptoris aequalis Leonem ei successisse post dies amplius 40. A Leone inde primo ad saeculi septimi episcopos primos veri numeri ut aliquoties adsunt, ita non desunt errati etiam graviores, ut post Vigilium (LXI), Pelagium I (LXII), Benedictum I (LXIV), Gregorium I (LXVI); ab Honorio (LXXII) demum intervalla ita decurrunt spatiis congrua, ut diversitates per minutias illas, de quibus antea monui, satis explicentur. — Itaque intervallorum numeri in librum Pontificalem non sunt relati ex computatione curiosa aptata ad spatia episcoporum inde a saeculi quarti principio satis certo nota, nec magis descendunt ex laterculo cum Indice quem scriptor adhibuit auctoritate et bonitate comparando, sed ut non raro veros numeros habent profectos ab auctoribus bonis, ita aequalium hominum adnotationem perpetuam non prae se ferunt nisi inde a saeculi septimi decennio tertio. Confirmatur ita quod supra (p. XVIII) posui libri Pontificalis originem non recte referri ad aetatem Theodericianam, sed scribi coeptum esse post Gregorium primum.

CAPVT QVARTVM.

DEPOSITIONVM EPISCOPORVM ROMANORVM LATERCVLI.

Disquisitionem de sepulcris episcoporum Romanorum late patentem et ad ipsorum rudera non minus quam ad scriptos libros exigendam neque is sum qui pertractem neque hic locus ei pertractandae aptus est. Sed placuit vitarum corpori adiungere laterculos ad sepulcra ea pertinentes duos, alterum locorum in codicibus traditum, quoniam tabulam huic simillimam libri Pontificalis scriptor videtur adhibuisse; alterum dierum ex vitis a nobis editis excerptum, quoniam ad interpolationes classium diversarum dignoscendas utile est uno conspectu dies hos comprehendi collocatos fere in vitarum parte extrema.

I. LOCI DEPOSITIONVM.

Depositiones episcoporum Romanorum a Petro ad Zachariam († 752) ordinatae ad loca leguntur in libris duobus, de quibus infra in codicum recensu dicetur, Parisino

PROLEGOMENA. LXIII

5140 saec. XI incipientis (hic P, in apparatu C^4) et Vaticano 3864 saec. eiusdem exeuntis (hic E, in apparatu E^1). Ediderunt indicem ad illum librum Duchesnius vol. 1 p. CLVII, ad hunc Vignolius a. 1724 (ad libri pontificalis vol. 1 post praefationem) et Rossius *Roma sott.* 2 p. XXIII; ego collatum habui illum a Vidiero Parisino, hunc ab amicis Romanis. — Ordinis episcoporum numeros (scilicet eos ipsos, quos exhibet editio nostra libri pontificalis) praescribit solus liber E; litteras ad capita separanda et numeros ad papas homonymos distinguendos ego adieci uncis quadratis comprehensa. Cum de ordine, quem scriptor secutus est, nullo loco dubitari possit, non retinui versuum dispositionem, quae eadem est in utroque libro, nisi quod inde a rubrica K loci in E non versus suos habent, sed ad primum capitis nomen adscribuntur.

Indicium (indiculum E) in quo loco unusquisque Romanorum pontificum requiescit (req. pont. rom. E)

[A] in Vaticano (baticano E)
  I. Petrus
  II. Linus
  III. Cletus
  V. Anecletus (anecletis E^{1p}, anecleti E^{1o}, anacletus P)
  VI. Euarestus
  VIII. Sixtus (syxtus E) [I]
  VIIII. Telesfor
  X. Igynus (yginus E)
  XII. *(sic)* Pius
  XIIII. (xiii E) Eleuther
  XV. Victor
  XLVII. Leo [I]
  XLVIII. Simplicius
  LI. Gelasius [I]
  LII. Anastasius [II]
  LIII. Symachus (symmagus E)
  LIIII. Hormista (hormisda E)
  LV. Iohannes [I]
  LVI. Felix [IIII]
  LVII. Bonifatius (-facius P) [II]
  LVIII. Iohannes [II]
  LVIIII. Agapitus
  LXII. Pelagius [I]
  LXIII. Iohannes [III]
  LXIIII. Benedictus [I]
  LXV. Pelagius [II]
  LXVI. Gregorius [I]
  LXVII. Savinianus
  LXVIII. Bonifatius (-facius P) [III]
  LXVIIII. Bonifatius (-facius P) [IIII]
  LXX. Deusdedit
  LXXI. Bonifatius (-facius P) [V]
  LXXII. Honorius
  LXXIII. Severinus
  LXXIIII. Iohannes [IIII]
  LXXV. Theodorus
  LXXVII. Eugenius [I]
  LXXVIII. Vitalianus
  LXXVIIII. Adeodatus
  LXXX. Donus
  LXXXI. Agatho
  LXXXII. Leo [II]
  LXXXIII. Benedictus [II]
  LXXXIIII. Iohannes [V]
  LXXXV. Conon (cunon P^p)
  LXXXVI. Sergius [I]
  LXXXVII. Iohannes [VI]
  LXXXVIII. Iohannes [VII]
  LXXXVIIII. Sisinnius
  XC. Constantinus
  XCI. Gregorius [II]
  XCII. (xciii E^{1p}) Gregorius [III]
  XCIII. Zacharias

[B] in cymiterio Calisti (calixti E)
  XI. *(sic)* Anicitus
  XIII. Soter (sother P)
  XVI. Zeferinus (seuerinus P)
  XVIIII. *(sic)* Antheros
  XX. *(sic)* Pontianus (poncianus P)
  XXI. Fabianus
  XXIII. Lucius
  XXIIII. Stephanus [I] (sthephanus P)
  XXV. Syxtus [II]
  XXVIII. Euticeanus (euthiceanus E)
  XXVIIII. Gaius
  XXXII. Eusebius
  XXXIII. Meltiades (melciades P)

[C] in cymiterio Priscillae via Salaria
  XXX. *(sic)* Marcellinus (marcellus P)
  XXXI. *(sic)* Marcellus (marcellinus P)
  XXXIIII. Silvester (silur, *non* silū E)
  XL. Siricius
  XLV. Celestinus (calestinus P)
  LXI. Vigilius

[D] ad sanctum Paulum
  L. Felix [III]

[E] ad sanctum Laurencium
  XLIII. Zosimus (zososomus P)
  XLVI. Syxtus (sixtus P) [III]
  XLVIII. Hilarus

[F] in cymit̄ Calopodi via Aurelia
  XVII. Calistus
  XXXVI. (xxui *Rossius err.*) Iulius

[G] ad sanctam Felicitatem via Salaria
  XXXVII. Liberius
  XLIII. Bonifatius (-facius P) [I]

[H] ad Ursu pileatu portum
  XLI. Anastasius [I]
  XLII. Innocentius [I]

[I] in Portu (pontu E) in mari
  IIII. Clemens [I]

[K] in *(om. E)* miliario VI via Numentana (nomentana P)
  VII. (ui E) Alexander
  XVIII. (xuiiii Eᵖ) Urbanus

[L] via Aurelia
  XXVII. (xuii E) Felix [I]
  XXVI. Dionisius
  XXII. Cornelius

[M] in cimīt (cym̄ E) suo via Ardeatina (ardeata P)
  XXXV. Marcus

[N] in cimīt (cym̄ E) suo via Portum
  XXXVIII. Felix [II]

[O] in cimīt (cym̄ E) suo via Ardē (*sic E*, ardeata P)
  XXXVIIII. Damasus (damassus E)

[P] in Pontias
  LX. Silverius

[Q] in Acersona
  LXXVII. Martinus [I]

Sequuntur loci depositionum episcoporum excerpti ex libro Pontificali.

  I. Petrus: via Aurelia in templum Apollinis iuxta locum ubi crucifixus est iuxta palatium Neronianum in Vaticano iuxta territorium triumphalem.
  II. Linus: iuxta corpus beati Petri in Vaticano.
  III. Cletus: iuxta corpus (in basilica K) beati Petri in Vaticano.
  IV. Clemens: in Grecias.
  V. Anecletus: iuxta corpus beati Petri.
  VI. Euaristus: iuxta corpus beati Petri in Vaticano.
  VII. Alexander: via Nomentana ubi decollatus est ab urbe Roma mil. VII.
  VIII. Xystus I: iuxta corpus beati Petri in Vaticano.
  IX. Telesphor: iuxta corpus beati Petri in Vaticano.
  X. Hyginus: iuxta corpus beati Petri in Vaticano.
  XI. Pius: iuxta corpus beati Petri in Vaticano.
  XII. Anicetus: iuxta corpus beati Petri in Vaticano *FK*, in cymiterio Callisti *P*.
  XIII. Soter: iuxta corpus beati Petri *FK*, in cymiterio Callisti via Appia *P*.
  XIV. Eleuther: iuxta corpus beati Petri in Vaticano.
  XV. Victor: iuxta corpus beati Petri apostoli in Vaticano.
  XVI. Zephyrinus: in cymiterio suo iuxta cymiterium Callisti via Appia.
  XVII. Callistus: in cymiterio Calipodi via Aurelia mil. III.
  XVIII. Urbanus: in cymiterio Praetextati via Appia.
  XVIIII. Pontianus: in cymiterio Callisti via Appia.
  XX. Anteros: in cymiterio Callisti via Appia.
  XXI. Fabianus: in cymiterio Callisti via Appia.
  XXII. Cornelius: in crypta iuxta cymiterium Callisti via Appia in praedio (Lucinae).
  XXIII. Lucius: in cymiterio Callisti *I. III*, iuxta cymiterium Callisti in arenaria *II*.
  XXIIII. Stephanus I: in cymiterio Callisti via Appia.
  XXV. Xystus II: in cymiterio Callisti via Appia.
  XXVI. Dionysius: in cymiterio Callisti via Appia.

XXVII. Felix I: in cymiterio suo via Aurelia mil. II *FK*, *similiter P*.
XXVIII. Eutychianus: in cymiterio Callisti via Appia.
XXVIIII. Gaius: in cymiterio Callisti via Appia.
XXX. Marcellinus: in via Salaria in cymiterio Priscillae in cubiculum *cet.* in crypta iuxta corpus sancti Crescentionis.
XXXI. Marcellus: in cymiterio Priscillae via Salaria.
XXXII. Eusebius: in cymiterio Callisti (in crypta *add. III*) via Appia.
XXXIII. Miltiades: in cymiterio Callisti via Appia (in crypta *add. III*).
XXXIIII. Silvester: in cymiterio Priscillae via Salaria ab urbe Roma mil. III.
XXXV. Marcus: in cymiterio Balbinae via Ardeatina.
XXXVI. Iulius I: via Aurelia in cymiterio Calepodii mil. III.
XXXVII. Liberius: via Salaria in cymiterio Priscillae.
XXXVIII. Felix II: in basilica eius via Aurelia (mil. II *add. II. III*).
XXXVIIII. Damasus: via Ardeatina in basilica sua iuxta matrem suam et germanam.
XL. Siricius: in cymiterio Priscillae via Salaria.
XLI. Anastasius I: in cymiterio suo ad Ursum pileatum.
XLII. Innocentius I: in cymiterio *(om. FK. III)* ad Ursum pileatum.
XLIII. Zosimus: via Tiburtina iuxta corpus beati Laurentii martyris.
XLIIII. Bonifatius I: in cymiterio sanctae Felicitatis martyris via Salaria *FK. III*, via Salaria iuxta corpus sanctae Felicitatis martyris *I. II*.
XLV. Caelestinus: in cymiterio Priscillae via Salaria.
XLVI. Xystus III: via Tiburtina in crypta ad sanctum Laurentium (*sic FK*, iuxta corpus beati Laurenti *P*).
XLVII. Leo I: in basilica beati Petri *FK*, apud beatum Petrum apostolum *P (rel.)*, apud basilicam beati Petri apostoli $C^3 E^1$.
XLVIII. Hilarus: ad sanctum Laurentium in crypta iuxta corpus beati episcopi Xysti.
XLVIIII. Simplicius: ad beatum Petrum (*sic FK*, in basilica beati Petri apostoli *P*).
L. Felix III: apud beatum Paulum (*sic FK*, in basilica beati Pauli apostoli *P*).
LI. Gelasius: apud beatum Petrum *FK*, in basilica beati Petri apostoli *P*.
LII. Anastasius II: apud beatum Petrum in Vaticanum *FK*, in basilica beati Petri apostoli *P*.
LIII. Symmachus: apud beatum Petrum *FK*, in basilica beati Petri apostoli *P*.
LIIII. Hormisdas: apud beatum Petrum *FK*, in basilica beati Petri apostoli *P*.
LV. Iohannes I: corpus translatum de Ravenna et sepultus est in basilica beati Petri apostoli.
LVI. Felix IIII: in basilica beati Petri apostoli.
LVII. Bonifatius II: in basilica beati Petri apostoli.
LVIII. Iohannes II: in basilica beati Petri apostoli.
LVIIII. Agapitus: translatum in basilicam beati Petri apostoli.
LX. Silverius: sepultus in eodem loco (in Pontiis).
LXI. Vigilius: corpus ductus est Romam, sepultus ad sanctum Marcellum via Salaria (in cymiterio Priscillae *add. E^1*).
LXII. Pelagius I: in basilica beati Petri apostoli.
LXIII. Iohannes III: in basilica beati Petri apostoli.
LXIIII. Benedictus II: in basilica beati Petri apostoli in secretarium.
LXV. Pelagius II: ad beatum Petrum apostolum.
LXVI. Gregorius I: in basilica beati Petri apostoli (ad beatum Petrum apostolum *I*) ante secretarium.
LXVII. Sabinianus: in ecclesia beati Petri apostoli.
LXVIII. Bonifatius III: in ecclesia beati Petri apostoli.

LXVIIII. Bonifatius IIII: ad beatum Petrum apostolum.
  LXX. Deusdedit: ad beatum Petrum apostolum.
  LXXI. Bonifatius V: ad beatum Petrum apostolum.
  LXXII. Honorius: ad beatum Petrum apostolum $KGE^{4.6}$, in basilica beati Petri apostoli C^3E^1, ubi supra *I*. *II (interpolator videtur verba* 171, 4 *ubi requiescit rettulisse ad Honorium)*
  LXXIII. Severinus: ad beatum Petrum apostolum.
  LXXIIII. Iohannes IIII: ad beatum Petrum apostolum.
  LXXV. Theodorus: ad beatum Petrum apostolum.
  LXXVI. Martinus I: ibidem (Cersonae) vitam finiuit (sepultus in basilica sanctae Mariae semper virginis *add. K*).
  LXXVII. Eugenius I: ad beatum Petrum apostolum (in basilica beati Petri *K*).
  LXXVIII. Vitalianus: ad beatum Petrum apostolum.
  LXXVIIII. Adeodatus: ad beatum Petrum apostolum.
  LXXX. Donus: ad beatum Petrum apostolum.
  LXXXI. Agatho: ad beatum Petrum apostolum.
  LXXXII. Leo II: ad beatum Petrum apostolum.
  LXXXIII. Benedictus II: ad beatum Petrum apostolum.
  LXXXIIII. Iohannes V: ad beatum Petrum apostolum.
  LXXXV. Conon: ad beatum Petrum apostolum.
  LXXXVI. Sergius: in basilica beati Petri apostoli.
  LXXXVII. Iohannes VI: ad beatum Petrum apostolum *II, III*, om. *I*.
  LXXXVIII. Iohannes VII: ad beatum Petrum apostolum ante altare sanctae dei genetricis $B^{2.3.4}E^{1.6}$, om. *reliqui*.
  LXXXVIIII. Sisinnius: ad beatum Petrum apostolum $B^{2.3.4}E^{1.6}$, om. *reliqui*.
  XC. Constantinus: ad beatum Petrum apostolum $B^{2.3.4}E^{1.6.7}$, om. *reliqui*.

Differt laterculus in libris *PE* servatus a Pontificali in his:

		Pontif.	*lat. sep.*
III.	Clemens	in Grecias	in Portu in mari
XII.	Anicetus	in Vaticano *FK*	in cymiterio Callisti *cum P*
XIII.	Soter	in Vaticano *FK*	in cymiterio Callisti *cum P*
XVIII.	Urbanus	in cym. Praetextati via Appia	in mil. VI via Nomentana
XXII.	Cornelius	iuxta cymiterium Callisti	via Aurelia
XXVI.	Dionysius	in cymiterio Callisti	via Aurelia
XXXVII.	Liberius	via Salaria in cymiterio Priscillae	ad sanctam Felicitatem via Salaria
LXI.	Vigilius	ad sanctum Marcellum via Salaria	in cymiterio Priscillae via Salaria

Laterculus sepulcrorum quamquam libri pontificalis secundae quoque editionis terminos excedit adeoque in episcopis 12. 13 mutatus sit necesse est ad Pontificalis editionem posteriorem, quacum traditur, nihilominus tantum abest, ut ex Pontificali excerptus sit, ut verisimile sit eiusmodi indicis exemplar, scilicet emendatius nostris, primo Pontificalis auctori praesto fuisse eumque sepulturarum locos inde hausisse. Nam de sepulturis Alexandri et Urbani traduntur haec:

Pontif.	*tab. sep.*	*martyrol. Hieron.*
Alexander via Nomentana mil. VII	in miliario VI via Nomentana Alexander	*Mai. 3:* Romae natale Eventi Alexandri Theodoli [1]).
Urbanus in cymiterio Praetextati via Appia	[in cimiterio Praetextati] Urbanus	*Mai. 25:* via Nomentana mil. VIII natale Urbani episcopi in cymiterio Praetextati.

---

[1]) Liber Bernensis interpolatus post *Romae* inserit verba *via Nomentana mil. VII*, post *natale* verba *sanctorum Iuvenalis.*

Auctor martyrologii cum Urbanum scribat sepultum esse *via Nomentana in cymiterio Praetextati,* erravit; id enim coemeterium situm est ad Appiam. Erroris originem sagaciter Duchesnius inde explicavit, quod tabulam sepulcralem ante oculos habuit, qualem nos supra eam dedimus [1]), verba *via Nomentana* ad solum Alexandrum pertinentia item trahens ad eum qui sequitur Urbanum. Colligitur inde tabulam sepulturarum antiquissimam esse, utpote adhibitam ab auctore martyrologii ita, ut nos id habemus, compilato a. 627/8. Itaque non tabulae auctor Pontificalem, sed, ut supra (p. XI) diximus, Pontificalis tabulam eamque in Urbano plenam expilavit.

II. DIES DEPOSITIONVM.

I. Petrus: III k. Iul.
II. Linus: VIIII (uiii FB^1) k. Oct.
III. Cletus: VI (uii A^1) k. Mai.
IV. Clemens: VIII (uiiii FK) k. Dec.
V. Anencletus: III id. Iul.
VI. Euaristus: VI k. Nov.
VII. Alexander: V non. Mai.
VIII. Xystus I: III non. (ui non. F, uiii id. K^1, uii id. K^2) Apr.
IX. Telesphor: IIII non. Ian.
X. Hyginus: III id. Ian.
XI. Pius: V id. Iul.
XII. Anicetus: XII k. Mai.
XIII. Soter: X k. Mai. (iun. A^1).
XIV. Eleuther: VIIII (uiii $F^{1.3}$, uii F^2C^3BE) k. Iun.
XV. Victor: V k. Aug.
XVI. Zephyrinus: VIII (uii BE) k. Sept.
XVII. Callistus I: prid. id. Oct.
XVIII. Urbanus: XIIII k. Iun. (uiii k. Iun. $E^{1.6}$, om. $B^{2.3.4}$).
XVIIII. Pontianus: III k. Nov. *(cf. adn.).*
XX. Anteros: III non. Ian.
XXI. Fabianus: XIII (xiiii $F^{1.2}B$) k. Febr.
XXII. Cornelius: XVIII k. Oct.
XXIII. Lucius: VIII k. Sept. *(immo III non. Mart.; cf. Rossi Rom. sott. 2, 62).*
XXIIII. Stephanus I: IIII non. Aug.
XXV. Xystus II: VIII id. Aug.
XXVI. Dionysius: VI k. Ian.
XXVII. Felix I: III k. Iun.
XXVIII. Eutychianus: VIII k. Aug. *(immo VI id. Dec.; cf. Rossi Rom. sott. 2, 71).*
XXVIIII. Gaius: X k. Mai.
XXX. Marcellinus: XVIII k. Febr. *(vide supra p. LIV).*
XXXI. Marcellus: *(vide supra p. LIV).*
XXXII. Eusebius: *(vide supra p. LIV).*
XXXIII. Miltiades: IIII id. Dec.
XXXIIII. Silvester: prid. k. Ian.
XXXV. Marcus: prid. non. Oct.
XXXVI. Iulius: prid. id. Apr.

---

[1]) Exemplar ad martyrologium adhibitum non hiabat, ut nescio quomodo sibi persuasit Duchesnius, sed e contrario nostro plenius erat, a quo abest cymiterium Praetextati a martyrologii auctore ex tabula adsumptum.

XXXVII. Liberius: V id. Sept. (uiii k. mai. *II. III*).
XXXVIII. Felix II: XVII (xii *II. III*) k. Dec.
XXXVIIII. Damasus: III id. Dec.
   XL. Siricius: VIII k. Mart. (mai. *I*).
   XLI. Anastasius I: V k. Mai.
   XLII. Innocentius I: V k. Iul. *(sic FK, aug. P)*.
   XLIII. Zosimus: VII k. Ian.
   XLIIII. Bonifatius I: VIII k. Nov.
   XLV. Caelestinus: VIII id. Apr.
   XLVI. Xystus III —.
   XLVII. Leo I: III id. Apr.
   XLVIII. Hilarus —.
   XLVIIII. Simplicius: VI non. Mart.
     L. Felix III —.
     LI. Gelasius: XI k. Dec.
     LII. Anastasius II: XIII k. Dec.
     LIII. Symmachus: XIIII k. Aug.
     LIIII. Hormisdas: VIII id. Aug.
     LV. Iohannes I: VI k. Iun.
     LVI. Felix IIII: IIII id. Oct.
     LVII. Bonifatius II: XVII m. Oct. *(alii aliter, om. GE^6)*.
     LVIII. Iohannes II: VI k. Iun.
     LVIIII. Agapitus: XII k. Oct.
     LX. Silverius: XII k. Iul.
     LXI. Vigilius —.
     LXII. Pelagius I: *om.* A^1GE^6, II m. Mart. $C^3E^{1.5}$, VI non. Mart. $B^{2.3.4}$, *locis diversis, ut item in sequentibus:* $B^{2.3.4}$ *solent adiungere diem depositionis ad eius locum, id quod rei convenit, sed in optimo libro B^4 ad Sabinianum dies primum scriptus fuit in fine vitae, deinde ibi deletus est et insertus loco apto.*
     LXIII. Iohannes III: *om.* GE^6, XIII m. Iul. $A^{1.2}C^3E^1$, III id. Iul. $B^{2.3.4}$: *codices ii quoque qui consentiunt diem passim collocant locis diversis, additionis ita prae se ferentes vestigia certa.*
     LXIIII. Benedictus I: *om.* GE^6, XXX m. Iul. $A^{1.2}C^3E^1$, prid. k. Aug. $B^{2.3.4}$.
     LXV. Pelagius II: *om.* GE^6, VII (iiii C^3) m. Febr. $A^{1.2}C^3E^1$, VII id. Febr. $B^{2.3.4}$.
     LXVI. Gregorius I: XII m. Mart. $A^{1.2}C^3E^1GE^6$, III id. Mart. $B^{2.3.4}$.
     LXVII. Sabinianus: *om.* GE^6, XXII m. Febr. $A^{1.2}C^3E^{1.5}$, VI k. Mart. $B^{2.3.4}$.
     LXVIII. Bonifatius III: *om.* GE^6, XII m. Nov. $A^{1.2}C^3E^1$, prid. id. Nov. $B^{2.3.4}$.
     LXVIIII. Bonifatius IIII: *om.* GE^6, XXV m. Mai. $A^{1.2}C^3E^{1.5}$, VIII k. Iun. $B^{2.3.4}$.
     LXX. Deusdedit: *om.* GE^6, VIII m. Nov. $A^{1.2}C^3E^1$, VI id. Nov. $B^{2.3.4}$.
     LXXI. Bonifatius V: *om.* G, XXV m. Oct. $A^{1.2}C^3E^{1.6}$, VIII k. Nov. $B^{2.3.4}$.
     LXXII. Honorius: IIII id. Oct.
     LXXIII. Severinus: IIII non. Aug.
     LXXIIII. Iohannes IIII: IIII id. Oct., *om.* GE^6
     LXXV. Theodorus: prid. id. Mai.
     LXXVI. Martinus I: XVII m. Sept. $A^{1.2}C^3GE^{1.5.6}$, XV k. Oct. $B^{2.3.4}$.
     LXXVII. Eugenius I: IIII non. Iun.
     LXXVIII. Vitalianus: VI k. Febr.
     LXXVIIII. Adeodatus: VI k. Iul.
     LXXX. Donus: IIII (iii *II*) id. Apr.
     LXXXI. Agatho: IIII id. Ian.

LXXXII. Leo II: V non. Iul.
LXXXIII. Benedictus II: VIII id. Mai.
LXXXIIII. Iohannes V: II m. Aug.
LXXXV. Conon: XXI m. Sept.
LXXXVI. Sergius I: VI id. Sept. ind. XIIII Tiberio Augusto *omnes*.
LXXXVII. Iohannes VI: sub die (II m. Aug. *add. B^{4c}*) ind. III Tiberio Augusto regnante $C^3B^{2\cdot 3\cdot 4}E^5$, *om.* $A^1GE^{1\cdot 6}$.
LXXXVIII. Iohannes VII: XV k. Nov. ind. VI sub Iustiniano (iustino $B^{2\cdot 3\cdot 4}$) $B^{2\cdot 3\cdot 4}E^{1\cdot 6}$, *om.* A^1C^3G.
LXXXVIIII. Sisinnius: sub die *(sic)* ind. VI Iustiniano Aug. E^1, VIII id. Nov. $B^{2\cdot 3\cdot 4}$, *om.* $A^1C^3GE^6$.
XC. Constantinus: VI id. Ian. $B^{2\cdot 3\cdot 4}$, V id. Apr. ind. XIII (ind. xiii *om.* E^6) Anastasio Aug. $E^{1\cdot 6\cdot 7}$, *om.* A^1C^3G.

CAPVT QVINTVM.
CODICVM RECENSVS.
EPITOME FELICIANA.

Epitome Feliciana (Duchesne p. XLIX seq.) quae hodie dici solet propterea quod finit in episcopo Felice IIII († 530) servata est cum sylloge canonum Sanctimauriana formata secundum ea, quae de hac diligenter exposuit Maassen (*Quellen des kanon. Rechts* 1, 613 seq.), in Gallia et in ea quidem parte, ut observavit Duchesne (p. LII), quae Hispaniae propior est, saeculo autem sexto medio, cum inter ea quae ab origine comprehendit, novissima sint decreta concilii Aurelianensis quinti a. 549. Denuo edita est aucta saeculo eodem exeunte, adiectis decretis concilii Toletani V a. 589 et Romani a. 595. Ipsa sylloge inscripta est sic: *in dei nomine continentur in hoc libro canones seu regulae ecclesiasticae diversarum provinciarum Grecorum atque Latinorum epistolae decretales*. Praecedunt eam (sub inscriptione *prefacio conciliorum*) epigramma quod incipit *concilium sacrum venerandi culmina iuris condidit*, proprie autem pertinet ad concilium Nicaenum (Maassen 1, 45), et commentarii tres non comprehensi sylloge ipsa, sed ad usum eius accommodati, liber pontificalis breviatus inscriptione neque ante epistulas praefatorias neque post eas adiecta et catalogi duo episcopiorum Galliae et provinciarum imperii Romani (chron. min. vol. 1 p. 564. 573). Epitomae libri Pontificalis post dictas epistulas praefatorias insertus est index paparum[1]) spatiis non adscriptis in tribus libris pariliter perveniens ad Pelagium II (579—590), subiuncta continuatio episcoporum inde a Felice IIII (vide supra p. XXXII) numeros (LVII—LXVIII) et nomina et spatia enuntians deducta ad eundem Pelagium II[2]), scripta igitur sedente Gregorio I (590—604). Itaque aut qui syllogen Sanctimaurianam ordinavit c. a. 549 pontificalis libri exemplari usus est finiente in Felice IIII, quae opinio est Duchesnii, aut, quae mea est opinio supra p. XIII seq. comprobata, librarius aliquis posterior nactus Pontificalis editionis prioris exemplar selecta inde corpori Sanctimauriano adiecit quae ad id illustrandum utilia essent parte posteriore abiecta. Ad exemplar illud Pontificalis

---

[1]) Absunt ab indice eo Anacletus et Marcellinus. [2]) Quod huic continuationi subscribitur: *a beato Petro usque nunc fiunt anni CCCCXLIIII et menses VII (ui F^2) excepto intervallus (-los F^2) episcopati profectum sit necesse est ex spatiorum numeris corruptis et fortasse praeterea ex erronea librarii computatione.*

voluminis si liceret revocare indicem paparum deductum ad Pelagium II, colligeremus Pontificalis exemplar ab epitomatore adhibitum esse scriptum sedente Gregorio I. Sed non licet; nam laterculus prior cum non habeat Anencletum et Marcellinum, non derivatus est ex libro Pontificali et aliunde accesserit necesse est, neque inde quicquam colligitur, quod faciat ad libri Pontificalis originem determinandam. Remanserunt haec fortasse ex additamentis adiectis ad corporis Sanctimauriani editionem secundam factam, ut vidimus, sedente Gregorio I, quorum partem maiorem abiecit auctor Felicianus substituto libro Pontificali compendiato.

Codices epitomae Felicianae supersunt tres.

F^1 Parisinus 1451 scr. saec. VIII extremo (Maassen l. c. et *Sitzungsberichte der Wiener Akademie* [bibl. Lat. iur. can. ms.] vol. 54 a. 1866 p. 173; Duch. p. XLIX cum tabula 1, 2), aliquando abbatiae sancti Mauri Fossatensis prope Parisios. Quo tempore scriptus sit, intellegitur tam ex indice paparum cum spatiis perscripto f. 6' finiente in Hadriano I adiecto manu secunda nomine Leonis, scripto igitur sedente Leone III (795—816) quam ex computo ei subiuncto (ed. eum Maassen l. c. et Duchesne l. c., ubi corrige *duo milia CCXL* pro *duo milia CCLX*) finiente sic: *de apostolato iam facto Christi martyris Marcellini usque tempus* (non *usque ad tempus*) *gloriosissimi domni Karoli regis XXV anni regni eius, hoc est usque VIII kal. April.* (a. 793 Mart. 25) *sunt anni CCCCXC et menses tres.* Codex habet syllogen canonum eam de qua agitur; in ea quid contineatur et quae praeterea in codice sint a sylloge aliena accurate descripta a Maasseno, hoc loco praeteriri potuerunt.

F^2 Vaticanus reginae 1127 saec. IX (Duch. p. L) antea abbatiae sancti Eparchii Engolismensis (Angoulême) praecedenti simillimus, nisi quod paparum index finit in Paschali I (817—824).

F^3 Bernensis 225 saec. IX (Duch. p. LI) etsi syllogen canonum non exhibet, sed solum librum pontificalem breviatum, descriptus sit necesse est ex codice aliquo duobus praecedentibus simili, cum index paparum epitomae insertus hic quoque finiat in Pelagio II. Ipsa epitome desinit in Liberio verbis p. 78, 13 = 249, 3 *cimiterio sanctae agnen ubi sedebat* non mutilus, sed ut versu vacuo interposito sequatur Hieronymi commentarius de viris illustribus in fine imperfectus. Quod conicit Duchesnius librarium consulto omisisse partem epitomae posteriorem, ut eiusdem temporis notitias coniungeret, non explicat, cur in media sententia vita Liberii abrumpatur; immo credendum est librarii archetypum mutilum non habuisse nisi syllogae principium.

Quo loco et quo tempore epitome Feliciana facta sit, parum constat. Corpus Sanctimaurianum vidimus supra conditum esse in Gallia saeculo VI medio, recognitum sub eius finem; sed, ut antea monuimus, verisimile est epitomen non ab ipso corporis conditore proficisci, sed postea demum ei adiectam esse. Id factum esse in Gallia ante saeculum nonum ex codicum condicione cum appareat, ulterius progredi non potuimus.

Duo libri pleni Parisinus et Vaticanus ita consentiunt etiam in pusillis erroribus, ut dubium non sit utrumque descriptum esse ex archetypo eodem, sed ita, ut modo hic modo ille id fidelius repraesentet. Scilicet Parisinus praestat Vaticano inter alios locis his:

    86, 17 xxxii] F^1, xxii F^2 *(sic)*
    86, 18 salaria] F^1, salutaria F^2
    107, 1 sardus] F^1, sacerdos F^2
    112, 12 ad sanctum petrum et ad sanctum paulum *om. F^2*
    121, 2 symmachus] F^1, *om. F^2*

Numeros fere unione uno librarius imminuit, scribens V pro VI, VI pro VII et sic deinceps. — E contrario Vaticanus praestat Parisino locis qui sequuntur:

    11, 1 ex patre] ex atre F^2, extare F^1

47, 2 uolusiani ... constantio et volusiano] F^2, uolusiano *(rel. om.)* F'^1
74, 1 diac. ui *om.* F'^1
78, 18 praediolo] F'^2, praesidiolo *(non pridiolo)* F^1
134, 12 ad gladio perderet] a gladio perderit F'^2, gladio perderet F^1

Recedit ab utroque Bernensis, casu tantummodo consentiens in hiatu 47, 2 cum Parisino et recedit ita, ut quamquam naevis sibi propriis non caret, saepius praestet ambobus consentientibus:

8, 7 in pace iii id. iul.] F^3, *om.* $F^{1.2}$
11, 9 cum formata] conformata F^3, confirmata $F^{1.2}$
12, 3 ante pascha] F^3 *cum I. II. III*, paschae $F^{1.2}$ *cum K*
20, 14 uiii k. sept.] F^3 *cum reliquis, om.* $F^{1.2}$
42, 8 via salaria] F^3, uia saltaria F^1, uia salutaria F^2

Exemplaria libri Pontificalis non epitomati Parisinum 5516 = D^1 et Leidense Vulcanii 58 = D^2, item Crabbianum editum infra videbimus quaedam adscivisse aut adhibitis exemplaribus tam Felicianae epitomae quam Cononianae aut, quod magis crediderim, adhibito exemplari epitomae maioris eius, ex qua duae illae fluxerunt, pauca tamen neque per se utilia. Denique interpolatio notabilis 18, 6 *sicut Pius* pro antiqua lectione *sicut Eleuther* praeter epitomen Felicianam item reperta est in epitoma Pontificalis facta ad classem secundam nobis N.

Edita est epitome Feliciana primum ab Henschenio et Papebrokio in actis sanctorum Apr. vol. 1 (1675) in praemissis p. IV—XXXVI ad codicem Vaticanum; deinde a Schelestratio ant. eccl. 1 (1692) p. 402—496 ad codicem Parisinum; nuper Bernensis quae habet, diligentia nimia omnino et incommoda expressa sunt a Lipsio (*Chronologie der römischen Bischöfe* a. 1869 p. 269—277). Nos eam dedimus et coniunctam p. 229—262 sine apparatu et cum apparatu insertam ipsi Pontificali.

EPITOME CONONIANA.

Libri Pontificalis epitome altera (Waitz *neues Archiv* 9, 459; Duch. p. LIV sq.) finiens, reiectis quae in duobus codicibus eam habentibus subiuncta sunt additamentis, in Conone († 687) indeque appellata ita traditur, ut codices qui eam servarunt nullam suspicionem iniciant comprehensam eam fuisse in corpore aliquo maiore. Post praefatorias epistulas (quas habet codex Veronensis solus) index paparum nullus reperitur; inscriptio eadem est in libro utroque *incipit ordo episcoporum Romae*.

Libri eam epitomen servarunt duo hi:

Veronensis bibliothecae capitularis LII (50) saec. VIII exeuntis vel incipientis IX K^2 (dixit de eo post alios Traubius in actis Monac. maioribus cl. hist. vol. 21 p. 659 adiecta tabula). Praecedunt epitomen, quae volumen claudit, inter alia itinerarium Hierosolymitanum (*revue archéologique* ser. 2 vol. 10 a. 1864 p. 98), notitia episcopiorum Gallicorum (chr. min. 1, 563), epistulae duae subditiciae Damasi et Hieronymi de psalmis cantandis (Hieronymi opp. vol. 11 p. 275 seq. Vallars.). Continuatio infra edita finit in Paulo I (757—767), sed mutila deperdito folio extremo.

Parisinus 2123 saec. IX (Duchesnius vol. 1 p. LIV cum tabula 1, 1). Praecedunt K^1 excerpta ex patrum scriptis conciliorumque decretis ea, de quibus egit Maassen act. acad. Vindobonensis (= bibl. Lat. iur. can. ms.) vol. 54 (1866) p. 213 seq.; sequuntur notitiae provinciarum imperii Romani et episcopiorum Galliae (chr. min. 1, 570) et formulae Flaviniacenses (in formularum ed. curata a Zeumero p. 469 seq.) aliaque plura, in his computatio deducta ad obitum Caroli magni; quacum convenit, quod continuatio, quam infra proponimus, finit in Hadriano I adiecto spatio. Codex igitur scriptus est sedente Leone III (795—816). Formularum corpus illud cum constet compilatum esse in monasterio sancti Praeiecti Flaviniacensi dioecesis Augustodunensis in ducatu Burgundiae (Zeumer l. c.), codex autem hodie Parisinus ex ipso archetypo descriptus esse videatur (egit idem Zeumer de codice simili Lindenbrogiano, hodie Havniensi *neues Archiv* 14, 589), non absimile veri est hunc quoque codicem scriptum esse ibidem.

Parisinus 16982 (Duch. p. LV) descriptus est ex Parisino 2123.

Accedunt tertio loco, quae ex epitoma ea (ut vidit Duchesnius) excerpsit qui scripsit chronica Bedanis superstructa finientia in a. 741, de quorum parte priore dixi ego chron. min. vol. 3 p. 237—239. 334—340, posteriorem edidit Waitz MG. SS. 13, 1 seq. Chronica ea, servata potissimum codicibus tribus Leidensi Scaligeri n. 28 et Parisino *nouv. acq.* 1615 et Monacensi n. 246, proponunt excerpta ex libro pontificali non in tribus libris eadem omnia, minore numero in Parisino, plura in Leidensi et Monacensi, sed ut nihilominus omnia proficisci videantur a compilatore eodem, certe redeant omnia ad epitomen Cononianam. Sunt autem haec potissimum:

ex vita Silvestri p. 248. 249: *ingressus Romam a Silvestro papa baptizatus* Monac.

ex vita Liberii p. 244: *hic exilio deputatur* (non *deportatur*) ... *anni III. tunc Constantius ... revocaverunt Liberium. in Romam ingressus ... haberent introitum* Monac.

ex vita Felicis II p. 249: *Liberio defuncto Felix in episcopato succedit qui declaravit ... hic martyrio coronatur* Monac.

ex vita Xysti III p. 252: *iuxta macellum Libiae* Monac.

ex eadem p. 252: *huius temporibus ... Valentinianus Augustus* Monac.

ex vita Leonis I p. 253: *ambulavit ... totam Italiam* Monac.

ex eadem p. 253: *post quod bellum beatus Leo papa ministeria Romane ecclesiae renovavit* Monac.

ex vita Vitaliani p. 186, 10: *die V mens. Iul. omnia que erant in aere ... numquam aliquando fuerunt* Paris. Leid. Monac.

ex vita Adeodati p. 190, 13: *sed et aere ... Alexandriam reversi sunt* Paris. Leid. Monac.

ex vita Agathonis p. 197, 16: *ea vero hora ... expulse sunt* Paris. Leid. Monac.

Ita cum perveniant ad Agathonem, verisimile est exemplum epitomae a compilatore adhibitum et ipsum in Conone finivisse. Quo tempore compilator scripserit, ambigitur propterea quod in calculis Bedanis ab ipso receptis in duobus libris Leidensi et Parisino (Monacensis hanc partem non habet) pro Bedae anno substitutus est a. 800/1; sed et in chronicis (l. c. p. 239) et in ephemeride nostra (*neues Archiv* 22, 548 seq.) ostendi eam immutationem ad librarium aliquem posteriorem referendam esse itaque compilatorem ipsum vere scripsisse c. a. 741. Hoc extra dubium est scripsisse eum in dioecesi Augustodunensi, fortasse in monasterio Flaviniacensi.

Propter nexum qui intercedit inter epitomen Cononianam et libros duos Parisinum 5516 = D^1 et Leidensem Vulcanii 58 = D^2 vide supra p. LXXI adnotata.

Pendent duo libri epitomae ab archetypo, in quo continuabatur ad Hadrianum I; nam post vitae Cononis epitomen prolixam brevissimae adnotationes sequuntur in libro utroque eae, quas subiecimus.

LXXXVI. Sergius natione Syrus sedit ann. XIIII (XIII *Par*.) mens. VIII dies XXIII.
vacat spatium in Veronensi.

LXXXVII. Iohannes (-nis *Par*.) natione Grecus de Pladon sedit ann. III mens. II dies XII. cessavit episcopatus mens. I dies XVIII.

LXXXVIII. item Iohannes natione Grecus sedit ann. II mens. VIII dies XVII (mens. ui et *omissis mediis Par*.), cessavit episcopatus menses III.
vacat spatium in Veronensi.

LXXXVIIII. Sisinnius natione Syrus sedit dies XX.   cessavit episcopatus mens. I dies XXVIII.
XC. Constantinus natione Syrus sedit ann. VII dies XV. cessavit episcopatus dies XL. primo anno pontificato (-tus *Par.*) eius inplentur anni CL de repetito (repidito *Par.*) ciclo Victorii (uicturii *Par.*) indictione VII anno primo Tiberio imperante cum Iustiano (iustiniano *Par.*) patre.
XCI. Gregorius natione Romanus sedit ann. XVI mens. VII dies XXIIII. et cessavit episcopatus dies XXXV.
  vacat spatium in Veronensi.
XCII. Gregorius natione Romanus sedit ann. X mens. X dies VIIII. cessavit episcopatus dies XI.
  vacat spatium in Veronensi.
XCIII. Zacharias natione Grecus sedit ann. X mens. III dies XIIII. cessavit episcopatus dies XII.
  solum papae nomen dignoscitur in Veronensi, ubi deinde vacat spatium.
XCIIII. Stephanus natione Grecus sedit ann. V mens. I dies XXV. et cessavit episcopatus dies L.
  solum papae nomen dignoscitur in Veronensi, ubi deinde vacat spatium.
XCV. Paulus sedit ann. XI in anno XI Pippino rege indictione XV.
  (solus papae nomen dignoscitur in Veronensi, qui hic deficit mutilus).
XCVI. Constantinus sedit anno uno.
XCVII. Stephanus sedit ann. III mens. V dies XXVII.
XCVIII. Adrianus sedit ann. XXV mens. V.

Tam tenor ipse indicis quam spatia in Veronensi libro ita relicta, ut appareat librarium ea destinasse habentibus pleniorem horum episcoporum notitiam explenda, declarant haec non proficisci ab archetypo eo, quod epitomae auctor in compendium redegit, sed adiecta esse aliunde a librario posteriore.

Duo libri Veronensis K^2 et Parisinus K^1 sese explent invicem et emendant:
  1, 1 seq. *praefatorias epistulas habet* K^2 *solus*
  27, 6 fideliter] K^1 *cum reliquis,* fideliter filiciter K^2
  38, 4 carino] K^1 *cum reliquis,* marino K^2
  62, 22 sanctae martyris agnis] K^1 *cum reliquis,* sanctae m. iohannis K^2
  73, 4 hostensis qui consecrat episcopum *om.* K^2
  84, 3 a XLIIII] a xuiiii K^1, ccxuiiii K^2
  92, 14 a lii] K^1, cclii K^2
  96, 7 a lui] K^1, cclui K^2
  139, 2 regis . . . . catholici *om.* K^2
  162, 10 sepultus . . . . secretarium *om.* K^1
  197, 16 abstolli . . . . orarium *om.* K^1

Quo tempore et quo loco scripta sit epitome Cononiana si quaerimus, cogitavit Waitzius (*neues Archiv* 9, 461) de Gallia et de a. 762 propterea quod adnotatur in libro Parisino deficiente hoc loco altero ad Paulum: *in anno XI Pippino rege indictione XV;* sed postquam Duchesnius ostendit chronicorum scriptorum a. 741 auctorem hac epitoma usum esse, reicimur ad epocham anteriorem, quamquam non multo vetustiorem esse epitomen probabile est. Infra enim ubi agetur de libri pontificalis ordine interpolato, epitomatorem demonstrabimus praeter exemplar pertinens ad eius recensionem priorem adhibuisse alterum posterioris pertinens ad recensionem interpolatam, quae vix credi potest extitisse ante prima decennia saeculi octavi. — Ad locum originis quod attinet, continuatio supra edita cum mentionem faciat cycli Victoriani et regis Pippini, ea Gallica sit necesse est ducuntque, ut supra diximus, et alterius libri indicia et chronica a. 741

ad Burgundiam et monasterium quidem Flaviniacense dioecesis Augustodunensis. Ipsam epitomen origine Gallicam esse quamquam demonstrari non potest, certe ante a. 741 in Galliam pervenit, neque habemus testem libri Pontificalis extra Italiam usurpati hoc tempore anteriorem.

Ediderunt epitomen Cononianam Ios. Bianchini Francisci fratris filius in Anastasii q. d. vol. IV (1735) p. I—XII ad librum Veronensem, deinde ad librum utrumque Duchesnius. Nos partem anteriorem, quatenus pervenit Feliciana, edidimus una cum hac coniunctam p. 229—263 sine apparatu, integram cum apparatu una cum Pontificali integro.

CODICVM PLENORVM CLASSIS PRIMA.

oll. Lucensis bibliothecae capitularis 490 saec. VIII ex. (Duch. p. CLXIV seq.) scriptus omnino ibi, ut infra apparebit, ubi adhuc servatur. Contuli ipse Romae missum eo intercedentibus iis qui praesunt bibliothecae Vaticanae. Adhibuerunt librum Vignolius in addendis voluminis tertii, Dom. Mansi, Bianchinius (cod. Vallicell. Bianchinianorum *D*), denique nuper Duchesnius diligentissime, hunc librum omnium hodie superstitum primarium esse recto iudicio adsecutus[1]). Codex inter historicos singularis et multifariam utilis[2]) exaratus est a librariis compluribus et omnino temporibus diversis sub

---

[1]) Errores rari sunt, ut 21, 1 Duchesnius ait *regionem* abesse a codice, cum adsit, et 47, 11 contendens legi *diocletianas*, cum in codice sit *domitianas*. Haec mea editio ita facta est, ut quae de codice affert Duchesnius omnia ad ipsum recognoscerentur. [2]) Quae praeterea libro continentur primario et antiquissimo, enarrare placuit habita ratione eorum quae de codice hoc scripserunt Mabillon (mus. Ital. 1, 1 a. 1724 p. 186), Ioh. Dom. Mansi (*raccolta Calogerà* vol. 45 Venetiis 1751 p. 71 seq.), Bethmannus (*Archiv* 12, 704), Ewaldus (*neues Archiv* 3, 342), Waitz (*neues Archiv* 10, 456), denique Duchesnius. Foliorum numeri nuper adscripti sunt. Quaterniones primi XXIV numeros habent habueruntve in foliis extremis adiectos non a librariis, sed ab emendatore saeculi fortasse XI; reliqui hisce numeris carent.

(f. 1 adiectum est a bibliopega.)

1. f. 2—9 [q. I], f. 10—17 q. II, f. 18—25 q. III, f. 26—30 [q. IV] chronica Hieronymi: incipiunt omissis praefationibus *primus omnis Asiae*, finiunt *suspicionem acceptae pecuniae intulerit* (Abr. 2389, e Schoene). Adscriptum est in fine: *a resurrectione domini nostri Iesu Christi usque ad presens annum Caroli regis in Languberdiam in mense Septembrio, quando sol eglypsin [796 Sept. 6] patuit, in indictione X anni sunt DCCLXII m. V.* — In foliis 30. 31 spatia primum vacua relicta post tempus expleta sunt *ant(iphonario) per anni circulum*.
2. f. 32—35ʳ (35ᵛ vacat) q. V Isidori chronica edita in chronicis minoribus meis hoc codice (vol. 2 p. 396) adhibito.
3. f. 36—39 q. V, f. 40—47 q. VI, f. 48 q. VII f. 1 Isidori liber de officiis ecclesiasticis.
4. f. 49—132ʳ q. VII f. 2 — [ternio XVII] historia ecclesiastica Eusebii a Rufino versa. Incipit *peritorum dicunt esse medicorum*, finit *praemia meritorum*. Quaterniones historiae ecclesiasticae habent praeterea numeros proprios, sed iis qui ad universum volumen pertinent posteriores. — In ternionis XVII foliis duobus extremis 132 fin. et 133 a primo librario vacuis relictis, item in tribus foliis postea insertis hodie f. 134. 135. 136 a manu posteriore adscriptum est *rescriptum beati Gregorii ad Augustinum episcopum* (Gregorii magni ep. 11, 64 = 56ᵃ).

[5. q. XVIII—XXI Hieronymi et Gennadii commentarii de viris illustribus, quorum mentionem facit Mansius l. c. p. 90 adlatis variis lectionibus quibusdam et clausula libelli Hieronymiani hac: *et epistola ad Dextrum suprascripta contuli explicit*, post Mansium avulsa sunt furto.]

6. f. 137—160 q. XXII—XXIIII liber pontificalis ad Constantinum, de quo in textu diximus. Prima pagina ita detrita est, ut haec pars codicis primitus proprium volumen effecisse videatur.
7. f. 161—169 q. I (novem foliorum inserto f. singulari 163), f. 170—177 q. II, f. 178—182 resecto folio ultimo et propterea quaternionis nota destitutus, quae notae ab ipso commentarii scriptore profectae sunt, pontificale volumen continuant vitas habentes Gregoriorum II (numero praescripto XCI) et III, Zachariae, Stephani II (numero praescripto XCIIII; † 757) scriptas litteris quadratis a librariis pluribus. Specimen scripturae dat Duchesnius tab. III. Extrema pagina non est perscripta parte paginae vacua relicta.
8. f. 170—210ʳ. Altera est continuatio pontificalis libri a Paulo ad Hadrianum I († 795). Librarii plures et ipsi omnes utuntur litteris quadratis. Specimen scripturae dant tabula nostra III, item Zangemeister et Wattenbach exempla codd. Lat. tab. 62. Papae ordinis numero carent nec

finem saeculi octavi principiumque noni; certe missa subscriptione primae partis libri pontificalis, quam supra p. XIV demonstravimus spectare ad huiusce apographi archetypum exaratum a. p. Chr. 698, chronica Hieronymiana (1) ei volumini inserta subscriptum habent a. 796, Alcuini epistula (18) excerpta inter a. 798 et 803 Pontificalis pars altera (7) scripta est sub papa Paulo (757—767), tertia (8) sub papa Leone III (795—816). Denique omissis locis postea adiectis vel insertis quidquid in volumine reperitur, quam quam formam quae nunc est a bibliopega demum accepit nec dubium est aliquas partes eius aliquando seorsum versatas esse, aptum est illis temporibus. Litteratura quoque recte iis convenit mire varians inter litteras quadratas et minusculas, id quod quatenus

---

numerantur quaterniones. Paginae paenultimae pars et ultima tota vacuae remanserunt, item f. 211; in eiusdem pagina versa postea adiecta est notitia inscripta *de fabrica in aqua*.

9. f. 212. 213 continent particulam originum Isidori 8, 3 *de eresi et scisma*.
10. f. 214. 215. 216: *regulae ecclesiasticae sanctorum apostolorum secundum Clementem prolatae*.
11. f. 217—232 tractatum inscriptum *de tictio omnium musivorum* edidit integrum ex hoc codice integro etiamtum Muratorius antiq. Ital. medii aevi vol. 2 (1739) p. 365 seq.; iam foliis quibusdam aut exsectis aut transpositis incipit *XVIII de compositione cathmiae* (Mur. p. 369). Diligenter de tractatu hoc egit Berthelot (*la chimie au moyen âge* Paris. 1893 vol. 1 p. 7 seq.). Paenultimum folium non est scriptum, in ultimo f. 232' postea versus scripti sunt *Gregorius praesul meritis* cet. (= *Paléogr. musicale* tom. II tab. 3). Quo tempore codex scriptus est, Lucae picturam et caelaturam similesque artes praecipue floruisse periti non ignorant.
12. f. 233. 234 Gennadius *de ecclesiasticis dogmatibus* (cf. Maassen *Quellen* I p. 351).
13. f. 235 *ars numeri Pitacoricis* (sic) *de con et non convenientibus*.
14. f. 236—280 (quaterniones duo certe numeros habent sibi proprios I. III) canonum sylloge Sanblasiana composita in Italia saec. VI incipiente (Maassen *Quellen des kanon. Rechts* 1 p. 504), cui in codice adhaerent f. 272 Gelasii decretum *de recipiendis et non recipiendis libris* cum prologo in hoc solo codice servato (Maassen l. c. p. 283) — f. 272'. 273ʳ dicta Gelasii papae (Maassen l. c. p. 285) — f. 273' pars concilii Arausionensis secundi a. 529 (Mansi coll. 8, 712) — f. 274 Augustinus de quinque haeresibus — f. 280 eiusdem sermo *de excidio urbis*.
15. f. 282—287 tractatus de ratione paschae scriptus Carthagine a. p. Chr. 455 (Krusch *Studien zur Chronologie* p. 139. 279 seq.). In f. extremo manus posterior scripsit tabulam paschalem (Mansi in ed. Lucensi miscellaneorum Baluzii 1 p. 420).
16. f. 288—309 canonum sylloge Hispana composita c. a. 600 (Maassen l. c. p. 646 seq.).
17. f. 310—321 Iacobus *de natura rerum*. Praecedit carmen: *natura rerum varias labentis et aevi perstrinxi titulis tempora lata citis Iacob dei famulus* cet. Monuit Traubius libellum ipsum eum esse, quem sub eodem titulo Beda composuit praemissis versibus iisdem, sed pro *Iacob*, quod etiam a metro abhorret, posuit conveniens ei vocabulum suum *Beda dei famulus*. Edidit libellum ex Lucensi libro Mansius in ed. Lucensi miscellaneorum Baluzii vol. 1 p. 423.
18. f. 321—323 Alcuini ad Carolum magnum epistulae (MG. epp. 4, 237) scriptae a. 798 excerptum sumptum a Iacobo diacono, eodem omnino. Mansi l. c. — Iacobum eum, quem huius voluminis p. 310—331 scripsisse iudicat Traubius, idem probabiliter coniecit esse eius nominis virum, qui ex diacono (a. 785 seq.) et archidiacono Lucensis ecclesiae a. 803 eiusdem episcopus factus est eamque sedem tenuit ad a. 818. Egit de eo diligenter Dom. Barsocchini *mem. per l'istoria del ducato di Lucca* vol. 5 (Lucae 1844) p. 1 seq.
19. f. 324 *ordo mensuum* (ed. Mansi in ed. Lucensi miscellaneorum Baluzii 1 p. 422).
20. f. 325—331 *de divisione temporum Pleni Secundi*, scilicet Plinii h. n. 18, 31, 309—35, 365 (cf. Detlefsen mus. Rhen. 15, 268).
21. f. 332—337 (f. 337 ex parte maiore et f. 338 vacua sunt, in hoc subscr. LXVII) *Ambrosii episcopi ... de libro euangelii secundum Luca*. Incipit l. 10 c. 150: *vespere autem sabbati*, finit *in monte complu*,*es fuisse circumeuntes in multitudine*.
22. f. 339—342ʳ capita ex Isidori originum 7, 1. *de deo*, 8, 1 *de ecclesia et sinagoga*. 8, 2 *de religione et fide*.
23. f. 342ʳ.—346 *cura sanitatis Tiberii Caesaris Aug. et damnatio Pilati*, litteris quadratis. Edidit ad hunc librum Mansius in editione miscellaneorum Baluzii Lucensi vol. 4 (1764) p. 55—57; ego descriptum accepi a Georgio Karo. De eiusdem libelli exemplaribus aliis exposuit Tischendorf in euangeliis apocryphis (ed. 2) p. LXXXII seq. ediditque eum ibidem p. 478 seq. ad codices duos Venetum et Mediolanensem. In f. 347 postea adscriptum est caput Isidori 7, 14 *de ceteris fidelibus*. *Christianus, quantum interpretatio ostendit de unctione deducitur . . . . rebus accipi solet*.
24. f. 348—353 *genealogiae totius bibliothecae* scriptae Carthagine a. p. Chr. 463, editae in chronicis minoribus vol. 1 p. 154 seq.

ad Pontificalem pervenit diligentius explicandum est. Est is tripertitus compositus ex antiquo corpore, cui ante epistulas praescribitur: *in Christi nomine incipit episcopale*, finiente in Constantino († 715), quam partem hoc nostrum volumen repraesentat, et supplementis duobus priore finiente in Stephano II († 757), posteriore finiente in Hadriano I († 795). Supplementa haec duo cum scripta sint litteris uncialibus, ipsum corpus ut iis non plane abstinet, maiore ex parte exaratum est minusculis, sed ut aliquot elementa (id quod monstrat tabula adiecta) promiscue formentur modo ad scripturam eam, modo ad antiquiorem vestigiis servatis litteraturae cursivae. Per quaterniones tres, quibus prima haec pars pontificalis libri continetur, scriptura passim variat et etiam saepius manus mutatur. Adnotavi haec:

q. XXII f. 137ʳ finiens p. 7, 8 *sicut ei fuerat* finit librarius primus.

f. 137' (= tab. adiecta I) incipiens l. c. *a d̄no* succedit manus diversa, abstinens in *E N S* minusculis, usus compendio ÷ = *est*.

f. 142 p. 75 vita Iulii scripta est in litura.

f. 144 p. 99, 29 *sciphos aureos* manus mutatur.

f. 144' p. 103, 7 *et iterum* manus mutatur.

q. XXIII f. 145 p. 110, 7 *ad baptismum* quaternio alius incipit et manus diversa. In hoc quaternione paparum nomina initialem litteram habent miniatam.

f. 148 p. 145, 10 *qui pro nomine romano* ad f. 151ʳ fin. p. 175, 13 *mauricius* scripta sunt manu alia litteris uncialibus saepius usa.

f. 151' (= Duchesne tab. III, 2) p. 175, 14 *quia nihil* .... p. 176, 9 *dilexit clerum* non habet nisi versus XXV scriptaque est pagina tota litteris quadratis maioribus.

f. 152 (= Duchesne tab. III, 2) p. 176, 10 *et omnibus* incipit manus usa litteris quadratis fere, sed minoribus.

f. 152' finit p. 179, 15 *in urbe roma* parte paginae vacua relicta.

q. XXIIII f. 153ʳ p. 179, 15 *ad limina* redeunt litterae minusculae. Paparum nomina in hoc quaternione tota miniata sunt. Cum in praecedentibus fere scribatur *apostulus*, hic praevalet scriptura *apostolus*.

p. 180, 5 *pontem moluium* incipit manus alia.

f. 155 p. 196, 27 *qui respondens* succedit manus alia incipiens litteris quadratis, sed transiens statim ad minusculas.

f. 157ʳ· incipit p. 207, 1 *LXXXV Conon;* versus habet XLII.

f. 157' incipit p. 208, 21 *suis iudicibus;* versus habet XLIV.

f. 158ʳ· incipit p. 211, 22 *incantationes;* versus habet XXXVI.

f. 158' incipit p. 213, 8 *ianuis;* versus habet XXXVI.

f. 159ʳ· incipit p. 214, 21 *universa;* versus habet XXXIII, in his rubricam magnam.

f. 159' incipit p. 217, 1 *sedit;* versus habet XLI.

f. 160ʳ· incipit p. 220, 8 *capitula;* versus habet XLIII.

f. 160' (= tabula adiecta II et Duchesnii tab. II) incipit p. 223, 17 *pontifex;* versus habet L praeter subscriptionem (p. XIV) miniatam.

Iam cum supplementum prius quaternionum numeros habeat sibi proprios, intelligitur hoc (quod Duchesnio visum est L fere annis post partem anteriorem scriptum esse, Ewaldo scriptum tempore eodem) tempore praecessisse corpus ipsum vitarum; nam librarii partis primae spatiis coniectura parum recte computatis modo (ut f. 151'. 152) locis vacuis relictis vel litteris diductis, modo litteris pressis et contractis (sic f. 160) per has inaequabilitates tandem eo pervenerunt, ut nullo interstitio corpus operis ad supplementum adiungerent.

spec.   Vaticanus 629 saec. XI ex. (Waitz *neues Archiv* 10, 459; Duch. p. CLXIX. CLXX). Catalogi imperatorum tam Romanorum quam Constantinopolitanorum paparumque (hunc edidit Vignolius vol. 1 post praefationem) volumini inserti pervenientes ad saec. XI decennium extremum eo tempore librum scriptum esse declarant. Pontificalem librarius exhibet contaminatum cum sylloge constitutionum Isidoriana: epistula pseudo-Hieronymiana praeponitur f. 125 canonibus apostolicis, hos sequitur f. 126 (post illius epistulae prima verba repetita) responsum Damasi, deinde ante papae cuiusvis constitutiones quae ei respondent in Pontificali leguntur fere sub titulo *vita vel acta .... papae*, inde a Bonifatio II, cum constitutiones deficiant, vitae solae exhibentur pervenientes ad Hadrianum I.

Florentinus Bibl. nat. I. III. 17 saec. XII (Waitz *neues Archiv* 10, 460; Duch. p. CLXIX), antea Nicolai Nicoli, deinde inlatus est in bibliothecam S. Marci. Post epistulas praescribitur *incip lib pontificalis*. Finit in Hadriano I. W^2 spec.

Florentinus Laurentianus Mediceus pl. XXIII cod. 4 saec. XVI (Waitz *neues Archiv* 10, 461; Duch. p. CLXX). Descriptus est ex eo qui praecedit. W^3 spec.

Vaticanus Urbinas 395 saec. XV ex. (Duchesne p. CLXX). Finit in Martino V. Partem anteriorem ad Stephanum II descriptam esse ex Florentino bibliothecae nationalis (nobis W^1) Duchesnius ait recte. De iis quae sequuntur cum ea provinciam nostram excedant, idem conferatur. Specimen non sumpsi.

Florentinus Riccardianus 321 saec. XV (Duch. p. CLXX). Finit in Bonifatio III († 607). Qui scripsit ipse ait duos codices se adhibuisse, post vitam Damasi, cui partem priorem tribuit, adnotans: *sequitur sine titulo de nonnullis pontificibus ex duobus antiquissimis codicibus sumptum*. Scilicet in parte priore expressit codicem Laurentianum 20, 10 (nobis P^1), deinde, certe inde a Marco, Florentinum bibl. nat. (nobis W^2) et per hunc Lucensem. Non recte Duchesnius eum inter mera huius apographa recepit. Ceterum in re evidenti variam lectionum dedi ad solam vitam Leonis I. W^4 spec.

Libri quattuor Vaticanus 629 = W^1 — Florentinus bibl. nat. I. III. 17 = W^2 — Florentinus Laur. 23, 4 = W^3 — Florentinus Riccardianus 321 = W^4 (hic omissa parte priore aliunde desumpta) descendunt ex ipso Lucensi, quippe quem sequantur in erratis ei propriis (ita in epistula praefatoria 1, 15 *data X* (xi W^1) *k. [iunias accepta VI] k. Oct.* omittunt verba uncis comprehensa; de W^1 errat Waitzius *neues Archiv* 10, 461) neque ullo loco emendent, excepto quantum vidi uno loco 52, 5, ubi numerum ordinationum omissum in A^1W^1 explent, loco tamen diverso, $W^{2.3}$ adsumpto opinor codice alio. Paucis locis, ubi in A^1 lectionem antiquam emendator obscuravit, ut in vita Urbani 22, 7 *alexandri*, primitivam lectionem *diocletiani* apographa servarunt. Ceterum ex A^1 descriptum esse codicem W^1, ex hoc W^2, ex W^2 rursus $W^{3.4}$ declarant et verba in quattuor his (vel deficiente W^4 in tribus) pariter omissa, ut 60, 9 *possessio armanazon* — 64, 12 ad 65, 17 (ubi pro omissis substituuntur verba *et cetera talia*) — 68, 17 *[item quod obtulit galli]canus* ad 69, 1 *sol. lui* (propterea quod principium deficit in ipso A^1) et corruptelae, quales sunt hae: $W^{1.2.3.4}$

60, 3 hybrimon A^1, hybimon W^1, hibimon $W^{2.3}$
60, 8 eufratense A^1W^1, custatense $W^{2.3}$
101, 10 cum eodem principem A^1, eodem principe W^1, idem princeps $W^{2.3.4}$
105, 6 nomen romanum A^1, noromanum W^1, non romanum $W^{2.3.4}$
150, 2 prona A^1, prompta $W^{1.2.3}$

Havniensis 1582 saec. XII (Duch. p. CLXVII) olim monasterii Albarensis prope Rusellas in Etruria, cuius instrumenta quaedam in fine voluminis perscripta sunt. Indicem paparum libro praemissum prima manus deduxit non ad Paschalem II, ut ait Duchesnius, sed ad Nicolaum II († 1061). Post epistulas praefatorias sub inscriptione *incip gesta pontificum* sequuntur vitae; sed finit codex descriptus ex archetypo imperfecto in vita Silvestri p. 52, 6 verbis *hic ordinationes clericorum*. Habui librum Berolini et contuli praeter specimen epistulas praemissas vitasque Lini et Cleti. — Librum non A^4 spec.

ex ipso Lucensi descriptum esse ostendunt praesertim verba subscriptionis Damasianae omissa in A^1, in hunc relata; sed etiam propius quam A^2 codex hic accedit ad A^1 (v. 1, 4. 6, 10) neque habet utilitatem.

coll. Florentinus Laurentianus S. Marci 604 saec. X (Waitz *neues Archiv* 10 p. 458; Duch. p. CLXVI). Scriptum esse librum in Italia, unde item prodiit, declarant scribendi vitia *i* pro *g* (*iesta* = gesta), *s* pro *x* (*Alesand- — iusta* = iuxta — *orthodosus* — *Pretestatus*) vel *x* pro *s* (*sinixtrum*). Accedit quod codex scriptus est litteris Beneventanis et adest in eo catalogus episcoporum Neapolitanorum editus scr. Langob. p. 401. In bibliothecam monasterii Florentini S. Marci pervenit dono Nicolai Nicoli. Adhibuit eum Lucas Holstenius, cui est Florentinus secundus, et post eum idem Duchesnius; ego contuli ipse. Post praefatorias epistulas sub titulo *incipit catalogus apostolicorum Damasi ad Hieronimum* sequuntur vitae epitomatae quodammodo omissis multis, in quibus sunt verba *per diversa loca* in ordinationibus episcoporum sollemnia (remanserunt 43, 14. 52, 7 et a p. 113, 9 deinceps); vocabulum *numero* passim numeris praescriptum; intervallorum inter sacerdotia duo definitiones (remansit ea 115, 17, quoniam ibi collocata est loco insolito), denique quae ad donaria pertinent pleraque, maxime ponderis indicationes. Omissa est solo errore vita Xysti II. Praeterea quaternionibus evulsis deficiunt quae intercedunt inter verba p. 128, 15 *sperans ad sedem apostolorum* et p. 153, 15 *et presentati*, item extrema post Leonem II p. 200, 13 *pirrus*. Quo pervenerit liber indicem paparum nullum habens praescriptum, ignoratur, sed cum descendat omnino ex archetypo eodem atque A^1, videtur finivisse et ipse in Constantino. Contaminationis nullum indicium repperi nec magis originis ex Lucensi, cum eius errores aliquot emendet non ex coniectura:

1, 15 data X k. [Iun. accepta VI] k. Oct.] $A^{2.4}$ *et reliqui*, [ ] *om.* A^1.
20, 1 zepherinus A^2 *cum melioribus*, zephirinus A^1.
29, 10 apollonis] A^{2p} *cum melioribus*, apollinis $A^{1.2c}$ *et deteriores*.
36, 9 *locus de sepultura Dionysii, quem apparet in communi archetypo librorum AB aut non fuisse aut fuisse in margine, inserit* A^2 *alio loco atque* A^1.
51, 9 ab his qui foris sunt A^2 *cum cl. III fortasse ex emendatione*, qui foris sunt A^1, a foris qui sunt *cl. II*.
62, 25 cum filia] A^2 *et rel., om.* A^1.
75, 3 hic multas tribulationes] A^2 *et rel., om.* A^1.
77, 2 filii constantini] A^2 *cum plerisque, om.* A^1.
112, 2 castino] *FK II. III*, casto A^2, castorio A^1.
124, 16 uia triuana] $B^{2.3.4}G$, uia triua A^2, uia tribuna A^1.
128, 13 sua(m) A^2 *cum rel., om.* A^1.
181, 10 sanctae] A^2 *et reliqui, om.* A^1.
183, 18 iussa fuerant] *rel.*, iussa fuerat A^2, iussa sunt A^1.
186, 11 mil. ui] A^2 *cum plerisque*, mil. u A^1 (*cum* $W^{1.2.3}D^1X^{2.3}Z^{1.2}$) C^3.

Sed eiusmodi emendationes tam raro inveniuntur, ut liber quamquam in classe prima certe ordine secundus et omnino descriptus ex archetypo eodem, a quo pendet Lucensis, non multum conferat ad eius classis archetypi lectionem determinandam. E contrario abundant loci tam corrupti quam ex arbitrio emendati, quales sunt hi:

1, 3 per tuam] perpetuam A^2 *cum* $B^{1.3}$.
36, 6 cymiteria] ministeria A^2.
38, 6 cccxlii] KA^1 *et fere cl. I. II et Beda*, ccclxii A^2 *cum* FB^1.
46, 7 ex consacratum] ex consecrata A^1, ex consecratione A^2.
49, 11 chrisma] chrismate A^2 *cum deterioribus*.
80, 1 felix] felix iunior A^2.
84, 19 *ordinationes post* 24 *monasteriis* A^2 *cum cl. III*.
96, 13 scriptionem] proscriptione A^2.

PROLEGOMENA. LXXIX

97, 1 sociauit] sociauerunt A^2 cum E^1.
170, 7 ex argento] ex argento purissimo A^2.
180, 6 beato sebastiano] beato stefano A^2.
188, 4 nauticatione] nauticas cautiones A^2.
188, 12 xcuii] A^1 *fere cum II. III*, xxuii $A^{2.3.5}$ *Freh.*

Ex reliquis primae classis nullum crediderim pendere ex hoc nostro, quamquam ex supra relatis loci quidam contrarium suadere videntur; nam codicis tam bona quam mala in reliquis huius classis libris non redeunt.

Parisinus 5516 saec. IX (Duch. vol. 1 p. CXCIII. CXCIV cum tabula V, 3; vol. 2 D^1 *spec* p. II) antea Turonis in ecclesia sancti Mauricii, cui dedit archiepiscopus Herardus (855/6—871). Finivisse librum aliquando in Stephano II Duchesnius inde colligit, quod a Paulo I orditur quaternio. Iam perveniunt vitae ad Leonem IV († 855) verb. p. 122, 17 Duch. *pens. simul libras CII* adiecta a manu alia eiusdem vitae continuatione ad p. 126, 17 verb. *manere cupitis*, quam apparet non ulterius perscriptam esse charta deficiente. Index paparum interpositus inter epistulas et vitas a manu prima finit in Paulo I spatio adiecto (757—767). — Ad classem primam pertinet sola pars libri posterior (de priore agitur p. XC) a f. 21, id est a Silverio ad finem (manus mutatur p. 183, 19 a verbo *adversus*) eamque satis fideliter repraesentat (vide inter alia p. 148, 6. 149, 9. 150, 6); dittographia adest 170, 3 *omnem cymilia* (sic cl. I) *cymiteria* (sic ex cl. III E^4), interpolatio communis cum libris $X^{1.2.3}$ 148, 3 *magister] minister*, aliae 179, 5 *circo] circuitu* — 179, 17 *decessoribus] successoribus* (sic fere G). Locum, in quo textus A^1 huius ope emendaretur nullum repperi. — Contuli praeter speciminis locos vitam Silverii.

Vaticanus reginae 1896 saec. XIII (Duch. p. CLXXXVIII), aliquando adservatus X^1 *spe* in abbatia sanctae Mariae Longipontis prope Suessionem. Imperfectus habet ex iis quae edimus ea tantum quae leguntur in vita Innocentii a p. 89, 6 verb. *exorcizatum* ad Deusdedit p. 166, 10 *eundem tyrannum*, praeterea extrema a Gregorio III ad Stephanum II. Specimen dedi ad vitas Leonis I et Vigilii.

Parisinus bibliothecae Mazarinae 2013 (antea 543) saec. XII (Duch. p. CLXXXVII; X^2 *spe* catal. ed. 2, 321), antea abbatiae S. Dionysii prope Parisios. Praescribitur: *in Christo nomine incipit liber episcopalis.* Finit in Stephano II († 757); index paparum episcopali libro subiunctus pervenit ad Paschalem II (1099—1118) spatio non expleto. — Specimen sumpsit Vidier.

Parisinus bibliothecae armamentarii 988 (non 998) saec. XIII (Duch. p. CLXXXVIII; X^3 *spe* catal. ed. 2, 210) antea ibidem in monasterio sancti Victoris. Finit item in Stephano II: index paparum pervenit ad Eugenium III (1145—1153) spatio non expleto. — Specimen sumpsit Vidier.

Tres libri Vaticanus reginae 1896 = X^1 et Parisini duo Mazarineus 2013 = X^2 $X^{1.2.3}$ et Arsenalii 988 = X^3 sibi simillimi (102, 11. 104, 13. 105, 7. 148, 3. 149, 3. 150, 1. 14 cet.) classis primae sunt, sed admiserunt hic illic emblemata sumpta ex classe tertia (102, 12). Praeterea habent corruptelas communes cum codicis D^1 parte posteriore (148, 3. 150, 1. 14); 150, 10, ubi prima classis habet *suggestionem*, duae aliae *suggestiones suas*, tres libri $X^{1.2.3}$ exhibent *suggestionem suam.*

Vaticanus 5269 saec. XIII (Duch. p. CLXVIII). Titulum liber non habet; inter A^5 *spe* epistulas et vitas interpositus est index paparum finiens in Gregorio II († 731). Ipse liber finit in Constantino adiectis primis verbis vitae successoris eius Gregorii II usque ad *Leonis et Constantini Augustorum.*

Freherianus alter 'pervetustus' hodie deperditus, cuius varia lectio a Frehero com- *Freh. s* municata cum editore Pontificalis Moguntino edita est in supplemento ad eam editionem adiecto, repetita in editione Fabroti Parisina a. 1649. Finiebat codex teste Frehero in vita Stephani III verbis p. 473, 10 Duch. *praesumptione quam.* Post Constantinum quae habet, iudice Duchesnio pendent ab exemplari familiae secundae simili Coloniensi nostro B^3; unde colligitur partis prioris archetypum finivisse in Constantino.

1^6 *spec.*   Vindobonensis 632 saec. XI/XII (Duch. p. CLXVIII). Pariter atque libri affines caret titulo. Habet inter epistulas et vitas indicem episcoporum finientem in Eugenio I: folium deinde exsectum est, sed fortasse non scriptum. Ipse liber deficit in vita Vitaliani p. 186, 1 *sedit ann.*   *mens.*   (numeri et in hac vita et in praecedentibus Martini I et Eugenii I deficiunt spatiis vacuis relictis); evulsum est folium tantummodo unum, cum codex praeterea ex quaternionibus formatus finiat in binione iam trium foliorum, potestque folium exsectum vacuum fuisse. Litteras in fine a Duchesnio observatas h d (= *hic deest*) Hartmannus quaerens non agnovit. Explevit aliquatenus quae desunt manus posterior, quae supplementa immutata tota sprevi. — Specimen sumpsit mea causa Lud. Hartmann.

A^7 *spec.*   Monacensis 4112 saec. XII, antea bibliothecae Augustanae S. Crucis, (non habet Duch.) et ipse caret praescripto; paparum laterculus interpositus inter epistulas praefatorias et vitas finit in Alexandro III (1159—1181) adiectis postea Lucio III et Urbano III (1185—1187). Deficit p. 149, 1 *dignitate iterum* incipiens rursus p. 154, 9 *archidiaconum vestrum* folio evulso; absunt item spatio vacuo relicto quae intercedunt inter p. 155, 13 *confirmetis* et p. 155, 17 *sed si quis ille.* Finit mutilus p. 180, 11 in vita Theodori verbis *contestantes quatenus.*

5.7 *Freh.*   Quattuor libri Vaticanus 5269 = A^5, Freherianus deperditus = *Freh.*, Vindobonensis 632 = A^6, Monacensis 4112 = A^7 ut cum classe prima consentiunt fere in gravioribus (ut 30, 20. 31, 1. 60, 6. 10. 101, 1 cet.), ita contaminati sunt cum tertia receptis inde quibusdam additamentis (30, 7. 10 *cum praefecto urbis et noctu* — 51, 4 *sic missas* cet. — 51, 8 *custos martyrum ann.* V — 66, 1 *in sarcophago purpureo* — 103, 6 *et dioscorum*) et eo quod p. 14. 15 Pium Aniceto postponunt et hic illic lectione mutata declinant ad classem secundam tertiamve (ita in annis Soteris 16, 1 et Anterotis 26, 2 hi libri faciunt cum E — 29, 3 *dedit* pro *de* cum $B^{2.3}$ — 29, 5 lectionem *A corpus beati pauli accepturi* mutant A^5 cum A^3 in *corpore b. p. accepto*, $A^{6.7}$ in *accepto corpore b. p.* — 60, 3, ubi A habet *hybrimon*, E *hybromias*, inde effecerunt *hybromion*). Alia exempla infra afferentur, ubi agimus de codice B^3 (p. LXXXVI). Exemplum classis primae ab archetypi communis librario adhibitum recte ait Duchesnius non fuisse ipsum Lucense, cum vitia huic propria ad hos libros non inveniantur propagata, sed proxime ad id accesserit necesse est, cum secundum supra relata pariter atque Lucense finierit in Constantino neque ullo loco graviores Lucensis errores in hac familia reperiantur emendati. Ipsi libri inter se fere consentiunt (ita glossema 31, 7 *cum adorare non vellet* habent omnes; cf. item 30, 3). Gemelli fere sunt A^5 et Freherianus (cf. p. 170, 6, item 171, 6. 173, 1, ubi *cyburium* A^5 mutavit in *tegurium*, pro quo ex Freheriano priore loco affertur *tugurium*) et hic illic Vindobonensi et Monacensi emendatiores (31, 11 interpolatum *cymiterio* pro *praedio* est in $A^{6.7}$ solis verbaque 60, 5. 6 *L oleum nardinum* habet A^5, om. $A^{6.7}$; cf. item 2, 6). Rursus Vindobonensis et Monacensis vix differunt nec facile reperietur, uter praestet (glossa 3, 6 *instans* habet solus A^7, e contrario 172, 3 A^7 minus corruptus est quam A^6).

Y *spec.*   Mediolanensis Ambrosianus II 111 sup. saec. XVI (Duchesne II p. XLVI), a Muratorio laudatus sub nota B. Contuli ad specimen usque ad Cornelium; in iis quae sequuntur inspexi apparatum Muratorianum. Est classis primae, in multis se applicans ad codices $A^{5.6.7}$*Freh.*, de quibus modo diximus, sed cum immunis manserit ab interpolationibus in eos libros inlatis praesertim ex classe tertia (29, 3. 5. 30, 20), alibi passim textum graviter interpolavit. Ita in vitam Silvestri post verba 47, 9 *a lepra* inseruit instrumentum privilegium Constantinianum ficticium *hic Constantinus Augustus* seq., quod inde transiit in recensionem Guillermianam (Duch. vol. 2 p. XXV); item 51, 6 locum de gradibus sacerdotii inserto ostiario ita mutavit, ut legitur praeter deterrimos nostros $P^{1.2}$ in eadem epitome Guillermi, quacum etiam consentit in lectione 51, 10 *qui uxorem habeat* et alibi. Post verba 99, 28 *scripsit commemorans* haec habet: *huius temporibus fecit Petrus episcopus Hillyrica de gente Athenis (?) basilicam sanctae Sabinae in monte Aventino in urbe Roma iuxta monasterium sancti Bonifacii, in qua et sanctus Alexius iacet*, sumpta ex parte ex loco 100, 9 proprio classi I et III, ex parte ex epitaphio adhuc prostante Romae in ecclesia sanctae Sabinae (Duchesne vol. 1 p. 236).

Parisinus 317 saec. XII (Duch. p. CLXVII). Pervenit ad Constantinum pariter A^3 *spec.* atque A^1 adiecto lemmate fortasse ex laterculo aliquo desumpto successoris: *Gregorius natione Romanus ex patre Marcello*. Formula *per diversa loca* et donariorum recensus passim deficiunt. Codex ut primam classem sequitur, aliquoties (2, 6. 9. 10 cet.) consentiens cum nostro Y, ita non desunt loci adsumpti ex classe tertia (51, 5. 8 cet.). Praeterea passim lectionem traditam librarius temere immutavit, ut 48, 18 *de omne ecclesia*] *per o. e.* — 52, 2 *omnino*] *omnium* — 101, 5 *duas haereses*] *unam haeresem* — 150, 14 *cadens*] *sedens*. Uno loco 105, 11 textum classis tertiae mutilum librarius ex coniectura reformavit. Ad classis primae archetypi lectionem constituendam nihil confert. — Specimen sumpsit Vidier.

Pictaviensis n. 6 et Florentinus Laurentianus Ashburnhamianus 1814 [1737] (partes Z^1 *spec.* duas esse codicis eiusdem vidit Duchesnius) saec. XI/XII (Duch. p. CLXXII; Delisle *notices et extraits des ms.* vol. 32, 1 p. 81). Praescribitur: *incipit episcopalis;* finit in Hadriano I. Notabile est in ipsum textum insertum additamentum in fine vitae Silvestri: *computavimus universum argentum, quo Constantinus Augustus suo tempore mirabiliter diversas adornavit aecclesias, in summam librarum decem et octo milium et trecentarum quinquaginta, aurum vero in summam librarum octo milium [ce]ntum nonaginta sex exceptis quibusdam opusculis, quorum pondus in hoc libro reticetur.*

Parisinus 4999 A saec. XIV (Duchesne p. CLXXIII; Delisle *catalogue des mss. des* Z^2 *spec. fonds Libri et Barrois* p. 203) antea Cenomanensis. Duchesnius librum non vidit ad servatum eo tempore ex furto Libriano in Britannia. — Specimen sumpsit Vidier.

Vaticanus reginae 1852 saec. XI (Waitz *neues Archiv* 10, 459; Duch. p. CLXXI), antea Andegavi in monasterio SS. Sergii et Bacchi. Finit in Hadriano I. Omissa sunt multa. Specimen non sumpsi, cum sufficiant quae afferuntur ex libris eiusdem generis Z^1 et Z^2.

Parisinus 12696 (Duch. l. c.) descriptus est ex eo qui praecedit.

Tres libri Pictaviensis et Florentinus Laur. Ashburnh. 1814 = Z^1, Parisinus $Z^{1.2}$ 4999 A = Z^2, Vaticanus reginae n. 1852 eandem libri pontificalis epitomen exhibent, in qua quae desint quatenus specimen pervenit in apparatu indicatur. Derivatum esse ex ipso Lucensi et ostendit quod vitae Constantini subscriptum est in Vaticano *hucusque ... menses* (p. XIV) et lectionis proprietas, unde notabile est quod 3, 7 error *dispositiones* pro *disputationes* correctus in ipso Lucensi inter exemplaria ex eo derivata in his solis redit (cf. praeterea 29, 5. 49, 1. 11. 68, 17. 148, 2). Vitium huic epitomae proprium offenditur 46, 3 *qui fuit temporibus uolusiani et rufini consul.*

CODICVM PLENORVM CLASSIS SECVNDA.

Bernensis 408 saec. IX (Duch. p. CXCI. CXCII cum tabula V, 2). Post prae- C^a *coll* fatorias epistulas, quas antiquus titulus nullus praecedit, indicem paparum liber habet finientem in Zosimo exciso deinde folio uno; in eo indice Anicetus est ante Pium, Anteros ante Pontianum. Sequuntur vitae, quibus praescriptum est manu posteriore: *liber de gestis pontificum Romanorum.* Finit codex in Stephano II p. 454, 1 Duch. verbis *ad recipiendus vero ipsas civitates* ipse non mutilus, descriptus igitur ex archetypo mutilato. Foliis transpositis in vita Silvestri ordo hic effectus est:

II
- p. 58, 6 coronam auream ante corpus ubi *(sic)* est
- p. 61, 7 oleum nardinum.
- p. 64, 7 ante corpus *(bis)* beati laurenti martyris argento

I
- p. 58, 6 farus cantharus.
- p. 61, 6 possessio fronimusa praest. sol. dcc
- p. 64, 7 clusas sigillis passionem.

Codex quodammodo pertinet tam ad classem secundam quam ad tertiam; nam cum in universum sequatur illam, et in spatiis episcopatuum et in aliis cum tertia classe facit, primarius in utraque et optime scriptus, eo quoque nomine insignis, quod neque librarius textum mutavit ipse indoctus neque postea liber emendatricem manum ullam perpessus est. Quatenus cum classe utraque faciat, sequenti capite explicabitur; hic paucos locos subiciemus, ubi contra utramque proprias lectiones habet mendosas, ex parte propagatas ex eodem archetypo ad Guelferbytanum Aug. 10/11 = C^2, Parisinum 5140 = C^4, Vindobonensem 388 = C^5:

- 21, 12 (Callistus) sepultus est in cymiterio Calipodi] s. e. in cymiterio suo calopodi C^3: *offendit archetypi librarium episcopus Callistus non sepultus in coemeterio nominis sui.*
- 43, 10 fecit cymiterium] fecit cymiterium noille (nouelle C^2, nobile C^4) C^3 cum $C^{2.4}$: *librarius, quem offendit cymiterium nomine carens, locum interpolavit adhibitis gestis Liberii (Constant epp. Rom. pontif. app. p. 91):* habitabat ab urbe Roma miliario III quasi exul in coemeterio Noellae via Salaria.
- 47, 1 m. x d. xi *om.* C^3.
- 50, 2 ut diacones dalmaticis uterentur ⟨et pallea l. l. eorum tegerentur⟩ *omisit verba* ⟨ ⟩ *comprehensa* C^3, *habent* $C^{2.4.5}$, *sed parte erroris retento pro* tegerentur *repetunt* uterentur.
- 51, 6 si quis desideraret in ecclesia militare aut proficere] si quis proficere desideraret in e. m. aut proficere C^3 cum $C^{2.4}$.
- 64, 8 ui nixis] nixis C^3 cum $C^{2p.4.5}$.
- 104, 17 duas basilicae constantinianae *om.* C^3.

[2 spec.] Guelferbytanus Augustanus Quart. 10. 11 saec. IX (Duch. p. CXC. CXCII), antea abbatiae sancti Petri Weissenburgensis. Prima manus substitit in Stephano II; secunda et ipsa saeculi IX adiecit vitas Pauli I et Stephani III usque ad verba ea, in quae desinit codex Coloniensis B^3. Inter epistulas et vitas interpositus index paparum finit in Leone III (795—816), sub quo codicem scriptum esse probabile est. — Codicem qui scripsit usum esse archetypis duobus, altero nostri C^3 gemello, ut ostendunt quae ad eum attulimus, altero B^3 aut eius gemello spatia praesertim episcopatuum (ex hoc libro plene relata supra p. XLIII seq.) luculenter declarant. Scilicet ut in ipso principio Petri dies fecit *III* (quae est lectio vulgata) *vel VIII* (quae est lectio C^3 similiumque), ita passim utramque lectionem in eo deprehendimus, plerumque ita, ut prior scriptura libro C^3 respondeat, posterior textui vulgari. Inutilis autem est utraque scriptura, cum ab una parte hic liber etsi quibusdam locis, ubi pendere videtur ab archetypo prope accedente ad C^3, hoc praestat (ita hiatus 104, 17 codicis C^3 non pervenit ad C^2; 182, 15 pro vera lectione *hieraticos* C^2 habet *ihereticos*, C^3 *in hereticos* corruptela aucta), plerumque in partem deteriorem ab eo recedat et eius propriis virtutibus passim careat, ab altera parte plane respondeat nostro B^3 (v. spatia episcoporum XXX. XLI. LXII. LXVI. LXXV. LXXVII). Errores neque cum C^3 neque cum B^3 communes liber habet in parte posteriore non paucos redeuntes in C^1, de quo mox agetur, sed in Guelferbytano emendatos, ut sunt hi:

186, 5 easdem missos] easdem missi C^{2p} *cum* C^1
186, 6 uigorem] figuram C^{2p} *cum* $C^1 P^2 O$
186, 11 ei obuiam *om.* C^2 *cum* $C^{1.5p} P^2 O$
188, 4 diagrafa] diagraua C^{2p} *cum* C^1

item alios in deterioribus multis repetitos:

2, 10 catholicae] canonicae C^2 *cum deterioribus plerisque*
103, 5 et dioscoro *add.* C^2 *cum III*

Emendatorem libri Guelferbytani adhibuisse pariter atque scriptorem librum, qualis est B^3, stabiliunt loci hi, quibus addi poterunt infra p. LXXXVII ad $B^{2.3}$ adnotata:

28, 4 africa] africanus C^{2c} *cum* B^3
51, 4 sic missas celebrarentur] delevit C^{2c}, omissa in B^3
64, 8 ui nixis] C^{2c} *cum* B^3, nixis C^{2p} *cum* $C^{3.4}$
104, 18 duas beati pauli apostoli delevit C^{2c}, omissa in $B^3 Q$ *fere solis*
172, 6 beato seuerino] b. s. martyre C^{2c} *cum* $B^3 Q$ *paucisque aliis*
173, 1 clxxxuii] cxxxuii C^{2c} *cum* $B^3 Q$ *fere solis*

His perpensis liber omissus est.

Parisinus 5140 saec. XI incip. (Duchesne vol. 1 p. CXCI. CXCIII. CCIII vol. 2 C^4 *spec* p. II), antea Freherianus et adhibitus ad ed. Moguntinam (vide p. CVIII) sub nota *Frch.A.* Specimen sumpsit Vidier. Pontificalis liber parte extrema vitae Leonis IV et tota Benedicti III omissis finit in Hadriano II (867—872). Adsunt in praemissis indices tres, primus sepulturarum pontificum finiens in Zacharia († 752) is quem supra p. LXIII. LXIV edidimus, alter paparum cum spatiis perveniens ad Agapitum II (946—955) adiecto sine spatiis supplemento ad Silvestrum II (999—1003), tertius patriarcharum Constantinopolitanorum ad patriarcham Constantinum (674—677) editus a Duchesnio vol. 1 p. CXCI. — Librum bipertitae originis esse recte ait Duchesnius. Scilicet in parte priore pendet a nostro C^3 eiusve gemello, in maioribus fidelius cum reddens quam reliqui affines, ut Pium collocat post Anicetum, Pontianum post Anterotem; denique foliorum transpositio, per quam p. 58, 6—64, 7 perturbata sunt in C^3, in hoc libro redit. Id ipsum lectiones confirmant tam in spatiis episcopatuum quam quas attulimus ad C^3; sed habet etiam passim errores non admissos in Bernensem, admissos in Guelferbytanum:

50, 2 *vide ad* C^3
66, 1 posuit] reposuit $C^{2.4.5}$
103, 5 *vide ad* C^2

Classis tertiae vestigia certa cum in hac parte non deprehenderim, adsunt ea non solum, ut ait Duchesnius, inde a Iohanne VI, sed iam in vita Felicis III et deinceps:

115, 20 ut nullus ... peruenire debet C^4 *cum* E^1 *ex nostris solo*
150, 2 prona] pro bona C^4 *cum III*
150, 12 domina augusta *ins.* C^4 *cum* E^4 *solo*
170, 3 omnem cymiliam] omnem familiam C^4 *cum* E^1 *solo ex nostris*
172, 2 a beato apollenare] ad beatum apollinarem C^4 *cum* E^1 *solo ex nostris*

Accedit, quod indices huic libro praemissi primus et tertius praeter eum in solo libro E^1 reperti sunt. Ipse codex pessimus est, verbis tam saepe transpositis, ut id genus errorum ne in specimen quidem receperimus, et passim mendosis et interpolatis, exempli causa:

16, 4 nullus monachus] nulla monacha C^4 *cum aliis deterioribus*
29, 1 scriptam epistolam] accepit ep. C^4
30, 17 consideres *ins.* C^4

1*

30, 18 accepi] infra C^4

104, 13 quas] in his omnibus C^4

ita ut libri utilitas nulla sit.

[4] coll.   Leidensis Vossianus Q. 41 saec. IX (Duch. p. CLXXVIII. CLXXXVIII) olim servatus Autissiodori, cuius sedis episcopi saec. XI ad marginem adnotati sunt. Titulo liber caret, praescribitur ante epistulas: *incp̄ hieronimi ad damasum epā*, ante vitas: *incipit de ba̅ pet primum*. Finit in vita Stephani III († 772), quae integra ibi legitur. Index paparum interpositus inter epistulas et vitas (habens Pium ante Anicetum, Pontianum ante Anterotem) a prima manu videtur deductus esse non ad Hadrianum II (867—872), ut iudicat Duchesnius, sed ad Gregorium III (827—844). Adnotat Duchesnius indices episcoporum Gallicorum et Italicorum, qui adfuerunt in concilio Romano a. 767, servatum esse in hoc codice solo. — Ne hunc quidem librum huiusce classis primarium naevis sibi propriis carere ostendunt quae sequuntur exempla:

  62, 18 possessio n. pr. sol. cxu item sub c. falisca *om. B^4*, *eadem fere transponit E^1*

  78, 13 hora *om. B^4*

  97, 11 calices min. aur. ... lib. singulas *om. B^4 cum $E^{1.6}$*

  109, 14 fara cantara ... 22 lib. x *om. B^4 cum B^{3p}*

  109, 30 scyphos argenteos iii pens. lib. xxiiii] *sic $C^3 B^{1.2.3}$ et ex cl. III G*, sc. arg. iii pens. sing. lib. xxiiii B^4 *et ex cl. III E^1*, sc. arg. iii pens. sing. lib. uiii *cl. I, deficit E^6*

  127, 22 magistrianos et praefectianos] magistrianos et perfectianos $C^3 B^{2p.3}$, magistratos et praefectos B^4 *male emendans*

  141, 18 pallia olouera] C^3, palliola uera $B^{2.3}$ *ex prava correctione*, palliola uero B^4 *eandem denuo corrumpens*

  152, 13 enim] $C^3 B^{2.3}$ *cum cl. I*, uero B^4 *cum cl. III*

  160, 7 xenodochium] $B^{2.3}$ *cum cl. I*, hospicium B^4, ptochium C^3 *et cl. III*

  204, 10 puluere] $C^3 B^2$ *cum cl. I et III*, suluere B^{3p} *(sic)*, soluere B^{3c} *(sic)*, uulnere B^4

  214, 14 eiusdem ecclesiae tam *om. B^4*

Loci in quibus eadem verba deficiunt in B^4 quae absunt a cl. I:

  53, 19 lib. d *om. $A^1 B^4$*

  64, 2 conclusit de argento (et cancellis de argento): *om.* ( ) *comprehensa $A^1 B^4$*

  66, 18 purissimas *om. $A^1 B^4$*

  95, 13 argenteum *om. $A^1 B^4$*

  214, 22 innouauit $A^1 B^4$, innouavit ac reparauit *cl. II reliqui et cl. III fortasse ex interpolatione, nam eadem verba praecedunt* 214, 13

et numero pauci et errore ubivis facili nequaquam ad contaminationem libri in classe secunda primarii cum classe prima trahendi sunt, sed ad merum casum revocandi.

[5] coll.   Neapolitanus IV. A. 8 saec. VII ex. (Waitz *neues Archiv* 10, 456; Duch. p. CLXXVI) olim Bobiensis. Hic est liber, qui Charisii institutiones grammaticas solus servavit et in scriptura deleticia particulas quasdam et veteris testamenti et Lucani et digestorum Iustiniani. In extremo quaternione (hodie codicis f. 40—47) habet scriptura deleticia capita quaedam ex libris Gargilii Martialis de re rustica residua, scriptura posterior, saeculi, ut diximus, VII, vitarum pontificum partem priorem. Litteraturae peculiaris omnino specimen tabula nostra IV photographica ostendit, prope accedentis ad codicem item Bobiensem, hodie Vindobonensem n. 17 scriptorum grammaticorum, in his appendicis Probi quam dicunt, cuius codicis imagines publici iuris fecerunt Eichenfeld et Endlicher ad analecta grammatica (Vindobonae 1837) et melius longe nuper Wendelinus Förster (*Wiener Studien* vol. 14 p. 278, ubi de forma litterarum refertur iudicium Zangemeisteri). Eius generis litteraturae cum alia exempla vix reperiantur, probabile est librum adservatum

per saecula Bobii ibidem etiam scriptum esse. In inventario antiquo codicum in monasterio Bobiensi adservatorum (v. Gottlieb *Centralblatt für Bibliothekwesen* 4 p. 455) voluminis mentio fit sub n. 437 his verbis: *librum Sosipatri unum, in quo continetur liber differentiarum Plini;* sed eo tempore num quaternio extremus, qui cum reliquis non videtur origine coniunctus fuisse, eodem volumine comprehensus fuerit, dubium est. Fuit in eo a. 1461, nam in inventario eo anno confecto (Peyron Ciceronis or. fragm. p. 45) sic est sub n. 165: *de subtilitatibus grammaticalium et metrorum compositione* (intelleguntur Charisiana); *quedam de poetis* (haec videntur excidisse inter f. 39 et 40); *cronica quedam brevis de imperatoribus Romanorum* (haec item desideratur); *gesta summorum pontificum incompleta. In littera Langobarda obscura et difficili ad legendum.* — Vitas pontificum, quas iam eo tempore mutilatas fuisse apparet, librarius non titulavit; manus posterior epistulis praescripsit: *gesta summorum pontificum.* Post epistulas sequitur index paparum a Petro ad Cononem praescriptis numeris I—LXXXV, adscriptis ad duos primos solos spatiis *(I petrus uii sed an̄ xxu m̄ ii d̄ iii — II linus an̄ xi m̄ iii d̄ xii);* nominum variam lectionem rettuli in apparatum propter libri antiquitatem. Post indicem verbis *in nomine d̄n* ab ipso librario deletis quattuor versus remanserunt vacui vacabatque post eos aliquando spatium maius; nam tam verba psalmi 113, 5 *quid est tibi mare quod fugisti et* quam quod sequitur post interstitium versuum duorum *in nomine sanctae trinitatis atque sancti et omnes prophetae* scripserunt manus diversae. Post haec in eadem pagina incipiunt vitae. Parte extrema amissa deficit liber in vita Anastasii II 119, 11 *percussus est,* sed cum index paparum, ut diximus, finiat in Conone spatio post eum vacuo relicto, continuatus fuerit necesse est ad papam eum defunctum a. 687, scriptus igitur sub eius successore Sergio (687—701), id quod palaeographiae eius recte convenit. Ad eum codicem primus G. H. Pertz animadvertit eiusque notitiam publice dedit (*Archiv* 4 a. 1822 p. 501 et praesertim 5 a. 1824 p. 68 seq.), diligenter et perite exponens de forma litterarum et de compendiis reliquisque scripturae proprietatibus, unde notabile est signum :· simileve ibi positum ubi versus finit in vocabulo non perscripto. Idem Pertzius codicem diligentissime contulit cum editione Muratoriana 'Neapoli', ut subscripsit, 'd. 5. Sept. 1822'. Ea collatio eapropter a nobis inlata in bibliothecam regiam Berolinensem iam codicis instar est; ipse enim ita pessumdatus est remediis chymicis tum cum Angelus Maius et Angelus Scottus inde edebant Gargiliana (Mai classic. auct. tom. 1 a. 1828 p. 387 seq.), ut scriptura posterior non solum, ut ait Duchesnius, quibusdam locis (*à certains endroits*) sublata sit, sed exceptis marginibus tota fere deleta. Scripturae anterioris revocatae litterae maiores longe et crassiores graciles ductus manus secundae ita oblitterarunt, ut raro huiusce versus integer recte ac plene legatur. Firmant id abunde quae inde protulit editor diligentissimus; nam ex Pertzii testimoniis omni fide dignis iam apparet multa eum praeteriisse, non pauca posuisse libro contraria, ut monstrat editio nostra cum Duchesniana collata. Recte iam Waitzius, cum per aliquot dies enotationes Pertzianas cum codice composuisset, operam iudicavit se perdidisse et in illis subsistendum esse, idemque ego expertus sum. Nam postquam librum missum Romam ibi in bibliotheca nationali aliquamdiu tractavi et quibusdam locis quid esset in eo aut indagavi aut indagare volui, hoc intellexi uno solo loco (17, 13) Duchesnium verum rettulisse tacente Pertzio, praeterea ubicumque differunt (differunt autem plurimis locis), aut Duchesnium erravisse aut de lectione hodie non liquere et omnino in Pertziana nos adquiescere et posse et debere; eam qui hodie recognoscere velit, verendum est ne testimonium boni auctoris corrumpat potius quam emendet. — Proprios errores hic liber plures habet quam pro aetate credas; non solum passim hiat ex sola neglegentia (5, 6. 42, 8. 46, 2. 71, 19. 88, 19 cum B^3. 94, 19. 109, 4. 112, 9. 17), sed corruptelas quoque exhibet has:

1, 3 per tuam] perpetuam B^1 *cum* B^3

PROLEGOMENA.

    4, 1 dispositores] dispositiones B^1
    42, 4 non impleret] impleret B^1
    92, 20 et populus] I, et plebs III, uel (et B^2) plebs $C^3B^{2.3.4}$, et praesbyteri B^1
    119, 11 nutu (notu A^1C^3) diuino] noctu diuinu notu B^1
et quod vix expectes, non raro verba tradita ad grammaticam emendat:
    4, 3 praedicare] praedicatione B^1
    4, 6 apollonis] $C^3B^{2.3.4}$, apollinis B^1
    29, 10 apollonis] $C^3B^{2.3}$, apollinis $B^{1.4}$
    64, 7 cum lucernas] $C^3B^{3.4}$, cum lucernis $B^{1.2}$
    97, 21 territorio penestrino] $B^{2.3.4}$, t. penistrino C^3, territorio praenistino B^1

$C^3B^{1.4}$ Codices $C^3B^4B^1$ non solum eo nomine coniuncti sunt, quod, ut infra (p. LXXXVIII) apparebit, passim huius classis archetypi lectionem servant in reliquis eiusdem ordinis libris corruptam, sed consentiunt etiam quibusdam locis in erratis:
    60, 7 balsamum lib. 1 *om.* $B^{1.4p}$ *soli*
    84, 15 adiacentibus] aiacentibus C^3B^1, iacentibus B^4 *(sic emenda adn.)*
    85, 5 ob oppugnationem] ob hoc pugnationem $C^3B^{1.4}$

B^3 coll.   Coloniensis 164 saec. IX incipientis (Duchesne p. CLXXVII. CLXXXVIII) ab origine ecclesiae eius, quae adhuc eum adservat. Propter titulos v. p. XII. Finit in Stephano III († 772) verbis p. 473, 17 Duch. *probatissimos viros scilicet*, quae praecedunt indicem episcoporum Gallicorum missorum a. 769 ad concilium Romanum. Index paparum interpositus inter epistulas praefatorias vitasque inscriptus *incipiunt nomina beatorum pontificum sanctae apostolicae sedis* et a vitis ipsis non uno loco differens (Anicetus ibi est ante Pium, Anteros ante Pontianum, Iohannes II appellatur *Mercurius qui et Iohannes*) a prima manu deductus est ad Leonem III (795—816), quo tempore librum scriptum esse probabile est. — Ex erroribus huic libro propriis numero multis, ut apparet ex adnotatione nostra, hoc loco non indicabo nisi hiatus complures *48, 11. *56, 18. 68, 14. 92, 3. 95, 1. *11. 143, 6—8. 192, 4. 212, 19. 215, 6, quorum eos, qui communes sunt cum contaminatorum principe E^6 asterisco distinxi.

B^2 coll.   Parisinus 13729 saec. IX (Duchesne p. CLXXVI. CLXXXVIII cum tabula IV, 3) origine Gallicus, antea Nicolai Fabri, deinde in bibliotheca Sangermanensi. Propter titulos v. p. XII. Finit in Hadriano I († 795). Index paparum inter epistulas et vitas interpositus a prima manu pervenit cum spatiis adscriptis ad Stephanum III († 772); deinde est Hadrianus I (772—795) cum adscriptione litteris maioribus ANNOS. XX; sequuntur papae posteriores spatiis non adiectis ad Eugenium II (824—827); unde colligemus ipsum librum scriptum esse sedente Eugenio, archetypum Hadriani anno XX, id est p. Chr. 791. — Codex ut raro hiat (37, 4) eo nomine praestans proxime coniuncto B^3 et etiam a gravioribus interpolationibus immunis mansit (50, 1 legi in eo *laico* pro *clerico* Duchesnius ait errore), ita passim tradita corrigit ad grammaticam et a melioribus classis suae (quorum lectio in recensu subiecto praescripta est) compluribus locis recedit adhibito fortasse aliquo classis tertiae:
    38, 8 usque ad notitiam] ad notitiam $B^2E^{1.6}$ *Mut.*
    39, 1 natione dalmata] natione dalmatica B^2
    52, 2 *post* clericum *ins.* sacrum ordinem B^2
    153, 10 famis] famis magna B^2, famis maxima $GE^{1.6}$
    157, 2 instituit] constituit B^2KGE^6
    159, 3 temperare . . . . inopiae] temperare . . . . inopiam $B^2GE^{1.6}$
    159, 10 in . . . adflictionibus positis] in adflictionibus positus B^2E^1
    161, 11 gentem Angulorum] gentem anglorum $B^{2.4o}GE^{1.5.6}$
    162, 1 uestem . . . blattinio] uestem . . . blattineam B^2
    177, 2 omnem dalmatiam] totam dalmatiam B^2

185, 3 sanctitatis praeclarior] sanctitate praeclarior B^2E^1
192, 6 qui appellatur] q̄a $B^{3.4}$, q̄ua B^2 *cum* C^3
201, 26 post gallum cantum] post galli cantum $B^2E^{1.6}$

Laudunensis 342 saec. IX (Duch. p. CLXXVII) datus ecclesiae ei ab episcopo Didone (883—893) pariter atque is qui praecedit finit in Hadriano I habetque et ipse indicem paparum deductum manu librarii ipsius cum spatiis ad Stephanum III, omissis spatiis ad Eugenium II, gemellus igitur praecedentis scriptusque adeo, ut iudicat Duchesnius, a librario eodem. Ego librum non vidi et pauca tantum habui ex eo enotata a Pabstio; sed cum teste Duchesnio vel in minutis et futtilibus conveniat cum Parisino, ut Duchesnius eum in apparatum non admisit, ita ego quoque eum insuper habui.

Libri duo Coloniensis 164 = B^3 et Parisinus 13729 = B^2 pendent ex archetypo $B^{2.3}$ communi; consentiunt enim contra reliquos huius ordinis libros $C^3B^{1.4}$ ut aliis locis multis, ita his, ex quibus ad eos, qui in apparatum plenum incidunt, adscripsi codices deteriores cum $B^{2.3}$ consentientes et indidem omnino descendentes:

23, 5 xiiii k. Iun. *om.* $B^{2.3}$ *utpote contrarium martyrologio Hieronymiano*
29, 3 de celerino lectore] dedit celerino lectore $B^{2.3}C^{2c}$, dedit celerino lectori $QD^{1.2}O$, item $A^{5.6.7}Freh$.
42, 12 *vide adnotata*
43, 5 usque post consulatum] usque ad consulatum $B^{2.3}$
50, 4 causam quamlibet] causam suam quamlibet $B^{2.3}C^{2c}Q$
52, 6 xlii] xxxii $B^{2.3}C^{2c}Q$
53, 30 calices minores] calices maiores $B^{2.3}$
60, 15 dccc] lxxx $B^{2.3}Q$
70, 19 possessio leonis prest. sol. lx *om.* $B^{2.3}$
72, 2 lxu] numero ccclxu $B^{2.3}$
80, 14 per mens. dec. $B^{2.3}$ *loco solito ex emendatione, post* diaconos u $C^3B^{1.4}$ *cum* I
112, 18 executrix] B^1 *cum rel.*, executris C^3B^4, executoris $B^{2.3}$
115, 6 iudicius] C^3B^1, iudicios B^4, iudices $B^{2.3}$
131, 3 helectrinam] hilictrineam C^3, hylitrineam B^4, hilistriuiam B^2, hylistriuiam B^3
193, 16 obumbratas] C^3B^4 *et rel.*, perobumbratas B^2, perumbratas B^3; *in archetypo igitur fuit* ob̄umbratas (per)

Libros $B^{2.3.4}$ redire ad archetypum commune hic illic corruptum et interpolatum $B^{2.3.4}$ evincunt testimonia quae sequuntur. Ad ipsum eius classis archetypum haec non redire colligitur adsumptis lectionibus libri antiquissimi B^1, qui tamen deficit inde a p. 119, et ex testimoniis Bedae et Pauli et auctoris gestorum Neapolitanorum, quos constat pendere ex exemplaribus classis secundae. De codice C^3 res ambigua est, cum vacillet inter classem secundam et tertiam.

16, 4 nullus monachus] C^3B^1 *cum* I *et* III *(Mut.)*, nulla monacha $B^{2.3.4}$ *cum* III *(rel.)*
73, 4 palleum] C^3B^1 *et reliqui*, tunc p. $B^{2.3.4}$
127, 19 furia] *gesta ep. Neap. et I. III (in his* C^3*)*, furore $B^{2.3.4}$ *cum* F
141, 18 pallia olouera] C^3, palliola uera $B^{2.3}$, palliola uero B^4 (cf. p. LXXXIV)
162, 1 fecit autem ... pens. lib. c *insiticia habent* $B^{2.3.4}$ *soli*
173, 7 fecit autem in domum ... dona simul obtulit *item habent* $B^{2.3.4}$ *cum deterioribus multis ibidem adnotatis*
212, 20 et trepidam *om.* $B^{2.3.4}$
213, 3 citius] A^1, ocius C^3, uelocius GE^1, uelociter E^6, *om.* $B^{2.3.4}$: *in archetypo videtur fuisse* citius (uel ocius)

214, 1 beati petri] *I. III*, habente (-tes B^2) petri $B^{2.3.4}$
214, 3 et odor suauitatis *om.* $B^{2.3.4}$
214, 6 in absida basilicae supra scriptae] in basilicam super scriptam $B^{2.3.4}$
217, 11 hii iustam] *I. III*, huius tam $B^{2.3.4}$
217, 19 infra ecclesia beati petri apostoli principis apostolorum] iuxta basilica petri apostoli $B^{2.3.4}$
219, 9 restaurauit basilicam] fecit oratorium $B^{2.3.4}$ *soli*
219, 19 qui longa *om.* $B^{2.3.4}$
220, 1 cum terueli] *reliqui cum Beda et Paulo, om.* $B^{2.3.4}$
223, 1 saccellarius] *I. III*, cancellarius $B^{2.3.4}$
225, 2 ab exilio *om.* $B^{2.3.4}$

Quinque libros modo recensitos C^3 Bernensem, B^4 Lugdunensem Voss. Q. 41, B^1 Neapolitanum (usque ad p. 119), B^3 Coloniensem, B^2 Parisinum 13729 plene collatos adhibui ad constituendum classis secundae archetypum, nam primus eorum quamquam contaminatus est cum classe tertia, ne in hac quidem praeteriri debuit. Ex his postremi duo vix ullo loco propria bona habent et potuerunt fortasse omitti; consensus tamen eorum cum meliorum dissentientium aliquo habet quiddam utilitatis. Quomodo autem meliores dissentiant, lectiones quae sequuntur selectae declarabunt:

20, 7 *locus, ut ostendunt adnotata, hiat pariliter in* B^4 *et in cl. I; auctus est hiatus in* $B^{1.2.3}$
28, 4 africa] C^3B^4 *et reliqui*, africana B^1, africanus $B^{2.3}$
36, 9 qui etiam sepultus est in c. C. via Appia VI k. Iun.] *sic* $B^{2.3}$ *cum FK*, depositus ui k. ian. in c. c. v. appia *loco diverso* B^4 *cum cl. I, om.* C^3B^1: *in archetypo recensionis posterioris haec videntur scripta fuisse ad marginem.*
39, 11 si quis episcopus mereretur] C^3B^4 *cum cl. I (sic). III, om.* $B^{1.2.3}$
44, 8 hoc audito maxentius] *sic (nisi fallit silentium Pertzii)* B^1 *cum* E^1, hoc audito a maxentio $C^3B^{2.3.4}$, hoc audito maxentio *cl. I*
47, 13 ex dono] C^3B^4 *cum cl. I. III*, et dona $B^{1.2.3}$
53, 29 aureos purissimos] *cl. I*, aureos purissimo C^3B^4, auro purissimo $B^{2.3}$, ex auro purissimo B^1 *cum cl. III*
73, 2 Nepotiano] B^1, et nepotiano $C^3B^{2.3.4}$, et nepotiani *cl. I. III cum FK*
88, 6 Caelestium] C^3B^4 *cum cl. I*, caelestinum $B^{2.3}$ *et cl. III*
99, 13 ex argento] C^3B^4 *cum optimo cl. III, om.* $B^{1.2.3}$, *deficit cl. I*
108, 14 concas striatas] C^3 *cum* A^1, concas triatas $B^{1.2.3}$, concas striadas B^4
119, 1 de regione V tauma] C^3B^1 *cum cl. III*, de regione u (*om.* tauma) $B^{2.3.4}$ *cum cl. I*
126, 19 Venantium episcopum urbis Romae] B^4 *cum cl. I lectione perversa, sed sine dubio primitiva*, presbiterum *pro episcopo substituunt* $B^{2.3}$ *cum cl. III (in his* C^3)
160, 7 ptochium] *sic fere III meliores (cum* C^3), hospicium B^4 *interpolans*, xenodochium $B^{2.3}$ *cum cl. I*
162, 15 indictione VII] *om. meliores, habent* C^3 (iiii *pro* uii) B^4 *soli*
182, 15 hieraticos] B^4 *cum* E^5 *et actis concilii*, in hereticos C^3, hereticos $B^{2.3}$ *cum cl. I et plerisque cl. III*

Taurinensis F. IV. 18 saec. VIII (Duch. p. CLXXV), antea Bobiensis. Codicis huius, quo continetur antiphonarium saec. XII, folia duo rescripta habuerunt antea ex libro pontificali partem vitae Hormisdae p. 129, 12 *episcopo iohanne* et Iohannis I ad p. 134, 16 *cum cereos et cru* scripta litteris minusculis. Ego non vidi; adhibui ad apographum ab Aem. Chatelain subministratum Duchesnio. — Fragmentum non solum exiguum est, sed etiam nequaquam bonum, pluribus locis (129, 20. 130, 11. 25. 131, 8) habens emendationes et corruptelas aut cum aliis communes aut sibi proprias.

Trevirensis 1341 saec. XII/XIII (Duch. p. CLXXVIII), antea sancti Matthiae Q *spec.* prope Treviros. Subscriptionem, quae pro titulo est, rettulimus p. XIII. Finit pariter atque Coloniensis in Stephano III. Index paparum interpositus inter epistulas et vitas inscriptus ita ut inscribitur is Coloniensi (sed *sedis ap.*) finit a manu prima in Hadriano I. — Librum pendere ex Coloniensi nostro B^3 ostendunt praeter locos supra p. LXXXVII adlatos inter alios hi:

      68, 24 picturas] picturi B^3QC^{2c}
      104, 18 duas beati pauli apostoli *om.* $B^3QC^{2c}P^1$
      149, 12 hodie] in hodierno die B^3, in hodiernum diem QA^6
      150, 6 hereticum *om.* B^3QA^6
      150, 8 sanctissimi *om.* B^3QA^6
      172, 3 occurri] currere B^3Q
      172, 6 martyri *add.* $B^3C^{2c}QA^{6.7}$
      173, 1 clxxxuii] cxxxuii $B^3QC^{2c}A^{6.7}$
      173, 3 simul *om.* $B^3QC^2A^6$

Alibi interpolationes habet aliunde derivatas:

      187, 9 uigili] iulii *cum* $E^1X^{2.3}$

Trevirensis 1344 saec. XIV (Duch. p. CLXXVIII) antea monasterii Trevirensis S. Agnetis descriptus est ex Trevirensi 1341.

Trevirensis 1348 saec. XV (Duch. p. CLXXIX) antea monasterii Hym-rod. (= Himmerode) prope Treviros item descriptus est ex Trev. 1341.

Bruxellensis 8380 + 9012 saec. IX/X (Duch. p. CLXXIX. CLXXXVIII), antea B^5 *spec* Audomarensis abbatiae Bertinianae, deinde Bollandianorum. Specimen sumpsit Franciscus Cumont. Titulos (p. XII) iam deficientes explet liber ex hoc descriptus Audomarensis (Duchesne l. c.). Imperfectus incipit in Fabiano p. 27, 7 *fabricas per cimiteria*, finit in Stephano II (752—757). Quibusdam locis praestat sociis $B^{6.7}$:

      104, 19 de quas] B^5 *cum melioribus*, de qua $B^{6.7}$ *et deteriores*

Inveniuntur interpolationes huic libro propriae:

      64, 13 nomini christianorum *om.* B^5 *cum deterioribus quibusdam*
      68, 19 argenteam] auream B^5

Liber emendatus est ad codicem familiae primae:

      64, 10 quiriacetis] B^{5p} *ut reliqui cl. II*, cyriacae B^{5c} *cum cl. I*

Audomarensis bibliothecae publicae 188 saec. XI (Duchesne p. CLXXIX), olim ecclesiae eius collegiatae, descriptus est iussu episcopi Wigumadi ex eo qui praecedit.

Vindobonensis 473 (hist. eccl. 90) saec. X potius quam IX (Duch. p. CLXXIX B^6 *spec* cum tabula IV, 2), olim servatus Vormatiae ad sancti Petri. Specimen sumpsit Hartmann. Deperdito folio primo deficiunt epistulae praefatoriae et indicis paparum principium; propter titulum secundum v. p. XII. Finit pariter atque Bruxellensis in Stephano II; index paparum vitis praepositus pervenit ad successorem eius Paulum I spatio enuntiato (757—767). — Praestat gemello Ambrosiano 186, 8 *(in athenas]* *madianas* B^6, *medianas* B^7).

Mediolanensis Ambrosianus M 77 sup. saec. IX/X (editionis Muratorianae codex A; B^7 *spec* Waitz *neues Archiv* 10, 456; Duch. p. CLXXX. CLXXXVIII) olim monasterii Bobiensis praecedentis gemellus. Propter titulum v. p. XII. Pervenit et ipse ad Stephanum II, index paparum vitis praemissus ad Paulum I.

Tres libros Bruxellensem 8380 + 9012 = B^5, scilicet demptis emendationibus, $B^{5.6.7}$ Vindobonensem 473 = B^6, Mediolanensem Ambrosianum M 77 sup. = B^7 descendere ex eodem archetypo ad classem secundam referendo declarat communio tam errorum:

XC PROLEGOMENA.

  64, 7 sigillis] singulis $B^{5p.6.7}$ cum $D^{1.2}$
  149, 15 sancti iuuenalis] sanctae iuuenalis $B^{6p.7}$ cum D^2 (D^1 deficit)
  171, 1 xui] xuii $B^{5.6.7}$ cum $D^2X^{2.3}$ (D^1X^1 deficiunt)
quam lectionum consentientium cum optimis classis secundae:
  171, 1 tigulis] $B^{6p.7}$ cum B^4 et optimis cl. I, tegulis *plerisque*
  171, 10 qui appellatur] qā *archetypum* cl. II, quam $B^{5.6.7}$ cum B^4D^2
  173, 7 fecit autem ... obtulit *additamentum om. ut cl. I et III, ita ex secunda*
    $B^{5.6.7}C^{3.2p.4.5p}$
  182, 15 iheraticos B^6 *fere ut* B^4, hereticos *plerique*
Uno loco 4, 8 duo libri $B^{6.7}$ eandem lectionem habent quam infra ex $D^{1.2}$ attulimus consentientem fere cum epitomis. Propria tamen bona cum hi libri nulla habeant, scilicet nullo loco quod sciam ne in hac quidem classe soli antiquam lectionem servarint, eorum varia lectione apparatum nostrum onerare nolui.

spec.   Parisini 5516 saec. IX, cuius partem posteriorem supra p. LXXIX recensuimus inter libros classis primae, pars prior usque ad finem vitae Agapiti (p. 1—143) postea adiecta est ad volumen explendum foliis quibusdam post Agapitum vacuis relictis. Ea huius classis est. Propter titulum vide p. XII.

  Parisinus 2769 saec. IX (Duch. p. CXCIII), antea Bellovacensis, f. 31—54. Incipit imperfectus in Constantino p. 224, 8 *in die autem,* finit in Stephano II, ad nostram partem igitur vix pervenit.

spec.   Leidensis Vulcanii 58 saec. XII (Duch. p. CXCIV), item olim Bellovacensis, descriptus ex eo qui praecedit eius vices facit, quatenus pervenit. Quaternionibus duobus evulsis deficit in vita Iohannis VII p. 220, 11 *hos nequaquam* rediens in vita Stephani II p. 445, 15 Duch. *et adsumens,* in quo papa finit. Consentit fere cum Parisino 5516 = D^1 (103, 2. 10 cet.); ubi differunt, praestat interdum Parisinus (ut 104, 19), saepius Leidensis (64, 8. 101, 3. 102, 5. 7).

$D^{1.2}$ Parisini 5516 pars prior = D^1 et Leidensis = D^2 in universum exhibent textum classis secundae; ex locis ab ea recedentibus selegimus hos:
  3, 1 quae *et* et testimonio eius hoc est *om.* $D^{1.2}$ cum *FK*
  4, 8 presb. x diac. uii ep. per diuersa loca numero tres $D^{1.2}B^{6.7}$ *Cr.,* diac. uii
    presb. x ep. tres *FK, diverse reliqui*
  11, 11 hic constituit ... et cetera $D^{1.2}$ cum *FK, om. reliqui*
  20, 8 celebrare dum episcopus missam celebraret habent $D^{1.2}$ *inter* et ministros
    et celebraret ante sacerdotes, *additamentum librorum FK et cl. III*
    (quamquam quaedam in his differre editio ostendit) inserentes loco alieno
  29, 2 de sua confirmatione] d. s. c. martyrii $D^{1.2}$ cum *K*
  29, 3 de Celerino lectore] dedit celerino lectori $D^{1.2}$ cum $B^{2.3}$ *et dctt.*
  30, 11 ante templum palladis $D^{1.2}$ cum *III, om. II*
  31, 6 hoc autem factum *et quae sequuntur* $D^{1.2}$ cum *III*
  73, 4 hostiae ostensis $D^{1.2}$: hostiae *II,* ostensis *FK III*
  101, 6 euthici et nestorii per quosdam episcopos $D^{1.2}$; per quosdam episcopos
    II. III, euthicen et nestorium *F*
  150, 2 prona] bona D^2, pro bona *cl. III*

Libros hos ut modo vidimus consentire aliquoties in erroribus cum $B^{5.6.7}$, ita hic apparet eos admisisse hic illic corruptelas redeuntes in $B^{2.3}$ (29, 3) vel classi tertiae proprios (30, 11. 31, 6. 150, 2). At aliis locis, ut supra (p. LXXI) iam observavimus, lectio eorum consentit aut cum epitome utraque (3, 1. 4, 8. 11, 11. 20, 8) aut cum Feliciana sola (101, 6) aut cum sola Cononiana (29, 2). Adiecta haec esse post tempus inde confirmatur, quod verba 20, 8 inserta sunt loco non suo, nec desunt dittographiae (73, 4. 101, 6). Haec unde asciverit qui huiusce familiae principem librum scripsit dubium est; sed cum neque classis tertiae libri haec omnia suppeditare potuerint nec magis credibile sit utraque epitoma eum usum esse, verisimile est adhibuisse eum exemplar aliquod epitomae plenioris, unde profectae sunt duae quae supersunt.

Leidensis Vossianus Q. 60 saec. VIII/IX (Duch. p. CLXXVII. CLXXXIX. CXCII C^1 spe cum tabula V, 1) antea fuit Remis in sancti Remigii, cuius episcopi in margine adnotantur. Titulos rettulimus supra p. XIII. Index paparum insertus inter epistulas et vitas a prima manu pervenit ad Stephanum II, in quo item liber finit. Codex, cui Duchesnius uno loco (vol. 1 p. 283) primatum tribuit in parte posteriore, alio (praef. p. CXCII) eum a Theodoro inde ait accedere ad libros $C^{2.3.4}$, vere cum his communia habet nulla (nam casu puto 31, 5 C^1 prope accedit ad C^3). Spatia episcopatuum cum iis, quae distinguunt libros $C^{2.3.4.5}$, in libro C^1 nullo loco consentire ex laterculo p. XLIII seq. intellegitur; glossa 43, 10 *nouellae*, quae huiusce ordinis tamquam nota est (vide p. LXXXII), in hoc libro non magis comparet. Omnino liber est ex classis secundae deterioribus. Propria bona habet nulla. Cum melioribus facit paucis locis (ut 29, 5 *catatumbas* — 171, 4 *exquesit* — 182, 15 *heraticos*), plerumque repraesentans textum classis secundae vulgarem qualem habent item $P^{1.2}O$ et cum his saepenumero in emendationibus erroribusque consentiens:

    3, 5 superuenientium] superuenientibus $C^{1p}QP^{1.2}O$
    16, 4 nullus monachus] nulla monacha C^1 *et fere deteriores*
    60, 3 cccl] cccl $C^1P^{1.2}$
    60, 9 ccclxxx] ccclxxxii $C^1P^{1.2}$
    101, 6 per quosdam episcopos] per quendam episcopum $CP^{1.2}$
    148, 2 uuitigis] gothicem C^1, gothice $P^{1.2}$
    148, 4 uilisarium] bellisarium patricium $C^1P^{1.2}$
    149, 5 guintarit] guint(h)arium $C^1P^{1.2}$
    149, 13 pauperum] pauperibus $C^1QP^{1.2}$
    150, 14 nepotem suam uigilia] nepotem suum uigili C^1P^1
    152, 6 ubi] ubicumque C^1P^1
    154, 9 ago minus ne] agimus non C^1
    171, 7 lib. sing.] lib. C^1, lib. totidem $P^{1.2}$
    173, 1 clxxxuii] c C^1
    173, 1 arcus arg. u] arcus arg. *(om. numero)* $C^1P^{1.2}$
    173, 3 libras sing.] l. u $C^1P^{1.2}$
    173, 4 et dedicauit] aedificauit $C^1P^{1.2}$
    186, 5 eosdem missos] easdem missi C^1
    186, 6 uigorem] figuram C^1P^2O *cum* C^2
    186, 11 ei obuiam *om.* C^1P^2O
    188, 4 diagrafa] diagraua C^1 *fere cum* $C^{2.5}$, praecepta grauia P^2

Accedunt interpolationes quaedam adscitae ex exemplari aliquo contaminatorum:

    51, 4 sic missas celebrarentur *add.* C^{1c}
    103, 6 et dioscorum *add.* C^{1c}
    104, 13 quas fidei] per quas fidem C^1 *et deteriores multi*
    213, 3 uel ocius C^1GE^1

Variam lectionem praeter specimen dedi ad Vigilii vitam totam et ad vitam Sergii, non propter libri virtutes, sed propter patroni.

Vindobonensis 388 (hist. 28) saec. XI/XII (Duch. p. CXCI). Specimen sumpsit C^6 sp Hartmann. Finit in Stephano II. — Codex in universum ex classis secundae deterioribus aliquam affinitatem in vitiosis praesertim habet cum libris $C^{2.3.4}$, ut ostendunt lectiones hae:

    29, 5 catatumbas C^{5p} *cum* C^3

29, 5 acceptum *om.* C^5 *cum* $C^{2.3}$ *et III*
30, 15 consideres] confiteres $C^{2p.5p}$
50, 2 *vide ad* C^3 (p. LXXXII)
51, 4 sic missae celebrarentur C^5 *cum* $^{2p.4.5}$ *et III*
64, 8 *vide ad* C^3 (p. LXXXII)
66, 1 *vide ad* C^4 (p. LXXXIII)
102, 10 ꝏcc] cccc C^5 *cum* $C^4 E^1 C^1$
104, 18 obtulit] obtulerat C^5 *cum* $C^{2.3}$
188, 4 diagrafa] ditgraua C^{5p}, ditgrauia C^{5c}, diagraua C^{2p}

Praeterea in iis quae differunt a classis secundae textu communi liber errat aut cum deterioribus aut errore proprio:

3, 5 superuenientium] superuenientibus C^5 *cum* $C^{1p} P^{1.2} O$
4, 2 profligetur] profluent C^{5p}, profluant C^{5c} *solus*
28, 4 africa] africanus C^5 *cum* $B^{2.3} Q O$
29, 1 scriptam] *sic plerique,* susceptam B^6, scep susceptam scriptum *(sic)* C^5
29, 6 posuit] exposuit C^5 *cum* O
30, 17 pauescas *ins.* C^5 *cum* $P^{1.2} O$
186, 11 ei obuiam *om.* C^{5p} *cum* $C^1 P^2 O$

Tolosanus 365 saec. XII (Duch. p. CXC). Simillimus nostro C^5.

Parisinus armamentarii 679 (Duch. p. CXC) saec. XIV, antea S. Martini a campis prope Parisios. Item simillimus nostro C^5.

Gratianopolitanus 16 saec. XII (Duch. p. CXC). Similis nostro C^5; sed in quibusdam teste Duchesnio declinans ad familiam B.

P^1 spec.   Florentinus Laurentianus plut. XX cod. 10 saec. XI (Waitz *neues Archiv* 10, 456; Duchesne p. CXC). Titulum rettulimus p. XIII. Finit in vita Martini 1 183, 18 *qui facta pace cum sancta dei ecclesia colligens exercitum,* quae verba cum minio scripta sint et paginae pars reliqua a primo librario vacua relicta sit, ostendunt codicem descriptum esse ex archetypo mutilo. Index paparum interpositus inter epistulas et vitas finit ut in C^1 in Stephano II.

P^2 spec.   Parisinus 16897 saec. XII (Duch. p. CXC). Specimen sumpsit Vidier. Finit in Stephano II. Index paparum ad Paschalem I (817—824) cum spatiis, sine iis ad Marinum (882—884) continuatus post alia legitur in fine voluminis.

Parisinus 5141 saec. XIV (Duch. p. CXC) olim Trecensis, antea P. Pithoei descriptus est ex Parisino 16897.

$P^{1.2}$ Duos libros Laurentianum 20, 10 = P^1 et Parisinum 16897 = P^2 gemellos esse specimen (68, 25 et alibi passim) declarat. Secundae classis lectiones sequi solent, sed sunt ex pessimis huius ordinis (51, 7) cum recensione Guillermiana ad classem tertiam potissimum applicata interdum concordantes (51, 7. 60, 3. 9).

Codices quinque hos:

Alencionensem n. 18 saec. XI (Duch. p. CLXXX)
Rotomagensem A 24 saec. XI (Duch. p. CLXXXI)
Parisinum 5094 saec. XI (Duch. p. CLXXXI)

O spec.   Vaticanum Ottobonianum 2629 saec XV (Duch. p. CLXXXI), antea Petavii, deinde reginae

Parisinum 5145 saec. XV (Duch. p. CLXXXI)

Duchesnius l. c. demonstravit descendere ex exemplari libri Pontificalis scripto moderante Ademaro Cabannensi monacho S. Eparchii prope Angoulème, dedicato episcopo Rohoni Engolismensi (1021—1031). Finiunt nihilominus exemplaria recensionis eius quae supersunt plena in Leone IV (847—855), cum epitomae inde profectae (vide infra p. CIV) ulterius descendant. Archetypum recensionis eius Duchesnius iudicat prope accessisse ad nostrum B^2. Ego satis habui in locis speciminis causa selectis ad Cornelium usque et ad Vitalianum lectionem adscribere libri Ottoboniani, quem tamen Duchesnius ait hic illic immutatum esse. Interpolationes insunt redeuntes aliae in $B^{2.\,3}$ (vide supra p. LXXXVII), aliae in $P^{1.\,2}$ (30, 17. 188, 4); in alio loco (2, 10) iungitur cum vera lectione interpolata deteriorum classis primae. Quod ait Duchesnius (I p. CLXXXI) in indice Ademariano Anicetum Pio praeponi, Anterotem Pontiano, passim alibi redit. Scilicet in hac deterrimorum sentina omnia confunduntur.

Epitome libri pontificalis, quam exhibent codices quattuor hi:

    Monacensis 14387, antea Ratisponensis saec. IX (non est apud Duch.) f. 8: *in-*   *N spec.* *cipiunt nomina episcoporum urbis Rome.*

    Monacensis 6385, antea Frisingensis 185 (non est apud Duch.), saec. X, sine titulo. Descriptus videtur ex praecedenti, etsi quaedam differunt.

    Vaticanus Palatinus 39 saec. XI (Waitz *neues Archiv* 10, 464; Duch. p. CCIV), inscriptus ita ut Monac. 14387. Ediderunt Schelestrate ant. eccl. 1, 611—619 aliique. Imperatorum spatia adiecit manus secunda.

    Valentianus 65 saec. IX (Duch. p. CCIV).

finit in Stephano II (752—757); successoris Pauli nomen solum addunt Monacenses duo. Omisso Stephano III Hadriani I et Leonis III nomina sine spatiis addita sunt a manu posteriore in Monac. 6385; omisso item Stephano III nomina sine spatiis continuat ad Paschalem (817—821) Palatinus, ad Leonem IV (847—855) Valentianus. Epitomator praeter nomina et patres patriasque et spatia enotare solet ordinationes, praeterea constitutiones potiores. — Sequitur epitome codicem classis secundae (vide e. c. 94, 2) non optimum (adest interpolatio *nulla monacha* 16, 4), receptis etiam tertiae lectionibus quibusdam (ut 45, 1). Habet praeterea interpolationes non paucas, uno loco 18, 6 communem sibi cum sola epitoma Feliciana, alio 29, 11 ordinationes de suo interpolavit, nec raro praeterea exhibet interpolationes sibi proprias (36, 6. 73, 4. 87, 2. 107, 8. 138, 8). Recepi lectionem variam potiorem non propter utilitatem librorum, sed propter aetatem.

CODICVM PLENORVM CLASSIS TERTIA.

    Mutinensia libri Pontificalis excerpta inserta sunt codici bibliothecae Mutinensis ord. 1   *Mut.* cod. 12 saec. VII fin. vel VIII incip. scripto litteris quadratis, quo continetur sylloge canonum enarrata a Maasseno (*Quellen* 1 p. 796), edita apud Zaccariam *raccolta di dissertazioni alla storia ecclesiastica appartenenti* (Romae vol. 2 a. 1780 p. 73 seq.; repetivit Gallandi de vetustis canonum collectionibus ed. Mogunt. vol. 2 p. 677 seq.). Excerpta spectantia ad librum pontificalem edidit item Duchesnius vol. 1 p. CXCVI descripta sibi a Bertolottio habuique eadem ego descripta a Merkelio, a Duemmlero recognita (cf. Waitz *neues Archiv* 4, 235. 9, 464. 11, 226). — Interpositis alienis non paucis excerpta ita facta sunt, ut uniuscuiusque papae decretis aliunde notis constitutiones in vitarum corpus relatae adiungerentur. Incipiunt a Petro, finiunt in Leone codice mutilo, ut plura possint secuta esse. — Verba epitomator aliquoties (ut 41, 8) raro tamen mutavit. — Excerpta cum inter libros corporis integri proxime accedant ad contaminatos nostros, quos videbimus formatos esse ad exemplaria duo alterum pertinens ad recensionem priorem, posterioris alterum classis secundae, quaestio oritur, utrum excerpta sumpta sint ex recensione priore an et ipsis subsit exemplar contaminatum. Retinent sane excerpta haec vetustissima quibusdam locis ibi antiquam lectionem, ubi contaminati nostri ab ea discedunt, ut 27, 5 *dividit* Mut. habet cum bonis libris reliquis, *diuisit* $E^{1.6}$; pluribus tamen classis tertiae corruptelae sine dubio non derivatae ex exemplari illo recensionis prioris item adsunt in excerptis Mutinensibus, id quod facit ad archetypi contaminatorum aetatem determinandam:

> 10, 3 quando missae celebrantur] *comma omissum in epitomis duabus, additum ut videtur in recensione secunda, adest in Mutinensi*
>
> 11, 9 sedis apostolicae] *I cum FK*, patriarchae *Mut. cum II. III*
>
> 49, 10 consignet] *I. II eaque videtur lectio antiqua*, consignent *Mut. cum III et FK ex emendatione ut videtur*
>
> 75, 16 scrinium sanctum] *I. II*, scrinium sanctae sedis *Mut.*, scriniarium sanctae sedis $E^{1.6}$
>
> 93, 3 monacha] *meliores, in his E^6*, monachus *Mut. cum GE^{1p}*

K Cononianam epitomen infra demonstrabimus passim servavisse lectionem primitivam non raro adsentiente altera Feliciana, aliquoties solam. Nihilo minus item epitome ea referenda est in ordinem librorum contaminatorum consentiens cum iis non solum in lectionibus veris, quae tam in epitomen quam in classem tertiam possunt venisse ex recensione priore, sed item ibi, ubi libri contaminati errant et maxime ubi breviant. Errores eiusmodi et interpolationes cum iam in parte priore epitomis duabus communi non desint (vide in elencho lectionum classi tertiae propriarum, quem infra p. CXXV seq. dedimus, locos 7, 13. 11, 6. 14, 11. 36, 6. 37, 4. 87, 10), ita abundant in parte secunda (vide in laterculo eodem inter alios locos 162, 5. 164, 6. 171, 1. 198, 16. 205, 1), quamquam ne in hac quidem desunt loci interpolati in classe tertia, recte scripti in *K* (161, 11. 186, 10. 195, 3. 198, 2). Propria quae in hac parte habet epitome Cononiana (153, 4. 166, 16. 187, 3. 196, 4. 207, 2) nec numero multa sunt nec ab interpolationis suspicione aliena, ut 187, 3 ad sanctum Petrum librarius fortasse de suo addidit sanctum Paulum, similiter atque librarius E^4 paullo post (187, 6) pro Petro Paulum substituit.

v̄⁵ coll. Farnesianus codex saec. IX. (Duch. vol. 1 p. CXCIX), scriptus totus litteris quadratis, quales repraesentant specimina de quibus infra dicetur Bianchiniana. De aetate inde constat, quod continebatur libro vita Sergii II († 847) neque quisquam indicavit librum a diversis librariis scriptum fuisse. Primus libri meminit Holstenius, qui eum contulit ad marginem exemplaris editionis Moguntinae servati hodie in bibliotheca Vaticana (vide infra inter editiones et apparatus), in praemonitis ibi sic de eo referens: 'inde 'pagina 54 [ed. Moguntinae] 'incipiunt collationes ms. Farnesiani scripti litteris maius- 'culis, quo nihil antiquius extare puto, et codex haud dubie ante natum Anastasium 'scriptus fuit vel sane eo tempore, quo ipse Anastasius vixit'. Latentem deinde librum denuo indagavit Franciscus Bianchinius a. 1720 adservatum eo tempore in villa prope Parmam Colorni speciminaque inde sumpsit picta eumque contulit. Picturis illis haec praescripsit: 'specimen characteris celeberrimi codicis Farnesiani ... a me Francisco 'Blanchinio Veronensi ex autographo transcriptum Colorni in serenis̄s̄ ducis Parmensis 'palatio suae celsitudinis permissu hac die 26. Octobris 1720 et em͞m͞o ac rev͞m͞o domino 'Ulyssi card. Gozzadino ibidem exhibitum, ut dignaretur cum autographo membranaceo 'codice figuras characterum conferre', subscripsit is: 'ita esse testor in scriptura cum 'autographo concordare ego infra scriptus V. I. card. Gozzadinus'. Hodie desideratur neque quamquam adiutus diligenter ab amicis Italis quicquam de eo rescivi. — Quid continuerit mutilus passim, ex adnotationibus Holstenianis certo perspicitur. Scilicet coepit prioribus deperditis in vita Silverii p. 145, 11 verb. *intra civitatem*, ante quae Holstenius adscripsit: *hic incipit ms. Farnes.*, pergens inde ad vitam Gregorii III, ubi p. 421, 12 Duch. ad verba *per diversa loca nu. LXXX* ex eo libro adfertur v. l. *XXVIII* et ad locum *qui etiam ... quatuor* adscribitur *ms. non agnoscit*. Deinde cum deficiant notae Farnesianae, in vita Zachariae ad p. 435, 13 Duch. ad verba *hic praecipuus* adscribitur *ms. Farnes.*; rursus in vita Stephani III p. 468, 19 ante verba *ipse vero* legitur *deficit ms.*, item ad p. 471, 25 ante *in sella* rursus est *ms. Farnes.* deinde in vita Hadriani I ad p. 487, 2 post *absolvi fecit* est *hic deficit Farnes.*; et in vita Sergii II vol. 2 p. 88, 20 ante *tunc almificus* est *ex codice Farnesiano*; denique in eadem vita ad p. 101, 5 dextr. *hic multa desunt quae habentur in calce libri*, quibus respondent additamentis iis praescripta: *supplementa vitae Sergii II ex antiquissimis membranis Farnesianis*. Ea ex hoc codice solo et per solum Holstenium servata ex Holstenianis repetita leguntur p. 91 seq. Duch., finientia mutila p. 101, 5 *armatos obviati*. Pervenit igitur codex certe ad Sergium II (844—847) et potest plura habuisse. Bianchinius quae ex hoc codice habuit delineata, adservantur inter schedas eius in bibliotheca capitulari Veronensi cod. 438 vol. 5 indagata ibi ab Huelseno et mihi quoque visa, editque ea ipse ligno incisa omnia, scilicet ex hac parte nostra vitam Eugenii (p. 185) vol. 2 p. XXIII, praeterea vol. II p. LVII—LIX ex vita Stephani III codicis f. 60 fin. p. 453, 13 *et denuo* ... 16 *in perpetuum pontificibus*, item folii 61 quattuor paginas versuum XXVIII, rectae priorem p. 453, 16 *apostolice* ... 454, 5 *unamquamque*, posteriorem p. 454, 5 *auferens* ... 454, 10 *Serra castel*, versae priorem p. 454, 10 *lum sancti* ... 16 *personam despe* (edita finiunt p. 454, 13 *haec agerentur ipse*), posteriorem p. 454, 16 *ctui habens* ... *insuper et rei publicae*, item f. 62 ex vita Pauli I verba prima p. 463 *Paulus* ... *ab ineunte etate*. Denique pictura ibi est clericorum duorum volumen tenentium sinistra cum adscriptis his: '*in fine vitae sancti Leonis*' (immo Stephani) *III 'col. p^a. p^a. fol. 70, cui col. 2^a succedit initium vitae sancti Hadriani.* — Codicis deperditi lectiones suppeditant Holstenius (a quo pendet Vignolius) et Bianchinius; Duchesnius autem cum ad ipsam editionem volumen Holstenianum non adsumpsisset, in praefatione demum (vol. 1 p. CCII adn. 2) a Vignolio praetermissa aliquatenus explevit. Variam lectionem a Bianchinio enotatam frustra quaesivi inter schediasmata eius tam Romae in bibliotheca Vallicelliana quam Veronae in capitulari, sed fieri potest, ut fugerint nos inter adversaria illa amplissima. Itaque ea sola, quae inde transierunt in editionem nos referre potuimus imperfecta evidenter maxime in parte posteriore; praeterea cum editio subsistat in Paulo I, ex parte extrema per Bianchinium non novimus nisi supra indicata ab ipso delineata. Sed quae Bianchinius non praestat, habemus ab Holstenio, cuius de varia lectione perperam omnino iudicavit Duchesnius p. CCI contendens non enotata esse fere nisi quae ad numeros et nomina propria spectent; immo minoribus orthographicis grammaticisque spretis potiora omnia apud Holstenium reperiuntur diligenter perscripta nec nisi raro obscurata per variam lectionem codicum aliorum ab eodem item adhibitorum. Holstenius cum Farnesianum contulerit ad editionem Moguntinam, quae pendet a codice classis tertiae et textus etiam Bianchinianus in summa re eandem recensionem sequatur, verisimile est ubi de lectione Farnesiana diserta testimonia deficiunt, ad eam classem librum se applicuisse. Diserta autem testimonia, ad quae sola attendi, ubi aut duo auctores subministrant (apud me E^{5bh}) aut Holstenius solus (apud me E^{5h}) aut Bianchinius (apud me E^{5b}), curam egi, ubicumque ad rem faceret, ut apparatus id enuntiaret; apparatus noster ubi silet, de libri lectione scito non satis constare. Subieci lectiones ex hoc libro enotatas ei proprias aut mendosas aut suspectas:

  145, 18 contra civitatem] extra ciuitatem E^5
  145, 22 pugnando uicit] uicit $E^5[?]$
  146, 1 ciuitatis mediolanae] c. mediolani E^5
  146, 5 ui id. mai.] ui die mens. maio E^5
  151, 3 uirtutem maiorem] uirtute magna E^5: *offendit librarium comparativus pro positivo*
  152, 7 catinense] *sic vel* catenense *reliqui, etiam* E^1, catanense $E^{5.6}$

154, 11 pietati] magestati E^5
154, 11 restitue nobis] r aug. restituetur uobis E^5 *manu secunda*
155, 20 timentem deum *om.* E^5
157, 1 inlustrio] inlustre E^5
158, 1 deseruimus] deserimus E^5
165, 10 ditauit] dotabit E^5
175, 8 a sancto (*vel* supra scripto) viro] ad sanctissimum petrum E^5
190, 13 aere qui ... nauigatum fuerat secum abstollentes] aera quae .....
    nauigata fuerant secum abstollentes E^5

E contrario Farnesianus non solum aetate libros contaminatos reliquos praecedit, sed etiam habet quaedam egregia, ut 182, 15 solus fere cum B^4 et aliquatenus cum C^3 veram lectionem *hieraticos* servavit, item barbarae formae in reliquis contaminatis fere oblitteratae ex hoc afferuntur, ut 145, 16 *ecclesias*, 210, 5 *acolotus*.

coll. Vaticanus 3761 saec. X/XI (Waitz *neues Archiv* 10, 461; Duchesne p. CC. CCI) antea fortasse abbatiae Farfensis, deinde papae Nicolai IV (I. Giorgi *archivio della società Romana* vol. 20 a. 1897 p. 262), incipit mutilus in Damaso p. 84, 15 verbis *turio ferentino* et hiant prima folia hic illic usque ad p. 88, 7; finit item mutilus in vita Hadriani I p. 499, 24 Duch. *apostoli cortinam.* — Praeter ea, quae hic liber communia habet cum gemello E^6, de quibus mox dicetur, non pauca propria habet tam bona quam mala. Ut antiquitate socium vincit, ita non raro in melius ab eo discedit (vide in laterculo p. CXXVseq. locos 102, 6. 105, 11. 122, 5. 124, 16. 153, 8. 154, 6. 9. 157, 1. 170, 9. 173, 4. 190, 15. 208, 9. 10. 214, 11. 21), sed e contrario multis locis magis corruptus est non solum additis erroribus (143, 7. 187, 5. 194, 4) sed etiam interpolatione ulterius prolata (134, 25. 147, 4. 177, 7. 188, 7. 194, 8).

coll. Florentinus Laurentianus plut. LXVI cod. 35 saec. XV (Waitz *Archiv* 10, 464; Duchesne vol. 1 p. CC. CCII. CCIII. vol. 2 p. II). Absunt a libro et praefationes Hieronymianae et index episcoporum; post paginas quasdam vacuas relictas praescriptis verbis *incipit chronica pontificum* incipit a vita Petri, finit in Stephano V (885—891) verb. p. 195, 9 Duch. *super altare* paginis pluribus post ea vacuis relictis. — Qui scripsit librum dittographias quasdam in ipsum textum admisit plerumque praemisso vocabulo aut *vel* aut *alias*:

30, 11 ante templum palladis] a. t. apolinis
46, 7 per ecclesias] in ecclesia
57, 2 recondidit] reconderet
63, 2 ex auro purissimo] $I E^1$, auream II, auream ex auro purissimo E^6
144, 5 confirmauerunt] ordinauerunt
194, 5 nouembris] decembris
208, 11 transitum] spatium

quarum pleraeque in aliis libris non redeuntes pro coniecturis habendae sunt ex margine archetypi in textum receptae, quarta certum contaminationis indicium prae se fert. Confirmat id quae de spatio Sergii I bis in libro enuntiato infra p. CXXXIV adnotantur. Additamenta quaedam recentiora, narrationem de monasterio Pudentianae 14, 17 et excerpta ex concilio Sinuessano 41, 8 rettulimus in laterculum p. CXXV, quoniam faciunt ad origines codicum posteriorum determinandas. — Orthographica librarius saeculi XV ad suae aetatis consuetudinem mutavit nec nisi raro (ut 145, 22 *fugierunt*) vetusta manserunt. Quapropter in apparatu codicem eatenus sprevi et minora haec raro inde rettuli.

GE^6 Duobus libris Vaticano 3761 saec. X/XI = G et Laurentiano 66, 35 saec. XV = E^6 propria est contaminatio cum classe prima, scilicet in corporis parte media a Iohanne I ad Vitalianum (p. 133—189); certe neque in praecedentibus neque in extremis similia ego observavi. Cum conveniant non solum probabilia, sed etiam errores certi, consensus hic nullo modo revocari potest ad adhibitam recensionem priorem ab eiusmodi erroribus videlicet immunem. Denique ita consentiunt, ut appareat librario ei, ad quem haec redeunt, praeter exemplar classis primae etiam alterum praesto fuisse (133, 10. 139, 14. 182, 17. 183, 9):

 133, 10 religiosus summo] *II et E*^{1} *cum FK*, religiosissimus *I non dubio errore,* religiosissimus summo *GE*^{6} *utramque lectione contaminantes*

 139, 14 fecit constitutum ⟨ut sibi successorem ordinaret quod constitutum⟩: *comprehensa* ⟨ ⟩ *om. I et suo loco GE*^{6}, *sed omisso vocabulo extremo addunt eadem loco alieno ante* 16 *diaconem; itaque librarius archetypi secutus est exemplar cl. I, omissa explevit ex libro ordinis diversi loco non suo*

 166, 7 intarta] antarta *G cum I*

 168, 11 intarta] antarta *A*^{1}, antarcha *A*^{2}*G*

 171, 11 palmata] *GE*$^{4.6}$ *cum I*, ad palmata *E*^{1} *cum II*

 177, 2 d. xuiii] *reliqui*, xuiiii *K, om. GE*^{6} *cum I*

 178, 7 quibus] cum quibus *GE*$^{1.6}$ *cum I*

 179, 8 iudicio *om. GE*^{6} *cum I*

 179, 14 patriarcha] *reliqui*, episcopus et patriarcha *G cum I*

 180, 12 fidem catholicae ecclesiae] *II E*^{1} *cum actis concilii*, fidem catholicam (et *ins. E*^{6}) apostolicam ecclesiam *GE*^{6} *cum I*

 181, 10 sanctae] *A*^{2} *et reliqui, om. A*^{1}*E*^{6}

 182, 17 potueritis] *II G*^{c}, potueris *I G*^{p}

 182, 21 omnem *I GE*^{6}, *om. reliqui*

 183, 9 et] *I G*^{p}, ut *reliqui et G*^{c}

 183, 17 pontificem] *I G*, pontifici *E*^{6}, se cum pontifice *reliqui*

 186, 10 u die] *K et reliqui*, xu die *GE*^{4} *cum I errore*

At non solum contaminationem cum classe prima duo libri *G* et *E*^{6} communem habent, sed omnino pendent ex archetypo eodem meliore longe quam exemplum alterum utrum, multis autem locis iam vitiato. Archetypum id cum in disquisitione de libris contaminatis praecipuum locum postulet, duos illos libros, priorem imperfectum a principio et magis corruptum, sed antiquiorem, alterum recentiorem, sed nihilo minus emendatiorem in apparatu recepi. Similitudo codicum illorum intellegetur ex laterculo lectionum contaminatis propriarum, quem infra p. CXXV seq. dabimus. Hiatus habent communes maiorem 175, 1 ... 176, 8, minores 99, 7. 172, 2. 177, 8. Depositionum dies postea adiectos, de quibus diximus p. LXVIII, hi duo libri plerumque omittunt, habent communes duos (ep. 66. 76), tertium (ep. 71) *E*^{6} solus. Communes habent glossas non paucas (122, 5. 139, 22. 144, 6. 148, 2. 155, 13. 164, 6/7. 192, 13. 210, 22), in his unam 165, 7 insertam locis in utroque libro diversis et aperte ex margine in textum receptam; corruptelas insignes (142, 15. 154, 3. 210, 15); locos licentiose mutatos (128, 1. 144, 10. 16. 147, 5. 153, 10. 166, 4). In tanto consensu non desunt differentiae: praestat, ut laterculi nostri indicant, modo *E*^{6} (93, 3. 134, 25. 143, 7. 177, 7. 187, 6. 8. 188, 5. 193, 20. 194, 4), modo *G* (102, 6. 105, 11. 137, 12. 145, 3. 148, 2. 154, 6. 190, 15). Reperiuntur dittographiarum archetypi quarundam reliquiae certae (110, 21. 153, 15. 212, 4), per quas explicantur item loci interpolati diverse, ut 194, 8 *per pisma* archetypi cum librarius neuter intellegeret, alter *scismica* reposuit, alter *pessime*.

 Mutinensis VI. F. 5 saec. XI exeuntis (Duch. p. CXCIX. CCI; Mercati *studi e documenti di storia e diritto* vol. 17 a. 1896 p. 151), antea abbatiae Pomposianae. Titulo antiquo cum careat, praescripsit manus recens *liber pontificalis*. Vitae finiunt in Hadriano I p. 503, 3 Duch. *cum cancellis aereis*. Index paparum subiunctus pervenit a manu prima ad Gregorii VII annum nonum = 1082. Specimen misit ad locos selectos, quod receptum est in apparatum, et praeterea mihi contulit vitas I—XVIII Carolus Frati bibliothecarius Estensis, ex quibus vitis potiora a Fratio enotata subiunxi:

> *praef. Hieronymi:* 1, 2 tuae] uestrae *et sic deinceps pro singulari perpetuo ponitur pluralis reuerentiae* — deprecatur] curuo genu deprecatur — saecundum] secundum studium — 3 hoc c. pr. ut *om.* — 4 a beati petri apostoli principatum] a beato petro apostolo — *praef. Damasi:* 13 quod potuimus] ut potuimus — studium] studio — *Linus:* 5, 1 a. xi m. iii d. xii] a. xii m. xi — *post* 6 presb. xuiii *ins.* diac. *(sine numero)* — *Clemens:* 7, 2: tragali] eragari *(fere ut E⁶)* — 4 adscriberet m. c. h. f. uii regiones *om.* — 6 suam *om.* — 8 aecclesiae pontificatum guvernandi] ecclesiam et pontificatum gubernandum — 17 dies xxi] d. xxx — *Anencletus:* 8, 5 construxit et conposuit] conp. et constr. — 6 seu alia loca *om.* — reconderentur] reconciliarentur — ubi tamen] ibi autem — *Euaristus:* 9, 5 neruae traiani] neruae et traiani — 8 ordinauit] constituit — *Alexander:* 10, 1 caput tauri *om. in sp. vacuo* — *Xystus I:* 11, 5 hic constituit ... ministris *om.* — 8 parrociam suam] propriam parrochiam — *Telesphor:* 12, 5 et natalem] et tantum natale *(cum Mut.)* — 7 omni tempore] o. alio tempore — *Pius:* 14, 5 sub huius episcopatum] s. h. temporibus episcopatu — 8 uenit] uenisset — 11 ex iud. heresae] a iudeo *ante* hereticum *(cum Mut.)* — *Anicetus:* 15, 1 humisa] amisa *(cum FK)* — *Soter:* 16, 4 nullus monachus] nulla monacha — pallam] pallea *(cum Mut.)* — 10 mai.] mar. — *Eleuther:* 17, 2 paterno] paterianum — *Victor:* 18, 3 cesaris augusti *om.* — grauione] grauinione — 8 coronatur] coronari — 19, 1 interrogatione sacerdotum] ad interrogandum sacerdotium — 4 episcopo alexandriae] alexandrino — *Zephyrinus:* 20, 9 ante se sacerdotes a. s. m. celebrarentur *om.* — 16 episcopatum] episcopatus eius — *Callistus:* 21, 1 urbe rauennantium] u. rauennae — 3 theodoliobolli] elioballi — 9 transtiberim] trans tyberinam — *Urbanus:* 22, 5 hic uero confessor extitit temporibus diocletiani

Similem esse excerptis Mutinensibus et libris *G* et *E⁶* quae inde attulimus declarant, et propius quidem tam in bonis quam in vitiosis accedit ad *G* quam ad *E⁶* (102, 6. 105, 11. 187, 6. 188, 5), aliquoties item ad excerpta. *GE⁶* ubi ad classem I declinant, id ipsum aliquoties certe (171, 11. 186, 10) facit Mutinensis. Paucis locis (ut 22, 5. 31, 6. 102, 12) in sua classe solus lectionem servavit veram veraeve propiorem; sed tantis vitiis liber obsitus est (cf. inter alia 22, 5 supra; 104, 19. 150, 2) tantaque licentia tradita reddit, ut utilitas eius nulla sit et iis quos nos adhibuimus Mutinensis posthabendus.

coll.   Vaticanus 3764 saec. XI exeuntis (Duch. vol. 1 p. CXCV. CCII. CCIII et tab. VI vol. 2 p. II) propter litteraturae proprietatem a Giorgio (*archivio della società Romana di storia patria* vol. 20 a. 1897 p. 271), recte opinor, scriptus esse creditur in abbatia Farfensi. Innotuit ex monasterio Cavensi sanctae trinitatis, cui redditus est a. 1516 teste adnotatione in eo perscripta f. 7′ hac: 'iste insignis liber per multos annos deper-'ditus extra monasterium fuit; tandem rev. domino Nicolao Antonio Murensi episcopo 'procurante sacro Cavensi coenobio restitutus fuit tempore, quo pater dominus Chryso-'stomus de Neapoli eiusdem sacri monasterii abbas existebat, regiminis vero sui anno 'quinto, videlicet anno salutis 1516 die 18 Novembris'. Ex eo monasterio translatum esse Romam a. 1593 testatur Franciscus de Penia auditor Rotae in adnotatione ad apographa duo (Ambros. G 100 inf. et Vatic. Ottob. 993) hac: 'Supra Salernum in 'regno Neapolitano sita est civitas Cavensis et in ea insigne monasterium ordinis sancti 'Benedicti congregationis Casinensis sub invocatione sanctae trinitatis. In eo monasterio

'antiquus liber vetustis characteribus scriptus de vitis pontificum Romanorum extabat.
'Hunc librum instante domino Antonio de Aquino, qui illum in eo monasterio invenerat
'et domino Caesare Baronio petente F. cardinalis Montaltus eiusdem ordinis protector
'anno 1593 Romam afferri iussit, cumque ego Franciscus Penia Rotae auditor eundem
'librum nactus essem, eum servatis eisdem characteribus transcribi mihi curavi et per
'me ipsum cum antiquo exemplari, in quo sunt frequenter solecismi ob imperitiam for-
'tassis scriptoris, contuli, ut apparet in hoc libro'. — Pontificum series continua finit
in Hadriano II (867—872); deficiunt vitae successorum trium Iohannis VIII, Marini,
Hadriani III; Stephani V (885—891) est in hoc codice finiens imperfecte in verbis
p. 196, 18 *et mox laeta* codice ipso integro, descripto igitur ex mutilo archetypo. Titulum nullum liber habet neque ante epistolas neque ante vitas. Indicis paparum inter-
positi inter epistolas et vitas (edidit eum Vignolius in praef. vol. 1), quatenus est a prima
manu, spatia finiunt in Eugenio II († 827), nomina spatiis non additis in Hadriano III
(884. 885), unde intelligitur archetypum scriptum esse saeculo nono exeunte. A librario
primo praeter corpus vitarum scriptus est catalogus paparum cum rerum notitia brevi
incipiens a Landone (913. 914), finiens in Gregorio VII († 1085), editus apud Bianchinium vol. 1 p. 5 et Vignolium (vol. 1 praef.), unde colligitur librum scriptum esse
post huius papae obitum. Adsunt praeterea indices duo ab eadem manu profecti (supra
p. LXXXIII memorati, ubi diximus de Parisino 5140 eiusdem aetatis) sepulturarum pontificum ad Zachariam († 752) editus p. LXIII. LXIV et patriarcharum Constantinopolitanorum ad Constantinum (674—677). — Codex scriptus a librario diligentissimo et pro
ea aetate non indocto pendet a libris duobus. A dittographiis evidentibus quamquam
paucissimis locis exceptis librarius prudens abstinuit, duplicis archetypi copiam ei fuisse ut
declarant spatia episcoporum passim ab ipso librario ita emendata, ut modo prior lectio,
modo posterior formam antiquiorem sequatur (vide supra p. XLIII seq.), ita confirmant
id loci reliqui omnes fere, ubi librarius duplicem lectionem dedit priorem scripturam emendans. Scilicet alterum exemplum usurpavit tale fere, quale fuit archetypum nostrorum
GE^6 et huic quidem similius quam illi, alterum archetypum gemellumve codicis nostri
C^3; ipsum certe non adhibuit, cum interpolationes ei propriae (supra p. LXXXII) in
librum E^1 non transierint. In laterculo infra p. CXXV seq. qui examinabit locos E^{1p}
et E^{1a}, inveniet librarium passim hiatum cum E^6 convenientem explevisse ex codice
qualis est C^3 (37, 4. 44, 17. 45, 8. 52, 14. 53, 22. 55, 11. 173, 5), item non raro lectiones
redeuntes in E^6 mutavisse ad lectionem repertam item in C^3 (36, 6. 63, 24. 77, 4. 78, 12.
93, 3. 142, 15. 147, 21. 154, 3. 171, 4. 216, 5). Hiatum codicis C^3 duobus locis (37, 2. 131,
15), quantum vidi, secundis curis ad E^6 explevit, illius lectionis ad hunc correctae certum
exemplum (cf. 34, 12) non inveni; dittographias denique, ut dixi, raro (120, 15. 151, 7. 210, 20)
admisit. Patefacta ita codicis indole videamus de eius utilitate, quae est exigua;
nam duo archetypa, a quibus pendet, etsi ipsa non extant, libris adhuc servatis ita
repraesentantur, ut propter eos ad Vaticanum contaminatum non est quod attendamus.
Cum GE^6 et passim, etiam ubi G differt, cum E^6 solo consentit E^1 tam in probis
lectionibus quam in erroribus, inter quos non pauci sunt, qui tolli potuerunt adhibito
codice altero, sed remanserunt (ut 16, 4. 70, 11. 94, 16. 97, 25. 99, 7. 105, 11. 109, 11. 188, 7
cet.). Quibusdam locis videmus exemplum huiusce recensionis ab E^1 adhibitum emendatius scriptum fuisse quam quod nos habemus recentissimum E^6; ita 121, 17 quod in
E^1 mihi deprehendere visus sum vestigium lectionis vetustae *agere* pro *a rege* non est
in E^6; 194, 8 quod est in E^1 *per scisma* praestat lectioni E^6 *scismica*; item 213, 3 *uelocius* E^1 alteri *uelociter* E^6. Sed pusilla haec sunt et nullius momenti. Loci ii, in
quibus Vaticanus hic et Farnesianus ita conspirant, ut recedant a Laurentiano (148, 5.
161, 5. 165, 9. 182, 3. 192, 1), admodum rari sunt neque ita comparati, ut propter eos
cogamur cogitare de tertio aliquo exemplari a Vaticano scriptore adhibito. — Secundum

n*

codicem a Vaticani librario adhibitum gemellum fuisse nostri C^3 efficitur ante omnia ex loco 58, 6, a quo cum incipiat foliorum transpositio huic libro propria (p. LXXXII) et ad eam celandam vocabulum *qui* mutatum sit in *ubi*, transpositione sublata ope codicis alterius vestigium eius *ubi* particulam Vaticanus retinuit. Id ipsum varia lectio confirmat cum locis supra adlatis, tum aliis multis, ubi errores codicis C^3 in E^1 redeunt (104, 13. 19. 106, 4. 110, 1. 124, 9. 131, 15. 173, 1. 178, 5. 180, 6. 181, 14. 17 cet.). — Ex hac duorum textuum contaminatione lectiones codicis E^1 satis opinor explicantur, modo teneas scriptorem eius non ipsos libros $C^3 E^6$ adhibuisse, sed eorum gemellos et non una ratione fieri potuisse, ut ubi hi consentiunt, ipse aliam lectionem poneret. Ita 56, 15, ubi *scapsis* est in $C^3 E^6$, in E^1 est *capsis*, omnino ex facili coniectura propterea, quod sequuntur verba *territurio capsitano*. Alio loco 93, 3 *monacha* habent $C^3 E^6$, verum *monachus* a prima manu E^1; sed utrumque perscriptum fuisse in librorum $G E^6$ archetypo declarat vera lectio in G retenta. Unum adsumendum est, quod facile sumi potest, adhibuisse librarium codicis E^1 praeter exemplaria illa duo libri pontificalis laterculum pontificum formae vulgaris. Nam cum duo codices $C^3 E^6$, ut supra p. LVI exposuimus, a spatiorum numeris vulgaribus aliquantum recedant, liber E^1, quamquam illorum quoque numerorum notitiam habuit, plerumque ponit vulgares. — Quapropter liber Vaticanus, a quo per longa saecula corpus hoc vitarum pependit quemque in ordine contaminatorum Duchesnius quoque praecipue adhibuit, abiciendus est principatusque inter libros plenos omnino tribuendus Laurentiano licet recentissimo. Propria quae habet ille apud auctores non redeuntia (ut sunt in laterculum relata ad 89, 18. 98, 13. 99, 2. 103, 6. 110, 4. 126, 1. 145, 21. 154, 16. 157, 1. 187, 9. 188, 7) omnia aut ex errore orta sunt aut ex interpolatione, sed innoxia. Emblemata huic libro propria maiora reperiuntur haec:

 33, 6 *narratio de martyrio Stephani I.*
 115, 21 ut nullus ..... peruenire debet
 116, 3 huius temporibus inventa est aecclesia sancti Angeli in monte Gargano.
 201, 21 *fundatio ecclesiae sancti Georgii ad Velabrum addita curis secundis.*
Item computationes quae sequuntur interpositae locis his:
  100, 15 *ante Leonem I:* a morte Silvestri usque ad hunc primum Leonem sunt anni XCVIIII m. V d. XXV.
  160, 17 *ante Gregorium I:* a morte sancti Silvestri usque ad hunc primum Gregorium fuerunt anni CCXLVI.
  191, 10 *ante Donum:* a tempore ordinationis sancti Gregorii papae usque hunc sunt anni XCV m. V d. XIIII.

Redeunt auctae, ut statim dicetur, in codice huic simillimo Parisino 5143 = E^2. Recensio Petri Guillermi (cod. Vat. 3762) pendens et ipsa ab hoc codice addit ante Silvestrum adnotationem similem: *a sancto Petro usque ad sanctum Sylvestrum anni CC mens. X d. XII* (Duchesne vol. 2 p. XXV.

 Descripti sunt ex Vat. 3764 codices hi:
  Mediolanensis Ambros. G 100 inf., scriptus, ut supra (p. XCVIII) diximus, a Francisco Penia, editionis Muratorianae codex D.
  Vaticanus Ottobonianus 993 (Duch. p. CXCV), scriptus ab eodem, adhibitus a Blanchinio (v. ed. eius vol. 1 p. 3).
  Vaticanus 4970 (non 4170; Duch. p. CXCVI) finiens in Stephano III. Ad hoc exemplar dicitur facta esse editio Moguntina a. 1602, perperam iudice Duchesnio.
  Romanus Barberinianus XXXIV, 57 (Duch. p. CXCVI) initio imperfectus incipiens a Pontiano.
  Romanus Vallicellianus C 1^b (Duch. p. CXCVI).

Mediolanensis Ambrosianus D 95 sup. f. 39—41 (Duch. p. CXCVI) subsistens in Aniceto. Adscriptum est: *le prime due carte dell' Anastasio copiate in Roma per il Velsero*. A Velseri exemplari pendet editio Moguntina.

Vaticanus 296 et Vaticanus 766 et Vat. Palatinus 1811 (Duchesne vol. 1 p. CCI. vol. 2 p. II; Giorgi *archivio della soc. Romana di storia patria* vol. 20 p. 31) saec. XII/XIII folia habent avulsa ex eodem codice libri pontificalis scripto, si verum vidit Giorgius, in monasterio Farfensi. Inde ad nos non pertinet nisi vita Constantini servata in cod. Vat. 296 inde a verbis p. 222, 12 *citus insulae Siciliae*. Eius variam lectionem apposui; convenit textus cum nostro E^1. E^7 coll.

Parisinus 5143 saec. XIV (Duchesne vol. 1 p. CXCVI. CCIII. vol. 2 p. II). Imperfectus principio incipit in vita Silverii p. 146, 1 *lyguriae mulieres*. Post Hadrianum II († 872) interposito indice paparum cum spatiis suis a Iohanne VIII (872—882) ad Anastasium III (911—913) sequitur vita Stephani V (885—891) desinens in verba p. 196, 1 Duch. *in ecclesia* paullo ante quam finit codex E^1. Specimen sumpsit Vidier. — Computationes quas rettulimus ex Vaticano 3764 excepta prima, quae cum principio intercidit, in hoc quoque libro reperiuntur adiectis duabus similibus his: E^2 spec.

  ante Stephanum II: a tempore Doni papae usque ad hoc tempus sunt anni LXXIIII m. III d. IIII.

  ad Stephanum V in margine: a morte sancti Gregorii primi usque ad hunc Stephanum anni sunt CCLXIII, m. V d. V.

Etiam quae de fundatione monasterii sancti Georgii in Velabro habet liber E^1 addita ibi curis secundis, in hoc redeunt.

EPITOMAE.

Basilica quae Romae est Paulina habuit aliquando episcoporum Romanorum imagines ad ordinem temporis dispositas in parietibus pictas adscriptis spatiis[1]). Eae quatenus antiquitus pervenerint ignoratur nec magis constat de imaginum aetate[2]). Quae ad a. usque 1823 superfuerunt parietis primi imagines et spatia (hodie ex spatiis certe pauca tantum elementa supersunt), pervenientes a Petro ad Innocentium I, descripta sunt ter, saec. XVII incipiente in codice Barberino 49, 16, deinde saec. XVIII bis tam a. 1720 a Bianchinio, qui eas edidit in Anastasio suo vol. 2 (1723) p. LXXII—CVII (cf. p. LXXVI), quam a Marangonio (chronologia Romanorum superstes in pariete australi basilicae S. Pauli Romae 1751). Ex his apographis secundum et tertium picturas exhibere hic illic interpolatas demonstravit Duchesnius; Marangonius quamquam post Bianchinium picturas examinavit instructus apparatu magno, hic quoque neglegenter officio functus est. — Eum, qui spatia haec imaginibus appinxit codicem adhibuisse libri Pontificalis et tertiae quidem classis recte censet Duchesnius, neque facile alium adhibere potuit, nam in urbe Roma medio aevo eius generis libros potissimum adhibitos esse vidimus videbimusque. Proinde adsunt Anencletus, Marcellinus,

---

[1]) De his quae dicuntur, sumpsi fere ex Duchesnio praef. I p. XXV—XXXII. LXXXI—LXXXV.
[2]) Paries australis, a quo series coepit, imagines habuit ad Innocentium I; alter occidentalis olim periit ante quam describeretur; tertius septentrionalis et ipse mature destructus, si vera sunt quae de eo referuntur habuit imagines episcoporum plurium diversae aetatis nullo ordine dispositas, ex parte adeo geminatas. Inter eas cum dicatur fuisse Laurentii adversarii Symmachi, inde eius tempore imagines omnes pictas esse Duchesnius sibi persuasit, perperam omnino. Immo cum inter imagines nominentur Severini duplicata et Agathonis et Sergii I et Hadriani I, omnes pictae sint necesse est aetate Caroli magni, quo tempore si quis Laurentium adiunxit, id quod vix credibile, certe inde de aetate ordinis universi nihil concludi potest. Ceterum Duchesnius cum spatia iudicet adiecta esse post tempus, recte addit horum aetatem ex aetate imaginum non determinari. Iure imagines eas sprevit Bianchinius l. c. p. LXXII.

PROLEGOMENA.

Felix II, Anicetus est ante Pium, Anteros ante Pontianum (haec tamen interpolando postea correcta sunt) et numeri quoque conveniunt fere maxime cum libro C^3. Spatia parietibus inscripta passim hiantia et incerta quamquam crisin non adiuvant, ne quid desit numeros subieci ad librum Barberinum (in quo desiderantur n. 10. 11. 35. 36. 39. 40. 41. 42) numeris Bianchinianis (Marangonianos omisi) adiectis intra [ ]; testimonia ubi deficiunt, signum interrogationis posui.

1.	Petrus	XXV	II	VIII [VII]
2.	Linus	?	III	XI [XII]
3.	Cletus	?	?	?
4.	Clemens	VIIII	II	X
5.	Anacletus	XII	X	V [VII]
6.	Euaristus	X ...	VI [VII]	?
7.	Alexander	? [X]	VIII [?]	? [III]
8.	Xystus I	?	III [?]	XXI
9.	Telesphor	XI	II [III]	XXII [XXI]
10.	Hyginus	om. [.. III]	om. [III]	om. [VIII]
11.	Anicetus	om. [?]	om. [III]	om. [?]
12.	Pius	? [XI]	IIII [?]	XXI [?]
13.	Soter	VIIII [?]	III [?]	XXI [?]
14.	Eleuther	?	? [IIII]	V
15.	Victor	? [X ...]	II [?]	X [?]
16.	Zephyrinus	XVII	II	X
17.	Callistus	V	II	X
18.	Urbanus	VIII	I [XI]	XI [?]
19.	Anteros	—	?	?
20.	Pontianus	?	?	?
21.	Fabianus	XIII	I	X
22.	Cornelius	III [I]	— [II]	X
23.	Lucius	III	III	III
24.	Stephanus	IIII	II	XV
25.	Xystus II	II	XI	VI
26.	Dionysius	II [II ..]	III [II ..]	VII
27.	Felix I	?	?	?
28.	Eutychianus	VIII	X	III [II ..]
29.	Gaius	XI	III [IIII]	VIIII
30.	Marcellinus	VIII	II	XXI [XXV]
31.	Marcellus	V	VII	XXI [?]
32.	Eusebius	II	I	XXV
33.	Miltiades	III	VII	VI [VII]
34.	Silvester	XXIII	X	XXVII [XX]
35.	Marcus	om. [II]	om. [VIII]	om. [XXI]
36.	Iulius	om. [XI]	om. [II]	om. [VI]
37.	Liberius	X	.. II [VII]	III
38.	Felix II	I	? [III]	? [II]
39.	Damasus	om. [XVIII]	om. [II]	om. [X]
40.	Siricius	om. [XV]	om. [XI]	om. [XXV]
41.	Anastasius	om. [II]	om. [—]	om. [XX ..]
42.	Innocentius I	om. [XV]	om. [II]	om. [XX]

spec. Vaticanus 1340 saec. XIV (Duchesne p. CCV). Post indicem imperatorum f. 373. 374 finientem in Friderico I († 1190) et alterum paparum f. 374. 375 finientem in

Clemente III († 1191) sequitur sub titulo *nomina Romanorum pontificum* epitome libri pontificalis formata ad cl. III et proxime quidem accedens ad C^3 (26, 2), cuius v. l. ad specimen enotavi.

Venetus Marcianus ius can. VII. 10 (Valentinelli 2, 229) teste Duchesnio (p. CCV) H^1 spe eandem epitomam exhibet.

Vaticanus 3762 saec. XII (Duch. vol. 2 p. XXIV cum tabula). Recensio libri pontificalis haec continuata ad Honorium II († 1130) ordinata est a. 1142 a Petro Guillermo monacho monasterii Aceii dioecesis Remensis (ut demonstravit Duchesnius l. c.); pars eius posterior insignis est propter additamenta, quae Guillermus adsumpsit a Pandulfo Romano. Posteriore tempore additamenta diversorum auctorum vitas protulerunt ad Martinum IV (1281—1285). — Apographa codicis Vaticani quorum quaedam commentarium habent a Petro Boherio a. 1378/9 scriptum, enumerantur apud Duchesnium vol. II p. XXVII seq. haec: Leidense Vulcanii n. 33 — Lucense 552 — Matritense Escur. X III 9 (Duch. vol. 2 p. L) — Parisina 5142 et 11889 — Vaticana 1437 et 2039 et 4985 et 5623 (cf. Duch. 2 p. L) — Romanum Barberinum XII, 27 — Romanum Vallicellianum C 25 (cf. Duch. 2 p. L). Accedit Vallicellianum id quod sequitur cum sua propagine.

Romanus Vallicellianus C 79 (Duch. vol. 2 p. XXIX. XLV seq.) saec. XV apo- H^2 spe graphum, ut modo vidimus, libri Petri Guillermi, huic adicit continuationes duas, quarum posterior pervenit ad Martinum V (1417—1431). Ex eo codice descripti sunt hi ex parte tamen aucti: Bononiensis bibl. univ. 763 — Bruxellensis 14814 — Farnesianus E. 4. 21 hodie deperditus visus Francisco Peniae[1]) — Matritensis P 91 — Mediolanenses Ambrosiani tres C 204 inf. (Muratorianus C) et H 111 sup. (Muratorianus B) in parte posteriore inde a Paulo (in anteriore eum vidimus p. LXXX pertinere ad classem primam) et H 253 inf. — Neapolitani duo regiae bibliothecae VIII C 11 et Brancaccianae 2 F 18 — Parisini duo 5144 (is est regius Fabrotianae editionis) et 5144 A (Mazarinaeus editionis eiusdem) — Vaticani tres 3763 et 6357 et reginae 1819 (huic librario duo codices praesto fuerunt, 'antiquior', nimirum Vaticanus 3762, et 'recentior' eiusdem ordinis etiam deterior[2])) — Romanus Barberinus XXXII 165 — Venetus Marcianus hist. eccl. cl. XXI n. 34 (Valentinelli 5, 249). Praescribi solet exemplaribus his adnotatio haec: *liber iste intitulatur Damasus de gestis pontificum, sed cum non potuerit nisi usque ad sua tempora scribere, quod superadditum est alterius est auctoris, cuius nomen non teneo; verum in vita Gelasii papae II quidam Pandolfus hostiarius affirmat se ista scripsisse, quod intelligi potest vel de toto opere usque ad sua tempora vel de vita Gelasii tantum, quod ex vita Pascalis secundi coniectari licet.* Sequitur observatio de Christo primo summo pontifice.

Epitome Guillermiana quid mutet omittat addat, quatenus specimen pervenit, in $H^{1,2}$ apparatu ($H^{1,2}$) indicatur; interpolationes in parte antiquiore huic recensioni proprias composuit Duchesnius (l. c. p. XXV). Inde repeto primam vitae Anencleti insertam: *duas etiam decretales epistolas omni sapientia plenas conscripsit. hic sub Domiciano principe martirii gloriam capitis obtruncatione suscepit.* Exhibet Guillermus in universum formam classis tertiae (vide inter alia 48, 20. 22); sed aliis locis lectionem

---

[1]) Penia in collectaneis bibl. Vallicellianae I 44 (inde Duch. vol. 2 p. XLVII) codicem ita describit: 'Codex Farnesianus signatus E 4 num. 21 exaratus in quarto fol. in pergameno, primus omnium, quos videre 'mihi contigit; est mutilatus: habet epistolas Damasi et Hieronymi, vitam b. Petri prolixiorem [scilicet quam 'legitur in ed. a. 1602]; protenditur usque ad Martinum V. Ex eo excerpsi multas easque utiles varias lectiones. 'Fuit olim Stephani card. Nardini Foroliviensis'. Diversum fuisse ab antiquissimo eiusdem bibliothecae (p. XCIV) confirmat specimen lectionum mea causa a Georgio Karo ex Vallicelliano libro enotatarum. Ugolinius Vignolianae editionis continuator, qui neutrum librum ipse vidit, in praef. vol. 3 editionis eius (1755) duos libros Farnesianos confudit. [2]) Ad 2, 3 *de uico* adscriptum est *terra addit r(ecentior)*, quod additamentum ex meis nullus habet.

sequitur classium primae secundaeque (ut 29, 3 retinuit *de celerino lectore*). Hic illic (64, 10. 151, 5 cet.) apparent interpolationes repetitae ex epitome $Z^{1,2}$ pertinente ad classem primam.

Accedunt praeter epitomas supra in classium recensum receptas aliae tam visae mihi quam non visae, quorum librorum sufficiet hoc loco indicem subiecisse.

    Caesenas Malatestianus XXIII, 2 ed. Mucciolus cat. codd. mss. Caesenatium (1780) 2, 253. } eadem epitome (Duch. p. CCIII)

    Vaticanus 1464.

    Assisianus 227 (Duch. p. CCIII).

    Alençon 2 (Duch. p. CCIII; *Cat. gén. des mss. des dép.* 2 a. 1888 p. 473).

    Parisinus 15149 (Duch. p. CCIV).

    Abbonis Floriacensis ed. in ed. libri pontificalis Moguntina a. 1602 ad cod. Floriacensem (Duch. p. CCIV).

    Casanatensis 2010 (B. V. 17), aliquando Farfensis (Duch. I p. CCIV. II p. XVII; Giorgi *archivio della soc. Romana di storia patria* vol. 20 p. 278).

    Leidensis Scaligeranus 49 (Duch. p. CCIV).

    Vindobonensis 748 (Duch. p. CCV).

    Rotomagensis U 84 (Duch. p. CCV).

    Vaticanus 1364 } ed. Schelestrate ant. eccl. 1, 644 (Duch. p. CCV).
    Vaticanus 6381

    Vaticanus 341 (Duch. p. CCV).

    Vaticanus 1348 (Duch. p. CCVI).

    Leidensis Vossianus Q. 12 (Duch. p. CCVI).

Recensionis Ademarianae saec. XI (supra p. XCII) epitomen habent iudice Duchesnio libri tres hi:

    Parisinus 2400 saec. XI (Duch. p. CLXXXII; Delisle *notices et extraits des mss.* vol. 35, 1 a. 1896 p. 296 seq.) scriptus moderante Ademaro. Specimen sumpsit Vidier.

    Parisinus 2268 saec. XI (Duch. p. CLXXXIV). Specimen sumpsit idem.

    Parisinus 5517 saec. XI (Duch. p. CLXXXIV).

Cardinalis Bosonis de vitis paparum collectanea (Duch. vol. 2 p. XXXVII seq.) applicata ad Cencii librum censuum, servata in cod. Florentino Riccardiano 228 indeque propagata in alios complures, non perveniunt nisi ad Iohannem XII (955—964) et ad tempora posteriora a Leone IX (1049—1054) ad Alexandrum III (1159—1181).

Lambertus canonicus sancti Audomari collectaneis suis, quibus *Floridus* vocabulum imposuit, inter a. 1120 et 1124 confectis inter alia inseruit multa ex libro pontificali, cuius ad partem eam, quam nos edimus, adhibuit codicem tunc Audomarensem, hodie Bruxellensem nobis B^5: quapropter satis habui secundum Duchesnium p. CLXXXV—CLXXXVII Floridi codices ab eo indicatos breviter recensere. Sunt autem hi:

    Gandensis 16 archetypus scriptus ab auctore.

    Cantabrigiensis KK. IV. 6 (= 2021).

    Guelferbytanus Gudianus 1.

    Hagensis 759.

    Leidensis Vossianus fol. 31.

    Duacensis 796.

    Parisinus 8865.

    Parisinus 9675.

    Genuensis bibl. Durazzianae.

Parisinus coll. Dupuy vol. 702 f. 103 epitomen proponit libri pontificalis scriptam manu, ut videtur, Pithoei. Monuit Vidier.

Bituricensis 97 saec. XIII (Duch. p. CXCIV).

FRAGMENTA.

Recensentur sub hac rubrica fragmenta quaedam minora et inutilia codicesque ita imperfecti, ut ad partem eam quam edimus non perveniant.

Oxoniensis Bodleianus Laudianus 421 [893] (Duch. p. CCVI) habens titulum solum et epistulas praefatorias.

Montepessulanus n. 154 (Duch. p. CCVI) habens principium libri ad Clementem.

Friburgensis in Saxonia (ed. maiore ex parte Heydenreich *neues Archiv* 5, 210: cf. Duch. p. CCVI) saec. XII habet vitas Urbani, Eleutherii, Iohannis I solas. Proxime accedit ad Mutinensem E^4.

Vaticanus 267 saec. XI (Duch. non habet) in foliis quattuor ad principium finemve voluminis adiectis fragmenta duo proponit libri pontificalis, alterum a vita Agathonis p. 193, 19 *subsecuta est* ad vitam Iohannis V p. 205, 6 *in regia urbe*, alterum ex vita Gregorii II a p. 396, 9 Duch. *inquisitus* ad p. 409, 6 *Constantinopoli*. Non contuli.

Bernensis 412 saec. XIII (Duch. p. CLXXVIII) incipiens a Gregorio II.

Parisinus *nouv. acq.* 2252 saec. XI (Duch. p. CLXXX) incipiens a Gregorio III.

Vaticanus reginae 1964 (Duch. p. CC) habens vitas Stephani II, Pauli I, Stephani III, Hadriani I.

Annales Romani q. d. deprompti ex codice Vaticano 1984 (Duch. vol. 2 p. XXII) incipiunt a Benedicto IX (1032—1044).

EXCERPTA.

BEDA († 735) quae ex pontificali recepit in chronica inserta libro de temporibus maiori publici iuris facto a. 725 (edidi in chronicis minoribus vol. 3 p. 223 seq.), repetita deinde ex parte in historia Anglorum ecclesiastica, perveniunt ab Alexandro (c. 310) ad ipsum Gregorium II (c. 588. 589), quo sedente (715—731) chronica prodierunt, unde supra p. XV effecimus pontificalis libri exemplaria promulgari solita esse subinde aucta et ad praesens tempus continuata. Crisin pontificalis libri Bedana parum adiuvant, cum auctor vir doctus et Latine gnarus inconditum scriptorem raro ad verbum expresserit. Notabiliora in hoc genere inveni haec:

61, 25 sos(s)orian- *cl. II. III cum Beda*, sessorian- *cl. I*
66, 1 in sarcofago purpureo *cl. II. III cum Beda, om. reliqui*
83, 7 via ardeatina ubi requiescit *cl. I. III, om. cl. II cum Beda*
88, 10 testamenti *cl. II. III cum Beda, om. cl. I*
165, 5 beatae mariae semper virginis *cl. II cum Beda*, beatae ac gloriosae et dei genetricis semperque virginis mariae A^1
220, 1 cum terveli (*vel similiter*) $A^1 C^3 E^1$ *cum Beda, om.* $B^{2.3.4}$

Codex igitur, quem Beda adhibuit, classis secundae fuit; neque obstat, quod postremo loco Beda non facit cum libris $B^{2.3.4}$, nam ad additamenta extrema leges, quibus corporis crisis regitur, non perveniunt. — Propter locum martyrologii quod fertur sub nomine Bedae, ubi ad diem VIII id. Aug. citantur gesta pontificalia, adferuntur autem verba a nostris codicibus diversa, vide quae adnotavimus p. 34.

MARTYROLOGIVM HIERONYMIANVM cum ipsum, quale id exhibet codex optimus Epternacensis, Pontificalem librum tempore praecedat (vide p. XVI) inter additamenta, quae habet codex Bernensis saec. VIII exeuntis, iudice Rossio (in praef.

ad martyrologium Hier. p. X) dies sunt depositionis Anterotis (26, 11) et Martini I (184, 8) sumpti ex Pontificali.

PAVLVS diaconus non usus pontificali libro in historia Romana adhibuit cum passim in historia Langobardorum scripta saeculo octavo exeunte, scilicet inde a l. 2, 5 sive a Iohanne III (561—574) ad finem operis, quod pervenit ad a. 744. Ex chronicis Bedanis cum item non pauca exscripserit, pontificalis libri quae sunt, modo ex ipso affert, modo per Bedam. Chronica ea, quibus auctor pontificalis libri usus est (p. XIX), fieri potest, ut hic illic Paulus quoque adsumpserit utrumque volumen simul inspiciens; certe in iis quae de Narsete affert l. 2, 5 sunt et profecta ex pontificali et ab eo aliena et ita proferuntur, ut omnia in eadem relatione Paulus repperisse videatur. Ad crisin non multum Paulus confert, cum barbari auctoris verba raro retineat; uno loco p. 158, 12, ubi pontificalis scribit Narseten mortuum esse *post multum tempus* recte omnino, cum teste Agnello (c. 95) ad a. XCV advixerit, Paulus temere verba in contrarium mutavit addita negatione. Adhibuisse videtur exemplar classis secundae:

160, 2 absque iussione *cl. II cum Paulo*, ex praecepto *cl. I*
166, 8 contra quem pugnando A^1 fere *cum Paulo*, sed fortasse ex emendatione loci perplexi, qui pugnando *reliqui*
168, 10 eunuchus *cl. II cum Paulo*, exarchus *cl. I*
186, 11 miliario ui *cl. II et A^2 cum Paulo*, miliario u A^1
194, 1 binati *cl. II fere cum Paulo*, uel nati *cl. I*

GESTA EPISCOPORVM NEAPOLITANORVM (MG. scr. Lang. p. 398 seq.) scripta saec. VIII exeunte vel incipiente IX qui composuit, ex pontificali libro multos locos ad verbum fere exscripsit, usus exemplari finiente fortasse in Conone, cum excerpta deficiant in Iohanne V. Quatenus perveniunt excerpta, sequuntur in universum classem secundam, sed pertinent fere ad eam partem libri pontificalis, ubi codices omnes concordant; praeterea passim corrupta sunt a compilatore. Propter eas causas varia lectione plena apparatum meum onerare nolui, tamen ubi libri variant gesta adlegavi. Subscripsi locos quosdam ad iudicium quod tuli confirmandum:

101, 9 fidelem] *gesta cum plerisque*, orthodoxum $A^{1.2}$
102, 5 ccccui] *gesta cum plerisque*, ccccuiii $A^{1.2}$
125, 5 angelicum add. E^6; *eiusdem additamenti vestigia sunt in gestis*
127, 19 furore] *cl. II*, furia $A^{1.2}C^3GE^{1.6}$ *et gesta*
129, 15 acaci] *rel. et gesta*, anastasii A^1
148, 2 misit] *cl. II cum gestis*, commisit *cl. I*
149, 3 *additamentum cl. III abest a gestis*
157, 6 sindual *cl. II cum gestis*, sinduald $A^{1.2}$, sindualt $E^{1.6}$
176, 6 ex parte] $A^{1.2}C^3E^1$ *cum gestis*, parte *reliqui*
178, 10 ut ... debuisset oboedire] $C^3B^{2.3.4}E^1$ *cum gestis*, ut ... oboediret $A^{1.2}GE^6$
187, 3 *additamentum ep. K non habent gesta*

AVCTORES CAROLO MAGNO AEQVALES VEL POSTERIORES, ut librum pontificalem passim compilarunt, ita ad eius partis, quam nos edimus, textum constituendum non faciunt, cum codices complures extent ea aetate diligenter scripti. — Locum ex vita Xysti III 98, 6 citat Hadrianus I in litteris ad Carolum magnum (adlegatis ad l. c.) secutus lectiones classis nostrae primae. — Annales Fuldenses qui composuit ad a. 754 (MG. SS. 1, 347) praeter alios locum adhibuit ex vita Stephani II c. 38 (Duchesne vol. 1 p. 451), quem habet sola classis nostra secunda. — Rodulfus Fuldensis († 865) Hrabani discipulus in miraculis Fuldensibus adlegit *gesta pontificalia* (MG. SS. 15, 336). — Hincmarus Remensis († 882) et in vita Remigii c. 19. 20 ex Hormisdae vita quaedam excerpsit (p. 128, 12. 17 de legatione Germani; p. 130, 22 de Clodoveo) augens ea fraudibus sibi consuetis (v. Krusch scr. Merov. vol. 3 p. 241. 242) et tam ex epistula, quam scripsit a. 866 ad episcopum Senonensem Egilonem (opp. vol. 2 p. 289 Sirmond.) quam ex aliis locis (l. c. p. 270. 305. 732), intellegitur Hincmari gestorum pontificalium exemplar pervenisse ad primos annos Sergii II (844—847); nam continuationem ad annum praesentem ut Egilo sibi transmittat rogat sic scribens: *rogate aliquem de vestris memorosum hominem, qui vos saepe admoneat, quoniam occupati estis, ut non obliviscamini impetrare gesta pontificum ab initio gestorum Sergii papae, in quibus invenitur Ebo fuisse damnatus* (c. 16 vol. 2 p. 90 Duch.) *usque in praesentem annum istius praesulatus, quia nos in istis regionibus satis hoc indigemus; nam aliorum pontificum gesta si vos non habetis, per me aut per Fulcricum* (abbas is fuit Trecensis) *habere poteritis*. Habuit igitur codicem gestorum pontificalium (quae p. 305 citat sub nomine *libri* vel *codicis episcopalis*) classis nostrae tertiae, cum priores duae eo usque non perveniant. Sed haec quaestio excedit terminos quos mihi proposui. — Sub persona Isidori qui latet falsarius saec. IX. constitutiones in libro pontificali memoratas complures ad decretorum formam redegit; enumerat eas Hinschius in decretalium Pseudo-Isidorianorum praefatione p. CXXXV, nos Duchesnium secuti eas ne commemoravimus quidem.

EDITIONES ET APPARATVS.

Petrus Crabbe qui primus conciliorum acta collecta edidit Coloniae a. 1538 divisa *Cr. spec* ad pontificum ordinem, singulis capitibus praemisit vitas exceptas ex libro pontificali, et ad Gregorium I quidem omnes, deinde eorum, quorum acta volumine continentur, scilicet pontificum Deusdedit, Honorii I, Theodori, Martini I, Eugenii I, Vitaliani, Doni, Agathonis. Inter codices, quos complures adhibuit, quod ad Pontificalem attinet, unus nominatur Sigebergensis ('ex monasterio ... Sigebergensi ordinis divi 'Benedicti non longe a Bonna civitate libellus vitas summorum pontificum continens 'mihi commodato est datus, quo etiam felicissime usus sum'); sed textus (de quo parum recte iudicavit Duchesnius p. CLXXIV) ostendit editorem diligentissimum nequaquam uni libro se mancipavisse; immo modo sequitur classis primae codices deteriores A^5 similesque (29, 11. 101, 6), modo secundae deteriores (25, 3. 103, 6), modo tertiam (29, 5. 30, 20). Interdum interpolationes admittit codicum deterrimorum (43, 5. 50, 2. 51, 11. 173, 5) adeoque passim proponit modo in textu et in margine, modo in ipso textu lectiones duplicatas, scilicet classis primae deterioris et tertiae coniungens (2, 10. 29, 7. 30, 16. 64, 8. 12). Quid quod quibusdam locis (4, 8. 46, 2. 103, 12. 105, 14) contra pleniorem recensionem facit cum emendatiore epitomarum vel potius cum libris $D^{1,2}$ inde pendentibus, qua de re supra p. XC egimus.

Onuphrius Panvinius in commentariis ad fastorum libros V (Venetiis 1558) passim vitas pontificum adlegat, partem corporis priorem hic illic Damaso adscribens, plerumque autem totum Anastasio bibliothecario, in ipso fine sic adnotans: 'haec ... praecipue 'excerpsi ex historia Graeca Nicephori patriarchae Constantinopolitani ab Anastasio 's(anctae) R(omanae) e(cclesiae) bibliothecario ante septingentos annos in Latinum 'versa ... et Anastasio ipso bibliothecario s. R. e. in vitis Romanorum pontificum, 'quas a s(ancto) Petro apostolo ad Nicolaum papam I (858—867), sub quo vixit, accu-'ratissime conscripsit'. Platina in vitis pontificum sub Iohanne VIII [IX] (ed. 1479 fol. *m* 8) Anastasii bibliothecarii opera enumerans pontificalis libri cum mentionem non faciat, Panvinius eum adnotans sub Nicolao I sic ait: 'ad hunc usque Nicolaum Roma-'norum pontificum vitas, quae adhuc apud me sunt, scripsit Anastasius monachus et s. 'R. e. bibliothecarius, sub quo et eius successoribus Hadriano II et Ioanne VIII in 'urbe floruit. Quae sequuntur concinnavit Guillelmus quidam alter bibliothecarius, quae 'in libro, qui sub Damasi nomine adhuc circumfertur extant'. Usus igitur est Panvinius codice aliquo nostri E^1 simili, quamquam nullum novi finientem in ipso Nicolao I. Anastasio cum historiam ex Graecis auctoribus Nicephoro Syncello Theophane Latine compilatam recte tribuat, cur ad eundem corpus vitarum rettulerit, non apparet; cur post Panvinium retentum sit, nulla ne specie quidem veri defensum, etiam minus intellegitur. Agnoverunt errorem Baronius iam et Holstenius refutavitque eum multis verbis Schelestratius (ant. eccl. 1 p. 375 seq.), sed in editionum titulis vulgarique appellatione per saecula remansit.

og. spec.   *Moguntina editio* a. 1602 sic inscripta est: 'Anastasii s(anctae) R(omanae) e(cclesiae) 'bibliothecarii historia de vitis Romanorum pontificum a b(eato) Petro apostolo usque 'ad Nicolaum I nunquam hactenus typis excussa: deinde vita Hadriani II et Stephani VI 'auctore Guilielmo bibliothecario. Ex bibliotheca Marci Velseri Augustanae r(ei) p(ubli-'cae) II viri.' Curavit eam Iohannes Busaeus Noviomagensis (Duchesne vol. 2 p. LVI) ad exemplar editori suppeditatum a Velsero 'e codice Vaticano descriptum', ut ait praefatio, 'et cum binis ms. codd. collatum'. Codicem Vaticanum n. 3764, a quo pendet omnino, editio reddit accuratius quam pro aetate expectes, nisi quod qui eum descripsit compendia quaedam non recte solvit (unde 30, 20 *speciale* datur pro *spiritale*, 52, 2 *grata* pro *gratia*). Una cum codice Busaeus Crabbianam editionem adhibuit indeque textum hic illic emendavit (ita 43, 5. 101, 6 utramque lectionem iuxta posuit, additamentum 103, 12 ex Crabbio recepit). Praeterea tam in textu quam in margine praeter varias lectiones petitas ex Crabbio et ex annalibus Baronii hic illic vestigia offenduntur libri adhibiti ex ordine nostrorum $H^{1,2}$ (151, 5. 171, 2. 4). Perraro offenduntur ab editore profectae interpolationes alicuius momenti, ut 30, 1 *audiens*, 170, 4 *ianuas* add. Variam lectionem in specimen ita recepi, ut ea tantum adnotarem quae discedunt a codice Vaticano. — In supplemento editioni ei adiecto (quod habuimus ex bibliotheca urbica Moguntina), cui praescriptum est: 'Anastasianae historiae lectiones variae ex binis mm. ss. cod. excerptae', accesserunt lectiones codicum duorum Freherianorum, quorum alter *(A)* est adservatus hodie Parisiis n. 5140 (p. LXXXIII), de altero *(B)* latente vel deperdito diximus supra p. LXXIX. — Epistulas praefatorias Hieronymi et Damasi, quae absunt ab hac editione, primus edidit Godefridus Henschenius in actis sanctorum m. Apr. vol. 1 (1675) p. IV.

Francisci Peniae apparatum servat liber bibliothecae Vallicellianae I. 44 (Duch. vol. 2 p. XLVII) sic inscriptus: 'lectiones variae in librum vitarum pont. Rom. editum 'nomine Anastasii S. R. E. bibliothecarii a M. Velsero Moguntiae a. MDCII, ex mss. 'vero Farnesiae, reginae Sueciae, Vaticanae, Cavensis monasterii, Barberinae et aliis 'expressae a Fr. Penia v. cl. et s. Rotae Romanae auditore, deinde ab alio auctore 'anonymo locupletatae.' Codices adhibitos recenset Duchesnius; extant adhuc omnes praeter Farnesianum non celebrem illum (p. XCIV), sed infimi ordinis (p. CIII).

Lucas Holstenius (1596—1661) bibliothecae Vaticanae praefectus apparatum ad corpus vitarum congessit ad marginem exemplaris editionis Moguntinae, quod una cum reliqua supellectile litterariam testamento legavit cardinali Francisco Barberino[1]). Id ex Barberina bibliotheca distractum in Vaticanam intulerunt a. 1685 Laurentius Zaccagnius et Emanuel Schelestratius et ex ea rursus alienatum recuperavit a. 1734 Assemannus. Iam ibi prostat inter libros reginae n. 2081. Quos codices adhibuerit, Holstenius, explicat in adnotatione ipsi volumini adiecta (ed. Schelestratius ant. eccl. 1 p. 366 et Bianchinius vol. 1 praef. et vol. 2 p. XLI). Utilis est apparatus adhuc propter collationem libri Farnesiani, ad quem quae ex adnotatione pertinent supra p. XCIV attuli-

---

[1]) Inter libros scriptos, quos in eodem testamento inter bibliothecas tres Vaticanam Barberinam Hamburgensem distribuit (elenchum edidit ex cod. Barb. 38, 90 Hugo Rabe *Centralblatt für Bibliothekwesen* 12 a. 1895 p. 443), quae inveniuntur 'vitae et acta pontificum Latine tom. V cum Anastasio bibliothecario' (expunctis his tribus vocabulis) cum adnotatione 'Vaticanae: *ricomandati particolarmente a S. Santità et al Bibliotecario*' si sunt, ut esse videntur, quattuor volumina servata hodie in Barberina et quintum olim item Barberinum, quo continetur apparatus, ea contra testamentum cesserunt non Vaticanae, sed Barberinae.

mus. Praeterea adhibuit codices Vaticanos duos, alterum antea monasterii, ut ait, Casinensis (immo Cavensis) n. 3764 (p. XCVIII), alterum n. 5269 quem dicit Vaticanum minorem (p. LXXIX); Florentinos sancti Marci item duos, priorem, nunc ibidem bibl. nat. I. III 17 (p. LXXVII), et secundum, nunc ibidem Laur. Marc. 604 (p. LXXVIII). Edidit librum pontificalem cum apparatu Holsteniano usque ad Felicem IV Schelestratius ant. eccl. vol. 1 (1692) p. 401—495. — Collectanea Holsteniana ad vitas paparum spectantia servata in bibliotheca Barberina XXXIIII 118. 119. 120. 121 continent descriptionem codicum Vaticanorum 3761. 3762. 3764 aliaque praenotata, neque tamen quicquam, quod hodie utilitatem habeat. In epistulario edito a Boissonadio Holstenius sibi conferri iubet codices Parisinos (p. 301. 377. 388), sed variam lectionem eorum non videtur nactus esse.

Carolus Annibal Fabrotus in sylloge scriptorum Byzantinorum verum Anastasium edens (Parisiis 1649 fol.) hunc quoque ficticium recepit addens variam lectionem praeter antea editam codicum trium Parisinorum regium (hodie 5144, v. p. CIII), Mazarinaeum (hodie nat. 5144 *A*, v. p. CIII), Thuaneum (hodie nat. 5516, v. p. XC).

Franciscus Blanchinius († 1729) sub titulo: 'Anastasii bibliothecarii de vitis Ro-'manorum pontificum a Petro apostolo ad Nicolaum I adiectis vitis Hadriani II et 'Stephani VI auctore Guillelmo bibliothecario' corpus vitarum ad Paulum usque edidit Romae quattuor voluminibus (vol. 1 a. 1718; vol. 2 a. 1723; vol. 3 a. 1728; vol. 4 a. 1735); quartum curavit fratris filius Iosephus, quintum, quo opus absolveretur, non prodiit. Magni moliminis recensioni parum respondet apparatus critici exilitas: scilicet praeter copias subministratas ab editionibus duabus Moguntina Busaei et Parisina Fabroti, item usque ad Felicem IV a Schelestratio, ipse non adsumpsit nisi duos libros Peniae quem dicit, hodie Ottobonianum 993 descriptum ex nostro E^1 (supra p. C) et deperditum Farnesianum (supra p. XCIV).

Iohannes Vignolius praefectus bibliothecae Vaticanae († 1753) corpus vitarum edidit sub titulo 'liber pontificalis seu de gestis Romanorum pontificum' Romae voluminibus tribus (vol. 1 a. 1724, vol. 2 a. 1752, vol. 3 a. 1755), quorum secundum et tertium curavit nepos eius Petrus Iosephus Ugolinius. Praeter apparatum ab editoribus prioribus subministratum ipse in praefatione scribit adhibuisse se libros scriptos sedecim (neque enim numeramus codices scriptos syllogarum iuris canonici Deusdedit et Anselmi Lucensis et chronicorum Romualdi Salernitani) bibliothecae Vaticanae omnes, item apparatum scriptum Holstenii in eadem adservatum. Sed quod tanto hiatu dignum esset nequaquam protulit. Ex libris illis quinque non habent nisi epitomas, scilicet Vign. XIII Alex. I = reginae 1127 Felicianam; Vign. VI Vatic. 1340 nostram *S* (p. CII), Vign. X Palat. 39 respondentem nostrae *N* (p. XCIII); alias duas Vign. V Vat. 341 et Vign. VII Vat. 1464 supra p. CIV commemoratas, praeter Felicianam antea a Schelestratio publici iuris factam inutiles omnes. Duo libri Vign. IX = Vat. 766 et Vign. XI = Pal. 1811 ex eodem codice nobis E^7 (p. CI) superstites exiguas lacinias continent. Quinque alii Vign. II Vat. 5269 (p. LXXIX); Vign. III Vat. 629 (p. LXXVI); Vign. XII Urb. 395 (p. LXXVII); Vign. XIV Alex. II = reginae 1852 (p. LXXXI); Vign. XV Alex. III = reginae 1896 (p. LXXIX) sunt ex classis nostrae primae deterioribus omnino spernendi. Denique praeter Vign. XVI Alex. IV = reginae 1964, qui pertinet ad vitas in hanc nostram non receptas (p. CV), remanent classis nostrae tertiae Vign. I Vat. 3764, nobis E^1 (p. XCVIII), Vign. VIII Vat. 3761, nobis *G* (p. XCVI); Vign. IV Vat. 3762, nobis in specimine H^1 (p. CIII). Classis secundae nullum exemplum editor ipse usurpavit. Denique copiis non utilibus neglegentissime usus est ex singulis libris pauca excerpens nec raro textum priorem ex sequioribus libris male corrumpens. Lucensis libri variam lectionem Ugolinius in supplemento vol. 3 adiecit.

Muratorii corpori scriptorum rerum Italicarum Philippus Argelatus vitas pontificum inseruit (vol. 3 a. 1723) exprimens textum Bianchinii, quatenus is pervenit, adiecta varia lectione quattuor codicum Ambrosianorum *A* (= M 77 sup., supra p. LXXXIX), nobis B^7; *B* (H 111 sup., supra p. LXXX), nobis *Y*; *C* (C 204 inf.; supra p. CIII), derivati ex nostro H^2; *D* (= G 100 inf., supra p. C), descripti ex E^1. Editores priores cum in universum penderent ex libris classis tertiae contaminatis, lectio minus interpolata classis secundae primum innotuit per adnotationem Muratorianam.

Ludovicus Duchesne sub titulo *le liber pontificalis: texte, introduction et commentaire* corpus vitarum edidit Parisiis duobus voluminibus (vol. 1 a. 1886; vol. 2 a. 1892). Id iacens adhuc neglectum quo successu vir egregius recensuerit, non eius volumina sola testantur, sed pariter meum; nam tam industria eius in codicibus investigandis quam sagacitas in aestimandis eo pervenit, ut qui post eum eandem operam suscipiat, quodammodo acta agat necesse sit. Monumentorum Germanicorum societati cum incumberet, ut vitarum pontificum Romanorum tam Anastasianarum quae dicuntur quam reliquarum editionem per quinquaginta annos promissam aliquando perficeret neque per rationes suas ab opere inchoato et proclamato desistere posset, eius syllogae partem primam imponi mihi passus sum, non ignarus, ut supra dixi, agi ita rem actam; sed corpora magna hoc quoque aliquando requirunt. Iam re, quatenus ad me pertinet, perfecta, si mihi iudici in re mea, sed nihilominus opinor iusto de opera mea iudicium ferre licet, existimo codices duos, unum adhuc latentem (nam Neapolitanus B^1 per Pertzianam collationem nunc demum innotescit), alterum non recte neglectum Laurentianum (E^6) ad crisin utiles in hac editione accedere, codices reliquos adhibitos esse numero minore, quam apud Duchesnium, sed diligentius selectos et cum cura recognitos; denique apparatum universum dispersum quodammodo apud Duchesnium commodius administratum esse. Sed ipsa de codicibus iudicia Duchesniana paucis exceptis non sagacissima tantummodo repperi, sed vera et certa, et in summa re haec mea editio Duchesnianam non reformat, sed comprobat et confirmat.

CAPVT SEXTVM.

CODICVM AESTIMATIO.

ARCHETYPVM COMMVNE.

Archetypum nostrorum librorum omnium, scilicet a quo pendent tam recensionis prioris reliquiae quam recensionis posterioris exemplaria omnia, culpa auctoris potius quam librariorum vitiis plurimis et gravissimis laborasse intellegitur praesertim collato catalogo episcoporum Romanorum Liberiano, quem auctor ita adhibuit, ut summa et audacia et inscitia eum interpolaret.

catal. Liber.:	*lib. pontif.:*	
(Pontianus) in eadem insula discinctus est IIII kal. Octobr.	24, 6 in eadem insula defunctus est III kal. Novembris.	
	lib. pontif. rec. prior:	*rec. posterior:*
(Miltiades) a consulatu Maximiano VIII solo, quod fuit mense Sept. Volusiano et Rufino, usque in III id. Ian. Volusiano et Anniano cons.	46, 2 a consulatu Maximini VIIII usque ad Maxentio II.	a consulatu Maxentio VIIII usque ad Maximo II.

Auctor igitur in priore consulatu a. 311 pro Maximiano VIII substituit Maximinum VIIII, in posteriore a. 314 pro Volusiano et Anniano cos. dedit Maxentium II, qui consulatus non legitimus cadit in a. 309; diasceuasta corrupta haec quomodo denua corruperit, apparet.

Item quae ex actis concilii Laterani adsumpsit auctor, duobus locis:
 179, 23 iuxta] iustam *acta*
 181, 5 ut] uti *acta*
mendas habent ab auctore libri pontificalis commissas. Etiam errores tales, qualis est 22, 5 clare pro *claret* vel *claruit*, verisimile est adfuisse in ipso auctoris archetypo.

Perturbationes quoque complures adscendunt ad libri auctorem:
 4, 6 sepultus est via Aurelia . . . . . iuxta territorium triumphalem via Aurelia (*sic rec. prior, in posteriore* uia aurelia *altero loco sublatum est*).

Ordinationes, ut supra (p. XXV) monui, passim maxime in libris optimis quibusque inveniuntur non eo loco, quo auctorem patet eas collocare voluisse, scilicet proxime ante diem mortis; immo in quibusdam vitis (V. IX cet.) sepulturam sequuntur in editione utraque, in aliis (I. XV. XVII cet.) diversis locis collocatae inveniuntur in recensionibus duabus; denique in Silvestro bis leguntur totidem verbis 52, 5 = 72, 1 in editione utraque.

Ordinationum numeros restringendos esse ad presbyteros et diaconos neque pervenire ad episcopos declarant vitae Silvestri p. 52, 6 (cf. p. 72, 1): hic ordinationes presbyterorum et diaconorum fecit VI ... in urbe Roma, episcopos per diversa loca LXV; *Sergii I p. 216, 2:* hic ordinavit per diversas provincias episcopos XCVII; fecit autem et ordinationes II per mens. Mart. presbiteros XVIII, diacones III; *Iohannis VI p. 218, 1:* hic fecit ordinationem presbiterorum seu diaconorum I, id est presbiteros VIIII, diacones II; fecit autem et per diversa loca episcopos numero XV, *et latius id explicavit Harnackius in commentario supra p. XXVI citato. Observant eam legem recensionis prioris reliquiae; nam quamquam ordinationes tres Petro adscriptae pertinent sine dubio ad episcopos urbanos Linum Cletum Clementem et omnino ex interpolatione veniunt epitomis propria (absunt recte a textu pleno), praeterea et in Petro et postea episcopi ibi collocantur tertio loco post presbyteros et diaconos ita, ut ordinationum vocabulum ad solos hos referri possit. Contra recensionis secundae auctorem hanc legem ignorasse ostendunt episcopi primo loco positi ante presbyteros et diaconos et in Petro (I) et in Lino (II). In Anterote (XX) verba recensionis prioris:* hic fecit unum episcopum *recte servata a cl. I reliqui libri recensionis posterioris contra legem illam ita mutarunt:* hic fecit ordinationem unam, episcopum unum.

Clausula in urbe Roma, *quam apparet pertinere ad presbyteros et diaconos et opponi alteri (quae incipit a Clemente 7, 14)* per diversa loca *spectanti ad episcopos, legitime introducitur ibi ubi primum nominantur presbyteri urbis Romae in Cleto p. 6, 8:* hic ex praecepto beati Petri XXV presbiteros ordinavit in urbe Roma *et in Euaristo p. 9, 8:* hic titulos in urbe Roma dividit presbiteris et VII diaconos ordinavit. *Ipsa in recensionis prioris reliquiis semel tantum invenitur in Symmacho (LIII) p. 125, 11; plerisque locis, ubi Feliciana epitome praeterea ad verbum convenit cum textu pleno (XXXI. XXXV. XXXVI. XLVII. XLVIII. XLIX) probabile est eam non ab epitomatore omissam esse, sed afuisse a recensione priore. Ipsa posterior luculenter ostendit clausulam de qua agitur interpolatione adiectam esse per gradus crescente, ut expectandum fuit propter clausulam alteram vere antiquam* per diversa loca *requirentem quod sibi opponeretur. Nam libri recensionis plenae omnes clausulam illam non habent nisi decies (ep. XXXI. XXXVI. XLVII. XLVIII. XLIX. LIII. LIIII. LVI. LVIII. LIX), habent classes prima et secunda ter (ep. XXXV. XLII. XLIII) contra tertiam; classis secunda plerumque cum tertia contra primam undecies (ep. XXXVII—XLI. XLIV—XLVI. L—LII). Non recte statuit Harnackius clausulam primum reperiri in Marco (ep. XXXV), cum adsit iam antea aliquoties, neque ullo modo ex numeris ordinationum efficietur a Marco inde tradita a praecedentibus vere differre. Omnino afuit clausula* in urbe Roma *a schemate antiquo. Hoc fortasse defendi poterit post Agapetum (ep. LIX) verba* in urbe Roma *amplius non comparere propterea quod ordinationes posteriores aliunde profectae sunt, id quod propter alias causas statuit Harnackius.*

- *Mensem ad ordinationes adscriptum, plerumque Decembrem, ad solas urbanas presbyterorum et diaconorum pertinere ostendunt loci maxime p. 6,* 9. *43,* 13. *80,* 14 *(secundum lectionem codd. optimorum cl. I et II, quam errore reieci). Eam legem in vita Petri (I) epitome utraque, Feliciana etiam in ep. IV. V. VII. IX neglegunt mensem collocantes ita, ut comprehendat episcopos; in Anterote (XX) quamquam ab eo absunt presbyteri et diaconi, nihilominus recensio utraque ait creavisse eum episcopum mense Decembri. Recensio posterior in Silvestro uno loco 52,* 7 *(contra cl. III et alterum locum 72,* 1 *et recensionem priorem) solitae indicationi* per m. Dec. *verba contraria diversis temporibus cum ipsa coniungit. Praeterea in hac indicatione antiquam formam retinet (nam errores in ep. XII. XVI pertinent ad solam eius classem secundam). Omnino haec quoque innuere videntur archetypi communis scriptorem formam eam retinuisse fere, sed parum intellectam hic illic neglexisse.*
- *Verba* per mensem Decembrem, *quae ordinationibus subiungi debent et solent, item non raro in libris optimis quibusque leguntur loco alieno, ut in Aniceto 15,* 6, *in Zephyrino 20,* 12, *in Gaio 38,* 10.
- *Sub Silvestro narratio de titulo Equitii condito bis legitur p. 47,* 10—48, 17 *et p. 71,* 12—31 *recensita diverse.*

Perturbationes admissae sunt vel certe inchoatae culpa ipsius auctoris per gradus librum augentis additamentis insertis interdum loco non suo. — E contrario errores, quos non auctoris esse certum sit, in exempla nostra omnia propagati, quales fortasse sunt hi:

- 164, 3 ecclesia Constantinopolitana prima se omnium ecclesiarum [romana *add.* II, romanae ecclesiae *add.* I, id est ecclesia romana *add.* III] scribebat, *ubi glossema omnes libros occupavit*
- 196, 17 partes subscripserunt CXXV: *pro numero* V = quinque *trium classium libri optimi habent* cxx cumque

raro admodum deprehenduntur, neque frequentes esse possunt in libro, a cuius origine codices nostri meliores non distant nisi intervallo ad summum centum annorum.

RECENSIO PRIOR.

Vitarum pontificum Romanorum corpora duo, alterum perveniens ad Felicem IV († 530), ad Cononem († 687) alterum, non esse nisi epitomas duas diversas excerptas ex corpore vitarum pleno et, quatenus prior pervenit, ex recensione eius corporis deperdita et ea quae extat subinde meliore hodie non ambigitur, postquam opinionem Lipsii (*Chronologie der römischen Bischöfe* 1869 p. 80 seq.) ipsam corporis nostri formam vetustiorem repraesentari libello Feliciano Duchesnius (primum *étude sur le liber pontificalis* 1877, deinde in praefatione editionis) luculenter confutavit adsentiente mox Waitzio (*neues Archiv* 4 a. 1879 p. 217 seq.), neque in re evidenti iam nos morabimur. Utraque epitome cum ita facta sit, ut corporis breviati ipsa verba summa fidelitate retineant et raro neque nisi in minimis inde recedant, ad crisin libri solito utiliores sunt. — Duae epitomae quamquam in multis differunt et passim altera utra plenior invenitur, quatenus easdem vitas tradunt, verisimile est profectas esse non ex ipso corpore a duobus seorsum breviato, sed ex epitoma ampliore redacta rursus in compendia duo diversa. Elucet id non tam ex erroribus utrique communibus, quorum mox specimen dabimus, quippe quos ad communionem archetypi revocare possis, quam ex locis pariliter contractis, quales sunt hi rari ii quidem, quoniam, ut diximus, epitomae verba tradita fere retinent, sed non deficientes:

75, 1 fuit autem temporibus Constantini . . . a consulatu Feliciani et Maximini *libri pleni fere cum cat. Lib.*: fuit temporibus Constantini a consulatu Feliciani et Titiani   *FK* fuit autem temporibus Constantini et Feliciani et Maximini

77, 11 extra secundum baptismum, tunc missa auctoritate per Catulinum agentem in rebus et simul Ursacius et Valens venerunt ad Liberium. qui Liberius consensit   *FK* excepto rebaptizare qui Liberius consensit

Eandem epitomen maiorem cum supra (p. XIV) observaverimus et infra confirmaturi simus etiam tertiae classis principi ea subministravisse, quae adscivit ex editione priore, sequitur eam in Felice IV substitisse, itaque quidquid de recensione priore dicitur, non pervenire ultra tempora Theodericiana. Epitomatores in libro breviando resecuisse quae unicuique inutilia viderentur consentaneum est; differunt Feliciana et Cononiana inter alia eo, quod donariorum longos recensus haec in compendium redegit admodum exile, illa totos abiecit.

Editio haec ampliorem illam epitomen, quatenus efficitur ex Feliciana et Cononiana coniunctis, repraesentat in appendice duabus epitomis ita iuxta positis, ut utraque quid habeat vel non habeat vel (id quod raro accidit) transponat, inde efficiatur. Praeterea in ipsa corporis editione quae in ambabus epitomis vel altera utra comparent, uncis ⟨ ⟩ comprehenduntur. Recensiones duae ubi differunt, minuta varietate in apparatu reiecta vere diversa iuxta ponuntur adiectis in margine litteris aut *FK* aut *F* aut *K* aut *P*(ontificalis). Si qua habet recensio prior, quae absunt a recensione posteriore, ea posteriore paginae parte vacante in priore leguntur adiectis litteris iisdem. Epitomis duabus quae communia sunt, ab iis quae servat altera utra sola ita distinguuntur, ut solis uncis ⟨ ⟩ comprehendantur communia, quae habet sola Feliciana, signis (⸢ ⸣), quae habet Cononiana sola, signis (⸤ ⸥). A textu nostro edito ubi recedunt epitomae, varia lectio earum in apparatum recepta est pariter atque codicum recensionis plenae. Debuit res ita institui, quoniam in corpore hoc adhibendo necessaria est separatio eorum locorum, quos fuisse in recensione priore certo testimonio constat, neque oblitteranda fuit utriusque epitomae diversitas et proprietas; potuit institui ita, quoniam epitomae, ut diximus, perraro verba tradita mutarunt et in summa re in breviandis iis se continuerunt. Quae Duchesnio placuit ratio, ut variam lectionem tripertito distribueret et ad tres textus traditos quartum adiceret coniecturalem prioris recensionis nescio quam restitutionem, id equidem non sum secutus. Restitutionem illam incertam esse et arbitrariam totam ipse editor ut recte intellexit, ita non satis intellexit eam prorsus carere utilitate. Ipsas epitomas singillatim exhibere ut fortasse non est supervacaneum, ita varia lectio una est neque ullum vitarum locum recte quisquam tractabit nisi adhibita, quatenus fieri potest, recensione utraque et varia lectione integra.

Recensio prior quid habuerit vel non habuerit, non satis scimus, cum plena ad nos non pervenerit; at.qui expendit quae epitomae receperint et quae praeterea cum non receperint in corpore pleno adfuisse constet, intelleget non multum recessisse editionem priorem ab ea quae superest. Adfuerunt in illa laterculi donariorum, quamquam eos breviatorum alter omisit, alter ad pauca verba redegit. Adfuerunt omnino alii loci, ut 77, 11 (vide supra p. CXIII), evidenter non additi in recensione altera, sed ab epitomatoribus praetermissi. Diasceuasta quid omiserit addideritve, infra quaereretur; neutrorum numerum magnum fuisse probabile est. Vitae longe pleraeque in epitomis prope accedunt ad recensionem plenam; solae fere quae habent narrationes prolixiores, ut Liberii (XXXVII), Symmachi (LIII), Hormisdae (LIIII), Iohannis I (LV) comparent in posteriore forma mutata, raro, quantum apparet, certo aliquo consilio (vide supra p. XVIII) nec magis breviandi studio, sed temeraria et inscita traditorum instauratione. Omnino cum aliunde constet recensionem priorem esse saeculi septimi eodemque per intervalla confectam esse posteriorem, non multum tempore distant totaque quaestio de duabus recensionibus non tantae gravitatis et utilitatis est, quantam viri docti plerique ei tribuerunt.

Iam videamus textus librorum epitomatorum quomodo differat a recensione altera plena. Et explicabuntur primum virtutes epitomatorum, scilicet quod propius accedunt ad auctores a scriptore vitarum adhibitos, quod habent male omissa in recensione posteriore omittuntque additamenta male facta, denique quod corruptelis textus recentioris recte medentur. Deinde similiter vitia epitomarum tractabuntur alia iis propria, alia nata ex contaminatione cum libris plenis. In omnibus his disquisitionibus specimen tantummodo proponetur per ipsam editionem supplendum.

Inter auctores, quos vitarum scriptor adhibuit, cum primum locum obtineant episcoporum laterculi duo, Index et Liberianus, eorum numeros supra (p. LV) demonstravimus magna ex parte reperiri in epitome Cononiana, plane oblitteratos esse in libris recensionis posterioris non contaminatis cum priore.

Etiam alii loci ex catalogo Liberiano in Pontificalem translati passim in epitomis formam prae se ferunt ad archetypum propius accedentem quam quae legitur in Pontificali. In Cleto 6, 3 verborum *et initia Domitiani* in illis solis vestigium remansit. Pius collocatur in epitomis post Anicetum perperam, sed cum scriptore catalogi Liberiani. In Pio 14, 6 verba *frater ipsius* derivata ex Liberiano habet sola epitome Feliciana. Miltiadis tempora indidem sumpta modo (p. CX) vidimus in epitomis legi pessime interpolata, at in recensione posteriore iterata interpolatione facta deteriora. — Similiter ex Hieronymi de viris illustribus libello quae auctor traxit in Petro 2, 1 et in Clemente 7, 15, in epitomis ad auctorem propius accedunt. Rari loci, ubi e contrario plena recensio cum catalogo Liberiano vel cum Hieronymo facit contra epitomas, mutati sunt ab epitomatore (vide infra p. CXVI et de loco 24, 8 quae adnotantur p. CXXII). — Pauca tantummodo huiusce generis afferri possunt eapropter, quod auctor, ut supra vidimus, non multos libros scriptos adhibuit adhuc extantes.

Quae absunt ab epitomis, adsunt in recensione plena, utrum omina sint a breviatore an adiecta ab auctore secundo, saepe dubium manet, et vel maxime propter eam causam recensionem nostram ita instituimus, ut de singulis locis iis qui in res inquirunt, iudicium liberum maneat. Laterculos anathematum non afuisse a recensione priore modo adnotavimus et in universum crediderim plura in breviariis omissa esse quam ab editore secundo adiecta. Cadit interpolationis suspicio in locos duos re coniunctos tractantes de successoribus Petri haustis ex recognitionibus pseudoclementinis 3, 4—4, 3 et 7, 8—12, quoniam neutrius in epitomis ullum vestigium cernitur, quamquam patrem Clementis habet iam recensio prior ex iisdem recognitionibus sumptum. Additamenta alia recensionis secundae videntur esse, quod Gaius 39, 17 in editione priore confessor effectus est in secunda martyr; item in Marcello quae narrantur de eius destitutione 43, 15—44, 13. 17, ut recte observavit Duchesnius; in Leone I post commemoratas epistulas eius quae sequitur 104, 11 *hic firmavit* seq. enumeratio earum aperte adiecta adhibito volumine aliquo eius operum; in Hormisda quae leguntur p. 130, 4—10 *hic papa Hormisda ... vel omnes hereses,* epitome male facta narrationis eius quae praecedit incipiens a primis eius verbis p. 126, 15 eo loco in secunda editione male omissis, sed servatis in epitomis; in eadem vita 130, 22 narratio de rege Francorum sine nomine relata in epitoma, in recensione plena relata ad Chlodoveum contra rerum veritatem (cf. Krusch script. Merov. vol. 3 p. 242).

Quae adsunt in epitomis, absunt a recensione plena, primi auctoris sunt resecta a diasceuasta. Ita in ipsis epistulis praefatoriis quod priori subscriptum est 1, 9 *data V k. Mai.; accepta Romae* recte respondet subscriptioni posterioris: *data X k. Iun.; accepta VI k. Oct.,* quarum tamen subscriptionum secunda editio posteriorem solam admisit, ad hanc adiciens temere omnino et contra consuetudinem Romanam *missa de Roma Hierosolyma.* Deinceps quoque quae addunt epitomae aut duae aut in parte priore altera utra, ita comparata sunt, ut dubium esse nequeat ea proba esse et profecta a primo auctore.

Locos in editione posteriore male corruptos, emendatius autem relatos in epitomas paucos selegi:

    4, 8 *in vita Petri ordinationes FK ita vidimus* (p. CXI) *referre, ut post urbanos sacerdotes nominentur episcopi, e contrario in P hi praecedant contra scriptoris usum constantem. Scilicet recognitorem hoc primo loco turbavit episcoporum dignatio maior.*

    13, 4 *usque ad Orfito et Camerino] FK, usque ad Orfito et Prisco* recensio altera. *Consules illi nulli sunt, hi veri a. 149, sed huic loco parum apti, cum post eos nominentur consules a. 146. Apparet auctorem posuisse consules a fastis alienos, recognitorem nomina quaesita neque inventa male emendasse.*

    15, 9. 16, 9 *episcopi Anicetus et Soter sepulti sunt* iuxta corpus beati Petri in Vaticano *secundum FK,* in cymiterio Calisti via Appia *secundum recensionem posteriorem. Illam collocationem Rossius (Romae sott. 2, 49) demonstravit antiquitus traditam esse, hanc ad interpolationem redire, quamquam de immutationis causa parum liquet.*

    46, 2 *vide supra p. CX.*

    48, 20 *concilium Nicaenum factum esse sub Constantino secundum recensionem priorem* cum eius consensu, *secundum posteriorem* cum eius praeceptum *certe notabile est.*

    92, 15 eregerunt Eulalium alii episcopi *I,* eregerunt Eulalium *deletis corruptis II. III;* deponitur Eulalius a LII presbiteris *K,* d. E. sub aliis episcopis *F. Veram lectionem* eregitur Eulalius a LII episcopis *non ipsam, sed eius vestigia servant epitomae.*

    105, 14 in virginitate XL annos] *sic K,* in virginitate LX annorum *F cum I et III (II hoc loco deficit); vide infra p. CXVIII, ubi dicimus de locis in F interpolatis.*

129, 3 Vitalianus magister militum *F, id quod confirmat relatio a. 519 Apr. 24 ad Hormisdam missa (Thiele I p. 859):* sublimes et magnifici viri nobis occurrerunt, inter quos sunt magister militum Vitalianus, Pompeius et Iustinianus; *in Pontificali quod legitur* Vitalianus consul, *error est hominis non ignari fastorum, nam fasces suscepit Vitalianus a.* 520.

Iam postquam explicavimus epitomarum virtutes, demonstrandum restat, quibus naevis laborent tam ambae consentientes quam altera utra. Vitia utrique communia referenda omnino ad epitomam ampliorem, unde utramque excerptam esse supra demonstravimus, neque multa sunt neque gravia.

2, 10 (Petrus) scripsit duas epistulas quae catholicae nominantur] *sic libri boni omnes recensionis plenae,* canonicae *pro* catholicae *FK cum deterioribus classis primae tertiaeque. Redit id, ut monuit Harnackius, ad usum loquendi communem fere scriptoribus ecclesiasticis Occidentis, ut similiter Eusebii verba h. eccl.* 3, 3 οὐδ' ὅλως ἐν καϑολικαῖς ἴσμεν παραδεδομένα *iam Rufinus reddit sic:* in scripturis prorsus canonicis non habetur. *Hoc loco igitur epitomator non codicem expressit, sed sui aevi terminum tradito substituit, id quod item fecerunt codicum illorum deteriorum scriptores.*

4, 7 iuxta territurium] *P cum Hieronymo,* in territurio *FK: epitomatorem offendit* iuxta *vocabulum bis repetitum*

5, 3 rufo] *P cum indice Liberiano,* rufino *FK*

20, 3 saturnini] *P cum indice Liberiano,* saturnini antonini *F,* antonini *K; in archetypo communi fuit* saturnini^(antonini)

28, 1 ex patre castino *om. FK*

36, 7 *ordinationes solita forma relatae in P in epitomis corruptae sunt sic:* episcopos uii per loca *F,* episcopos uii *K omissis* presbyteris et diaconis, *archetypo communi hoc loco vitiato*

43, 2 marcellus ... ex patre benedicto] *P,* marcellus ... ex patre marcello *FK errore ut videtur*

46, 6 ab eodem] *sic cl. I,* ab eodem die *FK et reliqui, verba haec cum pertineant ad ea quae praecedunt, facili errore trahentes ad sequentia*

47, 4 in monte syraptin] *sic similiterve libri meliores recensionis plenae,* in montem seracten *FK cum deterioribus: nota fuit tam epitomatori quam deteriorum librariis opinio postea recepta agi hoc loco de monte Soracte*

73, 2 temporibus constantini nepotiano] *sic (uel et* nepotiano*) II cum ind. Lib.,* constantini et nepotiani *FK cum I*

73, 2 facundo] fecundo *FK cum cl. II: hic quoque error facile tam in illorum archetypo committi potuit quam in principe libro cl. II*

77, 6 eregit] *II,* damnavit *vel* damnauerunt *substituunt FK cum cl. I*

78, 14 eregit] *P,* eiecit *vel* eiecerunt *FK cum cl. I*

92, 15 eregerunt] *P,* emendarunt *similiter FK*

115, 7 eregit] *P,* eiecit *F, deficit K*

} *sublato barbarismo, de quo dixit Traubius in actis Monac. mai. cl. hist. phil. vol. 21 p. 620. 695*

Itaque quatenus consentiunt epitomae, in lectione earum neque graviores interpolationes deprehenduntur neque praevaricationis cum recensionis plenae classe altera utra indicia. — At separatim ubi eas examinamus, aliter iudicandum est.

Cononianam epitomen supra p. XCIV ostendimus non solum in parte posteriore pendere ex classe plenorum librorum tertia, scilicet contaminatorum, sed etiam in parte priore eius communionis rara quidem, sed tamen aliqua vestigia reperiri. Praeterea habet in parte hac interpolationes quasdam alibi non inventas:

25, 4 *Pontianus sepultus in coemeterio Callisti via Appia*] sic *F et P*, in cimiterio *(sic, excidit in ed.)* catatumbas *K omnino errore (cf. Rossi Romae sott. 1, 237)*

134, 13 perderet] sic *P*, perderet rex theodericus *K*, perderet iustinus aug. *F*, *interpolans uterque diverse*

Sed quamquam affinitas aliqua intercedit inter epitomen eam et libros contaminatos, in universum illa fidelius reliquis omnibus textum antiquus repraesentat. Declarant id potissimum spatia episcopatuum Cononiana, ut supra p. LV vidimus, non solum in parte priore cum indice Liberiano saepenumero conspirantia, sed etiam in posteriore facientia cum Indicis exemplaribus antiquioribus et emendatioribus. Praeterea quoque ubi textus discedunt Cononianus omnium maxime fidus esse solet.

Aliter iudicandum est de Feliciana uberiore ea et utiliore, sed passim corrupta cum breviatoris neglegentia et licentia tum, quod gravius est, textu interpolato ad exemplar recensionis posterioris. Aliquoties verbis propriis vulgaria substituit breviator:

114, 23 heracleam] constantinopolim *F cum I*

127, 20 per posterulam] *P*, per locum periculosum *F*

130, 21 regnus] *P*, corona aurea *F*

135, 26 agapitum patricium defuncto thessalonica] *P*, 136, 27 agapito patricio defuncto in grecia *F, quo loco non intellego quomodo contendere potuerit Duchesnius p. 277 priorem lectionem interpolatam esse*

sed nequaquam se continuit in vocabulis mutandis:

Spatia episcopatuum supra p. LVI docuimus in epitome Feliciana reformata esse omnia non tam ad editionem posteriorem quam adhibito Indicis aliquo exemplari

13, 3 ueri] *K et II cum cat. Lib.,* seueri *F cum I*

18, 3 grauione] *K et P,* glabrione *F emendans*

18, 6 sicut eleuther] *K et P,* sicut pius *F emendans*

18, 11 aut in stagnum] *addit F interpolans*

18, 14 efficerit integer christianus] *addit F interpolans*

20, 9 quod ius episcopi] cuius episcopi *F*

22, 5 clare confessor] *K et P,* clericos confessor *F*

23, 4 quam sepelliuit beatus tiburtius] *add. F cum I, om. II cum K recte omnino*

24 seq. *Pontianum in archetypo Pontificalis locum habuisse, ut habere debuit, ante Anterotem inde efficitur, quod eum ordinem et duo laterculi sequuntur, quos auctor adhibuit, et epitome K et recensionis posterioris classes duae prima et secunda (quamquam huius libri tres $B^{1.2.3}$, in ipso corpore vitas sic ordinantes, in Indice paparum inter epistulas et vitas interposito faciunt cum F). Sed quoniam Pontianum sepelivit non Anteros, sed qui Anteroti successit Fabianus, mature ordo ita mutatus est, ut hic Pontianum exciperet et ita Anteros praecederet Pontianum, quarum turbarum etiam meminit Syncellus p. 680 Bonn.:* Ῥώμης ἐπίσκοπος ἐννεακαιδέκατος Ποντιανὸς ἔτη γ΄. τινὲς Ποντιανὸν πρὸ τοῦ Ἀντέρωτός φασιν ἐπισκοπῆσαι Ῥώμης. *Eam ordinis inversionem admittit etiam F.*

24, 9 xi k. dec.] *haec verba a loco, quem habent in ind. Liberiano et in K et in cl. II, ad finem vitae transtulit F deletis eodem loco verbis cessationis episcopatus recte ibi testatis d. x, quoniam hi dies a narratione abhorrent*

51, 8 custos martyrum ann. u] *addit F cum rec. II, om. K et I et, unde haec veniunt, Constitutum Silvestri*

103, 2 augusta pulcheria] augusta placidia *F*

105, 14 in uirginitate xl annos] *sic K*, in virginitate lx annorum *F cum I (II hoc loco deficit). Ante annum XL sanctimonialem non oportere velari, ut constitutioni Maioriani a. 458 (nov. 6), quam hoc loco respici ostendi alibi (neues Archiv 22, 545), et conciliis quoque huius aetatis recte convenit, ita expectandam esse ad sumendum velum aetatem sexagenariam neque aliunde testatum est et subabsurdum. Verisimile est recensionem alteram interpolatam esse adhibita epistula Gregorii magni 4, 11 eaque male intellecta, ea enim hoc tantum requirit, ut abbatissa eam aetatem habeat et, si non antea acceperit, tum certe velamen accipiat.*

113, 2 proteri] *II omnino recte*, presbiteri *F cum I*

134, 13 perderet] *P*, perderet iustinus aug. *F*, perderet rex theodericus *K (vide supra p. CXVII)*

Itaque epitoma Feliciana non solum habet interpolationes sibi proprias, ut sunt relata ad 18, 3. 22, 5, sed etiam communes cum editionis posterioris tam classe prima, ut sunt relatae ad 13, 3. 23, 4. 113, 2, quam altera, ut est relata ad 51, 8. Hoc ut utilitatem eius imminuit, ita facile explicatur. Si haberemus breviarium editionis prioris primitivum, sine dubio ab hisce naevis omnibus immune reperiretur; compendium quod ad nos pervenit traditum codicibus saeculi octavi exeuntis vel noni incipientis facile corrumpi potuit insertis interpolationibus sumptis ex Pontificali ea aetate late sparso et passim lectitato, additis fortasse diversis temporibus a librariis pluribus.

RECENSIONIS POSTERIORIS ARCHETYPVM.

Recensio posterior quomodo differat a priore, elucet ex iis quae de hac diximus; scilicet omnes ii loci qui explentur vel emendantur adhibitis editionis prioris reliquiis cum communes sint exemplaribus quotquot extant recensionis secundae, huius proprietatem determinant. Addo paucos locos in recensionis secundae exemplaribus non contaminatis hiantes et maiore ex parte expletos ope aut epitomarum aut librorum contaminatorum:

14. 15 *Pium post Anicetum collocant epitomae et cl. III cum cat. Liberiano; verum ordinem ad Indicem restituit recensio secunda (antiquus remansit in indice libri B¹)*

20, 8 patenas uitreas ante sacerdotes in ecclesia et ministros (supportantes, donec episcopus missas) celebraret *uncis ⟨ ⟩ comprehensa om. I. II, explent FK et III*

29, 1 epistulam ... missam a *(sic II*, aput *I)* cypriano ⟨accepit⟩: *vocabulum accepit habet K (deficit F), om. I. II*

51, 4 sepultus est (sic missas celebrarentur. hic constituit,) ut, si quis desideraret cet. *Uncis comprehensa om. I. II, explent F et III et ex parte K*

83, 34 hic multa corpora sanctorum requisivit et inuenit, quorum etiam versibus declaravit] *sic I. II imperfecte;* concilia, *quod post etiam inserunt contaminati, parum aptum est et fortasse additum coniectura*

120, 6 a die (xiiii k. dec. usque in die x) k. aug. *uncis comprehensa om. I et II, addunt K et contaminati*

Denique spatia episcopatuum in huiusce recensionis exemplaribus praeter contaminata quaedam omnibus ita vidimus concordare (p. LIII seq.), ut appareat ad Indicis exemplar aliquod deterioris ordinis ea exacta esse, habeant autem mendas aliquot, ut spatium Pelagii I annorum non quattuor, sed undecim, ab ipso auctore secundo commissas et ex eius archetypo in utramque classem pariter propagatas.

Recensio posterior ubi consulto recedit a priore, archetypum illius verisimile est duplicem lectionem habuisse vel in margine additamenta, potestque quaeri, annon eiusmodi mutationum vestigia in libris nostris deprehendantur. Exempli gratia vitae Iohannis I commate primo (133, 1) quae absunt ab epitomis duabus verba *fuit autem* et *temporibus Theodorici et Iustini Augusti*, priora etiam a contaminatis, adiecta videlicet videntur fuisse a diasceuasta ad marginem archetypi recensionis secundae; ita enim explicationem habet, quod priora desunt item in classis secundae exemplari optimo B^4, vocabulum autem *temporibus* in eodem libro aliisque classis eiusdem legitur loco alieno. Recensio prior si recte nota esset, ulterius id persequi liceret; iam eiusmodi observationibus iustum fundamentum deest.

CODICVM CLASSES PRIMA ET SECVNDA.

Ab hoc recensionis posterioris archetypo duo exemplaria sumpta sunt, quorum alterum generavit codices classis primae, secundae codices alterum. Duorum ordinum separatio, scilicet si sequimur codices utriusque generis meliores reiectis deterioribus passim ex altero ordine contaminatis, certa est ubivis et perpetua, id est continuata, ni fallor, ad episcopum Cononem, in quo supra (p. XIV) vidimus finivisse exemplaria, quorum hodie notitia extat, antiquissima quaeque. Certe quamquam fieri potest, ut classium duarum archetypum commune Cononem non attigerit, non multo ante eum subsistit, et quamquam in vitis aetatis posterioris libri omnes fere concordant et gravioribus discrepantiis deficientibus classium diversitas obscuratur, ea ante Cononem non tollitur, ut ostendunt inter alios loci hi:

170, 4 hic inuestiuit regias in ingressu ecclesiae eius (ecclesiae beati petri A^2) quas uocant mediana *I*

inuestiuit regias in ingressu ecclesiae maioris (*libri boni* maiores) qui appellatur mediana *II*

186, 5 per eosdem missa *I*

per eosdem missos *II*

Sed ad vitas quinque huius editionis postremas Sergii I Iohannium VI et VII Sisinnii Constantini, quas supra p. XCV diximus post intervallum corpori supplementi loco accessisse, classium trium separationem non pervenire infra (p. CXXXIV) ostendimus.

Sequitur, ut ubi eiusdem classis libri dissentiunt, scilicet secundae (nam in prima Lucensis non tam primarius est quam unicus), ii fere archetypi lectionem exhibeant necesse sit, qui consentiunt cum classe prima eamque legem, ubi codices classis secundae singillatim examinavimus, vidimus ubivis posse admitti.

Crisis igitur corporis vitarum potissimum continetur libris duorum ordinum intra se comparandis et ubi differunt, eligenda lectione probabiliore. Neutro ordine carere nos posse cum evidenter appareat, ut de utriusque indole recte iudicetur, subiecimus specimen vitiorum classis utriusque ita institutum, ut lectioni verae subiungatur vitiosa. Classis prima (I) in hoc elencho intellegitur potissimum codex Lucensis (A^1), iuxta quem reliqui eiusdem ordinis vix in censum veniunt; secundae classis (II) libros potissimum respicimus C^3B^4, reliquorum erroribus minoribus in laterculo hoc praetermissis. Adscripsimus item praeter testimonia epitomarum recensionis prioris lectionem classis tertiae (III) contaminatorum, de qua cum postea agendum sit, utile visum est iam hoc loco indicare, num ad alteram utram classem accedat an ab utraque discrepet. C^3 in hoc elencho ad classem II refertur; cum contaminatis ubi facit, id indicavimus.

Vitia classis primae.

1, 1 deprecatur] dedicatur *I*
1, 8 papa] pater *I*
1, 14 direximus *om. I*

1, 14 frater] sanctae *I*
6, 11 *et deinceps* episcopatum *casu primo, non* episcopatus *constanter fere et classis secunda et ex tertia* GE^1 *et uno loco (21,* 15*)* F^3; episcopatus *plerumque classis prima, nisi quod paucis locis (19,* 9. *26,* 12*) antiquum vitium remansit*
17, 1 eleuther] *II. III cum F*, eleutherius *I cum K ex em.*
20, 1 zepherinus] *K II*, zephirinus *I*
23, 4 quem sepeliuit beatus tiburtius] *add. I cum F*, *om. II. III*
24, 9 xi k. dec.] *II. III cum FK et ind. Liber., deletum in I propter causam supra p. CXVII adlatam.*
27, 5 diuidit] diuisit $A^{1, 2}$
34, 3 ex philosopho] *II. III cum FK*, et philosopus *I*
34, 12 grauione] glabrionis *I ex em.*
45, 1 ex medico] *II similiterque III*, ex medicus A^1
48, 11 qui praest. sol. lu . . . . 13 fundum percilianum terr. sabinense *om. (in transitu a pag. ad pag.)* A^1
59, 9 ambronio] *II. III*, ambrosio *I errore opinor.*
60, 8 ciuitate cyro] *II. III*, c. tyro *I*
64, 10 quiriacetis] *II*, cyriacetis *III*, cyriacae *I*
68, 17 item quod obtulit gallicanus] *II. III*, canus *(rel. om.) I*
68, 22 massam territurio . . . 24 picturas] *II. III, om. I*
69, 12 lx fundum mol. pr. sol.] *II. III, om. I*
73, 2 nepotiano] B^1, et nepotiano *II reliqui*, et nepotiani *I. III cum FK*
73, 7 uia *om. I*
73, 16 calices . . . 18 lib. x] *II. III, om. I*
77, 7 eregit] *II. III*, damnauit *I cum F*
78, 14 eregit] *II*, egecit *I. III cum FK*
81, 19 in pace *non habet II*, habent *I. III*
83, 7 verba via ardeatina ubi requiescit et *habet I cum F, non agnoscit II, contaminauit utrumque III*
86, 2 in urbe *om. II. III, recte puto*
88, 16 dominico] *II. III*, dona haec *I*
91, 5 licentia *om. I*
92, 4 basilica iuli] *II*, basilica iuliae *I. III*; basilica Iuli *redit* 139, 5, *ubi libri boni non variant et apud Iohannem diaconum in vita Gregorii magni 4, 20;* basilica Iulia *est* 148, 5; basilica domus Iuliae 210, 13
92, 10 ueniens autem] *II. III, om. I*
95, 2 pens. sing. . . . 9 basilicae xxiiii *om. I*
99, 3 patenas . . . 16 fara aerea lx *om. I*
102, 6 ccccui episcoporum] *F. II. III*, ccccuiii episcoporum *I*
108, 13 mirae magnitudinis quae dicuntur *I*, *om. II. III, recte puto*
108, 14 ecatonpentaicas] exatonpentaicas *I*, ecatonpentaleicas *II. III*
113, 2 proteri] *II. III*, presbiteri *I cum F*
114, 23 heracleam] *II. III*, constantinopolim *I cum F*
124, 16 triuana] *ex II* $B^{2, 3, 4}$ *et ex III G*, triua A^2, tribuna A^1, tiburtina $C^3 E^{1, 6}$
125, 1 hic absidam . . . imminebat *II. III, om. I*
133, 10 religiosus summo] *II*, religiosissimus *I*
135, 21 importunum ex cons. agapitum ex cons. *II. III, om. I*
137, 23 optulit] *I, om. II. III, recte opinor hi*
139, 14 ut sibi successorem ordinaret quod constitutum *II. III, om. I*

145, 11 inclaudit] *II. III*, inclusit *I*
149, 5 guintarit] *II*, uuintharim *I similiterque III*
149, 9 scribens *I*, in qua scripsit *II. III; utrum praestet, inc.*
149, 11 argenteos *II. III, om. I*
156 seq. *depositionum dies ex laterculo supra p. LXVIII intelleguntur a Vigilio ad Bonifatium V afuisse ab archetypo communi; deficiunt in libris quibusdam classis tertiae et in Pelagio I etiam in prima; in reliquis episcopis in prima dies adsunt quidem, sed ita extremis adhaerent, ut liqueat eos postea adiectos esse. Praeterea interpolationem prodit, quod dies hi efferuntur consuetudine non Romana, quae redit in depositionibus inde ab Honorio.*
159, 10 positis] *II. III*, positis his diebus *I, requiritur* positus
160, 2 absque iussione] *II. III*, ex praecepto iussionem A^1, extra iussione A^2
161, 3 *inter opera Gregorii* dialogorum libros IIII, *quod non habent KC^3B^4, videntur addidisse loco non eodem librarii cl. I et III et deteriorum cl. II*
161, 15 super altare] *I, om. II. III; utrum praestet, inc.*
165, 5 beatae ac gloriosae et dei genetricis semperque virginis Mariae *I*, beatae mariae semper virginis] *II. III; utrum praestet, inc.*
165, 8 focas] *I, om. II. III recte ut vid.*
166, 5 mixti] *II. III recte ut vid., om. I*
166, 10 *addit I verba quaedam melius omittenda*
166, 15 terrae motus maior] t. m. magnus *I: offendit librarium comparativus pro positivo*
170, 6 ecclesiae eius quas uocant *I*, ecclesiae maiores (*scr.* maioris) qui appellatur *II. III melius ut vid.*
171, 4 exquisite] *similiterve II. III, om. I*
171, 11 ad palmata] *II*, palmata *I*
175, 18 diuersi christianissimi] *II. III recte ut vid.*, christiani *I*
180, 8 ornauit] *II. III*, dedicauit et ornauit *I interpolans ut vid.*
180, 10 quamque] *II. III cum actis concilii Lat.*; quam *I*
180, 12 fidem catholicae ecclesiae] *II et E^1 cum actis concilii*, fidem catholicam apostolicam ecclesiam *I et GE^6*
182, 15 hiaticos] B^4E^5, hereticos *I cum $B^{2.3}GE^{1.6}$*
182, 21 omnem] *ins.* A^1G
186, 5 eosdem missos] *II. III*, eosde(m) missa *I*, eos dimissa *G*
186, 10 u die m. iul.] *II et $E^{1.6}$*, xu die m. iul. *I et GE^4*
190, 12 confugerant fecerunt] *II. III*, confugium fecerant *I*
194, 1 cum filiis atque fratres] cum filiis atque fratribus *I ex em.*
194, 1 binati] uel nati *I*
194, 3 non cessauit] cessauit *I*
204, 4 *eclipsis plenior in II. III quam in I*

Vitia classis secundae.

11, 9 sedis apostolicae] *I cum FK*, patriarchae *II. III ex interpolatione* (*Duchesne* I p. CCVIII)
12, 14 episcopos p. d. l. xiii] *I cum FK, om. II. III*
17, 9 maxime f. q. d. creauit] *I. III cum FK, om. II*
21, 3 theodoliobolli] *I cum FK*, helioballo *II*, heliogabali *III ex em.*
22, 5 qui etiam clare confessor temporibus diocletiani] *I cum FK*, clare *sustu-*

lit II utpote corruptum, temporibus diocletiani, *quoniam praecedunt Macrinus et Elagabalus, sequitur Alexander*

24, 8 adflictus maceratus fustibus] *I cum FK, om. II neque habet haec index Liberianus, sed fuerunt omnino in editione priore sive temere sive ex narratione alia ab auctore ad Liberianam adiecta, sustulitque editor secundus*

25, 1 quem beatus fabianus .... per nauem] *I cum FK, om. II, delens propterea quod cum Pontiano successerit non Fabianus, sed Anteros, parum convenire videbatur Pontianum sepultum esse non a successore, praesertim postquam huic pro mensibus vix duobus datum est spatium annorum XII. eidem difficultati supra p. CXVII vidimus diversum remedium adhibitum esse in epitome F et cl. III*

26, 5 et legentium] *I, om. II. III cum FK fortasse errore*

26, 9 ordinatio facta ab Anterote in *I cum FK recedit a formula consueta additis verbis* in ciuitate fundis campaniae, *ad solitam redigitur II. III*

29, 13 ambulauit noctu centumcellis] *I cum K, om. II. III*

30, 3 exhibuit] *I cum K*, adduxit *II. III*

30, 7 et cum praefecto urbi *et noctu* addunt *II. III interpolantes*

30, 11 ante templum palladis *(sic III*, palatii *I)*] *I. III, om. II, non recte, cum praesertim cum prima classe tertia faciat*

31, 6 extrema vitae Callisti hoc autem factum .... dies lxui *habet I cum FK, om. substituta extrema parte vitae Lucii II, contaminant duarum classium lectiones libri* $E^{1.4.6}D^{1.2}$

40, 1 hic fecit ordinationes ... 2 loca u *et suo loco et post* 4 coronatur *II*

42, 1 quem coniurans ... non impleret] *II. III, om. I*

42, 7 *relationi de sepultura Marcellini, qualem exhibet I, recensio II alteram paullo diversam et praeterea ordinationes repetitas inseruit: formas duas contaminavit III*

43, 10 quasi] *I. III cum K*, quod *II*

43, 13 episcopos p. d. l. xxi *om. II*

46, 6 ab eodem] A^1 *solus*, ab eodem die A^2 *II. III cum FK*

47, 4 syraptin] *I. III cum vita Silvestri (v. adn.)*, seracten *II cum FK*

51, 8 custos martyrum a. u] *II. III cum F contra const. Silvestri (v. adn.), om. I K*

53, 4 ex argento dolaticium] *I. III, om. II*

53, 6 camaram ex auro purissimo et] *I, om. II. III*

53, 13 ex auro purissimo] *I, om. II. III*

59, 5 nardi olei lib. cc] *I. III (etiam C^3), om. II*

60, 6 oleum nardinum lib. cc *habent I. III, om. II*

60, 10 possessio obariae pr. sol. ccclx *habent I. III, om. II*

65, 6 patenam ... 17 medemnos ii *habent I. III, om. II*

65, 18 *mutatum ex causa ad* 66, 11 *indicata, legitque sic mutatum iam Beda*

66, 11 ante sepulchrum beatae helenae .... 13 sigillis *habent I. III, om. II propterea quod ea inseruerunt in locum* 65, 18 *seq.*

66, 15 *mutata dant II. III*

67, 9 ad eandem insulam pertinentibus *habent I. III, om. II*

67, 13 insulam *habent I. III, om. II*

71, 2 *post* fara aerea xx *quod sequitur* pens. sing. lib. x *om. A^1, recte puto, quoniam pondus aeneis parum convenit; similiter interpolati sunt loci*

PROLEGOMENA. CXXIII

  89, 14. 17. 95, 2; *deficit pondus in acneis* 70, 12. 99, 16; *ubi habent libri omnes, venit opinor ex interpolatione*
73, 2 facundo] *I*, fecundo *vel* secundo *II cum FK*, secundi *III*
75, 8 altera trans Tiberim] *I cum indice Liber.*, aliam uia flaminia *II. III*
79, 4 fecit basilicam nomini suo *(sic)* iuxta macellum libiae] *I. III, om. II*
79, 10 (Liberius) sepultus est . . . u id. sept.] *I cum FK: substituunt diem uiii k. mai. II. III odhibitis fortasse gestis Liberii (v. adn.)*
81 *Felicis II martyrium Romae fit secundum I, Corae secundum II, utrumque contaminat III*
82, 6 fuit autem temporibus iuliani *I. III cum FK, om. II*
86, 4 non participarent . . . . 6 hic constituit ut *habent II. III, om. I recte omnino, nam explicant verba textus ut . . . nullatenus communicaretur*
89, 15. 17 *vide ad* 71, 2
92, 15 alii episcopi] *I, om. II. III utpote corrupta (vide supra p. CXV)*
94, 2 campanus] *I. III cum FK*, romanus *II*
94, 10 ignem geticum] *I. III*, i. zeticum *II*
99, 17 fecit autem . . . . 19 exornauit *habet I, om. II. III*
99, 20 hic constituit . . . . 27 nomina episcoporum] *mutata et aucta leguntur in II. III; additamentum et martyrum subditicium esse docuit Rossius Roma sott. 2, 34*
99, 29 fecit . . . 100, 4 lib. singulas *habet I, om. II. III*
101, 6 eutychiana et nestoriana] *I fere cum F*, per quosdam episcopos *II. III*
101, 9 orthodoxum] *I*, fidelem *II. III*
102, 8 episcopi leonis] *I*, archiepiscopi leonis *II. III*
104, 20 *locum de basilicis a Leone factis I habet plenum, mutilum II, utramque recensionem contaminat III*
105, 3 fecit vero cameram . . . 16 ex clero romano *habent I. III cum K, om. II*
109, 31 sing. lib. uiii] *I*, lib. xxiiii *II (reliqui)*, sing. lib. xxiiii *ex II B⁴ et III*
110, 4 phara x . . . 5 lib. lx] *I*, phara x . . . sing. lib. x *III*, phara x . . . lib. x *II*
110, 8 siue ad paenitentem *I, om. II. III*
110, 13 scyphum aureum stationarium *I*, sc. aur. asatum *II. III*
110, 25 sancto stephano fecit autem oratorium sancti stephani in baptisterio lateranense *II. III, om. I, fortasse recte*
115, 9 cui concilius concessit tempus paenitentiae *habet I cum F, om. II. III*
116, 7 sub gesta synodi cum fletum *I*, sub gesta synodicam *(ex* cum [fletum]) *II. III*
116, 22 *locus de Iohanne Alexandrino a Gelasio recepto plenior in I quam in II. III*
117, 13 *locus de libris Gelasii plenior in I quam in II. III: utra recensio antiqua sit, quaeritur*
128, 4 direxerunt *I. III*, dixerunt *II*
148, 2 uuitigis regem] *I*, guitigem regem *II. III*
148, 10 cum romanos] *I*, cum romanis *II. III*
156 seq. *depositionum dies (p. LXVIII), quos supra p. CXXI vidimus ab archetypo communi afuisse, deinde in classe prima adiectos esse ad finem fere vitarum consuetudine non Romana, in hac classe adsunt redacti ad consuetudinem eam et locum magis aptum post sepulturam: illam formam ut minus concinnam ita vetustiorem esse et per se patet et inde confirmatur, quod in Sabiniano secundae classis optimus B⁴ collocationis ad finem vitae vestigium servavit*

q*

168, 10 exarchus] *I et G*, eunuchus *II et E*¹ *cum Paulo: illud videtur praestare*
168, 15 beatissimo papa *I et G*, om. *II et E*¹; *utrum praestet, inc.*
173, 7 fecit autem . . . . 11 obtulit] *B*²·³·⁴, om. *I et III (cum C*³*)*
175, 8 a sancto uiro] *I. III*, a supra scripto uiro *II*; *utrum praestet, inc.*
179, 14 episcopus et patriarcha *I et G*, patriarcha *II et E*¹; *utrum praestet, inc.*
193, 19 et mense] *I*, om. *II. III*
208, 5 quas patrimonii brittius et lucaniae annue persoluebat] sic *I*, *corruperunt libri reliqui*

Classis prima, ut eam repraesentat codex unicus magis quam primarius Lucensis scriptus saeculo octavo exeunte, vitiis laborat non paucis. Hiatus admisit complures (68, 17. 22. 73, 16. 92, 10. 95, 2. 99, 3. 125, 1. 139, 14). Barbarismos hic illic sustulit: *episcopatum* (6, 11) perpetuo factum est *episcopatus*; pro perfectis *dividit* 27, 5, *inclaudit* 145, 11 dedit quod grammatica requirit; ex *quamque* 180, 10, quod habent acta concilii Laterani, fecit ut scribi debuit *quam*; item *Glabrione* substituit pro *Grauione* (34, 12), *damnauit* vel *eiecit* pro *eregit* (77, 7. 78, 14); *terrae motus magnus* pro *t. m. maior* (166, 15); nomina barbara ad declinationem revocavit (149, 5); displicuerunt ei *Eleuther* factus *Eleutherius* (17, 1), *Zepherinus* factus *Zephirinus* (20, 1). Mutavit quae non intellegeret manu levi, sed nequaquam felici; scribitur *et philospus* (34, 3) pro *ex philosopho*, *ex medicus* pro *ex medico* (45, 1), *Tyro* pro *Cyro* (60, 8), *uel nati* pro *binati* (194, 1). Denique non desunt additamenta et immutationes; uno loco 180, 12 acta concilii Laterani exscribens verba *fidem catholicae ecclesiae* amplificavit et corrupit: *fidem catholicam apostolicam ecclesiam*; altero 24, 9 diem tollit *XI k. Dec.* narrationi parum convenientem; tertio *Heracleae* substituit *Constantinopolim* (114, 23); in sepulturis (23, 4. 81, 19. 83, 7) et alibi (108, 13. 159, 10. 180, 8) verba quaedam de suo videtur addidisse, sed rara et nullius gravitatis. Ut passim erravit, ita noxia interpolatio in huiusce libri scriptorem non cadit et merito primum locum Duchesnius ei tribuit. Quod idem ait (I p. CCXVII et p. 384) inde a Bonifatio II (p. 139) alterum ordinem praestare, primum rursus praeferendum esse inde a Sergio I (p. 210), certis argumentis non confirmavit; verum est et virtutes classis primae et vitia secundae multo magis eminere in parte vitarum anteriore, cum in posteriore plerumque libri omnes consentiant, sed quod supra posuimus duos testes nos habere recensionis posterioris, quorum neutro recte careas, id per universum corpus obtinet.

Classis secunda aetate alteram praecedit; nam ex codicibus eius hodie extantibus antiquissimus scriptus videtur esse sedente Sergio I († 701) et Beda quoque quod adhibuit exemplum perveniens ad Gregorium II († 731), huiusce classis fuisse constat (supra p. CV). Nihilominus archetypum id, a quo libri nostri proficiscuntur, longe deterius fuit eo quod repraesentatur codice Lucensi. Hiatus maiores casu factos hic quoque ordo habet licet numero pauciores (31, 6. 99, 29. 104, 20); sed passim desiderantur in eo improbata archetypi scriptori et consilio sublata (25, 1. 26, 9. 29, 13. 66, 11. 92, 15). Alia reperiuntur aut male inserta (42, 1. 71, 2. 86, 4) aut temere mutata (81. 99, 20. 101, 6. 109, 31), inter quos locos notabiles sunt quibus aliqua rerum notitia subest, ut 21, 3 imperator *Theodoliobollus* factus *Helioballus* (voluit *Heliogabalus*), 22, 5 sublatus Diocletianus propter rationes aetatis, 79, 10 dies obitus Liberii mutatus adhibitis ut videtur gestis eius episcopi. Dittographias quas proprie dicas quamquam non repperi, prope ad eas accedunt in Gaio 40, 1 ordinationes bis positae locis diversis et in Marcellino 42, 7 relatio de sepultura verbis hic illic mutatis bis repetita. Habemus igitur testem omnino audiendum et ipsum, sed parum simplicem nec raro fallacem. Quam ob rem ubi argumenta alia deficiunt, nos quoque ad primam classem magis nos applicuimus quam ad secundam.

CODICVM CLASSIS TERTIA CONTAMINATORVM.

Contaminatos corporis huiusce codices eos appellamus, qui pendent a classe secunda ita, ut vitiorum eius magnam partem et ipsi habeant, sed habeant praeterea inter sordes multas et diversas utilia quaedam et omnino genuina, alia testata praeterea epitomis FK, alia sua vi et indole satis defensa. Comprehenduntur eo ordine missis inutilibus et minoribus Bernensis 408 $= C^3$ saec. IX, qui quia propius quam reliqui accedit ad exemplaria classis secundae pura, supra cum his recensitus est et hic quoque ubi cl. II lectio refertur, ea, nisi contrarium monetur, C^3 quoque comprehenditur; epitome Cononiana, quatenus non pendet ex recensione priore; duo libri ex eodem archetypo descripti Vaticanus 3761 $= G$ saec. X/XI et Laurentianus 66, 35 $= E^6$ saec. XV; codex Vaticanus 3764 $= E^1$ saec. XI pendens a duobus libris altero gemello nostri C^3, altero simillimo nostrorum GE^6 et cum auctores habeamus ipse raro utilis. Ad eandem stirpem item referenda sunt fragmenta Farnesiana $= E^5$ saec. IX et excerpta Mutinensia saec. VII/VIII. Contaminationis eius, quae huic ordini originem dedit, cum vestigia iam appareant in excerptis Mutinensibus (p. XCIV), ascendit omnino ad saeculum septimum extremum vel incipiens octavum. De indole eius et de librorum in quos radices egit convenientiis ut recte iudicetur, id quod sane difficile est, placuit locorum tam recte emendatorum auctorumve quam interpolatorum et corruptorum indicem subicere adscripta ad singulos auctoritate. Probabilia, quae in contaminatis reperiuntur, asteriscis distincta sunt duplicibus, ubi adsunt in C^3, singulis, ubi hic liber ea non habet. — Lectionum harum compositarum ad determinandas codicum affinitates et proprietates partem eam, quae recte videbatur ad singulos codices aptari posse, supra praecepimus in eorum recensu et enarratione; infra quae exhibentur consulto non ad classes digessimus, sed proposuimus coniuncta; ita enim hic permixta sunt per singulos fere libros bona et vitiosa, ut omnia simul expendantur necesse est. Contaminatorem scripsisse Lucae fortasse inde efficitur, quod Lucium episcopum 32, 2 pro Romano fecit *Tuscum de civitate Luca*, patrem quoque ei adsignavit pro Porphyrio *Lucinum*; lusus in nominibus cum clare appareat nec dubitari possit de interpolatione redeunte ad ipsum contaminatorum archetypum, causa alia vix poterit cogitari quam patriae amor inconsultus.

   ** *Spatia episcopatuum in contaminatis omnibus (C^3E^6 et quatenus perveniunt GE^3, item in E^1, sed receptis in hunc librum item numeris vulgaribus) pariter atque in epitome Cononiana aliquantum recedunt ab iis quae habent cl. I et II, scilicet faciunt in parte priore magna ex parte cum numeris catalogi Liberiani, in posteriore cum Indicis exemplaribus aut omnibus aut vetustioribus*

  ** 3, 4 hic ordinauit ... 4, 4 post hanc dispositionem martyrio] hic martyrio (om. reliquis) $C^3E^{1.6}$ cum FK: supra p. CXV iam observavi locum de Lino et Cleto episcopis insertum esse videri a corporis recognitore adhibito Rufino

    6, 9 mense decembri] *addunt* $E^{1.6}$ *cum* FK

  ** 7, 7 hic ex praecepto .... 7, 12 ordinati *om.* C^3: *locus re coniunctus cum 3, 4 simul cum eo videtur adiectus esse a recognitore*

    7, 8 duas *om.* $KE^{1p.6}$

    9, 8 ordinauit] constituit E^6*Mut.*

    10, 3 predicatione] precationem $E^{1.6}$

    11, 6 hic constituit ut] et K *Mut.*

  ** 14 seq. *Pium post Anicetum collocant* C^3E^1*Mut.* (*non* E^6) *cum* FK *et catalogo Liberiano; eum ordinem fuisse in recensione priore supra p. CXVIII diximus*

** 14, 9 pascha] *reliqui*, sanctum pascha $C^3 E^{1.6}$*Mut.*, sanctum paschae *FK*
  14, 11 hereticum uenientem ex iudaeorum heresi] a (ut *Mut.*) iudaeo hereticum uenientem *Mut. cum K*
  14, 17—20 *fundatio monasterii sanctae Pudentianae adiecta est in libris* $E^{1.6}$ *locis diuersis*
  16, 4 nullus monachus] *libri boni*, nulla monacha $E^{1.6}$ *et deteriores multi*
* 17, 7 nulla esca usualis] $E^{1.6}$*Mut. eiusque lectionis uestigia adsunt in FK*, nulla esca (*om.* usualis) *I. II*
** 20, 8 supportantes donec (dum *FK*) episcopus missas] $C^3 E^{1.6}$*Mut. cum FK, om. I. II*
* 21, 8 quarti septimi et decimi] $E^{1.6}$*Mut. cum FK, om. I. II*
  22, 5 qui etiam clare confessor temporibus diocletiani] *sic I cum FK*, hic uero confessor (*rel. om.*) *II*, hic uero confessor extitit temporibus diocletiani E^4 *solus in cl. III*, hic uero confessor extitit temporibus maximini et africani cos. $E^{1.6}$ *correctura sumpta ex uita proxime (scilicet secundum hanc recensionem) praecedenti Anterotis 26, 3:* temporibus maximi et africani cos.
  24 seq. *Pontianum post Anterotem collocant* $C^3 E^{1.4.6}$*Mut. cum F contra K I. II; illam collocationem supra p. CXVII diximus fuisse uideri in archetypo priore*
  29, 5 corpus beati pauli acceptum] corpus b. p. (*om.* acceptum) $E^{1.4.6}$
  30, 20 magis animas redimendas] *I*, magis spiritale consilium *II*, magis spiritale consilium ad animas redimendas $E^{1.4.6}$
  31, 6 fecerit] *reliqui et* E^4, fecisset $E^{1.6}$
  32, 2 lucius natione romanus ex patre purphirio] *I. II cum FK*, lucius natione tuscus de ciuitate luca de patre lucino $E^{1.4.6}$
  33, 1 ex patre iobio (iou *K*)] *I. II (rel.) cum FK*, ex patre iulio $C^3 E^{1.6}$
  34, 12 grauione] grauionis E^6, rauione C^3, rauionem E^{1p}, rauionis E^{1c}
  35, 8 supra dictus autem beatus laurentius] supra dictus beatus autem laurentius C^3 *cum* B^1, beatus autem laurentius (*om.* supra dictus) $E^{1.6}$
  36, 6 dedit] diuidit $KE^{1p.6}$*Mut.*
  37, 4 *temporibus Claudii et* ⟨*Aureliani a consulatu Claudii et*⟩ *Paterni uncis comprehensa om.* $KE^{1p.6}$
* 39, 5 temporibus ⟨cari et⟩ carini *uncis comprehensa habent* $E^{1.6}$ *soli cum FK*
  41, 8 *excerpta ex concilio ficticio Sinuessano inserit* E^6
  42, 3 ut praecepta diocletiani non impleret] non *om.* $B^1 E^{1p}$ (*abest comma a I*)
  42, 8 et sepeliuit in uia salaria *seq.*] $E^{1.6}$ *ut I, sed inserunt ex lectione corrupta II unum uocabulum* claro
  44, 1 quo semper contemnens] qui s. contemnens $C^3 E^{1.6}$
  44, 6 beatum uirum] beatum C^3, beatum marcellum $E^{1.6}$
  44, 17 lucina u. scr. d. est *om.* $E^{1p.6}$
  45, 8 hic ... 10 xiiii *om.* $E^{1p.6}$
* 47, 5 persecutione constantini percussus] $E^{1.6}$ *cum FK*
* 48, 20 cum eius consensum] $E^{1.4.6}$*Mut. cum FK*, cum eius praeceptum *II. III*
* 48, 22 et quorum cyrografus cucurrit alii inbecilles ccuiii] $E^{1.4.6}$*Mut. cum FK*, *om. reliqui*
** 51, 4 sic missas celebrarentur hic constituit] $C^3 E^{1.4.6}$*Mut. cum F, om. reliqui*.
* 51, 11 accedere] *I. II cum Constituto Silvestri*, ascendere $E^{1.4.6}$ *cum FK*
* 52, 3 uel fidele] $E^{1.4.6}$*Mut., om. I. II*
  52, 14 ex argento *om.* $E^{1p.6}$

* 52, 15 qui sunt in pedibus quinis costas cum crucibus tenentes, qui pens. sing. lib. cu, cum gemmis alabandinis in oculos] $E^{1.6}$, qui pens. sing. in pedibus u lib. cu cum g. a. in oculos tenentes astas *I. II*
* 53, 2 ubi stant angeli uel apostoli] $E^{1.6}$, *om. reliqui*
  53, 19 in longum et in latum lib. d *(sic $B^{1.2.3}$, lib. d om. I et B^4)*] in longum et (in *ins. E^1*) latum in pedibus lib. *(om. E^1)* d $C^3E^{1.6}$: *verba in pedibus videntur male huc illata esse*
  53, 22 patenas .... l. xxx *om. $E^{1p.6}$*
  54, 7 sing. lib. xx] singl (singuli E^6, singulis E^1) lib. (librum E^1) xx singuli (singularum $E^{1.6}$) librarum $C^3E^{1.6}$
* 54, 18 massam sentilianam territorio ardeatino praest. sol. ccxl] $E^{1.6}$, *om. reliqui, in his A^1 in transitu a pagina ad paginam*
* 54, 25 ab eodem episcopum siluestrum] $E^{1.6}$ *similiterque K, om. reliqui*
  55, 2 *post* purissimo *ins.* in pedibus u qui pensauit argenti $E^{1.6}$, *quae verba cum mox redeant, hoc loco in illorum librorum archetypum errore videntur intrusa esse*
  55, 11 purissimo *om. $E^{1p.6}$*
* 55, 20 praepositi sacri cubiculi quem donauit augustus constantinus] $E^{1.6}$, *om. reliqui*
  56, 15 capsis territurio capsitano] scapsis t. c. C^3E^6
  56, 18 praest. sol. dcl m. sulphurata t. n. *om. $E^{1.6}$ cum B^3*
* 58, 6 qui] ubi C^3E^1 (quod E^6): *mutatum est vocabulum, ut monui p. C, in C^3 archetypo ad celandam transpositionem foliorum hic incipientem: ea transpositio non est in E^1, sed emendatio remansit*
  59, 5 nardi olei lib. cc] $C^3E^{1.6}$ *cum I et K, om. II*
* 62, 8 patenam auream lib. x] $E^{1.6}$, *om. reliqui*
  62, 18 possessio nymphas p. s. cxu item sub c. falisca *om. B^4, transponunt verbis mutatis $E^{1.6}$*
  63, 17 fidelinas] $B^{1.2.3.4}$, fidenas $C^3E^{1.6}$, figlinas *I*
  63, 24 casulas] caculas C^3E^{1c}, ceulas $E^{1p.6}$
  64, 2 desuper loci] de superiori loco $E^{1.6}$
  64, 8 ui *(vel bi)* nixis] *I. II*, bissinis $E^{1.6}$, binixa E^4
* 64, 14 possessio sulfuratarum pr. sol. lxii] $E^{1.4.6}$, *om. reliqui*
* 65, 4 possessio septimiti pr. s. cxxx] $E^{1.4.6}$, *om. reliqui*
* 65, 5 donum quod obtulit] $E^{1.4.6}$, *om. reliqui*
  65, 18 *locum de Helenae sepultura $E^{1.4.6}$ dant ad cl. I, sed retentis additamentis cl. II*
* 66, 20 scyphum aureum maiorem ⟨ubi nomen augusti designatum⟩ pens. lib. xx] *sic II,* ⟨ ⟩ *om. I, ins. post* lib. xx $E^{1.6}$
* 69, 26 massa nemus pr. sol. cclxxx] $E^{1.6}$, *om. reliqui*
  70, 11 pens. sing. lib. u fara cantara aerea xxx *om. $E^{1.6}$*
  71, 12 hisdem temporibus ... 31 titulo equitii] *I. II, om. $E^{1.6}$ propterea quod 47, 10 ... 48, 17 praecedunt eadem recensione diversa*
  71, 13 thermas ... traianas titulum siluestri] termas ... equiti traianas titulum C^3 (*in archetypo fuit* traianas titulum siluestri̅), *deficiunt, ut dictum est, $E^{1.6}$*
  73, 8 pallacinis] pallacinas E^1, palatinis B^3, palatium E^6
* 74, 3 quem ipse insistens fecit] *I. II, om. $E^{1.6}$ cum FK, recte ut videtur utpote repetitum ex iis quae praecedunt*
  75, 16 scrinium sanctum] scrinium sanctae sedis *Mut.*, scriniarium sanctae sedis $E^{1.6}$

77, 4 eorum] suo *II E*^{1p}, *om. E*$^{1c. 6}$
78, 12 fece] *I. II E*^{1p}, fide *E*$^{1c. 6}$
80, 7 uia aurelia ⟨miliario ab urbe⟩ secundo] *comprehensa* ⟨ ⟩ *om. I. II,
habent loco alieno E*$^{1. 6}$, *suo F*
81, 1 *in narratione de sepultura Felicis II diverse admodum relata in I et
in II classis III (E*$^{1. 6}$*) praeter redeuntia ex altera utra habet vocabulum
noctu inventum in neutra, sed extans in epitoma Feliciana*
81, 8 corpus eius . . . 14 sepultum est *om. E*$^{1p. 6}$
* 83, 34 et inuenit *post* corpora sanctorum requisiuit *om. E*$^{1. 6}$*Mut., recte ut
videtur*
84, 8 pens. lib. xx amam argenteam *om. C*^{3}*E*$^{1. 6}$
87, 10 quia et eodem tempore manichei inuenti sunt in urbe roma] *I. II,*
propter manicheos *KGE*$^{1. 6}$
88, 7 denuo nasci per baptismum hoc est baptizari] denuo p. b. renasci
hoc est baptizari *(add.* debere *E*^{6}*,* deberet *G) GE*$^{1. 6}$
88, 15 titulum romae] titulum romanum *C*^{3}*GE*$^{1. 6}$
89, 18 lxxxu . . . . 19 mamuri praest. *om. E*^{1}
91, 5 cereum] *I. II,* cereos *GE*$^{1. 6}$*Mut.*
93, 3 mulier aut monacha] *reliqui, in his E*^{6}, mulier uel monachus *GE*^{1p}
Mut.
93, 7 siluani] liuanii *GE*$^{1. 6}$
93, 20 via salaria iuxta corpus sanctae felicitatis martyris] *I. II,* in cymiterio sanctae felicitatis martyris via salaria *KGE*$^{1. 6}$ *cum FK*
* 94, 7 et sic missas fiebant] *GE*$^{1. 6}$*Mut. cum FK, om. reliqui*
94, 16 calices minores . . . 19 lib. x] *om. E*$^{1. 6}$
96, 2 a quodam basso incriminatur] *1. II cum K, add.* accusatur *F,* accusatusque est *GE*$^{1. 6}$ *fortasse ex interpolatione*
97, 25 siliquas iii . . . . 26 sol. ciiii *om. E*$^{1. 6}$
97, 27 ceruum ⟨in fontem⟩ argenteum] *II,* ⟨ ⟩ *om. A*^{1}*, ins. post* ceruum *G
(cum II), post* argenteum *E*$^{1. 6}$
99, 7 lucernam n. x a. p. l. x *om. GE*$^{1. 6}$ *(deficit I)*
102, 6 cum tomum] *sic reliqui,* cum tumo *E*^{1}, cum totum *G,* cum toto *E*^{4},
cum omnibus *E*^{6}
102, 12 fidem catholicam] *reliqui et E*^{4}, f. c. et apostolicam *C*^{3}*GE*$^{1. 6}$*Mut.,
ex interpolatione ut videtur*
103, 6 et nestorium] *reliqui et GE*$^{4. 6}$, nestorium et dioscorum *E*^{1}
104, 13 quas fidei confirmauit] *reliqui et GE*$^{4. 6}$*Mut.,* per quas fidem confirmauit *C*^{3}*E*^{1}
104, 19 de quas] quae *C*^{3}*E*^{1}, de qua *GE*^{6}, de quibus *E*^{4}
104, 20 basilicae constantinianae et aliam cameram] *verba cl. I* fecit uero
cameram in basilica constantiniana *cum omissa essent una cum iis quae
sequuntur in cl. II, supra posita pro iis in textum cl. II inseruit cl. III,
scilicet C*$^{2. 4. 5}$ *(exciderunt in hiatu maiore in C*^{3}*) et GE*$^{1. 4. 6}$
105, 9 quae nuncupatur sanctorum iohannis et pauli *addunt E*$^{1. 6}$
105, 11 ut intra actionem ⟨sacrificii diceretur sanctum⟩ sacrificium et cetera
comprehensa uncis om. GE^{4}, *totum locum om. E*$^{1. 6}$
106, 4 apud beatum petrum apostolum] apud basilicam beati petri apostoli
C^{3}*E*^{1}
108, 14 raiatas] ragiatas (-tis *E*$^{1. 6}$) foratas (-tis *E*$^{1. 6}$) *GE*$^{1. 6}$, foratas *C*^{3}
108, 15 raiata] asata *C*^{3}*GE*$^{1. 6}$

PROLEGOMENA. CXXIX

109, 17 alium scyphum a. cum gemmis (c. g. *om. II*) p. l. u] *I. II, om. GE*^{1.6}

109, 30 scyphos ... tres pens. sing. lib. uiii] *I*, scyphos ... tres pens. lib. xxiiii *II (reliqui). G,* scyphos ... tres pens. sing. lib. xxiiii *E*¹ *cum B*⁴ *(deficit E*⁶*)*

110, 1 lampadas argenteas ⟨x pens. lib. xx amas argenteas⟩ ii *comprehensa* ⟨ ⟩ *om. C*³, *habet E*¹, *sed pro lib. xx ibi est lib. ii hiatu expleto vitiose*

110, 4 phara ... x pens. lib. lx] *I*, fara ... x pens. libras denas *II et GE*⁶, fara ... x pens. sing. lib. x *E*¹

110, 21 recondit] recedit *E*⁶, reconcedit *G*: *in archetypo communi fuit* reconditce.

** 120, 6 a die ⟨x k. dec. usque in die⟩ xiiii k. aug. *comprehensa* ⟨ ⟩ *habent C*³*GE*^{1.6} *cum K, om. reliqui. Anastasii decessoris dies obitus cum antea referatur ad diem XIII k. Dec., additamentum inde vix peti potuit*

120, 15 intentione] in contentione *E*¹, contentione *E*⁶ (*quem qui scripsit pro* intentione *perpetuo substituit* contentionem): *fuit in archetypo communi* con
intentione

121, 17 coeperunt agere] *reliqui, in his E*^{1c.6}, petunt a rege *FK*, coeperunt a rege *E*^{1p} *lectionibus recensionum duarum contaminatis*

121, 19 altinae] *II et E*^{1p}, alticinae *E*^{1c.6}

122, 5 inuidia] i. operauant *G*, i. operatae sunt *E*⁶

* 123, 3 pens. lib. ccc] *GE*^{1.6}, pens. (*om.* lib. ccc) *reliqui*

123, 23 in atrio] in ara *C*³*GE*^{1.6}

123, 23 in campo] *II*, in campio *I*, in uulgo campi *C*³*GE*^{1.6}

124, 9 iuxta traianas] *reliqui, in his GE*⁶, iuxta thermas traianas *C*³*E*¹

124, 15 sancta maria] sanctam dei genitricem mariam *GE*⁶

124, 16 uia triuana] *II et G*, tiburtina *C*³*E*^{1.6}

124, 16 p̄p̄] *libri meliores, in his G, compendio:* propter *B*³, piissimis *C*³, populorum *E*^{1.6}, *perperam omnes*

126, 1 patre iusto] patre tusco *E*¹

128, 1 quae (quas *E*¹) t. epistolae (-las *E*¹) ab episcopis ... timori (-re *E*¹) omnes eas epistolas fidei pro crimine constantinopolim direxerunt] *sic fere reliqui similiterque F*, quas tamen omnes (*om. G*) epistolas fidei episcopi ... prae (pro *E*⁶) timore uel (pro *ins. E*⁶) crimine constantinopolim direxerunt *GE*⁶

129, 14 sentientes qui erant complices] etiam sentientes et hi q. e. c. *GE*^{1.6}

131, 15 canthara arg. xui (pens. sing. lib. xui item ad b. p. fecit arcos a. ii p. s. l. xx cantara argentea xui) pens. sing. l. xu *comprehensa* ⟨ ⟩ *om. C*³*E*^{1p}

* 133, 2 fuit autem] *om. GE*^{1.6} *cum optimo cl. II. B*⁴ *et FK*

134, 25 pronus] *reliqui*, pronum *E*⁶, pronus in terra *G*

137, 13 cymiterium priscillae] c. pr. uia salaria *E*^{1.6}

137, 22 detulit ad ... petrum et paulum] detulit ... petro et paulo *GE*⁶

139, 22 apostoli petri] p. a. fecisset et *GE*⁶

142, 15 et dum intentio] etiam in tertio *GE*^{1p.6}

143, 7 eodem ... 9 agapitum] *rel. et E*⁶, *om. G*

144, 6 ordinato] o. siluerio *GE*⁶

144, 10 hoc indignatus domnus imperator iustinianus augustus] hoc audiens iust. imp. indignatus est *GE*⁶

144, 16 contra uotum] sine nutu *GE*⁶

CXXX   PROLEGOMENA.

145, 4 urbem romam ⟨ingressus a. u. p. in urbem romam⟩ *comprehensa* ⟨ ⟩ om. $C^3E^{1.6}$

** 145, 11 intra ciuitatem ⟨et custodiuit ciuitatem⟩ *comprehensa* ⟨ ⟩ habent C^3G $E^{1.5}$(*nam de hoc quoque constat ex silentio collatorum*)$\cdot^6$ soli

* 145, 18 remedius] G *cum optimis*, remediis E^6, remedio E^5, remedium E^1

145, 21 uero] uenerabilis E^1

147, 4 in palatium pincis] in palatio pinci E^6, in pallatio principis G

147, 5 quo ingresso siluerius] ingresso itaque siluerio GE^6

* 147, 21 diacones u] KGE^{1p} (om. numero) E^6, om. reliqui

148, 2 patricius] uir clarissimus patricius GE^6

148, 2 misit] G *cum II*, commisit *reliqui*

148, 5 basilica iulia] basilica (-cam E^1) iuli $E^{1.5}$

148, 10 tunc] *reliqui et* E^5, et dato ab eo responsum $GE^{1.4.6}$

* 149, 3 ad gundarit .... 4 in africam $GE^{1.4.5.6}$, om. reliqui

150, 2 prona uoluntate] pro bona uoluntate $GE^{1.2.6}$, bona uoluntate E^4

151, 7 et munera eum erogantem ad populum tentus est] sic fere *I. II et* E^5, et rogante populum tentus est E^1 (*loco priore*) E^2, munera tradente (*sic* GE^4, tradens $E^{1.6}$) populo qui tenens GE^1 (*loco posteriore*) $E^{4.6}$

152, 14 in locum suum] reuocare in l. s. E^5, in loco suo restaurari GE^6, in l. s. restituere E^1

152, 16 tantum] tantum tota E^5, tota GE^6

153, 4 cornu altaris] K, columna altaris *reliqui*

153, 8 metalla] loca ad (et E^1) metalla $E^{1.6}$

153, 10 fames] f. maxima $GE^{1.6}$

153, 11 quadam die intrauit romam a porta sancti pauli indictione xiii] *reliqui et* E^5, die autem tertia decima introiuit in (om. G) ciuitatem romanam a porta sancti pauli (a. p. s. p. om. $E^{1.6}$) indictione xiii $GE^{1.6}$

153, 15 exconsules] sic fere C^3, ex consensum G, et exconsules E^6 *ex dittographia* exconsules, et consules E^1 *et fere reliqui* (et)

154, 3 adhuc uiueret] adiuuaret $GE^{1p.6}$

154, 6 synclitos] synciaetas G, incliti $E^{1.6}$

154, 9 minus ne] *reliqui et* GE^5, minus non $E^{1.6}$

154, 16 in cymiterio priscillae *add.* E^1

155, 4 monasteria] *I. II, nam* m. E^5, quia m. KG, quia et m. $E^{1.6}$

155, 14 ecclesia] *reliqui et* E^5, ecclesia dignus inuenitur $KGE^{1.6}$

156 seq. *dies depositionis a Vigilio ad Bonifatium V* (*p. LXVIII*) *suppleti in classibus duabus quae praecedunt ratione diversa* (*p. CXXI. CXXIII*) *afuisse ab archetypo classis III inde intellegitur, quod deficiunt in libris duobus G et* E^6; *excipiendi sunt dies duo, Gregorii qui adest in utroque veniens ex Bedae historia ecclesiastica 2, 1* (*potius quam, ut iudicat Rossius inscr. chr. 2 p. 52, ex elogio sepulcrali*) *et dies Bonifatii II, qui adest in* E^6 *solo. Reliqui huius ordinis libri receperunt dies hos ea fere forma quam habent in classe prima*

157, 1 industrio] *reliqui et* G, inlustre E^5, illustri E^6, illustri uiro E^1

159, 3 temperare ... inopiae] *reliqui et* E^5, temperare ... inopiam $GE^{1.6}$

160, 7 xenodochium] *I*. $B^{2.3}$, hospicium B^4, ptochium (sic E^1, tpochium C^3, potochium G, parrochium E^6) $C^3GE^{1.6}$

161, 5 multa] m. bona $E^{1.5}$

161, 7 tenebantur] retenebantur E^5, detenebantur GE^6

161, 11 angulorum] K et meliores, anglorum $GE^{1.5.6}$ et deteriores
162, 5 ut super corpus cet.] duo commata separata in reliquis ad unum enuntiatum redigunt KGE^6 et forma paullum diversa E^1
163, 2 tunc facta] reliqui et E^5, facta autem $KGE^{1.6}$
164, 6 pontificem uiuentem] reliqui et $E^{1.5}$, pontifice uiuo uel moriente GE^6, pontifice moriente K
165, 7 reliquias in eam collocauit ins. post martyrum G, post 9 optulit E^6
165, 9 dona multa] m. bona $E^{1.5}$
166, 1 d. xx] $KGE^{5.6}$ recte (vide supra p. XXXIX), d. xxiii reliqui, d. xxiiii E^1
166, 4 occidit] emendauit GE^6
166, 15 factus est terrae motus maior uiii id. Aug.] K, f. e. t. m. maior mense Augusto reliqui
168, 2 m. x] sic E^5 recte (vide supra p. XXXIX), d. x KGE^6, d. xiii E^1, om. reliqui
168, 14 quo defuncto] quo beatissimo papa defuncto $A^{1.2}GE^6$
170, 4 argento] auro $KGE^{4.6}$
170, 4 clxxxuiii] clxxxui $GE^{4.6}$
170, 9 lxii] reliqui et E^5, cclxii GE^4, cclxxii $E^{1.6}$
171, 1 eius] K cum I, om. reliqui
171, 1 tegulis] reliqui et E^5, tabulis $KGE^{1.4.6}$
* 171, 4 exquisite] $GE^{1p.6}$ recte, acquisite E^4, exquisiuit $E^{2.5}$, et quisiuit E^{1c} fere cum reliquis
172, 2 cum y. et c. p. o. o. debeat] reliqui et $E^{1.2.5}$, om. $GE^{4.6}$
172, 4 miliario uii] m. ui $GE^{4.6}$
172, 11 molae factae ad S. Iohannis additae sunt in libris $E^{1.6}$
173, 1 clxxxuiii] clxxxui $GE^{4.6}$, cclxxxuii $C^3E^{1.2}$
173, 4 fecit ... 6 optulit om. $E^{1p.6}$
173, 13 hic fecit ordinationes presbiteros diaconos episcopos K, h. f. ordinationes iii presbiteros xiii diaconos xi episcopos per diuersa loca lxxxi fere reliqui: illud speciem prae se fert primitivae formae numeris non expletis
173, 14 per m. dec. $GE^{1.4.6}$, om. reliqui
173, 14 lxxxi] xxxi $GE^{4.6}$
174, 2 ubi supra] in basilica beati petri apostoli C^3E^1, ad beatum petrum apostolum $KGE^{4.6}$
175, 1 huius ... 176, 8 om. GE^6
175, 8 a sancto uiro] E^1 cum I, a supra scripto (sspoto C^3) uiro II, quae duplex lectio orta est ex compendiis $\overline{sco}$ et $\overline{ssto}$ permutatis: diverse E^5, deficiunt GE^6
177, 7 recondit] reliqui et E^6, recondidit G
177, 8 ubi supra] fecit ubi supra C^3E^1, om. GE^6: error est emendatus diverse
* 177, 11 ordinationem i] KGE^6, ordinationes ii reliqui
178, 2 de ciuitate melitum] KGE^6, de ciuitate hierusolima reliqui: utrum verum sit, non liquet
178, 5 increuissent] increbuissent C^3, increbruissent E^1
180, 6 sebastiano] siluestro C^3E^1
* 180, 14 perculsus est] II, percussus est GE^6 cum actis concilii, percusserit I
181, 14 commonuerunt] commouerunt C^3E^1
181, 17 submittens] reliqui cum actis concilii, committens C^3E^1
182, 3 resedentibus] sedentibus $E^{1.5}$
183, 9 uoluit eum interire] u. e. interimere E^6, u. e. crudeliter interficere E^1
186, 3 piissimos principes] piissimum principes G^p, piissimum principem G^cE^4
186, 10 u die] K et reliqui, xu die GE^4 cum I

187, 1 venit imperator ad sanctum petrum et donum ibi obtulit, alia die ad sanctum paulum et donum ibi obtulit] *K*, ambulauit imperator ad sanctum petrum et orationem et donum ibi obtulit *reliquis omissis reliqui*
187, 5 die sabbati ... obtulit *om. GE*⁴
187, 8 pransit] prandit *KGE*⁴
187, 9 basilica uigilii] basilica iulii *E*¹
188, 5 a seculo] aliquando *KGE*⁴
188, 7 dei ecclesiarum] in dei ecclesiis *GE*⁴, dei (*om.* eccl.) *E*¹
188, 7 nihil demiserunt *om. GE*¹·⁴·⁶
190, 12 praeda nimia] similiter et praedam nimiam fecerunt *GE*¹·⁶
190, 15 ponte meruli] *reliqui et E*⁵, campum meruli *E*¹·⁶
191, 8 xui k. iul.] *G solus recte*, ui k. iul. *reliqui (deficit E*⁶)
192, 1 donus] conus *E*¹·⁵
192, 13 mirabantur] m. quidnam esse possit *GE*⁶
193, 19 maior atque] *om. KGE*⁶
193, 20 qualis nec temporibus aliorum pontificum esse memoratur] qualis nec t. a. p. umquam e. m. *E*⁶, qualis t. antistitum numquam e. m. *G*
194, 4 qui supra scripti (qui conscripti *E*⁶) missi s. a. qui directi fuerant in regia urbe ingredientes] postmodum uero ingressi sunt missi supra dicti in regia urbe *K*, ingressi sunt missi s. a. in regia urbe *G*
194, 8 non per pisma] non per scisma *E*¹, non scismica *E*⁶, non pessime *G*
195, 3 parati] *K cum I*, paratos *reliqui*
196, 4 natiuitatis ... 14 existere] *K, om. reliqui*
198, 2 teophanius] *K et reliqui*, thephanus *G*, stephanus *E*¹·⁶
198, 16 si contigerit ... fieri] *pariter breviant KG*
200, 5 plebique florentissime] plerique florentissime *E*⁵, plerisque florentissimam *E*¹·⁶
200, 17 translatauit] transtulit *E*¹·⁵·⁶
205, 1 *vita Iohannis V legitur in KG pariter fere compendiata*
207, 2 natione grecus] *K, om. reliqui*
208, 9 antipathia] *I. II et G*, anthia *E*⁵, antiochia *E*¹, in anthiochiam *E*⁶
208, 10 mappulum] *reliqui et E*⁵, pallio *E*¹, pallia *E*⁶
208, 13 sententiae imperiali discutiendum direxit] direxisse *(om. reliquis) C*³*GE*¹·⁶
208, 21 disponendam] *reliqui et E*⁵, dispensandam *C*² (disponandam *C*³) *GE*¹

In recensu hoc cum corruptelae plurimae insint origine aetateque diversae, quarum plerasque in recensu librorum classis tertiae (p. XCIII—CI) singillatim tractavi, quae bona et vera continet omnia redeant necesse est ad archetypum commune, cum huius ordinis libri vere utiles, qui sunt numero admodum pauci, scilicet ex plenis soli *C*³ et *E*⁶, ita concordent, ut proba omnia quae in illo sunt ex classe tertia adscita, in hoc item reperiantur, plura hic habeat classi tertiae propria genuina in illo non reperta. Etiam in corruptelis et interpolationibus cum quibusdam locis (53, 19. 54, 7. 102, 12. 108, 14. 15) duo illi testes primarii, accedente in uno (102, 12) praeterea antiquissimo epitomatore Mutinensi, consentiant, probabile est bonam partem errorum, quos habet testis in prioribus solitarius *E*⁶ accedente deinde ad hunc libro gemello *G*, proficisci ex archetypo eodem, scriptorem autem libri *C*³ in his ad archetypum alterum se applicuisse, quippe qui etiam ex classis tertiae certo veris pleraque omiserit. Archetypum id de quo agitur adscendere ad saeculum octavum supra (p. XCIII) monuimus; id quale fuerit, iam videamus.

Exemplarium duorum a contaminatore adhibitorum alterum fuit classis secundae. Ad eam ut supra rettulimus codicem *C*³ a classe ea non recedentem nisi paucis locis ad contaminatum exemplum formatis, ita etiam libros GE^6 passim facere cum classe ea laterculus ostendit supra p. CXXI seq. propositus vitiorum classis secundae magna ex parte communium classi ei cum tertia, cum e contrario ex vitiis classi primae propriis gravius nullum redeat in libris tertiae. Potest fortasse ulterius procedi examinatis hiatibus hiatuumve vestigiis communibus classi secundae tertiaeque.

48, 11 qui praest. sol. lu fundum duas casas t. s. *om.* $E^{1p.6}$ *cum* B^{3p}
56, 18 praest. sol. dcl m. sulphorata t. n. *om.* $E^{1.6}$ *cum* B^3
62, 18 possessio nymphas ... 19 ciuitate falisca *om.* B^4, *transponunt mutata* $E^{1.6}$
88, 19 amas a. p. s. l. xx *om.* $B^{1.3}$, *transponunt* $E^{1.6}$
95, 11 ad beatum paulum ... 15 lib. uicenas *om.* $E^{1.6}$ *cum* B^3
97, 11 calices min. aur. ii p. s. lib. singulas *om.* $E^{1.6}$ *cum* B^4

Secundum haec videtur exemplar id, a quo pendent libri nostri GE^6, non habuisse vel ad marginem habuisse quae absunt afueruntve a libris B^3 et B^4, in his postea ex parte expleta. Ad codicem C^3 haec non perveniunt, et potest eius archetypum quamquam classis secundae et ipsum, eatenus ab archetypo librorum GE^6 diversum fuisse.

Praeter hunc librum librarius princeps, a quo pendent contaminati, adhibuit codicem originis diversae. Inde quae adsumpsit, in margine eum adnotavisse exemplaris sui sumpti ex classe secunda, ostendit textus plerumque faciens cum ea etiam in falsis. Denique libri complures, in his Farnesianus, dittographiarum vestigia non rara servant. Videamus igitur, cuius generis codicem contaminator adsumpserit et quomodo propositum peregerit.

Codicem eum adsumpsisse primae classis, id quod statuit Duchesnius, nullo modo potest admitti; nam multa adiecit omnino genuina, quae ab eius ordinis libris absunt. Minora, ut donariorum supplementa, possunt fuisse in exemplari classis eius Lucensi nostro praestantiore; sed enuntiata non pauca in epitomis redeuntia sine dubio ex nostra classe prima non exciderunt culpa librariorum.

Epitomis ipsis non magis usus est, nam quamquam passim contaminatorum lectiones probae cum iis consentiunt, plura dedit contaminator in epitomas non recepta.

Unum igitur superest adhibuisse eum exemplar aut ipsius recensionis prioris aut certe inde pendens. Ea cum multo magis consentiat cum classe prima quam cum altera, quae in contaminatis cum illa conveniunt, pariter ex prima editione peti potuerunt. Deinde recte sic explicatur consensus contaminatorum cum epitomis et in spatiis episcopatuum et in additamentis et interdum etiam (93, 20) in forma verborum; epitomae enim factae sunt ad editionem priorem.

Ipsius editionis prioris plenum exemplum vix habuit contaminator. Absunt enim a classe tertia quaedam omissa in epitome utraque, sed ad ipsum recensionis prioris auctorem referenda. Ita ex locis duobus de Lino et Cleto (3, 4. 7, 8) alterum omittunt tam C^3 quam E^6, alterum ille solus, consentientes in ea re cum epitomis, a quibus absunt; omittunt item aliis locis (74, 3. 83, 34) minora quaedam, quae item absunt ab epitomis, adsunt in exemplaribus recensionis plenae omnibus. Potest consensus etiam alio modo explicari; nihilominus probabile est his locis pendere contaminatorem ex epitoma pleniore, cuius supra (p. XIV. CXII seq.) ostendimus duas eas quas habemus esse breviaria. Accedit, id quod maius momentum habet, quod post aetatem Theodericianam classis tertiae exemplaria recensionis a solita diversae, vestigia certa nulla suppeditant. Hoc recte explicabitur, ubi sumemus epitomen maiorem factam ad explicandum corpus Sanctimaurianum non pervenisse ad tempora Theoderico posteriora.

Contaminator corpus vitarum quomodo tractarit si quaerimus, nullus ex libris supra citatis solus sufficit, nec potuit. Nam sine dubio usus exemplaribus duobus ad sui marginem diversas lectiones passim adnotavit inde varie translatas in exemplaria posteriora. Quaedam recepit C^3, plura E^5, alii alia. Locos duos de Helenae sepultura 65, 18. 66, 11 separatos omnino in recensione priore ita, ut leguntur in posterioris classe prima, conflatos in posterioris classe secunda, contaminator dedit rursus separatos, sed retentis in priore loco additamentis classis secundae. Narrationem de Equitio male geminatam 47, 10. 71, 12 posteriore loco librarius E^6 sustulit; librarium C^3 errorem item animadvertisse ostendunt mutata verba 71, 13, sed tamen tradita reliquit. Pluribus locis, inter quos eminent 30, 20. 42, 8. 81, 1. 104, 20, contaminator textum classis secundae adsumpto altero non tam classis primae quam editionis prioris reformavit.

Denique quod attinet ad consensum contaminatorum cum classe altera utra, lectio classis secundae inde non confirmabitur, quod contaminator eam retinuit. E contrario contaminati ubi relicta classe secunda cum prima faciunt, calculum ad eam adiciunt aut editionis prioris aut certe in parte posteriore exemplaris longe antiquissimi classis secundae, et ubicumque illud evenit, pusillis quibusdam exceptis (vide supra in laterculo p. CXIX 64, 10. 73, 2. 78, 14. 81, 19. 92, 4) etiam ob alias causas primae classis consentientis cum tertia lectio praeferenda est solitariae secundae.

Contaminatio classis huius cum non perveniat ad saecula posteriora, inde a Bonifatio II (p. 139) classes duae secunda et tertia ad idem archetypum redeunt; nos nihilominus eas postea quoque separavimus non sine causa. Nam descendunt libri hi ex exemplari classis secundae nostris et antiquiore longe et praestantiore et quamquam passim interpolati sunt et corrupti, nequaquam recte spernentur, ut et alia ostendunt et quae de depositionum diebus ad p. 156 adnotavimus. Hic quoque inter sordes meliora latent non pauca.

Quae exposuimus, pertinent ad exemplaria recensionis secundae profecta ex archetypo finiente in Conone. In postremis quinque vitis (p. 210—226) Sergii I, Iohannium VI et VII, Sisinnii, Constantini fundamentum supra (p. CXIX) dixi mutari. Eas aliquando pro auctario fuisse separatim perscripto similique duobus iis, quae habet post Constantinum codex Lucensis, dubitari non potest, et quamquam adsunt in trium classium exemplaribus nostris omnibus, afuerint necesse est ab eorum archetypo communi. Obtinent etiam in hac parte quae supra particulatim demonstravimus, scilicet codices $B^{2.3.4}$ fluxisse ex exemplari eodem (p. LXXXVII), libris duobus G et E^6 idem exemplar repraesentari (p. XCVI), libros C^3 et E^6 coniunctos ex se procreavisse librum E^1 (p. XCVIII). Sed C^3 in hac parte affinis esse desinit libris $B^{2.3.4}$ prope iam accedens ad tertiae classis libros in hac parte sine dubio non contaminatos. Denique vix iam licet classes tres ita distinguere, ut distinximus in ipso corpore. Quaenam relatio deinceps intercedat inter A^1 et $B^{2.3.4}$ et $C^3 G E^{1.6}$, eo difficilius dictu est, quod codices fere concordant. Hoc apparet archetypum librorum $B^{2.3.4}$ admodum mendosum fuisse et longe meliore exemplo in his usos esse Bedam et Paulum et gestorum Neapolitanorum auctorem, quos vidimus (p. CV seq.) in ipso corpore adhibuisse exemplaria editionis secundae. Nihilominus libri $B^{2.3.4}$ aliis locis antiquiora videntur retinuisse, ut Sergii spatium (vide infra) sine dubio in primitiva scriptura eo loco fuit, ubi hi collocant, nec omittendum est in E^6 id legi geminatum et antiquo loco et aptiore recentiore. Subieci locos aliquot, qui cum quaestionem non decidant, certe affinitates librorum per has vitas aliquatenus declarant.

Depositionum dies per has vitas enuntiantur forma diversa (vide p. LXIX).

210, 2. 216, 4 *spatium Sergii solito loco* $A^1 C^3 G E^1$, *in fine vitae* $B^{2.3.4}$ *et* E^5, *utroque loco* E^6

210, 15 si dici est] se ditio est $GE^{1.6}$

210, 20 supra scriptum] *reliqui*, sacrum E^6, sacrosanctum supra scriptum E^1

PROLEGOMENA. CXXXV

210, 22 fores] portae E^6, portes G: *in archetypo fuit* $\overset{\text{portae}}{\text{fores}}$

212, 4 praesulibus] preconsulibus E^5, consulibus $E^{1.6}$: *in archetypo fuit* $\overset{\text{con}}{\text{prae-}}$ sulibus

213, 3 citius] I, ocius C^3, uelocius (*sive* vel ocius) GE^1, uelociter E^6, *om.* $B^{2.3.4}$

214, 11 *et* 21 tegnum] *reliqui et* E^5, regnum E^6, tectum E^1

216, 5 xiiii] xu $C^3 E^{1c.6}$

216, 7 m. i d. xx| d. l $E^{5.6}$

217, 2 fuit a. t. tiberii aug.] $C^3 E^{1.6}$ *soli*

219, 2 fuit autem temporibus ... imp.] $B^{2.3.4} E^{1.6}$ *soli*

219, 15 expleuit] $B^{2.3.4} E^{1.6}$, uitam finiuit $A^1 C^3 G$

219, 16 praecipuum *om.* $B^{2.3.4} E^6$

220, 1 chazariae] *reliqui et* E^5, zachariae $GE^{1.6}$

220, 11 cassaret] *reliqui et* E^5, cessaret G, excluderet $E^{1.6}$

225, 17 potitus] $E^1 G$, petitus *reliqui, in his* E^6

* 225, 22 plagarentur] $E^{1.5.6}$, flagellarentur *reliqui, etiam* GC^3

CAPVT SEPTIMVM.

EDITIONIS RATIONES.

Repraesentat editio haec Pontificalis libri recensionem posteriorem ita, ut, quantum fieri potuit, per eandem simul constaret de priore, id ubi fieri non potuit, exempli causa in collocando Pio ante Anicetum, ad posteriorem sese applicaret. Priorem integram ut restitueret, temptavit Duchesnius nec successu felici neque (ut exposui p. CXII) ipso incepto; nam quatenus constat de forma prioris, paucis vitis exceptis non ita differebat a posteriore, ut operae pretium esset utramque iuxta ponere; et ipsa ambiguitas, loci non reperti in epitomis utrum omissi sint ab epitomatore an additi ab operis recognitore, non obscuranda est, sed declaranda, id quod nos facere temptavimus. Duarum epitomarum proprietas quod ita quodammodo tollitur, ferri poterit, continetur enim eo, quod modo haec modo illa commata archetypi aut ponit aut omittit; ceterum ne quis quid desideret in Appendice duae epitomae seorsum proponuntur ita iuxta positae, ut quomodo differant pateat.

Integri corporis classes tres ubi differunt forma verborum mutata sententiisve demptis additisve, non hoc secutus sum, ut formam primitivam quae esset vel videretur fuisse, solam in textum admitterem, sed textus immutationes quoque posteriores ut, auctoritate in margine adnotata, item in textu legerentur. Neque enim edimus commentarios Caesaris vel Sallustii, sed scriptorem in suo genere et ipsum principem, scilicet in barbarismis ineptiis mendaciis a nullo superatum, in quo nihil laudes, nisi quod iusta modestia curam egit, ne nomen posteris innotesceret. Sui causa hunc nemo leget; propter rerum notitiam qui eum adhibent, iis tam genuinorum quam interpolatorum pariter ratio habenda est.

Apparatum ita institui, ut de singulis locis quae tradita habentur, proponerentur coniuncta; de nullo enim recte iudicari potest nisi ut primum exquiras, utrum sit in duabus editionibus necne, deinde, cum adest in utraque, quomodo eae differant.

Opera mea quod terminum habet in Constantino († 715), erunt qui reprehendant, nec diffiteor mihi quoque id displicere. Nam quamquam omnium qui extant codicum praestantissimus in eo desinit, codices classis secundae perveniunt fere ad

Hadrianum I († 795) et quae extant continuationes ad Stephanum V († 891) cum paucis tantummodo et hic illic interruptis exemplaribus traditae sint, potest defendi in Hadriano I finire librum Pontificalem; certe instaurationes operis, quas auctores quidam posteriores temptaverunt, diversam omnino administrationem requirunt. Nihilominus satis habui corpus vitarum conditum saeculo septimo recensere cum auctariis eius antiquioribus, partim, ut dixi (p. XV), propter Lucensis libri auctoritatem, partim quoniam rerum saeculi octavi tractatio a meis studiis aliena est. Ipsam hanc partem suscepi invitus et quodammodo necessitate coactus. Scilicet monumentis Germaniae historicis edendis qui praesumus vitarum pontificiarum plenam syllogen ab ipsis societatis nostrae primordiis publice promissam cum intellegeremus tam propter pollicitationes eas quam propter aliquam rerum necessitatem omitti non posse, ei autem operae qui se accingeret diu quaesitum non reperiremus, maxime post editam egregiam Duchesnii recensionem iuvenibus ab aemulatione deterritis, re per plures sessiones deliberata prima pars operis mihi demandata est. Eum laborem iam ut potui perfeci, nec deerunt, nisi fallit iusta expectatio, qui posteriorum episcoporum vitas rerum Germanicarum studiosis aliquantum utiliores diligenter recenseant hanc meam operam continuantes, ut ita quae in societatis nostrae scriptis adhuc desiderata sunt, tandem aliquando expleantur.

Codices ad hanc recensionem adhibitos alios integros, alios ad specimen enumeravi supra (p. II); prolegomena exposuerunt cur illos selegerim, hos reiecerim, secutus fere in omnibus Duchesnium. Codicum notas quoque ab eo formatas plerasque retinui, scilicet $A^{1-6} B^{1-7} C^{1-4} D^1$ (D Duch.) $E^{1.2.4.5.6}$ (E^3 Duch. mihi est Mut.) $F^{1.2.3}$ ($F^{a.b.c}$ Duch.) $G H^1$, (H Duch.) $K^{1.2}$ ($K^{a.b}$ Duch.) T. Librorum aliquatenus utilium variam lectionem dedi integram; nam ad selectam de nullo libro recte iudicari potest. Libros per se inutiles quod non plane sprevi, sed specimen eorum quoque dedi, ideo factum est, quod Pontificalis libri usurpatio in rerum notitia et ipsa aliquem locum sibi postulat et editoris videtur esse curam agere, ut quo pertineant singuli libri et quis quem adhibuerit determinari possit.

In orthographicis expressi codicem et optimum et plenissimum Lucensem ita, ut ubi editio ab eo recedit id adnotatio enuntiet. Scilicet ut in sententiis ita in vocabulis barbarus auctor ad suam formam edendus fuit, quae ipsa ut mendis plurimis obsita est, ita melioris aetatis residua quaedam servat, ut raro confundantur e et ae, c autem pro t non legitur nisi uno loco (78, 11 *ursatio*). Hoc videndum, utrum, ut apparet et in Lucensi libro et in aliis antiquioribus (ut 16, 4) quibusdam locis, librarius *ponere* et similia dederit pro *poneret* littera finali extrita secundum consuetudinem Italam an male confuderit infinitivum cum formis temporum; similia adnotavit Sickel in libro Diurno praef. p. LXXXIII. — Antiquissimi omnium exemplaris Neapolitani orthographicis a Pertzio sedulo enotatis apparatum onerare nolui exceptis scilicet nominibus propriis aliisque selectis; reliqua (suppressis tamen fere locorum adlegationibus) infra apposui, quoniam facere possunt ad codicum aliorum aetates et origines exquirendas. In apparatum quae recepta sunt pleraque hoc loco non repetuntur.

    ae *et* e *permutatae:*

        ae *pro* e: *in terminatione ablativorum et adverbiorum* relegionae — Haebraicae — Latinae. *Praeterea* compraehinsi — depraecatur — Haebraicae — praecamur — praesbyter *semel (plerumque compendio)* — praetios-.

        e *pro* ae (*recte* Nicaea — paenitent- — saecul-): adherentes — ereus *vel* hereus *plerumque* (herea *corr. in* aerea 71, 1) — extimatio (88, 13; *ita hac aetate conflari solere vocabula* aestimare *et* existimare *monuit Traubius ind. Cassiodor. p. 513*) — Grecus *constanter fere* (Graecias 7, 16) — hereticus *constanter* — Manichei — lebus *constanter*.

PROLEGOMENA.   CXXXVII

e *et* i *permutatae (ablativi eius generis recepti sunt in apparatum):*
- e *pro* i: altarea — ancella — Anteochia — aurecalc- (*alibi* aurochalc-) — baselica (68, 17. 73, 9) — Carenus — collegeretur — communecaretur — domenico — eregerentur — Fundanenses (*corr. in* -sis 89, 23) — linteamenibus — maretimus — menime — minesteria — patena (*saepius quam* patina) — peper — profecere — recepi (*corr. in* recipi 86, 12) — relegio *saepius* — scefos (*corr. in* scyfos 70, 7) — setit — susceperet.
- i *pro* e: cinacula — cirostata (*plerumque* cerostata) — Criscentius — cymiterium *plerumque* (cymeter- *mutatum in* cymiter- 20, 14. 32, 17; cymeter- 23, 3. 90, 21; cymetir- 78, 5, cimitir- 99, 26) — com(*vel* n)pr(a)ehinsus (*v. sub adsimilatione*) — conuertibantur — decim (*sic* 108, 23, *plerumque notatur*) — diligationibus — Euphimia (*mut. ex* eufamia 102, 2) — filicissimus — firmentum — intrinsicus — pins- (*raro, plerumque* pens-) — po(*vel* u)rfyriticus (*vide infra* u *pro* o) — requiiscit (*semel* 73, 7) — trimiss- (*plerumque;* tremiss- 73, 20) — uinditis.

eo *et* eu: Eolalius.

i *et* y:
- i *pro* y: cripta *saepius* — cimiter- (*raro, vide* i *pro* e) — Dionisius — Yppolitus — martir (*modo sic, modo* martyr) — nimfeum — papirus — presuiter (*sic* 4, 9, *plerumque per* y, *ut* 7, 13. 9, 8, *vel compendio*) — sinodus — sciphus (*aut sic aut per* y) — thimiamaterium — unicinae (= *onychinae* 108, 7) — Xistus.
- y *pro* i: Calyst- (21, 14) — cyrograph- (*plerumque;* cirograph- 103, 9) — Yppolitus.

o *et* oe: diocesis (*semper*) — parrocia (*semper*)

o *et* u:
- o *pro* u: colomna — epistola — incolomis — notu (3, 9. 32, 6. 119, 11) — polsus (29, 1) — postolarunt.
- u *pro* o (*recte* Sulphurata 56, 19): apostulus (*sic* 1, 4, *plerumque* apostol-) — cognuscat — consubrina — custus — debutio (88, 9) — episcupatu (28, 4) — episcopus (*acc. pl.* 33, 13; episcopŏrum *[sic]* 99, 27) — nubilissimus — Octub. constanter — uleum (89, 5) — unicinae (= *onychinae* 108, 7) — oraturium *fere constanter* — purf(*vel* ph)yri(*vel* e)ticus (*sic* 55, 1. 57, 6. 99, 22. 108, 14. 15. 18; pyrfureticus 98, 19; porfyriticus 64, 1; porfureticus 98, 14; Purfyrius [?] 32, 2) — puculum (91, 7) — sacerdus — territurium *fere constanter* (-torium 55, 22).

oe *et* y: cymiter- (*vide* i *pro* e).

u *et* y:
- u *pro* y: epistulia (99, 22).
- y *pro* u: pyrfuretic- (*vide* u *pro* o).

b *et* p: babtista (68, 18) — obtulit *et* optulit *alternant* — puplicus (30, 17. 19. 91, 7).

b *et* v:
- b *pro* u *raro:* curbi (87, 3) — debutio (88, 9) — lebus *passim* — musibo — renobauit (*corr. in* renouauit 104, 19) — ubae (38, 5).
- u *pro* b: presuiteros (*semel* 4, 9); *alibi non offendi.*

c *et* qu: yaquinth- (58, 10; *plerumque* yacinth-).

c *et* t *non permutantur.*

c *inserta:* coharctatus (43, 15).

d *et* t: capud (10, 1. 57, 3. 119, 3, *hic corr. in* caput).

di *et* z: exorcidiatus (89, 6)

PROLEGOMENA.

f *et* ph: ph *in Graecis plerumque servatur, exempli causa in* Cephalina (56, 22) — Euphratense (60, 8) — Sulphurata (56, 19); *exceptionem faciunt* anaglyfum (84, 10) — Eufemia (*mut. in* Euphimia 117, 4) — nimfeum — purfuretic- (*sic plerumque, vide* u *pro* o; *per* ph *uno solo loco* 57, 6) — profetia (21, 7) — scyfos (*uno loco* 70, 7, *ubi sic corr. est pro* scefos) — Stefanus (*sic plerumque*, Stepanus 34, 11).

g *et* z: Zetic- (*pro* Getic- 94, 10).

h *omissa vel addita:*
  h *omissa* (hereticus *recte plerumque*): exibere (7, 12) — odie *et derivata constanter* — ortus — yacinth- *constanter* — ydria (104, 17).
  h *addita:* h(a)ereus (95, 1 *et mut. in* aer- *duobus locis* 71, 1. 99, 15) — coharctatus (43, 15) — horatorium (108, 4, *plerumque sine* h).

c *pro* ch (*recte* archivo 94, 8): arciepiscopus (114, 11) — cartha (*sic plerumque;* carta 59, 11) — ci(*vel* y)rograph- *constanter* — crisma — unicinae (= *onychinae* 108, 7) — parrocia (11, 8).

p *pro* ph: Stepanus *semel* (*vide* f *et* ph).

t *pro* th: biblioteca — cantara (*semel* 54, 7) — yacint- (*semel* 58, 10) — termae — tronus — tymiamaterium *(semel)*.

th *pro* t: cartha (*vide* c *pro* ch) — sthorace *constanter* — thomus (107, 8).

n *inserta:* occansionem (49, 12).

s *et* x: extimatio (*vide* e *pro* ae).

vocalis in genetivis sing. decl. 2 *nominum propriorum non geminatur secundum usum antiquum:* Bonifati — Claudi — Gai — Gervasi — Laurenti — Protasi — Tiberi.

consonantes non geminatae: Calistus *constanter* (*excepto loco uno* 32, 17) — excesisse 1, 7.

consonantes geminatae: cannones (1, 7) — relegiossa (64, 10) — repperire — sepellivit *constanter*.

adsimilatio praepositionum: adfirmavit — adtiguus — conpresbyter — conprehinsus (43, 15; compr- 27, 8. 34, 7) — inmaculata — inmobile.

Orthographica haec libri Neapolitani quatenus cum litteratura Lucensis libri conveniant vel non conveniant, ostendit editio cum hoc laterculo composita. — Reliquorum librorum orthographicis apparatum vel sic quisquiliis plurimis male onustum obscurare nolui. Sed tamen in *m* finali librorum varietates admittere debui invitus; nam quamquam horum commentariorum auctori formae *manu* et *manum* pariter sonabant et promiscue litteram extremam modo male adiecit modo male omisit, non ita id executus est maxime describens aliena, ut haec abicere liceret. Similiter alias quoque lectiones vere orthographicas in re dubia passim admisi.

Scripturae compendia praeter usitatas librariorum (Neapolitani libri omnia enumeravit Pertzius in commentario supra p. LXXXV adlegato) non pauca offenduntur Pontificali propria et a forma eius pendentia. Ad ea editio haec ita aptata est, ut si qua eorum librarii ad suum arbitrium solverunt passim in ea re errantes, eas perscriptiones plerumque insuper habeat. — Numeros etiam perscriptos plerumque revocavi ad notas solitas, hoc tantum praestans libro optimo Lucensi, ut numeros distributivos in eo repertos aut in textum reciperem aut, ubi id fieri non debuit, in adnotationem referrem; ita 53, 18 *cum delfinos XX* posui, quamquam duo libri optimi habent habuitque sine dubio recensionis posterioris ipsum archetypum *cum delfinos vicenos*. Tacite sustuli formas mixtas ex notis et litteris, ut est *Xnas = denas* vulgo usurpatas in Neapolitano, item errores Lucensis, qualis est 73, 14 *amas argenteas duo*, substitutis notis sollemnibus.

Archetypum certe classis secundae *mille* numerum signavisse forma vetusta ∞ corruptelae 102, 10 patefaciunt. — Menses fere ad antiquam consuetudinem enuntiat Neapolitanus (ita per octo primos episcopos sic ibi est: *III kl. Iulias — VIII k. Octub. — VI k. Mai. — VIII k. Decemb. — III idus Iul. — VI k. Novemb. — V nonas Mai. — III non. April.*); in spatiis idem uti solet compendiis $\overline{an} - \overline{m} - \overline{d} -$. Denique formula in ordinationibus solita in duobus libris primariis scribi solet *per mense* (vel *per menses*) *Decemb.* Ego in his plerumque compendia sollemnia posui. — In ordinationibus et pro *numero*, quod tamen a melioribus libris abesse solet, ponitur *n.* et sacerdotum genera raro perscribuntur plerumque notata sic: $\overline{prsb}$ (vel $\overline{psb}$ $\overline{pb}$) — $\overline{diac}$ — $\overline{cpisc}$ similiterve; haec edidi perscripta, admittens plerumque formam *diacones* in accusativo pluralis frequentius usurpatam. Praeterea ubi diaconorum vocabulum invenitur quam declinationem sequatur, quatenus perscriptum invenitur, adnotatio indicat. — In ponderibus et mensuris reditibusque breviari solent vocabula *praest* = *praestat* vel *praestant*; *pens* (vel $\overline{p}$) = *pensat* vel *pensant* vel *pendens* similiterque (*pendit*, quod expectes, non reperitur); $\overline{lib}$ = *libras*; $\overline{sing}$ = *singuli* cet.; $\overline{ped}$ = *pedes*; $\overline{sol}$ (sic Neap., $\overline{solid}$ Luc.) = *solidos* et $\overline{tremiss}$ = *tremisses*. Haec non saepe, aliquoties tamen turbantur vocabulis inscite solutis, ut in Lucensi est 53, 27 *amas . . . . portantes singulos medemnos III*; 63, 7 *fara cantara argentea XXX, pens. singulae lib. VIII*; 65, 11 *sciphos argenteos II pens. singulos lib. X*; 68, 4 *phara cantara argentea XXX pens. singulas lib. quinas.* Pro his similibusque in editione solitum compendium posui. Accedunt ad compendia haec sollemnia alia rariora: $\overline{cym}$ = *cymiterium* — $\overline{possess}$ = *possessio* — $\overline{qa}$ = *qui appellatur* (cf. p. LXXXVII, item Sickel in actis minoribus Vindobonensibus cl. phil. hist. vol. 117 comm. VII p. 27) — $\overline{territ}$ = *territorium* — $\overline{thymiamat}$ = *thymiamaterium*.

Unum restat et prae omnibus gratum officium, ut nominem fautores et amicos, quorum adiutorio si quid hac mea opera effectum est, ex parte magna debetur. Ante omnes praedicandi sunt bibliothecarum quattuor exterarum moderatores senator Bloesch Bernensis, Leopoldus Delisle Parisinae, Guilelmus Nicolaus du Rieu nuper tristi fato nobis ereptus Leidensis, Guido Biagi Florentinae Laurentianae, per quos hoc adsecutus sum, ut per sex fere menses, dum volumen imprimitur, quattuor codices praestantissimos ($C^3 B^2 B^4 E^6$) una cum quinto nostro Coloniensi (B^3) interim in regia bibliotheca nostra custoditos cum plagulis denuo conferre liceret. Item litterarum publicarum in Italia summus curator Emanuel Gianturco et archiepiscopus Lucensis Nicolaus Ghilardi et qui moderante cardinali Rampolla Vaticanae bibliothecae praesidet Franciscus Ehrle non solum aliis officiis me obligarunt, sed effecerunt, ut duo codices primarii Neapolitanus et Lucensis Romam mitterentur et in bibliotheca Victorii Emanuelis ille, hic in Vaticana a me excuterentur. Codicum minoris notae reliquorum cum plerosque ipse viderim, specimen eorum quos non vidi sumpserunt mea causa Bruxellensis Franciscus Cumont, Vindobonensium Ludovicus Hartmann, Mutinensis Carolus Frati, Parisinorum eorum, quos ipse non tractavi Berolini, Vidier. Denique optimos amicos tres adiutores egregios habui, Christianum Huelsen Romae degentem, cui et alia accepta fero et Indicis tertii partem ad urbis Romae topographiam spectantem, Adolfum Harnack Berolinensem, quem de rebus sacris saepe consului nec facile sine fructu, Ludovicum Traube Monacensem palaeographum et philologum insignem, qui horas multas impendit, ut hoc volumen a naevis magnis parvisque liberaret. Horum officiorum memor ut ipse manebo, ita quibus hoc volumen usui erit, aliquatenus suas gratias cum meis consociabunt. — Indices praeter partem supra indicatam a me rogatus confecit optimae spei iuvenis Felix Iacoby.

Scripsi Berolini d. Mai. 9 a. 1897.

CORRIGENDA.

p. 25, 4 in catacumbas] scr. in cimiterio catacumbas (corr. item in adn.)
p. 39 adn. ad v. 11 ante C^3 adde $A^{1,2}$
p. 59 in adn. ad v. 5 ante 'reliqui' ins. 'cum lib. cc'
p. 78 adn. ad v. 18 pridiolo F^1] scr. praesidiolo F^1
p. 79, 4 sui] scr. suo
p. 81, 17 uia aurelia *habent et F et K*
p. 84 adn. ad v. 15 scr. aiacentibus C^3B^1, iacentibus B^4
p. 86 in adn. ad v. 17 adde xxii F^2
p. 104 in adn. ad v. 13 adde fides E^6
p. 133, 10 ardoris *errore expressum est litteris inclinatis*
p. 201, 22 auream] scr. aureum

⟨Beatissimo papae Damaso Hieronimus.
⟨Gloriam sanctitatis tuae nostra humilitas deprecatur, ut saecundum apostolicae sedis,
⟨quam cognovimus guvernari per tuam sanctitatem, ... hoc curvi precamur, ut actus
⟨gestorum a beati Petri apostoli principatum usque ad vestra tempora, quae gesta
5 ⟨sunt in sedem tuam, nobis per ordinem enarrare digneris; quatenus nostra humilitas
⟨sentire cognoscat, qui meruit de episcoporum supra dictae sedis martyrio coronari, vel
⟨qui contra canones apostolorum excessisse cognoscatur. Ora pro nobis, beatissimae
⟨papa.

om. P ⟨Data 'V' kl. Mai. 'Accepta Romae.'⟩

FK^2 (om. K^1) *habent quae* ( ) *comprehenduntur, F solus signata praeterea* ' ', *K solus signata praeterea* ' '; *P habet (praeter nominatim excepta) omnia:* I ($A^{1.2.4}$). II ($C^3B^{1.2.3.4}$). III (E^1). — AVCTORES: 7 *contra canones apostolorum*] *intellegitur collectio Latine versa a Dionysio Exiguo saeculo sexto incipiente (cf. Maassen Quellen des canon. Rechts I p. 408; Duchesne préf. 1 p. CXXX).*

praescr. epistula hieronimi A^1, incipit epistola hieronimi ad (ā A^2) damasum (damassum E^1) episcopum (papam A^4E^1) $A^{2.4}B^4E^1$, incip epistola beati hieronimi pri ad beatissimum damasum episcopum urbis romae $B^{2.3}$ 1 damasso A^1E^1 2 gloria F^3KA^4 sanctitati $A^{1.2}$ nostram humilitatem F^3 deprecatur] $FC^3B^{1.2.3.4}E^1$, depraecantur K, dedicatur $A^{1.2.4}$ 3 gubernare FK per tuam] perpetuam $A^2B^{1.3}$ *post* sanctitatem *quaedam (exempli causa, ut proposuit Traubius,* nobis succurras auctoritatem) *exciderunt* hoc curui] $B^{1.2.3.4}$, hoc curam C^3E^1, hoc urbi $F^{1.2}$, ut curui K, curui $A^{1.4}$, curbi A^2 praecamus F actos K 4 a] A^2 *et reliqui*, ut a $A^{1.4}$, *om. K*   principatu $F^3C^3B^1E^1$ uestram K 5 sede tua $KA^{2.4}E^1$ ordinem] o. pacis (paucis *em. edd.*) F enarrare] enumerare B^1 digneri F^2 6 de *om. B^1*   sedis] sanctae sedis F *post* sedis *excidit fortasse* ordine *vel simile vocabulum*   coronare K 7 cannones A^1B^1, canonis F^3 cognoscitur F, cognoscantur C^3E^1 8 papa] pater $A^{1.2.4}$ 9 data . . . . romae *om. F^3*

---

10   ⟨Damasus episcopus⟩ urbis Romae ⟨Hieronimo.
⟨Gaudet aecclesia tuo fonte iam satiata et amplius sitit curiositas temporum sacerdotalis⟩,
ut ⟨quod dignum est, cognoscatur 'et' quod indignum, respuatur. Tamen quod gestum⟩
est, quod ⟨potuimus repperire nostrae sedis studium, ad tuam caritatem gaudentes
⟨direximus. Ora pro nobis ad sanctam resurrectionem, frater⟩ et ⟨conpresbiter. Vale
15 ⟨in Christo⟩ deo domino nostro. ⟨Data X k. Iunias. 'Accepta VI kalendas Octubris.'⟩
Missa de Roma Hierusolima.

---

praescr. epistula damasi A^1, alia (sic) A^4, item damasi pape ad hiēr pbrm A^2, epistola damasi ad hiero B^4, rescriptio beati damasi papae ad (*om. B^3*p) hieronimum prbm $B^{2.3}$, ep. damassi papae ad hieronimum presbiterum E^1 10 damassus B^1E^1 episcopus *om. A^4*   hieronimo] $A^{1.2}B^{1.4}$, h. salutem $B^{2.3}$, h. presbitero $FKC^3A^4E^1$ 11 gaudit A^1 sitit] setit B^1, sitit ut K tempore sacerdotali A^4 12 cognoscatur et (*om. F*) q. i. *om. E^1*   indignum] i. est $KA^2B^1C^3$ 13 est quod *om. A^2*   nostrae] in nostrae FK studium] A^4 *et reliqui*, studio A^2, est studium A^1 13/14 gaudentes (gaudenter B^1) direximus] *sic FK II. III*, gaudentes (*om.* direximus) $A^{1.4}$, misimus gaudentes A^2 *emendans*   14 frater] sanctae $A^{1.2.4}$ conpresbiter] cum presbiteris F^3 ualeas A^4 15 christo] domino F^2 deo *om. $C^3B^4E^1$*   domine noster (sic) A^1 data . . . . oct. *om. F^3*   iunias (ianuariarum K) accepta ui (uii E^1)] $A^{2.4}$ *et reliqui*, *om. A^1*   oct.] aug. E^1 16 romana E^1 hierosolyma B^1, hierusolimam A^2, hiero(uel u)solimam feliciter $B^{2.3}$ *subscr.* explicit epistola A^4 *Indicem episcoporum spatiis non adscriptis hoc loco inserunt F II ($C^3B^{1.2.3.4}$), eundem aliaque interponit E^1 (vide praef.), non habent $KA^{1.2}$*

I. PETRVS.

⟨Beatus Petrus 'Anthiocinus', filius Iohannis, ⟨provinciae Gallileae vico Bethsaida, 'frater ⟨Andreae et princeps apostolorum'

Beatus Petrus apostolus et princeps apustu- 1 *P* lorum Anthiocenus, filius Iohannis, provinciae Gallileae vico Bethsaida, frater Andreae

⟨primum sedit cathedra episcopatus in Anthiocia annos VII.
⟨'Hic Petrus ingressus' in 'urbe' Roma 'Nerone Caesare ibique sedit cathedra episco- 2
⟨'patus' ann. XXV

    m. I d. VIII   ∥   ⟨m. II d. III.   *FK I. II*

⟨Fuit⟩ autem ⟨temporibus Tiberii Cesaris et Gaii et Tiberii Claudii et Neronis.
⟨Hic scripsit duas epistulas, quae catholicae nominantur, et euangelium Marci, quia
⟨Marcus auditor eius fuit et filius de baptismo, post omnem quattuor euangeliorum

---

  FK habent quae ⟨ ⟩ *comprehenduntur, F solus signata praeterea* ' ', *K solus signata praeterea* ‹ ›; *P habet (praeter nominatim excepta) omnia:* I ($A^1W^{1.2.3}A^{2.4}X^{2.3}A^5Freh.A^{6.7}YA^3Z^{1.2}$). II ($C^3B^{1.2.3.4}QB^{6.7}$ $C^{1.2.4.5}D^{1.2}P^{1.2}O$). III ($E^{1.4.6}SH^{1.2}$ *Crabb. Moy.*). — AVCTORES: 1 beatus … 5 in Anthiocia] *Hieronymus v. ill. 1:* Simon Petrus filius Iohannis provinciae Galilaeae vico (*sic libri*) Bethsaida frater Andreae apostoli et princeps apostolorum post episcopatum Antiochensis ecclesiae … ad expugnandum Simonem magum Romam pergit. *Gregorius I ep. 7, 37* (= 40) *data ad Eulogium episcopum Alexandrinum:* ipse firmavit sedem, in qua septem annis quamvis discessurus sedit.   6 sedit … 9 Neronis] *catal. Liberianus:* Petrus ann. XXV mens. uno d. VIIII: fuit temporibus Tiberii Caesaris et Gai et Tiberi Claudi et Neronis a cons. Minuci et Longini usque Nerine et Vero. *Index:* ann. XXV (xx 2, xxxu 4) m. II d. III (ii 8).   10 hic … 11 fuit] *Hieronymus l. c.:* scripsit duas epistulas quae catholicae nominantur … sed et euangelium iuxta Marcum, qui auditor eius et interpres fuit, huius dicitur.   11 filius de baptismo] *cf. 1. Petr. 5, 13:* Marcus filius meus.

FK 1 anthiocinus F^3, antiochenus $F^{1.2}K$ 2 bethsaide $F^{1c.3}$ ∥ *P* 1 beatus] beatissimus A^2, primus beatus O et om. $Z^1H^{1.2}$ 2 anthiocenus] anthiocinus Z^2, om. $H^{1.2}$ filius ioh. *post* bethsaida $H^{1.2}$ 2/3 prouinciae (-cia A^2) gal(l)ileae] natione galileus $H^{1.2}$ 3 uico] de uico $NH^{1.2}$ bethsaida] bethaida $W^2{}_PA^3$, besaida P^1, bethsaide $X^{2.3}$ *Moy.*
5 primum] *FK II (rel.)* A^4E^6, primus I (*rel.*) III ($E^1H^{1.2}$) C^1, primo $E^4Cr.$, primitus $P^{1.2}$ cathedra] *FK*^{1} II ($C^3B^{1.2.3.4}C^{1.5}P^1O$) $A^{2.6}E^4$, cathedram I (*rel.*), etiam A^1) II (*rel.*) III (*rel.*), in cathedram H^1, in cathedra $X^{2.3}B^{6c}H^{1.2}Cr.$, cathedre K^2Q episcopatus] episcopatum B^7A^3 (*ante* cath.), episcopalem H^1, episcopali H^2, epasti [*sic*] A^2, om. P^1 in (*om.* B^1) anthiocia (-chiam A^3)] antiochiam (*om.* in) A^2, apud antiochiam $H^{1.2}$, antiochiae $Cr.$, om. $A^{6.7}X^{2.3}$ a. uii] a. u B^{2c}, a. ui C^4, a. uiii O, a. x F 6 hic petrus …. 6/7 episcopatus] deinde in roma K, om. $X^{2.3}$, hic petrus … d. iii om. (*substituentes similia post* anno xxxuiii) $H^{1.2}$ hic] hinc $E^4Cr.$ petrus] beatus petrus II dett. ($B^{2.3}QB^{6.7}C^{1c.2c}D^{1.2}O$) $Cr.$, om. $Z^{1.2}$ ingressus] i. est $W^{1c.2.3}A^{5.6.7}B^{6c}D^2P^2E^6Cr.$ in *om.* $A^1W^{1.2.3}Z^{1.2}B^8P^{1.2}O$ urbe roma] $A^1C^3B^{1.2.3.4.6}{}_P7C^1$, urbem romam *reliqui*, urbe rome F^{1c}, urbem $W^{2.3}$ nerone caesare] sub n. c. $A^{4.6.7}B^{6.7}C^2{}_cD^{1.2}ONE^{1.6}$, n. c. imperante A^{6c}, n. c. regnante $Z^{1.2}$, om. A^3Y ibique sedit] ibi s. C^4, s. i. O cathedra] $F^{1.2}$ II (*rel.*) S, cathedram I (*etiam* A^1). III. $C^{1c.2.5}QD^{1.2}ON$, cadetre F^3, in cathedra $YB^{6c}P^{1.2}Cr.$, om. $Z^{1.2}$ 6/7 episcopatus] episcopus $Z^{1.2}$ 7 a. xxu] a. xxx N 8 m. ii] ii m. $Z^{1.2}$, et m. ii K^2, m. i $A^{6.7}C^{3.4}$ III ($E^{1.4.6}S$), m. iii $B^{6}{}_P$ d. iii] d. ii $Z^{1.2}$, d. uii $A^{5.6.7}Freh.$, d. uiii $C^{2c.3.4}$ III ($E^{1.4.6}SH^2$), d. uiiii (*supraser.* uel iii) H^1 9 fuit] et fuit Z^2 tiberii] tiberis B^1 et gaii] *sic reliqui, etiam* A^1, et gagi $A^{2.4}B^{2.3.6.7}D^{1.2}E^1$, et gagii E^4, et gaii galliculae $H^{1.2}$, om. YA^3 et tiberii om. $X^{2.3}A^{6.7}O$ claudii] cladii $A^1B^3{}_P$, et claudii E^4 *post* neronis ins. sub quo et passus est (m. similibus infra) K 10 hic] is E^6 duas ep.] ep. ii Q catholicae] *reliqui cum Hieronymo*, canonicae $FKA^{2.3.5.6.7}Freh.YC^2NE^4$, canonicae at catholicae O, catholicae ac canonicae $Cr.$ marcii A^1 quia] qui $W^1X^{2.3}$ 11 marcus] iu (*pro* m.) P^1 auditor] adiutor B^2 filius] f. eius $E^{1.6}$ de] in $Z^{1.2}H^{1.2}$, a $Cr.$ baptismum $K^2{}_P$ post omnem …. 3, 2/3 sunt firmata *om.* $Z^{1.2}H^{1.2}$ omnem] omne B^6, omnes K^2, omnium $P^{1.2}$ quattuor] *FK II. III.* $Z^{1.2}$, quartum $A^{5.6.7}$, *post* fontem E^4, *om. I* (*rel.*)

I. PETRVS.

⟨fontem⟩, quae ⟨ad interrogationem⟩ et testimonio eius, hoc est ⟨Petri, firmatae sunt, ⟨dum alius Grecae, alius Ebraicae, alius Latine consonent⟩, tamen eius testimonio sunt firmate.

Hic ordinavit duos episcopos Linum et Cletum, qui praesentaliter omne ministerium 3 sacerdotale in urbe Roma populo vel supervenientium exhiberent; beatus autem Petrus ad orationem et predicationem, populum erudiens, vacabat.

Hic cum Simone mago multas disputationes habuit tam ante Neronem imperatorem 4 quamque ante populum, ut quos beatus Petrus ad fidem Christi adgregabat, ille per magias et deceptiones segregabat. Et dum diutius altercarent, Symon divino nutu interemptus est.

Hic beatum Clementem episcopum consecravit eique cathedram vel aecclesiam omnem 5 disponendam commisit, dicens: sicut mihi guvernandi tradita est a domino meo Iesu

---

FK habent quae ⟨ ⟩ comprehenduntur, F solus signata praeterea ' ', K solus signata praeterea ‹ ›; P habet (praeter nominatim excepta) omnia: I ($A^1W^{1.2.3}A^{2.4}X^{2.3}A^5Freh.A^{6.7}YA^3Z^{1.2}$). II ($C^3B^{1.2.3.4}QB^{6.7}C^{1.2.4.5}D^{1.2}P^{1.2}ON$). III ($E^{1.4.6}SH^{1.2}$ Crabb. Mog.). — AVCTORES: 2 dum alius ... consonent] Hieronymus v. ill. 3: Matthaeus ... euangelium Christi Hebraeis litteris verbisque composuit. idem v. ill. 8: Marcus ... rogatus Romae a fratribus breve scripsit euangelium (Duchesne). 4 hic ordinavit ... 6 vacabat] Rufinus praef. ad recognitiones Clementinas: quidam requirunt, quomodo, cum Linus et Cletus in urbe Roma ante Clementem tunc fuerunt episcopi, ipse Clemens ad Iacobum scribens sibi dicat a Petro docendi cathedram traditam. cuius rei hanc accepimus esse rationem, quod Linus et Cletus fuerunt quidem ante Clementem episcopi in urbe Roma, sed superstite Petro, videlicet ut illi episcopatus curam gererent, ipse vero apostolatus impleret officium (cf. Lightfoot apostolic fathers, Clement 1 p. 67. 174. 191). 7 hic ... 9/10 interemptus est] haec quoque hausta sunt ex Rufini versione recognitionum Clementinarum. 11 hic beatum ... 4, 3 vacare stude] in epistula subditicia Clementis ad Iacobum item a Rufino cum recognitionibus translata Petrus sic ait quoniam ... dies mortis meae instat, Clementem hunc episcopum vobis ordino, cui soli meae praedicationis et doctrinae cathedram trado ... ipsi trado a domino mihi datam potestatem ligandi et solvendi et post alia: te ... oportet summo studio niti, ut omnes vitae huius occupationes abicias.

1 fontem] fonte A^4, fons B^{6c}, dissentionem C^{2c} quae] quem C^{5p}, om. $D^{1.2}$ cum FK ad (om. B^{6c}) int.] ad int. pertinent C^{2c} et (om. $X^{2.3}$) testimonio (-nium $A^{4.5.6.7}YC^{1c.3.4}P^1OE^{1.4.6}S$, -nia C^5) eius hoc est (ei. h. e. om. P^{1p}) om. $D^{1.2}$ cum FK firmatae (firmata $KW^{2.3}YP^2E^6$ Cr. Mog., firmati FC^5S, formatae Freh.) sunt] firmatae est B^{6c} 2 dum] quamuis enim B^{6c} alius (aliud Y) gr. alius (aliud Y) ebr. alius (aliud Y) lat.] al. lat. alius (aliusque $E^{1.6}$) gr. et (om. C^4) al. hebr. $C^4E^{1.6}$, al. gr. al. lat. al. hebr. O, aliis ebraice alius latine (om. rel.) A^2, al. ebr. (om. rel.) S consonent] consonet KB^4C^{2c}, consonant C^{1p} Mog. eius] ex E^6 testimonio] testimonium $A^6B^{6p.7}$ 2/3 sunt firmatae] s. firmata $W^{1.2.3}A^4YP^{1.2}$ Cr. Mog., s. formata E^6, f. s. D^1 4 hic ordinauit .... 4, 4 post hanc dispositionem om. $C^{3.4}E^{1.6}$ cum FK hic] hic uero $Z^{1.2}$, hic romae $OH^{1.2}$ ordinauit om. $A^{6.7}$ episcopos] ep. constituit A^{7c} qui] que $B^{6p.7}$ praesentaliter] praesentaliter $W^{2.3}Z^1A^{6.7}Freh.C^{5p}P^1OE^4H^{1.2}$ Cr., precensialiter Z^2 omne] omnem $A^2W^1B^{1.2.3.4.6.7}C^2$ 4/5 sacerdotale] sacerdotalem $B^{1.2.4.6.7}C^{1p.2}P^2$, sacerdote A^5 5 roma] romana YO uel om. in sp. vac. E^4 superuenientium] superuenientem B^{3p}, superueniente A^3, superuenienti $X^{2.3}C^2pD^{1.2}E^4$, superuenientibus $A^{5.6.7}Freh.QC^{1p.5}P^{1.2}OZ^{1.2}H^{1.2}$ Cr. (marg.), ad se uenientibus Cr. (text.) exiuerent A^1, exhiberet A^3B^{3p}, exhibebant Y beatus ... 6 uacabat om. A^2 5/6 ad orationem (-ne $B^{1.4}$) et predicationem (-ne $B^{1.4}$)] orationi et praedicationi (instans ins. A^7) $A^{5.6.7}Freh.O$, orationi praedicatione Cr., ad or. (om. et pr.) A^4 6 populum] populos $A^{5.6}Freh.Y$, populosque A^7, populo A^3 uacabat] uocabat B^1 7 hic] ipse H^1, ipse uero H^2 cum om. C^{2p} simone (symone B^1) libri, etiam A^1 mago] magum C^{2p}, m. prius in iudea et postea romae $H^{1.2}$ multas] multo A^2 disputationes] dispositiones $A^{1p}Z^{1.2}$, dispositione A^2 tam ante n. i. quam et a. populum ante multas $H^{1.2}$ tam] tamen C^{2p}, ante habuit $D^{1.2}$ ante] coram Cr. neronem imperatorem] nerone imperatore Cr., neronis (nerone A^4p) imperio A^4 8 quamque] quam $W^{2.3}A^{2.3.6.7}Freh. YZ^2B^4P^{1.2}E^4$, quam et $H^{1.2}$ ante] autem A^4, coram Cr. populum] populo $A^4B^4C^2pr.6p$ Cr. ut] et $A^{5.6.7}Freh.X^{2.3}YC^{1c}D^{1.2}P^{1.2}OE^4H^{1.2}$ Cr., quia A^2 beatus (om. $H^{1.2}$) petrus (p. apostolus $C^{2p}5$) ad fidem (fide B^4)] ad f. b. p. Y 8/9 per (om. A^2) magias et] II ($C^3B^{1.4.7}C^{1p.2p.5}$) III ($E^{1.6}$) A^2, per magi** et A^1, per magicas et $W^1A^{3.4}$, per magicas artes et $W^{2.3}$, per magicas I (rel.) II (rel.) III ($E^4H^{1.2}$) 9 et] sed $H^{1.2}$ deceptationes B^4 dum] cum C^5 altercarent] altercarentur $W^{2.3}A^{5.6.7}Freh.C^5H^{1.2}$ Cr., altercaretur Y diuino] diuinum B^{6p}, om. O 10 est om. B^1 11 hic] hic uero $Z^{1.2}$, petrus uero non sentiens diem mortis sibi imminere $H^{1.2}$, hic petrus Cr. beatum (om. $H^{1.2}$) clem.] cl. b. $Z^{1.2}$ eique] eius W^1, ei W^2, cui et Cr. cath. uel (et Freh.) aeccl. omn. (om. W^3)] suam cath. et o. e. $Z^{1.2}$ 12 mihi post gub. Y, post tr. est $H^{1.2}$ guuernandi] guberuanda A^4, om. $H^{1.2}$ ante tradita ins. ligandi et soluendi omittentes infra $H^{1.2}$ est om. B^6 12 pag. 4, 1 iesu christo om. W^3

1*

I. PETRVS.

Christo potestas ligandi solvendique, ita et ego tibi conmitto, ut ordinans dispositores diversarum causarum, per quos actus ecclesiasticus profligetur, et tu minime in curis seculi deditus repperiaris, sed solummodo ad orationem et predicare populo vacare stude. Post hanc dispositionem ('martyrio cum Paulo coronatur') post passionem domini anno XXXVIII. ⟨Qui et sepultus est via Aurelia, in templum Apollonis, iuxta locum ubi crucifixus est, ⟨iuxta palatium Neronianum, in Vaticanum, iuxta territurium triumphalem, III kal. Iul.⟩

FK ⟨Hic fecit ordinationes tres, diacones VII, ⟨presbiteros X, episcopos III, per mens. ⟨Dec.⟩

P Hic fecit ordinationes per mens. Dec. episcopos III, presbiteros X, diacones VII.

FK habent quae ⟨ ⟩ *comprehenduntur, F solus signata practerea* ' ', *K solus signata practerea* ‹ ›; *P habet (praeter nominatim excepta) omnia*: I ($A^1 W^{1.2.3} A^{2.4} X^{2.3} A^5 Freh. A^{6.7} Y A^3 Z^{1.2}$). II ($C^3 B^{1.2.3.4} Q B^{6.7} C^{1.2.4.5} D^{1.2} P^{1.2} ON$). III ($E^{1.4.6} SH^{1.2}$ *Crabb. Mog.*). — AVCTORES: 4 *Hieronymus v. ill.* 5: Paulus eodem die quo Petrus ... capite truncatur ... anno post passionem domini XXXVII. 10 in Vaticanum iuxta t. tr.] *Hieronymus v. ill.* 1: sepultus Romae in Vaticano iuxta viam triumphalem. iii kal. Iul.] *catal. Liberianus*: passus autem cum Paulo die III k. Iul. consul. ss. imperante Nerone *Feriale ecclesiae Romanae* (*chr. min. 1 p. 71; propter supplementa vide adnotata ad vitam Cornelii*): III k. Iul. Petri [in Vaticano et Petri et Pauli] in Catacumbas et Pauli Ostense Tusco et Basso cos. [a. 258].

1 potestas *post* 3, 12 mihi $Z^{1.2}$ ligandi] legandi $A^1 B^{1.4} C^{1p}$, et ligandi $W^{2.3}$ soluendique] *sic reliqui* (*etiam* A^1, *non* disoluendique), et soluendi $A^{2.3.5}$ *Freh*. $E H^{1.2}$, atque soluendi $A^{6.7}$, *om.* Y *ita om. Freh.* et *om.* $Z^{1.2}$ ut] et ut $X^{2.3}$ ordinans] ordines $A^{6.7} YQ D^{1.2} H^{1.2}$ *Cr., om.* A^2 dispositores] dispositiones B^1, dispositores *al.* preparatores O, dispensatores E^4, diseptores Z^2 2 causarum *om.* A^2 actus] actos $C^{1p} A^3$, auctus A^6 ecclesiasticus] ecclesiastics $W^1 A^3 C^{1p.2p} B^{6c} P^{1.2}$, ecclesiastici $W^{2.3} C^5$, non ecclesiastici *Cr*. profligetur] profligatur $X^{2.3}$, profligentur *Cr.*, profliges P^1, propagetur $W^1 C^{2c}$, propagentur $W^{2.3}$, profluent C^{5p}, profluant C^{5o}, profiteatur Y, proficeretur A^3 et *om.* $A^{5.6.7}$ *Freh*. in curis] incurris $A^{2.6p} B^1$, curis $Z^{1.2} H^{1.2}$ *Cr*. 3 seculi] huius seculi Z^2 repperiaris sed solummodo ad orationem (-ne $B^{1.4}$)] sed (*om.* Z^{1c}) solummodo orationi (*rel. om.*) *Freh*. $Z^{1c.2}$ *Cr., om. in sp. vac.* Z^{1p} predicare] praedicatione B^1, praedicationi $Z^{1.2}$ *Cr.*, praedicationem $A^{4.6.7} QD^{1.2} E^4 H^{1.2}$ populo] populum $A^{2.3.5} B^6 C^5$, populi $A^{6.7} D^{1.2} H^{1.2}$, ad populum *Cr., om.* YZ^1 uacare stude] *I pars* ($A^{2.4.5.6.7} Y$) *II. III, st. uac. I (rel.)* 4 post] et post $Z^{1.2}$ dispositionem] -ne B^4 martyrio] hic m. $FC^{3.4}$ *III* ($E^{1.4} S$) paulo] p apostolo $Z^{1.2}$, p. coapostolo suo $H^{1.2}$ coronatur] coronatus $W^{1.2.3} E^6$, coronatus est $H^{1.2}$: *add.* sed tamen paulus apostolus in altero anno sequenti et in eadem die in quo petrus martyrio coronatur sic et eodem die paulus martyr christi efficitur petrus martyr efficitur Z^2 post passionem (ascensionem P^2) d. anno (ante W^1, annos $W^{2.3}$) xxxuiii (xxxiiii B^2, xxxui $A^{6.7}$, xxxuii P^1 *Cr. marg.*, xxxuiiii $A^2 X^{2.3}$)] a. xxxuiii p. p. d. $Z^{1.2}$ 6 qui et (*FKE*^{1p}, *om. reliqui*) sep. est] sep. est autem $H^{1.2}$ uia (in uia Y) aurelia (aurilia $F^{2.3} K^2$) *et hic et post* 7 triumphale *FK* templum] templo $FA^{2.4} X^{2.3} A^{5.6.7} Z^{1.2} QB^6 C^{2c.4.5} P^2 E^4$ *Cr*. ap(p)ol(l)onis] *FKC*^{3} $B^{2.3.4.6.7} C^{2p}$, apollinis *reliqui* locum] loco $F^{1.2}$, *om.* $X^{2.3}$ iuxta l. u. cr. est *om.* A^2 7 iuxta palatium (-tio $C^{1p.2p}$, *om.* Q)] prope pal. $Z^{1.2}$, secus pal. $H^{1.2}$ uaticanum] *FKA*$^2 C^3 B^{1.2.3.4.6p.7}$, baticanum $A^{1.4}$, baticano $A^{5.6.7} C^1$, uaticano *plerique* iuxta territorium (territoritum B^6)] *libri I. II. III cum Hieronymo,* in territurium (-rio K) *FK* triumphalem] $A^{1.2.4.5.6.7} C^3 B^{2.3.4.6.7} C^{1.2p} E^{1p} H^{2p}$, triumphale $F^{1.2} K^1$ *et reliqui*, phalc F^3, *ante* terr. $Z^{1.2}$, *om.* K^2 iij] in *Mog.*

FK 8 *ordinationes ante sepulturam FK* diac. uii *post* episcopos iii F

P 8 per (in $B^2 C^5 E^4$) m. dec. (mense decembrio C^3, menses decembrios E^1, menses x $W^{1.2p.3} X^{1p.2}$: *similia passim*) *om.* $Z^{1.2}$ 8/9 episc. iii (episc. iii linum cletum et clementem N, ep. iiii P^1, ep. ui $X^{2.3} A^{5.6.7} C^{2c.3.4} E^6 H^2$, ep. ui *superscr.* uel iii H^1) presb. x diac. uii (uiii $X^{2.3} E^4$ *Mog.*, diac. uiii *om.* $P^{1.2}$) *libri plerique*, presb. x diac. (diacones B^6) uii ep. per diuersa loca numero tres $B^{6.7} D^{1.2}$ *Cr. fere ut FK* post diaconos uii *add.* hic primus missam constituit celebrare in commemoratione passionis domini in pane et uino aqua mixto cum sola oratione dominica et sanctificatione sancte crucis quam ceteri sancti apostoli imitati sunt in hac celebratione *epitome cod. Paris.* 2400.

II. LINVS.

⟨Linus, natione Italus, 'regionis'⟩ Tusciae, ⟨patre Herculano, sedit ann. XI m. III d. XII. 1
⟨Fuit autem temporibus Neronis a consolatu Saturnini et Scipionis *[a. 56]* usque ad
⟨Capitone et Rufo consulibus *[a. 67]*.
⟨Martyrio coronatur.
5 ⟨Hic ex precepto beati Petri 'constituit, ut mulier in aecclesia velato capite introiret'.⟩ 2
Hic fecit ordinationes II episcopos XV, presbiteros XVIII.
⟨'Qui et' sepultus est 'iuxta corpus beati Petri' in Baticano⟩ sub die ⟨VIIII kal. Octubris.⟩

FK habent quae ( ) *comprehenduntur, F solus signata praeterea* ' ', *K solus signata praeterea* < >; *P habet (praeter nominatim excepta) omnia*: I ($A^{1.2.4}$). II ($C^3B^{1.2.3.4}$). III ($E^{1.6}$). *Mut.*: beatus Linus ex praeceptum beati Petri, ut mulier ... introire). — AVCTORES: 1 sedit ... 3 Rufo] *catal. Liberianus*: ann. XII m. IIII d. XII. fuit temporibus Neronis a consulatu Saturnini et Scipionis usque Capitone et Rufo. *Index*: ann. XI (xii 9, xiii 5) m. III (ii 4, u 9, ui 5) d. XII (ii 4, xuii 8, om. 7).

---

1 lenus K^1 regiōn A^1, regione B^2, regiones F^3, de regione E^6 patre (//tre B^1, pater A^4) herculano (hercolano K)] patrem erculanum $F^{1.2}$, ex patre h. $E^{1.6}$ a. xi] a. xii K, a. xu $C^3E^{1.6}$ d. xi B^1, d. xiii B^2 2 consulato $F^{1.2}$, consolato F^3K^2 et om. B^3 ad] a A^6 3 capitonem $KA^2E^{1.6}$, caputoitone F^3 rufu A^1, rufum A^2E^6, rufino FK 4 martyria K^2 coronatus F^1 5 ex om. F^3C^3 praeceptum *Mut.*   constuit B^3 ecclesiae *Mut.*   introire *Mut.*   6 hic fecit ... xuiii om. B^1 7 qni et] F, qui *reliqui*, om K sepultus est *post* uaticano K uaticanum F, baticanum A^4 uiii FB^1

III. CLETVS.

⟨Cletus, natione Romanus, 'de regione' Vico Patrici, patre Emiliano, sedit   1

K ⟨ann. VII m. I d. XX   ‖   ⟨ann. XII m. I d. XI   *FP*

⟨Fuit autem temporibus Vespasiani et Titi, a

m. P ⟨Domitiani   ‖

5 ⟨consolatu Vespasiano 'VII et Domitiano V [a. 77] usque ad Domitiano' VIIII 'et Rufo'
⟨consulibus [a. 83].
⟨Martyrio coronatur.
⟨Hic ex praecepto beati Petri XXV presbiteros ordinavit in urbe Roma   2

III ⟨mense Decemb.   ‖

10 ⟨'Qui etiam' sepultus 'est' iuxta corpus beati Petri in Baticanum VI kal. Mai.⟩
Et cessauit episcopatum dies XX.

FK habent quae ⟨ ⟩ *comprehenduntur, F solus signata praeterea* ' ', *K solus signata praeterea* ⟨ ⟩; *P habet (praeter nominatim excepta) omnia:* I (*A*¹·²·⁴). II (*C*³*B*¹·²·³·⁴). III (*E*¹·⁶). *Mut.:* beatus Cletus XXV presbiteros ordinavit in urbe Roma). — AVCTORES: 1 sedit … 6 consulibus] *catal. Liberianus (praecedit Clemens):* a. VI m. II d. X. fuit temporibus Vespasiani et Titi et initia Domitiani a cons. Vespasiano VIII et Domitiano V usque Domitiano VIIII et Rufo. *Index:* ann. XII (ui *4*, uiii *9*, xi *1*, xxii *6*) m. I (ii *9*) d. II (*sic 2. 3. 4*, u *9*, uiii *6*, uiiii *7*, xii *1*, xuiiii *8*).

1 (a)emiliano] *rel. (etiam A*¹), aemeliano *B*²·³, emeliano *FK*¹   3 d. xi] d. uiii *F*³   autem *om. C*³ᵖ
4 domitiani *F*²·³, domitiano *F*¹*K*   5 consulato *F*   uespasiani *A*²*C*³*B*²·³*E*¹·⁶   uii et domitiano (domitiani *A*²*E*⁶, domiano *F*³) u usque ad (a *F*¹) domitiano (-ni *A*²) *om. K*   usque ad domitiano (*mut. in* uespasiano) [uii et domitiano] uiiii (*repetens verba quae* [ ] *conclusimus*) *B*¹   et rufo (rufu *F*¹·²) *om. K*   7 coronatus *F*¹*C*³   8 ex (*om. C*³) praecepto] excepto *F*¹   pretri *F*³   ord. in u. romana *A*², in u. roma (romae *K*²) ord. *K*   9 mense decembri] *E*¹·⁶ *cum FK, om. reliqui*   *post* decemb. *ins.* et maxime omnes pontifices qui subsecuntur in mense decembrio ordinationes celebrauerunt *K*   10 etiam] et *A*¹·²·⁴   sepultus] sepelitus *F*¹, sepultusque *K*   iuxta corpus] in basilica *K*   b(*vel* u)aticanum] canum *C*³ᵖ, baticano *A*², uaticano *K*²*E*¹, uaticianum *F*³   ui] *FKA*²*C*³*B*¹·²·³·⁴*E*¹, uii *A*¹·⁴   11 et cessauit episcopatum (*sic C*³*B*¹·²·³·⁴*E*¹, episcopatus *reliqui aut perscr. aut per compendium*) dies xx *om. A*² *ut reliqua similia intervalla omnia.*

IV. CLEMENS I.

⟨Clemens, natione Romanus, de regione Celio monte, ex patre Faustino, sedit ann. VIIII 1
⟨m. II d. X. Fuit autem temporibus Galbae et Vespasiani a consulatu Tragali et
⟨Italici *[a. 68]* usque ad Vespasiano VIIII et Tito *[a. 79]*⟩. Hic dum multos libros
zelo fidei Christianae religionis adscriberet, ⟨martyrio coronatur⟩.
⟨Hic 'fecit VII regiones' dividit notariis fidelibus ecclesiae, qui gestas martyrum 'solli- 2
⟨'citae et' curiosae, unusquisque per regionem suam, diligenter perquireret.
⟨Hic fecit duas epistolas⟩ quae catholicae nominantur. 3
Hic ex praecepto beati Petri suscepit aecclesiae pontificatum guvernandi, sicut ei
fuerat a domino Iesu Christo cathedra tradita vel commissa; tamen in epistula, que ad
Iacobum scripta est, qualiter ei a beato Petro commissa est ecclesia, repperies. Ideo
propter Linus et Cletus ante eum conscribuntur eo quod ab ipso principe apostolorum
ad ministerium sacerdotalem exhibendum sunt episcopi ordinati.
⟨Hic fecit ordinationes 'duas per mense Decembrio', presbiteros X, diacones II; episco- 4
⟨pos per diversa loca XV. Obiit martyr

F ⟨'tertio Traiani'⟩ || Traiano III *P*

⟨Qui⟩ etiam ⟨sepultus est in Grecias VIII kal. Dec.
⟨Et cessavit episcopatus, dies XXI.⟩

---

*FK habent quae ⟨ ⟩ comprehenduntur, F solus signata praeterea ' ', K solus signata praeterea ‹ ›;
P habet (praeter nominatim excepta) omnia: I ($A^{1.2}$). II ($C^3 B^{1.2.3.4}$). III ($E^{1.6}$. Mut.:* beatus Clemens
[interponuntur aliena] et fecit duas ... nominantur *et sub Damaso:* sciendum est quia primus sanctus
Clemens fecit septem regiones ... perquirerent). — AVCTORES: 1 sedit ... 3 et Tito] *catal. Liberianus
(praecedit Linus)*: ann. VIIII m. XI d. XII. fuit temporibus Galbae et Vespasiani a cons. Tracali et Italici
usque Vespasiano VI et Tito (*a. 75*). *Index*: ann. VIIII (ui 9) m. I (sic 1. 3. 4. 5. 9, ii 6. 7. 8, x 2) d. X
(i 2, xiiii 9) — natione Romanus] *Rufinus recogn. Clem.* 1, 1: ego Clemens in urbe Roma natus. ex patre
Faustino] *Rufinus l. c.* 7, 8 mater mea Matidia, pater Faustinianus vocitatus est. 5 *cf. Constitutum Silvestri praef. (Duchesne)*: notarii ecclesiae XIIII, qui gesta diversorum martyrum suscipientes ordinare narrabant (*al. ordine renarrabant*). 7 hic fecit d. epistolas] *Hieron. v. ill. 15*: scripsit ... ad ecclesiam Corinthiorum ... epistulam ... fertur et secunda ex eius nomine epistola. 14 obiit ... Traiano III] *Hieronymus l. c.*: obiit tertio Traiani anno.

---

1 sedit ... 2 d. x *om.* A^2 ann. uiiii] a. uiii F^3, ann. xi K 2 m. ii *om.* K d. xi B^4 a consulatu .... 3 usque ad *om.* K^1 tragali] *reliqui (etiam* A^1, *non tracali)*, tragalli B^1, eragali E^6, traiani E^{1c}
3 ad] FKB^1, *om.* $A^{1.2}C^3B^{2.3.4}E^1$ uespasianum E^1 4 fidei *om.* E^6 coronatus F^1C^3 5 uii]
uiii A^1 regionis C^3F^2, regiones in urbe roma *Mut.* diuidit KA^1 (*sic*) $C^3B^{1.4}$, et diuidit F *Mut.*, diuit'
A^2, diuisit $B^{2.3}$, diuini E^{1p}, diuidi $E^{1c.6}$, *recte puto*. notariis] *reliqui (etiam* A^1), notarios A^2 gesta FE^6
5/6 sollicite et *om.* K *Mut.* 6 curiorae usnus quisque C^3 perquirerit F^2, perquirerent A^2 *Mut.*, perquirant $E^{1p.6}$ 7 hic] et FK *Mut.* fecit] fecis F^1 nominatur A^2 8 hic ex praecepto .... 12 ordinati *om.* C^3 ecclesiae] aecclesiam et $A^2E^{1.6}$ pontificatus A^2 9/10 ad iacobum] a iacobum A^2,
diaconibus B^1 10 a *om.* B^4 beato] bea A^2 ecclesiam E^1 11 propter] $A^{1.2}B^1$, propterea $B^{2.3.4}E^{1.6}$
clitus A^{1p} eum] eo $B^{1.4}E^{1p}$ scribuntur A^2B^3 principem A^1 apostorum B^4 12 sacerdotalem] $A^{1.2}B^{1.3.4}$, sacerdotale B^2E^1 sunt] est A^2 13 duas] iii F, *om.* $KE^{1p.6}$ per mense dec.
(decembrios A) *post loca* u F diac̄ *per compendium libri in ordinationibus fere constanter: scripsi non diaconos, sed diacones, quoniam ubi vocabulum in casu quarto plurali reperitur perscriptum, haec forma praevalet.* 14 xu] u FK martyr] $FC^3A^{1.2}B^{1.4}E^{1.6}$, a martyr F^3, martyrio $KB^{2.3}$ 15 iii traiani] F,
traiano iii *reliqui*, temporibus traiani K, triano ui C^3 16 grecia E^{1c} uiii] $A^{1.2}B^{1p.2.3.4}C^3E^{1.6}$, uiiii FKB^{1c}
17 episcopatus (episcotus C^3) hic libri xxii $E^{1.6}$, xi K^2

V. ANENCLETVS.

⟨Aneclitus, natione Grecus de Athenis, 'ex' patre Anthioco, sedit 1
III ⟨ann. XII m. X d. VII ‖ ann. VIIII m. II d. X *I. II*
⟨Fuit autem temporibus Domitiani, a consulatu Domitiano X et Savino *[a. 84]* usque
⟨ad Domitiano XVII et Clemente conss. *[a. 95]*.
5 ⟨Hic memoriam beati Petri construxit et conposuit, 'dum presbiter factus fuisset a beato 2
⟨'Petro'⟩ seu alia loca ⟨ubi episcopi reconderentur⟩ sepulturae; ⟨ubi 'tamen' et ipse se-
⟨pultus est⟩ iuxta corpus beati Petri ⟨'III' idus Iulias.
⟨Hic fecit ordinationes II 'per mense Dec.', presbiteros V, diacones III, episcopos per 3
⟨diversa loca⟩ numero ⟨VI.
10 ⟨'Et' cessavit episcopatum dies XIII.⟩

FK habent quae ⟨ ⟩ comprehenduntur, F solus signata praeterea ' ', K solus signata praeterea ⟨ ⟩; P habet (praeter nominatim excepta) omnia: I ($A^{1 \cdot 2}$). II ($C^3B^{1 \cdot 2 \cdot 3 \cdot 4}$). III ($E^1$. Mut.: beatus anecletus). —
AVCTORES: 1 sedit ... 4 Clemente conss.] *catal. Liberianus:* ann. XII m. X d. III. fuit temporibus Domitiani a cons. Domitiano X et Sabino usque Domitiano XVII et Clemente. *Index Anencletum omittit; numeri librorum I. II Clementis sunt iterati.*

---

1 aneclitus] $F^{1 \cdot 2}A^{1 \cdot 2}C^3B^4$, aneclytus B^1, aniclitus K, anecletus F^3E^1 *Mut.*, anacletus $B^{2 \cdot 3}E^6$ *(cum cat. Lib.)* gregus F^3 2 a. xii] $FKC^3E^{1c \cdot 6}$, a. uiiii *I. II.* E^{1p} m. x] FKC^3E^6, m. ii *I. II.* E^1 d. uii] $KC^3E^{1c \cdot 6}$, d. iii F, d. x *I. II.* E^{1p} 3 a] et $F^{1 \cdot 2}$, om. K^2 domiciani $F^{1c \cdot 2 \cdot 3}$ x om. B^4 sabino FKB^1 4 ad] a K^2 domitiano] domitianum $A^2B^2C^3E^1$ clementem A^2E^1 consulibus B^1 *et sic passim* 5 memoria $F^{1 \cdot 2}E^1$, mememoria B^3 factum E^1 fuissit F^3 6 reconderent K^1, reconderetur F^3p, recondiretur A^2 ubi tamen] $FA^{1 \cdot 2}$, ubi autem $C^3B^{1 \cdot 2 \cdot 3 \cdot 4}E^{1 \cdot 6}$, ibi K 7 iii id. iul.] in pace iii id. iul. F^3, id. iul. K, om. $F^{1 \cdot 2}$ 8 ii *evanuit in* F^3 per m. (menses B^1) dec. *post* loca uii F pr. u] u pr. E^6 diac. iii] diac. ii F^1 9 ui] uii FA^2 10 episcopatum] $C^3B^{1 \cdot 2 \cdot 3 \cdot 4}E^{1p}$, episcopatus *(vel compend.) reliqui*, xiii] xiiii B^2, xu F, xuii K

VI. EVARISTVS.

⟨Euuaristus, natione Grecus
om. P ⟨Antiochenus, ‖
⟨ex patre 'Iudeo nomine' Iuda, de civitate Bethleem, sedit
K III ⟨ann. XIII m. VII d. II. ‖ ann. VIIII m. X d. II. *F I.*
5 ⟨Fuit autem temporibus Domitiani et Nervae Traiani, a consulatu Valentis et Veteris
⟨[a. 96] usque ad Gallo et Bradua conss. [a. 108].
⟨Martyrio coronatur.
⟨Hic titulos in urbe Roma dividit presbiteris et VII diaconos ordinavit, qui custodirent 2
⟨episcopum predicantem propter stilum veritatis.
10 ⟨Hic fecit ordinationes III⟩ per mens. Dec., ⟨presbiteros XVII, diacones II; episcopos 'per 3
⟨'diversa loca' XV.
⟨'Qui etiam' sepultus est iuxta corpus beati Petri 'in Baticanum' VI kal. Novemb.
⟨'Et' cessavit episcopatum dies XVIIII.⟩

FK habent quae ⟨ ⟩ comprehenduntur, F solus signata praeterea ' ', *K solus signata praeterea* < >; *P habet (praeter nominatim excepta) omnia*: *I* ($A^{1,2}$). *II* ($C^3B^{1,2,3,4}$). *III* ($E^{1,6}$. *Mut.*: beatus euaristus constituit, ut VII diaconi custodirent ... ueritatis). — AVCTORES: 3 sedit ... 6 conss.] *catal. Liberianus*: ann. XIII m. VII d. II. fuit temporibus novissimis Domitiani et Nervae et Traiani a cons. Valentis et Veri usque Gallo et Bradua. *Index*: ann. VIIII (uiii 2. 4, xiiii 9) m. X (iii 9) d. II (xii 9). — 8 uii diacones seq.] *Concilium Silvestrianum episcoporum CCLXXV (secundum codicem, qui unus canones eius plenos servavit, Vallicellianum F 54, editum mélanges d'archéologie et d'histoire vol. 6 a. 1886 p. 4 seq.) can. 13*: ut septem diacones sint custodes episcopo consecranti propter stilum veritatis et catholicam rationem et senectutis oraculum, ne in praedicationem aut patrem pro filio aut spiritum sanctum pro patre praedicemus.

---

1 euuaristus] $A^{1,2}B^1$ *(text. et ind.)* $B^{2,3,4}$, euaristus *FK et reliqui*, euarestus E^1 gregus F^3 3 nōm K^1 bethlem F^3, bethleem A^1, bethel K 4 a. xiii] $K^1C^3E^{1,6}$, a. xuii K^2, a. uiiii $F^{1,2}$ *I. II*, a. uiii F^3 m. uii] KC^3, m. ui $E^{1,6}$, m. x F *I. II* 5 nerui tr. $F^{1,2}$, neruae et tr. *cat. Lib.* consulato F ueteris] ueteres K^2: *hic recte*, Veri *cat. Lib. errore* 6 gallum $KA^2E^{1,6}$ bradoa $B^{1,2,3,4}E^1$, braduam A^2, bradam E^6 8 titulus $F^3K^2B^4$ urbem A^2 romae K^2 presbiteros $F^3A^2C^3$ uii *om.* A^2 diaconus F, diaconibus K ordinauit] *rel. (etiam B^1)*, constituit $E^6Mut.$, custodiuit E^1 9 stilum] stilo K^2, filium F^1p 10 ordinacionis F^3 iii] iiii F xuii] $FKA^{1,2}$, ui $C^3B^{1,2,3,4}E^{1,6}N$ ii] uiiii FK 11 xu] $FKA^{1,2}$, u $C^3B^{1,2,3,4}E^{1,6}N$ 12 etiam] et F sepultusque K iusta K^2 in *om.* A^2 baticano A^2 ui] u F, xiii A^2 13 episcopatum] $C^3B^{2,3}$, episcopatus (vel compend.) *reliqui* xuiiii] xuiii $C^3B^{2,3,4}$

VII. ALEXANDER.

⟨Alexander, natione Romanus, ex patre Alexandro, de regione Caput tauri, sedit ann. 1
⟨X m. VII d. II. Fuit autem temporibus Traiani, usque Heliano et Vetere [a. 116].
⟨Hic passionem domini miscuit in predicatione sacerdotum,⟩ quando misse celebrantur. 2
⟨Martyrio coronatur 'et cum eo Eventius presbiter et Theodolus diaconus'.
⟨Hic constituit aquam sparsionis cum sale benedici 'in habitaculis hominum'.
⟨Hic fecit ordinationes III 'per mens. Dec.' presbiteros VI, diacones II; episcopos 'per 3
⟨'diversa loca' V.
⟨'Qui etiam' sepultus est via Numentana, ubi decollatus est, 'ab urbe Roma'⟩ non longe
⟨'miliario VII,' V nonas Mai.
⟨'Et' cessavit episcopatum dies XXXV.⟩

FK habent quae ⟨ ⟩ comprehenduntur, F solus signata praeterea ' ', K solus signata praeterea ⟨ ⟩;
P habet (praeter nominatim excepta) omnia: I ($A^{1.2}$). II ($C^3B^{1.2.3.4}$). III ($E^{1.6}$. Mut.: beatus Alexander
constituit aquam ... hominum et passione ... caelebrantur). Beda chr. c. 310 v. 4 mart. cor. et 8 sepultus ... 9 miliario VII. — AVCTORES: 1 sedit ... 2 Vetere] catal. Liberianus: a. VII (uiii Brux.) m. II
d. I. fuit temporibus Traiani a cons. Palmae et Tulli [a. 109] usque Veliano et Vetere. Index: ann. XII
(sic 1. 2. 3. 4. 5, uii 9, x 6. 7. 8) m. VII (ui 9, uiii 4) d. II (ui 9). — 4 martyrio ... diaconus] Martyrol.
Hieronymi V non. Mai.: natalis Eventi Alexandri Theoduli (cf. acta sanct. Mai. vol. 1 p. 371; Tillemont
mém. eccl. 2 p. 259; Rossi inscr. chr. vol. 1 p. 411): Alexander hic etsi postea pro episcopo Romano habitus
est, vere videtur diversus fuisse.

---

1 caput] capet F^{1p}.   1/2 a. x] a. xii K, a. uiii $E^{1.6}$ 2 m. uii] m. ui F^3, m. u $E^{1p.6}$ usque
ad (om. E^6) helianum et ueterem $A^2E^{1.6}$ 3 passione Mut.   predicationem $C^3B^{1p.2.3.4}$, precationem $E^{1.6}$
missas Mut.   cebrautur C^3 4 ebentius A^1, euenatius B^2 theodorus $E^{1.6}$ 5 coustuit E^1 aspersionis K sal K 6 per m. dec. post loca u F uii] u A^2 7 u] numero u $C^3B^{1.3.4}E^{1.6}$, numero
ui B^2 8 etiam] et F uia numentana (nomentana K^1, montana K^2, momentana F) ubi d. est om. B^1
non longe om. A^2 9 uii] ni B^{1c}(?)   u om. A^2 10 episcopatum] $C^3B^{2.3.4}$, episcopatus (vel
comp.) reliqui   xxxuii $F^{1.2}$, xxxuiii F^3, xxx K

VIII. XYSTVS I.

⟨Xystus, natione Romanus, ex patre Pastore, de regione Via lata, sedit ann. X 1
III m. III d. XXI. ‖ ⟨m. II d. I *FK*
⟨Fuit autem temporibus Adriani, usque ad Vero et Anniculo *[a. 126]*.
⟨Martyrio coronatur.
5 ⟨Hic constituit, ut ministeria sacrata non tangerentur nisi a ministris. 2
⟨'Hic constituit, 'ut' quicumque episcoporum evocitus fuisset ad sedem
m. P ⟨Romanam ‖
⟨apostolicam, rediens ad parrociam suam non susciperetur
FK ⟨nisi cum formata salutationis plebis a ‖ nisi cum litteras sedis apostolicae saluta- *P*
10 ⟨sede apostolica. tionis plebi, quod est formatam.
m. P ⟨Hic constituit, ut intra actionem sacerdos
⟨incipiens populo hymnum decantaret:
⟨sanctus sanctus sanctus 'dominus deus
⟨'Sabaoth et cetera'.
15 ⟨Hic fecit ordinationes III,⟩ per m. Dec. ⟨presbiteros XI, diacones IIII; episcopos 'per 3
⟨'diversa loca'⟩ numero ⟨IIII.
⟨'Qui etiam' sepultus est iuxta corpus beati Petri 'in Baticanum' III. non. April.
⟨'Et' cessavit episcopatum menses II.⟩

FK habent quae ⟨ ⟩ *comprehenduntur, F solus signata praeterea* ' ', *K solus signata praeterea* < >; *P habet (praeter nominatim excepta) omnia:* I ($A^{1.2}$). II ($C^3 B^{1.2.3.4}$). III ($E^{1.6}$). *Mut.:* beatus Syxtus constituit ut ministeria ... quod est formata). — AVCTORES: 1 sedit ... 3 Anniculo] *catal. Liber.:* ann. X m. III d. XXI. fuit temporibus Adriani a cons. Nigri et Aproniani usque Vero III et Ambibulo. *Index:* ann. X (xxu 9) m. II (iii 5. 8, u 6) d. I (ii 8) 5 hic constituit *cet.*] *concilium Silvestrianum CCLXXV episcoporum subditicium c. 4:* Silvester episcopus dixit: robustius duximus consilium, si placet, ut omnis episcopus qui convenit ad concilium fidem suam chirographo confirmet, ut deinceps rediens ad parochiam suam compaginem *(sic reliqui libri recte,* cum pagina *cod. Vallic.)* nostrae salutationis plebi suae innotescat, ut fide concilii declarata (fidei consilii declarati *cod. Vallic.*) intemeratus ordo servetur.

1 syxtus $E^6 Mut.$, xixtus B^2 ex patre] ex atre F^2, extare F^1 2 m. iii d. xxi $C^3 E^{1.6}$, m. ii d. i *FK et reliqui* 3 autem *om.* F^3 uero] uerum E^1, uerone A^1, neronem A^2 anniculum E^1, anculo $F^{1.3}$, angulo F^2 4 coronatus F^1 5 hic] hinc F^3 ministeria (misteria C^3) sacrata (secrata C^3) non tang.] non t. m. sacrata (sacramenta K^{2p}) K a min.] ad min. F 6 hic const. ut] et K *Mut.* quecumque K^2 episcopus *FK*, episcoporum C^3 euocitus] A^{1p} (*ut vid., non* renouatus) $C^2 B^{2.3.4} Mut.$, euocatus $FA^{1c.2} B^1 E^{1.6}$, deuotus K fuisset] fuerit FK ad] a $A^2 E^{1p}$ sede A^2 8 apostolica *Mut.*, apostololicam F^3 rediens] et rediens $FKE^{1.6} Mut.$
FK 9 cum formata K^1, conformata $F^3 K^2$, confirmata $F^{1.2}$ salutationes $F^{1.2}$ plebe F 9/10 ad sedem apostolicam F | *P* 9 litteris A^2 sedis apostolicae I ($A^{1.2}$), patriarchae *reliqui et Mut.* 9/10 salutationes E^1 10 formata $A^2 B^4 F^{1.6}$ *Mut.*
FKD 11 hic] *FD*, et K actione F 12 incipiens] *FD*, in K populum F decantaret] K, decantare D, decantarent $F^{1.2}$, declarent F^3 14 saboth F^2
15 menses B^1 xi] xii E^6 diac. iiii] d. iii *FK* 16 iiii] iii K 17 sepultusque K iii non.] ui non. F, uiiii id. K^1, uii k. K^2 18 episcopatum] $C^3 B^{2.3.4}$, episcopatus (*vel comp.*) *reliqui* m. ii] *FK*, d. m. ii (d *del.*) A^1, d. ii $C^3 B^{1.2.3c.4} E^{1.6}$, d. iii B^{3p}

IX. TELESPHOR.

⟨Telesphor, natione Grecus, ex anachorita, sedit ann. XI m. III d. XXI. Fuit 'autem' 1
⟨temporibus Antonini et Marci.
⟨Hic constituit, ut septem ebdomadas ante pascha ieiunium celebraretur 2

n. h. l. P ⟨Martyrio coronatur.
FK 5 ⟨Hic fecit, ut natalem domini nostri Iesu ‖ et natalem domini *P*
⟨Christi

⟨noctu missas celebrarentur:⟩ nam omni tempore ante horae tertiae cursum nullus prae-
sumeret missas celebrare, qua hora dominus noster ascendit crucem;

FK ⟨et in ingressu sacrificii ‖ et ante sacrificium *P*
10 ⟨hymnus diceretur angelicus,⟩ hoc est: ⟨Gloria in excelsis deo

om. P ⟨et cetera, tantum noctu natale domini.⟩ ‖

‖ Martyrio coronatur.

⟨'Qui etiam' sepultus est iuxta corpus beati Petri 'in Baticano' IIII non. Ianuar. 3
⟨Hic fecit ordinationes IIII 'per m. Dec.' presbiteros XII, diaconos VIII⟩ et ⟨episcopos
15 ⟨'per diversa loca' XIII.
⟨Et cessavit episcopatum dies VII.⟩

FK habent quae ( ) *comprehenduntur, F solus signata praeterea* ' ', *K solus signata praeterea* ⟨ ⟩;
P habet (praeter nominatim excepta) omnia: I ($A^{1.2}$). II ($C^3B^{1.2.3.4}$). III ($E^{1.6}$). *Mut.*: beatus Telesphor constituit ut septem ... gloria in excelsis deo). — AVCTORES: 1 sedit ... 2 Marci] *catal. Liber.*: ann. XI
m. III d. III. fuit temporibus Antonini Macrini a cons. Titiani et Gallicani [*a. 127*] usque Caesare et Bal-
bino [*a. 137*]. *Index*: ann. XI (xii 7) m. i (*sic* 1. 2. 3. 4. 5, iii 6. 7. 8. 9) d. XXI (xui 7, xxui 9).

---

1 telesphor] *Mut.*, thelesphor *F*, thelesfor K^1, thelefor K^2, thelesphor B^1 (*text.*) E^6, tlesphor C^3, telphor
B^1 (*index*), telesphorus (*sic* A^1) *vel* telesforus *reliqui* gregus F^3 anachoritas A^{1p} a. xi] a. xxi *N*
m. iii] m. ii *K* d. xxi] d. xxii $C^3E^{1.6}$, *om. N* 2 antonii K^2 *post* marci *ins.* hic magnus et clarus
in uirtutibus fuit per gratiam spiritus sancti F^3 3 ante pascha (pascam B^1) iei. celebraretur (-rentur A^2)]
I. II. III, iei. celebraretur ante pascha F^3, iei. celebraretur (-braetur F^2, -bretur F^1) paschae $F^{1.2}K$ 4 coronatus F^1, coronaretur K^2, 5 et (*om.* C^3, tantum *ins. Mut.*) natalem (natale $F^3A^2C^3B^{1.2.3.4}E^1$) domini (n. i.
chr. *ins. FK*) noctu (noctum *Mut.*, nocte B^4, per nocte $A^{1.2}$) missas (*rel. et Mut.*, missa K^1, missae FK^2E^1)
celebrarentur (*ante* missas B^2)] *sic reliqui*, celebraretur et n. d. noctu missae *om.* E^{1p}, et in nocte natalis
domini missa et hymnus angelicus decantaretur E^6 7 nam] cum E^{1c} 7/8 praesumerat A^2, presumebat E^9
8 missa E^1 noster] non C^3 cruce $C^3B^{1.3.3.4}$ 9 in (*om.* F^3) ingressu sacrificii] F, in (*om.* K^1) ingresso
sacrificio missa (missae K^2) K 10 ymnum A^1, ymnis K^{1p} diceretur] $FK^{10.2}C^3B^{1.2.3}E^1$, dicerentur K^{1p},
celebraretur $A^{1.2}B^4$ angelicus *om.* A^2 excelsis] celsis F^3 11 noctu] noctum $F^{1.2}$ natalis K
12 coronatus est E^1 13 qui ... ianuar. *ante* et cessauit FK etiam] F, *uero plerique et* E^6, *om.* E^1
uaticano $F^3B^1E^1$, uaticanum $F^{1.2}C^3B^{2.3.4}$ 14 iiii] iii C^3 per m. dec. *post* loca xiii F diac. uiii]
diac. uiiii F^3A^2 et (*om. FKA*²) episcopos p. d. l. xiii (*sic* F^3K, xiiii $F^{1.2}$) *om.* $C^3B^{1.2.3.4}E^{1.6}$ 16 episcopatum $B^{2.3.4}E^1$, episcotum C^3, episcopatus (*vel compend.*) *reliqui* uii] ui F^2, uiii B^3

X. HYGINVS.

⟨Yginus, natione Grecus, ex philosofo, de Athenis,⟩ cuius genealogiam non inveni, ⟨sedit 1
K III ⟨ann. X m. III d. VII.   ⟩ ‖   ⟨ann. IIII m. III d. IIII.   *F I. II*

⟨Fuit 'autem' temporibus Veri et Marci, a consulatu Magni et Camerini [*a. 138*] usque ⟨ad Orfito et

FK 5 ⟨Camerino.   ‖   Prisco [*a. 149*].   *P*

⟨Hic clerum conposuit et distribuit gradus.   2
⟨Hic fecit ordinationes III 'per m. Dec.', presbiteros XV, diacones V; episcopos 'per ⟨diversa loca' VI.
⟨'Qui etiam' sepultus est iuxta corpus beati Petri 'in Baticano' III id. Ianuar.
10 ⟨'Et' cessavit episcopatum dies III.⟩

FK habent quae ⟨ ⟩ *comprehenduntur*, *F solus signata praeterea* ' ', *K solus signata praeterea* ⟨ ⟩; *P habet (praeter nominatim excepta) omnia: 1* (*A*¹·²). *II* (*C³B*¹·²·³·⁴). *III* (*E*¹·⁶. *Mut.*: beatus yginus cumposuit ... grados). — AVCTORES: 1 sedit ... 5 Prisco] *catal. Liber.*: ann. XII m. III d. VI. fuit temporibus Veri *(reliqua def.).* Index: ann. IIII (iii *4*, ui *9*, xu *1*) m. III (ii *3. 4*, om. *1*) d. I *(sic 2. 3. 4*, iii *7*, iiii *6. 9*, xi *1*, om. *8*).

---

1 iginus *B*¹ *(ind.)*, ygenus *K*¹*A*¹, uginus *F*¹*B*², ugenus *K*², uiginus *F*³, ygininus *E*⁶   gregus *F*³   philosophos *A*²   genealogia *C*³*B*²·³·⁴   inuenitur *E*¹   2 a. x] *KE*¹ᵖ·⁶, a. iiii *F et reliqui*, a. iii *B*³ m. iii] *rel.*, m. ui *F*¹   d. uii] *K*, d. uiii *C*³*E*¹ᵖ·⁶, d. iiii *plerique* (*in his E*¹ᶜ), d. iii *F* (*F*² *ante* m. ui)   3 autem *om. F*³   ueri] *KC*³*B*¹·²·³·⁴*E*¹ *cum cat. Lib.*, seueri *FA*¹·²   camereni *A*¹*C*³   4 ad *om. C*³ *B*¹·²·³·⁴*Ec*·⁶   orfido *E*¹ (*non B*¹), orfitum *A*²   5 camerino *F*³ᵖ*K*, camirino *F*¹·²·³ᶜ, prisco (priscum *A*²) *reliqui*: *consules Orfitus et Camerinus ut nulli fuerunt, ita Orfitus et Priscus a. 149 temporibus Hygini parum conveniunt et fieri potest, ut veniant a diasceuasta recensionis posterioris*   6 cumposuit clero *Mut.*   gradus *F*²*K*¹*C*³*B*³·⁴*Mut.*, gradus ecclesiasticos *N*   7 hic] et *FK*   8 ui] numero ui *B*¹·²·³·⁴, uii *F*¹, u *F*³   9 sepultusque *K*   est *om. B*¹   iusta *K*²   baticano] *A*¹·²*E*¹, uaticanum *F*²·³*C*³*B*¹·²·³·⁴, uatinium *F*¹ iiij iiii *F*³*C*³   id.] kl. *F*   10 episcopatum] *C*³*B*¹·²·³·⁴, episcopatus *(vel compend.) reliqui*

XI. PIVS.

⟨Pius, natione Italus, ex patre Rufino, frater pastoris, de civitate Aquilegia, sedit 1
⟨ann. XVIIII m. IIII

K III ⟨d. XXI.   ‖   ⟨d. III.   *F I. II*

⟨Fuit autem temporibus Antonini Pii, a consolatu Clari et Severi *[a. 146]*.

⟨Sub huius episcopatum   2

om. P ⟨'frater ipsius'   ‖

⟨Hermis librum scripsit, in quo mandatum continet, quod 'ei' precepit angelus domini,
⟨cum venit ad eum in habitu pastoris 'et' precepit ei, ut

FK III ⟨sanctum paschae   ‖   pascha   *I. II*

⟨die dominico celebraretur.

⟨'Hic constituit hereticum venientem ex Iudaeorum heresae suscipi et baptizari;'⟩ et 3
constitutum de ecclesia fecit.

⟨Hic fecit ordinationes V 'per m. Dec.', presbiteros XVIIII, diacones XXI; episcopos 4
⟨'per diversa loca') numero ⟨XII.

⟨'Qui etiam' sepultus est iuxta corpus beati Petri⟩ in Baticanum ⟨V id. Iul.⟩
Et ⟨cessavit episcopatum dies XIIII.⟩

[Hic ex rogatu beate Praxedis dedicavit aecclesiam thermas Novati in vico Patricii in honore sororis sue 5
[sanctae Potentianae, ubi et multa dona obtulit; ubi sepius sacrificium domino offerens ministrabat. Immo
[et fontem baptismi construi fecit et manu sua benedixit et consecravit: et multos venientes ad fidem bapti-
[zavit in nomine trinitatis.]

FK habent quae ( ) comprehenduntur, F solus signata praeterea ' ', *K solus signata praeterea* ⟨ ⟩;
P habet (praeter nominatim excepta) omnia: I ($A^{1.2}$). II ($C^3B^{1.2.3.4}$). III ($E^{1.6}$. *Mut.*: 5 sub huius ...
12 de ecclesiam fecit). Beda chr. c. 322: 5 sub ... 10 celebraretur. — AVCTORES: 1 sedit ... pastoris]
catal. Liber.: n. XX (xxi Brux.) m. IIII d. XXI. fuit temporibus Antonini Pii a cons. Clari et Severi
usque duobus Augustis *[a. 161]*. sub huius episcopatu frater eius Ermes librum scripsit, in quo m. continetur quae (quo quod Brux.) ei pr. angelus c. v. ad illum in h. pastoris. *Index*: ann. XVIIII (xuiii 2. 4. 9)
m. — (sic 2. 3. 4. 5, m. iiii 6. 7. 8. 9) d. xi (sic 3. 4. 6, i 2, iii 7. 8. 9). — 1 frater pastoris] *Hermam
auctorem libri qui inscribitur pastor alii quoque auctores ipsum pastorem appellant (v. Duchesne)*. — 17 hic
ex rogatu seq.] *adnotatio ad librum pontificalem in libris saec. XI adiecta proficiscitur ex actis quae dicuntur
sanctarum Pudentianae et Proxedis (act. sanct. Mai. vol. 4 p. 299); duae relationes quomodo differant, nobis
non est expendendum*.

Pium post Anicetum collocant FKC^3B^1 (ind., non text.) $E^{1.6}$ *Mut.* — 1 fratre E^1 pastoris A^2 de
ciu. aquilegia (aquileia FKB^2E^1) om. A^2 2 a. xuiiii] a. xuiii F^2, a. xu K, a. xi $C^3E^{1.6}$ 3 d. xxi]
$KC^3E^{1p.6}$, d. iii rel. (in his E^{1c})   4 antonii KB^2 pii] ii C^3 seueri] ueteris $E^{1p.6}$, scueri ueteris E^{1c}
5 episcopato B^1, episcopatu $A^2C^3E^1$ 7 hermis] $FK^1A^1B^1$, ermes $B^{2.4}$, hermes $K^2A^2C^3B^3$ Mut.   libro K^2
contenit F^3, continetur E^6 ei] et KB^4, om. F praecipit B^1 8 cum uenit] conuenit B^2 habitum
$C^3B^{1.3.4}$, hata A^2 9 sanctum paschae] FK, sanctum pascha $C^3E^{1.6}$ Mut., pascha reliqui   10 dominica
FK^1B^2, dominicum C^3B^4 celebretur K 11 ueniente A^1 ex ind. herese (heresi E^1, om. B^{3p})] a (ut
Mut.) iudaeo ante hereticum K Mut., om. C^3 suscepi A^1 baptizare E^{1p} 12 ecclesiam Mut.   13 u]
ui A^2 pr. xuiiii] pr. xuiii $F^{1.2}$ d. xxi] d. xxii K, d. xx A^2 14 xii] xi C^3, x A^2 15 etiam] et $A^{1.2}$
sepultusque K est om. K^1 iusta B^1 baticano A^2, uaticano B^1E^1 16 episcopatum] $C^3B^{2.4}$,
episcopatus (vel compend.) reliqui   d. xiiii] d. xiii B^3, d. xii $E^{1.6}$ 17 hic ex rogatu ... 20 trinitatis]
habent E^1 ante v. 13, hoc loco E^6; est item in cod. H = Vat. 3762 (Duch.p. XXV).   eccl. ded. E^6 no-
uari E^6 19 et manu sua] manus suas E^1

XII. ANICETVS.

⟨Anicitus, natione Syrus, ex patre Iohanne, de vico Humisa, sedit   1
K III ⟨ann. VIIII m. III d. III.   ‖   ⟨ann. XI m. IIII d. III.   *F I. II*
⟨Fuit autem temporibus Severi et Marci, a consulatu Gallicani et Veteris *[a. 150]* usque
⟨ad Praesente et Rufino *[a. 153]*.
5 ⟨Hic constituit, ut clerus comam non nutriret⟩ secundum praeceptum apostoli.   2
⟨Hic fecit ordinationes V 'per m. Decemb.', presbiteros XVIIII, diacones IIII; episcopos
⟨'per diversa loca' VIIII.
⟨'Qui etiam'⟩ obiit martyr et ⟨sepultus est
FK ⟨iuxta corpus beati Petri 'in Vaticano'   ‖   in cymiterio Calisti   *P*
10 ⟨XII kal. Mai.
⟨'Et' cessavit episcopatum dies XVII.⟩

FK habent quae ⟨ ⟩ *comprehenduntur, F solus signata praeterea* ' ', *K solus signata praeterea* ‹ ›;
P habet (praeter nominatim excepta) omnia: I ($A^{1.2}$). II ($C^3 B^{1.2.3.4}$). III ($E^{1.6}$). *Mut.*: beatus anicitus
constituit ut ... apostolorum). — AVCTORES: 1 sedit ... 4 Rufino] *catal. Liber. (post hiatum)*: a cons.
Gallicani et Veteris usque Presente et Rufino. *Index*: ann. XI m. IIII d. III (ii 2). — 5 secundum praeceptum apostoli] *Paulus ad Cor. 1, 11, 14*: vir quidem si comam nutriat, ignominia est illi, mulier vero si comam
nutriat, gloria est illi.

Anicetum ante Pium collocant FKC³B¹ (ind.) Mut. E$^{1.6}$ 1 anecitus A^2, anititus F^1 ione A^2
    uico] uicu A^1, uoco F^{2p} humisa] $A^1 B^4$, umisa $B^{1.2.3} N$, omisa $C^3 E^{1.6}$, amisa FK, himisa A^2 2 a uiiii
m. iii d. iii (d. iii *om. K*)] $KC^3 E^{1.6}$, a. xi m. iiii d. iii *reliqui*   3 a] ac B^4 galliciani B^1, galiani K^1
4 presentem $F^3 K A^2 E^1$ et *om.* B^1 rufinum $A^2 E^1$, rofino K^2 5 clericus F coma $F^{1.2}$ nutririt A^1, nutriet F^{3p}, nutriat K apostolorum $E^{1p.6}$ *Mut.*   6 per m. dec. *post* uiiii $C^3 B^{1.2.3.4}$ xuiiii] $A^{1.2}$,
xuiii N^p, xuii $C^3 B^{1.2.3.4} E^{1.6} N^c$, uiiii $F^{1.3}$, uiii $F^2 K$ 7 uiiii] numero uiiii $C^3 B^{1.2.3.4} E^{1.6}$, uiii F^2, xii $A^{1.2}$
8 obiit martyr (martyrio $B^{2.3}$) et *om.* A^2 9 corpus beati] FK^2, sepulcro sancti K^1 10 xii] xu C^3
11 episcopatum] $B^{1c.2.3.4}$, episcopatum eius B^{1p}, episcopatu *(aut compend.) reliqui*   xuiii] uii $F^{1.3} K E^{1.6}$,
ui F^2

XIII. SOTER.

⟨Soter, natione Campanus, ex patre Concordio, de civitate Fundis, sedit ann. VIIII 1
⟨m. VI d. XXI. Fuit⟩ autem ⟨temporibus Severi, a consulatu Rustici et Aquilini *[a. 162]*
⟨usque ad Cetego et Claro *[a. 170]*.
⟨Hic constituit, ut nullus monachus pallam sacratam contingeret nec incensum poneret 2
⟨in 'sanctam' ecclesiam.
⟨Hic fecit ordinationes III 'per m. Decemb.', presbiteros XVIII, diacones VIIII; episco- 3
⟨pos 'per diversa loca' XI.
⟨Qui⟩ etiam ⟨sepultus est
FK ⟨iuxta corpus beati Petri   ‖   in cymiterio Calisti via Appia   *P*
⟨X kal. Mai.⟩
Et ⟨cessavit episcopatum dies XXI.⟩

FK habent quae ( ) comprehenduntur, F solus signata praeterea ' ', *K solus signata praeterea* ⟨ ⟩; *P habet (praeter nominatim excepta) omnia*: 1—2 xxi *libri omnes supra p.* 2 *adlegati, deinceps I ($A^{1.2}$). II (C^3 $B^{1.2.3.4}$). III ($E^{1.6}$). Mut.:* beatus Soter cōns ut nullus ... ecclesiam). — AVCTORES: 1 sedit cet.] cat. Liber.: a. VIIII *(reliqua deficiunt);* m. III d. II *quae sequuntur magis videntur pertinere ad Eleutherum). Index:* ann. VIIII (uiii 4. 5. 6, xiiii 9) m. II (*sic* 2. 3. 4. 5, iii *1*, u 9, ui 6. 7. 8) d. XXI (ii 9).

---

1 concordio] concordie C^{3p}, concodio O, concordia $A^{6.7p}$ citate F^{3p} fundis] fundi A^2, *(sp. vac.)* undis E^4 a. uiiii] a. uiii $F^{1.2}K$ 2 m. ui] m. ii K, m. iii $X^{2.3}A^{4.5.6.7}C^{3.4}$ et III ($E^{1.4.6}S$), m. uii F^3 *OCr. (text.)* d. xxi] d. xxii B^2Q, *om.* $C^{2p.3.4}$ *et III ($E^{1.4.6}S$)* fuit consulatu *om.* K^2 autem *om.* C^{3p} a consulatu] atque A^2 3 ad] a $F^{1.2}$ cetego (ceteco K^2) et claro] cetegum et clarum A^2E^1 4 nullus monachus] $FKA^{1.2}C^3B^1$ *Mut.*, nulla monacha $B^{2.3.4}NE^{1.6}$ *propter locum in vita Bonifatii I*: hic Bonifatius constituit, ut nulla ... monacha pallam sacratam contingeret. palla F, pallea K^2 *Mut.*, palea K^1 sacrata $F^{2.3}KMut.$, secrata F^1, sacram C^3 contingerit FK^2 nec] nisi A^1 incensu A^1, incenso F ponere FK^{2p} 5 in] F^3 *et rel. et Mut.*, intra $F^{1.2}K$ sancta FA^2 ecclesia FK^2A^2 6 iii] FKC^3E^1, ui $B^{1.2.3.4}$, u $A^{1.2}$ xuiii] A^1, xuii F, xuiiii KA^2, uiii $C^3B^{1.2.3.4}E^{1.6}N$ uiiii] uiii $F^{1.2}$ 7 xi] numero xi $C^3B^{1.2.3.4}E^{1.6}$ 9 apia B^1 10 x *om.* F^3 mai.] iun. $A^{1.2}$ 11 episcopatum] $C^3B^{1.2.3.4}E^{1}p$, episcopatus *(aut compend.) reliqui* xxi] xxii E^1, xi FK

XIIII. ELEVTHER.

⟨Eleuther, natione Grecus, 'ex' patre Habundio, de oppido Nicopoli, sedit ann. XV
⟨m. III d. II. Fuit 'autem' temporibus Antonini et Commodi, usque ad Paterno et
⟨Bradua *[a. 185]*.

⟨Hic accepit epistula a Lucio Brittanio rege, ut Christianus efficeretur per eius man-
5 ⟨datum.

FK ⟨Et 'hoc' constituit, ‖ Et hoc iterum firmavit *P*
⟨ut nulla esca

FK III ⟨usualis ‖

⟨a Christianis repudiaretur maxime fidelibus, quod deus creavit, quae tamen rationalis⟩
10 et humana ⟨est.

⟨Hic fecit ordinationes III 'per m. Dec.' presbiteros XII, diacones VIII; episcopos 'per 3
⟨'diversa loca' XV.

⟨'Qui'⟩ etiam ⟨sepultus est iuxta corpus beati Petri in Baticano VIIII kal. Iun.⟩
Et ⟨cessavit episcopatum dies XV.⟩

FK habent quae ⟨ ⟩ *comprehenduntur, F solus signata praeterea* ' ', *K solus signata praeterea* ⟨ ⟩;
P habet (praeter nominatim excepta) omnia: 1—2 d. ii *libri omnes supra p.* 2 *adlegati, deinceps I* ($A^{1.2}$).
II ($C^3B^{1.2.3.4}$). *III* ($E^{1.6}$. *Mut.*: beatus heleoter ... humana est). *Beda chr. c. 331*: 4 hic ... 4/5 mandatum. —
AVCTORES: 1 sedit ... 3 Bradua] *catal. Liber.*: (*initium deficit*) m. III d. II (*cf. ad praeced.*). fuit temporibus Antonini et Commodi a cons. Veri et Hereniani *[a. 171]* usque Paterno et Bradua. *Index*: ann. XV
(u 9) m. III (ii 1, x 9) d. II (i 1, xxii 9). — *Ad v. 6. Paulus 1. Timoth. 4, 1*: discedent quidam a fide attendentes ... abstinere a cibis quos deus creavit ad percipiendum cum gratiarum actione fidelibus ... quia
omnis creatura dei bona.

---

1 eleut(h)er] $F II$ (*rel., in his* B^1 *ind.*). *III* (*rel.*) A^5, eleutherius $K I$ (*rel.*) B^1 (*ind.*) *Cr. Mog.*, eleuderius A^2,
eleutheri B^1 (*text.*), eleut(h)erus $D^1H^{1.2}$, heleoter *Mut.* gregus F^3 habundio] abundio K^1 *aliique*, hubundio
$B^{2.6}$p, habundia Q, abundo $F^8A^2E^4$, habundantio $F^{1.2}$ nicopoli] *sic plerique* (*etiam* A^1), nicopolis Z^1, nicopolim $A^{2.5.6.7}Y$ *et III* ($E^{1.4.6}$), nichopolim C^2, nichopoliri *[sic]* K^1, nicopoliri K^2 a. xu] a. xxi E^4, a. xii Z^2
2 m. iii] *sic FK et I reliqui* (*etiam* A^1) *et II*, m. iiii X^2, m. ui $A^{5.6.7}C^{3.4}$ *et III* ($E^{1.4.6}S$) d. ii] d. u $A^{5.6.7}$
et C^2p$^{3.4}$ et $E^{1.4.6}$, d. xu S autem] *rel. et* K^2, *om. FK*^{1} antoni K quomodi K^1 ad] $FKE^{1.6}$, *om.*
$A^{1.2}C^3B^{1.2.3.4}$ 2/3 paternum et braduam E^1 4 ascipit (*sic*) B^1 epistula] epistu A^1, epistolam KA^2B^2
brittanio] $F^{1.2}A^{1.2}B^{3.4}E^1$p, britannio E^6, brithanio B^1, brittannio B^2, brintanniae C^3E^{1c}, brittonio K^1
Mut., britonio K^2, brittaniorum F^3: Brittaniae rex *Beda* rege] re K ut *om.* K^1 christiani K^1p
efficeretur] effici mereretur *Mut.* eius *om.* B^3p 4/5 mandato K^2 6 et constituit]^iK, et hoc
contenuit F, et hoc iterum firmauit *rel. et Mut.* 7 nulla esca usualis (-les *Mut.*)] $E^{1.6}$ *Mut.*, nullis casules
K^1, nullus cassules K^2, nullas F, nulla esca $A^{1.2}C^3B^{1.2.3.4}$ 9 rep. a chr. *FK*, christianis repudierentur A^2
maxime (a *ins.* E^6) f. quod (que $F^{1.2}$, q̄m F^3) d. creauit *om.* $C^3B^{1.2.3.4}$ quae] qui F rationales *Mut.*,
racionali F^3, rationes K, rationabilis C^3N, rationabiles $F^{1.2}$, rationā A^2 10 est] sunt *FK* 11 iii]
iiii B^2 xij] xi $F^{1.2}A^2$ uiii] uii F^2, uiiii A^2 12 xu] numero xu $C^3B^{1.2.3.4}E^1$, xii F^3 13 sepultusque K petri] petri (pretri B^3) apostoli C^3B^1 (*sic recte Duch., tacet Pertz*) $B^{2.3.4}E^{1.6}$ in uaticano *I. III*,
om. II uiiii] uiii $F^{1.5}$, uii $F^2C^3B^{1.2.3.4}E^{1.6}$ 14 episcopatum] $B^{1.2.4}E^1$, episcotum C^2, episcopatus (*aut
compendio*) *reliqui* xu] A^1, u $C^3B^{1.2.3.4}E^{1.6}$, xui KF^{3c}, uui F^3p, xuii $F^{1.2}$

XV. VICTOR.

⟨Victor, natione Afer, 'ex' patre Felice, sedit   1

K ⟨ann. XV m. III d. X.   ‖   ⟨ann. X m. II d. X.   *FP*

⟨Fuit⟩ autem ⟨temporibus Cesaris 'Augusti, a' 'consulatu' Commodo II et Graviono ⟨*[a. 186]* usque ad Laterano et Rufino *[a. 197]*.

⟨Hic constituit, ut⟩ sanctum ⟨pascha die dominico celebraretur,   2

KP ⟨sicut Eleuther.   ‖   ⟨sicut Pius.   *F*

⟨Hic fecit sequentes cleros.

⟨Martyrio coronatur.⟩

⟨'Et' constituit, ut necessitate faciente ubi ubi inventum fuisset, sive in flumine sive in ⟨mari sive in fontibus

om. KP ⟨'aut in stagnum'

FK ⟨tantum Christiano confessione declarata   tantum Christiano confessione credulitatis *P* ⟨credulitatis   clarificata

om. KP ⟨'efficerit integer Christianus'

⟨quicumque hominum ex gentile veniens 'ut' baptizaretur.

⟨Hic fecit ordinationes II⟩ per m. Dec. ⟨presbiteros IIII, diacones VII; episcopos 'per'⟩ diversa ⟨'loca' XII.⟩

FK habent quae ⟨ ⟩ comprehenduntur, F solus signata praeterea ' ', *K solus signata praeterea* ‹ ›; *P habet (praeter nominatim excepta) omnia:* 1—2 *libri omnes supra p.* 2 *adlegati, deinceps I (A*$^{1.2}$*). II (C*^{3}*B*$^{1.2.3.4}$*). III (E*$^{1.6}$. *Mut.:* beatus Victor constituit ... 7 cleros *et* 9 et constituit ... 15 baptizaretur *et sub Damaso p.* 19, 1: item de constituta pape Victoris hic fecit constitutum ... 7 pascha). *Beda chr. c.* 339 *v.* 5 hic constituit ... celebraretur *et* 19, 5 ut ... 19, 7 pascha. — AVCTORES: 1 sedit *cet.*] cat. Liber.: ann. VIIII m. II d. X. fuit temporibus (*sequentia deficiunt*). *Index:* ann. XV (*sic* 1. 2. 3. 4. 5. 9, x 6. 7. 8) m. III (*sic* 1. 2. 3. 4. 9, ii 6. 7. 8, iiii 5) d. X.

---

1 natione] romanae *W*^{1} 2 a. xu] *KA*^{4}, a. x *reliqui*, x ann. *E*^{4} m. ii (iii *KX*$^{2.3}$) d. x *om. B*^{1}*P*^{2} 3 cesaris (-rem *K*^{2}) augusti] *KA*$^{1.2}$, caesaris *FE*$^{1p.6}$, caesari *C*^{3}*B*$^{1.2.3.4}$, cesarii *E*^{1c} a consulatu] consulato *F*, ac *E*^{1c}, a *KA*$^{1.2}$*B*$^{1.2.3.4}$*E*$^{1p.6}$, *om. sp. vac. rel. C*^{3} commodo] commodi *FKA*$^{1.2}$*E*^{1c} ii (*vel* duo *vel* secundi)] *FKA*$^{1.2}$, ii *C*^{3}*B*$^{1.2.3.4}$*E*$^{1.6}$ grauione] *KA*^{1}*C*^{3}*B*$^{1.2.3.4}$, grauinionem *A*^{2}, grauionem *E*^{1}, glabrione *F corrigens*   4 laterone *K*, lateranum *E*^{1}*A*^{2} rufino] rufo *B*^{1}, rufinum *A*^{2}*E*^{1} 5 hic const. ... 6 eleuther *post* 15 baptizaretur *A*^{2} ut p. d. d. celebraretur (cebraretur *B*^{3}) *om. F*^{3} 6 sicut (sicut et *KE*$^{1.6}$) eleuther (heleoter *Mut.*, euletherius *A*^{2})] *K et rel. et Mut.*, sicut (et *ins. N*) pius *FN*   7 sequaetes (*corr. in* sequaentes) *Mut.*   clerus *K*, cloro *A*^{2} 8 mart. cor. *post* ordinationes *A*^{2} 9 necessitatem *K*^{2}*C*^{3}*B*$^{1.2.3.4}$ faciente *om. F*^{1} ubi ubi inu. fuisset siue in flumine *om. F*^{3} ubi ubi] *E*^{1c} *Mut.*, uti (?) ubi *E*^{1p}, ut ubi ubi *A*^{1}*B*^{1}*C*^{3}, et ubi *B*^{4}, ut ubi et ubi *B*$^{2.3}$, ubi *F*$^{1.2}$(*def. F*^{3})*K*^{1}*A*^{2}*E*^{6}, *om. K*^{2} inuentum] *KA*$^{1.2}$*C*^{3}*B*$^{1.2.4}$ *Mut.*, inuentus *FB*^{3}*E*$^{1.6}$ fuisset] f. et *C*^{3} 10 mare *K*^{2}*A*^{2} fonte *K*, fontem *F*   11 aut in stagnum *F sola interpolans*   12 christiana *A*^{2}*B*$^{2.3}$*E*$^{1.6}$, christianum *K*^{2} *Mut.*   confessione] ne *K*   credulitatis (-tes *Mut.*) clarificata (-tur *E*^{6}, -tum *Mut.*)] *I. II. III*, declarata credulitatem *K*, declarata credulitates (credulitas *F*$^{1.2}$) *F*   efficerit integer christianus *F sola interpolans*   15 quecumque *K*, quicum *F*^{3} gentilitates *E*^{1p}, gentilitate *E*$^{1c.6}$ ueniens *ante* ex *E*^{6} ut *om. E*^{6} baptizetur *K*, baptizaren (n *in litura*) *Mut.* 16 ordinationes *post* 19, 3 de luna *FK*, *post* 19, 7 sanctum pascha *A*^{2} uii] ui *F*$^{1.3}$*K*, u *F*^{2} 17 xii] numero xii *B*$^{2.3}$

XV. VICTOR.

FK ⟨Et fecit concilium 'et interrogatio facta est' ⟨de pascha vel de die prima cum Theo- ⟨philo episcopo Alexandriae de luna.

Hic fecit constitutum ad interrogatione *P* sacerdotum de circulo paschae ut dominico paschae, cum presbiteris et episcopis factam conlationem et arcessito Theophilo episcopo Alexandriae facta congregatione, ut a XIIII luna primi mensis usque ad XXI die dominicum custodiatur sanctum pascha.

⟨Hic sepultus est iuxta corpus beati Petri⟩ apostoli in Baticanum ⟨V kal. Aug. ⟨'Et' cessavit episcopatum dies XII.⟩

FK habent quae ⟨ ⟩ comprehenduntur, *F* solus signata praeterea ' ', *K* solus signata praeterea ⟨ ⟩: *P* habet (praeter nominatim excepta) omnia: *I* ($A^{1.2}$). *II* ($C^3B^{1.2.3.4}$). *III* ($E^{1.6}$). — AVCTORES: 1 et fecit concilium seq.] auctor videtur adhibuisse cum *Hieronymum* de vir. ill. c. 34: Victor tertius decimus urbis Romae episcopus super quaestione paschae ... scribens et Gennadium de vir. ill. 34: Theophilus Alexandrinae ecclesiae episcopus ... paschalem ... recursum ... Theodosio principi obtulit tum concilii Silvestriani episcoporum CCLXXV subditicii canonem 3: omnibus episcopis et presbyteris praeceptum esse paschae observantiam custodiri a luna XIIII usque ad XXI, ita ut dies dominicus coruscet. Concilium CCCXVIII episcoporum item subditicium, quod convocasse dicitur Victor Romanae urbis episcopus respondente episcopis interrogantibus Theophilo (cf. Krusch Studien zur Chronologie p. 303 seq.) si hoc loco adhibitum est, quo ducunt cum vocabula Victoris et Theophili tum 'interrogatio sacerdotum', eorum actorum diversam formam auctor usurparit necesse est; nam in iis quae extant et dies lunares paschae apti differunt et Theophilus non est Alexandrinus, sed Caesariensis (cf. Eusebius h. eccl. 5, 22 et chron. ad a Abr. 2211), insertus fortasse ab actorum recognitore qui intellexisset cum Victore componi non posse Theophilum Alexandrinum.

FK 1 concilio *K*   2 die om. K^1 prima] primum *K*   2/3 thiophilo K^2 3 alexandrae (sic) *K*

P 1 constitum C^{3p} *Mut.*   ad interrogatione (sic A^1B^1, interrogationem $C^3B^{2.3.4}$ E^1, inrogationem A^2) sacerdotum om. *Mut.*   2 ut dominico paschae (paschaete B^1)] $A^1C^3B^{1.2.3c}$, om. $A^2B^{3p.4}E^{1.6}$ *Mut.* probante *Duchesnio*   3 pbri A^2 eposcopi A^2 factum $A^1C^3B^{1.4}$, facta A^2E^1 *Mut.*   4 conlatione A^1, collatione A^2E^1 *Mut.*   arcessito] A^1B^1, adcersito $B^{3.4}$, adcersitu C^3, accersito $A^2B^2E^{1.6}$, acirsito *Mut.*   5 facta congregatione (congrecatione A^1) om. *Mut.*   a om. A^2 6 prima C^3 xxi] xxi prima B^1 6/7 dominicum] A^1, dominico A^2B^4, dominica $C^3B^{1.2.3}E^1$ *Mut.*, dominicam E^6 7 custodiant *Mut.*

8 hic (qui *F*, qui et K^2A^2) ... aug. om. K^1 uaticano $C^3B^{1.3.3.4}E^1$ u om. $B^{2.3.4}$ 9 episcopatum] $A^1C^3B^{1.2.3.4}E^1$, episcopatus (aut compend.) reliqui   xii] xi *F*

XVI. ZEPHYRINVS.

⟨Zepherinus, natione Romanus, 'ex' patre Habundio, sedit 1
K *III* ⟨ann. XVIII m. III d. X.   ⟨ann. VIII m. VII d. X.   F *I. II*
⟨Fuit 'autem' temporibus Antonini et Severi, 'a' consolatu Saturnini et Gallicani *[a. 198]*
⟨usque ad Presente et Stricato conss. *[a. 217]*.
⟨Hic constituit praesentia omnibus clericis et laicis fidelibus 'sive clericus' sive levita 2
⟨sive sacerdos ordinaretur.
⟨Et fecit constitutum de ecclesia et patenas vitreas ante sacerdotes in ecclesia et ministros
FK III ⟨supportantes, donec episcopus missas
⟨celebraret ante se sacerdotes adstantes; sic missae celebrarentur, excepto quod ius
⟨episcopi interest tantum clerus substineret omnibus praesentes; ex ea consecratione
⟨de manu episcopi iam coronam consecratam acciperet presbiter tradendam populo.
⟨Hic fecit ordinationes IIII 'per m. Dec.', presbiteros XIIII, diacones VII; episcopos 3
⟨'per') diversa ('loca' XIII.
⟨'Qui') etiam ⟨sepultus est in cymiterio 'suo' iuxta cymiterium Calisti via Appia VIII
⟨kal. Sept.
⟨'Et' cessavit episcopatum dies VI.⟩

*FK habent quae ( ) comprehenduntur, F solus signata praeterea ' ', K solus signata praeterea < >;
F habet (praeter nominatim excepta) omnia:* 1—2 d. x *libri omnes supra p.* 2 *adlegati, deinceps I* ($A^{1.2}$).
II ($C^3B^{1.2.3.4}$). *III* ($E^{1.6}$. *Mut.: beatus zephyrinus const. ut praesentia . . . tradenda populo).* — AVCTORES:
3 fuit . . . 4 Stricato conss.] *catal. Liber.: (post hiatum)* Antonini a cons. Saturnini et Galli usque Presente
et Extricato. *Index:* ann. XVIII (*sic* 1. 2. 3. 5. 9, uiii 6. 7. 8, xuii 4) m. VI (*sic* 1. 3. 4. 5. 9, uii 2. 6. 7)
d. X (iii *1*, u *9*, xu *6*). — 5 hic constituit praesentia seq.] *concilium Silvestrianum CCLXXV episcoporum can.* 7:
Silvester episcopus dixit . . . commonemus, ut nulli episcopo liceat quemlibet gradum cleri ordinare aut con-
secrare nisi cum omni adunata ecclesia.

1 zephyrinus] *K II* (*praeter B^1 ind.*). *III* (*rel.*) $A^{2.4.5.7}$*Cr.*, zephirinus vel zephyrinus *I* (*rel.*) B^1 (*ind.*)
E^4H^2*Mut.*, seuerinus C^4, zypherinus $F^{1.2}$, zuperinus F^3 habundio] abundio $K^1A^1C^5E^{1c.4}$ *al.*, habundo B^4P^1,
abundo A^2E^{1p}, habuntio A^3, habundantio *F*   2 a. xuiii] *K*, a. xuii $C^{3.4.5}$ *et III* ($E^{1.4.6}S$), a. xui $A^{5.6.7}$, a. xiiii
C^{2p}, a. uiiii $A^{2.3}YC^{1c.2c}H^{1.2}$, a. uiii $F^{1.3}$ *et plerique*, a. uii $F^2W^{2.3}$ m. iii *K*, m. ii $A^{5.6.7}C^{2p.3}E^{1.4.6}S$, m. iiii
$F^2A^2P^1$, m. uii $F^{1.3}$ *et plerique*, m. uiii *Q*   3 autem *om. FK*   seuerini *F*   saturnini] saturnini
(saturnino F^{1p}, sa∗turnini F^3) antonini *F*, antonini K^2, antoni K^1 galliani B^{2p} 4 ad] FKE^1, *om.
reliqui*   praesentem $F^{1.3}KE^1$ istricato $C^3B^{1.2.3}$, histricato B^4, strigatum $E^{1.6}$, striacto F^3 5 praesentia]
$A^2B^{1.2.3.4}$, praesen C^3, praesentiam *F*, ut in (*om. Mut.*) praesentia (-tiam E^1) $KE^{1.6}$ *Mut., praesent..* (*corr.
in praesentibus*) A^1 omnium clericorum et laicorum fidelium $E^{1.6}$ siue clericus *om.* $KE^{1.6}$ 6 hordina-
tur *Mut. ante corr.*   7 constitutu A^2, constituto *F*   aecclesias K^1 uidreas F^3 ante (*sc ins. FK^1*)
sacerdotes (-dos $E^{1p.6}$) in ecclesia (-siam E^1) et ministros [(supportantes (superportantes *K*) donec (*sic $C^3E^{1.6}$
Mut., dum FK*) episcopus missas (missa FK)] celebraret (-rent *A*, -retur K^1, -rentur K^2) ante se (*om. C^3B^1
Mut.*) sacerdotes (omnes *ins. FK*) adstantes (sacerdotibus adstantibus et $E^{1.6}$)] sic *F* (*sed donec . . . celebraren-
tur om. F^3*) $KC^3E^{1.6}$ *Mut.*, *item omissis quae comprehenduntur* [[ ]] A^1B^4, et ministros (et m. *om.* B^1) ante
se (et *ins.* $B^{2.3}$) sacerdotes adstantes (*om. reliqui*) $B^{1.2.3}$, ante sacerdotes astantes (*om. reliqui*) A^2, ante sacer-
dotes in ecclesia ministri subportantes et ante se sacerdotes asstantes et A^7 missa *Mut.*   except A^{1p} quod
ius] cuius *F*: quod cuius *proposuit Traube*   10 episcopi] eps F^1 interest] inter *K*, interessot (ut *ins.* E^{1c}) $E^{1.6}$
clero E^{1p} *Mut.*, cleros E^6, clericus F^1 substineret A^1, substiterit A^1, sustenerit F^1 praesentibus FE^{1c}
ex ea] exa C^3, exeant $A^{1.2}$ consecrationem A^1, congregatione B^{3p} 11 corona $F^3A^2C^3B^{1.2.3.4}$ *Mut.*
consacrata F^3, consecrata $F^2C^3B^{1.2.3.4}$ acciperet $K^2A^{1.2}$, acceperit $F^{1.2}$ presbiter] praesunt K^2 tra-
denda *Mut.*   12 hordines *K*, ordinatione A^1 iiii] uii C^3 per m. dec. *post* loca n. xiii $C^3B^{1.2.3.4}$ xiiii]
xiii B^1, niiii E^{1c}, iiii *N*   uii] uiii $F^{1.3}K$ 13 xiii] numero xiii $C^3B^{1.2.3.4}$ 14 sepultusque *K*   iuxta
B^{1p} cymiterium] cimiterio KA^2 calesti $F^{1.2}K^2$, *om.* F^3 uiii (uiiii A^2, uii $B^{1.2.3.4}E^{1.6}$, ui C^3) k. sept.
om. $F^{1.2}$ (*non* F^3)   16 episcopatum] $C^3B^{1.2.3.4}$, episcopatus (*aut comp.*) *reliqui*   ui] $F^3K^2A^1C^3B^1[?]$,
nii $B^{2.3.4}$, n $F^{1.2}K^1$

XVII. CALLISTVS I.

⟨Calistus, natione Romanus, ex patre Domitio, de regione Urbe Ravennantium, sedit 1
K III ⟨ann. V ‖ ⟨ann. VI *F II*
⟨m. II d. X. Fuit autem temporibus Macrini et Theodoliobolli, a consulatu Antonini
⟨[a. 218] et Alexandri [a. 222].

5 ⟨'Hic' martyrio coronatur.

⟨Hic constituit ieiunium 'die' sabbati ter in anno fieri frumenti, vini et olei secundum 2
⟨prophetiam
FK III ⟨quarti, septimi et decimi.

⟨'Hic fecit basilicam trans Tiberim'.

10 ⟨Hic fecit ordinationes V 'per m. Dec.', presbiteros XVI, diacones IIII; episcopos ⟨'per'⟩ 3
diversa ⟨'loca' VIII.

⟨Qui 'etiam' sepultus est 'in' cymiterio Calipodi via Aurelia miliario III prid. id. Octob.⟩ 4
Qui fecit alium ⟨'cymiterium via Appia',⟩ ubi multi sacerdotes et martyres requiescunt,
⟨'qui appellatur'⟩ usque in hodierno die cymiterium ⟨'Calisti'.⟩

15 Et ⟨cessavit episcopatum dies XVI.⟩

FK habent quae ⟨ ⟩ *comprehenduntur, F solus signata praeterea* ' ', *K solus signata praeterea* < >; *P habet (praeter nominatim excepta) omnia:* 1—3 d. x *libri omnes supra p. 2 adlegati; deinceps I* ($A^{1.2}$), *II* ($C^3 B^{1.2.3.4}$). *III* ($E^{1.6}$. *Mut.:* beatus Calistus const ieiunium ... decimi). — AVCTORES: 1 sedit ... 4 Alexandri] *catal. Liber.:* ann. V m. II d. X. fuit temporibus Macrini et Eliogabali a cons. Antonini et Adventi usque Antonino III et Alexandro. *Feriale eccl. Romanae (chr. min. 1, 72):* prid. id. Oct. Callisti in via Aurelia miliaria III. *Index:* ann. V (ui 7) m. X (sic 2. 3. 4. 5, ii 7. 8. 9, iii 6, xi 1) d. X. 6/7 secundum prophetiam] *Zachar.* 8, 19: haec dicit dominus exercituum: ieiuniam quarti et ieiuniam quinti et ieiuniam septimi et ieiuniam decimi et erit domini Iuda in gaudium et laetitiam et in sollemnitates praeclaras.

---

1 cal(l)istus] calixtus $W^{2.3} X^{2.3} A^{4.7} Z^{1.2} Q P^{1.2} E^{1.4} H^{1.2} Cr$.   domitio (domi A^2) de (d B^1) regione (region A^1)] *libri (etiam A^1)*, domitio de *(om.* regione) $A^{2.3}$, domitione $P^{1.2}$ urbe] urbis $E^6 Z^1 H^1 Cr$., *om.* P^2 rauennantium] rauennantia C^2, rauennantiu C^{5c}, rauennantio E^1 (rauennatio *Mog.*), rabennantius A^2, rabennatium K^1, rabinnatium K^2, rauennatium $W^3 A^{5.6.7} X^{2.3} D^2 P^2 N$, rauentium C^{5p}, rauennati O, rauennae $Z^{1.2} E^4$ 2 a. u] $F^2 K$ $C^{3.4.8} E^{4.6} SCr.$ *(marg.)* cum *Lib.* et *Ind.*, a. ui $F^{1.3} II$ *(rel.)* $W^{2.3} E^1 Cr.$ *(text.)*, a. uii I *(rel.)* $D^{1.2} O P^1$ 3 m. ii] m. xi K, *om.* W^1 d. x] d. xi F autem *om.* $F^{1.3}$ marini K theodoliobolli] $FA^{1.2}$, t(h)eodoliobilli K, helioballo $C^3 B^{1.2.3.4}$, heliogabali $E^{1.6}$ antoni $C^3 B^{1.2.3.4}$ 5 hic mart. cor. *om. hoc loco, inserens* mart. coronatur et *post* 11 etiam A^2 6 ieiunio F annum B^{1p} frumento F, frumenta A^2 uini] et uini K^1 oleo $A^{1p.2p}$ 7 proficiam K^2, prophetam $E^{1.2}$, profheta F^3 8 quarti (et *ins.* F^3) septimi et decimi mensis *(om.* K^2) $F^3 K$, quarti mensis *(om.* $E^{1.6}$ *Mut.)* septimi et (ex F^1, *om. Mut.)* decimi $F^{1.2} E^{1.6}$ *Mut., om. reliqui*   qui] quo K^1 10 *ordinationes post sepulturam* FK per] in E^6 xui] ui $E^{1p.6}$, xu F^2 iiii] uii K^1 11 uiii] uii F^2, numero uiii (nii B^2) $A^{1.2} B^{1.2.3.4}$ 12 est *om.* E^1 calipodi] $A^1 K$, calepodi $FA^2 E^{1.6}$, calapodi $B^{1p.2.3.4}$, catapodi B^{1c}, suo calopodi C^3 aurilia $F^{2.3} K$ 13 qui ... 14 calisti] et cimiterium uia appia qui dicitur caliste *post* 9 tiberim K qui] $A^{1.2}$, et $C^3 B^{2.3.4} E^{1.6}$, *om.* B^1 alium] aliud $E^{1.6}$, *om.* B^{1p} multis A^2 14 qui] quod $E^{1.6}$ hodiernum diem $A^2 C^3 B^{1.2.3.4} E^1$, hunc usque diem E^6 ciniterio $B^{2.3.4}$ calysti B^1, calixti E^1 15 cessauit] quieuit F episcopatum] $F^3 C^3 B^{1.2.3.4}$, episcopatus *(aut comp.) reliqui*   xui] KA^1, ni $F^{1.3} C^3 B^{1.2.3.4} E^{1.6}$, u F^2

XVIII. VRBANVS.

⟨Urbanus, natione Romanus, ex patre Pontiano, sedit 1
K ⟨ann. VIIII m. I d. II. ‖ ⟨ann. IIII m. X d. XII. FP
FK ⟨Hic ministeria sacrata argentea constituit ‖ Hic fecit ministeria sacrata omnia argentea 2 P
⟨et patenas argenteas XXV posuit.

'K I 5 ⟨Qui etiam claruit con- ‖ II Hic vero con- ‖ III Hic vero confes- ‖ III Hic vero confes- 3
⟨fessor temporibus Dio- ‖ fessor. ‖ sor extitit tem- ‖ sor extitit tem-
⟨clitiani. ‖ ‖ poribus Diocleti- ‖ poribus Maximini
‖ ‖ ani. ‖ et Africani con-
‖ ‖ ‖ sulibus.

10 ⟨Hic 'sua traditione' multos convertit ad baptismum⟩ et credulitatem, ⟨etiam⟩ et ⟨Valeri-
⟨anum,⟩ nobilissimum virum, ⟨sponsum sancte Caeciliae,⟩ quos etiam usque ad martyrii
palmam perduxit,

F ⟨'et multi martyrium coronati sunt per eius ‖ et per eius monita multi martyrio coronati P
⟨'doctrinam. ‖ sunt.

FK habent quae ( ) *comprehenduntur, F solus signata praeterea* ‹ ›, *K solus signata praeterea* ‹ ›;
P habet (praeter nominatim excepta) omnia: 1—2 *libri omnes supra p.* 2 *adlegati, deinceps I* ($A^{1,2}$). *II* (C^3
$B^{1,2,3,4}$). *III* ($E^{1,6}$. *Mut.:* beatus Urbanus hic fecit ministeria . . . posuit). *Beda chr. c.* 358 *v.* 10 hic sua . . .
14 sunt. — AVCTORES: 1 sedit . . . 2 XII] *catal. Liber.:* ann. VIII m. XI d. XII. fuit temporibus Alexandri
a cons. Maximi et Eliani [*a.* 223] usque Agricola et Clementino [*a.* 230]. *Index:* ann. VIIII (*sic* 1. 2. 3. 5.
6. 9, iiii 7. 8, uiii 4) m. I (*sic* 1. 2. 3. 4. 5. 6. 9, x 6. 7. 8) d. II (*sic* 2. 3. 4. 9, i 1, xii 6. 7. 8). *Passio
sanctae Caeciliae (secundum Mombritium q.* 6 *f.* 1 = *act. sanct. Mai. vol.* 6 *p.* 11; *illius recensionem reliquis
editis praestare Rossius ait Roma sott.* 2 *p.* XXXVI, *quamquam et ipsa haud scio an interpolata sit adhibito
libro pontificali*): Caecilia virgo clarissima absconditum semper euangelium Christi gerebat in pectore . . .
haec Valerianum quendam iuvenem habebat sponsum . . . Valerianus . . . invenit sanctum Urbanum episcopum, qui iam bis confessor factus inter sepulcra martyrum latitabat . . . tu illum Urbanum dicis, quem

1 pontiano] pontio B^3 2 ann. uiiii] K, a. iiii] F^4 I (*rel.*). *II.* E^4, a. iii $F^{1,2}$, a. uiii $A^{5,6,7}C^2p^{3,4,5}$
$E^{1,6}S$ m. i (*sic* K, m. x F *et plerique*, m. xi $A^{5,6,7}C^2p^{3,4}E^{1,6}S$, m. ui $W^{1,2,3}$) d. ii (*sic* K, d. xii *plerique*,
d. xi N)] m. xii *mediis omissis* E^4 3 hic m. s. argentea (-teas K) constituit FK, hic fecit m. s. omnia
(omnes B^4) argentea I. *II. III*   4 patena argentea A^2 xxu] xu K^1 posuit *om.* A^2 5 qui etiam
(queciam F^3p, que etiam $F^{1,2,3c}$) claruit (*sic* A^{1c} *coniectura opinor*, clari A^{1p}, clare KA^2, clarus A^4D^1, fuit
clare $A^{5,6,7}$, clericus F^8, clericos $F^{1,2}$, *quae lectiones item veniunt ex emendatione*) confessor (confesore F^3)
temporibus diocletiani (*sic* $F^{1,2}K$ *et apographum* W^1 *codicis* A^1, diaclitiani F^3, alexandri $A^{1c,4}$, *inc.* A^{1p}) FK I,
hic uero confessor extitit temporibus diocletiani E^4, hic uero (uerus E^{1c}) confessor extitit temporibus maximini
et africani consulibus $E^{1,6}$, hic uero confessor (*rel. om.*) II ($C^3B^{1,2,3,4}$). *Lectionem temporibus Diocletiani
venire a primo pontificalis auctore inde colligitur, quod propter eam sustulit synchronismum imperatorium
indiciis Liberiani: diascevastas posteriores cum eam viderent contrariam esse tam praecedentibus quam sequentibus, aut sustulerunt eam aut mutarunt.*   10 multus K^2 baptismo $F^{1,2}$ et] et ad B^1 crudelitatem E^6
etiam et] etiam $E^{1,6}$ 10/11 ualeriano K 11 sponso K ciciliae A^1 *post* ceciliae *ins.* et
fratrem eius tyburcium *fragm. Friburgense (neues Archiv 5, 211)*   quos] quo A^1, qui A^2 usque *om.* E^6
12 perduxit] deduxit E^6 13 martyrium] F^3, martyrum F^8, martyrio F^1

XVIII. VRBANVS.

⟨Hic fecit ordinationes V 'per m. Dec.', presbiteros XVIIII, diacones VII; episcopos 4 ('per') diversa ('loca' VIII.

('Qui') etiam ⟨sepultus est 'in'⟩ cymiterio Pretextati 'via Appia,

FI ('quem sepellivit beatus Tiburtius'

5 ⟨XIIII kal. Iun.

('Et' cessavit episcopatum dies XXX.⟩

papam suum Christiani nominant? hunc ego audio iam secundo damnatum et iterum pro ipsa re quandam nactus est latebram ... (Valerianus et Tiburtius frater) feriuntur gladio ... (praefectus urbi Almachius Maximum cornicularium) iussit tamdiu plumbatis caedi, quamdiu redderet spiritum, quem sancta Caecilia iuxta ubi Tiburtium et Valerianum sepelierat, in novo sarcophago sepelivit ... sanctus Urbanus baptizavit in domo eius (Caeciliae) amplius quam quadringentos promiscui sexus ... Almachius Caeciliam sibi praesentari iubet, quam interrogans ait ... cuius condicionis es? Caecilia dixit ingenua nobilis clarissima ... (Caeciliam) spiculator ... percussit.

FK habent quae ( ) comprehenduntur, F solus signata praeterea ' ', *K solus signata praeterea* < >; *P habet (praeter nominatim excepta) omnia:* I ($A^{1.2}$). II ($C^3B^{1.2.3.4}$). III (E^1. *Mut.*).

---

1 xuiiii] xuiii F^2, uiiii $C^3B^{1.2.3.4}E^{1.6}N$ uii] ui F^2, u $C^3B^{1.2.3.4}E^{1.6}$, uiiii N 2 uiii] uiii K^2, numero uiii $C^3B^{1.2.3.4}$, uii F^2 3 sepultusque K pretestati E^1, pretaxati E^8 4 quem sepelliuit beatus tiburtius] *sic FK I, om. reliqui, fortasse propterea, ut iudicat Duchesnius, quod secundum passionem sanctae Caeciliae, qualis circumfertur, Tiburtius periit una cum sancta Caecilia ante Urbanum.*   5 xiiii k. iun.] uiii k. iun. $E^{1.6}$, *om.* $B^{2.3}$ *propterea quod in martyrologio Hieronymiano sic est:* VIII k. Iun. ... natalis Urbani episcopi in cimiterio Pretextati.   6 episcopatum] $C^3B^{1.2.3.4}$, episcopatus *(aut comp.) reliqui*

XVIIII. PONTIANVS.

⟨Pontianus, natione Romanus, 'ex' patre Calpurnio, sedit
K ⟨ann. V m. II d. XXII. ‖ ⟨ann. VIIII m. V d. II.   *F I. 11*
⟨Martyrio coronatur. ⟨'Fuit'⟩ autem ⟨temporibus Alexandri, a consulatu Pompeiani et
⟨Peliniani *[a. 231].*
5 ⟨Eodem tempore Pontianus episcopus et Ypolitus presbiter exilio sunt deportati ab 2
⟨Alexandro in Sardinia insula Bucina Severo et Quintiano conss. *[a. 235].* In eadem
⟨insula
FK 1 ⟨'adflictus' maceratus fustibus
⟨defunctus est III kal. Novemb.⟩ et in eius locum ordinatus est Antheros XI kal.
10 Decemb.
⟨Hic fecit ordinationes II⟩ per m. Dec., ⟨presbiteros VI, diaconos V; episcopus 'per'⟩ 3
diversa ⟨'loca'⟩ VI.

FK habent quae ( ) *comprehenduntur, F solus signata praeterea* ' ', *K solus signata praeterea* < >; *P habet (praeter nominatim excepta) omnia:* 1—2 *libri omnes supra p.* 2 *adlegati, deinceps I ($A^{1.2}$). II ($C^3 B^{1.2.3.4}$). III ($E^{1.4}$. Mut.: beatus Pontianus). Beda chr. c.* 3623 *mart. cor. et pag.* 25,4 *sepulcrum.* — AVCTORES: 1 sedit ... 10 Decembr.] *catal. Liber.:* ann. V m. II d. VII. fuit temporibus Alexandri a cons. Pompeiani et Peligniani. eo tempore Pontianus episcopus et Yppolitus presbiter exoles sunt deportati in Sardinia in insula Vocina (*sic vel* nocina *codd.,* nociua *Bucherius*) Severo et Quintiano cons.: in eadem insula discinctus est IIII kal. Octobr. et loco eius ordinatus est Antheros XI kal. Dec. cons. ss. *Feriale eccl. Romanae (chron. min. I p.* 72): id. Aug. Hippolyti in Tiburtina et Pontiani in Callisti. *Index:* ann. VII (*sic* 2. 3. 4. 5, u *1,* uiiii 6. 7. 8. 9) m. X (*sic* 2. 3. 4. 5. 8, u 1. 6. 7. 9) d. XXII (*sic* 1. 2. 3. 4, ii 7. 8. 9, xii 6).

Pontianum ante Anterotem collocant K I. II (praeter B^1 ind.) cum Beda, post cum $FC^{3.4}B^1$ (ind., non text.) et III ($E^{1.4.6}S$ Mut.) 1 pontianos B^1p *(ind.)* natione] natus B^6 patre] pater B^1 calpurnio] calpurneo A^1, calphurneo W^2, carphurnio $P^1Cr.$, caepurnio F^1p, calpfurnio F^3, calepodio A^4 2 ann. u] $KA^{5.6.7}C^{3.4}$ III ($E^{1.4.6}S$), a. uiiii $F^{1.3}$ I (rel.). II (rel.), a. uiii F^2 m. ii] $KA^{5.6.7}C^{3.4}E^{1.6}S$, m. u F^1 I. II, m. (om. numero) E^4 d. xxii] K, d. i $A^{6.7}$, d. ii $F^{2.3}$ I (rel.). II. III $E^{1c.6}$, ii (om. d.) E^4, d. iii F^1, om. $C^3E^{1p.6}S$ 3 coronatus F^1A^2 fuit] hic fuit K ponpeiani K^2E^1 4 peleniani A^2, peliani KC^3pE^1, pediani E^6 5 eodem] eo K yppolitus KB^1 aliique deportati] K^2 et reliqua cum ind. Lib., depotati F^1, deputati $F^{2.3}K^1A^2$ 6 alaxandro K^2 insula] in insula $KC^3B^{1.2.3.4}E^1$ bucina] buciana $A^{1.2}$, bucinaram E^6 seuerum K^2 6/7 in eadem insula (-lam $C^3B^{2.3.4}$)] in eandem insulam B^1, ibique K 9 defunctus] immo discinctus, id quod repperit sine dubio auctor in cat. Lib., sed temere mutavit. discinctus est Pontianus a. d. IV k. Oct. a. 235, successor creatus a. d. XI k. Dec. anni eiusdem; ignoratur dies obitus, nam quem habet Pontificalis a. d. III k. Nov., aperte venit ex cat. Lib. male lecto (aliter iudicat Rossius Roma sott. 2, 76); corpus depositum est teste feriali Romano (vide supra) id. Aug. anni incerti advectum ex Sardinia sedente episcopo Fabiano (236 Ian. 10—250 Ian. 20) 9 iii] iiii F^3, ui K antheros $B^{1.2.3}$, anherus A^2, anterus E^1 9/10 xi k. dec.] hoc loco II. III, recte teste catalogo Liberiano, transponit diem mutatis extremis F, om. I, ideo omnino quod episcopatus dicitur cessauisse dies X, plures autem intercedunt inter Oct. 30 et Nov. 21. 11 presb. ui] pr. u F^2 ui] numero ui $A^{1.2}C^3B^{2.3.4}E^{1.6}$ (ca numero ui exesum in B^1), uii $F^{1.3}K$

XVIIII. PONTIANVS.

FK ⟨Quem beatus Fabianus ad-⟨duxit ʽnavigioʼ	*I. III* Quem beatus Fabianus adduxit cum clero per navem	
F I. III ⟨ʽetʼ sepelivit in cymiterio ⟨Calisti via Appia.	*K* ⟨et sepelivit in catatum-⟨bas.	qui etiam sepultus est in *II* cymiterio Calisti via Appia.
K I. II ⟨Et cessavit episcopatum ⟨dies X.⟩		⟨Cessavit episcopatus a die *F* ⟨depositionis eius ab XI k. ⟨Dec.⟩

5

FK habent quae ⟨ ⟩ comprehenduntur, F solus signata praeterea ʽ ʼ*, K solus signata praeterea* ˂ ˃*;
P habet (praeter nominatim excepta) omnia:* I ($A^{1.2}$). II ($C^3B^{1.2.3.4}$). III (E^1. *Mut.*).

1 fauianus E^1 2 clero] $A^2E^{1.6}$, c̅l̅r̅ A^1 3 nauim E^1 4 et (*om. F*) sep. *FK I*, qui etiam sep. est *II*   in cymiterio (-rium B^3p) calisti (calixti E^1, calesti $F^{1c.2.3}$, caelesti F^1p) uia appia] *F I. II. III*, in catatumbas K^2, in catacumbas K^1; *cf. Rossi Roma sott.* 1, 237 *not.* 4   6 et cessauit episcopatum (*sic* $C^3B^{2.3.4}$, episcopatus *aut perscr. aut comp. reliqui, exesum in* B^1) dies x] *K I. II,* cessauit ep. (cess. ep. F^3 *solus, om.* $F^{1.2}$) a die depositionis (deposiciones F^2) eius ab xi k. dec. (*om.* dies x) *F*, et cess. ep. a depositione (dispositione E^1) eius dies x (dies x *om.* E^1) $E^{1.6}$. *Fuisse in archetypo a die discinctionis eius conicit Rossius R. S.* 2, 79 *non recte, cum lectiones tam F quam E interpolatae esse videantur propter causam quam indicavimus ad p.* 24, 9/10. *scilicet textu ita mutato iam F ait post depositionis diem episcopatum cessavisse spatio non indicato, E cessavisse episcopatum post diem depositionis dies alios X.*

XX. ANTEROS.

⟨Antheros, natione Grecus, 'ex' patre Romulo, sedit   1
III m. I d. XII.   ‖   ⟨ann. XII m. I d. XII.   *FK I. II*
⟨Martyrio coronatur temporibus Maximini et Africani conss. [*a. 236*].
⟨Hic gestas martyrum   2
I 5 et legentium
⟨'diligenter a notariis' exquisivit et in ecclesia recondit

FK ⟨propter quondam Maximo presbitero mar- ‖ propter quodam Maximino presbitero, qui *P*
(tyr effectus est. ‖ martyrio coronatus est.

FK I ⟨Hic fecit unum episcopum 'in civitate ‖ Hic fecit ordinationem I, episcopum I mens. 3 *II. III*
10 ('Fundis Campaniae') per m. Dec. ‖ Dec.

('Qui') etiam ⟨sepultus est in cymiterio Calisti 'via Appia' III non. Ianuar.
('Et' cessavit episcopatum dies XIII.)

FK habent quae ⟨ ⟩ comprehenduntur, F solus signata praeterea ' ', *K solus signata praeterea* ⟨ ⟩;
P habet (praeter nominatim excepta) omnia: 1—2 *libri omnes supra p.* 2 *adlegati; deinceps I* ($A^{1.2}$). *II* (C^3
$B^{1.2.3.4}$). *III* ($E^{1.6}$. *Mut.*: beatus Anteros hic gestas . . . recondidit). *Beda chr. c.* 362 mart. cor. *et sepultura.* —
AVCTORES: 1 sedit . . . XII et 11 III non. Ian.] *catal. Liber.*: m. I d. X. dormit III non. Ian. Maximo
et Africano cons. *Index*: (ann. i 4, ann. x 6, ann. xi 9, ann. xii 1. 7. 8, *om.* 2. 3. 5) m. I (ii 5) d. xii (*sic*
6. 7. 8, x 9, xi 2, xuii 4, xuiiii 1. 3).

Anterotem post Pontianum plerique, ante eum FC^3 et III ($E^{1.4.6} S Mut.$). 1 antheros] $C^{1.3.4} B^1 (text.)^{2.3}$
$A^4 Z^1$, anteros $F^3 B^1 (ind.) B^4 E^1$, antherus $F^2 A^{1.2.6.7} X^{2.3} B^7 C^8 P^{1.2} N$, anterus KD^1, anthorus B^6, anterius F^1,
antherius $W^{1.2.3}$ natione] natus B^6 gregus F^3 patre] pater K^1 romulo] remolo B^7, romolo F, rumulo
$A^1 W^1$, humulo K^1 sedit *om.* E^{1p} 2 m. i *(om. annis)* $A^{5.6.7} C^{3.4} E^{1p} S$, ann. xii (xi $F^{1.2}$) m. i (m. ii 0) *FK*
(*sic*) *et reliqui*, ann. iii m. i E^4, ann. xii *(om. mens.)* A^4 d. xii] d. xu $C^2 p (?)^4 S$, d. xuiiii KA^4 3 martyrio]
marty C^3 temporibus] fuit autem temporibus $A^3 C^3 B^{1.2.3.4} E^{1c}$ maximini] $FKA^{1.2} E^{1.6}$, maximino $B^{1.4}$,
maximiani B^2, maximiano B^3, maxiamiano C^3 africani] $FKA^{1.2} B^2 E^{1.6}$, africano $C^3 B^{1.3.4}$ 4 gesta FE^6,
iesta A^2 et legentium] $A^{1.2}$ *soli, fortasse recte, scilicet legentium ossa.*   6 a notariis] atariis F^1 exquisiuit (exquesiuit $F^2 B^4$) . . . presbytero martyr *om.* K^1 ecclesias *Mut.*   recondidit $F^1 E^{1.6} Mut.$

FK 7 condam F^3 maximum presbiterum K^2 ‖ *P* 7 quodam (quondam $C^3 B^{2.3.4}$), quandam B^1, qua-
(*def.* K^1) ‖ dam A^2, quendam $E^{1.6}$) maximino (maximinum $E^{1.6}$,
‖ maximo A^2, maximiano B^2, maxiano B^3) presbitero
‖ (-rum E^1)] propter quod a Maximo praefecto (*sci-*
‖ *licet Pupieno, qui postea imperauit*) *temptauit Ros-*
‖ *sius R. S.* 2, 182   qui] quia B^3

9 fecit] ordinauit *FK* ‖ 9 ordinationes E^{1p} 10 per m. dec. ep. (ēps E^{1p})
‖ i $B^{2.3} E^{1.6}$

11 sepultusque K^1 calesti F, calixti E^1, calestini K iii] iiii F 12 et *om.* F^3 episcopatum] $A^1 C^3$
$B^{1.2.3.4}$, episcopatus *(aut comp.) reliqui*   xiii] x B^3, ii F, uii K

XXI. FABIANVS.

⟨Fabianus, natione Romanus, 'ex' patre Fabio, sedit ann. XIIII 1
K III ⟨m. I d. X. ‖ m. XI d. XI. *l. II*
⟨Martyrio coronatur. Fuit 'autem' temporibus Maximi et Africani *[a. 236]*, usque ad
⟨Decio II et Quadrato *[a. 250]*, 'et passus est XIIII kal. Febr.'
5 ⟨Hic regiones diuidit diaconibus et fecit VII subdiaconos, qui VII notariis inminerent, 2
⟨ut gestas martyrum⟩ in integro ⟨fideliter colligerent.
⟨'Et multas fabricas per cymiteria fieri praecepit.'⟩
Et ⟨'post passionem eius Moyses et Maximus presbiteri et Nicostratus diaconus 'con- 3
⟨'prehensi sunt'⟩ et in carcere missi sunt.
10 ⟨'Eodem tempore'⟩ superuenit Novatus ex Africa et separauit de ecclesia Novatianum 4
et quosdam confessores, postquam ⟨'Moyses in carcere defunctus est, qui fuit ibi menses
⟨'XI; et sic multi Christiani fugierunt'⟩
I per diuersa loca. ‖
⟨Hic fecit ordinationes V 'per m. Dec.', presbiteros XXII, diacones 'VII'; episcopos 5
15 ⟨'per'⟩ diuersa ⟨'loca' XI.
⟨'Qui'⟩ etiam ⟨sepultus est in cymiterio Calisti 'via Appia' XIII kal. Febr.
⟨'Et' cessauit episcopatum dies VII.⟩

FK habent quae ( ) *comprehenduntur*, *F solus signata praeterea* ' ', *K solus signata praeterea* ‹ ›; *P habet (praeter nominatim excepta) omnia: I* ($A^{1.2}$). *II* ($C^3 B^{1.2.3.4}$). *III* ($E^{1.6}$). *Mut.*: beatus Fauianus hic regiones ... inminerent). *Beda chr. c. 370 v. 2*: mart. cor. — AVCTORES: 3 fuit ... 11/12 menses XI] *catal. Liber.*: ann. XIIII m. I d. X. fuit temporibus Maximini et Gordiani et Filippi a cons. Maximini et Africani usque Decio II et Grato. passus XII kal. Febr. hic regiones diuisit diaconibus et multas fabricas per cymiteria fieri iussit. post passionem eius Moyses et Maximus presbyteri et Nicostratus diaconus comprehensi sunt et in carcerem missi sunt. eo tempore superuenit Novatus ex Africa et separauit de ecclesia Novatianum et quosdam confessores, postquam Moyses in carcere defunctus est, qui fuit ibi m. XI d. XI. *Feriale ecclesiae Romanae* (chr. min. I p. 71): XIII k. Febr. Fabiani in Callisti. *Index*: ann. XIIII m. II (sic 1. 2. 3. 4. 6, i 8. 9, iiii 5, om. 7) d. X (xi 7. 8).

---

1 fauianus B^1 *(ind.)* E^1 *Mut.* fauio E^1, sabino E^6 a. xiiii] a. xiii KC^3E^6 2 m. i] $FKC^3E^{1p.6}$, m. xi *reliqui, in his* E^{1c} d. x] KC^3E^6, d. xi *reliqui* 3 autem *om.* F^3K maximiani E^6 afrocani F^1, afrigani K^2 4 decium secundum A^2E^1 quadratum E^1 est *om.* E^6 xiiii] xiii $E^{1c.6}$ 5 regionis K^2, regiones A^{1p}, regione A^2 diuidit] $F^3K^1C^3B^{1.2.3.4}$ *Mut.*, diuidet K^2, diuisit $F^{1.2}A^{1.2}E^{1.6}$ subdiaconos] subdiaconibus F^3, subdiaconus K^1, subdiaconias E^{1p}, diac $A^{1.2}$, diacones B^2 qui septem] septemque F^3 noctariis K^1 inminerint B^1 6 gesta FE^6 in *om.* A^2 fideliter] $FK^1A^{1.2}$, fideliter filiciter K^2, *om. reliqui* coligerunt K^1, colligent F^1 7 multa A^2 cimiria E^2 8 moses B^1 maximinus $F^{2.3}$, maximianus F^1 nicostratos A^{1p} 9 sunt *om.* E^6 carcere] $A^1B^{1.4}$, carcerem *reliqui* 10 uenit A^2 nobatus C^3E^6 quosdam *et ante* nobatianum, *sed deletum, et suo loco* B^1 nobatianum C^3B^1 11 moises B^1, m. presbiter E^1 cercere C^3 12 et sic] sic et $C^3B^{1.2.3.4}$, sic ut E^1, sicut et E^6 christiani] $F^1KA^{1.2}$, *om. reliqui* fugierunt] $F^{1.2.3c}A^{1.2}$, fugerunt $F^{3p}C^3B^{1.2.3.4}$, fuerunt $E^{1.6}$ 14 xxii] xxi N, xxu K^1 uii] uiii K, *om. (in sp. vacuo* F^2) F 15 xi] numero xi $C^3B^{1.2.3.4}E^{1.6}$, xiii F^3K, xiiii $F^{1.2}$ 16 sepultusque K est *om.* B^3 calesti F, calixti E^1 xiii] F^3KE^6 cum *feriali*, xiiii *reliqui* 17 et *om.* B^2 episcopatum] $C^3B^{1.2.3.4}$, episcopatus *(aut comp.) reliqui* uii] ui $F^2C^3B^1$

XXII. CORNELIVS.

⟨Cornelius, natione Romanus,⟩ ex patre Castino, ⟨sedit ann. II
K ⟨m. III d. X.   ‖   ⟨m. II d. III.   F I. II
⟨Martyrio coronatur.

⟨Sub huius episcopatu Novatus Novatianum extra ecclesiam ordinavit et Africa Nico-
⟨stratum. Hoc factum confessores, qui se a Cornelio separaverunt cum Maximo pres-
⟨bitero, qui cum Moysen fuit, ad ecclesiam sunt reversi⟩⟩ et facti sunt confessores
⟨fideles.

FK habent quae ( ) *comprehenduntur, F solus signata praeterea* ⟨ ⟩, *K solus signata praeterea* ⟨ ⟩;
P habet (praeter nominatim excepta) omnia: I ($A^1W^{1.2.3}A^{2.4}X^{2.3}Freh.A^{5.6.7}SZ^{1.2}A^3$). II ($C^3B^{1.2.3.4}QB^{5.6.7}$
$C^{1.2.4.5}D^{1.2}P^{1.2}ON$). III ($E^{1.4.6}SH^{1.2}Cr.$ *Mog. Mut.*: beatus cornelius hic t. s. rogatus ... leuauit noctu).
Beda chr. c. 376 (cf. c. 370) 11 rogatus ... *pag.* 29, 10 Iul. — AVCTORES: 1 sedit ... 8 pulsus est]
catal. Liber.: ann. II m. III d. X a cons. Decio IIII et Decio II [*a.* 251] usque Gallo et Volusiano [*a.* 252].
sub episcopatu eius Novatus extra ecclesiam ordinavit Novatianum in urbe Roma et Nicostratum in Africa.
hoc facto confessores, qui separaverunt a Cornelio, cum Maximo presbytero, qui cum Moyse fuit, ad ecclesiam
sunt reversi. post hoc Centumcellis expulsi [*scr.* expulsus] ibi cum gloria dormitionem accepit. *Index*: ann. II
(iii 8) m. III (ii 7. 9) d. X (iii 7. 8. 9).   1 *Feriale ecclesiae Romanae (chr. min. vol. 1 p. 70)*: III k. Iul.: Petri
[in Vaticano et Petri et Pauli] in Catacumbas et Pauli via Ostense Tusco et Basso cos. (*sic fere videtur legisse
haec auctor; in nostris libris deficiunt [ ] suppleta tam ad Pontificale, quod pendet ex cat. Lib., quam ad martyro-
logium Hieronymianum cod. Bern., ubi sic est*: natalis sanctorum apostolorum Petri et Pauli, Petri in Vaticano,
Pauli vero in via Ostensi, utrumque in catacumbas: passi sub Nerone Basso et Tusco cons.).   *pag.* 30, 1 *sq.*
*Passio Cornelii (secundum editionem Schelestratii ant. eccl. 1, 188 factam ad cod. Vaticanum 1290 saec. XI),
pendens omnino a Pontificali*: Temporibus Decii Caesaris maxima persecutio orta est Christianis, et praecepit
Decius, ut clerici, qui ubicumque inventi fuissent, sine audientia punirentur. eodem autem tempore tenuit
Decius beatissimum papam Cornelium cum universo clero eius tam presbyteris quam diaconibus, quem prae-
cepit Centumcellis exilio deportari. qui dum esset in exilio, multi Christianorum veniebant ad eum et con-
fortabant eum. alii autem de carcere mittentes ad eum scripta confortationis verba dicebant. eodem vero
tempore beatus Cyprianus episcopus scripsit beato Cornelio, cum esset in custodia, de Celerino lectore, quanta
pro fide et confessione Christi verbera (*ed.* verba) sustinuerit. tunc Decius Caesar hoc audito quia multi ei
scriberent etiam et beatus Cyprianus, iussit mitti Centumcellis et adduci beatissimum Cornelium papam urbem
Romam, quem et praecepit sibi noctu in Tellure praesentari ante templum Palladis. quem ita aggreditur
dicens: sic definisti ut nec deos paveas nec praecepta maiorum consideres nec nostras minas terrearis, ut contra
rem publicam litteras accipias et dirigas. Beatissimus Cornelius urbis Romae episcopus respondit: ego de
corona domini litteras accepi non contra rem publicam, sed magis ad animas redimendas. tunc Decius Caesar
iracundia plenus iussit, ut os eius cum plumbatis caederetur et praecepit, ut duceretur ad templum Martis ad
sacrificandum deo Marti, quod si non consenserit et sacrificaverit diis, illic capite puniatur, ... decollati sunt
una cum beatissimo papa Cornelio viri . . . . sub die XVIII k. Oct. Eadem vero nocte venerunt clerici et
beata Lucina cum familia sua et rapuerunt corpora sanctorum martyrum, quae et sepelivit in agrum suum in
crypta in coemeterio Calixti.

1 cornelius] cornilius K^2, cornilis F^3 natione] natus B^6 castino] casti A^2, constantino E^4 a. ii]
a. i F, a. iii $A^{5.6.7}C^2P^{3.4}$ III ($E^{1.4.6}S$ *Cr. marg.*)   2 m. ii] m. iii K, om. $A^{4}C^{3.4}$ III ($E^{1.4.6}S$ *Cr. marg.*)   d. x]
$KA^{4.5.6.7}C^2P^{3.4}$ III ($E^{1.4.6}S$), d. iii $F I$ (*rel.*). II (*rel.*), d. ii A^2N, d. iiii D^2, d. xiii C^5 3 martyrio coro-
natur (-tus $F^1W^{2.3}A^4$) om. $B^6.Z^{1.2}H^{1.2}$ 4 huius] cuius III ($E^{1.4.6}Y$)   episcopatu] episcopatum $A^1B^6P^{.7}$
$C^2P^{.3}$ nouatus] nobatus $B^1C^{1.3}E^1$, noatus E^6, nauatus B^4W^1, nouatum A^3, om. $B^6.7$ nouatianum] nobatia-
num $B^1C^{1.3}$, nouationum A^4, nouatino P^1, nouitianum $A^{6.7}$, et nouatianus Y extra] ex patre $P^{1.2}$ ec-
clesiam] ecclesia $KC^3B^{1.4}P^2$ ordinauit om. K^2 et] ex B^1, ex P^1E^4Y, om. B^{1c} africa] africana B^1P^1,
africana $A^{5.6.7}Freh.B^{2.3}QB^5cQ^2c.5O$, africanum A^4, affrice C^4, in africa $A^{1c}D^2H^{1.2}$, infra D^1, inc. C^{1p}
4/5 nicostratum] nicostratum B^6, constratum A^4, nostratum K 5 hoc (ho C^{1p}) factum (facto $A^{5.6.7}Z^{1.2}QB^5$
$C^{2.4}D^{1.2}P^2OE^{1.4.6}H^1Cr.$) om. B^1 confessores] confessore E^6 qui] quae C^{1p} se a cornelio (cornilii K^2)
separauerunt] KI, se (om. $C^3B^{1.3}E^{1p}$) separauerunt (se separauerant $X^{2.3}P^{1.2}Cr.$), separati erant $D^{1.2}$) n cornelio
II. III   6 moysen] $A^1(sic)W^1A^4SC^3B^{2.3.4.5p.6.7}Q^2p$, moisen B^1, moson C^{1p}, moyse K^2 et reliqui, moysis K^1,
mose $P^{1.2}$ fuit] fuerunt $B^{5.7c}$ ad ecclesiam (aeclesiae W^1)] ad ecclesia $C^3B^{1.4}$, ab ecclesia $B^{6.7}$ sunt]
sunt omnes A^4 6/7 confessores (-re C^4) fideles (-lis $K^2B^{1.5p}C^{1p}$)] f. c. E^4

XXII. CORNELIVS.

⟨‵Post hoc Cornelius episcopus Centumcellis pulsus est et ibidem scriptam epistulam 3
⟨‵de sua confirmatione missa a Cypriano accepit, quam Cyprianus in carcerem scripsit,
⟨‵et de Celerino lectore.′

⟨Hic temporibus suis rogatus a quodam matronam⟩ Lucina ⟨corpora apostolorum ‵beati′ 4
⟨Petri et Pauli de Catatumbas levavit noctu: primum quidem corpus beati Pauli ac-
⟨ceptum beata Lucina posuit in predio suo via Ostense

FK I ⟨iuxta locum ‖ ad latus *II. III*

⟨ubi decollatus est; beati Petri accepit corpus ‵beatus′ Cornelius episcopus et posuit
⟨iuxta locum, ubi crucifixus est, inter corpora sanctorum ‵episcoporum′ in templum
⟨Apollonis, in monte Aureum, in Baticanum palatii Neroniani III kal. Iul.

⟨Post hoc 5

om. P ⟨‵factum′ fecit ordinationem unam presb. VIII ‖
K I ⟨‵ambulavit noctu Centumcellis.

FK habent quae ⟨ ⟩ *comprehenduntur, F solus signata praeterea* ‵ ′, *K solus signata praeterea* ‹ ›; *P habet (praeter nominatim excepta) omnia*: *I* ($A^1 W^{1,2,3} A^{2,4} X^{2,3} Freh. A^{5,6,7} SZ^{1,2} A^3$). *II* ($C^3 B^{1,2,3,4} QB^{5,6,7} C^{1,2,4,5} D^{1,2} P^{1,2} ON$). *III* ($E^{1,4,6} SH^{1,2} Cr.$ *Moy. pag.* 29, *1 seq.*).

---

1 post] et post YA^3 hoc] haec B^5 cornelius] cornilius K est] est exilio $H^{1,2}$, om. $X^2 C^{1p,5} P^1$ et om. X^2 ibidem] KI, ibi *II. III* (*rel.*), ibi etiam E^4 scriptam] scripta Y, suscepit $D^{1,2}$, scep susceptam scriptum [sic] C^5, sceptum B^7, susceptam B^6, accepit $X^{2,3} C^4$ epistolam] epistola Y, ecclesiam et A^4 2 de sua (suam C^{1p}, sui $D^{1,2}$)] d. s. accepit B^5, om. A^7 confirmatione (-nem $K^2 C^3 B^4 C^{1p}$)] c. martyrii $KD^{1,2}$ missa] $KA^{1,3} C^5 B^{1,2,3,4,7} E^4$, missam *reliqui*, missa et Y, misit A^4 a cypriano accepit] K, a cypriano (om. accepit) *II. III* W^2, aput cypriano $A^1 W^{1p,2}$, aput cyprianum $A^2 YA^3 Z^{1,2}$, cypriano A^4, a cypriano suscepit $W^{1c} A^{5,6,7} OH^{1,2}$ quam] qui cum B^6, quoniam H^2 in] uisa de A^4 carcerem] $KA^1 W^{1,2,3} Z^1$, carcere *reliqui*, carcere subscripsit *Cr.* 3 et om. $YA^3 B^{5v} Z^2 H^{1,2}$ de] dedit $A^{5,6,7} Freh. B^{2,3} QC^{2c} D^{1,2} OCr.$ celerino] cellerino $W^{2,3} B^{4p,6}$, celerio $A^{7p} D^1$, clerino K^1 lectore] lectori $A^{5,6,7} Freh. QD^{1,2} O$, lectore suscepit *III* ($E^{1,4,6}$), lectori suscepit *Cr.* 4 temporibus … lucina corpora om. E^6 rogatus] rogatum K^1 quodam] $K J$ ($A^{1,2} W^{1p}$) $C^{2c} B^{3c,6c}$, quondam *II* $C^3 B^{3p,4,6p}$, condam B^{7p}, codam B^{7c}), quandam $B^{1,2p} C^{1p,2p}$, quendam F, quidam B^6 *manu 2*, quadam *III* (*rel. et Mut.*) *et reliqui cum Beda* matronam] $FA^{1p} W^1 C^3 B^{1,3,4,7} C^{1p} D^2$, matrona K *et reliqui* lucinam] $C^3 B^{1,2,3,4,7} C^{1p}$, lucina *reliqui*, luciana B^6, nomine lucina Z^1, lucina nomine H^1 corpora (beatorum *ins. O*) … 6 beata lucina om. A^4 beati om. $KW^{2,3} X^{2,3} B^3 QC^{2,4,5} P^{1,2} OE^{1,6} H^1$ 5 de] di B^{7p}, e *Cr.* catatumbas] $W^{2p} Z^1 C^3 B^{1,4} C^{1,5p}$, catatymbas A^{1p}, catacumbas FK *et reliqui et Mut. et Beda*, catacumbis $W^{2o,3} A^{5,6,7} SQE^6 H^2 Mog.$, catacumba $YB^{7c} P^1 E^4$ primum] prius *I* ($A^1 W^{1,2,3} A^{2,5,6,7} YZ^1$), primo *O* quidem] que K corpus beati pauli acceptum (accepto $FK W^{1p}$, accepit $Z^{1,2}$)] $FK I$ (*rel.*), corpore b. p. accepto $A^{9,5}$, accepto corpore b. p. $A^{6,7}$, corpus b. p. (om. acceptum) *III* ($E^{1,4,6} SH^{1,2} Cr.$) $C^{2,3,6}$, beati pauli (om. corpus et acceptum) *II* (*rel.*) 6 beata lucina (luciana $F^{1,2}$)] l. b. A^7 posuit] *I* (*rel.*), *III* (*rel.*), et posuit *II* (*rel.*) $Z^1 E^{1c}$, exposuit $C^5 O$, leuauit et posuit $X^{2,3}$, posuit illud $A^{5,6,7}$ praesidio F^1 (h)ostense] (h)ostensi $X^{2,3} A^{5,6,7} B^{5,6,7} C^{2,4,5} D^{1,2} P^2 E^4$, ostiense $W^1 E^1 H^2$, (h)ostiensi $W^{2,3} YOSH^1 Cr.$, ostensa Z^2 7 iuxta locum (loco F) FKI, ad (a D^1) latus *II. III*, ad latus alias iuxta locum *Cr.* 8 est om. F^1 beati (autem *ins.* $X^{2,3}$) petri (apostoli *ins. F*) acc. corp. (c. a. $KW^3 X^{2,3} B^4$) beatus (sanctus A^4, om. K) cornelius (cornilius $F^3 K^2$) episcopus] FK *et reliqui*, b. ucro apostoli (om. $H^{1,2} Cr.$) p. acc. corp. (c. a. $H^{1,2} Cr.$) b. c. ep. $E^{4,6} H^{1,2} Cr.$, beatus (uero *ins. Mog.*) c. ep. acc. corp. beati p. ap. E^1, beatus uero (est C^4) c. ep. corp. b. p. acc. $Y A^3 C^4$, corpus uero (om. Z^2) b. p. acc. corn. ep. $Z^{1,2}$ 9 inter] item E^6 sanctorum] scorum B^1, beatorum $X^{2,3} O$ episcoporum] apostolorum $Z^1 O$, ep. posuit C^4 templum] templo $F^2 KW^{2,3} A^{2,4,5,7} Z^1 B^{4,5c} C^{1,5} D^{1,2} P^1 OE^{1,4,6} H^1 Cr.$ 10 ap(p)ollonis] $FKA^{2p} C^3 p B^{2,3,6,7} C^{1p,2p,5p}$, apollinis *reliqui*, apollini D^2 in monte (montem $W^1 E^{1,6}$) aureum ($A^{1,3,4} W^1 A^2 B^7 E^{1,6}$, aureu $B^{1,5p}$, aureii C^3, aurea C^{1p}, aureo FK *et reliqui*) post neroniani *Cr.* aur. in uat. palatii *et ante* inter corpora *et suo loco* F^2 in om. $A^{2,3} B^{6,7}$ baticanum] $A^{1,4}$, uaticanum $FC^3 B^{1,2,3,4,5p,6p,7} C^{1p,2,5} E^6$, baticano $W^{2,3} A^{5,6,7} Z^{1,2}$, uaticano K *et reliqui, om.* $A^{2,3}$ palatii (palacio $X^{2,3}$) neroniani (neronis $FP^{1,2}$)] palacio neroniano E^4 iii] ui $X^{2,3} A^{5,6} C^{3,4} E^{1c} S$, uii A^7 iul.] iun. $X^{2,3} Z^2$ 11 post hoc factum fecit ordinationem (-ne $F^{1,3}$) i presb. uiii (om $F^{1,2}$) F, fecit autem ordinationem unam presb. uiii post hoc ambulauit noctu centumcellis K, post hoc (post haec $W^{1c} X^{2,3}$, post hoc cornelius *Cr.*, post haec cornelius A^4, et $Z^{1,2}$) ambulauit noctu centumcellis (centumcellas A^4) *I*, post hoc (post haec $B^6 C^5$) om. *reliquis II. III, om.* $Z^2 H^{1,2}$: *ordinationes libri I. II. III non habent, nisi quod ex capite sequenti eas interpolavit N*: ⁂hic ordinauit episcopos uii presbiteros iiii diaconos iiii

XXII. CORNELIVS.

('Eodem tempore audivit Decius eo quod epistolam accepisset a beato Cypriano Car-
('taginensi episcopo.

	K ('a Centumcellis eum exhibere fecit		Misit Centumcellis et exhibuit beatum Cor- P nelium	
K ('iussitque noctu ('sibi praesentari	*I* quem tamen iussit presentari sibi	*II* quem tamen iussit sibi praesentari cum praefecto urbi	*III* quem tamen iussit sibi praesentari cum praefecto urbis	
	in Terlude	in intellude noctu	in interludem noctu	
	ante templum palatii.		ante templum Palladis.	
K ('dicensque ei	quem ita adgreditur dicens:	cui ita dixit:	cui ita dixit:	

('Sic definisti, ut nec deos consideres, nec precepta
K I ('maiorum || principum *II. III*
('nec nostras minas timeas, ut contra rem publicam litteras accipias et dirigas? —
('Cornelius') episcopus ('respondit') dicens: ('Ego de coronam domini litteras accepi
('non contra rem publicam,')
I sed magis animas redimendas || sed spiritale consilium *II*

FK habent quae ( ) comprehenduntur, F solus signata praeterea ᶜ ᵓ, K solus signata praeterea ᶜ ᵓ; P habet (praeter nominatim excepta) omnia: I (A¹W¹·²·³A²·⁴X²·³Freh.A⁵·⁶·⁷SZ¹·²A³). II (C³B¹·²·³·⁴QB⁵·⁶·⁷C¹·²·⁴·⁵D¹·²P¹·²ON). III (E¹·⁴·⁶SH¹·²Cr. Mog. Mut.).

1 eodem (eo K) tempore] et A⁴ audiuit] audiens Mog., om. Y decius] d. imperator Z¹·² eo om. X²·³ Z¹·²A⁵·⁶·⁷P¹·²H¹·²Cr. quod epistolam (-la C³B¹·³·⁴·⁷, aepostola B⁵p) accepisset (cepisset E⁰)] quod (cornelius ins. A⁴, cornelius episcopus ins. Z²) a. ep. A⁴Z¹·², quod ep. acc. cornelius H¹ 1/2 cartaginensi] chartaginensi A², cartaginense A³Z²C¹P¹E⁶H¹·², cartaginensem (-si Mog.) E¹, cartiginensi B³X², cartaginensis KA¹(sic)W¹C², cartaginiensi W²A⁰, kartaginiensi E⁴, cartaginiense Z¹ 2 episcopo] epos A² 3 misit] qui m. A⁵·⁶·⁷Freh.Cr., et m. OH¹·², missam D¹·², mittens Z¹·² centumcellis] cellis B⁵p, centumcellas A⁵Freh.Cr. et (om. Z¹·²) exhibuit I fere cum K, et adduxit (adduxitque O) II. III Cr.: hanc lectionem tuetur Duchesnius p. CCVIII propterea quod redit in passione Cornelii, sed exhibendi vocabulum in ea re legitimum est et admodum probabile pendere passionem qualem legimus a libro pontificali 3/4 cornelium] II (rel.). III X²·³, c. episcopum I C¹ 5 quem tamen (statim X²·³, om. D²OP²Cr.) iussit] et iussit eum H¹·² 6 presentari (-re A⁴) sibi (om. A⁴)] I, sibi praesentari (-re KD¹·²) II. III 7 cum praefecto (praefeto B⁵p) urbi (sic C³cB¹·²·³·⁴·⁵p·⁶p·⁷C¹, ubi C³pP¹, urbis reliqui) II. III (post sibi Cr.) A⁵·⁶·⁷, om. I (rel.) 9 in terlude] sic I (A¹·²Z¹·², in telude W¹·²A³Freh.Cr., in tallude IV³p, in tallure W³c, euentello X²·³, in tellure A⁴·⁵·⁶·⁷ emendantes), in intellude II (sic C³cB¹·²·³·⁴·⁶·⁷, in intellu..de B⁵p, in interlude QC⁴, intellude C³pB⁵cC⁵D¹·²P¹·², intelludio O, in tellure D² ex emendatione), in interludem III (sic E¹·⁶, in interlude Mog., in interluden H¹, interluden H², in interrudem E⁴) 9/10 noctu] II (rel.). III (rel.) A⁵·⁶·⁷Freh., nocte B⁶·⁷, noctis A⁴, om. I (rel.) 11 ante templum palatii I (rel., ante templum allatus Freh.), ante templum palladis III (sic E¹·⁴, ante templum apolinis als palladis E⁰) D¹·², om. II (rel.) 13 quem ita adgrediens dicens] I E⁴, cui ita (cuncta C³) dixit II. III (rel.), dicensque ei K 15 sic] si A¹pW¹pZ² nec deos] deos meos non A⁴ consideres] consideris K, confiteres C²p·⁵p, confiteris C¹p, confitearis P²H¹·² nec] non B⁶·⁷ praecepta] praecepto B² 16 maiorum] KI, principum (-pium C²p) II. III, principum ac maiorum Cr. 17 nec nostras minas timeas (timinas K¹)] K I. III (rel.), uel minas (ins. consideres C⁴, pauescas C⁵P¹·²O) B⁵p, uel minas timeas H¹·² ut] et W²·³P¹·²OH¹·², om. D²p puplicam B¹, publica E¹, om. A² accipias (acciperes C¹c, om. C¹p) et om. P¹·² 18 respondit dicens (om. KE⁴H¹)] K I. III, dixit II coronam] A¹W¹B⁴C¹p, corona reliqui domini] K II (rel.). III (rel.), domini mei I O Cr. accepi] infra C⁴ 19 contra] esse H² publicam] puplicam B¹ 20 magis animas redimendas] I (A¹W¹pA²·³, magis ad a. r. W¹c·²·³A⁴YZ¹·², magis propter a. r. A⁵·⁶·⁷Freh.), magis spiritale (spirituale X², spiritalem C¹·², spitalem B³, de spiritale C⁴, per spiritale P²) consilium (concilium C⁴) II X²·³, magis spiritale (spirituale Cr., speciale Mog.) consilium ad animas redimendas III (E¹·⁴·⁶H¹·²Cr. Mog.)

XXII. CORNELIVS.

K ⟨'Tunc Decius iussit os cius ⟨'cum plumbatis cedi et duci ⟨'eum ad templum Martis

I Tunc Decius iracundia plenus iussit os beati Corneli cum plumbatis cedi et precepit duci cum ad templum Martis

Tunc iussit os cius cum plumbatis cedi et praecepit duci cum ante templum Martis II

⟨'ut adoraret':⟩ quod si non fecerit, dicens ⟨'capite truncetur. Hoc autem factum est'. ⟨'Qui etiam decollatus est'

F ⟨'ad templum Martis'⟩ ‖ in locum supra dictum P

et martyr effectus est.

⟨Cuius corpus 'noctu collegit' beata Lucina⟩ cum clericis ⟨'et' sepelivit 'in crypta,' iuxta ⟨cymiterium Calisti 'via Appia' in predio suo XVIII kal. Octob.

⟨'Et' cessavit episcopatus dies LXVI.⟩

FK habent quae ⟨ ⟩ *comprehenduntur, F solus signata praeterea* ' ', *K solus signata praeterea* < >; *P habet (praeter nominatim excepta) omnia*: I ($A^1 W^{1\cdot 2\cdot 3} A^{2\cdot 4} X^{2\cdot 3} Freh. A^{5\cdot 6\cdot 7} SZ^{1\cdot 2} A^3$). II ($C^3 B^{1\cdot 2\cdot 3\cdot 4} Q B^{5\cdot 6\cdot 7} C^{1\cdot 2\cdot 4\cdot 5} D^{1\cdot 2} P^{1\cdot 2} ON$). III ($E^{1\cdot 4\cdot 6} SH^{1\cdot 2} Cr. Mog. Mut.$).

1 decius] K I. III, om. II   1/2 iracundia plenus] I. III, om. K II   2 iussit] iussit ut $A^{6\cdot 7}$ cius] K II, beati corneli I. III   cum] pre A^6, inc. A^7p, om. $A^{7c} C^{2p}$ plumbatis] plubatis A^6 cedi] cederetur $A^{6\cdot 7}$ 2/3 duci eum] eum duci $X^{2\cdot 3} QC^{5\cdot 8} E^4 Cr$. 3 ad templum] $FKIC^1 P^1$, antemplum C^3, ante templum II (rel.). III   martis] martys $A^1 C^{3c}$, martyrii C^1p, marty ••• C^3p 6 ut] ubi $B^{6\cdot 7}$, ut ad C^4 adoraret] oraret E^4 quod (quid B^2) si non fecerit] aut K   fecerit] I (rel.). II (rel.) E^4, ferit C^1, faceret $W^{2\cdot 3} A^4 Freh. YZ^{1\cdot 2} B^{1\cdot 6\cdot 7} D^{1\cdot 2}$, fecisset W^{1c} III ($E^{1\cdot 6} H^{1\cdot 2}$)   dicens] diceret $W^{2\cdot 3}$, ibi eum A^4, om. $A^{6\cdot 7} Z^{1\cdot 2} C^4 P^{1\cdot 2} H^{1\cdot 2}$ capite truncetur] II (rel., in his $B^6 p C^{6c}$). III ($E^{1\cdot 4}$), capite truncari I (rel.) $D^{1\cdot 2}$, capite truncare Yp, capite truncaret B^{6c}, capite (capita $W^1 p$) truncaretur $K W^1 Y^c C^{5p} E^6 H^{1\cdot 2}$, capite truncetur iussit C^4, capite truncandum $W^{2\cdot 3}$ 6/12 hoc autem factum est. qui etiam decollatus est ... in praedio suo xviii k. oct. et cess. ep. dies lxui] *sic fere (minora vide infra)* FK I, *pro his substituunt vitae Lucii partem extremam post hoc id est iii non. mart.* ..... *loca uii.* qui etiam sepultus est iuxta cymiterium calisti uia appia uiii kal. sept. et cessauit episcopatus dies xxxu *(minora vide infra)* II *(praeter $D^{1\cdot 2}$), miscent duas formas loco ex vita Cornelii* qui etiam decollatus est .... in praedio suo xviii k. oct. *(sic E^6*, uii k. oct. E^4, uiii k. sept. E^1) *inserto secundae post loca uii et sublatis verbis* qui etiam sepultus est iuxta c. c. uia appia *(scilicet ad evitandam sepulturam duplicem)* III ($E^{1\cdot 4\cdot 6} H^{1\cdot 2}$) $D^{1\cdot 2}$ hoc (quae K) autem (et K, om. A^5) factum est (om. A^2)] K I (rel.) $D^{1\cdot 2}$, om. II (rel.). III. $A^{6\cdot 7}$ 7 qui etiam .... 11 praedio suo *secundum supra dicta habent* I. III. $D^{1\cdot 2}$, om. II (rel.)   etiam] cum adorare non uellet (nollet A^7) $A^{5\cdot 6\cdot 7} Freh$.   8 in locum supra dictum] $A^1 W^1 A^{2\cdot 4}$, in loco s. dicto *reliqui*, ad (aii F^2) templum martis F 9 et martyr effectus (martyrio coronatus A^4) est (om. $D^{1\cdot 2}$) om. $A^{5\cdot 6\cdot 7}$ 10 cuius corpus] corpus uero eius K   noctu (nocte $D^{1\cdot 2}$, om. $W^{2\cdot 3}$) collegit] c. n. A^4 lucina] luciana $F^{1\cdot 2}$, lumina D^1 in crypta (criptam $E^{1\cdot 6}$) om. $D^{1\cdot 2}$ 10/11 iuxta cymiterium (-rio F)] in cimiterio $W^{2\cdot 3}$ 11 calisti] calesti F, calixti *deteriores*, om. D^{2p} predio] predicto A^2, cymiterio $A^{6\cdot 7}$ xuiii (xuii F^2, xuiiii K^{2p}, xiii A^3, uiiii $W^{1\cdot 2\cdot 3}$, uiii A^7p) k. oct. et c. ep. d. lxui (lxiii A^4) *secundum supra dicta habent* FK I, *om. substitutis supra relatis* II. III, *nisi quod in substitutis pro* iii non. mart. *ponunt* xuiii (uii E^4) k. oct. $E^{4\cdot 6} P^{1\cdot 2} Cr$. *et adnotat in margine* d. lxui Cr.

XXIII. LVCIVS.

⟨Lucius, natione
K I. II ⟨Romanus, 'ex' patre Purphirio, ‖ Tuscus, de ciuitate Luca, ex patre Lucino, *III*
⟨sedit ann. III
K III ⟨m. VIII d. X. ‖ ⟨m. III d. III *F I. II*

₅ ⟨Martyrio coronatur. Fuit ⸢autem⸣ temporibus Galli et Volusiani *[a. 252]*, usque ad 2
⟨Valeriano III et Gallicano *[a. 255]*. 'Hic' exilio 'fuit. Postea' nutu dei incolumis ad
⟨ecclesiam reuersus est.
⟨Hic praecepit, ut duo presbiteri et tres diaconi in omni loco episcopum non desere- 3
⟨rent propter testimonium 'ecclesiasticum'.
₁₀ ⟨Qui 'etiam' a Valeriano capite truncatus est III non. Mart.
K ⟨'Hic dum ad passionem pergeret, pote- ‖ Hic potestatem dedit omni ecclesiae 4 *P*
⟨'statem dedit Stephano archidiacono ec- Stephano archidiacono suo, dum ad pas-
⟨'clesiae suae. sionem pergeret.
⟨'Hic' fecit ordinationes II 'per m. Dec.', presbiteros IIII, diacones IIII; episcopos 5
₁₅ ⟨'per') diuersa ⟨'loca' VII.
⟨'Qui etiam' sepultus est
K I. III ⟨in cymiterio Callisti ‖ iuxta cymiterium Calisti in arinaria *II*
⟨'via Appia' ⸢VIII kal. Sept.⸣⟩
Et ⟨cessauit episcopatum dies XXXV.⟩

FK habent quae ( ) comprehenduntur, F solus signata praeterea ⸢ ⸣, K solus signata praeterea ⸢ ⸣; P habet (praeter nominatim excepta) omnia: I (A¹·²). II (C³B¹·²·³·⁴). III (E¹·⁶). Mut.: beatus Lucius praecepit ... ecclesiasticum). — AVCTORES: 3 sedit ... 7 reuersus est et 9 qui ... 10 Mart.] *catal. Liber.:* ann. III m. VIII d. X. fuit temporibus Galli et Volusiani usque Valerianum III et Gallieno II. hic exul fuit et postea nutu dei incolumis ad ecclesiam reuersus est *(desunt quaedam)* III non. Mart. cons. ss. *Feriale ecclesiae Romanae (chr. min. vol. 1 p. 70):* III non. Mar. Luci in Callisti. *Index:* ann. III (iiii 2. 3. 4, uiiii 6) m. VIII (sic 2. 3, i 7, iii 6. 9, uii 1. 4. 5) d. X (sic 2. 3. 4. 6, iii 7. 9, u 1). — 8 hic praecepit seq.] haec uidentur proficisci ex concilii a. 595 *(Gregorius ep. 5, 57a) can.* 2: praesenti decreto constituo, ut quidam ex clericis uel etiam ex monachis electi ministerio cubiculi pontificalis obsequantur, ut is qui in loco est regiminis testes tales habeat talesque uiri eius in secreto conuersationem uideant, qui ex uisione sedula exemplum profectus sumant.

2 romanus ex patre purphirio (purfurio *F*, porfurio *C²*, parfyrio *potius quam* purfyrio *B¹*) *FK et rel.,* tuscus de ciuitate luca ex patre lucino *E¹·⁵·⁶* 4 m. uiii] *KE¹ᵖ·⁶*, m. iii *F et reliqui* d. x] *KE¹ᵖ·⁶*, d. iii *F et reliqui (ante* m. iii *B³),* d. iiii *A²* 5 coronatus *F¹·²ᵖ* bolusiani *B¹* 6 ualerianum *KA²C³ B¹·²·³·⁴E¹* iiii] iiii *F³ᵖ* callicano *C³B⁴,* gallicanum *K¹A²E¹* hic (in *ins. FE⁶)* exilio fuit (relegatus *ins. Mog.*) postea) ab exilio *K* notu *F³KC³B¹,* uuto *F¹·²,* nuctu *A¹* deo *B⁴,* domini *E⁶* incolumis (-mes *A²)* post ecclesiam *K* 7 ecclesiam] ecclesia *F¹·²,* e. suam *A¹·²* est *om. F¹ᵖ* 8 duos *E¹ᵖ* locum *F¹·²,* loco cum *F³* episcopo *F³ᵖMut.* 8/9 desceret *C³* 9 propter testimonium ecclesiastico *F¹·²,* pro testimonio ecclesiastico *F³* 10 qui] hic *K* ueleriano *F²* truncatus est] truncatur *K* iii (iiii *FKE¹ᵖ·⁶*) non. mart. ... 19 xxxu *et suo loco habent et in fine uitae Cornelii (uide supra p. 31) II (C³B¹·²·³·⁴)*. *III (E¹·⁶), priore loco ita incipientia:* post hoc id est (idē *B¹,* id est *om. E¹ᵖ·⁶*) iii non. mart. postquam passus est itaque (postquam p. e. i. *om. E¹·⁶*) iam ante passionem suam omnia (bona *ins. E¹·⁶*) ecclesiae tradidit stefano archidiacono suo hic fecit *cet.* 11 ded. pot. *E⁶* omni ecclesiae] omnis ecclesiae *E¹ᶜ·⁶,* omnem ecclesiam *A²B²ᶜ (priore loco)* 12 stephanum *A¹* 13 pergerit *K²* 14 ij] iii *A¹·²* diac. iiii] d. iii *C³,* d. uii *K²,* om. *A²* 15 uiii] numero uii *C³ (utroque loco) B¹·⁴ (hi loco priore) B²·³ (hi utroque) E¹ (loco priore) E⁸ (utroque),* ui *F²E¹ᵖ·⁶ (hi loco post.),* iii *E¹ᶜ (loco post.),* xuii *A¹* etiam] et *A¹·²* 16 sepultusque *K* 17 in cymiterio (cymiterium *C³B⁹*) calisti (calesti *F*)] iuxta (in *B³*) cymiterium calisti (calesti *B³*) in arinaria (arinario *C³ᶜB²·⁴,* arianario *C³ᵖB³) C³B¹·²·³·⁴ loco priore* 18 uiii] uii *B¹ loco priore* 19 episcopatum] *C³ B¹·² (hi utroque loco) ·³ (priore),* episcopatus *(aut comp.) reliqui* xxxu] ñuūi xxxu *B⁴ (loco post.),* xxx *F*

XXIIII. STEPHANVS I.

⟨Stephanus, natione Romanus, ex patre Iobio, sedit 1
III ann. IIII m. II d. XV. ‖ ⟨ann. VI m. V d. II.⟩ *F I. II*
⟨Martyrio coronatur.⟩
⟨Fuit ʽautemʼ temporibus ʽValeriani etʼ Gallicani et Maximi, usque ad Valeriano III et
5 ⟨Gallicano II *[a. 255]*.⟩
[Suis temporibus exilio est deportatus, postea nutu dei reversus est ad ecclesiam incolomis. Et post dies 2
[XXXIIII tentus a Maximiano missus est in carcerem cum novem presbiteris et II episcopis Honorium et
[Castum et III diac. Xistum, Dionisium et Gaium. Ibidem in carcerem ad arcum Stellae fecit synodum et
[omnia vasa aecclesiae archidiacono suo Xysto in potestatem dedit vel arcam pecuniae post dies VI exiens
10 [sub costodia ipse sig capite truncatus est.]
⟨Hic constituit, sacerdotes et levitas ut vestes sacratas in usu cottidiano non uti nisi in 3
⟨ecclesia.⟩
⟨Hic fecit ordinationes II ʽper m. Dec.,ʼ presbiteros VI, diacones V; episcopos ʽperʼ⟩ 4
diversa ⟨ʽlocaʼ III.⟩
15 Qui etiam ⟨sepultus est in cymiterio Calisti via Appia IIII non. Aug.⟩
Et ⟨cessavit episcopatum dies XXII.⟩

FK habent quae ⟨ ⟩ *comprehenduntur, F solus signata praeterea* ʽ ʼ, *K solus signata praeterea* ʽ ʼ;
P habet (praeter nominatim excepta) omnia: I ($A^{1.2}$). *II* ($C^3B^{1.2.3.4}$). *III* ($E^{1.6}$. *Mut.*: beatus Stephanus
cons ut ... in ecclesia tantum). *Beda chr. c. 380 v. 3 mart. cor.* — AVCTORES: 1 sedit ... 5 gallicano II]
catal. Liber.: ann. IIII m. II d. XXI. fuit temporibus Valeriani et Gallieni a cons. Volusiani et Maximi
[a. 253] usque Valeriano III et Gallieno II. *Depos. episc. Rom. (chr. min. 1 p. 70)*: IIII non. Aug. Stephani
in Callisti. *Index:* ann. VI (xi 5) m. V (i 2) d. V (sic 1. 3. 4. 6, ii 7. 8, x 2).

---

1 stefanus B^1 (*ind. et text.*) iobio] iou K, iulio $C^3E^{1.6}$ 2 a. iiii] $C^3E^{1c.6}$, a. ui $F^{1.3}KB^1E^{1p}$, a. uii
$A^{1.2}B^{2.3.4}N$, a. u F^2 m. ii] $KC^3E^{1c.6}$, m. u $F. I. II. E^{1p}$ d. xu] C^3E^6, d. x E^{1c}, d. u K, d. ii $F. I. II.$
E^{1p} 3 coronatur] natur K^1, coronatus F^1 4 et om. $B^{1.2.3.4}$ gallicani] gallicano C^{3p}, galieni B^{3c}
   maximiani B^3 ualerianum $KA^2B^2E^{1c}$ 5 gallicani B^1, gallica B^{3p}, galieni B^{3c}, gallicanum A^2E^{1c}
6—10 *de additamento hoc unius cod.* E^1 *egit Rossius R. S.* 2, 85 8 sydonum E^1 9 pecuniem E^{1p}
10 sig] *sic liber* 11 contutuit B^{3p} ut] et B^{1p}, *ante* sacerdotes *Mut.* uestes (ueste A^2) sacratas]
uestibus sacratis E^6 usu] uso K^2B^3, usum $FA^{1.2}$ cottidianum $F^{1.2}A^1$, cotidianu A^2, codianum F^3
11/12 in ecclesia] FKI, in e. tantum $II(C^3B^{1.2.3.4}N)$. *III* (E^1 *Mut.*), tantum in eccl. E^6 13 ui] uii
A^2E^1, u F^2 episcopus B^1 14 iii] numero iii $C^3B^{1.2.3.4}E^1$, ii FK 15 sepultusque K est *om.* F^3
   calesti F iiii] ii $E^{10(?)}$, iii FB^3, *om.* E^6 non. *om. in sp. vac.* K^2 16 et (*om. FK*) c. episcopatum
(*sic* $C^3B^{1.2.4}$, episcopatus *perscr. vel comp. reliqui*) d. xxii] $FKC^3B^{1.2.3.4}E^{1.6}$, et presbiteri ... sub decio (*ex
vita quae sequitur Xysti, ubi vide*) $A^{1.2}$

XXV. XYSTVS II.

⟨Xystus natione
FP ⟨Grecus ‖ ⟨Romanus K
⟨ex philosopo, sedit
III ann. II m. XI d. VI. ‖ ⟨ann. I m. X d. XXIII. FK I. II
⟨Martyrio coronatur.
⟨Fuit ⌜autem⌝ temporibus Valeriani ⌜et Decii,⌝ quo tempore fuit maxima persecutio.
Eodem tempore hic conprehensus 2
. III a Valeriano ‖
et ductus, ut sacrificaret demoniis. Qui contempsit praecepta Valeriani. ⌜Capite trun-
10 ⌜catus est et cum eo alii sex diacones Felicissimus, Agapitus, Ianuarius, Magnus, Vin-
⌜centius et Stephanus⌝ sub die ⌜VIII id. Aug.
⌜Et presbiteri praefuerunt⌝ a consulatu Maximo et Gravione II *[a. 255]* usque ⌜Tusco
⌜et Basso *[a. 258],*⌝ a ⟨consulatu⟩ Tusci et Bassi usque XIII kal. Aug., quo tempore⟩
FK I ⟨fuit magna persecutio sub Decio. ‖ sevissima persecutio urguebatur sub Decio. II. III
15 ⟨Et post passionem beati Xysti post tertia die passus est⟩ beatus ⟨Laurentius eius arche- 3

---

*FK habent quae ( ) comprehenduntur, F solus signata praeterea ⌜ ⌝, K solus signata praeterea ⟨ ⟩;
P habet (praeter nominatim excepta) omnia: I (A¹, om. Xystum II A²). II (C³B¹·²·³·⁴). III (E¹·⁶. Mut.: beatus
Syxtus II). Beda chr. c. 380 v. 5 mart. cor. Idem in martyrologio (act. sanct. m. Mart. vol. 2 p. VIII) sub
die VIII id. Aug.: Romae sancti Xysti episcopi, Felicissimi et Agapiti diaconorum, qui decollati sunt sub
Decio. decollati sunt cum eo alii quattuor subdiaconi Ianuarius, Magnus, Vincentius et Stephanus, ut in
gestis pontificalibus legitur. — AVCTORES: 3 sedit ... 4 XXIII et 11 VIII id. Aug. ... 13 XIII kal.
Aug.] catal. Liber.: ann. II m. XI d. VI. coepit a cons. Maximi et Glabrionis usque Tusco et Basso et pas-
sus est VIII id. Aug. [et presbiteri praefuerunt excidit] a cons. Tusci et Bassi usque in diem XII kal. Aug.
Aemiliano et Basso cons. [a. 259]. Feriale eccl. Romanae (chr. min. 1 p. 71): VIII id. Aug. Xysti in Cal-
listi. Index: ann. I (uii 5) m. X (i 2, om. 5) d. xxui (sic 3. 6. 9, xuii 4, xxiii 7. 8, xxu 1, inc. 2). Acta
Xysti quae extant (acta sanct. Aug. vol. 2 p. 140) pendent ex Pontificali.*

1 xistus B¹ (text.) aliique, xixtus B², syxtus N Mut., sixtus ii E⁶   2 gregus F³   3 ex philo-
sopo] et philosopus A¹   4 a, ii] C³E¹·⁶, a. i FK et reliqui   m. xi] C⁵E¹·⁶, m. x FK et reliqui   d. xxiii]
d. xxii K, d. xxiiii F, d. ui C³E⁶   5 coronatus F¹   6 ualeriano F¹ᴾK   maxima libri omnes (de B¹
errat Duch.)   7 conprehensus] c. est B²E⁶   8 a ualeriano] II. III, om. I   9 et ductus ...
ualeriani libri omnes (de B¹ errat Duch.)   daemoues B⁴   9/10 capite tr. e. et c. eo alii] et tr. est capite
et cum eo E⁶, truncati sunt capite cum beato xysto (sixto F¹) F   10 sex (ex A¹, u F²) diacones (B¹·²,
diaconos F², diac̄ plerique)] quattuor subdiaconi Beda l. c.; cf. Cyprianus ep. 80: Xystum in cymiterio animad-
versum sciatis VIII id. Aug. die et cum eo diacones quattuor. Bedam sive qui alius scripsit martyrologii
locum supra adlatum usum esse textu libri pontificalis diverso, quod statuit Rossius Roma sott. vol. 2 p. 96,
codicum ratio non admittit; probabilius Duchesnius coniecit errore subdiaconorum vocabulum ortum esse ex
verbis sub die male lectis.   filicissimus F¹B¹   ag.] F et reliqui, et ag. A¹E¹   magnus] et m. E¹
11 et om. F²B⁵ᴾ   stepanus B¹   uiii] ui FC³B¹ᴾE¹·⁶, uii B¹ᶜ   12 et presbiteri praefuerunt (prefece-
runt E⁶) ... 14 sub decio et suo loco et in fine vitae praecedentis (v. p. 33) A¹ et in fine vitae praec. A²
consulatum C⁸   maximi KA¹ (loco priore) A²B¹E¹ᶜ·⁶   grauione] rauione C³, rauionem E¹ᴾ, grauio-
nis KE⁶, rauionis E¹ᶜ, glabrionis A¹ (loco priore), gabrionis A²   ii] ti F³, om. C³   tusco] tuscum E¹ᶜ,
tuscium E⁶   13 basso] bassum A¹ (?), basa F³E¹ᶜ   a consulatu (consulibus E¹ᴾ) tusci (tusco A¹ loco post.)
et bassi (basso A¹ loco post.) om. E⁶   usque] usque ad A²   xiii] xii F³, iii B¹   14 fuit m. persecutio
(prosecutio A¹)] FKA¹·², saeu. persecutio urg. (p. arguebatur E¹ᴾ, persecutione arguebatur beatus xistus E¹ᶜ)
reliqui   sub (a K¹) decio om. E⁶   15 beati] eiusdem beati K   scyxti B¹ᴾ, syxti B¹ᶜ, xixti B³   post
tertia die (om. B⁴)] post diem iii F³, post dies iii F¹·², die iiii K   passus est] p. est E¹, passi sunt F
beatus] et b. C³   eius post arch. E⁶, om. A¹·²

XXV. XYSTVS II.

⟨diaconus⟩ IIII id. Aug. ⟨'et'⟩ subdiaconus ⟨'Claudius'⟩ et ⟨'Severus presbiter et Crescen-
⟨'tius lector et Romanus ostiarius.'
⟨Hic fecit ordinationes II⟩ per m. Dec., ⟨presbiteros IIII, diacones VII; episcopos 'per'⟩ 4
diversa ⟨'loca' II.
⟨'Qui'⟩ vero ⟨sepultus est in cymiterio Calisti via Appia; 'nam VI diacones supra dicti'⟩
sepulti sunt ⟨'in cymiterio Praetextati via Appia

F III ⟨'VIII id. Aug.

Supra dictus autem ⟨'beatus Laurentius'⟩

| *F* ⟨'sepultus est via Tibur-
⟨'tina in cripta in agro
⟨'Verano IIII id. Aug. | *I. II* in cymiterio Cyriaces
in agrum Veranum in
crypta cum aliis mul-
tis martyribus. | *III* sep. est uia Tyburtina in
cymiterio Ciriacetis in agro
Verano in cripta cum aliis
multis martyribus IIII id.
Aug. |

⟨'Et' cessavit episcopatum dies XXXV.⟩

FK habent quae ⟨ ⟩ *comprehenduntur, F solus signata praeterea* ' ', *K solus signata praeterea* < >;
P habet (praeter nominatim excepta) omnia: I (*A*¹, om. *Xystum II A*²). *II* (*C*³*B*¹·²·³·⁴). *III* (*E*¹·⁶).

---

1 iiii] iii *B*³   subdiac. claudius (cladius *A*¹)] cl. subd. *E*¹·⁶   seueris *F*³   1/2 criscentius *F*¹·²*B*¹,
crescemptio *C*³   2 et romanus (-nius *F*³) ostiarius (uftiarius *F*³) *ante* et cr. lect. *F*   3 hic] qui *E*⁶
uii] ui *F*²   4 ii] n. ii *C*³*B*¹·²·³·⁴   5 qui uero] qui etiam *K*   calesti *FB*³   nan *B*¹   diacones
*B*¹·², diāc *plerique*   ui] u *F*²   supra (spra *B*¹) dicti] eius *F*   6 praetexti *B*¹, pratextati *B*⁴, pretaxati *E*⁶
7 uiii (uii *F*²) id. aug. *FE*¹·⁶, *om. reliqui*   8 supra dictus (dicta *C*³*B*¹p, dicti *B*¹c) *om. E*¹·⁶   autem
beatus] *A*¹, beatus autem *C*³*B*¹*E*¹·⁶, beatus uero *F*, beatus *B*²·⁴, *om. B*³   9 uia] in uia *F*³   cyriaces] *A*¹,
cyriacetis *C*³*B*¹·²·³·⁴*E*¹·⁶   14 et *om. E*¹   episcopatum] *C*³*B*¹·²·³·⁴, episcopatus *vel comp. reliqui*   dies
xxxu] d. xxu *B*³, ann. ii *FK*

XXVI. DIONYSIVS.

⟨Dyonisius, ex monacho, cuius generationem non potuimus reperire, sedit 1
K ⟨ann. VIII   ‖   ⟨ann. VI   FP
⟨m. II d. IIII.
⟨Fuit⟩ autem ⟨temporibus Galieni, ex die XI kal. Aug. Emiliano et Basso conss. *[a. 259]*
5 ⟨usque 'in die' VII kal. Ianuar., a consulatu Claudii et Paterni *[a. 269]*.
⟨Hic presbiteris ecclesias dedit et cymiteria et parrocias diocesis constituit. 2
⟨Hic fecit 'ordinationes'⟩ II per m. Dec., presbiteros XII, diacones VI; ⟨episcopos 'per'⟩ 3
diversa ⟨'loca' VIII.⟩
Qui etiam ⟨sepultus est in cymiterio Calisti 'via Appia' VI kal. Ianuar.
10 ⟨'Et' cessavit episcopatum dies V.⟩

---

*FK habent quae ⟨ ⟩ comprehenduntur, F solus signata praeterea ⟨ ⟩, K solus signata praeterea ⟨ ⟩;
P habet (praeter nominatim excepta) omnia: I ($A^{1.2}$). II ($C^3B^{1.2.3.4}$). III ($E^{1.6}$).   Mut.:* beatus Dionisius hic
presbiteris ... statuit). — AVCTORES: 1 sedit ... 5 Paterni] *catal. Liber.:* ann. VIII m. II d. IIII fuit
temporibus Gallieni ex die XI kal. Aug. Aemiliano et Basso cons. usque in diem VII k. Ian. cons. Claudi et
Paterni (claudio et paterno *Brux.*) *Depos. episc. Rom.* (*chr. min. 1 p. 70*): VI k. Ian. Dionysi in Callisti.
Index: ann. VIII (*sic* 2. 3. 4. 6, ui 7. 8. 9, uiii *1*, uiiii 5) m. V (*sic* 1. 2. 3. 4. 6. 9, ii 7. 8, uiiii 5) d. IIII
(i *9*, iii *2*).

1 dionisius B^1 *(text.) aliique*, dyonisius B^1 *(ind.)*   ex] et E^{1p} monachis $A^{1.2}$ generationem (-ne E^1)
n. p. reperire (-riri B^{1c}, inuenire E^6)] generationem (-ne $F^{1.2}$) r. n. p. F, generatio incognita habetur K
2 a. uiiii] K, a. ui *reliqui*, a. u F^2, a. ii $C^3E^{1.6}$, a. uii A^2 3 m. ii] m. iii C^3E^1, m. iiii E^6, m. u K
d. iiii] d. uii $C^3E^{1.6}$ (*de* B^1 *errat Duch.*)   4 galiene E^{1p} ex] et K^1 xi] x $B^{2.3}$ emeliano $F^{1.2}K^1$
5 diem F^1A^2 uii] uiii B^2, ui F^2 6 dedit] diuidit $KE^{1p.6}$ *Mut.*   cimiterio B^4, ministeria A^2 et
parrohias B^4, et parrochices F^3, parrochias et E^6N dioceses $B^{2.3}E^{1.6}N$ *Mut.*   7 episcopos] episcopatus F^1
7/8 per loca (numerum *ins.* A^1, numero *ins.* $C^3B^{1.2.3.4}E^{1.6}$) uiii] uii per loca F, uii K 9 qui etiam (q. e.
om. FK) sepultus (sepultusque K) est i. c. calisti (calesti F) uia (in uia F) appia ui (u F^2K) k. ian.] $FKB^{2.3}$
E^1, depositus ui k. ian. in cymiterio calisti uia appia *post* dies u A^1B^4, *post* uiiii A^2, *om.* C^3B^1 10 et
om. E^1 episcopatum] $C^3B^{1.2.4}$, episcopatus *(vel comp.) reliqui*

XXVII. FELIX I.

⟨Felix, natione Romanus, ex patre Constantio, sedit 1
III ann. II m. X. ‖ ⟨ann. IIII m. III d. XXV. *FK I. II*
⟨Martyrio coronatur.
⟨Fuit ⸢autem⸣ temporibus Claudii ⸢et Aureliani, a consulatu Claudii⸣ et Paterni *[a. 269]* 2
5 ⟨usque ad consulatu Aureliani et Capitulini *[a. 274]*.
⟨Hic constituit
FK III ⟨supra sepulcra ‖ supra memorias *I. II*
⟨martyrum missas celebrare.
⟨Hic fecit ordinationes II ⸢per m. Dec.,⸣ presbiteros VIIII, diacones V; episcopos ⸢per⸣⟩
10 diversa ⸢⟨loca⸣ numero V.
FK ⟨⸢qui et⸣ sepultus est in cimiterio suo via ‖ Hic fecit basilicam in via Aurelia, ubi et 3 *P*
⟨Aurilia ⸢miliario II⸣ III k. Iun.   ‖ sepultus est III kal. Iunias miliario ab
 ‖ urbe Roma II.

⟨⸢Et⸣ cessavit episcopatum dies V.⟩

FK habent quae ⟨ ⟩ comprehenduntur; *F* solus signata praeterea ⸢ ⸣, *K* solus signata praeterea ⟨ ⟩; *P* habet (praeter nominatim excepta) omnia: I ($A^{1.2}$). II ($C^3B^{1.2.3.4}$). III ($E^{1.6}$. *Mut.*: beatus Felix const ut supra sepulcra m. m. caelebrarentur). — AVCTORES: 1 sedit ... 5 Capitulini] *catal. Liber.*: ann. V m. XI d. XXV. fuit temporibus Claudi et Aureliani a cons. Claudi et Paterni usque in consulatum Aureliano II et Capitolino. *Depos. episc. Rom.* (*chr. min. 1 p. 70*): III k. Ian. Felicis in Callisti. *Index*: ann. IIII (iii 9, uii 6) m. I (*sic* 1. 2. 3. 4. 6. 9, ii 5, iii 8, u 7) d. XXV (xxui 8).

---

1 filex F^3 constantino B^4p   2 a. ii] $C^3E^{1.6}$, a. iiii *FK et reliqui*   m. x] $C^3E^{1.6}$, m. iii *F et reliqui*, m. i *K*   d. xxu] *FK et reliqui*, om. $C^3E^{1}p^{.6}$ 3 coronatus F^1 4 et aureliani (auriliani $F^{2.5}$) a consulatu claudii *om.* $KE^1p^{.6}$ a cons. claudii et paterni (pa•teni B^3p) usque ad (a B^1) consulatu (-tum K $B^3E^1A^2$) aureliani (auriliani F, auriliani iii K) *om.* B^2 5 capitolini $C^3B^{1.4}E^1$, concapitulini K 7 supra] super $A^2F^{1.2}K$ sepulcra] $F^{2.3}KE^{1.6}$ *Mut.*, sepultura F^1, memorias *reliqui*   8 misas A^1, missa *F* celebrare] $FKA^{1.2}B^4E^1$, celebrari $C^3B^{1.2.3}E^6$, caelebrarentur *Mut.*   celebr presb. uiiii *om. mediis* F^3 9 hic] et hic $A^{1.2}$ uiiii] uiii F^2KB^3, uii A^2 u] iii *FK*, ii $E^{1.6}$ 9/10 per loca *om.* F^1 10 numero u] xi *FK*

FK 11 qui et *om.* K^1 ‖ *P* 11 basilica $A^2C^3B^{1.4}$ ubi et] et ibi A^1, ubi B^4E^6 12 iii k. iun. (iuli A^2)
‖ post mil. ii $E^1p^{.6}$, *post* sep. est E^{1c} 12/13 ab urbe roma *post* mil. ii E^{1c}, *om.*
‖ $E^1p^{.6}$

14 episcopatum] $C^3B^{1.2.3.4}$, episcopatus (*vel. comp.*) *reliqui*

XXVIII. EVTYCHIANVS.

⟨Eutycianus, natione Tuscus, ex patre Marino, ⸢de civitate Lunae⸣, sedit   1
III ann. VIII m. X d. IIII.   ‖   ⟨ann. I m. I d. 1.   *FK I. II*
⟨Fuit ⸢autem⸣ temporibus Aureliani, a consulatu Aureliano III et Marcellino *[a. 275]*
⟨usque in die id. Dec. Caro II et Carino conss. *[a. 283].*
5 ⟨Hic constituit, ⸢ut⸣ fruges super altare ⸢tantum fabe et ube⸣ benedici.
⟨Hic ⸢temporibus suis⸣ per ⸢diversa⸣ loca CCCXLII martyres ⸢manu sua⸣ sepelivit.⟩   2
Qui et constituit, ut quicumque de fidelium martyrem sepeliret, sine dalmaticam aut
colobium purpuratum nulla ratione sepeliret, quod tamen usque ad notitiam sibi devul-
garetur.
10 ⟨'Hic' fecit ordinationes V ⸢per m. Dec.⸣, presbiteros XIIII, diaconos V; episcopos ⸢per⸣   3
diversa ⸢loca⸣ VIIII.⟩
Et martyrio coronatur.
⟨'Qui etiam' sepultus est in cymiterio Calisti ⸢via Appia⸣ VIII kal. Aug.
⟨'Et' cessavit episcopatum dies VIII.⟩

FK habent quae ⟨ ⟩ *comprehenduntur, F solus signata praeterea* ⸢ ⸣, *K solus signata praeterea* ⸢ ⸣; *P habet (praeter nominatim excepta) omnia: I ($A^{1.2}$). II ($C^3 B^{1.2.3.4}$). III ($E^{1.6}$). Mut.:* beatus Eutychianus const ut fruges . . . . constitutum est et quicumque de fidelium . . . deuulgaretur). *Beda chr. c. 386 v.* 6 hic . . . sepeliuit *et martyrium et sepultura.* — AVCTORES: 1 sedit . . . 4 conss.] *cat. Liber.:* ann. VIII n. XI d. III (uii *Plat.*). fuit temporibus Aureliani a cons. Aureliano III et Marcellino usque in diem VII idus Dec. Caro II et Carino cos. *Depos. episc. Rom. (chr. min. I p. 70):* VI id. Dec. Eutychiani in Callisti. *Index:* ann. I (iiii 6, u 8, *om.* 5) m. I (ii 7, *om.* 5) d. I (ii 3. 4, xi 6, *inc.* 2, *om.* 9).

---

1 eutychius B^{1p} *(text.)*, euticianus B^1 *(ind.)*, euthianus B^4 toscus A^2 luna KC^3, lunis $B^{2.3}$
2 a. uiii m. x d. iiii] $C^3 E^{1.6}$, a. i (*om.* B^{3p}) m. i d. i (d. ii *K*) *FK et reliqui*   3 auriliani $F^{1c.2.3} C^3 B^3$, auriliane F^{1p} a cons. aureliano (auriliano *FK*, aureliani $A^1 E^1$) *om.* A^2 marcellini E^1, marcelliano A^2
4 diem $F^3 KA^2 E^1$ careno B^1, caroni B^{3p}, marino K^2 5 hic constituit (praecepit A^2) ut (*om.* $B^{2.3} E^6$) fr. s. altare (altario F) t. f. et u. benedici (benedicit E^{1p}, benedicatur K)] const. ut fruges ad altare non offeratur praeterquam in concilio apostolorum constitutum est *Mut.*   6 suis *om.* A^1 cccxlii] $KA^1 C^3$ $B^{2.3.4} E^{1.6}$ *indeque* cccxiii *Beda,* ccclxii $F^{1.2} A^2 B^1$, ccclxii F^3 manu . . . 7 fidelium *om.* A^2 manu sua] $KC^3 B^1 E^{1.6}$ *cum Beda,* manus suas $A^2 B^4$, manibus suis $B^{2.3}$ 7 et] A^1, hoc $C^3 B^{1.2.3.4} E^{1.6}$, *deficit* A^2 de *om.* $B^{2.3} E^6$ fidelem B^{2c} martyres A^2 dalmatica $A^2 B^{2.3} E$ *Mut.*   aut] *et* B^{1p}, uel B^{1c} 8 colobio (-uio *Mut.*) purpurato $B^{3c} E^1$ *Mut.*, colouio purpura A^2 rationes repeliret C^3 usque *om.* $B^2 E^{1.6}$ *Mut.* notitia *Mut.*   sibi *om.* B^{2p} 8/9 diuulgaretur $B^{2.3} E^1$ 10 u] iii A^2 xiiii] xiii $E^{1.6}$ u] ui *K*
11 uiiii] numero uiiii $C^3 B^{1.2.3.4}$ 12 et *om.* $E^{1.6}$ 13 etiam] et *F*   sepultusque *K*   calesti FB^3 uiii] uii F^2, ui $B^{2.3}$, uiiii A^2 14 episcopatum] $C^3 B^{2.3.4}$, episcopatus *(vel comp.) reliqui*   uiii] uiiii $F^{1.3}$, uii C^3

XXVIIII. GAIVS.

⟨Gaius, natione Dalmata, ex genere Dioclitiani   1
FK I. III ⟨imperatoris,
  ⟨ex patre Gaio, sedit ann. XI m. IIII
K III ⟨d. VIIII.   ‖   ⟨d. XII.   *F I. II*
₅ ⟨Fuit ⸌autem⸍ temporibus
FK III ⟨Cari et
  ⟨Carini, a die XVI kal. Ian. a consulatu Caro II ⸌et Carino *[a. 283]* usque in die X
  ⟨⸌kal. Mai. Diocletiano IIII et Constantio II *[a. 296].*
  ⟨⸌Hic constituit,   2
K ₁₀ ⟨⸌ut, si quis episcopus esse meretur, ab ‖ ut ordines omnes in ecclesia sic ascen- *P*
  ⟨⸌ostiario per unoquodque grado paulatim ‖ deretur: si quis episcopus mereretur, ut
  ⟨⸌ad maiora conscenderet.   ‖ esset ostiarius, lector, exorcista, sequens,
                                              ‖ subdiaconus, diaconus, presbiter et exinde
                                              ‖ episcopos ordinaretur.
₁₅ ⟨⸌Hic regiones dividit diaconibus⸍.   3
  ⟨Hic fugiens persecutionem Diocletiani in criptis
FK ⟨habitans confessor quievit⟩.   ‖ habitando martyrio coronatur   *P*
                                     ‖ post annos VIII.   *II. III*

FK habent quae ( ) *comprehenduntur, F solus signata praeterea* ⸌ ⸍*, K solus signata praeterea* ⸌ ⸍*;*
P habet (praeter nominatim excepta) omnia: *I* ($A^{1.2}$). *II* ($C^3 B^{1.2.3.4}$). *III* ($E^{1.6}$). *Mut.*: beatus Gaius cons, ut
ordinationes ... diaconibus). *Beda chr. c. 396 pag. 40 v. 4*: mart. cor. — AVCTORES: 3 sedit ... 8 Constantio II] *catal. Liber.*: ann. XII m. IIII d. VII. fuit temporibus Cari et Carini ex die XVI (ui *Am. et Plat.*, uii *Brux.*)
kal. Ian. cons. Carino II et Carino usque in X kal. Mai. Diocletiano VI et Constantio cons. *Depos. episc.*
Rom. (chr. min. I p. 70): X k. Mai. Gai in Callisti. *Index*: ann. XI m. IIII (ui 7) d. XII (uii 7, xi 1, xu 4). —
17 martyrio coronatur seq.] *passio Susannae* (*Mombritius vol. 2 q. VIII S f. 3* = *act. sanct. Febr. vol. 3 p. 62*
cf. Aug. vol. 2 p. 631): Temporibus Diocletiani et Maximiani Augustorum fuit quidam presbyter nomine Gavinius Romanus frater uterinus Gaii episcopi urbis Romae ... nobili ortus progenie in celebri fama cognosce-
batur eo quod esset de genere Diocletiani Augusti ... tu filius non es Maximi, cuius et Gaius episcopus noster
frater amantissimi senatoris et consulis, patrui nostri et consobrini duorum nostrorum Augustorum ....
iussit Dioclitianus Augustus ..., ut .. milites .. tenerent omnes, ut tantum Gaium episcopum non tenerent.
sed tenuerunt Gavinium presbyterum cum filia sua Susanna ... Gavinium .. presbyterum et Susannam fecit
in custodiae vinculo mancipari.

---

1 dalmata] $FC^3 B^{1.3.4} E^{1.6}$, dalmatica B^2, dalmatinus $A^{1.2} K$ diocliziani] $F^3 K^1 A^1 C^3 B^{1.2.4} E^1$, diocletiani
$F^2 B^3$, ediocleatiani *(sic)* F^1 2 imperatoris] $FK^2 I (A^{1.2})$. *III* ($E^{1.6}$), om. $K^1 II$ 3 galo C^3 a. xi] a. i
E^{1c} *(nisi punctum sub* x *casu adiectum est)*   4 d. uiiii] $KC^3 E^{1.6}$, d. xii F *et reliqui*   6 cari (clari K) et]
$FKE^{1.6}$, *om. reliqui*   7 careni B^1 a die] ex die FK xui] xu F^2, xiiii E^{1c}, ui A^{1p} cari $A^2 E^{1c}$
ii] u C^3 carini $A^2 E^{1c}$ diem $A^2 E^1$ 8 diocletiano $KC^3 B^4 E^1$, diacliciano B^{3p} iiii] iii B^3, ui K
constantino $E^{1p.6}$ ii] u C^3
K 10 esse ep. K^1 ‖ *P* 10 ordines] ordinationes $B^1 E^{1.6}$ *Mut.*   in ecclesia *om. Mut.*   10/11 ascende-
rentur $B^{2.3}$, ascenderent $E^{1.6}$ *Mut.*   11 si quis ep. mereretur (meretur C^3)]
$C^3 B^4 E^{1.6}$ *Mut., om.* $B^{1.2\ 3}$ 12 essit A^1, esse A^2 ustiarius *Mut.*, ostiarium A^1, ostiarus B^3 sequen A^2 13 diaconus *om.* $A^2 B^4$ et *om.* A^2
exinde] deinde E^6

15 diu. reg. K, regionibus diuit *(sic)* A^2 16 persecutione $F^1 K$ diocletiani] $A^1 C^3 B^{1.3} E^1$, dioclitiani
reliqui   cyrytis B^{3p} 18 post (per E^{1c}) annos uiii (uiiii $C^3 E^1$) *om.* $A^{1.2}$

XXVIIII. GAIVS.

⟨Hic fecit ordinationes IIII 'per m. Dec.', presbiteros XXV, diacones VIII, episco- 4
⟨pos 'per'⟩ diversa ('loca' V.⟩

Qui post annos XI cum Gavinio fratre suo propter filiam Gavini presbiteri nomine
Susanna martyrio coronatur.

5 ⟨'Qui vero' sepultus est in cymiterio Calisti 'via Appia' X kal. Mai.
⟨'Et' cessavit episcopatum dies XI.⟩

---

*FK habent quae ( ) comprehenduntur, F solus signata praeterea ' ', K solus signata praeterea ‹ ›;
P habet (praeter nominatim excepta) omnia: I ($A^{1.2}$). II ($C^3 B^{1.2.3.4}$). III ($E^{1.6}$).*

---

1 hic ... 2 loca u *et suo loco et post* 4 coronatur $C^3 B^{1.2.3.4}$ iiii] iii $A^2 C^3$ *(loco priore)*   per m.
dec. *post* diac. uiii $C^3 B^1$ *(loco priore uterque)*   xxu] xui FK, xu $C^3 B^{1.2.3.4}$ *(loco post. omnes)*, xxui N
uiii] uiiii K, uii F^2, xu $C^3 B^{1.2.3.4}$ *(loco post. omnes)*   2 u] numero u $C^3 B^{1.2.3.4}$ *(utroque loco reliqui,
priore* B^4*)* $E^{1.6}$, ui K^2 3 gabinio C^3, gabino A^2 filia $C^3 B^{1.4} E^1$ gabiani C^3 4 susannam A^2
$B^{1.2} E^1$ 5 qui uero] $A^1 C^3 B^{1.4}$, qui etiam $K^2 B^{2.3} E^{1.6}$, et A^2, om. K^1 calesti FB^3 mai.] mart. E^6
6 episcopatum] $C^3 B^{1.2.4}$, episcopatus *(vel comp.) reliqui*

XXX. MARCELLINVS.

(Marcellinus, natione Romanus, ex patre Proiecto, sedit
III ann. VIII m. II d. XXV.   ‖   (ann. VIIII m. IIII d. XVI.

(Fuit ʿautemʾ temporibus Diocletiani et Maximiani ex die kal. Iul. a consulatu Dio-
(cletiano VI et Constantio II *[a. 296]* usque Diocletiano VIIII et Maximiano VIII
5 *[a. 304],* quo tempore fuit persecutio magna, ʿutʾ intra XXX diebus XVII milia homi- 2
(num ʿpromiscui sexus per diversas provinciasʾ martyrio coronarentur) Christiani.
(De qua re ʿetʾ ipse Marcellinus ad sacrificium ductus est, ut turificaret, quod et fecit.
(Et post paucos dies paenitentiam ductus ab eodem Diocletiano ʿpro fide Christi cum 3
(ʿClaudio et Cyrino et Antoninoʾ capite sunt truncati ʿet martyrio coronanturʾ).

FK habent quae ⟨ ⟩ *comprehenduntur, F solus signata praeterea* ʿ ʾ, *K solus signata praeterea* ⟨ ⟩;
P habet (praeter nominatim excepta) omnia: 1. 2 *libri omnes supra p.* 2 *adlegati praeter OS; deinceps:*
I($A^{1.2}$)*. II* ($C^3 B^{1.2.3.4}$)*. III* ($E^{1.6}$*. Mut.:* beatus Marcellinus *et post excerpta ex concilio subditicio Sinuessano*
(diversa ab iis quae infra afferuntur ex E^6) sed post paucos dies ... factus est)*. Beda chr. c.* 405 *v.* 5
persecutio ... 6 christiani. — AVCTORES: 1 sedit ... 5 persecutio] *catal. Liber.:* ann. VIII m. III d. XXV.
fuit temporibus Diocletiani et Maximiani ex die prid. kal. Iul. a cons. Diocletiano VI et Constantio II usque in
cons. Diocletiano VIIII et Maximiano VIII. quo tempore fuit persecutio et cessavit episcopatum (-tus *Brux.)*
ann. VII m. VI d. XXV. *Depos. episc. Rom. (chr. min. 1 p.* 70): XVIII k. Febr. Marcellini in Priscillae.
Index: ann. I (*sic* 1. 2. 3. 4. 6, uiiii 5. 7. 8. 9) m. IIII (iii 7, ui 6, *om.* 5) d. XVI (xii 3. 4)   — 5 ut intra
XXX dies *seq.] pendet scriptor ex epistula praefatoria martyrologii Hieronymiani: per singulos dies diver-*
sarum provinciarum diversarumque urbium plus quam octingentorum et nongentorum milia martyrum nomina
sunt nominata (al. nominata) ut nullus dies sit, qui intra quingentorum numerum reperiri possit excepto
die kal. Ianuariarum: scilicet verbis illis traditis ita, sed omnino corruptis auctor sibi persuasit significari
8000 + 9000 = 17 000, *quorum cum singuli dies habuerint quingentos, spatium efficitur dierum* 34 *vel*
rotunde 30: *absurde omnino, sed tali homini convenienter. ipse Hieronymus scripsisse videtur centum et non-*
genta milia, scilicet martyrologium habens nomina 190 000 *si per anni dies aequabiliter dividitur, singuli dies*
habent nomina 467, *pro quibus rotunde positus est numerus intra* 500. — 7 Marcellinus ad sacrificium ductus
est *seq.] acta subditicia concilii Sinuessani (Coustant epp. Rom. pontif. app. p.* 30) *quamquam similia referunt*
damnatum esse Marcellinum propter turificationem suo iudicio X k. Sept. Diocletiano VIII et Maximiano VII
cos., Pontificalis ita in plerisque inde discedit, ut eius auctorem actis illis usum esse statui nequeat.

1 proiecto] proiectu F^3, periecto D^2, pergecto D^1 2 a. uiii] $F^2KX^{2.3}A^{5.6.7}C^2p^{3.4}$. *III* ($E^{1p.5.6}$),
a. uiiii *reliqui (in his* F^3), a. ui E^{1c}, a. xi Z^2 m. iiii] *sic F et reliqui*, m. ii $KA^{5.6.7}C^2p^{3.4}$. *III* ($E^{1.4.6}S$
$H^{1.2}$ *Cr.),* m. xi *Mog. (marg.), om.* $B^3pC^1P^{1.2}$ d. (*om.* C^5) xuii] $F^{1.3}K$ *et reliqui,* d. xu F^2, d. ui N, d. xxu $X^{2.3}$
$A^{5.6.7}Freh.C^3E^4$, d. xxii $E^{1.6}S$, d. xxui C^2p, d. xxxu C^4 3 diocletiani $F^3KC^2B^{3.4}E^1$ et] ex F^3 maxia-
miani C^3p, maximiano B^3p ex die] die x K^1, ex die x K^2 3/4 diocletiano (diocliciano $B^{3.4}$, diocletiani F,
dioclitiani A^2E^1, diocliciano K, diocliani B^3p) ui (u F^2, *om.* K) et constantio (-tii A^2, -tino $B^{1.2.3.4}E^1$, coustan-
tini E^6) usque *om.* C^3 4 usque ... 5 magna] usque persecutione magna A^2 diocletiano] diocletiano KC^2
$B^{3.4}$, ad dioclitianum $E^{1.6}$ uiiii] uiii $F^{1.2}Freh.$ maximianum E^1, maximino C^3 5 ut] ita ut A^2 infra F
diebus] $FKA^1pC^3B^{1.4}E^1p$, dies $A^{1c.2}B^{2.3}E^{1c}$ xuii] xui F^3, xu $F^{1.2}$ 6 martyrio] martyria F^1, *om.*
$A^{1.2}$ cononanrentur *(sic)* B^3, coronantur F^3, coronatur B^4 7 de] da B^3 sacrificium] *FK et reliqui*,
sacrificandum $A^{1.2}$ ut turificaret (-rit $F^{1.3}$)] *FK et reliqui*, et turificare A^1 8 *post* post paucos dies *ins.*
synodo facta in prouincia campanie in ciuitate sessana suo ore penituit coram clxxx episcopis habens celi-
cium uestitum et cinerem in capite suo et penitentiam egit dicens se peccasse. tunc iratus dioclecianus tenuit
eum compellens ad sacrificandum idolis. ille uero cum lacrimis clamabat dicens penitet me de priore ignorantia
grauiter et cepit blasphemare dioclecianum et ydola demoniorum mannfacta igitur E^6 penitentia KB^2E *Mut.*
   ductius F^1p ab eodem ... 9 coronantur] ab ipso diocletiano martyr factus est *Mut. breuians*   dioclitiano $F^3KB^{3.4}E^1$ fidem $F^{1.2}$ 9 et cyrino] et quirino (quirio F^1p) F, cyrino A^1 antonino] FA^1
$B^{1.2.3.4}E^1$, autono C^3, antonio E^6 *et rel.*   sunt (*om.* C^3) truncati] truncatur K coronantus *(sic)* F^1, coronatur C^3, coronati A^2

quem coniurans beatus Marcellinus Mar- *II. III*
cellum presbiterum, dum pergeret ad passionem suam, ut praecepta Diocletiani non
impleret.

⟨'Et'⟩ post hoc factum ⟨iacuerunt corpora sancta in platea 'ad exemplum Christianorum' 4
⟨dies XXVI 'ex iusso Diocletiani'⟩.
Et exinde ⟨Marcellus presbiter collegit noctu corpora⟩ cum presbiteris et diaconibus
cum ymnis ⟨et sepeliuit in via Salaria in cymiterio Priscillae 'in cubiculum qui patet
'usque in hodiernum diem, quod ipse praeceperat',

I. III ⟨'paenitens, dum traheretur ad occisionem,
⟨'in crypta iuxta corpus sancti Criscentionis',

⟨VII kal. Mai.
⟨Hic fecit ordinationes II 'per mens. Dec.', presbiteros IIII, diacones II; episcopos 'per'⟩
diversa ⟨'loca' V.⟩

Ab eodem die ⟨cessavit episcopatum ann. VII m. VI d. XXV persequente Diocletiano
⟨Christianos⟩.

FK habent quae ( ) *comprehenduntur, F solus signata praeterea* ' ', *K solus signata praeterea* ⟨ ⟩;
P habet (praeter nominatim excepta) omnia: I $(A^{1.2})$. *II* $(C^3B^{1.2.3.4})$. *III* $(E^{1.6})$.

---

1 quem ... 4 impleret *om.* $A^{1.2}$ quem] qui $B^{2.3}$, *om.* $E^{1.6}$ 2 perget B^3p, pergit B^{3c} 3 dioclitiani E^1 non *om.* $C^3B^1E^1p$ 5 factum] tum A^2 iacuerunt corpora (copora C^3) sancta (sanctorum
A^2) in platea] iacuit corpus eius in platea una cum alios (cu alius K^2) martyres K 6 xxui] $F^{1.3}K$,
xxu $F^2A^{1.2}$, xxxui $C^3B^{1.2.3.4}E^{1.6}$ ex] et C^3 iussu $F^{1.2}A^2C^3B^{1.2}E^1$ dioclitiani $B^{3.4}E^1$, diocliciano B^3p
7 et exinde] ubi F, tunc K marcellus] marcellinus A^2E^1, marcello A^1p collegit (colligit $B^{2.3}$) noctu
corpora] noctu (nocte F^1) coll. corp. sanctorum F 8 post sepeliuit *ins.* uia salaria in cubiculo (claro in
cripta (scripta C^3) qui etiam fecit ordinationes ii (*om.* C^3) per mense decembrio presbiteros iiii diacones ii
episcopos per diuersa loca numero u qui etiam sepultus est) C^3B^4 *et omissis iis quae* ( ) *conclusimus una
cum sequentibus* in cimiterio priscille uia salaria B^1: *dittographiam patefaciunt uerba duplicata* uia salaria *et*
in cubiculum, *quae posteriora sunt etiam in* B^1 in (*om.* $B^{2.3}E^{1.6}$) uia salaria (saltaria F^1, salutaria F^2)
in cymiterio priscillae $FA^{1.2}B^{2.3}E^{1.6}$, in cimiterio priscille uia salaria C^3B^4, *om.* B^1 in cubiculum] in
cubiculo A^2, in cripta in cubiculo claro $B^{2.3}$, in cubiculo claro $E^{1.6}$ *adsumpto hoc uocabulo ex II*   qui] quod
$A^2B^{2.3}E^{1.6}$ 9 hodiernum] hordiernum C^3 quod ipse praeceperat (preciperat $F^{1.2}A^1$, praeparauerat E^1)
post claro $B^{2.3}$ 11 crypta] criptam A^2 crescensionis A^2 12 uii (ui F^2A^2) k. mai.] *hoc loco* $FKA^{1.2}$
$E^{1.6}$, ui k. mai. *ante* in cubiculum qui patet $B^{1.4}$, k. mai. *habent infra* $B^{2.3}$, *om.* C^3 13 ... 15 *ordinationes
supra ins.* C^3B^4, *om.* B^1 hic] qui etiam $C^3B^{1.4}E^{1.6}$, qui $B^{2.3}$ ii] iii A^2, *om.* C^3 per *om.* A^1 14 u]
numero u $C^3B^{1.2.3.4}E^{1.6}$ 15 ab eodem (eo A^2) die (diem B^1, *om.* A^1)] et F, et a die martirii ipsius quod
fuit k. mai. $B^{2.3}$, *om.* K episcopatum] $C^3B^{1.2.4}$, episcopatus (*uel comp.*) *reliqui*   a. uii] a. ui F^2, a. u A^2
m. ui] m. uii $F^{1.3}$ xxu] xxxu B^3 persequentem A^1 dioclitianum A^1, dioclitiano $F^{2.3}B^{1.4}E^1$, dia-
clytiano F^1 16 christianos marcellus n. r. ex patre *om.* B^3p

XXXI. MARCELLVS.

⟨Marcellus, natione Romanus, 'ex' patre 1
FK ⟨Marcello   Benedicto   *P*
de regione Via lata, ⟨sedit
F ⟨a. IIII   ⟨ann. V m. VII d. XXI.   *KP*

5 ⟨Fuit⟩ autem ⟨temporibus Maxenti a consulatu Maxentio IIII et Maximo usque post ⟨consulatum.
⟨'Hic 2
III rogavit quendam matronam nomine Priscillam et
10 ⟨'fecit cymiterium via Salaria et XXV titulos in'⟩ urbe ⟨'Roma constituit quasi dio-⟨'cesis propter baptismum et paenitentiam'⟩ multorum, qui convertebantur ex paganis, ⟨'et'⟩ propter ⟨'sepulturas martyrum.'⟩
⟨Hic ordinauit presbiteros XXV⟩ in urbe Roma et ⟨diacones II 'per mens. Dec.': epi-⟨scopos 'per'⟩ diuersa ⟨'loca' XXI.⟩
15 Hic coartatus et tentus eo quod ecclesiam ordinaret et conprehensus a Maxentio, ut 3

FK habent quae ( ) *comprehenduntur, F solus signata praeterea* ' ', *K solus signata praeterea* ‹ ›; *P habet (praeter nominatim excepta) omnia:* 1—4 *libri omnes supra p.* 2 *adlegati praeter OS, deinceps I* ($A^{1.2}$). *II* ($C^3 B^{1.2.3.4}$). *III* ($E^{1.6}$. *Mut.*: beatus Marcellus const xxu titulos ... martyrum). — AVCTORES: 3 sedit ... 6 consulatum] *catal. Liber.*: ann. 1 m. VI (uii *Brux. Plat.*) d. XX. fuit temporibus Maxenti a cons. X et Maximiano [*a. 308*] usque post consulatum X et VII [*a. 309*]. — *ad v. 15 seq. Passio Marcelli* (*acta sanct. Ian. vol. 2 p. 9) pendens omnino ex libro Pontificali*: Marcellus episcopus cum Lucina matrona christianissima condidit corpora sanctorum ..... eodem tempore beata Lucina fecit donationem de facultate sua ex omnibus sanctae ecclesiae catholicae. hoc audiens Maximianus Augustus indignatus proscriptione eam damnauit. beata autem Lucina rogauit sanctum Marcellum episcopum, ut domum eius ecclesiam consecraret, quod cum omni deuotione fecit beatus Marcellus episcopus. at ubi frequenter in eadem domo missas celebrasset in media ciuitate Via lata, audiens hoc Maximianus Augustus iratus misit in eandem ecclesiam et fecit praeceptione sua, ut in eadem ecclesia plancae sternerentur ad animalia catabuli publici, et eundem Marcellum episcopum ad seruitium animalium deputauit cum custodia publica. ubi etiam post multos annos seruiendo indutus amictu cilicino emisit spiritum sub die XVII k. Febr. cuius corpus rapuit Iohannes presbyter noctu cum beata Lucina et condidit cum aromatibus et sepeliuit in coemeterio Priscillae via Salaria veteri non longe ab urbe Roma miliario III, ubi requiescit in pace.

---

1 marcellus] marcell**us B^5 natione] natus B^6 2 marcello *FK*, benedicto *libri*, proiecto (*ex p.* 41, 1) $II^{1.2}$ 3 de regione u. l.] qui fuit de r. n. l. *post* d. xxi A^3 4 a. u] a. iiii *F'*   m. uii] m. ui $B^1 C^1 P^{1.2}$ *Cr. Mog.*, m. uiii $A^{6.7}$, m. i A^3, *om. F*   d. xxi] d. xxui $A^{6c(?)}$, *om. F*   5 maxenti] constantii et gelasii *Cr.*, constantii et gelasii et maxentii *Mog.*   consulato $F^{1.2} K$ maxentio] maxentii $A^2 E^1$ iiii *om.* F^3 maximo] maximi $A^2 E^1$ usque] usque in $KA^{1.2}$ 5/6 *post* post (ad $B^{2.3}$) consulatum (-tu $F^3 KC^3$, -to $F^{1.2}$) *integer fere versus vacat in* E^1 8 rogauit ... 9 et $E^{1.6}$ *soli*   10 cymiterium] cimiterio KB^4, cymiteria noille (nouelle C^2, nobile C^4) C^3 *cum* $C^{2.4}$, *omnino ex interpolatione*   uia] in uia $B^3 E^6$ titulus K^2 quasi] $KA^1 E^{1.6} Mut.$, quosi A^2, quod $C^3 B^{1.4}$, et $B^{2.3}$ 10/11 diocessis K^2, dioceses $B^1 E^{1.6}$, dieceses *Mut.*   11 propter] post B^3 paenitentia $KA^2 C^3 B^{1.4} E^1 Mut.$ multorum *om.* B^{4p} 12 sepultura A^2 13 ordinauit] *K et rel.*, fecit ordinationes *F*   presb. xxu] *FK*, xxu (xxxui $C^3 E^{1c}$, xxxxui E^{1p}, xx A^2, xui E^6) presb. reliqui   et *om.* $B^{3p} vE^6$ diac. ii] $FKB^{2.3} E^1$, ii diac. $A^{1.2} C^3 B^{1.4}$ per m. dec. *ante* presb. *F*, *ante* diaconos $E^{1.6}$ 13/14 episcopos (et ep. $E^{1.6}$) p. d. l. xxi *om.* $C^3 B^{1.2.3.4}$ 15 coartatus] cohaerctatur B^1, c. est E^1 ecclesia $C^3 B^4$ ordinarit A^1 et conpr.] conpr. $C^3 E^{1.6}$ 15/44, 1 ut negaret *om.* $A^{1.2}$

6*

XXXI. MARCELLVS.

negaret se esse episcopum et sacrificiis humiliari daemoniorum. Quo semper contemnens deridens dicta et praecepta Maxenti, damnatus est in catabulum. Qui dum multis diebus serviret in catabulum, orationibus et ieiuniis domino deserviens non cessabat. Mense autem nono noctu venerunt clerus eius omnis et exuerunt eum noctu de catabulo. Matrona quidam nomine Lucina vidua, quae fecerat cum viro suo Marco annos XV et in viduitate sua habuit annos XVIIII, suscepit beatum virum; quae domum suam nomine beati Marcelli titulum dedicavit, ubi die noctuque ymnis et orationibus domino Iesu Christo confitebatur. Hoc audito Maxentius misit et tenuit iterum beatum Marcellum et iussit, ut in eadem ecclesia

II. III 10 iterum ‖

plancas externi et ibidem animalia catabuli congregata starent et ipsis beatus Marcellus deserviret. Qui tamen in servitio animalium nudus amicto cilicio defunctus est.

Cuius corpus collegit beata Lucina

FK ⟨'qui etiam' sepultus est ‖ et sepeliuit *P*
15 ⟨in cymiterio Priscillae 'via Salaria' XVII kal. Febr.⟩
Et ⟨cessavit episcopatum dies XX.⟩
Lucina vero scriptione damnata est.

FK habent quae ⟨ ⟩ comprehenduntur, F solus signata praeterea ' ', *K solus signata praeterea* ⟨ ⟩*;*
P habet (praeter nominatim excepta) omnia: I ($A^{1.2}$). II ($C^3 B^{1.2.3.4}$). III ($E^{1.6}$).

---

1 sacrificiis humiliari] sacrifiis (*sic*) se humiliaret E^1, se sacr. humiliaret E^6 quo] quod $B^{2.3}$, qui $C^3 E^{1.6}$, quos A^2 1/2 contempnes C^3 2 deridens] et d. $A^2 E^6$ dicta et praecepta] dicti praecepta et praecepta B^1 maxenti] cum moxentio E^{1p} damnatus] clamatus E^6 catabulo $A^2 B^{1.2.3.4} E^6$, catabola E^1 3 catabulo A^2 orationis E^1 cessauit B^1 4 autem *om.* B^1 nocte $A^2 E^1$ uenit C^3 clerici eius omnes $B^{1.2.3.4}$, cleros eius omnis A^2, clerus et omnes E^6 exuerunt] erunt $C^3 p$, eruerunt C^{3c} $E^{1.6}$ noctu] nocte A^2, omnes notu B^3, *om.* E^1 4/5 catabula B^{1c}, catubulo $B^{1p.2p}$ 5 quidam] $A^{1p} C^3 B^4$, quaedam *reliqui, om.* A^2 uidua *om.* E^1 marco *om.* A^2 6 uiduitatis B^{3p} habebat $C^3 B^{1.2.3.4} E^{1.6}$ xuiii E^6 uirum] marcellum $E^{1.6}$, *om.* C^3 quae] in $A^{1.2}$ 7 beati marc. nomine B^{3p} hymnus C^3 domino] in domino A^2 8 confitebantur $B^{1.2.3.4} E^{1.6}$ auditu B^1, auditum $C^3 B^{2.3.4}$ maxentius] B^1 (*ex silentio Pertzii*) E^1, maxentio $A^{1.2}$, a maxentio $C^3 B^{2.3.4}$, maximus E^6 9 iussit] i. eum B^4 ut *om.* $A^{1.2} E^{1.6}$ eclesiam B^1 10 iterum] $C^3 B^{1.2.3.4} E^1$, *om.* $A^{1.2} E^6$ 11 plantas A^1, planas C^3 externit E^1 12 in] ut E^1 amictus B^{3p}, amisso E^6 cecilicio E^6 13 colligit B^3 lucina beata B^{3p} 14 qui etiam *om.* FK^1 15 salaria] saltaria F^1, salutaria F^2 xuii] $A^{1p.2}$ 16 episcopatum] $C^3 B^{1.2.4}$, episcopatus (*vel comp.*) *reliqui*   xx] xxi $K C^3$ 17 lucina u. scriptione (-nem A^1, praescriptione E) d. est *om.* $E^{1p.6}$

XXXII. EVSEBIVS.

⟨Eusebius, natione Grecus, ex medico, sedit   1
III a. II m. I d. XXV.   ⟨a. VI m. I d. III.⟩   *FK l. II*
⟨Fuit⟩ autem ⟨temporibus
FK ⟨Constantini.   ‖   Constantis.   *P*
⟨Sub huius temporibus inventa est crux domini 'nostri Iesu Christi V non. Mai.'⟩ et   2
⟨'baptizatus est Iudas'⟩ qui et ⟨'Quiriacus'.
⟨'Hic hereticos invenit in'⟩ urbe ⟨'Roma'.⟩ quos per manus inpositionis reconciliauit.
⟨Hic fecit   3.
FK ⟨ordinationes III⟩   ‖   ordinationem I   *P*
per mens. Dec., ⟨presbiteros XIII, diacones III; episcopos 'per'⟩ diversa ⟨'loca' XIIII.⟩
Qui etiam ⟨sepultus est in cymiterio Calisti⟩
III in cripta
⟨'via Appia' VI non. Octob.⟩
Et ⟨cessavit episcopatum dies VII.⟩

FK habent quae ( ) *comprehenduntur, F solus signata praeterea* ' ', *K solus signata praeterea* ‹ ›
P habet (*praeter nominatim excepta*) *omnia*: 1. 2 *libri omnes supra p.* 2 *adlegati praeter OS; deinceps*
I ($A^{1.2}$). *II* ($C^3 B^{1.2.3.4}$). *III* ($E^{1.6}$. *Mut.*: beatus Eusebius sub huius temporibus .... reconciliauit). —
AVCTORES: 1 sedit... 2 d. III] *catal. Liber.*: m. IIII d. XVI a XIIII k. Mai. usque in diem XVI (xii *Plat.*)
k. Sept. *Depos. episc. Rom.* (chr. min. *I p. 70*): VI k. Oct. Eusebii in Callisti. *Index*: m. VI (om. 2) d. III
exempla 1. 2. 3. 4, ann. V (i 6, u 7) m. I (ui 6, om. 7) d. III *exempla 6. 7. 8. 9.* — 5 sub huius temporibus seq.] *Narratio de sanctae crucis inventione* (*Mombritius sanct. q. 9 f. 1; acta sanct. Mai. vol. 1 p.* 445;
ad cod. Paris. 2769 saec. VII apud Holderum: inventio sanctae crucis Lipsiae 1889): ... regnante ... Constantino ... (Iudas) coepit fodire ... inuenit tres cruces absconditas ... beata Helena adcersiuit ad se
Eusebium episcopum urbis Romae et ordinauit Iudam episcopum in Hierusolymae ecclesiae Christi, mutauit
autem nomen eius et vocatus est Cyriacus ... inventa est sancta crux V nonar. Maiar.

---

1 natione] natus B^6 gregus B^2 ex medico] *II* E^4, ex patre medico *III* ($E^{1.6} H^{1.2}$ *Cr.*) N, ex
medicus A^1, et medicus $W^{1.2.3}$, ex medicis $A^{2.3.4} Z^{1.2}$ 2 a. ui] $F^2 K$ *et reliqui*, ui a. B^3, a. uii $F^{1.3} B^5$, a. ii
$A^{5.6.7} C^2 p^{3.4}$ *III* ($E^{2.4.6} S$)   m. (et m. E^4) i] m. ii $A^{5.6.7}$ *Freh.*   d. iii] *FK et reliqui*, d. xxu $A^{5.6.7} C^2 p^{3.4.6}$
III ($E^{1.4.6} S$)   3 autemporibus C^3 4 constantis] $A^{1.2} C^3 B^{1.2.4} E^{1.6}$, constantini $FK^2 B^3$, constanti K^1
5 sub huius tempora (-re F^1) F, tunc K crux] sancta crux F et] hic F 6 quiriacus] $FA^1 B^3$, cyriacus
reliqui   7 hic] haec A^2 hereticus $C^3 p$, hericos $B^5 p$ inuenit in u. r.] in u. r. inu. *Mut.*, in romam inuenit K quos] quos uero E^1 *Mut.*   per manus] $A^{1.2}$, ad manum $C^3 B^{1.2.3.4}$ *Mut.*, ad manus E^1, non ad
manus E^6 inpositionem E^6 *et edd.*   8 hic ... 10 xiiii *om.* $E^{1 p.6}$ 9 ord. i] ord. C^3 10 xiii]
uiii $B^{2.3}$, xiiii A^2 loco B^3 xiiii] numero xiiii $B^{1.2.3.4} E^{1 c}$ 11 sepultusque K cymiterium A^1 calesti
FB^3 12 in cripta] $E^{1.4}$, *om. reliqui*   13 ui] u KB^2 14 episcopatum] $C^3 B^{1.3.4}$, episcopatus (*vel
comp.*) *reliqui*   uii] ui F^2

XXXIII. MILTIADES.

⟨Miltiades, natione Afer, sedit ann. IIII 'm. VII d. VIII, ex die non. Iul.', a consulatu
FK ⟨Maximini VIIII usque ad Maxentio II, | Maxentio VIIII usque ad Maximo II, *p*
⟨'qui fuit mense Sept.' Volusiano et Rufino conss. [*a. 311*].
⟨Hic constituit, nulla ratione die dominico aut quinta feria ieiunium quis de fidelibus
⟨ageret, quia eos dies pagani quasi sacrum iciunium celebrabant.
⟨Et Manichei inventi sunt in urbe ab eodem.
⟨Fecit, oblationes consacratas per ecclesias ex consacratum episcopi dirigeretur, quod
⟨declaratur fermentum.
⟨Hic fecit ordinationem I 'per mens. Dec.', presbiteros VII, diacones V; episcopos 'per'⟩
diversa ⟨'loca' XI.⟩
Hic ⟨'sepultus est in cymiterio Calisti'⟩ via Appia
III in cripta ‖
⟨'IIII id. Dec.'
⟨'Et' cessavit episcopatum dies XVI.⟩

FK habent quae ( ) *comprehenduntur, F solus signata praeterea* ' ', *K solus signata praeterea* ‹ ›; *P habet (praeter nominatim excepta) omnia*: 1—3 *libri omnes supra p.* 2 *adlegati praeter OS; deinceps J* (*A*¹·²). *II* (*C*³*B*¹·²·³·⁴). *III* (*E*¹·⁶. *Mut.*: beatus myltiades const ut nulla ratione ... 8 fermentum). — AVCTORES: 1 sedit ... 3 Rufino conss.] *catal. Liber.*: ann. III m. VI d. VIII ex die VI nonas Iul. a consulatu Maximiano VIII solo, quod fuit mense Sept. Volusiano et Rufino, usque in III id. Ian. Volusiano et Anniano cons. [*a. 314*]. *Deposit. episcop. Rom. (chron. min. I p. 70)*: IIII id. Ian. Miltiadis in Callisti. *Index*: ann. IIII (m. uii *add.* 5).

1 miltiades] *A*¹·², meltiades *A*⁴·⁵*C*³*B*¹ (*ind.*) *E*¹, meltiadis *B*¹ (*text.*), melciades *K*¹*W*¹·²·³*A*⁶·⁷*Freh.B*³*Q C*⁴·⁵*E*⁴, melciadis *FK*²*B*²·⁷*D*¹·²*N*, melchiades *Z*¹*B*⁴·⁵·⁶*cC*²*P*¹·²*E*⁶*Cr.*, melchiadis *B*⁴·⁶*pC*¹ afer] affricus *Z*²
a. (om. *A*²) iiii] *K et reliqui*, a. iii *FA*⁰·⁷*C*²*p*·³·⁵*P*¹*E*¹·⁴*S*, om. *B*⁶ m. uii] *I* (*rel.*). *III*. *C*²*p*·³*c*·⁵, m. ui *F*²·³*W*²·³, m. iiii *F*¹, m. i *A*²·³, om. *K II* (*rel.*) *A*⁵*p* d. uiii] *F*¹·² *I* (*rel.*). *III* (*E*¹*p*·⁴·⁶) *C*³, d. nii *F*²*C*²·⁴·⁵*S*, d. xxi *A*⁵·⁶·⁷*Freh.E*¹*c*, d. i *A*², om. *K II* (*rel.*) *A*³ ex die ... 3 rufino conss.] qui fuit temporibus (tempore *Z*²) uolusiani et rufini consul *Z*¹·² ex die (diem *F*³)] fuit autem ex die *H*¹, om. *I* (*A*¹*W*¹·²·³*A*²·⁴) non.]
uiiii *A*⁶, uiiii k, *A*⁷ 2 maximini uiiii (uiii *F*²) usque ad maxentio (-tium *KCr.*) ii] *FKCr.*, maxentio (maxentii *W*²·³*A*³·⁵·⁶·⁷*B*⁵*cC*²*cD*¹·²*E*¹·⁶*H*¹·², maximiani *E*⁴) uiiii (uiii *P*¹, om. *A*²) usque ad (om. *B*⁵) maximo (-mum *A*²·³·⁵·⁶·⁷*C*²*oD*¹*P*¹*E*¹·⁴·⁶*H*¹·², maximi *W*²·³*B*⁵*cD*²) ii (u *C*⁴·⁵, om. *C*²*c*) classes tres (maxentio ii *mediis omissis B*¹) *fere consentientes* 3 septembr.] decemb. *B*⁶ uolusiano] uolusiani *F*¹·² et rufino (rofino *A*¹, rufo *B*⁶) om. *E*¹ 4 nulla] ut nulla *B*²·³*Mut.* die] *FKE*¹*Mut.*, om. *A*¹·²*C*³*B*¹·²·³·⁴ dominica *FK*¹ de fidelibus] fidelibus *A*², fidelium *KE*¹·⁶*Mut.* 5 ageret] *F*²*KB*¹·²*c*·³*cE*⁶, agerit *F*¹, agere *A*¹·² *C*³*B*²*p*·⁵*p*·⁴*E*¹*Mut.*, quia] qui *A*² eos] hos *KE*¹·⁶*Mut.* paganis *A*² sacrum] sacro *K*¹, orum (*sic*) *A*² celebrarent *B*⁴, caelebrant *Mut.* 6 urbem *F*, urbe roma *B*²·³·⁴ ab eodem] *A*¹, ab eodem die *FKA*³*E*¹, et ab eodem die (diem *C*³) *C*³*B*¹·²·³·⁴*E*⁶*Mut.* 7 fecit] *C*³*B*¹·²·³·⁴*E*¹*pMut.*, fecit ut]*FKA*¹·²*E*¹*c* oblacionis *F*³ consacratas] *F*¹·²*B*⁴, consocratas *plerique*, sacratas *A*¹·² per ecclesias (-sia *A*²)] in ecclesia uel per ecclesias *E*⁶ ex] et *F*, et ex *E*¹·⁶ consacratum] *F*, consecratum *KE*¹, consacratu *B*³, consecratu *C*³*B*²·⁴*E*⁶, consecrata *A*¹, consocrato *Mut.*, segratu *B*¹, consecratione *A*² episcopi] episc *B*¹, epo *B*⁴, eps *F* dirigeretur] *FK*²*C*³*cB*¹·²·³·⁴*E*¹, dirigetur *C*³*pE*⁶, dirigerentur *K*¹*A*²*Mut.*, dirigenrentur (*sic*) *A*¹ 8 fermentu *C*³ 9 ordinatione *FB*⁴, ordinat *K*, ordinationes *C*³ per m. dec. *om.* *C*³*B*¹·²·³·⁴ uii] iiii *FK*
u] iii *F*, iiii *K* 10 xi] *FKA*, xii *C*³*B*¹·⁶, numero xiii *B*¹·⁴, numero xiiii *B*²·³, xu *N* 11 hic] qui etiam *B*²·³ sepultusque *K* calesti *B*³ 12 in cripta] *E*¹·⁶, *om. reliqui* 13 dec.] feb. *K*¹, sep. *K*² 14 episcopatum] *C*³*B*¹·²·³·⁴, episcopatus (*vel comp.*) *reliqui* dies om. *K*² xui] xu *F*², ui *C*³

XXXIIII. SILVESTER.

⟨Silvester, natione Romanus, ex patre Rufino sedit ann. XXIII m. X d. XI.   1
⟨'Fuit autem' temporibus Constantini et Volusiani ex die kal. Febr. usque in die kal.
⟨Ian. Constantio et Volusiano coss.

⟨Hic exilio fuit in monte Syraptin   2

FK III   ⟨persecutione Constantini concussus ‖

⟨et post'modum' rediens cum gloria baptizavit Constantinum Augustum, 'quem curavit
⟨'dominus

F III ⟨'per baptismo ‖

⟨'a lepra'⟩. cuius persecutionem primo fugiens exilio fuisse cognoscitur.

Hic fecit in urbe Roma ecclesiam in praedium cuiusdam presbiteri sui, qui cognomina-   3
batur Equitius, quem titulum Romanum constituit iuxta termas Domitianas, qui usque
in hodiernum diem appellatur titulus Equitii, ubi et haec dona constituit:

     patenam argenteam, pensantem libras XX, ex dono Augusti Constantini.

FK habent quae ( ) comprehenduntur, F solus signata praeterea ⟨ ⟩, *K solus signata praeterea* ⟨ ⟩;
P habet (praeter nominatim excepta) omnia: I ($A^{1.2}$). II ($C^3B^{1.2.3.4}$). III ($E^{1.6}$). — AVCTORES: 1 sedit ...
3 Volusiano conss.] *catal. Lib.:* ann. XXI m. XI. fuit temporibus Constantini a consulatu Volusiani et Anniani
[a. 314] ex die prid. k. Febr. usque in diem k. Ian. Constantio et Albino conss. [a. 335]. *Depos. episc.
Rom. (chr. min. I p. 70):* prid. k. Ian. Silvestri in Priscillae. *Index:* ann. XXIII (xxii 1, xxxiii 5) m. X
(*om.* 5) d. XI (x 2). *Constitutum Silvestri praef.:* Cum multi nobiles gauderent, quod Constantinus baptizatus
a Silvestro episcopo urbis Romae et mundatus fuisset a lepra. *Vita Silvestri (Graece apud Combefisium
illustrium Christi martyrum triumphi = sancti Silvestri acta probatiora Parisiis 1660 p. 2, Latine versa
apud Mombritium vol. 2 q. SSSS f. 8 cum supplementis anal. Bolland. vol. 1 p. 613. vol. 2 p. 160 et codd.
hagiogr. bibl. Bruxell. vol. 1 p. 5. 119) eandem narrationem fuse explicat (sed cave credas Latinum textum
originis omnino recentis ad verbum consentire cum Pontificali); additur in fine in Latina versione:* qui gesta
vel acta illius (Silvestri) vult plenter agnoscere, quantas ecclesias sanctorum miro construxit honore quantaque auri vel argenti pondera in ornamentis earum diversis, in vasis quantaque contulerit praedia, Romanos
perlegat libros Romanasque scrutetur chronicas, in illis quidem cuncta tenentur scripta.

1 sedit ann. *om. A^2*   a. (*om. B^3*) xxiii] a. xxii K^2, a. xxu K^1 m. x d. xi (xii $E^{1.6}$)] *libri, etiam A^1,
om. C^3*   2 autem *om. K^1*   uolusiani (uolasiani B^3p) ex die k. f. usque in (ad E^1) die (diem $F^2A^2E^1$)
k. ian. constantio (constatio C^3) et *om. $F^{1.3}$*   4 exilio] in exilio E^{1c} in *om. A^2*   montem FA^1E^1
syraptin] A^1, syrapti A^2, siraptim E^1, seraptin B^{3c}, seracten $FKC^3B^{2.4}$, seractem B^1, seraten B^3p, soractem
E^6, in monte serapi *gesta ep. Neap. c. 3: illam lectionem firmant gesta Silvestri, unde haec hausta sunt
(factum est, ut secedens ab urbe sanctus Sylvester Sirapti latibulo cum suis se clericis collocaret vita Silvestri
apud Mombritium l. c.); haec orta est ex interpolatione eorum, qui montem eum de quo agitur voluerunt
esse Soracten (Duchesne vol. 1 p. CXIX)*   5 persecutione (-nem F^3) constantini concussus (percussus K^1)
$FKE^{1.6}$ 6 constantino agusto F quem] quam A^2 8 per baptismo (baptimo F^1, baptismum $F^3E^{1.6}$)
$FE^{1.6}$ 9 persecutione B^3 fugiens] fuens A^2 exilio] in exilio $E^{1.6}$ recognoscitur B^1 10 hic fecit
seq.] *quae de titulo Equitii prope thermas Domitianas sive Traianas hoc loco traduntur, redeunt fere infra
p. 71, 12 seq. in narratione de titulo Silvestri ad thermas easdem collocato, fundi tamen duo tantum conveniunt,
scilicet fundus Perclianus territorio Sabinensi 48, 15 = 71, 21 et fundus Statianus territorio Sabinensi (infra
Tribulano) 48, 13 = 71, 23*   praedio $A^2B^{1c}E^1$ cuidam C^3 11 aequitius B^1 domitianas *libri (etiam A^1,
non diocletianas)*   qui] quae $E^{1.6}$ 11/12 usque in hod.] u. modo et in hunc E^6 12 acquiti B^1 haec
dona constituit] dona contulit (*om. quae sequuntur ad 48, 17* tremissium) A^2 13 patena argentea pen-
sante A^1 libras xx] argenteam (*sic*) B^3 ex dono] $AC^3B^4E^1$, et dona $B^{1.2.3}$

Donavit autem:
scifos argenteos II, pens. sing. libras denas;
calicem aureum, pens. lib. II;
calices ministeriales V, pensantes sing. libras binas;
amas argenteas II, pens. sing. lib. denas;
patenam argenteam auro clusam chrismalem, pens. lib. V;
fara coronata X, pens. sing. lib. octonas;
fara aerea XX, pens. sing. lib. denas;
cantara cerostata XII aerea, pens. sing. lib. trecenas;
fundum Valerianum, territurio Sabinense, qui praestat sol. LXXX;
fundum Statianum, territurio Sabinense, qui praest. sol. LV;
fundum Duas casas, territurio Sabinense, qui praest. sol. XL;
fundum Percilianum, territurio Sabinense, qui praest. sol. XX;
fundum Corbianum, territurio Corano, qui praest. sol. LX;
domum in urbe cum balneum, in Sicinini regione, qui praest. sol. LXXXV;
hortum intra urbem Romam, in regione Ad duo amantes, praest. sol. XV;
domum in regione Orfea intra urbe, qui praest. sol. LVIII et tremissium.

⟨Hic fecit constitutum de omne ecclesia.⟩ Etiam ('huius temporibus' factum 'est' con-
⟨cilium

FK III ⟨cum eius consensu ‖ cum eius praeceptum *I. II*

⟨in Nicea Bithinia 'et congregati sunt' CCCXVIII episcopi 'catholici'

FK III ⟨et quorum cyrografus cucurrit, alii inbeci- ‖
⟨les CCVIII.

FK habent quae ( ) *comprehenduntur, F solus signata praeterea* ' ', *K solus signata praeterea* <
P habet (praeter nominatim excepta) omnia: I ($A^{1,2}$). II ($C^3B^{1,2,3,4}$). III ($E^{1,6}$) *usque ad v. 17, deinceps*
I ($A^1W^{1,2,3}A^{2,3,4}X^{2,3}A^{5,6,7}Freh.Z^{1,2}$). II ($C^3B^{1,2,3,4}QB^{5,6,7}C^{1,2,4,5}D^{1,2}P^{1,2}N$). III ($E^{1,4,6}YH^{1,2}$ *Cr. Mog.
Mut.:* 22 *beatus Silvester ... pag.* 50, 3 *tegerentur*).

---

2 scyphas B^1 pens.] qui pens. $C^3B^{1,2,3,4}E^{1,6}$ 3—5 om. B^2p 4 mensteriales C^3 binas] uicinas B^1.   5 ii om. E^{1p} sing. om. B^2 6 patena argentea A^1 clusa A^1, clamsam B^1, crusam C^3, cluso E^{1p}, clausam E^6 chrismale A^1E^1 7 coronata] *in loco qui respondet* 71, 18 cantara   octanas B^2, octenas $A^1C^3E^6$ 8 aerea om. C^3 9 cantra A^1, cathara B^1, canthera E^1 cirostata C^3B^4, cirostrata B^1 (Pertz; *mihi potius visum est esse cirostata*), cereostata $B^{2,3}$ xii aerea (aereas $A^1B^{2,3}$) pens.] aerea xii pens. B^4, xii pens. aerea (aereas C^3) C^3B^1 trecenas] xxx $C^3B^{2,3,4}$, tricenas $E^{1,6}$ 10 uolerianum C^2 terr.] in terr. $E^{1,6}$ sauinens A *et sic deinceps*, sabinensi E^1 *et sic deinceps*   lxxx] lu B^3, lxxxx E^6 11 statio-nuum $B^{1,2,3,4}$ terr.] territurium A^1, in terr. $E^{1,6}$ *et sic passim*   (qui praest. sol. lu f. duas casas t. s. qui pr. sol. xl (xlu E^{1p}[?]) f. percilianum t. s.) qui pr. sol. xx] *uncis* ⟨ ⟩ *comprehensa om.* A^1 *(in transitu a pagina ad paginam), priora* qui praest. sol. lu (xlu B^{3c}) f. d. c. t. s. om. $B^3pE^{1p,6}$ 14 corbianos A^1, corbian B^1, corbitanum $E^{1,6}$ corona B^4 lx] xl B^1 (*sic omnino*) $E^{1,6}$ 15 donum $B^{2,3}$ urbem $B^{1,2,3,4}$ cum] cu B^3 balneo B^1E^1 sicininum B^2, sicinem B^3, signini E^{1c} regionem $C^3B^{1,2,3,4}$ qui pr. s. lxxxu om. E^6 16 intra] in A^1 urbe $A^1C^3B^{2,4}$ roma $A^1C^3B^{2,4}$ ad duo (a duo E^{1p}, a duos E^{1c}) a. pr. sol. xu d. in regione om. B^{4p} praest.] qui praest. E^1 17 horfea A^1, orrea $E^{1p,6}$, roffea (?) E^{1c} urbem B^1E^1 qui] quae E^1 tremissium] A^1 (*perscr.*), trimiss) B^1, trimissium $C^3B^{2,3,4}$ *et sic fere deinceps*   18 hic (haec B^6) fecit (fecitque *pro* h. f. A^3) constitutum (constitum C^3) d. o. e. etiam om. Z^2 de] per A^3 omne] $B^{1,6}p$, omnem F^3A^1(omn̄) $^3C^3B^{3,4}C^{1,2}pB^7$, omni $F^{1,2}KA^2B^2E^1$ *Mut. et reliqui*   ecclesia] ecclesiam $F^{13}A^3C^2B^{3,4}C^{1,2}pB^7$, eccl A^1 etiam (*ante* de *Cr., om.* $H^{1,2}$) huius temp.] h. e. t. C^4E^4 factum] factum-que K 18/19 concilium *post* factum est *Mut.*   20 cum] ex C^4 consensu (-sum K^2 *Mut.*)] *FK III* ($E^{1,4,6}H^{1,2}$ *Cr. in textu Mut.*), praeceptum (-tu A^2, -to B^1 *et fere dett. et Cr. in marg.*) *reliqui*   21 in nicea] in nicena E^6, initia F^1 bithynia (*sic* $B^{1,4}$), bytinea K^2, bitenea K^1, uitynia C^3, *similiter reliqui*) $F^{1,2}K II$ ($C^3B^{1,2,3,4}QB^7C^1$), bithinio (*sic* A^1, *similiter reliqui*) F^3. I ($A^{1,2}$ *rel.*). II (*rel.*). III (*rel. et Mut.*): in Niccam Bithinie concil. *CCLXXV episc.*   et congregati (congrecati A^1) sunt (sacerdotes *ins.* FE^{1p}, sacerdotes pontifices *ins.* E^4) cccxuiii (cccx et uiii C^3*Mut.*), cccxuii F^2W^3, cccxuiiii C^2E^1) episcopi (patres id est episcopi $A^{6,7}$) catholici (catholice F^3)] cum cccxuiii episcopis K 22 et (om. $H^{1,2}$) quorum (eorum F^3) cyrografus (-fum $KE^{1,4,6}H^{1,2}$*Mut.*) cucurrit (currit F^{3p}, *et ins.* $H^{1,4}$) alii inbeciles (inbicilles K^2, inuicelles *Mut.*) ccuiii] *FK III* ($E^{1,4,6}H^{1,2}$ *Mut.*), *om. I. II*

XXXIIII. SILVESTER.   49

⟨Qui exposuerunt fidem integram

F III ⟨'sanctam ‖

⟨'catholicam immaculatam' et damnaverunt Arrium⟩ et ⟨Fotinum et Sabellium 'vel se-
⟨'quaces eorum'.

5 ⟨'Et' in urbe Roma congregavit⟩ ipse cum consilio Augusti   5

FK III ⟨episcopos ‖

⟨CCLXXVII et damnavit⟩ iterum et ⟨Calistum 'et' Arrium et Fotinum⟩ et Sabellium :
⟨et constituit 'ut presbiterum Arrianum'⟩ resipiscentem ⟨'non susciperet nisi episcopus loci 6
⟨'designati; et' chrisma ab episcopo confici; et privilegium episcopis, ut baptizatum
10 ⟨consignet propter hereticam suasionem.⟩

Hic et hoc constituit, ut baptizatum linet presbiter chrisma levatum de aqua propter
occasionem transitus mortis.

FK habent quae ( ) *comprehenduntur, F solus signata praeterea* ' ', *K solus signata praeterea* < >; *P habet* (*praeter nominatim excepta*) *omnia*: *1* ($A^1 W^{1.2.3} A^{2.3.4} X^{2.3} A^{5.6.7} Freh. Z^{1.2}$). *II* ($C^3 B^{1.2.3.4} Q B^{5.6.7} C^{1.2.4.5} D^{1.2} P^{1.2} N$). *III* ($E^{1.4.6} Y H^{1.2} Cr. Mog. Mut.$). — *ad v. 3 seq. 7 seq.*] *pendent haec ex parte a concilii Silvestriani can. 5, ubi damnatur Callistus*, qui se docuit Sabellianum, *ex parte ab epistula adiuncta Silvestri ad concilium Nicaenum* (Migne vol. 8 p. 823): Photium et Sabellium maxime et Arrium anathemate percussos quasi vestro ore confirmantes damnamus. — *ad v. 5 seq.*] *intellegitur concilium subditicium episcoporum CCLXXV cum praescripto hoc*: congregatum concilium in urbe Roma a Silvestro episcopo et Constantino Augusto in thermas Domitianas: sacerdotes sancti episcopi CCLXXV. — *ad v. 9*: *Constitutum Silvestri c. 9*: constituit . . . Silvester episcopus urbis Romae, ut nemo presbyter chrisma conficeret.

---

1 qui] qui omnes $H^{1.2}$ exposuerunt] posuerunt $A^1 W^1 A^4 Z^{1.2}$ integram (*om. A^7*) cath.] cath. int. $B^2 C^1$, int. sanctam cath. *F III* ($E^{1.4.6} H^{1.2} Cr. Mut.$)   3 inmaculatam] et i. $Z^1 P^1 H^2 Cr.$ et (*om. $Z^2 E^{1.4.6} Cr. Mut.$*) fotinum (fortinum Q) et sab. (et sab. *om.* B^{5p})] sab. et fot. $W^{2.3}$, et fot. et sabinum et sabellium $A^{6.7}$ nel] et $A^4 X^{2.3} Z^{1.2}$ 5 congregauit] congrecauit A^1, *post* augusti Z^1 ipse *post* et $Z^{1.2} C^4$ cum *om.* B^5 augusti] constantini a. $H^{1.2} Mut.$ 6 episcopos *FK III* ($E^{1.4.6} H^{1.2} Mut.$) B^{5c}, *om. I. II* (*rel.*) 7 cclxxuii] *FK et reliqui* (*etiam* A^1, *non* cclxuii), cclxuii A^4, cclxxiiii A^6, cclxxxiiii *Mut.*, cclxxxuiii A^7: *intellegitur concilium subditicium episcoporum CCLXXV* (*vide supra*), *pro quo Mutinensis epitomator numeros substituit praescriptos Constituto*: et alii episcopi LVII partis Rinochororis, quorum cyrografus in eorum concilio declaratur, XLII presbiteris urbis Rom et diac sex et subdiac sex, acholiti XLV, exorcisti XXII, lectores urbis XC, notarii ecclesiae quattuordecem   *post* cclxxii *ins.* episcopi $C^2 D^{1.2}$, episcopos $W^{2.3} X^{2.3} A^{3.5.6.7} S Z^1 C^5$ damnauit] dampnauerunt $Z^{1.2}$ et (*om. FKA*$^{2.3} QB^{5c.6c} C^2 p^{4.5} J)^2 E^{1.4.6} H^1$) calistum (calisto F, calixtum $A^{4.7} E^{1.4.6}$, calistium B^3) et arrium (arrio FE^1) et (*om. A^3*) fotinum (fortinum B^3, rotinum C^4) et (atque E^4) sabellium] et c. et fot. et arr. et sab. $A^{6.7}$, arr. et sab. et fot. atque calistum $W^{2.3}$, arr. calixtum et fot. et sab. et sequaces eorum $Z^{1.2}$, et cal. (*om. reliquis*) *Mut.*   8 et constituit . . . 10 suasionem *om. $Z^{1.2}$* et constituit] constituitque K ut *om.* $A^{2.3} B^5$ presbiterum] *III* ($E^{1.4.6} H^{1.2} Mut.$) $A^{2.5} X^3 B^5 C^1 D^2 P^1$, presbiter *F I* (*rel.*). *II* (*rel., prb ut videtur* B^1), presbiteri A^4. prbs B^5 arrianum] *reliqui* (*etiam* A^1), arrianus $W^{1.2.3} A^3$, arriani A^4, arrium A^{7p} resipiscentem] repiscentem B^{5p}, resipiscens $W^{2.3}$, resipiscentes A^4 susciperet] susceperet B^1, susceperit $F^{1.2}$, susciperit C^{5p}, [susc.peret B^{5p}, suscipere $A^1 W^1 A^4 B^{5c}$, susciperetur $W^{2.3}$, suscipi A^2 *post* nisi *ins.* h(ic) d(eest) *et m. 2 adscribit in margine* cum formata *Mut.*   episcopus] episcopos $C^{5p} E^6$ 9 designati] designaret A^2, designaret eum *Cr.* (*text.*)   et] et praecepit *Mut.*, hic constituit $H^{1.2}$, constituit et *Cr.*   chrisma *post* episcopum S ab episcopo (-pum $F^{1.2}$, episcopis KC^4)] et episcopum A^5, *om.* A^{7p} confici] conficit $P^2 E^{1p}$ et] hic $P^2 H^{1.2}$ episcopis] episcopi et B^{5c}, ep. dedit *III* ($E^{1.4.6} H^{1.2} Mut.$), episcopis contulit *Cr.*   10 consignet] *I* (*rel.*). *II* (*rel.*), consiget (sic) C^{5c}, consignent *FK III* (E^4 *Mut. Cr.*) $A^{4.5.6.7} X^{2.3} S B^{3c} C^{1.2p.4.5}$, consignarent $E^{1.6} H^{1.2}$, consignat $B^5 D^1$, confirmari N, confirmet gesta ep. Neap. c. 5, *post* suasionem P^1 propter] prbt (= presbiter) C^1, et pr. $W^{1.2.8}$ hereticam suasionem] heretica suasione *Mut.*, hereticas suasiones (persuasiones $A^{6.7}$) $A^{2.5.6.7}$ 11 hic (*om. E^4*) et hoc] et hic A^2, hic $Z^{1.2}$ $H^{1.2}$, hic etiam $P^{1.2}$, et ut C^4 ut *om.* P^1 *post* baptizatum *repetit* const. propter er. suas. D^1 linet] B^4 $C^{1.2} D^{2c}$ [?], lenet $C^3 B^1 Mut.$, linit B^{5p}, liniat $X^{2.3} B^2 Q B^{5c.6.7} C^{4.5} D^1 O P^1 H^{1.2} Cr.$, linia $D^{1p.2p}$ [?], lineat B^3, linat E^4, liniet E^6, linire E^{1p}, leniret $H^{1.2}$, liniret $W^{2.3} A^{2.4.5.6.7} Z^{1.2} E^{1c} Y$ presbiter] pribs B^5 chrisma] chrisma *III* ($E^{1.4.6} H^{1.2} Cr.$) $W^{2.3} A^2 X^{2.3} A^{3.5.6.7} Y B^{5c} [?] C^{4.6} P^2 Cr.$ leuatum] leuato E^6, lauatum B^{7p} propter *om. B^3*   12 occasionem] hoccassionem A^1, occansionem $B^1 D^1$, occasione $W^{1.2} B^{5c.6}$, hoccasione *Mut.*   transitus] transitu $A^1 W^{1.2}$, transitum D^1

LIBER PONTIFICALIS I.   7

XXXIIII. SILVESTER.

⟨'Hic constituit, ut' nullus laicus crimen clerico audeat inferre.

⟨'Hic constituit', ut diacones dalmaticas⟩ in ecclesia ⟨uterentur 'et pallea linostema leva 7
⟨'eorum tegerentur.

⟨'Hic constituit, ut nullus clericus propter causam quamlibet in curia introiret nec ante
⟨'iudicem cinctum causam dicere nisi in ecclesia.

FK habent quae ⟨ ⟩ *comprehenduntur, F solus signata praeterea* ' ', *K solus signata praeterea* ⟨ ⟩;
P habet (praeter nominatim excepta) omnia: I ($A^1W^{1.2.3}A^{2.3.4}X^{2.3}A^{5.6.7}Freh.Z^{1.2}$). *II* ($C^3B^{1.2.3.4}QB^{5.6.7}$
$C^{1.2.4.5}D^{1.2}P^{1.2}N$). *III* ($E^{1.4.6}Y\Pi^{1.2}$ *Cr. Mog. Mut.*: ⟨nemo enim clericum quemlibet in publico examinet⟩ nec
ante iudice cinctum causam dicat nisi in ecclesia tantum, *ubi quae* ⟨ ⟩ *inclusimus veniunt ex ipso Constituto;
sequuntur ex hoc excerpta*). — *Auctores: ad v.* 1 *Concil. CCLXXV episc. c. 27:* Silvester episcopus dixit:
nulli licere clerico crimen alio inferre (scr. a laico inferri). *Constitutum Silvestri c.* 6 *cum secundum textum
receptum non prohibeat nisi clericum accusari a clerico ordinis inferioris, excerpta inde recepta in codicem
Sanblasianum saec. VI (Maassen, Quellen 1 p. 504) eundem canonem sic efferunt (Duchesne praef. vol. I
p. CXXXIV):* ut nullus laicus audeat clerico crimen ingerere nisi sub idoneos testes. — *ad v.* 4 *seq.: Constitutum Silvestri c.* 23: nemo enim clericus vel diaconus aut presbyter propter causam suam quamlibet intret
in curiam. *c.* 22: nemo enim clericum quemlibet in publico examinet nisi in ecclesia. *Concil. CCLXXV
episc. c.* 5: nulli omnino clerico licere causam quamlibet in publico examinare nisi in ecclesia nec ullum
clericum ante iudicem laicum stare. — *ad pag.* 51, 1 *Concil. episc. CCLXXV c.* 12: Silvester episcopus dixit:
nulli omnino liceat pannum tinctum insuper altare ornare nec consecrare nisi tantum in lineo candido aut in
auro vel argento. — *ad pag.* 51, 5: *Const. Silv. c.* 17: ut nullus ex laica persona ad honorem acolythus usque
ad episcopatum sublevaretur, nisi prius fuisset lector annis XXX, deinde una die exorcista, et postea caperet
onus acolythus et faceret in eodem ordine acolythi annos decem, ut acciperet onus subdiaconi et in subdiaconatu esset annos quinque, deinde ad diaconatus honorem pertingeret . . . ut serviret annis septem . . .
quod si quis desideraret ordinem presbyterii, ita exigeretur, ut in septem annos cuncto clero Romano probaretur doctrinae nativitatis generositatis et consilio, non expetens praedam a quoquam, opinione clara firma omnes
presbyteri declararent et firmarent et sic ad ordinem presbyterii accederet et faceret in eodem ordine annos tres,
et si exigat ordo . . . ad onus episcopatus accederet, ut omnis clerus peteret ordinari ex uno voto perenni.
Concil. CCLXXV episc. c. 6: si quis ad clericatum promoveri desiderat, hoc iustum est, ut sit hostiarius
unum annum, lector annis viginti, exorcista annos decem, acolltus annos quinque, subdiaconus annos quinque,
diaconus annos quinque et sic ad ordinem presbyterii ascondat et faciat in eo annos septem, et si fuerit omnium
votiva gratia, non premio nec invasione cupiditatis nulli prorumpens gradum, sic ab omni ecclesia eligatur
consecrandus episcopus, nullo ex membris ecclesiae contra dicente, sed omni conveniente. *c.* 8: ut . . . episcopus . . . unius uxoris eligatur consecrandus. *c.* 19: ut post excessum unius cuiusque episcopi . . . eligatur
qui dignus fuerit nullo contra dicente testimonium habere bonum . . . non neophitum, sed omnes grados cum
pudore suo cognosens omnium aecclesia votiva gratia nullo contra dicente et probatus a cuncta ecclesia consecretur episcopus.

---

1 hic constituit . . . imponere audeat *ante pag.* 49, 13 hic et hoc A^{7p} hic (et A^3, hic et hoc A^7, hic
quoque C^4, *om.* C^4) constituit ut] et K *post* laicus *ins.* propter causam qualiscumque A^4 crimen] criment
Mut., chrisma A^4 clerico] de clerico E^{1p}, clero uel clerico A^7 audeat (audea B^{3p}) inferre] inferre audeat
III ($E^{1.4.6}H^{1.2}$ *Mut.*), inferret (-rit F^3) FK, imponere audeat $A^{9.7}$ 2 hic constituit ut] et hoc c. ut *Cr.*,
ut hic K^3, et ut *Mut.*, et ordinauit ut A^3 diacones] $F^3A^5YC^3B^{2.3}QB^6C^{2c}$, diaconis K, diaconi $C^{2p}E^{1c}$, diacon
E^{1p}, diāc $F^{1.2}A^1B^{1.4}$ *aliique*   dalmaticas] dalmaticis $W^{2.3}X^2A^{3.7}YZ^{1.2}B^2QC^{1c.4.5}D^{1.2c}P^1$, dalmatica $A^5E^{4.6}$
$H^{1.2}$, dalmaticus P^2 in ecclesia (-sias B^6, in eccl. *om.* A^2) uterentur (-retur E^4)] u. in eccl. $C^1P^{1.2}E^{1c}$, tegerentur
in ecclesia *III* ($E^{1p.6}H^{1.2}$)   et pallea . . . 3 tegerentur *om.* C^3 pallea] $A^1W^{1.2.3}A^4$ *Mut.*, pallia F *et reliqui*,
palleis A^2, pallio $B^3QC^4P^{1.2}E^1$, palla $H^{1.2}Cr.$, *om.* Z^1 linostema] $I(A^1W^{1.2.3}A^4Z^1)$, linostima $F II (rel.) III$
(E^{1p} *Mut. et rel.*), linostimo C^4QE^{1c}, linostino P^2, linostomo P^1, linostimis A^2: *cf. Isidorus etym.* 19, 22, 17: linostema vestis est ex lana linoque contexta et dicta linostema, quia in stamine linum, in trama lanam habet.   leua]
leuam $A^{5.6.7}Freh.$, *om.* B^1 3 tegerentur] $F^2A^1W^1A^4B^6 III$ ($E^{1.4.6}$ *Mut.*), tegentur F^1, tergerentur A^2, tegeretur $F^3 II$ (*rel.*) $H^{1.2}$ *Mog.*, tegerent $A^{5.6.7}Frch.$, uteretur $C^{2.4.5}$ 4 hic constituit . . . introiret *om. Mut.* (*vide
supra*), hic constituit . . . nisi in ecclesia *om.* $Z^{1.2}[?]$ hic const.] hic etiam c. E^6, idemque c. $Cr.$, constituit
etiam A^3 causam quamlibet (qualibet A^4)] q. c. $Cr.$, causam suam quamlibet $B^{2.3}QC^{2c}$ (*sic etiam Constitutum secundum ed. Const.*, propter causa qualibet *ex Constituto Mut.*), quodlibet A^2 in curia] in curiam
$A^4X^{2.3}A^{5.6.7}YQB^5C^{2.4.5} III$ ($E^{1.4.6}H^{1.2}$), curiam $A^2P^{1.2}$ introiret] introire $A^1W^{1.2}A^3B^1$, intret Y nec]
ne A^3, nec ullam C^4 5 iudicem] iudice *Mut.*   cinctum] quaenquam C^5 causam] causa FA^3 dicere]
diceret $W^3A^{2.4.5.6.7}B^1[?]^{5c}C^{2.4.5}P^{1.2}E^4H^{1.2}$ *Cr. Mog.*, dicerit F, dicat *Mut.*   ecclesia] e. tantum *Mut.*

XXXIIII. SILVESTER.

⟨'Hic constituit', ut sacrificium altaris non in siricum neque in pannum tinctum celebrari, ⟨nisi tantum in lineum⟩ terrenum procreatum, ⟨sicut corpus domini 'nostri Iesu Christi' ⟨in sindonem 'lineam'⟩ mundam ⟨sepultus est:

F III ⟨'sic missas celebrarentur'.

FK III ⟨Hic constituit,

⟨ut, si quis desideraret in ecclesia militare 'aut proficere', ut esset lector annos XXX, ⟨exorcista dies XXX, acolotus annos V, subdiaconus annos V,

F II. III ⟨custus martyrum ann. V,

⟨diaconus annos VII, presbiter 'annos' III, probatus ex omni parte, 'etiam et' ab his ⟨'foris qui sunt, testimonium habere bonum',⟩ unius uxoris virum uxorem a sacerdote benedictam, ⟨et sic ad ordinem episcopatus accedere; nullum maiorem vel prioris locum

---

FK habent quae ⟨ ⟩ comprehenduntur, F solus signata praeterea ' ', K solus signata praeterea < >; P habet (praeter nominatim excepta) omnia: I ($A^1 W^{1.2.3} A^{2.3.4} X^{2.3} A^{5.6.7} Freh. Z^{1.2}$). II ($C^3 B^{1.2.3.4} QB^{5.6.7} C^{1.2.4.5} D^{1.2} P^{1.2} N$). III ($E^{1.4.6} YH^{1.2}$ Cr. Mog. Mut. sub Damaso: 1 item sanctus Silvester const ut sacrificium ... 4 celebrarentur et hoc loco post Constituti c. 17: 9 prouatus ex omni parte .... pag. 52, 4 contra dicentem).

1 hic constituit] sed et c. Cr., nec non c. A^3 ut om. $C^{3.4.5} P^2$ sacrificium] sacrifium D^1 in om. $YA^3 C^2 p^{.3} P^1$ siricum] sericum $B^{6c.7}$, sirico $FK^2 W^1 Z^{1.2} C^{2c.5} H^{1.2}$, serico $W^{2.3} X^{2.3} A^{5.6.7} YQB^{5c} C^4 D^{1.2} E^{1.4.6} Cr.$, siricam Mut. neque] nec C^4 pannum tinctum] panno (pane $A^{6.7p}$) tincto $W^{2.3} A^{2.4} X^{2.3} A^{5.6.7} YA^3 Z^1 QB^{5c} C^{2c.4.5} D^{1.2} P^{1.2} E^4 {}^6 H^{1.2}$ Cr. Mog. celebrari] II (rel.) Y, celebrare $B^{5p.7}$, caelebrarent B^6, celebraretur FK I (rel.). III (rel. et Mut.) B^{5c}, celebretur $W^{2.3} X^{2.3}$, consecraretur Cr. 2 nisi (ni B^{5p}) tantum (tamen H^2, om. A^4)] sed KC^4 in om. $B^1 C^1 P^{1.2}$ lineum] lineo $W^{2.3} A^{2.4} X^{2.3} A^{5.6.7} YQC^{2c.5} D^{1.2} E^{1p.4} H^{1.2} Cr.$, linio B^{5p}, linum K, lino E^6, linteo $E^{1c} C^4$, linea P^2 terrenum] terreno $W^{2.3} C^{2c.4}$ III ($E^{1.4.6} H^{1.2}$), terrae $A^2 P^1$, terra QP^2, ex terre $D^{1.2}$, ex terra $X^{2.3} A^{5.6.7}$ Cr., om. YB^5 procreatum] procreato $X^{2.3} A^{6.7} QB^{5c} C^{2c.4} D^{1.2} P^2$ III ($E^{1p.4.6} H^{1.2}$ Cr.Mog.), procurato A^2, lino procreato $C^4 E^{1c}$, om. YZ^1 sic ut] ut sic ut $A^{5.6.7}$ 3 sindonem] F II ($C^3 B^{1.2.3.4.5p.6c.7} C^{1.2p}$) A^5, sindone K. I (rel.). II (rel.). III (rel. et Mut.) lineam mundam II ($C^3 B^{1.2.3.4.5.6c.7} C^{1.2p}$), linea munda I (rel.). III (rel.), linea et munda YCr., lineo munda A^6, lineo mundo A^5, lintea munda Mog., linea (om. munda) $X^{2.3}$, munda (om. linea) $Z^{1.2}$ sepultus] $F^{1.2} K^1 A^1 W^{1.2.3} A^{4.6.7} Z^1 C^2 P E^6$, sepultum reliqui (in his Mut.) est] fuit Cr., om. $B^{1.2.3.4.5p.7} P^1$, ante mundam B^{5c} 4 sic (et ins. C^4) missas celebrarentur (misse c. C^5, missa celebraretur $A^{3.5.6.7} E^{1.4.6} H^{1.2}$) habent F III ($E^{1.4.6} H^{1.2}$ Mut.) $A^{3.5.6.7} C^{1c.2p}$ (sic m. c. delevit manus prima) $C^{3.4.5}$, om. reliqui 5 hic (et ins. A^3) constituit habent iidem (praeter C^1 et Mut.) et $KX^{2.3} QB^{6.7}$, constituit nihilominus Cr., om. reliqui 6 ut] et $A^2 Z^{1.2} D^{1.2} P^{1.2}$, et ut $W^{2.3}$ desideraret] desiderarit $F^{1c.3}$, desiderit F^{1p}, desiderasset E^4, desiderit Z^2, proficere desideraret $C^{2.3.4}$, post ecclesia E^6 in ecclesia (in e. om. W^3) militare (militaret C^4, ita militaret Freh., limitare W^1, ministrare C^2) aut (au D^{1p}, uel B^1) proficere (proficere B^1, proficeret Freh. C^4, perficere $D^{1.2}$)] prof. aut mil. in eccl. Y ut om. $W^{2.3}$ esset] essit A^1, esse A^2 lector (ad ins. $F^{1.2}$) annos (ante A^4, dies $YZ^{1.2}$, a. haberet $E^{1.6}$) xxx (xx $W^{2.3}$, xu B^5)] prius (primum $H^{1.2}$) ostiarius deinde lector (d. l. om. H^2) $P^{1.2} H^{1.2}$: ostiarium non habet Constitutum, habet concilium CCLXXV episcoporum 7 exorcista dies xxx] postea exorcista secundum tempus a pontifice statutum $P^{1.2}$, et postea exorcista per tempora quae episcopus constituerit (-rat H^2) $H^{1.2}$, post acol. a. u F^1, om. $W^{2.3}$ $C^1 YP$ acolotus (sic $A^{1c} B^1$, acolothus C^3, acolatus A^{1p}, acolitus similiterve reliqui) annos u (a. u bis P^1, a. ui F^3, a. x Cr. in marg. cum Constituto Silv., a. xxxu $E^{1.6}$)] deinde acol. a. u H^2, a. u acol. Z^1 subdiaconus (dic B^3) annos (om. $A^1 W^{1.2.3}$) u (om. A^2) om. Q 8 custos (custor C^3, om. in sp. vac. B^{5p}) martyrum (tyrum C^{3p}) ann. u (om. Y, u ann. A^3, ann. x Duch. errore typogr.) F. II. III et ex I $X^{2.3} A^{3.5.6.7}$, om. K. I (rel.) cum Constituto et concilio CCLXXV ep. 9 diaconus ann. (diac. ann. om. $A^2 Y$, ann. om. $W^{2.3} D^{1.2}$) uii (u $P^{1.2} H^{1.2}$ cum concilio CCLXXV episcoporum, ui F^2, uiii $A^{6.7}$, xxxuii $E^{1p.6}$, om. Z^2) libri presbiter ann. iii (iiii C^1, u $H^{1.2}$, uii Z^2) libri probatus] probeatus A^1, probatur F^1, probatos A^4, et probatus $A^{5.6.7}$, et probatum C^4, sit (sic H^2) probatus $E^1 H^{1.2}$ ex] et F^3, om. $F^1 H^{1.2}$ omni] omne B^7 parte] pate B^{5p} etiam et] II (rel.). III (rel. et Mut.), et etiam F, etiam I (rel.) $C^4 E^6$, et H^2, ut etiam Cr., om. $W^{1.2.3}$ 9/10 ab his qui (quae A^6) foris (foris* A^2) sunt (s. f. $E^{1.5} H^{1.2}$)] III ($E^{1.4.6} H^{1.2}$ Cr.) $A^2 X^{2.3} A^{5.6.7} Z^{1.2} C^4$, a foris qui (quae $B^{2.3} QC^{1.2c}$) sunt II ($C^3 B^{2.3.4} QB^{5.6.7} D^{1.2} C^{1.2} P^{1.2}$, foris qui sunt FB^1 Mut., qui (om. A^5) foris sunt $A^{1.4.5}$, a foris Y, om. $W^{1.2.3}$ 10 test. habere (habe C^{3p}) bon.] habeat bon. test. Cr. unius] unum A^4 uirum] uir YH^2 Cr. uxorem] uxore Cr., qui uxorem habent $H^{1.2}$, om. I ($A^1 W^{1.2.3} A^{2.4.6.7} Z^{1.2}$) a (ad Y) sacerdote (-tem B^7, -tos C^{5p}, -tis Z^2)] ac s. A^5, ac a. s. $A^{6.7}$ 11 benedictam] benedicta $A^1 W^{1.2.3} A^4$ Mut. Cr., benedictam $A^2 Z^1$, benedic E^1 et sic (si B^{7p}) ad o. e. ascendere om. Mut. ordinem (-ne $B^{3.5c}$) episcopatus] episcopatum (-to K^2) K accedere] I. II (rel.) cum Constituto Silv., accidere B^{1c}, acciderem B^{1p}, accederet P^1, ascendere FK III ($E^{1.4.6} H^{1.2}$) cum concilio CCLXXV episc., ascenderet Cr. nullum] nullam $B^{3p} C^{2p}$, nulla C^4 maiorem] maiore C^3, maiorum $K^1 A^4 D^{1p}$, maioris $Z^{1.2} C^{4.5} E^6$ Cr. Mog. priores] priores $F^2 A^1 B^{3p.7}$, priori $A^{6.7}$, priorem $W^{1.2.3} X^{2.3}$, priorum A^4

XXXIIII. SILVESTER.

⟨invadere, ʽnisi ordinem temporum cum pudore cognoscere, omnium clericorum votiva ⟨ʽgratia', nullum ʽomnino' clericum

FK III ⟨vel fidele .

⟨contra dicentem. Hic

K III 5 ⟨ordinationes⟩ ‖ ordines *I. II*

presbyterorum et diaconorum ⟨fecit VI per mens. Dec., presbiteros XLII, diacones ⟨XXVII⟩ diversis temporibus in urbe Roma; ⟨episcopos ʽper'⟩ diversa ⟨ʽloca' LXV.

⟨ʽHuius temporibus fecit Constantinus Augustus'⟩ basilicas istas, ⟨ʽquas et ornavit: 9
⟨ʽbasilicam Constantinianam, ubi posuit'⟩ ista ⟨ʽdona'⟩:

10   fastidium argenteum battutilem, qui habet in fronte salvatorem sedentem in sella, in pedibus V, pens. lib. CXX, et XII apostulos, qui pens. sing. in V pedibus libras nonagenas cum coronas argento purissimo; item a tergo respiciens in ab- 10 sida salvatorem sedentem in throno, in pedibus V, ex argento purissimo, pens. lib. CXL, et angelos IIII ex argento,

I. II 15   qui pens. sing. in pedibus V lib. CV | qui sunt in pedibus quinis costas, cum cruci- *III* cum gemmis alabandinis in oculos, | bus tenentes, qui pens. sing. lib. CV cum tenentes astas; | gemmis alavandinis in oculos;

FK habent quae ( ) comprehenduntur, F solus signata praeterea ʽ ', *K solus signata praeterea* ⟨ ⟩; *P habet (praeter nominatim excepta) omnia:* I ($A^1W^{1.2.3}A^{2.3.4}$ [*deficit v. 6 in* presbyterorum] $X^{2.3}A^{5.6.7}$ *Freh.* $Z^{1.2}$). II ($C^3B^{1.2.3.4}QB^{5.6.7}C^{1.2.4.5}D^{1.2}P^{1.2}N$). III ($E^{1.4.6}YH^{1.2}$ *Cr. Mog. Mut.*) *usque ad 7 loca LXV, deinceps* I ($A^{1.2}$). II ($C^3B^{1.2.3.4}$). III ($E^{1.6}$). — *ad 9. 10 Beda chr. c. 416.*

---

1 inuadere] inuaderet *Cr.*   nisi] sed H^2 ordinem] ordine $A^{4.5.7}$*Freh.*$P^{1.2}B^{5c}$ *Cr.*, ordinis C^4 temporum] tempore C^4, ipsum W^3 pudore] podorem F^3 cognoscere] cognosceret A^6 *Cr.*, cognitione P^2, et cognitione P^1, cognito *Freh.*, om. A^3 omnium] omniumque *Freh.* $H^{1.2}$ uotiua (uota *Cr.*, om. P^2) gratia (grata *Cr. Mog.*) . . . clericum *om.* C^1, uotiua . . . 4 dicentem *om.* $P^{1.2}$ 2 nullum] et n. *K*, nullo III ($E^{1.6}$ $H^{1.2}Cr.$) $X^{2.3}Z^{1.2}B^{5c}$, nulloque *Freh.*   omnino] omnium A^3 clericum] clerico F III ($E^{1.6}H^{1.2}$ *Cr.*) $Z^{1.2}$*Freh.*, clericorum $A^6X^{2.3}C^3QB^{5c}$, clericum sacrum ordinem B^2 3 uel fidelem (KE^4, fidele F, fideli $E^{1.6}H^{1.2}$ *Cr.*) FK III ($E^{1.4.6}H^{1.2}$ *Mut. Cr.*), *post* dicente *Cr.*, *om.* I. II   4 contra] in contra F dicentem] dicente III ($E^{1.6}H^{1.2}$ *Cr.*) A^5*Freh.*$Z^1B^5[?]D^2$ hic . . . 7 lxu *om.* $Z^{1.2}H^{1.2}$ 5 ordinationes] FK III *et ex* I. II *reliqui*, ordines I (A^1W^1 $^{2.5}$) . II ($C^3B^{1.2.3.4}QB^{6.7}C^{4.5}P^{1.2}$), ordines C^2, ordi A^2 6 presbyterorum et diaconorum *om.* $W^{2.3}$ *Cr.*   fecit *ante* ord. $F^{1.2}$ *Cr.*   ui] F^2K *et reliqui*, uii $F^{1.3}C^{1.5}P^{1.2}$ *Cr. Mog., post* dec. $W^{2.3}$, *om.* A^1W^1 mens. *om.* $F^{1.2}$ presbiteros *om.* A^1W^1 xlij] xxxii $B^{2.3}QC^{2c}$, xl F^3, xli C^5, xliiii $F^{1.2}$ 7 xxuiij] xxuiii A^7, xxxui $F^{1.2}KD^1$ *Cr. (text.)*, xxxuii F^3, xxu *Cr. (marg.)*, nii *Freh.*   diuersis temp. in u. roma *om.* FK III ($E^{1p.4.6}$), per diuersa loca et tempora *post* ep. *Cr.*   *ante* lxu *ins.* numero I (*praeter* $A^1W^{1.2.3}Z^1$). II (*praeter* C^3). III (*praeter* $E^{4.6}$)   lxu] *sic reliqui* (*etiam* A^1), lxui E^4, lxxu E^{1p}, xu $A^{5.6.7}$ 8 basilicas istas quas et ornauit (ordinauit $A^{1.2}$) basilicam constantinianam (constantinam B^1)] basilica constantinianam et alias (alia K^2) quas et (*om.* K^2) ornauit (ordinauit K^2) K ista] multa A^2 donam C^3 10 fastidium . . . *pag.* 56, 27 eodem tempore *om.* A^2 fastigium $E^{1.6}$ battutilem] battutilo $C^3E^{1.6}$, batutilem $B^{1p.2.3c}$, baptutilem B^{1c}, batutem B^{3p}, battudilem B^4, *om.* A^1 qui] quod $E^{1.6}$ 11 cxx] cxx argent A^1 et *om.* $E^{1.6}$ qui pens. singuli *post* pedibus $E^{1.6}$ u] quinos *libri*   12 coronis $E^{1.6}$ argenti purissimi $E^{1.6}$, ex argento purissimo B^{1c} respiciens in] respiciente ad A^1 13 in ped.] ped. C^3 u *om.* B^1 pens.] qui pen. $E^{1.6}$ 14 et *om.* $E^{1.6}$ ex argento (purissimo *ins.* B^4) *om.* $E^{1.6}$ 15 qui pens. sing. in pedibus quinos (in pedibus u pens. sing. $B^{2.3}$) lib. cu (cuas unas B^{1c}, cxii unas B^{1p}) c. g. alabandinis (-denis $C^3B^{1.2.4}$) in oculos tenentes astas (artas C^3)] *sic* I. II, qui sunt in p. q. (q. p. E^6) costas (costis E^{1p}) . . . in oculos $E^{1.6}$

XXXIIII. SILVESTER.

I   fastidium ipsum   ‖ *II* fastidium ipsum   ‖ *III* fastigium ipsum,
   ubi stant angeli vel apostoli,
    pens. lib. IIXXV   pens. lib. IIXXV   pens. lib. IIXXV
    ex argento dolati-   ex argento dolatico;
5   cium;
    camaram ex auro pu-
      rissimo
    et farum ex auro puris-   farum ex auro purissimo   farum ex auro purissimo,
      simo,
10   qui pendet sub   sub fastidium cum del-   quae pendet sub fastigio cum
      fastidium cum   finos L   delfinos L
      delfinos L
    ex auro purissimo
    pens.   quae pens.
15   sing. lib. L
    cum catenas, quae   cum catena, qui pens. lib.   cum catena sua lib. XXV;
      pens. lib. XXV;   XXV;

coronas IIII ex auro purissimo cum delfinos XX, pens. sing. lib. quindenas:
(‵cameram′) basilicae (‵ex auro′) trimita in longum et in latum lib. D:
20 altaria VII ex argento purissimo, pens. sing. lib. CC;
patenas aureas VII, pens. sing. lib. tricenas;
patenas argenteas XVI, pens. sing. lib. tricenas;
scifos auro purissimo VII, pens. sing. lib. X;
scifum singularem ex metallo corallo ornatum ex undique de gemmis prasinis et
25   yaquintis, auro interclusum, qui pens. ex omni parte lib. XX et uncias III;
scifos argenteos XX, pens. sing. lib. quindenas;
amas ex auro purissimo II, pens. sing. lib. quinquagenas, portantes sing. medemnos III;
amas argenteas XX, pens. sing. lib. denas, portantes singulae medemnos singulos;
calices minores aureos purissimos XL, pens. sing. lib. singulas;
30 calices minores ministeriales L, pens. sing. lib. II.   11
Ornamentum in basilica:
    farum cantarum ex auro purissimo, ante altare, in quo ardet oleus nardinus pisticus,
      cum delfinos LXXX, pens. lib. XXX;

K habet quae comprehenduntur 〈 < 〉 *breviata sic:* cameram (-ra K^2) ex auro deditque ibidem tam in uasis sanctoarii (-ario K^1) quam diuersis speciebus auro libras ccclxxxii (ccclxxx K^2), argento (-tum K^2) libras uiidcxxui, *P habet (praeter nominatim excepta) omnia:* I ($A^{1,2}$). II ($C^3 B^{1,2,3,4}$). III ($E^{1,6}$).

3 iixxu] iixxui B^4 11 fastidio $B^{2,3}$ 12 delfinis $C^3 B^{1,4} E^6$, delfistas E^{1p} 16 catena qui] $C^3 B^{2,3,4}$, catena quae B^1 18 iiii *om.* $B^{2,3}$ ex argento purissimo *post* xx $E^{1,6}$ definos B^{1c}, delfinis E^1, definis B^{1c} xx] uicenos $A^1 B^{1c}$, uiceuis B^{1p} quindenas] $A^1(sic) B^1$ 19 trimita (trimeta B^1, trimata B^3) in l. et in latum (altum B^1) lib. d (lib. d *om.* $A^1 B^4$)] trimme (in pedibus *ins.* C^3) in l. et in (*om.* $C^3 E^6$) l. in pedibus lib. (*om.* E^1) d $C^3 E^{1,6}$: *similia infra* 57, 8, *sed neutro loco quid subsit satis intellegitur*   18 purissimo] *rel. et* C^3, bactutili E^6, battutuli E^1 lib. cc] lib. duocentenas A^1, liberatas B^3 21 catenas A^1 uii *bis* B^1 pens.] quae pens. $E^{1,6}$ 22 patenas (catenas A^1) arg. xui (xu A^1, xiii E^1) p. s. l. xxx *om.* $E^{1p,6}$ 2 scifo B^4 auro purissimo] aureos $E^{1,6}$ pens.] qui pens. $E^{1,6}$ 24 matallo B^1, metallo $C^3 p$ coralli A^1 ex *om.* B^2 de *om.* $A^1 B^3$ 25 yaquintis] A^1, iaquintis B^1, iacintis B^3, iacynctis C^3, iacyntinis B^4, iacintinis B^2, iacinthinis $E^{1,6}$ *et sic fere deinceps ubi vocabulum redit*   27 *post* ii pens. *ins.* xx pens. C^3 portantes sing. *om.* B^1 iii] iii trenos B^1, iiii B^3 28 pens.] quae pens. $E^{1,6}$ singulae *om.* A^1 29 aureos purissimos] A^1, aureos purisimo $C^3 B^4$, auro purissimo $B^{2,3}$, ex auro purissimo $B^1(sic) E^{1,6}$ 30 minores] maiores $B^{2,3}$ ministrales B^3 penantes B^1 31 basilicam B^1, basicam C^3 32 altere B^1, ardit A^1 oleum nardinum pisticum $B^2 E^{1,6}$: *cf. euang. Marci* 14, 3: μύρου νάρδου πιστικῆς πολυτελοῦς *similiterque Ioh.* 12, 3, *ubi versiones Latinae ex parte vocabulum retinent*   33 delfinis $B^1 E^{1,6}$ pens.] qui pens. $E^{1,6}$ *post* xxx *ins.* ubi candele ardent ex oleo nardino pistico in gremio ecclesiae $E^{1,6}$

farum cantarum argenteum cum delfinos XX, qui pens. lib. L, ubi ardet oleus nar-
   dinus pisticus;
fara cantara argentea in gremio basilicae XLV, pens. sing. lib. XXX, ubi ardet
   oleus supra scriptus;
parte dextera basilicae fara argentea XL, pens. sing. lib. XX;
fara cantara in leva bassilicae argentea XXV, pens. sing. lib. XX;
cantara cirostata in gremio bassilice argentea L, pens. sing. lib. XX;
metretas III ex argento purissimo, pens. sing. lib. CCC, portantes medemnos X;
(ʻcandelabra auricalca VIIʼ) ante altaria, qui sunt in pedibus X, cum ornatu (ʻex
   (ʻargento interclusumʼ) sigillis prophetarum, (ʻpens. sing. lib. CCCʼ);
quibus (ʻconstituit in servitio luminumʼ):   12
massa Gargiliana, territurio Suessano, praest.

III singulis annis
sol. CCCC;
massa Bauronica, territurio Suessano, praest. sol. CCCLX;
massa Auriana, territurio Laurentino, praest. sol. D;
massa Urbana, territurio Antiano, praest. sol. CCXL;

III massam Sentilianam, territorio Ardeatino, praest. sol. CCXL;

massa Castis, territurio Catinense, prest. sol. mille;
massa Trapeas, territurio Catinense, praest. sol. $\overline{\text{ID}}$CL;
thimiamateria II ex auro purissimo, pens. lib. XXX;
(ʻdonum aromaticumʼ) ante altaria, (ʻannis singulis lib. CL.

(ʻFontemʼ) sanctum, (ʻubi baptizatus est Augustus Constantinus   13
K III (ʻab eodem episcopum Silvestrum

K habet quae comprehenduntur (ʻ ʼ) *pergens post adlata p.* 53 *sic*: candelabra ex auricalco VII ex argento interclusa, pensantes singuli libras CCC, aromata annis singulis libras CL constituitque ibi in luminaribus terretoria prestante per singulos annos solidos $\overline{\text{ID}}$: in fontem vero, ubi baptizatus est Constantinus Aug. a sancto Silvestro, *P habet (praeter nominatim excepta) omnia*: *I* ($A^{1\cdot 2}$). *II* ($C^3B^{1\cdot 2\cdot 3\cdot 4}$). *III* ($E^{1\cdot 6}$). — *ad* 13 Beda *chr. c.* 416.

1 *ante farum ins.* ubi candele ardent ex oleo nardino pistico in gremio ecclesiae E^6 delfinis B^1E^1 xx] cxx C^3E^1, ccxl E^6 qui pens.] pens. singuli E^6 ardet oleum (o. a. E^1) nardinum pisticum $C^3B^{1\cdot 2\cdot 3\cdot 4}E^{1\cdot 6}$ 3 argentea *om.* A^1 xlu] xl $E^{1p\cdot 6}$, lx B^3 4 oleum $C^3B^{2\cdot 3}E^1$ supra scriptus (-tum B^1, -ta B^3)] qui supra C^3, quod supra $E^{1\cdot 6}$, sōs B^4 5 parte] partes B^{1p}, partis B^{1c}, *om.* $E^{1p\cdot 6}$ dextram $E^{1\cdot 6}$ basilicam $E^{1p\cdot 6}$ xl] xi E^6 7 cathara E^{1p} cereostata B^{3c}, cereastata B^{3p} l *om.* B^{3p} sing. lib. xx] singī (singuli C^3E^6, singulis E^1) lib. (librarum C^3, librum E^1) xx singuli (singularum $E^{1\cdot 6}$) librarum C^3 $E^{1\cdot 6}$ 8 metretas] metas $E^{1\cdot 6}$ iii] iii tres C^3 pens.] que pens. E^{1c} ccc] trecentenas B^1, xxx $E^{1p\cdot 6}$ portantes] p. singulae $E^{1\cdot 6}$ medemnos] medempnas $C^3E^{1\cdot 6}$ 9 candebra B^4 auricalca] aurecalca B^1, aurocalca C^3E^6, auricalco B^3, ex auri (auro K^2) calco K uii] numero uii $C^3B^{1\cdot 2\cdot 3\cdot 4}$ altarea B^1 qui] quae E^1 x] decemnos (*ex* x^{nos} *archetypi*) B^{1p}, decenos B^{1c} ornato C^3B^1, ornatu suo $E^{1\cdot 6}$ 10 argentu A^1, ex argento E^6 intercluso K^1, interclusa $K^2E^{1\cdot 6}$ sigillis *libri (etiam* A^1)   profatarum C^3 11 quibus] cuius A^1 luminum] luminarium K (*vide supra*)   12 massa] id est m. $E^{1\cdot 6}$ gariliana] $C^3E^{1\cdot 6}$ t. siuessano A^1, territorium suesannum E^1 praestantes B^1 (*deinceps plerumque* praestante *vel* praestat)   13 singulis annis $E^{1\cdot 6}$ soli   15 massa *om.* C^3 ueronica A^1, mauronicam E^6, muronicam E^1 suesiano E^1, supra scripto $E^{1\cdot 6}$ cclx] ccxl $B^1E^{1\cdot 6}$ 16 aurina B^1, aureana A^{1p}, aurana E^6 lauentino E^6 17 massam E^1 urbana] urbanam E^1, aubrana B^1 ccxl] cclx B^{3p} 18/19 habent soli $E^{1\cdot 6}$ (*deficiunt in* A^1 *in transitu a pagina ad paginam*)   20 catenense $B^{1\cdot 2\cdot 4}$, catanense B^3, cathene $C^3E^{1p\cdot 6}$, catine E^{1c} 21 massam tr. ... sol. mille *om.* E^{6p} trapen E^6 catenense B^1E^{1p}, catense E^6 īdcl] *sic etiam* A^1 (∝ [*sp. vac.*] dcl)   22 thimiamateria] $A^1E^{1c\cdot 6}$, tymiamateria B^1, timiamateria C^3B^4, thimiammaterie E^{1p}, timiamataria (-ri B^3) $B^{1\cdot 3}$ auri C^3 23 donum aromaticum] aromata K (*vide supra*)   altarem A^1 24 sanctam $B^{1\cdot 6}$ 25 ab eodem episcopum Siluestrum (ipsum sanctum fontem *add.* E^1) $E^{1\cdot 6}$, a sancto siluestro K (*vide supra*), *om. reliqui*

XXXIIII. SILVESTER.

⟨'ex lapide porfyretico'⟩) et ex omni parte coopertum intrinsecus et foris et desuper et quantum aquam continet ex argento purissimo lib. IIIVIII.
In medio fontis columna porfyritica qui portat fiala aurea, ubi candela est, pens. auro purissimo lib. LII,
ubi ardet

K 1. III   ⟨'in diebus paschae
⟨'balsamum lib. CC'⟩, nixum vero ex stippa amianti.
In labio fontis

1. III   baptisterii
agnum aureum fundentem aquam, pens. lib. XXX;
ad dexteram agni salvatorem ex argento purissimo, in pedibus V, pens. lib. CLXX,
in leva agni beatum Iohannem baptistam ex argento, in pedibus V, tenentem titulum scriptum, qui hoc habet: ECCE AGNVS DEI, ECCE QVI TOLLIT PECCATA MVNDI, pens.

I 15   lib. CXXV   lib. C   *II. III*

cervos argenteos VII fundentes aquam, pens. sing. lib. LXXX;
⟨'tymiamaterium ex auro purissimo cum gemmis prasinis XLVIIII'⟩, pens. lib. XV.   14
Donum sancto fonti:
massa Festi

III 20   praepositi sacri cubiculi, quem donavit Augustus Constantinus,

territurio Penestrino, prest. sol. CCC;
massa Gaba, territurio Gabinense, prest. sol. CCII;
massa Pictas, territurio supra dicto, prest. sol. CCV;

K habet quae comprehenduntur (⟨ ⟩) *breviata sic*: qui est ex metallo porfuritico: posuit ibi in (*om. K*²) *ornamentis aurum libras LXXXII, argentum libras* IIIIDCCCXIII (*scilicet auri donatae sunt librae* 52 + 30 = 82 — *nam thymiaterium epitomator seorsum recensuit* —, *argenti librae* 3008 + 170 + 100 (*al.* 125) + 560 = 3830, *quae summae ab infra positis non differunt nisi erroribus minutis*), timiamaterium aureum cum gemmis prasinis XLVIII, balsamum ad lumen diebus paschae libras CC, territoria in luminaribus ad ipsum fontem prestantem (-te *K*¹) annis singulis solidos VIICXXII, *P habet* (*praeter nominatim excepta*) *omnia*: *I* (*A*¹·²). *II* (*C*³*B*¹·²·³·⁴). *III* (*E*¹·⁶).

1 ex] et *C*³   lapide] metallo *KE*¹·⁶   purfyritico *B*¹, pufyritico *B*³   et *om. C*³*E*¹·⁶   copertum *C*³*B*¹·⁴   1/2 desuper] super *E*¹   2 et quantum] quantum *C*³   aqua *C*³*B*¹·²·³·⁴*E*¹·⁶   *post* purissimo ins. in pedibus u qui pensauit argenti (*quae verba inseri debuerunt v.* 11) *E*¹·⁶   IIIuiii tria milia octo (*sic*) *B*¹, IIIuii *A*¹   3 columnas *E*¹   purfitica *C*³, porfyriticam *A*¹, porphyreticas *Moy.*   qui] quae *E*¹, *om. C*³   portant *Moy.*   fiala (fiola *B*¹·²·⁴, fyola *C*³) aurea] fialam auream *E*¹   auro] ex auro *Moy.*   5 ubi ardet (ardit *A*¹) in diebus (die *E*⁶) paschae (in d. p. *A*¹*E*¹·⁶, *om. II*) balsamum (balsami *C*³*B*¹·²·³·⁴) lib. cc] balsamum ad lumen diebus paschae libras cc *K* (*vide supra*)   7 nixum] ubi nixum *A*¹   ex] et *E*¹·⁶   styppa *A*¹, tippa *B*³   amiati *E*⁶   8 labium *E*¹   9 baptisterii *habent A*¹*E*¹·⁶   10 agnum *E*⁶   aureum] *A*¹, ex auro purissimo *C*³*B*¹·²·³·⁴*E*¹·⁶   aqua *B*⁴   pens.] qui pensat *E*¹·⁶   11 argento] auro *A*¹   purissimo *om. E*¹ᵖ·⁶   pens. ... 12 in pedibus u (tenentem *praeterea om. E*¹ᵖ) *om. E*¹ᵖ·⁶   u *om. C*³   13 qui hoc habet *om. E*¹ᵖ·⁶   14 peccatum *B*¹*E*¹   15 l. cxxu] *A*¹, l. c *reliqui*   16 argenteos] ex argento *C*³*B*¹·⁴, ex argento purissimo *B*²·³   uii] u *B*²·³   aqua *E*¹   pens.] qui pens. *E*¹·⁶   17 tymiamaterium] tymiamaterio *A*¹, thimiamatherium *E*¹   ex auro purissimo] aureum *KE*¹·⁶   cum gemmis prasinis xluiiii (xluiii *K*)] *AK*, cum gemmis prasinis et iaquintis ex undique (unque *B*¹) numero gemmas (gemmos *B*¹ᵖ) xlii *C*³*B*¹·²·³·⁴, cum gemmis prasinis et iacinthinis xlii *E*¹·⁶   pens. lib. xu] pens. lib. x *hoc loco E*¹·⁶, *ante* cum gemmis *C*³*B*¹·²·³·⁴   18 donum sancto fonti (fonte *B*¹, fontis *A*¹)] donum fontis baptisterii *E*¹·⁶   19 massam *E*¹·⁶ *et sic deinceps*   festi] ferti *E*¹·⁶, fecisti *C*³   20 praepositi ... 21 constantinus *habent E*¹·⁶ soli   22 terr. penestrino *om. E*¹·⁸   23 guba *E*¹ᵖ·⁶   gabinense] *C*³*B*¹·²·⁴, gabenense *B*³, gauinense *A*¹, gubinensi *E*¹·⁶   24 dicto] scripto *E*¹·⁶   ccu] ccui *B*², ccii *E*⁶

XXXIIII. SILVESTER.

massa Statiliana, territurio Corano, prest. sol. CCC;
massa intra Sicilia Taurana, territurio Paramnense, praest. sol. D;
intra urbe Roma domos vel

II. III   hortos   ‖   horrea   *I*

prest. sol. $\overline{II}$CCC;
fundum Bassi, prest. sol. CXX;
massa Laninas, territurio Cartiolano, prest. sol. CC;
fundum Caculas, territurio Momentano, prest. sol. L;
massa Statiana, territurio Sabinense, prest. sol. CCCL;
massa Murinas, territurio Appiano Albanense, praest. sol. CCC;
massa Virginis, territurio Corano, praest. sol. CC;

transmarina:
intra partes Africae:
massa Iuncis, territurio Mucario, prest. sol. DCCC;
massa Capsis, territurio Capsitano, praest. sol. DC;
massa Varia Sardana, territurio Mimnense, praest. sol. D;
massa Camaras, territurio Crypta lupi, prest. sol. CCCCV;
massa Numas, territurio Numidiae, prest. sol. DCL;
massa Sulphorata, territurio Numidiae, praest. sol. DCCXX;
massa Walzari oliaria, territurio Numidiae, praest. sol. DCCCX;

I. II in Grecias: ‖   item in Grecia in territorio Cretas: *III*
massa Cefalina

III   in Creta   ‖

prest. sol. D;
in Mengaulum:
massa Amazon, praest. sol. CCXXII.
('Eodem tempore Augustus Constantinus fecit

K III   ('ex rogatu Silvestri episcopi   ‖

K habet quae comprehenduntur (< >) brevians: huius temporibus fecit ... Silvestri, *P habet (praeter nominatim excepta) omnia:* I ($A^{1.2}$). II ($C^3B^{1.2.3.4}$). III ($E^{1.6}$).

---

1 statibauam $E^{1.6}$, stituliana C^3 ccc] cc $E^{1.6}$ 2 siciliam E^1, cecilia B^3 paramnensi E^6, parammense B^3, parampsinensi E^{1p}, parampnensi E^{1c}: *Duchesnius putat intellegi territorium Panormitanum*   3 urbe roma] romam $E^{1.6}$ homus *(sic)* B^4 4 hortos (ortus B^1) *II. III*, horrea A^1 5 $\overline{II}$ccc (duo milia ducentos $E^{1.6}$) f. bassi (bassis A^1, qui *ins.* E^1) pr. sol. *om.* B^4 6 praest.] qui praestant $E^{1.6}$ 7 laninas] lacina A^1: *Duchesnius confert mansionem prope Carsiolos* ad Laninas *sive* ad Laninas.   terr. cartiolano (-na B^3) *om.* $E^{1.6}$: *scr.* Carsiolano   8 capulas A^{1p} momentano *libri (etiam B^1): scr.* Nomentano   9 statiana] A^1, statianam E^1, statiano $C^3B^{1.2.3.4}$, stancianam E^8 sabinense] $B^{2.3}$, sauinense A^1, sabinensi $C^3B^{1.4}$, sabinorum $E^{1.6}$ 10 murianas E^6 11 uiginis C^3B^4 corana C^3 12 transmarinas A^1, et transmarina $E^{1.6}$ 13 intra partes] partis A^1 14 iuncis] uincis B^1E^6 mucasio A^1, macario B^3, micaria $E^{1.6}$ 15 scapsis C^3E^6 16 uaria] faria $B^{2.3}$ terr. mimnense (mimense A^{1p}, monensi $E^{1.6}$) *om.* $C^3B^{1.2.3.4}$ 17 camaras] cameras $E^{1.6}$, camaris B^4 crypta] A^1, curta $C^3B^{2p.4}E^{1c}$, curtu $B^{1.2c.3}$, cura E^{1p}, cucta E^6 18 mimas $E^{1.6}$ praest. sol. dcl (dl B^4) m. s. t. n. *om.* $B^3E^{1.6}$ 19 numediae B^{3p} dccxx] dccx $E^{1.6}$ 20 massa ... 21 in grecias *om.* C^3 uualzari] A^1, baldari $B^{2.3.4}E^{1.6}$, baldali B^1 olearia B^1, oleario E^1, olchario E^6 21 in grecias (grecia B^4)] *I. II,* item ex gr. in t. cretas $E^{1.6}$ 22 cefalinam E^1 23 in creta $E^{1.6}$ *soli*   24/25 d in mengaulum (-lu A^1C^3, -lo $E^{1.6}$) m. amazon (amalon $E^{1p.6}$) pr. sol. *om.* B^4 27 eodem tempore aug. const. fecit] item *(om. K)* huius temporibus fec. aug. const. $KE^{1.6}$ 28 ex rogatu (-to K^2) siluestri episcopi $KE^{1.6}$, *om. reliqui*

XXXIIII. SILVESTER.   57

⟨‛basilicam beato Petro‛⟩ apostolo in templum Apollinis, ⟨‛cuius loculum cum corpus ‛sancti Petri ita recondit‛⟩: ipsum loculum ⟨‛undique ex aere‛⟩ cypro ⟨‛conclusit‛⟩, quod est inmobile: ad caput ⟨‛pedes V,‛⟩ ad pedes pedes V, ad latus dextrum pedes V, ad latus sinistrum pedes V, subter pedes V, supra pedes V; sic includit corpus beati Petri apostoli et recondit.

⟨‛Et ornavit supra columnis purfyreticis et alias‛⟩ columnas ⟨‛vitineas, quas de Grecias ‛perduxit.

⟨‛Fecit autem et cameram basilicae trimitam auri fulgentem et super corpus‛⟩ beati Petri 17 ⟨‛supra aere quod conclusit fecit crucem ex auro) purissimo, (pens. lib. CL, in men- ⟨‛sure locus, ubi scriptum est‛⟩ hoc: ⟨‛CONSTANTINVS AVGVSTVS ET HELENA ‛AVGVSTA HANC DOMVM REGALI SIMILI FVLGORE CORVSCANS AVLA‛⟩ CIRCVMDAT, ⟨‛scriptum ex litteris

K III ⟨‛puris

⟨‛nigellis in cruce ipsa.

⟨‛Fecit‛⟩ autem ⟨‛candelabra aurocalca‛⟩ in pedibus X, numero ⟨‛IIII, argento conclu- 18 ⟨‛sas‛⟩ cum sigillis argenteis actus apostolorum, ⟨‛pens. sing. lib. CCC‛⟩);
calices aureos III cum gemmis prasinis

I. III et yacintis
XLV, pens. sing. lib. XII;
metretas argenteas II, pens. lib. CC;
calices argenteos XX, pens. sing. lib. X;
amas aureas II, pens. sing. lib. X;
amas argenteas V, pens. sing. lib. XX;

K habet quae ⟨‛ ‛⟩ comprehenduntur, P habet (praeter nominatim excepta) omnia: I ($A^{1.2}$ [ad v. 14]).
II ($C^3B^{1.2.3.4}$). III ($E^{1.6}$). — ad 1 seq. Beda chr. c. 416.

1 beati petri apostoli $A^{2c}B^2$, beato petro apostoli A^{2p} templo A^2E^1 apollonis C^3 cum Bedae libris quibusdam, appollonis B^{3p} loculum] locum $A^2B^{1.3p}$ cum (om. A^2B^1) corpus sancti (beati $A^{1.2}B^2$) p. i. recondit (recondidit A^2E^{1c}, reconderet alias recondidit augustus E^6) ipsum (ipsi A^2, bis B^1 in transitu a pag. ad pag.) loculum (locum $B^{1.3p}$) om. E^{1p} 2 undique] ex undique K ex aere (et ins. $E^{1.6}$) cypro (cypri C^3)] sic etiam Beda, de aere K condusit (sic) A^2 2/3 quod est om. $A^{1.2}$ 3 ad caput ... 4 supra pedes V] ex omni parte K latus] latum B^{1p} dextrum p. u ad latus om. $E^{1p.6}$ 4 subter] subtus $E^{1.6}$ supra (super $A^{1.2}$, superus E^{1p}) pedes u] s. p. u grossitudinis habens E^6 columnis] ex c. E^1 sic om. C^3 includit] $B^{1p.2.4}$, includitur B^3, includit C^3, inclusit $A^{1.2}B^{1c}E^1$, conclusit E^6 5 recondidit E^6 6 et ornauit] $KE^{1.6}$, exornauit $C^3A^{1.2}$, et exornauit $B^{1.2.3.4}$ supra] supra ex E^{1c}, superius ex $E^{1c.6}$ purf. et alias columnas (aliis columnis $E^{1.6}$) om. B^4 uitinias B^2, uiterias K, uitineis E^6 grecia $KE^{1.6}$ 7 perduxit] adduxit A^2, secum adduxit A^1 8 camaram B^3, cameras $E^{1p.6}$ trimitam] A^1, tremitam A^2, extrimma $C^3B^1E^1$, extrimmo E^6, extraema B^3, extrema $KB^{2.4}$; cf. supra p. 53, 19   auri fulgentem (-tes $E^{1.6}$)] ex auri fulgente K super] supra $A^2B^1E^{1c}(?)$, sup E^{1p} 9 aere] aera $A^{1.2}$, es $E^{1p.6}$ conclusit] clusit K ex auro purissimo] $A^{1.2}E^{1.6}$, auream purissimam $C^3B^{1.2.3.4}$ 9/10 mensura K, mensuram $E^{1.6}$ 10 locus subi] locu sub B^1, loci ubi $E^{1.6}$ est hoc] sub B^1 *** hoc est C^3 hoc constantinus om. A^2 11 regali] regalem $KA^{1.2}$ simili] simile K^2A^2, similis K^1, om. B^1 furgore $C^3E^{1.6}$, om. reliqui

Rossius (inscr. christ. vol. 2 p. 199 seq.) inscriptionem explet ita: Constantinus Aug. et Helena Aug. hanc domum regalem (auro decorant quam) simili fulgore coruscans aula circumdat: sed videntur subesse carminis reliquiae ab auctore pessumdati: hanc domum .... regali .... Aula circumdat simili fulgore coruscans: confert Traubius locum Vergilii Aen. 1, 637: at domus interior regali splendida luxu Instruitur.   14 cruce ipsa] K, crucem ipsam $A^{1.2}$, cruce $C^3B^{1.2.3.4}E^{1.6}$ 15 fecit ... 61, 24 saccos ccc om. A^2 candebra B^4 aurocalco B^3, ex auricalco (urecalco K^1) K numerum A^1 iiii] (sic K^1 et reliqui, uii K^2) post candelabra K 15/16 conclusas] $A^1C^3B^{1.2.3.4}$, conclusa reliqui, clusas K 16 sigillis] gillis C^3 actos C^3 pens.] quae pensant K 17 calicis A^1 aureas B^3 iii] iiii A^1 19 et yacintis xlu] et yacintis (om. xlu) A^1, xlu (om. et yac.) $B^{1.2.3.4}$, et iacynctis (iacinthinis $E^{1.6}$) singuli qui habent gemmas xlu (xlii C^3) $C^3E^{1.6}$ 20 argentes C^3 ii] iiii E^6 22 ii] iiii E^6 23 lib. xx] lib. iii $E^{1.6}$

LIBER PONTIFICALIS I.   8

XXXIIII. SILVESTER.

patenam auream cum turrem ex auro purissimo cum columbam, ornatam gemmis prasinis et yachintis qui sunt numero margaritis

albis   *III*

CCXV, pens. lib. XXX;
patenas argenteas V, pens. sing. lib. XV:
coronam auream ante corpus, qui est farus cantarus, cum delfinos L, qui pens. lib. XXXV;
fara argentea in gremio basilicae XXXII cum delfinos, pens. sing. lib. X:
ad dexteram bassilicae, fara argentea XXX, pens. sing. lib. VIII;
ipsum altarem ex argento auro clusum cum gemmis prasinis et yaquintis et albis

I   ornatum ex undique nu-   *II* CCX   *III* CCX ornatum undique
mero gemmarum CCCC

pens. lib. CCCL:
tymiamaterium ex auro purissimo cum gemmis ex undique ornatum

I. III   numero LX

pens. lib. XV.

⟨'Item in'⟩ reditum ⟨'donum quod optulit Constantinus Augustus beato Petro'⟩ apostulo 19 ⟨'per diocesem Orientis'⟩:

in civitate Anthiocia:
domus Datiani, prest. sol. CCXL;
domuncula in Caene, prest. sol. XX et tremissium;
cellae in Afrodisia, prest. sol. XX;
balneum in Ceratheas, praest. sol. XLII;
pistrinum ubi supra, praest. sol. XXIII;
propina ubi supra, praest. sol. X;
hortum Maronis, prest. sol. X;
hortum ubi supra praest. sol. XI:

K *habet quae* (< >) *comprehenduntur, brevians sic: item in donum ... Orientis prestantes per annos singulos solidos* IIIDCCLXXXVIIII (uiii K²) *trianto* I; P *habet (praeter nominatim excepta) omnia: I* (A¹). II (C³B¹·²·³·⁴). III (E¹·⁶).

---

1 patenam (-na A) auream (-rea A) cum turrem (-re A) ex a. p. cum (om. B⁴) columbam (-ba A)] patenam ex auro purissimo i cum turre et columba E¹·⁶   ornata A¹B²   gemmis] cum gemmis A¹
2 iacinthinis quae E¹   numerum A¹   3 margaritas C³, magaretas B³   albis E¹·⁶ *soli (alba = margarita) reliqui*   6 corona aurea A¹   corpus] c. sanctum E⁶   qui] ubi C³E¹, quod E⁶   est] et B²·³   *post est sequitur p.* 61, 7 oleum ... 64, 7 martyris argento C³   delfinis E¹   8 farus E¹   xxxii om. C³   B²·³·⁴   delfinis B¹·²E¹, delfinis xx E⁶   9 dextram B¹·², dextra A¹   farus E¹   10 ipsud B²   altare C³B²E¹   ex argento] B¹·²·³·⁴, argenteo E¹, om. A   clausum E⁶   iacinthinis E¹   11 ornatum ex undique n. g. cccc] A¹, ccx C³B¹·²·³·⁴, ccx ornatum undique E¹·⁶   14 timiamatarium C³B¹, tymiaterium A¹, thimiamatum E¹, thimiatuma uero E⁶   ex auro purissimo] A¹[B¹]E¹, aureum C³B²·³·⁴   ex om. B²
15 numero lx (li E¹·⁸) A¹E¹·⁶, om. *reliqui*   17 item] iterum E⁶, om. C³B¹·²·³·⁴   domum B³, in donum (domum K²) K   quod om. C³   augusto B³   18 diocesem] C³B¹·²E¹, diocesim B⁶·⁴, diocesis A¹
19 ciuitatem antiochiam (anteochiam B¹, atiochiam B³, antiohiam B⁴) C³B¹·²·³·⁴   20 domum A¹   21 domuncola A¹B³, domuncla C³   in gaene A¹, nicene E⁶: *cf. Euagrius hist. eccl. 2, 12:* ὁ σεισμὸς (Antiochiae) τῆς Καυνῆς τὰς οἰκίας ἁπάσας σχεδὸν καταβέβληκε (Duch.)   xx] xxx B³   erimissium C³, trianto *(vide supra)* K   22 afrodia A¹, afrondisia B¹   23 ceratheas] A¹, cerateas E¹·⁶, c(a)ereteas C³B¹·²·³c·⁴, cereteus B⁸ᵖ   xlii] xlu C³, xii B³   24 pristinum E¹   25 popina E¹, popinam E⁶   ubi om. E¹   x] xi A¹
26 hortumaronis B⁴, ortumaronis C³B¹, hortomaronis B³   27 hortum] h. alium [B¹(?)]E¹·⁶

XXXIIII. SILVESTER.

sub civitatem Anthiociam:
   possessio Sybilles, donata Augusto, prest. sol. CCCXXII,
      (⸀charta decadas⸁) CL,
      (⸀aromata⸁) lib. CC,
      (nardi olei) lib. CC,
      (⸀balsamum⸁) lib. XXXV;
sub civitatem Alexandriam:
   possessio Timialica, donata Augusto Constantino ab
      Ambrosio   Ambronio
      prest. sol. DCXX,
      charta decadas CCC,
      oleum nardinum lib. CCC,
      balsamum lib. LX,
      aromata lib. CL,
      storace Isaurica lib. L;
   possessio Eutymi caduci, prest. sol. D,
      charta decadas LXX;

per Egyptum:
   sub civitate Armenia possessio Agapi, quod donavit Augusto Constantino:
   possessio Passinopolimse, prest. sol. DCCC,
      charta decadas CCCC,
      (⸀piper medemnos L,
      (⸀crocum lib. C⸁),
      storace lib. CL,
      aromata cassia lib. CC,
      oleu nardinu lib. CCC,
      balsamum lib. C,
      (⸀linum saccos C,
      (⸀cariophylo lib. CL,

K habet quae (⸀ ⸁) comprehenduntur, post adlata p. 58 ita pergens: balsamum libras CCXV, olei nardi libras DCCC, oleo ciprino libras C, aromata libras DCL, piper medimnus L, cariofolum libras L, croco libras L, linum fugus (fusus K^2) C, carta decadas mille XXII, papiro racanas M, P habet (praeter nominatim excepta) omnia: I (A^1). II ($C^3 B^{1.2.3.4}$). III ($E^{1.6}$).

---

1 ciuitate $A^1 C^3 B^{2.3} E^1$ anteochiam B^1, antiocia $A^1 B^2 E^1$, antiochie E^6 2 sibille $E^{1.6}$ augusto] ab a. $E^{1.6}$ 3 charta] chartas A^1, cartas $E^{1.6}$ decas B^1 5 nardi olei] $E^{1.6}$, nardi oleum A^1, oleum nardinum C^3, olei nardi (vide supra) K, om. reliqui   7 ciuitate $A^1 B^{2.3} E^1$ alexandria $A^1 B^2 E^1$ 8 timialica] $C^3 B^{1.4}$, tymialica A^1, timialicam B^3, timiliacam B^2, timialia E^1, cimialia E^6 augusto] ab a. A^1, om. C^3 9 ambrosio A^1, ambronio reliqui   11 cartas $E^{1.6}$ 12 oleu C^3, oleo $B^{1.2.3.4}$, olei $A^1 E^{1.6}$ nardino B^1, nardi $E^{1.6}$, nardin A^1 lib. ccc] ccc $E^{1.6}$ 13 lx] xl $E^{1.6}$ 15 sthorace B^1 aliique   hisaurica A^1, isauriea (sic) E^1 l] i $E^{1.6}$ 16 eutimi B^1 cadoci C^3, caducis $E^{1.6}$ 17 charta (chartas A) d. lxx (lxxi B^4) per egyptum (-to B^1) sub ciuitate (-tem $C^3 B^1$) armenia (-niam A^1) poss. agapi quod om. $E^{1.6}$ 19 donouit B^3 aug̅ constantinus $A^1 E^6$, aug̅ constan̅ E^1 20 possessionem E^1 passinopolimre B^1, passinapolimse A^1, passinopolim E^6 21 chartas $A^1 E^{1.6}$ 22 peper B^1 23 crocu $C^3 B^{1.4}$, croco K (vide supra) $B^{2.3}$, crocos E^1 24 sthoraco B^1 et alii   25 cassio B^3, casio B^2 26 oleu] C^3, oleo $B^{1.2.3.4}$, olei $A^1 E^{1.6}$ nardinu] $C^3 B^1$, nardino $B^{2.3.4}$, nardini A^1, nardi $E^{1.6}$ 27 balsamum (balsamu B^1, balsamo $B^{2.3.4}$, balsami $E^{1.6}$) lib. c om. C^3 28 linu $C^3 B^{1.2}$, linus B^3, lino B^4, lini $E^{1.6}$ saccos $E^{1.6}$, saccus reliqui, fugus (fusus K^2) K (vide supra)   29 cariophylu B^1, cariopilu B^4, gariophilu C^3, cariophile B^2, gariofilum A^1, caseisillum $E^{1.6}$, cariofolum (vide supra) K

XXXIIII. SILVESTER.

⸢oleu Cypriu lib. C,
⸢papyru racanas⸣) mundas ⸢P̄⸣);
possessio quod donavit Constantino Aug. Hybromius, praest. sol. CCCCL,
chartas decadas CC,
aromata cassia lib. L,

I. III   oleum nardinum lib. CC,

balsamum lib. L;
in provincia Eufratense, sub civitate Cyro:
possessio Armanazon, praest. sol. CCCLXXX;

I. III 10   possessio Obariae, praest. sol. CCLX;

(⸢Eodem tempore fecit⸣) Augustus (⸢Constantinus basilicam beato Paulo⸣) apostulo ex 21 suggestione Silvestri episcopi, (⸢cuius corpus ita recondit⸣) in aere et conclusit (⸢sicut (⸢beati Petri. Cui basilicae hoc donum optulit⸣):
sub Tharso Ciliciae:
15   insula Cordionon, prest. sol. DCCC.

(⸢Omnia⸣) enim (⸢vasa⸣) sacrata (⸢aurea vel argentea aut aerea ita posuit sicut in

---

K habet quae (⸢ ⸣) comprehenduntur (cf. p. 59), P habet (praeter nominatim excepta) omnia: I (A¹). II (C³B¹·²·³·⁴). III (E¹·⁶) ad 1. 2 et 16, ad 3—15 I (A¹W¹·²·³A²·³X²·³Freh.A⁵·⁶·⁷Z¹·²). II (C³B¹·²·³·⁴Q B⁵·⁶·⁷C¹·²·⁴·⁵D¹·²P¹·²N). III (E¹·⁴·⁶YH¹·² Cr. Mog. Mut.). — ad 11 Beda chr. c. 416.

1 oleum E¹·⁶, oleo A¹B²·³·⁴, ole B¹   cyprium E¹·⁶, cyprio B¹·³, ciprio B²·⁴, cypreo A¹, ciprino K (vide p. 59)   2 papiru B¹·⁴, papirum E¹, papyrum A¹, papyro B³, papiro B², papiri C³   racanas] rucanas E¹   i] cc A¹, lib. i E¹·⁶   3 possessio quod donauit … sol. clx om. Z¹·²   possessio] sic vel possessionem vel possessiones libri, quod non adnotavimus   quod] quam III (E¹·⁴·⁵H¹·² Cr.). X²·³A⁵·⁶·⁷QP¹·²   constantino aug.] constantinus aug. A¹W¹·³X³B⁴·⁵p[?]C¹E⁶, aug. constantinus P¹·², constañ aug. E¹   ybromius II (sic C³B¹·²·³·⁴·⁵P², ypromius B⁶·⁷, ubromius C¹, ymbromius C², umbronius P¹, ybronius Q, ymbronius C⁵, bromius D¹·²), hybromias III (sic E¹·⁶, ybronias E⁴), hybrimon I (sic A¹ᵒ, hybrion A¹ᵖ, hybimon W¹, hibimon W²·³), ubronius (post donauit) H¹·², ibronius Cr., hybromion A⁵Freh., hibromion A⁶·⁷ cccc] ccc C¹P¹·²H¹·², post ccccl ins. balsamum C³ᵖ   4 chartas I (A¹W¹·²·³X²·³A⁵·⁶·⁷). III (E¹·⁴·⁶), c(h)art(h)a II   decadas] decadecadas W², decas P¹   5 aromata] aromatica W²·³, aromatum A⁵·⁶·⁷ Cr. cassia] casia C³, cassie A⁶·⁷H¹·² Mog., casiae A⁶ Cr., casiali B⁷   5/6 oleum nardinum (oleo nardini E⁴, olei nardini A⁵E¹·⁶) I (A¹W¹·²·³A⁵). III (E¹·⁴·⁶), om. II et rel.   7 balsamum (balsamu C³, balsamo B²·³ Q, balsami A⁵·⁶·⁷E⁶H¹·² Cr., et b. X²·³) lib. 1 om. B¹·⁴ᵖ   8 prouincia] prouintie D¹, euphratense B¹, cupratense B⁶D¹, ephratense B⁴H¹, eufratensi E¹·⁴, eupharatense C¹, euphratesiensi Cr. (marg.), custatense W²·³ ciuitate] ciuitatem C¹H²   cyro] II. III (rel.), cyri H¹·², tyro I (A¹W¹·²·³A⁵·⁶·⁷Freh., tyri X²·³), carra Cr. (marg.)   9 possessio armanazon (armanazan B⁴, armanalan E⁴·⁶, armalananan E¹) pr. sol. ccclxxx (ccclxxxii C¹P¹·²H¹·², ccccxxx B⁵, cccc ••• C³) om. W¹·²·³   10 possessio obariae (sic A¹·⁵, bariae W¹·²·³, obaricae A⁶ᵖ·⁷, obarricae A⁸ᵒ, obaris E⁴ [praecedit poss] E⁶ [praecedit possessionem], mobaris E¹) pr. sol. cclx (ccxl A¹ᵖ) habent I (A¹W¹·²·³A⁵·⁶·⁷). III (E¹·⁴·⁶), om. II   11 eodem] eo K   augustus constantinus (const. aug. E⁴Z¹H¹·²) hoc loco I (A¹W¹·²·³A⁵·⁶·⁷Z¹). III (E¹·⁴·⁶H¹·² Cr.), constantinus augustus (add. et domnum constancium agustus [sic] D¹, et domnus constantius augustus D²) post v. 13 petri II. III (E¹·⁶), utroque loco igitur E¹·⁶   basilicam] basilica KW¹   beato paulo apostoli) beati pauli apostoli P¹·²H¹·²   12 suggestione] suggessione A¹W¹·²·³B⁷D¹·²   siluestri] sancti s. B⁶C¹ Cr., beati s. E⁴   corpus] I, corpus sanctum II (rel.). III, sanctum corpus B⁶   ita] ipse ita C⁴   recondit] recordit B³, recondidit A⁷ᶜP¹·²E¹ᵒH¹·² Cr.   aere] aerea B⁷   conclusit] reclusit C⁴   13 beati] et beati K III (E¹·⁴·⁶) A⁵P¹, corpus beati H¹·²   post petri add. haec verba vasaque (uasa quoque H²) sacrata aurea uel argentea aut erea ita ordinauit sicut in basilicam beati petri sed et crucem auream super loculum beati pauli eodem modo posuit peñs lib. cl sed et dona ista possessionum H¹·²   cui (cuius X²·³) basilicae (-ca A¹W¹)] I. III, om. H¹·²Cr.   hoc donum … 15 sol. dccc om. Z¹·²   hoc donum] I, d. h. K III (E¹·⁶), et donum (dona C²P¹·² Cr.). II Cr., om. H¹·²   14 sub tharso … 15 sol. dccc ante eodem tempore Cr.   ciliciae] ciliae D¹, ciciliae Cr. 15 insula] I (rel.) QB⁶·⁷C²·³D², insulam II (rel.) W¹A⁵·⁶E⁴ Cr., in insula III (E¹·⁶)   cordionon] A⁵·⁶·⁷, cordionõ B⁴, cordioñ A¹W¹·², cordionum B⁵ᵖ·⁶·⁷ Cr., cordionos B¹, cordiono C¹P², cordiorum D¹·², cordianon X²·³C³·⁴·⁵, cordiano B²·³, cordianum B⁵ᵒ, cordianam QH¹·², gordianon C²ᵖ, gordiani C³ᵒ, cordionis III (E¹·⁴·⁶), alias corycorum Cr. (in textu), om. W⁸P¹   dccc] dccccc B⁵ Cr., lxxx B²·³Q   16 omnia enim] A¹E¹·⁶, nam omnia C³B¹·²·³·⁴   uel om. E¹·⁶   aut] uel B¹, et K   posuit] conposuit B³   sicut] KB²·²·³·⁴, ut A¹, sicut et E¹·⁶

XXXIIII. SILVESTER. 61

('basilica beati Petri') apostuli, ita et beati Pauli apostuli ordinauit. Sed ('et crucem ('auream super locum') beati Pauli apostuli posuit, pens. lib. CL.

    sub civitate Tyria:
        possessio Comitum, prest. sol. DL;
5   possessio Tymia, prest. sol. CCL;
        possessio Fronimusa, prest. sol. DCC,
            ('oleum nardinum') lib. LXX,
            ('aromata') lib. L,
            ('cassia lib. L');
10   sub civitate Aegyptia:
        possessio Cyrios, prest. sol. DCCX,
        oleum nardinum lib. LXX,
        balsamum lib. XXX,
        aromata lib. LXX,
15   ('storace lib. XXX,
        ('stacten lib. CL');
        possessio Basilea, prest. sol. DL,
        aromata lib. L,
        oleum nardinum lib. LX,
20   balsamum lib. XX,
        croco lib. LX:
        possessio insulae Maccabes, prest. sol. DX,
            ('papyrum') mundum ('racanas D,
            ('linum saccos CCC.'

25 (Eodem tempore fecit Constantinus Augustus basilicam in palatio Sossorianum, ubi 22 ('etiam' de ligno sanctae crucis 'domini nostri Iesu Christi')

II. III posuit et

in (auro et gemmis conclusit, 'ubi et nomen') ecclesiae ('dedicavit,') quae cognominatur usque in hodiernum diem ('Hierusalem'). In quo loco

I. III 30 hoc constituit donum: constituit dona ista: *II*

    FK habent quae ( ) comprehenduntur, F solus signata praeterea ' ', *K solus signata praeterea* < >, *hic v. 4—23 breuians sic*: predia uero prestantibus annos singulos solidos IIIILXX, balsamum libras L, oleo nardo libras CC, aromata libras CLXX, cassia (casia K^1) libras L, storace libras XXX, stacten libras CL, papiro racanas D, lino sacos (sucos K^1) CCC, *P habet (praeter nominatim excepta) omnia: I* ($A^{1,2}$ *[redit v. 25]*). *II* ($C^3B^{1,2,3,4}$). *III* ($E^{1,6}$). — *ad v. 25 Beda chr. c. 417*.

---

    1 basilicam E^1 ita et beati (bea K^2, sancti $E^{1,6}$, non A^1) p. ap. om. B^{4p} ordinauit] ornauit C^3 $B^{2,3,4}$ et crucem a. s. locum *post p*. 60, 16 aerea K 2 pens.] qui pens. A^1 3 ciuitatem $C^3B^{1,4}$ 4 comitu $C^3B^{1,2,3c,4}$, comito B^{3p} dl] di E^{1p} (*non* E^6), dc A^1 5 timia $C^3B^{1,2,3,4}E^{1,6}$ 6 fronimusa] $E^{1,6}$, fronimosa A^1, fromimusa $C^3B^{1,2,4}$, fromimimusa B^3 dcc] dccc B^2 7 oleo $B^{2,3,4}$ nardino $B^{2,3}$, nardo K (*vide supra*)   9 cassia (casia K^1) lib. 1 (c $E^{1,6}$) om. C^3 10 aegypti $E^{1,6}$ 11 ciros A^1, cyrias E^1 12 oleo $C^3B^{1,2,3,4}$ nardinu C^3B^1, nardino $B^{2,3,4}$, nardīn A^1 13 balsamu C^3B^4, balsamo B^1 14 lxx] lxxx B^3 15 sthorace B^1 16 stactes A^1 17 bassilea A^1, balsilea B^1, basilica E^6 19 oleo $C^3B^{1,2,3,4}$ nardinu C^3B^1, nardino $B^{2,3,4}$ 20 balsamu C^3B^4, balsamo B^1 21 crocu $B^{1,4}$, crocos $E^{1,6}$ 22 insula E^1 maccabes] A^1, maccabeo C^3B^1, machabeo $B^{2,3,4}E^{1,6}$ dx] dcx $B^{2,3}$ 23 papiru C^3B^4 24 linu $C^3B^{1,2,4}$ saccus $B^{1,2,3,4}$ cccc C^3 25 eodem] eo K constantinus] idem A^2, beatus c. K basilica FKA^1 sossorianum] $C^3B^{1,4}$, sossoriano $F^{1,2}B^{2,3}$, sosoriano F^3 *Beda*, sosorriano $E^{1,6}$, sessoriano $A^{1,2}K^2$, sessariano K^1 26 etiam om. $KC^3B^{1,2,5,4}$ sancto C^3B^1 27 posuit et] $C^3B^{1,2,3,4}E^{1,6}$, om. *I*   28 in] ex K, om. $FE^{1,6}$ gemmis] in g. A^1 ubi] ibi K et] etiam et $E^{1,6}$ quae] quem E^1 30 hic (hoc E^1, om. E^6) constituit donum $A^1E^{1,6}$, constituit dona ista $C^3B^{1,2,3,4}$, dona plura constituit A^2

XXXIIII. SILVESTER.

candelabra ante lignum sanctum lucentes ex argento IIII secundum numerum IIII euangeliorum, pens. sing. lib. LXXX;
fara cantara argentea L, pens. sing. lib. XV;
sciphum ex auro, pens. lib. X;
calices aureos ministeriales V, pens. sing. lib. singulas;
sciphos argenteos III, pens. sing. lib. VIII;
calices ministeriales argenteos X, pens. sing. lib. II;
patenam auream, pens. lib. X;
patenam argenteam auro clusam cum gemmis, pens. lib. L;
altare argenteum, pens. lib. CCL;
amas argenteas III, pens. sing. lib. XX;
et omnia agrorum circa palatium ecclesiae dono dedit; iuxta ipsum palatium;
item possessio Sponsas via Lavicana, prest. sol. CCLXIII;
sub civitate Laurentum possessio Patras, prest. sol. CXX;
sub civitate Nepesina possessio Anglesis, prest. sol. CL;
sub civitate supra scripta possessio Terega, qui prest. sol. CLX;
sub civitate Falisca possessio Nymphas, prest. sol. CXV;
item sub civitate Falisca possessio Herculi, quod donavit Augusto et Augustus obtulit ecclesiae Hierusalem, prest. sol. CXL;
sub civitate Tuder possessio Angulas, praest. sol. CLIII.

(Eodem tempore fecit basilicam sanctae martyris Agnen 'ex rogatu Constantiae ('filiae suae') et baptisterium in eodem loco, ubi et baptizata est soror eius Constantia cum filia Augusti a Silvestrio episcopo,

FK habent quae ⟨ ⟩ comprehenduntur, F solus signata praeterea ' ', K solus signata praeterea ‹ ›. hic brevians ita: construxitque et alias quam pluris (plures K²) ecclesias sanctorum, id sunt ecclesiam sanctae Agnis (iohannis K²) martyris; P habet (praeter nominatim excepta) omnia: I (A¹·²). II (C³B¹·²·³·⁴). III (E¹·⁶). — ad 22 seq. Beda chr. c. 418.

1 candelabra ... v. 21 sol. cliii *om*. A²   candelabra] c. aurea et argentea E¹·⁶   lucentes] C³ B¹·²·³·⁴E¹, lucentia E⁶, quae lucent A¹   ex argento iiii] argentea iiii C³B¹·²·³·⁴, *om*. E¹·⁶   1/2 iiii (iiii quatuor B⁴) euang.] euang. iiii E¹·⁶   2 pens.] pansantes C³, quae pensauerunt E¹·⁶   lxxx] xc C³, xxx E¹·⁶   3 faras E¹   pens.] quae pensauerunt E¹·⁶   4 ex auro] A¹, aureum purissimum C³ B¹·²·³·⁴E¹·⁶   pens.] quae pen. E¹·⁶   5 min. aur. E¹·⁶   sing. *om*. E¹   7 min. arg. (*om*. A¹)] arg. min. C³   sing. *om*. E¹·⁶   ij] u C³B²·³   8 patenam a. p. l. x *habent* E¹·⁶ *soli (de B¹ tacet Pertz errore puto; codex quid habuerit, frustra quaesivi)*   9 patena argentea A¹   auro] in auro B¹   clusa A¹, clausam E⁶   10 altare] altarem B¹·³·⁴, alterem C³c, alteram C³p, ipsum sanctum altare E¹·⁶   argenteum] argenteo A¹, aureum qui E¹·⁶   11 argenteas C³   iii] iiii C³   sing. *om*. E¹·⁶   13 circa p. e. dono (donum B⁴) dedit C³B¹·²·³·⁴E¹·⁶, iuxta i. palatium] A¹   14 item *om*. C³B¹·²·³·⁴   possessi B¹   cclxii E¹·⁶   15 ciuitate] cuius E⁶   laurentium E¹   praest.] praesunt B³   sol. *om*. A¹   16 ciuitatem B¹ nepisinam B¹, nepessina B³ anclesis B²p   17 ciuitatem B¹   super E¹·⁶   scriptam B¹   teregia A¹ qui] A¹, quae C³B¹·²·³·⁴, *om*. E¹·⁶   sol. clx sub ciu. falisca (possessio nymphas pr. sol. cxu item sub ciuitate (-tem B¹·³) falisca (-cam B³)) poss. herculi (hercoli B¹) quod donauit augusto et augustus (aug et aug A¹, augusto et augustae *fere reliqui*) o. e. h. praest. sol. cxl] *sic reliqui, nisi quod* ⟨ ⟩ *om*. B⁴, sol. cxl sub ciuitate supra scripta (superscriptae E¹) falisca possessio herculis quae donata est aug constantino (constan E¹) et aug o. e. h. pr. sol. cxl item sub ciuitate falisca possessio nymphas pr. sol. cxu E¹·⁸   21 cliii B⁴   22 eodem t.] item A²   basilica F¹·²   martyris] martyres A¹, *post* agnae F   agnen] A¹·², agnae *rel. et Beda*, agnis K¹, agnetis E¹·⁶, iohannis K² (*vide supra*)   rogato F   23 constantiae] FE¹·⁶, *om. reliqui*   24 locum B³p   25 cum filia augusti] *rel. et* A², augusti (*om*. cum filia) A¹, cum filia augusta *Beda*   26 silvestrio (-tro E¹·⁶) episcopo] A¹·²E¹·⁶, *om. reliqui*

XXXIIII. SILVESTER.

ubi et constituit donum hoc:
patenam ex auro purissimo, pens. lib. XX;
calicem aureum, pens. lib. X;
coronam farum cantarum ex auro purissimo cum delfinos XXX, pens. lib. XV:
patenas argenteas II, pens. sing. lib. XX;
calices argenteos V, pens. sing. lib. X;
fara cantara argentea XXX, pens. sing. lib. VIII;

I fara cantara aurocalca   *II* fara aerea aurocalca   *III* fara canthara aerea aurocalca

XL;
cerostata aurocalca argento clusa sigillata XL;
lucerna aurea nixorum XII

I qui pens. lib. XX

super fontem, pens. lib. XV:

I. III 15 et donum

in reditum:
circa civitatem Fidelinas omnem agrum, prest. sol. CLX;
via Salaria sub parietinas usque omnem agrum

I. III sanctae Agnen

prest. sol. CV;
agrum Muci, prest. sol. LXXX;
possessio Vicum Pisonis, prest.

I sol. CCCL   sol. CCL   *II. III*

agrum Casulas, prest. sol. C.

('Eodem tempore

II. III Constantinus Augustus

('fecit' basilicam beato Laurentio 'martyri') via Tiburtina in agrum Veranum supra arenario cryptae et usque ad corpus sancti Laurenti martyris fecit grados ascensionis

---

FK habent quae ( ) comprehenduntur, F solus signata praeterea ' ', K solus signata praeterea < >, hic post adlata p. 62 pergens: basilica sancto Laurentio martyri (-re K²), P habet (praeter nominatim excepta) omnia: I (A¹·²). II (C³B¹·²·³·⁴). III (E¹·⁶). — ad 27 Beda chr. c. 419.

1 ubi et (om. E¹·⁶) c. d. hoc] A¹E¹·⁶, ubi et c. dona A², et ibidem autem (om. B² ³·⁴) constituit hoc C³B¹·²·³·⁴ 2 patenam ... 24 sol. c om. A² ex auro purissimo] auream C³B¹·²·³·⁴, auream ex auro purissimo E⁶ 4 fara cantarum A¹ ex a. p.] A¹ et post xxx E¹·⁶, auro (auri C³) purissimo C³B¹·²·³·⁴ delfinis B²E¹, delphinis B¹ xxx] xx C⁸ 6 x] xx E¹ᵖ 8/9 fara cantara aurocalca] A¹, fara aerea (uel ins. B⁴) aurocalca (om. cantara) C³B¹·²·³·⁴, fara canthara (-thera E¹) aerea aurocalca (auricalca E¹) E¹·⁶ 11 cirostata C³B¹·²·⁴, cyrostata B³ argenteo B³ᵖ clusas A¹, clausa E⁶ sigillata xl] E¹, sigillatas xl A, xl sigillata (singillatu B¹) C³B¹·²·³·⁴. 12 lucernam E¹ auream] ex auro purissimo E¹·⁶ post nixorum xii ins. qui pens. lib. xx A¹ solus 14 pens.] quae (qui E⁶) pens. E¹·⁶ 16 et donum in reditum] A¹E¹·⁶, in reditum (om. rel.) C³B¹·²·³·⁴ 17 ciuitate A¹ fidelinas] B¹·²·³·⁴, fidenas C³E¹·⁶, figlinas A¹ agrum] aurum C³, annum E¹ 18 salubria B¹ sub] su B³ parietes A¹ 19 sanctae agnen (agnes E¹, agnetis E⁶)] A¹E¹·⁶, om. reliqui 20 cu] cui B² 21 acrum B¹ lxxx] xc C³ 22 uico A¹E¹, nico E⁶ pisonis] pensionis A¹ 23 sol. cccl] A¹, sol. ccl reliqui 24 acrum B¹ caculas C³E¹ᶜ, ceulas E¹ᶜ·⁶ 25 eodem ... 28 laurenti post p. 65, 20 exorciste F¹, om. F³ eodem tempore fecit constantinus augustus] C³B¹·²·³·⁴E¹·⁶, eodem t. fecit A¹, rursum fecit idem augustus A² 27 basilica FKA¹·² beato laurentio] sancto l. K, sancti laurenti F martyrio B¹, martyre K²B⁶ ueraʳanum (sic) B¹ supra] sub A¹·² 28 arenarium C³E¹·⁶ sancti] beati E¹·⁶ martyres A¹, martyris in qua E¹·⁶ gradus A²B²E¹

et descensionis. In quo loco construxit absidam et exornavit marmoribus purphyreticis et desuper loci conclusit de argento et cancellis de argento purissimo ornavit, qui pens. lib. I; et ante ipsum locum in crypta posuit:

lucernam ex auro purissimo nixorum X, pens. lib. XX;
coronam ex argento purissimo cum delfinos L, pens. lib. XXX;
candelabra aerea II in pedibus denis, pens. sing. lib. CCC;
ante corpus beati Laurenti martyris argento clusas sigillis passionem ipsius cum lucornas VI nixis argenteas, pens. sing. lib. XV.

in eodem loco:
possessio cuiusdam Quiriacetis religiosae feminae, quod fiscus occupaverat tempore persecutionis, Veranum fundum, prest. sol. CLX;
possessio Aqua Tuscia ad latus, prest. sol. CLIII;
possessio Augusti territurio Sabinense, praest. nomini Christianorum sol. CXX;
possessio Sulfuratarum, praest. sol. LXII
possessio Micinas Augusti, prest. sol. CX;

P habet (praeter nominatim excepta) omnia: I ($A^{1.2}$). II ($C^3B^{1.2.3.4}$). III ($E^{1.6}$) ad v. 1—4, inde a v. 5 I ($A^1W^{1.2.3}A^{2.3}X^{2.3}Freh.A^{5.6.7}Z^{1.2}$). II ($C^3B^{1.2.5.4}QB^{5.6.7}C^{1.2.4.5}D^{1.2}P^{1.2}N$). III ($E^{1.4.6}YH^{1.2}$ Cr. Mog. Mut.).

1 discensionis $A^{1.2}B^1$ quo] co C^3 absida A^1 exortauit E^1p 2 et desuper ... p. 65, 4 sol. cxxx om. A^2 desuper loci] de superiori loco $E^{1.6}$ et conclusit (-los E^1) de (ex C^3E^1) argento om. A^1B^4 ordinauit A^1 3 ī] cc (ex ∞) A^1 criptam $C^3B^{1.2.3.4}$ 4 lucerna A^1 nisorum E^6 5 coronam ... lib. xxx om. C^4 coronam (-na $A^1W^{1.2.3}$) ex argento (auro $Z^{1.2}$) purissimo] c. argenteam III ($E^{1.4.6}$), farum cantarum argenteum $X^{2.3}$ cum d. l p. l. xxx om. $Z^{1.2}$ delfinos] I (A^1Q). II ($C^3B^{3.4.5p.6}C^{1.2p.5}$) E^4, delfinis reliqui, dalfinis $P^{1.2}$ l om. B^{3p} xxx] xx Freh. [?]   6 candelabra] candebra B^7 aereae] aurea $C^{4.5p}$ in pedibus ... lib. ccc om. Z^1 denis] B^1 et sic vel numeri nota dett. quidam, denos $A^1C^3B^4E^1$ et fere meliores, denus B^7 sing. om. QE^4 ccc] II (rel.). III ($E^{1.4.6}H^{1.2}$), cc $C^{3.4}$ 7 laurenti om. P^1 martyres A^1, om. $Z^2P^1[?]H^{1.2}$ argento] argenti B^3, argente $C^{2p.5p}$, argenteum C^4, ex argento $P^{1.2}$ clusas (clausas $W^{1.2.3}X^{2.3}C^{2.5}$), clusam $A^{5.7p}P^{1.2}$, clausam $A^{6.7c}$, clausus B^1, clusa Z^1) sigillis (singulis $B^{5p.6.7}D^{1.2}$) passionem (passionum $X^{2.3}$, possessionem $C^{2.4.5}P^2$) ipsius (illius D^1, eius $Z^{1.2}$)] clusam (clausam E^6, clausa E^4) passionem ipsius sigillis ornatum (-tam $E^6Mog.$). III ($E^{1.4.6}$), clausis sigillis fecit passionem ipsius $H^{1.2}$, clusit sigilla passionum ipsius Cr.   7/8 cum lucernas ... lib. xu] et alia multa dona et possessiones per diuersa loca $Z^{1.2}$ cum] et $W^{1.2.3}$, om. $D^{1.3}$ 8 lucernas] lucernis $X^{2.3}A^{5.6.7}B^{1.2}QB^{5c}C^{2c.4.5c}P^{1.2}E^{1.6}$ $H^{1.2}Cr.$, lucerna $C^{2p}E^4$ ui nixis] II (rel.) A^6, binixis A^5, binixes I (rel.), binexis Freh., innixis $B^2Cr.$ (text.), urnixis D^1, unixis P^1, nixis $C^{2p.3.4.5}H^{1.2}$, binixa E^4, bissinis E^1, bisinis E^6, binis $X^{2.3}$, trium lychnorum Cr. (marg.) argenteas] I (rel.). II (rel.), arteas B^7, argentea B^1E^4, argentis $X^{2.3}A^{5.6.7}Freh.QC^{2.4.5}$ $P^{1.2}E^{1.6}$, argenteis x $H^{1.2}$ pens.] qui (quae $A^{6.7}$) pens. $A^{5.6.7}$ sing. om. $W^{1.2.3}$ xu] u E^4 9 in eodem loco ... p. 65, 5 donum quod obtulit transponunt $E^{1.4.6}$ (cf. pag. 65, 5)   10 possessio] possio B^{6p}, est possessio $A^{6.7}$, dedit possessionem $Z^{1.2}H^{1.2}$, passionem P^2 quiriacetis] II (rel.), cyriacetis III ($E^{1.6}$ $H^{1.2}$) $C^{2.4}$, cyriacae I (rel.) B^{5c}, quiriacitis B^1, quiriatitis C^1, curiacetis H^2, quiriacae $P^{1.2}$, quiriaci $D^{1.2}$, quiriacetis alias cyriacetis Cr.   religiosae] religione C^2 quod] quia $W^{2.3}$, qui $A^{5.6.7}$, quam III ($E^{1.6}H^{1.2}$) $X^{2.3}Z^1P^{1.2}C^4$ fiscus] fescus B^{1c}, fexus E^{1p}, ficus $B^{3p.7}$ occupauerat] II. III, praeoccupauerat I, occupauerunt C^{2p} tempore] tempora $A^{5.6}$ 11 persecutionis] persecutiones C^1 ueranum ... pag. 66, 5 patenam auream] sed et alias multas possessiones (ualentes et lxuiii sol. ins. Z^2) et patenam auream $Z^{1.2}$ ueranum (ueranus $A^{6.7}$) fundum (fudum C^{2p}, funum B^3, fundus $W^{1.2}A^{5.6.7}$)] scilicet f. u. $H^{1.2}$ clx] cl $P^{1.2}$, cxl III ($E^{1.6}$), centum sexaginta alias sexaginta Cr.   12 aqua tuscia] aqua tusciae $B^{2.3}Q$, aqua tusciae $X^{2.3}$, aquatia C^3, aqua tutia $C^{2p.5}$, aqua tucia C^4, aqua tustia C^{2c}, aqua tusia E^{1p}, aqua tuzia E^{1c}, aqua turia Mog.   latus] reliqui (in his B^1), latum E^{1p}, lacum Cr. (marg.) cliii] cliiii $B^4Cr.$, cli et cetera talia (om. sequentibus usque' ad pag. 65, 17 modemnos ii) $W^{1.2.3}$ 13 augusti] aūg A^1 territurio] in t. $A^{5.6.7}$ $C^3P^2H^{1.2}Cr.$ sabinense] sauinense C^5, sabinensi A^1, sauinensi III $A^{5.6.7}$ praest.] repetunt post christianorum C^1P^1, om. B^4 nomini (I P^1, nomine II [rel.] III, nomiñ B^7, nomina $D^{1.2}$) christianorum (christi annorum B^1, christiano P^1.) om. $A^{6.7}B^5H^{1.2}Cr.$ sol. om. B^5C^2 cxx] xx E^{1p} 14 possessio sufuratarum (sufuratarum E^1) praest. sol. lxii (sic, non lxu E^1) III ($E^{1.4.6}$), om. reliqui   15 micinas] mecenas $A^{5.6.7}$, nicenas Freh., micenas B^1, micanas B^5, micinias $D^{1.2}$, mucinas C^1P^1, in mutinas $H^{1.2}$ augusti] aūg B^1 aliique, augusto $C^3D^{1.2}$, cum augustus $B^{6.7}$, cum augusti 'al. non habet cum' Cr., ante in mut. $H^{1.2}$, om. $P^{1.2}$ cx] cl III ($E^{1.6}$)

XXXIIII. SILVESTER.

possessio Termulas, praest.

I   sol. LXV;   sol. LX;   *II. III*

possessio Aranas, prest. sol. LXX;

III   possessio Septimiti, praest. sol. CXXX.

III 5 Donum quod obtulit:

I. III   patenam auream, pens. lib. XX;

I. III   patenas argenteas II, pens. sing. lib. XXX;

I. III   sciphum ex auro purissimo, pens. lib.
10   XV;

I. III   sciphos argenteos II, pens. sing. lib. X;

I. III   calices argenteos ministeriales X, pens. sing. lib. II;

I. III   amas argenteas II, pens. sing. lib. X;

15   fara argentea XXX, pens. sing. lib. XX;

I. III   metreta ex argento, pens. lib. CL, portante medemnos II.

FK I ('Eisdem temporibus fecit') Augustus Constantinus (basilicam beatis martyribus Mar-
20 cellino presbitero et Petro exorcistae 'inter 'duos lauros') et mysileum, ('ubi mater

Eisdem temporibus Augustus Constantinus 26 *II* fecit basilicam via Lavicana inter duos lauros beato Petro et Marcellino martyribus et moysileum, ubi beatissima Augusta

---

FK habent quae ( ) *comprehenduntur, F solus signata praeterea* ' ', *K solus signata praeterea* ' '; *P habet (praeter nominatim excepta) omnia:* I ($A^1 W^{1,2,3} A^{2,3} X^{2,5} Freh. A^{5,6,7} Z^{1,2}$), II ($C^3 B^{1,2,3,4} Q B^{3,5,7} C^{1,2,4,5} D^{1,2} P^{1,2} N$). III ($E^{1,4,6} Y H^{1,2} Cr. Mog. Mut.$). — *ad v. 18 seq. Beda chr. c. 420.*

1 termulas] thermulus C^2, termilos X^2, termulos Cr. (marg.)   praest ... 3 aranas bis A^5 2 lx] II. III, lxu I   3 possessio aranas (arana B^1, oranas $C^1 P^2 H^{1,2}$, oraras P^1) pr. s. lxx (lxxx B^1) om. $A^{6,7}$ 4 possessio s. pr. s. cxxx] III ($E^{1,4,6}$), om. reliqui   5 donum quod obtulit (d. q. o. om. A^1) patenam ... 17 medemnos ii hoc loco I eodemque loco solum v. 15 reliquis omissis II, eadem (d. q. o. igitur sola) post pag. 64, 8 pens. sing. lib. xu III ($E^{1,4,6}$), om. $H^{1,2}$ 6 patenam auream] patena aurea A^1, et p. a. P^2, p. a. posuit $A^{5,6,7}$ lib. xx] sol. lxx $A^{6,7}$ 7 pateras Z^2 ii om. A^7 pens. om. Z^2 sing. om. I   8 xxx] xxu $A^{6,7}$ 9 scypum aureum purissimum i lib. xu post scyph. arg. Z^1 pens. sing. (om. $A^{6,7}$) om. $Z^{1,2}$ lib. x] lib. xu Z^2, om. Z^1 12 arg. (om. Z^2) min.] m. a. III ($E^{1,4,6}$)   12/13 pens. sing. (om. $A^{6,7}$) om. $Z^{1,2}$ lib. ii] lib. xx $E^{1,6} Z^2$, om. Z^1 14 ii om. Z^2 pens. sing. (om. $X^{2,3} E^{1,6}$) lib. x om. $Z^{1,2}$ 15 fara argentea (f. a. om. Z^2) xxx (xx E^4) p. s. lib. xx] I. III, f. a. (pharos argenteos Cr.) xxx p. s. lib. uiii II Cr.   16 metreta] metretam III, metretes A^5, metretas A^4, metreas A^{7p} argento] auro III   16/17 portante (-tem E^4, -tes $A^{5,6,7} E^{1,6}$) medemnos (medempnas $E^{1,6}$) ii (iii $E^{1,4,6}$) om. $Z^{1,2}$, hic addit: summa argenti basilice laurenti: fuit Icxl auri libras   18 eisdem (hisdem $C^5 H^{1,2}$, eidem A^2) temporibus] eodem tempore $F W^{2,3} A^{2,6,7} Z^2$ fecit aug. (om. Z^2) const. (c. a. Z^1) basilicam (basilica W^1, om. Z^1)] I, a. c. (c. a. P^1) f. basilicam (basilam B^1) II $E^{1,6}$, a. c. b. f. E^4, c. a. f. b. Cr., fecit basilica (-cam F^3) F. ecclesiam Z^2, basilica K   19 post basilicam (sic A^1 et rel., post exorciste $A^{2,5,6,7}$) ins. in territurio I, om. II. III   beatis (beati $A^1 W^1 Z^{1,2}$, beatus K^2, sancti F, beatissimis III) martyribus (martyres $F^{1,2} K$, martyris $F^3 Z^{1,2}$) marcellino presbitero et petro (marcellini presbiteri et petri $Z^{1,2}$) exorcistae] FK I. III, beato petro et (cum B^1) marcellino martyribus II Cr.   20/21 inter duos (duas $A^{6,7} E^1 H^{1,2}$) lauros (lauras B^1) hoc loco K I. III, post basilicam uia lauicana II $H^{1,2} Cr.$ 21 et mysileum] I (rel.) E^1, et moysileum II (rel.), et mosyleum B^6, et sileum C^{5p}, et mosoleum E^4, et mauseolum $A^{6,7} E^9$, et mausoleum construxit $H^{1,2}$, om. C^2 ubi (et ins. K) mater ipsius (eius Z^2) sepulta est (e. s. K) helena augusta (h. a. post est sep. K, ante mater Z^2) K I (rel.), ubi beatissima augusta (beatissima augustam $Q B^5 C^{1,2,5} D^2$) matrem suam posuit (reposuit $C^{2,4,5}$) in sarcophago (sarcofaco B^1, sartofago $B^{5,7}$) porphyritico (purpurico B^7, purporico B^6) II. Cr. (add. in marg. manu prima ubi helena iacit B^1), ubi (et ins. E^4) beatissima (om. $A^{5,7} E^{4,6}$) mater ipsius sepulta est helena augusta in sarcophago porphiretico (purpureo $A^{5,6,7} Freh.$) III ($E^{1,4,6}$) $A^{5,6,7} Freh.$, ubi beatissimam helenam augustam matrem suam posuit in sarcophago porphyretico $H^{1,2}$, ubi matrem suam posuit in sarcofago purpureo Beda: recensio classis secundae aucta est ex primitiva translato huc loco pag. 66, 11 ... 13 ibi ab eadem classe omisso: classis tertia sequitur primam, retinens tamen quae secunda addidit beatissimam et in sarcofago porfyretico.

66   XXXIIII. SILVESTER.

K I ('ipsius sepulta est Helena Augusta') via matrem suam posuit in sarcofago purphy- *II*
Lavicana, miliario III. In quo loco et pro ritico, ubi et donavit:
amorem matris suae et veneratione sancto-
rum posuit dona voti sui:

    patenam auream purissimam, pens. lib. XXXV;
    candelabra argentea auro clusa in pedibus XII IIII, pens. sing. lib. CC;
    coronam auream, quae est farus cantarus, cum delfinos CXX, pens. lib. XXX:
    calices aureos III, pens. sing. lib. X cum gemmis prasinis et yacintis;
    amas aureas II, pens. sing. lib. XL:
10 altarem ex argento purissimo, pens. lib. CC,

I. III ante sepulchrum beatae Helene Auguste,
    qui sepulchrum est ex metallo pur-
    phyriticus exculptus sigillis

    phara cantara argentea XX, pens. sing. lib. XX.

I 15 Item sanctis martyribus supra scriptis basi- Item in basilica sanctorum Petri et Mar- 27 *II. III*
licae donum dedit: cellini donum quod dedit:

    altare ex argento purissimo, pens. lib. CC:
    patenas aureas purissimas II, pens. sing. lib. XV:
    patenas argenteas II, pens. sing. lib. XV;
20 sciphum aureum maiorem

II   purissimum,
II. III ubi nomen Augusti designatur,

    pens. lib. XX;
    sciphum aureum minorem, pens. lib. X;
25 sciphos argenteos V, pens. sing. lib. XII:
    calices argenteos ministeriales XX, pens. sing. lib. III:
    amas argenteas IIII, pens. sing. lib. XV:
    annis singulis oleum nardinum pisticum lib. DCCCC:
    balsamum lib. C,

    K habet quae (' ') *comprehenduntur; P habet (praeter nominatim excepta) omnia ad v. 1—4: I (A^1 $W^{1.2.3}A^{2.3}X^{2.4}A^{5.6.7}Freh.Z^{1.2}$). II ($C^3B^{1.2.3.4}QB^{5.6.7}C^{1.2.4.5}D^{1.2}P^{1.2}N$). III ($E^{1.4.6}YH^{1.2}$ Cr. Mog. Mut.), inde a v. 5: I ($A^{1.2}$). II ($C^3B^{1.2.3.4}$). III ($E^{1.6}$).*

1/2 uia lauicana miliario (-ria $W^{2.3}$, *ins.* ab urbe E^4, ab urbe roma $E^{1.6}$) iii (iiii E^4) hoc loco *I. III.* uia lauicana (uiam lauicanam $B^{1.2.3.4}$, uia lauiana B^{7p}, uia leuicana *Beda*) *post p.* 65, 19 basilicam *II* $H^{1.2}Cr.$, *omittentes* miliario iii   2 in quo loco et (*om.* $Z^{1.2}$) pro (propter A^2) amorem ($A^1W^1A^2$, amore *reliqui*) matris (*rel. et Mog.*, matri E^1, *om.* Z^2) suae (eius Z^2) et ueneratione (-nem A^2W^1) sanctorum posuit dona uoti sui (d. uoti suae E^1, donatiuum suum $Z^{1.2}$) *I. III (rel.)*, ubi et donauit *II Cr.*, ubi ob amorem m̅r̅m̅ (= martyrum) et (et et H^2, *om.* H^1) matris suae sepultae haec dona obtulit $H^{1.2}$ 5 patenam ... 67, 17 sol. cc *om.* A^2 patinam A^1 aur. pur.] ex auro purissimo $E^{1.6}$ (non A^1)   xxxu] xxu A^1 6 in ped. xii (duodenos A^1, xii duodenus C^3) iiii (*om.* $B^{2.3}$)] iiii in ped. xii $E^{1.6}$ cc] ccl A^1 7 corona aurea A^1, coronam ex auro purissimo $E^{1.6}$ delfinis $B^{1.2}E^{1.6}$ 8 et *om.* $B^{1.4}$ yaquintis B^1, iacinthinis $E^{1.6}$ 9 xl] xi $E^{1.6}$, lx A^1 10 altare $A^1B^2E^1$, alteram C^{3c}, alteram C^{3p} 11 ante ... 13 sigillis *habent* $A^1E^{1.6}$ *soli (vide ad p. 65, 21)*   12 qui sep. est] fecit $E^{1.6}$ 12/13 porfiretico exculptis $E^{1.6}$ 14 argenteas xx] xx ex argento purissimo $E^{1.6}$ 15 item sanctis ... 16 dedit A^1, item in basilica (basica C^3) ... dedit (d. tale E^6, d. tale est E^1) *reliqui*   17 altarem $C^3B^{3.4}$ ex arg. pur.] arg. purissimum $E^{1.6}$ 18 purissimas *om.* A^1B^4 sing. *om.* $E^{1.6}$ 21 purissimum *om.* $A^1E^{1.6}$ 22 ubi n. augusti ($B^{1.3}$, augus̅ B^4, augusta E^6, augustae E^1) des.] *post mai. pur. II, post lib. xx* $E^{1.6}$, *om.* A^1 24 scyphum ... x *om.* $E^{1.6}$ 25 argenteas C^3 26 ministeriales (mensteriales C^3) arg. $C^3B^{1.2.3.4}E^{1.6}$ 28 oleu C^3, oleo $B^{2.3.4}$, olei $B^1E^{1.6}$ nardu C^3B^1, nardo $B^{2.3.4}$, nardinum A^1, nardi $E^{1.6}$ pisticu C^3B^1, pistico $B^{2.3.4}$, pistici $E^{1.6}$ dcccc] dccc B^4 29 balsami $E^{1.6}$

XXXIIII. SILVESTER.

aromata in incensum sanctis martyribus supra scriptis beato Marcellino et Petro lib. C;
fundum Laurentum iuxta formam cum balneum et omnem agrum a porta Sossoriana

I usque ad via Penes- || *II* viam itinerariam usque ad || *III* uia itineraria usque ad
trina a via itineris La- | viam Latinam ad monte | viam Latinam ad mon-
tinae usque ad mon- | Gabum ipsum montem | tem Albium ipse mons
tem, Gabum; | Gabum; | Albius;

possessio Auguste Helenae prest. sol. ĪCXX;
insulam Sardiniam cum possessiones omnes

I. III   ad eandem insulam pertinentibus
prest. sol. ĪXXIIII;

I. III   insula

Meseno cum possessiones

I. III   ad eandem insulam pertinentes   suas omnes   *II*

prest. sol. DCCCX;
insulam Matidiae, quod est montem Argentarium, prest. sol. DC;
possessio in territurio Sabinense, quod appellatur Duas casas, sub monte Lucreti,
prest. sol. CC.

Eodem tempore fecit Constantinus Augustus   28

III ex sugestione Silvestri episcopi

⟨'basilicam in civitate Hostia'⟩, iuxta Portum urbis Romae, beatorum apostulorum Petri
et Pauli et ⟨'Iohannis Baptiste'⟩, ubi

I. III et dona

obtulit hec:

patenam argenteam, pens. lib. XXX;

K habet quae (⟨ ⟩) comprehenduntur; P habet (praeter nominatim excepta) omnia: I ($A^{1.2}$). II (C^3
$B^{1.2.3.4}$). III ($E^{1.9}$). — ad 20 Beda chr. c. 421.

1 in om. $A^1B^3E^6$ incensu $C^3B^{1.4}$, incenso B^2 sanctis m. supra (super $B^{2.3}$, om. A^1) scriptis (-tos
B^3, om. A^1) beato (beatis $C^3B^{1.2.3}$) m. et petro] ante corpora sanctorum marcellini et petri $E^{1.6}$ 2 lauretum
$B^{2.3c.4}$, laurentium $E^{1.6}$ furma A^1 balneo B^2E^1 a porta] $B^1E^{1.6}$, a portam C^3B^4, ad porta A^1, ad portam $B^{2.3}$ sossorianam $C^3B^{2.4}$, sosoriana B^1, sosorinam B^3, sossoritana E^6, sosorritata E^{1p}, sosoritana E^{1c},
sessuriana A^1 3 usque ad uia penestrina a uia itineris latinae usque ad montem gabum A^1, uiam itine-
rariam (etinerariam $B^{1p.3.4}$, et in aerariam B^2) usque ad uiam latinam ad monte (montem $C^3B^{2.3.4}$) gabum
(om. B^4) ipsum montem (monte B^4) gabum (om. B^4) $C^3B^{1.2.3.4}$, uia itineraria (itineraria E^6) usque ad uiam
latinam ad montem albium ipse mons albius (gauus E^{1c}) $E^{1.6}$ 7 aūg helena B^2, augusti helena B^3, augusta
helenae B^4 praest. sol. lcxx ... pertinentibus om. E^{6p} lcxx] cccxx (ex ∞cxx) A^1 8 sardinam C^3,
sardineam E^6 possessionibus omnibus $E^{1.6}$ ad eandem insulam pertinentibus A^1, ad eandem (eam E^6)
pertinentibus (om. insulam) $E^{1.6}$, om. reliqui   10 lxxiiii] ccxxiiii (ex ∞xxiiii) A^1 11 insula A^1, insulam $E^{1.6}$, om. reliqui   12 meseno] mesenum E^1, mesemum E^6, messeno B^4, menseno $B^{2.3}$ cum possessiones suas omnes $C^3B^{2.3.4}$, cum possessionibus suis omnibus B^1, cum possessiones (-nibus $E^{1.6}$) ad eandem
(eadem A^1) insulam (om. $E^{1.6}$) pertinentes (pertinentibus $E^{1.6}$) $A^1E^{1.6}$ 15 insulam matdiae (mattidiae A^{1c})
A^{1p}, insula matitiae C^3, insula matiziae $B^{1.2.3.4}$, insulam atitiae E^1, insulam aticie E^6 quod] quo $E^{1.6}$
mons E^6 argentarius E^6, argentariis E^1 16 possessiones $C^3B^{1.2.3.4}$ saunense A^1, sabinensi
$E^{1.6}$ quod appellatur] quae cognominatur $E^{1.6}$ lucretio $E^{1.6}$ 18 eodem tempore] iterum A^2 fecit
c. a. fecit A^1, fecit idem a. A^2 19 ex (s)ugestione s. ep. $E^{1.6}$ soli   20 basilicam (-ca K) post
hostia K, post fecit $E^{1.6}$ ciuitatem $C^3B^{1.2}$ hostiensi $E^{1.6}$ urbis] ubi bis C^3 21 iohannis]
sancti i. E^1, beato iohanni (-ne K^2) K   22 et dona A^1, dona A^2, et donum $E^{1.6}$, om. rel.   23 hec] A^1,
hoc $C^3B^{1.2.3.4}$, om. $A^2E^{1.6}$ 24 patenam ... 69, 2 sol. dclu om. A^2

calices argenteos X, pens. sing.

1   lib. binas;   lib. V;   *II. III*

amas argenteas II, pens. sing. lib. X;
phara

l 5   cantara

argentea XXX, pens. sing. lib. quinas;
sciphos argenteos II, pens. sing. lib. VIII;
patenam argenteam chrismalem singularem, pens. lib. X:
pelvem ex argento ad baptismum, pens. lib. XX;
10 insulam qui dicitur Assis, quod est inter Portum et Hostia;
possessiones omnes maritimas usque ad Digitum Solis, prest.

1   sol. DCLV;   sol. CCC;   *II. III*

possessio Grecorum in territurio Ardeatino, prest. sol. LXXX;
possessio Quiriti, territurio Hostense, prest. sol. CCCXI;
15 possessio Balneolum, territurio Ostense, prest. sol. XLII;
possessio Nymfulas, prest. sol. XXX.

Item quod obtulit Gallicanus basilicae supra scriptae sanctorum apostulorum Petri et 29
Pauli et Iohannis baptistae; optulit hoc:
coronam argenteam cum delfinos, pens. lib. XX:
20 calicem argenteum anaglyfum, pens. lib. XV;
amam argenteam, pens. lib. XVIII;

II. III   massam territurio Sabinense Mallianum,
    praest. sol. CXV et tremissium;

II. III   fundum Picturas

25   territurio Velliterno, prest. sol. XLIII;

P habet (praeter nominatim excepta) omnia ad v. 1—16: 1 (A^1). II ($C^3B^{1.2.3.4}$). III ($E^{1.6}$), inde a v. 17: 1 ($A^1 W^{1.2.3} A^{2.3} X^{2.3} Freh. A^{5.6.7} Z^{1.2}$). II ($C^3B^{1.2.3.4} QB^{5.6.7} C^{1.2.4.5} D^{1.2} P^{1.2} N$). III ($E^{1.4.6} YH^{1.2} Cr. Mog.$). — ad v. 17 acta sancti Gallicani (acta sanct. Iun. vol. 7 p. 34) fortasse pendent ex Pontificali, nam Ostiensem eum faciunt v. 14 ad eum ut videtur relato.

1 sing. om. E^1 2 lib. ij] lib. binas A^1, lib. u $C^3B^{1.2.3.4} E^{1.6}$ 5 cantara] A^1, om. reliqui 6 argentea] gentea C^3 7 uiii] uiiii $E^{1.6}$ 8 chrismale $E^{1.6}$ singulare $A^1 C^3 E^1$ 9 pelue A^1, peluim E^1 xx] xxx C^3 10 insula A^1 quae $C^3 B^{1.2.3.4} E^{1.6}$ arsis $E^{1.6}$ quod est inter p. et hostia (ostia B^1)] in territorio portuensi et hostias $E^{1.6}$ possessiones] peñ E^1 12 sol. dclu] A^1, sol. ccc reliqui   13 possessionem E^1 gregorum B^4 ardiatino $B^{1.2.4}$, arditino C^3, ordiatino B^3 14 quiriti] quirinis A, quirici E^6 osten[s]e B^1, hostensi E^1, hostiensi E^6 cccxi p. balneolum (ualneolum C^3, balneorum B^4) t. hostense (ostense B^1, hostensi E^1, hostiensi E^6) pr. sol. om. B^3 16 numfulas $E^{1.6}$ 17 item quod obtulit . . . p. 69, 1 sol. lui om. $W^{1.2.3} Z^{1.2}$ item quod (quae $Cr.$), dona quae $A^{5.6}$ II, donum quod C^4, om. $H^{1.2}$) obtulit gallicanus (callicanus B^2)] canus (om. rel.) A^1 supra (super $B^{5.6.7}$) scriptae (scrip B^4, scripti $B^{2.3}$)] II, supra scriptorum III, sanctae I (A^1), dictae $H^{1.2}$, om. $X^{2.3}$ sanctorum apostolorum (om. $E^{1.6}$) om. E^4 18 optulit hoc (om. C^3)] ubi o. h. Q, o. autem haec $Cr.$, haec dona $H^{1.2}$, id est III, om. $A^{5.6.7} P^1$ 19 argenteam] auream B^6 delfinos] $A^{1.6} C^3 B^{2.3.4.5} p^{6} C^{1.2} p$, defi E^1, delfinis reliqui (in his B^1), dalfinis P^1 pens. lib. om. P^1 xx] xxx Q   20 argenteum] aureum P^1, om. B^4 anaglyfum] anaclyfum B^1, anaglicum D^1, anoglyfatum $E^{1.6}$ xu amam (ama B^1, am A^1, amas E^4) argenteam (argentea A^1 [sic] B^1, argenteas E^4) pens. lib. om. A^7 21 xuiii] xuiiii $C^3 B^7 D^{1.2}$, xciii B^6 22 massam . . . 24 picturas] II. III, om. I ($A^{1.5.6.7}$)   massam] massa $B^{2.3} QC^{1.2.5}$, mausa P^1 territurio] in t. $P^1 H^{1.2}$ sabinense] sabinensem $B^{6.7}$, sabinensi $E^{1.6}$, sauinensi $C^5 E^4$ massam (massa $X^{2.3} B^2 QC^{1.2.5} P^2$, mausa P^1) mallianum (malianum B^4, mallianam $C^{3.4} E^{1.4.6} Cr.$, malliana $X^{2.3} C^2 P^{.5}$, gallianum B^6, gallianam B^7) ante territurio III ($E^{1.4.6} H^{1.2} Cr.$) $C^{2.4.5}$ territurio] in t. $Cr.$ 23 cxu] cxc B^6 et tremissium (trimissium $B^{5.7} H^1$, trimissum B^6, tremissum $C^5 E^1 Cr.$, tremissem $P^2 E^4$) om. $C^2 p^{.5}$ 24 picturas] pictoras $P^2 H^2$, pictura $B^{6.7}$, picturi $B^3 Q$ (post terr.) C^{2c}, picturia B^2, pictucas E^6 25 territurio] territorium $A^{6.7}$, in t. $P^1 H^{1.2} Cr.$ uelliterno] uelterno $E^{1.6} Cr.$, belliterno $B^{1.2.3.4.5} C^2 D^{1.2} H^1$, pelliterno $B^{6.7}$, ueliternum $A^{5.6.7}$, bellatorio $P^{1.2}$, literno C^5

XXXIIII. SILVESTER.

fundum Surorum via Claudia, territurio Veientano, prest. sol. LVI;
massa Gargiliana, territurio Suesano, prest. sol. DCLV.

Hisdem temporibus ⟨‸fecit‸⟩ Constantinus Augustus ⟨‸basilicam in civitatem Albanense‸⟩ 30
sancti Iohannis baptistae, ubi posuit hoc:
patenam argenteam, pens. lib. XXX;
sciphum argenteum deauratum, pens. lib. XII;
calices

I   argenteos

ministeriales X, pens. sing. lib. III;
amas argenteas II, pens. sing. lib. XX;
possessio lacum Turni cum adiacentibus campestris, prest. sol.

II. III   LX;
II. III   fundum Molas, praest. sol.

L;

possessio

II. III   Albanense cum

lacum Albanense, prest. sol. CCL;
massa Muci, prest.

I   sol. CLX;   sol. CLXX;   *II. III*

omnia schenica deserta vel domos civitatis in urbe Albanense

II. III   omnia in circuitum ecclesiae Con- ‖ sanctae ecclesiae dona obtulit Constan- *I. III*
stantinianae obtulit Augustus; ‖ tinianae;

possessio Horti, prest. sol. XX;
possessio Tiberii Caesaris, prest. sol. CCLXXX;
possessio Marinas, prest. sol. L;

III   massa Nemus, praest. sol. CCLXXX;

K habet quae comprehenduntur ⟨< >⟩, *pergens post adlata p.* 67, 21 *sic:* fecitque et basilica in civitate Albanense, *P habet (praeter nominatim excepta) omnia ad v.* 1: *I* ($A^1W^{1,2,3}A^{2,3}X^{2,3}Freh.A^{5,6,7}Z^{1,2}$). *II* ($C^3B^{1,2,3,4}QB^{5,6,7}C^{1,2,4,5}D^{1,2}P^{1,2}N$). *III* ($E^{1,4,6}YH^{1,2}Cr. Mog. Mut.$), *inde a v.* 2: *I* ($A^{1,2}$). *II* ($C^3B^{1,2,3,4}$). *III* ($E^{1,6}$). — *ad* 3 *Beda chr. c.* 422.

1 fundum] fundus I ($A^{1,5,6,7}$)   surorum] furorum B^3, susurorum B^4, suronum $D^{1,2}P^1$, suorum C^3, suroum C^{5p}, soronum C^4 claudia] I (rel.). III (rel.) $C^{1,2p,4}D^{1,2}P^1$, clodia II (rel.) A^7Cr.   territurio] in t. $A^{5,6,7}P^1H^{1,2}Cr$.   ueientano] I (rel.), ueietano $X^{2,3}$, uegentano II (rel.) $E^{1c,4}$, uegetano $A^{5,6,7}C^2p^{4,5}$, uigintano $D^{1,2}$, uegentatio E^{1p}, ueliterno E^6 praest.] praesunt B^3 sol. om. E^6 lui] ui B^3, lu A^7, luii $H^{1,2}$, dclu A^5 2 massam gargilianam E^1 suesano] $A^1B^{1,4}E^6$, suessano $C^3B^{2,3}$, suensano E^{1c}, suensono E^{1p} 3 eodem tempore $E^{1,6}$ fecit const. (om. A^2) aug. basilicam (-ca A^1)] f. b. aug. const. $E^{1,6}$, fecitque et (om. K^1) basilica K ciuitate $KA^{1,2}B^4E^1$ albanensi KE^1, albanensem B^1 4 sancti] uidelicet sancti E^1 posuit hoc] posuit multa dona A^2, et posuit donum hoc $E^{1,6}$ 5 patena ... 70, 3 sol. xxx om. A^2 patena argentea A^1 xxx] xx C^3 8 argenteos] A^1, om. reliqui   11 possess A^1 et sic passim, possessiones $B^{1,2,3,4}$, possiones C^3, possessio E^1 lacu A^1C^3 turni ($A^1C^3E^{1,6}$, turrini B^1, torrini $B^{2,3}$) cum adiacentibus (aiacentibus C^3)] tur aiacentibus (mediis omissis) B^4 campestris] $C^3B^{1,2,3,4}$, campestribus $A^1E^{1,6}$ 12 lx (xl $C^3E^{1,6}$) fundum (poss $E^{1,6}$) m. pr. sol.] $C^3B^{1,2,3,4}E^{1,6}$, om. A^1 15/17 possessio albanense (-si E^1) cum (cui E^1) lacum (laco B^1) albanense] $C^3cB^{1,2,3,4}E^{1,6}$, possessio lacum albanense A^1, possessio albanense C^{3p} 18 massam E^1 et sic passim   19 sol. clx] sol. (om. $B^{1,2}$) clxx (cclxx C^3) $C^3B^{1,2,3,4}E^{1,6}$ 20 schenica] A^1, scheneca $B^{1,3,4}$, seneca E^{1p}, sceneca $B^2E^{1c,6}$, schenecam C^3 deserta om. B^4 domus C^3B^1 ciuitates om. $E^{1,6}$ in] intra $E^{1,6}$ urbem $E^{1,6}$, ur(sic) B^1 albanense] $KA^1C^3B^{1,2,3}$, albanensi E^1, albenense B^4 21 omnia in circuitum (omnia cum circum C^3) ecclesiae (-sia $B^{2,4}$) constantinianae (constantinianae B^1, constantiniae C^3, constantiniana B^2) obtulit augustus] $C^3B^{1,2,3,4}$, sanctae ecclesiae dona (donum $E^{1,6}$) obtulit constantinianae (-niañ A^1, constantinus augustus $E^{1,6}$) $A^1E^{1,6}$ 24 tiberi B^1, tybirii C^3 cclxxx] lxxx $C^3B^{1,2,3,4}E^{1,6}$ 25 maritanas $E^{1,6}$ 26 massa n. pr. sol. cclxxx $E^{1,6}$ soli

XXXIIII. SILVESTER.

possessio Amartianas, territurio Corano, prest. sol. CL;
possessio Statiliana, prest. sol. LXX;
possessio Mediana, prest. sol. XXX.

Eodem tempore fecit Constantinus Augustus ('basilicam intra urbe Capua') apostulorum 31 ('que cognominavit Constantinianam'), ubi et obtulit dona haec:
patenas argenteas II, pens. sing. lib. XX;
sciphos argenteos III, pens. sing. lib. VIIII;
calices ministeriales XV, pens. sing. lib. II;
amas argenteas II, pens. sing. lib. X;
candelabra aerea IIII in pedibus X, pens. sing. lib. CLXXX;
fara cantara argentea XXX, pens. sing. lib. V;
fara cantara aerea XXX:

Et optulit possessiones:
massa Statiliana, territurio Menturnense, prest. sol. CCCXV;
possessio in territurio Gaetano, prest. sol. LXXXV;
possessio Paternum, territurio Suessano, prest. sol. CL;
possessio ad Centum, territurio Capuano, prest. sol. LX;
possessio in territurio Suessano Gauronica, prest. sol. XL:
possessio Leonis, prest. sol. LX.

Eodem tempore ('fecit') Constantinus Augustus ('basilicam in urbe Neapolim'), cui 32 optulit haec:
patenas argenteas II, pens. sing.

| lib. XV | lib. XXV; | *II. III* |

sciphos argenteos II, pens. sing. lib. denas;
calices ministeriales XV, pens. sing. lib. II;
amas argenteas II, pens. sing. lib. quindenas;
fara argentea XX, pens. sing. lib. VIII;

K habet quae comprehenduntur (' ') *pergens post adlata p.* 69, 3 *sic:* intra urbe Capua basilica quam et cognominavit Constantiniana, fecitque et in urbe Neapoli basilica: omnes has basilicas, quas construxit Constantinus Augustus, ornauit auro argentoque plurimum ditauitque eas possessiones (-ne K^1) in diuersis prouinciis non paruis, *P habet (praeter nominatim excepta) omnia:* 1 ($A^{1,2}$). *II* ($C^3B^{1,2,3,4}$). *III* ($E^{1,6}$). — *ad* 20 *Beda chr. c.* 422.

---

1 possio C^3 amartianas] A^1, armatianum $C^3B^{1,4}$, armatinianum $B^{2,3}$, armatiani in $E^{1,6}$ coranus B^{1p}, carano E^1, bearano E^6 cl] ccl E^{1p} 2 statilianam $B^{1,2,3,4}$, statilianum E^{1c}, stalitianum E^{1p} 3 mediane E^1, mediani E^6 4 hisdem temporibus $C^3B^{1,2,3,4}$ constantinus] beatissimus c. $E^{1,6}$ basilicam *post* capuam $E^{1,6}$ urbem $A^2B^1E^1$ capuam E^1, capuae A^2 5 quae] quam et K, quem E^1, quam E^6 cognominauit] cognouit A^2 constantiniana $KA^{1,2}$ et obtulit] posuit $E^{1,6}$ haec ... 19 sol. lx *om.* A^2 7 sceofos (*corr. in* scyfos) B^{1p} argenteas B^3 uiiii] A^1, uiii $C^3B^{1,2,3,4}E^{1,6}$ 8 sing. *om.* B^1 9 lib. x] x lib. E^6 10 iiii] num iiii *post* in pedibus x $C^3B^{1,2,3,4}$, *om.* E^1 clxxx] lxxx *in litura* C^3 11 canthera E^6 argentea] ex argento $E^{1,6}$ xxx] numerum xxx A^1, num xxx $C^3B^{1,4}$, numero xx $B^{2,3}$ pens. sing. lib. u f. c. a. (*ins. numero* C^3B^4) xxx *om.* $E^{1,6}$ 13 obtulit] donum quod o. $E^{1,6}$ 14 terr. menturū (mentorū B^1, menturno C^3) $C^3B^{1,2,3,4}$, terr. melturnense A^1, in terr. menturno (menterno E^1) *ante* massam $E^{1,6}$ cccxu] cccxu $B^{2,3}$ 15 poss. in (*om.* C^3) t. gaetano (*sic* A^1, gaitano B^4, gagitano $B^{1,2,3c}$, gazitano C^3, cagetano $E^{1,6}$) pr. sol. lxxxu (lxxx C^{3p}) *om.* B^{3p} (*expleuit imperfecte* B^{3c})   pr. sol. lxxxu ... 16 t. suessano *om.* E^6 16 suesano B^4E^1 17 territurium A^1 sol. *om.* E^1 lx] lxx $B^{2,3}$ 18 in] in eodem $E^{1,6}$ suesano $B^{1,3,4}E^1$ 19 poss. leonis (-nes B^{1p}) pr. sol. lx *om.* $B^{2,3}$ 20 hisdem temporibus $C^3B^{1,2,3,4}$ fecit] fecitque et K constantinus (beatus c. E^6, beatissimus c. E^1) aug.] aug. idem A^2 basilicam (-ca A^1) *post* neapoli K, *post* fecit $E^{1,6}$ urbe] KB^1E^1, urbem $C^3B^{2,3,4}$, ciuitatem A^1, ciuitate A^2 neapolitana E^{1c}, neapolitano E^{1p}, neapolitañ E^6 cui] $C^3B^{1,2,3,4}$ 21 haec patenas ... 71, 2 lib. x *om.* A^2 haec] hoc A^1, dona haec E^6, et dona haec E^1 23 lib. xu A^1, lib. xxu *reliqui*   25 xu] ii C^3

XXXIIII. SILVESTER.

fara aerea XX,

II. III   pens. sing. lib. X.

Fecit autem formam aquae ductus per milia VIII; fecit autem et forum

I. III in eadem civitatem

et donum optulit:
possessio Macari, prest. sol. CL:
possessio Cimbriana, prest. sol. CV:
possessio Sclina, prest. sol. CVIII;
possessio Afilas, prest. sol. CXL;
possessio Nymfulas, prest. sol. XC;
possessio insula cum castro, prest. sol. LXXX.

Hisdem temporibus constituit beatus Silvester in urbe Roma titulum suum in regione 33 III iuxta termas Domitianas, qui cognominantur Traianas, titulum Silvestri, ubi donavit Constantinus Augustus:

patenam argenteam, pens. lib. XX;
amam argenteam, pens. lib. X;
sciphos argenteos II, pens. sing. lib. VIII;
fara cantara argentea X, pens. sing. lib. V;
cantara cirostata aerea XVI, pens. sing. lib. XL;
calices argenteos ministeriales V, pens. sing. lib. II;
fundum Percilianum, territurio Sabinense, prest. sol. L;
fundum Barbatianum, territurio Ferentis, prest. sol. XXXV et tremissium;
fundum Statianum, territurio Tribulano, prest. sol. LXVI et tremissium;
fundum Beruclas, territurio Corano, prest. sol. XL;
fundum Sulpicianum, territurio Corano, prest. sol. LXX;
fundum Tauri, territurio Beientano, prest. sol. XLII;
fundum Sentianum, territurio Tiburtino, prest. sol. XXX;
fundum Ceianum, territurio Penestrino, praest. sol. L;
fundum Termulas, territurio Penestrino, praest. sol. XXXV;
possessio Cylonis, territurio Penestrino, prest. sol. LVIII.

Obtulit et omnia necessaria titulo Equitii.

P habet (praeter nominatim excepta) omnia: I ($A^{1,2}$), II ($C^3 B^{1,2,3,4}$), III ($E^{1,6}$). — AVCTORES: *ad* 13 *Constit. Silv. praef.:* in urbe Roma in thermas Domitianas, quae nunc cognominantur Traianas.

---

2 pens. sing. l. x *om.* A^1 *solus*   3 formam] et f. A^2 ductos C^3 miliaria E^6 autem] uero $E^{1,6}$ 4 in eadem ciuitatem (-te $A^2 E^{1,6}$) $A^{1,2} E^{1,6}$, *om. reliqui*   5 optulit] $C^3 B^{1,2,3,4}$, o. hoc $A^1 E^{1,6}$ 6 possessio ... 11 sol. lxxx *om.* A^2 possessionem E^1 *et sic deinceps*   machari $B^4 E^{1,6}$ 7 cymbrana B^1, cimbrana $B^{2,3,4}$, cymbranam $E^{1,6}$ cu] cx C^3 8 sclina] talina C^3, (h)yrclinam $E^{1,6}$ 9 afilas] $A^1 C^3$ B^4, affilas $E^{1,6}$, auilas $B^{1,2,3}$ cxl] cl $E^{1,6}$ 10 numfulas $B^1 E^1$ 11 insulam E^1 cum] in $B^{2,3}$ castra B^1 12 hisdem (his $A^1 B^4$) ... 31 equitii *om.* $E^{1,6}$ *propterea omnino quod eadem ex recensione diversa supra leguntur p.* 47, 10—48, 17   romo C^3 12/13 regionem tertiam $C^3 B^{1,2,3,4}$ 13 quae B^3 cognominatur $A^{1,2}$ traianas titulum siluestri] equiti traianas titulum C^3 15 patenam ... 30 sol. luiii *om.* A^2 16 amas argenteas ii A^1 17 ii *om.* C^3 18 sing. lib.] lib. sing. B^{1v} 19 cirostota B^4 aerea *om.* B^1 20 sing. *om.* C^3 21 perciliamum B^3, percilianus A^1 sauinense A^1 l] cl (*potius quam* l) B^1 22 barbatianus A^1 23 statianus A^1 lxui] xlui B^1 24 berruclas $C^3 B^{2,3,4}$, berrucclas B^1 carano (*Pertz, mihi magis visum est esse corano*) B^1 25 sulpicianum] B^4, sulpitianum $B^{2,3}$, sulpicianus A^1, supplicianum B^1 lxx] lxxx B^4 26 uegentano $C^3 B^{1,2,3,4}$ 27 sentianus A^1 28 celanus A^1 penestrino] praenestino B^1 l fund. term. terr. penestrino (praenestino B^1) pr. sol. *om.* B^3 29 praenestino B^1 31 titulo *om.* B^3 aequiti B^1, equitio A^2

XXXIIII. SILVESTER.

⟨ʽHic Silvester fecit ordinationes VI per mens. Decemb., presbiteros XLII, diacones ʽXXVI, episcopos per diversa loca LXV.ʼ⟩
Hic ⟨sepultus est in cymiterio Priscillae via Salaria ab urbe Roma miliario III prid. ⟨kal. Ianuar.⟩ Qui vero catholicus et confessor quievit.
5 ⟨ʽEtʼ cessavit episcopatum dies XV.⟩

FK habent quae comprehenduntur ⟨ ⟩, *F solus signata praeterea* ʽ ʼ, *K solus signata praeterea* ʽ ʼ; *P habet (praeter nominatim excepta) omnia:* I ($A^{1.2}$). II ($C^3B^{1.2.3.4}$). III ($E^{1.6}$). — *ad v.* 3 hic sepultus ... 3/4 prid. k. Ianuarias] *repetit iisdem verbis vita (Mombritius l. c. p. 47).*

1 hic siluester ... 2 lxu *om.* A^2 hic s. f. o. ui (lii E^6)] ordinauitque beatus siluester episcopus K xlii] xliiii K^2, xluiii K^1 1/2 diac. xxui *om.* E^6 2 per diuersa loca] per diuersis temporibus et loca K lxu] xlu C^3, numero (*om.* B^2) ccclxu $B^{2.3}$ 3 hic sep. est] sep. est K^1, sepultusque est K^2, sep. est beatus siluester F, qui et sep. est A^2 uia sal. in cym. pr. $FKE^{1.6}$ mil. ab u. roma (romae K^2) r. iii $KE^{1.6}$, mil. iii ab u. r. F 4 cath.] cath. est B^2 5 et cessauit] cessauit K^2 episcopatum] $C^3B^{1.3.4}$, episcopatus (*vel comp.*) *reliqui*   xu] uiiii $F^{1.3}$, uiii F^2K

XXXV. MARCVS.

⟨Marcus, natione Romanus, ex patre Prisco, sedit ann. II ⌐m. VIII d. XX.⌐ Fuit 1
⟨⌐autem⌐ temporibus Constantini Nepotiano et Facundo conss. ex die kal. Febr. usque
⟨⌐in die⌐ kal. Octob.

⟨Hic constituit, ut episcopus Hostiae, qui consacrat episcopum, palleum uteretur et ab 2
(eodem episcopo urbis Romae consacraretur.⟩ Et constitutum de omnem ecclesiam
ordinavit.

Hic fecit duas basilicas, unam via Ardiatina, ubi requiescit, et alia in urbe Roma iuxta 3
Pallacinis.

Ex huius suggestione obtulit Constantinus Augustus basilicae, quem cymiterium constituit via Ardiatina:
    fundum Rosarium cum omnem agrum campestrorum, prest. sol. XL.

In basilica in urbe obtulit hoc: 4
    patenam argenteam, pens. lib. XXX;
    amas argenteas II, pens. sing. lib. XX;
    sciphum argenteum I, pens. lib. X;

II. III   calices ministeriales argenteos III, pens.
        sing. lib. II;

II. III   coronam argenteam, pens. lib. X;

    fundum Antonianum via Claudia, prest. sol. XXX;
    fundum Vaccanas via Appia, prest. sol. XL et tremissios II;
    fundum Orrea via Ardiatina, prest. sol. LV et tremissium.

---

*FK habent quae ( ) comprehenduntur, F solus signata praeterea ⌐ ⌐, K solus signata praeterea ⌐ ⌐;
P habet (praeter nominatim excepta) omnia: I ($A^{1.2}$). II ($C^3B^{1.2.3.4}$). III ($E^{1.6}$. Mut.: beatus Marcus const
ut episcopus ... hordinem fecit). — AVCTORES: 1 sedit ... 3 k. Octob.] catal. Liber.: mens. VIII d. XX.
et hic fuit temporibus Constantini Nepotiano et Facundo conss. [a. 336] ex die XV k. Febr. usque in diem
non. Oct. conss. ss. Depos. episc. Rom. (chr. min. I p. 70): non. Oct. Marci in Balbinae. Index: ann. II
(om. 5; ins. m. i 2, m. uiii 5) d. xx (om. 7. 8. 9).*

2 autem om. K^1 costantini F^3 nepotiano] B^1 cum cat. Liberiano, et nepotiano $C^3B^{2.3.4}$, et nepotiani
(neputiani K) $FKA^{1.2}E^{1.6}$ et] ac $E^{1.6}$, om. $F^{1.2}$ facundo] A^1, fando A^2, fecundo $F^3KC^3B^{2.3.4}$, secundo
$F^{1.2}B^1$, secundi $E^{1.6}$ consulum E^1 kal. febr. usque in die (diem E^1) om. $A^{1.2}$, usque in die (usque iii
K^1) kal. octob. om. K^2, usque in die k. oct. hic constituit om. F^3 4 episcopos hostiae qui consecrat]
episcopus ciuitatis qui hostias consecrat N ostenses q. c. episcopum om. K^2 hostiae] ostiae B^1, ostensis
(-ses $F^{1.2}$) FK Mut., hostiensis $E^{1.6}$ consacrat] FK^1B^4 Mut., consecrat plerique, consecrarat $E^{1}p$ epi-
scopum] K^1A^1, ēps F, ēpm roma A^2, episcopum urbis $B^{2.3.4}E^{1c.6}$, episcopos urbis $B^1E^{1}p$ Mut., ēps urbis
rome C^3 palleum] AC^3 Mut., pallium FKA^2B^1, pallio $E^{1.6}$, tunc pallium $B^{2.3.4}$ 4/5 et (uel F^2, ut F^1)
ab eodem episcopo ($F^{1.2}KE^1$, episcopum A^1, epis $F^3B^{1.4}p$, eps $F^{1.2}A^2B^{2.3.4c}E^6$ Mut.) u. r. consacraretur (sic
K^1 Mut., consecraretur FK^2 et rel., consecretur B^1, consecratur $B^{2.3.4}$) om. C^3 5 de omnem (omni A^2)
ecclesiam (ecl A^1, aeccla A^2) ordinauit] $A^{1.2}$, de omnem (omni B^2) ecclesiae (sic $C^3B^{1.3.4}$, ecclesia B^2)
ordinem (-ne B^1) fecit $C^3B^{1.2.3.4}$, de omni ecclesiasticam (-ca E^1, -co E^6) ordinem (-ne $E^{1.6}$) fecit $E^{1.6}$ Mut.
7 una $A^{1.2}E^1$ uia om. $A^{1.2}$ ardiatina] $B^{1.2.3.4}$, arditina C^3, ardeatina $A^{1c.2}E^{1.6}$, ardena $A^{1}p$ aliam C^3
8 pallacinas E^1, palatinis B^3, palatium E^6 9 ex om. $C^3E^{1.6}$ suggestionem $C^3B^{3.4}$ obtulit] tulit C^3,
obtulit dona multa A^2 om. sequentibus ad 21 tremissium   quam $B^1(?)E^{1.6}$ 10 ardiatina] $C^3B^{2.3}$, ardiatiana
B^4, ardeati*a*na B^1, ardeatina $A^1E^{1.6}$ 11 rosarum $B^1E^{1.6}$ omni agro $B^1E^{1.6}$ campestri $E^{1.6}$ 12 basilicam $C^3B^{1.4}$ urbem $C^3B^{2.3.4}$, urbe roma E^1 14 sing.] B^1, om. $A^1C^3B^{2.3.4}E^{1.6}$ lib. xx] lib. xxx $B^{2.3}$
16 calices ... 18 lib. x om. A^1 argenteos ante min. B^3p,om. B^{3c} 17 sing. om. $E^{1.6}$ 19 clodia
$C^3B^{1c.3.4}$, colondia $B^{1}p$ 20 uaccanas] $A^1E^{1.6}$, baccanas rel., bacanas $B^{3.4}$ sol. om. C^3 tremissium A^1
21 orrea] $C^3E^{1.6}$, horrea B^{1c}, morrea $A^1B^{1}p^{2.3.4}$ ardeatina $B^1E^{1.6}$ trimisium i $E^{1.6}$

XXXV. MARCVS.

⟨Hic fecit ordinationes II⟩ in urbe Roma ⟨'per mens. Decemb.' presbyteros XXV, dia- 5
cones VI; episcopos 'per'⟩ diversa ⟨'loca' XXVII⟩.
Qui etiam ⟨sepultus est in cymiterio Balbinae 'via Ardiatina'⟩, quem ipse insistens fecit, ⟨pridie non. Octob.

5 ⟨'Et' cessavit episcopatum dies XX.⟩

FK habent quae ⟨ ⟩ comprehenduntur, F solus signata praeterea ' ', *K solus signata praeterea* ⟨ ⟩; *P habet (praeter nominatim excepta) omnia*: I ($A^{1 \cdot 2}$). II ($C^3 B^{1 \cdot 2 \cdot 3 \cdot 4}$). III ($E^{1 \cdot 6}$. *Mut.*).

---

1 in urbe roma *om. FKE*$^{1 \cdot 6}$ mens. *om.* $F^{1 \cdot 2}$ xxu] xxui K^1 1/2 diac. ui (x A^2) *om.* F^1
2 xxuii] numero xxuii $B^{2 \cdot 3}$, xuii FK, xxuiii B^1 3 qui *om.* A^1 sepultusque K ualbinae A^1, balbini F
ardeatina $B^1 E^{1 \cdot 6}$, ardintina F^1 quem i. i. fecit *om. FKE*$^{1 \cdot 6}$ 4 octob. *om. in sp. vac.* K^2 5 episcopatum] $C^3 B^{1 \cdot 2 \cdot 3 \cdot 4}$, episcopatus *(vel comp.) reliqui*   xxi $K^2 B^2$p

XXXVI. IVLIVS I.

⟨Iulius, natione Romanus, ex patre Rustico, sedit ann. XV m. II ⟨d. VI⟩. Fuit ⟨autem⟩ 1
⟨temporibus Constantini⟩ filii Constantini heretici, a consulatu ⟨Feliciani [a. 337] et
⟨Maximini⟩. Hic multas tribulationes et exilio fuit mensibus X et post huius Constantini mortem cum gloria reversus ad sedem beati Petri apostuli.

Fecit basilicas II, una 2

I. III in urbem Romam ‖

iuxta forum

I et altera trans Tiberim, ‖ et aliam via Flaminia, *II. III*

et cymiteria III, unum via Flamminea, alium via Aurelia et alium via Portuense.

⟨'Hic constitutum fecit, ut nullus clericus causam'⟩ quamlibet ⟨'in publico ageret'⟩ 3
nisi in ecclesia, et notitia, quae omnibus pro fide

I. III ecclesiastica ‖

est, per notarios colligeretur, et omnia monumenta in ecclesia per primicerium notariorum confectio celebraretur, sive cautiones vel instrumenta aut donationes vel conmutationes vel traditiones aut testamenta vel allegationes aut manomissiones clerici in ecclesia per scrinium sanctum celebrarentur.

FK habent quae ( ) comprehenduntur, F solus signata praeterea ⟨ ⟩, K solus signata praeterea ⟨ ⟩; P habet (praeter nominatim excepta) omnia: I ($A^{1.2}$). II ($C^3B^{1.2.3.4}$). III ($E^{1.6}$). *Mut.:* beatus Iulius const ut nullus clericus ... sedis celebraretur). — AVCTORES: 1 sedit ... 9 Portuense] *catal. Liber.:* ann. XV m. I d. XI. fuit temporibus Constantini a consulatu Feliciani et Titiani [a. 337] ex die VIII id. Febr. in diem pridie id. Apr. Constantio V et Constantio Caes. [a. 352]. hic multas fabricas fecit: basilicam in via Portese miliario III, basilicam in via Flaminia quae (qui *Am. Plat.*) appellatur Valentini, basilicam trans Tiberim regione XIIII iuxta Callistum, basilicam in via Aurelia mil. III ad Callistum. *Depos. episc. Rom. (chr. min. I p. 70):* prid. id. Apr. Iuli in via Aurelia miliario III in Callisti. *Index:* ann. XV (u 8, xuii 5) m. II (iiii 5) d. VII (*sic* 1. 3. 4, uiii 2. 7, x 9, xuii 6, om. 8). — *v.* 10. 11 *redeunt in vita Silvestri p. 50 v. 4 seq., ubi vide.*

1 rusticio $F^{1.2}$ a. xu] a. xi $C^3E^{1.6}$ m. ii] m. i F d. uii] $KB^{2.3}E^1$, d. uiii E^6, d. ui $A^{1.2}C^3$ $B^{1.4}N$, om. F autem om. K^1 2 temporibus om. B^1 constantii heretici filii constantini $E^{1.6}$ filiciani K^2B^1, fechiani C^3, et feliciani FK et] ex C^3 3 maximini] $F^3K^1A^{1.2}B^4E^6$, maximiani $F^{1.2}B^{1.2.3}$, maximi K^2E^1 hic (in *ins.* $E^{1.6}$) multas tribulationes om. A^1 fuit om. A^2 3/4 constantii $B^{4c}E^{1.6}$ 4 reuersus] est r. $E^{1.6}$ 5 balicas duas B^1, duas bas. $E^{1.6}$ unam $B^{2.3.4}E^1$ 6 in urbe roma] $A^{1.2}$, in urbe roma (romana E^1) *ante* unam $E^{1.6}$, om. II 8 altera trans tiberim $A^{1.2}$, aliam (alia $C^3B^4E^1$) uia (uiam $B^{1.3c}$, iuxta uiam B^{3p}) flaminia (flamminea E^1) $C^3B^{1.2.3.4}E^{1.6}$ 9 et cym. iii (iiii C^3)] fecit autem et cym. iii $E^{1.6}$ unam B^4 uia flamminea] uia flaminea C^3B^4, uia flaminia $B^{2.3c}$, flaminia uia B^{3p} alium] et alium E^1, et aliud E^6 aurilia C^3 et] atque $E^{1.6}$ aliud E^6 portuensi $E^{1.6}$, portuensem B^{4p}, portunense B^1, portense A^2 10 constitutum fecit] constituit K qualiuet A^2, qualibet E^1 puplicum KA^2, populo B^1, bublico B^3 11 aecclesiae $E^{1.6}$, ecclesiam (?) A^2 notia E^{1p} fidem A^1 12 ecclesiastica (-cae *om.* est A^2) $A^{1.2}E^{1.6}$ *Mut., om. reliqui* 13 per notarios] notarius B^{3p} colligetur A^1 ecclesiam $E^{1.6}$ *Mut.* per] p̄ (= prae) B^1, om. B^{3p} 14 confecta $E^{1.6}$ *Mut.* celebrarentur A^2 $E^{1.6}$ *Mut.* causationes $E^{1.6}$ instrumenta] $C^3B^1E^6$, extrumenta $A^{1.2}B^{3.4}E^1$ *Mut.*, strumenta B^2 aut don.] uel don. B^1 14/15 commotiones A^2 15 aut test.] uel test. B^1 alligationes B^1 aut mano(manus A^2)missiones (-nis A^1B^4)] uel m. B^1 15/16 ecclesiam *Mut.* 16 scrinium] scriniarium $E^{1.6}$ sanctum] sanctum in ecclesia B^3, sanctae sedis $E^{1.6}$ *Mut.* celebrarentur] $A^{1.2}E^6$, celebraretur $C^3B^{1.2.3.4}$ *Mut.*, celebrarent E^1

10*

XXXVI. IVLIVS I.

⟨Hic fecit ordinationes III⟩ in urbe Roma ⟨'per mens. Decemb.', presbiteros XVIII, 4
⟨diacones IIII; episcopos 'per'⟩ diversa ⟨'loca' VIIII⟩.
Qui etiam ⟨sepultus est 'via Aurelia' in cymiterio Calepodi 'miliario
III ⟨'ab urbe Romana
5 ⟨'III prid. id. April.'⟩.
Et ⟨cessavit episcopatum dies XXV.⟩

---

*FK habent quae ⟨ ⟩ comprehenduntur, F solus signata praeterea ' ', K solus signata praeterea < >;
P habet (praeter nominatim excepta) omnia: I ($A^{1.2}$). II ($C^3B^{1.2.3.4}$). III ($E^{1.6}$. Mut.).*

1 romana E^1 xuiii] xuiiii F^3C^3, xiiii N 2 uiiii] numero uiiii $B^{2.3}$, uiii $F^{1.2}$ 3 sepultusque K
uia] in uia FA^2 aurilia $F^{1.2}$ in cym. om. K^2 caleponi A^2, calipodi $FKB^{2.3}$ 4 ab urbe
romana (rō E^6) $E^{1.6}$, om. *reliqui*   5 prid. om. A^2 6 cess. episcopatum (*sic* $C^3B^{1.2.4}$, episcopatus
persor. vel comp. reliqui) d. xxu om. K^1

XXXVII. LIBERIVS.

⟨Liberius, natione Romanus, ex patre Augusto, sedit ann. VI m. III d. IIII. Fuit 1
⟨'autem' temporibus Constanti⟩ filii Constantini ⟨'usque ad Constantio Aug. III'.
⟨Hic exilio deportatur a Constantio eo quod noluisset heresi Arrianae consentire⟩, et ⟨fecit⟩ 2
in exilio ⟨annos III. 'Et congregans sacerdotes' cum consilio 'eorum Liberius' ordi-
5 ⟨naverunt in locum eius Felicem presbiterum episcopum 'venerabilem virum'. Et
⟨fecit concilium Felix et invenit duos presbiteros consentientes Constantio Augusto
⟨Arriano, nomine Ursacium et Valentem, et eregit eos in concilio XLVIII episcoporum.
⟨Post paucos⟩ autem ⟨dies zelo ducti Ursacius et Valens rogaverunt Constantium 3
⟨Augustum, ut revocaret Liberium de exilio, ut unam tantum communionem parti-
10 ⟨ciparet,

FK ⟨excepto rebaptizare.⟩ ∥ extra secundum baptismum. P

Tunc missa auctoritate per Catulinum agentem in rebus, et simul Ursacius et Valens
venerunt ad Liberium. ⟨Qui Liberius consensit 'praeceptis'

F I ⟨'Augusti'⟩, ∥

15 ut ⟨'unam'⟩

I tantum ∥

FK habent quae ( ) comprehenduntur, F solus signata praeterea ' ', K solus signata praeterea ⟨ ⟩; P habet (praeter nominatim excepta) omnia: I ($A^{1.2}$). II ($C^3B^{1.2.3.4}$). III ($E^{1.6}$). Mut.: beatus Liuerius: sequuntur aliena). — AVCTORES: 1 sedit ... 2 Constantini] *catal. Liber.: (spatium vacat)* fuit temporibus Constanti et Constanti ex die XI k. Iun. in diem *(spatium vacat)* a consulatu Constantio V et Constantio Caes. conss. [a. 352]. *Index:* ann. VI m. IIII (iii *7. 8*, ui *9*) d. VIII (iiii *7. 8. 9*, uiiii *4*). *Gesta Liberii (Coustant app. p. 89 seq.) incipiunt sic:* anno regni Constantini regis nepotis Constantini magni viri erat quidam sacerdos urbis nomine Liberius .... cum legisset ex libro antiquo edoctus a libro Silvestri episcopi Romanorum eo quod et publice praedicaret quia in nomine Iesu Christi a lepra mundatum fuisse per Silvestrum Constantinum patruum Constantis, erat enim Constans non integre Christianus, sed quasi tentator, baptizatus tamen in trinitate, non tamen integre confitebatur trinitatem, baptizatus autem ab Eusebio Nicomediensi in Nicomedia in Aquilone villa.

1 agusto F^3K, ligusto $A^{1.2}$ a. ui] a. x $C^3E^{1.6}$, a. u F^2 m. iii] m. iiii K^2, m. uii $C^3E^{1.6}$ d. iiii] d. iii $F^{1.2}C^3E^{1.6}$, d. uiii K 2 autem *om.* K^1 constanti] (uel -tii) $F^{1c.2c}KB^{2c}E^{1.6}$, constantin F^1p constanti•• F^{2p}, constantis F^3, constantini $A^{1.2}C^3B^{1.2p.3.4}$ fili constantini] $A^2C^3B^{1.2.3}E^{1.6}$, *om.* A^1B^4 constantium B^1A^2, constantinum $E^{1.6}$ aug.] augusti $F^{1.2}$, *om.* B^1 iii *om.* C^3 3 hic *om.* B^1 deputatur K *cum gest. ep. Neap. c. 5,* detrudetur F noluissit A^1, noluit F herese $F^{1.2}$, heresem F^3 arriana FE^1, arrianam F^3 consitire C^3, sentire $B^{2.3.4}$ 3/4 et fecit (fuit E^6) in exilio a. iii (ii $E^{1.6}$)] fecitque (stetitque K^1) ibi a. iii K, fecit a. iii F 4 congregans (congrecans B^1) sacerdotes] congregans sacerdotes se F, congregantes (concregantes E^6) se sacerdotes $E^{1c.6}$ cum] tunc cum K concilio C^3 eorum] $FA^{1.2}$, sacerdotum K, suo $C^3B^{1.2.3.4}E^1p$, *om.* $E^{1c.6}$ liberius] liberii $E^{1c.6}$, liberio F^3 4/5 ordinauerunt] FA^2 $C^3B^{1.2.3.4}E^{1.6}$, ordinauit KA^1 5 in locum (loco FK) eius (suum A^2, suo K) *ante* ord. A^3 felice F, presbitero $F^{1.2}$ uenerabile $F^{1.2}$ 5—7 et fecit (*om.* B^1) concilium (concilio A^1, consilium $E^1p^{.6}$) felix (filex F^3) et i. duos (duo A^1) pr. c. constantio (constantino E^1p) a. arr. n. ursacium (ursacio F^3, ursantio $F^{1.2}$) et ualentem (ualente F) et eregit (sic $C^3B^{1.3.4}E^1$, erigit B^2E^6, damnauit $A^{1.2}F$) eos in c. xluiii episcoporum] tunc supra dictus felix in concilio suo una cum xluiii episcopis damnauerunt duos presbiteros ursacium et ualentem eo quod consentirent constantio (-tium K^2) in cresi K 8 paucos autem] a. p. E^6 ducti ursacius] ductus ursantius $F^{1.2}$ ualentes E^1p 8/9 constantium augusto (agst F^2) $F^{1.2}$, constantio augusto F^3K 9 reuocarit A^1, reducaret C^3 liberium] liberio $F^{1.2}K$, *om.* F^3 ut] et K una $A^2B^2E^{1.6}$ communionem] commonem C^3, consummatione E^1p 9/10 participarit F^1, participauerunt A^1, participarent $E^{1.6}$ 12 in rebus *om.* C^{3p} ursacius et ualens] ursacium (-ciu C^3) et ualentem II (C^3 $B^{1.2.3.4}$) 13 liberius *om.* $E^{1.6}$ consentit F^1pC^3 praecepti $F^{1.2}$ 14 augusti *om.* $II. III$ 15 una $A^2B^{2.3}E^{1.6}$ 16 tantum] $A^{1.2}$, *om. reliqui*

XXXVII. LIBERIVS.

⟨'participatio conveniret communionis'⟩ cum hereticis, tantum ut non rebaptizarent. ⟨Tunc revocaverunt Liberium de exilio⟩.

Rediens autem Liberius 4

II.III de exilio ‖

⟨'habitabit in cymiterio sanctae Agnes aput germanam

K I.III ⟨'Constanti ‖ Constantis *II*

⟨'Augusti, ut quasi per eius'⟩ interventionem aut ⟨'rogatu rediret'⟩ Liberius ⟨'in ci-⟨'tatem'⟩.

Tunc Constantia Augusta, quae ⟨'fidelis erat'⟩ domino Iesu ⟨'Christo, noluit rogare'⟩ Constantium Augustum germanum suum, quia senserat consilium.

⟨'Eodem tempore'⟩ Constantius 'una' cum Ursacio et Valentem 'convocaverunt' aliquos, 5
(qui ex fece Arriana erant, 'et'⟩ quasi facto concilio ⟨'misit et'⟩ revocavit Liberium 'de 'cymiterio beatae Agnes. Et ingressus Roma in ipsa hora Constantius'⟩ Augustus ⟨'fecit concilium cum hereticis, simul'⟩ etiam ⟨'Ursacio et Valentem, et'⟩ eregit Felicem de episcopatu, 'qui erat catholicus, et revocavit Liberium.

⟨'Ab eodem die fuit persecutio in clero, ita ut intra ecclesiam presbiteri et clerici ⟨'necarentur'⟩ et martyrio coronarentur. ⟨'Qui depositus Felix de episcopatum' habi-⟨tavit in praediolo suo⟩ via Portuense, ⟨ubi 'et'⟩ requievit in pace IIII kal. Aug. In-⟨gressus Liberius in urbe⟩ Roma (IIII non. Aug. consensit Constantio heretico.

⟨Non tamen rebaptizatus 'est' 'Liberius', 6

F II.III ⟨sed consensum praebuit⟩. ‖

Et tenuit basilicas beati Petri et beati Pauli et basilicam Constantinianam annos VI, et ⟨'persecutio magna fuit in'⟩ urbe ⟨'Roma, ita ut clerici'⟩ et sacerdotes ⟨'neque in ⟨'ecclesia neque in balnea haberent introitum'⟩.

F (F^3 finit in v. [ad v. 13] ubi sedebat) K habent quae ⟨ ⟩ comprehenduntur; F' solus signata praeterea ' ', K solus signata praeterea ⟨ ⟩; P habet (praeter nominatim excepta) omnia: I ($A^{1,2}$). II (C^3 $B^{1,2,3,4}$). III ($E^{1,6}$).

1 participationem F, participatione A^2 conueniret (-rent C^3) communionis (-nes $F^{1p,3}$)] F' et rel., comm. conu. $A^{1,2}$ ut] et A^2 rebaptizaret A^2 2 tunc reu. liberium de exilio] II, tunc r. l. (om. de ex.) I ($A^{1,2}$), et reuocato eo de ex. K, om. $E^{1,6}$ 5 sanctae] K et reliqui, beatae $A^{1,2}$ agnes] $A^{1,2}$ C^3K^2, agnis K^1, agnae $B^{1,2,3,4}$, agnetis $E^{1,6}$ 6 constanti] $KA^{1,2}E^{1,6}$, constantis reliqui   7 aut] uel B^1, om. A^2 rogatus $A^{1,2}$ 7/8 ciuitate $A^{1,2}$ 9/10 tunc constantia (sic $A^{1,2}E^{1,6}$, constantina $C^3B^{1,2,3,4}$) augusta quae (quia A^2) f. e. d. i. chr. n. r. c. a. g. s. quia (quoniam A^2) senserat consilium (consium E^{1p}, concilium E^6)] sed ipsa pro eo rogare noluit, quia fidelis erat in christo K 11 eodem tempore] tunc K constantius una (om. E^6) cum ursacio (-tio A^1, -tium $C^3B^{2,3,4}$)] constantius cum ursatio K^2, ursacius cum constantio K^1 ualentem] $A^1C^3B^{2,3,4}$, ualente reliqui   conu. aliquos (alicus F^3, aliquo A^2)] et alios K^1, et alius K^2 12 fece] feci F^3, fede B^1, fide $E^{1c,6}$, om. K^1 consilio E^6 reuocauerunt FK liberium] l. (in ins. K^1) romam K de] et de F^3 13 cymiteriam A^1E^1 beatae] sanctae $FE^{1,6}$ agnes] A^2, agnetis $E^{1,6}$, agnae reliqui, agne (agnen F^3) ubi sedebat (prioribus omissis) F et ingressus] qui dum ingressus esset A^2 romam $B^{2,3}E^1$ hora om. B^4 13/14 constantius aug. (om. $FE^{1,6}$) fecit (ante const. $A^{1,2}E^{1,6}$) concilium (consilium $C^3B^{1,2,4}E^{1,6}$)] factoque concilio K 14 ereticos C^3 ursacio et ualentem (-te A^2) $A^{1,2}$, cum ursacium (-cim C^3, ursatio $E^{1,6}$) et ualentem (-te $B^4E^{1,6}$) $C^3B^{1,2,3,4}E^{1,6}$, ursatius et ualens F eregit] A^1 $C^3B^{1,2,3,4}$, eiecit FE^6, egecit A^2E^1, eiecerunt K^1, egecerunt K^2 felice F 15 de] ad B^{3p} episcopatum $F^2K^2A^1B^1$, episcopato K^1 liberio F 16 ecclesia FC^3B^4 17 negarentur FA^1C^3 episcopato FB^2, episcopatu $A^2C^3B^{1,3}E^1$ 18 pridiolo F^1, predio $C^{3p}E^6$ portuensi $E^{1,6}$, portensi A^2 ubi et] ibi K^1 in pace (pacem K^2) bis F^1, om. A^2 iiii] iii FA^2 19 liberius om. K^2 in urbe] urbem K romam A^2, romana E^1 consensit] $FA^1E^{1,6}$, consentit K, qui etiam consentiens $C^3B^{1,2,3,4}$ constantino B^1 21 sed consensum praebuit] F et reliqui, om. $A^{1,2}$ 22 basilicas] basilicam $E^{1,6}$ petri] p. apostoli $E^{1,6}$ beati pauli] pauli A^2 constantinam E^6 ui] $A^{1,2}$, uii $C^3B^{1,2,3,4}E^{1,6}$ 23 persecutio] tunc p. K magna fuit] $KA^{1,2}E^1$, f. m. $C^3B^{1,2,3,4}E^6$ romana $E^{1,6}$ clerici] catholice clerici K, clerus A^1, cleros A^2 23/24 neque in ecclesia (-sias $E^{1,6}$) n. in balnea (-neas C^3)] in ecclesias uel balnea non K

XXXVII. LIBERIVS.

Hic Liberius ornavit de platomis marmoreis sepulchrum sanctae Agnaes martyris. ⟨'Omnes itaque anni Felicis in huius ordine dinumerantur'⟩.
Hic

I. III fecit basilicam nomini sui iuxta macellum
5 Libiae et

⟨fecit ordinationes II⟩

II. III in urbe Roma

per mens. Decemb., ⟨presbiteros XVIII, diacones V; episcopos 'per'⟩ diversa ⟨'loca'⟩ ⟨XVIIII.

10 ⟨'Qui etiam'⟩ sepultus est 'via Salaria' in cymiterio Priscillae
FK I ⟨V id. Sept.⟩ || VIII kal. Mai.   *II. III*

Et ⟨cessavit episcopatum dies VI.⟩

FK habent quae ⟨ ⟩ *comprehenduntur, F solus signata praeterea* ' ', *K solus signata praeterea* ‹ ›; *P habet (praeter nominatim excepta) omnia: I* ($A^{1.2}$). *II* ($C^3 B^{1.2.3.4}$). *III* ($E^{1.6}$).

---

1 platomis] platumis C^3, platinis E^{1p}, plamnis E^6, platanis E^{1c} marmoreis] m. peris E^6, m. petris E^{1c}
agnaes] A^1, agnes A^2, agnetis $E^{1.6}$, agnae *reliqui*   martyres A^1 2 annos $C^3 B^{2.3.4}$ huius] $KA^{1.3}$, eius $C^3 B^{1.2.3.4} E^{1.6}$ ordine] $KA^{1.2} B^4$, ordinem C^3, ordinatione $B^1 E^{1.6}$, ordinationem $B^{2.3}$ denumerantur $C^3 B^{1.2}$, dinumerarentur E^6 4 fecit b. n. s. i. m. libiae] $A^{1.2} E^{1.6}$, *om. reliqui*   5/6 et fecit] $A^{1.2}$, hic fecit $E^{1.6}$, fecitque K 7 in urbe roma (romana E^1) *om.* $A^{1.2}$ 8 xuiii] xuiiii A^2 diacones u ep. p. d. l. xuiiii (xuiii $A^2 E^6$, uiiii F^1, uiii $F^2 K$) *om.* B^1 10 qui etiam *om.* K^1 in cym. pr. uia sal. $FE^{1.6}$ 11 u id. sept.] $FKA^{1.2}$, uiii (uii $B^{2.3}$) k. mai. $C^3 B^{1.2.3.4} E^{1.6}$: *probabiliter Duchesnius hunc diem interpolatum iudicat adhibitis gestis Liberii (Coustant app. p. 94):* Constans . . . . . transivit usque ad Nicomediam et in Aquilone villa, ubi baptizatus est ab Eusebio Nicomediense, in Arianorum dogma declinat. eodem loco mortuus est et sepultus Constante III et Constantio Aug. et Basso cos. XIIII k. Mai. et sedit eandem sedem Petri apostoli annos XVII m. III d. VIII. in eius tempore fabricata est absis in urbe Roma in regione quinta et requievit in pace, *quamquam gestorum auctor fortasse de Constantini obitu cogitavit, non de Liberii.*   12 episcopatum] $C^3 B^{1.2.3.4}$, episcopatus *(vel comp.) reliqui*   ui] uii $E^{1.6}$, u F^2

XXXVIII. FELIX II.

⟨Felix, natione Romanus, 'ex' patre Anastasio, sedit ann. I 'm. III d. II'. 1
⟨Hic declaravit Constantium⟩ filium Constantini ⟨hereticum et rebaptizatum 'secundo'⟩ ab Eusebio

F Nicomediense episcopo ‖ Nicomediense iuxta Nicomedia *II. III*

in villa qui appellatur Aquilone. Et pro hoc declaratum ab eodem Constantii praecepto Augusti, filii Constantini Augusti, ⟨martyrio coronatur⟩ et capite truncatur.

⟨Hic fecit basilicam via Aurelia 2

F.III ⟨'miliario ab urbe II', ‖
K (om. P) ⟨ubi et requiescit,⟩

cum presbiteri honore fungeretur, et in eadem ecclesia emit agrum circa locum, quod obtulit ecclesiae quam fecit.

⟨'Hic' fecit ordinationem I 3
II. III ⟨in urbe Roma ‖

⟨'per mens. Decemb.' presbiteros XXI, diacones V; episcopos 'per'⟩ diversa ⟨'loca' XVIIII.⟩

FK habent quae ⟨ ⟩ comprehenduntur, F solus signata praeterea ' ', K solus signata praeterea < >; P habet (praeter nominatim excepta) omnia: I ($A^{1.2}$). II ($C^3B^{1.2.3.4}$). III ($E^{1.6}$). — AVCTORES: Index nomen ponit spatio in libris melioribus adscripto nullo (a. i 2, d. i 6, a. uiii m. ii d. ui 7). — 2 seq. cf. ex gestis Liberii supra p. 77 adlata.

---

felix] felix corr. in felis B^1 (ind.), f. iunior A^2, f. ii E^6 a. i] a. iii F m. iii] m. iiii E^6, m. ii E^1, om. F d. ii om. FE^1 2 constantinum C^3B^1 rebaptizatum secundo] $A^{1.2}$, sec. reb. $C^3B^{1.2.3.4}E^{1.6}$, rebaptizatum K, rebaptizatum secundum F 4 nicomediense episcopo] $A^{1.2}$, nicomediense (-si E^1) iuxta nicomedia $C^3B^{1.2.3.4}E^{1.6}$ et gesta ep. Neap. c. 5   5 uilla qui (que A^2) appellatur aquilone] aquilone (aquilone B^2) uilla $C^3B^{1.2.3.4}E^{1.6}$ pro] de B^1, per E^6 declaratu B^1, declarato E^6 ab om. E^6 eodem] eiusdem $B^{1c}E^{1.6}$ constantii] AB^4E^{1c}, constanti E^{1p}, constantio $B^{2.3}$, constantini B^1, constantino C^3 5/6 praeceptum $C^3B^{1.2.3.4}$ 6 filium $A^2C^3B^{1.2.3.4}$, filio $E^{1.6}$ constantii A^2 augusti om. $E^{1.6}$ martyrio] hic m. FK coronatus F^1 7 hic fecit] fecitque K basilica FK^1A^1 uia] in uia F aurilia FK^2 8 mil. ab urbe ii hoc loco F, mil. ab u. romana ii post 11 fecit $E^{1.6}$, om. reliqui   9 requieuit F 10 presbiteri] C^3B^3, p̄bs B^1, presbiterii plerique   honorem $B^{1.3.4}$ eandem B^1 ecclesia] $A^{1.2}$, basilicam $C^3B^{1.3.4}$, basilica $B^2E^{1c.6}$, ecclesia basilica E^{1p} quod] quem $E^{1.6}$ 12 ordinationem i] ordinationes F in u. roma om. A^1E^6 14 per m. dec. hoc loco $FB^{2.3}E^{1.6}$ corrigentes, post diaconos u $A^1C^3B^{1.4}$ xuiiii] numero xuiiii $B^{2.3}$, xuiii F^2KN

XXXVIII. FELIX II.

F I ('Qui etiam capite trun- ('catur *F I* ('cum multis clericis et ('fidelibus occulte iuxta 5 ('muros urbis ad latus ('forma Traiani *F I* ('III id. Nov. *F I* ('et exinde rapuerunt cor- ('pus eius *F. (om. I)* 10 ('nocte *F I* ('Christiani cum Damaso ('presbitero' *FK I* ('et sepelierunt 'in basi- 15 ('lica supra dicta eius *FK I* ('via Aurelia' XVII k. Dec.) *I* in pace.	*II* Qui etiam passus est in civitate Corana III id. Nov. et exinde raptum est corpus eius a presbiteris et clericis et sepultum in basilica quem ipse construxit via Aurelia XII k. Dec. in miliario secundo	*III* Qui etiam passus est in civitate Corana cum multis clericis et fidelibus occulte iuxta muros urbis ad latus forme Traiani III id. Nov. et exinde raptum est corpus eius noctu a presbiteris et clericis cum Damaso presbitero et sepultum est in supra dicta eius basilica, quam ipse construxit via Aurelia XII k. Dec. miliario secundo in pace.

20 Et (cessavit episcopatum dies XXXVIII).

FK habent quae ⟨ ⟩ *comprehenduntur, F solus signata praeterea* ' ', *K solus signata praeterea* < >;
P habet (praeter nominatim excepta) omnia: I ($A^{1.2}$). *II* ($C^3 B^{1.2.3.4}$). *III* ($E^{1.6}$).

FK I 1/2 truncatur capite A^2 ⟫ **II** 2 ciuitatem C^3 coranam B^1 ᴾ ⟫ **III** 6 traiane E^6 8/9 corpus
  4/5 murus *F*   14 et sep.]   11 clericis] a clericis $B^{3.4}$ eius ... 14 sepultum est *om.*
  sepultus (sepultusque K^2) est *K*   14 basilicam $C^3 B^{1.4}$ quam $E^{1 \, p.6}$ 18 miliario] in mil.
  15 eius *om. F*   17 xui F^2 $B^{2.3}$ 17 xii] $B^{1.2.3.4}$, xu E^1
  K^1 dec.] feb. K^1 C^3 18 secundo *om.* B^3
  20 cess. episcopatum $C^3 B^{1.2.3.4}$, episcopatus *(perscr. vel comp. reliqui) om. K^1*   xxxuiii] xxxuiiii E^1,
  xuii K^2

XXXVIIII. DAMASVS.

(Damasus, natione Spanus, ex patre Antonio, sedit ann. XVIII m. III d. XI). Et cum 1
eodem ordinatur sub intentione Ursinus; et facto concilio sacerdotum constituerunt
Damasum, quia fortior et plurima multitudo erat, et sic constitutus est Damasus, et Ur-
sinum erigerunt ab urbe et constituerunt eum Neapolim episcopum; et mansit Damasus in urbe Roma praesul in sedem apostolicam.

FK 1. III (Fuit ʽautemʼ temporibus Iuliani). ||

FK habent quae ⟨ ⟩ *comprehenduntur, F solus signata praeterea* ʽ ʼ, *K solus signata praeterea* ʽ ʼ;
P habet (praeter nominatim excepta) omnia: I ($A^{1.2}$). II ($C^3B^{1.2.3.4}$). III ($E^{1.6}$ *Mut.*): beatus Damassus
(p. 83, 34) hic multa corpora ... (p..83, 35) de ecclesia et (p. 84, 23) hic const ut psalmos ..... (p. 84, 24)
monasteriis. sciendum est quia primus sanctus Clemens cet.: sequuntur constituta Clementis Victoris Silvestri
supra suis locis relata). Beda chr. c. 442 p. 83, 1 fecit ... p. 83, 33 adornauit. — AVCTORES: *Index*:
ann. XVIII (uiii 7) m. III (*om.* 5) d. XI (uiii 6, x 1. 7, xii 9).

---

1 damassus E^1 *Mut.*, dammasus B^1 hispanus $F^{1c.2}E^6$, hyspanus E^1 anttinio F^2 a. xuii F^2
m. ii d. x $C^3E^{1.6}$ 2 eodem] edem A^2 ordinaretur E^6 contentione E^6 ursianus A^2 consilio A^2E^1 sacerdotum *om.* E^6 3 damassum B^1 quia] qui $B^{1.2}pE^6$ constitus C^3p 4 erigerunt]
$A^{1.2}$, eregerunt $C^3B^{1.2.3.4}$, eiecerunt $E^{1.6}$ episcopatum $B^{2.3}$ 4/5 dammasus B^1 5 romana E^1
sede apostolica $A^2E^{1.6}$ 6 autem *om.* K^1 fuit a. (*om.* K^1) t. iuliani] $FKA^1E^{1.6}$, *om. reliqui*

XXXVIIII. DAMASVS.

	I	F		II	III	BEDA:
1	Hic fecit basilicas duas, una beato Laurentio iuxta theatrum et alia via Ardiatina, ubi requiescit, et in catatymbas,	(ʿFecit basi-(ʿlicas duas, (ʿuna (ʿad via (ʿArdiatina, (ʿubi requi-(ʿescit'.)	K (ʿhic dedi-(ʿcavit pla-(ʿtomum in (ʿcatacum-(ʿbas,	Eodem tempore fecit basilicas duas, una iuxta theatrum sancto Laurentio et alia in catatumbas,	Hic fecit basilicas duas, unam iuxta theatrum sancto Laurentio et aliam via Ardeatina, ubi requiescit in catacumbis	Fecit basilicam iuxta theatrum sancto Laurentio et aliam in catacumbas,
15	ubi iacuerunt corpora sanctorum apostolorum Petri et Pauli, in quo loco platomam ipsam,			ubi iacuerunt corpora sancta apostolorum Petri et Pauli, in quo loco platomam ipsam,	et dedicavit platomam, ubi corpora apostolorum iacuerunt, id est beati Petri et Pauli,	ubi iacuerunt corpora sancta apostolorum Petri et Pauli, in quo loco platomam ipsam,
25	ubi iacuerunt corpora sancta,		(ʿubi (ʿcorpora (ʿPetri et (ʿPauli (ʿaposto-(ʿlorum (ʿiacuerunt, (ʿquam et (ʿversibus (ʿornavit'.)	ubi iacuerunt corpora sancta,		ubi iacuerunt corpora sancta,
	versibus exornavit.			versibus exornavit.	quam et versibus exornavit.	versibus adornavit.

Hic multa corpora sanctorum requisivit et invenit, quorum etiam versibus declaravit. 35 Hic constitutum fecit de ecclesia.

FK habent quae ⟨ ⟩ comprehenduntur, F solus signata praeterea ʿ ʾ, K solus signata praeterea ⟨ ⟩; P habet (praeter nominatim excepta) omnia: I ($A^{1.2}$). II ($C^3B^{1.2.3.4}$). III ($E^{1.6}$ Mut.). — ad v. 34 intellegitur carmen (Rossi inscr. chr. 2 p. 32): hic habitare prius sanctos cognoscere debes, nomina quisque Petri pariter Paulique requiris.

5 unam B^2 6 theadrum B^1 7/8 sancti laurenti $B^{2.3}$ verba uia ardiatina (ardeatina A^2) ubi (et ins. A^3) requiescit et habet I cum F contra II et Bedam: cum ordinem rerum male turbent et redeant in iis quae sequuntur sepultus est uia ardiatina in basilica sua, ea probabile est vetusta interpolatione in hunc locum translata esse.   10 in ante cat. om. $E^{1p.6}$ 11/12 catatymbas A^1, catatumbas $K^2B^{1.2.3}$, catacumbas $K^1A^2C^3B^4$Beda, catacumbis E^1, catocumbis E^6 15 platomam vel platoniam E^6, platonian E^1, platomum K 16 ubi (ante iac.) bis B^1 18/19 iacuerunt] latuerunt E^6 27 sancta] sanctorum C^3 33 exornauit] I. II. E^6, ornauit KE^1, adornauit Beda   34 sanctorum] $A^{1.2}B^2$p, sanctorum martyrum (martyr B^2c) $C^3B^{1.2c.3.4}E^{1.6}$Mut.   et inuenit om. $E^{1.6}$Mut.   etiam] reliqui, etiam concilia $E^{1.6}$Mut.   declarauit] reliqui, decorauit $E^{1.6}$Mut.   35 hic] et Mut.

XXXVIIII. DAMASVS.

⟨Hic ʽaccusatusʼ⟩

II. III invidiose ‖

(incriminatur de adulterio, ʽetʼ facto synodo purgatur a XLIIII episcopis, ʽqui etiamʼ (damnauerunt Concordium et Callistum diacones accusatores et

FK 5 ⟨iactauerunt ‖ proiecerunt *P*

⟨de ecclesia⟩.

Hic constituit titulum in urbe Roma basilicam, quem ipse construxit, ubi et donauit 4
    patenam argenteam, pens. lib. XX;
    amam argenteam, pens. lib. XV;
10   sciphum anaglifum, pens. lib. X;
    calices ministeriales argenteos V, pens. sing. lib. III;
    coronas argenteas V, pens. sing. lib. VIII;
    cantara cerostata aerea XVI;
    domus in circuitu basilicae, prest. sol. CLV;
15   possessio Papirana, territurio Ferentino, cum adiacentibus adtiguis, prest. sol. CXX
      et tremissium;
    possessio Antonianam, territurio Casino, prest. sol. CIII;
    balneum iuxta titulum, prest. sol. XXVII.

⟨Hic fecit ordinationes⟩ 5

II. III 20 in urbe Roma ‖

⟨V ʽper mens. Decemb.ʼ, presbiteros XXXI, diacones XI; episcopos ʽperʼ⟩ diuersa ⟨ʽlocaʼ LXII⟩.

Hic constituit, ut psalmos die noctuque canerentur per omnes ecclesias; qui hoc prae- 6 cepit presbiteris vel episcopis aut monasteriis.

25 ⟨ʽQui etiamʼ sepultus est ʽvia Ardiatinaʼ in basilica sua III id. Decemb. ʽiuxta matrem ⟨ʽsuam et germanamʼ⟩ suam.

Et ⟨cessauit episcopatum dies XXXI⟩.

FK habent quae ( ) *comprehenduntur, F solus signata praeterea* ʽ ʼ, *K solus signata praeterea* ‹ ›; *P habet (praeter nominatim excepta omnia: I* ($A^{1.2}$). *II* ($C^{3}B^{1.2.3.4}$). *III* (*G incipiens a versu 15 verb.* turio $E^{1.6}$ *Mut.*). — *ad v. 26 titulus sororis superest (Rossi inscr. chr. 2 p. 104) incipiens*: hoc tumulo sacrata deo nunc membra quiescunt: hic soror est Damasi nomen si quaeris, Irene.

---

1 accusatus incriminatur $A^{1.2}Mut.$, accusatur (-tus F^{2}) in crimine F, criminatur (-tor K^{2}) K, accusatus (constitutus accusatus $B^{3}p$) inuidiose accusatur $C^{3}B^{2.3.4}$, accusatus inuidiosae B^{1}, accusatus (-tus est E^{1}) inuidiose incriminatur $E^{1.6}Mut.$ 3 adulteria $B^{1.3.4}$ facta $B^{2c}E^{1.6}Mut.$ purgatur] $A^{1.2}K$, purificatur F, purgatus est $C^{3}B^{1.2.3.4}E^{1.6}Mut.$ a xliiii] a xliii C^{3}, a xuiiii K^{1}, cc xuiiii K^{2} qui *om.* K^{1} etiam] et $C^{3}B^{2.3.4}$, *om.* $K^{1}B^{1}$ 4 damnauerunt] clamauerunt E^{6} concordio et callisto F diacones] $C^{3}B^{1.2}Mut.$, diaconos $FK^{1}B^{3}$, *non perscr.* $K^{2}B^{4}E^{1}$, *om.* $A^{1.2}$ 5 proiecerunt] pr. eos *Mut.*   7 roma] romana (rō E^{6}) scilicet $E^{1.6}$ basilica A^{2} quem] quam $B^{2.3}E^{1.6}$, que A^{2} donauit] dona optulit multa *om. sequentibus ad* 22 loca lxii A^{2} 8/9 xx amam (-ma A^{1}) argenteam (-tea A^{1}) p. lib. *om.* $C^{3}E^{1.6}$ 9 xu] xui B^{2} 10 anoclifum E^{1c}, anaglifatum E^{6}, angalifatum $E^{1}p$ 11 argenteas B^{3}, argentei A^{1} u] x A^{1} sing. *om.* B^{1} 12 argenteos A^{1} 13 cirostata $C^{3}B^{1.2.3.4}$, cirostatam E^{6} aerea xui] eream pens. lib. xui $E^{1.6}$ 14 domos $B^{2.3}E^{1c.6}$, donos $E^{1}p$, domum A^{1} circuitum $C^{3}B^{1.4}$ clu] lu $E^{1.6}$ 15 papiranam $B^{1.2.3.4}E^{1.6}$, piranam C^{3} ferentinum E^{1} aiacentibus $C^{3}B^{4}$, iacentibus B^{5} adtiguis] antiquis E^{1} 17 antoniana G territurium casinum (cassinum E^{6}) $E^{1.6}$ 19—22 *ordinationes post* 24 monasteriis $A^{2}GE^{1.6}$ 20 roma *om.* $E^{1.6}$ 21 u] iii E^{6} 22 lxii] $AE^{1.6}G$, n. lxii $B^{2.3.4}$, n. xlii B^{1}, lxi F^{1}, li F^{2}, xli K, n. lxu C^{3} 23 ut *om.* A^{2} psalmus B^{1} canerent $B^{2}E^{1.6}Mut.$ 24 presb. uel (et $E^{1.6}$) ep. aut (uel $B^{1}pE^{1.6}$, et B^{1c}) mon.] ep. presb. et mon. *Mut.*   25 est *om.* $C^{3}B^{1.4}$ ardeatina $A^{1.2}E^{1}$, ardentina E^{6}, ardiana K in bis C^{3} sua] quam ipse fecit K iii (pri C^{8}) id. dec. *post* matrem suam $B^{2.3}$ 25/26 iuxta matrem (-tre G) suam (sua G) et germanam (-na G) suam (*om.* $GE^{1.6}$)] cum matre sua et germana F 27 et *om.* E^{6} episcopatum] $C^{3}B^{1.2.3.4}$, episcopatus *(vel comp.) reliqui*   dies] per dies $E^{1.6}$ xxxi] xxxui F, xxui K

XL. SIRICIVS.

⟨Siricius, natione Romanus, ex patre Tiburtio, sedit ann. XV. 1
⟨Hic constitutum fecit de⟩ omnem ⟨ecclesiam

FK ⟨et direxit per provincias⟩ ∥ vel contra omnes hereses et exparsit per *P*
∥ universum mundum, ut in omnem ecclesiae
∥ arcibo teneantur ob oppugnationem contra
∥ omnes hereses.

Hic ⟨constituit. 2
FK ⟨ut sine consacrato episcopi loci cuiuslibet ∥ ut nullus presbiter missas celebraret per *P*
⟨presbitero non liceret consacrare.⟩ ∥ omnem ebdomadam, nisi consecratum epi-
∥ scopi loci designati susciperet declaratum,
∥ quod nominatur fermentum.

FK habent quae ⟨ ⟩ comprehenduntur, F solus signata praeterea ' ', *K solus signata praeterea* ⟨ ⟩;
P habet (praeter nominatim excepta) omnia: I ($A^{1,2}$). II ($C^3 B^{1,2,3,4}$). III ($GE^{1,6}$). — AVCTORES: Index:
ann. XV (add. m. i 4, d. xi 7, d. xxi 3). — ad v. 8 seq. cf. in Miltiade p. 46, 7.

---

1 siricus $F^1 K$ (etiam K^2), syricus F^2 a. xu] *K et rel.*, a. xu d. xxu *F*, a. xu m. xi (xu E^6) d. xxu
$C^3 GE^{1,6}$ 2 constitutum] constituit C^3 omnem] omne $C^3 B^1$, omni $A^2 B^2 GE^{1,6}$, *om. FK*   ecclesiam]
ecclesia $FKA^2 B^2 GE^{1,6}$
F 3 et *om.* F^{1p}

∥ *P* 3 et *om.* $A^{1,2}$ ixsparsit B^{1c}, expartit B^4, sparsit
∥ B^{1p} [sic]   4 in] intra A^1 omni B^2, omnes
∥ $GE^{1,6}$ ecclesia B^2, ecclesiam B^3, ecclesias G
∥ $E^{1,6}$ 5 arcibum A^2, archiua E^1, archiuia E^6
∥ teneantur E^6 ob hoc pugnationem $C^3 B^{1,4}$,
∥ ob oppugnatione G, ad oppugnationem E^6

7 hic] et *K*

FK 8 consacrato] F^2, consecrato F^1, consecratum ∥ *P* 8 misas A^1, missa A^2 celebrarit A^1 9 eb-
K   loco *K*   9 presbiter F^2, p̄rbs F^1 lice- ∥ domodam A^1, ebdomada E^{1c}, ebdomam $C^3 B^1$,
rit consacrari F^1 ∥ ebdomade E^{1p} nisi] nisi quod $A^{1,2}$ 10 loci
∥ *om.* $A^{1,2}$ designant $A^{1,2}$ susciperit A^1, susce-
∥ perit A^2 11 firmentum B^1

86   XL. SIRICIVS.

Hic invenit Manicheos   3
1 in urbe,
quos etiam exilio deportavit et hoc constituit, ut

                                    non participarent cum fidelibus communio- *II. III*
                                    nem, quia ore polluto non liceret sanctum
                                    corpus dominicum vexari. Hic constituit, ut
si quis conversus de Manicheis rediret ad ecclesiam, nullatinus communicaretur, nisi tantum religatione monasterii die vitae suae teneretur obnoxius, ut ieiuniis et orationibus maceratus, probatus sub omni examinatione usque ad ultimum diem transitus sui ut humanitatem ecclesiae viaticum eis largiatur.

⟨Hic constituit hereticum sub manus inpositione⟩   4
FK I ⟨reconciliari⟩   recipi   *II. III*
praesente cuncta ecclesia.

⟨Hic fecit ordinationes V⟩
I. III in urbe Roma
per mens. Decemb., ⟨presbiteros XXXI, diacones XVI: episcopos 'per'⟩ diversa ⟨'loca'⟩ ⟨XXXII.
⟨'Qui et'⟩ sepultus est in cymiterio Priscillae 'via Salaria' VIII kal. Mart.
⟨'Et'⟩ cessavit episcopatum dies XX⟩.

    FK habent quae ⟨ ⟩ *comprehenduntur, F solus signata praeterea* ' ', *K solus signata praeterea* ‹ ›; *P habet (praeter nominatim excepta) omnia: I* ($A^{1.2}$). *II* ($C^3B^{1.2.3.4}$). *III* ($GE^{1.6}$). — *ad v. 11. Siricius in ep. ad Himerium episcopum Tarraconensem (Mansi 3, 655 = Coustant I p. 623) c. 2:* prima paginae tuae fronte signasti baptizatos ab impiis Arianis plurimos ad fidem catholicam festinare et quosdam de fratribus nostris eosdem denuo baptizare velle, quod non licet ... quos nos cum Novatianis aliisque haereticis ... per invocationem solum septiformis spiritus episcopalis manus impositione catholicorum conventui sociamus. *Concil. Silvestrianum subditicium CCLXXV episcoporum can. 16:* episcopo licere hereticum venientem eum, qui in trinitate baptizatus est, sub manus impositione suscipi .... qui tamen iterum rebaptizatus est .... sub impositone manuum reconcilietur corpori et sanguini domini nostri Iesu.

---

    1 inuenit] uenit C^3p manicheus C^3 2 in urbe $A^{1.2}$ *soli*   3 etiam] $A^{1.2}$, *om. reliqui*   const. hoc A^2 4 non participaret ... 6 constituit ut *habent* $C^3B^{1.2.3.4}GE^{1.6}$ *soli*   5 quia] qui C^3 liceret] licere $C^3B^{1.2.3.4}$ 6 domini conuexari $B^{2.3}$, domini sumere E^6 hic] hoc $B^{2.3}E^1$ 7 ecclesia $C^3B^{1.4}$ 8 religationem A^1G diebus $B^{2.3}GE^{1.6}$ teneretur] eteneretur C^3 ut ieiuniis] et iei. A^2, et ut iei. A^1 9 omnem examinationem A^2 ultimamam B^1 die A^1 10 ut] et ob $E^{1.6}$ humanitate G uaticum C^3 largitur A^1, largiretur E^1 11 heretico F manus] F, manu $KA^2B^{2.3}GE^{1.6}$, manum $A^1C^3B^{1.4}$ inpositione] FK, inpositionis *reliqui*   12 reconciliari (-re F) $FKA^{1.2}$, recipi $C^3B^{1.2.3.4}GE^{1.6}$ 13 praesentem A^1 eccl cuncta A^2 14 ordinationem i K^1 15 in urbe roma (om. $E^{1.6}$) om. $A^{1.2}$ 16 xxxi] xxi E^6 xuii] xu F^2N 17 xxxii] numero xxxii $B^{1.2.3.4}$, xxxiii $A^{1.2}$, numero xxxu C^3, xxx N 18 qui et (etiam $KC^3B^{1.2.3.4}GE^{1.6}$) sep. est] sep. K^1 salutaria F^2 uiii] nono $GE^{1.6}$, uii F^2 mart.] mai. $A^{1.2}$ 19 episcopatum] $C^3B^{1.2.3.4}$, episcopatus *(vel comp.) reliqui*   dies] per dies $E^{1.6}$

XLI. ANASTASIVS.

⟨Anastasius, natione Romanus, 'ex' patre Maximo, sedit ann. III d. X. 1
⟨Hic constituit, ⸌ut⸍ quotienscumque euangelia⟩ sancta ⟨recitantur, sacerdotes non se-
⟨derent, ⸌sed curui starent⸍⟩. Hic fecit constitutum de ecclesia.
Fecit autem et basilicam, quae dicitur Crescentiana, in regione II via Mamurtini in
5 urbe Roma.

⟨⸌Et⸍⟩ hoc ⟨⸌constituit, 2

K I ⟨⸌ut nullum clericum transmarinum   ut nulla ratione transmarinum hominem in *II.III*
                                                          clericatus honorem

⟨⸌suscipi, nisi V episcoporum designaret cyrografum⸍,
I. II 10 quia et eodem tempore Manichei inueniti   ⟨⸌propter Manicheos⸍.   *K III*
sunt in urbe Roma.

⟨Hic fecit ordinationes⟩ 3
II in urbe Roma

⟨II⟩ per mens. Decemb., ⟨presbiteros VIIII, diacones V; episcopos 'per'⟩ diuersa ⟨'loca'
15 ⟨XI⟩.
Qui etiam ⟨sepultus est⟩ in cymiterio suo ⟨ad Ursum piliatum V kal. Mai.⟩.
Et ⟨cessauit episcopatum dies XXI⟩.

FK habent quae ( ) *comprehenduntur, F solus signata praeterea* ⸌ ⸍, *K solus signata praeterea* ⟨ ⟩; *P habet (praeter nominatim excepta) omnia: I ($A^{1,2}$). II ($C^3B^{1,2,3,4}$). III ($GE^{1,6}$).* — AVCTORES: Index: ann. III (m. i *add.* 5) d. X (xxi 2. 4, xxiiii 6, *om.* 3. 7).

---

1 ananastasius C^3 a. iii] a. ii $C^3E^{1,6}$, a. iiii K^1N, *deficit G*   d. x] $FA^{1,2}B^{1,2,4}$, mens. x B^3, d. xi N, d. xxui C^3, d. xxuii K^1, d. xxiiii $K^2E^{1,6}$, *def. G*   2 ut *om.* A^2 quotienscumque] cum K sancta] sacra B^2, scam (*sic*) C^3 recitaretur $A^{1,2}$, recitarentur B^2 sacerdotes] ut s. $A^{1,2}$, s. autem B^4 2/3 sedeant B^1p, se erigerent N 3 curui *om.* E^6 4 fecit autem et] A^1, fecit et A^2, hic fecit $C^3B^{1,2,3,4}GE^{1,6}$ basilica A^1 criscentiana E^6, crisentiana B^4, crescentina G, crescen... A^2p, crescentiniana A^{2c} uia] in uia $C^3B^{1,2,3,4}GE^{1,6}$ mamur//i B^1, mamurtina $B^{2,3}$, mamortini A^2. mamortin E^6, mamertini GE^{1c}, mamertina E^1p   5 roma *om.* E^1p,6   7 ut *om.* $B^{2c}E^{1,6}$ 9 suscipi] susciperit A^2, *om.* A^1 u episcoporum] sui episcopi $A^{1,2}$ cyrographus $C^3B^{2,3,4}$ 10/11 quia et ($C^3B^{1,2}$, qui et $B^{3,4}$, qui A^1p, quia $A^{1c,2}$) e. t. m. inu. s. in u. roma] propter manicheos $KGE^{1,6}$ 14 ii *om.* $C^3B^{1,2,3,4}$ uiiii] numero uiiii B^1p, uiii C^3G, u F, xuiiii $A^{1,2}$ 15 xi] numero xi $C^3B^{1,2,3,4}$ 16 etiam] uero GE^1 sepultusque K, sesepultus F^1 est *om.* $B^{1,2,3,4}$ ad ursum (ursu $B^{1,2,3}$, urso FK) *om.* B^4 pilliatum A^2, pileatum $GE^{1,6}$, piliatu C^3, pilato FK 17 episcopatum] $C^3B^{1,2,3,4}G$, episcopatus (*uel comp.*) *reliqui*   xxi] xi E^6

XLII. INNOCENTIVS I.

⟨Innocentius, natione Albanense, ex patre Innocentio, sedit ann. XV m. II d. XXI⟩. 1
Hic constitutum fecit de omnem ecclesiam et de regulis monasteriorum et de Iudaeis et de paganis et multos Catafrigas

III in urbe

invenit, quos exilio monasterii religavit.

Hic invenit Pelagium et Caelestium hereticos et damnavit. Et hoc constituit, ut qui 2
natus fuerit de Christiana, denuo nasci per baptismum, hoc est baptizari, quod Pelagius damnabat.

Eodem tempore dedicavit basilicam sanctorum Gervasi et Protasi ex devotione 3

I. III 10 testamenti

cuiusdam inlustris femine Vestinae laborantibus presbiteris Ursicino et Leopardo et diacono Liviano. Qui femina supra scripta testamenti paginam sic ordinavit, ut basilica sanctorum martyrum ex ornamentis et margaritis construeretur, vinditis iustis extimationibus, et constructam usque ad perfectum basilicam. In quo loco beatissimus Innocentius ex delegatione inlustris feminae Vestinae titulum Romae constituit et in eodem 4

II. III dominico   dona haec   *J*

optulit:
  patenas argenteas II, pens. sing. lib. XX;
  amas argenteas II, pens. sing. lib. XX;
20 coronas argenteas XII, pens. sing. lib. XV;
  pharum cantarum

III   argenteum

unum, pens. lib. XXII;

FK habent quae ( ) comprehenduntur, F solus signata praeterea ᶜ ᵓ, *K solus signata praeterea* ᐸ ᐳ; *P habet (praeter nominatim excepta) omnia: I ($A^{1.2}$). II ($C^3 B^{1.2.3.4}$). III ($GE^{1.6}$). — ad v. 9—11 Beda chr. c. 466 basilicam ... 11 Vestinae. — AVCTORES: Index: ann. XV (xuii 4) m. II (i 8. 9, iii 1. 5) d. xxi (xxii 1. 3). — ad v. 6 Innocentii decreta adversus Pelagium et Caelestium sunt apud Mansium 3, 1071 seq.*

1 albanense] $A^{1.2} B^{1.4}$, albanensi $B^{2.3}$, albanensis $FK C^3 E^{1.6} N$, aluenensis G a. xu] a. xui F^1, om. B^1
m. ii] m, i F d. xxi] d. xxii K, d. xx $C^3 GE^{1.6}$ 2 omne B^{1c}, omni $A^2 B^2 GE^{1.6}$ ecclesia A^2
$C^3 B^{1c.2.4} GE^{1.6}$ 3 de pag.] pag. B^2 multas C^3 catafrigas $C^3 B^4$, cataphragas $E^{1.6}$, deficit G
4 in urbe $GE^{1.6}$ soli   5 exilio] in e. $A^{1.2}$ monasterii] monasterio $B^2 p$, et (in ins. E^6) monasteriis $E^{1.6}$
6 hic] et hic $C^3 B^{1.2.3.4} E^{1.6}$ caelestium] $A^1 C^3 B^4$, caelestinum reliqui   damnauit] d. eos $C^3 B^{1.2.3.4} GE^{1.6}$
ut om. C^3 7 denuo] de A^2 nasci p. b.] p. b. renasci $GE^{1.6}$ baptizare E^1, baptizari debere
(-ret G) GE^6 9 basilica A^1 et om. B^2 deuotionem A^1, donatione E^6 10 testamenti] C^3
$B^{2.3.4} GE^{1.6} cum$ Beda, om. $A^{1.2}$ 11 ursitino, B^3, urcino $C^3 p$, ursino A^2 12 libiano $C^3 B^{1.2.3.4} E^{1.6}$,
lauiano A^2 qui] quae $A^2 B^1 GE^{1.6}$ supra (super GE^6) scripta] sancta $A^{1.2}$ pagina $E^{1.6}$ nt] om. $E^{1 p.6}$
basilicam $C^3 B^{1.2.3.4} E^{1.6}$ 13 uinditis iustis extimationibus (extimatimationibus C^3)] uend. extim. iustis B^3,
uendituris ext. A^2, u. uestibus et aliarum rerum iustis ext. E^6 14 constructam (-ta A^1, constuctam C^3)
u. ad p. basilicam (-cae A^2)] constructa ut ad p. basilica $GE^{1.6}$ 15 diligatione $B^{1.4}$, delicatione B^2,
declinatione B^3 titulum] et t. A^2 romae] romanum $C^3 GE^{1.6}$, et in eodem (edem B^4) dominico (sic
reliqui, dominico loco E^{1c}) et in eodem dona haec A^1, et dona in eodem multa dona (sic) A^2 ex interpolatione eius, qui ignorabat basilicam item dici dominicum (Rossi bull. crist. 1863 p. 26).   17 obtulit] intulit
A^2 omissis sequentibus ad p. 90, 11 tremissium   18 sing. lib.] lib. sing. $B^{2.4}$ 19 amas a. ii p. s. l. xx
post 20 xii $E^{1.6}$, om. $B^{1.3}$ 20 xii] xu C^3 xu] xu quidecenas B^4 21 phara A^1 cantharum] reliqui,
cantharum argenteum G, cantharam argenteam $E^{1.6}$ 23 lib. xxii] singl xxu C^3

XLII. INNOCENTIVS I.

cereostata argentea IIII, pens. sing. lib. XXV;
turrem argenteam cum patena et columba deaurata, pens. lib. XXX.
Ornatum baptismi:
    cervum argenteum fundentem aquam, pens. lib. XXV;
5   vasum ad oleum crismae argenteum, pens. lib. V:
    vas alium ad oleum exorcizatum, pens. lib. V:
    patenas II ad crismam, pens. sing. lib. III:
    sciphum argenteum anaglifum, pens. lib. X;
    sciphum argenteum, pens. lib. X;
10 calices argenteos V, pens. sing. lib. III;
    calices argenteos ad baptismum III, pens. sing. lib. II:

III et alia dona multa largitus est

    aquamanilis argenteus, pens. lib. XVI;
    fara cantara aerea XVI,

II. III pens. sing. lib. X;

    fara cantara aerea cereostata in gremio basilicae XX,

II. III pens. sing. lib. XL:

    domus iuxta basilica Libiana, prest. sol. LXXXV et tremissium;
    balneum in eodem loco iuxta templum Mamuri, prest. sol. XXXII:
20 domus in clivum Salutis balneata, prest. sol. LXXVII et tremissium;
    possessio Sorras, territurio Clusino, prest. sol. LXXI et tremissium;
    possessio Corbianum, territurio Clusino, prest. sol. LXXVIIII;
    possessio Fundanensis, territurio Fundano, cum adiacentibus adtiguis XV, praest.

I   sol. LXXXI   sol. CLXXXI   *II. III*
25   et tremissium:
       possessio Figlinas, territurio Casinate, prest. sol. LVIII et tremissium;

P habet (praeter nominatim excepta) omnia: *I* ($A^{1.2}$). *II* ($C^3B^{1.2.3.4}$). *III* ($GE^{1.6}$).

---

1 cereostata] B^1, cireostata $C^3B^{2.4}$, cirostata B^3, cerostata A^1GE^1, corostata E^6 iiii] iii C^3 xxu] xxii E^1 2 turre A^1 argentea A^1, argenteum $B^{1.3}$ patenam $C^3B^{1.2.3.4}E^1$ columbam deauratam (deaurotam B^3) $C^3B^{1.2.3.4}$ pens.] pens. sing. E^6 4 cereum E^6 aqua $A^1B^4E^1$ pens.] pens. singl C^3 xxu] xxxu B^4 5 uasum] uas $B^2GE^{1.6}$ uleo B^1 crismae (crismatis $E^{1.6}$) arg.] argenteum crism͞ teum (sic) A^1 6 aliud $E^{1.6}$ exorcizatum] B^2GE^1, exorzizatum B^3, exorcidiatum $A^1C^3B^1$, exocizatum B^4, exorcitatum E^6 7 c(h)risma $A^1B^{3.4}GE^{1.6}$ iii] iiii $E^{1.6}$ 8 anaclyphum B^1, anacliphum B^2, unagliphum C^3, anaglifum l B^3, anoclifum G, anaglyphatum $E^{1.6}$ 9 sciphum (alium ins. G $E^{1.6}$) arg. p. l. x om. B^3 11 om. E^6p   ad baptismum iii] A^1, baptismi iii B^4, baptismi numero iii $C^3B^{1.2.3}GE^{1.6}$ 12 et alia dona multa (multum E^1p) l. est $E^{1.6}$ soli   13 aquamanulis $C^3B^{2.3.4}$, aquaminilis B^1, aquammaniles A^1, aquaemaniles $GE^{1.6}$ argentei A^1, argenteas $C^3B^{1.2.3}GE^{1.6}$, argent B^4 pens.] pens. sing. $E^{1.6}$ 15 pens. s. l. x om. A^1 16 item fara c. a. G, item fare canthare (canthere E^1) aereae (om. E^6) $E^{1.6}$ cereostata] $A^1(sic)B^1$, cireostata B^4, cyreostata B^3, cerostata G, cerostate $E^{1.6}$, cyrostata C^3 xx] numero xx $B^{2.3}E^{1.6}$ et post lib. xl C^3B^1G, om. B^4p   17 pens. s. l. xl om. A^1 18 domos $A^1C^3B^4E^{1.6}$ basilicam libianam (-na C^3) $C^3B^{2.3}GE^1$ lxxxu (numero lxxxu $C^3B^{1.6}$) et tr. b. in e. loco (locum A^1) i. t. mamuri (mammoris E^6, mammuri G) praest. om. E^1 19 xxxii] xxxu C^3 20 domos $A^1C^3B^4G$, domum $B^2E^{1.6}$ clibum A^1, clinum B^3, cliuo GE^1 balneatam G, balnearum E^6, balnearium E^1 lxxuii] lxxuiii C^3G, lxxxuiii $E^{1.6}$ simissium C^3 21 possessionem G et sic aliquoties deinceps   corras $E^{1.6}$ terr.] in terr. $E^{1.6}$ et sic deinceps   lxxi] lxxii B^3p   22 corbianus A^1, coruianum $E^{1.6}$, corinanum G^1 lxxuiiii] lxxuiii E^6, lxxxuiiii $B^{2.4}$, lxxxuiii E^1 23 fundanenses C^3B^1p, fundaneusem $GE^{1.6}$ funtrano $E^{1.6}$ 24 lxxxi] A^1, clxxxi reliqui   26 possio A^1 casinense B^3 luiii] lxiii $GE^{1.6}$ simissium C^3

LIBER PONTIFICALIS I.   12

possessio Amandini, quod donavit inlustris femina Vestina consubrinae suae, territurio Vegentano, prest. sol. XLVI et tremissium;
possessio Antoniana, territurio Lodiano, prest. sol. LXII;
domus Emeriti, in clivum Mamuri, intra urbe Roma, iuxta basilicam, prest. sol. LXII;
domus in clivum Patrici Arbitrata;
domus iuxta basilicam, in vicum Longum, quae cognominatur ad lacum, prest. sol. LXXXII;
domus ad cathedra lapidea Floriana, prest. sol. LVIII;
pistrinum in vico Longo, qui cognominatur Castoriani, prest. sol. LXI;
balneum in vicum Longum, qui cognominatur Templus, prest. sol. XL siliquas III;
uncias III portae Numentanae, prest. sol. XXII et tremissium.

⟨Hic constituit sabbatum ieiunium celebrari, quia sabbato dominus in sepulchro positus est et discipuli ieiunaverunt.⟩

Hic constituit, ut basilicam beatae Agnae martyris a presbiteris Leopardo et Paulino 7
sollicitudini gubernari et tegi et ornari eorum dispositione. Tituli supra scripti Vestinae presbiteris concessa potestas.

⟨Hic fecit ordinationes IIII⟩ 8

I. II in urbe Roma

⟨'per'⟩ mens. ⟨'Decemb.',⟩ presbiteros XXX, diacones XII; episcopos ⟨'per'⟩ diversa ⟨'loca' LIIII.⟩

Qui etiam ⟨sepultus est⟩ in cymiterio ⟨ad Ursum pileatum V kal.

FK ⟨Iul.⟩ Aug. *P*

Et ⟨cessavit episcopatum dies XXII.⟩

FK habent quae ( ) comprehenduntur, F solus signata praeterea ' ', K solus signata praeterea < >; P habet (praeter nominatim excepta) omnia: I (A$^{1.2}$*). II (C*^{3}*B*$^{1.2.3.4}$*). III (GE*$^{1.6}$*). — ad v. 12 Innocentius Decentio episcopo Iguvino (Mansi 3, 1028 = Coustant p. 859) c. 7:* sabbato ieiunandum esse ratio evidentissima demonstrat: nam si diem dominicum ob ... resurrectionem ... celebramus ... ac sexta feria propter passionem domini ieiunamus, sabbato praetermittere non debemus, quod inter tristitiam atque laetitiam temporis illius videtur inclusum ... apostolos ... non dubium est ... ieiunasse biduo memorato.

1 possessio am. ... 2 tremissium *post* 3 sol. lxii $E^{1.6}$ amandani $GE^{1.6}$ quod] quam $GE^{1.6}$ inlustris] inlustri $B^{1.4}G$, inlustrae $B^{2.3}$ femina] feminae $C^3B^{2.3}G$, femi B^1, fem̄ B^4 uestina] uestinae C^3 $B^{2.3.4}$, fuestinae B^1 consobrini E^6 2 uigentano B^1, uegetano $E^{1.6}$ sol. *om.* B^3 3 antonianam B^1 $E^{1.6}$, antonianum $C^3B^{2.3.4}G$, antoniañ A^1 ludiano B^1, clodiano GE^1, dodiano E^6 lxii] lxu C^3, xlii G $E^{1.6}$ 4 domos $A^1C^3B^4GE^{1.6}$ clibum A^1, clinum C^3, cliuo $E^{1.6}$ mammori GE^1, mammori *(sic)* E^6, mammortini C^3 urbem B^1E^1 roma] romae A^1, *om.* $E^{1.6}$ sol. *om.* B^3 5 domum $A^1GE^{1.6}$ clibum A^1, cliuo $GE^{1.6}$ parici B^1 arbitratam $GE^{1.6}$, arbitata $B^{1.4}$ 6 domum $GE^{1.6}$ basilica A^1 uico longo $GE^{1.6}$ quae] qui E^6 locum C^3 lxxxiii B^3p 8 domum GE^1 cathedram $GE^{1.6}$, cathera B^3 lapideam $GE^{1.6}$, lapide C^3 florianam $GE^{1.6}$ 9 pristinum $E^{1.6}$, pistrinium B^1p in uico longo ... balneum *om.* B^4 castoriani] castorani $C^3B^{1.2.3.4}$, castorano $GE^{1.6}$ lxi] lxxxii $B^{2.3}$ 10 uico longo $C^3B^{2.3}GE^{1.6}$ templum $B^{1.2.3.4}E^{1.6}$ xl] lx C^3p siliquas (sili A^1) iii) siliquas C^3 11 uncias ($\simeq A^1$) iii (iiii C^3) p. numentanae (nomentanae C^3)] AC^3, uncias portae numentanae (momentanae $B^{1.2.3.4}$) iii $B^{1.2.3.4}GE^{1.6}$ xxii] xuii $GE^{1.6}$ 12 sabbt A^1, sabbato $GE^{1.6}$ celebrare K quia] ideo quia F sabbatum F in sep. dom. B^2 13 discipuli] d. eius $E^{1.6}$ 14 basilica $A^{1.2}G$, *om.* $E^{1p.6}$ bate C^3 agnen B^{1c}, agnaen B^{1p}, agnetis $E^{1.6}$ martyre A^1G leupardo B^2 15 sollicitudine $B^{2.3}Gc$, sollicitudinem $E^{1.6}$ et tegi *om.* $E^{1p.6}$ titulum $E^{1.6}$, tt A^2 supra (super GE^1) scripte $GE^{1.6}$, supra dicti C^3 $B^{1.2.3.4}$, ssct A^2 bestine E^1, uestinae et B^1 17 iiii] iii K^1 18 in urbe roma *om.* $FKGE^{1.6}$ 19 xii] xi N 20 liiii] liii C^3 21 sepultus] sepultusque K in cymiterio] *I. II* E^6, *om. FKGE*^{1} ursu F, urso K piliatum $B^{2.3.4}G$, pilliatum A^2, pilatum B^1, pilato FK u *om.* A^2 23 episcopatum] $B^{1.2.3.4}$, episcopatus *(vel comp.) reliqui*   dies] per dies $E^{1.6}$ xxii] xxi F

XLIII. ZOSIMVS.

⟨Zosimus, natione Grecus, ex patre Abramio, sedit   1
K ⟨ann. VII m. VIIII d. XXIIII.   ‖   ann. I m. III d. XI.   *F I. II*

⟨'Hic'⟩ multa ⟨'constituit'⟩ ecclesiae et ⟨'fecit constitutum'⟩, ut diacones leva tecta habe-
⟨rent de palleis linostemis

FK 5 ⟨per parrochias et ut cera benedicatur.   ‖ et per parrocia concessa licentia cereum *P*
                                                   benedici.

⟨'Et'⟩ praecepit, ⟨'ut nullus clericus in poculum publicum propinaretur nisi tantum
⟨'cellae fidelium, maximae clericorum'⟩.
⟨Hic fecit   2
FK III 10 ⟨ordinationem I⟩   ‖   ordinationes   *I. II*

in urbe Roma ⟨'per mens. Decemb.'⟩ presbiteros X, diaconos III; episcopos 'per'⟩
diversa ⟨'loca'⟩ VIII⟩.

Qui etiam ⟨sepultus est 'via Tiburtina' iuxta corpus beati Laurenti ⟨martyris⟩, VII kal.
⟨Ianuar.

15 ⟨'Et'⟩ cessavit episcopatum dies XI⟩.

FK habent quae ⟨ ⟩ *comprehenduntur*, *F solus signata praeterea* ⟨ ⟩, *K solus signata praeterea* ⟨ ⟩;
P habet (praeter nominatim excepta) omnia: I ($A^{1.2}$). II ($C^3B^{1.2.3.4}$). III ($GE^{1.6}$ Mut.: Zosimus papa constituit, ut diacones ... clericorum). — AVCTORES: *Index*: ann. VII (*sic* 1. 2. 3. 4. 5, i 7. 8. 9, iiii 6)
m. VIIII (*sic* 2. 3. 5, iii 7. 8. 9, iiii 1. 6, uiii 4) d. XVIIII (*sic* 3. 4, uiiii 2, xi 7. 9, xu 6. 8, xxiiii 1). —
ad v. 2 vide in Silvestro p. 50, 2.

1 zosimus] zozimus B^4E^6, zossimus B^1 ex om. K^1 abrahamio A^1, abrahamimo (*sic*) A^2, ebramio N,
apromio F 2 a. i] a. uii K m. iii] m. ii F, m. uiii $C^3GE^{1.6}$, m. uiiii K d. xi] F et rel., d. xii A^1, d. ii
A^2, d. xxiiii K, d. xxu $C^3GE^{1.6}$ 3 multa constituit ecclesiae] m. c. in ecclesia $C^3B^{1.2.3.4}$, multas constituit
(construxit E^6) ecclesias $E^{1.6}$ fecit constitutum (constitum C^3) ut diacones] K^2 et rel., constituit ut diaconi
(diacis F^2) F, fecit constitutum ut diaconi hic constitut ut diacones (*sic*) K^1 leua] (*vel* leba)] rel. et Mut.,
leuas $E^{1p.6}$ tectas E^6 haberen (*sic*) A^1 4 linostemis] A^1, linostomis A^2, linostimis rel. et Mut.
5 parrohia B^4, parrochias $E^{1.6}$, parrochiam A^2 licentia om. $A^{1.2}$ cereos $GE^{1.6}$ Mut.   6 benedicit A^1
7 praecepit] iussit $GE^{1.6}$Mut.   poculum (puculum B^1) publicum (puplicum B^1)] poculo publico (publicae
Mut.) GE^6Mut., populo publico E^1 propinarentur $C^3B^{1.4}$, propinaret E^6, propinate E^{1p} 8 max. cler.
om. K^1 10 ordinationem i] $FKE^{1.6}$, ordinationes *plerique*, ordinationes i G 11 in urbe roma] in urbe
E^1, om. E^6 iii] iiii B^2, ii N 12 uiii] n. uiii $C^3B^{1.2.3.4}$, uiiii F^1K 13 sepultusque K est om. C^3
$B^{1.4}$ uia tiburtina *post* laurenti F, *post* martyris $GE^{1.6}$ martyres A^1, om. A^2 uii] ui F^2 15 et
om. K^1 episcopatum] $B^{1.2.4}$, episcopatus (*vel comp.*) *reliqui*   per dies E^1

XLIIII. BONIFATIVS I.

⟨Bonifatius, natione Romanus, ex patre Iocundo presbitero, sedit ann. III m. VIII d. VI. 1
⟨Hic sub intentione cum Eulalio ordinantur⟩ uno die (ʿetʾ fuit dissensio in clero mens.
⟨VII et d. XV.⟩ Eulalius vero ordinatur in basilica Constantiniana, Bonifatius autem
in basilica Iuli.

Eodem tempore audiens hoc Placidia Augusta cum filio suo Valentiniano Augusto, dum 2
sederent Ravenna, retulit Honorio Augusto Mediolano sedenti. Eodem tempore ambo
Augusti missa auctoritate hoc praeceperunt, ut ambo exirent civitate. Qui cum pulsi
exissent, habitavit Bonifatius in cimiterio sanctae Felicitatis martyris via Salaria,
Eulalius vero in civitate Antio ad sanctum Hermem.

Veniens autem dies proximus paschae praesumpsit Eulalius, eo quod ordinatus fuisset 3
in basilica Constantiniana, et introibit in urbem et baptizavit et celebravit pascha in
basilica Constantiniana; Bonifatius vero, sicut consuetudo erat, celebravit baptismum
pasche in basilica sanctae martyris Agnae.

FK ⟨Et facto synodo deponitur Eulalius a LII | Hoc auditum Augusti utrumque miserunt 4 *P*
⟨episcopis, quia iuste non fuerat ordinatus, | et eregerunt Eulalium a LII episcopi et
⟨et ex consensu omnium sedit Bonefatius | missa auctoritate revocaverunt Bonifatium
⟨presul et constituitur Eulalius in civitatem | in urbem Romam et constituerunt episco-
⟨Nepessinam episcopus⟩. | pum, Eulalium vero miserunt foris in Cam-
  | paniam.

Et post annos III et menses VIII defunctus est Bonifatius. Clerus et populus peti-

---

FK habent quae ( ) comprehenduntur, F solus signata praeterea ʿ ʾ, *K solus signata praeterea* ʿ ʾ;
P habet (praeter nominatim excepta) omnia: I ($A^{1.2}$). II ($C^3B^{1.2.3.4}$). III ($GE^{1.6}$ Mut.: Bonifatius papa
constituit, ut nulla mulier ... cuiuslibet rei). — AVCTORES: Index: ann. III m. VIII d. VI (sic 1. 2. 7. 8.
9, uiii 3, xiii 6, xuiiii 4).

1 bonifatius] *sic hic et passim deinceps* $FA^{1.2}B^1$ (*text. et ind.*) GE^6 *Mut. et aliquoties* C^3B^3, bonefatius
K^1, bonefacius K^2B^3, bonifacius *posteriores plerique*   iocundio N, iucundo $C^3B^{2.3}$ a. iii] a. iiii K^1
m. uiii] m. uiiii F^1A^2 d. ui] F^1K, d. u F^2, d. uii $A^{1.2}B^{1.2.3.4}N$, d. xiii $C^3GE^{1.6}$ 2 contentione E^6
eolalio FB^1, eolabio C^3 ordinantur] $A^1C^3B^4$, ordinatur $KA^2B^{1.2.3}GE^{1.6}$, ordinatore F una $GE^{1.6}$
dissentio E^6 3 uii] uiii $A^{1.2}$, iiii K, ui F^2 et dies] $KA^1C^3B^{1.2.3.4}G$, per dies E^6, et per dies E^1,
dies FA^2 eolalius C^3 *et sic deinceps*, eulalio G, eulolius A^2 uero *om.* B^2 3/4 constantiniana b. autem
(*om.* B^2) in basilica *om.* B^3 4 iuli (*vel* -lii)] $C^3B^{1.2.3.4}$, iuliae $A^{1.2}GE^{1.6}$ 5 aud. hoc placidia (placida E^6)
aug. (augusto E^1)] placida aug. hoc aud. A^2 filio suo] s. f. E^6 dum] cum A^2 6 rauenne $E^{1.6}$ aug.
hon. A^2 mediolane C^3, mediolani E^1 ambo *om.* B^1 7 miss A^1, missas A^2 praeciperunt A^1,
praecepit B^1 ciuitate] ciuitatem $C^3B^4GE^{1.6}$, de ciuitate $B^{2.3}$ cum pulsi] conpulsi A^1p, dum conpulsi A^{1c}
$GE^{1.6}$ 8 exissent] essent $E^{1p.6}$ habitabit A^1C^3 martyres A^1 9 ciuitatem antio C^3B^4, ciuitatem
antia $B^{1.2.3}$, ciuitate antii $E^{1.6}$ hermen $C^3B^{2.3.4}E^1$, ermen GE^6 10 ueniens autem *om.* $A^{1.2}$ prox.
dies $E^{1.6}$ 11 introbit C^3 in *om.* $E^{1.6}$ urbe $C^3B^{1.2.3.4}G$ pascham B^1 12 basilicam (-ca G)
constantinianam $C^3B^{1.2.3.4}G$ 13 basilicam $C^3B^{1.4}G$ sanctae] beatae $A^{1.2}$ martyres A^1, *om.* A^2
agnen B^1, agnes A^2, agnetis $E^{1.6}$

FK 14 eolalius $F^{1c.2}$, eoladius F^{1p} 14/15 a lii   *P* 14 auditum] $C^3B^{2.3p.4}$, auditu $B^{1.3c}$, audito $GE^{1.6}$,
episcopis] a lii presbiteris K^1, eclii presbiteris K^2,   audientes $A^{1.2}$ utrique $B^{3c}GE^{1.6}$ 15 eroge-
sub aliis episcopis F 15 iuste non] F, iuste   runt] erigerunt $A^{1.2}$, egerunt Gp, eiecerunt $E^{1.6}$
K^2p, inueste K^{1p}, iniuste $K^{1c.2c}$ 16 bonefacius   alii episcopi $A^{1.2}$, *om.* II. III   17 urbe
F, bonifacius K^2 17 constituitus (*sic*) F^2 roma] $A^2C^3B^{1.2.3.4}G$, urbem $E^{1.6}$ 18 foras
eolalius F ciuitate K 18 nepissana K^2, $B^{1.4}E^{1.6}$ 18/19 campania A^1G
nephisana K^1, nepersinam F^1

20 et post] $A^{1.2}$, post *reliqui*   clerus] clerus autem $GE^{1.6}$, clerici B^1 et (*om.* A^2) populus] $A^{1.2}$, uel
plebs (ples C^3) *II* ($C^3B^{3.4}$), et plebs B^2. *III* ($GE^{1.6}$), et praesbyteri B^1 20/93, 1 petiuerunt B^1

erunt Eulalium revocari. Quod tamen non consensit Eulalius Romam reverti. Qui tamen in eodem loco Campaniae post annum mortis Bonifatii defunctus est Eulalius. ⟨Hic⟩ Bonifatius ⟨constituit, ut nulla mulier aut monacha pallam sacratam contingeret ⟨'aut lavaret' aut incensum poneret in ecclesia nisi minister; nec servum clericum fieri, ⟨'nec obnoxium curiae vel cuiuslibet rei'.⟩

Hic fecit oraturium in cymiterio sanctae Felicitatis iuxta corpus eius et ornavit sepulchrum sanctae martyris Felicitatis et sancti Silvani, ubi et posuit hoc:

    patenam argenteam, pens. lib. XX;
    sciphum argenteum, pens. lib. X;
    amam argenteam, pens. lib. XIII;
    calices minores

III   argenteos ||

    II, pens. sing. lib. IIII;
    coronas argenteas III, pens. sing. lib. XV.

⟨Hic fecit ordinationem I⟩

II in urbe Roma ||

⟨'per mens. Decemb.', presbiteros XIII, diacones III; episcopos 'per'⟩ diversa ⟨'loca'⟩ ⟨XXXVI.

⟨'Qui etiam' sepultus est

FK III ⟨in cimiterio sanctae Felicitatis⟩ martyris || via Salaria iuxta corpus sanctae Felicitatis *I. II*
⟨'via Salaria'⟩   martyris

⟨VIII kal. Novemb.⟩.
Et ⟨cessavit episcopatum dies VIIII⟩.

FK habent quae ( ) comprehenduntur, F solus signata praeterea ' ', K solus signata praeterea < >; P habet (praeter nominatim excepta) omnia: I (A$^{1.2}$). II (C^{2}B$^{1.2.3.4}$). III (GE$^{1.6}$Mut.). — Beda chr. c. 475 ad 6 fecit ... 7 siluani. — ad v. 3 cf. in Sotere p. 16, 4. — ad v. 4/5 Concil. Silvestrianum CCLXXV episcoporum subditicium can. 14: ut nullus clericus ordinetur curiae obnoxius nec conductor qui ex clero fiat publico nec privatae rei (scr. nec conductor quis clericus fiat publici nec privatae rei).

---

1 roma E^1 reuerti] conuerti G 2 tamen] etiam $GE^{1.6}$ locum B^1p   mortis] mor A^2 3 mulier aut $(A^{1.2}C^2B^{1.2.3.4}$, uel $FGE^{1.6}$ *Mut.*) monacha (monica F^2, monachus GE^1p *Mut.*)] feminarum K palla FK, pall(a)ea G *Mut.*, palleam A, pallia E^1 sacratam] sacrata $FKGE^1$ *Mut.*, sacram E^6 contingerit FK, contingere $A^{1.2}$ 4 aut (uel B^1) lauaret] aut lauarit F^2, aut lauare A, a. leñaret E^6 poneret] ponerit F, ponere $A^{1.2}C^2B^4$ ecclesiam G *Mut.*   serum B^1 clericum fieri] clericum fieri clericum B^1 5 nec] uel E^6 curiae *om.* K^2 cuilibet E^6 6 oratarium E^1p   cymiterium A^2B^1p   fel.] martiris fel. A^2 7 martyris] martyres A^1, *om.* A^2 saluani B^3p, liuanii $GE^{1.6}$ hoc] dona plurima *om. sequentibus ad v.* 14 lib. xu   10 ama argentea A^1 lib. xiiii A^1, lib. xui C^3 12 argenteos $GE^{1.6}$, *om. reliqui*   13 sing. *habet* A^1 *solus*   14 sing. *habet* A^1 *solus*   15 ordinatione una $FA^{1.2}$ 16 in u. r. $C^2B^{1.2\;3.4}$, *om. reliqui*   17 xiii] xiiii $A^{1.2}$, xui C^3 iii] iiii F 18 xxxui] numero xxxui $B^{2.3}$, xxxu F^2 19 qui etiam *om.* K^1 20/21 in c. s. f. m. u. salaria (salutaria F^2)] $GE^{1.6}$ *cum FK*, uia sal. iuxta c. s. felicitatis (felicitae B^1) martyris (-res A^1) *reliqui*   22 uiii] uii F^2, uiiii A^2 23 episcopatum] $B^{1.2.3.4}$, episcopatus *(vel comp.) reliqui*   per dies $E^{1.6}$ uiiii] uiii F^2B^1

XLV. CAELESTINVS.

⟨Caelestinus, natione 1
K I. III ⟨Campanus, | Romanus, *IJ*
⟨ex patre Prisco, sedit ann. VIII m. X d. XVII.
⟨Hic⟩ multa constituta (ʽfecit⟩ et ⟨ʽconstituit⟩, ut psalmi 'David' CL ante sacrificium
(psalli) antefanatim ex omnibus, ⟨quod ante non fiebat, nisi tantum epistula) beati ⟨Pauli
⟨apostoli ʽrecitabatur⟩ et sanctum euangelium
FK III ⟨et ʽsic⟩ missas fiebant.⟩

Hic fecit constitutum de omnem ecclesiam, maxime et de religione, quae hodie archibo
ecclesiae detenentur reconditae.

Hic dedicavit basilicam Iuli, in qua optulit post ignem Geticum: 2
 patenam argenteam, pens. lib. XXV;
 sciphos
II. III argenteos
 II, pens. sing. lib. VIII;
 amas argenteas II, pens. sing. lib. X;
 calices
II. III minores
 argenteos V, pens. sing. lib. III;
 aquamanules argenteos, pens. lib. X;
 candelabra argentea II, pens. sing. lib. XXX;

FK habent quae ( ) comprehenduntur, *F* solus signata praeterea ʽ ⟩, *K* solus signata praeterea ⟨ ⟩;
P habet (praeter nominatim excepta) omnia: I ($A^{1.2}$). II ($C^3B^{1.2.3.4}$). III ($GE^{1.6}$. *Mut.*: Celestinus papa
constituit, (4) ut CL psalmi ... 7 fiebant). — AVCTORES: Index: ann. VIIII (sic 1. 2. 3. 4. 5. 6, uiii 7. 9,
iii 8) m. X (xi 4) d. XVII (xui 6. 9, xuiiii 3. 4).

---

2 campannus] $FKA^{1.2}C^3GE^{1.6}$, romanus $B^{1.2.3.4}N$ 3 a. uiii] per a. uiii E^6, a. uiiii KA^2E^{1p}, a. uii F^2 m. x] m. i $GE^{1.6}$, om. C^3 d. xuii] d. xuiii K^1, d. uiiii $C^3GE^{1.6}$, d. xui F^2, d. xu N 4 fecit multa const. $E^{1.6}$ psalmi dauid (om. B^2) cl] ps. cl dau. *F*, cl ps. dau. $GE^{1.6}$ *Mut.* 5 psalli] FKA^1, psallerentur $A^2C^3B^{1.2.3.4}GE^{1.6}$ *Mut.* antefanatim] A^1, antephanatim $B^{1.3.4}$, antephenatim B^2, antefanati G, antephanati C^3 *Mut.*, antifonatim A^2, antiphonati $E^{1.6}$ *recte emendantes* ex omnibus om. E^1 *Mut.* quod] quos A^2 antea B^3 nisi] sic $C^3B^{1.2.3.4}$ epistolae F^1 beati om. $B^2GE^{1.6}$ *Mut.* pauli (paule F^{1p}) ap.] *FK* $B^2GE^{1.6}$, ap. pauli $C^3B^{1.3.4}$, pauli $A^{1.2}$ 6 recitabatur *ante* epistula $KGE^{1.6}$ *Mut.*, om. *F* sanct. euang.] e: s. E^6 7 et sic missas (missae $GE^{1.6}$) fiebant] $GE^{1.6}$ *Mut.*, et fiebant missae *K*, et sic missae celebrabuntur *F*, om. *reliqui* 8 omne $B^{1.3}G$, omni A^2B^2E ecclesia $A^2B^{2.3}GE$ religione] regione $E^{1c.6}$, regionis E^{1p} 9 detenentur] $A^{1.2}$, tenentur $C^3B^{1.2.3.4}GE^{1.6}$ 10 basilica E^1 iuli (*vel* -lii)] iuliae $GE^{1.6}$ quo B^4 optulit] optulit dona multa om. *sequentibus ad p. 95*, 15 lib. uicenas igne A^1, ig/ignem B^1 geticum] A^1G, zeticum $C^3B^{1.2.3.4}$, gesicum B^2, reticum E^6, reticum E^6 11 xxu] xu $E^{1.6}$ 13 argenteos om. A^1 *solus* 14 uiii] uiii octanas C^3 15 x libr. singule E^6 16/17 calices minores (om. A^1) ... 19 lib. x om. $E^{1.6}$ 19 aquamaniles (males B^{3p}) B^3, aquamanile B^2, aquaman B^4, aquam manuales C^3, aquamanus A^1, aquaminiles G argenteas $C^3B^{1.3}$, argenteo i B^2, a̅r̅g̅ B^4 19/20 pens. lib. x cand. argentea om. B^1

XLV. CAELESTINVS.

cantara cereostata aerea XXIIII,

II. III   pens. sing. lib. XXX;
II. III   item coronas argenteas X, pens. sing. lib. X.
II. III 5 Ad beatum Petrum apostolum:
II. III   farum cantharum, pens. lib. XXV, ex argento purissimo;
II. III   canthara argentea cireostata in gremio basilicae XXIIII,
   10   pens. sing. lib. uicenas.
Ad beatum Paulum apostulum:
pharum cantarum
II. III   argenteum,
   pens. lib. XXV;
   15 cantara cyreostata XXIIII, pens. sing. lib. uicenas.
⟨Hic fecit ordinationes III⟩
II in urbe Roma

⟨'per mens. Decemb.', presbiteros XXXII, diacones XII; episcopos 'per'⟩ diversa ⟨'loca'⟩ (XLVI).
20 Qui etiam ⟨sepultus est in cymiterio Priscillae 'via Salaria' VIII id. April.
⟨'Et'⟩ cessavit episcopatum d. XXI.⟩

FK habent quae ( ) comprehenduntur, F solus signata praeterea ' ', K solus signata praeterea ‹ ›; P habet (praeter nominatim excepta) omnia: I (A¹·²). II (C³B¹·²·³·⁴). III (GE¹·⁶).

1/2 canthara (-ras *E*¹, cantera *E*⁶) cereostata (sic *A*¹, cireostata *B*⁴, ceriostata *B*², cierostata *C*³ᵖ, ceroscata *G*, cirostata *C*³ᶜ, cerostatas *E*¹, argentea [sic] *E*⁶) aerea xxiiii (xiiii *E*¹, xiii *E*⁶) p. s. l. xxx *om. B*³
2 pens. sing. l. xxxx ... 9 basilicae xxliii *om. A*¹   6 cantharam *E*¹, cantharum in gremio basilice *E*⁶
pens. lib. xxu ex arg. (arco *C*³) pur.] ex arg. pur. pens. sing. lib. xu *B*²·³   8 cathara *G*, cantharas *E*¹, cantheras *E*⁶   argenteas *E*⁶, arḡ *E*¹   ceriostata *B*¹, ciriostata *B*², cyriostata *B*³, cyreostata *C*³, cerostata *G*, cerostatas *E*¹·⁶   11 ad beatum ... 15 lib. uicenas *om. B*³*E*¹·⁶   13 argenteum *om. AB*⁴   15 cirostata *B*¹, cerostata *G*, ciriostata *B*², cireostata *B*⁴   sing. *om. C*³   16 iii] iiii *C*³   17 in urbe roma (rome *B*³ᵖ) *C*³*B*¹·²·³·⁴, *om. reliqui*   18 xxxii] xxii *E*⁶*N*   19 xlui] num. xlui *B*¹·²·³, x.ui *N*   20 sepultus (sepultusque *K*²) est (*om. C*³*B*¹) ... 21 et *om. K*¹   cymeterinm *B*¹ᵖ   priscellae *A*¹*B*³   uiii] uii *F*², iiii *B*²·³   id.] kl. *F*¹   21 episcopatum] *C*³*B*¹·²·³, episcopatus (vel comp.) reliqui, episcopatum in urbe roma *B*⁴   per dies *E*¹·⁶   xxi] xxii (?) *B*¹, xxxi *B*⁴ᵖ

XLVI. XYSTVS III.

⟨Xystus, natione Romanus, ex patre Xysto, sedit ann. VIII d. XVIIII. 1
⟨Hic⟩ post annum unum et menses VIII ⟨a quodam Basso incriminatur

FK ⟨'et' ex praecepto Valentiniani Augusti cum | Eodem tempore audiens hoc Valentinianus P
⟨magna examinatione factum synodum | Augustus iussit concilium sancta synodus
|| congregari: et facto convento cum magna
|| examinatione iudicium synodicum

⟨purgatur a LVI episcopis
FK ⟨et eiecerunt Bassum a communione⟩ || et condemnatur Bassus a synodo, ita tamen, P
|| ut ultimo die viaticum ei non negaretur
|| propter humanitatem   *II. III*
|| pietatis ecclesiae. P

Hoc audiens Valentinianus Augustus cum matre sua Placidia Augusta furore sancto 2
promoti scriptionem Bassum condemnaverunt et omnia praedia facultatum eius ecclesiae

---

FK habent quae ⟨ ⟩ comprehenduntur, F solus signata praeterea ' ', K solus signata praeterea < >; P habet (praeter nominatim excepta) omnia: I $(A^{1.2})$. II $(C^3B^{1.2.3.4})$. III $(GE^{1.6})$. — AVCTORES: Index: ann. VIII (iii 5, ui m. iii 8) d. XVIIII (xui 6, xuii 9, xx 4). — *ad v. 2 profecta sunt haec, sed mutata ex gestis subditiciis de Xysti purgatione (Constant app. p. 118):* Marinianus ... venit ad Bassum dicens quasi ex malitia Xysti episcopi ... eo quod consecratam Crysogonitem stuprasset. consilio inito coeperunt ambo accusare eum Augusto Valentiniano ... Xystus ... populo enarrabat dicens ... probatio quare non fit? ... Valentinianus ... iussit fieri secundum dicta et roguuit universum sanctum urbis Romae, et Xystus episcopus rogauit presbyteros urbis Romae vel clerum ... erant ... ibi patricii vel consules isti (*sequuntur nomina XI*) et advocati isti (*sequuntur nomina IV*), presbyteri autem urbis Romae omnes XLVIII, diacones V ... Augustus ... dedit in arbitrio Xysti episcopi iudicare iudicium suum ... ⟨Xystus⟩ fecit colligi omnes presbyteros urbis Romae .. et damnavit Bassum et Marinianum, ita ut communione eos ambos unitos sublevaret ... nec eos revocauit ad communionem, ita ut de saeculo ambo sic transirent.

1 xystus] systus K, xixtus A^2B^2, xystus tertius $E^{1.6}$ ex patre *om.* K^1 xysto] syxto C^3B^1, xixto B^2, sixto A^2 a. uiii] a. uii F^2 xuiiii] xxuiiii A^2, xuiii F^2N 2 unum annum (anno uno B^3) et mensibus uiii $B^{2.3.4}$ a q. basso incriminatur] KA^1, incriminatur (-tus $B^{1.2p}$) a q. b. $C^3B^{1.2.3.4}$, a quodam basso incriminatus accusatur (-tor F^2) F, a quodam (quondam G) basso incriminatur accusatusque est $GE^{1.6}$

FK 3 ualentiani F 4 facto synodo K | P 3 hec E^6 4 consilium E^1 sancte sinodus G, sanctae synodi $E^{1.6}$, sancta sinodo B^4, sancti synodatus (sic) A^1, *om.* A^2 *probante Duchesnio*   5 congrecari A^1 connentu $B^{2.3}E^{1.6}$, conuentam C^3B^4 6 iudicio $GE^{1.6}$, et iudicio A^2 sinodia[sic] A^2, sinodi E^6: iud. synod. *delendum*.

7 a lui] K^1 *et rel.*, colui K^2, a liiii F

FK 8 egecerunt K^2, egerunt K^1, eiecit F communionem K^1 com- | P 8 condemnatur] qnd damnatur B^1 uassus $B^{2.3}$ 9 ultimo die] ad ultimum diem $E^{1.6}$ u. ei u. negaretur (negaret B^4) propter humanitatem pietatis ecclesiae] *II* $(C^3B^{1.2.3.4})$. *III*$(GE^{1.6})$, uiaticum ei non negaretur pietatis ecclesiae A^1, uiat. pietatis eccl. non ei negaretur A^2

12 matrem suam C^3B^4 placidiam $B^{2.3p.4}$, placidam C^3, placida $A^2GE^{1p.6}$ augustam $C^3B^{2.3p.4}$ furorem sanctum $C^3B^{1.2.3.4}$ 13 promoti] $A^{1.2}$, commoti $C^3B^{1.2.3.4}E^{1.6}$, moti G scriptione GE^1, proscriptione A^2, praescriptione E^6

XLVI. XYSTVS III.

catholicae sociauit. Qui notu diuinitatis intra menses III defunctus moritur Bassus. Cuius corpus Xystus episcopus cum linteaminibus et aromatibus manibus suis tractans recondens sepellivit ad beatum Petrum apostulum in cubiculum parentum eius.

(ʽHic fecit basilicam sanctae Mariaeʼ,) quae ab antiquis Liberi cognominabatur, (ʽiuxta 3
5 ʽmacellum Lybiaeʼ,) ubi et obtulit hoc:
    altare argenteum purissimum, pens. lib. CCC;
    patenas argenteas III, pens. lib. LX;
    amas argenteas IIII, pens. lib. LX;
    sciphum aureum purissimum, pens. lib. XII;
10   scyphos argenteos V, pens. lib. L;
    calices ministeriales aureos II, pens. sing. lib. singulas;
    calices ministeriales argenteos X, pens. sing. lib. ternas;
    aquamanulis argenteus, pens. lib. VIII;
    coronam farum ante altare argenteum, pens. lib. XXX;
15   coronas argenteas farales XXXIIII, pens. sing. lib. X;
    candelabra argentea IIII, pens. sing. lib. XX;
    tymiamaterium argenteum, pens. lib. V;
    cantara cereostata aurocalca XXIIII, pens. sing. lib. XV;
    possessio Scauriana, territurio Gazitano, prest. omnia inibi cum adiacentibus ad-
20   tiguis sol. CCCXII et tremissium;
    possessio Marmorata, territurio Penestrino, prest. sol. XCII;
    possessio Caeleris, territurio Afilano, prest. sol. CXI et tremissium;
    domus Palmati intra urbem

I   Romam
25   iuxta inibi basilicae cum balneum et pistrinum, prest. sol. CLIIII siliquas III;
    domus Claudi in Sicininum, prest. sol. CIIII;
    cervum

II. III   in fontem
    argenteum fundentem aquam, pens. lib. XX;
30   omnia vasa baptismi sacrata argentea, pens. lib. XV.

K habet quae ⟨ ⟩ comprehenduntur; P habet (praeter nominatim excepta) omnia: I ($A^{1\,2}$). II (C^3 $B^{1\cdot 2\cdot 3\cdot 4}$). III ($GE^{1\cdot 6}$). — ad v. 4 Beda chr. c. 485: fecit … cognominabatur.

1 sociauerunt $A^2E^{1\cdot 6}$ noto $B^2\text{p}$, nuto $B^{2\text{o}}$, nutu B^3GE^1 mensibus $C^3B^{1\cdot 2\cdot 3\cdot 4}$ moritur om. B^4 2 systus C^3 cum om. C^3 linteaminibus B^1, lenteaminibus B^4, lentiaminibus $C^{3\text{o}}$, letiaminibus $C^3\text{p}$ 3 recordens $B^1\text{p}$, recondensque $E^{1\cdot 6}$ petrum om. B^4 cubiculo $C^3B^{1\cdot 2\cdot 3\cdot 4}E^{1\cdot 6}$ parentorum $C^3B^{1\cdot 2\cdot 3\cdot 4}$ 4 basilica K^2, basillus K^1 liberi] $B^{1\cdot 2\cdot 3\cdot 4}$ cum Beda, liberii $A^{1\cdot 2}C^3E^1$, liuerii G 5 obtulit hoc] obtulit dona om. sequentibus ad p. 98, 1/2 uidetur A^2 6 altarem C^3B^1 7 argenteos om. B^4 8 amas a. iiii p. lib. (om. C^3) lx om. B^4 9 xii] 1 $E^{1\cdot 6}$ 11 cal. min. aureos ii (aurei A^1) p. sing. lib. singulas (liberas B^1, lib. iii B^3) om. $B^4E^{1\cdot 6}$ 12 calicem A^1 argenteos om. B^4 13 aquamaniles $B^3E^{1\cdot 6}$, aquamanile B^2, aquaminiles G $\overline{\text{arg}}$ A^1, argenteos $B^{3\cdot 4}GE^6$, argenteo i B^2, argenteas C^3B^1 pens.] pens. sing. $E^{1\cdot 6}$ 14 altarem B^1 argenteo A^1, argenteam $C^3B^{2\cdot 3}E^{1\cdot 6}$, argent B^4, arg. B^1 xxx] x B^4 15 arg. fiarales C^3, arg. ferales E^6, far. arg. B^3 xxxiii B^1, xxiiii B^4 sing. om. $E^{1\cdot 6}$ x] decenas G 16 sing. om. $E^{1\cdot 6}$ 17 timiamaterium C^3B^1, tymiaterum A^1, timiaterium G 18 ciriostata B^3, cireostata B^2, cerostata $A^1GE^{1\cdot 6}$ sing. om. $E^{1\cdot 6}$ 19 possessionem scaurianam $E^{1\cdot 6}$ et sic passim   in terr. $E^{1\cdot 6}$ et sic passim   gacitano E^1, gaetano A^1E^6 omnia inibi] omni anno E^6 21 penistrino C^3, praenistino B^1 xcii] clii $E^{1\cdot 6}$ 22 cereris B^1 filano A^1 xci C^3 23 domos A^1B^4 23/24 urbem romam] A^1, urbe roma G, urbe $C^3B^{1\cdot 2\cdot 3\cdot 4}E^1$, urbem E^6 25 basilicam $E^{1\cdot 6}$ balneo $B^{1\cdot 2}GE^{1\cdot 6}$ pistrinum] A^1 (sic) et rel., pistrino $B^{1\cdot 2}G$, pristino $E^{1\cdot 6}$ 25/26 sil. iii domus (-mos A^1B^4) cl. in sicininum (sicininim B^2, sicinum A^1G) pr. sol. ciiii om. $E^{1\cdot 6}$ 28 in fontem] $C^3B^{1\cdot 2\cdot 3\cdot 4}$, in fonte G et post arg. $E^{1\cdot 6}$, om. A^1 29 aqua G xx] xxx $GE^{1\cdot 6}$ 30 sacramenta B^1 pens. om. $C^3B^{1\cdot 2\cdot 3\cdot 4}GE^{1\cdot 6}$

XLVI. XYSTVS III.

cenacula aregiae gradorum adherentes basilicae vel quidquid intrinsecus esse videtur.

Hic ('ornavit de argento confessionem beati Petri apostuli',) qui habet libras quadringentas. Ex huius supplicatione optulit Valentinianus Augustus imaginem auream cum XII portas et apostolos XII et salvatorem gemmis praetiosissimis ornatam

I quem voti gratiae suae ‖

super confessionem beati Petri apostuli

I posuit. ‖

Fecit autem Valentinianus Augustus ex rogatu Xysti episcopi ('fastidium argenteum ('in basilica Constantiniana, quod a barbaris sublatum fuerat',) qui

I habet libras II. ‖ pens. libras IDCX. *II. III*

Huius temporibus fecit Valentinianus Augustus confessionem beati Pauli apostuli ex argento, qui habet libras CC. Item fecit Xystus episcopus confessionem beati Laurenti martyris cum columnis porphyreticis et ornavit

I platomis ‖

transendam et altarem et confessionem sancto Laurentio martyri de argento purissimo

II. III fecit altarem ‖

pens. lib. L;
cancellos argenteos supra platomas purphyreticas, pens. lib. CCC:
absidam super cancellos cum statu beati Laurenti martyris arḡ, pens. lib. CC.

K habet quae (< >) *comprehenduntur, breviata sic:* et confessione beati Petri apostoli exornauit de argento. Huius temporibus Valentinianus Augustus ornauit basilicas beati Petri et Pauli (beati petri apostoli K^1) ex auro argentoque plurimum et in Constantiniana basilica fecit fastigium argenteum quod a b. s. f. et in alias quam plures basilicas Romanas multa dona obtulit Valentinianus Augustus; *P habet (praeter nominatim excepta) omnia:* I ($A^{1.2}$). II ($C^3B^{1.2.3.4}$). III ($GE^{1.6}$). — *ad v.* 4 ualentinianus aug. *seq.*] citat haec papa Hadrianus 1 *in litteris ad Carolum magnum regem* (Mansi *13, 801):* per rogatum eius (Sixti) Valentinianus Augustus fecit imaginem auream cum XII portis et salvatore gemmis pretiosis ornatam, quam voto gratiae super confessionem beati Petri apostoli posuit.

---

1 aregiae] regiae $GE^{1.6}$ graduum adherentia E^6 quidquid (quid E^{1p}) uid. esse (esse uid. E^6) intr. $E^{1.6}$ 3 ordinauit $A^2B^{1.2}E^6$ argenti B^4 confessione E^1 qui (quae $GE^{1.6}$) h. l. quadringentas *om.* A^2 4 ex *om.* $C^3B^{1.2.3.4}GE^{1.6}$ obtulit] obtinuit E^6 ualentianus B^3p 5 portis $E^{1.6}$ saluaatorem B^{1p} gemmis] in g. $E^{1.6}$ praetitiosissimis B^2 ornata A^2 6 quem u gr. suae] $A^{1.2}$ *cum papa Hadriano (vide supra), om. reliqui* 7 confessionem *om.* A^2 8 posuit] $A^{1.2}$, *om. reliqui* 9 autem] a. et A^2 ualentianus A^1, ualentinus C^3B^1 sixti A^2C^3 fastidium] $A^{1.2}B^4G$, fastigium $KC^3B^1E^{1.6}$, uastigium $B^{2.3}$ 10 basilicam $C^3B^{1.2.3.4}$ constantinianam $C^3B^{1.2.3.4}E^1$, constantiana A^1 a *om.* A^2 10/11 qui habet libras ii] A^1, qui (quae GE^1, quod E^6) pens. lib. Idcx (Idxi G, dxi $E^{1.6}$) *reliqui*, *om.* A^2 12 fecit *post* aug. A^2 ualentinus C^{3p} confessione A^2 13 argento] argento purissimo E^1 *solus* quae $GE^{1.6}$ systus C^3, sixtus A^2 beati] sancti B^4E^6 14 martyris *om.* E^6 porfureticis B^1 15 platomis $A^{1.2}$, *om. reliqui* 16 transenda A^1, trasenda A^2, transcendam B^1, transcendas Gp altare $A^{1.2}B^{2.4}GE^{1.6}$ confessione A^2B^1 sancti $E^{1.6}$ laurentio martyri] $A^{1.2}B^{2.3}$, mart. laur. *reliqui*, martiris laurentii E^6 17 fecit altarem *(sic B^1, altare reliqui)* $B^{1.2.3.4}GE^{1.6}$, *om.* $A^{1.2}$ 18 pens. lib. l *om.* A^2 19 super $A^{1.2}$, supa C^3 pyrfureticas B^1 pens. lib. ccc *om.* A^2 20 absida $A^{1.2}$ super cancellos] cum cancellis A^2 cum statu] $A^{1p.2}B^1GE^1$, cum statum $C^3B^{2.4}$, cum statutum B^3, cum statua $A^{1c}E^6$ *Duchesne* argenteam $C^3B^{2.3}GE^6$ pens. lib. cc *om.* A^2

XLVI. XYSTVS III.

II. III	Fecit autem basilicam sancto Laurentio, quod Valentinianus Augustus concessit,	6
II. III	ubi et optulit:	
II. III	patenas argenteas III, pens. sing. lib. XX;	
II. III	amas argenteas III, pens. sing. lib. XV;	
II. III 5	scyphos argenteos IIII, pens. sing. lib. VIII:	
II. III	scyphum singularem aureum ornatum de margaritis, pens. lib. X:	
II	lucernam nixorum X auream, pens. lib. X;	
II. III	calices argenteos ministeriales XII, pens. sing. lib. II;	
II. III	aquamanulis arḡ, pens. lib. VIII;	
II. III 10	ministerium ad baptismum vel paenitentiae ex argento, pens. lib. V;	
II. III	conca aurocalca, pens. lib. XX;	
II. III	coronas argenteas farales XXX, pens. sing. lib. VI;	
II. III	fara canthara III, pens. sing. lib. XV, ex argento;	
II. III	candelabra argentea II, pens. sing. lib. XXX;	
II. III 15	canthara cereostata in gremio basilicae aerea XXIIII;	
II. III	fara aerea LX;	

I	Fecit autem monasterium in Catatymbas. Fecit et fontem baptisterii ad sanctam Mariam et columnis porphyreticis exornavit.	7

I 20	Hic constituit columnas in baptisterium basilicae Constantinianae, quas a tempore Constantini Augusti fuerant congregatas, ex metallo purphyretico numero VIII, quas erexit cum epistolis suis et versibus exornavit	Hic fecit in basilicam Constantinianam ornamentum super fontem, quod ante non erat, id est epistilia marmorea et columnas porfyreticas eregit, quas Constantinus Augustus congregatas demisit et iussit, ut erigerentur, quas et versibus exornavit.	*II. III*
I	et platoma in cymiterio Calisti, ubi commemorans nomina episcoporum.	Hic fecit platoma in cymiterio Calisti via Appia, ubi nomina episcoporum et martyrum scripsit commemorans.	*II. III*
I 30	Fecit autem sciphos aureos III: unum ad sanctum Petrum, qui pens. lib. VI;		

    P habet (praeter nominatim excepta) omnia: *I* ($A^{1.2}$). *II* ($C^3B^{1.2.3.4}$). *III* ($GE^{1.6}$).

---

    1 autem *om.* B^1 basilica A^1 sancto] $A^{1.2}$, beato $C^3B^{1.2.3.4}GE^{1.6}$ concessit] non cessit B^1
2 et (*om.* E^6) o.] et o. dona haec E^1 *solus*   3 patenas ... 16 fara aerea lx *om.* $A^{1.2}$ 3/4 lib. xx am.
arg. iii pens. sing. (*om.* $E^{1.6}$) *om.* B^4 5 sing. *om.* $E^{1.6}$ 6 singularem *om.* $E^{1.6}$ 7 luc. nix. x
auream (aur. x B^4) p. l. x *om.* *I.* *III* ($GE^{1.6}$)   8 sing. *om.* $E^{1.6}$ 9 aquamanules B^1, aquamaniles B^3
$GE^{1.6}$, aquamanile B^2 argenteas C^3, argenteo B^2, argenteos B^3GE^6 10 ministerium] ministeriales B^1
pens. *om.* $C^3B^{2.3.4}GE^6$ lib. u] lib. xu E^6 11 concam $GE^{1.6}$ aurocalincam E^1, aurocalcam GE^6
12 ferales E^6 sing. *om.* $GE^{1.6}$ uij] ui senas C^3 13 faras cantharas E^1, faras canthearas E^6 ex
argento] C^3B^4G, argenteas *post* cantharas E^6, *om.* $B^{1.2.3}E^1$ iij] arg. iii E^1 14 candelabras arḡ $C^3B^{1.4}$
sing. *om.* B^1 15 cantharas $E^{1.6}$ cireostata B^4, cerostata G, cerostatas $E^{1.6}$ aerea] aereas $E^{1.6}$,
ante in gremio $B^{2.3}$ 16 faras aereas xxi $E^{1.6}$ 17 fecit ... 19 exornauit *habent* $A^{1.2}$ *soli.*   catatimbas A^2 18 bapt. font. A^2

I   22 augusti *om.* A^2 fuerat || *II. III* 20 in *om.* G basilica $B^{2.3}G$ constantiniana $B^{2.4}GE^1$ 21 quod]
A^2 23 numerum A^1 quo $B^{2.3.4}$ aute] ante ibi E^1 22 id est] idem E^6 epistulia
26 platoma ••cymiteri• A^1 $B^{1.4}G$, epistolia E^6, epistula C^3 23 erigit C^3B^4, erexit $E^{1.6}$ 24 dimisit $B^{2.3}E^{1.6}$ ut *om.* B^1 24/25 eregerentur B^1 26 platomam $GE^{1.6}$
                                       post 28 scripsit *textu integro pagina una vacua relicta in* G

30 fecit ... *pag.* 100, 4 singulas *habet* A^1 *solus*

I ad sanctum Paulum unum, qui pens. lib. VI;
I ad beatum Laurentium I, qui pens. lib. III;
I calices ministeriales aureos XV, pens. sing. lib. singulas.

5 ('Hic' fecit ordinationes 'III') 8

II. III in urbe Roma

per mens. Decemb., (presbiteros XXVIII, diacones XII; episcopos 'per') diversa ('loca' LII).

I. III Et huius temporibus fecit Petrus episco- 9
10 pus basilica in urbe Roma sanctae Savinae, ubi et fontem construxit.

('Qui etiam' sepultus est via Tiburtina 'in crypta',

FK (ad sanctum Laurentium.   iuxta corpus beati Laurenti. *P*

('Et' cessavit episcopatum dies XXII.)
15
A morte Silvestri usque ad hunc primum *III*
Leonem sunt anni XCVIIII m. V d. XXVI.

FK habent quae ( ) comprehenduntur, F solus signata praeterea ' ', K solus signata praeterea < >;
P habet (praeter nominatim excepta) omnia: I ($A^{1.2}$). II ($C^3B^{1.2.3.4}$). III ($GE^{1.6}$).

5 fecit] fecitque systus episcopus K^2 iii] $KA^{1.2}$, om. $FC^3B^{1.2.3.4}GE^{1.6}$ 6 in urbe roma (om. E^6) om. $A^{1.2}$ 7 xxuiii] xuiiii C^3 xii] K^2 et rel., xxii F, xx K^1, xu C^3 8 lii] num. lii $B^{2.3}$ 9 et huius ... 11 construxit *habent* $A^{1.2}GE^{1.6}$ *soli*   10 basilicam E^1 roma om. $E^{1.6}$ sauinie E^6
12 qui etiam *om.* K^1 14 episcopatum] $B^{1.2.3.4}$, episcopatus *(vel comp.) reliqui*   per dies $E^{1.6}$ xxii] xxi F   15 a morte ... xxui *habet* E^1 *solus*

XLVII. LEO I.

⟨Leo, natione Tuscus, ex patre Quintiano, sedit ann. XXI m. 1 d. XIII.

F ⟨'Hic fecit constitutum de ecclesia'.⟩ ‖

Huius temporibus fecit Demetria ancilla dei basilicam sancto Stephano via Latina miliario III in praedio suo.

5 ⟨'Hic invenit duas hereses

F ⟨'Euthicen et Nestorium ‖ *I* Eutychiana et ‖ *II. III* per quosdam
        Nestoriana   episcopos

F ⟨'et per rogato Marciani Agusti orthodoxi ‖ Hic ordinavit praecepta sui auctoritate et *P*
⟨'principis ex huius praeceptum   misit ad Marcianum Augustum orthodoxum
10   principem catholicum et factam conlatio-
                            nem cum eodem principem collecti sunt
                            episcopi et

FK habent quae ⟨ ⟩ *comprehenduntur, F solus signata praeterea* ' ', *K solus signata praeterea* ‹ ›;
P habet (praeter nominatim excepta) omnia: *I* ($A^1W^{1.2.3.4}A^2X^{1.2.3}A^{5.6.7}Freh.A^3Z^{1.2}$). *II* ($C^3B^{1.2.3.4}QB^{5.6.7}$
$C^{1.2.4.5}D^{1.2}P^{1.2}N$). *III* ($GE^{1.4.6}SH^{1.2}$ *Cr. Mog. Mut.*): beatus Leo hic ordinauit precepta . ∴ *pag.* 104, 13 fide
confirmauit synodi). — AVCTORES: *Index*: ann. XXI (xx 2, uiii 6, xii 8) m. I (*om.* 6. 7) d. XIII (xiiii 8,
xuiii 6).

---

1 leo] leo i E^6 natione] natus B^6 quintiano] quintiniano $B^{3.7}X^{1.3}$, quintianum K^2 ann. *om.*
K^2 m. i] m. ii D^{2p} d. xiii] d. xxui $A^{5.6.7}C^4E^1$, d. xxuiii $C^{2.3.5}$ *III* ($GE^{4.6}S$)   post d. xiii *sequuntur*
capita haec: p. 104, 14 hic ministeria ... renouauit et p. 103, 13 hic cum ... 104, 8 damnantur et p. 106, 1
ordinationes in epitoma K 3 huius] A^{1c} et *reliqui*, cuius $A^{1p}W^{1.2.3.4}X^{1.2.3}A^3Z^{1.2}$, hius C^1N tempori-
bus] tempore A^6Z^2 fecit] dei X^1, post dei $X^{2.3}$, *om.* I ($A^{1.2}W^{1.2.3.4}$) D^2Z^1 demetria] demitria $A^{1.2}Z^{1.2}$,
demetrias B^4 ancilla (ancella A^1) dei] d. a. D^1, ancilla domini E^6 basilica $A^1B^{6.7}C^1$ sancto stephano
(stepheno E^4)] sancti stephani $A^{5.6}Z^{1.2}$, beato st. E^6, s. st. aedificauit $A^{1c.2}$ 4 mil. iii] mil. iiii $E^{1.6}$ suo]
suo aedificauit A^3, suo fabricauit $Z^{1.2}$ 5 inuenit] inueniens C^4 duas (duos $B^7PC^{1.2}D^{1.2}$) hereses (-sis $B^{5p.7}$
G)] i heresem A^3 6 euthicen et nestorium] F, *et sic fere* K (*vide* p. 104, 5/6), eutychiana (A^1, -nam *rel.*)
et nestoriana (A^1, -nam *rel.*) *I Cr.*, per quosdam (quasdam C^3, per quosdam suos E^{6c}) episcopos *II (rel.). III*,
per quendam episcopum $C^1P^{1.2}$, euthici et nestorii per quosdam episcopos $D^{1.2}$, eutychianam et nestorianam
per quosdam episcopos *Mog.*, *om.* C^4

F. 8 rogati F^1 | *P* 8 ordinauit] ornauit E^4 praecepta] praecepti B^{6c}, praecepto suo (et add.
9 principes F | A^{7c}) A^7, *om.* $Z^{1.2}P^{1.2}$ sui] *I* ($A^1W^{1.2.3.4}A^{2.3}$) B^{6c}, sua *II. III* et post auctori-
                    tate $A^{6.7}$ auctoritatem $B^{5c}E^1$ 9 ad] et X^{1p}, *om.* C^4 orthodoxum pr. *I*
                    (*rel.*), fidelem (-le B^7) principem (-pom B^{6c}) *II. III* $A^{3.6.7}$ *cum gestis ep. Neap. c.* 9,
                    fidelem christianum pr. H^2, orthodoxum principem fidelem *Cr.*   catholicum] et cath.
                    A^2, catholicam C^2, *om.* $W^{2.3.4}$ factam] $B^{2.3.4}C^1B^6$, factum B^1, facta *reliqui*
                    10/11 conlationem] $B^{1.2.3.4}C^1B^{5p.6.7}$, conlatione *reliqui*, conuentione $A^{6.7}$ 11 cum
                    eodem (eodem tempore et Z^2) principem (*sic* $A^1B^{4.5p.6}C^{1.2}$ *Mut.*, principe *reliqui*)]
                    eodem principe (*om.* cum) W^1, idem princeps $W^{2.3.4}$

XLVII. LEO I.

('factum est concilium sanctum episcoporum in Calcedona

F ('Orientis in basilica sanctae martyris Eu- | in martyrium sanctae Eufemiae et congre- *P*
('femiae et congregat CCLXVI sacerdotes | gati sunt CCLVI sacerdotes

('et aliorum, quorum cyrografus cucurrit,

F II. III 5 ('CCCCVI episcoporum,   CCCCVIII episcoporum, *I*

F ('qui condemnaverunt Eutichen et Nestorium. | qui congregati una cum tomum, hoc est *P*
('et post dies XLII item in unum congre- | fidem apostolicae ecclesiae Romanae, cum
('gati cum cyrographis qui praesentes fuerunt | cyrografo sancti episcopi Leonis, sed et
('exponentes fidem MCC episcopi cum Au- | catholici principis Marciani praesentia Au- 3
10 ('gusto Marciano piissimo, | gusti congregatum concilium numero ĪCC
                                         episcoporum una cum Augusto Marciano,
                                         qui exposuerunt fidem catholicam duas na-
                                         turas in uno Christo, deum et hominem.

FK habent quae ⟨ ⟩ *comprehenduntur, F solus signata praeterea* ' ', *K solus signata praeterea* < >;
P habet (praeter nominatim excepta) omnia: *I* ($A^1 W^{1.2.3.4} A^2 X^{1.2.3} A^{5.6.7} Freh. A^3 Z^{1.2}$). *II* ($C^3 B^{1.2.3.4} Q B^{5.6.7}$
$C^{1.2.4.5} D^{1.2} P^{1.2} N$). *III* ($G E^{1.4.6} S H^{1.2}$ *Cr. Mog. Mut.*). — *ad v. 1 de concilio Calcedonensi quae hoc loco
referuntur, numeri praesertim, alibi non redeunt et videntur falsi, cum praeterea episcoporum qui adfuerunt
numerus variet inter DXX et DCXXX (Tillemont mém. 15, 914); solus numerus MCC infra adlatus redit
ad locum actorum concilii eius (Mansi 7, 58) male intellectum: ibi enim cum Cecrops Sebastopolitanus episcopus ait non audiendos esse decem episcopos haereticos praetermissis mille ducentis, cum statim verba fiant de
sescentis episcopis praesentibus, intellegit episcopos per orbem Romanum qui sint omnes.*

1 concilium sanctum (*om.* $H^{1.2}$)] s. c. $Z^1 C^4$, c. sanctorum E^4, secundum concilium Z^2 episcoporum]
ecclesiarum $A^1 W^{1.2.3.4} Z^1$ calcedona] calcidona F^2, chalcedona *Mut.*, chalcedono C^{2p}, chalchedone C^{2c},
calcedone E^6, calchedonia $C^3 B^{1.5}$, calcedonia $W^{1.2.3.4} X^{1.2.3} A^6 Freh. Z^2 B^{3.4.6.7} D^1 P^1 E^4 H^{1.2} Cr.$, calcidonia $F^1 Q$
C^4, calcidonio $A^{6.7}$, calcedonense D^{2p}

F 2 orientes F^{1p} *P* 2 martyrium] *II (rel.) E^4*, martyrio *I* $B^{6c} C^{4.5} D^1 P^{1.2} E^{1.6} Mut.$, martyrum $C^{1p.3}$
2/3 euphomiae F^2 sanctae *om.* C^3, eufemiae] eufymiae *Mut.*, eufimie $A^2 G$, eufamiae B^{1p} 2/3 et
         congregati ... 5 ccccui episcoporum *om.* P^1 et congregati] et congrecati A^1,
         (quindecim litt. erasae) ccccui episcoporum qui congregati B^5 3 sunt] sunt et
         B^{5c} cclui] ccluii X^1, cccluii $X^{2.3}$ 3/4 sacerdotes et a. q. c. ccccui *om.* A^6
4 aliorum] alii $E^4 H^{1.2} A^{6.7} Freh.$, alii episcopi C^4 quorum] chorum $X^{1.3}$, corus B^5 cyrografus] cyrografum $W^{1.2.3.4} A^{2.3.6.7} C^{5c} E^4 H^{1.2}$ cucurrit] curcurret D^{2p}, occurrit *Freh.*   5 ccccui ep. *ante* 4 quorum *Cr.*
   ccccui $F^1 II. III$, ccccu F^2, ccccuiii I, ccciii Z^2, cccctorum (*om.* sex) C^1 episcoporum] episcopi $E^1 H^2$, *om.* D^1

F 6 eutichen F^1,   *P* 6 qui] quae C^1 congregati] c. sunt $A^{5.6.7} C^4 Cr.$ una *om.* $W^{1.2.3.4}$, una fue-
   euthicen F^2 runt $H^{1.2}$ cum tomum ... 103, 8/9 et coniugem suam pulcherrimam augustam]
8 presentis F martianum autem aug. cum sua matre (et uxore *eadem manu superscr.* H^1)
         pulcherima fidem catholicam et apostolicam coram mille ducentis episcopis ex-
         posuit et dampnauit eutychium et nestorium idem imperator cum sua coniuge
         et matre $H^{1.2}$ tomum] thomom C^1, t(h)omo $X^{1.2.3} A^{5.6.7} Z^1 C^3 B^{1.5c} Q C^{2.5c}$
         $D^{1.2} Cr.$, tumo $C^4 E^1$, totum G, toto E^4, omnibus E^6 hoc] id E^6 7 fidem]
         fide $I Q C^{2c.4.5c} P^2 E^{1.4} Cr.$, fide. B^5, fides B^6. fidelibus E^8 romanae] romae
         Mut.   7/8 cum cyr. s. e. leonis *om. Cr.*   cum cyrographo] cyrographi D^1
         8 sancti *om.* X^1 episcopi] *I* B^5, archiepiscopi *II (rel.)*. *III* cum gestis ep.
         Neap. c. 9, papae Mut.   leonis *ante* episcopi Z^1 sed *om.* X^1 et *om.* C^{1p}
         9 catholici] catholicis $A^1 W^1$ principis] principi $B^{2.3}$, principes B^{6p} praesentia]
         praesenti $B^{6.7}$, praesentaliter W^1, in praesentia $B^5 E^4$ et ante catholici *Cr. Mog.*
         9/10 augusti ... 11 augusto marciano *om.* P^1 augusti ante praesentia $Z^1 Q$
         10 congregatum] c. est $W^{2.3.4} A^{5.6.7} Cr.$, consecratum B^5 īcc] mil. cc ducen-
         torum C^3, cccc (*ex.* ∞cc) $C^{1.2.4.5} E^1$, ducentorum A^5, dcxxx $A^{6.7} D^1$, numero
         mille cc *Cr. (text.)*, n. dc *Cr. (marg.)*   11 una cum augusto marciano (in.
         a. $Z^{1.2}$) *om.* $X^{1.2.3} A^{5.6.7}$ 12 qui *om.* $Z^{1.2}$ catholicam (-ca A^2)] reliqui
         et E^4, c. et apostolicam *III (GE$^{1.6}$Mut.)* $C^{2.3.4.5} X^{1.2.3}$ duas] confitentes d.
         B^{5c}, d. asserentes $A^5 Cr.$ 12/13 naturas] natura B^{6p}, natuas C^{5p} 13 deum]
         dum A^1, deo $W^{2.3.4} P^2$, et deo P^1, domino deo E^4, deo simul $X^{1.2.3} C^{1c.2p.3.4.5p}$
         E^1 et *om.* A^7 hominem] homine $A^1 W^{2.3.4} X^{1.2.3} C^4 P^{1.2} E^{1.4} Cr.$

XLVII. LEO I.

F ('qui fidem suam una cum Augusta Placidia
  ('publice ante conspectum sanctorum sacer-
  ('dotum episcoporum declaravit, ubi iterum
  ('damnatus Eutices.)

F ('Et postmodum rogat imperator Marcianus
  ('simul cum episcopis CL et misit sacra
  ('rogans Leone papa, ut fidem expositam
  ('fidei catholicae et apostolicae ei dirigerit.
  ('Beatus vero Leo exposuit et direxit tho-
  ('mum et firmavit synodum sanctum.

F ('Hic fecit epistolas   *K* ('Hic cum multis
  ('multas exponens   ('episcopis expo-
  ('fidem catholicam   ('nens fidem catho-

In quo loco piissimus Augustus Marcianus *P*
una cum uxore sua Augusta Pulcheria deposita regia maiestate fidem suam exposuerunt ante conspectum sanctorum episcoporum. ubi et damnaverunt Euthycium et
I. II Nestorium. ‖ *III* Nestorium et Dioscorum.

Et iterum fidem suam imperator Marcia- 4 *P*
nus Augustus cum coniugem suam Pul-
cheriam Augustam, cyrografo proprio fidem
suam exponentes postulaverunt sanctum
concilium, ut dirigeret ad beatissimum papam Leonem damnantes omnes hereses.

Iterum multas epistulas fidei misit beatissi- 5 *P*
mus Leo archiepiscopus, quae hodie reconditae archivo tenentur.

FK habent quae ⟨ ⟩ *comprehenduntur, F solus signata praeterea* ʿ ʾ, *K solus signata praeterea* ʻ ʼ; *P habet (praeter nominatim excepta) omnia: I* ($A^1W^{1.2.3.4}A^2X^{1.2.3}A^{5.6.7}Freh.A^3Z^{1.2}$). *II* ($C^3B^{1.2.3.4}QB^{5.6.7}$ $C^{1.2.4.5}D^{1.2}P^{1.2}N$). *III* ($GE^{1.4.6}SH^{1.2}Cr. Mog. Mut.$).

FK 1 augusta] augusto ‖ *P* 1 aug. marc.] m. a. $Z^{1.2}$ 2 una cum uxore (uxores A^1, uxore. B^5) sua
F^2 4 euthices   (sua. B^5)] et eius uxor C^4 augusta *post* pulch. Z^1, *om. Cr.*   pulcheria]
F^2 9 papa] pa- A^1B^1 *et rel.*, pulceria A^2, pulcherria A^3, pulchreia Z^2, pulchedia $B^{2.3.4}QB^{6.7c}D^1$
pae F^2 P^1, pulcedia D^2, puschedia C^1, puchedia $B^{6.7}pC^5$, pulcherrima E^6 cum $H^{1.2}$
(vide ad p. 102, 6)   2/3 deposita *om.* $D^{1.2}$ 3 regia *om.* A^{7p} maiestate]
maiestate. B^5, potestate (*superscr. m. eadem uel* maiestate) Q suam *om.*
$A^{6.7}$ 4 ante] in Z^2 conspectum] conspecti $Z^1B^{3.6}GMut.$ 5 et *om.*
$C^{4.5p}\cdot E^6$ euthycium (euticium B^1, euthicium C^1, ettycium B^{6p}, eutychium
$C^5Mut.$, eutichem $A^8C^3E^1$, euticem C^2, eutichen A^6, euentium P^1, enucium Z^2)
et nestorium (nesterium A^2)] *reliqui, in his Mut.GE*$^{4.6}$ *cademque legit K (vide
p. 104, 5/6)*, e. et n. et dioscorum (diascorum C^{8p}) $A^{5.6.7}C^{1c.2.4.5}E^1Cr.$, e. et
n. et omnes heresis (*om. postea verbis* damnantes omnes hereses) Z^1: *epitome
S sic:* ubi damnati sunt eutices nestorius et dioscorus heretici   7 et iterum ... 14/15 beatissimus leo archiepiscopus] et ipse imperator augustus cyrographo proprio fidem suam exponens postulauit sanctum concilium dirigere
ad beatissimum papam ipse autem leo archiepiscopus multas epistulas fidei misit
$Z^{1.2}$ et *om.* C^4 iterum] item A^2 fidem suam (*om.* X^3) *om.* $W^{2.3.4}X^1Z^1$
$B^{6.7}C^4P^{1.2}Cr.$ imperator (*om.* $A^{6.7}Q$) marcianus] m. i. $W^{1.2.3.4}$ 8 augustus
om. A^6C^2 cum *om.* B^{5p} coniugem suam] $A^1W^1B^{1.5p}C^{1.2p}D^{1.2}$, coniuge
(coniuie A^2, uxore E^4) sua *rel. et Mut.*   8/9 pulcheriam] *I* (*sic* A^1, pulceria A^2, pulcheria *rel.*), pulcheria $B^1C^{2.5}GE^4Mut.$, pulchediam C^1, pulchedia
$X^2B^3QP^1$, pulchidiam $B^{4.5p}$, pulchidia $C^3B^{2.5c.7}$, pulcidia $B^6D^{1.2}$, pulche E^1,
pulcherima E^6 9 augustam] A^1, auḡ B^4, augusta $C^8B^{1.2.3}$ *et fere reliqui*
cyrografo proprio] cyrografum proprium E^4 9/10 fidem suam *ante* cyr.
pr. $H^{1.2}$, *om. III* ($GE^{4.6}Mut.$) C^{5c} 10 exponentes] exponenter B^{6p}, ex-
pugnantes $D^{1.2}$, exponens Z^1 sanctum] secundum H^2, *om.* $P^{1.2}$ 11 diri-
geret] dirigerit A^1, diregerent $B^1C^1pP^2E^4$, dirigerent $W^4A^{5.6.7}P^1E^6H^{1.2}Mut.
Cr. Mog.$, dirigeretur $C^{1c.2.3.4.5}E^1$ beatissimum] beatissimo *Mut.*, beatum
$A^{6.7}$, baptismum C^3, sanctissimum *Cr.*   11/12 papam] papa *Mut.*   12 leonem damnantes (leonem et damnaret $X^{1.2.3}$, leonem damnatas E^6)] leonem
rogantes ut fidem catholicam exponeret beatus uero leo direxit fidei catholicae
tomum et exposuit damnans *Cr. Mog. fere cum F*^{4} her. omn. A^7 13 ite-
rum] idem *Cr.*   fidei (*om.* W^1p) misit] m. f. D^{2p} 14 leo *om.* $P^{1.2}$ archi-
episcopus] archiepiscopis E^1, papa *Mut.*   14/15 reconditae (recondito $B^{6.7}$,
uere condite C^1P^1) archiuo (arcibo A^1, archiuio W^3, in a. $A^{5.6.7}C^2p.3.4.5E^{1.6}$
$H^{1.2}$)] a. r. QE^4, a. ecclesiae romanae rec. *Cr.*

XLVII. LEO I.

F ('rectam, quae hodie ('arcivo ecclesiae Ro- ('manae tenentur

K ('licam rectam, que ('hodie archivo ec- ('clesiae Romanae ('tenetur, propter ('heresim Euticium ('et Nestorium, qui ('eius temporibus ('damnantur')

F ('et decretalem, quem per universum mun- ('dum spargens seminavit.')

Hic firmavit frequenter suis epistolis synodum Calcidonensem: ad Marcianum epistulas XII, ad Leonem Augustum epistulas XIII, ad Flavianum episcopum epistulas VIIII, episcopis per Orientem epistulas XVIII, quas fidei confirmavit synodi.

P Hic renovavit post cladem Wandalicam omnia ministeria sacrata argentea per omnes titulos,

('Hic ministeria Romanae ecclesiae post *K* ('bellum Wandalicum renovavit')

conflatas hydrias VI, duas basilicae Constantiniane, duas basilicae beati Petri apostuli, duas beati Pauli apostoli, quas Constantinus Augustus obtulit, qui pens. sing. lib. centenas; de quas omnia vasa renovavit sacrata.

K I ('Hic renovavit basilicam beati Petri apo- || Hic fecit cameram beati Petri basilicae *II*

FK habent quae ( ) *comprehenduntur, F solus signata praeterea* ' ', *K solus signata praeterea* < >; *P habet (praeter nominatim excepta) omnia: I* ($A^1W^{1.2.3.4}A^2X^{1.2.3}A^{5.6.7}Freh\ A^3Z^{1.2}$), *II* ($C^3B^{1.2.3.4}QB^{5.6.7}C^{1.2.4.5}D^{1.2}P^{1.2}N$). *III* ($GE^{1.4.6}SH^{1.2}\ Cr.\ Mog.\ Mut.$).

FK 5 heresim] heresem K^1 6 et om. K^1 ||

11 frequenter] frequentes C^3E^{1c}, sequentes E^{1p} suis] cum suis C^4 synodum] sino W^{2p} calcidonensem] A^1B^4, calcidonense A^2, calchidonensem B^1 *et similiter reliqui*, calchidonensis G, calchedonensis *Mut*. marcianum] martionem C^1, m. augustum $C^{2.4.5}E^1Mut$. (*ubi* aug. *postea add*.), m. augustum misit $A^{5.6.7}Cr$.   12 xii] uiii P^2 augustum om. $P^{1.2}$ xiii] xii A^3E^6 episcopum] augustum E^6 uiiii] uiii $A^{6.7}C^{1.2.4.5}D^1P^{1.2}E^1H^2$ 13 orientem] oriente A^3, orientalium B^{6c} epistulas om. H^1 xuiii] uiii Q quas] quos $X^{1.2.3}$, per quas $A^{5.6.7}C^{1.2.3.5}D^{1.2}E^1$, in his omnibus C^4 fidei] fide $X^{1.2.3}Z^{1.2}H^1Mut.$, fidem $W^{2.3.4}A^{5.6.7}C^{1c.2.3.4.5}D^{1.2}E^1H^2Cr.$, fide* B^5 confirmauit (*ante* fide X^1) synodi (sinodo $P^{1.2}$)] s. c. Cr.   14 hic ministeria r. e. p. b. uu. renouauit *post* p. 101, 1 d. xiii K renouauit] renouit C^{3p} cladem] clade A^1, aladem $D^{1.2}$ uuandalicam] uuandalica $A^{1.2}D^2$, bandalicam C^3B^4, guandalicam $W^{2.3}$, uuandalorum $X^{1.2\ 3}$ 15 ministeria] mysteria $W^{2.3.4}$ sacrata] sua crata B^6, sua crata^{ar} (*sic*) B^7, om. $W^{1.2.3.4}$ argenteas] argento Z^1, om. Z^2 15/16 per omnes] ponens Z^2 15/16 titulos] titulus B^1, titulas C^3 17 conflatas (conflatas C^3, conflata $A^1W^{1.2.3.4}A^{2.3}Z^{1.2}P^{1.2}$) hydrias (ydria A^2)] conflata hydrias argenteas $H^{1.2}$, de conflatis idriis $A^{5.6.7}Cr.$, conflata de hydriis $X^{1.2.3}$, conflata renouauit idrias C^4 duas (om. *I*) basilicae (uasilicae E^{1p}, om. A^3) constantinianae (constantiniana A^2, constantiane $A^{6.7}$) om. C^3, bas. const. duas *bis* X^{1p} duas (om. B^1C^1) bas. b. petri ap. (om. H^1) om. A^{6p} 18 duas ((om. C^1P^2, basilicae *ins*. $A^{6.7}C^{2p.5}E^1H^{1.2}$) beati pauli ap. (om. $H^{1.2}$, ii *ins*. $X^{1.2.3}A^{5c.6c}$) om. $B^3QC^{2c}P^1$ quas] quam $B^{6.7}$ constantinus] constantius B^1, constantinianus $A^{6.7}$, constinianus Z^2 aug. *ante* const. $P^{1.2}$, *post* obtulit $A^{6.7}$ obtulit] obtulerat $C^{2.3.5}E^1H^{1.2}$ qui] quem C^3, quae $X^{2.3}A^{5.6.7}B^{2.3}QB^{5c}C^{2.5}GE^{1.4.6}Cr.$, om. $Z^{1.2}C^4H^1$ · sing. om. Z^2 18/19 lib. centenas] c. l. $P^{1.2}$ 19 de quas ... sacrata om. $Z^{1.2}Cr$.   de quas] $A^1B^{3.4.5p}C^{1p}D^1$, de qua $W^{1.2.3.4}A^2B^{1.6.7}GE^6$, de quibus $X^1A^{5.6.7}B^2QC^5D^2P^1E^4$, quae $C^{1c.2.3}E^1H^{1.2}$, de quis B^{3c}, hic C^4 renouauit sacrata (sacramenta A^2)] s. r. P^2, sancta r. P^1

K I 20 reuocauit Z^2
basilica *K*
beati om. X^1
20/105, 1 apostoli]
apostolorum *post*
pauli *K*

II. III 20 hic fecit ... 105, 1/2 renouauit] renouauit basilicam beati petri apostoli et fecit ibi cameram et beati pauli basilicam post ignem diuinum renouauit Cr.
camaram B^1C^{2p} *post* cameram *ins*. basilicae constantinianae et alia (*sic* GE^1, aliam *rel*., om. C^4) cameram (camaram C^{2p}) *III* ($GE^{1.4.6}\ H^{1.2}$) $C^{2.4.5}$ beati petri basilicae ornauit] basilicae b. petri (apostoli *ins*. E^4C^5) ornauit (ordinauit E^4) $B^1GE^{1.4.6}H^{1.2}C^{2.4.5}$, b. p. basilicae et ornauit $B^{2.3.5c}D^2P^1$, om. C^3

XLVII. LEO I.

K I (ʻstuliʼ) et cameram (ʻet beati Pauli post (ʻignem divinumʼ) renovavit.   ornavit et basilicae Pauli apostoli reno- *II* vavit.

I Fecit vero cameram in basilica Constantiniana.

I. III Fecit autem basilicam beato Cornelio episcopo et martyri, iuxta cymiterio Calisti via
5 Appia.

K I. III (ʻHic propter nomen Romanumʼ) suscipiens legationem (ʻambulavit ad regem Unno- 7 (ʻrumʼ) nomine (ʻAtthela et liberavit totam Italiamʼ) a periculo hostium.

K I. III (ʻHic constituit monasterium aput beatum Petrum apostulumʼ)

quae nuncupatur sanctorum Iohannis et *III*
10   Pauli.

K I. III (ʻHic constituit, ut intra actionemʼ) sacrificii (ʻdiceretur sanctum sacrificium et ceteraʼ.) 8

FK I. III (Hic constituit, monacha non acciperit velaminis capitis benedictionem, nisi probata (fuerit in virginitate

K (XL annos.   (LX annorum.   *FP*

K I. III 15 (ʻHic constituit super sepulchraʼ) apostulorum (ʻcustodes qui dicuntur cubiculariiʼ) ex clero Romano.

FK habent quae ⟨ ⟩ *comprehenduntur, F' solus signata praeterea* ʻ ʼ, *K solus signata praeterea* ⟨ ⟩, *hic post v.* 2 *divinum addens:* fecit et multas basilicas; *P habet (praeter nominatim excepta) omnia: I* (A^1 $W^{1.2.3.4}A^2X^{1.2.3}A^{5.6.7}Freh.A^3Z^{1.2}$). *II* ($C^3B^{1.2.3.4}QB^{5.6.7}C^{1.2.4.5}D^{1.2}P^{1.2}N$). *III* ($GE^{1.4.6}SH^{1.2}$ *Cr. Mog. Mut.*). — *v.* 11 *intellegitur formula eucharistiae ita finiens:* supra quae propitio ac sereno vultu accipere digneris et accepta habere, sicut accepta habere dignatus es munera pueri tui iusti Abel et sacrificium patriarchae nostri Abrahae et quod tibi obtulit summus sacerdos tuus Melchisedech sanctum sacrificium immaculatam hostiam.

K I 1 pauli] p. apostoli $A^{6.7}$ 2 diuinum] diutinum $W^{2.3.4}$ renouauit om. $A^{2.5.6}$

II. III 1 et b. p. a. renouauit om. E^4 et] cameram autem C^4 basilicae] $B^{1.4}$ *et rel.*, basilicam $B^{2.3.5c.6.7}E^{1c.6}H^{1.2}C^{1.2.5}P^1$ pauli] beati pauli $GE^{1.6}$ $H^{1.2}C^{2.4.5}$ apostoli *ante* pauli E^1 *(non Mog.), om.* B^5 1/2 renouauit] ac r. B^{7c}

3 fecit uero cameram ... 15/16 ex clero romano] *I* ($A^1W^{1.2.3.4}A^2X^{1.2.3}A^{5.6.7}Freh.A^3Z^{1.2}$). *III* ($GE^{1.4.6}H^{1.2}$ *Cr.*; *cf. adlata ad pag.* 104, 20—105, 2), *om. II*   cameram A^6, cameram in eadem similiter et *Cr.*   4 fecit autem] f. a. et $A^5E^{1.6}$, hic f. $Z^{1.2}$, f. quoque $H^{1.2}Cr.$ basilicam (et bas. E^6, basilica A^2) *post* mart. $Z^{1.2}$, ecclesiam *post* mart. $X^{1.2.3}$ beato] sancto *Cr.*   beati (*om.* Z^2) cornelii episcopi et mart $Z^{1.2}$ iuxta cymiterio (-rium $W^{2.3.4}A^2X^{1.2.3}A^{5.6}Z^1E^{4.6}H^{1.2}$) calisti (calixti *deteriores*, beati calixti E^4) uia appia *om.* A^7 6 propter] papa $W^{2.3.4}$ nomen romanum] n. romanorum K, noromanum W^1, non romanam $W^{2.3.4}$ 6/7 unnorum] hunnorum $Freh.W^{2.3.4}E^{4.6}$, ungnorum Z^1, ungorum Z^2, chunorum K, annorum A^2 7 nomine attbela *om. Cr.*   atthela] A^1(*sic*)^2, athela E^1, atthelam A^5, athelam $Z^{1.2}$, athila E^6, atthilam KA^6, athilam $H^{1.2}Mog.$, attila $W^{2.3.4}A^3$, attilam W^1A^{7c}, athalam E^4, attalam A^{7p}, aut(h)erum $X^{1.2.3}$ et liberauit totam (tota A^1G) italiam (-liam A^1G, -lium K^2) *om.* $A^{6.7}$ hostium] hostio E^1, mortis hostium E^4 8 hic constituit ... apostulum *om.* $A^3Z^{1.2}$ beatum] sanctum H^1, *om.* $A^{6.7}Cr.$ petrum *om.* $X^{1.3}$ *post* apostulum (*om.* K^1) *ins.* quae (quod E^6) nuncupatur sanctorum iohannis et pauli $E^{1.6}$ hic] et A^2, hoc quoque $H^{1.2}$ constituit ut intra actionem sacrificii (ut *ins.* X^{1p}) diceretur sanctum sacrificium (*ins.* inmaculatam hostiam *Cr.*) et cetera] constituit ut (*om.* A^3) intra actionem (-ne G) sacrificium et cetera (et c. *om.* $H^{1.2}$) *reliquis omissis* $A^3GE^4H^{1.2}$, *om. omnia* $Z^2E^{1.6}$ 12 hic ... 14 annorum *post ordinationes F*   hic] hic (hoc H^2) quoque $H^2Cr.$, hoc etiam H^1 monacha] $KA^1W^{1.2.3}$, monarcham $Z^{1.2}$, ut (ut ut E^6) monacha (-cho $H^{1.2}$) F *et reliqui*   non acciperit (sic $KA^{1.2}$, acceperit E^4, acciperet *reliqui*, acciperent G, acceperent $H^{1.2}$, accipere $W^3Z^{1.2}$, susciperet E^4) *post* beued. $W^{1.2.3.4}$ uelaminis] uelamen $W^{1.2.3.4}$ capitis] c. sui A^3 benedictionem] benedictione $FK^2Z^2E^1$, *ante* uel. $H^{1.2}$ probata (prius probata $A^{6.7}$) fuerit] probatae fuerint $H^{1.2}$ 13 in *om.* A^2 14 lx annorum] F *et reliqui*, xl a. $K^2X^{1.2}A^5$, a. xl K^1 *Cr. (marg.)*   15 hic constituit ... 15/16 ex clero romano *om.* A^3 hic] hic quoque $H^{1.2}$, hic etiam *Cr.*   constituit] c. et addidit *Cr.*   super] supra A^5 sepulchra] sepulcrum K cubicularii] cubilarii X^2A^5 15/16 ex cl. rom. *ante* custodes *Cr.*, *om.* A^3

XLVII. LEO II.

⟨Hic fecit ordinationes IIII⟩ in urbe Roma ⟨'per mens. Decemb.', presbiteros LXXXI, 9 ⟨diaconos XXXI: episcopos 'per'⟩ diversa ⟨'loca' CLXXXV.
⟨'Qui etiam' sepultus est

FK ⟨in basilica beati Petri ‖ aput beatum Petrum apostulum P
⟨III id. April.⟩.
Et ⟨cessavit episcopatum dies VII⟩.

---

*FK habent quae ⟨ ⟩ comprehenduntur, F solus signata praeterea ' ', K solus signata praeterea < >;
P habet (praeter nominatim excepta) omnia: I ($A^1 W^{1.2.3.4} A^2 X^{1.2.3} A^{5.6.7} Freh. A^3 Z^{1.2}$). II ($C^3 B^{1.2.3.4} Q B^{5.6.7} C^{1.2.4.5} D^{1.2} P^{1.2} N$). III ($GE^{1.4.6} SH^{1.2}$ Cr. Mog. Mut.).*

---

1 hic fecit ... 2 clxxxu *post p.* 104, 8 damnantur K hic fecit] fecitque A^3, hic constituit X^1 iiii] uii K in urbe roma (romana $W^{2.3.4}$, *om.* E^6) *post* dec. *Cr. om.* E^4 per m. dec. *om.* $Z^{1.2}$ lxxxi] lxxuii K^1, lxxii K^2, xxxi E^6 2 xxxi] xxx KN, xxi $W^{1.2.3.4}$ per (*om.* A^3) d. l. *om.* $A^3 Z^{1.2}$ clxxxu] numero clxxxu $B^{2.3} Q O^{1.4.5} D^2 E^1 Cr.$, clxxx $W^{2.3.4} B^1 P^{1.2} N$, clxxxui H^1p, lxxxu H^2, clxxu FK 3. qui e. s. est] quo e. sepulto C^4 4 aput (ad A^3) beatum (*om.* $W^{1.2.3}$) petrum apostulum (*om.* E^4)] E^6 *et rel.*, apud basilicam beati petri apostoli $C^{2.3.4.5} E^1$ 5 iii] iiii $W^{2.3.4} A^2 X^{2.3} C^1 P^{1.2}$ 6 et *om.* $C^4 E^6$ cessauit *om.* Z^2 episcopatum] $C^3 B^{1.2.3.4.5.7} C^2$p, episcopatus *(vel comp.) reliqui*   d. uii] d. n. uii $C^3 B^{1.4}$, numero dierum uii $GE^1(sic)^{.6}$, d. ui F^2

XLVIII. HILARVS.

⟨Hilarus, natione Sardus, ex patre 1

FK ⟨Crispiniano ‖ Crispino *P*

⟨sedit ann. VI m. III d. X.

⟨'Hic fecit decretalem et per universam Orientem'

F 5 ⟨'direxit ‖ exparsit *P*

⟨'et epistulas de fide catholica'⟩

III et apostolica ‖

confirmans III synodos Niceni, Epheseni et Calcidonense vel tomum sancti

1 episcopi ‖ archiepiscopi *II. III*

10 Leonis et damnavit Eutychem et Nestorium vel omnes sequaces eorum et vel omnes hereses; et confirmans

I. II dominationem ‖ auctoritatem *III*

et principatum sanctae sedis catholicae et apostolicae.

Hic fecit constitutum de ecclesia in basilica ad sancta Maria, consulatu Basilisco Her-
15 menerico *[a. 465]* XVI kal. Decemb.

Hic fecit oratoria III in baptisterio basilicae Constantinianae sancti Iohannis baptistae 2
et sancti Iohannis euangelistae et sanctae crucis, omnia ex argento et lapidibus pretiosis:

confessionem sancti Iohannis baptistae ex argento, qui pens. lib. C, et crucem
20 auream;

FK habent quae ( ) *comprehenduntur, F solus signata praeterea* ' ', *K solus signata praeterea* ‹ ›,
hic post v. 3 pergens: hic fecit multa vasa et diversa ornamenta apostolorum Petri et Pauli et in Constantiniana et sancto *[sic]* Laurenti et sancta Maria ornavit; *P habet (praeter nominatim excepta) omnia: I* ($A^{1.2}$).
II ($C^3B^{1.2.3.4}$). *III* ($GE^{1.6}$). — AVCTORES: Index: ann. VI (uii 6) m. III (ii 3. 5. 9) d. X (xi 8, xii 9). —
ad v. 14 synodi Romanae a. 465 acta (Thiel epist. Rom. pont. I p. 159) *sic incipiunt:* Flavio Basilisco et
Herminerico vv. cc. cos. sub die XVI *(sic cod. Berol. Philipps. 1744, alii aliter)* k. Dec. residente viro venerabili Hilaro papa in basilica sanctae Mariae.

---

1 hilarius $B^{2.3}N$, hylarius C^3, hillarius E^6 sardus] sacerdos F^2 patre om. K^1 2 crispiniano]
F, piniano K, crispino *reliqui*   3 a. ui] a. u F^2 m. iii] m. ii C^3N 4 hic fecit decretalem ... 13 apostolicae om. A^2 fecit om. E^6 uniuersam] $F^{1c.2}A^1$, uersam F^{1p}, uniuersum *reliqui*   5 exparsit] A^1,
sparsit *reliqui*   6 et om. $B^1(?)GE^{1.6}$ 7 et apostolica] $C^3GE^{1.5}$, om. *reliqui*   8 confirmans] et
firmans A^1, congregauit N synodus C^3 niceni (et *ins.* B^4) epheseni (ephiseni $B^{1.3}$, ephesini B^2)] nicenum
ephesenium C^3, nicenam ephes(s)euam $E^{1.6}$ ch(h *del.*)alchedonensem B^1, calcedonensem C^3B^4, calcidonensem
B^3E^1 domum GE^6 9 episcopi A^1, archiepiscopi *reliqui*   10 euticem C^3B^1, henticem L^4, euticen $B^{2.3}$,
euticium E^6, eutichem et dioscorum E^1 *solus*   sequaces eorum et (om. $B^{1.2c}E^1$) uel (om. GE^6) omnes om. B^3
11 confirmans *bis* B^1 12 dominationem] omnem d. B^3, auctoritatem C^3E^1, donationes GE^6 13 sedis
cath. (om. C^3) et ap.] cath. sedis ap. GE^6, sedis ap. E^1 14 basilicam $A^2C^3B^{1.4}$ sanctam mariam
(-ria B^4) $A^2B^{2.3.4}$, sanctam dei genetricis (genitricem E^6) uirg. (om. GE^6) mariam $GE^{1.6}$ basilisci C^3GE^{1c},
basilici $E^{1p.6}$ 14/15 hermenrico $B^{2.3}$, (et *ins.* E^6) hermenerichi $GE^{1.6}$, et hermenerico C^3A^2 15 xui]
xu B^1 16 iii] iiii C^3, om. B^4 iohanni A^2 19 sancti] sancto B^1, beati G iohanni C^3B^1 qui (quae
$E^{1.6}$) p. l. c. om. A^2

XLVIII. HILARVS.

confessionem sancti Iohannis euangelistae ex argento, qui pens. lib. C, et crucem
auream;
  in ambis oraturiis ianuas aereas argento clusas.
oraturium sanctae crucis: confessionem, ubi lignum posuit domini cum crucem auream 3
cum gemmis, qui pens. lib. XX;
  ex argento in confessionem ianuas, pens. lib. L;
supra confessionem arcum aureum, qui pens. lib. IIII, quem portant columnae unychinae, ubi stat agnus aureus, pens. lib. II;
  coronam auream ante confessionem,
  farus cum delfinos, pens. lib. V;
  lampadas IIII aureas, pens. sing. lib. II;
nympheum et triporticum ante oratorium sanctae crucis, ubi sunt columnae   4

I   mirae magnitudinis quae dicuntur

  ecatonpentaicas, et concas striatas duas cum columnas purphyreticas raiatas aqua
  fundentes: et in medio lacum purphyreticum cum conca raiata in medio aquam
  fundentem, circumdatam a dextris vel sinistris in medio cancellis aereis et columnis cum fastigiis et epistulis, undique ornatum ex musibo et columnis Aquitanicis
  et Tripolitis et purphyreticis.
Ante confessionem beati Iohannis: 5
  coronam argenteam, pens. lib. XX;
  farum cantarum, pens. lib. XXV.
Item ad sanctum Iohannem intra sanctum fontem:
  lucernam auream cum nixus luminum X, pens. lib. V;
  cervos argenteos III fundentes aquam, pens. sing. lib. XXX;
  turrem argenteam cum delfinos, pens. lib. LX;
  columbam auream, pens. lib. II;

P habet (praeter nominatim excepta) omnia: I ($A^{1.2}$). II ($C^3B^{1.2.3.4}$). III ($GE^{1.6}$).

1/2 conf. ... auream *om.* E^6 1 confessionem] confessione A^2, et c. $B^{1.3}$ sancto $B^{1.4}$ iohanni C^3, iohanne $B^{1.4}$, ioh A^1B^4 qui (quae E^1, *om.* $A^1C^3B^{3.4}$) p. l. c A^2 2 auream *om.* C^3 3 in] et in $C^3B^{1.2.3.4}GE^{1.6}$ ambiis A^2, ambobus $B^2E^{1.6}$ argento] argenti G, ex argento $B^{2.3}$, et arg. $E^{1.6}$ clausas B^1GE^6 4 confessione $A^{1.2}$ lignum] agnum $A^{1.2}$ posuit domini (domini posuit E^6, dominicum posuit E^1) cum (*om.* C^3) crucem (cruce $GE^{1.6}$, cruceam A^2) auream (aurea $GE^{1.6}$) *libri*   5 qui (quae $GE^{1.6}$) p. l. xx *om.* A^2 lib.] pondo (pondus E^1) librarum $C^3B^{2.3.4}GE^{1.6}$ *et sic* $E^{1.6}$ *passim*   6 ex] et A^1 argento] a. purissimo E^1 *solus*   confessione $A^2GE^{1.6}$ pens. lib. 1 *om.* A^2 7 super $A^{1.2}$ confessione G aureum arcum E^1 qui (quae E^1) p. l. iiii *om.* A^2 8 unicinae $B^{1.2.3.4}$ pens. l. ii A^2 9 coronam ... 11 lib. ii *om.* A^2 corona A^1G aurea A^1 ante] ad A^1 confessione G 10 faros $B^1GE^{1.6}$ delfinis $B^{1.4}E^{1.6}$ pens.] qui (que $E^{1.6}$) pens. $GE^{1.6}$ 11 iiii aureas] aur. (num. *ins.* $GE^{1.6}$) iiii $B^{2.3}GE^{1.6}$ sing. *om.* $C^3B^{1.2.3.4}GE^{1.6}$ 12 tripoticum E^6 sunt] est A^2 columnae *om.* C^3 13 mirae magn. q. dicuntur $A^{1.2}$ *soli*   14 exatonpentaicas A^1, exantonpentaicas A^2, ecatonpentalaicas $C^3B^{1.2.3.4}GE^{1.6}$ concas striatas] A^1C^3, concas triatas $A^2B^{1.2.3}GE^{1.6}$, concas striadas B^4 cum *om.* B^1 columpnis $A^2E^{1.6}$ purfyriticas B^1, porfyreticis $E^{1.6}$, porpireticis A^2 raiatas] raitas B^4, foratas C^3, ragiatas foratas G, ragiatis foratis $E^{1.6}$ aquam $B^{2.3}GE^1$ 15 fundendas B^4 et *om.* B^1 laco purfyritico B^1 cum *om.* C^3 raiata] reiata B^1p, asata $C^3GE^{1.6}$ aqua G 16 fundente G circumdata A^1 a] ad A^1E^1 sinistris] a s. B^1 17 fastigis B^1 (a)epistuliis $C^3B^2p^{.4}$ $E^{1c.6}$, epistillis $B^{2c.3}$, epistuliis A^1E^1p, epistulis A^2, epistolis B^1 museo $B^{2.4}$ aquytanicis B^1, aquitaniquis A^2 18 tripolitis] tripolicis A^2, eripolitis C^3, tripolinis E^6 19 ante confessionem ... *ad p.* 110, 10 fara aerea 1] *breviavit sic:* ad (sic) confessionem b. ioh. et ad sanctum iohannem fontem et ad basilica constantiniana atque beatorum apostolorum petri et pauli et basilica sancti laurenti multa in auro argentoque donans augmegtauit *(sic)* A^2 20 corona argentea A^1 lib.] pond. G 21 cantharam E^1 pens. *om.* $C^3B^{1.4}$ lib. xxu (xu B^1)] xxu lib. E^6 22 intro GE^1 23 nixos $C^3GE^{1.6}$ 24 iii] iiii B^3 aqua A^1 25 turre A^1 argentea A^1, auream B^1 delfinis B^1E^1 lx] xl B^1p 26 columba aurea A^1

XLVIII. HILARVS.

In basilica Constantiniana:
    fara cantara argentea, qui pendent ante altare, X, pens. sing. lib. XX;
    sciphum aureum, pens. lib. VI;
    alium scyphum aureum, pens. lib. V;
    calices aureos V, pens. sing. lib. I;
    scyphos argenteos V, pens. sing. lib. X;
    calices argenteos ministeriales XX, pens. sing. lib. II;
    amas argenteas V, pens. sing. lib. X;
Ad beatum Petrum apostulum:
    scyphum aureum, pens. lib. V;
    alium scyphum aureum cum gemmis prasinis et yaquintis, pens. lib. IIII;
    calices argenteos ministeriales X, pens. sing. lib. II;
    amas argenteas II, pens. sing. lib. VIII;
    fara cantara argentea XXIIII, pens. sing. lib. V.
Ad beatum Paulum apostulum:
    scyphum aureum, pens. lib. V;
    alium scyphum aureum cum gemmis, pens. lib. V;
    scyphos argenteos IIII, pens. sing. lib. VI;
    calices ministeriales X, pens. sing. lib. II;
    amas argenteas II, pens. sing. lib. X.
Ad beatum Laurentium martyrem:
    scyphum aureum cum gemmis prasinis et yacintis, pens. lib. IIII;
    lucernam auream nixorum X, pens. lib. V;
    scyphum auro purissimo, pens. lib. V;
    lampadas aureas II, pens. sing. lib. I;
    farum cantarum aureum, pens. lib. II;
    turrem argenteam cum delfinos, pens. lib. XXV;
    scyphos argenteos III, pens. sing. lib. VIII; lib. XXIIII;
    calices ministeriales XII, pens. sing. lib. II;
    altarem argenteum, pens. lib. XL;

P habet (praeter nominatim excepta) omnia: I ($A^{1,2}$). II ($C^3B^{1,2,3,4}$). III ($GE^{1,6}$).

1 basilicam constantinianam $C^3B^{1,2,3,4}E^1$ 2 canthera E^6 argentea om. C^3 qui pendent] pendentes GE^6 ante] ad E^6 altarem B^1 3 ui] u E^{1p} 4 alium sc. (sc. al. E^6) a. p. l. u *post* 5 E^1 (non E^6), om. B^1 5 i] ii $B^{2,3}$, x E^1 6 sc. arg. u p. s. l. x om. E^1 7 argenteos (argentei A^1, om. $C^3B^1[\textit{?}]^{1,2,3,4}GE^6$) min.] m. a. E^1 sing. om. $C^3B^{2,3,4}E^6$ lib. ii] lib. iinas ii B^1 9 petrum om. C^3 10 u] xu E^{1p} 11 yaquinthis B^1, iacintis B^4, iacin(c)t(h)inis $C^3B^{2,3}E^{1,6}$ iiii] iii E^6 12 argentei A^1 sing. om. E^6 13 uiii] x B^{3p} sing. om. E^6 14 fara ... 22 lib. x om. B^{3p} (m. 2 *adn.* h(ic) d(eest) *et explet in margine*) B^4 sing. om. E^6 16 pens.] pens. sing. E^{1p} 17 alium sc. aur. cum gemmis (c. g. A^1 *solus*) p. l. u] I. II, om. III ($GE^{1,6}$)   20 scyphos] sciphum E^{1p} 21 ministeriales] m. argenteos E^1 *solus*   ii om. B^1 24 prasinis] iacinis E^6 yaquinthis $B^{1,4}$, iacin(c)t(h)inis $C^3B^{2,3}E^{1,6}$ 25 lucerna aurea A^1 aureum purissimum $C^3B^{1,2,3,4}GE^{1,6}$ 27 lampades E^6 sing. lib. i] A^1 E^1, sing. lib. B^4, lib. sing. $C^{3c}B^{1,2,3}E^6$, singulas $C^{3p}G$ 28 fara canthera aurea E^6, faram cantharam auream E^1 29 turre $\overline{arg}$ A^1 delphinis $B^1E^{1,6}$ 30/32 om. E^6 31 sing. lib. uiii] A^1, lib. xxiiii $C^3B^{1,2,3}G$, sing. lib. xxiiii B^4E^1 32 calices] c. argenteos E^1 *solus*   xii] xi G sing. om. $C^3B^{2,3,4}G$ 33 altare $A^1B^{2,4}GE^1$ argenteo A^1, argenteam C^3

XLVIII. HILARVS.

lampadas argenteas X, pens. lib. XX;
amas argenteas II, pens. sing. lib. X;
In basilica beati Laurenti martyris:
phara cantara argentea X, pens.

I   lib. LX;   ‖   lib. X;   *II*

cantara aerea XXVI;
ministeria ad baptismum

I   sive ad paenitentem   ‖

argentea, pens. lib. X;
fara aerea L.
In urbe vero Roma constituit ministeria, qui circuirent constitutas stationes:
scyphum aureum

I   stationarium,   ‖   asatum,   *II. III*

pens. lib. VIII;
scyphos

I. III   argenteos   ‖

XXV per titulos, pens. sing. lib. X;
amas argenteas XXV, pens. sing. lib. X;
calices ministeriales L, pens. sing. lib. II.

I   Hic omnia in basilica Constantiniana vel ‖ quod ad sanctam Mariam constituta recon-   *II. III* 12
ad sancta Maria constituta recondit.   ‖ dit.

Hic fecit monasterio ad sanctum Laurentium et balneum

I et alium sub aere   ‖

et pretorium

II   sancto Stephano. Fecit autem oratorium ‖
sancti Stephani in baptisterio Lateranense. ‖

Fecit autem et bibliothecas II in eodem loco. Item monasterium intra urbe Roma ad
Luna.

(Hic fecit ordinationem   13

I   (unam   ‖

P habet (praeter nominatim excepta) omnia: I ($A^{1.2}$). II ($C^3 B^{1.2.3.4}$). III ($GE^{1.6}$).

1/2 x pens. lib. xx (ii E^1) amas argenteas om. C^3 2 sing. om. $E^{1.6}$ 3 basilicam $C^3 B^{1.4}$
4 faram cantharam E^1, fara canthera E^6 argentea om. $B^1 G E^6$ 5 lib. lx] A, libras denas (vel x) C^3
$B^{1.2.3.4} G E^6$, sing. lib. x E^1 *emendans*   6 cantharam aeream E^1, canthera erea E^6 8 siue ad paenitentem A^1 *solus*   9 pens.] $A^1 E^6$, om. $C^3 B^{2.3.4} E^1$ 10 l] lib. l $E^{1.6}$ 11 uero om. E^1, uero roma
om. E^6 constituta A^2 istationes C^3 13 stationarium A^1, asatum $C^3 B^{1.4} E^1$, masatum $G E^6$, ansatum
$B^{2.3}$ *ex coniectura*   14 pens. l. uiii om. A^2 16 argenteos] $A^1 E^1$, om. E^6 *et rel.*   17 per tit. p. s.
l. x om. A^2 per tit. xxu $C^3 B^{1.2.3.4} G E^{1.6}$ sing.] $A^1 E^1$, om. $C^3 B^{2.3.4} G E^6$ x om. B^1 18 amas ...
lib. x om. B^{3p}, *explet (praem. h. d., vide ad p. 109, 14)* B^{3c} pens. sing. (om. $C^3 B^{2.3c.4} G E^6$) l. x om. A^2
19 calices] c. argenteos E^1 *solus*   pens. sing. (om. $G E^6$) l. ii om. A^2 21 sancta maria A^2 constituta]
constitutam G, constitutum $B^1 E^6$ reconcedit G, recedit E^6 22 monasterio] A^1, monasterium A^2, monasteria $C^3 B^{1.2.3.4} G E^{1.6}$ et baln.] in baln. A^2 23 et alium sub aere $A^{1.2}$, om. *reliqui*   25/26 sancto
stephano (sancti stephani $E^{1.6}$) f. a. oratorium (-rio G) s. st. in baptisterio (baptismo E^6) lateranense (-si E^1)
$C^3 B^{1.2.3.4} G E^{1.6}$, om. $A^{1.2}$ 27 bibiliothecas A^1 eadem C^3 monasterio A^1, monasteria B^1 urbem
$A^2 E^2$ romam A^2, om. $B^{1.2.3.4} E^{1.6}$ 28 lunam $A^2 G E^1$ 29 ordinatione F^2, ordinationes $C^3 B^{2.3} G$, compendio $F^1 B^4 E^{1.6}$

XLVIII. HILARVS.

in urbe Roma ('per mens. Decemb.', presbiteros XXV, diacones VI; episcopos 'per') diversa ('loca' XXII.

('Qui etiam' sepultus est ad sanctum Laurentium 'in crypta' iuxta corpus beati) episcopi ⟨Xysti.

5 ('Et' cessavit episcopatum dies X.⟩

FK habent quae comprehenduntur ( ), *F solus signata praeterea* ' ', *K solus signata praeterea* < >; *P habet (praeter nominatim excepta) omnia:* I ($A^{1.2}$). II ($C^3 B^{1.2.3.4}$). III ($G E^{1.6}$).

1 urbem $A^2 E^1$ roma *om.* $E^{1.6}$ xxu] num. xxu $G E^{1.6}$, xu F, xxxui N ui] u $F^2 A^2$, *om.* N
2 xxii] num. xxii E^1 3 qui etiam (et $A^{1.2}$) *om.* K^1 crupta C^3 beati] sancti K 3/4 episcopi *post* 4 xysti $A^2 C^3$ 4 syxti $K^1 B^1 G$, xixti B^2, sixti E^1 5 et *om.* K^1 episcopatum] $C^3 B^{1.2.4}$, episcopatus *(vel comp.) reliqui*   per dies $E^{1.6}$

XLVIIII. SIMPLICIVS.

⟨Simplicius, natione Tiburtinus, ex patre 1
K II. III ⟨Castino ‖ Castorio, *I*
⟨sedit ann. XV
FK I. II ⟨m. I d. VII.⟩ ‖ d. VII. *III*

5 Hic dedicavit basilicam sancti Stephani in Celio monte in urbe Roma et basilicam beati apostuli Andreae iuxta basilicam sancte Mariae et aliam basilicam sancti Stefani iuxta basilicam sancti Laurenti et aliam basilicam intra urbe Roma iuxta palatium Licinianum beate martyris Bibianae, ubi corpus eius requiescit.

⟨Hic constituit ad sanctum Petrum⟩ apostulum ⟨et ad sanctum Paulum⟩ apostulum ⟨et 2
10 ⟨ad sanctum Laurentium⟩ martyrem ⟨ebdomadas, ut presbyteri manerent
FK ⟨propter baptismum et penitentia petentibus ‖ propter penitentes et baptismum *P*
⟨regionem III ad sanctum Laurentium, regionem primam ad sanctum Paulum, regio-
⟨nem⟩ VI vel ⟨septima ad sanctum Petrum⟩.

Sub ⟨'huius episcopatum venit relatio de Grecias ab Acacio Constantinopolitano epi- 3
15 ⟨'scopo et adfirmavit Petrum Alexandriae urbis Eutychianistam hereticum, facta petiti-
⟨'one ab Acacio⟩ episcopo, cyrografo eius constructa.'

F 'Tunc fuit ecclesia exequens. ‖ Eodem tempore fuit ecclesia, hoc est prima *P*
   ‖ sedis apostolica, executrix.

⟨'Tunc Simplicius'⟩
I. III 20 episcopus ‖

⟨'presul⟩ audiens ⟨damnavit Petrum Alexandrinum, de quo Acacius innumerabilia cri-
⟨'mina adfirmabat',⟩ ita tamen, ut paenitentiae reservaret tempus.

FK habent quae ⟨ ⟩ *comprehenduntur, F solus signata praeterea* ' ', *K solus signata praeterea* < >; *P habet (praeter nominatim excepta) omnia:* I $(A^{1.2})$. II $(C^3B^{1.2.3.4})$. III $(GE^{1.6})$. — AVCTORES: *Index:* ann. XV (xui 8) m. I (om. 1. 2. 3. 4. 5. 6) d. VII (iii 7, ui 9).

1 tiburtinus] campanus N tiburti *(spat.)* patre B^3 2 castino] $FKC^3B^{1.2.3.4}GE^{1.6}N$, castorio A^1, casto A^2 4 m. I om. $C^3GE^{1.6}$ d. uii] d. ui F^2, d. xuii C^3, d. xuiiii N 5 dedicauit] edificauit E^6 basilica A^1 montem A^1 roma om. E^6 basilica A^1 6 andr. ap. A^1E^1 basilica A^1 alia basilica A^1 7 basilica A^1 alia basilica A^1 urbe roma (-mam B^4)] urbem $E^{1.6}$ 8 licianum A^2B^2 beati C^3 martyres A^1, martyri E^1 bibine B^4 9 ad s. petrum ap. et om. B^1, ad s. petrum et ad s. paulum om. F^1 apostolum *bis* B^1 9/10 et 'ad s. paulum (etiam *ins.* E^6) ap. et ad s. l. m. om. A^2 10 presbiteri] prbs B^1 11 baptismum (baptissimum F^1) et penitentia (-tiae K^1, -tiam F') petentibus (penitentibus K^1) FK, propter penitentes (-ciam E^6) et b. *reliqui* 12 regionem (regio $A^{1.2}$) iii (tertium E^1) ad s. l. regionem (regio $A^{1.2}$) pr. ad s. paulum (reg. pr. ad s. p. om. B^1)] de regione prima ad sanctum paulum de regione iii ad sanctum laurentium F^2, de regione iii ⟨ad sanctum petrum et ad sanctum paulum⟩ et sanctum laurentium *(verbis* ⟨ ⟩ *comprehensis scriptis in litura)* F^1 12/13 regionem (de regione FK, regio $A^{1.2}$) sexta uel septima (-mam $C^3B^{2.3.4}$) ad sanctum petrum *libri* 14 episcopatu A^2E^1 grecias] $B^{1.4}G$, grecia $FA^{1.2}B^{2.3}E^{1.6}$ accatio E^1, actatio E^6 *et sic fere deinceps* 14/15 constantinopolitano (-politin A^2) ep.] qui fuit episcopus constantinopolitanus F 15 adfirmauit petrum alexandriae (-drinae $E^{1.6}$) u. eutychianistam (-tum $B^{2.3}$, euthycianistam $B^{1.4}$) her.] adfirmabat petro alexandrino euthiciano (euthutiano F^1) heretico F 15/16 petione A^1p, petitionem C^3B^4 16 acacio] a. uenit F episcopo] episcopo tunc papa A^2 17 tempore fuit] tem *[sic]* B^1 eccl. hoc est (om. C^3) prima] ecclesia (-siam E^1) prima (-mam E^1) hoc est $GE^{1.6}$ 18 apostolice $E^{1.6}$ executrix] $A^{1.2}B^1GE^{1.6}$, executris C^3B^4, executoris $B^{2.3}$ 21 presul] $A^{1.2}E^6$, praesul episcopus *reliqui* audiens] hoc a. $C^3B^{1.2.3.4}GE^1$, hec a. E^6 petro alexandrino F de quo] eo quod E^1 22 reseruarit $A^{1.2}$

XLVIIII. SIMPLICIVS.

⟨'Eodem tempore rescripsit Timotheus catholicus et Acacius dicentes, quod etiam in 4 ⟨'mortem Proteri catholici Petrus esset permixtus. Tunc

P archiepiscopus ‖ ⟨'papa *F*

⟨'Simplicius dissimulans numquam rescripsit Acacio, sed damnavit Petrum',⟩ expectans
5 tempus paenitentiae.

Hic fecit in ecclesia Roma scyphum aureum, pens. lib. V;   5
canthara argentea ad beatum Petrum XVI, pens. sing. lib. XII.

⟨Hic fecit ordinationes⟩ in urbe Roma ⟨III 'per mens. Decemb.'⟩ et Febr., ⟨presbiteros
LVIII, diacones XI; episcopos 'per'⟩ diversa ⟨'loca' LXXXVIII⟩.

10 Hic ⟨sepultus est

FK ⟨ad beatum Petrum | in basilica beati Petri apostoli. *P*

⟨VI non. Martias.

⟨'Et'⟩ cessavit episcopatum dies VI⟩.

FK habent quae ( ) *comprehenduntur, F solus signata praeterea* ' ', *K solus signata praeterea* ⟨ ⟩;
P habet (praeter nominatim excepta) omnia: I ($A^{1\cdot 2}$). II ($C^3B^{1\cdot 2\cdot 3\cdot 4}$). III ($GE^{1\cdot 6}$).

---

1 rescripsit] *scripsit C^3 quod etiam] quia uero F 2 morte GE^1 proteri] proterii GE^1, presbiteri (prbi A^1, pbri A^2) $FA^{1\cdot 2}$ petrum esse mixtum F 3 archiepiscopus] *reliqui*, papa FK 4 desimulans $A^{1\cdot 2}$ scripsit F petro F 6 ecclesiam $B^{2\cdot 3}$ roma] $A^1C^3B^1$, romae $B^{2\cdot 3}$, romana $A^2B^4GE^{1\cdot 6}$ scyphum ... 8 hic fecit *om*. A^2 7 cantharam E^1, cathara B^4, canthera B^2, cantheras E^6 argonteas E^6 petrum] p. apostolum E^1 8 iii *post* ordinationes $GE^{1\cdot 6}$, *post* decemb. F in urbe roma (rome B^3p *om*. E^6) *om*. A^2 9 luiiii] luiiiii $E^{1\cdot 6}$, liiii K^1, luii F^2, xii N xi] sic A^1 et reliqui, ii (?) N lxxxuiiii], $A^{1\cdot 2}$, lxxxii FK, xxxui $C^3B^{1\cdot 4}GE^{1\cdot 6}$, num. xxxui $B^{2\cdot 3}$, xxxuiiii N hic] qui et A^2 sepultusque K^2 est *om*. $A^1C^3cB^{3\cdot 4}$ 11 basilicam $C^3B^{1\cdot 4}$ ad beato petro F 12 ui] u F^2 13 episcopatum] $C^3B^{1\cdot 2\cdot 3\cdot 4}G$ episcopatus (*vel comp.*) *reliqui*   ui] K et reliqui, u F, uii A^1, x E^1p

L. FELIX III.

⟨Felix, natione Romanus, ex patre Felice presbitero⟩ de titulo Fasciolae, ⟨sedit ann. 1
⟨VIII m. XI d. XVII.⟩
Hic fuit temporibus Odobacris regis usque ad tempora Theodorici
1 regis.

5 Hic fecit basilicam sancti Agapiti iuxta basilicam sancti Laurenti martyris.
Sub ⟨ʻhuius episcopatum iterum venit relatio   2
F ⟨ʻa partes Greciarum   ‖   de Grecias   *P*
⟨ʻPetrum Alexandrinum revocatum
F ⟨ʻad communionem   ‖
10 ⟨ʻab Acacioʼ⟩ episcopo Constantinopolitano. ⟨ʻTunc venerabilis
F ⟨ʻpapa Felixʼ   ‖ Felix archiepiscopus sedis apostolicae urbis *P*
                              ‖ Romae
⟨ʻmittens defensorem
F ⟨ʻex constituto synodi   ‖   cum consilio   *P*
15 ⟨ʻsedis suaeʼ⟩ facto concilio ⟨ʻet damnavit Acacium cum Petrum.
⟨ʻPost annos III iterum venit relatio ab imperatorem Zenonem, ut paenitens rediret 3
⟨ʻAcacius. Tunc papa Felix
F ⟨ʻfecit concilium ex consensum   ‖
⟨ʻmittens duos episcopos Mesenum et Vitalem, ut, si invenirent conplicem Petri Acacium,
F I 20 ⟨ʻiterum damnarentʼ⟩ eos, ⟨ʻsi non, offerrent ‖   damnarent eos.   *II. III*
⟨ʻlibellum paenitentiae.
⟨ʻQui dum introissent
F ⟨ʻin civitatem Constantinopolim, ‖ *I* Constantinopolim, ‖ *II. III* in civitatem Heracleam,

---

FK habent quae ( ) comprehenduntur, F solus signata praeterea ʻ ʼ, *K solus signata praeterea* ‹ ›; *P habet (praeter nominatim excepta) omnia: I* ($A^{1.2}$). *II* ($C^3B^{1.2.3.4}$). *III* ($GE^{1.6}$). — AVCTORES: *Index*: ann. VIII (uiiii 5) m. XI (x 6. 9, u 2, om. 5) d. XVII (xuiii 7. 9, xxuii 8).

1 felix] f. tertius $A^2G^cE^{1.6}$ felice] felicio E^6 fasciolo N 1/2 a. uiii] a. uii F^2, a. iiii K^1, a. uiiii N 2 m. xi] m. xii C^8 d. xuii] d. xuiii $C^3GE^{1.6}N$, d. xu F 3 fuit] fecit A^{1p} odobacris] $C^3B^{2.3}GE^{1.6}$, odobagris B^4, odobacri B^1, odoacris $A^{1.2}$ theoderici $B^2E^{1.6}$, inc. B^3 4 regis $A^{1.2}$ soli 5 basilica A^1 iuxta basilica A^1B^4 6 huius] cuius $A^{1.2}$ episcopatu $A^2GE^{1.6}$ 7 partes] patres F grecias] grecia $A^2B^{2.3}E^{1.6}$ 8 alexadrinum A^1, alexandrenum G, alexandrino F 10 acacium A^1, acio B^4 episcopum constantinopolitano A^1 uenerabilis] uenit $A^{1.2}$ 13 defensorem C^3, defensore F 14 constitudo F^1 synodo F^2 consolio C^3 15 sedi A^2 facto] et facto $GE^{1.6}$ et damn.] damn. $GE^{1.6}$ acacium (acacio FB^1) cum petrum (petro $FA^2B^{1.2}GE^6$)] acacium constantinopolitanum et petrum alexandrinum E^1 16 relatio (leltio G^p) uenit GE^6 ab] ad G imperatorem] A^1B^1, imperatore F et reliqui zenonem] $FA^1C^3B^{2.3p.4p}$, zenone reliqui, tenone E^6 ut penitens] impenitens E^6 17 felix papa G 19 mittens A^1, misit F et reliqui mensenum A^{1p}, misenum B^1, mersenum G, mesanum A^2, menium E^6 uitale A^1 inueniret $A^{1.2}$ 20 damnarent eos] damnaret eos $A^2C^3B^{1.2.3p.4}E^{1p}$, deponerent eum E^6 offerint F^1, offerret A^2 22 introisset A^{2p}, introirent E^6 23 in (om. E^6) ciuitatem] F *II. III*, om. $A^{1.2}$ heracleam] *II. III* (rel.), eacriam E^6, constantinopolim $FA^{1.2}$

⟨'corrupti'⟩ sunt ⟨'paecuniae datum supra scripti episcopi'⟩ et ⟨'non fecerunt secundum ⟨'preceptum sedis apostolicae.

⟨'Venientes vero Romam ad sedem apostolicam   4

F 1 ⟨'fecit papa Felix concilium et facta exa- ‖ Eodem tempore venerabilis Felix papa *II. III*
5 ⟨'minatione ‖ fecit synodum et operata est discussio et

⟨'invenit'⟩ iudicius ambos episcopos, id est Mesenum et Vitalem, ⟨'reos'⟩ et corruptos paecuniae; ⟨'et eregit Mesenum et Vitalem episcopos a communionem. Tunc Mesenus ⟨'episcopus non se tacuit corruptum pecuniae;

F I ⟨'cui concilius concessit tempus paenitentiae. ‖

10 ⟨'Hoc factum tempore Odobacris regis'⟩.

⟨Hic fecit ordinationes II⟩   5

II. III in urbe Roma ‖

⟨'per mens. Decemb.', presbiteros XXVIII, diacones V; episcopos 'per'⟩ diversa ⟨'loca'⟩ ⟨XXXI⟩.

15 Hic ⟨sepultus est

FK ⟨apud beatum Paulum.⟩ ‖ in basilica beati Pauli apostoli.   *P*

Et ⟨cessavit episcopatum dies V⟩.

Et post transitum eius factum est a presbiteris et diaconibus constitutum de omnem ecclesiam.

20   ‖ ut nullus aliquando in ea causa praesume-   *III*
‖ ret se festinum ostendere de ea re, quae
‖ aliquando ad requisitionem pervenire debet.

FK habent quae ⟨ ⟩ *comprehenduntur, F solus signata praeterea* ' ', *K solus signata praeterea* ‹ ›; *P habet (praeter nominatim excepta) omnia:* 1 ($A^{1.2}$). II ($C^3B^{1.2.3.4}$). III ($GE^{1.6}$).

---

1 pecunia $B^1E^{1.6}$ datum] data est (es G) GE^6 supra (super B^2) scripti (dicti F) episcopi] supra (super G) scriptis episcopis $GE^{1.6}$ 3 ueniente C^3, uenientibus E^1, uenites E^6 roma $C^3B^{1.4}G$, om. E^6 sede apostolici G 4 fecit p. f. c. et facta examinatione] $A^{1.2}$, fecit p. f. c. et ex. facta in concilio F, eodem ... operata (aperta E^6) est discussio (discursio E^1p) et *reliqui*   6 iudicius] C^3B^1, iudicios B^4, iudicium $A^{1.2}GE^1$, iudices $B^{2.3}E^6$ reos] eos reos F misenum B^1, messenum B^3, mereunm G, mirenum E^6 6/7 pecunia $B^{1.3}cE^{1.6}$ 7 eregit] erigit A^2, eiecit $FE^{1.6}$ mesenum (merenum G, mirenum E^6) et uitalem] eos A^2 communione $B^{1.2.3.4}GE^{1.6}A^2$ emesenus B^4, messenus B^2, merenus GE^8 8 se] re G E^6, om. $A^{1.2}$ pecuniae] $C^3B^{2.3.4}G$, pecunia $B^1E^{1.6}$, per pecunia F, per pecuniam $A^{1.2}$ 9 cui concilius concessit (concessum F) t. p.] $FA^{1.2}$, om. *reliqui*   10 factum (factis B^1, factam est $GE^{1.6}$) tempore] uero facto temporibus F odobacris] $A^1B^{2.3}$, odobracris C^3B^4G, odolbracis E^6, odolbragris E^1, hodoacris A^2, odouagri F, odoacri B^1 *(sic codex)*   12 in u. roma om. $A^{1.2}$ 13 xxuiii] xxxuiii K^1, xxuiiii N 14 xxxi] n. xxxi $B^{2.3}E^1$, xxx N 15 sepultusque K^2 16 apud beatum paulum K, apud beato paulo F, in basilica (-cam $C^3B^{1.4}$) b. p. *reliqui*   17 episcopatum] $C^3B^{1.2.3.4}G$, episcopatus *(vel comp.) reliqui* 18 et post tr. e. f. e. a pr. et d. constitutum (constitum C^3)] et diaconibus fecit constitutum E^6 omne B^1, omni $B^2GE^{1.6}$ 19 ecclesia $B^{1.2}GE^{1.6}$ 20 ut nullus ... 22 debet] E^1 *solus*   21 ostenderet E^1

LI. GELASIVS.

⟨Gelasius, natione Afer, ex patre Valerio, sedit ann. IIII m. VIII 'd. XVIII'. Fuit 1
⟨'autem' temporibus Teodorici regis et Zenonis Aug.⟩

∥ Huius temporibus inventa est aecclesia *III*
∥ sancti Angeli in monte Gargano.

Huius temporibus inventi sunt Manichei in urbe Roma, quos exilio deportari praecepit, quorum codices ante fores basilicae sancte Mariae incendio concremauit.

F I ⟨'Hic sub gesta synodi cum fletum sub ∥ Hic sub gesta synodicam revocavit Mese- 2 *II. III*
⟨'satisfactione libelli purgatum Mesenum ∥ num episcopum ad communionem et resti-
⟨'episcopum revocavit'⟩; quem ecclesiae ∥ tuit eum ecclesiae suae sub satisfactione
suae restituit, qui peccaverat in causa ∥ libelli et purgatus est receptus.
Acacii et Petri.

Hic fuit amator

I. III cleri et

pauperum et clerum ampliavit.

Hic liberavit a periculo famis civitatem Romanam.

Hic fecit constitutum de omnem ecclesiam. Huius temporibus iterum venit relatio de 3
Grecias eo quod multa mala et homicidia fierentur a Petro et Acacio

I Constantinopolim. ∥

Eodem tempore fugiens Iohannis Alexandrinus

I episcopus catholicus et ∥

venit Romam ad sedem apostolicam,

I quem beatus Gelasius suscepit cum gloriam, ∥ Ipsis temporibus beatus Gelasius suscepit *II. III*
cui etiam et sedem secundam prebuit. ∥ Iohannem
Ipsis temporibus fecit synodum et misit per ∥   4
tractum Orientis

et iterum misit et damnavit in perpetuo Acacium et Petrum,

FK habent quae ( ) comprehenduntur, F solus signata praeterea ' ', K solus signata praeterea ‹ ›; P habet (praeter nominatim excepta) omnia: I ($A^{1.2}$). II ($C^3B^{1.2.3.4}$). III ($GE^{1.6}$). — AVCTORES: Index: ann. IIII (ii 4) m. VIII (om. 7) d. XVIII (xiii 8, xuiiii 4). — ad 7: synodi habitae a Gelasio de absolutione Miseni a. 495 Mart. 13 acta extant (Thiele p. 437).

---

1 falerio B^1 m. uii F^2 d. xuiij] d. xuiiii E^1pN, d. uiiii $C^3GE^{1c.6}$, d. uiii F^{1c}, d. uii F^2, om. $F^{1p}K$
2 autem om. K^1 theodorici regis] theoderici r. $F^2A^2C^3B^2E^{1.6}$, r. teoderici K zenone A^2 3 huius...
4 gargano E^1 solus   5 deportare B^1 6 quorum] corum C^3 foris C^3 bas. s. m.] beate m. bas. E^6
congremauit A^1 7 gesta] iecta A^2, gestam $E^{1.6}$, gestas C^3 fletum] A^1, fleta A^2, fleto F 8 merenum GE^6, misenum B^1 9 satisfactionem E^1 10 purgatos B^1 12 amor B^4 13 cleri et
om. $A^{1.2}$ 15 famis] $A^{1.2}$, et famem $B^{1.2.3.4}$, et fame $C^3GE^{1.6}N$ ciuitate romana A^1 16 hic fecit]
fecitque A^1 constitum B^1 omne B^1, omni $A^2C^3B^2GE^1$ ecclesia $A^2 C^3B^2GE^1$ 17 grecias] A^1
$B^{1.4}G$, grecia $A^2C^3B^{2.3}E^{1.6}$ homicidias A^1G fierentur] $C^3B^{1.2p.3.4p}GE^1$, fierent $A^1B^{2c}E^6$, fieret A^2
cacio B^2 18 constantinopolim $A^{1.2}$ soli   19 iohannis] $A^1B^{1.3}$ 20 ep. cath. et $A^{1.2}$ soli   21 roma G
sede B^4 22 suscipit B^1 gloria A^2 26 misit et] mittens A^2 perpetuum $A^2C^3B^{2.3.4}GE^{1.6}$

LI. GELASIVS.

I si non penitens sub satisfactionem libelli postularet paenitentiam. ‖ si non paeniterent; tamen expectans sedis apostolica satisfactionem secundum humanitatem primae sedis ecclesiae. *II. III*

Hic dedicavit basilicam sanctae Eufemiae martyris in civitate Tiburtina 5

II. III 5 miliario vicesimo ab urbe

I et alias basilicas ‖ Dedicavit autem et basilicam *II. III*
sanctorum Nicandri, Eleutheri

I et Andreae

in via Lavicana in villa Pertusa.

I 10 Fecit autem ‖ et aliam *II. III*

basilicam sanctae Mariae in via Laurentina in fundum Crispinis

II. III miliario ab urbe vicesimo.

FK I ⟨Hic fecit ʽV libros adversus Nestorium et ‖ Hic fecit tractatos et ymnus sicut beatus 6 *II. II.*
  ⟨ʽEutychem; fecit et ymnos in modum beati ‖ Ambrosius episcopus et libros aduersus
 15 ⟨ʽAmbrosii; item duos libros adversus Ar- ‖ Euthycem et Nestorium, qui hodie biblio-
  ⟨ʽrium; fecitʼ etiam ʽetʼ sacramentorum ‖ theca ecclesiae archivo reconditi tenentur.
  ⟨praefationes⟩ et orationes ⟨cauto sermone
  ⟨et epistulas fidei delimato sermone⟩ multas. ‖

Sub huius episcopatu clerus crevit.

20 ⟨Hic fecit ordinationes II⟩ 7

II. III in urbe Roma ‖

⟨ʽper mens. Decemb.ʼ⟩ et Febr., ⟨presbiteros XXXII, diacones II; episcopos ʽperʼ⟩ diversa ⟨ʽlocaʼ LXVII.

⟨ʽQui etiamʼ⟩ sepultus est

FK habent quae ⟨ ⟩ *comprehenduntur, F solus signata praeterea* ʽ ʼ, *K solus signata praeterea* ʽ ʼ; *P habet (praeter nominatim excepta) omnia: I ($A^{1,2}$). II ($C^3B^{1,2,3,4}$). III ($GE^{1,6}$). — ad 13: Gennadius quive libellum eum continuavit c. 95: Gelasius urbis Romae episcopus scripsit adversum Eutychen et Nestorium grande et praeclarum volumen et tractatus diversarum scripturarum et sacramentorum delimato sermone et adversum Petrum et Acacium scripsit epistulas, quae hodie in ecclesia catholica tenentur. fecit et hymnos in similitudine Ambrosii episcopi, quos ego legi. obiit Anastasio Augusto.*

1 satisfactione A^2 peniteret G 2 humanitatem C^3 apostolicae $E^{1c,6}$ 4 basilica A^1 eufymiae A^1, eufimiae A^2G martyres A^1 ciuitatem tiburtinam $C^3B^{1,2,3,4}$ 5 ab urbe (orbe B^1, u. roma E^1) ... 12 uicesimo om. B^4 7 eleutheri] leuteri $C^3B^{1p,2,3}$, et leuteri B^{1c}, et eleutheri GE^6, et euletherii E^1, ᵨᵨᵨeleutherii A^1, euletheri A^2 9 in uia] uia $C^3B^{1,2,3}GE^{1,6}$ in villa] in fundum (fundo G) uilla $C^3B^{1,2,3}GE^1$, in culla E^6 11 basilica A^1 in uia] uia $C^3B^{1,2,3}GE^{1,6}$ fundo A^2G crispinius E^1 12 urbe] u. roma E^1

FK I 13 libros u K^1 13/14 nistorium et euticen K ‖ *II. III* 13 hic ... tenentur ante *p.* 118, 3, et cessauit $C^3B^{1,2,3,4}GE^{1,6}$ tractatus $C^3B^4E^1$ hymnus B^4, ymnos E^1, hymnos $C^3B^{2,3}$ 14 aduersum $C^3B^{2,3}$ 15 euthycem B^1, euticen B^2, euthycen B^3, eytichen G, eutichen E^1, euthicium E^6 15/16 bibliotheca] bibliothecae G, bibliotece E^6, bibliotice C^3, b. dicitur et E^1 16 recondite E^1
14 modo K 15 item] fecit et K^1, et fecit et K^2
16 fecit] f. autem K^2 17 prefationis K^2 cauto]
caute F^1 17/18 sermone et] sermones A^{1p}
19 fide K^1 elimato F

19 episcopatum $C^3B^{1,2,3,4}GE^1$ 22 decembrio et febr. A^1, feb. et decem. $C^3B^{1,2,3,4}GE^{1,6}$ xxxii] xxii F^{1p} ii] iii F^1, om. F^2 23 lxuii] num. lxuii $B^{2,3}E^1$, xluii B^1, lxxuii B^4, lxuiii K^1, lxiiii E^6 24 qui etiam om. K^1

FK ⟨apud beatum Petrum ‖ in basilica beati Petri apostoli *P*
⟨XI kal. Decemb.⟩
Et
II. III post obitum eius ‖
5 ⟨cessavit episcopatum dies VII.⟩

FK habent quae ( ) *comprehenduntur, F solus signata praeterea* ' ', *K solus signata praeterea* < >; *P habet (praeter nominatim excepta) omnia:* I ($A^{1.2}$). II ($C^3 B^{1.2.3.4}$). III ($GE^{1.5}$).

---

1 basilicam B^1 2 xi] xiii K^1 5 episcopatum] $B^{2.3.4} G$, episcopatus B^1 et reliqui   uii] uiii E^1, ui F^2

LII. ANASTASIVS II.

⟨Anastasius, natione Romanus, ex patre Petro,⟩ de regione V

II.III tauma

caput Tauri, ⟨sedit ann. I m. XI d. XXIIII.⟩ Fuit autem temporibus Theodorici regis. ⟨'Hic fecit confessionem beati Laurenti'⟩ martyris ex argento,

1 ⁵ pens. lib. LXXX. ‖ qui pens. lib. C. *II.III*

Eodem tempore ⟨'multi clerici et presbiteri se a communione'⟩ ipsius ⟨'erigerunt, eo 2 ⟨'quod communicasset sine consilio

P presbiterorum vel episcoporum vel cleri- ⟨'eorum *K*
corum cunctae ecclesiae catholicae

¹⁰ ⟨'diacono Thesalonicense, nomine Fotino'⟩, qui communis erat Acacio, et quia voluit occulte revocare Acacium et non potuit. Qui nutu divino percussus est.

⟨Hic fecit ordinationem I⟩ 3

II.III in urbe Roma

⟨'per mens. Decemb.' presbiteros XII; episcopos 'per'⟩ diversa ⟨'loca' XVI.⟩ Qui etiam
¹⁵ ⟨sepultus est

FK ⟨apud beatum Petrum 'in Vaticanum' ‖ in basilica beati Petri apostuli *P*

⟨XIII kal. Decemb.

⟨'Et' cessavit episcopatum dies IIII.⟩

FK habent quae ⟨ ⟩ *comprehenduntur, F solus signata praeterea* ' ', *K solus signata praeterea* ⟨ ⟩; *P habet (praeter nominatim excepta) omnia*: I ($A^{1.2}$). II (C^3B^1 [*finiens v.* 11 *verb.* percussus est] $B^{2.3.4}$). III ($GE^{1.6}$). — AVCTORES: *Index:* ann. I m. XI (x 7) d. xxiiii (xiii 7, xxiii 3, xuiiii 4).

1 anastasius iunior A^2, anastasius ii $G^\circ E^6$ romanus] romana G, om. E^6 patre] petre G, beato N regio E^1 2 tauma $C^3B^1(sic)GE^{1.6}$, om. $A^{1.2}B^{2.3.4}$ 3 m. xi] m. x N xxiiii] xxxiiii F fuit autem] hic fuit $C^3B^{1.2.3.4}GE^{1.6}$ theoderici $C^3E^{1.6}$ 4 hic] hi B^1 confessione K 5 pens. lib. lxxx A^1, qui pens. lib. c *reliqui*, om. A^2 6 multi cl. et pr. (pr. et cl. E^6) se a communione (-nem C^3 $B^{1.8}p^{.4}$) ipsius erigerunt (eregerunt B^1GE^1, erexerunt E^6)] huic (huhic K^1, hic K^2) clerus et pr. multi se eregerunt (erigerunt K^2) a communionem (-ne K^1) K 7 communicassent A^2 concilio C^3 8 ep. uel presb. uel (et GE^6) cleri (clerici $B^{2p.3}$) $C^3B^{1.2.3.4}GE^{1.8}$, presb. uel ep. uel clericorum A^2 9 cuncta A^1 10 diaconum K^1E^1, diac K^2 t(h)es(s)alonicensi (-se[?]B^1) $C^3B^{1.2.3.4}E^1$, tesalonicensis K^1, thessalonicens G, thesolonicensi (-se A^2) K^2A^2 futino K acacium om. A^2 11 nutu (notu A^1C^3) diuino] noctu diuinu notu B^1 12 ordinatione una A^1 13 in urbe roma om. $A^{1.2}E^6$ 14 xii] xi KN xui] num. xui $B^{2.3}E^1$, uiiii F^1, uiii F^2K, xiii N qui etiam] quia E^1 15 sepultusque K^2 16 apud] ad K basilicam B^4 17 xiii] xii F 18 episcopatum] $C^3B^{2.4}G$, episcopatus *(vel comp.) reliqui* dies] per dies E^8 iiii] ui FK

LIII. SYMMACHVS.

⟨Symmachus, natione Sardus, ex patre Fortunato, sedit ann. XV m. VII d. XXVII. 1
⟨Hic fuit temporibus Theodorici

FK ⟨heretici ‖ regis *P*

⟨et Anastasii

F 5 ⟨'Euthiciani' ‖

⟨Augusti⟩ a die X kal. Decemb. usque in die XIIII kal. Aug.

FK ⟨Hic amavit clerum et pauperes 'bonus pru- ‖
⟨'dens humanus gratiosus'

FK ⟨et cum eo ordinatur Laurentius sub inten- ‖ Hic sub intentione ordinatus est uno die *P*
10 ⟨tione episcopatus, ‖ cum Laurentio,

Symmachus in basilica Constantiniana, Laurentius in basilica beatae Mariae.

⟨'Ex qua causa 2

F ⟨'separata aliqua pars clericorum vel sena- ‖ separatus est clerus et divisus est et senatus, *P*
⟨'torum,

15 ⟨'alii cum Symmachum, alii'⟩ vero ⟨'cum Laurentium'. Et facta intentione hoc consti-
⟨tuerunt

F ⟨'pariter', ‖ partes, *P*

⟨ut ambo Ravennam pergerent ad iudicium regis Theodorici. Qui

FK ⟨cum pervenissent, ‖ dum ambo introissent Ravennam, *P*
20 ⟨hoc iudicium aequitatis invenit, ut qui prior ordinatus fuisset vel ubi pars maxima

FK ⟨consentiretur, ‖ cognosceretur, *P*

FK habent quae ( ) *comprehenduntur, F solus signata praeterea* ' ', *K solus signata praeterea* ‹ ›;
P habet (praeter nominatim excepta) omnia: I ($A^{1.2}$). II ($C^{3}B^{2.3.4}$). III ($GE^{1.6}$). — AVCTORES: *Index:*
ann. XV m. VII (vi 5, viii 8) d. XXVII (xvii 2. 9, xxu 8, xxui 6, xxuiii 3. 4).

---

1 simacus F^{1}, simagus A^{2} sardus] romanus E^{1} *solus*   fortunatu $K^{1}A^{1}$, furtunato F^{1}, furtu-
natu K^{2} uii] ui $F^{2}KA^{2}$, uiii E^{1}, iii N xxuii] xxui E^{1}, xxxui F^{1}, xxxu F^{2} 2 tempus K^{1} theoderici $B^{3}E^{6}$, theuderici B^{4}, teoderico C^{3} 4 anasthasium K^{2} 5 eutuciani F^{1} 6 a die (om. K) x kal.
decemb. usque in die (in diem G, om. K) xiiii (xiii K) kal. aug.] $C^{3}GE^{1.6}$ et sic infra p. 122, 19 post senatoris K, a die kal. aug. mediis omissis $A^{1}B^{2.3.4}$, om. A^{2}

FK 7 clero K 9 ordinatus F^{1} 10 episco- ‖ *P* 9 sub intentione (contentione $E^{6}N$) ord. est (om.
pus F senator F $A^{2}E^{6}$)] ord. est sub int. B^{3}
11 basilicam constantinianam $C^{3}B^{2.3.4}$, lateranis N laurentius] l. uero $GE^{1.6}$ basilicam $C^{3}B^{2.3.4}E^{1}$
12 qua] quo A^{2} 13 separatus] superatus C^{3} 15 cum symmachum] cum (om. E^{1p}) symmacho
$B^{2}GE^{1}$ alii] et alii F cum (om. C^{3}) laurentium] cum laurentio $B^{2}GE^{1}$ factam $C^{3}B^{4}$ intentio-
nem $C^{3}B^{4}$, in contentione E^{1}, contentione E^{6} 17/18 partes ut] ut (del.) partes ut A^{1} 18 rauennam
pergerent] KB^{2}, ad rauennam (-na $B^{3.4}$) pergerent (pergeret E^{1}) reliqui, r. peterent F iudicio K^{1} regis
theodorici $F^{2}KB^{3}E^{1.6}$, regis teodorici regis C^{3}, theoderici r. A^{2} 19 cum] K, dum F rauennam] in
rauennam (-na G) $GE^{1.6}$, om. A^{2} 20 iudicium] iudicatum F equitates K^{2} inuenierunt E^{1} ut
om. B^{4p} prior] FK, primo *reliqui*   fuissent A^{2}

LIII. SYMMACHVS.

⟨ipse sederet in sedem apostolicam. Quod tamen aequitas in Symmachum invenit ⟨'et cognitio veritatis et'⟩ factus est ⟨'presul Symmachus. Eodem tempore' papa Sym-⟨machus⟩ congregavit ⟨'synodum et' constituit Laurentium in Nucerinam civitatem epi-⟨scopum intuitu misericordiae.

⟨Post annos vero IIII zelo   3

F ⟨'et dolo'⟩

⟨ducti aliqui ex clero et aliqui ex senatu,⟩ maxime Festus et Probinus, ⟨incriminave-⟨runt Symmachum 'et subornaverunt testes falsos, quos' miserunt 'Ravennam' ad regem ⟨Theodoricum,

FK ⟨hereticum

⟨accusantes beatum Symmachum; et occulte revocaverunt Laurentium

FK ⟨Romam⟩

post libellum Romae factum; ⟨et fecerunt schisma et

FK ⟨separaverunt se 'ab invicem' pars aliqua a ∥ divisus est iterum clerus et alii communi- *P*
⟨communione Symmachi.⟩   ∥ cabant Symmacho, alii Laurentio.

Tunc Festus et Probinus senatores ⟨'miserunt relationem regi'

FK ⟨et petunt a rege Theoderico visitatorem ∥ et coeperunt agere, ut visitatorem daret *P*
⟨'sedis apostolicae' Petrum Altinatem.   ∥ rex sedi apostolicae. Tunc rex dedit
                                                ∥ Petrum, Altinae civitatis episcopum, quod
                                                ∥ canones prohibebant.

⟨Eodem tempore beatus Symmachus congregavit episcopos CXV et facto synodo pur- 4
⟨gatur a crimine falso et damnatur Petrus Altinas 'invasor sedis apostolicae' et Lau-
⟨rentius Nucerinus,⟩ quare vivo episcopo Symmacho pervaserunt sedem eius. ⟨'Tunc
⟨'ab omnibus episcopis et presbiteris et diaconibus et'⟩ omni ⟨'clero'⟩ vel plebe ⟨'rein-
⟨'tegratur sedi apostolicae beatus Symmachus cum gloria aput beatum Petrum sedere
⟨'praesul'.⟩

FK habent quae ( ) *comprehenduntur, F solus signata praeterea* ' ', *K solus signata praeterea* ⟨ ⟩; *P habet (praeter nominatim excepta) omnia:* I ($A^{1.2}$). II ($C^3 B^{2.3.4}$). III ($GE^{1.6}$).

1 sederit F, sedere K^2 sede apostolica FKB^2 quod] quo K symmacho $GE^{1.6}$, simago K^1, sumchum C^3.   2 et cognitio] F, cognitio *reliqui*, cognitionem $E^{1.6}$, cognotio B^3 factus est] fuit F symmachus] summachus C^3, beatus symmachus (om. F^2) F eodem tempore] tunc K papa s.] beatus s. papa K 3 congregauit synodum] fecit synodo F in nucerinam (-riam $GE^{1.6}$) ciuitatem] in noceria (nucheria K) ciuitate FK 3/4 episcopum (-pus E^1) *ante* in n. c. K 4 intuitus A^1, in intuitu F^1 5 uero om. K^2 7 et aliqui] FK, et alii *reliqui*, aliique A^2 ex senatu] exenatu F, ex senatum A^2, exnatum A^1 maximi $B^{2.3}$ prouinus E^1 7/8 incriminant FK 8 suburnant F falsos testes B^3 rauenna G ad regem om. B^2p 9 theodericum $F^2 A^2 B^{2.3} E^{1.6}$, theoderico K 11 beatum symmachum] beato symmacho G, om. K^1 reuocant FK 13 liuellum A^1 fecere A^2 scismam K *FK* 15 commonionem K^2 ∥ *P* 14 diuisi sunt A^2 14/15 commonicabunt C^3 15 symmachum $A^{1.2}$

16 festus] factus C^3 miserunt] mittentes F regi] rei F^1
FK 17 et petunt] petentes K a rege] e rege K^2, ∥ *P* 17 agere] a rege $E^1 p$ (*non* E^6)   uisitatorem] uel agere F^1 theoderico] F, heretico K 18 altinatim   uisitatorem $A^{1.2}$ 18 rex] rerum E^6 sedis K, altinantem F $A^1 E^1$ dedit rex A^2 19 alticinae $E^{1c.6}$ episcopus E^1 20 proibant A^2
21 eodem tempore] tunc K beatus om. $B^4 E^6$ facta G 22 damnatus (om. petrus) A^2 altinas] K $B^{2.3.4}$, altinans $FA^{1.2} G$, altinus $C^3 E^1$, alcuinus E^6 23 nocerinus F, nucherinus K^2, nucerius A^2 24 et presbiteris] presb. $A^{1.2}$ diaconis F plebe] percebe C^3 24/25. reintegraretur $A^2 B^3$, reddentegratus F^1 25 sedi] $B^4 E^{1.6}$, sede F, sedis $A^{1.2} B^2 G$, sedes B^3 symmachus (ut *ins*. E^1) cum gloria (-riam F) a. b. p. sedere (-ret E^1) praesul] symmachus uero (om. K^1) cum magno honore sedit in sede sua K

LIII. SYMMACHVS.

K ⟨"Tunc Festus patricius cepit intra urbe ⟨"cedes facere in clero, qui communicabant ⟨"beato Symmacho et deponens mulieres ⟨"sanctimoniales de habitaculis suis, denu- ⟨"dans sexum femineum, cedens fustibus ⟨"ibique multos sacerdotes occidit"⟩

Eodem tempore Festus caput senati ex- *P* cons. et Probinus excons. coeperunt intra urbem Romam pugnare cum aliis senatoribus et maxime cum Fausto exconsule et caedes et homicidia in clero ex invidia, qui vero communicabant beato Symmacho iuste, publice qui inventi fuissent intra urbem gladio occidebantur, etiam et sanctimoniales mulieres et virgines deponentes de monasteria vel de abitaculis suis, denudantes sexum faemineum, caedibus plagas adflictas vulnerabantur; et omni die pugnam contra ecclesiam in media civitate gerebant. Etiam et multos sacerdotes occidit,

inter quos et Dignissimum et Gordianum, presbiteros a vincula sancti Petri apostuli et a sanctos Iohannem et Paulum, quos fustibus et gladio interfecerunt; nam multos Christianos, ut nulli esset securitas die vel nocte de clero in civitate ambulare. Solus autem Faustus exconsul pro ecclesia pugnabat.

Post haec omnia beatus Symmachus invenit Manicheos in urbe Roma, quorum omnia simulacra vel codices ante fores basilicae Constantinianae incendio concremavit et eos ipsos exilio religavit.

⟨"Fuit autem a consulatu Paulini [a. 498] usque ad consulatum Senatoris [a. 514].

⟨"Hic fecit basilicam sancti Andreae apostuli aput beatum Petrum,"⟩ ubi fecit:

tiburium ex argento
I purissimo
et confessionem, pens. lib. CXX;

K habet quae ⟨" "⟩ *comprehenduntur, pergens post v.* 24 *Petrum sic:* et ornauit tam eam (eas *K²*) quam alias quam (*om. K¹*) plures ex auro argentoque plurimo (-mum *K¹*). hic fuit constructor ecclesiarum, ampliauit clero et donum (domum *K¹*) presbiterii triplicauit et pauperibus vestes et alimoniam (-nia *K²*) triplicauit et multa alia bona quae enarrare longum est; *P habet (praeter nominatim excepta) omnia: I (A¹·²). II (C³B²·³·⁴). III (GE¹·⁶).*

K 3 deponens] ponens *K²* 5 sexu *K²*

P 1 festus] ****us *E¹*ᵖ senatus *B²* 1/2 exconsulti *A²*, et consul *E⁶* 2 prouinus *E¹* excons.] consul *E⁶* 3 urbe roma *C³B²·³·⁴G* alii *A²* 4 fausto] festo *G* ex consensu *B⁴* 5 et caedes] et (*om. B²·³*) caedis *C³B²·³·⁴* homicida *B⁴*ᵖ, homicidi *B²*ᵖ inuidia] i. operauant *G*, i. operatae sunt *E⁶* 6 communicabunt *C³* 7 iustae publicae *A¹*, iuste et publice *E⁸* 8 urbe *C³B²·³·⁴GE¹·⁶* et *C³GE¹·⁶* 8/9 sanctae moniales *C³B²·³*ᵖ*E⁶* 9/10 depotentes *G* 10 monasterii *A²*, monasteriis *B²E¹·⁶* de *om. E⁶* hauitaculi *A²* suis] ss̄ (= supra scriptis) *A²E¹* 12 plagas] *A¹·²*, plagarum *reliqui* afflictas *E¹* uulnerabant *GE⁶* 13 pugnas *C³B²·³·⁴E¹·⁶* ecclesia *C³B⁴G*ᵖ, ecclesias *E⁶* medio *E¹* 14 etiam et] etiam *GE¹·⁶* 16 et dignissimum] et dissimum *A²*ᵖ, dignissimum *C³B²·³·⁴E¹·⁶*, dignisum *G* gurdianum *A¹* presbiteteros *C³* 17 a sanctos] sanctos *A¹E⁶*, sancto *A²* iohannes *G*, iohanne *A²* paulo *A²* quos *om. E⁶* interfecerunt *A¹B⁴* nam (et *ins. A²*) m. chr.] et m. alios chr. ita (*om. E⁶*) *E¹*ᶜ·⁰ 18 ut] et *A¹·²* essit *A¹* cloro *C³* ciuitatem *C³B²·³E¹* solus . . . 19 pugnabat *om. A²* 19 faustus] fastus *E⁶*, factus *C³* 20 urbem romam *A¹* 21 simulagra *A¹* basilica *G* congremauit *A¹*, concrematum *G* 21/22 et e. ipsos (suo *A¹*) exilio religauit (relegauit *G*) *om. A²* 23 autem] a. beatus symmachus *K* paulinusquae *B⁴*, pauli usque *G* ad] a *A²B³* consulatu *A¹·²C³B³·⁴E¹*, consulato *K²* senatores *C³*ᵖ *post* senatoris *ins.* a x k. dec. usque xiii k. aug. (*ex p.* 120, 6) *K* 24 basilica *A¹* apostuli *om. GE⁶* aput beatum] ap. sanctum *E⁶*, ad sanctum *K* petrum] p. apostolum *C³E¹* ubi fecit . . . *p.* 123, 11 lib. xx *breviavit sic:* et don cont et oratorium sancti thomas apostoli et confessionem sancti cassiani et s. pr. et iac. et oratorium sancti sossii *A²* 25 tigurium *E¹·⁶*, tigurium *C³*, ciuorium *B⁴* 26 pussimo (*sic*) *A¹ solus*

LIII. SYMMACHVS.

arcos argenteos III, pens. lib. LX;
oraturium sancti Thomae apostuli ex argento, pens.
lib. CCC ‖
et in confessionem lib. XX;
arcum argenteum, qui pens. lib. XVI;
confessionem sancti Cassiani et sanctorum Proti et Yachinti ex argento, pens.
lib. XX;
arcum argenteum, pens. lib. XII;
oratorium sancti Apollinaris ex argento in confessionem cum arcum, pens. lib.
XXXI;
oraturium sancti Sossii ex argento confessionem, pens. lib. XX.
Item ad fontem in basilica sancti Petri apostuli:
oraturium sanctae crucis ex argento confessionem et crucem ex auro cum gemmis,
ubi inclaudit lignum dominicum; ipsa crux aurea pens. lib. X.
Fecit autem oraturia II sancti Iohannis euangelistae et sancti Iohannis baptistae, in
quorum confessiones cum arcos argenteos, pens. lib. XXX; quas cubicula omnes a fundamento perfecta construxit.
Basilicam vero beati Petri marmoribus ornavit.
Ad cantarum beati Petri cum quadriporticum ex opere marmoribus ornavit et ex musivo agnos et cruces et palmas ornavit. Ipsum vero atrium omnem conpaginavit;
grados vero ante fores basilicae sancti Petri apostuli ampliavit et alios grados sub tigno
dextra levaque construxit. Item episcopia in eodem loco dextra levaque fecit. Item
sub grados in atrio alium cantharum foris in campo posuit et usum necessitatis humanae fecit.
Et alios grados ascendentibus ad beatum Andream fecit et cantharum posuit.
Hic fecit basilicam sanctae martyris Agathe via Aurelia in fundum Lardarium: a fundamento cum fontem extruxit, ubi posuit arcos argenteos II.

124   LIII. SYMMACHVS.

Eodem tempore fecit basilicam sancti Pancratii, ubi et fecit arcum argenteum, pens. lib. XV; fecit autem in eodem loco balneum.

Item aput beatum Paulum apostulum: in basilicam renovavit absidam, quae in ruina inminebat, et post confessionem picturam ornavit et cameram fecit et matroneum; et super confessionem imaginem argenteam cum salvatorem et XII apostulos posuit, qui pens. lib. CXX; et ante fores basilicae grados fecit in atrium et cantarum; et post absidam aquam introduxit, ubi et balneum a fundamento fecit.

Intra civitatem Romanam basilicam sanctorum Silvestri et Martini a fundamento construxit iuxta   9

III 10 thermas   ‖

Traianas, ubi et super altare tyburium argenteum fecit, qui pens. lib. CXX; arcos argenteos XII, qui pens. sing. lib. X; confessionem argenteam, qui pens. lib. XV.

Ad beatum Iohannem et Paulum fecit grados post absidam.

Item ad archangelum Michahel basilicam ampliavit et grados fecit et introduxit aquam.

Item ad sancta Maria oraturium sanctorum Cosmae et Damiani a fundamento construxit.

Item via Trivana, miliario XXVII ab urbe Roma, rogatus ab Albino et Glaphyra p̄p̄ inlustris de proprio facientes a fundamento, basilicam beato Petro in fundum Pacinianum dedicavit.   10

Item ad beatum Petrum et ad beatum Paulum

II.III 20 apostolos   ‖

et ad sanctum Laurentium

III martyrem   ‖

pauperibus habitacula construxit.

Item ad beatum Petrum XX cantara argentea fecit, pens. sing. lib. XV; arcos argenteos 25 XXII, pens. sing. lib. XX.

Hic reparavit basilicam sanctae Felicitatis, qui in ruinam inminebat.

P habet (praeter nominatim excepta) omnia: $I(A^{1.2})$. $II(C^3B^{2.3.4})$. $III(GE^{1.6})$. — ad 17—21 *Beda chr. c. 507.*

1 fecit] f. et A^2 basilica $A^{1.2}$ 1/2 ubi et f. a. a. p. l. xu f. autem *om.* A^2 pens.] qui pens. $C^3B^{2.3.4}$ $GE^{1.6}$ 2 baln. in eod. loco B^3, et in eo loco A^2 3 item aput beat. paul. ap. (ap. paul. E^1) in basilicam (-ca $B^{2.3}GE^{1.6}$)] in basilica apud sanctum paulum A^2 renouauit *post* 4 inm. A^2 in *om.* A^2 ruinam $C^3B^{2.3.4}E^6$ 4 imminebant GE^{1p}, eminebat B^3 pictura A^2E^6 et matr. fec. A^2 5 saluatore $A^2B^{2.3}GE^{1.6}$ apostolos A^2 5/6 qui p. l. cxx *om.* A^2 6 foris C^3 gradus A^1B^2 in atrium et cantarum *om.* A^2 7 ubi *om.* A^2 fundafento A^1 8 intra (intro A^1) ciu. rom. (ciuitate romana G) bas. . . . martini] et bas. . . . martini intro ciuitatem A^2 sanctorum] sancti A^1, *om.* E^6 martinum C^{3p} a *om.* C^3 9 iuta B^3 11 traianas] *reliqui, in his* GE^6, trianas B^4, formas traianas A^{1c}, thermas traianas (tramianas C^3) C^3E^1 ubi et (*om.* C^3) . . . 12 lib. xu *om.* A^2 altarem $C^3B^{3.4}$ tigurium $C^3B^{2.3.4}GE^1$, cucurium E^6 argentea A^1 qui] quae E^6 12 x] denas x C^3 13 beatos GE^6, sanctos A^2 fecit *post* absidam A^2 gradus $A^{1.2}B^2E^{1.6}$ 14 archangelum] sanctum A^2 mihahel G, micha(h)elem $B^{2.3}E^6$ basilicam] ecclesiam A^2 gradus $A^2B^{2.3}E^{1.6}$ 15 item *om.* A^2 sancta maria] $A^{1.2}C^3B^4$, sanctam mariam *reliqui*, sanctam dei (domini E^6) genitricem mariam GE^6 et (*om.* A^1) dam.] et daminini A^2 16 uia] in uia E^1 triuana] $B^{2.3.4}G$, triua A^2, tribuna A^1; tiburtina $C^3E^{1.6}$: Tiberina *coniecit Duchesnius*   xxuii] xxiiii C^3, xxui A^2 aluino $E^{1.6}$ p̄p̄] $A^{1.2}$ $B^{2.4}G$, propter B^3, piissimis C^3, populorum $E^{1.6}$, praefectus praetorio, *quod proposuit Duchesnius, proprie notatur* p̄p̄o: *fortasse est* praepositus   17 illustres E^1, illustribus E^6 basilicam *om.* E^6 beato] sancto A^2 17/18 f. bacinianum B^3, fundi pacinianum A^2, fundo paciniano GE^6 19 item . . . 23 construxit] construxit et habitacula pauperibus ad sanctum paulum et ad sanctum laurentium A^2 et ad beatum] et beatum C^3 $B^{2.3.4}GE^{1.6}$ paulum] A^1, p. apostolos $C^3B^{2.3.4}GeE^{1.6}$, p. apostolum G^p 21 beatum E^6 laurentium] l. martyrem C^3E^1 (*non* E^6)   23 habitaculum G, hubiticcula C^3 24 item . . . 25 lib. xx *om.* A^2 xu] xxi B^{3p} arcos] et arc(h)os $C^3B^{2.3.4}GE^{1.6}$ argenteos] a. fecit B^3 25 sing. *om.* E^6 xx] xx uicenas C^3, xu B^{3c} 26 praeparauit A^1 basilica A^1, et basilicam A^2 qui] quae A^2GE^6, qui iam E^1 ruina C^3GE^1

LIII. SYMMACHVS.

II. III Hic absidam beatae Agnae, quae in ruinam imminebat,

et omnem basilicam renovavit.

Hic constituit, ut omne die dominicum vel natalicia martyrum gloria in excelsis 11 hymnus diceretur.

Hic fecit cymiterium Iordanorum in melius propter corpus sancti Alexandri.

Hic omni anno per Africam vel Sardiniam ad episcopos, qui exilio erant retrusi, paecunias et vestes ministrabat.

Hic captivos et per Ligurias et per Mediolano et per diversas provincias paecuniis redemit et dona multiplicavit et dimisit.

Hic (fecit ordinationes IIII 'in urbe Roma per mens. Decemb.') et Febr., (presbiteros (XCII, diacones XVI; episcopos 'per') diversa ('loca' CXVII.

('Qui etiam' sepultus est

FK (apud beatum Petrum,   in basilica beati Petri apostuli,   *P*

FK I (XIIII kal. Aug.)

F ('in pace'.)

Et (cessavit episcopatum dies VII). Qui etiam in pace confessor quievit.

                                           Dep. sub die XVIIII mens. Iulio.   *II*

FK habent quae ( ) comprehenduntur, F solus signata praeterea ' ', *K solus signata praeterea* ' '; *P habet (praeter nominatim excepta) omnia*: $I(A^{1.2})$. $II(C^3B^{2.3.4})$. $III(GE^{1.6})$. — *ad 7/8 Beda chr. c.* 507: omni ... ministrabat.

---

1 hic (hi C^3) a. b. agnae (agnetis E^6) quae (qui B^4) in ruinam (-na $B^{2.3.4}GE^{1.6}$) imminebat *om.* A^1 E^6p   4 ut *om.* E^1p   omni $C^3B^2E^1$ die *om.* A^2 dominico $B^{2.3.4}GE^6$ gloria B^4 gl. in exc. deo hymnus (ymnis A^1) dic.] gl. in exc. hymnus angelicus dic. E^6, ymn. dic. angelicus dic. est gloria in excelsis deo E^1: gloria in excelsis diceretur angelicum hymnum *gesta ep. Neap. c. 10*   6 sancti] beati E^6 7 africum $B^{2.4}$, africa A^2 uel) et B^3 sardinia A^2 exilio] in exilio $A^2C^3B^{3.4}GE^{1.6}$ 7/8 pecunia $E^{1.6}$ 8 uestibus E^6 ministrabant E^1p   9 captiuus C^3 et per] per E^6 ligorias $B^{2.3.4}$, licorias C^3, liguriam $E^{1.6}$ et per] et A^2E^6 mediolanum $A^1GE^{1.6}$ diuersa A^1 pecunias GE^1, pecunia E^6 11 iiii] (iii C^3) in u. r.] in urbe r. iiii F 12 xcii] xcuiii K, xluii F, xxii A^2 xui] xu F^2, u F^1 ep.] et ep. C^3B^4 cxuii] num. cxuii $B^{2.3}$, cuii E^1, cxuiiii K, cxui E^6 13 qui etiam] et A^2 14 beato petro F^2 basilicam G 15 xiiii (sub die xiiii F, iiii K) kal. aug. (in pace *add.* F) *om.* $C^3B^{2.3.4}E^{1.6}$ 17 episcopatum] $C^3B^{2.3.4}E^1$, episcopatus *(vel comp.) reliqui*   uii] xuii B^4, ui K, iii F qui etiam (q. e. *om.* K^1) in pace (-cem A^1) c. q. *ante* 13 et sepultus est A^2 18 xuiiii dep. sub die xuiiii (uiiii B^4) m. iul. $B^{2.3.4}$

LIIII. HORMISDAS.

⟨Hormisda. natione Campanus, ex patre Iusto, de civitate Frisinone, sedit ann. VIIII ⟨d. XVII.⟩ Fuit autem temporibus regis Theoderici et Anastasii Aug., a consulatu Senatoris *[a. 514]* usque ad consulatum Symmachi et Boethi *[a. 522]*. Hic conposuit clerum et psalmis erudivit. Hic fecit basilicam in territurio Albanense in possessionem Mefontis.

F ⟨Huius episcopatum auctoritate ex consti-⟨tuto synodo misit in Grecia secundum hu-⟨manitatem sedis apostolicae

F ⟨et reconciliavit Grecos,
F ⟨qui obligati erant sub anathemate propter ⟨Petro Alexandrino et Acacio Constantino-⟨politano.

F ⟨Hic papa perrexit ad regem Theodericum ⟨Ravennam

F ⟨et ex consilio regis direxit Ennodio epi-⟨scopo Ticinense et Fortunato episcopo ⟨Cathenense et Euantium presbiterum urbis ⟨et Vitalem diaconum urbis.

F ⟨Euntes ad Anastasio Aug.,
F ⟨ut sub libelli satisfactione revocarentur,
F ⟨nihil egerunt.

Eodem tempore
ex constitutum synodi misit in Grecias *P* humanitatem ostendens sedis apostolicae,

quia Greci obligati erant sub vinculo 'ana- *P* thematis propter Petrum Alexandrinum et Acacium Constantinopolitanum episcopum sub Iohanne episcopo Constantinopolitano.

(cf. infra p. 130, 6 seq.) *P*

Cum consilio regis Theoderici direxit En- *P* nodium episcopum Ticinensem et Fortunatum episcopum Catinensem et Venantium presbiterum urbis Romae et Vitalem diaconum sedis apostolicae et Hilarum notarium supra scripti.

Euntes ad Anastasium Augustum *P*

nihil egerunt. *P*

F habet quae (⟨ ⟩) comprehenduntur; K post v. 2 d. XVII pergens sic: hic habuit certamina per epistolis suis contra Anastasium imperatorem (-re *K*³) hereticum (-ticho *K*⁸); *sequuntur adlata ad p.* 128, 6; *P habet (praeter nominatim excepta) omnia:* I (*A*¹·²). II (*C*³*B*²·³·⁴). III (*GE*¹·⁶). — AVCTORES: *Ind.:* u. VIIII (uiii 4. 8) d. XVII (*sic* 2. 8, xiii 6, xui 9, xuiii 8. 7, om. 4).

1 hormisdam *A*¹*E*¹, hormida *K*²p   iusto] tusco *E*¹ *solus*   frisinone] frisinnone *N*, frisione *F*, frisilune *C*³*E*⁶, frisilone *E*¹   uiiii] *F*¹*KA*¹*(sic)*²*C*³*B*⁴*E*¹, uiii *F*²*B*²·³   2 xuii] xui *F*   regis theodorici (-derici *GE*¹·⁶)] theodorici (-derici *A*²*B*²) r. *A*²*B*²·³   3 consulatum] consulatu *C*³*B*⁴*GE*¹·⁶   4 psalmos *E*¹   basilaca *A*¹, balicam *A*²   abbanense *C*³, aluanense *G*   possessione *A*²*E*¹

FK 7 huius episcopatum (-tus *F*¹) *seq.*] | hic habuit certamina per epistolis suis contra anastasium hereticum *K* | 12 acat- *fere F* | 16 rauenna *F*² | 17 concilio *F*¹

P 7 constituto *A*²*B*²*GE*¹·⁶   in] ad *A*¹·²   greciam *B*²·³*E*¹   8 sedi *E*⁶   11 greci] grecae *C*³, grecis *E*⁶   13 constantinopolitano *B*⁴, constantinopolitanum *B*³*E*⁶   episcopos *B*⁴*GE*⁶ *cum gestis ep. Neap. c.* 15, episcopis *C*³*E*¹   14 iohannem *C*¹   episcopo constantinopolim *A*², episcopum (-po *G*) constantinopolitanum *C*³*B*⁴*E*¹*G*   17 regis theodorici (-derici *C*³*E*⁶)] theodorici (-drici *B*³) regis *B*²·³   18 ticinensem] *A*¹·²*E*¹·⁶, ticenensem *C*³*B*²·³·⁴   18/19 et f. ep. cat. *post* 19/20 et u. pr. u. rome *E*⁶   19 catiuensem] *A*¹, cat(h)enensem *A*²*C*³*B*²·³·⁴*GE*¹·⁶   19/20 uenantium presbiterum] *C*³*B*²·³*GE*¹·⁶, uenantium episcopum *A*¹·² *et in litura B*⁴: extat indiculus qui datus est *(ab Hormisda a. 515 Aug. 11)* Ennodio et Fortunato episcopis, Venantio presbytero, Vitali diacono et Hilaro notario *(Thiele I, 748)*   20/21 diaconem *C*³, diāc̄ *A*¹·²   21 (h)ilarium *B*²·³*E*⁶   22 s̄s̄ti] *A*¹, sst *A*², sup̄ scrip̄ *B*⁴, super scriptum *B*²·³, sedis s̄s̄ *C*³*GE*¹·⁶

LIIII. HORMISDAS.

F ('Item secundo misit Hormisda Ennodium ('et Peregrinum episcopos F ('et Pollione subdiacono urbis F ('et portaverunt epistolas fidei et contesta- 5 ('tiones secretas numero XVIIII et libellum, F ('per quem redirent; quod si noluissent epi- ('stulae suscipere contestationes, per civi- ('tates spargerent. F 10 ('In quo noluit consentire Anastasius Au- ('gustus, eo quod erat in herese Euthici ('consentiens. F ('Volens itaque eos per remunerationem ('corrumpere. illi autem contempto principe 15 ('nullatenus consenserunt accipere pecunias. F ('Furore accensus imperator eiecit eos per 20 ('locum periculosum F ('et inposuit eos in nave sub periculo mortis ('cum magistrianum et praefectianum Helio- ('dorum et Demetrium F ('et hoc dedit in mandatis imperator, ut 25 ('nullam civitatem ingrederentur. F ('Illi vero secretius supra scriptas epistolas ('fidei XVIIII per manus monachorum catho- ('licorum posuerunt epistolas per omnes civi- 30 ('tates.	Idem secundo misit Ennodium ipsum et 3 *P* Peregrinum episcopum Mesenense portantes epistulas confortatorias fidei et *P* contestationes secretas numero XVIIII et textum libelli. In quo libello noluit sentire Anastasius *P* Augustus, quia et ipse in herese Euthychi- ana communis erat. Volens itaque eos legatos per remunera- *P* tionem corrumpere. legati vero sedis apo- stolicae contempto Anastasio Augusto nul- latenus consenserunt accipere paecunias, nisi satisfactionem sedis apostolicae ope- *P* raretur. Tunc imperator repletus furia eiecit eos *P* per posterulam et inposuit eos in navem periculosam cum *P* milites et magistrianos et praefectianos nomine Eliodorum et Demetrium qui hoc dedit eis in mandatis imperator *P* Anastasius, ut nullam civitatem ingrederen- tur. Legati vero sedis apostolicae secretius supra 4 *P* scriptas epistolas fidei XVIIII per manus monachorum orthodoxorum et posuerunt per omnes civitates.

F habet quae (' ') comprehenduntur; P habet (praeter nominatim excepta) omnia: I ($A^{1.2}$). II (C^3 $B^{2.3.4}$). III ($GE^{1.6}$).

F 3 subdiacono] diacono F^1p
22/23 heliodoro F^1p
23 dimitrium F^2
28 manachorum F^1

P 1 idem] item GE^6 2 mesenensem $A^{1.2}$(sic)GE^1 merenensem E^6 4 portantes] portantantes B^4 confortatoria A^3 5 contextationes C^3 10 sentire] $AC^3B^4E^1$p, consentire $E^{1c.6}$, cons(s deleta)sentire A^2 (ut vid.), adsentire $B^{2.3}$ 10/11 aug. anast. GE^1 11 quia] qui AB^4 heresem $B^{2.3}$, heresim $C^3B^4GE^1$, heresi E^6 11/12 euthychiana] A^1, euticiana B^4, eucianam $B^{2.3}$, eutychianam E^1 13 itemque C^3p   eos] eosdem $GE^{1.6}$ ligatos C^3 14 corrumpere (-ret E^1p) c. sed non potuit A^{1c} ligati C^3 15/16 nullatinus A 16 pecunia G, pecuniam E^6 17 satisfactionem] $A^{1.2}$, satisfactione $C^3B^{2.3.4}E^{1.6}$ 17/18 operarentur A^2 19 furia] $A^{1.2}C^3GE^{1.6}$ et sic gesta ep. Neap. c. 15 quae praeterea sequuntur cl. II, furore $B^{2.3.4}$ 20 posterulam] $A^{1.2}E^6$, posterula B^4G, pusterulam E^1, pusterula C^3, posterola $B^{2.3}$ 21 nauim E^1, naue $A^2C^3B^{2.3.4}G$, naui E^6 periculosa $A^2C^3B^{2.4}G$ E^6, periculosac B^3 22 militibus $A^2B^4E^{1.6}$ magistrianis $A^2B^{2c}E^{1.6}$, magistratos B^4 praefectianos] G cum gestis ep. Neap. c. 15, proefectianos A^1, perfectianos $C^3B^{2p.3}$, praefectos B^4, praefectianis $A^2E^{1.6}$, perfectianis B^{2c} 23 heliodoro GE^6 dimetrium A^1, dimitrium A^3, demetrio GE^1 24 eis om. A^2 25 ciuitatis B^4 27/28 supra (super $B^{2.3}G$) scriptas] sanctas $A^{1.2}$ 29 et (om. $E^{1.6}$) posuerunt] exposuerunt deteriores quidam et gesta ep. Neap. ante corr.: fuisse in archetypo epistolas fidei XVIIII p. m. m. [sparserunt] et posuerunt epistolas p. o. c. coniecit Traube   30 per] super E^6

LIIII. HORMISDAS.

F ('Quae tamen epistolae susceptae ab epi-
('scopis civitatum consentientes Anastasio
('Augusto heretico timore omnes eas Constan-
('tinopolim direxerunt in manus Anastasii.'

Quae tamen epistulae ab episcopis civi- P
tatum, qui erant complices Anastasii Augusti,
timori omnes eas epistulas fidei pro crimine Constantinopolim direxerunt.

FK 5 (Furia ductus Anastasius papae Hormisdae
(inter alia sacra haec scripsit dicens: nos
(iubere volumus, non nobis iuberi.

Furore repletus Anastasius contra papa P
Ormisda inter alia sacra sua hoc scripsit
dicens: nos iubere volumus, non nobis
iuberi.

FK (Percussus divino ictu 'fulmine' 'Anastasius'
10 (interiit.

Eodem tempore nutu divinitatis percussus 5 P
est fulmine divino Anastasius imperator et
obiit.

FK (Sumpsit itaque imperio Iustinus orthodoxus
(et mittens ad sedem apostolicam 'ad papa
('Hormisda Gratum et inlustrem nomine et
15 ('hoc speravit, ut legati dirigerentur ad
('sedem apostolicam.

Sumpsit itaque imperium Iustinus ortho- P
doxus et direxit auctoritatem suam ad papam Hormisdam sedis apostolicae Gratum
et inlustrem nomine sperans ad sedem apostolicam, ut reintegraretur pax ecclesiarum.

F ('Tamen cum consilio regis Theodorici et
('direxit Germanum episcopum Capuano et
('Iohanne episcopo et Blando presbitero et
20 ('Felicem diaconum sedis apostolicae et
('Dioscorum diaconum sedis suscepit.

Tunc Hormisda episcopus cum consilio P
regis Theodorici direxit a sede apostolica
Germanum Capuanum episcopum et Iohannem et Blandum presbiterum et Felicem
et Dioscorum diaconos sedis apostolicae et
Petrum notarium.

F ('Quos munitus ex omni parte fidei una cum
('libello, quomodo redirent Greci ad commu-
25 ('nione sedis apostolice.

Quos monitos ex omni parte fidei et textum P
libelli paenitentiae.

F ('Qui venientes iuxta Constantinopole

Qui venientes iuxta Constantinopolim P
tanta gratia fidei refulsit, P

*FK habent quae ⟨ ⟩ comprehenduntur, F solus signata praeterea ' ', K solus signata praeterea ' ';
P habet (praeter nominatim excepta) omnia: I (A$^{1.2}$ [A^2 deficit v. 15/16 in verbis sperans ad sedem apostoli-
cam]). II (C^{3}B$^{2.3.4}$). III (GE$^{1.6}$). — ad 5 extat epistula haec Anastasii ad Hormisdam data a. 517 Iul. 11
(Thiele I, 813 ex corpore Avellano) finiens ita: iniuriari et annullari sustinere possumus, iuberi non possumus. — ad 9/10 Beda chr. 508: percussus f. d. Anastasius. — ad 12 extant epistulae imperatoris Iustini
data a. 518 Sept. 7 et Iustiniani consulis et Iohannis episcopi Constantinoplitani missae ad Hormisdam per
'Gratum virum clarissimum sacri consistorii comitem et magistrum scrinii memoriae' (Thiele I, 831 seq.;
ex corpore Avellano).*

FK 3/4 constantino-
polem F^2 6 inter
alia sacra] inter alia
multa quae ana-
stasius ei direxit
(dixerit K^2) K
7 nobis] nos K
9 fulmini K
12 imperium K
ortodoxos K^2
13 mittens] misit K
15 ligati F
17 theoderici F^2
21 suscepit] immo
supra scriptae

P 1 seq. quae (quas E^1) t. epistolam ab episcopis ciuitatum (-tem C^{3}p) q. e. c. an.
aug. timori (-re E^1) omnes eas (om. A^2) ep. fidei pro crimine (crimini C^3, cari-
tate gesta ep. Neap. c. 15) constantinopolim direxerunt (dixerunt C^{3}B$^{2.3.4}$, perduxerunt gesta ep. Neap.)] reliqui, quas t. omnes (om. G) epistolas fidei episcopi c. q. e. c. augusti anastasii (augusto anastasio E^6) pro timore uel (pro
ins. E^6) crimine constantinopolim (-li G) direxerunt GE^6 5 furore] et
furore GE$^{1.6}$ anastasius] a. augustus E^1 5/6 papam hormisdam A^{2}E^1
6 sacrae suae GE^6 haec E^6 7 nobis] nos GE^6 9 notu C^{3}B^4
perculsus E^6 10 diuino om. E^6 13 auctoritatem suam] B$^{2.3.4}$GE$^{1.6}$
et gesta ep. Neap. c. 15, auctoritate sua A^2, auctoritate A^1 14 gratum]
per gratum GE$^{1.6}$ 15/16 ad sedem apostolicam] A^{1}B^4, a sede apostolica
(-cam C^3) C^{3}B$^{2.3}$GE$^{1.6}$ 16 redintegraretur B^{2}E^1, reintegrarentur A^{1}C^{3}B^4
17 hormisdam A^{1}G   cum om. E^6 18 t(h)eoderici B^{2}E$^{1.6}$, theoderichi G
a] ad B$^{3.4}$E^6 sedem A^{1}C^{3}B$^{3.4}$E^6 apostolicam A^{1c}B^{3}E^6 20 bladum E^6
presbiterum] presbiteris A^1, presbiteros GE$^{1.6}$ 21 diacones C^{3}E^{1c} et
gesta ep. Neap. c. 15, diaconem E^{1}p, diac̄ A^{1}B^4 23 munitos B^4, nominatos G, animatos E^6 testum E^1 26 constantinopoli C^{3}G

LIIII. HORMISDAS.

F ('occurrit illis multitudo monachorum et in-
('lustrium virorum multitudo, in quibus Ius-
('tinus imperator et Vitalianus magister mi-
('litum, simul a Castello Rotundo quod dici-
5 ('tur usque in civitate Constantinopolim.

F ('Cum gloria et laudes ingressi sunt una
('cum Grato inlustri.

F ('Ingressi itaque in civitate suscepti sunt a
10 ('Iustino Augusto orthodoxo cum gloria.

F' ('Omnis itaque clerus Constantinopolitanus
('una cum Iohanne episcopo

F' ('sentientes eo quod gratae suscepti sint

15
F ('incluserunt se intra ecclesiam maiore, quae
('vocatur sancta Sofia, et consilio facto man-
('daverunt imperatori dicentes: nisi nobis
('reddita fuerit ratio, quare damnatus est
20 ('episcopus civitatis nostrae Acacius, nulla-
('tenus sentimus sedi apostolicae.

F' ('Et facto consilio simul cum Iustino Au-
('gusto in conspectu omnium inlustrium tunc
('legati sedis apostolicae elegerunt ex suis
25 ('Dioscorum diaconum ad reddendam ratio-
('nem, qui ita exposuit eis culpas Acaci, ut
('etiam omnes simul cum Iustino Augusto
('adclamarent dicentes: et hic et in aeter-
('num damnetur Acacius. Eodem tempore
30 ('iussit Iustinus Augustus accepta veritate,
('ut sine aliqua dilatione facerent libello
('omnes episcopi, qui in regno Iustini erant,
('et redeant ad communionem sedis apo-
('stolicae. Quod etiam factum est et con-
35 ('cordaverunt ab Oriente usque ad Occi-

ut multitudo monachorum orthodoxorum et P
inlustrium virorum maxima multitudo, in
quibus Iustinus imperator et Vitalianus consul, simul occurrerunt a Castello Rotundo
quod dicitur usque in civitatem Constantinopolim.

Cum gloria et laude ingressi una cum Grato P
inlustrem.

Qui suscepti sunt a Iustino orthodoxo Au- P
gusto cum gloria.

Omnis itaque clerus una cum Iohanne epi- 6 P
scopo Constantinopolitano

sentientes eo quod gratanter suscepti sunt P
sentientes qui erant conplices P
  I Anastasii || *II. III* Acaci

incluserunt se in ecclesia maiore, quae P
vocatur sancta Sufia, et consilio facto mandaverunt imperatori dicentes: nisi nobis
reddita fuerit ratio, quare damnatus est
episcopus noster Acacius, nullatenus sentimus sedi apostolicae.

7

F habet quae (' ') *comprehenduntur; P habet (praeter nominatim excepta) omnia: I* ($A^1[A^2$ *deficit*]).
II ($C^3B^{2.3.4}T$ *incipiens a v.* 12 *episcopo*). *III* ($GE^{1.6}$).

F 3 uitalius F^1	*P* 1 orthodorum E^6 2 multitudo] m. occurreret $GE^{1.6}$ 3 iustinus] et
7 laudis ingressunt	i. $GE^{1.6}$ 4 ad castellu rotundu A^1 5 quo $B^{2.3}$ dicitur] $B^4GE^{1.6}$,
F^1 17 uocatus	ducitur $A^1B^{2.3}$ ciuitate $GE^{1.6}$ 5/6 constantinopoli GE^6 7 gloria]
F^1 20 cauitatis	gratia E^6 7 laude] B^2GE^6, laudem $C^3B^{3.4}$, laudibus qui E^1, gaudio A^1
F^1p 21 sede F	ingressi] i. sunt GE^6 grato] $C^3GE^{1.6}$, ingrato $A^1B^{2.3.4}$ 8 inlustre
26 acatii F^1	GE^6 9 iustiniano E^1 9/10 aug. orthodoxo E^1 11 omnes A^1C^3
33/34 apostolica F^1	ioh. ep.] A^1, ep. iohanne (-nem E^1) $C^3B^{2.3.4}TGE^{1.6}$ 13 sentiens A^1GE^6
	gratenter C^3 14 sentientes qui] etiam sentientes et hi qui $GE^{1.6}$ con-
	plice A^1 16 ecclesiam maiorem $C^3B^{2.3}G$ 17 sofia $C^3B^{2.4}T$, sophia B^a
	18 imperatore E^1p 20 nullatinus A^1T 20/21 sentimus] consentimus T
	et gesta ep. Neap. c. 15 21 sedis A^1

130 LIIII. HORMISDAS.

F ('dente et cucurrit pax ecclesiae. Qui tex-
('tus libelli hodie arcivo ecclesiae reconditus
('tenetur.

Hic papa Hormisda perrexit ad regem 8 P
Theodoricum Ravenna et cum eius consilio misit auctoritatem ad Iustinum et cum
vinculo cyrografi et textum libelli reintegravit ad unitatem sedis apostolicae
damnantes Petrum et Acacium vel omnes
hereses.

('Hic invenit Manicheos, quos etiam discussis 9

F ('sub examina ‖ cum examinatione P

('plagarum') exilio deportavit; ('quorum codices ante fores basilicae Constantinianae ('incendio

F ('consumpsit. ‖ concremavit. P

('Huius temporibus episcopatus'

F ('Africae reordinatur post annos LXXIIII, ‖ in Africa post annos LXXIIII revocatum P
('quod ab hereticis fuerant exterminati a est, quod ab hereticis fuerat exterminatum.
('tempore persequutionis.'

(Eodem tempore venit 10

F ('corona aurea' ‖ regnus P

('cum gemmis praetiosis a rege Francorum') Cloduveum Christianum, ('donum') beato
Petro apostulo.

Sub huius episcopatum multa vasa aurea vel argentea venerunt de Grecias, et
euangelia cum tabulas aureas cum gemmis praetiosis, qui pens. lib. XV;
patenam auream cum yaquintis, qui pens. lib. XX;
patenas argenteas II, pens. sing. lib. XXV;
scyphum aureum cum gemmis, pens. lib. VIII;

F habet quae (' ') *comprehenduntur, K pro v. 24 seq. substituit:* fecit autem papa Ormisda (-dam K^2) in ecclesia Romana per multas basilicas diuersa ornamenta ex auro et argento (auro argentoque K^2); *P habet (praeter nominatim excepta) omnia:* I ($A^1[A^2$ *deficit*]). II ($C^3B^{2.3.4}T$). III ($GE^{1.6}$). — *ad v.* 25: Hormisdae papae misit Iustinianus tum comes: duo pallia holoserica ad ornamentum altaris sanctorum apostolorum (*Thiel p. 877*), Epiphanius episcopus Constantinopolitanus: ad ministrationem ... sanctae apostolicae ... ecclesiae calicem gemmis circumdatum, patenam auream et alium calicem argenteum, vela holoserica duo (*Thiel p. 950*).

4 hormisdam E^1 5 t(h)eodericum $C^3B^2E^{1.6}$ rauennam $C^3B^{2.3.4}E^1$ 6 iustinum] i. imperatorem $GE^{1.6}$ 6/7 cum uinculo] uinculo G, uinculum $E^{1.6}$ 7 testum E^1, textu G 8 sedi $C^3B^{3.4}$ 9 *et om.* $C^3B^{2.3.4}GE^{1.6}$, *inc.* T 11 quos] quibus T *etiam om.* A^1 discussis] $C^3B^{2.3.4}T$ (... sis), discussos $GE^{1.6}$, discussit A^1 13 foris FC^3 constantiniani F 14/15 inc. cons. *ante* 13 ante fores F cumcremauit A^1 16 episcopatum G, ep͞s F 17 reordinatus F^1 lxxiiii] $A^1C^3B^4GE^{1.6}$, lxiiii T, lxxxiiii $B^{2.3}$ *emendantes*   reuocatum] $A^1C^3B^{3.4}G$, reuocatus $B^2TE^{1.6}$ 18 quod] qui B^2E^5 exterminatus $B^2E^{1.6}$ 21 regnus] A^1, regnum *reliqui*, corona aurea F 22 preciosissimis F ad regem $E^{1.6}$ clodoueum B^3, chlodoueum B^4T, hlodoueo B^2, clodoũ C^3G, .cloduuetum A^1, clodum $E^{1.6}$ christiano B^2 donum *ante* a rege F beato] sancto T 24 episcopatus A^1, episcopatu $B^{2.3}TGE^{1.6}$ grecias A^1B^4, grecia $B^2TE^{1.6}$, gretia B^3 25 tabulis aureis $B^{2.3c}TE^{1.6}$ cum gemmis] g. E^6 qui] quae $B^{2.3}TE^6$ 26 patena aurea A^1B^2G iacynctis C^3B^2, yacintum T qui] quae B^2 26/27 lib. xx p. a. ii pens. sing. *om. hoc loco, inserit* pat. arg. ii p. lib. xxu *post pag.* 131 v. 2 lib. u E^1 27 sing. *om.* GE^6 28. *om.* E^6 cum *om.* A^1p

LIIII. HORMISDAS.

scyphum aureum circumdatum regnum, pens. lib. VIII;
scyphos argenteos deauratos III, pens. sing. lib. V;
gabatam helectrinam, pens. lib. II;
tecas cyrei aureas II, pens. lib. VI;
pallia olovera blattea cum tabulis auro textis de clamide vel de stolam imperialem;
subfiturium super confessionem beati Petri apostuli.

Haec omnia a Iustino Augusto orthodoxo votorum gratia optulta sunt.

Eodem tempore Theodoricus rex optulit beato Petro apostulo cereostata argentea II, pens.

I 10   sing. lib. XXX.   ‖   lib. LXX.   *II. III*

Eodem tempore fecit papa Hormisda apud beatum Petrum apostulum trabem ex 11
argento, quem cooperuit, qui pens. lib. IXL.

Hic fecit in basilica Constantiniana
arcum argenteum ante altare, qui pens. lib. XX;
canthara argentea XVI, pens. sing. lib. XII.

Item ad beatum Paulum fecit
arcos argenteos II, pens. sing. lib. XX;
cantara argentea XVI, pens.

III   sing.   ‖

20   lib. XV;
amas argenteas III, pens.

I. III   sing.   ‖

lib. X;
scyphos argenteos stationales VI cum duces, pens. sing. lib. VI.

25 ⟨'Hic' fecit ordinationes⟩ in urbe Roma per mens. Decemb., ⟨presbiteros⟩ XXI; ⟨epi- 12
⟨scopos per 'diversa' loca⟩ LV.

⟨'Qui etiam' sepultus est

FK ⟨apud beatum Petrum   ‖   in basilica beati Petri apostuli   *P*

FK habent quae ( ) *comprehenduntur, F solus signata praeterea* ' ', *K solus signata praeterea* ‹ ›; *P habet (praeter nominatim excepta) omnia*: *I* (A^1[A^2 *deficit*]). *II* ($C^3B^{2.3.4}T$). *III* ($GE^{1.6}$).

---

2 deauratos iii] iii deauratos $E^{1.6}$ 3 gabata A^1, gabatha $E^{1.6}$ helectrinam] *T*, ylitrinam *(sic)* A^1, hilictrineam C^3, hylitrineam B^4, hylistriuiam B^3, hilistriuiam B^2, clictrinea G, illictrineam E^1, illictrinea E^6 lib. ii] lib. i E^6 4 tegas $B^{2.3}$, teches E^6 cerei *T*, ceurea *G*, om. E^6 aurea *G*, auree E^6 4 pens.] pens. sing. E^1 *solus*   5 pallia (pallea GE^6) olouera] $C^3GE^{1.6}$, palliolouera $B^{2.3}$, palliolobera *T*, pallea olobyra *(sic)* A^1, palliola uera B^4 testis E^1, textos B^3 clamidem C^3B^4, clamede *T'*   stola $A^1B^{2.3}GE^1$, scola E^6 imperiale B^3G, imperiali B^2E^1, imperial' A^1 6 subfichorium A^1, subfitorium $C^3B^{2.3.4}E^6$, suffitorium E^1 confensionem C^3, confessione *T*   beati] sancti *T*   7 haec omnia] dona *T*   iustiniano E^1p   orthodoxo uotorum] orthodoxorum E^6 gratiae *G*   optulta] obtulita C^3G, oblata $E^{1.6}$, om. *T*   8 theodoricus (-dericus $C^3B^2TGE^1$) rex optulit (donauit *T*)] obt. th. rex B^3 beati C^3, sancto *T*   petri C^3 apostoli C^3, om. *T*   cireostata B^4, cyreostata B^2, cereostatas A^1, cerostata $GE^{1.6}$ argenteas A^1 10 sing. lib. xxx A^1, lib. lxx *reliqui*   11 papa om. B^4 ormisda B^4T' petrum om. B^4 11/12 quem ex arg. E^1 12 ĪxI] *xl mille quadraginta C^3, cxxl (*ex* ∞xl) A^1, cxl *T*   basilicam constantiuianam B^3p$GE^{1.6}$ 14 qui om. A^1 *(altero loco)*   15 pens. (qui pens. $B^{3.4}$, quae pens. B^2GE^6) sing. (om. B^3) lib. xii ... 18 canthara argentea xui om. C^3E^1p   16 paulum] p. apostolum *T*   18 canthera B^3 xui] xu E^1 19 sing. *habent* $TGE^{1.6}$ *soli*   21 sing. habent $A^1GE^{1.6}$ *soli*   24 cum duces (ducibus *T*) om. *in sp. vac.* E^6 *post* 24 *repetit* v. 13 hic fecit ... 15 lib. xii A^1 25 fecit (et *ins*. K^2) ordinationes (-ne K^2) presbiteros episcopos per diuersa (om. *F*) loca *numeris omissis FK*   26 lu] numero lu $B^{2.3}$ 27 qui etiam om. K^1 28 basilicam B^4 beati] sancti C^3

⟨VIII id. Aug. ⸢consulatu Maximi⸣
K ⟨⸢iun.⸣ *[a. 523]*⟩ ‖
⟨⸢Et⸣ cessavit episcopatum dies VI⟩.

FK habent quae ⟨ ⟩ comprehenduntur, K solus signata praeterea ⸢ ⸣; P habet (praeter nominatim excepta) omnia: I (A^1[A^2 deficit]). II ($C^3B^{2.3.4}T$). III ($GE^{1.5}$).

1 uiii] uii F 2/3 iun. et om. K^1 3 episcopatum] $C^3B^{2.3.4}GE^1$, episcopatus *(vel comp.) reliqui* per dies E^6 uij A^1GE^6, uii $C^3B^{2.3.4}E^1$

LV. IOHANNES I.

FK ⟨Iohannes natione Tuscus, ex patre Con-⟨stantio, sedit ann. II m. VIIII d. XV a ⟨consulatu Maximi *[a. 523]* usque ad con-⟨sulatum Olybrii ʽiun.ˮ *[a. 526]*.

FK ⟨ʽHic vocatus a rege Theodorico Ra-⟨ʽvenna, quem' rex rogans misit in lega-⟨tionem ʽConstantinopolim' ad Iustinum ⟨imperatorem, ʽquia Iustinus' ʽvir religio-⟨ʽsus' summo amore religionis Christianae ⟨voluit hereticos extricare.

F ⟨ʽNam summo fervore ecclesias Arrianorum ⟨ʽin catholica dedicavit'.

Iohannes natione Tuscus, ex patre Con- *P* stantio, sedit ann. II m. VIIII d. XVI. Fuit autem a consulato Maximi *[a. 523]* usque ad consulatum Olybrii *[a. 526]* temporibus Theodorici et Iustini Augusti Christiani.

Hic vocitus est a rege Theodorico Ravenna, *P* quem ipse rex rogans misit in legationem Constantinopolim ad Iustinum imperatorem orthodoxum, quia eodem tempore Iustinus imperator vir religiosus summo *ardoris* amore religionis Christianae voluit hereticos extricare.

Nam summo fervore Christianitatis hoc con- *P* silio usus est, ut ecclesias Arrianorum catholicas consecraret.

FK habent quae ( ) *comprehenduntur, F solus signata praeterea* ʽ ', *K solus signata praeterea* ʽ ';
P habet (praeter nominatim excepta) omnia: I (A^1 [A^2 *deficit*]). *II* ($C^3 B^{2.3.4} T$). *III* ($GE^{1.6}$). — AVCTORES:
Index: ann. II m. VIIII (uiii 6. 8, iiii 10) d. XVI (sic 3. 4, xxui 10, u 6). — ad v. 6 seq. hic vocitus cet.] narratio videtur pendere ex chronicis Italicis sive Anonymo Valesiano c. 15 (chronica minora vol. 1 p. 328): nota quinque viros hic nominatos totidem verbis ibidem recenseri et nostris p. 136, 30 respondere verba quem Theodoricus cum dolo suscepit. — *Gregorius Tur. in glor. mart. c. 39* similia narrat, negans se ea traxisse ex libro scripto, sed haec ʽa fidelibus' comperisse: hic (Iohannes episcopus Romanus) cum ad episcopatum venisset, summo studio hereticos execrans ecclesias eorum in catholica dedicavit. quod cum Theodoricus rex comperisset, furore succensus quia esset sectae Arrianae deditus, iussit gladiatores per Italiam dirigi, qui universum quotquot invenisset catholicum populum iugularent. haec audiens beatus Iohannes ad regem ne haec fierent deprecaturus accessit. a quo cum dolo susceptus, adligavit eum et posuit in carcerem dicens: ʽego te faciam, ne audeas contra sectam nostram amplius mussitare'. positus vero sanctus dei in carcerem tantis attritus est iniuriis, ut non post multum tempus spiritum exhalaret, obiitque in carcere cum gloria apud urbem Ravennam. domini autem misericordia statim ultionem super regem improbum inrogavit, nam subito a deo percussus plagis magnis exinanitus interiit suscepitque protinus perpetuum gehennae flammantis incendium.

FK 1 iohannis F^2 2 uiiii] uiii F, uii K^1, iiii K^2 6/7 hic uocatus (-tur F^1) a r. theodorico (-derico F^2) rau. quem] hunc theodericus K 7/8 legatione F 8/9 iustinum imp. q. iustinus] K, iustino aug. F 10 summo] qui summo F 11 hereticus K extricare] perdere K

P 1 iohannis $A^2 C^3 T$ et sic deinceps, iohannes *fere reliqui*   natus G 2 uiiii] uiii E^1 xui] xuii $A^1 T G E^1$, xxii E^6 2/3 fuit autem om. $C^3 B^4 G E^{1.6}$ 3 consulato] A, consulatum C^3 4 consulatum] consulati $B^{3.4}$, consulati C^3 temporibus et ante 3 a cons. et hoc loco $B^{2.3.4}$ 5 theodorici $B^2 E^6$ hic et deinceps et *fere* C^3 theodorici regis A 6 uocitatus A^{1c}, uocatus $E^{1.6}$ theodorico (hic) E^1 rauenn C^3, rauenna B^3, rauennam $E^{1.6}$ 7 in om. E^6 8 constantinopoli G 9 quia] qui $A^1 B^{2p}$ 10 religiosus (reliosus C^3) summo] $C^3 B^{2.3.4} E^1$, religiosissimus summo $G E^6$, religiosissimus A^1, religiosissimi T amor B^4 11 christiani $B^{2.3}$ 12 extirpare E^6 13/14 consilium $C^3 B^{2p.4} G E^1$ 15 consacraret B^4

LV. IOHANNES I.

FK ⟨Exinde iratus Theodoricus 'Arrianus' voluit ⟨'totam' Italiam 'gladio' perdere.

FK ⟨Tunc Iohannes 'venerabilis' papa 'egres-
5 ⟨'sus' cum fletu 'et mugitu ambulavit' et ⟨viri religiosi exconsules 'et patricii Theo-⟨'dorus, Inportunus, Agapitus et alius Aga-⟨'pitus'

FK ⟨hoc accipientes in mandatum legationis, ut
10 ⟨redderentur ecclesias 'suas' hereticis in ⟨partes Greciarum, quod si non fuerit fac-⟨tum, omnem Italiam ad gladio perderet

F ⟨'Iustinus Aug.'   ‖ *K* ⟨'rex Theodericus.
K ⟨'Qui dum introissent omnes supra scripti
15 ⟨'cum Iohannem papa Constantinopolim, oc-⟨'currerunt eis a miliario XII in honore apo-⟨'stolorum

K ⟨'desiderantes post beatum Silvestrum pa-
20 ⟨'pam temporibus Constantini meruissent ⟨'partibus Greciae vicarium sancti Petri ⟨'suscipere

K ⟨'et Iustinus Augustus adoravit beatum Io-
25 ⟨'hannem,

Pro hanc causam hereticus rex Theodori- 2 *P*
cus audiens hoc exarsit et voluit totam
Italiam ad gladio extinguere.

Eodem tempore Iohannis papa egrotus in- *P*
firmitate cum fletu ambulavit et senatores
ex consules cum eo, id est Theodorus, Inportunus, Agapitus excons. *et* alius Agapitus
patricius,

qui hoc accipientes in mandatis legationum, *P*
ut redderentur ecclesias hereticis in partes
Orientis, quod si non, omnem Italiam ad
gladio perderet.

Qui dum ambulassent cum Iohannem pa- 3 *P*
pam, occurrerunt beato Iohanni a miliario
XV omnis civitas cum cereos et cruces
in honore beatorum apostulorum Petri et
Pauli

qui veteres Grecorum hoc testificabantur di- *P*
centes a tempora Constantini Augusti a
beato Silvestro episcopo sedis apostolicae,
Iustini Augusti temporibus meruisse parte
Graeciarum beati Petri apostuli vicarium
suscepisse cum gloria. tunc Iustinus Augustus, dans honorem deo, humiliavit se pronus et adoravit beatissimum Iohannem papam.

Eodem tempore beatus Iohannes papa cum 4 *P*
senatores supra scriptos cum grandem fletum

FK habent quae ⟨ ⟩ *comprehenduntur, F solus signata praeterea* ' ', *K solus signata praeterea* ⟨ ⟩;
P habet (praeter nominatim excepta) omnia: I (A^1 [A^2 *deficit*]). II ($C^3B^{2\cdot 3\cdot 4}T$ [*deficit v. 16 'in et cru*]).
III($GE^{1\cdot 6}$).

FK 1 exinde ir. th. ‖ *P* 1 hanc causa A^{1p}, hac causa $A^{1c}B^{2\cdot 3c}TGE^5$, hac causam E^1 1/2 theo-
(theodericus F^2)] et   dericus E^1 3 ad gladio] C^3, ad gladium *reliqui*, a gladio G, gladio $E^{1\cdot 6}$
(om. K^1) exinde ir.   extinguire A^1 6 exconsules] et exconsules $C^3B^{2\cdot 3\cdot 4}E^1$ *cum gest. ep.*
rex th. christianis K *Neap. c. 15*, et consules GE^6 7 ag. excons.] ag. exconsules C^3B^4, ag. et ex-
2 italia K 5 mu-   consules B^3 alius ag.] ag. alius B^4 8 patrecius B^{4p} 9 mandatis
gito F^2 6 excon-   legationum] I. II (*reliqui*), mandatis legationem III ($GE^{1\cdot 6}$), mandatum lega-
sules] ex (et K^2) con-   tionum T; data legatione *Ann. Vales.* 15, 91   10 ecclesiae $GE^{1\cdot 6}$ partis
solibus K, et con- A^{1p}, partibus $A^{1c}GE^{1\cdot 6}$ 11/12 ad gladio] A^{1p}, ad gladium $C^3B^{2\cdot 3\cdot 4}$, gladio
sules F 11 par- $A^{1c}GE^{1\cdot 6}$ 14 ambulasset $B^{3p}GPE^6$ 14/15 iohannem papam] $A^{1p}C^3B^4$,
tes] parte F quod   iohanne papa *reliqui*   15 a om. $E^{1\cdot 6}$ 16 xu] xii $GE^{1\cdot 6}$ omnes T,
om. K^2 non] ita   omnis A^{1p} cereis et crucibus $A^{1c}E^{1\cdot 6}$ 17 honorem $C^3B^{2\cdot 3\cdot 4}GE^{1\cdot 6}$
non K 12 italia   apostolorum om. $B^{2\cdot 3}$ 19 qui] quia $E^{1c\cdot 6}$ gregorum C^3 20 tem-
K^2 ad gladium K,   pora] $C^3B^{3p\cdot 4}G$, tempore *reliqui*   21 siluestro A^1 22 partem B^2, partes
a gladio F^2, gladio $GE^{1\cdot 6}$ 23 gratiarum C^3 24 susciperctur E^6 25 dans] dan C^3
F^1 perderit F^2 25/26 pronus) pr. in terra G, pronum E^6 26/27 iohannem papa C^3, papa
14 omnes supra-   iohannem B^4, papam iohannem $E^{1\cdot 6}$ 28 cum] et E^6 29 super B^3E^1
scripti] om̄ sis K^2 scripti E^6 grande fletus $B^{2\cdot 3}G$, grandi fletu $E^{1\cdot 6}$
15 iohanne K^2
16 eis] K^2, omnes
K^1 19/20 papa K^2

LV. IOHANNES 1.

rogaverunt Iustinum Augustum, ut legatio *P*
acceptabilis esset in conspectu eius. Qui vero
papa Iohannis vel senatores viri religiosi
omnia meruerunt et liberata est Italia a
rege Theodorico heretico. Iustinus imperator tamen gaudio repletus est, quia meruit
temporibus suis vicarium beati Petri apostuli
videre in regno suo,

K ('de cuuius manibus coronatus est'.) de cuius manibus cum gloria coronatus est *P*
Iustinus Augustus.

F ('Cui vero, simul et Eodem tempore cum hii supra scripti, id 5 *P*
('senatoribus tantis est papa Iohannes cum senatores,
('et talibus excon-
('sulibus et patriciis
('civitatis urbis Ro-
('mae, Flavium *K* ('Tunc Theodorum Theodorum ex consule, *P*
('Theodorum viris ('virum inlustrem
('inlustribus praece- ('cum aliis nobilis,
('dentem omnium ('qui cum beato
('dignitatum splen- ('papa Iohanne
('dorem, sed et In- ('venerant, Inportunum ex cons., *P*
('portunum viro inl
('ex consulibus et
('Agapito viro in- Agapitum ex cons. *P*
('lust ex consulibus
('et alio Agapito et Agapitum patricium defuncto Thessa- *P*
('patricio, omnem lonica et supra scriptos
('concessit petitionem *K* ('concessit petitio-
('propter sanguinem ('nes propter san-
('Romanorum reddi- ('guinem Romano-
('dit hereticis eccle- ('rum reddidit he-
('sias et dum actum ('reticis ecclesias
('suas.

F habet quae ('') comprehenduntur, K habet quae ('') comprehenduntur; P habet (praeter nominatim excepta) omnia: I (A¹ [A² deficit]). II (C³B²·³·⁴). III (GE¹·⁶). — ad v. 11 cui vero cet.] Theodericus ne in catholicos suos saeviret, in regno Orientis Arrianis ecclesias redditas esse ait liber pontificalis, negat Anonymus Valesii l. c. 15, 91: Iustinus imperator ... omnia repromisit facturum praeter reconciliatos qui se fidei catholicae dederunt Arianis restitui nullatenus posse.

		P 1 ut] et B^4 ligatio C^3 2 esset] erat C^3 conspectum $C^3B^4E^1$ 4 a om. B^4 5 teuderico B^2 6 tamen] tacinus *(sic)* C^3 9 cum gloria] tum B^3
F 18/19 praecedentum F^{1c} 21 et om. F^1 27 patricii F^1 22 inl F^2, industri F^1 24/25 inlust F^2, inlustri F^1 31/32 ecclesiis F^1	*K* 20 iohanne papa K^2 21 uenerat K^1 28 peticionis K^2	*P* 11 hiis E^6. supra (super B^3) scriptus $B^{2\cdot3}$, supra scriptis $E^{1\cdot6}$, s̄s̄ti A^1 12. senatoribus $E^{1\cdot6}$ 16 theodoro $GE^{1\cdot6}$ exconsulem C^3B^3p 21/24 inportunum (inportuno $GE^{1\cdot6}$) excons. agapitum (agapito $E^{1\cdot6}$) excons. *(om. B^4) om. A^1* 26 agapito patricio $GE^{1\cdot6}$ defuncto *om. B^4* 26/27 thessalonica] A^1, thes(s)alonicam $E^{1\cdot6}$, tessolonica C^3p, tessalaca B^2, teselaeca B^4, tessellaca B^3 27 et] et istos E^1, et istis E^6 supra (super $B^{3\cdot4}$) scriptos (scriptis E^6) *om. G*

LV. IOHANNES I.

F ('fuisset in partes
('Greciarum secun-
('dum voluntatem
('Theodorici regis
5 ('heretici, maxime
('sacerdotes vel Chri-
('stiani ad gladio mit-
('terentur,
F ('illud vero beatissi-   K ('dum vero Iohan-
10 ('mo Iohanne epi-   ('nem episcopum
('scopo, sed et viros   ('una cum viris in-
('inlustris positos Con-   ('lustris positum in   positos Constantinopolim Theodoricus rex P
('stantinopoli rex   ('Constantinopolim   hereticus tenuit
('Theodoricus tenuit,   ('rex Theodoricus
15 ('duos senatores ex   ('tenuit, duos sena-   duos senatores preclaros et exconsules P
('consulibus et pa-   ('tores Bothium et   Symmachum et Boetium et occidit inter-
('tricios gladio inter-   ('Symmacum pa-   ficiens gladio.
('fecit Boetium et   ('tricium gladio
('Symmachum, quo-   ('interfecit et abs-
20 ('rum etiam cor-   ('condi praecepit.
('pora abscondi prae-
('cepit.
F ('Venientes vero hii   K ('Veniens vero Io-   Eodem tempore revertentes Iohannes vene- 6 P
('supra dicti viri inl   ('hannes papa cum   rabilis papa et senatores cum gloria, dum
25 ('cum Iohanne epi-   ('supra dictis viris   omnia obtinuissent a Iustino Augusto,
('scopo omnia per   ('inlustres'
('ordinem acta Aga-
('pito patricio de-   cf. pag. 135 v. 26
('functo in Grecias'
FK 30 (suscepti sunt a 'rege' Theoderico cum   rex Theodoricus hereticus cum grande P
(dolo 'et grande odio Iohannes episcopus   dolo et odio suscepit eos, id est papam
('etiam et senatores viros inl religiosos   Iohannem et senatores,
('suscepit, quos itaque cum tanta indigna-
('tione suscipiens'
FK 35 (gladio eos voluit punire, sed metuens 'in-   quos etiam gladio voluit interficere, sed P
('dignatione' Iustini Augusti 'orthodoxi non   metuens indignationem Iustini Augusti.
('fecit'

FK habent quae ⟨ ⟩ *comprehenduntur, F solus signata praeterea* ' ', *K solus signata praeterea* ‹ ›; *P habet (praeter nominatim excepta) omnia: I (A^1 [A^2 deficit]). II ($C^3B^{2.3.4}$). III ($GE^{1.6}$). Beda chron. c. 512 v. 23 revertentes ... pag. 137, 4 moreretur.*

F 4 theoderici F^2
FK 12 positus F   14 theodericus F^2 15 duos
  om. F^1 16/17 patricius F   17 gladium
  17/18 interficit K^2 23 uero om. K^2 29 gretia
  F^1 30 theodorigo F^1 30/31 cum dolo] F,
  in dolo K   32 uiros] uoros F^1 religiosus F^1
  35 uol. eos gl. K   ponire K^1, ponere K^2

P 12 positi essent $GE^{1.6}$ constantinopoli G
  15 duos] A^1E^1, duo rel.   exconsulem E^1
  16 boeticum B^3 23 reuertens $B^{2.3}E^{1.6}$
  25 a iustino] augustino G   30 grandi E^1
  31 odio] odiose E^6 suscipiat C^3 eos id est]
  eosdem $E^{1.6}$ 31/32 papam iohannis A^1
  36 metuens] metusti *(sic)* G   augusti] augustini G

LV. IOHANNES I.

FK (tamen in custodia omnes cremavit, ita ut (beatus Iohannes 'papa' in custodia 'ad-('flictione' maceratus 'deficiens' moreretur. ('Qui vero defunctus est' Ravenna 'cum ('gloria' XV kal. Iun. 'in custodia regis ('Theoderici'. Post 'hoc nutu dei omni-('potentis' XCVIII die 'postquam defunc-('tus est Iohannes episcopus in custodia, ('subito' Theodericus rex ('interiit divinitate ('percussus'.) ‖ K ('fulmine percus-('sus interiit.')

Quos tamen in custodia omnes adflictos P cremavit, itaque ut beatissimus Iohannes episcopus primae sedis papa in custodia adflictus deficiens moreretur. Qui tamen defunctus est Ravennae in custodia XV kal. Iun. martyr. Post hoc factum nutu dei omnipotentis XCVIII die, postquam defunctus est beatissimus Iohannes in custodia, Theodoricus rex hereticus subito interiit et mortuus est. P

Hic papa Iohannis refecit cymiterium beatorum martyrum Nerei et Achillei via Ardia- 7 tina; item renovavit cymiterium sanctorum Felicis et Audacti; item renovavit cymiterium Priscillae.

Eodem tempore positum est ornatum super confessionem beati Pauli apostoli de gemmis prasinis et yachintis.

Item huius temporibus Iustinus imperator optulit
    patenam auream cum gemmis, pens. lib. XX;
    calicem aureum cum gemmis, pens. lib. V;
    scyphos argenteos V;
    pallea auro texta XV;
quod ipse Iohannis detulit ad beatos apostolos Petrum et Paulum et ad sanctam Mariam et ad sanctum Laurentium.

(Hic ordinavit episcopos per 'diversa' loca) XV.

Cuius corpus translatum est de Ravenna et sepultus est in basilica beati Petri sub die VI kal. Iun. Olybrio consule [a. 526].

('Et' cessavit episcopatum dies LVIII.)

FK habent quae ⟨ ⟩ comprehenduntur, F solus signata praeterea ' ', K solus signata praeterea ‹ › substituens pro v. 17 seq. haec: adtullit autem beatus Iohannes de Grecia auro gemmisque argentoque exornavit basilicas multas; *P habet (praeter nominatim excepta) omnia: I (A^1 [A^2 deficit]). II ($C^3B^{2,3,4}$). III ($GE^{1,6}$).*

FK 2/3 adflictionem maceratur F^1 4 rauenna] in r. K   6 post] tunc post K   7 xluiii F   dies K   8 theodoricus K

P 1 quos om. G   custodiam E^1 2 cremauit] cruciauit $E^{1,6}$ itaque] $A^1C^3B^4$ et gesta ep. Neap. c. 15, ita $B^{2,3}GE^{1,6}$ 3 primae sedis] primus sedit E^6 custodiam E^1 3/4 adflictos C^3p 5 rauenna B^4G 6 factu G   notu C^3B^4, notum A^1 7 omnipotenti A^1 xxuiii B^3 8 beatus E^5 iohannis C^3 custodiam E^1

12 reficit B^4, fecit E^1, praefecit G   ahilei B^4 13 sanctorum om. $E^{1,6}$ adauti B^3 renouit B^4 14 priscillae] pr. uia salaria $E^{1,6}$ 16 iacint(h)inis $B^2E^{1,6}$, yacinctinis B^3, iacinctinis C^3 21 pallia C^3 $B^{2,3,4}E^{1,6}$ 22 quod] qui B^2 ipsi B^3 ad ... paulum] apostolis beatis (b. a. G) petro et paulo $GE^{1,6}$ 23 ad sanctum] sanctum E^6 laur.] l. optulit A^1 24 hic] hoc F^1 ordinauit episcopos] ordinationes fecit F, fecit ordinationes episcoporum K   xu] numero xu $E^{1,6}$ 25 sepultum $C^3B^{2,4}E^{1,6}$ est om. C^3 in basilica (basilicam C^3B^4) om. E^6p petri] p. apostoli GpE^1, petri et pauli apostoli E^6 26 die om. E^6 oylibrio A^1 27 episcopatum] $B^{2,4}G$, episcopatus (vel comp.) reliqui   luiii] lui B^3, luii K^1, x F

LVI. FELIX IIII.

⟨Felix, natione Samnium, ex patre Castorio, sedit ann. IIII ⟨m. II⟩ d. XIII.⟩ Fuit tem- 1
poribus Theodorici regis et Iustini Aug., ⟨a consulatu Maburtii [a. 527] usque ad con-
⟨sulatum Lampadii et Horestis [a. 530], a die IIII id. Iul. usque in IIII id. Octub.
⟨'Hic fecit basilicam sanctorum Cosme et Damiani in urbe Roma', ⟩ in loco qui appel- 2
latur via Sacra, ⟨'iuxta templum urbis Romae'.⟩
Huius temporibus consumpta est incendio basilica sancti martyris Saturnini via Salaria,
quam a solo refecit.

FK ⟨'Qui etiam ordinatus est ex iusso Theo-	Qui etiam ordinatus est cum quietem et P
⟨'derici regis et' obiit temporibus Attalarici	vixit usque ad tempora Athalarici.
⟨regis sub die IIII id. Oct. ⟨cons. ss.'	

⟨Hic fecit ordinationes II⟩ in urbe Roma ⟨'per mense Februario'⟩ et Martio, ⟨pres- 3
⟨biteros LV, diacones IIII: episcopos 'per'⟩ diversa ⟨'loca' XXVIIII.
⟨Qui⟩ etiam ⟨sepultus est in basilica beati Petri⟩ apostuli IIII idus Octob.
Et ⟨cessavit episcopatum dies III⟩.

F (desinens in hac vita) K habent quae ⟨ ⟩ comprehenduntur, F solus signata praeterea ⟨ ⟩, K solus signata praeterea ⟨ ⟩; P habet (praeter nominatim excepta) omnia: I (A¹ [A² deficit]). II (C³B²·³·⁴). III (G E¹·⁶). — AVCTORES: *Index: ann. IIII (sic 6. 7. 9. 10, ii 5. 8) m. II (om. 8) d. XIII (sic 7. 8, xii 6. 9. 10). — 8/9 ex iusso Theoderici regis] cf. epistula regis Athalarici apud Cassiodorum var. 8, 15 ad senatum urbis Romae, qua rex confirmat papae electionem factam a. 526 Iul. 12 ex iussu regis Theoderici eodem anno die Aug. 30 defuncti.*

---

1 felix iiii E^6 natus G samnium] samnius $KGE^{1·6}N$, samnita F castorium F^1p a. ii
d. xiiii F fuit] A^1B^4, fuit autem $B^{2·3}GE^{1·6}$, om. C^3 2 theoderici C^3B^2 iustiniani E^6 consultu A^1
maburti (aburti F, mamortini E^1) usque ad (in FK) consulatum (-tu $A^1C^3B^3E^{1·6}$, -to F) om. B^4
3 oristis F iul.] ianuari B^3 in] in diem K^1, in die FK^2B^3, ad diem B^2 4 basilica F locum
$C^3B^{3·4}E^1$ appelatur A^1 6 basilicam E^1
FK 9 tempore athalarici K 10 iiii id.] iii (om. || **P** 8 cum quiete $B^2GE^{1·6}$, in secreto N 9 tem-
id.) F pore G adalrici B^4, athalarici regis E^1
11 *ordinationes post sepulturam* FK roma] romo C^3, om. E^6 per menses februarios et martios A^1, per
m. febr. *post* diac iiii K 12 lu] F^2 *et reliqui*, lii F^1K iiii] iii E^6 xxuiiii] numero xxuiiii $B^{2·3}E^1$
13 in basilica (-cam B^4) beati (sancti C^3) petri (pauli $B^{2·3}$)] apud beato petro F, ad beatum petrum K
14 episcopatum] $C^3B^{2·3·4}E^1$, episcopatus (*vel comp.*) *reliqui*   d. iii] d. i F, m. i d. xu E^1

LVII. BONIFATIVS II.

⟨Bonifatius, natione Romanus,⟩ ex patre Sigibuldo, ⟨sedit ann. II dies XXVI. Fuit⟩ 1
autem ⟨temporibus Athalarici regis heretici et Iustini Aug.

K ⟨catholici.

⟨Hic cum Dioscoro ordinatur sub intentione. Qui Dioscorus ordinatur in basilica Con-
5 ⟨stantiniana, Bonifatius vero in basilica Iulii; et fuit dissensio in clero et senatu dies
⟨XXVIII.

⟨Eodem tempore defunctus est Dioscorus,⟩ prid. id. Oct. Ipsis diebus ⟨Bonifatius, zelo 2
⟨et dolo ductus, cum grande amaritudinem sub vinculo anathematis cyrografi recon-
⟨ciliavit clero; quem cyrografum arcibo ecclesiae retrudit, quasi damnans Dioscorum;⟩
10 et congregavit clerum. Cui tamen in episcopatum nullus suscripsit, dum plurima multitudo fuisset cum Dioscoro.

Hic presbiteris et diaconibus et subdiaconis et notariis scutellas de adeptis heredi- 3
tatibus optulit et alimoniis multis in periculo famis clero subvenit. ⟨Hic congregavit
⟨synodum in basilica beati Petri⟩ apostoli ⟨et fecit constitutum, ut sibi successorem
15 ⟨ordinaret.⟩ Quod constitutum ⟨cum cyrografis sacerdotum et iusiurandum ante con-
⟨fessionem⟩ apostoli Petri in diaconum Vigilium constituit.

⟨Eodem tempore, factum iterum synodum,⟩ hoc ⟨censuerunt sacerdotes⟩ omnes ⟨propter 4
⟨reverentiam sedis sanctae et quia contra canones fuerat⟩ hoc ⟨factum et⟩ quia culpa
cum respiciebat, ut successorem sibi constitueret; ⟨ipse Bonifatius papa reum se con-
20 ⟨fessus est⟩ maiestatis, ⟨quod in diaconum Vigilium sua suscriptione⟩ cyrografi

K ⟨firmasset, tunc⟩

ante confessionem beati apostuli Petri ⟨ipsum constitutum praesentia⟩ omnium ⟨sacer-
⟨dotum⟩ et cleri ⟨et senatus incendio consumpsit.⟩

K habet quae ⟨ ⟩ *comprehenduntur; P habet (praeter nominatim excepta) omnia: I (A^1[A^2 deficit]).*
II ($C^3B^{2.3.4}$). III ($GE^{1.6}$). — AVCTORES: *Index:* ann. II (m. i *ins.* 6) d. xxui (xui 6).

---

1 bonifatius ii E^6, bonificius B^2 natus G sigiuuldo C^3, sigibaldo N 2 regis heretici (-cis A^1)
et i. a. catholici *om.* K^2 4 ordinatus KE^6 contentione $E^{1.6}N$ ordinatur] ordinatus $C^3B^{2.3.4}E^1$
4/5 basilicam constantinianam $C^3B^{2.3.4}$ 5 basilicam $C^3B^{2.3.4}$ iuli(i)] iuliae GE^6 discensio C^3B^4P, dissentio $E^{1p.6}$ cleru G 6 xxuii G 7 eodem] eo K ipsis (ipsius B^4) diebus] tunc K 8 grandi $E^{1.6}$
amaritudinem] $A^1C^3B^4$, amaritudine $KB^{2.3}GE^{1.6}$ cyrografi *om.* E^6p 9 clerum GE^6 arcibo *om.*
C^3p retrusit E^1 10 in *om.* GE^6 episcopt ut nullus C^3 susscripsit C^3, scripsit B^4 plurimo C^3
12 diaconibus et subdiaconis] diaconibus et subdiac (subdiaconibus A^1cE^6) $A^1GE^{1.6}$, diaconis et subdiaconis
B^3 (*non perscr.* $C^3B^{2.4}$)   et not.] atque not. $E^{1.6}$ scutellas] $B^4E^{1.6}$, sicut stellas C^3, scutellis $A^1B^{2.3}$
12/13 hereditauit B^3 13 aliminis C^3 14 sinodo K^2 basilicam B^4G beati] sancti C^3 et fecit
constitutum *om.* E^6p 14/15 ut s. s. ordinaret (-rent E^1) q. constitutum *om.* A^1, ut s. s. ordinaret quia
(*om.* constitutum) *ante* 16 diaconem GE^6 15 cum ... 16 petri apostoli *om.* E^6p, *supplevit eadem manus in
margine post verba* 14 et fecit constitutum   cyrographo E^6 et ius] eius GE^6 15/16 confessione G
16 apostoli petri] beati a. p. $C^3B^{2.3.4}$, beati p. a. E^6 in *om.* GE^6 diaconem $B^{2.3}GE^6$ 17 factum
(facto A^1) i. synodum] KA^1, factus i. synodus $C^3B^2p.4G$, facta i. synodus $B^{2.3}$, facta (fact+ E^{1p}) i. synodo
$E^{1.6}$ censerunt B^4, concesserunt GE^6 18 reuerentia $K^2C^3B^4$ sanctae sedis K fuerat hoc factum]
factum (*om.* K^1) fuerat K 19 ut] et $A^{1p}(?)G$ constituerat Gp 20 diaconem $B^{2.3}$, diacono K^2
suam GE^6, sui E^1 subscriptionem GE^6, subscriptione firmasset tunc K 22 ante] et ante E^1 *post*
ap. petri (petri ap. GE^6) *ins.* fecisset et GE^6 in presentia KE^1 23 clero $B^{2.3}p$

LVII. BONIFATIVS II.

Eodem tempore venit relatio ab Afris episcopis de constitutione et ut cum consilio 5
sedis apostolicae omnia Cartaginiensis episcopus faceret.
⟨Qui etiam sepultus est in basilica beati Petri⟩ apostuli

K ⟨XV k. Nov. Lampadio et ⟨Oreste conss.⟩	*III* sub die XVI kal. Nov. consulatus Lampadii.	*I. II* sub die XVII mens. Octob. consulatu Lampadii.

Et ⟨cessavit episcopatum mens. II dies XV⟩
III indictione undecima.

---

*K habet quae ⟨ ⟩ comprehenduntur; P habet (praeter nominatim excepta) omnia: I (A^1[A^2 deficit]).
II ($C^3 B^{2.3.4}$). III ($GE^{1.6}$).*

1 ueni A^1 constitutionem B^4 et ut] et GE^6, ut E^1 2 cartaginensis $C^3 B^{2.4} E^6$, cartaginensi B^3 episcopis $C^3 B^{2.3}$ fecerit A^1 3 basilicam B^4 4 xu k. nou.] K, xui k. nou. E^1 (cum C^2), xuii (om. mense) C^3, xuii k. octob. B^4, xuii m. octob. $A^1 B^{2.3}$, om. GE^6 5 consulatus GE^6, consulatum E^1, consule B^2 7 episcopatum] $B^{2.3.4} G$, episcopatus (vel comp.) reliqui   mens. ii dies xu] d. ui (sic) E^1
8 indictione undecima E^1 solus

LVIII. IOHANNES II.

⟨Iohannis

K ⟨iunior⟩

qui et

II. III Mercurius, ‖ Martyrius,

5 ⟨natione Romanus,⟩ ex patre Proiecto, de Caelio monte, ⟨sedit ann. II mens. IIII⟩ d. VI. ⟨Fuit autem temporibus Athalarici regis et Iustiniani Aug.

K ⟨catholici.⟩ ‖

Eodem tempore vir religiosus Augustus summo amore christianae religionis (misit fidem ⟨suam scripto cyrografo proprio ad sedem apostolicam⟩ per episcopos Epatium et
10 Demetrium.

Ipsis diebus optulit christianissimus imperator Iustinianus Aug. beato Petro apostulo: 2
scyphum aureum circumdatum de gemmis prasinis et albis
et alios calices argenteos II;
scyphos

I 15   argenteos, ‖
pens. lib. V;
calices argenteos II, pens. sing. lib. V;
pallia olovera auro texta IIII.

Hic ⟨fecit ordinationem 3

K 20 ⟨unam⟩ ‖

in urbe Roma per mens. Decemb., ⟨presbiteros XV; episcopos⟩ per diversa loca ⟨XXI.⟩ Qui etiam ⟨sepultus est in basilica beati Petri⟩ apostuli ⟨VI kl. Iun.⟩ p. c. iterum Lampadii.

Et ⟨cessavit episcopatum dies VI⟩.

K habet quae ⟨ ⟩ comprehenduntur, post v. 9 pergens: una cum magna dona; *P habet (praeter nominatim excepta) omnia:* I (A^1[A^2 *deficit*]). II ($C^3B^{2\cdot 3\cdot 4}$). III ($GE^{1\cdot 6}$). — AVCTORES: *Index:* ann. II m. IIII (iii 10, i 7) d. VI (xxui 10). — *ad 6 seq. Iustiniani Augusti professio fidei missa Iohanni papae per Hypatium et Demetrium episcopos est in cod. Iust. 1, 1, 8.*

1—4 iohannis (ii *ins.* E^6) qui et mercurius $C^3B^{2\cdot 3}GE^{1\cdot 6}$, merc. q. et (*om.* B^1) ioh. $B^{1(ind.)\cdot 1}$, mercurius N, iohannis qui et martyrius A^1 *non recte*   5 praeiecto C^3, praetecto G, pretereo E^6 caelimonte A^1 6 autem] au C^3 temporibus *om.* K^1 adtalarici C^3 iustiani K^2 8 uir *om.* B^4
augustus s. a. chr. religionis *om.* B^4 misit fidem] ipse misit fidem (sedem K^2) K 9 scripto cyrografo (-phum KG)] cyr. scr. E^1 epazium E^1, ypatium GE^6: Epiphanium *gest. ep. Neap. c. 17*   11 aug. *om.* GE^6 12 de gemmis] g. preciosis E^6 14 scyphos] $B^{2\cdot 3\cdot 4}$, scyphum C^3E^1, et scifos GE^6, scyphos argenteos A^1 17 ii pens.] A^1, pens. $GE^{1\cdot 6}$, *om.* II ($C^3B^{2\cdot 3\cdot 4}$)   sing. *om.* E^6 18 pallia (pallea A^1G) olouera] $A^1C^3GE^6$, palliola uera $B^{2\cdot 3}$, palliola uero B^4 19 hic fecit] fecit autem iohannes papa (pape K^1) K ordinatione A^1, ordinationes E^1 21 roma *om.* E^6 xxi] numero xxi $B^{2\cdot 3}E^1$ 22 sepultusque K basilicam B^4 apotuli A^1 kl.] id. E^1 p̄. c̄.] B^4, p̄ consl̄ G, post consulatu (-tum $B^{2\cdot 3}$) $A^1B^{2\cdot 3}E^{1\cdot 6}$, consulatu C^3 24 episcopatum] $C^3B^{2\cdot 4}G$, episcopatus *(vel comp.) reliqui*   ui] uii E^1

LVIIII. AGAPITVS.

⟨Agapitus, natione Romanus, ex patre Gordiano presbitero,⟩ clericus a sanctos Iohannem et Paulum, ⟨sedit ⟨m. XI d. XVIII.⟩   m. VIII d. X.

Hic ortum episcopatus sui libellos anathematis, quos invidiae dolo extorserat Bonifatius presbiteris et episcopis contra canones et contra Dioscorum, in medio ecclesiae, congregatis omnibus, incendio consumpsit et absolvit totam ecclesiam de invidia perfidorum. ⟨Hic missus est a Theodato⟩ rege Gothorum ⟨ad⟩ domnum ⟨Iustinianum Augustum in ⟨legationem,⟩ quia eodem tempore imperator domnus Iustinianus Augustus indignatus est Theodato regi, eo quod occidisset reginam Amalasuentam filiam Theodorici regis commendatam sibi, qui eum regem fecerat. Qui vero Agapitus ambulavit ⟨Constan-⟨tinopolim⟩; X kal. Mai. ingressus Constantinopolim et susceptus est Agapitus episcopus cum gloria. Et primum coepit habere altercationem cum piissimum principem imperatorem domnum Iustinianum Augustum de religione. Cui beatissimus Agapitus episcopus constantissime fidei apostolicae responsum reddidit de domino Iesu Christo deum et hominem, hoc est duas naturas in uno Christo. Et dum intentio verteretur, ita dominus adfuit, ut episcopum Constantinopolitanum nomine Anthemum inveniret hereticum.

Et cum intentio verteretur cum Augusto et Agapito papa, hoc dixit ei imperator Iustinianus: Aut consentis nobis aut exilio te deportari faciam. Tunc beatissimus Agapitus papa respondit cum gaudio, dicens ad imperatorem: Ego quidem peccator ad Iustinianum imperatorem christianissimum venire desideravi; nunc autem Diocletianum inveni; quod tamen minas tuas non pertimisco. Et dixit ei iterum Agapitus venerabilis papa: Tamen ut scias te idoneum non esse religioni christianae,

LVIIII. AGAPITVS.

episcopus tuus confiteatur duas naturas in Christo. Tunc ex praecepto Augusti ad- 4
cersito episcopo Constantinopolitano nomine Anthemo et discussione patefacta numquam voluit confiteri in doctrinam catholicae responsionis ad interrogationem beati
papae Agapiti duas naturas in uno domino Iesu Christo. Quem convicit sanctus papa
Agapitus; glorificatus est ab omnibus Christianis.

Tunc piissimus Augustus Iustinianus gaudio repletus humiliavit se sedi apostolicae et 5
adoravit beatissimum Agapitum papam. Eodem tempore eregit Anthemum a communione et expulit in exilio. Tunc piissimus Augustus Iustinianus rogans beatissimum
papam Agapitum, ut in locum Anthemi episcopum catholicum consecraret nomine
Menam.

Qui vero Agapitus papa omnia optenuit, ex qua causa directus fuerat. Post dies vero 6
aliquantos egritudine commotus (defunctus est Constantinopolim X kal. Mai. Cuius
⟨corpus in loculum plumbeum translatum

K ⟨est Romam⟩

usque ⟨in basilicam beati Petri apostuli, ubi et sepultus est XII kal. Octob.
⟨Hic fecit ordinationem diacones in urbe Roma IIII; episcopos⟩ per diversa loca (XI).
Et ⟨cessavit episcopatum⟩ mens. I ⟨dies XXVIII⟩.

---

*K habet quae ⟨ ⟩ comprehenduntur; P habet (praeter nominatim excepta) omnia: I (A^1 [A^2 deficit]).
II ($C^3B^{2.3.4}$). III ($GE^{1.6}$).*

1 natuas C^3 2 pace facta E^6 3 confitere E^1 doctrina A^1E^1 beate C^3 4 domino] d. nostro E^6 conuincit sanctissimus E^6 5 glor.] et glor. $GE^{1.6}$ 6 tunc'... 8 exilio *om.* B^3 piissimus] *reliqui cum gestis ep. Neap. c. 17,* imperator A^1 gaudio] cum gaudio C^3 sedis A^1p
7 beatissimum] sanctissimum E^6 eodem ... 9 agapitum *om.* G eregit] A^1B^2, erigit C^3B^4, eiecit E^1, eroxit E^6 *cum gestis ep. Neap. c. 17*   7/8 communionem C^3B^4 8 exilium $E^{1.6}$ rogat E^6 9 ag. pap. $E^{1.6}$ ut] et C^3E^1, *om.* E^6 loco $C^3B^{2.3.4}GE^{1.6}$ ant(h)imi $B^{2.3.4}E^1$ episcopum cholicum *(sic)* B^3, episcopi catholici B^2 consacraret $B^{3.4}$, consecrauit E^1 10 moenam A^1, mennam $C^2GE^{1.6}$
11 dilectus E^6 12 aliquantos] quantos C^3 egritudini $C^3B^{2.3.4}$ def. est constantinopolim (-li G)] ibique mortuus est K 13 loculo plumbeo $E^{1.6}$, loco plumbeo (-beum K) GK transl.] transl. est G
$E^{1.6}$, transl. est romam K 15 basilica K beati] sancto *[sic]* K^1 16 ordinationes K, ordinationes ii E^1
in u. r. diac. $KB^{2.3}GE^{1.6}$ iiii] iii C^3 xi] num. xi $B^{2.3}$, *om.* K^2 17 episcopatum] $C^3B^{2.4}G$, episcopus B^3, episcopatus *(vel comp.) reliqui*   mens. i dies xxuiii] d. xxuiii K, d. xxiiii E^1, *om.* C^3

LX. SILVERIVS.

⟨Silverius, natione Campanus, ex patre Hormisdam episcopum Romanum, sedit ann. I ⟨mens. V dies XI. Hic levatus est a tyranno Theodato sine deliberatione decreti⟩. Qui Theodatus, corruptus paecuniae datum, talem timorem indixit clero, ut qui non consentiret in huius ordinationem, gladio puniretur. ⟨Quod quidem sacerdotes non (suscripserunt in eum secundum morem⟩ anticum vel decretum confirmaverunt ante ordinationem; ⟨iam ordinato sub vim et metum propter adunationem ecclesiae⟩ et religionis postmodum iam ordinato Silverio ⟨sic suscripserunt⟩ presbiteri.

⟨Post menses vero II nutu divino extinguitur Theodatus tyrannus⟩ et levatur rex Witigis. Eodem tempore ambulavit Witigis Ravennam et cum vim tulit filiam Amalasuentae reginae sibi uxorem. Hoc indignatus domnus imperator Iustinianus Augustus, quia reginam sibi conmendatam occidisset Theodatus, misit Vilisarium patricium cum exercitum, ut liberaret omnem Italiam a captivitatem Gothorum. Tunc veniens patricius supra scriptus in partes Siciliae fuit

III ibidem ‖

aliquantum temporis.

Audiens autem eo quod Gothi sibi fecissent regem contra votum domni Iustiniani Augusti, venit in partes Campaniae iuxta civitatem Neapolim et coepit obsedere eam cum exercitum suum, quia noluerunt cives Neapolitani aperire ei. Eodem tempore pugnando patricius contra civitatem introivit; et ductus furore interfecit et Gothos et omnes cives Neapolitanos et misit praedam, ut nec in ecclesiis parceret praedando; itaque ut, uxores presentes, maritos earum gladio interficeret et captivos filios et uxores

---

K habet quae ⟨ ⟩ *comprehenduntur; P habet (praeter nominatim excepta) omnia*: *I* (A^1[A^2 *deficit*]D). *II* ($C^3B^{2.3.4}$). *III* ($GE^{1.6}$). — AVCTORES: *Index*: ann. 1 (sic 6. 7. 8. 10, ii 9, om. 5) m. V (iii 7, x 5) d. XI (xii 7, xxui 9).

1 siluestrius G^p natus G hormisda $KC^3B^{2.3.4}GE^{1.6}$, ormisdae N episcopo romano $KC^3B^{2.3.4}GE^6$, episcopus romanus D ann. i om. C^3GE^6 2 m. u] m. ii K, m. uiiii C^3GE^1, m. uiii E^6, m. x D d. xi om. C^3 theodoto A^1 3 theodotus A^1 pecuniae datum (-tu $C^3B^{2c}GE^6$, -to D)] pecunia data E^1 induxit $DGE^{1.6}$ 4 consentiset (*sic*) C^3, consentirent B^4E^6 huius] eius $C^3B^{2.3.4}GE^{1.6}$ ordinatione A^1 punirentur E^6 5 antiquum $B^{2.3}D$ confirmauerunt] ordinauerunt alias confirmauerunt E^6 6 *ante iam ins.* postmodum uero (*cf. v.* 7) GE^6 ordinato] ordito C^3, ordinato siluerio GE^6 sub uim (ui D)] cum ui (**bi G) GE^6 metu $KDGE^6$ *post* metum *erasae litterae c.* 6 A^1 adunatione K^2 7 postmodum om. G, postmodum iam o. siluerio om. E^6 8 uero om. E^1 notu C^3B^1, noto K^2 theodotus A^1D tyrannos A^1, rex tyrannus B^4 et leuatur] eleuatur $I (A^1D)$ 9 uuitigis] $I (A^1,$ uuitingis D), guitigis $II (C^3B^{2.3.4}E^1)$, uuitiges GE^6 amb. uuitigis] $I (A^1D)$, guitigis (uuitiges GE^6) amb. *reliqui*   rauenna $I (A^1D) G$ bi G, ui $E^{1.6}$, uum D filia A^1 9/10 amalasuinte $B^{2.3.4c}$, amalasunte B^4p, amalasinte C^3, amalasinthae $GE^{1.6}$ 10 hoc ind. d. i. iust.] hoc audiens iust. imp. indignatus est GE^6 11 regina C^3 occidissit A^1 misit] misitque GE^6 uilisar- *II hic et deinceps et $E^{1.6}$ et sic videtur fuisse ubivis in* A^1, bilisar- (*paucis locis* belisar-, *hic* bisilarium, bisisarium D) nunc A^1, uelisar- G *et sic deinceps, modo* uilisar- *modo* bilisar- E^{6b} 11/12 cum exercitum (-tu DB^2G) om. E^6 12 italia D captiuitate $B^{2.3}E^1$, captat (*sic*) G, captione E^6 13 super scr. $B^{2.3}$ parte E^1, part** A^1 (*corr. in* partes)   14 ibidem] $GE^{1.6}$, ibi A^{1c}, om. *reliqui*   15 aliquatam C^3 tempus GE^6 16 autem eo] uero GE^6 quod] q. uuitigem (-gen E^6) GE^6 gothi (gothis E^1) sibi] s. g. GE^6 fecisset G contra uotum] sine nutu GE^6 17 partis A^1 ciuitate D coepit obsidere] obsedit E^1 18 exercitum suum] exercitu suo $A^1DB^{2.3}GE^{1.6}$ napolitani A^1, neapolim B^4 ei *ante* ciues E^1 19 contra] intra D interficit B^4p et gothos] gothos $DB^2E^{1.6}$ 20 napolitanos A^1 et misit praedam (preconem A^{1c}) om. D^p ut n. in e. parceret] et n. in e. parceret C^3, et n. in e. pepercit E^1 21 itaque] ita $B^{2.3}E^{1c.6}$ uxoribus praesentibus maritos E^1, uxores praesentibus maritis E^6 eorum $I (A^1D)$ interficerent $B^{2.3.4}GE^{1.6}$, interfecerunt C^3

LX. SILVERIVS.

uobilium exterminaret, nullis parcentibus nec sacerdotibus nec servis dei nec virginibus sanctimonialibus.

Eodem tempore bellum fuit maximum, veniens Witigis contra Vilisarium patricium et contra urbem Romam. Ingressus autem Vilisarius patricius in urbem Romam IIII id. Decemb., custodiis et monitionibus vel fabricis murorum aut reparationem fossati circumdedit civitatem Romanam et munivit. Noctu ipsa, quo introivit Vilisarius patricius, Gothi, qui erant in civitate vel foris muros, fugerunt et omnes portas apertas dimiserunt et fugerunt Ravenna. Et post colligens Witigis rex multitudinem exercitus Guthorum regressus est contra Romam VIIII kal. Mart. et fixit castra ad pontem Molbium et coeperunt obsedere civitatem Romanam. Tunc patricius Vilisarius, qui pro nomine Romano erat, includit se Roma intra civitatem

III et custodivit civitatem.

His diebus obsessa est civitas, ut nulli esset facultas exeundi vel introeundi. Tunc omnes possessiones privatas vel fisci vel ecclesiae incendio consumptas sunt: homines vero gladio interempti sunt: quos gladius, gladius, quos famis, famis, quos morbus, morbus interficiebat. Nam et ecclesias et corpora martyrum sanctorum exterminatae sunt a Gothis. Intra civitatem autem grandis famis, ut aqua venundaretur pretio, nisi nympharum remedius subvenisset. Pugnae autem maximae erant contra civitatem. His diebus Vilisarius patricius repugnando contra regem Witigem vel multitudinem Gothorum protexit Romanos vel civitatem custodia sua liberavit et nomen Romanum. Tunc obsessa est civitas annum unum et Portus Romanus a Gothis. Patricius vero Vilisarius pugnando vicit Gothos et postmodum fugierunt Gothi Ravennam post annum unum.

Eodem tempore tanta famis fuit per universum mundum, ut Datius episcopus civitatis

---

P habet omnia: I (A^1 [A^2 deficit] D). II ($C^3B^{2\cdot3\cdot4}$). III ($GE^{1\cdot6}$ et inde a v. 11 intra ciuitatem E^6).

---

1 exterminarit A^1, exterminarent $C^3B^{2\cdot3\cdot4}GE^{1\cdot6}$ parcentes $B^{3c}GE^6$ dei] domini E^6 2 sanctaemonialibus B^2 3 ueniente GE^6 guitigis B^4E^1, guitiges $C^3B^{2\cdot3}$, uuitiges G patr. *ante* uil. (uislisar- D) E^6 4 ingressus a. u. p. in urbem romam (urbe roma A^1G) om. $C^3E^{1\cdot6}$ 4/5 iiii id. decemb. om. GE^6 5 custodibus E^6 frabricis A^1 aut reparationem (-ne A^1)] et reparatione (sep- GE^6) $GE^{1\cdot6}$ 6 romana G noctu (nocte A^1D) ipsa] ipsa uero nocte GE^6 qua $B^{3c}GE^{1\cdot6}$ 6/7 patr. uil. E^6 7 gothi] quodhii I (A^1D)   ciuitatem $C^3B^{2\cdot3\cdot4}E^{1\cdot6}$ fugierunt GE^6 8 fugerunt] ambulauerunt GE^6 rauennam $DB^{2\cdot3}E^1$ post] post hoc $GE^{1\cdot6}$, postea B^2 colligiens C^3 guitigis B^4, guitiges $C^3B^{2\cdot3}$, uuitiges GE^6 9 gut(h)orum A^1B^4 *aliquoties*   est contra om. D roma A^1G pontem molbium] A^1, pontem moluitum E^6, pontem ollium D, pontem molbiae $B^{2\cdot3}$, pontem olbiae C^3B^4, pontem moluie E^{1c}, pontem olue G, pontem molui E^{1p} 10 obsidere $DB^{2\cdot3\cdot4}E^1$, obsidre C^3 ciuitate romana A^1, ciues romani GE^6 11 inclaudit] inclusit A^1DE^6 romam $C^3B^{2\cdot3\cdot4}$, rome E^6 intra ciuitatem] in ciuitate I (A^1, ciuitate D): *a verbis* intra ciuitatem *incipere ms.* E^6 *ait Holstenius (tacet margo eius, cum adsint verba in ed. Mog.)*   12 et custodiuit ciuitatem $C^3GE^{1\cdot6}$, om. *reliqui*   13 esseundi E^1 introeundi] i. eam E^6 14 possessionem A^{1p} priuatos G, priuate E^3 fesci A^1, fiisci E^{5b} uel ecclesiae] seu ecclesiarum GE^6 consumpta DB^4, consumptae $B^{2\cdot3}GE^{1\cdot6}$ 15 quos gl.] et q. gl. GE^6 quos famis] q. f. $E^{1\cdot5b\cdot6}$ fames B^4 quos] et quos E^6 15/16 moribus moribus C^3 16 et ecclesias] C^3B^4, et ecclesiae $B^{2\cdot3}GE^6$, ecclesias A^1 E^{5b}, ecclesiae DE^1 et corp. mart. (mart. et corp. D) sanct.] et c. s. m. *post* 17 gothis E^6 exterminata $B^{2\cdot3}G$ 17 gotth- E^{5bh} *constanter*   autem om. C^3 fames B^4E^1, famis erat GE^6 ut] ita ut E^1 aquam B^4 nisi om. G (*in sp. vac.*) E^6 18 remedius] C^3B^4G, remedios A^1, remedio E^{5b}, remedium E^1, remediis $B^{2\cdot3}E^6$, reche-iis D subuenisse $B^{2\cdot3}$ contra] extra E^{5h} citatem C^{3p} 19 se pugnando G, pugnando E^6 uuitigitem I (A^1, uuithutem D), guitigem $C^3B^{3\cdot4}E^1$, gitigem B^2, guttigem E^{3b} 20 cust.] et cust. GE^6 et om. GE^6 21 annum] per a. E^6 uero] rel. et E^{5b}, uenerabilis E^1, om. D 22 pugnando om. E^{5b}(?)   uincit D fugierunt A^1GE^6, fugerunt $DC^3B^{2\cdot3\cdot4}E^1$, fugauerunt E^{5b} rauennam] rel. et $E^{5b}G E^1$, rauenna A^1GE^1 24 fames E^1 ciuitate G

Mediolanae relatio ipsius hoc evidenter narravit, eo quod in partes Lyguriae mulieres filios suos comedissent penuriae famis; de quas retulit ecclesiae suae fuisse ex familia. Eodem tempore ambulavit patricius Vilisarius Neapolim, ordinavit eam et postmodum 6 venit Romam. Qui susceptus est a domno Silverio benignae; et abiit Vilisarius patricius in palatio Pinciano V id. Mai. indictione XV, tunc erat Vigilius diaconus apocrisarius in Constantinopolim. Dolens autem Augusta pro Anthemo patriarcha, quod depositus fuisset a sanctissimo Agapito papa, quod hereticum cum repperisset et in locum eius constituisset Menam servum dei, tunc Augustus consilium usus cum Vigilium diaconum misit epistulas suas Romae Silverio papae rogans et obsecrans: Ne pigriteris ad nos venire aut certe revoca Anthemum in locum suum. Qui dum legisset beatus Silverius litteras, ingemuit et dixit: Modo scio, quia hanc causam finem vitae meae adduxit. Sed beatissimus Silverius, fiduciam habens in deo et beato Petro apostolo, rescripsit Augustae: Domina Augusta, ego rem istam facturus numquam ero, ut revocem hominem hereticum in sua nequitia damnatum.

Tunc indignata Augusta misit iussiones ad Vilisarium patricium per Vigilium diaconem 7 ita continentes:

Vide aliquas occasiones in Silverium papam et depone illum ab episcopatum aut certe festinus transmitte eum ad nos. Ecce ibi habes Vigilium archidiaconum et apocrisarium nostrum karissimum, qui nobis pollicitus est revocare Anthemum patriarcham. Et tunc suscepit iussionem Vilisarius patricius, dixit: Quidem ego iussionem facio; sed ille, qui interest in nece Silverii papae, ipse reddat rationem factis suis domino nostro Iesu Christo. Et urguente iussione exierunt quidam falsi testes, qui et dixerunt, quia nos vicibus invenimus Silverium papam scripta mittentem ad regem Gothorum. veni ad portam, qui appellatur Asinariam iuxta Lateranis, et civitatem tibi trado et Vilisarium

---

P habet omnia: I (A^1 [A^2 *deficit*]D). II ($C^3B^{2,3,4}$). III ($GE^{1,5,6}$).

1 mediolana B^4, mediolani E^{5b}, medilani C^3, mediolanensis GE^6 rel. ips.] relatione sua GE^6 uidenter C^3 enarrauit GE^6 eo] *rel. et* E^{5b}, *om.* E^1 partis A^1 2 penuriae] *rel. et* $E^{5b,6}$, penuria C^3GE^1 de quas] *rel. et* E^{5b}, quas B^2E^1, de quibus DE^6 retulit] *tulit* E^{1p} fuisset A^1, fugisse E^{1p}, que fuissent E^6 ex *om.* $E^{5b}(?)$ 3 eodem ... 4 abiit] qui supra scriptus uilisarius patricius (*om.* E^6) habitauit GE^6 uil. patr. $E^{1,5b}$ napolim A^1 ordinauit] *rel. et* E^{5b}, et ord. DE^1 4 romam] $A^1B^4E^{5b}$, romae $C^3B^{2,3}E^1$ susceptus] sustus C^3 benigne] uenicine C^3 obiit D uisiliarius E^1 5 palatio (pelatio C^3) pinciano (pintiano B^3, pitiano B^2, pintiana G, pontiano D)] *rel. et* E^{5b}, palatium pincianum E^1 u (*om.* E^1) id. mai.] ui die mens. maio E^{5b} dianos C^3 5/6 apocrisarius] $A^1E^{1,5b,6}$, apocrisiarius $C^3B^{2,3,4}$ 6 in *om.* $E^{1,5b}$ constantinopoli GE^6 augustus C^3, *non perscr.* $B^{2,3,4}$ anthemum A^1 7 fuisset] esset E^6 papa ag. D quod h. e.] quia e. h. E^6 eum *om.* D 8 loco eius $B^{2,3}$, eius loco GE^6 menam] II et III (C^3B^4, mennam $B^{2,3}GE^{1,6}$), moenam I (A^1, moenem D) augustus] C^3, augusta $GE^{1,6}$, aug. *reliqui* consilio $DB^{2,3}GE^{1,6}$ usa GE^6 cum *om.* C^3 uigilium] *rel. et* E^{5b}, uigilio $DB^{2,3}GE^{1,6}$ 9 diaconum] B^4E^{5b}, diaconem B^3, diac̄ $A^1B^2E^1$, diacono DGE^6 romae] romam A^1DE^6, roma G siluerium papam B^2, ad siluerium papam GE^6 obsecras C^3 pigriteris] pigeris I (A^1, pigeas D), pigrites G, pigeret E^6 10 certa C^3B^{2p} reuocare E^6 anthimum patriarcham E^{5bb} loco suo GE^6 dum] cum D beatissimus $C^3B^{2,3,4}GE^{1,6}$ 11 quia] qui B^4, quod E^6 hanc causam] *rel. et* E^{5b}, hanc causa A^1, hac causa G, haec causa $DE^{1,6}$ 12 addixit C^3, adducit G deo] domino DB^2E^6 beato] in beato D 13 domina] domna $C^3B^{2,3}$ 15 iussiones] i. suas E^{5b}, missiones E^6 bilisarius A^1 diaconum $C^3B^4E^1$ 16 ita continentes] $GE^{1,6}$ *soli* 17 uide] uideas Dp, uides Dc occansiones A^1 papa $DC^3B^{2,4}$ illum] cum D ab] ad G episcopatu $DB^3E^{1,6}$, episcopato B^2 18 transmitte] stans mitte B^4 habes] hauis C^3, auis B^{4p} apocrisiarium $C^3B^{2,3,4}G$ 19 patriarcha E^1 et *om.* $GE^{5b,6}$ 20 suscepit iussione C^3, suscepta iussione E^{5b}, suscipiens iussionem GE^6 dixit] et dixit D, dicens B^2E^1, *om.* B^3 ego quidem $DB^{4c}GE^{1,6}$ 21 ille qui] quod ille G necem GE^6 papae *om.* E^6 reddet DGE^6 de factis $GE^{1,6}$ 22 et] ex G urguentem iussionem B^4 quidem B^4 qui et] qui GE^6 23 nos *om.* A^1D uicibus *om.* E^6 scriptam A^1B^4G mittente G guthorum A^1 24 qui] quae $DB^{2,3}GE^{1,6}$ asinaria $DB^{2,3}E^{1,6}$, asinarium C^3, asenaria G lateranis] *rel. et* E^{5b}, lateranas E^1, lateranum E^6 uisiliarium E^1

LX. SILVERIVS.

patricium. Quod audiens Vilisarius patricius non credebat; sciebat enim, quod per invidiam haec de eo dicebantur. Sed dum multi iis eadem accusationem persisterent, pertimuit.

Tunc fecit beatum Silverium papam venire ad se in palatium Pincis et ad primum et secundum velum retenuit omnem clerum. Quo ingresso Silverius cum Vigilio soli in mosileo, Antonina patricia iacebat in lecto et Vilisarius patricius sedebat ad pedes eius. Et dum eum vidisset Antonina patricia,

dixit ad eum: Dic, domne Silveri papa, quid fecimus tibi et Romanis, ut tu velis nos in manus Gothorum tradere? Adhuc ea loquente ingressus Iohannis, subdiaconus regionarius primae regionis, tulit pallium de collo eius et duxit in cubiculum; expolians eum induit eum vestem monachicam et abscondit eum. Tunc Xystus, subdiaconus regionarius regionis sextae, videns eum iam monachum, egressus foras nuntiavit ad clerum, dicens quia domnus papa depositus est et factus est monachus. Qui audientes fugierunt omnes. Quem suscepit Vigilius archidiaconus in sua quasi fide et misit eum in exilio in Pontias et sustentavit eum panem tribulationis et aqua angustiae. Qui deficiens mortuus est et confessor factus est. Qui et sepultus in eodem loco XII kal. Iul., ibique occurrunt multitudo male habentes et salvantur.

(Hic fecit ordinationem unam) per mens. Decemb., (presbiteros XIIII, diacones V;

(episcopos) per diversa loca (XVIII.

(Et cessavit episcopatus.)

K habet quae ⟨ ⟩ comprehenduntur; P habet (praeter nominatim excepta) omnia: I (A^1 [A^2 *deficit*]D). II ($C^3B^{2\cdot3\cdot4}$). III ($GE^{1\cdot5\cdot6}$).

---

1 patrium C^3p uisiliarius E^1 1/2 hec per i. E^6 2 dicebatur A^1 accusatione $B^2E^{1\cdot6}$, occasione D 4 pallatio pinci E^6, palatio principis G ad] a $C^3B^{2\cdot3\cdot4}$ 4/5 primum et ad s. u. E^6, primo et secundo uelo B^2 5 retenebit C^3, retinebit B^4 omnem *om.* E^6 quo (quod A^1) ingresso (ingressus $B^{2\cdot3}$, ingressus E^{5h}) siluerius] ingresso itaque siluerio GE^6 5/6 in mosileo (A^1, musileo $C^3B^{2\cdot3\cdot4}$, mausoleo E^1, mausolea D) *om.* GE^6 6 lectu G et uil.] uel. uero GE^6 7 uideret C^3 9 papa D tibi fec. B^2 uel(l)is] uelles B^3 10 manus (manos C^3, manibus B^2, manu E^6) goth.] goth. potestatem D tradere *ante* in $B^{2\cdot3}$ adhuc] et adhuc GE^6 ea loquente] eloquente C^3, eo loquente E^1, eam loquentem A^1 iohannes B^2, *om.* GE^6 11 reg. pr. B^3 tullit A^1 palleum A^1G cubiculo G^cE^6 expolianis C^3, et expolians $DGE^{1\cdot6}$ 12 ind. eum] ind. GE^6 uestem (-te E^1) monachicam] m. u. GE^6, ueste monanastica *(sic)* D syxtus $DGE^{1\cdot6}$ 13 regionarius *om.* A^1 *solus*   14 foris GE^6 ad (ante B^{3p} (?)) clerum dicens *om.* E^6 15 depositus] positus B^{4p} qui] qui etiam $GE^{1\cdot6}$, quia D fugerunt $C^3B^{2\cdot3\cdot4}$ 16 fidem $A^1B^{3\cdot4}$ eum *om.* GE^6 exilium E^1 17 ponzas A^1D pane $DC^3B^2GE^{1\cdot6}$ aquae B^3G 18 sepultus] s. est $DGE^{1\cdot6}$ 19 occurrunt] I (A^1), occurrit *reliqui*   habentium B^2 $E^{1\cdot6}$ saluantur] salui facti sunt GE^6 20 ord. fec. B^4 *post* xiiii *ins.* diac. u KGE^6, diac. E^{1p} 22 xuiii] num. xuiii $B^{2\cdot3}E^1$, xuiiii DG 23 episcopatus] $K^2C^3B^{2\cdot4}$, episcopatus eius I (A^1D), episcopatus (-tum G) dies K^1B^3G, ep. per dies E^4, episcopatu dies u E^1

LXI. VIGILIVS.

⟨Vigilius natione Romanus, ex patre Iohanne consule, sedit ann. XVII mens. VI dies ⟨XXVI⟩. Eodem tempore Vilisarius patricius misit bellum cum Witigis regem Gothorum. Qui rex fugiens noctu, insecutus est eum Iohannis magister militum, cui cognomento Sanguinarius; tenuit eum et adduxit ad Vilisarium et ad Vigilium Romam. Tunc dederunt ei sacramenta in basilica Iulia, ut salvum illum perducerent ad Iustinianum imperatorem. Quem cum duxissent eum in Constantinopolim, gavisus est imperator et fecit eum patricium et comitem et transmisit eum iuxta fines Persarum et ibi vitam finivit. Vilisarium vero interrogavit imperator, quomodo se haberet cum Romanos vel quomodo in loco Silverii statuisset Vigilium. Tunc

K habet quae ⟨ ⟩ comprehenduntur; P habet (praeter nominatim excepta) omnia: I ($A^1 W^{1,2,3} [A^2$ deficit]$D^1 X^{1,2,3} A^{5,6,7} Freh. A^3 Z^{1,2}$). II ($C^3 B^{2,3,4} QB^{5,6,7} C^{1,2,4,5} D^2 P^{1,2}$). III ($GE^{1,2,4,5,6} H^{1,2} Cr. Mog.$). —
AVCTORES: *Index*: ann. XVII (sic 6. 8. 9. 10, ii 7, xuiii 5) m. VI (iii 5, uii 9, om. 7) d. xxui (om. 9).

1 romanus] roma G xuii] numero xuii $X^{1,2,3}$, xuiii A^7, uii E^4 m. ui] *rel. et* E^{5b}, m. uii $A^1 W^{1,2,3} Z^{1,2}$, m. u $X^{1,3} E^1$ 1/2 d. xxui] d. xxu *Freh.* $C^{4,5} E^{5b}$, d. xxiii X^1, *om.* N 2 eodem tempore] huius temporibus $H^{1,2}$ uilisarius] *sic fere meliores* (*vide ad p.* 144, 11), uisilarius Q, bilisarius $B^{5c,6c} Z^{1,2}$, belisarius $W^{2,3} E^4$, belesarins W^1, bellisarius C^1: *deinceps similiter libri*   patricius] patrius D^{1p}, uir clarissimus patricius GE^6 misit] II ($C^3 B^{2,3,4} QB^{6p,7} D^2$ *et gesta ep. Neap. c. 18*) G, commisit I. III (*rel.*) $B^{5c,6} C^{1,2,4,5} P^{1,2}$, fecit (*post bellum*) $H^{1,2}$ uuitigis I ($A^1 W^{1,3} D^1 X^{1,2,3} A^3$), uuitigite Z^1, uuitigete Z^2, guitigis C^5, guitigiso (+uitig*** C^{2p}) C^{2c}, guitigem II ($C^3 B^{3,4,5 p,6}$), guitige $A^6 B^2 QB^{5c,7} C^4 E^{1,2}$, cutige A^7, uuitige $W^3 A^5 GE^{4,6} H^{1,2} Cr.$, uuitinge D^2, gothicem C^1, gothice $P^{1,2}$ regem] $A^1 D^1 C^3 B^{3,4,5p,6} C^{1,2p}$, rege *reliqui*, rex E^2 3 qui rex (*om.* $A^5 H^{1,2}$)] quem regem $Z^{1,2} Q^4$, quem *Cr.*   fugiens] fugens $A^{7p} B^{4p}$, fugientem $Z^{1,2} C^4 Cr.$, fugiit H^1, fugit $E^4 H^2$ noctu] nocte $D^1 A^{6,7} B^{6,7} D^2$ insecutus est (*om.* $P^1 C^4$)] secutus est GE^6, et secutus est E^4, secutusque $H^{1,2}$ eum] cum $A^6 P^{1,2} H^2$, autem B^4, *om.* $X^{1,2,3} Z^{1,2} Cr.$ iohannis] iohannes deteriores fere, iohanne $P^{1,2}$ magister] magistri $B^{3p,5p}$, magistro $P^{1,2}$, minister $D^1 X^{1,2,3}$ cui] cuius A^3, *om.* $A^{5,6,7} QE^{4,5bh} H^{1,2} Cr.$ 3/4 cognomento] *rel. et* E^{5bh}, cognomentum $W^{2p,3} X^{1,2,3} Z^1 C^5 GE^6$, cognominatum Z^2, cognomen $C^{2c} E^1$ 4 sanguinarius] sangumarius P^1 tenuit] et tenuit $Z^{1,2} QE^{4,6} Cr. Mog.$, ac tenuit G, tenuitque $X^{1,3} A^5$, apprehendit et tenuit $H^{1,2}$ eum] *post* adduxit $W^{1,2,3} QC^1 P^{1,2}$, *om.* $H^{1,2}$ et ... romam] romamque ad uig. et ad uil. adduxit C^4 et adduxit] adduxitque Q, et duxit $A^{6,7}$, et deduxit $H^{1,2}$, et a. eum $W^{1,2,3} QC^1 P^1$ uilisarium] uelisarius A^1, bellisarium patricium $C^1 P^{1,2} H^{1,2}$ et ad (*om.* $A^5 P^1 C^1$) uigilium (uilium E^2, u. papam $H^{1,2}$) *om.* C^3 romam] roma $A^7 B^1 C^1 GE^{5b}$, rome B^5, *om.* $H^{1,2}$ 5 dederunt ei (*om.* $C^1 P^1$) sacramenta (sacramentum *post* iuliana C^1)] deduxerunt eum *hic*, *post* iulia *inserentes* dederuntque ei sacramentum (sacrum H^2) $H^{1,2}$ basilica] basilicam $E^1 H^1$ iulia] iuli(i) $A^3 B^{6,7} C^{2c,5} E^{1,5b} Cr.$, iuliae $H^{1,2}$, iuliana C^4, inlia romam $W^{2,3}$ saluum] saluus $H^{1,2}$, *om.* C^1 6 illum] *rel. et* E^{5b} cum gestis ep. Neap. c. 18, eum $W^{1,2,3} E^4$, *om.* $A^1 X^{1,2,3} D^1 A^{3,5} Z^{1,2} H^{1,2}$ 7 perducerent] perduceretur H^1, duceretur H^2 iustinianum] iustianum $W^1 Z^2 B^{5p}$, iustinum Q imperatorem] imperator G, *om.* $C^4 E^4$ quem] que E^2 duxissent eum in const.] uidisset $H^{1,2}$ duxissent] duxisset E^2, dixissent $H^{1,2}$, adduxissent $Cr.$ eum] illum A^6, *om.* $D^1 X^{1,2,3} A^7 B^2 QB^{5c,7} C^{2,4,5} P^1 GE^{1,4,5b,6} Cr.$ in *om.* $A^5 QC^{1,4} P^1 E^6 Mog.$ 7/8 constantinopolimi] -poli G 8 gauisus est (*om.* C^1) imp.] imp. g. e. $C^4 H^{1,2}$, est g. i. E^6 et (*om.* C^4) fecit eum] fecitque $H^{1,2}$ patricium] paticium C^3, patricius G et transmisit] transmisitque $H^{1,2}$ eum *om.* C^4 9 et ibi] ibi C^4, ibique $H^{1,2}$, ubi D^2 uil. uero ... p. 149, 15 largitus est *om.* $Z^{1,2}$ uil. uero int. (eum *ins.* W^{1p}) imp.] imp. autem uil. patricium int. $H^{1,2}$ 9/10 quomodo] cum H^2 10 romanos] $A^{1,3}$, romanis *reliqui*   loco] locum $A^{6,7} B^3 C^{1,2c,4} P^{1,2}$, nigilium] illum E^{5b} tunc] *rel. et* E^{5b}, tun A^1, et dato ab (*om.* E^4) eo (*om.* E^5, ab eo *om.* $H^{1,2}$) responsum (sic E^1, -so *reliqui et Mog.*) $GE^{1,4,6} H^{1,2}$

LXI. VIGILIVS.   149

gratias ei egerunt imperator et Augusta, et data ei dignitate iterum misit eum in Africam

III ad Gundarit regem Guandalorum et ut ‖ quae fecerat in Italia, faceret et in Africam. ‖

5 Qui veniens in fines Africae sub dolo pacis interfecit Guintarit regem Wandalorum et redacta est Africa sub rem publicam.

Tunc Vilisarius patricius de spolia Wandalorum veniens Roma optulit beato Petro apo- 2 stulo per manus Vigilii papae crucem auream cum gemmis, pens. lib. C,

I scribens ‖ in qua scripsit *II. III*

10 victorias suas, et cereostatos

II. III argenteos ‖

deauratos maiores II, qui stant usque hodie ante corpus beati Petri apostoli. Sed et alia multa dona et elemosynas pauperum largitus est. Fecit enim Vilisarius patricius xenodochium in via Lata et in via Flamminea iuxta civitate Hortas monasterium 15 sancti Iuvenalis, ubi possessiones et dona multa largitus est.

P habet omnia: *I* ($A^1W^{1.2.3}[A^2$ deficit$]D^1X^{1.2.3}A^{5.6.7}$ [deficit v. 1 in iterum] Freh.$A^3Z^{1.2}$). *II* ($C^3B^{2.3.4}$ $QB^{5.6.7}C^{1.2.4.5}D^2P^{1.2}$). *III* ($GE^{1.4.5.6}H^{1.2}$ Cr. Mog.). — ad v. 8 cf. vita Stephani V c. 643 Duch.: crux aurea illa famosissima, quam Belaesarius patricius ad honorem beati Petri principis apostolorum instituit.

---

1 ei om. $W^{1.2.3}A^{6.7}B^7C^1P^1E^4H^{1.2}$ egerunt] agentes C^4, egit $H^{1.2}$ data] dat C^3, d. est E^6 ei om. P^1 dignitate (-tem $C^{1.3}$, dignitas E^6) iterum (ante data $H^{1.2}$)] it. dign. E^{5b} miserunt C^4 2 africa $W^1A^{3.5}C^3$ $B^{2.4.6.7}C^{1.5}GE^{5b}$ 3/4 ad gundarit (sic E^{5b}, guindarit E^{4b}, gundarim E^1, gundarum Mog., guntarim $GE^{4.6}H^{1.2}$) r. uandalorum (guandalorum G^1 et sic deinceps, uandolorum G) et (om. $GE^{5b}H^{1.2}$) ut q. f. in italia (-liam E^6) faceret (facerat G^p) et (sic $E^{1.6}H^{1.2}$, om. GE^{5b}) in africam (-ca $GH^{1.2}$Mog.)] $GE^{1.5bb.6}H^{1.2}$ et usque ad guandalorum E^4, ubi deficit locus et ut ... regem uandalorum 5 fines] finis $A^{1.3}$, finem B^6C^1p, finibus $W^{1.2.3}H^{1.2}$ interfecit] interficit C^1E^6 guintarit] guintarith C^3B^4, guintarith C^2, uuintarit B^2, guntarit B^3Q, guntarith A^6, guintherith X^1, guintherit $X^{2.3}$, guintariht C^5, guinterith B^5, guinterit B^7D^2, uuiterit B^6, guindarit E^{5b}, uuintharim A^1 $W^1D^1A^{3.5}$, uuintarin $W^{2.3}$, gundarim $E^{1.2.6}$, guintari G, guintarium C^1P^1, guintharium P^2, gundarum $H^1p^{.2}$, guntarim H^{1c}, gundarum Mog., gontharidem Cr. uuandalorum om. $H^{1.2}$ 6 africa] africam E^1 sub] in GE^6 rem publicam] rem publica C^3G, re publica (puplica B^{5c}) $W^{2.3}A^{3.5.6}B^{2.3}QB^{5c}C^5E^4H^{1.2}Cr$. 7 tunc] cum P^2 uilisarius] belesarium A^1, nilisarium A^5 de (di B^6) spolia (sic rel. et E^{5b}, spoliis $W^{2.3}$ $X^{1.2.3}A^{5.6}QC^{4.5}P^{1.2}E^{1.2.4.6}H^{1.2}$) post romam $X^{1.2.3}Cr$. ueniens] rediens W^3 roma] $A^1W^1B^{4.5p}GE^{5b}$, romo C^3, romam reliqui beato] beto B^6 7/8 apostolo om. $X^{1.3}$ 8 manus] manum $X^{1.2.3}$ uigilii] uigilia W^1p cruce aurea C^5 pens] *I* (rel.) $QC^{1.4}D^2P^{1.2}$, qui (quae C^5E^1) pens. *III* ($E^{1.2.5b}$) $C^2p^{.5}$, om. *II* (rel.) $X^{2.3}A^6GE^{4.6}$ 9 in qua scripsit] rel. et A^6E^{5b}, scribens *I* ($A^1W^{1.2.3}D^1X^{1.2.3}A^3$) 10 et] *I* (rel.) QD^2, misit quoque E^4, om. *II* (rel.). *III* ($GE^{1.4.6}H^{1.2}$) A^6 cereostatos] A^1 et reliqui, cereostantos D^1, cereostatas W^1 A^6P^1, cereostata $X^{1.2.3}Q$, cereostatas $A^5C^3B^{2.4.5.7}C^5pGE^6$, cirostatos B^6E^{5b} (cerostatos E^{5h}), cyrostatos C^2p, cerostatas $W^{2.3}E^1$, caerostatas C^1, cerostata $E^4H^{1.2}Cr$., cirostata C^4 11 argenteos] reliqui et E^{5bb}, argenteas $A^6C^1P^1$Mog., argentea $X^{1.2.3}E^4H^{1.2}Cr$., argent QC^4, om. $A^1W^{1.2.3}D^1A^{3.5}$ 12 deauratos] deauratas C^1P^1Mog., deaurata $X^{1.2.3}QC^4E^4H^{1.2}Cr$., om. $W^{1.2.3}C^2p^{.5}$ maiores (maiora $X^2QC^4E^4H^{1.2}Cr$.) ii] ii mai. C^3 qui] quae $W^3X^1C^4P^{1.2}E^4H^{1.2}Mog$. stant] et stant B^7, statuit W^1 hodie] rel. et E^{5b}, in (h)odie C^3 $B^{4.5p.6}C^1$, in hodierno die B^2, in hodiernum diem A^6Q corpus] conspectum (-tu G) $GE^{4.6}$ apostoli om. A^6 C^4 13 dona] bona $A^1W^{1.2.3}$, d. obtulit $H^{1.2}$, om. E^6 elemosynas] elymosina G, elemosinam E^6, clymosinis C^1 pauperum] pauperibus $W^{2.3}A^{5p}QC^1P^{1.2}E^6H^{1.2}$ enim] et C^3p, etiam P^2Cr.Mog., autem D^1 $X^{1.2.3}B^6$, om. $W^{1.2.3}C^4$ uilisarius B^7, idem bilisarius H^1, om. C^4 patricius om. $C^4H^{1.2}$ 14 xenodochium] xenodochio C^1, senodochium $X^{1.2.3}B^{4.6}$, xenodoxium C^2p, xenodichium C^3, xenedochium B^7, xenodocium C^{5p}, exenodochium $A^1W^{1.2.3}D^1A^{3.5}$, zenodochium A^6, xenodochia $P^{1.2}E^6$, senodochia G, scenodochia E^4 et] et aliud $H^{1.2}$, om. A^6C^4 flamminea] flaminia $D^1B^{6.7}$, flaminia C^4 iuxta] et iuxta $H^{1.2}$ ciuitate] $A^1C^3B^{2.3.4.5p}E^{5b}$, ciuitatem reliqui hortas] hostas B^7, postea $P^{1.2}$, ornans E^4, ostiam Cr. (marg.) monasterium] et m. $X^{1.2.3}$, fecit m. $H^{1.2}$ 15 sancti] sanctae $B^6p^{.7}D^2$ iouenalis C^3 dona multa] m. d. $A^3C^4H^{1.2}$

LXI. VIGILIVS.

Eodem tempore Theodora Augusta scripsit ad Vigilium papam: Veni, adimple nobis 3 quae prona voluntate tua promisisti de patre nostro Anthemo et revoca eum in officio suo. Ad hec rescripsit Vigilius: Absit hoc a me, domna Augusta. Prius locutus sum male et insipienter: modo autem nullo modo tibi consentio, ut revocem hominem hereticum et anathematizatum. Etsi indignus, vicarius sum beati Petri apostuli, quomodo fuerunt ⟨antecessores ⟨mei sanctissimi Agapitus et Silverius,⟩ qui ⟨eum damnaverunt⟩.

Tunc Romani fecerunt suggestionem ‖ suggestiones suas contra Vigilium (eo quod cum consilio eius depositus fuisset Silverius beatissimus papa,) suggerentes pietati tuae, quia male agit cum servis tuis Romanis et cum ipsa plebe sua. quia homicidam illum accusamus, sic est ⟨in furore versus, ut daret alapam notario ⟨suo; mox ad pedes eius cadens expiravit⟩. Item dedit nepotem suam Vigilia Asterio

---

K sumpta ex v. 7 quia sanctissimi antecessores mei Agapitus et Silverius eum damnaverunt *inserit post p.* 152, 15 reuocare; *item sumpta ex v.* 11 ut quod consilio suo Silverius papa depositus fuisset *post p.* 153 interfecisset; *item sumpta ex v.* 13 taliter eum versum in furore, ut daret ... expressit *post p.* 153 dicentes; *P habet (praeter nominatim excepta) omnia:* I ($A^1 W^{1.2.3} [A^2 \text{deficit}] D^1 X^{1.2.3} A^{5.6} Freh. A^3 Z^{1.2}$). II ($C^3 B^{2.3.4} Q B^{5.6.7} C^{1.2.4.5} D^2 P^{1.2}$). III ($GE^{1.4.5.6} H^{1.2} Cr. Mog.$).

1 theodora augusta] aug. nomine th. A^6, th. regina aug. B^5 papam] papa G ueni] dicens u. $Z^{1.2}$ adimple] et adimple $D^1 X^{1.2.3}$, et imple C^4 2 prona] rel. et E^{5b}, pro bona III ($GE^{1.2.6} H^{1.2}$) C^4, bona $D^2 E^4$, prompta $W^{1.2.3}$ uoluntate] I (rel.) $C^{1.2} P P^1$, uoluntate tua II (rel.). $III. A^6$, om. A^3 4 promisisti] nobis pr. E^4 anthemo] anthemum C^1, anthimo $C^{4.8} E^{1.2.5b.6}$, anthemi I ($A^1 W^{1.2.3} D^1 X^{1.2.3}$) $B^{5c} E^4 H^{1.2}$ reuoca] reuocare C^1 officio suo] rel. et E^{5b}, officium suum $D^1 X^{1.2.3} A^{5.8} Q C^{2c.4.5c} E^{1.2.4}$ haec] hoc X^1 rescripsit (scripsit B^4) uig. (uirgilius Z^2, papa ins. A^5)] u. r. $W^{1.2.3}$ 5 absit] absint H^2 hoc (om. $P^{1.2}$) a me] a me hoc $C^1 H^1$, a me haec H^2 domna] domina G et dett. multi   augusta] antea A^3 locutus sum (om. A^3) male et ins.] m. l. s. et ins. C^5, s. l. m. et ins. A^6, m. et ins. l. s. C^4 6 nullo modo tibi consentio (uere ins. B^6)] t. n. m. c. E^6, n. m. c. t. Q reuocem] $II. III. W^{2.3} X^{2.3.4}$, reuoces I ($A^1 W^1 D^1 X^1 A^{3.5} Z^{1.2}$), reuoce C^4, post her. P^1 hominem] homine C^4 hereticum (om. B^5) et (om. E^6) om. $A^6 Q$ 7 etsi] licet sim C^4 uicarius] u. tamen $D^1 X^{1.2.3} A^5$, tamen u. $H^{1.2}$, suffraganeus A^6 sum] ante uic. E^4, om. C^4 apostoli om. E^6 quomodo fuerunt] tamen aliter non facio quam A^6 7/8 antecessores mei (om. G)] mei tamen a. C^4 8 sanctissimi] sanctissimus $W^{1.2.3} A^3 C^3$, om. $A^6 B^3 Q$ agapitus C^3 qui (et qui P^1) ... fuisset siluerius om. D^2 9 romani] romanus C^3 10 suggestionem] I ($A^1 W^{1.2.3} A^{3.5}$) E^6, suggessionem D^1, suggestionem suam $X^{1.2.3}$, suggestiones (suggessiones E^4) suas (tuas G) $II. III$ (rel.) A^6 11 contra] in C^4 eo om. A^5 cum] con $D^1 P B^7 C^2 P$, contra E^6, per B^{6c}, om. $A^{5.6} B^{5.6 P} G E^4$ consilio (consilium $B^{5p.6} E^6$, concilio $Cr.$) eius (eorum D^1)] ei. cons. $A^6 E^4$ depositus] depositum B^{8p} fuisset] fuissit A^1, est Z^2 silu. beat. papa] papa silu. C^4 12 suggerentes] et s. D^2, suggerimus $P^{1.2} E^4$, dicentes $Z^{1.2} B^5$, mandantes augustae suggerimus $H^{1.2}$, inquiunt $Cr.$ pietati (-tis A^1, -te C^1) tuae (om. A^3)] p. t. domina (domna C^4) augusta $C^4 E^4$, om. Z^2 quia] quo Z^2 male] mala P^1 agit] aget $C^2 P G E^{5bh.6}$, egit $X^1 C^{1.4} D^2 P^1$, ait A^6, a. uigilius $H^{1.2}$ seruis tuis (eius E^8) romanis] r. s. t. $W^{1.2.3}$ ipsa om. A^6 sua] suam A^3, tua E^6 13 quia] I ($A^1 W^{1.2.3} D^1 X^1 A^3$) GE^6, et quia (qui C^2) E^{5bh} et reliqui   homicidam] hormicidam C^4 sic est] et s. e. B^5, nam s. e. A^5, quia s. e. E^4, sic enim A^3, sic enim est $X^{1.2.3}$, sic est enim $H^{1.2}$ in om. $W^{2.3} A^3$ furore] furorem $X^{1.2} A^{5.6} Q B^5 C^2 . E^4 H^{1.2} Cr. Mog.$ uersus] usus $W^{1.2.3}$, reuersus P^1 daret] dari $B^{6p[3]}$, dedit H^1, dederit H^2 14 mox] rel. et E^{5b}, qui mox $W^{2.3} D^1 X^{1.2.3} A^5 B^1 P^2 C^4 GE^{4.6} Cr. Mog.$, et mox $K H^{1.2}$, ut mox A^6 pedes] pedens B^{4p} cadens] caderet A^6, corruens Q, sedens A^3, post mox $W^{2.3}$ expirauit] expiraret A^6, expirassit K dedit om. $W^{1.2.3} C^{2.5} H^1$ nepotem] rel. et E^{5b}, a nepote H^1, nepoti $A^6 Q B^{5c}$, neporam Z^2, neptem $D^1 X^{1.2.3} C^4 GE^{1.4.6} H^1$, om. A^3 suam] suum $B^{3.4.5p} C^1 D^2 P^1 Cr.$, suo $A^6 Q B^{5c} H^1$ uigilia] uigiliam $W^3 D^1 A^{3.5} Z^1 B^{6c} C^{4.5} G E^{1.4.6}$, uigili $A^6 B^{2.5.4p} Q B^5 P C^1 P^1$, uigilio $B^{5c} H^{1.2}$, uigilius $C^{2c} Cr.$, om. $X^{1.2.3}$ asterio] astero B^7, astere B^{6p}, astino W^3, et asterio B^{5c}, asterii H^1

LXI. VIGILIVS.

consuli filio mulieris viduae; quo casu faciente fecit eum teneri nocte et tamdiu caedi, quamdiu vitam finiret. Quo audito Augusta (misit Anthemum scribonem) cum iussiones 4 suas cum virtutem maiorem (ad Romam dicens: Excepto in basilica sancti Petri parce). Nam si in Lateranis aut in palatio aut in qualibet ecclesia inueneris Vigilium, mox inposito in navem perduc eum usque ad nos. Nam per viventem in saecula excoriari te facio. Qui Anthemus scribon veniens Romae (invenit eum in ecclesia sanctae Ci-(ciliae) X kal. Decemb., erat enim (die natalis eius); et munera eum erogantem ad populum tentus et deposuerunt eum ad Tiberim; miserunt eum in navem. Plebs et populus

---

K haec breuiauit sic: eodem tempore accusatus est ad Iustinianum (iustianum K^2) imperatorem et ad Theodorum (-ra K^2) Augustam. tunc miserunt Anthemum scribonem ad Romam dicēn nisi in basilica sancti Petri eum parci, inuenit (inuenitque K^1) eum in basilica sanctae Caeciliae die natalis (-le K^1) eius, qui tenens (tens K^1) eum duxit Constantinopolim; *P habet (praeter nominatim excepta) omnia*: I ($A^1 W^{1.2.3}[A^2$ *deficit*]$D^1 X^{1.2.3} A^{5.6} Freh. A^3 Z^{1.2}$). II ($C^3 B^{2.3.4} Q B^{5.6.7} C^{1.2.4.5} D^2 P^{1.2}$). III ($GE^{1.4.5.6} H^{1.2}$ Cr. Mog.).

1 consuli] consule $B^6 C^2 p^{.5}$, consulis H^1, consilium A^8, *om.* A^3 filium m. u. *post* noctu H^1, *utroque loco* H^2 filio] I $B^{6c} C^{2c}$, filium *reliqui*, filiumque C^4, *om.* A^6 mulieris] mulieri $A^1 D^1$ quo] qua $X^{1.2.3} B^6$, *om.* H^1 casu] caso $C^3 B^4$, causa $B^{6.7}$, casum C^5 eum *om.* $Z^2 H^{1.2}$ teneri] tenere $C^1 D^2$ nocte] noctu $Q P^1 p E^4 H^{1.2}$ tamdiu] tam dire B^5 caedi] cedit C^3, c. iussit A^6 2 quamdiu] quam usque Q, donec Z^2 uitam (uita G) finiret (finiuit $C^{2.4.5} E^{5bb}$)] f. u. $A^6 E^4$ audito] auditu A^1, audita C^1, augusta] augustus $W^3 Z^2$ anthemum] ant(h)imum III ($E^{1.2.5b.6}$) $C^{2.4.5} D^2$, anthemium $W^2 D^1 p Cr. Mog.$, anthenium Z^2 scribonem] scrobonem A^6, scribam C^{5p}, scriba B^{6c}, et scribam $A^5 Z^2$ 2/3 iussiones suas] $A^1 D^1 C^3 B^{2.3.4.6p.7} C^{1.2p} D^2 GE^{5b}$, iussionibus suis $QC^4 E^{1.2}$, iussione sua *reliqui* 3 cum] et $A^{3.6} Z^{1.2} GE^{4.6} H^{1.2} Cr. Mog.$, contra $P^{1.2}$, *om.* C^4 uirtutem maiorem (-re A^1)] $A^1 C^3 B^{2.3.4.6p} C^{1.2p}[?] D^2 P^1$, uirtute maiore (-ri $A^3 E^6$) *reliqui*, uirtute magna E^{5b} ad *om.* $A^5 C^{2c.4} E^6 H^{1.2} Mog.$ dicens] dirigens E^2, dicēn *(sic)* $K^{1.2}$ excepto] tantum illi A^5, nisi K *(vide supra)*, exceptis omnibus Cr., si eum inueneris $H^{1.2}$ basilica] basilicam $C^1 G$ sancti] beati $P^1 E^4 H^{1.2}$ petri] p. apostoli $H^{1.2}$ parce] pace E^4, non parcas E^6, eum parci K *(vide supra)* 4 nam] quod $H^{1.2}$, *om.* C^4 si *om.* C^5 lateranis] latranis A^5 aut in p.] atque in p. $C^{2.3.4.6} E^{1.2}$ in qualibet] quolibet *(om. in)* C^2 inueneris] inueniris Z^1, inueris B^{5p} 5 inposito] II *(rel.)*. III *(rel. et E^{5b})*, inpositum I $C^{1.4.5c} P^{1.2} E^4 H^{1.2} Cr.$, inposita C^{3p} in *om.* E^4 nauem] *rel. et* E^{5b}, nauim $QC^4 E^{2.6} Cr.$, naui $W^{2.3} A^5 E^{1.4}$, naue $W^1 B^7 G$ perduc] et p. E^6 eum *om.* $H^{1.2}$ usque *om.* C^{5p} nam] nam (quod $H^{1.2}$) si non feceris $Z^{1.2} H^{1.2} Mog.$, nam alias A^5 per uiuentem (-te D^1)] eo uiuente C^4 saecula] sclarum(?) Z^2, ecclesia E^2, s. nisi feceris $P^{1.2}$ excoriari] excorari D^1, excoricari C^4, excoriare $A^{5.6} D^2 G$ 6 te] eum** B^5 facio] faciam $W^{1.2.3} Z^{1.2} B^{6c} C^{2p.4.5} P^{1.2} E^{1.2} H^{1.2}$ qui] que X^1, tunc A^5, eodem tempore $H^{1.2}$ anthemus] anthimus $C^{4.5} E^{1.2.5b.6}$, anthemius $W^2 H^1 Cr. Mog.$, anathemius H^2, anthemum B^{6p} scribon] *rel. et* E^{5b}, scrobon A^6, scribo $X^{1.2.3} B^{5c} GE^{1.4} H^{1.2}$, scriba $Z^2 B^{6c} C^{5p} D^2 E^6$, *om.* C^4 romae] romam $W^{2.3} A^{3.5.6} B^{2.3} Q B^6 C^{2c.4} P^{1.2} E^{1.4} H^1 Cr.$, roma G inuenit] inuenitque K^1 ecclesia] ecclesiam B^3, basilica K sanctae] sancta C^{3c}, *om.* C^{3p} 6/7 ceciliae] $A^1 W^1 X^1 Z^1 C^3 B^{2.7} E^{1.6}$, ceciliae *reliqui*, celiae B^{3p}, ceciliae populo predicantem C^4 erat (erant B^3) enim (ante Z^2) die (dies $D^1 W^{2.3} X^{1.2.3} A^{5.6} Z^{1.2} B^{2c} Q B^{5c.6.7} C^{1.5} P^2 E^4 H^{1.2}$) natalis (natale $D^1 p$, talis C^{5p}) eius] erat o. n. dies $E^{1.6}$ (E^1 *inter* tentus est *et* munera, die natalis (natale K^1) eius K *(vide supra)*, *om.* E^{5bb} *et cum sequentibus* $C^{2p.3}$ et munera eum erogantem (-te A^5) ad populum (a populo D^1, populo A^6 pro ad p., repperit ins. $A^{3.5}$) tentus est (*om.* D^1)] *sic libri I, nisi quod epitomae* $Z^{1.2}$ *sic mutant*: et ipse episcopus munera erogans (rogans Z^2) populo tentus est; *similiter II meliores* $C^3 B^{2.3.4} Q B^5 C^2 D^2$, *nisi quod* et munera eum *cum praecedentibus om.* $C^{2p.3}$ *et pro* tentus est *habent* tentus $C^3 B^{2.3.4}$, ergo tentus est B^5, qui tentus est D^2, tenueruntque eum Q; *similiter denique ex cl. III* munera eum erogantem ad populum tentus E^{5b}. *Reliqui libri discedunt sic*: et (*om.* $C^5 H^{1.2} Cr.$) munera eum (*om.* $C^5 H^{1.2}$) erogantem ad populum tenentes (*sic* $B^{6.7} C^5 H^{1.2}$, tenens C^1, tenentes ergo eum $Cr.$) $B^{6.7} C^{1.5} H^{1.2} Cr.$; *item sic*: et inuenit munera eum (e. m. P^1) erogantem ad populum tenentes (et tenentem P^1) $P^{1.2}$, *item sic*: et rogante populum (populo* E^1) tentus est E^1 *(scilicet ante verba* erat enim dies natalis eius *et* E^2; *item sic*: munera tradente *(sic* GE), tradens E^1 *post verba* erat enim dies natalis eius *et* E^6) populo qui tenens GE^1 (*ubi haec adsunt bis*) $^{4.6}$ et inndidem pendens K: qui tenens (tens K^1) eum *(vide supra)*, denique *sic*: quem statum retentum C^4 8 et (*om.* $B^{6c} C^5 Cr.$) deposuerunt (deponentes $W^{2.3} Z^{1.2}$) eum (illum A^6, eum atque A^5, *om.* $D^1 X^{2.3} C^1 D^2 P^{1.2}$) ad (a $A^1 B^{2.4}$) tiberim (thyberium Z^2) miserunt (et miserunt $X^{1.3} Q B^{5c.6} C^5 D^2 Cr.$, miseruntque P^1, misit A^3)] *reliqui et* E^{5bb}, et deposuerunt *(reliquis omissis)* E^2, deposuit eum per t. et misit (dimisit E^4) $GE^{1.4.6}$, itaque eum deposuerunt ad tiberim miseruntque $H^{1.2}$ eum (*om.* QGE^6) in nauem (nauim $W^{2.3} A^5 QE^{1.2.6} H^2 Cr.$, nabem E^{5b}, naui E^4) *om.* C^5 plebs (et pl. $B^{5c} P^1$, omnis quoque pl. A^6, pl. autem $X^{1.2.3} Z^{1.2} GE^{1.4.5.6} Cr. Mog.$, pl. uero H^1) et populus (et pop. *reliqui et* E^{5bb}, *om.* $GE^{1.4.6}$) sequebatur (sequebantur $A^3 B^6 H^{1.2}$) eum (*om.* C^4)] et seq. eum pl. et pop. Q

LXI. VIGILIVS.

sequebatur eum adclamantes, ut orationem ab eo acciperent. Data oratione
I dixerunt ‖ respondit *II. III*

omnis populus: amen; et mota est navis. Videntes Romani quod movisset navis, in qua sedebat Vigilius, tunc populus coepit post eum iactare lapides fustes cacabos
5 et dicere: famis tua tecum! mortalitas tua tecum! male fecisti cum Romanis, male invenias ubi vadis. Et quidem amatores eius secuti eum sunt de ecclesia.
Qui ingressus Siciliam in civitate Catinense permissus est facere ordinationem per mens. 5 Decemb. presbiteros et diaconos, in quibus retransmisit Romae Ampliatum presbiterum et vicedominum suum et Valentinum episcopum ad sancta Rufina et Secundum
10 ad custodiendum Lateranis et gubernandum clerum. Et valefaciens omnibus ingressus est ⟨Constantinopolim⟩ vigilias domini nostri Iesu Christi. Obvius est ei imperator; osculantes se coeperunt flere; et plebs illa psallebat ante eum usque ad ecclesiam sanctae Sofiae: ecce advenit dominator dominus et cetera. ⟨Per biennium enim fuerunt ⟨intentiones de Anthemo patriarcha, quomodo promisisset⟩ eum in locum suum et cau-
15 tionem manus suae ei ostendens, quomodo promiserat ⟨eum in ordine suo revocare⟩. Sed Vigilius eis nullatenus voluit consentire, sed tantum virtute magis mori desiderabat quam vivere. Tunc ⟨Vigilius⟩ papa ⟨dixit: Ut video, non me fecerunt venire ad se 6 Iustinianus et Theodora⟩ piissimi principes, ⟨sed hodie scio, quod Diocletianum et Eleu-⟨theriam inveni. Facite ut vultis: digna enim factis recipio. Tunc dedit alapam in

---

K pergit post adlata p. 151 *sic:* per biennium . . . revocare. qui Vigilius dixit eum non revocare *(sequuntur adlata p.* 150*) et (nunc ins. K²) video (sequuntur v.* 17 *seq.* ⟨ ⟩ *comprehensa); P habet (praeter nominatim excepta) omnia: I* ($A^1 W^{1.2.3}[A^2 \text{ deficit}] D^1 X^{1.2.3} A^{5.6} Freh. A^8 Z^{1.2}$). *II* ($C^3 B^{2.3.4} Q B^{6.6.7} C^{1.2.4.5} D^2 P^{1.2}$). *III* ($GE^{1.4.5.6} H^{1.2} Cr. Mog.$); *a v.* 7 *adhibiti sunt soli I* (A^1). *II* ($C^3 B^{2.3.4} C^1$). *III* ($GE^{1.5.6}$).

1 adclamantes (-tem *Mog.*) ut (in X^1p) or. ab eo acc. (acc. ab eo $D^1 QC^4$)] petens or. ab eo (ab eo or. E^6) accipere (recipere E^4) $GE^{4.6}$ data] dato A^6, et data P^1, dataque $Cr.$, data autem Z^2, data uero $GE^{4.6}$ oratione] orationem $A^1 C^3 B^3$, orationes E^1 2 respondit] *II. III. A⁶*, dixerunt *I* ($A^1 W^{1.2.3} D^1 X^1 A^3 Z^{1.2}$) 3 omnis (omnes $A^1 B^6$p, *om.* E^6) populus] omnes populi $X^{1.2.3} A^3 Z^1$ et mota est nauis (naues B^6p) *om.* $Z^{1.2}$ quod (que C^3, quia H^2) mouisset (m. se C^5, se m. P^1, mouit se E^4, mota esset $A^6 Cr.$, recederet $H^{1.2}$) nauis] q. n. m. E^6, q. m. nauis sed naues (nauis B^6c) B^6, mouere nauem $Z^{1.2}$ 3/4 in qua] in aqua ubi E^4 4 sedebat] erat P^1, sequebat Z^2 tunc] tuc B^4, et A^6, *om.* $Z^{1.2} QB^7 P^1 H^{1.2}$ populus (*om.* A^6) coepit] *I (rel.)*, coep. pop. *II (rel.). III (rel.)* W^2, coeperunt $Z^{1.2} QP^{1.2} H^{1.2}$ post eum iactare (iacere H^1)] *I (rel.)* $H^{1.2}$, iactare (iactere C^1) post eum *II (rel.). III (rel.) A⁶*, iactabant post eum C^4 lapides (et *ins. A⁶*) fustes (et *ins.* $X^{1.2.3}$) caccabos (cum calcibus $Cr. marg.$)] l. c. f. E^6, lapides et fustes (*om.* cacc.) GE^4 5 et] e A^1 dicere] diceret C^1, dicebant $GE^{4.6}$ famis] fames $C^3 B^{2.3.4} GE^1$ alii tua (tuas G, *om.* D^2) tecum (post mort. P^2) *om. A⁶* mortalitatis A^6 tua] *I (rel.)* $B^{2.5.7} GE^{4.6}$, *om. II (rel.) A⁶ E^1 Cr.* tecum] sit A^6 male fecisti romanis *bis* B^4p cum] *I (rel.), om. II. III A⁶* male] et male $H^{1.2}$ fecistis E^1 6 inuenies $D^1 C^3 B^7 GE^4$, inuenia D^2 ubi . . . ecclesia *om.* $Z^{1.2}$ ubi] ubicumque $C^1 P^1 H^{1.2}$, quo E^6, *om.* $Z^{1.2}$ et] sed $H^{1.2}$, soli A^6, *om.* C^4 quidem] quidam $X^3 QB^{5c} C^{1c.2} P^{1.2} H^{1.2}$, quem $C^{1c.4}$, uero A^6 amatores] atores E^{5b}, amatori B^6p cius] sui C^4 eum *post* sunt $W^{2.3} D^1 X^1 A^{5.6} B^2 QB^{6.7} C^1 P^{1.2} GE^5 H^{1.2} Cr.$, *post* ecclesia E^4 de ecclesia] sicut de ecclesia A^5, duaeclae C^3p, deaeclae C^{3c}, ecclesiae B^1, ad ecclesiam $W^{2.3}$ 7 sicilia $A^1 G$ ciuitatem $C^1 E^1$ cat(h)enense $C^{1.3} B^{2.3.4}$, catenensem E^1, catanense $E^{5b.6}$, cathenensis G ordinatione A^1 8 et *om.* C^1 romam $E^{1.6}$, roma G 9 et ual.] atque u. GE^6 ad] *I* (A^1), a $C^1 B^{2.3.4} GE^1$, et C^3, *om.* E^6 sanctam rufinam A^1 secundum] *I* (A^1), secunda $C^3 B^{2.3.4} GE^1$, secundum $C^1 E^6$ 10 lateranum E^6 11 constantinopolim] constantinopoli in G uigilias] *rel. et* E^{5b}, uigilia E^1, in uigilia E^6 obuius . . . 12 coeperunt] E^{5b} *et rel.*, cui obuians imp obsculauerunt (obsculati sunt E^6) se et ceperunt GE^6 12 ples $C^3 B^3$p ille C^1 ecclesiae $C^3 B^1$ 13 sophoniae C^3 enim] *rel. et K*, uero $B^4 E^{1.5b}$ 14 contentiones E^6 anthemum $A^1 C^1$ quomodo] quod K promiserit E^{5b} in locum suum] reuocare in l. s. $E^{5b h}$, in loco suo restaurari GE^6, in l. s. restituere E^1, *om.* B^3 15 ostendentes E^1, ostendit Gp, ostendunt $G^c E^6$ quomodo] in qua E^6 promisisset G, promisit E^6 in (*om. A¹*) ordine suo] *rel. et* KE^{5b}, in ordinem suum E^1 reuocari $B^{2.3} E^6$, reuocaret K 16 uig. eis (ei A^1) null. noluit] $A^1 B^3$, uig. null. eis uoluit $C^{1.3} B^2 E^1$, uig. null. uol. eis $B^4 G$, null. uig. uol. eis E^6 tantum] tante C^1, tantum (tamen E^{5b}) tota E^{6bh}, tota GE^6 uirtutem $A^1 B^4$ magis] mais C^3 17 dixit] inquit A^1 (*sic*) 17/18 uen. ad se (ad se uenire $GE^{1.6}$) iust. et th.] uen. ad iustinianum et theodoram K^1 18 diocletianum $K^2 G$ 18/19 eleutheriam] $A^1 GE^{1.6}$, eleutherium $B^{2.3}$, lutheriam B^4, luteriam K^1, lutheria $C^3 K^2$, leuterius C^1 al. in faciem (facie $C^1 G$) eius] ei al. in fac. K

LXI. VIGILIVS.

⟨faciem eius quidam, dicens: Homicida, nescis, quibus loqueris? nescis, quia Silverium ⟨papam occidisti⟩ et ⟨filium mulieris viduae ad calces et fustibus interfecisti? Tunc ⟨fugiens in basilicam sanctae Eufimiae, tenens

P columnam ‖ ⟨cornu K

⟨altaris. Qui tractus ab ea,⟩ eiectus foris ecclesia, fecit mitti funem in collo eius: et trahentes eum per totam ciuitatem usque ad uespera tunc ⟨missus est in custodia:⟩ dabantur ei modico pane et aqua. ⟨Clerus⟩ autem Romanus (qui cum eo erant missi ⟨in exilio⟩ per diuersa metalla incidenda.

Tunc Gothi fecerunt sibi regem Badua, qui Totila nuncupabatur. Descendens Romae et obsedit eam; et facta est famis in ciuitate Romana, ut etiam natos suos uellent comedere. Quadam die intrauit Romam a porta sancti Pauli, indictione XIII. Tota enim nocte fecit bucina tangi usque dum cunctus populus fugirent aut per ecclesias se celarent, ne gladio Romani uitam finirent. Habitauit rex cum Romanis quasi pater cum filiis. Tunc quidam de senatoribus fugientes, Citheus, Albinus et Basilius patricii exconsules, ingressi sunt Constantinopolim et presentati ante imperatorem adflicti et desolati. Tunc consolatus est eos imperator et ditauit eos, sicut digni erant consules Romani.

⟨Eodem tempore misit⟩ imperator ⟨Iustinianus Narsetem eunuchum⟩ et cubicularium ⟨suum in Italia. Qui data pugna cum Guthis

P donauit ei deus uictoriam et occisus est ‖ ⟨uictoria comitatur et interfectus est rex K
rex ‖ ⟨Gotorum Totila⟩

LXI. VIGILIVS.

et multitudo Guthorum interfecti sunt. ⟨Tunc
P adunatus clerus ‖ ⟨Romani *K*
⟨rogaverunt Narsem, ut una cum eius suggestionem rogarent principem,⟩ ut, si adhuc
viveret Vigilius papa aut presbiteri seu diaconi vel clerus, qui cum eodem Vigilio
fuerunt in exilio deportati, reverterentur. Suscepta relatione Narsetis vel cuncto clero
Romano laetus effectus est imperator et omnis synclitos eius eo quod requiem deus
donasset Romanis. Mox misit iussiones suas per diversa loca, ubi fuerant in exilio
deportati, in Gypso et Proconiso, et adduxit eos ante se imperator dicens: Vultis recipere Vigilium, ut fuit papa vester? gratias ago. minus ne, hic habetis archidiaconum
vestrum Pelagium et manus mea erit vobiscum. Responderunt omnes: Imperet deus
pietati tuae. restitue nobis modo Vigilium et quando eum voluerit deus transire de
hoc saeculo, tunc cum vestra praeceptione donatur nobis Pelagius archidiaconus noster.
Tunc dimisit omnes.

⟨Cum Vigilio venerunt Sicilia⟩ in civitate Siracusis. ⟨Adflictus⟩ calculi dolorem habens 9
⟨mortuus est. Cuius corpus ductus est Romam, sepultus est ad sanctum Marcellum⟩ via
Salaria.

⟨Hic fecit ordinationes II⟩ per mens. Decemb., ⟨presbiteros XLVI, diacones XVI; episcopos⟩ per diversa loca ⟨LXXXI⟩.

Et ⟨cessavit episcopatus mens. III dies V⟩.

K haec breviavit sic: Tunc Romani rogaverunt Narsem, ut una cum eius rogatu suggererent imperatori pro (pri K^2) Vigilio, qui et impetraverunt. Qui rediens Vigilius venit Siciliam et ex multa adflictione ibi defunctus est *(sequuntur v. 15 seq.* ( ) *comprehensa); P habet (praeter nominatim excepta) omnia:* 1 ($A^{1,2}$).
II ($C^3B^{2,3,4}C^1$), III ($GE^{1,5,6}$).

1 guthorum A^1B^{4p} interfecta est GE^6 3 narsem] K^1B^4, narse $A^1B^{2,3}$, narsi K^2, narsa C^1, narsen E^{5h}, narsetem $A^2GE^{1,6}$ ut] et C^1, om. E^6 cum eius (eis E^6) suggestionem (suggestione A^2B^2G) rogarent (-ret E^6) rel.] cum eius rogatu suggererent (suggerent K^2) imperatori K si] et si C^1 3/4 adhuc uiueret (-rit A^1)] adiuuaret $GE^{1p,6}$ 4 uigilus C^3, uigilium E^6 presbyteri seu diaconi (-nis E^{5h})] rel. et E^{6b}, presbiteri seu diacones $E^{1,6}$ crerus A^1, clerum E^6 uigilium C^1 5 fuerant] fuerant $C^{1,3}B^{2,3,4}GE^{1,6}$ exilio] rel. et E^{5b}, exilium $E^{1,6}$ suscepta] s. autem $GE^{1,6}$ narsetes E^1, narse C^1 cuncto clero romano] rel. et E^{5b}, cuncti cleri romani $A^2GE^{1,6}$ 6 synclitos] synclitus (syncletus E^{5b}) E^{5bh}, synclaetas G, inclitos $A^1B^{2,3}$, inclitus C^3B^4, incliti $C^1A^2E^{1,6}$ quod] que C^3 6/7 don. deus (dominus E^6) $C^{1,3}B^{2,3,4}GE^{1,6}$ 7 mox] et mox $GE^{1,6}$ in exilio] rel. et E^{5b}, in exilium E^1, exilio A^2
8 gypso] $A^1C^1GE^{1,6}$, guypso $C^3B^{2,3}$, gyipso B^4, egipso A^2 et om. B^4 proconiso] $A^{1,2}G$, proconisso $C^3E^{1,6}$, proconixiis $B^{2,3}$, proconixmus B^4, proconixmi C^1 et om. $B^{2,3}$ dicens] A^1, dicens eis $A^2C^{1,3}B^{3,4}GE^{1,6}$, et dixit eis B^2E^{5b} uulti B^3 9 fuit] sit A^2 papa] pater E^6 ago minus (ago munus C^3, agimus C^1) ne (rel. et E^{5b}), non $C^1E^{1,6}$) hic om. in sp. vac. A^2: cf. *Cassiodorus ind. p. 559*   habetis] h. nisi $E^{1,6}$ archidiaconem $B^{2,3}E^1$, archidioconum C^3, archidiaconos C^1 10 uestrum] petrum C^1 manum meam B^4 imperet] rel. et E^{5b}, imperat C^3, adimperet GE^1, ad imperatorem E^6, imp̄ A^2: cf. *Iudae ep. 9*: imperet tibi dominus.   11 pietati] pietatis A^2, magestati E^{5bh} tuae] suae E^{1p} restitue nobis] r4 aug. restituetur uobis E^{5bh} *(verba r4 aug. ... transire scripta fuerunt charactere alio)*   modo om. $E^{1,5b,6}$ eum (om. C^3) uol. deus] deus uol. eum B^4, uol. eum deus (dominus E^6) $GE^{1,6}$, uol. eum omnium conditor deus A^2 12 seculum B^4 tunc om. E^{5b} cum uestra] A^1E^{5b}, cum uestri C^3B^4, uestri $B^{2,3}$, cum uestris $GE^{1,6}$, cura est C^1 praeceptione] rel. et E^{5b}, praeceptionibus $GE^{1,6}$, perceptione B^4 donatur] rel. et E^{5b}, donetur $C^1GE^{1,6}$ 13 demisit B^4, emisit E^{5b}, misit C^1 cum] qui cum B^4 uigilium C^1
14 uenerunt] et u. $GE^{1,6}$, qui u. A^2 siciliam KA^2E^{5b}, in sicilia(m) $E^{1,6}$ in om. C^1 siracusana $E^{1,6}$, syracusas E^{5b}, syracusa G add. calculi *(sic rel. et E^{5b},* calculis A^1, cauculi $B^{2,3}$, cauculo C^1, calculorum A^2) dolorem (dolore A^2E^{5b}) hab. (uigilius ins. A^2) mort. est] rel. et E^{5b}, et ex multa adflictione calculi dolorem (-re G) h. defunctus est uigilius $GE^{1,6}$ 15 ductus] rel. et K^2E^{5b}, ductum $K^1E^{1,6}$ est romam] est romam (roma K^1) et $KA^1(?)C^1G$, romae rel. et E^{5b} sepultus (et sep. KE^6, sepultum B^2) est om. A^2 marcellum] ma *(seq. sp. vac.)* A^1 16 salaria] s. in cymiterio priscillae E^1 solus   17 xlu E^{5bh} xui] ui A^2 18 lxxxi] numero lxxxi $B^{2,3}$, lxxi A^2 19 episcopatum C^3G
m. iii] rel. et E^{5b}, post dies u C^1, om. E^1 u] rel. et E^{5b}, xxui E^1

LXII. PELAGIVS I.

⟨Pelagius, natione Romanus, ex patre Iohanne⟩ vicariano, ⟨sedit ann. IIII mens. X dies 1
⟨XVIII. Et dum non esset episcopus qui eum ordinaret, inventi sunt duo episcopi,
⟨Iohannis de Perusia et Bonus de Ferentino, et Andreas presbiter de Hostis et ordi-
⟨naverunt eum pontificem. Tunc non erat in clero, qui poterant promoveri.⟩ Monasteria
5 et ⟨multitudo religiosorum,⟩ sapientium et nobilium ⟨subduxerunt se a communione
⟨eius dicentes, quia in morte Vigilii papae se inmiscuit,⟩ ut tantis poenis adfligeretur.
⟨Eodem tempore⟩ Narsis et ⟨Pelagius papa⟩ consilio inito ⟨data laetania a sancto Pan- 2
⟨cratio⟩ cum ymnis et canticis spiritalibus venerunt ⟨ad sanctum Petrum⟩ apostulum.
Qui Pelagius ⟨tenens euangelia et crucem domini super caput suum in ambone ascen-
10 dit⟩ et sic ⟨satisfecit⟩ cuncto ⟨populo⟩

II. III et plebi,

⟨quia nullum malum peregisset contra Vigilium.⟩ Item ⟨adiecit⟩ Pelagius papa et
dixit: ⟨Peto⟩ enim, ut petitionem meam confirmetis, ⟨ut si quis ille est, qui promoven-
⟨dus⟩ est ⟨in sancta ecclesia,

K III 15 ⟨dignus invenitur⟩

ab hostiario usque ad gradus episcopatus, ut ⟨neque per aurum neque per aliquas pro-
⟨missiones proficiat:⟩ vos omnes scitis, ⟨quia simoniacum est.⟩ Sed si quis ille doctus in
opere dei, bonam vitam habens, non per dationem, sed iubemus eum per bonam con-
versationem usque ad primum gradum venire.
20 Eodem tempore posuit Valentinum notarium suum timentem deum et restitui fecit 3
omnes vasa aurea et argentea et pallea per omnes ecclesias. ⟨Eodem tempore initiata

⟨est basilica apostulorum Philippi et Iacobi;⟩ qui dum initiaretur fabricari, ⟨mortuus est et sepultus⟩ est ⟨in basilica beati Petri⟩ apostuli

II VI non. Mart. ‖

Hic ⟨fecit ordinationes II⟩ per mens. Decemb., ⟨presbiteros XXVI, diacones VIIII;
⟨episcopos⟩ per diversa loca ⟨XLVIIII⟩

III deposit. die secunda men. Mar. ‖

Et ⟨cessavit episcopatum mens. II dies XXV.⟩

K habet quae ⟨ ⟩ *comprehenduntur; P habet (praeter nominatim excepta) omnia: I ($A^{1.2}$). II (C^3 $B^{2.3.4}$). III ($GE^{1.5.6}$). — Beda chr. c. 524 ad v. 2 de ecclesia Philippi et Iacobi.*

---

1 qui] *rel. et* E^{5b}, quae $A^2GE^{1.6}$ fabricare C^3 mortuus] interim m. K 2 et *om.* G sep. est] sep. $KA^2B^2GE^6$ beati] sancti K 3 ui non. mart. (mai. B^4) $B^{2.3.4}$ *soli* 4 hic fecit] fecitque K uiiii] uiii $E^{5bh}N$ 5 episcopus A^1 xluiiii] numero xluiiii $B^{2.3}E^1$ 6 d̄p d̄ ii secunda iii *(sic)* marcii *post* dies xxu C^3, deposit *(sic* E^{5b}, qui etiam obiit E^4) die secunda men. mar. *post* loco xluiiii $E^{1.5b}$ 7 episcopatum] $C^3B^{2.3}GE^1$, episcopatus *(vel comp.) reliqui* m. ii] KA^1, m. iii $B^{2.3.4}GE^{1.6}$, *om.* C^3

LXIII. IOHANNES III.

⟨Iohannis, natione Romanus, ex patre Anastasio⟩ inlustrio, ⟨sedit ann. XII mens. XI 1
⟨dies XXVI. Hic⟩ amavit et ⟨restauravit cymiteria sanctorum martyrum. Hic instituit,
⟨ut oblationem et amula vel luminaria in easdem cymiteria per omnes dominicas de
⟨Lateranis ministraretur. Hic perfecit ecclesiam⟩ apostulorum ⟨Philippi et Iacobi⟩ et
dedicavit eam.

Eodem tempore Eruli intarsia fecerunt et levaverunt sibi regem Sindualdet preme- 2
bant cunctam Italiam. Qui egressus Narsis ad eum interfectus est rex et omnem gentem Erulorum sibi subiugavit. Deinde venit Ammingus dux Francorum et Buccillinus;
simili modo et ipsi premebant Italiam. Sed auxiliante domino et ipsi a Narsete interfecti sunt. Erat enim tota Italia gaudens.

Tunc Romani invidia ducti suggesserunt Iustiniano et Sofiae quia: expedierat Romanis 3
Gothis servire quam Grecis, ubi Narsis eunuchus imperat et servitio nos subiecit; et
piissimus princeps noster haec ignorat. aut libera nos de manu eius, aut certe et

civitate Romana et nos gentibus deservimus. Quo audito Narsis dixit: Si male feci Romanis, male inveniam. Tunc egressus Narsis de Roma venit Campania et scripsit genti Langobardorum, ut venirent et possiderent Italiam. Ut cognovit Iohannis papa, quia suggestionem suam ad imperatorem contra Narsetem misissent, festinus venit Neapolim. Coepit eum Iohannis papa rogare, ut reverteretur Romae. Tunc Narsis dixit: Dic, sanctisime papa, quid male feci Romanis? Vadam ad pedes eius qui me misit et cognoscat omnis Italia, quomodo totis viribus laboravi pro eam. Respondit Iohannis papa dicens: Citius ego vadam quam tu de hanc terram egressus fueris. Reversus Narsis cum sanctissimo Iohanne papa.

Tunc sanctissimus papa retenuit se in cymiterio sanctorum Tiburtii et Valeriani et habitavit ibi multum temporis, ut etiam et episcopos ibidem consecraret. Narsis vero ingressus Romam post multum temporis mortuus est. Cuius corpus positus est in locello plumbeo, reductus est cum omnes divitias eius Constantinopolim.

Eodem tempore Iohannis papa et ipse mortuus est et ⟨sepultus est in basilica beati ⟨Petri⟩ apostuli

II III id. Iulias.

⟨Hic fecit ordinationes II⟩ per mens. Decemb., ⟨presbiteros XXXVIII, diacones XIII; ⟨episcopos⟩ per diversa loca (LXI).

⟨Et cessavit episcopatum mens. X dies III⟩

I. III sub die XIII mens. Iulii.

K habet quae ( ) *comprehenduntur; P habet (praeter nominatim excepta) omnia: I* ($A^{1.2}$). *II* (C^3 $B^{2.3.4}$). *III* ($GE^{1.5.6}$).

---

1 ciuitatem $A^2B^2E^{1.5b}$, ciuitas GE^6 romanam $A^2B^2E^1$, om. E^{5b} et om. B^{3c} deserimus E^{5b}, seruiemus E^6 quod A^1 dixit] dicens A^2 2 romani C^3 inuenio $B^{2.3p}$ tunc] et GE^6 de (om. B^2) roma] romam E^6 campania] rel. et E^{5b}, campaniam $B^{2.3}GE^{1.6}$, campaniae A^2 3 gentes A^1 langubard- A^1 *constanter*, lagobard- *hoc loco* A^2G, langobard- C^3 *(aliquoties)* $B^{2.3.4}$ *(hi tres constanter)*, longobard- E^6 *constanter et plerumque* $C^3A^2GE^1$ ueniret GE^1 et om. G possederent A^1, possideret G ut] et ut GE^6 iohannes B^4 4 quia] quod A^2, om. C^3 suggestionem G imperatore C^3 narsitem $B^{2.3}$ missent C^3 5 coepit] et c. $A^{1c}B^{5c}GE^6$ iohanne (iohannem E^1) papa] p. i. E^6, om. A^2 romae] $C^3B^4E^1$, romam $A^{1.2}$ *et reliqui*, roma G 6 dic] d ad C^3 mali B^2E^6 7 et] ut E^1 omnis om. GE^6 pro eam (ea $A^2B^2E^1$) om. GE^6 8 uada A^2G tu] tum E^1 hanc terram] C^3B^4, hac terra $A^{1.2}$ *et reliqui* reuersus] rel. et E^{5b}, et reuersus G, reuersi B^{3p}, reuersus est A^2, et reu. est E^6 10 sanctissimus A^1 retinuit $B^{2.3}$, tenuit E^6 11 temporis] tempus E^{5b} etiam et] $C^3B^{2.3.4}$, etiam A^1GE^1 cons. ib. E^1 12 roma B^4 post multum temporis (tempus GE^6)] *sic libri et gesta ep. Neap. c. 20, non post m. t. Paulus interpolans* positum A^2GE^6 locello] $B^{2.3.4}$, lucello $C^3GE^{1.5b}$, loculo E^6, lucelao *(sic)* A^1 13 reductus est c. o. diuitias] et reducte sunt omnes diuitias E^1, et perductum est cum omnes diuitias (omnibus diuitiis E^6) GE^6 14 iohannes B^4G, pob (sic *pro* ioh) C^3 et ipse om. GE^6 mortuusus G sep. est] $A^{1.2}GE^6$, sepultus $C^3B^{2.3.4}E^1$, qui sep. est K 15 apostoli] *rel. et* E^{5b}, om. E^1 16 iii id. iulias $B^{2.3.4}$ soli 17 xxxuiii] xxxuiiii A^1, xxxuii K, xxxiiii E^{5b}, xxxiiii A^2, xxuiii E^6 18 lxi] rel. et E^{5b}, xi A^{1p}, numero lxi $B^{2.3}$, numero lxxi E^1 19 et om. K^2 episcopatum] A^1 (sic eptu) $C^3B^{2.3.4}GE^1$, episcopatus *(vel comp.) reliqui* per menses E^6 dies iii] d. xiii K, om. C^3 20 sub die xiii (iiii A^2) mens. iulii A^1C^3 *hic, post* 14 mortuus est A^2, *ante ordinationes* E^1

LXIIII. BENEDICTVS I.

⟨Benedictus, natione Romanus, de patre Bonifatio, sedit ann. IIII mens. I dies XXVIII. 1
Eodem tempore gens Langubardorum invaserunt⟩ omnem ⟨Italiam,⟩ simulque et famis
nimia, ut etiam multitudo castrorum se tradidissent Langubardis, ut temperare possent
inopiae famis. ⟨Et dum cognovisset Iustinianus⟩

II.III 5 piissimus ||

⟨imperator, quia Roma periclitaretur fame⟩

II.III et mortalitate, ||

⟨misit in Egypto et oneratas naves frumento transmisit Romae;⟩ et sic misertus est
deus terrae Italiae.

10 ⟨In istis laboribus et adflictionibus⟩ positis sanctisimus ⟨Benedictus⟩ papa ⟨mortuus est.⟩ 2
Qui ⟨sepultus⟩ est ⟨in basilica beati Petri⟩ apostuli ⟨in secretarium⟩

II prid. k. Aug. ||

⟨Hic fecit ordinationem I⟩ per mens. Decemb., ⟨presbiteros XV, diacones III; episco-
pos⟩ per diversa loca ⟨XXI⟩.

15 Et ⟨cessavit episcopatum mens. III dies X⟩

I.III sub die XXX mensis Iulii. ||

K habet quae ( ) *comprehenduntur; P habet (praeter nominatim excepta) omnia: I ($A^{1,2}$). II (C^3 $B^{2,3,4}$). III ($GE^{1,5,6}$). — Beda chron. c. 527 ad v. 3 de Langobardis; Paulus h. L. 2, 10. 26. 3, 11. — AVCTORES: Index:* ann. IIII m. I (*om.* 8) d. XXVIII (*om.* 6. 9).

1 de] ex E^1 bonefacio B^2 iiii] *rel. et* E^{5b}, iii $GE^{1,6}$, uii N xxuiii] $KC^3B^{2,3,4}E^{5b}$, xxuiiii $A^{1,2}$, xuiii $GE^{1,6}$ inuaserunt] *rel. et* E^{5b}, inuasit $A^{1,2}B^{2,3}GE^6$ omnem italiam (-lia K^2) *bis* C^3 fames B^4
3 tradidisset E^6, tradisset G possint $A^{1,2}B^2$ 4 inopiae] $C^3B^{3,4}E^{5b}$, impie A^1, inopiam $A^2B^2GE^{1,6}$ famis] famis penuriam A^{1c} et] ut C^3 cognouissent $B^{2,3,4}p$ iustinus KC^3B^4G 5 piissimus] impiissimus E^{1p}, *om.* $A^{1,2}$ quia roma (q. r. *om.* C^3) periclitaretur (pereglitaretur C^3)] quia romani periclitarentur K 7 et mortalitate] $C^3B^{2,3,4}GE^{1,6}$ *cum Beda, om.* $A^{1,2}$ 8 egypto] K^2A^1G, aegyptum *reliqui*   frumenta B^3 transmisit] misit K^1E^{1p} roma G, romam KE^6 9 deus] dominus E^6 terrae *om.* A^2 10 in istis l. et adfl.] in qua adflictione (-nem K^1) laborans K positis] $B^{3,4}$, possitis C^3, positus B^2E^1 *corrigentes*, posite E^6, positis his diebus A^1, *om.* A^2 sanctissimus] beatus K, s. uero GE^6 ben. papae C^3, papa ben. $E^{1,5b}$
11 qui] et KC^3, qui et $A^2GE^{1,6}$ balica E^1 beati] sancti K secretarium] *rel. et* E^{5b}, secratarium B^2, secretario $K^1A^2GE^6$, secratario K^2 12 prid. k. aug. $B^{2,3,4}$ *soli*   13 hic fecit] fecitque $GE^{1,6}$ ordinationem i] ordinationem (-ne C^3) C^3E^{5b}, ordinationes i B^3 decemb.] septemb. C^3 14 xxi] numero xxi $B^{2,3}$
15 episcopatum] $C^3B^{2,3,4}GE^1$, episcopatus (*vel comp.*) *reliqui*   16 sub die xxx mensis iulii] A^1 *hic, post* 10 mortuus est A^2, men. iulii (*rel. om.*) C^3 *hic, ante ordinationes* E^1, *om. reliqui*

LXV. PELAGIVS II.

⟨Pelagius, natione Romanus, de patre Unigildo, sedit ann. X mens. II dies X. Hic 1
⟨ordinatur absque iussione principis, eo quod Langubardi obsederent civitatem⟩ Romanam et multa vastatio ab eis in Italia fieret. Eodem tempore tantae pluviae fuerunt, ut omnes dicerent, quia aquae diluvii superinundaverunt; et talis cladis fuit, qualis a
5 seculo nullus meminit fuisse. Eodem tempore ⟨investivit corpus beati Petri⟩ apostuli 2 ⟨tabulis argenteis deauratis.⟩ Hic domum suam fecit

II. III ptochium ‖ xenodochium *I, II*

pauperum senum. Hic fecit cymiterium beati Hermetis martyris.

Hic fecit supra corpus beati Laurenti martyris basilicam a fundamento constructam et 3
10 tabulis argenteis exornavit sepulchrum eius. Qui mortuus est et ⟨sepultus⟩ ad beatum Petrum apostulum

II VII id. Febr. ‖

Hic ⟨fecit ordinationes II⟩ per mens. Decemb., ⟨presbiteros XXVIII, diacones VIII; ⟨episcopos⟩ per diversa loca ⟨XLVIII.⟩
15 Et ⟨cessavit episcopatum menses III dies XXV⟩

I. III sub die VII mens. Feb. ind. V
  III A morte sancti Silvestri usque ad hunc
  primum Gregorium fuerunt anni CCXLVI.

K *habet quae* ⟨ ⟩ *comprehenduntur*; P *habet (praeter nominatim excepta) omnia*: I ($A^{1.2}$). II (C^3 $B^{2.3.4}$). III ($GE^{1.5.6}$). — Beda *chr. c. 527 ad v. 2 de Langobardis*; Paulus *h. L. 3, 20.* — AVCTORES: *Index*: ann. X m. II d. X.

---

1 pelagius] p. ii G^cE^6, pelagius iunior A^2 de] ex $KA^1cGE^{1.5bh.6}$ unigildo] $C^3B^4GE^{1.5bh.6}$, uuinigildo $B^{2.3}$, unigeldo $A^{1.2}$, unigido K   ann. x] ann. B^3 2 ordinatus G, ordidatus C^3 absque (abque C^3) iussione] rel. (*cum Paulo*: Romanae ecclesiae pontifex absque iussione principis ordinatus est), ex praecepto iussionem A^1 (*del. ex prae*), extra iussione A^2, ex praecepto D   quod] que C^3 langubardis A^1, longobardi G   ciuitate romana C^3G, c. romam A^2 3 uastatio ab eis (es B^2) in it. fieret (fierit A^1, fierent E^{5b})] u. ab eis fieret per italiam G, uastarentur ab eis per italiam E^6 4 superinundarent E^{5b}, super nos inundauerunt $GE^{1.6}$ tales clades B^4 qualis] rel. et E^{5b}, qualem $GE^{1.6}$, quali A^2 5 secula C^3 fuisset G hic nestiuit K   corpus] c. papa pelagius A^2 6 hic fec. dom. suam B^4, fecit et d. s. A^2 7 ptochium] E^1 *et sic fuisse in* E^6 *efficitur ex silentio Holst. et Blanch.*), potochium G, parrochium E^6, tpochium C^3, xenodochium $A^{1.2}B^{2.3}$, hospicium B^4 8 pauperem B^4p senum] rel. et E^{5b}, et senum $E^{1.6}$, senium G 9 cymiterii G   hic fecit] fecit et A^2 super C^3B^2 fundamentis GE^6 9/10 et (*om.* C^3) tabulis ... 11 apostolum *om.* E^6 10 sepulchrum] supra sepulchrum G   10/11 sepultus ad b. p. apostolum] ibique in ipsa basilica est sepultus K, sep. est in ecclesia beati petri apostoli G   12 uii id. febr.] $B^{2.3.4}$ *soli* 13 fecit] fecitque K   diac. uiii] diac. uii A^1E^1, *om.* A^2 14 xluiii] num. xluiii $B^{2.3}$, xluiiii A^2, lxuiii E^6 15 episcopatum] $C^3B^{2.3.4}GE^1$, episcopatus (*vel comp.*) *reliqui*   iii] $A^1B^{2.4}$, ui $KC^3B^3GE^{1.6}$ 16 sub die uii (iiii C^3) m. febr. ind. u (ind. u *om.* C^3E^1) A^1C^3 *hoc loco, post* 11 apostulum A^2, *ante* ordinationes E^1 17 a morte ... 18 ccxlui *habet* E^1 *solus*

LXVI. GREGORIVS I.

⟨Gregorius, natione Romanus,⟩ ex ⟨patre Gordiano, sedit ann. XIII mens. VI dies X. ⟨Hic exposuit omelias euangeliorum⟩ numero ⟨XL⟩

J in Iob XXXV, in Ezechielem XX, pasto- ‖ Iob Ezechielem pastoralem
ralem et dialogorum libros IIII

⟨et multa alia,⟩ quae enumerare non possumus. Eodem tempore venit Romanus patricius et exarcus Romae, et dum reuerteretur Rauenna, retenuit civitates quas a Langubardis tenebantur, Sutrio, Polimartie, Hortas, Tuder, Ameria, Perusia, Luciolis et alia multa.

Eodem tempore beatissimus Gregorius ⟨misit servos dei Mellitum, Augustinum et Io- ⟨hannem⟩ et alios plures cum eis monachos timentes deum; misit eos ⟨in praedicatio- ⟨nem ad gentem Angulorum,⟩ ut eos converteret ad dominum Iesum Christum.

⟨Hic augmentavit in praedicationem canonis: 'diesque nostros in tua pace dispone' et cetera.⟩

Hic ⟨fecit beato Petro⟩ apostolo

I super altare ‖

⟨cyburium cum columnis⟩ suis ⟨IIII⟩ ex argento puro.

K habet quae ( ) *comprehenduntur; P habet* (*praeter nominatim excepta*) *omnia: I* ($A^{1,2}$). *II* (C^3 $B^{2,3,4}$). *III* ($GE^{1,5,6}$). — *Beda chr. c.* 531 *ad v.* 9 *misit* ... 10 *deum et hist. eccl.* 1, 23. 2, 1; *Paulus h. L.* 3, 25. 4, 8 *ad v.* 5 *eodem* ... 7/8 *alia multa.* — AVCTORES: *Index:* ann. XIII m. VI (ii 9) d. X. — *ad v.* 12 *intellegitur formula missae Romensis* (*Muratori liturgia Rom. vetus vol.* 2 *p.* 778 = *vol.* 1 *p.* 696]) *haec:* hanc igitur oblationem servitutis nostrae, sed et cunctae familiae tuae, quam tibi offerimus in honorem nominis tui, deus, quaesumus, domine, ut placatus accipias diesque nostros in tua pace disponas atque ab aeterna damnatione nos eripi et in electorum tuorum iubeas grege numerari per Christum dominum nostrum.

---

ex] de $C^3B^{2,3,4}G$, *om. K* gordiana C^3, gordianum K^2 xiii] xiiii C^2, xu $B^{2,3}$ x] xiii $B^{2,3}$ 2 omelias (omelia G, humilias C^3) euang. (*om.* E^{5b}) numero (*om.* A^2E^1) xl] in euangelium omilias xl K, omelias xl et moralia N 3 in iob xxxu in (seu et G) ezechielem (-lum G) xx pastoralem (-le G) et dialogorum (d•alagoram A^1) libros iiii] $A^{1,2}G$, (exposuitquo *ins. K*) iob ezechielum (-lo K^2, -lem B^4) pastoralem KC^3B^4 *cum gestis ep. Neap. c.* 23, iob lib. xxxu ezechielem lib. xx (xxii E^{1c}) dialogorum lib. iiii et pastoralem E^1, iob ezechielum (ezechielem B^2, excechielem B^3) pastoralem et (*om.* E^{5b}) dialogorum $B^{2,3}E^{6b}$, iob xxxu et ezechielem lib. xx pastoralem curam et dialogorum libros iiii E^6 5 multa] multa bona $E^{1,5b}$ quae ••enum. A^1 6 et *om.* A^2 romam E^6 dum *om.* A^2 rauennam $A^2B^{2,3}E^{1,6}$ retenuit] tenuit $A^{1,2}$, detinuit B^{3c} quas] *rel. et* E^5, quae $B^{2,3c}GE^6$ 6/7 langobardi E^1, longabardis B^3, longobardis G 7 retenebantur E^{5b}, detenebantur GE^6 sutrio] *rel. et* E^{6b}, sutrum $C^3B^{2,3,4}$, id est (idem G) sutrium $GE^{1,6}$ polimare(*vel* t)ium $C^3B^{2,3,4}GE^{1,6}$ ortas $B^{2,3}GE^6$ tuder• B^3, tuber C^3 ameriam $GE^{1,6}$ perusia] *rel. et* A^1, perusiam $GE^{1,6}$ luceolis B^4E^1, luciolos E^6 7/8 alias multas E^1, multa alia A^2 9 misit] missus C^3p, et misit K, *post tempore* B^2 seruus K^2 dei] domini E^6 agustinum A^1 10 plurimos B^2 misit eos] *rel. et* E^{5b}, *om.* GE^6 10/11 in praedicationem (-ne G) ad] praedicare K 11 gentem] ientem G angulorum] $KA^1C^3B^{3,4p}$, anglorum $A^2B^{2,4c}GE^{1,5b,6}$ eos conuerterit C^3, eos conuerterent G, contanesceret (*sic*) A^2, conuerterent se E^6 12 hic (hoc B^3) ... *et cetera post* 6 non possumus A^2 augmentaui G *in om.* $G^1E^{1,6}$ praedicatione KA^2E^{5b} canones $K^2B^{2,3,4}$ diesque nostros usque in finem missae N 14 fecit b. p. a. (apostolos A^2)] fecit ad beatum petrum apostolum GE^6, et fecit beati petri K 15 super altare $A^{1,2}$, *om. rel. et* E^{5b} 16 cum col. suis iiii ex arg. puro] $C^3B^{2,3,4}GE^{1,6}$, cum col. argenteis iiii K, ex argento purissimo cum col. quattuor $A^{1,2}$

II Fecit autem vestem super corpus eius blattinio et exornavit auro purissimo, pens. lib. C.

1 Hic praecepit, || Hic (fecit, *II. III*

(ut super corpus beati Petri missas celebrarentur;) item et in ecclesiam beati Pauli apostuli eadem fecit. ⟨Eo⟩dem ⟨tempore dedicavit ecclesia Gothorum⟩, quae

I est || fuit *II. III*

⟨in Subora, in nomine beatae Agathe⟩ martyris.
Hic ⟨domum suam constituit monasterium⟩. 5
Qui mortuus est et ⟨sepultus in basilica beati Petri⟩ apostoli, ⟨ante secretarium⟩

I. III die XII mensis Martii. || III id. Mart. *II*

⟨Hic fecit ordinationes II,⟩ una ⟨in quadragesima et⟩ alia ⟨in mense septimo, pres-⟨biteros XXXVIIII, diaconos V; episcopos⟩ per diversa loca ⟨LXII.
⟨Et cessavit episcopatum menses V dies XVIII⟩

II indictione VII. ||

K habet quae ⟨ ⟩ comprehenduntur; P habet (praeter nominatim excepta) omnia: I $(A^{1,2})$. II $(C^1 B^{2.3.4})$. III $(GE^{1.5.6})$.

1 fecit autem uestem (ueste B^3, et uestes B^4) s. c. c. blattinio (blatinio B^4, blattineo B^3, blattineam B^2) et ex. a. p. p. lib. c *habent* $B^{2.3.4}$ *soli*   4 praecepit $A^{1,2}$, fecit K *et reliqui*   5 ut super (supra B^4, per B^3) corpus (eius *ins.* B^3) b. petri (apostoli *ins.* $A^{1,2}$) missas (rel. et E^{5b}, missa A^2) celebrarentur (-retur C^3) item et (*om.* $A^{1,2}C^3E^{5b}$) in ecclesiam (-sia $A^2C^3B^4E^{5b}$) b. p. ap. (*om.* B^{2p}) eadem fecit] *reliqui et* E^{5b}, super (supra GE^6, ut super E^1) corpus (corpore K^2, corpora K^1) beati petri et beati (*om.* K) pauli missas (misse E^1) celebrari (celebrare K, celebrarentur E^1) $KGE^{1,6}$ 6 eadem] similiter eadem A^2 eodem] eo K   ecclesiam $C^3B^{2.3.4}GE^{1.6}$, ecclesias A^2 guthorum A^1 quae] qui C^3 7 est] $A^{1,3}$, fuit *reliqui*   8 subora] subhora $B^{2.3}$, subura KGE^6 agathae] agnetis A^2 martyres A^1 9 domum] et d. K   10 qui] qui et GE^6 sepultus (est *ins.* K^2G) ... secretarium *om.* K^1 in basilica (basilicam GE^6, balica E^1) beati (sancti K) petri] ad beatum petrum apostulum $A^{1,2}$ segretarium KA^1, secratarium B^2 11 die xii (xii die G E^6) mensis martii] $A^{1,2}C^3GE^{1,6}$, iii (iiii B^4) id. mart. $B^{2.3.4}$ 12 ii una] *rel. et* K^2cE^{5b}, ii unam $A^1E^{1,6}$, ii (*om.* una) $K^{2p}C^3$ et alia] *rel. et* E^{5b} *et* K^2 *ex corr.*, et aliam E^6, aliam E^1, alia A^2, et K^2 in *om.* $A^{1,2}$ septimo] C^3B^4, septimi A^1, uii A^2, feb. K^{2p}, septemb. *rel. et* $K^{1,2c}E^{5b}$ 13 lxii] num. lxii $B^{2.3}$ 14 episcopatum] $C^3B^{2.3}GE^1$, episcopatus *(vel comp.) reliqui*   mens.] per mens. E^6 xuiii] xui GE^6 xuiii] xuiiii KA^1 15 ind. uii] B^4, iid *(sic)* iiii C^3, *om.* C^2

LXVII. SABINIANVS.

⟨Savinianus, natione Tuscus,⟩ de civitate Blera, ex ⟨patre Bono, sedit ann. I mens. V ⟨dies VIIII. Eodem tempore fuit famis⟩ in civitate Romana ⟨gravis⟩. Tunc ⟨facta ⟨pace cum gente Langubardorum⟩ et ⟨iussit⟩ aperire horrea ecclesiae et ⟨venundari⟩ frumenta ⟨per solidum⟩ unum

K II, III 5 ⟨tritici ‖

⟨modios XXX.

⟨Hic in ecclesia beati Petri⟩ apostuli ⟨luminaria addidit⟩. Quo defuncto funus eius 2 eiectus est per portam sancti Iohannis, ductus est foris muros civitatis ad pontem Mulbium. Qui ⟨sepultus est⟩ in ecclesia beati Petri apostoli

II 10 VI kal. Mart. ‖

Hic ecclesia de clero implevit.
⟨Hic fecit episcopos⟩ per diversa loca ⟨XXVI.
⟨Et cessavit episcopatum mens. XI dies XXVI.⟩

I, III Depositus sub d. XXII m. Febr. ‖

K habet quae ⟨ ⟩ comprehenduntur; P habet (praeter nominatim excepta) omnia: I ($A^{1,2}$). II ($C^3 B^{2,3,4}$). III ($GE^{1,5,6}$). similia Paulus h. L. 4, 29. — AVCTORES: *Index:* ann. 1 m. V d. VIIII.

---

1 sauinianus] *rel. et* KE^{5b}, sabinianus $C^3B^{2,3,4}E^{1,6}$ de ciu. blera (blesa A^2) *post* bono GE^4 ex] de $C^3B^{2,3,4}E^{5b}N$ u] ui K 2 uiiii] xuiiii GE^6, xuiii K roma $A^2C^3E^{5b}$ tunc facta] *rel. et* E^{5b}, facta autem $KGE^{1,6}$ 3 pacem K^2A^1 gente (gentem A^1, gento C^3) lang. (long. C^3G)] langobardis K et *om.* GE^6 uenundare KC^3 4 frumenta] frumentum populo $GE^{1,6}$ sol. i m. xxx] d. i xxx A^2
5 tritici] tritica B^4, trici $K^{1,2}$, tridici C^3, *om.* $A^{1,2}$: triticum *gest. ep. Neap. c. 24*   7 addidit] dedit E^1 funes G 7/8 eius eiectus] *rel. et* E^{5b}, eius eiectum $GE^{1,6}$, et iectum eius A^2 8 est *om.* $A^{1,2}$ porta A^1G ductus est] *rel. et* E^{5b}, ductum est E^1, eductus est $B^{2,3}$, et ductum GE^6 foras E^6 ad] a $A^{1,2}$, per GE^6, *om.* $C^3E^{1,5b}$ 9 mulbium] A^1, muluium E^{5b}, moluium $B^{2,3}$, molbium E^6, oluium C^3, olbium B^4G, miluium A^2 qui] *rel. et* E^{5b}, qui et A^2E^1 sepultus] ibique sep. K ecclesia] $A^1C^3B^{3,4}$, ecclesias A^2, ecclesiam *reliqui*, basilica GE^6 10 ui (xui B^4) k. mart. $B^{2,3,4}$ *soli, id ipsum, sed deletum [cernuntur* ui k ...] *in fine vitae post* 13 dies xxui B^4 11 ecclesia] ecclesiam E^6, et ecclesiam B^2 12 ep. fec. E^1 xxui] num. xxui E^1 13 et *om.* K^2 episcopatum] $C^3B^{2,3,4}GE^1$, episcopatus (*vel comp.*) *reliqui*   xi] x K^2, ui K^1 d. xxui (xxuii $GE^{1,6}$, xxu K^1) *om.* C^3 14 depositus (*om.* E^1) sub (*om.* C^3E^1) die xxii (secundo A^2) mens. feb. A^1C^3 *hic, post* 12 loca xxui A^2, *post* 9 apostoli E^1, qui sepultus est die xxii mense februario E^{5b} *post* 9 muluium

LXVIII. BONIFATIVS III.

⟨Bonifatius, natione Romanus, ex patre Iohanne⟩ Cataadioce, ⟨sedit mens. VIII dies 1
⟨XXII. Hic optinuit aput Focatem principem, ut sedis⟩ apostolica ⟨beati Petri apo-
⟨stuli caput esset omnium ecclesiarum, quia ecclesia Constantinopolitana prima se om-
⟨nium⟩ ecclesiarum ⟨scribebat.

⟨Hic fecit constitutum⟩ in ecclesia beati Petri, in quo sederunt ⟨episcopi⟩ LXXII, pres- 2
biteri Romani XXXIII, diaconi et ⟨clerus⟩ omnis, ⟨sub anathemate, ut nullus ponti-
⟨ficem viventem aut episcopum civitatis suae praesumat loqui aut partes sibi facere
⟨nisi tertio die depositionis eius adunato clero⟩ et filiis ecclesiae, tunc ⟨electio fiat,⟩ et
quis quem voluerit habebit licentiam eligendi sibi sacerdotem.
⟨Quo defuncto sepultus est in ecclesia beati Petri⟩ apostuli

I. III die XII mens. Nov. ‖ prid. id. Nov. *II*

⟨Hic fecit episcopos⟩ per diversa loca ⟨XXI.
⟨Et cessavit episcopatum mens. X dies VI⟩.

K habet quae ( ) comprehenduntur; P habet (praeter nominatim excepta) omnia: I ($A^{1.2}$). II (C^3 $B^{2.3.4}$). III ($GE^{1.5.6}$). — Beda chr. c. 535: 2 hic optinuit ... 4 scribebat. — AVCTORES: Index: m. VIII (sic 9, ann. uiii 8) d. XXII.

---

1 bonefatius K, b. tertius $A^2G^cE^6$ cataadioce] $A^1C^3B^4E^{5b}$, catadioce $B^{2.3}$, cataadicem G, cataau-
dioce E^1, cataantiochem A^2, om. E^6 sed. *** m. uiii A^1 2 xxii] rel. et E^{5b}, xxuiii $GE^{1.6}N$ aput]
caput C^3 focacem E^6, focate A^2, focatur $K^{1.2}$ principe K sedes K apostolica beati petri (p.
b. A^2) om. A^1 3 caput] capitus C^3 esse $A^{1.2}G$ quia ... 4 ecclesiarum om. G post ecclesiarum
ins. romana $C^3B^{2.3.4}$, romanae ecclesiae A^1, id est ecclesia romana E^1 ecclesia] sedis $A^{1.2}$ constantina-
politana B^4, constantinopolitano C^3 primam $B^3E^{1.6}$ 5 fecit constitutum (constitum C^3) ... 6 omnis]
hic constituit una cum episcopis et clero K petri] p. apostuli $A^{1.2}B^3$ quo] rel. et E^{5b}, qua E^1 resede-
runt GE^6 lxxii] lxii B^3, xxxii A^2 5/6 presb.] et presb. GE^6 6 romani om. C^3 xxxiii] rel.
et E^{5b}, xxxiiii E^1, xxiii GE^6 omnes A^1B^8 anathematis uinculo A^2 6/7 pontificem uiuentem] rel.
et $E^{1.5b}$, pontifice uiuente C^3, uiuente pontifice A^2, pontifice moriente K, pontifice uiuo uel moriente GE^6
7 episcopum] rel. et E^{5b}, episcopo KA^2C^3, eps $A^1B^{2.3.4}$, opi GE^6 suae ciu. A^2 loqui] rel. et E^{5b}, liqui
A^2, quilibet loqui KGE^6 parte A^2, partem GE^6, parentes E^{5b} 8 dispositionis B^3p   filii E^6 tunc]
et tunc $A^{1.2}$, om. GE^6 et] ut $B^{2.3}$, om. A^2 9 quis quem (que A^2) uoluerit hab.] rel. et E^{5b}, quem
uoluerint habeant GE^6 elegendi sibi B^3, elegendum sibi B^2, sibi eligendi E^6 10 quo defuncto] rel. et
E^{5b}, qui defunctus E^1 ecclesia] basilica KGE^6 11 die xii m. nou.] $A^{1.2}C^3E^1$, prid. id. nou. $B^{2.3.4}$,
om. GE^6 12 hic fecit] fecit idem A^2 per d. l. ep. A^2 xxi] num. xxi $B^{2.3}E^1$, xx E^6 13 episco-
patum] $C^3B^{2.3.4}G$, episcopatus (vel comp.) reliqui   mens. x] mense (sic) G d. ui] d. x E^6

LXVIIII. BONIFATIVS IIII.

⟨Bonifatius, natione Marsorum, de civitate Valeria, ex patre Iohanne medico, sedit 1 ⟨ann. VI mens. VIII dies XIII.⟩ Huius temporibus famis, pestilentiae et inundationes aquarum gravissime fuerunt. Eodem tempore ⟨petiit a Focate principe templum qui 2 ⟨appellatur Pantheum, in quo fecit ecclesiam beatae

II. III 5 ⟨Mariae⟩ semper virginis ∥ ac gloriosae et dei genetricis semperque *I* virginis Mariae

et omnium martyrum; ⟨in qua ecclesia⟩

I Focas ∥

⟨princeps dona multa optulit.

10 ⟨Hic domum suam monasterium fecit,⟩ quem et ditavit. 3

⟨Quo defuncto sepultus est ad beatum Petrum⟩ apostulum

II VIII kal. Iun. ∥

⟨Hic fecit ordinationes II⟩ per mens. Decemb., ⟨diacones VIII; episcopos⟩ per diversa loca ⟨XXXVI.

15 ⟨Et cessavit episcopatum mens. VI dies XXV.⟩

I. III Depositus die XXV mens. Mai. ∥

K habet quae ⟨ ⟩ *comprehenduntur; P habet (praeter nominatim excepta) omnia: I* ($A^{1.2}$). *II* (C^3 $B^{2.3.4}$). *III* ($GE^{1.5.6}$). — *Beda chr. c. 536:* 3 petiit ... 7 martyrum. — AVCTORES: *Index:* ann. VI (*sic* 8, *om.* 9) m. VIII d. XIII (*sic* 8, *om.* 9).

1 bon. quartus $A^2 G \circ E^6$ marsicus A^2 ciuitate] cium E^6 ualeriae C^3p   2 ann. ui m. uiii] an. uii m. A^2p, a. m. uii (*sic*) A^{2c} pestilentia E^6 et] ex B^3p   inundatione $C^3 B^{2.3.4}$ 3 eodem tempore] hic KGE^6 petit $C^3 B^{2.3.4}$ focace E^6 principem B^4 qui] *rel. et* E^{5b}, quod $A^2 E^{1.6}$, quem G 4 app. (*om.* C^3) pantheon (pantheon E^1, pantheus A^2)] pantheum uocabant GE^6 in quo] quod GE^6 ecclesia K, e. esse E^6 beatae] sanctae E^1 5 mariae semper uirginis] *II. III cum Beda,* ac gloriosae et dei genetricis semperque uirginis mariae A^1, dei genetricis mariae A^2 7 martyrum] sanctorum m. A^2 reliquias in eam collocauit *ins. post* martyrum G, *post* 9 optulit E^6 qua ecclesia] quo A^2 8 focas $A^{1.2}$, *om. reliqui*   princeps] et pr. G dona multa] m. bona $E^{1.5b}$ 10 quem] *rel. et* E^{5b}, quae B^1, quam $B^{2.3}$, quod $E^{1.6}$, *om.* A^2 dotabit E^{5b} 11 quo defuncto] *rel. et* E^{5b}. qui defunctus E^1 est *om.* B^4 12 uiii k. iun. $B^{2.3.4}$ *soli*   13 per mens.] mense B^4 uiii] uii A^2 14 xxxui] num. xxxui $B^{2.3}$, xxxu $E^{1.5b}$, xxi A^2 15 et cessauit episcopatum (*sic* $C^3 B^{2.3.4} G$, episcopatus *perscr. vel comp. reliqui*) m. ui (uii GE^6, xi E^{5b}) d. xxu (xxxu C^3, u E^{5b}) *om.* E^1 16 depositus (*om.* $E^{1.5b}$, *sub* A^1) die xxu mens. mai. (madii E^{5b}) $A^1 C^3$ *hoc loco, post* 11 apostulum $A^2 E^{1.5b}$

LXX. DEVSDEDIT.

(Deusdedit, natione Romanus,) ex patre Stephano subdiacono, (sedit ann. III dies XXIII. (Hic clerum multum dilexit,) sacerdotes et clerum ad loca pristina revocavit.

Huius temporibus || Eodem tempore

veniens Eleutherius patricius et cubicularius Ravenna et occidit omnes qui in nece Iohanni exarchi et iudicibus rei publicae fuerant mixti. Hic venit Roma et susceptus est a sanctissimo Deusdedit papa optime. Qui egressus de Roma venit Neapolim, qui tenebatur a Iohanne Compsino intarta

contra quem || qui

pugnando Eleutherius patricius ingressus est Neapolim et interfecit

eundem tyrannum, simul cum eo alios multos et sic || tyrannum

reversus est Ravenna et data roga militibus facta est pax

magna ||

in tota Italia.

(Hic constituit secunda missa in clero. Eodem tempore factus est terrae motus maior

(VIII id. Aug.,) || mense Augusto,

indictione VI. (Post hec secuta est clades in populo percussio scabearum, ut nullus (poterat mortuum suum cognoscere. Quo defuncto sepultus est ad beatum Petrum) apostulum

VI id. Nov. ||

K habet quae ⟨ ⟩ comprehenduntur; P habet (praeter nominatim excepta) omnia: I ($A^{1.2}$). II ($C^3 B^{2.3.4}$). III ($GE^{1.5.6}$). — Paulus h. L. 4, 34. 45. — AVCTORES: Index: ann. III d. XX.

---

1 xxiii] xxiiii E^1, xx $KGE^{5b1.6}$, xxxiii N 2 pr. loca GE^6 3 huius temporibus] $A^{1.2}$, eodem tempore *reliqui* 4 uenit E^{5b} patricius *om.* C^4 rauenna] *rel. et* E^{5b}, rauennam $A^2B^{2.3}E^6$ et *om.* A^2GE^6 occidit] emendauit GE^6 necem GE^6 5 iohannis $A^2E^{1.5b}$, iohannem $B^{2.3}$ exarchae $B^{2.3}$ iudicibus] *rel. et* E^{5b}, iudicium G, iudices A^2, iudicis E^1 publici A^1 fuerant mixti] *rel. et* E^{5b}, m. fuerunt GE^6, fuerant (*om.* mixti) $A^{1.2}$ hic uenit] et ueniens hic (*om.* E^6) GE^6 romam $B^{2.3}E^{1.6}$ et *om.* $C^3B^{2.3.4}GE^6$ susceptum G 6 est] es A^1 deusdede $C^3B^{2.3}E^1$, dmnō deusdedit E^{5h} optime C^3, optimo E^6 de *om.* $B^{2.3}$ qui] quae $A^2GE^{1.5b.6}$ 7 consino A^1, campsino G, capsino E^6 intarta] intarca E^6, antarta A^1G, antartha A^2 8 contra quem] $A^{1.2}$ (*cum Paulo:* quem de eadem ciuitate non multos post dies Eleutherius patricius expulit eumque interfecit), qui $C^3B^{2.3.4}GE^{1.6}$ 9 pugnando *ante* ingr. GE^6 neapolim *om.* B^3 10 eundem (undem A^1) t. s. c. eo a. m. et sic $A^{1.2}$, tyrannum *reliqui* 12 reuersus est] reuersus B^3p, reuersusque $B^{3c}GE^{1.6}$ rauennam $A^2B^{2.3}E^{1.6}$ pax f. e. E^1 14 totam GE^1 italiam G 15 secunda (-dam $E^{1.6}$) missa (-am $E^{1.6}$) in cl.] $KC^3B^{2.3.4}GE^{1.6}$, et secunda missa fieri (fieret A^2) in cl. I ($A^{1.2}$) eodem] e. autem A^1 est *om.* K^2 maior] $KC^3B^{2.3.4}GE^6$, magnus $A^{1.2}E^{1.5b}$ 16 mense augusto] *rel. et* E^{5b}, in m. aug. E^6, uiii id. aug. K 17 ui] xi E^1 post haec] post hoc K^1, et post A^2 secutus A^1 cladis $KA^{1.2}B^3G$ percussio] *rel. et* E^{5b}, persecutio E^1p, *om.* E^6 scabearum] A^1E^{5b} *cum Paulo*, scauearum KC^3, scabiarum $A^2B^{2.3.4}GE^{1.6}$ ut] ita ut A^1 nullus] nul [sic] K^2 18 poterat] $C^3B^{2.3.4}GE^6$, possit $A^{1.2}$, poterit K, potuisset E^1 *cum Paulo* quo def. . . . 19 apostulum post ordinationes A^2 quo def. sepultus (-tum G) est] *rel. et* E^{5b}, qui def. est sep. E^1 19 apostolorum principem GE^6 20 ui id. nou. $B^{2.3.4}$ *soli*

LXX. DEVSDEDIT.   167

Hic (demisit pro obsequias suas ad) omnem (clerum rogam unam integram.
(Hic fecit ordinationes III, presbyteros XIIII, diacones V; episcopos) per diversa loca (XXVIIII.
(Et cessavit episcopatum mens. I dies XVI.)

I. III 5 Depositus sub die VIII mens. Novemb. ||

    K habet quae ( ) comprehenduntur; P habet (praeter nominatim excepta) omnia: I ($A^{1.2}$). II (C^8 $B^{2.3.4}$). III ($GE^{1.5.6}$).

    1 dimisit $A^2B^{2.3}GE^{1.6}$, et dimisit K pro obsequias suas] $KB^{2.3.4}$, pro obsequia sua A^1C^2, per obsequia sua $GE^{1.6}$, pro obsequiis suis A^2 ad] et ad GE^1 rogam (togam E^6) unam integram] K^1E^6, r. i. u. K^2, roga una integro A^2 2 xiiii] uiiii E^1 3 xxuiiii] xxuiii E^6, num. xxuiiii (xxuiii B^3) $B^{2.3}$, xxiiii A^2 4 et cessauit *om.* A^{1p} episcopatum] $C^3B^{2.4}G$, epatum B^3, episcopatus *(vel comp.) reliqui*   5 depositus *(om.* A^2E^1*)* sub *(om.* C^3E^1*)* die uiii m. nou. A^1C^3 *hoc loco, post p.* 166, 19 apostolum A^2E^1

LXXI. BONIFATIVS V.

(Bonifatius, natione Campanus, de civitate Neapolim, ex patre Iohanne, sedit ann. V 1
K III (d. X. ‖

(Hic constituit, ut testamentum valeat secundum iussionem principis). Hic constituit, ut nullus trahatur de ecclesia. Hic constituit, (ut acolothus non praesumat reliquias (sanctorum) martyrum (levare nisi presbiter). Hic constituit, (ut in Lateranis acolothus (non baptizet cum diacono, sed subdiaconi sequentes). Hic perfecit cymiterium sancti Nicomedi et dedicavit eum. Erat enim beatissimus Bonifatius (mitissimus) super omnes homines (et misericors). Hic clerum amavit, (roga integra clero suo dedit).

Eodem tempore ante diem ordinationis eius Eleuterius patricius et 2
I. III 10 exarchus ‖ eunuchus *II*

factus intarta adsumpsit regnum. Et veniente eum ad civitatem Romanam in castrum, que dicitur Luciolis, ibidem a milites Ravennates interfectus est. Cuius caput ductus Constantinopolim ad piissimum principem.

Quo 3
I. III 15 beatissimo papa ‖
defuncto (sepultus est ad beatum Petrum) apostulum
II VIII kal. Nov. ‖

Hic demisit omni clero roga integra pro obsequias suas.

K habet quae ⟨ ⟩ comprehenduntur; P habet (praeter nominatim excepta) omnia: I ($A^{1.2}$). II (C^3 $B^{2.3.4}$). III ($GE^{1.5.6}$). — Paulus h. L. 4, 34. — AVCTORES: Index: ann. V m. X.

---

1 bon.] b. quintus $A^2G^\circ E^6$ de] ex E^{1p} neapoli E^6 ex patre iohanne om. E^1 1/2 an. u] an. u d. x KGE^5, an. u d. xiii E^1, an. u m. x E^{5bh} 3 hic c. ut testamentum (destrumentum A^2) u. s. iussionem (-ne K^2) principis (-pes C^3) om. B^4 hic ... 4 ecclesia om. G 4 ut nullus trahatur de eccl. hic const. ut ac. non praesumat] ut nullus ac. praesumat (mediis omissis) E^6 acolothus] C^3E^1, acolothus B^4pG, acholytus(?) A^1, acholitus *fere rel.* reliquia A^2 5 ut] et ut K in om. A^2 acolothus] C^3E^1, acolothus B^4pG, acholytus(?) A^1, acholitus *fere rel.* 6 baptizet] *rel. et* E^{5h}, battizet C^3, baptizaret E^1, baptizat K^2p diaconis KG subdiconi B^3, subdiaconos K^1, subdiaconus K^2 perfecit] fecit $A^{1.2}$ sancti om. A^2 7 nicomedi] $A^{1.2}B^4$, nicomedis GE^6, nichodimi $B^{2.3}E^{1.5b}$, nicodomi C^3 eum] *rel. et* E^{5b}, illum E^1 beatus E^6 mit.] hic fuit mitissimus K 8 et om. A^2 clerus G rog. int.] et (qui et(?) E^1) rogam (togam E^6) integram $KA^1GE^{1.6}$ clero suo om. $A^{1.2}$ 9 diem] A^1GE^6, die A^2, dies $C^3B^{2.3.4}E^1$ et om. A^2 10 exarchus] $A^{1.2}G$, exarcuus E^6, eunuchus $C^3B^{2.3.4}E^1$ cum Paulo: Eleutherius patricius eunuchus imperii iura suscepit *et gesta ep. Neap. c.* 25 11 intarta] intarca E^6, antartha A^1E^{5b}, antarcha A^2G, om. B^3 uenientem A^1B^2G, inuenientes A^2 eum] eo $E^{1.6}$ ad] a GE^6, in A^2 ciuitate romana $A^2C^3B^4GE^6$ castro $A^{1.2}$ 12 que] A^1, qui $C^3B^{2.3.4}GE^6$, quod $A^2E^{1.6}$ luccolis $E^{1.5b}$, lociolis B^3, luccolis A^2, lucillis E^6 militos] *rel. et* E^{5bh}, militis C^3, miles E^1, militibus $A^2B^2E^6$ rauennates] *rel. et* E^{5b}, rauennatis B^4GE^1, rauentis A^2, rauenna E^6 ductum (est *add.* E^1) $E^{1.6}$ 14/16 quo defuncto] *rel. et* E^{5b}, qui defunctus E^1, quo beatissimo papa defuncto $A^{1.2}GE^6$ 16 sepultus est] qui sepultus est KG, sepultus E^6 17 uiii kal. nou. $B^{2.3.4}$ *soli* 18 hic] et G dimisit $A^2B^{1.3}$ $GE^{1.6}$ rog. int. pro obs. suas] A^1, roga integra pro obsequiis suis A^2, pro obsequias suas (per sequia [sic] sua E^1, pro obsequiis suis E^6) rogam (roga $B^{2.3}$, togam E^6) unam (om. C^3) integram (-gra B^4) $C^3B^{2.3.4}GE^{1.6}$

LXXI. BONIFATIVS V.

(Hic fecit ordinationes II) per mens. Decemb., (presbiteros XXVI, diacones IIII; epi-(scopos) per diversa loca ⟨XXVIIII.

(Et cessavit episcopatum dies XIII.)

l. 111 Depositus est die XXV m. Octobr.

K habet quae ⟨ ⟩ comprehenduntur; P habet (praeter nominatim excepta) omnia: I ($A^{1,2}$). II (C^3 $B^{2,3,4}$). III ($GE^{1,5,6}$).

---

1 hic fecit ... 3 dies xiii *om.* A^2 xxui] xxuii $K^2E^{1,6}$ 2 xxuiiii] numero (-rus A^1) xxuiiii $A^1B^{2,3}$ E^1, xxxuiii K^2 3 episcopatum] $C^3B^{2,3,4}G$, episcopatus *(vel comp.) reliqui et* E^{5b} dies xiii] *rel. et* E^{5bb}, m. ui d. xuiii E^1 4 depositus est (dep. est A^1E^6, p̄ C^3, sub A^2, *om.* E^1) die xxu m. oct. A^1C^3 *hoc loco, post p.* 168, 16 apostulum $A^2E^{1,6}$

LXXII. HONORIVS.

⟨Honorius, natione Campanus, ex patre Petronio consule, sedit ann. XII mens. XI ⟨dies XVII. Hic⟩ temporibus suis ⟨multa bona fecit.⟩ Hic erudivit clerum. Temporibus suis ⟨renovavit omnem cymiliam beati Petri⟩ apostuli ⟨et⟩ in⟨vestivit confessionem⟩ beati Petri ⟨ex argento⟩ puro, qui pens. ⟨lib. CLXXXVII. Hic investivit regias in ingressu ecclesiae

I eius quas vocant ‖ maiores qui appellatur *II. III*

mediana, ex argento, qui pens. lib. DCCCCLXXV; fecit et cereostatos maiores

II. III ex argento ‖

paria dua, qui sunt ante corpus beati Petri apostuli, pens. sing. lib. LXII. Fecit et ad beatum Andream apostolum, ubi supra, ante confessionem, tabula ex argento, qui pens. lib. LXXIII. ⟨Huius temporibus levatae sunt trabes in ecclesia beati Petri⟩ apo-

---

K habet quae ( ) comprehenduntur, post 4 lib. CLXXXV *pergens:* et multa alia ibi fabricavit; *P habet (praeter nominatim excepta) omnia:* I ($A^{1.2}W^{1.2.3}A^2D^1X^{2.3}A^{5.6.7}Freh.A^3Z^{1.2}$). II ($C^3B^{2.3.4}QB^{5.6.7}C^{1.2.4.5}D^2$ $P^{1.2}N$). III ($GE^{1.2.4.5.6}YII^{1.2}Cr.Mog.$). — AVCTORES: *Index:* ann. XII m. XI d. XVII.

1 petronio] petrinio A^2, patronio $E^{1.4}$, euronio B^5 consule] consoli C^3, consul C^1 m. xi] m. xii Y, *om.* C^4 2 d. xuii] d. xuiii A^3N, d. xui D^2 temporibus (tempore C^4) suis multa ... 2/3 temp. suis] suis temporibus (rel. om.) $A^{6.7}$ Hic] et $Z^{1.2}GE^{4.6}$, *om.* C^4 2/3 temporibus suis (om. B^6)] et t. s. A^5Q, t. s. et $P^{1.2}$, et $A^2Z^{1.2}H^{1.2}$, *om.* $C^4GE^{4.6}$ 3 omnem cymiliam (cimeliam B^6)] *reliqui et* E^{5h}, c. o. Z^2, omnia cymilia KGE^6, omnem (omne $B^{5o}A^7$) cymiterium B^5A^7, omnia cymiteria E^4, omnem cymilia cymiteria D^1, omnem familiam C^4E^1 beati petri (p. b. $W^{2c.3}$) apostoli *om.* A^2 inuestiuit] uestiuit $KA^{6.7}P^1C^4$, inuestiganit A^2 confessionem] confessione K^2 4 beati petri] b. p. apostoli B^7, eius $K^2A^{3.6c.7}Z^{1.2}QGE^{4.6}H^{1.2}$, inc. A^{6p}, *om.* K^1A^2 argento] auro $KG.E^{4.6}$ puro] purissimo $D^1X^{2.3}A^{3.6.7}Z^{1.2}C^4E^6$, *om.* A^5D^2 qui pens. ... lib. lxxxiii *om.* $Z^{1.2}$ qui] quae C^{5c}, quod $A^5E^{1.2}Cr.$, *om.* $A^{6.7}C^4P^{1.2}E^4H^{1.2}$ clxxxxiii] clxxxiii $X^{2.3}$, clxxxu K, clxxxxi $GE^{4.6}$, clxxxxiii W^2C^5, el W^3 inuestiuit ... 7 lib. dcccclxxu *om.* C^1 inuestituit ... 7 ex argento *post* 9 lib. lxii $H^{1.2}$ hic inuestiuit] $A^1W^{1.2.3}D^1X^{2.3}$, hic uestiuit A^5, inuestiuit *reliqui*, ipse i. $H^{1.2}$, inuestiuitque Q, uestiuit $P^{1.2}$, uestiuit quoque $A^{6.7}$, *om.* A^2 regias] r. ianuas *Mog.* 4/5 ingressu] ingressum A^2E^2, ingressus $W^{1.2.3}$ 5 ecclesiae] ecclesias C^4E^1 6 eius] I ($A^1W^{1.2.3}D^1A^5Freh.A^3$, beati petri A^2), maiores II (rel.). III, maioris $A^7QB^{5c}D^2$ *ex emendatione*, maiori A^6, *post* regias $H^{1.2}$, *om.* X^2 quas uocant] I ($A^1W^{1.2.3}D^1A^{2.5}$), quam uocant X^2, quas uocauit *Freh.*, qui (quae $A^{6.7}B^{2.3}QB^{5c}$) appellatur (-tir C^3) $A^{6.7}C^3B^{2.3.4}QB^{5.6}C^{2.5}D^2$, qui appellantur B^7, quae appellantur III ($GE^{1.4.6}H^{1.2}Cr.$), qm (ex qa) P^1 7 mediana] medianam $X^{2.3}B^{4.5p.6.7}C^{2p.5}P^{1.2}$, medianas $D^1A^5Freh.$, mediane III ($GE^{1.4.6}H^{1.2}Cr.$) ex argento] ex a. purissimo fecit A^2, *om.* C^4E^2 qui pens. lib. dcccclxxu (q. p. l. dcccclxxu *om.* $H^{1.2}$) ... 11 lxxiii] et ante confessione beati andreae tabulam argenteam A^2, *om.* $Z^{1.2}$ qui] que $E^{2.8}Mog.$, quod A^5, *om.* $A^{6.7}C^4P^{1.2}E^4Cr.$ dcccclxxu] dcccclxxxu C^{5p}, dcccclxxu W^{2p}, ccclxxu $W^{2c.3}$, dcccclxu E^4 fecit et] fecit $A^{6.7}B^3C^4E^4$, et fecit B^6, fecitque Q, f. autem et $A^1W^{1.2.3}D^1X^{2.3}A^5C^5$, ibi ipsum fecit E^{5bh}, *om.* C^3 cereostatos] $A^1B^{2.5c.7}C^5D^2$, cereos stantes $X^{2.3}$, cereostatas $W^1B^6C^2cP^1$, ciriostatos $B^{5p}E^{5bh}$, cereostata QB^{5c}, cerestatos A^7, cirestatos A^6, cyrestatos B^3, cerostatas $A^5Freh.GE^{1p.6}Cr.$, cirostatos C^3B^4, cerostatas $W^{2.3}P^2E^{1c}$, cyrostatas $C^{1.2p}E^2$, cerostata $E^4H^{1.2}$, cirostata C^4 maiores] maiora $QC^4E^4H^{1.2}$ 8 ex argento *om.* $A^1W^{1.2.3}D^1A^5$ 9 paria (*om.* E^4) dua (vel duo vel ii)] pares duos Cr., iiii A^5 qui] quae $QP^{1.2}C^4E^{1.4}H^{1.2}$ sing. *om.* C^3E^2 lxii] *rel. et* E^{5h}, lxu $H^{1.2}$, lxxii $W^{1.2}$, xxii W^3, cclxii GE^4, cclxxii $E^{1.6}$ fecit ... 11 lib. lxxiii *post* p. 171, 2 heraclii $H^{1.2}$ fecit et] fecit $C^{1.4}$, fecitque H^1, fecit quoque P^2H^2 10 ad (*om.* C^3) b. a. ap.] beato andreae apostolo GE^4, beato petro apostolo E^6 ubi supra] iuxta eandem ecclesiam beati petri apostoli $H^{1.2}$, *om.* A^5 ante *om.* P^1E^4 confessionem] -ne G, c. eius $A^{6.7}H^{1.2}$, c. et E^4 tabula] *reliqui et* E^h, tabulam $X^{2.3}A^5Freh.QB^{5c}C^{2.4.5}D^2P^{1.2}E^2H^{1.2}Cr.$, tabulas III ($GE^{1.4.5h.6}$) $A^{6.7}$ ex argento] argentea $A^1W^{1.2.3}D^1$, argenteam $X^{2.3}A^5Freh.$ qui] quae $X^3A^5B^3C^{2c.5}E^2Cr.Mog.$, quod E^1, *om.* $W^{2.3}A^{6.7}QC^4P^{1.2}GE^{4.6}H^{1.2}$ 11 lxxiii] lxxii C^5, lxii E^4 huius t. leuatae (leuati $Z^{1.2}E^6$) sunt] fecitque (fecit quoque H^3) leuari $H^{1.2}$ trab(vel u)es] trabe E^2 in ecclesia] ecclesia B^7, ecclesiae L^6 beati] sancti Z^2E^6 petri apostoli] I (rel.). III. $QB^{5}C^1P^{1.2}$, petri II (rel.) A^8

LXXII. HONORIVS.

stoli numero ⟨XVI. Hic cooperuit omnem ecclesiam eius ex tigulis aereis, quas levavit ⟨de templo, qui appellatur Romae, ex concessu piissimi Heraclii imperatoris.

Eodem tempore (fecit ecclesiam beatae Agne martyris) via Numentana (miliario ab urbe Roma III) a solo, ⟨ubi requiescit,⟩ quem undique ornavit exquisite, ubi posuit dona multa. Ornavit autem sepulcrum eius ex argento, qui pens. lib. CCLII; posuit desuper cyburium aereum deauratum mirae magnitudinis; fecit et gavatas aureas III pens. sing. lib. sing.; fecit absida eiusdem basilicae ex musibo, ubi etiam et multa dona optulit.

Item fecit basilicam beati Apollenaris martyris in urbe Roma, in porticum beati Petri apostuli qui appellatur

I. III Palmata || ad Palmata *II*

a solo, ubi dona multa largitus est.

K habet quae ( ) comprehenduntur (ad v. 9. 10 cf. adn. ad p. 172, 2); P habet (praeter nominatim excepta) omnia: I ($A^{1,2}W^{1,2,3}A^2D^1X^{2,3}A^{5,6,7}$Freh.$A^3Z^{1,2}$). II ($C^3B^{2,3,4}QB^{6,6,7}C^{1,2,4,5}D^2P^{1,2}N$). III (G $E^{1,2,4,5,6}YH^{1,2}Cr.Mog.$).

1 numero *om.* $Z^1GE^{4,6}$ xui] xuii $K^1X^{2,3}B^{5,6,7}D^2Cr.$, xi A^2, *post* p. 170, 11 trabes $Z^{1,2}E^4$ hic (et hic E^4) cooperuit (quooperuit G)] *II. III (rel.)* $W^2PA^{6,7}$, hic operuit *I (rel.)* B^5, operuit etiam H^1, operuit autem H^2 omnem ecclesiam] *I (rel.)* $B^6E^4H^{1,2}$, ecclesiam (-sia C^3B^4) omnem *II (rel.)*. *III (rel.)*, ecclesiam uniuersam $A^{6,7}$, ipsam e. o. E^{5b}, basilicam (-ca K^1) K eius] $K I$ *(rel.)* $H^{1,2}$, *om. II. III (rel.)* $A^{6,7}$ ex *om.* $A^{6,7}E^{1p}$ tigulis] $A^1D^1B^{4,6p,7}$, tycuilis $W^{1,2,3}$, tegulis *reliqui et* E^{5b}, tabulis $K III$ ($GE^{1,4,6}$) quas] quos K $B^{6,7}$ 2 templum K^2 qui (*rel. et* E^{5b}, quod $X^{2,3}A^{2,5,6,7}Z^{1,2}B^{3c}QC^{4,5}E^{1,2,4}Cr.$) appellatur (-lantur $B^{6,7}D^2$)] quam (*ex nota archetypi* q̄a) $C^{1,3}$, *om.* $P^{1,2}$ romae] *rel. et* E^{5b}, roma $A^{5,6,7}B^{2,3}QC^{1,2c}GCr.$, romuli $H^{1,2}Mog.$, omne B^{3c} ex] et A^5 concessu] *rel. et* E^{5bh}, concessum (-so K^2) K, concensu A^1B^{3p}, consensu $A^2W^{1,2,3}$ $D^1B^{3c,6}C^1P^1GE^{1,4,6}H^{1,2}Cr.$ piissime heraclii (-clei Q) imp.] *rel. et* KE^{5b}, h. p. i. I ($A^1W^{1,2,3}A^2D^1X^{2,3}$ Z^1), p. i. h. $C^1P^2H^{1,2}$, i. p. h. P^1 3 eodem tempore *om.* $C^4H^{1,2}$ fecit ... 4 requiescit *post* p. 172, 2 petrum K^2 fecit] f. et K^2C^4, f. quoque $H^{1,2}$ ecclesiam] -sia C^3B^4 agne] *rel. et* E^{5bh}, agnis K^1, agnes K^2A^5, agnetis $W^3A^2E^{1,6}Cr.$, agneti A^7, agneto A^6 martyris] martyres K^2A^1, et m. A^5Z^1 uia (*om.* C^1) numentana (namentana $A^{6,7}$, mimentana C^{2p}, numenta W^1E^4) *post* 4 iii $GE^{1,4,6}$ 4 roma] romea D^1, romae K, *om.* $A^2Z^{1,2}QE^2$ iii *om.* H^{1c} a solo (a consulatu B^5, *post* 3 fecit $Cr.$, *om.* $A^{6,7}Z^{1,2}E^2$) ubi (ubi et K, in qua $Z^{1,2}$) requiescit *ante* 3 uia $H^{1,2}$ quem] *rel. et* E^{5b}, quam $X^{2,3}A^5Z^{1,2}B^3QC^5P^{1,2}E^{1,6}H^2$, quae D^2 undique] mundi quod D^2 ornauit] exornauit $E^4Cr.$, ordinauit D^1C^4, ornauit et $A^{6,7}B^{7c}E^2H^{1,2}Mog.$ exquisite] *III* ($GE^{1p,6}$), acquisite E^4, exquesit $B^4C^1D^2$, exquaesiuit $C^3B^{2,3p,6p}C^{2o}$, exquisiuit $A^{6,7}QB^{6c,7}C^{1p,5}E^{2,5bh}H^{1,2}$ $Mog.$, et quisiuit E^{1o}, atque uestiuit B^{3c}, *om. I* ($A^1W^{1,2,3}A^2D^1X^2A^5Z^{1,2}$) $B^5C^4P^1Cr.$ ubi] et Z^1, ubi et $A^5Z^2H^{1,2}$ 4/5 posuit dona multa] p. m. d. $E^{1,6}$, m. d. p. $C^1P^{1,2}H^{1,2}$, d. m. p. $Z^{1,2}$, p. plurima dona C^4 5 ornauit ... 6 desuper *om.* A^2 autem] a. et $A^1W^{1,2,3}D^1X^{2,3}A^5Z^1$, et C^4, enim $H^{1,2}$ eius *om.* P^1 argento] a. puro E^{5b} qui p. l. cclii *om.* $Z^{1,2}$ qui] que C^{3c}, quod $A^5C^5E^6Mog.$, *om.* $A^{6,7}QC^4P^{1,2}E^4H^{1,2}Cr.$ posuit] *reliqui et* E^{5h}, p. et $GE^{1,4,6}$, p. uero $A^{6,7}$ 6 desuper] disuper B^{5p} cyburium] cipurium C^3, cibarium D^{2p}, tegurium A^5, tugurium *Freh.*   aereum] arcus A^2, *om.* C^3E^4 deauratum] deaureatum G fecit ... 7 lib. sing. *om.* $A^2Z^{1,2}$ fecit] f. autem $W^{2,3}$ et *om.* C^4 gauatas] gabatas $A^{5,6,7}$*Freh.*$B^{2,3}QD^2Cr.$, gabathas $C^{2,4,5}$, cauatas B^4, gabatos $GE^{1,6}$, grauatas $W^{2,3}D^1B^6C^1H^2$, grabatos E^4 aureas] aureos $GE^{1,4,6}$ iii] numero iii GE^4, iiii E^1, ui H^2, *ante* aur. $X^{2,3}$ 7 pens.] qui pens. E^6 sing. *om.* $C^1P^{1,2}$ lib. sing.] l. totidem $P^{1,2}$, l. ii H^1, l. u H^2, l. (*om.* numero) $A^{6,7}C^{1,4}$ fecit] f. et $A^1W^1D^1X^{2,3}A^5Z^1C^5$, f. etiam H^1, f. autem et $W^{2,3}$, et $GE^{4,6}H^1$ absida] $A^1D^1H^2$, absidam *reliqui*, abside $A^6C^3B^{2,3,4,6,7}$, apsidem G, absidem $A^7QB^5D^2$ $Cr.$ ciusdem] eius $F^{2,3}B^4GE^{1p,4,6}$, eandem C^1 basilicae ... 9 item *om.* A^2 basilicae] basilica B^4, basilicam $B^{5p,7}D^2$, bis E^{1p}, *om.* $Z^{1,2}E^4$ musibo] museo B^4, musileo B^6, busibo $W^{2,3}$, musico E^4 ubi etiam *om.* $Z^{1,2}$ et *om. I* ($A^1W^{1,2,3}D^1X^{2,3}A^5$). *III* ($GE^{1,4,6}H^1$) $C^{4,5}P^{1,2}$ multa] m. alia $H^{1,2}$ 8 dona] *rel. et* E^{5h}, bona $D^1C^{2,5}GE^{1,4}$ 9 item fecit] f. et $Z^{1,2}E^4$ basilicam] basilica D^1, ecclesiam $A^2X^{2,3}$ beati] beate C^3, bati C^{2p}, sancti A^6, sancto A^7 apol(l)onaris] apollonaris $D^1X^{2,3}D^2$, apolonaris B^3, ap(p)ollinaris $A^6B^{5c,6c}C^{2c}$, apollinari A^7 martyris ... 10 apostuli *om.* C^3 martyris] martyri A^7, *om.* B^5 in urbe roma (*om.* A^5) *om.* $Z^{1,2}H^{1,2}$ porticum] portien $W^{1,2,3}X^{2,3}A^5Z^{1,2}QB^{5,6,6c}C^{2c,5}P^{1,2}E^2H^{1,2}$, portico $B^{2,3,4}$ C^1, portu E^1, portico quoque $A^{6,7}$ petri *om.* D^1G 10 qui (quae $X^{2,3}QC^{2c,5}E^{4,6}H^2Cr.Mog.$) appellatur] quam (*ex* q̄a)$B^{4,5,6,7}C^1D^2$, *om.* $A^2P^{1,2}$ 11 ad palmata] *II E*, palmata *I* ($A^1W^{1,2,3}D^1A^5$*Freh.*) G $E^{4,6}$, pallata $X^{2,3}$, *om.* $A^2Z^{1,2}$ 12 a (co [*sic*] $A^{6,7}$) solo *post* 9 martyris $H^{1,2}$, *post* 9 item $Cr.$, *om.* $Z^{1,2}$ ubi] ibi D^1, ubi etiam $A^{6,7}$, et $Z^{1,2}$ dona multa (plurima $A^{6,7}$) larg. est] m. d. l. est A^5*Freh.*, m. l. d. est C^1P^1, m. l. est d. $P^2H^{1,2}$

172 LXXII. HONORIVS.

⟨Hic fecit constitutum⟩ in ecclesia et decreuit, ⟨ut omnem ebdomadam sabbato die 4
⟨exeat laetania a beato Apollenare ad beatum Petrum⟩ apostulum, cum ymnis et canticis populus omnis occurri debeat.

Fecit ecclesiam beato Cyriaco martyri a solo via Ostense miliario VII, ubi et donum
optulit. Eodem tempore fecit ecclesia beatorum martyrum quattuor coronatorum, quem
et dedicauit et donum optulit. Fecit ecclesia beato Severino a solo iuxta civitate Tiburtina miliario ab urbe Roma XX, quem ipse dedicauit et dona multa optulit. Renovavit et cymiterium beatorum martyrum Marcellini et Petri via Lavicana.

Eodem tempore ⟨fecit basilica beato Pancratio⟩ martyri via Aurelia ⟨miliario⟩ 5
I 10 ab urbe Roma

⟨secundo⟩ a solo et ornavit sepulchrum eius ex argento, qui pens. lib. CXX.

III Et ibi constituit mola in murum in loco
Traiani iuxta murum civitatis et formam
qui deducit aqua in lacum Sabbatinum et
15 sub se formam qui conducit aqua Tyberis.

K habet quae ⟨ ⟩ *comprehenduntur, post v.* 11 secundo *pergens:* et multas alias basilicas construxit et ornavit atque ditavit; *P* habet *(praeter nominatim excepta) omnia: I* ($A^{1 \cdot 2} W^{1 \cdot 2 \cdot 3} A^2 D^1 X^{2 \cdot 3} A^{5 \cdot 6 \cdot 7} Freh. A^3 Z^{1 \cdot 2}$). *II* ($C^3 B^{2 \cdot 3 \cdot 4} Q B^{5 \cdot 6 \cdot 7} C^{1 \cdot 2 \cdot 4 \cdot 5} D^2 P^{1 \cdot 2} N$). *III* ($GE^{1 \cdot 2 \cdot 4 \cdot 5 \cdot 6} Y H^{1 \cdot 2} Cr. Mog.$).

1 hic fecit constitutum ... 3/4 occurri debeat fecit *om.* $Z^{1 \cdot 2}$ hic fecit const.] fecit quoque c. H^1, fecit c. H^2, hic constituit *K*   ecclesia] ecclesiis D^2 decreuit] creuit D^{1p} ut] ut per $A^7 B^{5c} C^4 E^1$, per (ut *ante* 2 exeat) $P^{1 \cdot 2}$, *om.* C^1 omnem] omne *K*, omni $X^{2 \cdot 3} A^5 Freh. QC^5 D^2 E^{4 \cdot 6} H^{1 \cdot 2} Cr.$, omnem ecclesiam B^6 ebdomadam] ebdomada $KX^{2 \cdot 3} A^4 Freh. QB^7 C^5 D^2 E^{4 \cdot 6} H^{1 \cdot 2} Cr.$, ebdomadae B^{5c}, ebdomadem *G*, (h)ebdomatam $C^1 Mog.$, ebdoma A^1, ebdomam C^3 sabbato (-ti $W^3 Cr.$) die] die sabbati QE^6, in sabbato die *K*   2 exeat] *rel. et* K^1, exea A^1, exat K^2, ut exeat $P^{1 \cdot 2}$, exeant $A^{2 \cdot 5} B^{6 \cdot 7}$, extant *Freh.*   laetania] laetaniae $A^6 B^{6 \cdot 7} C^1$, cum l. $A^{6 \cdot 7}$ a beato (petro apostolo *ins.* D^{1p}) apollenare (apolonare $B^{3 \cdot 5p}$, apollonare $X^{2 \cdot 3} D^1 C^3$, apollinare $A^6 B^{5c}$, appollinare C^5, apollinari E^6, apollinarem D^2)] ad beatum apollinarem $C^4 E^1$, ab ecclesia sancto appollonario quam ipse (ipsa K^{2p}) papa construxit in portico eiusdem ecclesiae (*cf. p.* 171, 9) *K*   ad] *K I (rel.).* *III (rel.)* Q^c, et *ad II* $A^{6 \cdot 7} E^1 H^{1 \cdot 2}$, *om.* Q^p beatum] sanctum KE^4 apostulum *om.* $A^2 C^1 P^2 H^{1 \cdot 2}$ 2/3 cum y. et c. p. o. o. debeat *om.* $GE^{4 \cdot 6}$ 3 pop. omn.] populum omnes B^{6p}, o. p. $A^{6 \cdot 7} H^{1 \cdot 2}$, et ut p. o. A^5 occurri (ocurri A^1) debeat] *I* ($A^1 W^{1 \cdot 2 \cdot 3} D^1 Z^1$). *II* ($C^3 B^4 C^{1 \cdot 2p}$). *III* ($E^{5b}$), occurrere (occurre C^{5p}, currere $B^3 Q$) debeat (debeant B^{6p}) $B^{2 \cdot 3} QB^{5 \cdot 6 \cdot 7} C^{2c \cdot 5} D^2 E^{1 \cdot 2} Cr.$, concurri debeat A^2, concurrere debeat A^5, occurrat $A^7 C^4 P^{1 \cdot 2} H^{1 \cdot 2}$, currat A^6, *deficiunt* $GE^{4 \cdot 6}$ 4 fecit] hic f. $P^{1 \cdot 2}$, fecit et $A^1 D^1 A^5 Z^1 B^6 C^{2 \cdot 5} GE^{1 \cdot 4 \cdot 6} H^{1 \cdot 2}$, f. autem $B^{2 \cdot 3} A^{6 \cdot 7}$, f. autem et *Cr.*, f. etiam *Q*, et *(om. quae praecedunt)* Z^1 ecclesiam] ecclesia B^6, basilicam B^5 beato] beati $Z^{1 \cdot 2}$ cyriaco] quiriaco *I* ($A^1 W^{1 \cdot 2 \cdot 3} D^1 X^{2 \cdot 3} A^5$), quiriaci Z^1, kiriaci Z^2 martyri] martyris $A^1 D^1 Z^1$ a solo *om.* $Z^{1 \cdot 2}$ uia] ita D^1 ostense] ostensi $A^5 QC^4 P^2 GE^4$, ostiense $W^{2c} H^2$, hostiensi E^6, ostiensi $W^3 H^1 Cr. Mog.$, hostiense E^1 miliario] miliarios B^6, miliaria B^3 uii] iii A^2, ui $GE^{4 \cdot 6}$, uii ab urbe $H^{1 \cdot 2}$ ubi et d. o. e. tempore *om.* $Z^{1 \cdot 2}$ et *om.* C^4 donum] domum $D^1 C^3 P$, dona $A^{6 \cdot 7} H^{1 \cdot 2}$ 5 eodem tempore (e. t. *om.* $C^4 H^{1 \cdot 2}$) ... 6 optulit *om.* A^2 fecit] f. et $Z^2 C^4$, f. etiam $H^{1 \cdot 2}$, perfecit GE^6 ecclesia] $A^1 B^{4 \cdot 6}$, ecclesiam *reliqui*, basilica D^1, basilicam X^2 beatorum (sanctorum E^{5h}, *om.* $Z^{1 \cdot 2}$) m. q. coronatorum] beatis martyribus iiii coronatoribus *(sic)* A^7 quem] $A^1 W^{1 \cdot 2 \cdot 3} D^1 C^3 B^{4 \cdot 5p \cdot 7} C^2$, quam *reliqui*   6 et *(om.* $A^1 W^{1 \cdot 2 \cdot 3} Z^1 C^{1 \cdot 4} P^{1 \cdot 2}$) dedicauit] aedificauit $A^{6 \cdot 7}$ et] ubi C^4 donum] dona C^{2c}, dona ibi $H^{1 \cdot 2}$ optulit] et dedit $Z^{1 \cdot 2}$ fecit] f. et $X^{2 \cdot 3} C^1 P^{1 \cdot 2} GE^{4 \cdot 6} H^2$, et Z^1 ecclesia] $A^1 B^4 C^4$, ecclesiam *reliqui*   beato seuerino] beati seuerini $Z^{1 \cdot 2} C^4 D^2 E^6$, b. s. martiri (martyre C^{2c}, martyrum B^3) $A^{6 \cdot 7} B^3 Q C^{2c}$ a solo *om.* $A^{6 \cdot 7} Z^1$ 6/7 ciuitate tiburtina] $A^1 C^3 B^{3 \cdot 4}$, ciuitatem tiburtinam *reliqui*   7 mil. ab urbe roma (romae $A^6 B^3$, romana E^1, *om.* A^5) xx] mil. xx ab urbe E^4 quem] $A^1 D^1 C^3 B^4 QB^{5p \cdot 6 \cdot 7} G$, quam *reliqui*, quei C^{1p} ipse] et $H^{1 \cdot 2}$, *om.* $Z^{1 \cdot 2} C^4$ dona multa *(om.* $Z^{1 \cdot 2}$) optulit] m. d. o. C^4, d. ibi obt. $H^{1 \cdot 2}$ 7/8 renouauit et] et r. $Z^{1 \cdot 2}$, r. quoque $A^{6 \cdot 7} P^{1 \cdot 2}$, renauit et G^p, redonanit E^{1p} 8 cymiterium] cymiteria B^{6p} marcellini] marcelli X^3 martyrum] bis W^1, *om.* $A^2 D^1$ lauicana] laniana C^3 9 eodem tempore ... 11 lib. cxx *om.* E^{5h} eodem (ipso E^4) tempore *om.* $A^2 Z^{1 \cdot 2} H^{1 \cdot 2}$ fecit] f. et $A^2 Z^1$, f. quoque $H^{1 \cdot 2}$, fecitque *K*   basilica] $A^1 C^3 B^4$, basilicam *reliqui*, ecclesia *K* beato (sancto E^4) pancratio (pancrato D^{1p}, pancrantio $B^3 QC^{5p}$, pranchracio X^3)] beati pancratii $A^2 Z^{1 \cdot 2}$ martyri] martyre C^{5p}, martyris D^1, *om.* $A^{6 \cdot 7} B^{2 \cdot 3} QCr.$ aurelia] aurilia B^3, aureliana X^3 10 ab urbe roma] *I* ($A^1 W^{1 \cdot 2 \cdot 3} D^1$) H^2, ab urbe $A^5 Z^1 H^1$, *om. reliqui*   11 secundo *post* mil. $H^{1 \cdot 2}$ a solo *post* 9 martyri $C^4 E^2 H^{1 \cdot 2}$, *post* tempore *Cr.*, *om.* $B^2 Z^{1 \cdot 2}$ ex *(om.* E^{1p}) argento] argenteos C^{2p} qui p. l. cxx ... *p.* 173, 1 ex argento *om.* $W^{1 \cdot 2 \cdot 3} Z^{1 \cdot 2} B^5$, qui p. l. cxx ... *p.* 173, 3 optulit *om.* A^2 qui] quod $A^5 QE^{1 \cdot 6}$, *om.* $A^{6 \cdot 7} C^4 P^{1 \cdot 2} E^4 H^{1 \cdot 2}$ cxx] cexx $X^{2 \cdot 3}$ 12 et ibi constituit ... 15 tyberis habent $E^{1 \cdot 6}$ soli   mola] molam E^6 14 qui] que E^6 *Mog.*   deducit] conducit *Mog.*   aqua] aquam $E^6 Mog.$ sabatinum] E^6 15 qui] quae $E^6 Mog.$ aqua] aquam E^6

LXXII. HONORIVS.

Fecit et cyburium super altare ex argento, qui pens. lib. CLXXXVII. Fecit arcus argenteos V, qui pens. sing. lib. XV. Fecit et candelabra aurea III, qui pens. sing. libras sing., ubi multa dona simul optulit.

Fecit ecclesia beate Luciae in urbe Roma iuxta sanctum Silvestrum, quem et dedi- 6 cavit et dona multa optulit. Fecit ecclesiam beati Adriani in Tribus Fatis, quem et dedicavit et dona multa optulit.

II Fecit autem in domum suam iuxta Lateranis monasterium in honore beatorum apostolorum Andreae et Bartholomei, qui appellatur Honorii, ubi praedia et dona simul obtulit.

Sed et multa alia fecit, quas enumerare longum est.

⟨Fecit⟩ autem ⟨ordinationes⟩ III   7

III per mens. Dec.

⟨presbiteros⟩ XIII, ⟨diacones⟩ XI; ⟨episcopos⟩ per diversa loca LXXXI.

K habet quae ⟨ ⟩ comprehenduntur; P habet (praeter nominatim excepta) omnia: I ($A^{1.2}W^{1.2.3}A^2D^1$ $X^{2.3}A^{5.6.7}Freh.A^3Z^{1.2}$). II ($C^3B^{2.3.4}QB^{5.6.7}C^{1.2.4.5}D^2P^{1.2}N$). III ($GE^{1.2.4.5.6}YH^{1.2}Cr.Mog.$).

1 fecit om. $Z^{1.2}$ et om. C^4 cyburium] tegurium A^5 super altare] s. a. eius $H^{1.2}$, om. $Z^{1.2}$ qui] quod $X^{2.3}A^5QE^{1.6p}$, om. $A^{6.7}C^{4.5}P^{1.2}E^4H^{1.2}Cr$.   clxxxuii] clxxxuiii $W^{2.3}P^{1.2}$, clxxxxui $GE^{4.6}$, cclxxxuii C^3 $E^{1.2}$, cxxxuii $A^{6.7}B^3QC^2c$, c $C^1H^{1.2}$, om. Z^2 fecit] rel. et E^{5b}, f. et $H^{1.2}$, et $GE^{1.4.6}$, om. C^4 arcus] arcos $W^{2.3}D^1A^6B^{2.3.4}QB^{6.7}C^2pGE^4$ 2 u] ii $D^2H^{1.2}$, om. $B^5C^1P^{1.2}$ qui] II. $A^{6.7}GE^{2.6}Mog.$, quod E^1, om. I (rel.). QE^4 sing. (om. P^1) lib.] l. s. A^7B^3 xa] xui C^{5p} fecit et. (om. D^2) om. C^4 candelabra] candelabras G, candelebra $W^2C^{1.2}$, candebra C^2 aurea] arca A^{1p}, aureas C^{1p} iii] ii $H^{1.2}$ qui] II (rel.). GE^1, quae $E^6Mog.$, om. I. $QC^{2.4.5}P^{1.2}E^4$ 3 libras sing.] l. u $C^1P^{1.2}H^{1.2}$, l. binas sing. C^{5p}, libras (om. sing.) $D^1A^{6.7}$ ubi (ubi et $W^{1.2.3}A^5E^{6b}$) multa (om. G^p) dona (bona $A^1W^{1.2.3}D^1X^{2.3}A^5B^2E^4$) simul (ante multa E^4, om. $W^{1.2.3}A^{6.7}B^3QC^2E^6$) optulit] simul et m. alia dona ibi obtulit $H^{1.2}$, erasae litterae XXII B^5 4 fecit] f. et $A^5QGE^{4.6}$, f. quoque $H^{1.2}$, f. uero P^1 (uero post eccl.) P^2, fabricauit $A^{6.7}$ ecclesia] A^1B^4, ecclesiae D^1, ecclesiam reliqui   beate om. Z^2 luciae] lucine E^6, luciane Z^2 in urbe (om. $Z^{1.2}$) roma (om. A^5) om. C^4 iuxta] iustasta A^2, iu.ta. B^{5p} sanctum] sanctam C^4, om. C^{1p} siluestrum] siluestrium $C^3B^{2.3.4}C^2pG$, siluestrem C^4 quem . . . 6 optulit om. $A^2C^4Z^{1.2}$ quom] quam $A^{6.7}X^{2.3}A^5B^{2.3.4}C^{1.2.5}D^2P^{1.2}E^{1.2.4.6}$ 4/5 et (om. $A^1W^{1.2.3}D^1A^5$) dedicauit] aedificauit $A^{6.7}C^1P^{1.2}$ 5 et] ei et A^5 dona multa] m. dana (sic) C^3, d. m. ibi $H^{1.2}$ fecit . . . 6 optulit om. $A^5D^2E^{1p.6}$ fecit] fecit et $X^2QH^{1.2}$, et $Z^{1.2}C^4$, dedicauit G, dedicauit autem E^4 ecclesiam] ecclesia $D^1B^{4.6}$, aecclesiae C^3, basilicam B^5, eccl. quoque $A^{6.7}$, item et A^2 beati adriani] beato adriano A^7GE^4, beati adriani martyris $W^{1.2.3}Z^{1.2}C^2c$, beato adriano martyri (·re C^{5p}) $C^2p^{.4.5}E^{1.2}$ in tribus fatis . . . 6 optulit om. $A^{5p}Z^{1.2}$ in tribus (in tr. bis C^3) fatis (factis $D^1A^{6.7}$ B^1, fa.tis B^5, foris $H^2cCr.$ in marg., inc. H^{2p})] in fatis W^1, fatis $W^{2.3}$, positus in alia sacra in in (sic) tribus fatis E^2, om. A^2 5/6 quem ($D^1C^3B^{4.5p.6.7}G$, quam reliqui, quas A^2C^4) et (om. $W^{1.2.3}$) dedicauit om. $A^{6.7}$ 6 et] I (rel.). III (rel.). $C^{3.4.5}$, ubi et II (rel.). $A^{6.7}H^{1.2}$, ubi C^1 dona multa] m. d. $C^3H^{1.2}Cr$.   7 fecit autem . . . 11 obtulit habent $A^{6.7}B^{2.3.4}QC^{2c.5c}D^2Cr.$; epitome codd. Paris. 2268 et 2400 haec habet ante ordinationes: fecit multas basilicas et monasteria monacorum et constitutionem sancti gregorii in antiphonario et ordine officiorum et psalmorum corroborauit et ut a monachis all dimitteretur in LXX^a et in pasca et in pentecostem sicut romana ecclesia fac tres lecciones et tres psalmi propter populi displicenciam recitarentur et totas illas duas ebdomadas romano more in officio agerent   autem om. B^3 in om. $A^{6.7}Q$ domum] domo $C^{2.5}Cr$.   suam] sua $C^{2c.5}Cr.$, suum B^4 7/8 lateranas Cr.   8 honore] honorem $A^{5.7}$ 9 andreae] andraei B^4, andraee B^2 qui] quod $A^{6.7}QC^5Cr$.   9/10 appellatur] appellabatur A^7 10 praedia om. Q 10/11 dona simul obtulit] s. d. plurima donauit $A^{6.7}$ 12 sed] simul D^1, om. $Z^{1.2}$ et om. D^2 multa alia] rel. et E^{5b}, al. m. $D^1A^{6.7}P^{1.2}$, multas alias $X^{2.3}A^5C^4E^1$, alias multas $Z^{1.2}$, m. a. bona $H^{1.2}$ fecit om. $Z^{1.2}P^1$ quas] rel. et E^{5b}, quae $W^3A^{2.3.7}B^2QB^{5c}C^5D^2P^{1.2}E^{1.4.6}H^{1.2}Cr.$ post est ins. quas et dedicauit et in multa sua dona dedit Z^1 13 fecit autem] hic f. $KGE^{4.6}H^{1.2}$ iii] ii Z^2 14 per mens. dec. habent $GE^{1.4.6}H^{1.2}$ soli   15 presb. xiii (xui H^2) diac. xi (rel. et E^{5b}, ui $C^4E^{1c.2}$, xii $Mog.$) ep. per d. l. (per d. l. om. $Z^{1.2}$) lxxxi (numero lxxxi $B^2C^4E^1$, xxxi $GE^{4.6}$)] presb. diac. episcopos (numeris omissis) K

⟨Qui sepultus est⟩
I. II ubi supra ‖ ⟨ad beatum Petrum apostolum⟩ *III*
sub die IIII id. Octob.
Et ⟨cessavit episcopatum ann. I mens. VII dies XVIII⟩.

K habet quae ( ) comprehenduntur; P habet (praeter nominatim excepta) omnia: I ($A^{1.2}W^{1.2.3}A^2D^1 X^{2.3}A^{5.6.7}Freh.A^3Z^{1.2}$). II ($C^3B^{2.3.4}QB^{5.6.7}C^{1.2.4.5}D^2P^{1.2}N$). III ($GE^{1.2.4.5.6}YH^{1.2}Cr.Mog.$).

1 qui] qui etiam $KC^{2.5}GE^{1.4.6}$, qui uero C^1P^1 sepultus est] sepulto C^4, defunctus ac sepultus est $A^{6.7}$ 2 ubi (ut $Z^{1.2}$) supra] uberṣ (voluit ubi sp) Q, ad (apud $H^{1.2}$) beatum (sanctum E^6) petrum apostolum (om. $KH^{1.2}$) $KUE^{4.6}H^{1.2}$, in basilica beati petri apostoli (om. Cr.) $C^{2.3.4.5}E^1Cr.$, om. $A^{6.7}$ 3 sub ... octob. om. E^6 sub (om. C^3P^1) die om. $A^3Z^{1.2}$ iiii] iii $W^{1.2.3}Z^{1.2}B^2$ id. om. B^3 4 et om. C^4 episcopatum] $C^3B^{2.3.5.6.7}C^2pGE^{1p.2}$, episcopatus (perscr. vel comp.) reliqui   ann. i] i anno C^4, om. $G E^{4.6}$ uiii] ui B^6C^5, uiii P^1 d. xuiii] K et reliqui, d. xuii $A^{6.7}B^{2.3.4}QB^{5.6}C^{2.4.5}D^2E^1Cr.$, d. xui $C^{1.3}$, d. xuiiii E^4, d. xxuiii A^3, d. iiii Z^2, om. D^1

LXXIII. SEVERINVS.

⟨Seuerinus, natione Romanus, ex patre Abieno, sedit mens. II dies IIII.⟩ Huius tem- | 1
poribus devastatus est episcopius Lateranensis a Mauricio cartulario et Hisacio patricio
et exarcho Italiae, dum adhuc electus esset domnus Seuerinus. Sed antequam ueniret
Isacius patricius, Mauricius dolo ductus aduersus ecclesiam dei consilio inito cum quibusdam peruersis hominibus, incitauerunt exercitum Romanum dicentes quia: Quid
prodest, quod tantae pecuniae congregate sunt in episcopio Lateranense ab Honorio
papa et milex iste nihil exinde subuentum habent, dum quando et rogas uestras,
quas domnus imperator uobis per uices mandauit, ibi sunt a supra scripto uiro recon-
ditas?

His auditis exarserunt omnes aduersus ecclesiam dei et uenerunt omnes animo conci- | 2
tati, omnes armati, qui inuenti sunt in ciuitate Romana a puero usque ad senem in
episcopio supra scripto Lateranensem, et non potuerunt manu militare introire, quia
resisterunt eis qui erant cum sanctissimo domno Seuerino. Tunc uidens hoc Mauricius,
quia nihil potuerunt facere, dolo ductus fecit ibi exercitum resedere intro episcopio
Lateranense, et fuerunt ibi dies III. Post triduo autem introiuit Mauricius cum iudices,
qui inuenti sunt cum ipso in consilio, et sigillauerunt omnem uestiarium ecclesiae seu
cymilia episcopii, quas

I christiani ‖ diuersi christianissimi *II. III*

imperatores seu patricii et consules pro redemptione animarum suarum beato Petro
apostulo dereliquerunt, ut pauperibus singulis temporibus pro alimonia erogarentur, seu
propter redemptionem captiuorum.

Et postmodum misit Mauricius epistulas suas ad Hisacium patricium Rauenna de hoc | 4
quod actum est, quomodo ipse cum exercitu sigillasset omnem uestiarium episcopii et

---

K habet quae ⟨ ⟩ *comprehenduntur; P habet (praeter nominatim excepta) omnia: I ($A^{1.2}$). II (C^3 $B^{2.3.4}$). III ($GE^{1.5.6}$). — AVCTORES: Index:* m. II d. IIII.

1 seuerenus B^4p, seuerianus E^1, seuerus $A^1pB^1(index)$ d. IIII] d. ii K huius ... p. 176,8 rauenna om. GE^6 1/2 tempus C^3 2 deuastatum $C^3B^{2.3.4}E^1$ episcopium B^2E^1, episcobus (sic) B^3 lateranensis] C^3B^4, lateraninsis B^3, lateranenses A^1, lateranense B^2, lateranensi A^2, lateranensem E^1 cartularum C^3 hisacio A^1 et sic saepius, isacio plerique, saisacio E^1, hisaci A^2 3 dum] cum C^3E^1 electos A^1 seuerus A^2 4 hisacius A^2 patricius] rel. et E^{5bh}, om. E^1 aecclesiae C^3 5 exercito romano $B^{2.3}$ 6 prudest A^1 cogregate s. A^1, sunt congr. C^3 in om. B^4 lateranensi E^1 7 milex iste] C^3, milix ist A^1, miles iste E^1, milites isti $A^2B^{2.3.4}$ subuentus E^1 habet C^3B^4 rogas uestras] rel. et E^{5b}, roges uestrae E^1, roga uastata est A^2 8 quam A^2 domnus] dn̄ A^1, denumerasti C^3
a supra scripto uiro] $B^{1.4}$ cum gestis ep. Neap. c. 26, a super uiro scripto B^3, a sspoto uirum C^3, a sancto uiro $A^{1.2}E^1$, ad sanctissimum petrum E^{5b} 8/9 reconditas] reconditus E^{5b}, reconditos (?) E^1p, reconditae A^2 B^2E^{1c} 10 dei om. A^2 animo] a minimo E^1 11 omnes] et A^2 qui inu. sunt om. A^2 ciuitatem C^3 romanam C^3, roma B^4 in] et in A^1, pro A^2 12 episcopium E^1 supra (super $B^{2.3}$) scripto om. A^2 lateranense A^2E^1 manu (manus A^1) militare (-ri B^3)] militi A^2 13 domno om. B^2 seuerus (sic) A^2 14 ibi] ibidem $A^{1.2}$ intra B^2E^1 episcopium E^1 15 lateranensem C^3, lateraranensem B^3, lateransem B^4 fecerunt $A^{1.2}$, sederunt D triduo] A^1 (sic) et rel., triduum A^2E^1, eruduo (sic) C^3 itroiuit A^1, introuit C^3 iudices] rel. et E^{5b}, iudicibus $A^2B^2E^1$ 16 in (om. E^{5b}) consilio om. A^2 uestarium $A^{1.2}$, uestiarum C^3 ecclesiae] eccli C^3 17 cymilia] rel. et E^{5bh}, cymbilia E^1 18 diuersi christianissimi] reliqui cum E^{5b} et gestis ep. Neap. c. 26, christiani $A^{1.2}$ 19 et cons.] uel cons. A^2 19/20 beati petri apostuli A^1 20 dereliquerunt C^3B^3, reliquerunt E^1, om. A^2 erogentur B^3p 21 pro redemptione A^2 22 isaicium B^4p rauennam $B^{2.3}$, rauennae E^1 23 factum A^2 exercitum C^3B^4 sigillassit A^1 omne uestarium A^2

LXXIII. SEVERINVS.

quia sine aliqua lesionem omnem substantiam saepe dictam potuissent depraedare. Cumque haec verius cognovisset Hisacius, venit in civitate Romana et misit omnes primatos ecclesiae singulos per singulas civitates in exilio, ut non fuisset qui resistere debuisset de clero. Et post dies aliquantos ingressus est Isacius patricius in episcopio Lateranense et fuit ibi per dies VIII, usque dum omnem substantiam illam depraedarent. Eodem tempore direxit exinde parte ex ipsa substantia in civitate regia ad Heraclium imperatorem.

Postmodum ordinatus est sanctissimus Severinus et reversus est Hisacius Ravenna. ⟨Hic renovavit absidem beati Petri apostuli ex musibo,⟩ quod dirutum erat. ⟨Hic dilexit clerum et omnibus donum augmentavit.⟩ Fuit autem sanctus, benignus super omnes homines, amator ⟨pauperum, largus,⟩ mitissimus. ⟨Fecit autem episcopos per ⟨diversa loca⟩ numero IIII. Hic ⟨demisit⟩ omni ⟨clero rogam integram. Qui etiam ⟨sepultus est ad beatum Petrum⟩ apostulum sub die ⟨IIII non. Aug. ⟨Et cessavit episcopatum mens. IIII dies XXIIII.⟩

K habet quae ⟨ ⟩ comprehenduntur; P habet (praeter nominatim excepta) omnia: I ($A^{1,2}$). II (C^3 $B^{2,3,4}$). III ($GE^{1,5,6}$).

1 laesione $A^2C^3B^{2,3,4}$ substantiam] substam A^{1p} potuisset A^2 et gesta ep. Neap. c. 26 2 hoc $A^{1,2}$ et gesta ep. Neap. cognouissent C^3 3 primotos C^3 singulos] singulis B^3 ciuitatem romanam B^3 exilio] exilium B^3E^{1c}, in exilio A^2 4 debuisset A^1 de om. A^2 episcopia C^3, episcopium E^1 5 lateranenses A^1 omnes E^1 5/6 depraedaret A^2 6 parte] $B^{2,4}$, partem B^3, ex parte $A^{1,2}C^3E^1$ et gesta ep. Neap. c. 26 ex] de A^1 et gesta ep. Neap. ciuitatem $A^2C^3B^3E^1$ regiam $A^2B^3E^1$ 8 postmodum] et p. $A^{1,2}$, p. uero $B^{2,3,4}$ est] es A^1 seuerus A^1 esacius B^3 rauennam A^2B^3 9 abside C^3, absidam $A^2B^{2,3,4}E^{1,6}$ ex musibo (mosibo B^3, musino A^{1p}, museo B^4, musicho E^6) om. A^2 que diritum C^3, quod diruptum A^2 erat] fuerat GE^6 9/10 dilexit clerum] fuit amator clerum K 10 autem] enim $A^{1,2}$ sanctissimus A^2 supra E^6 11 amotor C^3 pauperibus K laugus (sic) C^3 mitissimus] et m. E^1 episcopia E^6 12 numero (om. A^2) iiii (uiiii $A^{1,2}$) om. GE^6 dimisit $A^2B^{2,3}E^{1,6}$, dimisitque K roga integra $A^{1,2}$, rogam unam integram G, togam integram E^6 13 petrum om. B^4 sub die om. GE^6 14 episcopatum] $B^{2,3,4}E^{1,6}$, episcopatus (vel comp.) reliqui m. iiii] m. iii K^2 xxiiii $B^{2,3,4}E^{5b}$, xxuiiii $A^1GE^{1,6}$, xxxiiii D, xuiiii K

LXXIIII. IOHANNES IIII.

⟨Iohannis, natione Dalmata, ex patre Venantio⟩ scolastico, ⟨sedit ann. I mens. VIIII 1 dies XVIII. Hic⟩ temporibus suis ⟨misit per omnem Dalmatiam seu Histriam multas ⟨pecunias⟩ per sanctisimum et fidelissimum Martinum abbatem (propter redemptionem ⟨captivorum,⟩ qui depraedati erant a gentibus.

5 Eodem tempore fecit ecclesiam baeatis martyribus Venantio, Anastasio, Mauro et alio- 2 rum multorum martyrum, quorum reliquias de Dalmatias et Histrias adduci praeceperat, et recondit eas in ecclesia supra scripta iuxta fontem Lateranensem, iuxta oraturium beati Iohannis euangelistae, quam ornavit et diversa dona optulit ubi supra: arcos argenteos II, qui pens. sing. lib. XV, simul et alia vasa argentea multa.

10 ⟨Fecit⟩ autem

I. II ordinationes II ‖ ⟨ordinationem I⟩ *K III*

per mens. Decemb., presbiteros XVIIII, diacones V; episcopos per diversa loca numero XVIII. ⟨Hic demisit omni clero rogam integram.
⟨Qui etiam sepultus est ad beatum Petrum⟩ apostulum sub die IIII id. Octob.
15 ⟨Et cessavit episcopatum mens. I dies XIII.⟩

K habet quae ⟨ ⟩ *comprehenduntur, post v.* 4 *captivorum pergens:* fecit et basilicas multas et ornauit; *P habet (praeter nominatim excepta) omnia:* I ($A^{1.2}$). II ($C^3B^{2.3.4}$). III ($GE^{1.5.6}$). — AVCTORES: *Index:* ann. I m. VIIII (*sic* 8, VIII 9) d. XVIIII (*sic* 8 *m.* 2, xuiii 8 *m. 1,* ui 9).

---

1 iohannes quartus $A^2G^oE^5$ dalmatia $B^{3.4}$, dalmatica B^2, dalmatinus K, dalmaticus A^2 uenantium K^2 mens.[uiiii] m. uiii B^3E^{5bb}, *om. GE*⁶   2 d. xuiii] $C^3B^{2.3.4}E^{1.5b}$, d. xuiiii K, d. uiiii A^2, *om.* A^1GE^6 omnem] totam B^2 seu] et KGE^6 histriam] istriam C^3, bitiriam E^6 2/3 pec. mult. KGE^6 3 sanctissimo $C^3B^{3p.4}$.   fidelissimum A^1, fidelissimo $B^{3.4}$ pro redemptionem (-ne K^1) K 5 eod. t. fecit] fecit autem GE^6 ecclesiam] ecclesia C^3B^4, de ecclesiam E^1 anastasio] et a. A^2GE^6 mauro] et mauro $A^{1.2}GE^6$ 5/6 et aliorum (aliorumque A^2) m. m.] et aliis multis martyribus E^1 6 reliquiae $C^3B^{2.3.4}$ E^1 dalmatia $A^2B^{2.3}E^{1.6}$ histria $C^3B^{2.4}GE^{1.6}$, historia A^2B^3 adduci *om.* A^2 6/7 praeciperat A^1, praeceperunt B^3, receperat A^2 7 recondidit G ecclesiam B^2G super scripta (-tam B^2G) $B^{2.3}G$ 8 quem $C^3B^{2.4}G$ ordinabit A^2 ubi ... 9 multa *om.* A^2 ubi supra] fecit ubrp C^3, fecit ubi supra E^1, *om. GE*⁶   9 arcus $E^{1.6}$ 10 fec. aut.] fecit A^2, hic fecit KGE^6 11 ordinationem i KGE^6, ordinationes ii *reliqui*   12 xuiiii] $A^{1.3}GE^6$, xuiii $C^3B^{2.3.4}$ numero *om.* A^2GE^6 13 dimisit $KA^2B^{2.3}$ $E^{1.6}$, demisi sunt *(sic)* C^3 omnis cloro *(sic)* C^3 rogam (rogum C^2, ragam B^3, togam E^6) integram] roga integra $A^{1.2}$ 14 ad] a G sub die iiii id. oct. *om. GE*⁶   15 et *om.* K^2 episcopatum] $C^3B^{2.3.4}GE^1$, episcopatus *(vel comp.) reliqui*   xiii] xiiii K^2

LXXV. THEODORVS.

⟨Theodorus, natione Grecus, ex patre Theodoro episcopo⟩ de ⟨civitate⟩
Hierusolima, ‖ ⟨Melitum,

⟨sedit ann. VI mens. V dies XVIII. Hic fuit amator pauperum, largus,⟩ benignus super omnes et multum misericors. Huius temporibus Mauricius cartularius, per quem multa mala operatus est Hisacius patricius, cum iam increuissent peccata eius beato Petro apostolo, ut eos hereditaret ignis inextinguibilis, consilio ductus supra scriptus Mauricius cum ipsis, cum quibus antea devastaverant ecclesiam dei, intartizauit adversus Hisacium patricium et misit per omnes castras, qui erant sub civitate Romana per circuitum, et congregavit eos et constrinxit se cum ipsis in sacramento, ut deinceps nullus ex ipsis oboediret Hisacio neque hominibus eius,

omnes adfirmabant ‖ quia adfirmabat

cum quia sibi regnum inponere voluisset.

Audiens haec Hisacius patricius, eo quod Mauricius cum omnem exercitum Italiae sibi sacramenta dedissent, misit Donum magistrum militum et sacellarium suum ad civitate Romana cum exercitu. Qui veniens in civitate Romana, omnes iudices seu exercitus Romanus, qui prius se cum Mauricio sacramenta constrinxerant, timore ducti, demittentes Mauricium cartularium omnes se cum Dono fecerunt. Et ingressus Romam, fugit Mauricius ad beatam Mariam ad presepe. Quem tollentes eum de ecclesia miserunt boiam in collo eius; similiter et omnibus, qui in consilio cum ipso fuerunt, inboiatis misit eos Ravenna per manus Marini scriboni et Thomati cartularii. Qui ducentes eos

---

K habet quae ⟨ ⟩ comprehenduntur; P habet (praeter nominatim excepta) omnia: I ($A^{1.2}$). II ($C^3 B^{2.3.4}$). III ($GE^{1.5.6}$). — AVCTORES: Index: ann. VI m. V (i 8) d. XVIII.

1 nationes A^1 2 hierusolima (-nam B^4) N et reliqui, melitum KGE^6 3 xuiii] xiii B^3, uiii K GE^6 am. paup. largus (largitor A^1, et largitor A^2)] largus et am. p. K   5 increbuissent C^3, increbuissent E^1 6 eos] eum E^6, om. A^2G hereditarit A^1G super scriptus $B^{2.3}G$ 7 cum quibus] $A^{1.2}GE^{1.6}$, quibus reliqui, qui B^{3c} ante E^6 deuastauerunt C^{3p}, deuastauerat $GE^{1.6}$ intatizauit A^1, iuratizauit D, incartizauit C^3, intartiziauit B^4, intercizauit GE^6, intamenzauit A^2 hisacius A^1 8 omnes castra C^3B^4, omnia castra $A^2B^2E^{1.6}$ qui] quae $A^2B^2E^{1.6}$ erat B^2 circuitu C^3 9 constrixit A^1, construxit B^4, coniunxit E^6 in] cum E^{5b} sacramentum E^1 10 oboediret] $A^{1.2}GE^6$, debuisset (-sent C^3) oboedire $C^3B^{2.3.4}E^1$ et gesta ep. Neap. c. 27   eius] suis A^2 11 omnes adfirmabant] $A^{1.2}G$, quia adfirmabant E^6, quia (qui E^1) adfirmabat $C^3B^{2.3.4}E^{1.5b}$, quem quidem oms affirmabat A^2, quod adfirmabat gesta ep. Neap.   12 quia sibi] quasi $E^{5b.6}$, sibi A^2 uoluisse A^2E^6 13 haec post patr. A^2 patricius om. G eo quod ... 14 dedissent om. A^2 omnem] omne C^3E^{5b}, omni B^3E^6, omnis E^1 exercitum] rel. et E^{5b}, exercitu $C^3B^3E^6$, exercitus E^1 14 dedissent] rel. et E^{5b}, dedisset A^1GE^6 misit] nisi G magistro A^1E^1, magnum C^3 saccellarium C^3E^6 suum om. E^6 ad ciuitate (ciuitatem $B^{2.3}E^1$) om. A^2 15 romanam $B^{2.3}$, romam A^2E^1 exercitum G ciuitatem $A^2B^{2.3}E^6$ romanam $B^{2.3}E^{1.6}$, om. A^2 15/16 exercitos romanos B^3 16 qui prius ... constrinxerant om. A^2 sacramento E^6 constrinxerunt A^1C^3G timorem A^1G deducti G 16/17 dimittentes $A^{1.2}B^{2.3}E^{1.6}$ 17 maur. om. B^3 cart. omnes om. A^2 se cum dono (rel. et E^{5b}, donum E^1) fec.] cum eo se fec. A^2 et ingressus (-si G) romam (roma $B^4E^{5b}G$, rome C^{3c}, om. C^{3p}) om. A^2 17/18 maur. fug. A^2 18 ad] in A^2 beata maria C^3 presepem E^{5b} quem] qui $B^{2.3}$ tollens B^3, trahentes A^2 eum] rel. et E^{5b}, um A^{1p}, om. $A^2GE^{1.6}$ ecclesiam E^{5b} 19 boia A^1G, uoiam E^{5b}, om. B^3 collo] rel. et E^{5b}, collum E^1 similiter ... p. 179, 1 peruenerunt] et ducentes A^2 (cf. ad p. 179, 1/2)   omnibus] rel. et E^{5b}, omnes E^1 in consilio om. E^{5b} ipso] ipsum A^1 inboiati] rel. et E^{5b}, inboiatos B^4E^1 20 eos] rel. et E^{5b}, om. E^1 rauenna (-nam $B^{2.3.4}E^1$) per ... ducentes eos om. C^3 scribonis $E^{1.6}$

LXXV. THEODORVS.

pervenerunt iuxta ciuitate Ravennate in loco qui dicitur Ficuclas, XII miliario a ciuitate, et ibi decollauerunt Mauricium, quia sic in mandatis acceperant a supra scripto Hisacio, ut vivus ciuitate Ravennate non ingrederetur. Et posteaquam decollatus est, leuantes caput eius duxerunt eam Ravenna. Videns autem Hisacius caput Mauricii gavisus est et fecit eum ad exemplum multorum in circo Ravennate in stipitem poni; illos autem, qui cum ipso directi fuerant, omnes inboiati iussit sub arta custodia in carcerem mitti, cogitans quomodo eos puniret. Sed cum haec agerentur, mox nutu dei

II. III iudicio ‖

ipsis diebus percussus divino ictu interiit Hisacius et mortuus est. Hii autem qui reclausi erant eicientes de carcere reversi sunt singuli per loca sua. Audiens hoc imperator, quia defunctus est Hisacius, misit Theodorum patricium exarcum, cui cognomento Caliopa, ad regendam omnem Italiam.

Ipsis temporibus venit Pyrrus ex Africa, qui fuerat

I episcopus et ‖

patriarcha Constantinopolitanus, in urbe Roma ad limina apostolorum. Qui ingressus 'libellum obtulit cum sua supscriptione apostolicae nostrae sedis' in presentia cuncto clero et populo, 'condemnans in eodem libello omnia, quae a se vel a decessoribus 'suis scripta vel acta sunt adversus inmaculatam nostram fidem. His itaque ab eo 'peractis' fecit eum munera erogare in populo et cathedram ei poni iuxta altare, honorans eum ut sacerdotem regiae civitatis. 'Postea rursus more canis ad proprium impie-'tatis vomitum reppedavit.' Tunc sanctissimus Teudorus papa, convocans universos sacerdotes et clerum in aecclesia beati Petri apostolorum principis, condempnavit eum sub vinculo anathematis, 'iuxta mercedem ac retributionem propriae transgressionis 'cannonicam penam sive depositionem decernens.' Qui praedictus Pirrus reversus est in partibus Orientis.

P habet omnia: I ($A^{1.2}$). II ($C^3B^{2.3.4}$). III ($GE^{1.5.6}$). — ad v. 13 Beda chr. c. 544 venit ... v. 23 anathematis. — ad v. 16—24: quae intra ' ' posuimus, ad verbum sumpta sunt ex oratione Martini inserta actis concilii Lateranensis habiti a. 649 (Mansi 10, 878); praecedunt haec: Pyrrhus ... festinavit pro hoc ipso hic adveniens emendare proprium commissum et libellum obtulit cet.

---

1 ciuitatem $A^2B^{2.4}E^1$ rauennatem $A^2B^{2.4}E^1$, om. C^3 locum $E^{1.6}$ ficucclas $E^{1.6}$, ficulas A^2 1/2 a ciuitate ... 4 caput mauricii] *mutavit sic*: ab eadem decollauerunt eum sicut praecepit hisacius illi autem qui in consilio cum ipso fuerant inuoluti ducti sunt per manus marini scribonis et thomatis chartularii rabennam simul cum capite mauricii quod uidens A^2 2 sic om. A^1G acciperant A^1, acceperunt G super scripto C^3B^3, predicto E^6 3 uicos B^4 ciuitatem rauennatem $B^3E^{1.5b}$ ingrederentur B^3 postquam E^{1c} collatus A^{1p} 4 leuante A^1, leuauerunt GE^6 eam] A^1, eum $C^3B^{2.3.4}GE^{5b}$, om. $E^{1.6}$ rauennam $B^{2.3}$ uidentes G 5 eum] eam C^3B^4p, om. E^1 rauennate] E^1, rauennae A^2, rauennatum E^6 stipite $A^{1.1}GE^6$ 6 ipso] illo GE^6 fuerunt GE^6 omnes inboiati] rel. et E^{5b}, o. inbogati C^3, o. inboiatos E^1, om. A^2 iuxsit C^3 sub] rel. et E^{5bh}, om. E^1 7 carcere A^2G quogitans G eos quom. E^1 haec] ea E^1 notu C^3 8 iudicio ... 25 orientis om. C^3p iudicio] reliqui cum gestis ep. Neap. c. 27, om. $A^{1.2}GE^6$ 9 percussos A^1 ictus B^3 9/10 qui reclausi (reclusi $A^{1.2}B^3G$) erant] quos recluserat E^6 10 eicientes] exeuntes A^2 carcerem A^1 reuersi] regressi A^2GE^6 singuli om. A^2 hoc om. A^2 11 quia] quod A^2 est] esset A^2E^1 exarcum] et e. E^6 cui] cu A^1, qui E^{5b} 12 calliopa E^1, caliopam C^3: Caliopas gesta ep. Neap. c. 27 regendum E^6 italiam] militiam B^3 13 fuerant G 14 episcopus et] A^1G, om. E^6 et reliqui 15 urbem romam B^3E^1 16 sua subscriptione (-nem A^2, scriptione C^3)] subscr. sua B^4, sua susceptione G sedis] sedi C^3E^6 cum actis, om. B^2p 16/17 cuncti cleri (dera E^{1p}) et populi $A^2E^{1.6}$ 17 a se] se G a (om. B^3) decess.] ad successoribus G, antecessoribus E^6 18 immaculatam om. E^6 19 eum] eim A^{1p}, ei A^{1c}, om. E^6 er. mun. A^2 populum E^1 cathedra G altarem C^3B^4G 20 ut om. B^4p postera A^2 21 repediuit B^2, repetinit B^3G 22 apostolorum (apostorum B^3) principis (principi C^3, principem A^2)] apostoli E^6 cum om. B^4 23 inxta] iustam acta 24 siue] sibi $A^{1.2}G$ decerpens] rel. et E^{5h}, decornens A^2E^6, excipiens E^1 praeditus B^3 25 partes $E^{1.6}$

Eodem tempore levata sunt corpora sanctorum martyrum Primi et Feliciani, qui erant in arenario sepulta via Numentana, et adducta sunt in urbe Roma; qui et recondita sunt in basilica beati Stephani protomartyris, ubi et dona optulit: gavatas aureas III, tabula ex argento ante confessionem, arcos argenteos II.

Fecit et aecclesia beato Valentino via Flamminea iuxta pontem Molvium a solo, quam et ipse dedicavit et dona multa obtulit. Fecit et oratorium beato Sebastiano intro episcopio Lateranense, ubi et dona largitus est. Fecit et oratorium beato Euplo martyris foris porta beati Pauli apostoli, quem etiam ornavit.

Tunc sanctissimus Theodorus papa scribsit Paulo patriarchae regie civitatis, 'tam rogans 'quamque regulariter increpans, nec non per apochrisarios, ut dictum est, pro hoc 'maxime destinatos praesentaliter admonentes et contestantes, quatenus proprium 'emendaret commentum atque ad hortodoxam fidem catholicae ecclesiae remearet. Et 'neque rogantes neque increpantes potuerunt cum a suo conamine quoquomodo revo-'care': 'propter quod iusta ab apostolica sede ipse depositionis ultione perculsus est'.

Hic (fecit ordinationem) I per mens. Decemb., presbiteros XXI, diacones IIII; episcopos per diversa loca numero XLVI.

(Et cessavit episcopatus dies LII.

(Qui etiam sepultus est ad beatum Petrum) apostolum sub die prid. id. Mai.

4

5

6

7

K post verba fecitque ecclesias (et basilicas K^1) multas *habet quae* ( ) *comprehenduntur; P habet (praeter nominatim excepta) omnia:* $I (A^{1,2})$, $II (C^3 B^{2,3,4})$, $III (GE^{1,5,6})$. — *ad v.* 1 *translationis eius acta leguntur acta sanct. Iun. vol.* 2 *p.* 152. — *ad v.* 9—14 *haec item sumpta sunt ex oratione Martini inserta actis concilii Lateranensis l. c. p.* 879: *praecedunt haec:* nostri decessores non destiterunt praedictis viris diversis temporibus consultissime scribentes et tam rogantes cet. — *ad v.* 14 *propter quod cet. sumpta sunt ex oratione eadem p.* 878.

---

1 releuata E^1, reuelata E^6 qui] $C^3 B^4$, quae *reliqui*   2 sepulte G nomentana $C^3 B^{2,3,4}$ urbem $A^2 B^3$ romam $A^2 B^3$, romo C^3 qui] que $A^1 E^{1,6}$, *om.* A^2 reconditae $C^3 B^{2,3,4} G$ 3 beati *om.* E^{1p} protimartyris B^3 gauatas ... 4 argenteos ii *om.* A^2 gabatas $C^3 B^{2,3,4}$, gabathas $E^{1,6}$, grauatas G aureas] argenteas GE^6 4 tabulam $B^3 E^{6h}$, tabulas $E^{1,6}$ ascos C^3, arcus $E^{1,6}$ 5 et *om.* E^1 ecclesiam $B^{2,3,4} E^{1,6}$ beati ualentini E^6 pontum C^3, ponte A^2 moluium] $A^1 GE^{1,3h}$, molbium B^3, olbium $C^3 B^{2,4}$, miluium $A^2 E^6$ quem $C^3 B^4$ 6 et ipse] ipse E^1 oratorio G^p, ecclesiam E^6 beati E^6 sebastiano] seuastino G^p, stefano A^2, siluestro $C^3 E^1$, siluestri E^6 intra $A^2 GE^6$ 7 episcopium $E^{1,6}$ lateranense E^6, lateranse E^1 oratorio A^2 beato *om.* $A^1 G$ 7/8 martyri E^6 8 portam $A^2 C^3 E^{1,6}$ quem] quod $A^2 E^{1,6}$ ornauit] $A^2 C^3 B^{2,3} GE^{1,6}$, ordinauit B^4, dedicauit et ornauit A^1 *interpolans ut videtur.* 9 papa th. A^2 tam] totam C^3 rogantes *act.*   10 quamque] $C^3 B^{2,3,4} E^{1,6}$ *et gesta ep. Neap. c.* 27 *cum actis,* quam $A^{1,2} G$ increpantes *acta*   per *om.* A^2 apocrisiarios $B^{2,4}$, opocrisiarios $B^3 E^1$, apocrisarium G^p, apochrisarius A^2, apocrisarius G^c, apocrisiarios suos *acta*   ut dictum (ductus C^3) est *om.* A^2 pro] per G 11 maxime *om.* A^2 destinatus $A^{1,2} G$ praesentaliter *om.* A^2, praesentaliter *acta (certe ed.)*   ammonentes et (*om.* GE^6) contestantes] *rel. et* E^{6h}, ammonens et contestans E^1 quatenus] ut A^2 proprio $A^1 G$ 12 emendaret G *cum actis*   ad *om.* A^2 catholicae ecclesiae] $C^3 B^{2,3,4} E^1$ *cum actis concilii, catholicam* (et *ins.* E^6) *Neap. c.* 27, catholicam (et *ins.* E^6) apostolicam ecclesiam $A^1 GE^6$, catholicamque apostolicam (*om.* eccl.) A^2 remearit G, remearent *acta*   13 eum] eos *acta*   a (ad B^4) suo *om.* A^2 quomodo $A^2 C^3 B^4$, quodammodo $E^{1,6}$ 14 quod] que C^3 iusta] iuxta E^{6h}, iuste $A^2 E^6$, *om.* E^1 ab *om.* $C^3 B^3$ ipse *om.* A^2 depositione (*fuit fortasse* -nes) A^1, depositus E^6 ultionem A^1 perculsus est] percussus est GE^6 *cum actis,* percusserit A^1 15 fecit] f. autem K ordinatione B^4 16 numero *om.* G 17 et (*om.* K^2) cess. episcopatum (*sic* $C^3 B^{2,3,4} G$, episcopatus *vel comp. reliqui*) dies lii (m. i d. xui $B^{2,3,4}$) $A^1 C^3$ *hoc loco, post* 18 qui etiam ... id. maias $K B^{2,3,4} GE^{1,6}$ 18 sub die *om.* A^2 prid. *om.* $A^2 B^{2,3}$

LXXVI. MARTINVS I.

(Martinus, de civitate Tudertina) provincie Tusciae, (sedit ann. VI mens. I dies XXVI.) 1
Huius temporibus 'Paulus' Constantinopolitanae urbis episcopus inflatus superbie spiritu 'aduersus rectam sanctae dei ecclesie dogma audacter praesumpsit paternis definitionibus contraire; insuper studuit ad coperimentum proprii erroris quibusdam sub-
'reptionibus, ut et clementissimum principem suadere typum exponere, qui catholicam 'dogmam distrueret; in quo typo omnes omnino voces sanctorum patrum cum nefan-'dissimorum hereticorum dictionibus enervavit, nec unam nec duas voluntates aut opera-'tiones in Christo domino nostro definiens confiteri. Qua de re huiusmodi pravitatem 'suam defendens, quod numquam nec a prioribus hereticis praesumptum est, ipse in-
'licitae praesumere studuit', in tantum, ut 'altare sanctae nostre sedis', qui erat 'in domo 2 'Placidiae sacratum in venerabili oraculo, subvertens deripuit, prohibens, ne adorandam 'et inmaculatam hostiam apocrisiarii nostri ibidem deo offerre valeant nec communionis 'sacramenta percipiant. Qui videlicet apochrisiarii, quia ex praeceptione apostolice 'auctoritatis commonuerunt eum, ut de tali heretico intentum recederet, nec non et
'contestari visi sunt, persecutionibus diversis cum aliis hortodoxis viris et venerabilibus 'sacerdotibus insecutus eos, quosdam eorum custodiae retrudens, alios in exilio deportans, alios autem verberibus submittens. Quibus paene omne mundum conturbantibus 'ex diversis locis querellas contra eos ad apostolicam nostram sedem plurimi orthodoxi 'detulisse monstrantur, coniurantes, ut totius mali tanteque eversionis per apostolicam
'auctoritatem abscidatur commentum, quatinus minime totius corpus catholice ecclesie 'nocibilis eorum echeseos langor disrumpere valeat'.

K habet quae comprehenduntur ( ); P habet (praeter nominatim excepta) omnia: I ($A^{1.2}$). II (C^3 $B^{2.3.4}$). III ($GE^{1.5.6}$). — Beda chr. c. 546. 548 ad v. 2 Paulus . . . p. 182,5 Paulum. — AVCTORES: Index: ann. VI (sic 8, iii 9) m. I d. XXVI. — ad v. 2—21 comprehensa notis ' ' item sumpta sunt ex oratione Martini l. c. p. 878.

1 totertina C^3, tudernina B^3, tudertia E^{1p} prouincia E^1 tusciam B^4 2/3 spiritum A^1E^1
3 rectam] $A^1G^pE^{1.5b}$, recta $C^3B^{2.1.4}$ cum actis, rectum A^2G^c, om. E^6 sanctae dei eccl. (e. d. E^6)] sanctae dei sanctae eccl. A^1 dogmam E^{5b}, dogmata E^6 et acta (certe ed.)   audenter A^2 4 insuper] et super A^1 cooperimentum $B^{2.3}E^{1.6}$ cum actis, comperimentum G proprii] $A^2B^2cE^{1.6}$ corrigentes, propriis $A^1B^2p^{.3.4}$, proprio C^3 quibusdam] quorumdam E^1 4/5 subrepetitione C^3, subreptionis E^{1p}, subreptioni E^{1c}, subrectionibus A^2 5 ut] uti acta   et om. A^2GE^6 clementissimo principi $C^3B^{2.3.4}E^1$ cum actis   suaderet $A^2G^oE^1$ eponere B^3 qui] quia C^3 catholicam] $A^1G^pE^{5b}$, catholica $B^{2.3}E^6$, catholicum $A^2C^3B^4G^oE^1$ cum actis   6 dogmam] A^1E^{5b}, dogma $C^3B^{2.3.4}GE^1$ cum actis, dogmata E^6 distrueret] C^3B^3, destrueret $B^{2.4}E^{1.5b.6}$, distruerent A^1 quo] co C^3, om. E^6 ueces C^3 7 dua C^3 8 domino] deo acta   qua de re] quae de rem C^3 9/10 inlicite] rel. et E^{6h}, in lite E^1 10 in tantum ut altare] altare enim acta   sanctae] A^2 et reliqui cum actis, om. A^1E^6 qui] rel. et E^{5b}, quod $A^2G^cE^{1.6}$ erant B^4
11 placidiae A^2G^{5p}, placidiam E^1 sacratum om. E^{5b} uenarabili C^3 oraculo om. E^{5b} deripuit] rel. et E^{5bb}, diriperet E^1 dirupit E^6 ne] nec A^2, om. G^p adorandam] $C^3B^4G^oE^1$ cum actis, adorandum reliqui   12 hostiam post ualeant E^6 apocrisiarii $B^{2.3.4}E^{5b}$ cum actis   nec] ne C^3, et uiuificae diuinae acta   13 sacramentum A^3 percipient E^{1p} qui] quos acta   apocrisiarii $C^{3c}B^{2.3.4}E^{5b}$, apocrisiarios acta   quia] rel. et E^{5b}, qui C^3 cum actis, om. A^2E^1 14 commouerunt C^3E^1 intentu E^1 cum actis, inuentu C^3, intento A^2G, uitio E^6 et om. acta   15 contestare A^2C^3, testari E^6 16 insexutus C^3, insecutus est A^2 cum actis   quodam C^3 custodia A^1G exilio] rel. et E^{5b}, exilium $GcE^{1.6}$
17 committens C^3E^1 omnem $C^3B^{2.3}G^oE^1$, omnibus omnem acta   mundo conturbato A^2 18 eos] cum A^2 prurimi C^3 19 mali] rel. et E^{5h} (mala E^{5h}), malitiae E^1 euersionibus C^3 20 abscindatur E^{5b} cum actis   totius] totum acta   21 nobilis A^2, nocibilis B^2 echeseos] $C^3B^{2.3.4}G^c$ cum actis, ettheseos A^1E^6, ettoseos E^{5b}, etthescus E^1, ettheos A^1, ectheos G^p disrupere B^3

Tunc Martinus sanctissimus ac beatissimus episcopus misit et (congregavit episcopos in) 3
urbe (Roma) numero (CV) et fecit synodum secundum instituta patrum orthodoxorum
(in ecclesia salvatoris) iuxta episcopio Lateranense, resedentibus episcopis, presbiteris,
adstantibus diaconibus et clerum universum. (Et condemnaverunt) Cyrum Alexandrinum, Sergium, Pyrrum et Paulum patriarcha Constantinopolitanum, qui novitates contra
inmaculatam fidem praesumserunt innectere; quippe quoniam ipsam excludere pro-
perantes hereticorum dogmatum contra catholicam dei ecclesiam confusionem concin-
naverunt, anathematis ultione perculsi sunt. (Quem synodum hodie archivo ecclesiae
(continetur.) Et faciens exemplaria per omnes tractos Orientis et Occidentis direxit,
per manus hortodoxorum fidelium disseminavit.

Ipsis diebus direxit imperator in Italiam Olympium cubicularium et exarchum ad regen- 4
dam omnem Ytaliam, praecipiens ei dicens: „Oportet gloria tua, ut, sicut nobis sug-
„gessit Paulus patriarcha huius a deo conservandae urbis, peragere, et si quidem in-
„veneritis provinciam ipsam consentientem in typo a nobis exposito, tenere omnes, qui
„ibi sunt, episcopi et hieraticos possessorum atque habitatorum et peregros, ut in eodem
„subscribant. Si autem, quomodo nobis suggessit Platon gloriosus patricius, Eupraxius
„gloriosus, potueris suadere exercitu ibidem consistenti, iubemus tenere Martinum, qui
„hic erat apochrisarius in regia urbe, et postmodum per omnes ecclesias relegere eum,
„qui factus est a nobis orthodoxus typus, omnes episcopi Italiae in ipso subscribant.
„Si autem inveneritis contrarium in tali causa exercitum, tacitum habetote, donec

1 „omnem ‖

„obtenueritis provinciam et potueritis vobis exercitum adgregare tam Romane civitatis
„atque Ravennate, ut ea quae vobis praecepta sunt quantocius explere valeatis".

LXXVI. MARTINVS I.

Qui praedictus Olympius veniens in civitate Romana invenit sanctam Romanam ecclesia 5 quoadunatam cum omnes episcopos Italiae seu sacerdotes vel clerum. Et volens adimplere ea quae ei iussa sunt, armans se cum exercitu virtutis voluit scisma sanctae ecclesiae intromittere. Hoc per plurimum tempus actum est; et non illum omnipotens deus permisit quae nitebatur perficere. Videns ergo se a sancta dei catholica et apostolica ecclesia superatum, necesse habuit de sua quasi mala intentione declinare, ut quod non potuit per manum armatam facere, subreticio modo per missarum solemnia in ecclesia dei genetricis semperque virginis Mariae ad praesepe. ad communionem, dum ei porrigeret sanctissimus papa, voluit eum interire et demandaverat suo spatario. Sed deus omnipotens, qui solitus est servos suos orthodoxos circumtegere et ab omni 6 malo eripere, ipse excaecavit spatarium Olympii exarchi, et non est permissus videre pontificem, quando exarcho communionem porrexit vel pacem dedit, ut sanguis eius effunderetur et catholica dei ecclesia heresi subiugaretur. Quod postmodum praedictus armiger diversis cum iusiurandum professus est.

Videns ergo Olympius exarchus, quia manus dei circumtegebat Martinum sanctissimum 7 papam, necesse habuit

I pontificem ‖ se cum pontifice *II. III*

concordare et omnia, quae ei iussa fuerant, eidem sanctissimo viro indicare. Qui facta pace cum sancta dei ecclesia, colligens exercitum profectus est Siciliam adversus gentem Saracenorum, qui ibidem inhabitabant. Et peccato faciente maior interitus in exercitu Romano provenit. Et post hoc isdem exarchus morbo interiit.

Deinde directus est ab imperatore Theodorus exarchus, qui cognomento Caliopas, cum 8 Theodorum imperiale cubicularium, qui et Pellurius dicebatur, cum iussiones. Et tollentes sanctissimum Martinum papam de ecclesia salvatoris, qui et Constantiniana appellatur, perduxerunt Constantinopolim; et nec sic eis adquievit. Deinde directus est

---

P habet omnia: I ($A^{1.2}$). II ($C^3B^{2.3.4}$). III ($GE^{1.5.6}$). — *Beda chr. c. 549 ad v. 22 directus ... p. 184, 5 diem.*

1 ciuitate romana] $A^1C^3G^pE^{5b}$, ciuitatem romanam $B^{2.3.4}G^cE^{1.6}$ ecclesiam $A^2B^{2.3}E^{1.6}$, ecclesiae B^4 2 quoadunatam] *rel. et* E^{5b}, coadunatam $E^{1.6}$ cum] centum B^4 omnes episcopos] *rel. et* E^{5b}, omnes episcopi G^p, omnibus episcopis $A^2B^3G^cE^{1.6}$ seu] sue G^p, siue G^c sacerdotes] *rel. et* E^{5b}, sacerdotibus $A^2B^3E^{1.6}$ uel] et A^2 clerum] *rel. et* E^{5b}, clero A^2B^3, clericis E^6 et] ut B^4 2/3 implere E^1 3 ea quae ei (sibi E^6)] ei quae B^4 se cum] sexum C^3 exercito E^{5b}, exercitum B^4E^6 uirtutis] A^1E^1, uirtuti $A^2C^3B^{2.3.4}G^pE^{5b}$, uirtute G^c scisma] sanctissima A^2 4 per *om.* $E^{1.5b}$ 5 et] atque E^1 6 ecclesia *ante* cath. A^2 de sua quasi] q. d. sua E^6 mala] de mala A^2 7 manu $C^3B^{3.4}$, manus G^cE^{5b} armata $C^3B^{3.4}E^{5b}$, armatas G^c subreticio] *rel. et* E^{5b} (subreptitio E^{5h}), subretitio B^4, subrebticio G^c, subreptio B^3, subhereticio $E^{1.6}$, subreptione A^3 modum A^2 8 ecclesiam GE^6 dei genetricis] d. sanctae g. E^1, sanctae d. g. E^{5b} presepem GE^{5b} ad *om.* A^2 communione C^3B^4 9 interire] *rel. et* E^{5bh}, interimere E^6, crudeliter interficere E^1 et] $A^{1.2}G^p$, ut $C^3B^{2.3.4}G^cE^{1.5b.8}$ demandauerat] *rel. et* E^{5b}, demandans E^1 suo] suos A^2E^{1c}, suas E^{1p} spadario B^3, sparthario E^1 10 omn. deus E^1, dominus o. E^6 11 exarchi] et e. E^1 perm. est A^2GE^6 12 communione $B^{2.4}$ perrexit B^2 eius *om.* B^3 13 catholicam $A^1G^pE^6$ ecclesiam E^6 haerese E^{5b} subiurgaretur $B^{3p.2.4}$, subiugatur A^2 dictus E^6 14 diuerso A^2 iureiurandum E^{5b}, iureiurando $E^{1.6}$, iusiurando A^2 15 olimpus E^6 exachus C^3 manus dei] dominus E^6 circumtegebat] tegebat B^4 17 pontificem $A^{1.2}G$, pontifici E^6, se cum pontifice *reliqui* 18 fuerant] $C^3B^{2.3.4}GE^{1.6}$, fuerit A^2P, fuerat A^{2c}, sunt A^1 indicarent E^1 19 dei *om.* B^3 colligiens C^3 scilia C^3 20 sarracenorum $A^2B^4E^{1.6}$, sarracinorum $B^{2.3}$, saracinarum G^p qui ibid. inh.] quae inibi habitabat E^6 faciente *om.* G^p 20/21 exercito C^3B^3, exerco G^p 21 prouenit] inuenit E^{1p} 22 est *om.* $A^{1.2}G^p$ ab imp.] ad impr $B^{2.3}$ cui] qui $A^{1.2}B^{2.3.4}GE^{1.5b}$ cognomentu G^p caliopas] $A^{1.2}GE^6$, caliopa $C^3B^{2.4}$, calipiopa B^3, calliopa $E^{1.5b}$ 23 theodorum] A^1G^p, theodoro $A^2C^3B^{2.3.4}G^cE^{1.5b.6}$ imperiali $A^2G^cE^{1.6}$, imperatore B^4 cubicularum $C^{3c}B^4$, cubiculario $A^2B^{2.3}E^{1.6}$, cubicularius A^1G^p pellurios $E^{1.5b}$, pellurio E^6 iussiones] $A^1C^3B^4G^pE^{5b}$, iussionis B^3, iussione $A^2B^2G^cE^{1.5}$ et] *rel. et* E^{5bh}, qui E^1 24 sanctum E^6 saluatorum C^3B^4 qui] *rel. et* E^{5b}, quae $A^2G^cE^{1.6}$ 25 rectus E^{1p}

sepius dictus sanctissimus vir in exilio, ⟨in loco⟩ qui dicitur ⟨Cersona,⟩ et ibidem, ut
deo placuit, ⟨vitam finivit⟩ in pace Christi confessor

K ⟨et sepultus in basilica sanctae Mariae sem-
⟨per virginis.⟩

5 Qui et multa mirabilia operatur usque in hodiernum diem. Fecit autem ordinationes II
per mens. Decemb., presbiteros XI, diacones V; episcopos per diversa loca numero
XXXIII.

I. III Depositus sub die XVII mens. Septemb. ‖ Celebratur depositio eius XV kal. Octob. *II*

K habet quae ⟨ ⟩ comprehenduntur; P habet (praeter nominatim excepta) omnia: I ($A^{1,2}$). II (C^3 $B^{2,3,4}$). III ($GE^{1,5,6}$).

---

1 sepius dictus] *rel. et* E^{5b}, praedictus E^1 exilio] *rel. et* E^{5b}, exilium $B^3E^{1,6}$ in loco (*rel. et* E^{5b}, locum E^1) ... 2 finiuit] defunctusque est in ciuitate chersona *K*   qui] cui E^6, *om.* A^2 5 diem *om.* C^3
6 numero *om.* A^2E^6 8 dep. (*om.* A^2) sub (*om.* $C^3E^{1,6}$) die xuii (xui E^6) mens. (*om.* E^6) sept.] A^1C^3
$GE^{1,5b,6}$ *hoc loco et post* 2 confessor A^2, celebratur depositio eius (d. e. c. $B^{2,3}$) xu k. oct. $B^{2,3,4}$ *addunt in fine* et cessauit episcopatum dies xxuiii E^1, et cessauit episcopatus ann. i menses ii dies xx C^1 (= *Leid. Voss. Q. 60*) *soli*

LXXVII. EVGENIVS I.

(Eugenius, natione Romanus,) de regione prima Aventinense, clericus a cunabulis, ex 1
patre Rufiniano, (sedit ann. II mens. VIIII dies XXIIII.) Benignus, mitis, mansuetus,
omnibus affabilis et sanctitatis praeclarior. Rogam clero solitam tribuit et indigentibus
helemosynam subministrauit, ut etiam die transitus sui pauperibus uel clero seu familiae presbyteria in integro erogari praeceperit.

Huius temporibus Petrus patriarcha Constantinopolitanus direxit synodicum ad sedem 2
apostolicam iuxta consuetudinem omnino obscurissimam et ultra regula, non autem
declarans operationes aut voluntates in domino nostro Iesu Christo. Et accensus populus vel clerus, eo quod talem synodicam direxisset, minime est suscepta, sed cum
maiore strepitu est a sancta dei ecclesia proiecta, ut etiam nec eundem papam demitteret populus vel clerus missas caelebrare in basilica dei genetricis semperque virginis
Mariae, qui appellatur ad praesepe, nisi promisisset his ipse pontifex minime eam aliquando suscipere.

Fecit autem ordinationes episcopos per diversa loca XXI. 3
(Qui) etiam (sepultus est ad beatum Petrum) apostolum sub die IIII non. Iun.
Et (cessauit episcopatum mens. I dies XXVIII).

K habet quae ⟨ ⟩ comprehenduntur; P habet (praeter nominatim excepta) omnia: I ($A^{1.2}$). II (C^2 $B^{2.3.4}$). III ($GE^{1.5}$ [quem librum ad hanc vitam habemus descriptum integre] $^{.6}$). — AVCTORES: Index: ann. II m. VIIII d. XXIIII (sic 8, xuiiii 9).

---

1 eugenius] eusebius K^1 aduentinense $C^3B^{2.3.4}E^{1.5}$, auentine G, auentinensis E^6 2 rufiano G E^5, rufino A^2E^6 uiiii] uiii B^3E^1 xxiiii] xxiii C^3, xxxiii N benignus] fuit enim b. E^1, hic fuit b. A^2 3 appabilis G sanctitate B^2E^1 praeclarus E^{1c} roga G, togam E^6 clerico G 4 ministrauit $C^3E^{1.6}$, ministrabit E^{5c}, ministrabat E^{5p} ut om. A^2 die] diem $E^{5.6}$, dierum A^1G, diebus A^2 5 presbyteria] praeueri A^2 erogare B^3, rogam A^2 praeceperant $E^{1.5.6}$, praeciperit C^3G, praecepit A^3 6 synodicam $B^3E^{1.5.6}$ 7 omniuo] oracio E^6 obscurissima $C^3B^2E^6$ et] ut GE^6 regulam $A^2B^{3.4}E^{1.5.6}$ 8 aut] et A^2 nostro om. A^2 9 est suscepta] esse susceptam E^6 10 est om. B^3 10/11 dimitterit A^1, dimitteret $E^{1.5.6}$ 11 dei] sanctae dei $E^{1.5.6}$ semperque u. m. om. A^2 12 qui] $A^1C^3GE^5$, quae $B^{2.3.4}E^{1.6}$ app. ad (a B^{4p}) praesepe (praesipe A^1)] app. praesepe $GE^{5.6}$, praesepe app. C^3 his] eis E^5, om. A^1E^{1p} ipse om. A^2 14 ordinationes om. $E^{1.5}$ epo C^3 xxi] numero xxi $B^{2.3}E^{1.5}$, xi GE^6 15 ad beatum petrum] in basilica beati petri K iun.] ianuarii E^6 16 episcopatum] $C^3B^{2.3.4}GE^1$, episcopatus (vel comp., ut episcop E^6) reliqui   xxuiiii] xxi $B^{2.3}$, xxuiiii E^5

LXXVIII. VITALIANVS.

⟨Vitalianus, natione⟩ Signensis, provincia ⟨Campania,⟩ de ⟨patre Anastasio, sedit ann. ⟨XIIII mens. VI⟩. Hic direxit responsales suos cum synodicam iuxta consuetudinem in regiam urbem apud piissimos principes, significans de ordinatione sua. Et dum suscepti essent renouantesque priuilegia ecclesiae reuersi sunt. Quorum clementia per eosdem missos direxerunt beato Petro apostolo euangelia aurea cum gemmis albis mire magnitudinis in circuitu ornatas. Hic regulam ecclesiasticam atque vigorem, ut mos erat, omnimodo conseruauit.

⟨Huius temporibus venit Constantinus Augustus de regia urbe per litoraria in Athenas⟩ et ex⟨inde Taranto, inde Benevento et Neapolim per indictionem VI. Postmodum ⟨venit Romae,⟩ id est ⟨V die mensis Iulii, feria IIII, indictione supra scripta. Et oc⟨currit ei obviam apostolicus⟩ cum clero suo ⟨miliario VI ab⟩ urbe ⟨Roma⟩ et suscepit eum.

K habet quae ⟨ ⟩ comprehenduntur; P habet (praeter nominatim excepta) omnia: I ($A^1W^{1.2.3}A^2D^1$ $X^{2.3}A^5A^6$ [deficit v. 2 in mens.] Freh.$A^3Z^{1.2}$). II ($C^3B^{2.3.4}QB^{5.6.7}C^{1.2.4.5}D^2P^2ON$). III ($GE^{1.2.4.5.6}H^{1.2}$ Cr.Mog.). — Beda chr. c. 551: ad v. 5 direxerunt . . . p. 187, 7 textile. — Paulus h. L. 5, 6. 7: ad v. 8— p. 188, 9. — AVCTORES: Index: ann. XIIII (sic 9, xiii 8) m. VI.

---

1 uitalianus] uitalinus C^3 signensis] signegsis C^{5p}, signiensis Mog. prouincia] prouinciae $A^6Z^{1.2}$ $B^{5.6.7}C^{1.2.5}D^2P^2ON$. III ($GE^{1.4.6}H^{1.2}Cr$.) campania] campaniae $W^{1.2.3}X^{2.3}A^{3.5.6}Z^1B^{2.3}QB^5C^{1.2.5}P^2$ ON. III ($GE^{1.4.6}H^{1.2}Cr$.), campane Z^2, campanus K de] ex $D^1X^3H^{1.2}$ ann.] per ann. E^6 2 xiiii] xiii C^3 mens. om. C^{2p} responsales] responsalis C^1, responiles C^{2p}, responsiones Z^1 synodicam] synodica $W^{1.2.3}A^2X^{2.3}Z^{1.2}QC^{2c.4.5}P^2OE^{4.6}H^{1.2}Cr.Mog.$, synodicum $B^{2.3.6.7}C^{1.2p}$, sinodicis D^2, synodo A^5 B^{5c}, sydonicam E^3, inc. B^{5p} iuxta cons. om. $Z^{1.2}$ 3 in om. GE^6 regia urbe $C^3B^{2.4.6.7}C^{1.5p}D^2$ P^2OCr. apud] ad $X^{2.3}A^5Z^{1.2}H^{1.2}Cr$. pissimos (piissimus B^{5p}) principes] piissimum principes $C^{1p}G^p$ pissimum principem $A^3C^5G^cE^4$, primos principes C^{2c} significantem A^3 ordinationes A^2, ordinatio C^{5p} et] ut O, qui C^4 dum] cum $Z^{1.2}$ 4 suscepti essent] suscepissent Z^2 renouantesque . . . 5 missos om. $Z^{1.2}$ renouantesque et renouantes C^4, renouantes $X^{2.3}QD^2OP^2H^{1.2}Cr.Mog.$, renouantibus A^2 priuilegia] priuilegiae $C^{3p.5p}$, priuilegiis A^2 ecclesiae] ecclesia $W^{2.3}Cr$. reuersi] reuersus $C^{1.2p}$ sunt] ss $C^{1.2p[?]}$ quorum] q. principum C^4Cr. 5 eosdem missos (missus B^{5p})] II (rel.). III (rel.), eos demissos C^3, easdem missi $C^{1.2p}$, eosdem missa A^2, eos demissa I ($A^1W^{1.2.3}Z^2$), eos dimissa D^1A^3G, eosdem nuntios E^2 direxerunt] direxerat $C^{3.4}E^{1.2.6}$, direxit $X^{2.3}P^2E^4(?)OH^{1.2}Cr.$, dixerant A^2 beato petro apostolo] beati petri apostoli C^{2p} euangelia] euangelica C^3, et e. E^{1c} 6 mire] mis C^{3p} circuitu] circuitum X^2, circuitum W^1 ornatas] ornatus $C^{2p}GE^1$, ornatos $B^{5p}(?)$, ornatis $C^1D^2E^6$, ornata $W^3A^2Z^{1.2}Q$ $B^{5c}C^{4.5}P^2OE^{4.5bh}H^{1.2}Cr.$ hic regulam . . . 7 conseruauit om. $Z^{1.2.3}$ omnimodo] figuram $C^{1.2p}$ P^2O 7 mos] mox A^2E^2 erat] fuit C^4 omnimodo] omnimodis $W^{1.2.3}$, omnino QC^4OE^6 conseruauit] confirmauit E^4 8 constantinus] constantius O urbe] u. romam E^4 per om. K^2 litoraria] lit(t)oria $D^1B^3pC^{2p.5}$, litora Z^2B^{3c}, licora D^2, litteraria C^4, litoralia A^5Freh.$B^{5c}OGE^{4.6}$ cum Paulo in (om. A^6) athenas (athenis C^4, athimas $C^1H^{1.2}$)] madianas B^6, medianas B^7 9 et (om. $A^2Z^{1.2}B^5C^4$) exinde] inde K taranto] rel. et E^{5h}, tharan C^4, tranto $X^{2.3}$, tarento $W^{1.2.3}C^{5p}$, tarantum E^1, tarentum $A^5C^{2c.5c}E^{4.6}H^{1.2}Cr$. inde] deinde $C^{1.2p.5}P^2OH^{1.2}$, inde de C^{2c} beneuento] rel. et E^{5h}, beneuento C^1, beneuentano Q, ueneuentum E^1, beneuentum $W^{1.2c.3}A^5C^{2c.5c}E^{4.6}H^{1.2}Cr.Mog$. et neapolim (niapolim K^2) om. E^2 per (om. Q C^4) indictionem (indictione $K^2W^3D^1C^3B^4C^{1.5p}P^2$) ui om. $Z^{1.2}$ 10 romae] K II (rel.), romam I ($A^{1.2}W^{1.2.3}$ $A^{3.5}Z^{1.2}$). III ($E^{1.4.6}H^{1.2}Cr.$). $B^{2.3}QC^{2c}D^2OP^2$ id est . . . supra scripta om. $Z^{1.2}$ id est] idem C^3, idus $W^{2.5}O$, om. $X^{2.3}A^5C^4E^4H^2$ u] K II. III (E^6 et rel.) W^3, xu I ($A^1W^{1.2}A^2D^1X^{2.3}A^{3.5}$) GE^4 iulii om. B^6 feria iiii] iiii f. D^{2p}, f. iii D^1P^2O indictione] indictiones D^2, in die B^5 supra (super $B^{5.6}G$) scripta] sste K^2, sc (sic) D^1, scripto C^4, scriptu C^{2c}, ui B^2E^2, u Q, ui supra scripta Cr. 10/11 occurrit] occurrere C^4 11 ei (om. $X^{2.3}B^{2.3.4}QB^{5.7}$) obuiam (obuia B^1)] obuiam ei $Cr.$, ei $C^{8c}H^{1.2}$, om. $C^{1.2.5p}P^2O$ apostolicus] apostolicae $B^{4.5p}$ miliario (a miliarios B^6) ui] K II (rel.). III $A^{2.5}$ cum Paulo et gestis Neap. c. 30, mil. u I (rel., scil. $A^1W^{1.2.3}D^1X^{2.3}Z^{1.2}$) C^3, xii B^5 ab urbe roma] ab urbe A^5, a roma K et om. A^2C^4 susceperit E^6

LXXVIII. VITALIANVS.

Et ⟨ipsa die ambulavit⟩ imperator ⟨ad sanctum Petrum⟩ ad orationem ⟨et donum ibi optulit;

K ⟨alia die ad sanctum Paulum et donum ibi obtulit.

₅ ⟨Die sabbati ad sancta Maria, item⟩que ⟨donum obtulit. Dominicorum die processit ⟨ad sanctum Petrum cum exercitu suo,⟩ omnes cum cereis ⟨et offeruit super altare ⟨ipsius palleum auro textilem;⟩ et celebratae sunt missae.

⟨Iterum sabbatorum die venit imperator ad Lateranis⟩ et lavit ⟨et ibidem pransit⟩ in 3 basilica Vigilii. ⟨Item dominicorum die fuit statio ad sanctum Petrum; et⟩ post ⟨cele-
₁₀ ⟨bratas missas valefecerunt sibi⟩ invicem ⟨imperator et pontifex.⟩ XII dies in civitate Romana perseverans ⟨omnia, quae erant in aere ad ornatum civitatis, deposuit; sed et ⟨ecclesiae sancte Marie ad martyres quae de tigulis aereis erant discooperuit et in regia ⟨urbe cum alia diversa quas deposuerat direxit.⟩ Et postmodum ⟨secunda feria egres- 4

K habet quae ⟨ ⟩ comprehenduntur; P habet (praeter nominatim excepta) omnia: I $(A^1W^{1\cdot 2\cdot 3}A^2D^1X^{2\cdot 3}A^8Freh.A^3Z^{1\cdot 2})$. II $(C^3B^{2\cdot 3\cdot 4}QB^{5\cdot 6\cdot 7}C^{1\cdot 2\cdot 4\cdot 5}D^2P^2ON)$. III $(GE^{1\cdot 2}$ [deficit v. 9 in petrum]$^{4\cdot 5\cdot 6}$ $H^{1\cdot 2}Cr.$ $Mog.$). — *Beda l. c.; Paulus l. c.*

1 et om. $C^4H^{1\cdot 2}$ ipsa] ipse C^3, in ipsa $X^{2\cdot 3}D^1$ ambulauit] uenit K ad orationem] orationis causa C^4 et d. i. optulit om. $Z^{1\cdot 2}$ donum] domum B^5p ibi] ei $K^2B^{6\cdot 7}$, deo B^5 3 alia ... 4 obtulit] K solus 5 die sabbati ad s. m. itemque donum obtulit] deinde ad s. m. et d. ibi obtulit post 7 auro textilem $Z^{1\cdot 2}$, om. GE^4 die] et die K^1, die uero P^2O, die autem A^3 sabbati] I $(A^1W^{1\cdot 2\cdot 3}X^{2\cdot 3}A^{3\cdot 5})$ C^3B^5 $C^{2c}E^{1\cdot 6}$, sabbatorum Q, sabbato KA^2 et reliqui ad] perrexit ad $H^{1\cdot 2}$, processit ad Q sancta maria] $C^3B^{4\cdot 6p\cdot 7}$ C^{2p}, sanctam mariam K et reliqui itemque] et item X^2, ibique $H^{1\cdot 2}$ donum] domum B^5p dominicorum d. ad s. petrum om. $Z^{1\cdot 3}$ dominicorum] dominorum C^3p, dominico $A^5OE^{1\cdot 6}H^{1\cdot 2}$, dominica K die] diem $W^{2\cdot 3}$, die cum B^{5c}, die iterum H^1 6 petrum] paulum E^4 cum om. C^2p exercitu] exercitu $K^2B^{6p}C^{2p\cdot 3}$ G omnes] omnis A^5C^1, et omnis A^3, et Z^1, om. Z^1 cereis] cireis B^5p, cereis s̄s̄ (= suis) E^4, cereis exierunt obuiam ei $E^{1\cdot 6}$ offeruit] $A^1B^{2c\cdot 5}pC^{1\cdot 2p\cdot 3}GE^4$, oferuit B^4, offerunt $W^{1\cdot 2\cdot 3}B^2p^{\cdot 5}$, operuit $B^{6\cdot 7}$, offerebat $C^{2c\cdot 8}$, optulit K et reliqui super altare] altari $Z^{1\cdot 2}$ 7 ipsius] illius $GE^{1\cdot 6}Cr.$, om. E^4 palleum] $K^1A^1W^{1\cdot 2\cdot 3}A^2C^3B^{2\cdot 3\cdot 4}B^{5p\cdot 6p\cdot 7}D^2GE^4$, pallium K^2 et reliqui, pallam $Cr.$ textilem] textile $W^{1\cdot 2\cdot 3}X^{2\cdot 3}A^5Q$ $C^{4\cdot 5}E^{4\cdot 6}H^{1c}Mog.$, textum $D^{1c}A^3Z^{1\cdot 2}P^2O$, inc. D^1p 7/8 et cel. s. m. it. s. d. u. imperator om. $Z^{1\cdot 2}$ 8 iterum] item $C^1OH^{1\cdot 2}$, sequente autem K sabbatorum die (dies A^2)] sabbato die $A^{3\cdot 5}$, sabbati die E^1, die sabbati E^6, sabbato K uenit] KA^2 et reliqui, ambulauit $A^1W^{1\cdot 2\cdot 3}$ imperator] post lat. $W^{2\cdot 3}$, om. W^1 ad om. A^2E^6 lateranis] lateranos C^4, lateranum $W^3Z^{1\cdot 2}E^6$, lateranus $Cr.$ et] i (sic) H^2 lauit] rel. et E^{5b}, l••auit B^5, lauit se $A^5E^{1\cdot 6}$, laetus $B^{3c}Cr.$ (marg.) et ibidem] ibidem $A^2C^4Cr.$, ibique K pransit] rel. et E^{5b}, prasit $A^1C^3B^{3\cdot 4\cdot 5p\cdot 7p}C^{1p\cdot 2p}$, praxit $Mog.$, pranxit E^2, prandit KGE^4, prandidit $Z^{1\cdot 2}$, prandens A^2, pransus est $Cr.$ 9 basica C^1B^3 uigilii] rel. et E^{5bh}, uigilia D^2, iulii $X^{2\cdot 3}QE^1$ item ... 10 missas om. $Z^{1\cdot 2}$ item] iterum $W^{1\cdot 2\cdot 3}D^1X^2C^{1\cdot 2\cdot 5}P^2OH^{1\cdot 2}$ dominicorum] dominico $A^{3\cdot 5}P^2OE^{1\cdot 6}$, dominorum C^2 die] diem E^2, om. W^1pB^5p statio] stasio C^1, sta C^2 post om. K 9/10 celebratas (-ta A^2) missas] m. c. $E^{1\cdot 6}$ 10 ualefecerunt om. $Cr.$ inuicem post pontifex $A^1W^{1\cdot 2\cdot 3}$, om. A^2O pontifex] p. et A^5, p. itaque $H^{1\cdot 2}$ xii] xii enim Q dies] diebus E^4 10/11 ciuitate (in ins. C^3) romana] ciuitatem romanam B^2G, c. roma Z^1 11 perseuerans] perseuerantes A^5, p. imperator C^4, permanens E^4 omnia quae (qui Z^2)] omnes qui D^1 erant] erat A^1 aere] arcero Z^2, euanuit K^2 ornatum] ordinatum C^1p ciuitatis] ciuitati A^3, ciuitatum $W^{2\cdot 3}$ sed om. $Z^{1\cdot 2}$ et] uel $C^2p(?)$, ad C^1, om. $A^2B^{6\cdot 7}C^{2c\cdot 4}$ 12 ecclesiae] $K^1A^1B^{2\cdot 3}$, ecclesia $W^1A^{2\cdot 3}Z^2B^4C^{1\cdot 2}p$, eccl$p$ C^3, ecclesiam K^2 et reliqui sanctae] beatae $KGE^{1\cdot 4\cdot 6}$ martyres] martyris $C^{1\cdot 2}p$ quae] qui et $B^{6\cdot 7}$, om. C^4 de] tecta A^5, om. $A^2C^2Cr.$ tigulis] $A^1W^{1\cdot 2}$ $B^{4\cdot 5\cdot 7}C^2p^{\cdot 3}D^2$, tegulis K^2 et reliqui cum Paulo, tegules K^1, tigelis C^3p, cingulis W^3, regulis G aereis] aeris K^1C^4 erant] II (rel.), erat $K I$ $(A^1W^{1\cdot 2\cdot 3}A^2D^1X^2A^5)$. III $(GE^{1\cdot 4\cdot 6})$ $C^2p^{\cdot 5}P^2$, erat cooperta (coperta C^1) $C^1Z^{1\cdot 2}OH^{1\cdot 2}Cr.Mog.$, cooperta erat Q, om. C^4 discooperuit] discooperuit $K^1A^2C^3B^{2\cdot 4\cdot 7}C^{1\cdot 2}D^2H^2$, descoperuit A^1, cooperuit C^4; ut ... discooperiret Paulus 12/13 in regia (rea D^1) urbe] in regiam (regia C^1) urbem $W^{1\cdot 2\cdot 3}X^{2\cdot 3}A^5B^{3\cdot 5}QC^{1\cdot 2\cdot 4\cdot 5}P^2OE^{1\cdot 4\cdot 6}H^1Cr.$, integram urbem H^2 13 alia diuersa] K (sic) $X^{2\cdot 3}D^1C^3$ $B^{2\cdot 3\cdot 4\cdot 5p\cdot 6\cdot 7}C^{1\cdot 2p}GE^1p$, aliis diuersa (sic) A^1, alias diuersas E^{1c}, aliis diuersis reliqui et Mog. quas] quae $A^2X^{2\cdot 3}Z^1QC^{1\cdot 2\cdot 4}P^2OGE^{1\cdot 4\cdot 6}H^{1\cdot 2}Cr.$ deposuerat] deposuerit $C^2p^{\cdot 5p}$ direxit] direxerit D^2 et om. $C^4H^{1\cdot 2}$ postmodum] post E^4 secunda (secundum C^2p) feria] secundo (?) fecit K^2, om. $Z^{1\cdot 2}$

⟨sus de civitate Romana reversus Neapolim inde terreno perrexit Regio; ingressus ⟨Sicilia per indictionem VII⟩ et ⟨habitavit in civitate Syracusana et tales afflictiones ⟨posuit populo⟩ seu habitatoribus ⟨vel posessoribus provinciarum Calabriae, Sicilie, Afri⟨cae vel Sardiniae per diagrafa seu capita atque nauticatione per annos plurimos, ⟨quales a seculo numquam fuerunt, ut etiam uxores a maritos⟩ vel ⟨filios a parentes ⟨separarent.⟩ Et alia multa inaudita perpessi sunt, ut alicui spes vitae non remaneret. Sed et vasa sacrata vel cimilia sanctarum dei ecclesiarum abstollentes nihil demiserunt. Et ⟨postmodum XV die mensis Iulii per XII indictionem praedictus imperator in ⟨balneo occisus est.

⟨Et non post multo tempore⟩ antedictus sanctissimus vir ⟨vitam finivit.

⟨Fecit⟩ autem ⟨ordinationes IIII, presbiteros XXII, diaconum I; episcopos⟩ per diversa loca ⟨XCVII.

K habet quae ⟨ ⟩ comprehenduntur; P habet (praeter nominatim excepta) omnia: I ($A^1W^{1.2.3}A^2D^1 X^{2.3}A^5Freh.A^3Z^{1.2}$). II ($C^3B^{2.3.4}QB^{5.6.7}C^{1.2.4.5}D^2P^2ON$). III ($GE^{1.2.4.5.6}H^{1.2}Cr.Mog.$). — *Beda chr. c.* 552: *ad v.* 2 tales ... 10 finivit; *Paulus l. c.*

1 romana] roma $KZ^2C^{2c.3}E^4$, om. X^3 reuersus] r. est $X^{2.3}QE^4H^{1.2}Cr.Mog.$, r. in $P^2C^{1.3.4.5}$, r. est ad O inde] deinde I ($A^1W^{2.3}A^2D^1A^{3.5}Z^{1.2}$) $B^{5c}C^{1.2p.5}P^2OH^{1.2}$ terreno] terrenum A^2, terrenam A^5, terrento $W^{1.2.3}$, terento $Z^{1.2}$, itinere terreno E^4, terreno itinere $X^{2.3}Cr.Mog.$, mari tirreno $H^{1.2}$, tarentum B^{3c} perrexit *post* terreno $X^{2.3}$ regio] regium $A^2B^{3c}P^2OE^4H^{1.2}Cr.Mog.$, regno E^6, regionem A^5, et regionem $W^{1.2.3}$, om. $X^{2.3}Z^{1.2}$ ingressus] et i. $K^2X^{2.3}C^{2c}$, i. itaque $H^{1.2}$, i. est G, ingressusque est A^5E^4, om. $Z^{1.2}$ 2 sicilia] siciliam $KA^2X^{2.3}A^5B^{3.4}QB^{5c}C^{1.2.5}D^2P^2OGE^{1.4.6}H^2Cr.$, siciam Z^1, siciliae $W^{1.2.3}$ per (om. $A^5C^4E^6$) indictionem (indictione A^1, indicione B^{6p}, inditiones D^2) uii om. $W^{1.2.3}Z^{1.2}$ et om. $KW^{1.2.3}X^{2.3}B^4C^4OH^{1.2}$ ciuitate] ciuitatem C^1 syracusana] syracusanam G, siracusa D^1 et tales] et talis $A^1B^{6p(?)}C^{2p}$, et tale G, et talem $A^3E^{1.6}$, talisque K^2 adflictiones] afflic(t)ionis $K^2B^{5p}C^2$, adflictionem $A^1E^{1.6}$, affectiones Z^1 3 posuit] imposuit $X^{2.3}Cr.$ populo] populis A^2, populos C^2, populis C^5, in populo $E^{1.6}$ seu] seo G, suo E^4, uel C^{5p}, et $Z^{1.2}$ uel (et W^2, om. E^1) possessoribus om. $Z^{1.2}E^6Cr.$ calabriae om. A^2 seciliae C^2 3/4 afriscae C^{6p} 4 uel om. $Z^{1.2}E^6Mog.$ sardine C^3 diagrapha] diagra E^4, diagraua $C^{1.2p}H^{1.2}$, ditgraua C^{6p}, ditgrauia C^{5c}, diografa C^4, precepta grauia P^2 seu] per omnium P^2, per omnia O nauticatione] nauticatione K, nauticationes $W^{1.2.3}X^{2.3}A^{3.5}D^2B^6G$, neuticationes D^1, nauticationem $C^{1.5}OE^4E^{1.6}$, nauticas cautiones A^2 plurimos] prurimos B^{5p}, plurimum $C^{2p(?)}$ 5. quales] qualis A^2B^{3p} a seculo) aliquando KGE^4 numquam] non A^3 fuerunt] fuerant $KB^{2p}E^{1.6}$, fuit A^3, fuerunt experti E^{4c} uxores] uxoris $C^{1p.2p}$, *post* a maritis Z^1 a] ac B^{5c} maritos] $K^1A^1C^3B^{4.5}C^{1.2}$, maritus K^2, maritis *reliqui*, maritibus $B^{6.7}$ filios] filii hos C^{2o}, fiilis P^2, filii $X^{2.3}A^4E^4H^2Cr.$ a] ac B^{5c} parentes] $KA^1C^3B^{4.5}C^{1.2p}$, parentibus (perentibus A^2) *reliqui*, patre $E^{1.6}$ 6 separarent] seperarent C^1B^7, separent C^{5p}, separaret $H^{1.2}$, separarentur $W^{1.2.3}X^{2.3}Z^{1.2}B^2P^2E^4Cr.$ et alia] alia B^6, aliaque C^4, alia etiam $H^{1.2}$ multa om. A^2 ut] ita ut P^2O, tanta ut A^2 alicui] alia cui C^3, alicuiu B^{6p}, aliqui C^{1p}, aliquis C^{2p}, aliquibus $C^{1c}H^{1.2}$, aliqua P^2O non remaneret (remaret B^6C^4)] nostrae maneret C^3 7 et] alias Z^2, om. $C^{1.2p}P^2O$ uasa sacrata] uasa sacraria O, uasacrata D^1, a sacrata Z^2 cimilia] cymia B^5, cubilia C^4, humilia E^4, similia A^3E^6, cymbala $Cr.$ sanctarum] sanctorum $A^{2.3}B^6GE^4$ dei ecclesiarum (om. E^1)] in dei ecclesiis GE^4 abstollentes] abstulentes B^6, tollentes $X^{2.3}$, auferentes $A^5C^5P^2OH^{1.2}Cr.$ nihil demiserunt (*sic* $A^{1.5}C^3B^{2.4}C^{1.5}$, dimittebant $H^{1.2}$, dimiserunt *reliqui*) om. $GE^{1p.4.6}$ 8 et (om. $C^4H^{1.2}$) postmodum] postmodum autem A^2, et post haec $Z^{1.2}$ xu die (dies W^2, om. E^6) *libri*, etiam (xuma die, *non* decima die) K^2 m. iul.] inlii mensis A^3 per (om. A^5C^4) xii ind.] rel. et KE^{5b}, per ind. xii $W^{1.2.3}B^7 C^{1.2.5}OH^{1.2}$, per xi ind. E^1, om. $Z^{1.2}$ praedictus imperator] II (*rel.*). III. $W^{1.2.3}A^2$, proditus i. $A^1D^1A^5Z^1 C^{1.2p}P^2H^2$ 8/9 in balneo] tabalneo (*sic*) E^6, in b. dei iuditio H^1 9 *post* occisus est *ins.* eodem tempore missi sunt a uitaliano papa in britanniam theodorus archiepiscopus et adrianus abbas utrique doctissimi qui plurimas ecclesias anglorum doctrinae ecclesiasticae fruge fecundarunt e quibus theodorus archiepiscopus peccantium iudicia quantos scilicet annos pro unoquoque peccato quis penitere debeat mirabili et discreta consideratione descripsit (*ex Bedae hist. eccl.* 4, 1 *seq.*) $H^{1.2}$ 10 et] hic Z^2,om. $X^3H^{1.2}$ post multo] $KD^1 C^3B^4QC^{2c}GE^4$, post multum *reliqui*, post multum uero $H^{1.2}$, multo post $X^{2.3}$, post multa A^3, post modum C^{2p} tempore] tempus $W^{1.2.3}B^1C^5D^2P^2E^6Cr.$, temporis $A^{2.5}B^6C^4H^{1.2}Mog.$ tempora C^3, om. B^3 antedictus] praedictus C^4, iam dictus $H^{1.2}$ sanctissimus (seuer [*sic*] A^2, uenerabilis $H^{1.2}$) uir (episcopus Z^2, papa $H^{1.2}$)] beatus uitalianus K uitam om. Z^2 finiit $A^1W^2A^2QB^7C^{2.4}E^1$ 11 fecit autem] hic fecit E^4, fecit $Z^2C^1D^2P^2O$ xxii] xii K^2E^4 diacones H^1 i] l $H^{1.2}$, om. B^5 (in sp. vac.) B^7 episcopos om. C^{2p} 11/12 per d. loca om. $Z^{1.2}$ 12 xcuii] numero xcuii $A^1W^{1.2.3}B^{2.3}QC^4Cr.$, xcui X^3, xxuii $A^{3.5}Freh.$, xxui O

LXXVIII. VITALIANVS.

⟨Qui etiam sepultus est ad beatum Petrum⟩ apostolum sub die ⟨VI kal. Febr.⟩ Et ⟨cessavit episcopatum mens. II dies XIII⟩.

K habet quae ⟨ ⟩ comprehenduntur; P habet (praeter nominatim excepta) omnia: I ($A^1 W^{1.2.3} A^2 D^1 X^{2.3} A^5 [A^6$ deficit$]$ Freh. $A^3 Z^{1.2}$). II ($C^3 B^{2.3.4} Q B^{5.6.7} C^{1.2.4.5} D^2 P^2 O N$). III ($G E^{1.2.4.5.6} H^{1.2}$ Cr. Mog.).

---

1 qui etiam sepultus est] quo etiam sepulto C^4 beatum] sanctum W^3 petrum *om.* B^4 sub die *om.* $Z^{1.2} C^4$ ui] uii $X^{2.3} D^1 B^{6.7}$ 2 et (*om.* C^4) cess.] et cess. autem C^3 episcopatum] $C^3 B^{3.4.5.6} G$, episcopatus *(aut comp.) reliqui*   mens.] d. *(sic)* E^4

LXXVIIII. ADEODATVS.

⟨Adeodatus, natione Romanus, ex monachis,⟩ de ⟨patre Iobiano, sedit ann. IIII mens. II ⟨dies V.⟩ Tante magnitudinis ⟨fuit, mitissimus⟩ ac benignissimus, ut omnem hominem a maiore usque ad minimum libenter susciperet. Peregris conpassionem exhibuit, ut etiam unusquisque quod postulavit sine dubio inpetravit. Sed et rogam omnibus ampliavit.

⟨Huius temporibus Mezezius, qui erat in Sicilia cum exercitu Orientale, intartizavit et ⟨arripuit regnum. Et perrexit exercitus Italiae⟩ per ⟨partes Istriae, alii⟩ per ⟨partes ⟨Campaniae, nec non et⟩ alii per ⟨partes Sardiniae Africae; pari modo venerunt Sicilia ⟨in civitate Syracusana, et deo auxiliante interemptus est nec dicendus Mezezius; et multi ⟨ex iudicibus eius truncati perducti sunt Constantinopolim, simul et caput eiusdem intartae.

⟨Postmodum venientes Sarraceni Siciliam, obtinuerunt⟩ praedictam civitatem ⟨et multa ⟨occisione in populo,⟩ qui in castris seu montanis confugerant, ⟨fecerunt,⟩ et praeda nimia vel ⟨aere, qui ibidem⟩ a civitate ⟨Romana navigatum fuerat, secum abstollentes Alexan- ⟨driam reversi sunt.⟩

Hic ecclesiam beati Petri, qui est via Portuense iuxta ponte Meruli, ut decuit, restauravit atque dedicavit. Sed et in monasterio sancti Herasmi situm in Celio monte, in quo concrevisse visus est praedictus sanctissimus vir, multa nova edificia augmentavit; sed et casalia conquisivit et in vita sua abbatem vel congregationem ibidem instituit.

1

2

3

4

K habet quae ( ) comprehenduntur; P habet (praeter nominatim excepta) omnia: I ($A^{1.2}$). II (C^3 $B^{2.3.4}$). III ($GE^{1.5.6}$). — Beda chr. c. 557 ad v. 11 venientes ... 14 reversi sunt. — Paulus h. L. 5, 12. 13 ad v. 6—14. — AVCTORES: Index: ann. IIII m. II d. V.

1 deodatus E^6 romanus] campanus E^6 iobiano] rel. et E^{6bh}, iubiano A^2, tobiano E^6, iobiniano K E^{1c} 2 magnitudini C^3 fuit] fuitque K 3 a] ad A^2 maiori $E^{1.6}$, maiorem B^4 minimo B^3 susc. lib. A^2 peregrinis $A^2GE^{1.6}$ conpassione A^1 exhibuit] sic e. A^3 4 unusquisque] unus quis C^3B^4 quos postulauerat A^2 impetraret A^2B^2 et om. $E^{1p.6}$ roga $A^{1.2}$, togam E^6 6 mezezius] rel. et E^{6h}, mezetius $E^{1p.6}$, mizizius K cum Theophane a. 6160; mezentius codd. quidam Pauli   cilicia G^p exercito K orientale] $KC^3B^{2.4}GE^{1.6}$ cum Paulo, orientali A^2B^3, orientis A^1 antartizauit G, introniisauit se E^6, zauit et ar. om. in sp. vac. C^3 (habet C^2)   7 exercitus om. B^3 italiae] in italiam A^2 partes histriae $C^3B^{2.3.4}$, partis istriae A^1, tres partes A^2 alii] aliae K^2, et alii C^3 partis A^1 8 partis A^1, pates C^3 africae] et a. $E^{1.6}$, om. A^2 uenerunt] mer (sic) C^3 siciliam B^3E^{5h}, in sicilia K, in sicciliam E^6, per siciliam E^1, a sicilia A^2 9 ciuitatem A^2GE^1 siracusanam GE^1 deo] domino E^6 interemptus est om. in sp. vac. C^3 nec dicendus (dicentus K^2) om. A^2 mezezius] rel. et E^{6h}, mezetius B^2 $E^{1p.6}$, mizizius K multis A^1 10 ex] et A^2E^{1p}, om. B^4 eiusdem] eius K, om. A^2 const.] in constantinopoli G caput] apud G eius $A^2B^{2.3.4}E^6$ intarte] $K^2C^3E^1$, intarta $A^{1.2}B^{2.3.4}$, antarte G, incarre E^6, om. K^1 11 saraceni A^1G, sarracini K^2, saracini E^1 siciliam] rel. et E^{5h}, sicilia $KB^{2.4}G$, in siciliam $E^{1.6}$, om. C^3 praedictam (-ta A^2) ciuitatem (-te B^4) om. G multam occisionem GE^1, multas occisiones $A^{1.2}$, multa natione C^3 12 castra seu montana $E^{1.6}$ confugerant] confugerent C^3, confugium $A^{1.2}$ fecerunt] fecerant A^1, fecerant peregerunt A^2, post populo GE^6 et pr. n.] et praedam nimiam A^2, similiter et praedam nimiam fecerunt $GE^{1.6}$ 13 uel aere] uel aerem B^4, uel herem G, uel es A^2E^{1c}, ualere $B^{2.3}$, aere uero K, uel aera E^{5h} qui] quidem B^3, quae E^{5h}, quod K^4A^2, de (sic) E^{1c} a (de A^2) ciuitate (-tem E^{1p}) romana] a roma K nauicatum K^2, nauigante B^3, nauigata E^{5h}, uigatum A^2 fuerant E^{6h} 13/14 alexandria $KA^2B^{2.3.4}$ 14 renesi K^{2p} 15 ecclesiam] in ecclesia A^2 qui] rel. et E^{5b}, quae $A^{1.2}GE^{1.6}$ uia portuensis G, portuense uia A^2, in uia portuensi E^6 ponte meruli] rel. et E^{6bh}, pontem meruli G, pontem heruli A^2, campum meruli (meculi E^6) $E^{1.6}$ ut decui (seq. sp. vac.) ad quae dedicauit C^3 16 et om. B^3 in om. $GE^{1p.6}$ monasterium $GE^{1p.5h.6}$ sancti (om. C^3) herasmi om. G sito E^1 monte] ponte C^3 17 creuisse $A^2E^{1p.6}$ augmentatus est E^6 18 et casalia] casalia E^6 abbate A^1

LXXVIIII. ADEODATVS.

⟨Post cuius transitum tante pluuie et tonitrua fuerunt, quales nulla etas hominum me- 5
⟨moratur, ut etiam homines et peculia de fulgure interirent.⟩ Et nisi ⟨per letanias,⟩
quas cotidie fiebant, ⟨dominus est propitiatus,⟩ ut potuissent homines triturare vel in
horreis frumenta recondere, in tantum ut ex ipsas pluuias denuo legumina renasceren-
tur, et ad maturitatem deuenerunt, pro quo capitulo etiam homines mirarentur.

⟨Fecit autem ordinationem I⟩ per mens. Decemb., ⟨presbiteros XIIII, diacones II; epi- 6
⟨scopos⟩ per diuersa loca ⟨XLVI.⟩

Qui etiam sepultus est ad beatum Petrum apostolum sub die XVI kal. Iulias.

Et ⟨cessauit episcopatum mens. IIII dies XV.⟩

III A tempore ordinationis sancti Gregorii papae usque adhuc sunt anni XCV m. V d. XIIII.

K habet quae ⟨ ⟩ comprehenduntur; P habet (praeter nominatim excepta) omnia: I ($A^{1,2}$). II (C^3 $B^{2,3,4}$). III ($GE^{1,5,6}$). — Paulus h. L. 5, 15 ad v. 1—5.

---

1 post c. tr.] defuncto autem adeodato papa K tante (tente K^2) pluuie et (ac K)] tanta A^2 toni-
true A^1 fuerunt] scierunt K^2 qualis $A^{1,2}B^4$ 1/2 memoratur] rel. et E^{5bh}, meminit esse E^1 2 et
peculia] rel. et E^{5bh}, et peculi A^2, pecoraque K fulgora K^1E^{5b} nisi] nisi si E^{5h} per] sed per K
lectanias C^3 3 quas] quae $A^{1,2}B^{2c}GE^{1,6}$ cotidie] tota die E^6 d. est (esset $B^{2c}E^6$, om. C^3) pr.]
est d. eis pr. K ut] uel B^{2c}, uix E^6 tribulare B^4 4 ipsis pluuiis $E^{1,6}$, ipsa pluuia A^2 5 maturi-
tate G uenerunt A^2 quo capitulo] qua rem A^2 6 ordinationes E^{1p} xiiii] xiii KE^6 ii] ui A^1,
om. K^2 7 xlui] numero xlui $B^{2,3}$, xluii N 8 apostolum om. A^2 sub die xui (sic G solus recte,
cf. Duchesne praef. 1 p. CCLVII, ui reliqui) k. iul. (iun. B^2) om. E^6 9 episcopatum] $B^{2,3,4}GE^1$, episcopatus vel comp. reliqui   10 a tempore ... xiiii E^1 solus

LXXX. DONVS.

⟨Donus, natione Romanus, ex patre Mauricio, sedit ann. I mens. V dies X. Hic atrium 1
⟨beati Petri⟩ apostoli superiore, ⟨qui est ante ecclesiam in quadriporticum, magnis mar-
⟨moribus strauit.⟩ Sed et ecclesiam apostolorum sita via Ostense, ut decuit, restaurauit
atque dedicauit. Item ecclesiam sanctae Eufimiae posita via Appia similiter dedicauit.
⟨Clerum⟩ videlicet ⟨diversis ordinibus⟩ honoribus ⟨ampliavit. Hic repperit in⟩ urbe 2
⟨Roma in monasterio qui appellatur Boetiana Nestorianitas monachos Syros, quos per
⟨diversa monasteria divisit; in⟩ quo ⟨predicto monasterio monachos Romanos instituit.⟩
Huius temporibus ecclesia Ravennas, qui se ab ecclesia Romana segregaverat causa
autocephaliae, denuo se pristine sedis apostolicae subiugavit. Cuius ecclesiae presul,
nomine Reparatus, e vestigio, ut deo placuit, vitam finivit.
⟨Hic dum esset electus, per Augusto mense apparuit stella a parte Orientis⟩ a gallo 3
canto usque mane ⟨per menses tres, cuius radia caelos penetrabant; in cuius visione⟩
surgentes ⟨omnes⟩ provinciae et ⟨gentes mirabantur.⟩ Qui post semetipsa reversa disparuit; pro quo capitulo et ⟨maxima mors a parte Orientis⟩ sub⟨secuta est.⟩
⟨Fecit⟩ autem ⟨ordinationem I, presbiteros X, diacones V; episcopos⟩ per diversa loca ⟨VI.
⟨Qui etiam sepultus est ad beatum Petrum⟩ apostolum sub die ⟨IIII id. April.⟩
Et ⟨cessavit episcopatum mens. II dies XV.⟩

---

*K habet quae ⟨ ⟩ comprehenduntur; P habet (praeter nominatim excepta) omnia: I ($A^{1.2}$). II (C^3
$B^{2.3.4}$). III ($GE^{1.5.6}$). — Adhibuit Paulus h. L. 5, 31: ad v. 2—3 et ad v. 11—13/14 disparuit.* — AVCTO-
RES: *Index*: ann. 1 m. V d. X.

1 conus $E^{1.5h}$ natione] autem K^1 adrium A^1 2 superiorem G, superius $E^{1.6}$ qui] quod
$A^2E^{1.6}$, que K^1 ecclesia $KB^{2.3.4}$ in om. K^1 quadriporticu K^1A^2, quadriportico K^2 magnis] et
m. E^6 3 strauit] strauit (statuit K^1) fecitque et alias ecclesias et ornauit K et om. E^1 ecclesia
C^3B^4, ecclesiae B^3 sitam A^2GE^6 uia] in uia E^6 ostiense E^1, ostiensi E^6 restaurauit om. C^3 4 atque]
et $A^{1.2}$ item (itemque $B^{2.4}$, itemque et C^3GE^6) ecclesiam (-sia B^4, -siae C^3) s. eufimiae (eufemiae B^4E^1)
posita (-tam $A^2GE^{1.6}$) u. a. s. dedicauit om. B^3 5 diuersis] et d. E^6 honoribus] $C^3B^{2.3.4}$, et h. $A^{1.2}$
$E^{1.6}$, om. G 6 in monasterio] mon. A^1, in monte K qui (quod $A^2E^{1.6}$) appellatur] q̄a̅ $B^{3.4}$, qua C^3
(ubi apellatus [sic] ins. post boetiana) B^2 boetiana] $C^3B^{2.3}$, boeciana B^4, boeziana A^1E^{5b}, boezanas A^2,
boeuanas E^6, boetianas K^2G, boetianus K^1, boetianum E^1 nestorionitas A^2 monachos (monachus K^1)
syrus K 7 diuidit GE^6, misit A^2 in quo pr. monasterio] et in praedicto monte K constituit K
8 ecclesiae B^3 rauennae $C^3E^{1.5h}$, rauennatis G, rauenna $A^{1.2}$ qui] quae $A^2GE^{1.6}$ 9 auctoce-
phaliae A^1, autocaefaliae C^3B^2, autocaephabe A^2, auctore cephalie E^6 sedi $A^2E^{1.6}$ 10 nomine]
nostra A^2 repatus C^3 11 per] per in E^1 augusti K, augustum B^2E^6 mensem KB^2E^6 stilla
A^1C^3 a parte] apparuit B^{3p} oriorientis B^3 11/12 galli cantu A^2E^1 mane] ad mane A^2E^6
mense B^3 tres] ui C^3 radici vel radius A^1, radii $A^2E^{1.6}$ caelos] rel. et E^{5b}, caelum E^1 pene-
trabant] $KA^2B^{2c}E^{1.6}$ corrigentes, penetrabat $A^1C^3B^{2p.3.4}G$ et gesta ep. Neap. c. 31   13 surgentis $C^3B^{2.3}$
GE^1, om. A^2 et gentes om. E^6 mirabantur] m. quidnam esse (essed G) possit (posset E^6) GE^6 qui
(que A^2E^1) post semet (semed A^2) ipsa (ipsam A^2) reuersa] sic libri cum Paulo, qui in semet ipsam reuersa
E^1, et ipsa reuersa (re uera G) GE^6 14 quo] qua C^3 capitulo] signo A^2 et om. $A^{1.2}$ maxima]
postmodum m. K oriente secuta K 15 diac. u] diac. x A^1 uj] numero ui $B^{2.3}E^1$, om. in sp. vac. K^2
16 etiam] et $A^{1.2}$ sub die om. A^2 iiii] KA^1GE^6, iii $A^2C^3B^{2.3.4}E^1$ id.] kl. A^2 17 episcopatum]
$C^3B^{2.3.4}G$, episcopatus reliqui   ij] iii B^{3p}

LXXXI. AGATHO.

⟨Agatho, natione Sicula, 1

K III ⟨ex monachis

⟨sedit ann. II mens. VI dies IIII. Tantum benignus et mansuetus fuit, ut etiam omni-⟨bus hilaris⟩ et iocundus conprobaretur. Huius temporibus Theodorus archiepiscopus Ravennas semetipsum sedis apostolice post multorum annorum curricula praesentavit. ⟨Hic suscepit divalem iussionem piissimorum principum Constantini, Heraclii et Tiberii 3 ⟨Augustorum⟩ per Epyfanium gloriosum a secretis, ⟨missa praecessori suo Dono papae, ⟨invitans⟩ atque adhortans, ⟨ut debeat sacerdotes vel missos suos dirigere in regia urbe ⟨pro adunatione⟩ facienda ⟨sanctarum dei ecclesiarum,⟩ quod et ordinare non distulit. ⟨Et direxit Abundantium Paternensem, Iohannem Regitanum et Iohannem Portuensem ⟨episcopos, Theodorum et Georgium presbiteros, Iohannem diaconum, Constantinum ⟨subdiaconum,⟩ Theodorum presbiterum Ravennatem atque religiosos servos dei monachos.

Clerum videlicet diversis ordinibus super quod conpetebat honoribus ampliavit. Hic 17 ultra consuetudinem archarius ecclesiae Romanae efficitur et per semetipsum causa arcariae disposuit, emittens videlicet desuscepta per nomenculatorem manu sua obumbratas. Qui infirmitati detentus arcarium iuxta consuetudinem instituit.

⟨Huius temporibus indictione VIII luna eclypsin pertulit mense Iunio die XVIII.⟩ 16 Similiter ⟨et mortalitas⟩ maior atque ⟨gravissima subsecuta est⟩ mense supra scripto et mense Iulio, Augusto et Septembri in urbe Roma, qualis nec temporibus aliorum

---

K habet quae ⟨ ⟩ comprehenduntur; P habet (praeter nominatim excepta) omnia: I ($A^{1\cdot 2}$). II (C^3 $B^{2\cdot 3\cdot 4}$). III ($GE^{1\cdot 5\cdot 6}$). — Beda chr. c. 558. 559. 560; Paulus h. L. 6, 4 et 6, 5 ad v. 18—pag. 194, 2. — AVCTORES: Index: (ann. II m. VI d. IIII (sic 8, xiiii 9).

1 agatonius E^6 secula C^3, siculus $A^{1\cdot 2}E^{1\cdot 5b\cdot 6}$ 2 ex monachis] $KGE^{1\cdot 6}$, om. rel. et E^{5b} 3 iiii] rel. et E^{5bb}, iii E^1, xiiii KGE^6 tantus A^2 4 hilaris] hilarus B^4GvE^1, hilaris (-res K^1) fuit (esset K^1) K 5 rauennas] rel. et E^{5b}, rauennatis $A^{1p(?)}G$, rauenne A^2E^1 semetipsum om. A^2 sedi $C^3E^{1\cdot 3}$ post] quo E^{1p} multorum om. A^2 6 iussione diualem A^2 principum] horum pr. A^2, principium C^3 et om. A^2 7 ephiphanium B^{3p} a] ac E^6 missam] $K^1E^{1\cdot 6}$, sim. (corr. in simo) A^1, missum G praecessori] praecessore K, praecessoris C^3, praecessoris B^3 sui B^3 dono] dom A^2, bono E^6 8 scribentem atque adhortantem E^1 misso suo diligeret G regiam urbem $A^2E^{1\cdot 6}$ 9 adunationem KE^1 sanctae dei ecclesiae K quod] quae C^{3p} ordinare] ornare B^1, ornante B^3 10 et dir.] direxitque K habundancium K^2, (h)abundantiam B^3G paternense A^1C^3 regitantum C^3, reatinum K, regitanensem E^6, cagitanum A^2: Iohanne episcopi civitatis Regitanae acta (Mansi 11, 210) portuense G 11 episcopum $B^{2\cdot 3\cdot 4}$ $E^{1\cdot 6}$ georgium] giorgium K^2, gregorium gesta ep. Neap. c. 32 iohannes G const.] et const. $E^{1\cdot 5b}$ 12 subdiaconum] rel. et E^{5b}, om. E^1 rauennate E^1, rauennantem A^2 atque] aque B^3 religiosus A^2 B^4, religioso C^3 seruus B^4 dei] domini E^6 14 uidelicet om. B^4 diuersis (diuisit $A^{1\cdot 2}$) ordinibus] diuersi ordinis E^6 super] et ut super E^1 honoribus] horibus G, eos h. E^1 15 arcarius B^3, archariae B^4 rom. eccl. B^3 causam $A^2B^4E^{1\cdot 6}$ 16 arcariae] $A^2C^3E^{1\cdot 6}$, arc(h)ariu(a)e $A^1B^{2\cdot 4}G$, acariue B^3 et mittens A^3GE^1 desusceptu E^1, desusceptum E^{5b} nomenculatorem] nomencolatorem C^3, nominculatorem A^1, numencultorem B^3, numenculatorem B^4E^1, nomencolaturem G, nümentii latorem E^6 manus sua A^2GE^6, manus suas E^1 16/17 obumbratas] perobumbratas B^2, perumbratas B^3, obumbratus G, obumbra••ta A^2 17 qui om. A^2 infirmitati] $A^1C^3B^{2\cdot 4}G$, infirmitatis B^3, infirmitate $A^2E^{1\cdot 6}$ iuxta cons. arc. A^1 solus 18 huius] hius K^2 uiii] rel. et E^{5b}, uiiii KA^2 eclypsim $E^{5b\cdot 6}$ iunio] rel. et E^{5b}, iulio E^6 xuiii] xiii A^2 19 sim. et] et sim. E^6 maior atque om. KGE^6 grauissima] grandes B^4, grandissima A^2 super $B^{2\cdot 4}$ 19/20 et mense] A^1 solus, om. reliqui 20 mense ... roma om. G augusto] et a. A^3 et om. $C^3B^{2\cdot 3\cdot 4}$ qualis nec ... p. 194,1 memoratur] qualis nec t. a. pontificum umquam esse m. E^6, qualis temporibus antistitum numquam esse memoratur G

LIBER PONTIFICALIS I. 25

pontificum esse memoratur; ut etiam parentes cum filiis atque fratres seu sorores binati per lecta ad sepulchra deducerentur. ⟨Postmodum vero⟩ foras circumquaque suburbana et castra devastare non cessavit.

Qui ⟨supra scripti missi⟩ sedis apostolicae qui directi fuerant ⟨in regia urbe ingredien- 4 ⟨tes⟩ die X mensis Novembris indictione VIIII domino solaciante atque principe apostolorum comitante ⟨suscepti sunt a principe⟩ in oraculo beati Petri apostoli, intro palatio, ⟨porrigentes ei⟩ et ⟨scribta pontificis. Quas dum suscepisset, commonens eos⟩ atque adhortans, ut ⟨non⟩ per pisma aut ⟨furore, sed pacifica dispositione, remit-⟨tentes philosophicas adsertiones, puram sanctorum scribturarum patrumquae pro-⟨batam fidem per synodalia decreta satisfacerent;⟩ et dans indutias ad retractanda scribta, tribuens eis omnia quae ad sustentationem sufficiebant in eorum expensa, in domo qui appellatur Placidias.

Die XVIII mensis suprascripti die dominico advocati sunt in processione ad sanctam 5 dei genetricem in Blachernas in tanta honorificentia, ut etiam de palatio caballos stratos dirigeret cum obsequio pietas imperialis et sic eos susciperet, ea ipsa commonens, ut pacifica adsertione testimonia venerabilium patrum proponerent.

Die XXII mensis Novembris in basilica, quae et Trullus appellatur, intro palatio, sub 6 regali cultu, ⟨residente et cum eo Georgio patriarcha Constantinopolitano, Macaro An-⟨tioceno, suscepti sunt missi sedis apostolicae, deinde metropolitae vel episcopi Orien-⟨talium⟩ partium numero ⟨CL. Qui proni adorantes, resedere praecepit⟩ una cum nostris; post haec patricii, ypati omnique synclitu. ⟨Et habita inquisitione⟩ ab eius pietate, cuius partis deberet ostensio adprobari, ⟨legati sedis apostolice dixerunt: Oportuna

---

K habet quae ⟨ ⟩ comprehenduntur; P habet (praeter nominatim excepta) omnia: I ($A^{1.2}$). II (C^3 $B^{2.3.4}$). III ($GE^{1.5.6}$). — Beda chr. c. 558. 559; Paulus l. c.

---

1 fratribus $A^{1.2}$ binati] $B^{2.3.4}$, uinati C^1, binatim $GE^{1.6}$, uel nati $A^{1.2}$: bini per feretra positi Paulus 2 per lectam G, pellecta A^2 foras … 3 cessauit om. G 3 non om. $A^{1.2}$ cessat B^4 4 qui supra (super B^4) scripti (qui conscripti E^6) … ingredientes] ingressi sunt missi s. a. in regia urbe G, ingressi sunt missi supra dicti in regia urbe K regiam urbem $A^{1.2}E^{1.6}$ 5 nouembris] decembris al. nouembris E^6 nona (none C^3B^4) indictione (indictionis C^3, indictio E^1) $C^3B^{2.3.4}GE^{1.6}$ solaciente C^3, solante E^1 ap. pr. E^6 6 comitandi B^4 suscepti] susceptique G, beniguiter s. K oraculum A^2 intra B^3E^1 6/7 palatium $A^2E^{1.6}$ 7 et om. $KA^{1.2}GE^1$ scribta] scriptura K^2 quas] quae E^1 suscepissent B^3p commonens] rel. et E^{5b}, commoriens K^1, commonuit E^1 8 adorans E^6 ut om. G non per pisma (scisma E^1) aut furore (-rem A^2E^1)] non scismica uel furiosa E^6, non pessime uel furiose G, non furiose K dispotatione K^1, disputatione K^2 8/9 remittens A^2 9 philosofias A^2G puram] puras K^2, pura K^1, et puras A^2 sanctorum (sic $KA^{1.2}$, -tarum $C^3B^{2.3.4}GE^6$) scr.] sanctorum E^1 patrumquae] patrum et E^1, quae C^3 9/10 probatam] conprobatam $A^{1.2}$, probatum (sic) $K^{1.2}$ 10 per om. C^3 et om. A^2 retractandum GE^6 11 eis] ei C^3, om. A^1 omnia om. A^2 sustentatione $C^3B^{3.4}$ sufficiebant] rel. et E^{5b}, sufficiebat E^1, sufficerent A^2 in eorum] ad eorum GE^6 11/12 in domo (in d. om. B^3) qui app. (quae app. $A^2B^4E^{1.6}$, q͞u $B^{2.3}$, qua C^3) placidias (-das C^3) om. G 13 xuiii] xuiiii B^4 super G dominico die A^2 processionem $A^2GE^{1.6}$ 14 gen.] gen. mariam A^2 in] ad $A^{1.2}$ blaternas E^6 tantam honorificentiam E^1 15 obsequio o pietas A^1 imperiales B^4, imperatoris A^1, imp̄ A^2 et (ut A^1) sic eos s. ea ipsa comm.] commonens uero ipse imp̄ A^2 17 et om. $A^{1.2}GE^{1.6}$ intro] intra B^4, in $A^{1.2}$ 18 culto B^4 residente] tunc resedente principe K et cum eo] cum eo et $E^{1.5b.6}$ georgio] giorgio K, georgius $A^{1.2}$ constantinopolitanus A^1, constantinopoli K^2A^2 18/19 macaro antioceno (anteoceno K, antiocleno G)] sic reliqui (etiam K), macharlo a. B^3cE^8 (hic constanter), marchario a. B^3p, et macharus antiochenus A^2 19 apostolici K metroplite C^3 uel] et K 20 proni] prono C^3, p̄ K^1, om. K^2 residere $B^{2.3.4}E^{1.6}$ praecepit] iubentur GE^6 21 patriciis E^1 yppati B^4 omnesque E^6, omnisque GE^{5b} (omniquae E^{5b}) E^6, onique C^3, et omnes (?) A^2 synclitu] C^3, sinclitu $B^{2.3}$, syncletu (-tus E^{5h}) E^{5b}, sincletu E^1, sinclecii E^6, synglitu B^4, synclito A^1, syncletus G, incliti A^2 et] rel. et E^{5b}, introiuit (introibit E^6, in introiuit E^1p) et $GE^{1.6}$ inquisitiore A^1 eius] eis C^3 22 parti G deberet] deueniret B^4 ostentio E^6 legatio A^2 apostolici K^2

LXXXI. AGATHO.

⟨veritas et ratio exigit, ut a parte eorum, qui unam voluntatem et operationem in do-⟩⟨mino Iesu Christo adserunt, apostolice sedis exponere.⟩

⟨Qui audientes laeti effecti, parati se esse dixerunt.⟩ Et accepta licentia ⟨ea hora 7 ⟨suos intromiserunt libros et tomos diversos et synodos, quos falsaverant; nam non per ⟨veritatem superare estimaverunt, nisi per⟩ mendacia et ⟨diversa commenta, quos in libris ⟨ipsi addiderunt.⟩ Et relegentes per singula reperti sunt mendaces, unam operationem et voluntatem dicentes. Et in quinto synodo epistula Vigilii papae ad Mennam patriarcham atque libellum eiusdem Mennae in quaternionibus noviter additis falsaverunt, una voluntate et operatione dicentes; quod coram principe et synodo claruit. ⟨Alia die⟩ catholicae fidei defensor pius princeps secretario residens, inquisitione de ipsos codices facta, ita repperit falsa noviter addita fuisse.

Die XII mens. Novemb., resedente synodo cum eius pietate suscepti sunt ⟨missi sedis ⟨apostolice⟩ et praecepit eos in synodo resedere, ⟨praesentantes locum⟩ sanctissimi ac ⟨beatissimi Agathonis papae. Quorum dictum est, ut omnes libros, quos scirent ad ⟨causam fidei pertinere, coram synodo adducerent;⟩ quod et factum est. ⟨Et vocato 8 ⟨Georgio⟩ diacono et ⟨cartofilace ecclesiae Constantinopolitanae⟩ praeceptum est ei, ut iuxta eorum notitia codices ex bibliotheca ecclesiae ad medium deduceret. Et dum adducti essent et ⟨relegerentur,⟩ utrique similes ⟨reperti sunt, duas naturas duasque voluntates et operationes habentes. Et confusus Macharus⟩ coram synodo ⟨inventus est ⟨mendax⟩. Tunc interdicens pietas augustalis Georgio patriarchae, ut minime in ecclesia sua susciperet Macarum vel eius homines, et interdicens ei processus. Haec prima eius ruina fuit.

Die XIIII mens. Februar., auxiliante beato Petro apostolo, ut veritatis lumen appareret, 9 ⟨intromissa sunt coram synodo venerabilium patrum dicta, Iohanni Constantinopolitani,

---

K habet quae ⟨ ⟩ comprehenduntur, post 6 addiderunt pergens: alia vero die legati sedis apostolicae praesentantes cet.; *P habet (praeter nominatim excepta) omnia: I ($A^{1.2}$). II ($C^3B^{2.3.4}$). III ($GE^{1.5.6}$).*

---

1 a parte] pars A^2 una K^2 1/2 domino] d. nostro E^6 2 sedis (sedi G) apostolice KGE^6 3 effecti] effecti sunt A^1 parati] $K^2A^{1.2}$, paratis K^1, paratos *reliqui*   se om. A^2 dixit B^4 et om. $A^{1.2}$ ea] eadem A^2E^{5h}, sic eadem K 4 suos om. A^2B^3 introduxerunt K et tomos] in tomos $A^{1.2}$ diuersus K^2 et synodos] synodos B^4 quos] quas $A^2E^{1.6}$ falsauerant] $KA^{1.2}GE^{1.6}$, falsauerunt C^3 $B^{2.3.4}$ nam] quia K, om. G 5 per ueritatem (-te A^1)] $A^{1.2}B^3E^{5h}$, per ueritatem se (re G) $C^3B^{2.4}GE^{1.6}$, ueritate K aestimauerunt nisi] nisi $E^{5h}(?)$, nitebantur sed $KGE^{1.6}$ quos] quas K, quae $A^2GE^{1.6}$ libros] libros A^1, libros suos K, libris suis $GE^{1.6}$ 6 ipsi] istis B^4, ipsis C^3B^2, ipsi nouiter (*ex v. 11*) K, om. E^1 addiderant $KGE^{1.6}$ mendaces om. B^4 7 et in quinto ... 9 dicentes om. G quinta $C^3B^{2.3.4}E^{1.6}$ epistolam A^2E^6 mena patriarcha $C^3B^{2.3.4}$ 8 men(a)e $C^3B^{2.3.4}$ addictis C^3 8/9 unam uoluntatem et operationem $A^{1.2}E^{1.6}$ 9 dicentes om. A^2B^8 principem A^1 claruit] placuit A^1 10 segretario A^1 resedens $C^3B^{2.3.4}$ inquisitione] inquisitionem A^2, ad inquisitionem G de ipsos codices ... 11 fuisse] de ea ipsa que falsa que dicta fuerant repperit quod nouiter addita ement *(sic)* G ipsis $A^{1.2}B^2$ $E^{1.6}$, ea ipsa G codicibus $A^2B^2E^{1.6}$ 11 ita om. A^2 falsa] falsam et $E^{1.6}$ addita] additam $E^{1.6}$ fuisset A^1 12 die xii (decima $A^{1.2}$) mens. nouemb. (decemb. $E^{1.6}$)] die uero a mense duodecima a mense decemb. G residente $B^{2.3.4}$ cum] cuius E^6 pietatate B^3 missi sedis] legatis sedibus K^1 13 eos om. A^2 resedere] $B^{3.4}$, cum eis residere Gp praesentante E^1 13/14 sanctissimi ac beatissimi (ac b. om. G)] sanctissimum ac beatissimum $B^{2.4}$, beati K^1, beatae K^2 14 agathoni G quorum] quibus $A^{1c.2}GE^{1.6}$ 15 causa K^2 adducerint K^2 quod] que C^3 16 giorgio K^2 chartosylace C^3, cartaphila K^2, caraphyl K^1 ecclesiae (apostolicae E^{1p}) const. (constantinopolitano G)] et B^4, eccl. c. factum est ita K 17 eorum] eius E^6 notitiam $A^2B^2E^{1.6}$ deducerent A^1G, ducerent A^2 18 essent] fuissent A^2 relegentur B^3, relegeretur Gc, legeretur Gp, relictisque K similis A^1, similiter G reperti sunt] inuenerunt K duasque] duas C^3 19 et operationes om. E^{6p} confessus $A^{1.2}$ macharus] macharius A^2, marcus $B^{2.3}$ inuentusque K 20/21 ut eum in e. s. minime G 21 sua om. A^2 macarum (macharium A^2, marcum $B^{2.3}$) ... 23 februar. om. G et int. ei (eis E^6)] int. ei et A^2 23 xiiii] xiii $E^{1.6}$ appereret C^{3p}, aperiret B^4, aperiretur A^2 24 intromissa] intromissique K synodum dictae uen. patr. K iohanne C^3, iohannis KB^3GE^6, scilicet ioh. A^2 constantinopolitano G

25*

⟨Cyrilli, Athanasii, Basilii, Gregorii, Dionisii, Hilarii, Ambrosii, Augustini⟩ et ⟨Leonis,
K ⟨habentes
⟨duas naturales voluntates et operationes in Christo
K ⟨nativitatis, una quidem ante secula et sine
5 ⟨tempore ex patre incorporaliter, alia vero
⟨descendente de caelo incarnatum in virgine,
⟨voluntates coherenter unitas divinam et
⟨humanam, ex hoc quod in utraque eius
⟨natura voluntarium secundum naturam
10 ⟨eundem existere, operationes vero cohe-
⟨renter unitas divinam et humanam ex
⟨hoc, quod in utraque eius natura effi-
⟨cacem secundum naturam eiusdem exi-
⟨stere.)
15 dicentes ad satisfactionem principis vel synodo.
Sequenti die in eodem secretario resedente synodo una cum principe synodica sanctissimi Agathonis papae relecta est et ad singula conprobata patrum dicta inserta. In
qua synodica et episcopi occidentales partes subscribserunt CXXV. Post haec adhortatus est nec dicendus Macarus a sancta synodo vel a pio principe omnique senatu,
20 ut profiteretur unam aut duas confiteri voluntates aut operationes. Qui nullatenus
audivit, sed potius neque unam neque duas in salvatore dicere voluit. Deinde protulit piissimus et serenissimus princeps tomum ad relegendum, in qua una et heretica
dogma Macari erat conscribta et eius manu subscribta apertissime una voluntate in
domino adfirmante. Post ipsius subscribtione et Theodori expatriarchae utique iuxta
25 eo tenore ibi subscribtio eius erat. Et interrogatus Georgius patriarcha, si ea fide, qua
docet sedis apostolica, amplectitur iuxta scribta Agathonis papae seu sanctorum venerabilium patrum. Qui respondens, ut accepta licentia in scribto que oportuna erat re-

K habet quae ⟨ ⟩ comprehenduntur; P habet (praeter nominatim excepta) omnia: I ($A^{1.2}$). II (C^3
$B^{2.3.4}$). III ($GE^{1.5.6}$).

1 anasii E^1p, anathanasi G, anastasii E^6 hilarii (helarii K) ambr. om. $E^{1.6}$ augustini] hier
augustini A^2, agustini KC^3B^4, augusti E^6 3 duas] habentes d. K   8 umana K^2 12 eius om. K^2
15 satisfactione C^3B^4 principes C^3 synodi $A^{1.2}E^{1.6}$, synodis G   16 sequenti (-te C^3B^2) die in
eodem (edem C^3) . . . synodo om. A^2 secratario B^2 residente B^4, residentes G   principe] eius pietate
principe sicut $A^{1.2}$ 16/17 sanctissimo B^4, beatissimi G, sancti E^6 17 agathnis C^3, agathoni G   relicta E^1
et om. $C^3E^{1.6}$ conprobata] dicta probata B^2 inserta om. GE^1p   18 et (om. A^2E^{5b}) episcopi om. G
occidentalis E^6 partes] vel. et E^{5b}, parentes B^3, partis E^6, om. A^2 subscribserunt] s. numero $E^{1.5b.6}$
cxx quinque] G, cxx cumque A^1p(?)$C^3B^{2.3.4}E^{5b}$, cxx et A^{1c}, cxx A^2, cxxu quinque E^1, cxxu cumque E^6
18/19 adoratus C^3B^3 19 est] esset E^6, om. B^4 macharius A^2 sauctam A^1, sancto E^1 omnique]
uel omni A^2 20 proficeretur B^4 una A^2 confiteri] confitere B^4, om. G   aut] uel $GE^{1.6}$ 21 audebit
B^2, audebat G   una $C^3B^{2.3.4}$ dicere om. A^1 21/22 protulit post princeps E^6 22 domum B^4
legendum A^1 quam E^1, quem GE^6, quo A^2 una heretica C^3, unum hereticum $GE^{1.6}$ in qua . . .
23 erat] in quo erat hereticum dogma A^2 23 macari] maca C^3p   conscriptum $A^2GE^{1.6}$ et eius]
eiusque G   subscripta (-tum GE^1) ap.] ap. subscr. ap. E^6p, ap. subscr. E^{6c} unam $A^{1.2}GE^1$ uoluntatem $A^2GE^{1.6}$ 23/24 in domino post unam E^6 24 adfirmantem $GE^{1.6}$, confirmante B^3 post ips.
subscriptionem (-ne A^2)] sub prima scriptione E^1, et sub ips. scriptione E^6, om. G   theodorus $A^{1.2}$ ex
patriarcha B^2 iuxta om. A^2 25 eo tinore A^1, eius tenorem G   ibi om. G   subscripti erant A^2
et om. G   interrogans E^6 eam fidem A^2 qua] quae $GE^{1.6}$, quam A^2 26 doceat B^2 sedes E^1
amplecteretur A^2 scriptura (-ram E^6) $E^{1.6}$ agathonis] uenerandi (uerandis G) ag. $GE^{1.6}$ 26/27 uene-
rabilium] (h)ac n. $GE^{1.6}$ 27 respondit A^1G, $\bar{r}$ A^2 scriptione $E^{1.6}$, scriptum (?) B^3, scriptis A^2 opor-
tunum A^1 erant G, esset A^2 27/p. 197, 1 respondere A^1

LXXXI. AGATHO.

sponderet. Et in his recedentes die XVII mens. Febr. die dominico intro oraculum 11
beati Petri intro palatio, adstante synclitu simulque et patriarcha, legatos sedis apostolicae suscepit, relegens suggestionem aliam pro eorum commendationem a sanctissimo
papa directa. Qui ⟨Georgius⟩ sanctissimus ⟨patriarcha professus est⟩ ea die in scriptis
⟨duas naturas duasque voluntates et operationes credere et predicare sicut sedis apo-
⟨stolica,⟩ et anathematizans eos, qui unam naturam, voluntatem et operationem dicunt.
Die XXV mens. Febr., resedente synodo una cum pio principe simulque et legatos 12
sedis apostolicae, Macarum adesse iusserunt; et data a principe licentia, ut se partes
quis in qua vellet divideret, Georgius patriarcha regiae civitatis cum suis in parte
orthodoxorum

III stetit,

Macharus vero cum suis in parte alia hereticorum. Et deducentes ad medium pro-
fessionem Georgii patriarchae, quam fecerat et porrexerat principi, relecta est. Et
commonitus supra scriptus Macarus, quid sentiret vel crederet, respondit se in ea perfidia, quam ante proposuerat, perdurare et nullatenus orthodoxe fidei adquiescere.
⟨Ea hora sancta synodus⟩ una cum principe ⟨eius orarium abstolli iusserunt. Et exi- 13
⟨liens Basilius Cretensis episcopus eius orarium abstulit et anathematizantes foris sino-
⟨dum proiecerunt⟩ simulque et thronum eius; ⟨Stephanum autem

P ⟨discipulum   ⟨diaconum   *K*

⟨eius cervicibus a sancto synodo⟩ clerici ⟨Romani eicientes⟩ expulerunt. ⟨Ea hora tante
⟨tele aranearum nigrissimae in medio populi ceciderunt, ut omnes mirarentur, quod
⟨sordes heresium expulse sunt.⟩

K habet quae ( ) comprehenduntur, post 5/6 apostolica pergens: Macharo vero in sua herese per-
severante; *P habet (praeter nominatim excepta) omnia: I ($A^{1.2}$). II ($C^3B^{2.3.4}$). III ($GE^{1.5.6}$). — Beda
chr. c. 559; Paulus l. c.*

1 recesserent A^2 xuii] xx E^{5b} intro] A^2C^3G, intra $A^1B^{2.3.4}E^{1.6}$ oraculo A^1G 2 beati]
sancti $E^{1.6}$ intra A^1B^3 palatium $A^2C^3B^{2.3.4}E^{1.6}$ synclitu] C^3, syncleta $A^1(?)$, sinclitos A^2, sinclitu B^2, sinclyto B^3, synclytu B^4, sincleto GE^1, siue clero E^6, synodo A^{1c} simulque] simul G legatos]
legato $E^{1.6}$, et legatos A^1, et legatorios A^2 3 suscepit *om.* A^2 relegerunt A^2 aliam *om.* $GE^{1.6}$
commendatione $B^2GE^{1.5}$ sanctissimum B^4 4 directam $GE^{1.6}$, directum (?) B^3 georgius] tunc
georgius (giorgius K^2) K patr. sanct. G ea] eo $GE^{1.6}$, in ea A^2 in scr.] scr. A^2 5 et pr.] pr.
$C^3E^{1.6}$ sedes K^1 6 et an.] an. $B^4GE^{1.6}$ naturam *om.* B^3 uoluntatem] et u. $A^{1.2}$ dicunt]
in domino iesu christo d. $GE^{1.6}$ 7 xxu] xx E^{5h} residente $B^{2.3.4}E^1$, sedente A^2 simulque *om.* A^1
et *om.* G legatis E^1, legati E^6 8 macarium E^{1p}, macharium A^2 a *om.* G se (sibi B^2) partes]
sequentes $A^{1.2}$ 9 quis ... diuideret] in qua parte horum quis bellet esse scilicet A^2 uelle uidere A^1
patriarcha] archa C^3 in *om.* B^3 partem G^c 11 stetit] $GE^{1.6}$ soli   12 mac(h)arius $A^2B^3E^1$
parte alia (*om.* B^3)] partem aliam GE^6, parte aliorum A^2 ad] in E^6 13 patriarcha $C^3B^{2.4}$,
patriarch B^3 porrexerat (porrecta $C^3E^{1.8}$) principi (-pe C^3)] pr. porr. G 14 commotus A^2 super
$B^{2.3.4}G$ mac(h)arius $A^2B^{3.4}E^1$ quid] quod A^2 crederet] quid cr. E^6 respondet B^4 15 quam]
quae $C^3B^{2.3.4}GE^1$, quem A^2 praeposuerat $A^{1.2}$ et n. o. (orthodoxorum A^2) f. adqu. *om.* G 16 ea]
et B^4E^6, eadem A^2 sancta *om.* A^2 orarium] oraturium $B^{2p.3}$, oratorium K^2E^{6p} abstolli ... 17 ep.
eius or. *om.* K^1 abstolli] abstuli A^1, tolli K^2 et *om.* C^3 17 bas. (balsileus C^3) cret. ep.] bas. ep.
cret. K^2, bas. ep. cret. ecclesiae E^1, ep. bas. cr. eccl. GE^6 eius orarium] eius ora**rium B^2, oratorium
ei K^2 (def. K^1)   anathemitizantes B^4, anathematizante eum A^1, anathemazantes K^2 17/18 for. sinodum
proiecerunt (eiecerunt A^2)] pr. eum for. syn. $GE^{1.6}$, pr. foris sinodo K 19 discipulum] *sic libri cum actis
concilii passim (ut Mansi vol. 11 p. 385):* ἡ ἁγία σύνοδος ἐξεβόησε· τὸν αἱρετικὸν ἔξω βάλλε. καὶ ὠθούμενος
Στέφανος ὁ μαθητὴς Μακαρίου ἐξεβλήθη, diaconum K 20 eius ceru.] eius ceru. eius E^1 sancta
$KB^{2.5}GE^{1.6}$ romani *ante* a sancta K eicientes K^1, egecontes K^2 ea] ea uero K, eadem A^2, et E^6
21 araniarum K^2, araneorum B^2, archaniarum K^1 nigrissimi K mirarentur] m. ut dicunt E^1, m. ac
dicerent GE^6: mirarentur ac per hoc significatum est *Paulus*   22 hereseum $KC^3B^{2.3.4}$, ereseum G, heresum E^1 expulsi K

Et deo auxiliante unite sunt sanctae dei ecclesiae. ⟨In locum vero Macari ordinatus 14 ⟨est Teophanius abbas⟩ monasterii Baias insulae Siciliensis patriarcha ecclesiae Antiochenae; ⟨Macarus vero cum suis⟩ amatoribus, id est Stephano, Anastasio ex presbiteris, Leontio ex diaconis, Polychronio, Epiphanio et Anastasio ex presbiteris et inclausis, ⟨in exilio in Romana directi sunt civitate. Deinde abstollentes de dypticis⟩ ecclesiarum ⟨nomina patriarcharum vel de picturis⟩ ecclesiae aut in foribus ubiubi esse poterant auferentes, ⟨id est Cyri, Sergii, Pyrri, Pauli⟩ necnon et ⟨Petri, per quos ⟨error⟩ iste orthodoxe ⟨fidei usque nunc pululavit,⟩ tanta gratia divina omnipotentis 15 concessa est missis sedis apostolicae, ut ad letitiam populi vel sancti concilii, qui in regia urbe erat, ⟨Iohannes episcopus Portuensis⟩ dominicorum die ⟨octava paschae in ⟨ecclesia sanctae Sophiae publicas missas⟩ coram principe et patriarchas ⟨Latine celebraret et⟩ omnes unianimiter in ⟨laudes et victoriis⟩ piissimorum ⟨imperatorum⟩ idem Latine ⟨vocibus adclamarent.

⟨Hic suscepit divalem iussionem⟩ secundum suam postulationem, ut suggesit, ⟨per quam 2 ⟨relevata est quantitas, qui solita erat dari pro ordinatione pontificis⟩ facienda; ⟨sic ⟨tamen, ut, si contigerit⟩ post eius transitum ⟨electionem fieri, non debeat ordinari qui ⟨electus fuerit, nisi prius decretus generalis introducatur in regia urbe secundum antiquam consuetudinem⟩ et cum eorum scientiam et iussionem debeat ordinatio provenire.

⟨Hic demisit omni clero rogam unam et ad luminaria apostolorum et sancte Mariae ad 18 ⟨praesepe sol. IICLX.

LXXXI. AGATHO.

⟨Fecit autem ordinationem I, presbiteros X, diacones III; episcopos⟩ per diversa loca ⟨XVIII.
⟨Qui etiam sepultus est ad beatum Petrum⟩ apostolum, ⟨IIII id. Ianuar.⟩
⟨Et cessavit episcopatum an. I m. VII d. V.⟩

K habet quae ( ) comprehenduntur; P habet (praeter nominatim excepta) omnia: I ($A^{1,2}$). II ($C^3 B^{2,3,4}$). III ($GE^{1,5,6}$).

---

1 i om. C^3 2 xuiii] C^3B^4, numero xuiii $A^1B^{2,3}E^{1,6}$ 3 est om. B^2 petrum om. C^3 iiii] sub die iiii $C^3B^{2,3,4}GE^{1,6}$ ian.] fb. K^2 4 episcopatum $C^3B^{2,3}G$, episcopatus *reliqui*   mense i anno i B^4 d. u] d. xu B^3

LXXXII. LEO II.

⟨Leo⟩ iunior, ⟨natione Sicula, de patre Paulo, sedit mens. X dies XVII. Vir eloquen- 1
⟨tissimus, in divinis scripturis⟩ sufficienter instructus, Greca Latinaque lingua eruditus,
⟨cantelena⟩ ac psalmodia ⟨praecipuus et in earum sensibus subtilissima exercitatione
⟨limatus;⟩ lingua quoque scholasticus et eloquendi maiore lectione polita, exortator
5 omnium bonorum operum plebique florentissime ingerebat scientiam, ⟨paupertatis ama-
⟨tor⟩ et erga inopem provisione non solum mentis pietate, sed et studii sui labore
sollicitus.

⟨Hic suscepit⟩ sanctam ⟨sextam synodum, qui per dei providentiam nuper in regia urbe 2
⟨celebrata est,⟩ Greco eloquio conscripta, exequente ac ⟨residente piissimo⟩ et clemen-
10 tissimo magno ⟨principe Constantino,⟩ intro regale palatio eius qui appellatur Trullus,
simulque ⟨cum eo legati sedis apostolicae et duo patriarchae,⟩ id est ⟨Constantinopoli-
⟨tanus et Antiocenus,⟩ atque CL episcopi; ⟨in qua⟩ et ⟨condemnati sunt Cyrus, Sergius,
⟨Honorius, Pyrrus, Paulus et Petrus, nec non et Macarus⟩ cum discipulo suo Stephano,
sed et Polychronius novus Simon, qui unam voluntatem et operationem in domino Iesu
15 Christo dixerunt vel predicaverunt, aut qui denuo praedicaturi fuerint aut defensave-
rint; sed ut nunc duas voluntates et operationes in ipsius dispensatoris Christi et salvatoris dei nostri dicantur, quam et studiosissime in Latino translatavit. Verumtamen

---

K habet quae ( ) *comprehenduntur; P habet (praeter nominatim excepta) omnia:* I $(A^1A^2$ *finiens v.* 13
in pirrus). II $(C^3B^{2.3.4})$. III $(GE^{1.5.6})$. — *Beda chr. c.* 560 *ad c.* 2; *Paulus h. L.* 6, 4. — AVCTORES:
Index: m. X d. XVII (sic 8, xuiii 9). — ad v. 8 seq. sumpta haec sunt ex epistula Leonis ad Constantinum
Pogonatum (Mansi 11, 726 seq.): cognovimus quod sancta et universalis et magna sexta synodus, quae per
dei gratiam imperiali decreto in regia urbe nuper congregata est, eadem quae et universum concilium adsi-
dens huic sanctae sedi apostolicae ... senserit atque decreverit ... anathematizamus novi erroris inventores,
id est Theodorum Pharanitanum episcopum, Cyrum Alexandrinum, Sergium, Pyrrhum, Paulum, Petrum Constantinopolitanae ecclesiae subsessores magis quam praesules, nec non et Honorium ... similiter anathematizamus ... Macarium quondam fallacissimum Antiochiae ecclesiae deceptorem cum sui erroris discipulo, immo
magistro Stephano et cum eis Polychronium novum, ut vere dictum est, Simonem ... et qui similia eorum
sapuerunt vel sapiunt et qui unam videlicet voluntatem et unam operationem dicere praesumpserunt vel
praesumunt in duabus naturis domini nostri Iesu Christi.

1 leo iunior] *reliqui et* B^1 *(index),* leo KGpE^1, leo ii GcE^6 sicula] *reliqui (etiam* K^2), siculus G
$E^{1.6}$, siclus A^2 de] ex $E^{1.6}$ x] uiiii A^2 2 in] et G grega A^1 3 cantelaena B^4, cantilena
$B^{2.3}GE^{1.6}$, antelena K^1, cantelene A^1 psalmodio C^3 et in earum] aeternum K^2, et in aesum (sic) A^2
exnrcitacione C^3, excitatione K^2 4 limatur B^3 scolascieus C^3 et eloquendi] et loquendi C^3, eloquendi $E^{1.6}$ maiori $E^{1.6}$ polita] $A^{1.2}G$, politam $C^3B^{2.3.4}E^{1.6}$ 5 operum *om.* A^2 plebique floren-
tissime] plerique florentissime E^{5bh}, plerisque florentissimam $E^{1.6}$, florenti (-tis B^{3c}) quesime (*om.* plebi) B^3
ingerebat] ingerat $B^4E^{1.6.8}$, ingerat et C^3, ingerens G scientia A^1 pauperitatis C^3, pauperum K,
pauperie G 5/6 amotor C^3, amatur K^1 6 inopum $A^{1c}G$ prouisione] *rel. et* E^{5h}, prouisionem A^1,
prouisor $E^{1.6}$, *om.* A^2 pietatis B^3 et] etiam G, *om.* A^2 studiis suis ac labore G 7 *post* sollicitus *ins.*
p. 202,5 hic sanctissimus ord. ... aberet A^2 8 suscipiens $A^{1.2}$ sanctum sextum A^2 que $GE^{1.6}$
pro dei prouidentia B^3 regiam urbem GE^1 9 conscriptam $GE^{1.6}$, conscriptus B^3, conscrepta C^3
exequente] haec sequente B^4, exsequen E^1 ac] A^2 10 intra A^1B^2 regele C^3 palatium
$A^2B^2E^{1.6}$ eius *om.* B^2 qui quod $A^2E^{1.6}$ trulius E^1, arullus C^3 11 simul quod C^3 cum eo
legati] cum eo legatis G, cum legatis K, legati eius cum eo E^6 11/12 duo p. c. et anthiocenus (antiocheus
A^2)] duo patriarche constantinopolitano et antiocheno K, duobus patriarchis id est constantinopolitano et
antiocheno G 12 episcopis G et *om.* A^2G cyrrus K^2 13 pyrrus] et p. $GE^{1.6}$ paulus] et p. K^2
et petrus *om.* B^4 macalus C^3, macharius B^3 discipulo suo] discipulos suos omnes A^1G, discipulis suis
omnibus $E^{1.6}$ 14 sed *om.* E^6 polychronio A^1G, polocronio E^1, policrocio E^6 nouus simon] noui
simo ii C^3 una G 15 aut qui (quid E^8) ... 17 translatauit *om.* G praedicati B^4 16 ut] et A^1,
ut et $E^{1.6}$, ut a E^{5h}(?) disponsatores B^4 17 dei] domini B^4E^6, *om.* E^{5b} dicantur] discantur A^1
in] et in A^1 latinu C^3, latinum $E^{1.6}$ translatauit] transtulit $E^{1.5bh.6}$ tamen *om.* G

LXXXII. LEO II.

supra scriptos defensores malorum hereseos, Macarum, Stephanum, Polychronium et Anastasium, dum nollent a suo recedere proposito, per diversa monasteria sunt retrusi. Qui praedictus sanctissimus absolvit duos viros in percipienda communione, qui de regia 3 urbe cum supra scripto Macaro et ceteris in Romana directi sunt civitate, necdum a synodo anathematizati, id est Anastasium presbiterum et Leontium diaconum ecclesiae Constantinopolitanae in die sanctum theophaniae, exponentes videlicet per propria scribta fidem suam, iuxta quod et sancta synodus determinavit, anathematizantes videlicet omnes hereticos, sed et supra scriptos viros conplices, quos sancta synodus vel sedis apostolica anathematizavit.

⟨Huius temporibus percurrente divale iussione clementissimi principis restituta est ec- 4 ⟨clesia Ravennas sub ordinatione sedis apostolicae, ut⟩ defuncto archiepiscopo, ⟨qui ⟨electus fuerit,⟩ iuxta antiquam consuetudinem ⟨in civitate Romana veniat ordinandus. ⟨Hic fecit constitutum,⟩ qui archivo ecclesiae continetur, ⟨ut qui ordinatus fuerit archi- ⟨episcopus, nulla consuetudine pro usu pallei⟩ aut ⟨diversis officiis ecclesiae persolvere ⟨debeat;⟩ sed nec Mauri quondam episcopi anniversitas aut agenda celebretur. Sed et typum autocephaliae, quod sibi elicuerant, ad amputanda scandala sedis apostolice restituerunt.

Hic fecit ecclesiam in urbe Roma iuxta sancta Viviana, ubi et corpora sanctorum 5 Simplicii, Faustini et Beatricis atque aliorum martyrum recondidit, et ad nomen beati Pauli apostoli dedicavit sub die XXII mens. Februar., ubi et dona obtulit.

[IIII] Huius almi pontificis iussu aecclesiam iuxta velum auream in honore beati Sebastiani edificata est, nec non in honore martiris Georgii.

⟨Huius temporibus die XVI mens. April. ind. XI luna ecclepsin pertulit post cena domini;⟩ 6 nocte pene tota in sanguineo vultu elaboravit ⟨et⟩ nisi post ⟨gallum cantum coepit ⟨paulatim delimpidare⟩ et in suo reverti.

K habet quae ⟨ ⟩ *comprehenduntur; P habet (praeter nominatim excepta) omnia: I (A^1). II ($C^3 B^{2.3.4}$). III ($GE^{1.5.6}$).*

1 super $B^{2.3.4}$ scripti E^1, scriptorum A^1, dicti GE^6 hereseum (hereseon E^{5h}) E^{5b}, heresum E^6, hereticos $B^{2.3.4}$ 1/2 macarum (macharium B^3E^{5b}) st. p. et (om. A^1) anast.] rel. et E^{5b}, om. $GE^{1.6}$ 2 nolunt B^4 preposito A^1, propositu G per om. C^3 3 sanctissimus] s. uir $GE^{1.6}$ duo A^1 ad percipindam communionem A^1 4 supra] super $B^{2.3.4}$ scripto] dicto E^6 machario B^3E^1 romana] r. urbe A^1 directi] deducti A^1 ciuitatem $GE^{1.6}$ necdum] rel. et E^{5h}, nedum A^1, qui n. $GE^{1.6}$ 5 anathematizati] rel. et E^{5h}, a. erant $GE^{1.6}$ 6 constantinopolitate C^3 diem $C^3B^{3.4}$ sancto B^2, sancte GE^6 per om. C^3 7 fide sua A^1 anathemantes A^1 8 super $B^{2.3.4}G$ quos] quod E^1, quod et E^6 8/9 uel sedis (sede A^1, sedes E^6) apostolica (-cae B^2) om. G 9 anathamatizauit C^3 10 percurrentes E^1 deuale K^2, deualle K^1 clementissimi] piissimi A^1 10/11 ecclesie C^5 11 rauennate C^3E^{5h}, rauennatis $A^1GE^{1.6}$, rauenensis K qui] qui (quid K^2) ibidem K 12 fuerat E^6 antiqua consuetudine C^3B^4 ciuitatem $E^{1.6}$ romanam $E^{1.6}$, roma KG ordinandus] ad ordinandum $KGE^{1p.6}$ 13 qui] quod $E^{1.6}$, quid K^2, quod in E^6 13/14 archiep.] archaepiscopus B^4, episcopus E^6 post archiepiscopus ins. ab archiuo ecclesiae N 14 nullam (nullum G) consuetudinem KG pallei) KA^1G, pallii $B^{2.3.4}E^1$ aut om. G 15 nec] rel. et E^{5h}, et $GE^{1.6}$, et nec A^1 quoddam A^1 anniuersitus G aut] au C^3 caelebraretur C^3 16 autochephaliae C^3, autocepalliae B^4, autocephalia $B^{2.3}$ quod] ut $GE^{1.6}$ sibi] si iu B^3 licuerant GE^1, licuerat E^6 sedi E^6 18 ecclesia A^1 sanctam $E^{1.6}$ uibiana B^4G, bibianam $E^{1.6}$, uiriana $B^{2.3}$ sanctarum G 19 et om. $C^3B^{2.3.4}G$ uiatricis $B^{2.3.4}$ recondit C^3 et om. $E^{1.6}$ 20 ap. pauli E^6 dediuit C^3 ubi et] rel. et E^{5bh}, et ubi B^3 21 huius ... 24 georgii habet $E^{1c*solus}$ iuxta] iusta E^1 25 xui] xu A^1 xi] x C^3 ecclepsin] A^1, eclipsi $B^{2.4}$, eclypse B^3, eclepse C^3, eclypsin KGE^1, eclypsim E^6 cenam $E^{1.6}$ 26 nocte ... post om. G clauorauit A^1, euacuit B^4 nisi] nonnisi E^6 gallocantu KG, gallicantum $B^2E^{1.6}$ 27 delimpedare $K^2C^3B^4$, delimpetare K^1 suo reuerti] suo reuerti respectu G, suum reuerti respectum $E^{1.6}$

⟨Hic fecit ordinationem I per mens. Iun.⟩ die XXVII, ⟨presbiteros VIIII, diacones III; 7 episcopos⟩ per diversa loca ⟨XXIII.
⟨Qui etiam sepultus est ad beatum Petrum⟩ apostolum sub die ⟨V non. Iul.
⟨Et cessavit episcopatum mens. XI dies XXII.⟩

5 Qui supra scriptus sanctissimus vir ordinatus est a tribus episcopis., id est Andream Hostensem, Iohannem Portuensem et Placentino Velliternense, pro eo quod Albanensis ecclesia episcopum minime habuit.

K habet quae ( ) comprehenduntur; P habet (practer nominatim excepta) omnia: I (A^1). II ($C^3 B^{2.3.4}$). III ($GE^{1.5.6}$).

1 die] diac. A^1 xxii E^6 diac. iii (iiii B^2) om. KA^1 2 per om. E^{5h} xxiii] numero xxiii B^3, xxiiii K, numero xxuii B^2, xxi N, numero iii E^6 3 u non.] non. B^4 4 et om. K^2 episcopatum] $C^3 B^{2.3}G$, episcopatus vel comp. reliqui   xi] x E^6 5 qui supra scr. sanctissimus . . . 7 habuit et post p. 201, 27 reuerti respectu et suo loco G, hic sanctissimus ord. . . . aberet post p. 200, 7 A^2 (deficiens p. 200, 13)   supra (super $B^{2.3.4}$) scriptus om. A^1G (utroque loco)   id est] per $A^{1.2}$, id est per G loco posteriore   5/6 andrea (h)ostense (ostensi G priore loco, ostiensi E^1, hortense B^2, hostien E^6) iohanne portuense (-si $E^{1.8}$) $C^3B^{2.3.4} GE^{1.6}$ 6 placentinum A^2 belliternense $C^3B^{2.3.4}$, uelliterniensi E^1, ueliterniensi E^6, uelliternensem A^2, bellitrenense G loco priore   pro] per E^1, om. G priore loco   aluanensis C^3G priore loco, albaniensis $B^{2.4}$, albiniensis B^3, albanensem A^1, albanense G posteriore loco   7 ecclesia om. A^1 aberet A^2

LXXXIII. BENEDICTVS II.

⟨Benedictus⟩ iunior, ⟨natione Romanus, de patre Iohanne, sedit mens. X dies XII.⟩ Hic 1 ab ineunte aetate sua ecclesiae militavit atque sic se in divinis scripturis et cantilena a puerili etate et in presbiterii dignitate exibuit, ut decet virum suo nomine dignum, ⟨in quo vere supernae benedictionis gratia redundavit,⟩ et nomine pariter et operibus
5 ut dignus ad pontificii regimine perveniret; paupertatis amator, humilis, mansuetus et omnibus conpatientiam habens adque manu largissima.

Hic ecclesiam beati Petri apostoli, sed et beati Laurenti martyris, qui appellatur Lucinae, 2 restauravit itemque in ecclesia beati Valentini via Flamminea fecit coopertorium super altare cum clavos in fistellis et in circuitu palergium chrisoclavum pretiosissimum.

10 Similiter in ecclesia beate Mariae ad martyres alium coopertorium porphyrum cum crucem et gammulas et clavos IIII auroclavos et in circuitu palergium de olosiricum pulcherrimum; nec non et in titulo supra scripto Lucine alium coopertorium ornatum de olosiricum.

Fecit autem et calices aureos ministeriales II, pensantes singuli libras singulas.

15 ⟨Hic suscepit   3

K ⟨duas   ‖

⟨divales iussiones clementissimi Constantini⟩ magni ⟨principis ad⟩ venerabilem ⟨clerum et populum⟩ atque felicissimum exercitum Romane civitatis, per quas concessit, ⟨ut⟩ persona, ⟨qui electus fuerit in sede apostolica,⟩ e vestigio ⟨absque tarditate pontifex

---

K habet quae ⟨ ⟩ *comprehenduntur, post* 4 *redundavit pergens:* ornavitque ecclesia; *P habet (praeter nominatim excepta) omnia: I* (A^1). *II* ($C^3B^{2.3.4}$). *III* ($GE^{1.5.6}$). — AVCTORES: *Index:* m. X d. XII (sic 8, xiii 9).

---

1 iunior] ii G^cE^6, *om.* KE^1 de] ex $KGE^{1.6}$ 2 ineunde G suae A^1G ecclesia B^4 se sic $E^{1.6}$ cantelona C^3, cantelenae B^4, antelena G 3 a puerlitate G, aperuit a puerili A^1 dignitatem G dignus A^1 4 uere] uiro K gratiae B^4 renundauit C^3 5 ad] a B^3 pontificatus G regimen G $E^{1.6}$ pauperibus B^4, pauperatis A^1 5/6 et omn. conpatientiam (-tia A^1, cumpatientiam C^3B^4)] *rel. et* E^{5h}, patientiam $GE^{1.6}$ 6 manu largissima (-mam G)] manus largissimas A^1 7 ecclesia E^1 sed *om.* A^1 qui] A^1, quod $C^3B^{2.3.4}$, quae $GE^{1.6}$ lucina $E^{1.6}$ 8 itemque] item G, item quem A^1 in ecclesia] ecclesia A^1, ecclesiae B^4, ad ecclesiam G cooperturium A^1, copertorium B^4 9 clauis $E^{1.6}$, *om.* B^4 festellis B^4E^1, festrellis E^{5h} pallergium C^3, falergium B^2, palegium E^6 10 in] et in $A^1GE^{1.6}$ aliud $E^{1.6}$ coopertorium C^3, copertorium B^4 porsyrum B^3, perfyrum B^4, porfireum GE^1, porphyricum A^1, porphireium E^6 11 cruce $C^3B^{2.3.4}GE^{1.6}$ gam(m)ulis $E^{1.6}$, gemmolas B^3 et clauos *om.* $C^3E^{1.6}$ auroclauos] chrysoclauos C^3E^1, chrisoclauis E^6 falergium B^2, palagium B^4 11/12 olosiricum (ulosiricum A^1, olosirico G) pulcherrimum] olosirico pulcherrimo (*sic*) B^4p 12 et in titulo ... 13 olosiricum *om.* G super $B^{2.3.4}$ scriptos C^3 lucine] ad l. A^1 aliud E^6 cooperturium A^1, copertorium $B^{2.4}$ 13 ulosirico A^1, olosirico $E^{5b.6}$, olosyrium B^3, oleosyricum B^4 14 autem *om.* G et *om.* E^1 16 duas] KG *soli* 17 clementissimi *om.* A^1 clero K^2 18 populum] populo romano K rom. ciu.] romanum G 19 que electa GE^6 sede apostolica (-lici K^2, aplo K^1)] KA^1GE^6, sedem apostolicam $C^3B^{2.3.4}E^1$ e uestigio *om.* G tardicate C^3, tardietate B^4

⟨ordinetur. Hic una cum clero et exercitu suscepit mallones capillorum domni Iusti-
⟨niani et Heraclii filiorum⟩ clementissimi principis, ⟨simul et iussionem, per quam signi-
⟨ficat eosdem capillos direxisse.

⟨Huius temporibus apparuit stella⟩ noctu iuxta vigilias per dies caelum serenum ⟨inter
⟨natale domini et theophania omnimodo obumbrata veluti luna⟩ sub nube. ⟨Item⟩que

II. III ⟨mense Februario⟩ post natale sancti Valen- ‖ prope exitu mensis Februarii   *I*
tini

in die ⟨ab occasu exiit stella meridie et in partes Orientis declinavit. Post haec mons
⟨Bebius, qui est in Campania,⟩ mense Martio ⟨eructuavit⟩ per dies et omnia loca circumquaque prae pulvere cinis ipsius exterminatae sunt.

I Qui sanctissimus vir ‖

clerum videlicet diversis ordinibus in die sanctum paschae honoribus ampliavit. Qui
e vestigio

II. III infirmitati incidit et ‖ infirmitati detentus   *I*
post dies

I aliquos ‖

defunctus est. ⟨Hic dimisit omni clero,⟩ monasteriis diaconiae et mansionariis ⟨auri
⟨libras XXX.

⟨Fecit⟩ autem ⟨episcopos⟩ per diversa loca ⟨numero XII⟩.
Qui etiam ⟨sepultus est ad beatum Petrum⟩ apostolum sub die ⟨VIII idus Maias.
⟨Et cessavit episcopatum mens. II dies XV.⟩

K habet quae ⟨ ⟩ comprehenduntur; P habet (praeter nominatim excepta) omnia: I (A^1). II (C^3 $B^{2.3.4}$). III ($GE^{1.5.6}$). — *Paulus h. L. 6, 9 ad v. 6—10.*

---

1 hic om. C^3 et om. E^{1p} exercito K^2, ercitu B^{3p}, exercitus GE^6 suscepit] sumsit A^1 mal-
lonis $B^{2.3}$ 2 aeraclei E^1 clem. pr.] eius KG iussione K qua $C^3B^{3.4}$ 2/3 significauit G
3 eosdem] eorum KG direxisset E^{1p} 4 apparuit] aperuit B^3 iuxta uigilias (uergilias *Pauli codd.
plerique*) om. A^1G per dies] per diem E^6, om. G caelum (caelo $B^{2.3}E^6$) serenum (sereno B^3) om. A^1G
4/5 inter natale domini] G, inter domini natale K cum Paulo, inter domini (om. natale) $A^{1p}C^3B^{2.3.4}$, inter
(intra E^6) natiuitatem domini $A^{1c}E^{1.6}$ 5 theophania] theophaniam A^1, theophana C^3, epiphaniam E^6
omnimodo (omnino KG) obumbrata (obrumbrata C^3) om. A^1 ueluti luna sub nube *post* 4 per dies A^1
itemque] item KA^1G 6/7 mense februario post natale (domini ins. B^4) sancti ualentini] prope exitu
mensis februarii A^1 8 exiit (exiuit K) stella ab occasu ora meridiana (meridie *pro* or. mer. K) et d. in p.
or. KG partis B^4 orientes C^3 haec] hoc A^1 9 bebius] KA^1 cum Paulo, beuius $B^{2.4p}$, beueus C^3,
bebeus $GE^{1.5bh.8}$, biuius B^{4c}, breuius B^3: *requiritur* Besbius   campanea E^1 m. mart. om. G eructauit
C^3E^6 per dies . . . 10 sunt om. G dies] rel. et E^{5h}, diem E^1, dies plurimos A^{1c}, dies aliquot *Paulus*
omnes $C^3B^{3.4}$ 9/10 loca circumquaque] loco per circuitum quaque B^4 10 puluere] $A^1C^3B^2E^{1.6}$,
suluere B^{3c}, soluere B^{3p}, uulnere B^4 cinis] A^1E^1, cini $C^3B^{2p.3.4}$, cineris $B^{2c}E^6$ illius $E^{1.6}$ exterminata $A^{1p}B^2E^6$ 11 qui sanctissimus uir] A^1 *solus*   12 clerum] clurus *(sic)* G die] diem C^3B^3G
sancto A^1, sancte E^5 qui . . . 17 defunctus est *om.* G 13 uestigio] uestigione (?) A^{1p} 14 infirmi-
tati] in infirmitatem $E^{1p.6}$ incidit et] *reliqui*, detentus A^1 15/16 dies] rel. et E^{5h}, dies aliquos A^1
17 demisit C^3 diaconibus A^1, diāc G, uel diaconis E^6 18 xxx] xoc *(sic)* G 19 fecit autem] hic
fecit A^1, fecitque K, fecit G 20 sepultusque K, defunctus est et sepultus G apostolum om. A^1 21 et
om. K^2 episcopatum] $B^{2.3}G$, episcopatus vel comp. *reliqui*

LXXXIIII. IOHANNES V.

⟨Iohannes, natione Syrus,⟩ de ⟨provintia Anthiochia, ex patre Cyriaco, sedit ann. I dies 1
⟨VIIII. Vir valde strenuus⟩ atque scientia praeditus et omnimodo moderatus.
⟨Hic post multorum pontificum tempora⟩ vel annorum ⟨iuxta priscam consuetudinem a 2
⟨generalitate in ecclesia salvatoris, qui appellatur Constantiniana, electus est⟩ atque
exinde in episcopio introductus. ⟨Hic dum esset diaconus, missus⟩ est ⟨a sancte me-
⟨morie Agathone papa in regia urbe⟩ cum alios sacerdotes

K ⟨pro causa fidei,⟩ ||

repraesentans locum apostolicae sedis in sancta sexta synodo, qui per dei providentiam
ibidem congregata vel celebrata est. Expleta autem, exinde a clementissimo principe
relaxatus ⟨magnum gaudium ecclesiae⟩ secum ⟨detulit,⟩ id est ipsam sanctam sextam
synodum vel edictum clementissimi principis confirmantem eandem synodum; nec non
et alias divales iussiones relevans annonocapita patrimoniorum Siciliae et Calabriae
non parva, sed et coemptum frumenti similiter vel alia diversa, quae ecclesia Romana
annue minime exurgebat persolvere.

⟨Hic consecratus est a tribus episcopis Hostense, Portuense et Belliternense,⟩ sicuti 3
prodecessor eius Leo papa. ⟨Huius temporibus regnavit domnus Iustinianus Augustus⟩
defuncto patre ⟨in initia mensis Septembris ind. XIIII. Qui⟩ clementissimus ⟨princeps⟩
domino auxiliante ⟨pacem constituit cum⟩ nec dicenda ⟨gente Saracenorum decennio⟩
terra marique. ⟨Sed et⟩ provincia ⟨Africa subiugata est Romano imperio⟩ atque restau-
rata.

Hic post multorum annorum curricula propter transgressione ordinationis ecclesiae 4

Turritanae, quam sine auctoritate pontificis fecerat Citonatus archiepiscopus Caralitanus, pro eo quod antiquitus ordinatio fuit sedis apostolicae et ad tempus concessa fuerat ipsa ordinatio eidem ecclesiae, et postmodum protervia faciente archiepiscoporum per praecepta pontificum ab eadem ordinatione suspensi sunt iuxta determinatione sanctae memoriae Martini papae. Et facto concilio sacerdotum novellum episcopum, qui ab eodem archiepiscopo ordinatus fuerat, sub dicione sedis apostolicae reintegravit atque firmavit; quorum cyrografum archivo ecclesiae retinetur.

Qui sanctissimus vir diutina infirmitate detentus, ut etiam vix ordinationes sacerdotum explere potuisset. ⟨Hic dimisit omni clero,⟩ monasteriis diaconiae et mansionariis ⟨solidos ⟨ĪDCCCC.

⟨Fecit⟩ autem ⟨episcopos⟩ per diversa loca numero ⟨XIII.

⟨Qui etiam sepultus est ad beatum Petrum⟩ apostolum ⟨sub die II mens. Aug.

⟨Et cessavit episcopatum mens. II dies XVIII.⟩

K habet quae ⟨ ⟩ *comprehenduntur; P habet (praeter nominatim excepta) omnia: I* (A^1). *II* (C^3 $B^{2.3.4}$). *III* ($GE^{1.5.6}$).

---

1 tueritanae G archiepiscopus] episcopus E^{1p} 2 fuit (om. A^1) ... 3 ipsa ordinatio om. E^{6p} ad tempus] aptentes C^{3p}, aptentus C^{3c} fuerat] est GE^6 3 et om. $E^{1.6}$ posmodum C^3 propteruia B^3 facientem G archaeepiscopus B^4, archiepiscopi G 4 praecepta] statuta G ordinationem $B^{3.4}$ determinationem $B^2 GE^6$, exterminatione A^1 5 consilio E^6 6 dicionem A^1, dictione C^3 redintegrauit $B^{2.3.4}GE^1$, reedingrauit C^3 7 quorum] corum C^3 cyrogrophum B^4, cyrografus E^1 retinetur] *rel. et* E^{5h}, renitetur E^1, continetur C^3E^6 8 diuturna E^6 detentus] detentus est $GE^{1.6}$, tentus A^1 ordinationem G 9 potuisse G demisit C^3, diuisit E^6 diaconiae] *rel. et* E^{5h}, diaconiis A^1, diaconis E^{1c}, diāc G 11 fecitque K numero] an̄ C^3 xiii] xiiii E^6 12 ii mens.] mense secundo A^1 13 episcopatum] C^3B^3G, episcopatus *reliqui*   xuiii] xuii B^2, xuiiii B^4, xu E^{1p}

LXXXV. CONON.

⟨Conon 1
K ⟨natione Grecus⟩
oriundus ⟨patre Traceseo, edocatus apud Siciliam,⟩ postmodum Romam veniens eiusdem ecclesiae militans ad presbyterii honorem devenit. ⟨Sedit menses XI.⟩
In cuius electione, dum ad episcopatum quereretur, non minima contentio facta est, eo quod clerus in Petrum archipresbiterum intendebat, exercitus autem in sequentem eius Theodorum presbiterum. Et clerus quidem adunatus ante fores basilicae Constantiniane sustinebat, eo quod qui missi fuerant de exercitu ad custodiendas regias bassilicae clausas observabant et minime quemquam ingredi permittebant; exercitus autem omnis in basilica beati Stephani protumartyris similiter fuerant adunati; et neque illi clero consentiebant neque clerus exercitui adquiescebant pro supra scriptis presbiterorum personis.

Et dum missi ab utrisque partibus responso irent diutius et redirent et nihil proficeret 2 ad concordiam, consilio ducti sacerdotes et clerus unianimiter ingredientes in episcopio Lateranense eligerunt et denominaverunt tertiam personam supra fati pontificis, in quo vere aspectus angelicus, veneranda canities, sermo verus, provecta etas, simplex animus, quieti mores religiosae vite, qui se numquam aliquando in causis actusque seculares commiserat. E vestigio autem omnes iudices una cum primatibus exercitus pariter ad eius salutationem venientes in eius laude omnes simul adclamaverunt. Videns autem exercitus unianimitatem cleri populique in decreto eius subscribentium, post aliquod dies et ipsi flexi sunt et consenserunt in persona praedicti sanctissimi viri atque in eius decreto devota mente subscribserunt et missos pariter una cum clericis et ex populo ad excellentissimum Theodorum exarchum, ut mos est, direxerunt.

⟨Hic suscepit divalem iussionem domni Iustiniani⟩ principis, ⟨per quam significat rep- 3

K (in hac vita finiens) habet quae ⟨ ⟩ comprehenduntur; *P* habet (praeter nominatim excepta) omnia: *I* (*A*¹). *II* (*C*³*B*²·³·⁴). *III* (*GE*¹·⁵·⁶). — ad v. 24 epistula haec a Iustiniano imperatore directa ad episcopum Iohannem legitur apud Mansium 11, 737. — AVCTORES: Index: m. XI.

---

1 canon *E*⁶   3 patre] ex p. *GE*⁶   trhaceseo *C*³*B*³, thracesseo *B*⁴, traceseo *B*², t(h)racesio *GE*⁶, trasaceo *N*, tracessio *K*, tracesio *E*¹   docatus *B*⁴, edoctus *KG*, educatus *B*²*E*⁶   siliciliam *B*³   roma *G*, romae *B*³·⁴   eidem *C*³*E*¹·⁶   4 ecclesia militens *B*⁴   m. xi] rel. et *KE*⁵ᵇʰ·⁶, m. xi d. xxiii *E*¹   5 ad om. *B*⁴   quererentur *A*¹   6 archiepiscopum *B*² intendebant *A*¹   in sequentem] rel. et *E*⁵ʰ, in sequente *E*¹   7 eius th.] eius th. eius *B*⁴   clerum *Gp*   quidam *B*⁴   foris *A*¹   8 su (sp. vac.) nebat *A*¹   custodiendam *B*²·³·⁴   regia *B*⁴*G*   10 beati] sancti *E*¹·⁶   fuerat *E*⁶   adunati] adunatus *E*⁶, om. *A*¹   11 illic *B*⁴*E*¹·⁶   consentiebat *A*¹*E*⁶   exercitu *E*¹   adquiescebat *B*²·³*E*⁶   11/12 presbiteris personis *G*   13 et] set *C*³*E*¹·⁶   responsio *B*³   proficerent *G*   14 concordium *A*¹*C*³   consilium *A*¹   cleros *B*⁴   unanimiter *B*²*E*¹·⁶   ingredientes] egredientes *E*⁶, om. *G*   episcopium *E*¹·⁶   15 elegerunt *C*³*B*²·³·⁴*E*¹·⁶   dominauerunt *G*   personam om. *C*³   fati] facti *B*³   16 canies *G*   17 religiosae uitae] rel. et *E*⁵ʰ, religiosa uita *E*¹·⁶   17/18 actusque (actosque *B*³, actisque *G*) seculares (-ris *A*¹*GE*⁵ʰ)] rel. et *E*⁵ʰ, actibus secularibusque *E*¹, actibusque secularibus *E*⁶   18 e] et *G*   primatibus] priuatiuis *B*⁴   19 laudem *A*¹*G*   20 unanimitatem *B*²·³·⁴*GE*¹·⁶   in decreto (decretum *A*¹) eius] eius in decreto *E*⁶   20/21 aliquos *A*¹*G*   21 et om. *C*³p   flexi] flesi *B*³   personam *GE*⁶   supra dicti *B*²*E*⁶, pbr (= presbyter) dicti *G*   22 missos] *A*¹*C*³*GE*¹·⁶, missos suos *B*²·³·⁴   ex om. *E*⁶   23 excellentissimo *G*   ut] et ut *G*   mos] mox *E*¹   est] erat *G*   24 principis] aug. *K*   qua *KC*³*B*³·⁴, quas *G*

⟨perisse acta sancte sextae synodi et apud se habere, quem piae memorie⟩ domnus ⟨Constantinus genitor eius deo auxiliante fecerat. Quem⟩ synodum ⟨promittens⟩ eius pietas inlibatum et inconcussum ⟨perenniter⟩ custodire atque ⟨conservare. Huius tem-⟨poribus pietas imperialis relevavit per sacram iussionem suam ducenta annonocapita,
⟨quas patrimonii Brittius et Lucaniae annue persolvebat.⟩ Itemque et aliam iussio-
nem direxit, ut restituantur familia supra scripti patrimonii et Siciliae, quae in pignere
a militia detinebantur.

Hic ultra consuetudinem absque consensu cleri ex inmissione malorum hominum in 4
antipathia ecclesiasticorum Constantinum diaconum ecclesiae Syracusanae rectorem in
patrimonio Siciliae constituit, hominem perperum et tergiversutum; sed et mappulum
ad cavalicandum uti licentiam ei concessit. Et non post multum temporis transitum
pontificis seditio super eum orta a civibus et patrimoniales a iudice provinciae sub
arta custodia retrusus pro eo quod in dissensionem iudicum invenibatur, sententiae
imperiali discutiendum direxit.

Qui sanctissimus vir diutina infirmitate detentus, ut etiam vix ordinationes sacerdotum 5
explere potuisset, obiit. ⟨Hic dimisit omni clero,⟩ monasteriis diaconiae et mansionariis
⟨benedictionem in auro, sicuti praecessor eius Benedictus papa. Cuius archidiaconus
⟨videns⟩ eundem ⟨pontificem infirmitate constrictum⟩ atque ⟨cupiditate ductus praedicti
⟨legati, unde necdum est persolutum, scripsit Ravenna glorioso Iohanni⟩ novo exarcho atque ⟨promittens dationem, ut persona eius ad pontificatum eligeretur. Quod
⟨et demandavit suis iudicibus, quos Romae⟩ ordinavit et ⟨direxit ad disponendam civi-
⟨tatem, ut post mortem pontificis eiusdem archidiaconi persona eligeretur.

K habet quae ⟨ ⟩ *comprehenduntur; P habet (praeter nominatim excepta) omnia:* $I(A^1)$. $II(C^3 B^{2.3.4})$. $III(GE^{1.5.6})$.

---

1 actam B^4, cata B^2 sancti K^2 sextae] sexti K, om. B^4 synodo E^{1p} quam $E^{1.6}$ dom̄ A^1
2 const. gen. eius] pater eius const. K deo] domino E^6 fecerat] steterant G quem] quod E^{1p}, quam $B^2 E^6$ synodo E^{1p} promittens] rel. et E^{5h}, ipse pr. K, promisit E^{1c} 3 illibeatum C^3, inlibatam $B^2 E^6$ inconcussam $B^2 E^6$ cons. a. cust. E^6 4 imperalis A^1 reuelauit $A^1 B^4$ duocenta A^1
annonae capita E^1 5 quas] $KB^{2.3.4}G$, aquas $A^1 C^3$, quae $E^{1.6}$ patrimonii] A^1, patrimoniis $C^3 B^3 G$ $E^{1.5h.6}$, patrimonis $B^{2.4}$, patrimōn K britius B^2, britzius G, britezinis E^6, briezius $E^{1.5h}$, brixius K per-
soluatur K itemque] item G 6 restituatur $A^1 E^{1.6}$ familiae $B^2 G$ patrimoniorum G et] seu G
quae in] q̄m C^3 pignore $A^1 B^4 E^6$ 7 a militiae B^4, a malitia G detinebatur $A^1 E^{1.6}$ 8 consuetudine $A^1 G$ cleru E^1 9 antipathia] $A^1 C^3 B^3 G$, antiphatia $B^{2.4}$, anthia E^{5h}, antiochia E^1, in anthiochiam E^6 ecclesiasticorum] ecclesia quorum G diaconem $B^{2.3}$ 10 patrimonio] patri G per-
perum] rel. et E^{5h}, perferum A^1, per petrum C^3, perperam $E^{1.6}$ tergiuersutum] tergiuersatur E^1 map-
pulum] rel. et E^{5h} (manipulum E^{5b} errore), pallio E^1, pallia E^6 11 ad om. E^6 cabalcandum E^6
11/12 transitum (spatium alias transitum E^6) pont. rel. et E^{5h}, om. E^1 12 orta] rel. et E^{5h}, horta $A^1 B^3$,
orta est E^1 ciuibus] cibus C^3 patrimoniales] rel. et E^{5h}, patrimoliales C^3, patrimonialibus $E^{1.6}$ a] cum E^1, om. E^6 iudicibus E^6 13 retrusus] rel. et E^{5h}, r. est E^6, retruserunt E^1 dissentionem C^3 E^6, discensionem E^1 inuenibatur] A^1, inueniebatur B^4, inueniretur $C^3 B^{2.3} G E^{1.6}$ 13/14 sententiae
imperiali (-lis A^1) disc. om. $C^3 G E^{1.6}$ 14 direxit] direxisse $C^3 G E^{1.6}$ 15 diuna C^{3p} ordinationis $B^{2.3}$,
ordinationem A^1 sacerdotum] sacras E^1 16 explere] exple C^3 obiit] et o. E^6 demisit $C^3 E^{5b}$
diac. (diaconiis A^1, diaconis E^6) et (om. G) mans.] rel. et E^{5bh}, om. E^1 17 benedictione K sicut K E^6, secuti B^3 praedecessor $B^2 E^6$, prodecessor $C^3 E^1$ archidiaconum E^1 18 infirmitati $C^3 B^{2.3} G E^1$
cupiditati $C^3 G$ ductus] d. est E^1 18/19 praedicti legati unde (om. $E^{1.6}$) n. e. persolutum (-tus $B^{2.3.4}$ $E^{1.6}$, -ta C^3)] rel. et E^{5h}, praedictum legatum n. e. persolutum unde K 19 scripsit] scribens K rauennam E^6 glorioso iohanni (-ne K)] $KA^1 G$, ioh. gl. $C^3 B^{2.3.4} E^{1.6}$ nouo om. E^6 20 promittens] mit-
tens C^3 dationes A^1, datione K 20/21 quod et demandauit … 22 eligeretur om. E^6 21 mandauit B^4
r. ordinauit] romane o. ciuitati A^1 disponendam] rel. et E^{5bh}, disponandam C^3, dispensaudam GE^1
22 mortem pontificis (-ci A^1)] obitum suum pontifc̄ K eiusdem arch. persona (-nam A^1)] hisdem (idem K^1) archidiaconus K

LXXXV. CONON.

⟨Fecit⟩ autem ⟨episcopos⟩ per diversa loca ⟨numero XVI⟩.
Qui etiam ⟨sepultus est ad beatum Petrum⟩ apostolum, ⟨sub die XXI mens. Sept.⟩.
Et ⟨cessavit episcopatum mens. II dies XXIII⟩.

K habet quae ⟨ ⟩ comprehenduntur; P habet (praeter nominatim excepta) omnia: I (A^1). II (C^3 $B^{2,3,4}$). III ($GE^{1,5,6}$).

1 fecit] fecitque K numerum K^1, om. GE^6 2 xxi] xxii A^1 3 episcopatum] C^3G, ep. eius E^6, episcopatus *vel comp. reliqui*   xxiii] xxuii B^4

LXXXVI. SERGIVS I.

Sergius, natione Syrus Anthiochiae regionis, ortus ex patre Tiberio in Panormo Sy- 1
cilie, sedit ann. XIII m. VIII d. XXIII. Hic Romam veniens sub sancte memoriae
Adeodato pontifice, inter clerum Romanae ecclesiae connumeratus est, et quia studio-
sus erat et capax in officio cantelenae, priori cantorum pro doctrina est traditus. Et
5 acolotus factus per ordinem ascendens a sanctae memoriae Leone pontifice in titulo
sancte Susannae, qui et Duas domos vocatur, presbiter ordinatus est. Hic tempore
presbiteratus sui inpigre per cimiteria diversa missarum sollemnia celebrabat.

Post septennium vero defuncto beate memoriae Conone apostolicae sedis praesule, ut 2
fieri assolet, populus Romane urbis in duas partes divisus est; et una quidem pars
10 elegit Theodorum archipresbiterum, alia vero Paschalem archidiaconum. Et quidem
Theodorus archipresbiter cum populo, qui ei favebat, praeveniens interiorem partem
patriarchii tenuit; Paschalis vero exteriorem partem ab oratorio sancti Silvestri et
basilicam domus Iuliae, quae super campum respicit, occupavit. Cumque unus alio
locum non cederet, sed utrique inmaniter perdurarent, ut unus alium superaret, inito
15 consilio primati iudicum et exercitus Romane militiae vel cleri, si dici est, plurima
pars et praesertim sacerdotum atque civium multitudo ad sacrum palatium perrexe-
runt. Et diu pertractantes, quid fieri deberet qualiterve duorum altercantium electorum sopiretur intentio, deo annuente in personam denominati Sergii venerabilis tunc
presbiteri concordantes se contulerunt eumque de medio populi tollentes in oraculum
20 beati Caesarii Christi martyris, quod est intro supra scriptum palatium, introduxerunt,
et exinde in Lateranense episcopio cum laude adclamationibus deduxerunt.

Et quamvis fores patriarchii intrinsecus essent munitae et clausae, tamen pars, qui 3
praedictum venerabilem virum elegerat, quia et validior erat, praevaluit et ingressa

---

P: I (*A*¹). II (*C*¹⁻³*B*²·³·⁴). III (*GE*¹·⁵·⁶). — AVCTORES: *Index:* ann. XIII m. VIII d. XXIII.

---

1 sergius i *E*⁶   antiotiae *C*³, antiochee *E*⁶   hortus *A*¹   ex *om. C*³*E*⁵ᵇ   panhormo *C*³, phanormo *B*⁴, parmono *N*   2 sedit ann. xiii (xui *E*⁶ *loco post.*) m. uiii·d. xxiii (xxiiii *C*³*E*⁵ᵇ *et loco post. E*⁶) hoc loco *A*¹*C*¹·³*GE*¹, *post p.* 216,4 diacones iiii *B*²·³·⁴*E*⁵ᵇʰ, *utroque loco E*⁶   uen. rom. *C*¹*GE*¹·⁶   3 deodato *E*⁶   intra *E*⁶   clerus *C*³   romanae] roṁ *C*³, romanum *C*¹*E*¹·⁶   commemoratus *C*¹   est *om. B*⁴   4 priori] *rel. et E*⁵ᵇʰ, priore *B*⁴, priorum *GE*¹·⁶   catorum *B*³   5 acolotus] *E*⁵ᵇ, acolutus *A*¹ᵖ⁽?⁾*C*³, acolitus *reliqui* ordine *G*   leoni *C*¹   6 qui (quae *E*¹·⁶) et (ad *E*⁶) duas domos (-mus *C*¹*B*²·³)] *rel. et E*⁵ᵇ, qui duas et domus *C*³   presbiterato *B*⁴   7 inpigri *B*⁴   caelebrata *C*¹   8 septennio *A*¹   uoro *C*³   9 fiere *B*⁴ assolet] *C*¹·³*B*²·³*GE*¹·⁶, assolit *B*⁴, solet *A*¹   pop. romane urbis] *rel. et E*⁵ᵇ, pop. romanus *C*¹*E*⁵, romanus pop. *E*¹   unam *E*¹   10 archiepiscopum *C*¹   uero] *rel. et E*⁵ᵇ, uoro *C*³, u. pars *C*¹*GE*¹   paschale *G* archidiaconem *B*², archidiaconus *C*³   quidem] quia *B*³   11 theodorum archipresbyterum *G*   11 partem *post* 12 tenuit *E*⁶ᶜ, *om. E*⁶ᵖ   12 paschales *C*³   exteriorem] interiorem *E*⁶   oratorium *B*⁴   sancti *om. B*⁴ siluestrii *C*³   13 basilica *A*¹*E*¹·⁶   qui *C*¹   super] nuper *E*¹, nunc *E*⁶   14 cederit *A*¹*C*¹*B*²·³·⁴, decederet *C*³ᵖ   utique *G*   unum alius superare *G*   15 primates *E*¹·⁶   si dici est] si diciem *B*⁴, seditio est *C*¹*GE*¹·⁶   15/16 pars plurima *C*¹*G*   16 presentim *E*¹, praesertim a *C*³   17 et diu ... qualiter *om. E*⁶ᵖ   altercatio *C*³   18 deo] domino *E*⁶   persona *A*¹*C*¹*G*   deminati *B*³   uenerabilis] uenerunt *A*¹   19 populis *G*   20 caesarii] sergii *E*⁶   mart. chr. *A*¹*E*¹·⁶   est] est situm *B*⁴   intor *C*³ supra (super *B*²·³·⁴)·scriptum] sacrum *E*⁶, sacrosanctum supra scriptum *E*¹, *om. A*¹   21 in] eum in *A*¹ *C*¹·³   lateranensem *C*¹, lateranensi *E*¹, lateransi *C*³   laude] laudem *C*¹, laude et *B*²ᶜ, laudum *C*³*E*¹·⁶   22 quamuis] quod uir *C*³   foris *B*²ᵖ·³·⁴, fere *C*³, portes *G*, portae *E*⁶   munitae] monte *B*⁴   quae *E*¹·⁶   23 uirum] u. presbiterum *C*¹*G*   elegerant *B*²·³·⁴, elegerunt *G*   quia et] quia *A*¹, qui et *G*, et qui *C*¹, et *E*⁶ ualdeor *B*⁴   ingressa] ingressum *A*¹

est. Quo ingresso unus e duobus electis, id est Theodorus archipresbiter, ilico quievit ac se humiliavit, et ingressus denominatum sanctissimum electum salutavit ac osculatus est. Paschalis vero ullo modo prae cordis duritia sinebat, donec coactus et confusus, volens nolens, suum dominum et electum ingressus salutaret. Qui etiam Paschalis clanculo non cessavit Ravennam suos mittere missos promissaque pecunia vel alia diversa dona Iohannem patricium et exarchum cognomento Platyn cum suis iudicibus nemine sciente Romam venire persuaderet. Qui sic abdite venit, ut nec signa nec banda cum militia Romani exercitus occurrissent ei iuxta consuetudinem in conpetenti loco, nisi a propinquo Romanae civitatis.

Qui dum venisset et omnes in personam Sergii sanctissimi invenisset consensisse, illi 4 quidem suffragari non valuit, ecclesia tamen beati Petri apostoli idem exarchus per eiusdem Paschalis miseria stipendium et damnum intulit: quod ab eodem Paschale supra scripto exarcho promissum fuerat, id est centum auri libras, a parte ecclesiae expetente, Sergio sanctissimo electo proclamante, quod neque promisisset dare neque possibilitas suppetat. Et ut ad conpunctionem animos videntium commoveret, cantaros et coronas, qui ante sacrum altare et confessionem beati Petri apostoli ex antiquo pendebant, deponi fecit et pignori tradi.

Sed nec in hoc flexa est eiusdem exarchi duritia, donec centum, ut dictum est, auri 5 libras accepit. Et licet, ut praelatum est, ecclesiae Christi idem miserrimus Paschalis dispendium et damnum infixit, tamen Christo favente Sergius presbiter et electus in sedem beati Petri apostoli pontifex ordinatus est. Praedictus vero Paschalis non post multum tempus et ab officio archidiaconatus pro aliquas incantationes et luculos, quos colebat, vel sortes, quas cum aliis respectoribus tractabat, dei beatique apostolorum principis Petri interveniente iudicio, privatus est et in monasterio retrusus post quinquennium prae cordis duritia inpenitens defunctus est.

Huius itaque temporibus Iustinianus imperator concilium in regiam urbem fieri iussit, 6 in quo et legati sedis apostolicae convenerant et decepti subscribserant. Conpellabatur

---

P: *I* (*A*¹). *II* (*C*¹·³*B*²·³·⁴), *III* (*GE*¹·⁵·⁶). — ad c. 6 Beda chr. c. 565.

1 e] ex *E*⁶   2 ac] et *C*¹*GE*⁶   3 est] est eum *B*⁴   paschalis] *rel. et E*⁵ʰ, paschales *C*³, paschalem *E*¹   ullo (*sic C*³*B*³*GE*⁶, ullu *C*¹*B*⁴, nullo *A*¹*B*²*E*¹) modo *hic A*¹*C*¹·³*GE*¹·⁶, *post* duritia *B*²·³·⁴   duritiam *G*   cohactus *B*⁴   4 uolens nolens] nolens *C*¹*E*⁶, non uolens *G*   dominum *C*¹   sal. ingr. *E*⁶   paschales *C*³   5 clanculo *B*²   rauenna *C*¹*B*⁴*G*   suos] suus *B*³, uos *G*   missus *B*³, nuncios *E*⁶   5/6 aliis diuersis donis *E*¹·⁶   6 et *om. C*¹   platin *C*¹*B*²·⁴, plátina *C*³   7 neminem (se *ins. E*¹) scientem *A*¹*E*¹   uenire *om. C*¹*G*   persuadet *E*⁶   addite *G*   nec] ne *G*   nec] uel *GC*¹·³   8 blanda *C*¹*B*²·⁴ᶜ   militia *om. A*¹   romam *G*   occurrissent *A*¹, occurrisset *B*²·³·⁴   consuetudine *G*   in] et *B*⁴   conpedenti *B*³   9 a] ad *A*¹   propinquo] pr. loco *B*⁴   10 et o. in personam (-na *A*¹*B*²*G*) s. s. inuenisset (-nisse *G*) *om. B*⁴   consensisse illi] consensit se ille *G*   11 suffragare *B*⁴   per] pro *B*²·³·⁴   12 miseriam *E*¹·⁶, misteria *B*³   supendia *G*   quod] quo *C*³   pasc(h)alem *B*³ᵖ·³·⁴, paschalis *E*¹   13 super scriptum *C*¹   promissum fuerat] promiserat *C*³   librarum *E*¹   a parte] aperte *C*¹, ex parte *C*³   14 expetente] expetendo (*sic, non* -da) *E*⁵ʰ   electo *om. E*⁶   praeclamante *A*¹ᶜ*C*¹·³*B*³*G*, acclamante *E*⁶, praeclaro (*seq. sp. vac.*) *B*²   promisisse *G*   15 posseuilitas *B*³   suppetat] superet *E*¹ᵖ, suppeccat *C*³, suppeteret *E*⁶   ad conpunctionem] a conpunctione (-nem *B*⁴) *B*²·³·⁴   animus *G*, animum *E*⁶   commouerit *B*⁴   cantharus *C*³ *B*⁴, catharos *E*¹, cantar** *A*¹   16 quae *E*¹·⁶   confessione *G*   17 pendebat *A*¹   feci *G*   pignore *C*³ tradit *B*⁴   18 neque *C*¹   in] ex *E*⁶   duritiam *C*¹*G*   centum *om. C*³   19 libris *C*³, librarum *E*¹ liceat *B*³   ecclesia *B*³·⁴*E*¹·⁶   idem] *rel. et E*⁵ʰ, id est *B*³, edem *C*¹, adeo *E*¹   miserrimum *G* paschales *C*³   20 infixisset *B*²   21 sede *C*³*B*²*GE*¹·⁶   uero paschales *C*³   22 officium *A*¹ archidiacontus *C*³, archidiaconato *C*¹*G*   pro] post *C*³   aliquas incantationes] *rel. et E*⁵ᵇ, aliquibus (aliquis *B*²ᵖ) incantationibus *B*²*E*¹·⁶   luculos] *rel. et E*⁵ᵇʰ, lucis *E*¹, luciis *E*⁶   quas *B*³·⁴   23 sortes] *rel. et E*⁵ᵇ, sortibus *E*¹, sordibus *E*⁶   respectatoribus *C*¹*G*   dei beatique] deique beati *B*⁴   24 principi *B*³   monasterio] monumentum *E*⁶   retr.] r. est *E*⁶   24/25 quinq.] q. autem *E*⁶   25 duritiam *G* 26 consilio *G*   regia urbe (-bem *G*) *B*²·³·⁴*E*¹·⁶   iuss. fieri *B*²·³·⁴*E*¹·⁶   27 et legati] eligatus *G*   conuenerent *C*³   deceptis *B*⁴ᵖ   conscribserant *A*¹   compellabatur *C*³*E*⁶

27*

autem et ipse subscribere, sed nullatenus adquievit, pro eo quod quaedam capitula extra ritum ecclesiasticum fuerant in eis adnexa. Quae et quasi synodaliter definita et in sex tomis conscribta ac a tribus patriarchis, id est Alexandrino, Constantinopolitano et Antiocheno vel ceteris praesulibus, qui in tempore illic convenerant, subscribta manuque imperiali confirmata, missis in lucello, quod scevrocarnali vocitatur, in hanc Romanam urbem ad confirmandum vel in superiori loco subscribendum Sergio pontifici, utpote capiti omnium sacerdotum, direxit.

Qui beatissimus pontifex, ut dictum est, penitus eidem Iustiniano Augusto non adquievit nec eosdem tomos suscipere aut lectioni pandere passus est; porro eos ut invalidos respuit atque abiecit, eligens ante mori quam novitatum erroribus consentire. Qui imperator Sergium magistrianum in spretum praenominati pontificis Romam mittens Iohannem deo amabilem Portuensem episcopum seu Bonifatium consiliarium apostolicae sedis in regiam abstulit urbem. Deinde Zacchariam inmanem suum protospatarium cum iussione direxit, ut praedictum pontificem similiter in regiam deportaret urbem. Sed misericordia dei praeveniente beatoque Petro apostolo et apostolorum principe suffragante suamque ecclesiam inmutilatam servante excitatum est cor Ravennatis militiae, ducatus etiam Pentapolitani et circumquaque partium, non permittere pontificem apostolicae sedis in regiam ascendere urbem.

Cumque ex omni parte multitudo militiae conveniret, Zaccharias spatarius perterritus et trepidans,

ne a turba militiae occideretur, portas

quidem

civitatis claudi et teneri pontificem postulavit, ipse vero in cubiculo pontificis tremebundus refugiit, depraecans lacrimabiliter, ut sui pontifex misereretur nec permitteret quemquam eius animae infestari. Exercitus autem Ravennatis ingressus per portam beati Petri apostoli cum armis et turba in Lateranense episcopio venit, pontificem videre estuans, quem fama vulgante per nocte sublatum et in navigio missum fuisse

---

P: I (A^1). II ($C^{1.3}B^{2.3.4}$). III ($GE^{1.5.6}$). — ad c. 6. 7. 8 Beda chr. c. 565.

1 quod] quae C^{3p} quaedam] que de C^1, que G capula C^3 2 eis] rel. et E^{5b}, ci B^3, eo $E^{1.6}$ adnixa A^1, adnexae C^1G, om. in sp. vac. C^3 et quasi] quasi et B^2 3 ac om. $B^{2.3.4}E^{1.6}$ a om. C^1G alex. const.] $B^{2.3.4}E^{1.6}$, const. (et ins. A^1) alex. A^1C^3G 4 preconsulibus E^{5bh}, consulibus $E^{1.6}$ illic] illo $A^{1c}E^{1p}$ 5 missus B^3 locello B^4, lucellum $E^{1.6}$ sceuro (scebro A^1) carnali] rel. et E^{5bh}, scebrum carnale $E^{1.6}$: prior pars vocabuli sine dubio est σκεβρίον = σκευάριον; altera quid significet, ignoratur   uocitatus C^3 hac $GE^{1.6}$ 6 romana $A^1B^4E^{1.6}$, romam C^1 urbe $A^1C^3B^4E^{1.6}$ confirmandam G, firmandum C^3 superiore $B^{3.4}$ 6/7 pontifices B^4 7 uppote $C^1B^{2.4}G$ capite $B^{2.3.4}$ 9 eosdem] eos B^2 lectioni] rel. et E^{5bh}, lectione $B^{3.4}E^{1.6}$, lectionem B^2 10 atque] ad quam C^3 elegens C^1B^3 nouitatem B^3 11 imperator] empt B^4 spetum B^{3p}, spertum C^1 renominati B^4 12 portuense G, portunensem $B^{2.3.4}$ bonifatius G 13 inmanens B^4, inmaneum C^3 13/14 protyspatarium B^3 14 similiter om. B^2 regia B^3 14/15 dep. urbe G, urbem depostauit A^1 15 prouenuente E^6 beatoque] que beato B^4 16 princip (sic) B^3 ecclesiae B^4 inmaculata (-tam C^1E^6) $A^1C^1E^6$ seruantem $B^{2.3.4}$ E^{1p} exercitatum C^1 17 pentapolitanis G portium G 19 cumque ... conueniret om. B^3 conueniset C^3, conueniset G spatarias B^4 20 et trepidans om. $B^{2.3.4}$ 21 a om. B^{4p} portans G 22 quidem om. $B^{2.3.4}$ 23 pontifice G postulabat $C^{1.3}GE^{1.6}$ ipse (ipsi B^4) u. in cubiculo (-lum $B^{2.3.4}$) om. C^1 24 fugiit $B^{2.3.4}$, defugit E^6 deprecatis G pont. misceretur G, misereretur (misereter B^3) pont. $B^{2.3.4}$ nec] ne A^1 permitterit A^1, permittere GE^1 25 quempiam E^6 animam $B^{2.3.4}$ infestare E^6 ingr. aut. ex. rau. E^6 rauenne $B^{2.3.4}E^{5h}$, rauennas C^3 porta G 26 turba] tuba A^1 solus   in om. A^1G lateranensi $C^{1.3}$ episcopium $E^{1.6}$ ponticem C^3 27 stuens B^{4p} famam C^3 uulgantem $B^{2.3.4}$, uulgantes G noctem $B^{2.3}E^6$ nauigium B^4G fuisse] fugisse C^3, fuisset E^{1c}, fuissed G, om. E^{5h}

LXXXVI. SERGIVS I.

cognoverant. Dumque fores patriarchii tam inferiores quamque superiores essent clausae, et has in terra, nisi

I citius ‖

aperirentur, mittere minarentur, prae nimia timoris angustia et vite disperatione Zaccharias spatarius sub lecto pontificis ingressus sese abscondit, ita ut mente excederet et perderet sensum. Quem beatissimus papa confortavit, dicens ullo modo timere.

Egressus vero idem beatissimus pontifex foris basilicam, quae dicitur domni Theodori papae, apertis ianuis et sedens in sedem sub apostolos, generalitatem militiae et populi, qui pro eo occurrerant, honorifice suscepit datoque apto et suavi responso eorum corda linivit; quamquam illi zelo ducti pro amore et reverentia tam ecclesiae dei quamque sanctissimi pontificis iam a patriarchii custodia non recesserunt, quousque denominatum spatarium cum iniuriis et contumeliis a civitate Romana foris depellerunt. Nam et is, qui illum miserat, ipso in tempore est domino retribuente regno privatus; sicque ecclesia dei inperturbata cum suo praesule Christo favente servata est.

Hic beatissimus vir in sacrario beati Petri apostoli capsam argenteam in angulo obscurissimo iacentem et ex nigredine transacte annositatis nec si esset argentea apparente, deo ei revelante, repperit. Oratione itaque facta sigillum expressum abstulit, lucellum aperuit, in quo interius plumacium ex holosirico superpositum, quod stauracin dicitur, invenit, eoque ablato inferius crucem diversis ac praetiosis lapidibus perornatam inspexit. De qua tractis IIII petalis, in quibus gemmae clausae erant mire magnitudinis, et ineffabilem portionem salutaris ligni dominicae crucis interius repositam invenit. Qui etiam ex die illo pro salute humani generis ab omni populo christiano die exaltationis sanctae crucis in bassilicam salvatoris, qui appellatur Constantiniana, osculatur ac adoratur.

Hic fecit imaginem auream beati Petri apostoli, qui est in partem mulierum. Hic fecit tymiamaterium aureum

I, III maiorem ‖

P: I (A^1), II ($C^{1.3}B^{2.3.4}$). III ($GE^{1.5.6}$). — ad c. 10 Beda chr. c. 569.

1 cognouerant] cognouerunt A^1 *solus*   quamque] quam $C^{1.3}GE^{1.6}$ 2 causae B^4 et om. E^1 in terra (-ram E^1) *post* 4 aperirentur $B^{2.3.4}$ 3 citius] A^1, ocius $C^{2.3}$, uel ocius C^1GE^1, uelociter E^6, om. $B^{2.3.4}$ 4 aperirentur C^3, aperiretur E^6 mittere] mitte *(seq. sp. vac.)* C^3, easdem m. B^4 mirarentur E^1 nimiam G timores B^4 angustiam A^1 uita B^4 disperationem A^1, disperationes G 5 lecto] *rel. et* E^{5h}, lectum E^1, iecto G ingressus om. E^6 se $E^{1.6}$, esse B^4 abscondidit C^3, abscondi G mentem $E^{1.6}$ excedere $B^{3.4}$ 6 et om. C^3 perdere A^1 confortans $B^{2.3.4}$ dicit B^2, dicebat B^{3c} ullo (C^3B^4, nullo $A^1B^{2.3}$, nolle G) m. timere] ut nullo modo timeret $E^{1.6}$ 7 uero om. B^4 idem] idem et A^{1p}, om. C^3 basilica A^1 quae (qui G) dicitur] *rel. et* E^{5h}, om. E^1 domno C^1, domnus G 7/8 theodoro papa G 8 et sedens] *rel. et* E^{5h}, om. E^1 sede B^4 sub ap.] *rel. et* E^{5h}, quae uulgo sub apostolis appellatur (a. s. a. E^1) $E^{1.6}$ generalitate $B^{2.4}G$ militiae om. B^4 8/9 populis G 9 occurrerant] *rel. et* E^{5h}, occurrebant E^6, occurrebat Gp, occurrerunt A^1, currerant B^4, currebant C^1E^1 apto] aptu A^1, acto E^6 suaue C^3 dateque G responsu A^1 10 leniuit B^{3c} quamque $B^{2.3}$ illis G seuerentia C^3, reue⸗rentia B^3, reuerentiam G ecclesia $B^{3.4}$ 11 sancti pontifices B^4 12 dinominatum B^3 a c. r. om. E^{6c} 12/13 depellerent $B^{2.3c}E^6$ 13 his A^1 qui illum] quillum C^3, qui eum G ipso in] ipsum C^1 14 sitque G ecclesie C^3 inturbata B^3 est seru. C^1G 16 iacente $B^{2.3.4}$, iacentem inuenit A^1 nigredinem A^1 argenteam A^1 17 expressit A^1 18 lucellum] *rel. et* E^{5h}, locellum $B^{2.3.4}GE^{1.6}$ apparuit $B^{2p.3.4}$ plumasium G olosiricum $B^{2.3.4}$ suppositum E^6 stauracin] *rel. et* E^{5h}, stauracyn A^1C^1, stauracim G, stauracis $E^{1.6}$ 19 ablatum $B^{2.3.4}$ lampadabus C^6p 19/20 perornatum A^1 20 qua tractis] quadratis B^4 petallis E^6 *cum Beda*   cl. er. gemm. E^6 mire] mise C^3 21 dominici $B^{2.3.4}$ int. rep.] *rel. et* E^{5bh}, om. E^1 22 qui] quae $B^{2.3}E^1$, quem B^4 die] de C^3 humane C^1 23 exaltatione $B^{2.3.4}$ bassilica $A^1E^{1.6}$ quae $B^2E^{1.6}$ constantinianam C^1 23/24 osculabatur B^3 24 ac om. A^1 25 auream om. $E^{1.6}$ qui] quae $A^1C^1B^2GE^{1.6}$ in] ad $B^{2.3.4}$ parte $A^1E^{1.6}$ 26 tymiater.. A^1, thimamaterium E^6, thimi(*ins. m*)aterium E^1, thimiamastherium G, thymiaterem C^3, timiamasterium B^4C^1 27 maiorem (-re G)] $A^1C^{1.3}GE^1$, maius E^6, om. $B^{2.3.4}$

cum columnis et coperculo, quem suspendit ante imagines tres aureas beati Petri apostoli, in quo incensum

I. III et odor suavitatis ||

festis diebus, dum missarum sollemnia celebrantur, omnipotenti deo opulentius mittitur. Hic posuit

I. III in absida basilicae supra scriptae || in basilicam supra scriptam *II*

super sedem appallaream argenteam, pens. lib. CXX. Hic fecit in supra scripta basilica faros argenteos VI

I. II pens. lib. CLXX, || pens. sing. lib. XXX, *III*

qui sunt super trabes ad ingressum confessionis. Hic fecit in circuitu altaris bassilicae supra scriptae tetravela VIII, IIII ex albis et IIII a coccino. Hic tegnum et cubicula, qui circumquaque eiusdem basilicae sunt, quae per longa tempora stillicidiis et ruderibus fuerant disrupta, studiosius innovavit ac reparavit. Hic musibum, quod ex parte in fronte atrii eiusdem basilicae fuerat dirutum, innovavit. Similiter et specula eiusdem ecclesiae tam quae super sedem vel regias argenteas maiores sunt renovavit. Hic corpus beati *12* Leonis probatissimi patris atque pontificis, quod in abdito inferioribus secretarii praedictae basilicae positum fuerat, facta diligentius tumba, in denominata basilica publico loco, ut sibi fuerat revelatum, reposuit ac locum ipsum ornavit. Hic fecit patenam auream maiorem, habentem in gyro gemmas ex albis et in medio ex iacynto et smaragdo crucem, pens. lib. XX.

Hic tegnum et cubicula universa in circuitu bassilicae beati Pauli apostoli, quae longa per tempora vetustate confecta fuerant, studiosius innovavit. Similiter et traves fecit de Calabria adduci et quae in eadem bassilica vetustissimas invenit renovavit. Hic imaginem apostolorum vetustissimam, quae erat

. III super fores eiusdem basilicae, mutavit. || ante fores, renovavit. *II*

P: 1 (A^1). II ($C^{1.3}B^{2.3.4}$). III ($GE^{1.5.6}$).

---

1 coperculum $B^{2.4}$, cooperculum B^3, cooperculo $E^{1.6}$ que G, quod $E^{1.6}$ ante om. E^{1p} imaginis B^4 tres] thes G aureos C^1 beati] habente $B^{3.4}$, habentes B^2 3 et odor (ordo G) suauitatis om. $B^{2.3.4}$ 4 oputius B^4, opulentis G 6 in absida (-dam $C^{1.3}GE^{1.6}$) basilicae s. $A^1C^{1.3}GE^{1.6}$, in basilicam super [sic] scriptam $B^{2.3.4}$ 7 super om. B^{2p} apallaream $B^{2.3}E^1$, apellaream C^3 pens.] pens. sing. E^1 in om. B^4 supra (super $C^3B^{2.3.4}$) scr. basilicam (-ca B^4)] bas. supra scr. $E^{1.5}$, supra scriptam eccl A^1 8 faros] foris B^4, foros G 9 pens. lib. clxx] pens. lib. cxx G, pens. lib. clxxx C^3, pens. sing. lib. xxx $E^{1.6}$ 10 que E^1 traues A^1 ingressus G 11 super $B^{2.3.4}$ scripta B^4 tetrauila $B^{2.3}E^{1.6}$, terauila B^4, trabila C^3G, trabile C^1 iiii om. C^3 ex albis] rel. et E^{5b}, ex altabis G, ex albo E^6, alba $B^{2.3.4}$ a cocino A^{1p}, ex coccino $A^1cGE^{1.6}$, coccina B^{2c}, cocina $B^{2p.3.4}$ tegnum] rel. et E^{6bb}, regnum E^6, tectum E^1 12 quae $A^1C^{1.3}GE^{1.6}$ eius bas. G, bas. eiusdem $B^{2.3.4}$ per] et per C^1G stillidiciis B^3 suderibus C^1 13 studiosae $B^{2.3}$, om. B^4 innouauit] incocabit C^3, renouauit $C^1B^{2.3.4}G$ ac (et E^6) reparauit (repauit C^3) om. B^4 musibium C^3, musiberum E^6 14/15 eiusdem eccl. tam (om. E^{1c})] rel. et E^{5h}, om. B^4 15 quae om. $B^{2.3}$ argenteas] a. quae $B^{2.3}$ maiores om. B^4 16 probatissime B^4, probatissima B^3 atque] ac A^1 inferioris $E^{1.6}$ 15/16 praedictae (praediae C^3) basilicae] super scripta basilica $B^{2.3.4}$, parte basilicae G 17 factam B^2 tumbam $B^{2.3.4}$, turba E^6 18 posuit $B^{2.3.4}$ ac] ad B^4 ipse C^1 19 in gyro] rel. et E^{5bh}, om. E^1 gemma G et] et ex A^1 zmaracdo C^3, zmeracdo B^4, zismaragdo B^3, zamragdo G 20 pens.] ponderis E^6 xx] xxi G 21 tegnum] rel. et E^{5b}, tignum B^2, regnum E^6, tectum E^1 uniuersa post circuitu G in circuitu bassilicae (balicae C^3) b. p. a.] a sancto paulo B^4 22 per om. B^4 uestustate C^3 fuer. conf. $B^{2.3.4}$ innouauit] A^1B^4, i. ac reparauit $C^{1.3}B^{2.3}GE^{1.6}$ similiter om. $B^{2.3.4}$ 22/23 fecit de labria C^3, de cal. fecit (fecerat B^2) $B^{2.3.4}$ 23 quae] quas E^6, om. $B^{2.3.4}$ uetissima B^3, uetustassimas C^{3p}, uetussimas G inuenit renouauit (ronauabit C^3)] renouauit quas inuenit $B^{2.3.4}$ 24 uetustissimam] $A^1C^1GE^1$, uestustissimam C^3, uetissima B^3, uetustissima $B^{2.4}$ rel.   25 super f. ci. bas. (bassilicae A^1) mutauit] ante foros renouabit $B^{2.3.4}$

LXXXVI. SERGIVS I.

Hic fecit ambonem et cyborium in basilica sanctorum Cosmae et Damniani, ubi et 13
multa dona obtulit; trullum vero eiusdem bassilicae fusis chartis plumbeis cooperuit
atque munivit. Hic cyburium basilice sancte Susannae, quod ante ligneum fuerat, ex
marmore fecit diversaque cymilia aurea et argentea vel immobilia loca illic con-
5 donavit. Hic basilicam sanctae Eufimiae, quae per multa tempora fuerat distecta,
cooperuit ac renovavit. Hic basilicam sanctae Aureae in Hostis cooperuit, quae

I. III similiter ‖

fuerat distecta vel disrupta, suoque studio renovavit. Hic oraturium sancti Andreae
apostoli, qui ponitur in Lavicana, a solo refecit.
10 Hic statuit, ut tempore confractionis dominici corporis agnus dei 14

I. III qui tollis peccata mundi, miserere nobis ‖

a clero et populo decantetur. Constituit autem, ut diebus adnuntiationis domini, dor-
mitionis et nativitatis sanctae dei genetricis

I. III semperque virginis ‖

15 Mariae ac sancti Symeonis, quod Ypapanti Greci appellant, letania exeat a sancto
Hadriano et ad sanctam Mariam populus occurrat.

Hic fecit in bassilica sancti Laurenti martyris, qui appellatur titulus Lucinae, arcos
argenteos IIII.

Huius temporibus Aquilegiensis ecclesiae archiepiscopus et synodus, qui sub eo est, qui 15
20 sanctum quintum universalem concilium utpote errantes suscipere diffidebant, eiusdem
beatissimi papae spiritalibus monitis atque doctrinis instructi conversi sunt eundemque
venerabilem concilium satisfacti susceperunt. Et qui prius sub erroris vitio tenebantur,
doctrina apostolicae sedis illuminati, cum pace consonantes veritati ad propria relaxati
sunt.

25 Hic fecit coopertoria vel vasa aurea et argentea plura per diversas ecclesias

I. III ad usum et ornatum ecclesiarum Christi. ‖

P: I (A^1). II ($C^{1.3}B^{2.3.4}$). III ($GE^{1.5.6}$). — ad c. 15 Beda chr. c. 572. — ad v. 4 extat instrumentum lapidi incisum editum apud Duchesnium p. 379.

1 ammone et $B^{2.4}$, ammonem et B^3E^1, amouere E^6 basilicam $C^{1.3}$ corme G et] etiam E^6, om. $B^{2.3.4}$
2 uero om. G^p basilicae] ecclesiae $C^{1.3}GE^1$ plumbeis] publicis E^6 quoopcruit B^2p 3 atque muni-
uit om. B^4 basilicae] rel. et E^{5b}, om. $B^{2.3.4}C^1G$ antea $B^{2.3.4}$ ligneum] rel. et E^{5b}, lignem B^2p, lignum C^1E^1 4 marmur C^3 diuersaque] rel. et E^{5b}, diuersa quoque (quaque E^1) $E^{1.6}$ cymilia] similia
E^6 loco G 5 basilica $B^{3.4}G$ eufemiae $B^{2.3.4}E^{1.6}$ tempore B^3 distecta] rel. et E^{5h}, detecta $E^{1.6}$,
distructa G 6 cooperuit (post 8 distecta $A^1C^1GE^1$, utroque loco C^3) ... 8 distecta om. B^3 renouauit C^3p
hic basilicam (-ca A^1B^4G) sancta aureae ... 8 renouauit om. E^6 7 similiter] reliqui, om. $B^{2.3.4}$ 8 distecta]
rel. et E^{5b}, detecta B^4E^1, distructa G uel disrupta] et diruta $B^{2.3.4}$ suoque studio] suo studio $B^{2.3}$,
ac B^4 sanctae B^3C^1 9 apostoli om. B^4 quod $E^{1.6}$ in lauicana] $B^{2.3.4}$, ** lauicana A^1, lauicana
reliqui reficit B^4 11 qui tollis (tollit C^3) pecc. m. m. nobis] reliqui, om. $B^{2.3.4}$ 12 autem om. $B^{2.3.4}$
dibus C^3 domini om. E^6 12/13 dorm. et natiuitatis (natiuitas B^4)] nat. et dorm. $E^{1.6}$ 14 semperque uirginis] reliqui, om. $B^{2.3.4}$ 15 ypopanti A^1N, yppopanti C^1G, hipapantin C^3, ippapantin (corr.
in ippopantin) E^1, yppapatin E^6, hipapanti $B^{3.4}$, hypapanti B^2 greci (creci G) appellant] dicitur grece $B^{2.3.4}$
et let. exeat G, letaniae exeant $B^{2.3.4}N$ 16 sancta maria A^1G populum B^4 17 basilicam
$C^{1.3}$ quae $C^1GE^{1.6}$ titulum B^4C^1G 17/18 arcos (arcus $E^{1.6}$, archus B^4) arg.] arg. arcos B^3
19 aquilegensis $C^3B^{2.3.4}GE^{1c}$, aquileensis E^{1p}, aquilenensis C^1 quae $C^{1.3}B^2GE^{1.6}$ eo om. A^1 20 uni-
uersalem (-le E^6)] et uniuersale $B^{2.3.4}$ uppote $C^{1.3}G$ errante E^1 defidebant $B^{3.4}$ eiudem B^3
21 beatissimae B^4 montis C^3 structi C^1G idemque $E^{1.6}$ 22 uenerabile B^2E^6 satisfacti] rel. et
E^{5b}, satisfactione E^{1c} susceperunt $A^1C^1B^3$ uitio ... 23 inlu. om. B^4 23 inlumenati C^3 consonan-
tur C^1 laxati A^1 25 coopertoriam G uel] uel (et B^2) diuersa (-sas B^3) $B^{2.3.4}$ et] uel G plura
om. A^1 per om. B^4 26 ad usum et o. o. christi (om. E^1)] reliqui, om. $B^{2.3.4}$ ornatum] ordinatum C^1

Hic ordinavit Damianum archiepiscopum sanctae ecclesiae Ravennatis. Hic ordinavit 16
Bertoaldum Britanniae archiepiscopum atque Clementem in gentem Frisonum. Hic
ordinavit per diversas provincias episcopos XCVII.

Fecit autem et ordinationes II per mens. Mart, presbiteros XVIII, diacones IIII.

Qui sepultus est in basilica beati Petri apostoli VI id. Septemb. indictione XIIII, Tiberio Augusto.

Et cessavit episcopatum mens. I dies XX.

P: *I* (A^1). *II* ($C^{1.3}B^{2.3.4}$). *III* ($GE^{1.5.6}$). — *ad v.* 1 *sq. Beda hist. eccl.* 5, 11. *Nicolaus I in epistula ad Festinianum episcopum Dolensem a.* 858 *(Mansi* 15, 472 = *Jaffé* 2806*)*: scripsistis ... nobis, ut huius Romanae sanctae ecclesiae praesul Severinus (*immo* Sergius) Restoaldum decessorem vestrum, sicut in nostris legitur gestis, in archiepiscopum consecrasset ... nos ... gestis revolutis nihil in eis super his valuimus reperire.

---

1 auordinauit B^3 dammianum G sanctae ecclesiae (ecclesia B^4)] e. s. E^6 1/2 hic o. bertoaldum (berethyaldum E^{5h}, berethgaldum E^1, berethialdum E^6, bertualdum C^1, berthualdum C^3, bertoadum $B^{2.3.4}$, berfluandum G) britanniae (*om. A^1*) arch. *post* frisonum E^1 2 atque clementem in gentem frisonum (*sic* C^1GE^{1p}, frissonum C^3, fresonum $B^{2.3.4}$, frisonorum $A^1E^{1c.6}$)] *sic libri, nisi quod* E^1 *om.* in gentem (*quod habuit* E^{5h}) *et haec collocat post* 1 rauennatis E^1 4 et *om.* A^1G maio B^4, decemb. B^3 *post* diacones iiii *ins.* sedit ... xxiii $B^{2.3.4}E^{5bh}$ (*vide supra p.* 210, 2) E^6 (*hic igitur bis*) 5 qui] qui etiam $E^{1.6}$, *om.* $C^{1.3}B^{2.3.4}G$ est] est autem C^1G in basilica b. p. a.] ad beatum petrum apostolum $E^{1.6}$ xiiii] xiii B^3, xui E^{1p}, xu $C^3E^{1c.6}$ 7 episcopatum] $B^{2.3}$, ep. eius G, episcopatus *reliqui* m. i d. xx] d. 1 $E^{5b.6}$

LXXXVII. IOHANNES VI.

Iohannes, natione Grecus, sedit ann. III mens. II d. XII.

III Fuit autem temporibus Tiberii Aug.

Huius temporibus venit Theophilactus cubicularius, patricius et exarchus Italiae, de partes Siciliae in urbe Roma. Cuius adventum cognoscentes militia totius Italiae tumultuose convenit apud hanc Romanam civitatem, vellens praefatum exarchum tribulare. Pro cuius pontifex, ne adfligeretur, persona sese medium dedit, portas civitatis clausit, sacerdotes apud fossatum, in quo in unum convenerant, misit et monitis salutaribus tumultuosam eorum seditionem sedavit.

Dum vero infames quidam personae capitulare adversus quosdam Romanae urbis habitatores fecissent et praenominato exarcho, ut a propriis substantiis denudarentur, tribuissent, hii iustam sui operis poenam multati sunt.

Deinde vero dum Gisulfus dux gentis Langobardorum Beneventi cum omni sua virtute Campania veniret, incendia et depraedationes multas exerceret captivosque non paucos cepisset, vel usque ad locum, qui Horreas dicitur, fossatum figeret nullusque extitisset, qui ei potuisset resistere, denominatus pontifex missis sacerdotibus cum apostolicis donariis universos captivos de eorum manibus redemit et illum cum sua hoste ad propriis reppedare fecit.

Hic fecit in bassilica beati Andreae apostoli, qui ponitur

I. III infra ecclesia beati Petri apostoli principis || iuxta basilica beati Petri apostoli, apostolorum

ambonem noviter. Hic super altare ecclesiae sancti Marci coopertorium fecit et in bassilica beati Pauli apostoli inter columnas altaris dextra levaque vela alba.

P: I (A^1). II ($C^3B^{2.3.4}$). III ($GE^{1.5.6}$). — Beda chr. c. 573 ad c. 2; Paulus h. L. 6, 27 ad v. 12—17. — AVCTORES: *Index:* ann. III m. II d. XII.

1 iohs ui $GcE^{1.6}$ m. ii om. $E^{1p.6}$ 2 fuit a. t. tiberii aug.] $C^3E^{1.6}$ *soli*   3 huis B^4 theuphylactus B^3, teophilactus B^4 patr. et] et patr. G 4 parte A^1GE^6, partibus $B^{2.3}$, portes C^3 cicilie G urbem romam $A^1B^{2.3}E^{1.6}$ militia (-tiae A^1) t. italiae (ecclesiae B^4 *altero loco*, italiae ac A^1) tumultuose (tumutuose C^3, tumultuosa $B^{2.3.4}$) ciuitatem *bis* B^4 5 apud om. B^3 hanc] ac B^4 uellens] $C^3B^4GE^1$, uolens $A^1B^{2.3}E^6$ praefactum B^3 6 pro cuius om. E^6 persona om. E^6 6/7 portas (nartas C^3) ciuitatis clausis] portatis claues (-uis Gc) G 7 in quo om. E^6 conuenerat B^4, conuenerunt G misit] missi G 8 tumutuosam C^3, tumultuosa G seditione G 9 infamis $B^{2.3.4}$ quaedam $B^{2.3.4}E^6$ personae] porrone C^3 capitula E^6 10 a om. A^1 11 hii iustam] rel. et E^{5h}, hi iusta E^6, hi iuxta E^1, huius tam $B^{2.3.4}$ sui] sibi A^1 mutati B^3 12 gisolphus $E^{1.6}$ genti E^1 beneuiuenti C^3, bene uiuentium B^{4p} 13 campaniam C^3GE^1, om. E^6 praedationes G exerceret) exercere G, faceret $B^{2.3.4}$ *cum Paulo:* incendia et depraedationes faciens   captiuosque] captiuos G 14 coepisset $A^1C^3B^{2.3.4}$ uel usque] quousque E^6 ad locum] in locum A^1, in loco $C^3GE^{1.6}$ horreas] A^1, horrea C^3 *cum Paulo*, orrea $GE^{1.6}$, horre $B^{2.3}$, orre B^4 figeret] rel. et E^{5h}, figerit A^1, fieret E^1 15 po**** (corr. in potuisset) A^1, poterat G restere E^1 16 uniuersas G sua] rel. et E^{5h}, suam G, suo $E^{1.6}$ ostem G 16/17 ad propria $B^2E^{1.6}$ 17 redire E^6 18 quae $E^{1.6}$ 19/20 infra ecclesia (-siam $E^{1.6}$) beati petri apostoli (om. $C^3GE^{1.6}$) principis (princeps G) apostolorum $A^1C^3GE^{1.6}$, iuxta basilica (-cam $B^{2.3}$) beati petri apostoli $B^{2.3.4}$ 21 amone $B^{2.3}$, amoni B^4, ammone C^3, ammonem GE^6 nouiter] nouum E^6 aecclesia E^1, om. B^4E^6 coopertorium A^1 et om. B^4 22 basica C^3 beati] sancti $B^{2.3.4}$ apostoli om. B^4 uela (uila C^3) alba] u. a. constituit $B^{2.3}$, constituit (om. u. a.) B^4

Hic fecit ordinationem presbiterorum seu diaconorum I, id est presbiteros VIIII, diacones II; fecit autem et per diversa loca episcopos numero XV.

II. III Qui etiam sepultus est ad beatum Petrum apostolum
II 5 sub die indict. III Tiberio Aug. regnante.

Et cessavit episcopatum mens. I dies XVIII.

P: I (A^1). II ($C^3B^{2.3.4}$). III ($GE^{1.5.6}$).

1 presbiterorum (prbororum B^4) seu diaconorum (diacorum C^3) *om.* A^1 unam *om.* $B^{2.3.4}$ 2 fecit autem et (*om.* G)] fecit etiam E^6, *om.* $B^{2.3.4}$ ep. per d. loca $B^{2.3.4}G$ numero *om.* $E^{1.6}$ xu] xii A^1 3—5 qui etiam (q. e. *om.* C^3) sepultus est (*om.* C^3) ad b. p. apostolum (in basilica beati petri apostoli C^3) sub die (secunda mens. aug. *add.* B^{4c}) indic. iii tiberio (-rii C^3) aug. regnante $C^3B^{2.3.4}E^{5bh}$, qui etiam (*om.* E^6) sepultus est ad b. p. apostolum (*om.* sub ... regnante) $E^{1.6}$, *om.* A^1 6 episcopatum] $C^3B^{2.3}$, episcopatu E^1, episcopatum eiusdem G, episcopatus *rel.*   xuiii] xuiiii B^3

LXXXVIII. IOHANNES VII.

Iohannes, natione Grecus, de patre Platone, sedit ann. II mens. VII dies XVII.

II. III Fuit autem temporibus Tiberii Aug. et Iustiniani dudum imperatoris.

Vir eruditissimus et facundus eloquentia. Hic fecit oraturium sanctae dei genetricis intro ecclesiam beati Petri apostoli, cuius parietes musibo depinxit, illicque auri et argenti quantitatem multam expendit et venerabilium patrum dextra levaque vultus erexit.

Hic

I. III restauravit bassilicam ∥ fecit oratorium *II*

sanctae Eugenie, qui longo per tempore distecta atque diruta fuerat. Lavoravit autem et in cymiteriis beatorum martyrum Marcelliani et Marci Damasique sancti pontificis. Fecit vero et imagines per diversas ecclesias, quas quicumque nosse desiderat, in eis eius vultum depictum repperiet. Basilicam itaque sanctae dei genetricis, qui antiqua vocatur, pictura decoravit illicque ambonem noviter fecit et super eandem ecclesiam episcopium, quantum ad se, construere malluit illicque pontificatus sui tempus explevit. Hic fecit calicem aureum praecipuum pens. lib. XX, quem et gemmis praetiosis decoravit.

Huius temporibus Haripertus rex Langobardorum donationem patrimonii Alpium Cutiarum, qui longa per tempora a iure ecclesiae privatum erat ac ab eadem gente detenebatur, in litteris aureis exaratam iuri proprio beati apostolorum principis Petri reformavit.

P: *I* (A^1). *II* ($C^3B^{2.3.4}$). *III* ($GE^{1.5.6}$). — Beda chr. c. 574 ad c. 1, c. 575 ad c. 3. — Paulus h. L. 6, 28 ad v. 18—21. — Ad c. 3 respicit fortasse papa Hadrianus I in epistula data ad imperatores Byzantios Constantinum et Irenen a. 785 Oct. 26 (Migne vol. 12 p. 1056 seq.; Jaffé n. 2448): (Carolus rex) dei apostoli ecclesiae … plura dona perpetuo obtulit possidenda tam provincias quam civitates seu castra et cetera territoria, immo et patrimonia, quae a perfida Longobardorum gente detinebantur … eidem dei apostolo restituit, cuius et iure (al. iura) esse dignoscebantur. — AVCTORES: Index: ann. II m. VII d. XVII.

1. iohs uii $G\circ E^{1.6}$ de om. $C^3GE^{1.6}$ uii] ui $B^{2.3.4}N$ dies (bis B^4) xuii)] d. xxii E^6 2 fuit …
3 imp.] $B^{2.3.4}E^{1.6}$ soli 4 erudentissimus B^3 genetrices C^3 5 intro] rel. et E^{5h}, intra $B^2E^{1.6}$
ecclesia C^3B^4, ecclesiae B^3, in ecclesia G musibero E^6 depexit C^5 6 quantitate B^4, quantite C^3
multa $C^3B^{2.3.4}$ labaque C^3 uultos A^1 9 restaurauit basilicam] $A^1C^3GE^{1.6}$, fecit oratorium $B^{2.3.4}$
10 quae $B^{2.3.4}E^{1.6}$ longa per tempora B^2E^6, longo tempore GE^1 detecta $C^3B^{2.3.4}E^{1.6}$ deruta $B^{9.4}$
fuerant B^{4p} 11 in om. A^1 marcelliani] rel. et E^{5h}, marcellecliani B^4, marcelliano B^3, marcellini G
12 uero et] ergo et $B^{3.4}$, etiam E^6, et B^2 quicumque] quecumque G, quicum C^3 eis om. E^6 13 uulta E^6
repperiet] $C^3B^{2.4}\circ GE^1$, repperit A^1B^{3p}, reperiit $B^{3c.4p}$ basilica B^4 quae $B^{2.3.4}E^{1.6}$ antique B^{3p}
14 pictura om. G decoratum B^3 ammonem $C^3B^{2.3.4}GE^{1.6}$ fec. nou. E^6 ecclesia B^4 15 ad]
a A^1, per B^2 construere] rel. et E^{5h}, constituere E^1 ualuit $B^{2.3.4}$ pontificatus sui t.] pontificati t. G,
pontifici** (corr. in pontificatus) t. A^1, pontificatum sui temporis E^6 expleuit] $B^{2.3.4}E^{1.6}$, uitam finiuit A^1
C^3G 16 aureum i E^{5h} praecipuum om. $B^{2.3.4}E^6$ pens.] ponderis E^6 16/17 decorauit] ornauit
$B^{2.3.4}E^6$ 18 haripertus] A^1, aripertus $C^3GE^{1.6}$ cum Paulo, arepertus $B^{2.3.4}$: Hereberectus Beda langabardorum C^3, languobardorum B^4, longobardorum GE^6 patrimoni** (corr. in -nium) A^1 18/19 cutiarum]
A^1, gutiarum $C^3B^4\circ GE^{1.6}$, cottiarum (non gutziarum, ut ait Vign.) E^{5h} cum Paulo, scutiarum $B^{2.3}$, scutarum
B^{4p} 19 qui (quod E^{5h}, que E^6) longa om. $B^{2.3.4}$ per om. B^4 iura $C^3B^{3.4}GE^{5b}$ ecclesia E^{5b}
priuatum] rel. et E^{5bh}, priuata E^1 orat] fuerat $B^{2.3.4}E^{1.5b.6}$ ac] $GE^{1.5b.6}$, hac $B^{3.4}$, haec B^2, om. A^1
gentem B^4 20 exaratum $B^{2.3}$, exauratum B^4, exarata C^3G iari] iure $B^{2.3.4}$, inrine E^{1p}, iuic (sic)
E^{5b} ap. pr. petri (pari E^6)] petri apostoli $B^{2.3.4}$

Huius temporibus Iustinianus imperator a partibus Chazariae per loca Vulgariae cum
Terveli usque ad regiam urbem veniens regnum proprium, de quo proiectus fuerat, adeptus est; Leonem etiam et Tiberium, qui locum eius usurpaverant, cepit et in medio circus coram omni populo iugulari fecit, et obtinuit principatum, de quo antea tumultuose fuerat deiectus.

Ilico palatium ingressus est propriumque adeptus est imperium, pro tomos, quos antea sub domno Sergio apostolicae memoriae pontificae Romam direxerat, in quibus diversa capitula Romanae ecclesiae contraria scribta inerant, duos metropolitas episcopos demandavit, dirigens per eos et sacram, per quam denominatum pontificem coniuravit ac adortavit, ut apostolicae ecclesiae concilium adgregaret et quaeque ei visa essent, stabiliret et quae adversa, rennuendo cassaret. Sed hic, humana fragilitate timidus, hos nequaquam emendans per suprafatos metropolitas direxit ad principem.

Post que non diu in hac vita duravit.

Hic fecit episcopos per diversa loca numero XVIIII.

Qui etiam sepultus est ad beatum Petrum apostolum ante altare sanctae dei genetricis, quem ipse construxit, sub die XV kal. Nov. indictione VI sub Iustiniano.

Et cessavit episcopatum mens. III.

P: I (A^1). II ($C^3B^{2,3,4}$). III ($GE^{1,5,6}$). — Beda chr. c. 577 ad c. 4. — Paulus h. L. 6, 31 ad v. 1—5.

1 chazariae] $C^3B^{2,4}E^{5bh}$, gazariae A^1, zachariae $B^3GE^{1,6}$ loca] longa A^1 uulgariae] rel. et E^{5b}, bulgariae $B^{2,3,4}$, yulgarie G 1/2 cum terueli] C^3GE^1, cum ceruili E^6, cum terbela u ... (sic Bl., cum terbela 'relictum est spatium vacuum' Holstenius) E^{5bh}, cum terebellio A^1, om. $B^{2,3,4}$: auxilio Terbelli regis Vulgarorum Beda, auxilio Terebelli Bulgarum regis Paulus   2 fuerant G 2/3 ademptus B^4E^1 3 etiam om. A^1 eius] eis B^{3p}, eius uir (sic) G usurpauerat G^p coepit $A^1C^3B^{2,3,4}$ 4 circus] rel. et E^{5b}, circum E^6, circulis E^1 quoram G iugulare $B^{2,3}G$, iugalare B^4 4/5 tumulose E^6 5 deiectus B^3, eiectus G 6 adeptus est] adeptus (om. est) $B^{2,3,4}$ tomos] t. namque $E^{1,5h,6}$ quod B^4 7 domno] dono E^6 ap. (sedis sanctae add. E^6) mem. pontificae (-cem C^3)] papa $B^{2,3,4}$ roma $B^{2,3}$ 8 romanae] romam B^4 contrariae B^3 iner. scr. $B^{2,3,4}$ duos] duo $B^{2,3,4}$ metropolitanos G^p 9 sacra E^6 quam] que E^6 10 adortauit] $A^1C^3B^4$, adorauit $B^{2,3}$, adortatus (adoratus E^6) est $E^{1,6}$ adgregarit A^1, aggregaret C^3, congregaret E^6 quaque G uisa essent] uiserent G 10/11 stabilirent $A^1B^{2p}E^{1p}$ 11 quae] rel. et E^{5b}, quaeque $B^{2,3}$ rennuendo] renouando E^{5b}, retinendo E^6 cassaret] rel. et E^{5bb}, cessaret A^1 G, excluderet $E^{1,6}$ fragilitatis C^{3p}, fragilitatem G 12 super G fatos] scriptos E^6 direxit] dixerunt C^3 13 que] quam $B^{2,3,4}$ non] uero (sic) E^6 uitam C^3 14 xuiiii] xuiii E^1 15 qui etiam ... 18 iustiniano] $B^{2,3,4}E^{1,6}$ soli   16 altare] a. oratorii $E^{1,6}$ 17 quem] quod $E^{1,6}$ xu om. B^3 18 kal.] id. E^6 sub iustino $B^{2,3,4}$, iustiniano romanam rem publicam gubernante $E^{1,6}$ 19 episcopatum] $B^{2,3}$, episcopatum eius G, episcopatus reliqui

LXXXVIIII. SISINNIVS.

Sisinnius, natione Syrus, ex patre Iohanne, sedit dies XX.

II. III Fuit autem temporibus Iustiniani Aug.

Qui vir podagrico humore ita tenebatur constrictus, ut sibi cibum propriis manibus exhibere non valeret. Erat tamen constans animo et curam agens pro habitatoribus huius civitatis.

Qui et calcarias pro restauratione murorum iussit dequoquere. Verumtamen repentina morte defunctus est.

Fecit autem episcopum in insula Corsica unum.

II. III Qui etiam sepultus est ad beatum Petrum apostolum

II VIII id. Nov. sub die indictione VI Iustiniano Aug. *III*

Et cessavit episcopatum mens. I dies XVIII.

P: *I* (A^1). *II* ($C^3B^{2.3.4}$). *III* ($GE^{1.5.6}$). — AVCTORES: *Index*: d. XX.

---

1 sisinnis B^4, sisinnus N ex *om.* A^1PC^3 2 fuit a. t. iustiniani (imperatoris *ins.* E^1) aug.] $B^{2.3.4}$ $E^{1.5b.6}$, *om.* A^1C^3 3 pudagrigo A^1, podacrico B^2 ita *om.* B^4 tenebat A^1, tenebatur C^3 cium C^3 4 ualerit B^3 cura A^1 agens] habens E^6 5 ciuitabus B^3p 6 qui] quia $B^{2.3.4}$ calcarias] *rel. et* E^{5b}, calcaria GE^1, calcem E^6 restaurationem A^1C^3, restitutione E^6 murorum] m. huius ciuitatis E^6 deq. iuss. $B^{2.3.4}$, iuss. decoqui E^6 8 corsia B^4, corsicam C^3 unum *post* 12 episcopum $B^{2.3.4}E^{1.6}$ 9 qui etiam ... 10 apostolum] $B^{2.3.4}E^{1.6}$, *om. reliqui*   11 uiii id. nou.] $B^{2.3.4}$ *soli*, sub die ... aug.] E^1 *solus*   12 episcopatum] $B^{2.3}GE^{5b}$, episcopatus *reliqui*   m. i] m. C^3 xuiii] *rel. et* E^{5b}, xuiiii G, xxuiii A^1, xxuiiii E^1

XC. CONSTANTINVS.

Constantinus, natione Syrus, ex patre Iohanne, sedit ann. VII dies XV.

III Fuit autem temporibus Iustiniani, Philippici et Anastasii Augustorum.

Vir mitissimus valde, cuius temporibus in urbe Roma famis facta est magna per annos III; post que tanta fuit ubertas, ut fertilitatis copia praeteritae sterelitatis inopiam oblivioni mandaret.

Hic ordinavit Felicem archiepiscopum Ravennatem, qui secundum priorum suorum solitas in scrinio noluit facere cautiones, sed per potentiam iudicum exposuit, ut maluit. Cuius cautio a pontifice in sacratissima confessione beati Petri apostoli posita post non multos dies tetra et quasi igni conbusta reperta est. Nam Ravennantium cives elati superbia dignam ultionis poenam multati sunt. Mittens quippe Iustinianus imperator Theodorum patricium et primi exercitus insulae Siciliae cum classe, Ravennam civitatem cepit, praefatum archiepiscopum arrogantem in navi vinctum tenuit et omnes rebelles, quos ibi repperit, conpedibus strinxit, divitias eorum abstulit et Constantinopolim misit. Dei autem iudicio et apostolorum principis Petri sententia qui inoboedientes fuerunt apostolicae sedis amara morte perempti sunt, et isdem archiepiscopus lumine privatus dignam factis recipiens poenam exul in Pontica transmissus est regione.

Hisdem temporibus misit suprafatus imperator ad Constantinum pontificem sacram, per quam iussit eum ad regiam ascendere urbem. Qui sanctissimus vir iussis imperatoris obtemperans ilico navigia fecit parari, quatenus iter adgrederetur marinum. Et egressus a porto Romano die V mens. Octob. indictione VIIII secuti sunt eum Nicetas episcopus de Silva Candida, Georgius episcopus Portuensis, Michahelius, Paulus, Georgius presbiteri, Gregorius diaconus, Georgius secundicerius, Iohannes defensorum

XC. CONSTANTINVS.

primus, Cosmas saccellarius, Sisinnius nomencolator, Sergius scriniarius, Dorotheus subdiaconus et Iulianus subdiaconus et de reliquis gradibus ecclesiae clerici pauci.

Veniens igitur Neapolim illic cum repperit Iohannis patricius et exarchus cognomento 4
Rizocopus; qui veniens Romam

I 5 decollavit || iugulavit *II. III*

Saiulum diaconum

III et vicedominum, ||

Petrum archarium, Sergium abbatem presbiterum et Sergium ordinatorem pergens Ravennam proquae suis nefandissimis factis iudicio dei illic turpissima morte occubuit.
10 Georgius vero presbiter Neapolim relictus est et pontifex cum suis Siciliam perrexit;
ubi Theodorus patricius et stratigos langore detentus occurrens pontifici, magna cum veneratione salutans atque suscipiens, medellam adeptus est celerem. Atque inde egredientes per Regium et Cotronam transfretavit Calipolim, ubi mortuus est Nicetas episcopus.

15 Dum vero Ydronto moras faceret, eo quod hiemps erat, illic suscepit sigillum imperialem 5
per Theophanium regionarium, continentem ita, ut ubiubi denominatus coniungeret pontifex, omnes iudices ita eum honorifice susciperent, quasi ipsum praesentaliter imperatorem viderent. Unde egressi, partes Greciae coniungentes, in insula, quae dicitur Cea, occurrit Theofilus patricius et stratigos Caravisianorum cum summo honore susce-
20 pit et amplectens, ut iussio continebat; iter absolvit peragere coeptum. A quo loco navigantes venerunt ad septimo miliario Constantinopolim. Ubi egressus Tiberius imperator, filius Iustiniani Augusti, cum patriciis et omni sinclito et Cyrus patriarcha cum clero et populi multitudine, omnes letantes et diem festum agentes, pontifex et eius primates cum sellares imperiales, sellas et frenos inauratos, simul et mappulos, ingressi
25 sunt

II. III civitatem || Constantinopolim et *I*

P: *I*(A^1). *II*($C^3B^{2.3.4}$). *III*($GE^{1.5.6.7}$). — Beda chr. c. 578 ad c. 5.

1 cosma $E^{1.7}$ sacellarius] acellarius C^3, cancellarius $B^{2.3.4}$ sisinnis B^4 nomenculator GE^1, nomincolator A^1, nomencollator B^4, nomenculatur B^3, nomencolatur B^2, numuculator E^6 sergis B^4 1/2 dor. (doroti B^4) subd. et iul. subd.] dor. et iul. (iuliani E^7) subdiac̄ $E^{1.6.7}$ 2 pauci cl. $E^{1.7}$ 3 repeperit B^3 iohannis A^1 4 rizocophus B^4, rizocopo G qui om. G roma C^3 5 decollauit] A^1, iugulauit *reliqui*   6 saiulum] rel. et $E^{6\text{h}}$, satulum $E^{6.7}$ 7 et uicedominum] $E^{1.6.7}$ soli   8 patrum C^3 pergens] et p. E^6 8/9 rauenna G 9 proquae] rel. et $E^{6\text{h}}$, propter G, pro $B^{2.3.4}E^6$ infandissimis G iud. E^6 mortem E^1 10 neapoli E^6 11 et stratigos] A^1C^3G, et stratigus $E^{6\text{h}.6.7}$, et straticus $B^{2.3.4}$, extraticus E^1 detenti occurrentes E^6 pontifice G, pontificem $C^3B^{2.3.4}$ 12 salutans atque (ad G) suscipiens] salutarunt ac susceperunt E^6 adeptus est] sibi adhibuere E^6 celerem om. B^4 13 egrediens $E^{1.6}$, pergentem G regnum B^3 quotronam G callipolim $C^3B^4GE^{1.5\text{h}.7}$, calopolim $B^{2.3}$, calliopoli E^6 niceta $C^3B^{2.3}GE^{1.7}$ 15 idontro G fecere G hiemperat B^4 imperiale $B^{2\text{c}}E^{1.6}$ 16 theophanium] theophanum B^4, thephanum B^3, theostanium C^3 continens $E^{1\text{c}}$ ubi ubi] ubi $B^{2.3.4}E^6$ denominatum A^1 coniungeret] rel. et $E^{6\text{h}}$, coniunxerit A^1 17 pontificem $A^{1\text{c}}$ ita eum omn. iudices (-cem B^4) $B^{2.3.4}$, iud. omn. ita (om. eum) E^6 honorificem B^4 susceperunt E^6 praesentaliter om. E^6 18 uiderem B^4 egressis G partis A^1 quae (qu C^3) dicitur om. B^4 19 caea A^1, ocea B^4, eca E^6 occurrit] o. eidem pontifici E^6 patrius B^3 et stratigos] A^1C^3G, et stratigus $E^{5\text{h}.6.7}$, et straticus $B^{2.3.4}$, extraticus E^1 carabisianorum $B^{2.3.4}$, curanicianorum G 20 amplectens] amplectans C^3p, a. eum E^6 continebant G absoluit] cum eo cepit E^6 coemptum B^4 21 ad] $A^1B^4E^6$, a $C^3B^{2.3}GE^{1.7}$ septimum miliarium $E^{6.7}$ constantinopoli G 22 augusti] imperatoris $B^{2.3.4}$ 22 patricius B^3 omni sunolito B^2, omnis (omnes B^4) inclito $B^{3.4}G$, omni synolitu $E^{5\text{bh}}$, omnes ynclito C^3, omnis inclitos A^1p, omnibus sinclitos E^7, omnibus inclitis $A^{1\text{c}}E^1$, omnibus sindicis E^6 cyrus] chyis G 23 clero et om. B^4 multitudini A^1 et eius] eius B^4 24 primatis B^4, primati A^1, primatas G sellis imperialibus $E^{6.7}$, sellibus (sellaribus $E^{1\text{c}}$) imperialibus $E^{1\text{p}}$ sellis et frenis E^1 inauratos] inauratis E^1, auratos E^6 mapulos $B^{2.3.4}$, mappulis E^1, mappullas E^6 24/25 ingressi sunt] ingressus $B^{2.3.4}$ 26 ciuitatem (ciuitate C^3)] *reliqui*, constantinopolim et A^1

224 XC. CONSTANTINVS.

apostolicus pontifex cum camelauco

I in civitate,

ut solitus est Roma procedere, a palatio egressus in Placidias, usque ubi placitus erat, properavit.

5 Domnus autem Iustinianus imperator audiens eius adventum magno repletus est gaudio. 6 A Nicea Bythiniae misit sacram gratiarum actione plenam, et ut debuisset pontifex occurrere Nicomedia et ipse veniret a Nicea. Quod et factum est.

In die autem, qua se vicissim viderunt, Augustus christianissimus cum regno in capite sese prostravit et pedes osculans pontificis deinde in amplexu mutuo corruerunt; et
10 facta est letitia magna in populo, omnibus aspicientibus tantam humilitatem boni principis. Die vero dominico missas imperatori fecit et communicans princeps ab eius manibus proque suis delictis ut deprecaretur pontificem postulans omnia privilegia ecclesiae renovavit atque sanctissimum papam ad propria reverti absolvit.

Egressus igitur a Nicomedia civitate crebris valitudinibus pontifex adtritus tandem sus- 7
15 pitatem domino tribuente incolomis portum Gaiete pervenit, ubi sacerdotes et maxima populi Romani repperit multitudinem, ac XXIIII die mens. Octob. indictione X Romam ingressus est; omnis populus exultavit atque letatus est.

Hic fecit ordinationes episcoporum in eundo et redeundo per diversa loca numero XII.

Post menses autem III lugubre nuntium personuit, quod Iustinianus 8

I. III 20 christianissimus et orthodoxus

imperator trucidatus est, Philippicus

I. III hereticus

in imperiali promotus est arce. Cuius et sacra cum pravi dogmatis exaratione suscepit, sed cum apostolicae sedis concilio respuit. Huiusque rei causa zelo fidei accensus
25 omnis cetus Romane urbis imaginem, quod Greci Botarea vocant, sex continentem sanctos ac universales synodos, in ecclesia beati Petri erecta est.

P: I (A¹). II (C³B²·³·⁴). III (GE¹·⁵·⁶·⁷).

1 apostolicus (-cos *B*⁴, *post* camel. *G*) pontifex] apostolicus autem *E*⁶   camelauco] *rel. et E*⁵ʰ, camilauco *B*²·³·⁴, caarelauco *E*⁵ᵇ, cameluco *C*³, caumelauco *GE*⁶, caumelaugo *E*¹, camelauco in ciuitate *A*¹   3 romam *G*, rome *C*³*E*⁶   ingressus *B*⁴   ubi] ibi *B*⁴, *om. E*⁶   placitis *E*⁷, plicitus *C*³, pollicitus *B*⁴   5 domnus *C*³   aduentus *E*¹   est *om. C*³*GE*¹·⁹·⁷   6 sacra *B*³, sagram *C*³   actionem *A*¹*B*⁴*E*¹   plena *A*¹*B*⁴*E*¹   debuisset] iussisset *B*⁴   7 nicomediam *B*²·³·⁴, a nicodemia *E*⁶   ipsi uenire *B*⁴   a] eo *G*   8 se] si *B*⁴   uicissem *B*³·⁴, uicisse *G*   augustus] imperator *B*²·³·⁴   9 et *om. C*³   pedens *E*¹ᵖ   obsculatus *E*⁶   dein *C*³*E*⁵ʰ   amplexum *G*   mutuo] *rel. et E*⁵ʰ, mutuum *E*¹   10 tanta *A*¹   10/11 principiis *G*   11 imperatore missa *B*²·³·⁴   ab *om. B*⁴   12 ut] et *C*³   13 renouet *B*⁴   atque] ut quae *C*³   sanctissimus papa *B*⁴, sanctum papam *E*⁶   reuerti *om. B*⁴   14 igitur] uero *B*²·³·⁴   nic(h)omedie *C*³*GE*⁶·⁷   ualitudinibus *G*, inualitudinibus *E*⁶   14/15 suspitate *A*¹   15 incolonis *G*   portem *B*⁴   gaiete] kazete *E*⁵ʰ, razete *E*¹·⁶·⁷   16 pobli *C*³   mult. rep. *E*⁶   ac] a *G*   diei *B*²   x indictionis *E*⁵ʰ, decima indictione *E*⁶·⁷   16/17 roma *B*³·⁴   17 omnis] unde o. *E*⁶   exultauit] et e. *B*²·³·⁴   atque] et *A*¹, ac *E*⁶   18 ordi *C*³, ordinationem *B*³   episcoporum] epi *A*¹, in episcoporum *G*   eudo *C*³   loca] loca episcopos *E*¹·⁶·⁷   numero *om. E*¹·⁹·⁷   xii] xli *B*²·³·⁴   19 post menses (-se *B*⁴) autem (aug *G*) iii (iiii *B*³)] p. a. iii m. *E*⁶   lucubre *A*¹, lugrube *B*⁴, lunguere *G*, lugubris *E*⁶   nuntiatum *B*⁴, nuncius *E*⁶   iustianus *B*³   20 christianissimus et orthodoxus] *A*¹*C*³*G* *E*¹·⁵ʰ·⁶·⁷, *om. B*²·³·⁴   21 phillipicus *A*¹   22 hereticus] *A*¹*C*³*GE*¹·⁶·⁷, *om. B*²·⁵·⁴   23 in *om. A*¹   imperiale *B*²·³·⁴, imperialis *A*¹   permotus *G*   arc(h)e] archem *A*¹   et] est *B*⁴   exoratione *B*⁴, exaratione propria *E*⁶   24 sed cum] secundum *B*³ᵖ   concilio] *rel. et E*⁵ʰ, concilium *G*, consilio *E*¹·⁶   huius *A*¹   accessus *B*⁴   25 imaginem *om. A*¹   quam *E*¹·⁶   uotarea *C*³*GE*¹·⁵ʰ·⁷, uotaream *E*⁶, botariam *B*²·³·⁴: cibotaria *proposuit Bury (byzantinische Zeitschrift 5 p. 571) accipiens de* κιβωτῷ *sive arca picta, qua continerentur acta conciliorum*   contenente *B*⁴   26 sanctas *E*¹   uniuersalis sinodus *B*³*G*   ecclesiam *C*³   petri] p. apostoli *B*²·³·⁴   erecta est] *rel. et E*⁵ʰ, crexerunt *E*¹, erexit *E*⁶

XC. CONSTANTINVS.

Hic refecit patenam auream pens. lib. XII.

Eodem tempore Felix archiepiscopus Ravenna ab exilio reductus, penitentia motus, licet oculorum lumine privatus, tamen ad proprium rediit thronum; et solita quae ab universis in scrinio episcoporum fient indicula et fidei expositiones et hic confessus est, sicque reconciliationis promeruit absolutionem. Huius temporibus duo reges Saxonum ad orationem apostolorum cum aliis pluribus venientes sub velocitate suam vitam, ut obtabant, finierunt. Venit autem et Benedictus archiepiscopus Mediolanensis orationis voto, ut suo se pontifici praesentaret. Altercavit vero et pro ecclesia Ticinense,

II. III sed convictus est

eo quod a priscis temporibus sedis apostolicae eiusdem Ticinensis ecclesiae antistis ad consecrandum pertinebat atque pertinet.

Hisdem temporibus cum statuisset populus Romanus, nequaquam heretici imperatoris nomen aut chartas vel figuram solidi susciperent, unde nec eius effigies in ecclesia introducta est, nec suum nomen ad missarum sollemnia proferebatur, contigit ut Petrus quidam pro ducatu Romanae urbis Ravennam dirigeret et praeceptum pro huiusmodi causam acciperet. Dumque innotitum fuisset, quod ad nomen heretici suam promotionem isdem Petrus fuisset potitus, zelo fidei accensa magna pars populi Romani statuerunt ullo modo hunc ducem suscipere et factum est. Dum Christoforus, qui erat dux, ob hanc causam cum Agathone et suis hominibus concertarent, bellum civile exhortum est, ita ut in via sacra ante Palatium sese committerent et ex utrisque partibus amplius quam XXX

I. II flagellarentur   plagarentur   *III*

atque interirentur, donec pontifex mitteret sacerdotes cum euangelia et crucem domini sicque partes sedarent. Nam pars Petri in angustia sita ulla illi erat spes vivendi.

P: *I* (A¹). *II* (C³B²·³·⁴). *III* (GE¹·⁵·⁶·⁷). — *Paulus h. L. 6, 28. 29 ad v. 5—11.*

---

1 hic refecit] C³B³GE¹·⁵·⁷, hic fecit A¹ (*in litura*) B²·⁴   2 rauenna] B²·³·⁴, rauenne E¹·⁶·⁷, rauennas *reliqui* ab exilio *om.* B²·³·⁴ reductus] r. est C³ᵖ penitentiam B⁴GE¹   3 propriam E¹·⁶·⁷ redit A¹, *om.* C³ thronum] sedem E¹·⁶·⁷   4 fiunt E¹·⁶·⁷   expositiones] *rel. et* E⁵ʰ, expositionis B²·³ *et om.* A¹ hic *om.* E⁶   5 reconciliationes E⁷ comeruit absolutione huis B⁴ duos A¹ regis B⁴, rege E¹, res C³ xaxxonum B⁴, saxanum C³   6 oratione B⁴ apostorum B³ pluribus] A¹E⁷, plurimis C³B²·⁴GE¹·⁶, plurimi B³ conuenientes B⁴ uelocitatem B³GE¹ sua B⁴GE⁶ uita B⁴   7 obtent B⁴ finierant G, fieri B⁴ episcopus B²·³·⁴ orationes B⁴   8 ut] A¹, et *reliqui* pontifici] B² E¹·⁵·⁷ *corrigentes*, pontificis *reliqui* praesentarit A¹E⁶, praesentari B²·³·⁴, praesentare C³GE¹·⁷, praesentauit E⁶ altercatus (est *add.* E⁷) E⁶·⁷ *et om.* GE⁶ ticenense B⁴, ticinensem C³G   9 sed conuictus (uictus E¹) est] C³B²·³·⁴E¹·⁵ᵇ·⁷, *om.* A¹   10 priiscis G temporibus *om.* C³ sedi C³B⁴E⁶ ticinienses B⁴ ante(*vel* i)stites B²·³·⁴   11 consecrandam G atque] ac B⁴   13 charistas B⁴ figura A¹ solidi] soli B⁴, *om.* E⁶ susciperent] reciperent B², suscipere E¹·⁶·⁷ efficies C³ ecclesiae B³ᵖ, ecclesiam B¹·³ᶜ   14 infraducta B⁴ missurum B³ᵖ proferebatur] *rel. et* E⁵ᵇʰ, offerebatur (-bantur B²ᵖ) B²·³, offerabatur B⁴   15 quidam *om.* G ducatum B⁴, ducato B²·³ romano B²·³G, romanium B⁴, umane E¹ dirigeretur E⁶ *et praec.*] *rel. et* E⁵ʰ, praec. et E¹ pro *om.* C³   16 causa C³GE¹·⁶·⁷ acceperit B²·³, reciperet G innotitum fuisset] *rel. et* E⁵ʰ, insignitum fuisset E⁶·⁷ᶜ, innotuisset E¹ quod *om.* B⁴ sua GE¹   16/17 promonitionem (-ne B³·⁴) B²·³·⁴E¹, admonitionem E⁶·⁷, promotione GE¹   17 idem E⁶ potitus] GE¹·⁷, positus C³, petitus A¹B²·³·⁴E⁶ ascensa G   17/18 statuit E⁶   18 ullo] C³ B²·³·⁴GE⁷, nullo A¹E¹·⁶ et] quod E⁷ christiforus C³, christoforum G   19 hac B³·⁴ causa B⁴ ciuilem A¹, cibilem E¹   20 sacrata G palatio B⁴, palatinum C³ et] et (*corr. in* ut) A¹ᵖ, *om.* B⁴ 21 xxx] *rel. et* E⁵ᵇʰ, xxu E¹   22 plagarentur] E¹·⁵ᵇ·⁶, flagellarentur A¹C³B²·³·⁴G, *deficit* E⁷   23 atque interirentur (-rent E¹·⁶) *om.* C³ euangeliis B²E¹·⁶ cruce C³B²E⁵ᵇ·⁶, crucibus E¹   24 partes sedarent (sedare B⁴, sedauit E⁶·⁷)] sedarent A¹ᵖ, sedarentur A¹ᶜ siti B⁴ ulla] B⁴ᶜG, ullu C³, nulla B²·³·⁴ᵖ E¹·⁶·⁷, ut nulla A¹, *om.* E⁶ᵖ illi] sibi E⁶ uiuendi] uidi B³

Verum ad pontificis iussum pars alia, qui et Christiana vocabatur, recessit; sicque defensores heretici pars valuit Petri, vel si attrita, recederet.

Non post multos autem dies scripta venerunt a Siciliense insula, qui nuntiaverunt, quod 11
Philippicus hereticus a principale vertice depulsus, Anastasius orthodoxus Augustus
sceptra regalia gubernanda suscepit. Orthodoxis exultatio magna, tenebrarum autem
dies cunctis hereticis superfusa est. Post aliquod vero temporis Scolasticius cubicularius patricius et exarchus Italiae veniens Romam, deferens secum sacra Anastasii
principis, per quam vero se orthodoxae fidei praedicatorem et sancti sexti concilii confessorem esse omnibus declaravit, quem et pontifici obtulit; et ita perrexit Ravennam.
Dum autem hec gererentur, optinuit Petrus ducatum, promittens quod nequaquam adversare niteret.

Hic fecit ordinationem I, presbiteros X, diacones II; episcopos per diversa loca numero
LXIIII.

II. III Qui etiam sepultus est ad beatum Petrum
apostolum

II VI id. Ianuar. ‖ V id. April. ind. XIII Anastasio Aug.   *III*

Et cessavit episcopatum dies XL.

I Huc usque CXXVIIII anni sunt quod
Langobardi venerunt et VII menses.

P: *I* (A^1). *II* ($C^3B^{2,3,4}$). *III* ($GE^{1,5,6,7}$).

---

1 uirum B^4, uerum tamen GE^6 iussu $C^3B^{2,4}$, iusso B^3 pars alia] parali C^3 quae $E^{1,6}$ et om. A^1E^6 christiani B^2 uocabantur $B^{2,3,4}$ 1/2 defensoris $GE^{1,6,7}$ 2 pars] pari G uoluit B^4 uel si (om. B^2)] rel. et E^{5h}, uel sic $E^{6,7}$, si ac illa E^1 recederet] $B^{2p,3}E^1$, recedere $B^{2c,4}GE^6$, recadere C^3, rediret A^1 3 autem om. B^4 scribtus A^1 uenerunt] uerum C^3 a om. $B^{2,3,4}$ siciliensi $E^{1,6,7}$ quae $GE^{1,6,7}$ quod om. $E^{1,6,7}$ 4 philipicus A^1, philippicum $E^{1,6,7}$ hereticum $E^{1,6,7}$ principali $A^1B^2GE^{1,6}$ depulsum $E^{1,6,7}$ anastasis G, anastasius uero E^6 6 cunctus C^3 tempus E^6 scolasticius] rel. et E^{5h}, scolasticus $GE^{1,6}$, scolaticius $B^{2,3,4}$ 6/7 cubicularius (cūū C^3, cū ūi G) patricius (-ciis Gp)] patr. et cub. $B^{2,3,4}$ 7 rome C^3 ferens E^{5h} secum om. Gp sacram $E^{1,6,7}$ 8 orthodoxa $B^{2,3,4}$ praedicatore B^3 sexti] syxti E^7, xysti B^4 9 quem] qu(a)e $B^{2,3,4}$, quam $E^{1,6}$ et ita] ita B^4 rauenna A^1B^4 10 haec autem B^3 gerentur C^3 petrum E^7, patricius E^6 promittens om. A^1 nequaquam] nulli $E^{1,6,7}$ 10/11 aduersare (aduersere B^3) niteret (nitere B^4, nitteret C^3)] $C^3B^{2,3,4}GE^7$, aduersari niteretur E^8, aduersa inferret E^6, aduersa retineret A^1 12 episcopatum] $B^{2,3}E^1$, episcopatus reliqui numero om. $E^{6,7}$ 14 qui etiam ... 16 apostolum] om. A^1C^3G 16 ui id. ian.] $B^{2,3,4}$, u id. apr. ind. xiii (ind. xiii om. E^6) anastasio aug. (imperante add. E^6) $E^{1,6,7}$, om. A^1C^3G 17 xl] xlxci E^7, dies xl annum unum G 18 huc (huc̄ [sic] cod.) ... 19 menses A^1 manu miniatoris, sed aequalis

EPITOMAE

FELICIANA

ET

CONONIANAE

PARS PRIOR.

Variam lectionem trium librorum epitomae Felicianae et Cononianae duorum in hac earum editione separata et destinata ad consensum dissensumve earum demonstrandum non repetivimus utpote receptam in apparatum plenum.

EP. FELICIANA

BEATISSIMO PAPE DAMASO HIERONIMVS.

Gloriam sanctitatis tuae nostra humilitas deprecatur, ut secundum apostolicae sedis quam cognovimus gubernare per tuam sanctitatem hoc urbi praecamus, ut actus gestorum a beati Petri apostoli principatum usque ad vestra tempora, que gesta sunt in sedem tuam, nobis per ordinem pacis enarrare digneris; quatenus nostra humilitas sentire cognoscat, qui meruit de episcoporum supra dictae sanctae sedis martyrio coronari vel qui contra canones apostolorum excessisse cognoscitur. Ora pro nobis, beatissime papa. Data V kl. Mai. Accepta Romae.

DAMASVS EPISCOPVS HIERONIMO PRESBITERO.

Gaudet ecclesia tuo fonte iam saciata et amplius sitit curiositas temporum sacerdotalis, quod dignum est cognoscatur, quod indignum respuatur. Tamen quod gestum potuimus repperire in nostrae sedis studium, ad tuam caritatem gaudentes direximus. Ora pro nobis ad sanctam resurrectionem, frater compresbiter. Vale in Christo. Data X kl. Iun.

Accepta VI kl. Octobr.

i. Beatus Petrus	xi. Anicitus
ii. Linus	xii. Pius
iii. Cletus	xiii. Soter
iiii. Clemens	xiiii. Eleuter
v. Aneclitus	xv. Victor
vi. Euaristus	xvi. Zepherinus
vii. Alexander	xvii. Calistus
viii. Xistus	xviii. Urbanus
viiii. Telespor	xviiii. Anteros
x. Iginus	xx. Pontianus

EP. CONONIANA

BEATISSIMO PAPE DAMASO HIERONIMVS.

Gloria sanctitatis tuae nostra humilitas depraecatur, ut secundum apostolice sedis quam cognovimus gubernare per tuam sanctitatem, ut curvi precamur, ut actos gestorum beati Petri apostoli principatum usque ad vestram tempora, quae gesta sunt in sede tua, nobis per ordinem enarrare digneris; quatenus nostra humilitas sentire cognoscat, qui meruit de episcoporum supra dicte sedis martyrio coronare vel qui contra canones apostolorum excessisse cognoscatur. Ora pro nobis, beatissime papa. Data kl. Maias.

DAMASVS EPISCOPVS HIERONIMO PRESBITERO.

Gaudet eclesia tuo fonte iam saciata et amplius sitit, ut curiositas temporum sacerdotalis, quod dignum est cognoscatur et quod indignum est respuatur. Tamen quod gestum potuimus reperire in nostrae sedis studium, ad tuam caritatem gaudentes direximus. Ora pro nobis ad sanctam resurrectionem, frater conpresbiter. Vale in Christo. Data X kalendar. Ianuariarum.

FELICIANA		CONONIANA
XXI. Fabianus	XLIIII. Bonefacius	
XXII. Cornilius	XLV. Celestinus	
XXIII. Lucius	XLVI. Xystus	
XXIIII. Stephanus	XLVII. Leo	
XXV. Xystus	XLVIII. Hilarius	
XXVI. Dionisius	XLVIIII. Simplicius	
XXVII. Felix	L. Felix	
XXVIII. Euticianus	LI. Gelasius	
XXVIIII. Gaius	LII. Anastasius	
XXX. Marcellinus	LIII. Simmachus	
XXXI. Marcellus	LIIII. Hormisda	
XXXII. Eusebius	LV. Iohannis	
XXXIII. Melciades	LVI. Felix	
XXXIIII. Silvester	LVII. Bonefacius	
XXXV. Marcus	LVIII. Iohannis	
XXXVI. Iulius	LVIIII. Agapius	
XXXVII. Liberius	LX. Silverus	
XXXVIII. Felix	LXI. Vigilius	
XXXVIIII. Damasus	LXII. Pelagius	
XL. Siricius	LXIII. Iohannis	
XLI. Anastasius	LXIIII. Benedictus	
XLII. Innocencius	LXV. Pelagius	
XLIII. Zosimus		

	Incipit ordo episcoporum Romae.
I. BEATVS PETRVS,	I. BEATVS PETRVS,
Antiochenus,	
filius Iohannis, provinciae Gallileae, vico Bethsaida,	filius Iohannis, provinciae Galileae, vico Bethsaida,
frater Andreae et princeps apostolorum,	
primum sedit cathedra episcopatus in Antiochia annis X.	primum sedit cathedra episcopatus in Antiochia an. VII
Hic Petrus ingressus in urbe Roma Nerone Caesare ibique sedit cathedra episcopatus ann. XXV mens. II dies III.	deinde in Roma an. XXV mens. II dies III
Fuit temporibus Tiberii Cesaris et Gaii et Tiberii Claudi et Neronis.	Fuit temporibus Tyberii Caesaris et Gai et Tyberii Claudi et Neronis, sub quo et passus est.
Hic scripsit duas epistulas, que canonicae nominantur, et euangelium Marci, quia Marcus auditor eius fuit et filius de baptismo; post omnem quattuor euangeliorum fontem ad interrogationem Petri firmati sunt, dum alius Grece, alius Ebraicae, alius Latinae consonent.	Hic scripsit duas epistolas, quae canonicae nominantur, et euangelium Marci, quia Marcus auditor eius fuit et filius de baptismo; post omnem quattuor euangeliorum fontem ad interrogationem Petri firmata sunt, dum alius Graece, alius Hebraice, alius Latine consonet.
Hic martyrio cum Paulo coronatur.	
Hic fecit ordinationes tres, presb. X, episcopos III, diac. VII per mens. Decemb.	Hic fecit ordinationes III, diac. VII, presb. X, episcopos III per mense Decembrio.

EPITOMAE

FELICIANA	CONONIANA
Qui et sepultus est via Aurelia, in templo Apollonis, iuxta locum ubi crucifixus est, iuxta palatium Neronianum in Vaticanum, in territurium triumphale, via Aurelia, III kl. Iul.	Qui et sepultus est via Aurelia, in templum Apollonis, iuxta locum ubi crucifixus est, iuxta palacium Neronianum in Vaticanum, in territurio triumphale, via Aurelia, III kl. Iul.
II. LINVS, natione Italus, regionis, patre Erculano, sedit ann. XI mens. III dies XII. Fuit autem temporibus Neronis, a consulato Saturnini et Scipionis usque ad Capitone et Rufino consulibus. Martyrio coronatur. Hic ex precepto beati Petri constituit, ut mulier in ecclesia velato capite introiret. Qui et sepultus est iuxta corpus beati Petri in Vaticanum VIII kl. Octob.	II. LINVS, natione Italus, patre Hercolano, sedit an. XII mens. III dies XII. Fuit autem temporibus Neronis, a consulatu Saturnini et Scipionis usque ad Capitonem et Rufino consolibus. Martyrio coronatur. Hic ex precepto beati Petri in Vaticano sepultus est VIIII kl. Octob.
III. CLETVS, natione Romanus, de regione Vico patrici, patre Emeliano, sedit ann. XII mens. I dies XI. Fuit autem temporibus Vespasiani et Titi a Domiciani consulato Vespasiano VII et Domiciano V usque ad Domiciano VIIII et Rufo consulibus. Martyrio coronatur. Hic ex precepto beati Petri XXV presbiteros ordinavit in urbe Roma mense Decemb.	III. CLETVS, natione Romanus, Vico patrici, patre Emeliano, sedit an. VII mens. I dies XX. Fuit autem temporibus Vespasiani et Titi a Domiciano consolatu Vespasiano VIIII pasiano VIIII
	consolibus. Martyrio coronatur. Hic ex precepto beati Petri XXV presbiteros in urbe Roma ordinavit mense Decembrio et maxime omnes pontifices qui subsecuntur in mense Decembrio ordinationes celebraverunt.
Qui etiam sepultus est iuxta corpus beati Petri in Vaticanum VI kl. Maias.	Sepultusque est in basilica beati Petri in Vaticanum VI k. Mai.
IIII. CLEMENS, natione Romanus, de regione Celio monte, ex patre Faustino, sedit ann. VIIII mens. II dies X. Fuit autem temporibus Galbe et Vespasiani, a consulatu Tragali et Italici usque ad Vespasiano VIIII et Tito. Martyrio coronatur. Hic fecit VII regiones et dividit notariis fidelibus ecclesiae, qui gesta martyrum sollicite et curiose unusquisque per regionem suam diligenter perquireret; et fecit duas epistolas. Hic fecit ordinationes III presb. X, diac II, episcopos per diversa loca V	IIII. CLEMENS, natione Romanus, de regione Caelio monte, ex patre Faustino, sedit an. XI dies X. Fuit autem temporibus Galbae et Vespasiani, a consolatu Tragali et Italici usque ad Vespasiano VIIII et Tito. Martyrio coronatur. Hic dividit notariis fidelibus ecclesiae, qui gestas martyrum curiose unusquisque per regionem suam diligenter perquireret; et fecit II epistolas. Hic fecit ordinationes presb. X, diac. II, episcopos per diversa loca V.

FELICIANA

per mens. Decemb.
Obiit martyr III Traiani. Qui sepultus est in Grecias VIIII kl. Decemb. Et cessavit episcopatus dies XXI.

v. ANECLITVS, natione Grecus, de Athenis, ex patre Antioco, sedit ann. XII mens. X dies III. Fuit autem temporibus Domiciani, a consulato Domiciani X et Sabino usque ad Domiciano XVII et Clemente consulibus. Hic memoriam beati Petri construxit et conposuit,

dum presbiter factus fuisset a beato Petro, ubi episcopi reconderentur; ubi tamen et ipse sepultus est

in pace

III idus Iulias. Hic fecit ordinationes II, presb. V, diac. III, episcopos per diversa loca VII

per mens. Decemb.
Et cessavit episcopatus dies XV.

vi. EVARISTVS, natione Grecus, Antiochenus, ex patre

Iuda de civitate Bethleem, sedit ann. VIIII mens. X dies II. Fuit autem temporibus Domiciani et Nerve Traiani, a consulato Valentis et Veteris usque ad Gallo et Bradua consulibus. Martyrio coronatur. Hic titulos in urbe Roma dividit presbiteris et septem diaconus ordinavit, qui custodirent episcopum praedicantem propter stilum veritatis. Hic fecit ordinationes IIII, presb. XVII, diac. VIIII, episcopos per diversa loca XV. Qui et sepultus est iuxta corpus beati Petri in Vaticanum V kl. Novemb. Et cessavit episcopatus dies XVIIII.

vii. ALEXANDER, natione Romanus, ex patre Alexandro, de regione Caput tauri, sedit ann. X mens. VII dies II. Fuit autem temporibus Traiani usque Heliano et Vetere. Hic passionem domini miscuit in predicatione sacerdotum. Martyrio coronatur

et cum eo Eventius presbiter et Theodolus diaconus.

Hic constituit aquam sparsionis cum sale benedici

CONONIANA

Obiit martyrio temporibus Traiani. Qui sepultus est in Grecias VIIII k. Decemb. Et cessavit episcopatus dies XXI.

v. ANICLITVS, natione Grecus, de Athenis, patre Anthiocho, sedit an. XII mens. X dies VII. Fuit autem temporibus Domiciani, a consulatu Domiciano X et Sabino usque ad Domiciano XVII et Clemente consolibus. Hic memoriam beati Petri construxit et conposuit,

ubi episcopi reconderentur; ibi et ipse sepultus est

id. Iul. Hic fecit ordinationes II, presb. V, diac. III, episcopos per diversa loca VI.

Cessavit episcopatus dies XVII.

vi. EVARISTVS, natione Grecus, Anthiocenus, ex patre
Iudaeo nomen

Iuda de civitate Bethel, sedit an. XIII mens. VII dies II. Fuit autem temporibus Domiciani et Nervae Traiani, a consulatu Valentis et Veteris usque ad Gallum et Bradua consolibus. Martyrio coronatur. Hic titulos in urbe Roma dividit presbiteris et VII diaconibus ordinavit, qui custodirent episcopum praedicantem propter stilum veritatis. Hic fecit ordinationes III, presb. XVII, diac. VIIII, episcopos XV. Sepultusque est iuxta corpus beati Petri VI k. Nov. Cessavit episcopatus dies XVIIII.

vii. ALEXANDER, natione Romanus, ex patre Alexandro, de regione Capud tauri, sedit an. XII mens. VII dies II. Fuit autem temporibus Traiani usque Eliano et Vetere. Hic passionem domini miscuit in praedicatione sacerdotum. Martyrio coronatur.

Hic constituit aquam aspersionis cum sal benedici

FELICIANA

in habitaculis hominum.

Hic fecit ordinationes III, presb. VI, diac. II, episcopos per diversa loca V

per mens. Decemb.

Qui et sepultus est via Momentana, ubi decollatus est,

ab urbe Roma miliario VII,

V nonas Maias. Et cessavit episcopatus dies XXXVII.

VIII. XISTVS, natione Romanus, ex patre Pastore, de regione Via lata, sedit ann. X mens. II die I. Fuit autem temporibus Adriani usque ad Vero et Anculo. Martyrio coronatur. Hic constituit, ut ministeria sacrata non tangerentur nisi a ministris. Hic constituit, ut quicumque episcopus evocatus fuerit ad sedem Romanam apostolicam et rediens ad parrochiam suam non susciperetur nisi conformata salutationis plebe ad sedem apostolicam. Hic constituit, ut intra actione sacerdos incipiens populum hymnum decantarent: sanctus, sanctus, sanctus,

dominus deus Sabaoth et cetera.

Hic fecit ordinationes III, presb. XI, diac. III, episcopos per diversa loca IIII. Qui etiam sepultus est iuxta corpus beati Petri in Vaticanum

VI non. Apr. Et cessavit episcopatus mens. II.

VIIII. THELESPOR, natione Grecus, ex anachorita, sedit ann. XI mens. III dies XXI. Fuit autem temporibus Antonini et Marci. Hic constituit, ut septem ebdomadas ieiunium celebraretur paschae. Martyrio coronatur. Hic fecit, ut natalem domini nostri Iesu Christi noctu missae celebrarentur et in ingressu sacrificii hymnus diceretur angelicus: gloria in excelsis deo et cetera; tantum noctu natale domini. Hic fecit ordinationes IIII, presb. XII, diac. VIII, episcopos per diversa loca XIII

per mens. Decemb.

Qui etiam sepultus est iuxta corpus beati Petri

in Vaticanum

CONONIANA

Hic fecit ordinationes III, presb. VI, diac. II, episcopos V.

Sepultus est via Nomentana, ubi decollatus est,

V non. Mai. Cessavit episcopatus dies XXX.

VIII. XYSTVS, natione Romanus, ex patre Pastore, de regione Via lata, sedit an. X mens. II die I. Fuit autem temporibus Adriani usque ad Vero et Anniculo. Martyrio coronatur. Hic constituit, ut non tangerentur ministeria sacrata nisi a ministris. Et quicumque episcopus devotus fuerit ad sedem Romanam apostolicam et rediens ad parrochiam suam non susciperetur nisi cum formata salutationis plebis a sede apostolica. Et constituit, ut intra accionem sacerdos in populo ymnum decantaret: sanctus, sanctus, sanctus.

Hic fecit ordinationes III, presb. XI, diac. III, episcopos III. Sepultusque est iuxta corpus beati Petri

VII k. Apr. Cessavit episcopatus mens. II.

VIIII. THELESFOR, natione Grecus, ex anachorita, sedit an. XI mens. II dies XXI. Fuit temporibus Antonini et Marci. Hic constituit, ut VII ebdomadas ieiunium celebraretur paschae. Martyrio coronatur. Hic fecit, ut natalem domini nostri Iesu Christi noctu missae celebrarentur et in ingresso sacrificio missae ymnus diceretur angelicus: gloria in excelsis deo; tantum noctu natalis domini. Hic fecit ordinationes IIII, presb. XII, diac. VIII, episcopos XIII.

Sepultus est iuxta corpus beati Petri

FELICIANA

IIII non. Ian. Et cessavit episcopatus dies VII.

x. YGINVS, natione Grecus, ex philosopho, de Athenis, sedit ann. IIII mens. III dies III. Fuit autem temporibus Severi et Marci, a consulatu Magni et Camerini usque ad Orfito et Camirino. Hic clerum conposuit et distribuit grados. Et fecit ordinationes III
per mens. Decemb.,
presb. XV, diac. V, episcopos per diversa loca VI. Qui etiam sepultus est iuxta corpus beati Petri
in Vaticanum
III kl. Ian. Et cessavit episcopatus dies III.

xi. ANICITVS, natione Syrus, ex patre Iohanne, de vico Amisa, sedit ann. XI mens. IIII dies III. Fuit autem temporibus Severi et Marci, a consulatu Gallicani et Veteris usque ad Presente et Rufino. Hic constituit, ut clericus comam non nutriret. Hic fecit ordinationes V
per mens. Decemb.,
presb. VIIII, diac. IIII, episcopos per diversa loca VIIII. Qui etiam sepultus est iuxta corpus beati Petri
in Vaticano
XII kl. Mai. Et cessavit episcopatus dies VII.

xii. PIVS, natione Italus, ex patre Rufino, frater Pastoris, de civitate Aquileia, sedit ann. XVIIII mens. IIII dies III. Fuit autem temporibus Antonini Pii, a consulatu Clari et Severi. Sub huius episcopatum frater ipsius Hermis librum scripsit, in quo mandatum continet, quod precepit angelus domini, cum venit ad eum in habitu pastoris et precepit ei, ut sanctum paschae die dominica celebraretur.

Hic fecit ordinationes V
per mens. Decemb.,
presb. XVIIII, diac. XXI, episcopos per diversa loca XII. Qui etiam sepultus est

CONONIANA

IIII non. Ian. Et cessavit episcopatus dies VII.

x. YGENVS, natione Grecus, ex philosopho, de Athenis, sedit an. X mens. III dies VII. Fuit temporibus Veri et Marci, a consulatu Magni et Camerini usque ad Orfito et Camerino. Hic clerum conposuit et distribuit gradus. Et fecit ordinationes III,

presb. XV, diac. V, episcopos VI. Sepultusque est iuxta corpus beati Petri

III id. Ian. Cessavit episcopatus dies III.

xi. ANICITVS, natione Syrus, ex patre Iohanne, de vico Amisa, sedit an. VIIII mens. III. Fuit autem temporibus Severi et Marci, a consulatu Gallicani et Veteris usque ad Presentem et Rufino. Hic constituit, ut clerus comam non nutriat. Hic fecit ordinationes V,

presb. VIII, diac. IIII, episcopos VIIII. Sepultus est iuxta corpus beati Petri

XII k. Mai. Cessavit episcopatus dies VII.

xii. PIVS, natione Italus, ex patre Rufino, frater Pastoris, de civitate Aquileia, sedit an. XV mens. IIII dies XXI. Fuit autem temporibus Antonii Pii, a consulatu Clari et Severi. Sub huius episcopatum Hermis librum scripsit, in quo mandatum continet, quod et precepit angelus domini, cum venit ad eum in habitu pastoris, precepit ei ut sanctum paschae die dominica celebretur.

Hic constituit a Iudaeo hereticum venientem suscipi et baptizari.

Hic fecit ordinationes V,

presb. XVIIII, diac. XXII, episcopos XII. Sepultusque est iuxta corpus beati Petri

FELICIANA

iuxta corpus beati Petri V id. Iul. Cessavit episcopatus dies XIIII.

XIII. SOTER, natione Campanus, ex patre Concordio, de civitate Fundis, sedit ann. VIIII mens. VI dies XXI. Fuit temporibus Severi, a consolatu Rustici et Aquilini usque ad Cetego et Claro. Hic constituit, ut nullus monachus palla sacrata contingerit nec incenso ponere intra sancta ecclesia. Hic fecit ordinationes III
per mens. Decemb.,
presb. XVII, diac. VIIII, episcopos per diversa loca XI. Qui sepultus est iuxta corpus beati Petri X kl. Mai. Cessavit episcopatus dies XI.

XIIII. ELEVTER, natione Grecus, ex patre Abundo, de oppido Nicopoli, sedit ann. XV mens. III dies II. Fuit temporibus Antonini et Commodi usque ad Paterno et Bradua. Hic accepit epistula a Lucio Brittanio rege, ut christianus efficeretur per eius mandatum. Et hoc contenuit, ut nullus repudiaretur a christianis maxime fidelibus que deus creavit; qui tamen rationales sunt. Hic fecit ordinationes III
per mens. Decemb.,
presb. XII, diac. VIII, episcopos per diversa loca XV. Qui sepultus est iuxta corpus beati Petri VIII kl. Iun. Cessavit episcopatus dies XVI.

XV. VICTOR, natione Afer, ex patre Felice, sedit ann. X mens. II dies X. Fuit temporibus Caesaris consolatu Commodi secundo et Glabrione usque ad Laterano et Rufino. Hic constituit, ut pascha die dominico celebraretur, sicut Pius. Hic fecit sequentes cleros. Martyrio coronatur. Constituit, ut necessitate faciente, ubi inventus fuisset, sive in flumine sive in mari sive in fontem
aut in stagnum,
tantum christiano confessione declarata credulitates
efficerit integer christianus
quicumque hominum ex gentile veniens ut baptizaretur. Et fecit concilium
et interrogatio facta est

CONONIANA

V id. Iul. Cessavit episcopatus dies XIIII.

XIII. SOTER, natione Campanus, ex patre Concordio, de civitate Fundis, sedit an. VIII mens. II dies XXI. Fuit temporibus Severi, a consolatu Rustici et Aquilini usque ad Cetego et Claro. Hic constituit, ut nullus monachus pallea sacrata contingeret nec incensum poneret intra ecclesiam. Hic fecit ordinationes III,

presb. XVIIII, diac. VIIII, episcopos XI. Qui sepultus est iuxta corpus beati Petri X k. Mai. Cessavit episcopatus dies XI.

XIIII. ELEVTHERIVS, natione Grecus, patre Abundio, de opido Nicopoliri, sedit an. XV mens. III dies II. Fuit temporibus Antonii et Commodi usque ad Paterno et Bradua. Hic accepit epistolam a Lucio Britonio re, ut christianus efficeretur per eius mandatum. Et constituit, ut nullus cassules repudiaretur a christianis maxime fidelibus, quod deus creavit, que tamen rationes sunt. Hic fecit ordinationes III,

presb. XII, diac. VIII, episcopos XV. Sepultusque est iuxta corpus beati Petri VIIII k. Iun. Cessavit episcopatus dies XVI.

XV. VICTOR, natione Afer, patre Felice, sedit an. XV mens. III dies X. Fuit temporibus Cesaris Augusti a Commodi duo et Gravione usque ad Laterone et Rufino. Hic constituit, ut pascha die dominico celebraretur, sicut et Eleuter. Hic fecit sequentes clerus. Martyrio coronatur. Et constituit, ut necessitate faciente, ubi inventum fuisset, sive in flumine sive in mari sive in fonte,

tantum christiano ne declarata credulitatem

quaecumque hominum ex gentile veniens baptizetur. Et fecit concilio

FELICIANA

de pascha vel de die prima cum Theophilo episcopo Alexandriae de luna. Hic ficet ordinationes II, presb. IIII, diac. VI, episcopos per loca XII. Qui sepultus est iuxta corpus beati Petri V kl. Aug. Et cessavit episcopatus dies XI.

XVI. ZYPHERINVS, natione Romanus, ex patre Habundantio, sedit ann. VIII mens. VII dies X. Fuit temporibus Antonini et Severini, consulato Saturnini Antonini et Gallicani usque ad Presentem et Stricato consulibus. Hic constituit, presentiam omnibus clericis et laicis fidelibus sive clericus sive levita sive sacerdos ordinaretur. Et fecit constituto de ecclesia et patenas vitreas ante se sacerdotes in ecclesia et ministros subportantes, dum episcopus missa celebraret, ante se sacerdotes omnes adstantes, sic missae celebrarentur; excepto cuius episcopi interest tantum clerus sustineret omnibus presentibus, ex ea consecratione de manu episcopi iam coronam consacratam acciperet presbiter tradendam populo. Hic fecit ordinationes IIII per mens. Decemb., presb. XIIII, diac. VIII, episcopos per loca XIII. Qui sepultus est in cimiterio suo iuxta cimiterium Calesti, via Appia, VIII kl. Sept. Et cessavit episcopatus dies V.

XVII. CALISTVS, natione Romanus, ex patre Domitio, de regione Urbe Ravennantium, sedit ann. VI mens. II dies XI. Fuit temporibus Macrini et Theodoliobolli, a consolatu Antonini et Alexandri. Hic martyrio coronatur. Hic constituit ieiunio die sabbati ter in anno fieri, frumento, vini et olei secundum prophetam quarti mensis, septimi et decimi.

Qui sepultus est cymiterio Calepodi, via Aurelia, miliario III, prid. id. Octob. Hic fecit ordinationes V per mens. Decemb., presb. XVI, diac. IIII, episcopos per loca VIII. Quievit episcopatus dies VI.

CONONIANA

de pascha vel de die primum cum Theophilo episcopo Alexandrae de luna. Hic fecit ordinationes II, presb. IIII, diac. VI, episcopos XII. Qui et sepultus est iuxta corpus beati Petri V kl. Aug. Cessavit episcopatus dies XII.

XVI. ZEPHERINVS, natione Romanus, patre Abundio, sedit an. XVIII mens. III dies X. Fuit autem temporibus Antonini et Severi, a consulatu Antonini et Gallicani usque ad Praesentem et Stricato consulibus. Hic constituit, ut in praesentia omnibus clericis et laicis fidelibus sive levita sive sacerdos ordinaretur. Et fecit constitutum de ecclesia et patenas vitreas ante se sacerdotes in ecclesia et ministros superportantes, dum episcopus missa celebraret, ante se sacerdotes omnes adstantes, sic missae celebrarentur; excepto quod ius episcopi inter tantum clerus sustineret omnibus praesentes, ex ea consecracione de manu episcopi iam coronam consecratam acciperet presbiter tradendam populo. Hic fecit ordinationes IIII, presb. XIIII, diac. VIII, episcopos XIII. Sepultusque est in cimiterio iuxta cimiterio Calisti, via Appia, VIII k. Sept. Cessavit episcopatus dies V.

XVII. CALISTVS, natione Romanus, ex patre Domitio, de regione Urbe Rabennatium, sedit an. V mens. XI dies X. Fuit autem temporibus Marini et Theodoliobilli, a consolatu Antonini et Alexandri. Martyrio coronatur. Hic constituit ieiunium sabbati ter in anno fieri, frumenti, vini et olei secundum prophetiam quarti, septimi et decimi mensis.

Hic fecit basilicam trans Tyberim et cimeterium via Appia, qui dicitur Caliste. Qui etiam sepultus est in cimiterio Calepodi, via Aurelia, miliario III, prid. id. Octob. Hic fecit ordinationes V, presb. XVI, diac. IIII, episcopos VIII. Cessavit episcopatus dies XVI.

FELICIANA

XVIII. VRBANVS, natione Romanus, ex patre Pontiano, sedit ann. IIII mens. X dies XII. Hic ministeria sacrata argentea constituit et patenas argenteas XXV posuit. Que etiam clericos confessor temporibus Dioclitiani. Hic
sua traditione
multos convertit ad baptismum, etiam Valerianum sponsum sanctae Cacciliae,
et multi martyrium coronati sunt per eius doctrinam.
Hic fecit ordinationes V
per mens. Decemb.,
presb. XVIIII, diac. VII, episcopos per loca VIII. Qui sepultus est cimiterio Pretextati,
via Appia, quem sepelivit beatus Tiburtius XIIII kl. Iun. Et cessavit episcopatus dies XXX.

XX. *(post Anterotem)* PONTIANVS, natione Romanus, ex patre Calpurnio, sedit ann. VIIII mens. V dies II. Martyrio coronatur

temporibus Alexandri, a consulato Pompeiani et Peliniani. Eodem tempore Pontianus episcopus et Hippolitus presbiter exilio sunt deputati ab Alexandro in Sardinia insula Bucina, Severo et Quintiano consulibus. In eadem insula
adflictus,
maceratus fustibus defunctus est III kl. Novemb. Hic fecit ordinationes II, presb. VI, diac. V, episcopos per loca VII. Quem beatus Fabianus adduxit
navigio,
sepelivit in cimiterio
Calesti, via Appia.
Cessavit episcopatus a die depositionis eius ab XI kl. Decemb.

XVIIII. *(ante Pontianum)* ANTEROS, natione Grecus, ex patre Romolo, sedit an. XII mens. I dies XII. Martyrio coronatur temporibus Maximini et Africani consulibus. Hic gesta martyrum diligenter a notariis
exquisivit et in ecclesia recondit. Propter

CONONIANA

XVIII. VRBANVS, natione Romanus, ex patre Pontiano, sedit an. VIIII mens. I dies II. Hic ministeria sacrata argenteas constituit et patenas argenteas XXV posuit. Qui etiam clare confessor temporibus Diocliciani. Hic

multos convertit ad baptismum, etiam Valeriano sponso sanctae Ceciliae.

Hic fecit ordinationes V,

presb. XVIIII, diac. VII, episcopos VIII, sepultusque est in cimiterio Pretextati

XIIII kl. Iun. Cessavit episcopatus dies XXX.

XVIIII. PONTIANVS, natione Romanus, patre Calpurnio, sed. an. V mens. II dies XXII. Martyrio coronatur.
Hic fuit
temporibus Alexandri, a consulatu Pompeiani et Peliani. Eo tempore Pontianus episcopus et Yppolitus presbiter exilio sunt deputati ab Alexandro in Sardinia insula Bucina, Severo et Quintiano consulibus.
Ibique
maceratus fustibus defunctus est VI kl. Novemb. Hic fecit ordinationes II, presb. VI, diac. V, episcopos VII. Quem beatus Fabianus adduxit

et sepelivit in cimiterio
Catatumbas.
Cessavit episcopatus dies X.

XX. ANTERVS, natione Grecus, patre Rumulo, sedit an. XIII mens. I dies XVIIII. Martyrio coronatur temporibus Maximini et Africani consolibus. Hic gestas martyrum

exquisivit et in ecclesia recondit. Propter

FELICIANA

quondam Maximo presbitero martyr effectus est. Hic ordinavit unum episcopum.

Qui sepultus est in cimitirio Calesti, via Appia,
IIII non. Ian. Et cessavit episcopatus dies II.

XXI. FABIANVS, natione Romanus, ex patre Fabio, sedit ann. XIIII mens. I dies XI. Martyrio coronatur. Fuit autem temporibus Maximi et Africani usque ad Decio II et Quadrato
et passus est XIIII kl. Feb.
Hic regiones dividit diaconibus et fecit VII subdiaconos, qui septem notariis inminerent, ut gesta martyrum fideliter colligerent.

Post passionem eius Moyses et Maximinus presbiteri et Nicostratus diaconus conprehensi sunt. Eodem tempore Moyses in carcere defunctus est, qui fuit ibi mens. XI, et sic multi christiani fugierunt.
Hic fecit ordinationes V
per mens. Decemb.,
presb. XXII, diac., episcopos per loca XIIII.
Qui sepultus est in cimiterio Calesti, via Appia,
XIII kl. Febr. Et cessavit episcopatus dies VII.

XXII. CORNELIVS, natione Romanus, sedit ann. I mens. II dies III. Martyrio coronatur.

Hic temporibus suis rogatus a quendam matronam corpora apostolorum beati Petri

CONONIANA

quondam Maximum presbiterum martyr effectus est. Hic ordinavit unum episcopum in civitate Fundis Campaniae.
Sepultusque est in cimiterio Calestini

III non. Ian. Cessavit episcopatus dies VII.

XXI. FABIANVS, natione Romanus, patre Fabio, sedit an. XIII mens. I dies X. Martyrio coronatur. Fuit temporibus Maximi et Africani usque ad Decio II et Quadrato.

Hic regiones dividit diaconibus et fecit VII subdiaconos, qui septem notariis inminerent, ut gestas martyrum fideliter colligerent.
Et multas fabricas per cimiteria fieri precepit.

Hic fecit ordinationes V,

presb. XXII, diac. VIII, episcopos XIII. Sepultusque est in cimiterio Calisti

XIII k. Febr. Cessavit episcopatus dies VII.

XXII. CORNELIVS, natione Romanus, sedit an. II mens. III dies X. Martyrio coronatur.
Sub huius episcopatu Novatus Novatianum extra ecclesia ordinavit et Affrica Nostratum. Hoc factum confessores, qui se a Cornelio separaverunt cum Maximo presbitero, qui cum Moyse fuit, ad ecclesiam sunt reversi fideles. Post hoc Cornelius episcopus Centumcellis pulsus est et ibidem scriptam epistolam de sua confirmatione martyrii missa a Cypriano accepit, quam Cyprianus in carcerem scripsit, et de Celerino lectore.
Hic temporibus suis rogatus a quodam matrona corpora apostolorum Petri et Pauli

FELICIANA	CONONIANA
et Pauli de Catacumbas levavit noctu; primum quidem corpus beati Pauli accepto beata Lucina posuit in predio suo, via Ostense, iuxta locum, ubi decollatus est; beati Petri apostoli accepit corpus beatus Cornelius episcopus et posuit iuxta locum, ubi crucifixus est, inter corpora sanctorum, in templum Apollonis, in Monte aureo, in Vaticanum palatii Neronis, III kl. Iul. Post hoc factum fecit ordinationem I, presb. VIII.	de Catacumbas levavit noctu: primumque corpus beati Pauli accepto beata Lucina posuit in predio suo, via Ostense, iuxta locum, ubi decollatus est; beati Petri corpus accepit Cornelius episcopus et posuit iuxta locum, ubi crucifixus est, inter corpora sanctorum episcoporum, in templo Apollonis, in Monte aureo, in Vaticano palacii Neroniani, III k. Iul. Fecit autem ordinationem unam, presb. VIII.
	Post hoc ambulavit noctu Centumcellis. Eo tempore audivit Decius, eo quod epistolam accepisset a beato Cypriano Cartaginensi episcopo; a Centumcellis eum exibere fecit iussitque noctu sibi praesentari dicensque ei: sic definisti, ut nec deos consideris nec praecepta maiorum nec nostras minas timeas, ut contra rem publicam litteras accipias et dirigas? Cornelius respondit: ego de corona domini litteras accepi, non contra rem publicam. Tunc Decius iussit os eius cum plumbatis cedi et duci eum ad templum Martis, ut adoraret
Qui etiam decollatus est ad templum Martis. Cuius corpus noctu collegit beata Lucina et sepelivit in cripta iuxta cimiterio Calesti, via Appia, in predio suo, XVIII kl. Oct. Et cessavit episcopatus dies LXVI.	aut capite truncaretur: quae et factum est. Corpus vero eius beata Lucina sepelivit iuxta cimiterium Calisti, in praedio suo, XVIII k. Octob. Cessavit episcopatus dies LXVI.
XXIII. Lvcivs, natione Romanus, ex patre Purfurio, sedit ann. III mens. III dies III. Martyrio coronatur. Fuit temporibus Galli et Volusiani usque ad Valeriano III et Gallicano. Hic in exilio fuit. Postea nutu dei incolomis ad ecclesiam reversus est. Hic precepit, ut duo presbiteri et tres diaconi in omni locum episcopum non desererent propter testimonium ecclesiastico. Qui etiam a Valeriano capite truncatus est IIII non. Mart.	XXIII. Lvcivs, natione Romanus, patre Purfirio, sedit an. III mens. VIII dies X. Martyrio coronatur. Fuit autem temporibus Galli et Volusiani usque ad Valerianum III et Gallicanum. Ab exilio notu dei ad ecclesiam incolomis reversus est. Hic precepit, ut duo presbiteri et tres diaconi in omni loco episcopum non desererent propter testimonium. Hic a Valeriano capite truncatur IIII non. Mart. Hic dum ad passionem pergerit, potestatem dedit Stephano archidiacono ecclesiae suae.

FELICIANA

Hic fecit ordinationes II
per mens. Decemb.,
presb. IIII, diac. IIII, episcopos per loca VII. Qui etiam sepultus est in cimitirio Calesti, via Appia. Cessavit episcopatus dies XXX.

xxIIII. STEPHANVS, natione Romanus, ex patre Iobio, sedit ann. VI mens. V dies II. Martyrio coronatur. Fuit temporibus Valeriani et
Gallicani et Maximi usque ad Valeriano III et Gallicano II. Hic constituit sacerdotes et levitas ut vestes sacratas in usum cotidianum non uti nisi in ecclesia. Hic fecit ordinationes II
per mens. Decemb.,
presb. VI, diac. V, episcopos per loca II. Sepultus est in cimitirio Calesti, via Appia, III non. Aug. Cessavit episcopatus dies XXII.

xxv. XYSTVS, natione Grecus, ex philosopho, sedit ann. I mens. X dies XXIIII. Martyrio coronatur. Fuit temporibus Valeriani
et Decii. Truncati sunt capite cum beato Xysto VI diaconi Felicissimus, Agapitus, Ianuarius, Magnus, Vincentius et Stephanus VI id. Aug. Et presbiteri profuerunt a consolatu Maximo et Gravione II usque Tusco et Basso, consolatu
Tusci et Bassi usque XIII kl. Aug., quo tempore fuit magna persecutio sub Decio. Et post passionem beati Xysti post dies III passi sunt Laurentius eius archidiaconus

et Claudius Severus presbiter et Romanus ostiarius et Crescentius lector.
Hic fecit ordinationes II, presb. IIII, diac. VII, episcopos per loca II. Sepultus est in cymiterio Calesti, via Appia;
nam VI diaconi eius in cymitirio Pretextati, via Appia, VIII id. Aug.; beatus vero Laurentios sepultus est via Tiburtina in cripta, in agro Verano, IIII id. Aug.
Et cessavit episcopatus ann. II.

CONONIANA

Fecit ordinationes II,

presb. IIII, diac. IIII, episcopos VII. Sepultusque est in cimiterio Calisti VIII k. Sept. Cessavit episcopatus dies XXXV.

xxIIII. STEPHANVS, natione Romanus, ex patre Iov, sedit an. VI mens. II dies V. Martyrio coronatur. Fuit autem temporibus

Gallicani et Maximi usque ad Valerianum III et Gallicano II. Hic constituit sacerdotes et levitas ut vestes sacratas in usu cotidiano non uti nisi in ecclesia. Hic fecit ordinationes II,

presb. VI, diac. V, episcopos II. Sepultusque est in cimiterio Calisti, via Appia, IIII non. Aug. Cessavit episcopatus dies XXII.

xxv. XYSTVS, natione Romanus, ex philosopho, sedit an. I mens. X dies XXII. Martyrio coronatur. Fuit autem temporibus Valeriano,

a consolatu Maximi et Gravionis II usque

Tusci et Bassi usque XIII k. Aug., quo tempore fuit magna persecutio sub Decio. Et post passionem eiusdem beati Xysti die IIII passus est Laurencius eius archidiaconus.

Hic fecit ordinationes II, presb. IIII, diac. VII, episcopos II. Qui etiam sepultus est in cimiterio Calisti, via Appia.

Cessavit episcopatus an. II.

FELICIANA

XXVI. DIONISIVS, ex monacho, cuius generatione repperire non potuimus, sedit ann. VI mens. II dies IIII. Fuit temporibus Gallieni, ex die XI kl. Aug. Emiliano et Basso consolibus usque in die VII kl. Ianuar., a consolatu Claudi et Paterni. Hic presbiteris ecclesias dedit et cymiteria et parrochias diocesis constituit. Hic fecit ordinationes

episcopos VII per loca. Sepultus est in cimitirio Calesti,

in via Appia,

VI kl. Ian. Et cessavit episcopatus dies V.

XXVII. FELIX, natione Romanus, ex patre Constantio, sedit ann. IIII mens. III dies XXV. Martyrio coronatur. Fuit temporibus Claudi et

Auriliani, a consolatu Claudi et

Paterni usque ad consulatu Auriliani et Capitulini. Hic constituit super sepulcra martyrum missa celebrare. Hic fecit ordinationes II

per mens. Decemb.,

presb. VIIII, diac. III, episcopos per loca XI. Sepultus est in cimitirio suo, via Aurilia,

miliario II,

III kl. Iun. Et cessavit episcopatus dies V.

XXVIII. EVTYCIANVS, natione Tuscus, ex patre Marino,

sedit ann. I mens. I die I. Fuit temporibus Auriliani, a consolatu Auriliano III et Marcellino usque in diem id. Decemb. Caro II et Carino consolibus. Hic constituit fruges super altario

benedici. Hic per loca CCCLXII martyres sepelivit. Hic fecit ordinationes V

per mens. Decemb.,

presb. XIIII, diac. V, episcopos per loca VIIII. Qui et sepultus est in cimitirio Calesti,

via Appia,

CONONIANA

XXVI. DIONISIVS, ex monacho, cuius generatio incognita habetur, sedit an. VIII mens. V dies IIII. Fuit temporibus Galieni, ex die XI k. Aug. Emiliano et Basso consolibus usque VII k. Ian., a consolatu Claudi et Paterni. Hic presbiteris ecclesias dividit et cimiteria et parochias diocesis constituit. Hic fecit

episcopos VII. Sepultusque est in cimiterio Calisti

V k. Ian. Cessavit episcopatus dies V.

XXVII. FELIX, natione Romanus, ex patre Constantio, sedit an. IIII mens. I dies XXV. Martyrio coronatur. Fuit autem temporibus Claudi et

Paterni usque ad consulatum Aureliani III et Concapitulini. Hic constituit super sepulcra martyrum missas celebrare. Hic fecit ordinationes II,

presb. VIII, diac. III, episcopos XI. Qui et sepultus est in cimiterio suo, via Aurilia,

III k. Iun. Cessavit episcopatus dies V.

XXVIII. EVTICIANVS, natione Tuscus, ex patre Marino,

de civitate Luna,

sedit an. I mens. I d. II. Fuit autem temporibus Auriliani, a consolatu Auriliano III et Marcellino usque in diem id. Decemb. Caro II et Carino consolibus. Hic constituit, ut fruges super altaro

tantum fabo et uve

benedicatur. Hic temporibus suis per diversa loca CCCXLII martyres manu sua sepelivit. Fecit ordinationes V

presb. XIIII, diac. VI, episcopos VIIII. Sepultusque est in cimiterio Calisti

FELICIANA

VIII kl. Aug. Et cessavit episcopatus dies VIIII.

xxvIIII. Gaivs, natione Dalmata, ex genere Dioclitiani imperatoris, ex patre Gaio, sedit ann. XI mens. IIII dies XII. Fuit temporibus Cari et Carini, ex die XVI kl. Ian. a consolatu Caro II.

Hic fugiens persecutione Diocletiani in criptis habitans confessor quievit. Hic fecit ordinationes IIII
per mens. Decemb.,
presb. XVI, diac. VIII, episcopos per loca V. Sepultus est in cymitirio Calesti,
via Appia,
X kl. Mai. Cessavit episcopatus dies XI.

xxx. Marcellinvs, natione Romanus, ex patre Proiecto, sedit ann. VIIII mens. IIII dies XVI. Fuit temporibus Dioclitiani et Maximiani, ex die kl. Iul. a consolatu Diocletiani VI et Constantio II usque Diocletiano VIIII et Maximiano VIII, quo tempore fuit persecutio magna, infra XXX diebus XVI milia hominum
promiscui sexus per diversas provintias martyrio coronarentur. De qua re ipse Marcellinus ad sacrificium ductus est, ut turificarit, quod et fecit. Et post paucos dies penitentiam ductus, ab eodem Dioclitiano
pro fide Christi cum Claudio et Quirino et Antonio
capite sunt truncati
et martyrio coronantur.
Iacuerunt corpora sancta in platea

dies XXVI.
ex iussa Diocletiani.
Ubi Marcellus presbiter noctu collegit cor-

CONONIANA

VIII k. Aug. Cessavit episcopatus dies VIII.

xxvIIII. Gaivs, natione Dalmatinus, ex genere Dioclitiani imperatoris, ex patre Gaio, sedit an. XI mens. IIII dies VIIII. Fuit autem temporibus Clari et Carini, ex die XVI k. Ian. a consolatu Caro II
et Carino usque in die X k. Mai. Diocliciano VI et Constantio II. Hic constituit, ut, si quis episcopus esse meretur, ab hostiario per unumquodque grado paulatim ad maiora conscenderet. Hic dividit regiones diaconibus.

Hic fugiens persecutione Diocletiani in criptis habitans confessor quievit. Hic fecit ordinationes IIII,

presb. XVI, diac. VIIII, episcopos V. Qui etiam sepultus est in cimiterio Calisti

X k. Mai. Et cessavit episcopatus dies XI.

xxx. Marcellinvs, natione Romanus, ex patre Proiecto, sedit an. VIII mens. II dies XVI. Fuit autem temporibus Diocliciani et Maximiani, ex die X k. Iul. a. consolatu Dioclicianí et Constantio II usque Diocliciano VIIII et Maximiano VIII, quo tempore fuit persecutio magna, ut intra XXX diebus XVII milia hominum

martyrio coronarentur. De qua re et ipse Marcellinus ad sacrificium ductus est, ut turificaret, quod et fecit. Et post paucos dies penitentia ductus, ab eodem Diocliciano

capite truncatur.

Et iacuit corpus eius in platea
una cum alios martyres ad exemplum christianorum
dies XXVI.

Tunc Marcellus presbiter collegit noctu cor-

FELICIANA

pora sanctorum et sepelivit in via Salaria, in cimitirio Priscille,

in cubiculum, qui patet usque in odiernum diem, quod ipse preceperat penitens, dum traheretur ad occisionem, in cripta iuxta corpus sancti Criscentionis,

VII kl. Mai. Hic fecit ordinationes II per mens. Decemb.,

presb. IIII, diac. II, episcopos per loca V. Et cessavit episcopatus ann. VII mens. VII dies XXV persequente Dioclitiano christianos.

XXXI. MARCELLVS, natione Romanus, ex patre Marcello, sedit ann. IIII.

Fuit temporibus Maxenti, a consulato Maxentio IIII et Maximo usque post consolatu.

Hic fecit ordinationes per mens. Decemb.,

presb. XXV, diac. II, episcopos per loca XXI. Sepultus est in cimiterio Priscille, via Salaria,

XVII kl. Febr. Cessavit episcopatus dies XX.

XXXII. EVSEBIVS, natione Grecus, ex medico, sedit ann. VII mens. I dies III. Fuit temporibus Constantini. Sub huius tempora inventa est sancta crux domini

nostri Iesu Christi V non. Mai. Hic baptizatus est Iudas Quiriacus.

Hic fecit ordinationes III, presb. XIII, diac. III, episcopos per loca XIIII. Sepultus est in cymiterio Calesti, via Appia,

VI non. Oct. Cessavit episcopatus dies VII.

XXXIII. MELCIADIS, natione Afer, sedit ann. III mens. VI dies VIII, ex die non. Iul.

CONONIANA

pora et sepelivit in via Salaria, in cimiterio Priscillae,

VII k. Mai. Hic fecit ordinationes II,

presb. IIII, diac. II, episcopos V. Cessavit episcopatus an. VII mens. VI dies XXV persequente Diocliciano christianos.

XXXI. MARCELLVS, natione Romanus, patre Marcello, sedit ann. V mens. VII dies XXI.

Fuit temporibus Maxenti, a consolatu Maxentio IIII et Maximo usque in post consolatu. Hic fecit cimiterio via Salaria et XXV titulos in Roma constituit quasi diocesis propter baptismum et penitentiam et sepulturas martyrum.

Hic ordinavit

presb. XXV, diac. II, episcopos XXI. Qui etiam sepultus est in cimiterio Priscillae

XVII k. Feb. Cessavit episcopatus dies XXI.

XXXII. EVSEBIVS, natione Grecus, ex medico, sedit an. VI mens. I dies III. Fuit temporibus Constantini. Tunc inventa est crux domini.

Hic hereticos in Romam invenit. Hic fecit ordinationes III, presb. XIII, diac. III, episcopos XIIII. Sepultusque est in cimiterio Calisti

V non. Octob. Cessavit episcopatus dies VII.

XXXIII. MELCIADIS, natione Afer, sedit an. IIII.

FELICIANA

a consolatu Maximini VIIII usque ad Maxentio II,
qui fuit mense Septembri
Volusiano et Rufino consolibus. Hic constituit, nulla ratione die dominica aut quinta feria ieiunium quis de fidelibus ageret, quia eos dies pagani quasi sacrum ieiunium celebrabant. Et Manichei inventi sunt in urbem. Ab eodem die fecit, ut oblationes consecratas per ecclesias et consacratum episcopus dirigeretur, quod declaratur fermentum. Hic fecit ordinatione I
per mens. Decemb.,
presb. IIII, diac. III, episcopos per loca XI.

Et cessavit episcopatus dies XVI.

XXXIIII. SILVESTER, natione Romanus, ex patre Rufino, sedit ann. XXIII mens. X dies XI, temporibus Constantini et Volusiani, ex die kl. Feb. usque in diem kl. Ian. Constantio et Volusiano consolibus. Hic exilio fuit in montem Seracten, persecutione Constantini concussus, et postmodum rediens cum gloria baptizavit Constantino Agusto,
quem curavit dominus per baptismo a lepra.
Hic fecit constitutum de omni ecclesia. Huius temporibus factum concilium cum eius consensu in Nicea Bitinia;
et congregati sunt sacerdotes
CCCXVIII episcopi catholici et quorum cyrografus cucurrit alii inbeciles CCVIII, qui exposuerunt fidem integram
sanctam catholicam immaculatam
et damnaverunt Arrium, Fotinum et Sabellium
vel sequaces eorum.
Et in urbe Roma congregavit episcopus CCLXXVII et damnavit Calisto et Arrio et Fotinum. Et constituit,
ut presbiter Arrianum non susciperet nisi episcopus loci designati, et
crisma ab episcopo confici et privilegium episcopis, ut baptizatum consignent propter

CONONIANA

a consolatu Maximini VIIII usque ad Maxentium II,

Volusiano et Rufino consolibus. Hic constituit, nulla ratione die dominica aut quinta feria ieiunium quis fidelium ageret, quia hos dies pagani quasi sacrum ieiunium celebrabant. Et Manichei inventi sunt in urbe. Ab eodem die fecit, ut oblationes consecratas per ecclesias ex consecratum episcopi dirigeretur, quod declaratur fermentum. Hic fecit ordin. I,

presb. IIII, diac. IIII, episcopos XI.
Sepultusque est in cimiterio Calisti IIII id. Feb.
Cessavit episcopatus dies XVI.

XXXIIII. SILVESTER, natione Romanus, ex patre Rufino, sedit an. XXII mens. X dies XI. Fuit autem temporibus Constantini et Volusiani, ex die k. Feb. usque in die k. Ian. Constantio et Volusiano consolibus. Hic exilio fuit in monte Seracten, persecutione Constantini concussus, et post rediens cum gloria baptizavit Constantinum Aug.

Hic fecit constitutum de omni ecclesia. Factumque est concilium cum eius consensu in Nicea Bitinea.
cum
CCCXVIII episcopis et quorum cyrographum cucurrit alii inbeciles CCVIII, qui exposuerunt fidem integram

et damnaverunt Arrium, Fotinum et Sabellium.

In urbe Roma congregavit episcopos CCLXXVII et damnavit Calistum, Arrium et Fotinum. Constituitque

crisma ab episcopo confici et privilegium episcopis, ut baptizatum consignent propter

FELICIANA

hereticam suasionem. Hic constituit, ut nullus laicus crimen clerico inferret. Hic constituit, ut diacones dalmaticas uterentur et pallia linostima leva eorum tegerentur. Hic constituit, ut nullus clericus propter causam quamlibet in curia introiret nec ante iudicem cinctum causa dicerit, nisi in ecclesia. Hic constituit,
ut sacrificium altaris non in sirico neque in pannum tinctum celebraretur nisi tantum in lineum, sicut corpus domini
nostri Iesu Christi
in sindonem lineam sepultus est:
sic missas celebrarentur.
Hic constituit, ut, si quis desiderarit in ecclesia militare
aut proficere,
ut esset lector annos XXX, exorcista dies XXX, acolitus ann. V, subdiaconus ann. V, custus martyrum ann. V,
diaconus ann. VII, presbiter III, probatus ex omni parte
et etiam foris qui sunt testimonium habere bonum;
et sic ad ordinem episcopatus ascendere, nullum maiorem vel prioris locum invadere, nisi ordinem temporum cum pudore cognoscere, omnium clericorum votiva gratia, nullum omnino clerico vel fidele in contradicentem. Hic fecit ordinationes VII per mens. Decemb., presb. XLIIII, diaconos XXXVI, episcopos per loca LXV.

CONONIANA

hereticam suasionem et nullus laicus crimen clerico inferret; ut diaconis dalmaticas uterentur;

ut sacrificium altaris non in siricum neque in pannum tinctum celebraretur, sed in linum, sicut corpus domini

in sindone sepultus est.

Hic constituit, ut, si quis desideraret in ecclesia militare,

ut esset lector an. XXX, exorcista dies XXX, acolitus an. V, subdiaconus an. V,

diaconus an. VII, presbiter an. III, probatus ex omni parte,

et sic ad episcopatum ascendere, nullum maiorem vel prioris locum invadere,

et nullum clericum vel fidelem contradicentem. Hic ordinationes fecit VI per mense Decembrio, presbiteros XLII, diaconos XXXVI, episcopos LXV.

Huius temporibus fecit Constantinus Augustus basilicam Constantinianam et alias, quas et ornavit, ubi posuit dona, cameram ex auro, deditque ibidem tam in vasis sanctoarii quam diversis speciebus auro libras CCCCLXXXII, argento libras $\overline{VII}$DCXXVI, candelabra ex auricalco VII ex argento interclusa, pensantes singuli libras CCC, aromata annis singulis libras CL; constituitque ibi in luminaribus terretoria prestante per singulos annos solidos $\overline{ID}$. In fontem vero, ubi baptizatus est Constantinus Aug. a sancto Silvestro, qui est ex metallo purfuritico, posuit ibi in ornamentis

FELICIANA

CONONIANA

aurum libras LXXXII, argentum libras $\overline{\text{IIII}}$DCCCXIII, timiamaterium aureum cum gemmis prasinis XLVIII, balsamum ad lumen diebus paschae libras CC; territoria in luminaribus ad ipsum fontem, prestante annis singulis solidos $\overline{\text{VII}}$CXXII. Huius temporibus · fecit Augustus Constantinus ex rogatu Silvestri basilicam beato Petro, cuius loculum cum corpus sancti Petri ita recondit: ex undique de aere conclusit ex omni parte pedes V et ornavit superius ex columnis purfuriticis et alias viterias, quas de Grecia perduxit. Fecit autem et cameram basilice extrema ex auri fulgente et super corpus, supra aere quod clusit, fecit crucem ex auro pensantem libras CL, in mensura locus, ubi scriptum est: Constantinus Augustus et Helena Augusta hanc domum regalem simili fulgore coruscans aula, scriptum ex litteris puris nigellis in cruce ipsa. Fecit candelabra VII ex auricalco argento clusas, quae pensant singula libras CCC. Item in donum, quod obtulit Constantinus Augustus beato Petro per diocissen Orientis, prestantes per annos singulos solidos $\overline{\text{III}}$ DCCLXXXVIIII triante I, balsamum libras CCXV, olei nardi libras DCCC, oleo ciprino libras C, aromata libras DCL, piper medimnus L, cariofolum libras L, croco libras C, linum fugus C, carta decadas mille XXII, papiro racanas M. Eo tempore fecit Constantinus basilica beato Paulo, cuius corpus ita recondit sicut et beati Petri, cui basilicae donum hoc obtulit: omnia vasa aurea vel argentea et aerea et crucem auream super locum ita posuit, sicut in basilica beati Petri. Predia vero prestantibus annos singulos $\overline{\text{IIII}}$LXX, balsamum libras L, oleo nardo libras CC, aromata libras CLXX, casia libras L, storace libras XXX, stacten libras CL, papiro racanas D, lino sacos CCC.

Eodem tempore fecit Constantinus Aug. basilica in palatio Sossoriano, ubi etiam de ligno sanctae crucis

domini nostri Iesu Christi

auro et gemnis conclusit.

Eo tempore fecit beatus Constantinus Augustus basilicam in palacio Sessoriano, ubi de ligno sanctae crucis

ex auro et gemmis conclusit.

FELICIANA

Eodem tempore fecit basilicam sanctae Agne martyris

ex rogato Constantiae filiae suae. Eodem tempore fecit
basilica sancti Laurenti.

Eodem tempore fecit basilicam sancti martyres Marcellino presbitero et Petro exorciste.

Sepultus est beatus Silvester via Salaria, in cimityrio Priscille, miliario III ab urbe Roma, prid. kl. Ian. Cessavit episcopatus dies VIIII.

xxxv. MARCVS, natione Romanus, ex patre Prisco, sedit ann. II.

Fuit temporibus Constantini et Nepotiani et Fecundo consolibus, ex die kl. Febr. usque in die kl. Octob. Hic constituit, ut episcopus Ostensis, qui consacrat episcopum, pallium uteretur vel ab eodem episcopo urbis Romae consecraretur. Hic fecit ordinationes II

per mens. Decemb.,
presb. XXV, diac. VI, episcopos per loca XVII. Sepultus est in cimiterio Balbini, via Ardiatina,
prid. non. Octob. Et cessavit episcopatus dies XX.

xxxvi. IVLIVS, natione Romanus, ex patre

CONONIANA

Ibi et nomen dedicavit Hierusalem. Construxitque et alias quam plures ecclesias sanctorum, id sunt: ecclesiae sanctae Agnis martyris,

basilica sancto Laurentio
martyri,
basilica beatis martyres Marcellino presbitero et Petro exorciste

inter duos lauros, ubi et mater ipsius Helena Augusta est sepulta; in civitate Hostia basilica beato Iohanni Baptistae. Fecitque et basilica in civitate Albanense; intra urbe Capua basilica, quam et cognominavit Constantiniana. Fecitque et in urbe Napoli basilica. Omnes has basilicas, quas construxit Constantinus Augustus, ornavit auro argentoque plurimum ditavitque eas possessiones in diversis provinciis non parvis. Ordinavitque beatus Silvester episcopus per mens. Decemb. presbiteros XLIIII, diaconos XXVI, episcopos per diversis temporibus et loca LXV.

Sepultusque est via Salaria, in cimiterio Priscillae, miliario ab urbe Roma III, prid. k. Ian. Et cessavit episcopatus dies VIII.

xxxv. MARCVS, natione Romanus, ex patre Prisco, sedit ann. II
mens. VIII dies XX.

Fuit autem temporibus Constantini et Neputiani et Fecundo consolibus, ex die k. Febr. usque III k. Octub. Hic constituit, ut episcopus Ostensis, qui consacrat episcopum, pallium uteretur et ab eodem episcopo urbis Romae consecraretur. Hic fecit ordinationes II,

presb. XXVI, diac. VI, episcopos XVII. Sepultusque est in cimiterio Balbine

prid. non. Octub. Cessavit episcopatus dies XX.

xxxvi. IVLIVS, natione Romanus, ex patre

FELICIANA

Rustico, sedit ann. XV mens. I. Fuit temporibus Constantini et Feliciani et Maximini.

Hic fecit ordinationes III
per mens. Decemb.,
presb. XVIII, diac. IIII, episcopus per loca VIIII. Sepultus est
in via Aurelia,
in cimiterio Calipodi,
miliario III, prid. id. Apr.
Cessavit episcopatus dies XXV.

XXXVII. LIBERIVS, natione Romanus, ex patre Augusto, sedit ann. VI mens. III dies IIII. Fuit temporibus Constanti
usque ad Constantio Aug. III.

Hic exilio detrudetur a Constantio, eo quod noluit herese Arriana consentire. Fecit annos III.

Et congregans sacerdotes se cum consilio eorum Liberius ordinaverunt in loco eius Felice presbitero episcopum, venerabilem virum. Et fecit concilium Felix et invenit duos presbiteros consentientes Constantio Augusto Arriano, nomine Ursacio et Valente, et damnavit eos in concilio XLVIII episcoporum.

Post paucos dies zelo ducti Ursacius et Valens rogaverunt Constantium Aug., ut revocaret Liberio de exilio, ut unam tantum communionem participaret, excepto rebaptizare. Qui Liberius consensit
preceptis Augusti unam participationem conveniret communionis.

Tunc revocaverunt Liberium de exilio.

Eodem tempore Constantius una cum Ursacio et Valente convocaverunt aliquos, qui ex fece Arriana erant,

et misit et

CONONIANA

Rustico, sedit an. XV mens. II dies VII. Fuit autem temporibus Constantini et Feliciani et Maximini.

Hic constituit, ut nullus clericus causam in publicum ageret.

Hic fecit ordinationes III,

presb. XVIII, diac. IIII, episcopos VIIII. Sepultusque est

in cimiterio Calipodi.

Cessavit episcopatus dies XXV.

XXXVII. LIBERIVS, natione Romanus, ex patre Agusto, sedit an. VI mens. III dies VIII. Fuit autem temporibus Constantii.

Hic exilio deputatur a Constantio, eo quod noluisset haeresi Arrianae consentire, fecitque ibi annos III.

Tunc cum consilio sacerdotum ordinavit in loco suo Felicem presbiterum episcopum. Tunc supradictus Felix in concilio suo una cum XLVIII episcopis damnaverunt duos presbiteros Ursacium et Valentem, eo quod consentirent Constantio in heresi.

Post paucos dies zelo ducti Ursacius et Valens rogaverunt Constantio Augusto, ut revocaret Liberio de exilio et unam tantum communionem participaret, excepto rebaptizare. Qui Liberius consensit.

Et revocato eo de exilio
habitavit in cimiterio sanctae Agnis apud germanam Constanti Aug., ut quasi per eius rogatu rediret in civitatem; sed ipsa pro eo rogare noluit, quia fidelis erat in Christo.

Tunc Constantius cum Ursatio et Valente et alios, qui ex fece Arriana erant,

FELICIANA	CONONIANA
revocaverunt Liberium	revocaverunt Liberium Romam;
de cimiterio sanctae Agne, ubi sedebat; et ingressus Roma in ipsa hora Constantius fecit concilium cum hereticis,	factoque concilio cum hereticis
simul Ursatius et Valens, et eiecit Felice de episcopatu,	eiecerunt Felicem de episcopato.
qui erat catholicus, et revocavit Liberio. Ab eodem die fuit persecutio in clero, ita ut intra ecclesia presbiteri et clerici negarentur. Qui depositus Felix de episcopatu habitavit in prediolo suo, ubi requievit in pace III kl. Aug. Ingressus Liberius in urbe IIII non. Aug. consensit Constantio heretico; non tamen rebaptizatus est, sed consensum prebuit.	Habitavit in prediolo suo, ubi et requievit in pace IIII k. Aug. Ingressus Liberius urbem IIII non. Aug. consentit Constantio heretico; non tamen rebaptizatus Liberius.
	Tunc persecutio magna fuit in Roma, ita ut catholice clerici in ecclesias vel balnea non haberent introitum. Omnes itaque anni Felicis in huius ordine dinumerantur.
Fecit ordinationes II, presb. XVIII, diac. V, episcopos per loca VIII. Sepultus est in cimiterio Priscillae, via Salaria,	Fecitque ordinationes II, presb. XVIII, diac. V, episcopos VIII. Qui etiam sepultus est in cimiterio Priscille
V id. Sept. Cessavit episcopatus dies VI.	V id. Sep. Cessavit episcopatus dies VI.
XXXVIII. FELIX, natione Romanus, ex patre Anastasio, sedit ann. III.	XXXVIII. FELIX, natione Romanus, patre Anastasio, sedit an. I mens. III dies II.
Hic declaravit Constantium hereticum et rebaptizatum secundum. Hic martyrio coronatur. Hic fecit basilica in via Aurelia, miliario ab urbe II,	Hic declaravit Constantium hereticum et rebaptizatum. Hic martyrio coronatur; fecitque basilicam via Aurelia,
ubi et requievit. Hic fecit ordinationes per mens. Decemb.,	ubi et requiescit. Fecit ordinationem I,
presb. XXI, diac. V, episcopos per loca XVIIII.	presb. XXI, diac. V, episcopos XVIII.
Qui etiam capite truncatur cum multis clericis et fidelibus occulte, iuxta murus urbis, ad latus forma Traiani, III id. Novemb. Et exinde rapuerunt corpus eius nocte christiani cum Damaso presbitero et sepelierunt in basilica supra dicta	Sepultusque est
XVII kl. Decemb. Cessavit episcopatus dies XXXVIII.	XVII k. Decemb. Cessavit episcopatus dies XXXVIII.

FELICIANA

XXXVIIII. Damasvs, natione Hispanus, ex patre Antonio, sedit ann. XVIII mens. III dies XI. Fuit temporibus Iuliani.

Fecit basilicas II, una ad via Ardiatina, ubi requiescit.
Hic accusatur in crimine de adulterio; facto sinodo purificatur a XLIIII episcopis; damnaverunt Concordio et Calisto diaconos accusatores et iactaverunt de ecclesia. Hic fecit ordinationes V per mens. Decemb., presb. XXXI, diac. XI, episcopos per loca LXI.
Sepultus est

in basilica sua III id. Decemb. cum matre sua et germana.
Cessavit episcopatus dies XXXVI.

XL. Siricvs, natione Romanus, ex patre Tiburtio, sedit an. XV dies XXV.
Hic constitutum fecit de ecclesia et direxit per provincias. Constituit, ut sine consecrato episcopi loci cuiuslibet presbiter non licerit consacrari. Hic constituit heretico sub manus inpositione reconciliare. Hic fecit ordinationes V, presb. XXXI, diac. XVI, episcopos per loca XXXII. Sepultus est in cymitirio Priscille, via Salaria, VIII kl. Mart. Cessavit episcopatus dies XX.

XLI. Anastasivs, natione Romanus, ex patre Maximo, sedit ann. III dies X. Hic constituit, quotienscumque euangelia recitantur, sacerdotes non sederent.

Hic fecit ordinationes II, presb. V, diac. V, episcopos per loca XI. Sepultus est ad

CONONIANA

XXXVIIII. Damasvs, natione Spanus, ex patre Antonio, sedit an. XVIII mens. III dies XI. Fuit autem temporibus Iuliani.
Hic dedicavit platomum in Catatumbas, ubi corpora Petri et Pauli apostolorum iacuerunt, quam et versibus ornavit.

Hic criminatur de adulterio et facto synodo purgatur a XVIIII episcopis, qui etiam damnaverunt Concordium et Calistum diaconus accusatores et iactaverunt de ecclesia. Hic fecit ordinationes V,

presb. XXXI, diac. XI, episcopos XLI.

Qui etiam sepultus est via Ardiana, in basilica, quam ipse fecit, III id. Decemb.

Cessavit episcopatus dies XXVI.

XL. Siricvs, natione Romanus, ex patre Tiburtio, sedit an. XV.
Hic constitutum fecit de ecclesia et direxit per provincias. Et constituit, ut sine consecratum episcopi loco cuiuslibet presbitero non liceret consecrare. Hic constituit hereticum sub manu inpositione reconciliari. Hic fecit ordinationes V, presb. XXXI, diac. XVI, episcopos XXXII. Qui etiam sepultus est in cimiterio Priscille

VIII k. Mart. Et cessavit episcopatus dies XX.

XLI. Anastasivs, natione Romanus, patre Maximo sedit an. III dies XXVII. Hic constituit, ut, cum euangelia recitantur, sacerdotes non sederent, sed curvi starent; et constituit, ut nullum clericum transmarinum suscipi, nisi V episcoporum designaret cirographum, propter Manicheos.
Hic fecit ordinationes II, presb. VIIII, diac. V, episcopos XI. Sepultusque est ad

FELICIANA

Urso pilato V kl. Mai. Cessavit episcopatus dies XXI.

XLII. INNOCENTIVS, natione Albanensis, ex patre Innocentio, sedit ann. XV mens. I dies XXI. Hic constituit sabbatum ieiunium celebrari, ideo quia sabbatum dominus in sepulcro positus est et discipuli ieiunaverunt. Hic fecit ordinationes IIII
per Decemb.
presb. XXX, diac. XII, episcopos per loca LIIII. Sepultus est ad Ursu pilato V kl. Iul. Cessavit episcopatus dies XXI.

XLIII. ZOSIMVS, natione Grecus, ex patre Apromio, sedit ann. I mens. II dies XI. Hic constituit, ut diaconi leva tecta haberent de palleis linostimis per parrochias, et ut cera benedicatur.

Hic fecit ordinationem I
per mens. Decemb.,
presb. X, diac. III, episcopos per loca VIIII. Sepultus est iuxta corpus beati Laurenti,
via Tiburtina,
VII kl. Ian. Cessavit episcopatus dies XI.

XLIIII. BONIFATIVS, natione Romanus, ex patre Iocundo presbitero, sedit ann. III mens. VIIII dies VI. Hic sub intentione cum Eolalio ordinatore fuit dissensio in clero mens. VII dies XV. Et facto synodo deponitur Eolalius
sub aliis episcopis,
quia iuste non fuerat ordinatus, et ex consensu omnium sedit Bonefacius presul et constituitur Eolalius in civitatem Nepessinam episcopus. Hic constituit, ut nulla mulier vel monacha
palla sacrata contingerit
aut lavarit
aut incensum ponerit in ecclesia nisi minister; nec servum clericum fieri.

Hic fecit ordinationem I

CONONIANA

Urso pilato V k. Mai. Cessavit episcopatus dies XXI.

XLII. INNOCENTIVS, natione Albanensis, ex patre Innocentio, sedit an. XV mens. II dies XXII. Hic constituit sabbatum ieiunium celebrare, quia sabbato dominus in sepulcro positus est et discipuli ieiunaverunt. Hic fecit ordinationes IIII,
presb. XXX, diac. XII, episcopos LIIII. Sepultusque est ad Urso pilato V k. Iul. Cessavit episcopatus dies XXII.

XLIII. ZOSIMVS, natione Grecus, ex patre Abramio, sedit an. VII mens. VIIII dies XXIIII. Fecit constitutum, ut diacones leva tecta haberent de palleis linostimis per parochias, et ut cera benedicatur, et ut nullus clericus in poculum publicum propinaretur, nisi tantum celle fidelium, maximae clericorum.

Hic fecit ordinationem I,

presb. X, diac. III, episcopos VIIII. Sepultusque est iuxta corpus beati Laurenti martyris

VII k. Ian. Et cessavit episcopatus dies XI.

XLIIII. BONIFATIVS, natione Romanus, ex patre Iocundo presbitero, sedit an. III mens. VIII dies VI. Hic sub intentione cum Eulalio ordinatur et fuit dissensio in clero menses IIII et dies XV. Et facto synodo deponitur Eulalius
a LII presbiteris,
quia iniuste fuerat ordinatus, et ex consensu omnium sedit Bonifacius praesul et constituitur Eulalius in civitate Nepissana episcopus. Hic constituit, ut nulla feminarum
palla sacrata contingerit

aut incensum poneret in ecclesia nisi minister; nec servum clericum fieri, nec obnoxium curie vel cuiuslibet rei.

Hic fecit ordinationem I,

FELICIANA

per mens. Decemb.,
presb. XIII, diac. IIII, episcopos per loca XXXVI. Sepultus est in cimityrio sanctae Felicitatis,
via Salaria,
VIII kl. Novemb. Cessavit episcopatus dies VIIII.

XLV. CAELESTINVS, natione Campanus, ex patre Prisco, sedit ann. VIII mens. X dies XVII. Hic fecit, ut psalmi CL David
ante sacrificium psalli, quod ante non fiebat, nisi tantum

epistolae Pauli apostoli et sanctum euangelium, et sic missae celebrabuntur. Hic fecit ordinationes III
per mens. Decemb.,
presb. XXXII, diac. XII, episcopos per loca XLVI. Sepultus est in cimityrio Priscillae,
via Salaria,
VIII kl. April. Cessavit episcopatus dies XXI.

XLVI. XYSTVS, natione Romanus, ex patre Xysto, sedit ann. VIII dies XVIIII. Hic a quodam Basso incriminatus accusatur; ex precepto Valentiani Aug. cum magna examinatione, factum synodum, purgatur a LIIII episcopis et eiecit Bassum a communione.

Hic fecit ordinationes, presb. XXVIII, diac. XXII, episcopos per loca LII. Sepultus est via Tiburtina,
in cripta

CONONIANA

presb. XIII, diac. III, episcopos XXXVI. Qui etiam sepultus est in cimiterio sanctae Felicitatis

VIII k. Novemb. Cessavit episcopatus dies VIIII.

XLV. CAELESTINVS, natione Campanus, ex patre Prisco, sedit an. VIIII mens. X dies XVII. Hic constituit, ut psalmi CL
ante sacrificium psalli, quod ante non fiebat, nisi tantum
recitabatur
epistola Pauli apostoli et sanctum euangelium, et fiebant missae. Hic fecit ordinationes III,

presb. XXXII, diac. XII, episcopos XLVI. Sepultusque est in cimiterio Priscille

VIII id. April. Et cessavit episcopatus dies XXI.

XLVI. SYSTVS, natione Romanus, ex patre Xysto, sedit an. VIII dies XVIIII. Hic a quodam Basso incriminatur; et ex praecepto Valentiniani Aug. cum magna examinatione, facto synodo, purgatur a LVI episcopis et egecerunt Bassum a communione.

Hic fecit basilica sanctae Mariae iuxta macellum Libiae et confessionem beati Petri apostoli exornavit de argento. Huius temporibus Valentinianus Aug. ornavit basilicas beati Petri et Pauli ex auro argentoque plurimum, et in Constantiniana basilica fecit fastigium argenteum, quod a barbaris sublatum fuerat, et in alias quamplures basilicas Romanas multa dona obtulit Valentinianus Aug.

Fecit ordinationes III, presb. XXVIII, diac. XXII, episcopos LII. Qui etiam sepultus est via Tiburtina,

FELICIANA

ad sanctum Laurentium. Cessavit episcopatus dies XXI.

XLVII. LEO, natione Tuscus, ex patre Quintiano, sedit ann. XXI mens. I dies XIII. Hic fecit constitutum de ecclesia. Hic invenit duas hereses, Euthicen et Nestorium; et per rogato Marciani Agusti orthodoxi principes ex huius preceptum factum est concilium sanctorum episcoporum in Calcidona Orientis, in basilica sanctae martyris Euphemiae, et congregat CCLXVI sacerdotes et aliorum, quorum cyrographus cucurrit, CCCCVI episcoporum, qui condemnaverunt Eutichen et Nestorium. Et post dies XLII item in unum congregati cum cyrographis, qui presentis fuerunt exponentes fidem MCC episcopi cum Augusto Marciano piissimo, qui fidem suam una cum Augusta Placidia publice ante conspectum sanctorum sacerdotum episcoporum declaravit, ubi iterum damnatus Eutices. Et postmodum rogat imperator Martianus simul cum episcopis CL et misit sacra rogans Leone papa, ut fidem expositam fidei catholicae et apostolicae ei dirigerit. Beatus vero Leo exposuit et direxit thomum et firmavit synodum sanctum.

Hic

fecit epistolas multas exponens fidem catholicam rectam, quae hodie arcivo ecclesiae Romane tenentur,

et decretalem, quem per universum mundum spargens seminavit.
Hic fecit ordinationes IIII
per mens. Decemb.,
presb. LXXXI, diac. XXXI, episcopos per loca CLXXV.

CONONIANA

ad sanctum Laurentium. Et cessavit episcopatus dies XXII.

XLVII. LEO, natione Tuscus, ex patre Quintiano, sedit an. XXI mens. I dies XIII.

Hic ministeria Romanae ecclesiae post bellum Wandalicum renovavit.
Hic
cum multis episcopis
exponens fidem catholicam rectam, que hodie archivo ecclesiae Romanae tenetur,

propter heresim Euticium et Nestorium, qui eius temporibus damnantur.

Hic fecit ordinationes VII,

presb. LXXVII, diac. XXX, episcopos CLXXV.
Hic renovavit basilica beati Petri et beati Pauli apostolorum post ignem divinum; fecit et multas basilicas. Hic propter nomen Romanorum ambulavit ad regem Chunorum Atthilam et liberavit totam Ita-

FELICIANA	CONONIANA
	liam. Hic constituit monasterium apud beatum Petrum apostolum. Hic constituit, ut intra accionem diceretur sanctum sacrificium et cetera.
Hic constituit, ut monacha non acceperit velaminis capitis benedictione, nisi probata fuerit in virginitate LX annorum.	Hic constituit, monacha non acciperit velaminis capitis benedictionem, nisi probata fuerit in virginitate XL annos.
	Hic constituit, super sepulcrum custodes, qui dicuntur cubicularii.
Sepultus est in basilica beati Petri III id. April. Cessavit episcopatus dies VII.	Qui etiam sepultus est in basilica beati Petri III id. April. Cessavit episcopatus dies VII.
XLVIII. HILARVS, natione Sardus, ex patre Crispiniano, sedit ann. VI mens. III dies X. Hic fecit decretalem et per universam Orientem direxit, et epistolas de fide catholica.	XLVIII. HILARVS, natione Sardus, ex patre Piniano, sedit an. VI mens. III dies X.
	Hic fecit multa vasa et diversa ornamenta apostolorum Petri et Pauli et in Constantiniana et sancto Laurenti et sancta Maria ornavit.
Hic fecit ordinatione I per mens. Decemb., presb. XV, diac. VI, episcopos per loca XXII. Sepultus est ad sanctum Laurentium, in cripta, iuxta corpus beati Xysti. Cessavit episcopatus dies X.	Hic fecit ordinationem I, presb. XXV, diac. VI, episcopos XXII. Qui etiam sepultus est ad sanctum Laurentium, iuxta corpus sancti Xysti. Et cessavit episcopatus dies X.
XLVIII. SIMPLICIVS, natione Tyburtinus, ex patre Castino, sedit ann. XV mens. I dies VII. Hic constituit ad sanctum Petrum et ad sanctum Paulum et ad sanctum Laurentium ebdomadas, ut presbiteri manerent propter baptismum et penitentiam petentibus: de regione prima ad sanctum Paulum, de regione III ad sanctum Laurentium, de regione VII ad sanctum Petrum. Huius episcopatum venit relatio de Gretia ab Acatio, qui fuit episcopus Constantinopolitanus, et adfirmabat Petro Alexandrino Euthiciano heretico; facta petitione ab Acatio venit. Tunc fuit ecclesia exequens. Tunc Symplicius presul damnavit Petro Alexandrino, de quo Acatius innumerabilia crimina adfirmabat. Eodem tempore rescripsit Timotheus catholicus et Acatius di-	XLVIII. SIMPLICIVS, natione Tyburtinus, ex patre Castino, sedit an. XV mens. I dies VII. Hic constituit ad sanctum Petrum et ad sanctum Paulum et ad sanctum Laurentium ebdomadas, ut presbiteri manerent propter baptismum et penitentia petentibus: de regione tertia ad sanctum Laurentium, de regione prima ad sanctum Paulum, de regione VII ad sanctum Petrum.

FELICIANA

centes, quia vero in mortem presbiteri catholici Petrum esse mixtum. Tunc papa Symplicius dissimulans numquam scripsit Acatio, sed damnavit Petro.

Hic fecit ordinationes
per mens. Decemb.

III, presb. LVIII, diac. XI, episcopos per loca LXXXII. Sepultus est ad beato Petro VI non. Mart. Et cessavit episcopatus dies V.

L. FELIX, natione Romanus, ex patre Felice presbitero, sedit ann. VIII mens. XI dies XV.

Huius episcopatum iterum venit relatio a patres Greciarum, Petrum Alexandrino revocatum ad communionem ab Acatio. Tunc venerabilis papa Felix mittens defensore ex constituto synodi sedis suae, et damnavit Acatio cum Petro. Post annos III iterum venit relatio ab imperatore Zenonem, ut paenitens rediret Acatius. Tunc papa Felix fecit concilium, ex consensum misit duos episcopos Mesenum et Vitalem, ut, si invenirent conplicem Petri Acatium, iterum damnarent; si non, offerrent libellum paenitentiae. Qui dum introissent in civitatem Constantinopolim, corrupti pecuniae datum supra dicti episcopi non fecerunt secundum preceptum sedis apostolicae. Venientes vero Romam ad sedem apostolicam, fecit papa Felix concilium; et examinatione facta in concilio invenit eos reos et eiecit Mesenum et Vitalem episcopos a communionem. Tunc Mesenus episcopus non se tacuit corruptum per pecunia; cui concilius concessum tempus paenitentiae. Hoc vero facto temporibus Odovagri regis.

Hic fecit ordinationes II
per mens. Decemb.,

presb. XXVIII, diac. V, episcopos per loca XXXI. Sepultus est apud beato Paulo. Cessavit episcopatus dies V.

LI. GELASIVS, natione Afer, ex patre Valerio, sedit ann. IIII mens. VIII dies VIII.

Fuit temporibus Theodorici regis et Zenonis Aug.

CONONIANA

Hic fecit ordinationes

III, presb. LVIII, diac. XI, episcopos LXXXII. Sepultusque est ad beatum Petrum VI non. Mart. Cessavit episcopatus dies VI.

L. FELIX, natione Romanus, ex patre Felice presbitero, sedit an. VIII mens. XI dies XVII.

Hic fecit ordinationes II,

presb. XXVIII, diac. V, episcopos XXXI. Sepultusque est apud beatum Paulum. Cessavit episcopatus dies V.

LI. GELASIVS, natione Afer, ex patre Valerio, sedit an. IIII mens. VIII.

Fuit autem temporibus regis Theoderici et Zenonis Aug.

FELICIANA	CONONIANA
Hic sub gesta synodi cum fleto sub satisfactione libelli purgatum Mesenum episcopum revocavit. Hic fecit	Hic fecit libros V adversus Nistorium et Euticen; fecit et hymnos in modo beati Ambrosii; fecit et duos libros adversus Arrium, fecit et
sacramentorum prefationes cauto sermone et epistolas fidei elimato sermone. Hic fecit ordinationes III per mens. Decemb., presb. XXXII, diac. II, episcopos per loca LXVII. Sepultus est apud beatum Petrum XI kal. Decemb. Cessavit episcopatus dies VII.	sacramentorum prefationes cauto sermone et epistolas fidei delimato sermone. Hic fecit ordinationes II, presb. XXXII, diac. II, episcopos LXVII. Qui etiam sepultus est apud beatum Petrum XI k. Decemb. Cessavit episcopatus dies VII.
LII. ANASTASIVS, natione Romanus, ex patre Petro, sedit ann. I mens. XI dies XXXIIII.	LII. ANASTASIVS, natione Romanus, ex patre Petro, sedit an. I mens. XI dies XXIIII. Hic fecit confessione beati Laurenti. Huic clerus et presbiteri multi se eregerunt a communione, eo quod communicasset sine consilio eorum diacono Thesalonicensi nomen Futino.
Hic fecit ordinationem I per mens. Decemb., presb. XII, episcopos per loca VIIII. Sepultus est apud beatum Petrum in Vaticanum XII kal. Decemb. Et cessavit episcopatus dies VI.	Hic fecit ordinationem I, presb. XI, episcopos VIII. Sepultusque est ad beatum Petrum XIII k. Decemb. Cessavit episcopatus dies VI.
LIII. SYMMACHVS, natione Sardus, ex patre Fortunato, sedit ann. XV mens. VII dies XXXVI. Hic fuit temporibus Theodorici heretici et Anastasi Euthiciani Aug. Hic amavit clerum et pauperes, bonus, prudens, humanus, gratiosus; et cum eo ordinatur Laurentius sub intentione episcopus. Ex qua causa separata aliqua pars clericorum vel senatorum, alii cum Symmachum et alii cum Laurentium. Et facta intentione hoc constituerunt pariter, ut ambo Ravennam peterent ad iuditium	LIII. SYMMACHVS, natione Sardus, ex patre Fortunatu, sedit an. XV mens. VI dies XXVII. Hic fuit temporibus Theoderici heretici et Anastasii Aug. Hic amavit clero et pauperes; et cum eo ordinatur Laurentius sub intentione episcopatus. Et facta intentione hoc constituerunt, ut ambo Ravennam pergerent ad iudicium

FELICIANA	CONONIANA
regis Theodorici. Qui dum pervenissent, hoc iudicatum aequitatis invenit, ut qui prior ordinatus fuisset vel ubi pars maxima consentiretur, ipse sederit in sede apostolica; quod tamen aequitas in Symmachum invenit	regis Theoderici. Qui cum pervenissent, hoc iudicium equitatis invenit, ut qui prior ordinatus fuisset vel ubi pars maxima consentiretur, ipse sederet in sede apostolica; quo tamen aequitas in Symmachum invenit.
et cognitio veritatis, et fuit praesul beatus Symmachus.	
Eodem tempore papa Symmachus fecit synodo et	Tunc beatus Symmachus papa
constituit Laurentium in Noceria civitate episcopum, intuitu misericordiae. Post annos vero IIII, zelo	constituit Laurentium episcopum in Nucheria civitate, intuitu misericordiae Post annos vero IIII, zelo
et dolo	
ducti aliqui ex clero et aliqui ex senato incriminant Symmachum	ducti aliqui ex clero et aliqui ex senatu incriminant Symmachum;
et suburnant testes falsos,	
quos miserunt	miserunt
Ravennam	
ad regem Theodoricum hereticum, accusantes beatum Symmachum; et occulte revocant Laurentium Romam; et fecerunt schisma et separaverunt se	ad regem Theoderico hereticum, accusantes beatum Symmachum; et occulte revocant Laurentium Romam; et fecerunt scismam et separaverunt se
ab invicem	
pars aliqua a communione Symmachi, mittentes relationem regi,	pars aliqua a communione Symmachi,
et petunt a rege Theoderico visitatorem sedis apostolice	petentes a rege heretico visitatorem
Petrum Altinantem. Eodem tempore beatus Symmachus congregavit episcopos CXV, et facto synodo purgatur a crimine falso et damnatur Petrus Altinans	Petrum Altinatim. Tunc beatus Symmachus congregavit episcopos CXV. et facto synodo purgatur a crimine falso et damnatur Petrus Altinas
invasor sedis apostolicae	
et Laurentius Nocerinus.	et Laurentius Nucerinus;
Tunc ab omnibus episcopis et presbiteris et diaconis et clero reddintegratur sede apostolicae beatus	
Symmachus cum gloriam apud beatum Petrum sedere praesul.	Symmachus vero cum magno honore sedit in sede sua.
	Tunc Festus patricius cepit intra urbe cedes facere in clero, qui communicabant beato Symmacho, et deponens mulieres sanctimoniales de habitaculis suis, denudans sexum femineum, cedens fustibus, ibique multos sacerdotes occidit. Fuit autem beatus Symmachus a consolatu Paulini usque

FELICIANA

CONONIANA

ad consolatum Senatoris, a X k. Decemb. usque XIII k. Aug. Hic fecit basilicam sancti Andreae apostoli ad sanctum Petrum et ornavit tam eam quam alias quamplures ex auro argentoque plurimo. Hic fuit constructor ecclesiarum; ampliavit clero et donum presbiterii triplicavit et pauperibus vestes et alimoniam triplicavit et multa alia bona, quae enarrare longum est.

Fecit ordinationes
in urbe Roma
IIII
per mens. Decemb.,
presb. XLVII, diac. XV, episcopos per loca CXVII. Sepultus est apud beatum Petrum sub die XIIII kl. Aug.
in pace.
Cessavit episcopatus dies III.

Fecit ordinationes

IIII,

presb. XCVIII, diac. XVI, episcopos CXVIII. Qui etiam sepultus est apud beatum Petrum IIII k. Aug.

Cessavit episcopatus dies VI.

LIIII. HORMISDA, natione Campanus, ex patre Iusto, de civitate Frisione, sedit ann. VIIII dies XVI.
Huius episcopatum auctoritate, ex constituto synodo, misit in Grecia secundum humanitatem sedis apostolicae et reconciliavit Grecos, qui obligati erant sub anathemate propter Petro Alexandrino et Acatio Constantinopolitano. Hic papa perrexit ad regem Theodericum Ravennam et ex consilio regis direxit Ennodio episcopo Ticinense et Fortunato episcopo Cathenense et Euantium presbiterum urbis et Vitalem diaconum urbis: euntes ad Anastasio Aug., ut sub libelli satisfactione revocarentur, nihil egerunt. Item secundo misit Hormisda Ennodium et Peregrinum episcopos et Pollione subdiacono urbis et portaverunt epistolas fidei et contestationes secretas numero XVIIII et libellum, per quem redirent; quod si noluissent epistulae suscipere contestationes, per civitates spargerent. In quo noluit consentire Anastasius Aug., eo quod erat in herese Euthici consentiens. Volens itaque eos per remunerationem corrumpere: illi autem contempto principe nullatenus consenserunt accipere pecunias. Furore accensus imperator eiecit eos per locum periculosum et inposuit

LIV. HORMISDA, natione Campanus, ex patre Iusto, de civitate Frisinone, sedit an. VIIII dies XVII.
Hic habuit certamina per epistolis suis contra Anastasium imperatorem hereticum.

FELICIANA

eos in nave sub periculo mortis cum magistrianum et prefectianum Heliodorum et Demetrium; et hoc dedit in mandatis imperator, ut nullam civitatem ingrederentur. Illi vero secretius supra scriptas epistolas fidei XVIIII per manus monachorum catholicorum posuerunt epistolas per omnes civitates. Quae tamen epistolae susceptae ab episcopis civitatum consentientes Anastasio Aug. heretico, timore omnes eas Constantinopolim direxerunt in manus Anastasi.

Furia ductus Anastasius papae Hormisdae inter alia sacra

haec scripsit, dicens: Nos iubere volumus, non nobis iuberi. Percussus divino ictu Anastasius interiit. Sumpsit itaque imperio Iustinus orthodoxus; et mittens ad sedem apostolicam

ad papam Hormisda Gratum et inlustrem nomine, et hoc speravit ut ligati dirigerentur ad sedem apostolicam, tamen cum consilio regis Theodorici.

Et direxit Germanum episcopum Capuano et Iohanne episcopo et Blando presbitero et Felicem diaconum sedis apostolicae et Dioscorum diaconum sedis suscepit, quos munitus ex omni parte fidei una cum libello, quomodo redirent Greci ad communione sedis apostolice. Qui venientes iuxta Constantinopole, occurrit illis multitudo monachorum et inlustrium virorum, in quibus Iustinus imperator et Vitalianus magister militum, simul a Castello Rotundo quod dicitur usque in civitate Constantinopolim cum gloria et laudes ingressi sunt, una cum Grato inlustri. Ingressi itaque in civitate suscepti sunt a Iustino Aug. orthodoxo cum gloria. Omnis itaque clerus Constantinopolitanus una cum Iohanne episcopo, sentientes eo quod gratae suscepti sint, incluserunt se intra ecclesiam maiore quae vocatur sancta Sofia, et consilio facto mandaverunt imperatori, dicentes: Nisi nobis reddita fuerit ratio, quare damnatus

CONONIANA

Inter alia multa, quae Anastasius ei direxit,

haec scripsit, dicens: Nos iubere volumus, non nos iuberi. Percussus divino ictu fulmini interiit. Sumpsit itaque imperium Iustinus ortodoxus et misit ad sedem apostolicam.

Fecit autem papa Ormisda in ecclesia Romana per multas basilicas diversa ornamenta ex auro et argento.

FELICIANA

est episcopus civitatis nostrae Acatius, nullatenus sentimus sede apostolicae. Et facto concilio simul cum Iustino Aug. in conspectu omnium inlustrium, tunc legati sedis apostolicae elegerunt ex suis Dioscorum diaconum ad reddendam rationem. Qui ita exposuit eis culpas Acatii, ut etiam omnes simul cum Iustino Aug. adclamarent dicentes: Et hic et in aeternum damnetur Acatius. Eodem tempore iussit Iustinus Aug. accepta veritate, ut sine aliqua dilatione facerent libello omnes episcopi qui in regno Iustini erant et redeant ad communionem sedis apostolicae, quod etiam factum est. Et concordaverunt ab Oriente usque ad Occidente et cucurrit pax ecclesiae. Qui textus libelli hodie arcivo ecclesiae reconditus tenetur. Hic invenit Manicheos, quos etiam discussit sub examina plagarum; quorum codices incendio consumpsit ante foris basilicae Constantiniani. Huius temporibus episcopatus Africae reordinatur post annos LXXIIII, quod ab hereticis fuerant exterminati a tempore persequutionis. Eodem tempore venit corona aurea cum gemmis preciosissimis donum a rege Francorum.

Hic fecit ordinationes presbiteros episcopos per loca. Sepultus est apud beatum Petrum VII id. Aug.

Cessavit episcopatus dies VI.

LV. IOHANNES, natione Tuscus, ex patre Constantio, sedit ann. II mens. VIII dies XV, a consulato Maximi usque ad consulatum Olibri.

Hic vocatur a rege Theodorico Ravenna; quem

rex rogans misit in legatione

Constantinopolim

ad Iustino Aug.

vir religiosus,

qui summo amore religionis christianae voluit hereticos extricare.

Nam summo fervore ecclesias Arrianorum in catholica dedicavit.

Exinde iratus

CONONIANA

Fecit ordinationes presbiteros episcopos per diversa loca. Qui etiam sepultus est apud beatum Petrum VIII id. Aug. consulatu Maximi iun.

Et cessavit episcopatus dies VI.

LV. IOHANNES, natione Tuscus, ex patre Constantio, sedit an. II mens. VII dies XV, a consulatu Maximi usque ad consulatum Olibri iun.

Hunc Theodericus

rex rogans misit in legationem

ad Iustinum imperatorem,

quia Iustinus summo amore religionis christianae voluit hereticos perdere,

et exinde iratus

FELICIANA	CONONIANA
Theodoricus Arrianus voluit totam Italiam gladio perdere. Tunc Iohannes venerabilis papa egressus, cum fletu et mugitu ambulavit, et viri religiosi et consules et patricii Theodorus, Inportunus, Agapitus et alius Agapitus, hoc accipientes in mandatum legationis, ut redderentur ecclesias hereticis in parte Greciarum: quod si non fuerit factum, omnem Italiam gladio perderet Iustinus Aug.	rex Theodericus christianis voluit Italia perdere. Tunc Iohannes papa cum fletu, et viri religiosi ex consolibus, hoc accipientes in mandatum legationis, ut redderentur ecclesias suas haereticis in partes Greciarum: quod si ita non fuerit factum, omnem Italiam ad gladium perderet rex Theodericus. Qui dum introissent omnes suprascripti cum Iohanne papa Constantinopolim, occurrerunt eis a miliario XII in honore apostolorum, desiderantes post beatum Silvestrum papam temporibus Constantini meruissent partibus Greciae vicarium sancti Petri suscipere. Et Iustinus Aug. adoravit beatum Iohannem, de cuius manibus coronatus est.
Cui vero simul et senatoribus tantis et talibus exconsulibus et patriciis civitatis urbis Romae, Flavium Theodorum viris inlustribus, praecedentem omnium dignitatum splendorem, sed et Inportunum viro industri ex consulibus, et Agapito viro industri ex consulibus, et alio Agapito patricio, omnem concessit petitionem: propter sanguinem Romanorum reddidit hereticis ecclesias. Et dum actum fuisset in partes Greciarum secundum voluntatem Theodorici regis heretici, maxime sacerdotes vel christiani ad gladio mitterentur, illud vero beatissimo Iohanne episcopo sed et viros industris positus Constantinopoli, rex Theodoricus tenuit duos senatores ex consulibus et patricius, gladio interfecit, Boetium et Symmachum, quorum etiam corpora	Tunc Theodorum virum inlustrem cum aliis nobilis, qui cum beato Iohanne papa venerant, concessit petitiones: propter sanguinem Romanorum reddidit hereticis ecclesias suas. Dum vero Iohannem episcopum una cum viris inlustris positum in Constantinopolim, rex Theodericus tenuit duos senatores, Bothium et Symmacum patricium, gladio interfecit et

FELICIANA	CONONIANA
abscondi praecepit.	abscondi praecepit.
Venientes vero hii supra dicti viri inlustres cum Iohanne episcopo,	Veniens vero Iohannes papa cum supra dictis viris inlustris,
omnia per ordinem acta, Agapito patricio defuncto in Grecias,	
suscepti sunt a rege Theoderico cum dolo	suscepti sunt a Theoderico in dolo:
et grande odio Iohannes episcopus etiam et senatores viros inlustres religiosus suscepit. Quos itaque cum tanta indignatione suscipiens,	
gladio eos voluit punire, sed metuens indignatione	voluit eos gladio ponire, sed metuens
Iustini Aug.	Iustini Aug.
orthodoxi, non fecit:	
tamen in custodia omnes cremavit, ita ut beatus Iohannes	tamen in custodia omnes cremavit, ita ut beatus Iohannes
papa	
in custodia	in custodia
adflictione	
maceratus	maceratus
deficiens	
moreretur.	moreretur
Qui vero defunctus est	
Ravenna	in Ravenna
cum gloria	
XV kl. Iun.,	XV k. Iun.
in custodia regis Theoderici.	
Post hoc nutu dei omnipotentis XLVIII die	Tunc post XCVIII dies
postquam defunctus est Iohannes episcopus in custodia,	
subito Theodericus rex interiit divinitate percussus.	Theodericus rex fulmine percussus interiit.
	Adtullit autem beatus Iohannes de Grecia auro gemmis argentoque exornavit basilicas multas.
Hic ordinationes fecit	Fecit ordinationes episcoporum
per loca. Cessavit episcopatus dies X.	per diversa loca. Et cessavit episcopatus dies LVIII.
LVI. FELIX, natione Samnita, ex patre Castorio, sedit ann. II dies XIIII, a consulato Aburti usque in consulato Lampadi et Oristis, a die IIII id. Iul. usque in die IIII id. Octob.	LVI. FELIX, natione Samnius, ex patre Castorio, sedit an. IIII mens. II dies XIII, a consulatu Maburti usque in consulatum Lampadi et Orestis, a die IIII id. Iul. usque in diem IIII id. Oct.

FELICIANA	CONONIANA
Hic fecit basilica sanctorum Cosme et Damiani in urbe Roma iuxta templum urbis Romae.	
	Qui etiam ordinatus est ex iusso Theoderici regis et
Obiit temporibus Attalarici regis, sub die III Octob.	obiit tempore Athalarici regis, sub die IIII id. Oct.
	cons. ss.
Qui sepultus est apud beato Petro. Hic fecit ordinationes II, presb. LII, diac. IIII, episcopos per loca XXVIIII. Cessavit episcopatus dies I.	Qui sepultus est ad beatum Petrum. Cessavit episcopatus dies III. Hic fecit ordinationes II, presb. LII, diac. IIII, per mens. Feb., episcopos XXVIIII.

INDICES.

I. EPISCOPI ECCLESIAE ROMANAE.

II. PERSONAE.

III. LOCI.

IV. VOCABVLA.

† cruce praeposita notantur corrupta.
* asteriscus numeris episcoporum adpositus locum primarium significat.
F significat epitomam Felicianam.
C significat epitomam Cononianam.

I. EPISCOPI ECCLESIAE ROMANAE.

PETRVS 1, 4 (= 229 F. C.). 2—4* (= 230—231 F. C.). 5, 5. 7 (= 231 F. C.). 6, 8. 10 (= 231 F. C.). 7, 8. 10. 8, 5. 6. 7 (= 232 F. C.). 29, 5 (= 238 F. C.). 8 (= 239 F. C.). 57, 1. 2. 4 (= 246 C.). 8. 58, 17 (= 246 C.). 60, 13 (= 246 C.). 75, 4. 83, 19. 26 (= 250 C.). 98, 3 (= 252 C.). 7. 121, 25 (= 257 F.). 130, 23. 134, 17. 21 (= 261 C.). 23. 135, 7. 141, 11. 146, 12. 149, 7. 12. 150, 7. 164, 2. 175, 19. 178, 5. 186, 5. 195, 23. 211, 21. 24. 212, 15. 213, 25. 214, 1. 219, 20. 222, 15. 229 (F.). cf. pag. 279. 280. 281 (saepius). 283. 284

LINVS 3, 4. 5* (= 231 F. C.). 7, 11. 229 (F.)

CLETVS 3, 4. 6* (= 231 F. C.). 7, 11. 229 (F.)

CLEMENS I 3, 11. 7* (= 231—232 F. C.). 229 (F.)

ANENCLETVS 8* (= 232 F. C.). 229 (F.)

EVARISTVS 9* (= 232 F. C.). 229 (F.)

ALEXANDER I 10* (= 232—233 F. C.). 229 (F.)

XYSTVS I 11* (= 233 F. C.). 229 (F.)

TELESPHOR 12* (= 233—234 F. C.). 229 (F.)

HYGINVS 13* (= 234 F. C.). 229 (F.)

PIVS I 14* (= 234—235 F. C.). 18, 6 (= 235 F.). 229 (F.)

ANICETVS 15* (= 234 F. C.). 229 (F.)

SOTER 16* (= 235 F. C.). 229 (F.)

ELEVTHER 17* (= 235 F. C.). 18, 6 (= 235 C.). 229 (F.)

VICTOR I 18—19* (= 235—236 F. C.). 229 (F.)

ZEPHYRINVS 20* (= 236 F. C.). 229 (F.). cf. p. 280

CALLISTVS I 21* (= 236 F. C.). 229 (F.). cf. p. 280

VRBANVS 22—23* (= 237 F. C.). 229 (F.)

PONTIANVS 24—25* (= 237 F. C.). 229 (F.)

ANTEROS 24, 9. 26* (= 237—238 F. C.). 229 (F.)

FABIANVS 25, 1 (= 237 F. C.). 27* (= 238 F. C.). 230 (F.)

CORNELIVS 28—31* (= 238—239 F. C.). 105, 4. 230 (F.). cf. pag. 280. 282

LVCIVS 32* (= 239—240 F. C.). 230 (F.)

STEPHANVS I 32, 12 (= 239 C.). 33* (= 240 F. C.). 230 (F.)

XYSTVS II 33, 8. 9. 34—35* (= 240 F. C.). 230 (F.)

DIONYSIVS 36* (= 241 F. C.). 230 (F.)

FELIX I 37* (= 241 F. C.). 230 (F.). cf. pag. 280

EVTYCHIANVS 38* (= 241—242 F. C.). 230 (F.)

GAIVS 33, 8. 39—40* (= 242 F. C.). 230 (F.)

MARCELLINVS 41—42* (= 242—243 F. C.). 230 (F.)

MARCELLVS 43—44* (= 243 F. C.). 154, 15. 230 (F.). cf. pag. 283

EVSEBIVS 45* (= 243 F. C.). 230 (F.)

MILTIADES 46* (= 243—244 F. C.). 230 (F.)

SILVESTER 47—72* (= 244—247 F. C.). 100, 15. 134, 19 (= 261 C.). 21. 160, 18. 230 (F.). cf. pag. 280. 284

MARCVS 73—74* (= 247 F. C.). 230 (F.)

IVLIVS I 75—76* (= 247—248 F. C.). 230 (F.). cf. pag. 280. 282

LIBERIVS 77—79* (= 248—249 F. C.). 230 (F.)

FELIX II 77, 5. 6 (= 248 F. C.). 78, 14 (= 249 F. C.). 17 (= 249 F.). 79, 2 (= 249 C.). 80—81* (= 249 F. C.). 230 (F.). cf. pag. 277

DAMASVS 1, 1. 10 (= 229 F. C.). 81, 12 (= 249 F.). 82—84* (= 250 F. C.). 219, 11. 230 (F.). cf. pag. 280

SIRICIVS 85—86* (= 250 F. C.). 230 (F.)

ANASTASIVS I 87* (= 250—251 F. C.). 230 (F.)

INNOCENTIVS I 88—90* (= 251 F. C.). 230 (F.)

ZOSIMVS 91* (= 251 F. C.). 230 (F.)

BONIFATIVS I 92—93* (= 251—252 F. C.). 230 (F.)

CAELESTINVS 94—95* (= 252 F. C.). 230 (F.)

XYSTVS III 96—100* (= 252—253 F. C.). 111, 4 (= 254 F. C.). 230 (F.)

LEO I 100, 16. 101—106* (= 253—254 F. C.). 107, 10. 196, 1. 214, 16. 230 (F.)

HILARVS 107—111* (= 254 F. C.). 230 (F.)

SIMPLICIVS 112—113* (= 254—255 F. C.). 230 (F.)

FELIX III 114—115* (= 255 F. C.). 230 (F.)

GELASIVS 116—118* (= 255—256 F. C.). 230 (F.)

ANASTASIVS II 119* (= 256 F. C.). 230 (F.)

SYMMACHVS 120—125* (= 256—258 F. C.). 230 (F.)

HORMISDAS 126—132* (= 258—260 F. C.). 144, 1. 230 (F.)

IOHANNES I 133—137* (= 260—262 F. C.). 230 (F.)

FELIX IV 138* (= 262—263 F. C.). 230 (F.)

BONIFATIVS II 139—140*. 142, 4. 230 (F.)

IOHANNES II 141*. 230 (F.)

AGAPITVS 142—143*. 146, 7. 150, 8. 230 (F.)

SILVERIVS 144—147*. 148, 10. 150, 8. 11. 153, 1. 230 (F.)

34*

EPISCOPI ECCLESIAE ROMANAE.

VIGILIVS 139, 16. 20. 146, 5. 8. 15. 18. 147, 5. 16. 148—154*. 155, 6. 12. 187, 9. 195, 7. 230 (*F.*). *cf. pag. 280*
PELAGIVS I 154, 10. 12. 155—156*. 230 (*F.*)
IOHANNES III 157—158*. 230 (*F.*)
BENEDICTVS I 159*. 230 (*F.*)
PELAGIVS II 160*. 230 (*F.*)
GREGORIVS I 160, 18. 161—162*. 191, 10. *cf. pag. 281*
SABINIANVS 163
BONIFATIVS III 164

BONIFATIVS IV 165*. *cf. pag. 281*
DEVSDEDIT 166—167
BONIFATIVS V 168—169
HONORIVS 170—174*. 175, 6. 200, 13. *cf. pag. 281*
SEVERINVS 175—176
IOHANNES IV 177
THEODORVS 178—180*. 213, 7. *cf. pag. 280*
MARTINVS I 181—184*. 206, 5
EVGENIVS I 185
VITALIANVS 186—189

ADEODATVS 190—191*. 210, 3
DONVS 192*. 193, 7
AGATHO 193—199*. 205, 6
LEO II 200—202*. 205, 16. 210, 5
BENEDICTVS II 203—204*. 208, 17
IOHANNES V 193, 11. 205—206*
CONON 207—209*. 210, 8
SERGIVS I 210—216*. 220, 7
IOHANNES VI 217—218.
IOHANNES VII 219—220
SISINNIVS 221
CONSTANTINVS 222—226

II. PERSONAE.

Abienus pater Severini pp. 175, 1
Abramius pater Zosimi pp. 91, 1 (= 251 *F. C.*)
Abundantius v. Habundantius
Acacius ep. Constantinopolitanus 112, 14. 16. 21 (= 254 *F.*). 113, 1 (= 254 *F.*). 4 (= 255 *F.*). 114, 10. 15. 17. 19 (= 255 *F.*). 116, 11. 17. 26. 119, 10. 11. 126, 12 (= 258 *F.*). 13. 129, 15. 20. 26. 29 (= 260 *F.*). 130, 9
s. Achilleus m. *v. pag. 280*
Adeodatus papa *v. pag. 268*
Adrianus *v.* Hadrianus
Aelianus *v.* Helianus
Aemilianus consul [a. 259] 36, 4 (= 241 *F. C.*)
Aemilianus pater Cleti pp. 6, 1 (= 231 *F. C.*)
Africanus consul [a. 236] 22, 8. 26, 3 (= 237 *F. C.*). 27, 3 (= 238 *F. C.*)
Agapitus papa *v. pag. 267*
Agapitus exconsul 134, 7 (= 261 *F.*). 135, 24 (= 261 *F.*)
Agapitus patricius 134, 7 (= 261 *F.*). 135, 26 (= 261 *F.*). 136, 27 (= 262 *F.*)
Agapitus diac. 34, 10 (= 240 *F.*)
s. Agapitus *v. pag. 282*
s. Agatha *v. pag. 282*
Agatho papa *v. pag. 268*
Agatho 225, 19
s. Agnes m. *v. pag. 280. 282*
Albinus vir inl. 124, 16
Albinus exconsul 153, 14
Alexander Severus imp. 21, 4 (= 236 *F. C.*). 24, 3. 6 (= 237 *F. C.*)
Alexander I papa *v. pag. 267*
Alexander pater Alexandri pp. 10, 1 (= 232 *F. C.*)
s. Alexander 125, 6
Amalasuenta regina 142, 9. 144, 9
Ambibulus consul [a. 126] 11, 3 (= 233 *F. C.*)
Ambronius 59, 9 (*v. l.* Ambrosius)
s. Ambrosius 117, 14. 15 (= 256 *C.*). 196, 1
Ambrosius 59, 9 (*v. l.* Ambronius)

Ammingus dux Francorum 157, 8
Ampliatus presb. et vicedominus 152, 8
Anastasius I imp. 120, 4 (= 256 *F. C.*). 126, 2. 23 (= 258 *F.*). 127, 10 (= 258 *F.*). 15. 25. 128, 2. 4. 5. 9 (= 259 *F.*). 10. 129, 15. 258 (*C.*)
Anastasius II imp. 222, 3. 226, 4. 7. 16
Anastasius I papa *v. pag. 267*
Anastasius II papa *v. pag. 267*
Anastasius presb. Constantinopolitanus 198, 3. 201, 5
Anastasius inclausus 198, 4. 201, 2
Anastasius pater Felicis II pp. 80, 1 (= 249 *F. C.*)
Anastasius inl. pater Iohannis III pp. 157, 1
Anastasius pater Vitaliani pp. 186, 1
s. Anastasius *v. pag. 284*
Andreas apostolus 2, 3 (= 230 *F.*). 4 *cf. pag. 278. 281. 282*
Andreas ep. Ostiensis 202, 5
Andreas presb. de Hostis 155, 3
Aneclitus (Anencletus) papa *v. pag. 267*
Anicitus papa *v. pag. 267*
† Anniculus *v.* Ambibulus
Anteros *v.* Antheros
Anthemus ep. Constantinopolitanus 142, 16. 143, 2. 7. 9. 146, 6. 10. 19. 150, 4. 152, 14
Anthemus scribon 151, 2. 6
Antheros papa *v. pag. 267*
Antiochus pater Anencleti pp. 8, 1 (= 232 *F. C.*)
Antonina patricia 147, 6. 7
Antoninus Pius imp. 12, 2 (= 233 *F. C.*). 14, 4 (= 234 *F. C.*)
Antoninus *v.* Marcus imp.
Antoninus *v.* Caracalla imp.
Antoninus *v.* Heliogabalus imp.
† Antoninus consul 236 (*F. C.*)
Antoninus martyr 41, 9 (= 242 *F.*)
Antonius pater Damasi pp. 82, 1 (= 250 *F. C.*)

s. Apollinaris *v. pag. 282 (bis)*
Aquilinus consul [a. 162] 16, 2 (= 235 *F. C.*)
Arriani 49, 8 (= 244 *F.*). 77, 3. 7 (= 248 *F. C.*). 78, 12 (= 248 *F. C.*). 133, 13 (= 260 *F.*). 14. 134, 1 (= 261 *F.*)
Arrius 49, 3. 7 (= 244 *F. C.*). 117, 15 (= 256 *C.*)
Asterius consul 150, 14
Athalaricus rex 138, 9 (= 263 *F. C.*). 139, 2. 141, 6
s. Athanasius ep. Alexandriae 196, 1
Atthela rex Unnorum 106, 7 (= 253 *C.*)
s. Audactus *v. pag. 280*
s. Augustinus ep. Hipponensis 196, 1
Augustinus servus dei 161, 9
Augustus pater Liberii pp. 77, 1 (= 248 *F. C.*)
s. Aurea *v. pag. 276. 278*
Aurelianus imp. 37, 4 (= 241 *F.*). 5 (= 241 *F. C.*). 38, 3 (= 241 *F. C.*)

Badua (Totila) rex Gothorum 153, 9
Balbina *v. pag. 280*
Balbinus 247 (*F.*) *v.* Balbina
Bartholomeus apostolus 173, 9 *cf. pag. 281*
Basiliscus consul [a. 465] 107, 14
Basilius exconsul 153, 14
s. Basilius ep. Caesariensis 196, 1
Basilius ep. Cretensis 197, 17
Bassus consul [a. 258] 34, 13 (= 240 *F. C.*)
Bassus consul [a. 259] 36, 4 (= 241 *F. C.*)
Bassus 96, 2. 8 (= 252 *F. C.*). 13. 97, 1
s. Beatrix m. 201, 19
Belisarius patricius 144, 11. 145, 3. 4. 6. 10. 19. 22. 146, 3. 4. 15. 20. 24. 147, 1. 6. 148, 2. 4. 9. 149, 7. 13
Benedictus I papa *v. pag. 268*
Benedictus II papa *v. pag. 268*
Benedictus archiep. Mediolanensis 225, 7

Benedictus pater Marcelli pp. 43, 2; cf. Marcellus
Bertoaldus archiep. Britanniae 216, 2
s. Bibiana 112, 8 cf. pag. 282
Blandus presb. 128, 19 (= 259 F.). 20
Boethius consul [a. 522] 126, 3. 136, 16. 18 (= 261 F. C.)
Bonifatius I papa v. pag. 267
Bonifatius II papa v. pag. 267
Bonifatius III papa v. pag. 268
Bonifatius IV papa v. pag. 268
Bonifatius V papa v. pag. 268
Bonifatius consiliarius s. sedis 212, 12
Bonifatius pater Benedicti I pp. 159, 1
Bonus ep. Ferentinus 155, 3
Bonus pater Sabiniani pp. 163, 1
Bradua consul [a. 108] 9, 6 (= 232 F. C.)
Bradua consul [a. 185] 17, 3 (= 235 F. C.)
Buccillinus dux Francorum 157, 8

s. Caecilia 22, 11 (= 237 F. C.). cf. pag. 282
Caelestinus papa v. pag. 267
Caelestius haereticus 88, 6
† Caesar Augustus 18, 3 (= 235 F. C.)
s. Caesarius v. pag. 282
Caliopa v. Theodorus exarchus
Calipodius v. pag. 280
Calistus haereticus 49, 7
Callistus I papa v. pag. 267
Callistus diac. 84, 4 (= 250 F. C.)
Calpurnius pater Pontiani pp. 24, 1 (= 237 F. C.)
Camerinus consul [a. 138] 13, 3 (= 234 F. C.)
† Camerinus consul 13, 5 (= 234 F. C.) v. Priscus
Capito consul [a. 67] 5, 3 (= 231 F. C.)
Capitulinus consul [a. 274] 37, 5 (= 241 F. C.)
Caracalla (Antoninus) imp. 20, 3 (= 236 F. C.)
Carinus imp. 38, 4 (= 241 F. C.). 39, 7 (= 242 F. C.)
Carus imp. 38, 4 (= 241 F. C.). 39, 6. 7 (= 242 F. C.)
s. Cassianus 123, 6 cf. pag. 282
Castinus pater Cornelii pp. 28, 1
Castinus pater Simplicii pp. 112, 2 (= 254 F. C.) cf. Castorius
Castorius pater Simplicii pp. 112, 2 cf. Castinus
Castorius pater Felicis IV pp. 138, 1 (= 262 F. C.)
Castus ep. 33, 8
Cataadioce v. Iohannes

Catafrigae 88, 3
Catulinus agens in rebus 77, 12
Celerinus lector 29, 3 (= 238 C.)
Cethegus consul [a. 170] 16, 3 (= 235 F. C.)
Cethegus exconsul v. Citheus
Christiani 17, 9 (= 235 F. C.). 27, 12 (= 238 F.). 41, 6. 42, 5 (= 242 C.). 16 (= 243 F. C.). 64, 13. 81, 12 (= 249 F.). 122, 18. 136, 6 (= 261 F.). 143, 5
Christoforus dux 225, 18
Citheus (Cethegus) exconsul 153, 14
Citonatus ep. Caralitanus 206, 1
Clarus consul [a. 146] 14, 4 (= 234 F. C.)
Clarus consul [a. 170] 16, 3 (= 235 F. C.)
Claudius I imp. 2, 9 (= 230 F. C.)
Claudius II imp. 36, 5 (= 241 F. C.). 37, 4 (= 241 F. C.)
Claudius subdiac. 35, 1 (= 240 F.)
Claudius martyr 41, 9 (= 242 F. C.)
Clemens I papa v. pag. 267
Clemens consul [a. 95] 8, 4 (= 232 F. C.)
Clemens archiep. Frisonum 216, 2
Cletus papa v. pag. 267
Cloduveus rex Francorum 130, 22
Commodus imp. 17, 2 (= 235 F. C.). 18, 3 (= 235 F. C.)
† Concapitulinus 241 (C.) v. Capitulinus
Concordius diac. 84, 4 (= 250 F. C.)
Concordius pater Soteris pp. 16, 1 (= 235 F. C.)
Conon papa v. pag. 268
† Constans imp. 45, 4 v. Constantinus Magnus
Constans imp. filius Constantini M. 75, 2. 3 (= 248 F. C.)
† Constans 78, 6 v. Constantius II imp.
Constans II imp. v. Constantinus
Constantia soror Constantini Magni 62, 24 cf. pag. 282
† Constantia filia Constantini Magni v. Constantina
Constantina filia Constantini Magni 62, 23 (= 247 F.). 78, 5. 9 (cf. 248 C.) v. prologg. p. XXVII
Constantinus Magnus imp. 45, 4 (= 243 F. C.). 47, 2. 5. 6 (= 244 F. C.). 13. 49, 5. 52, 8 (= 245 C.). 54, 24 (= 245 C.). 55, 21. 56, 27 (= 246 C.). 57, 10 (= 246 C.). 58, 17 (= 246 C.). 59, 2. 8. 19. 60, 3. 11 (= 246 C.). 61, 25 (= 246 C.). 62, 19. 63, 26. 65, 18. 66, 22. 67, 18. 69, 3. 22. 70, 4. 20. 71, 14. 73, 2 (= 247 F. C.). 9.

75, 2. 77, 2. 80, 2. 6. 99, 22. 23. 104, 18. 134, 20 (= 261 C.). 247 (C.)
† Constantinus haereticus filius Constantini M. 75, 2. 3 (= 248 F. C.) v. Constans imp.
Constantinus imp. (Heraclii nepos, Constans II). (181, 5.) (182, 11.) (183, 22.) 186, 8
Constantinus imp. (Pogonatus) 193, 6. (194, 6.) (195, 10.) (196, 19. 22.) (197, 7.) 200, 10. (201, 20.) 203, 17. (204, 2.) (205, 9. 17.) 208, 2
Constantinus papa v. pag. 268
Constantinus subdiac. 193, 11
Constantinus diac. Syracusanus 208, 9
Constantius (Chlorus) imp. 39, 8 (= 242 C.). 41, 4 (= 242 F. C.)
Constantius II imp. 47, 3 (= 244 F. C.). 77, 2. 3. 6. 8. 14 (= 248 F. C.). 78, 6 (= 248 C.). 10. 11 (= 248 F. C.). 13. 19 (= 249 F. C.). 80, 2 (= 249 F. C.). 5
Constantius pater Felicis I pp. 37, 1 (= 241 F. C.)
Constantius pater Iohannis I pp. 133, 1 (= 260 F. C.)
Cornelius papa v. pag. 267
Cosmas saccellarius 223, 1
s. Cosmas v. pag. 282
Crescentius lector 35, 1 (= 240 F.)
s. Criscentio 42, 11 (= 243 F.)
Crispinianus pater Hilari pp. 107, 2 (= 254 F. C.) cf. Crispinus
Crispinus pater Hilari pp. 107, 2 cf. Crispinianus
Cyprianus ep. Carthaginiensis 29, 2 (= 238 C.). 30, 1 (= 239 C.)
Cyriace femina religiosa 64, 10 cf. pag. 279. 280
Cyriacus pater Iohannis V pp. 205, 1.
Cyriacus 45, 6 (= 243 F.) v. Iudas
s. Cyriacus m. v. pag. 282
Cyrillus ep. Alexandriae 196, 1
Cyrinus martyr 41, 9 (= 242 F.)
Cyrus ep. Alexandrinus 182, 4. 198, 7. 200, 12
Cyrus patriarcha Constantinopolitanus 223, 22

Damasi papae mater 84, 25 (= 250 F.)
Damasi papae germana 84, 26 (= 250 F.)
Damasus papa v. pag. 267
Damianus archiep. Ravennas 216, 1
s. Damianus v. pag. 282
Datius ep. Mediolanensis 145, 24
David psalmista 94, 4 (= 252 F.)
Decius imp. 27, 4 (= 238 F. C.). 30, 1 (= 239 C.). 31, 1 (= 239 C.). 34, 6 (= 240 F.). 14 (= 240 F. C.)

Demetria ancilla dei 101, 3
Demetrius magistrianus vel praefectianus 127, 23 (= 259 *F.*)
Demetrius ep. 141, 10
Deusdedit papa *v. pag.* 268
Dignissimus presb. 122, 16
Diocletianus imp. 22, 6. 7 (= 237 *F. C.*). 39, 1 (= 242 *F. C.*). 8 (= 242 *C.*). 16 (= 242 *F. C.*). 41, 3. 4. 8 (= 242 *F. C.*). 42, 3. 6 (242 *F.*). 15 (= 243 *F. C.*). 142, 23. 152, 18
Dionysius papa *v. pag.* 267
Dionysius diac. 33, 8
s. Dionysius (Areopagita) 196, 1
Dioscorus diac. 128, 21 (= 259 *F.*). 129, 25 (= 260 *F.*) — antipapa 139, 4. 7. 9. 11. 142, 5
Dioscorus haereticus 103, 6
Domitianus imp. 6, 4. 5 (= 231 *F. C.*). 8, 3. 4 (= 232 *F. C.*). 9, 5 (= 232 *F. C.*). *cf. pag.* 281
Domitius pater Callisti I pp. 21, 1 (= 236 *F. C.*)
Donus papa *v. pag.* 268
Donus mag. mil. 178, 14. 17
Dorotheus subdiac. 223, 1

Eleuther papa *v. pag.* 267
s. Eleuther *v. pag.* 278
Eleutheria (uxor Diocletiani) 152, 18
Eleutherius exarchus 166, 4. 9. 168, 9
Eliodorus *v.* Heliodorus
Ennodius ep. Ticinensis 126, 17 (= 258 *F.*). 127, 1 (= 258 *F.*)
Epatius ep. 141, 9 *cf.* Hypatius
Epiphanius inclausus 198, 4
Epyfanius gloriosus a secretis 193, 7
Equitius presb. 47, 11 *cf. pag.* 282
Erasmus *v.* Herasmus
Evantius presb. 126, 19 (= 258 *F.*) *cf.* Venantius
Euaristus papa *v. pag.* 267
Eventius presb. 10, 4 (= 232 *F.*)
s. Eufemia *v. pag.* 277. 282
s. Eugenia *v. pag.* 282
Eugenius I papa *v. pag.* 268
Eulalius antipapa 92, 2. 3. 9. 10. 14. 15. 17. 18 (= 251 *F. C.*). 93, 1. 2
s. Euplus *v. pag.* 282
Eupraxius gloriosus 182, 16
Eusebius papa *v. pag.* 267
Eusebius ep. Nicomediensis 80, 3
Eutyches haereticus 101, 6 (= 253 *F.*). 102, 6 (= 253 *F.*). 103, 4 (= 253 *F.*). 5. 104, 5 (= 253 *C.*). 107, 10. 117, 14. 15 (= 256 *C.*). 127, 1 (= 258 *F.*)
Eutychiani 101, 6. 112, 15 (= 254 *F.*). 120, 5 (= 256 *F.*). 127, 11
Eutycianus papa *v. pag.* 267

Extricatus consul [a. 217] 20, 4 (= 236 *F. C.*)
Ezechiel 161, 3

Fabianus papa *v. pag.* 267
Fabius pater Fabiani pp. 27, 1 (= 238 *F. C.*)
Facundus consul [a. 336] 73, 2 (= 247 *F. C.*)
Faustinus pater Clementis I pp. 7, 1 (= 231 *F. C.*)
s. Faustinus martyr 201, 19
Faustus exconsul 122, 4. 19
† Fecundus 247 (*F. C.*) *v.* Facundus
Felicianus consul [a. 337] 75, 2 (= 248 *F. C.*)
s. Felicianus martyr 180, 1 *cf. pag.* 280
Felicissimus diac. 34, 10 (= 240 *F.*)
s. Felicitas *v. pag.* 280. 282
Felix I papa *v. pag.* 267
Felix II papa *v. pag.* 267
Felix III papa *v. pag.* 267
Felix IV papa *v. pag.* 267
Felix archiep. Ravennas 222, 7. 225, 2
Felix diac. 128, 20 (= 259 *F.*)
Felix pater Victoris pp. 18, 1 (= 235 *F. C.*)
Felix presb. pater Felicis III pp. 114, 1 (= 255 *F. C.*)
s. Felix *v. pag.* 280. 282
Festus praepositus sacri cubiculi 55, 19
Festus senator 121, 7. 16. 122, 1 (= 257 *C.*)
Flavianus ep. 104, 12
Flavius Theodorus 135, 16 (= 261 *F.*) *v.* Theodorus exconsul
Focas imp. 164, 2. 165, 3. 8
Fortunatus ep. Catinensis 126, 18 (= 258 *C.*)
Fortunatus pater Symmachi pp. 120, 1 (= 256 *F. C.*)
Fotinus haereticus 49, 3. 7 (= 244 *F. C.*)
Fotinus diac. Thessalonicensis 119, 10 (= 256 *C.*)

Gaius imp. 2, 9 (= 230 *F. C.*)
Gaius papa *v. pag.* 267
Gaius pater Gai pp. 39, 3 (= 242 *F. C.*)
Galba imp. 7, 2 (= 231 *F. C.*)
Galerius *v.* Maximianus
Gallicanus consul [a. 150] 15, 3 (= 234 *F. C.*)
Gallicanus 68, 17
† Gallicanus *v.* Gallus consul [a. 198]
= Gallicanus *v.* Gallienus imp.
Gallienus imp. 32, 6 (= 239 *F. C.*). 33, 4. 5 (= 240 *F. C.*). 36, 4 (= 241 *F. C.*)

Gallus imp. 32, 5 (= 239 *F. C.*)
Gallus consul [a. 108] 9, 6 (= 232 *F. C.*)
Gallus consul [a. 198] 20, 3 (= 236 *F. C.*)
Gavinius frater Gai pp. 40, 3
Gavinius presb. 40, 3
Gelasius papa *v. pag.* 267
Georgius patriarcha Constantinopolitanus 194, 18. 195, 20. 196, 25. 197, 4. 9. 13
Georgius ep. Portuensis 222, 22
Georgius presb. 193, 11
Georgius presb. 222, 22. 223, 10
Georgius diac. et chartophylax 195, 16
Georgius secundicerius 222, 23
s. Georgius martyr 201, 24 *cf. pag.* 282. 284
Germanus ep. Capuanus 128, 18 (= 259 *F.*). 19
s. Gervasius *v. pag.* 282
Gisulfus dux Langobardorum 217, 12
Glabrio consul [a. 186] 18, 3 (= 235 *F. C.*)
Glabrio consul [a. 256] 34, 12 (= 240 *F. C.*)
Glaphyra pp inl. 124, 16
Gordianus presb. pater Agapiti pp. 122, 16. 142, 1
Gordianus pater Gregorii I pp. 161, 1
Gratus consul [a. 250] 27, 4 (= 238 *F. C.*)
Gratus vir inl. 128, 14 (= 259 *F.*). 129, 7. 8 (= 259 *F.*)
† Gravio *v.* Glabrio
Gregorius I papa *v. pag.* 268
Gregorius (Nazianzenus?) 196, 1
Gregorius diac. 222, 23
Gundarit (Guintarit) rex Vandalorum 149, 3. 5

(H)abundantius ep. Paternensis 193, 10
Habundantius 236 (*F.*) *v.* Habundius
Habundius pater Eleutherii pp. 17, 1 (= 235 *F. C.*)
Habundius pater Zephyrini pp. 20, 1 (= 236 *C.*) *cf.* Habundantius
Hadrianus imp. 11, 3 (= 233 *F. C.*)
Hadrianus abbas not. ad 188, 9
s. Hadrianus *v. pag.* 282
Haripertus rex Langobardorum 219, 18
Helena aug. mater Constantini Magni 57, 10 (= 246 *C.*). 65, 21. 66, 1 (= 247 *C.*). 11. 67, 7 *cf. pag.* 278. 281
Heliorus consul [a. 116] 10, 2 (= 232 *F. C.*)
Heliodorus magistrianus vel praefectianus 127, 22 (= 259 *F.*). 23

PERSONAE.

Heliogabalus imp. 21, 3 (= 236 *F. C.*)
Heraclius imp. (168, 13). 171, 2. 176, 7
Heraclius imp. (Constantini Pogonati frater) 193, 6
Heraclius Constantini Pogonati filius 204, 2
s. Herasmus *v. pag. 281*
Herculanus pater Lini pp. 5, 1 (= 231 *F. C.*)
Herculius 62, 19 *v. pag. 278*
Hermas frater Pii pp. 14, 1. 7 (= 234 *F. C.*)
Hermenericus consul [a. 465] 107, 14
s. Hermes *v. pag. 278. 280*
Hermis *v.* Hermas
s. Hieronymus 1, 1. 10 (= 229 *F. C.*)
Hilarius ep. Pictaviensis 196, 1
Hilarus papa *v. pag. 267*
Hilarus notarius 126, 21
Hippolytus presb. 24, 5 (= 237 *F. C.*)
Hisacius exarchus 175, 2. 4. 22. 176, 2. 4. 8. 178, 5. 7. 10. 13. 179, 3. 4. 9. 11
Honorius imp. 92, 6
Honorius papa *v. pag. 268*
Honorius ep. 33, 7
Horestes *v.* Orestes
Hormisdas papa *v. pag. 267*
Hybromius 60, 3 *cf. pag. 278*
Hyginus papa *v. pag. 267*
Hypatius ep. 141, 9 *cf.* Epatius

Iacobus apostolus *v. pag. 284*
Iacobus 7, 10
Ianuarius diac. 34, 10 (= 240 *F.*)
Importunus *v.* Inportunus
Innocentius I papa *v. pag. 267*
Innocentius pater Innocentii I pp. 88, 1 (= 251 *F. C.*)
Inportunus exconsul 134, 6 (= 261 *F.*). 7. 135, 21 (= 261 *F.*)
Iob 161, 3
Iobianus pater Adeodati pp. 190, 1
Iobius pater Stephani I pp. 33, 1 (= 240 *F. C.*)
Iocundus presb. pater Bonifatii I pp. 92, 1 (= 251 *F. C.*)
Iohannes baptista 55, 12 *cf. pag. 276. 278. 279. 282. 284*
Iohannes evangelista *v. pag. 281. 282. 284*
Iohannes I papa *v. pag. 267*
Iohannes II papa *v. pag. 267*
Iohannes III papa *v. pag. 268*
Iohannes IV papa *v. pag. 268*
Iohannes V papa *v. pag. 268*
Iohannes VI papa *v. pag. 268*
Iohannes VII papa *v. pag. 268*
Iohannes Compsinus 166, 7

Iohannes exarchus 166, 5
Iohannes Platyn exarchus 208, 19. 211, 6
Iohannes Rizocopus exarchus 223, 3
Iohannes Sanguinarius mag. mil. 148, 3. 4
Iohannes ep. Alexandrinus 116, 19. 23
Iohannes ep. Constantinopolitanus 126, 14. 129, 11. 12 (= 259 *F.*)
Iohannes ep. 128, 19 (= 259 *F.*)
Iohannes Chrysostomus ep. Constantinopolitanus 195, 24
Iohannes ep. Perusinus 155, 3
Iohannes ep. Portuensis 193, 10. 198, 10. 202, 6. 212, 12
Iohannes ep. Regitanus 193, 10
Iohannes subdiac. 147, 10
Iohannes servus dei 161, 9
Iohannes defensorum primus 222, 23
Iohannes pater s. Petri 2, 1 (= 230 *F. C.*). 2
Iohannes pater Aniceti pp. 15, 1 (= 234 *F. C.*)
Iohannes consul pater Vigilii pp. 148, 1
Iohannes vicarianus pater Pelagii I pp. 155, 1
Iohannes Cataadioce pater Bonifatii III pp. 164, 1
Iohannes medicus pater Bonifatii IV pp. 165, 1
Iohannes pater Bonifatii V pp. 168, 1
Iohannes pater Benedicti II pp. 203, 1
Iohannes pater Sisinnii pp. 221, 1
Iohannes pater Constantini pp. 222, 1
Isacius *v.* Hisacius
Italicus consul [a. 68] 7, 3 (= 231 *F. C.*)
Iucundus *v.* Iocundus
Iudas qui et Quiriacus 45, 6 (= 243 *F.*)
Iudas pater Euaristi pp. 9, 3 (= 232 *F. C.*)
Iulianus imp. 82, 6 (= 250 *F. C.*)
Iulianus subdiac. 223, 2
Iulius I papa *v. pag. 267*
Iustinianus I imp. 141, 6. 11. 142, 7. 8. 13. 20. 22. 143, 1. 6. 8. 144, 10. 16. 146, 8. 148, 7. 149, 1. 152, 18. 153, 15. 16. 18. 154, 6. [157, 11. 159, 4] *cf.* Iustinus II
Iustinianus II imp. 204, 1. 205, 16. 207, 24. 211, 26. 212, 8. (213, 13). 219, 3. 220, 1. 18. 221, 2. 11. 222, 2. 11. 18. 223, 22. 224, 5. 8. 19
Iustinus I imp. 128, 11 (= 259 *F. C.*). 129, 2. 3. 9. 10 (= 259 *F.*). 22. 27. 30. 32 (= 260 *F.*). 130, 6. 131, 7. 133, 5. 8. 9 (= 260 *F. C.*). † 134, 13 (= 261 *F.*). 134, 22. 24 (= 261 *C.*). 135,

1. 5. 10. 136, 25. 36 (= 262 *F. C.*). 137, 17. 138, 2. 139, 2
Iustinus II imp. (157, 11.) (159, 4) *cf.* Iustinianus I
Iustus pater Hormisdae pp. 126, 1 (= 258 *F. C.*)
s. Iuvenalis *v. pag. 278*

Lampadius consul [a. 530] 138, 3 (= 262 *F. C.*). 140, 4. 5. 141, 22
Lateranus consul [a. 197] 18, 4 (= 235 *F. C.*)
Laurentius antipapa 120, 9. 10. 11. 15 (= 256 *F. C.*). 121, 3. 11. 15. 22 (= 257 *F. C.*)
s. Laurentius archidiac. 34, 15 (= 240 *F. C.*). 35, 8 (= 240 *F.*). 63, 28. 64, 7. 98, 20 *cf. pag. 281 (bis). 282. 283*
Leo I imp. 104, 12
† Leo imp. *v.* Leontius imp.
Leo I papa *v. pag. 267*
Leo II papa *v. pag. 268*
Leontius imp. 220, 3
Leontius diac. Constantinopolitanus 198, 4. 201, 5
Leopardus presb. 88, 11. 90, 14
Liberius papa *v. pag. 267*
Linus papa *v. pag. 267*
Livianus diac. 88, 12
s. Lucia *v. pag. 283 cf.* Lucina
Lucina matrona 29, 4 (*cf.* 238 *F. C.*). 6 (= 239 *F. C.*). 31, 10 (= 239 *F. C.*). 44, 5. 13. 17 *cf. pag. 280 (bis). 281. 283*
Lucinus pater Lucii pp. 32, 2 *cf.* Purphirius
Lucius papa *v. pag. 267*
Lucius rex Britannus 17, 4 (= 235 *F. C.*)

Maburtius consul [a. 527] 138, 2 (= 262 *F. C.*)
Macarus ep. Antiochenus 194, 18. 195, 19. 21. 196, 19. 23. 197, 6. 12. 14. 198, 1. 3. 200, 13. 201, 1. 4
Macrinus imp. 21, 3 (= 236 *F. C.*)
† Magnus consul 13, 3 (= 234 *F. C.*)
Magnus diac. 34, 10 (= 240 *F.*)
Manichei 46, 6 (= 244 *F. C.*). 86, 1. 7. 87, 10 (= 250 *C.*). 116, 5. 122, 20. 130, 11 (= 260 *F.*)
s. Marcellianus martyr *v. pag. 280 cf.* Marcellinus
Marcellinus papa *v. pag. 267*
Marcellinus consul [a. 275] 38, 3 (= 241 *F. C.*)
s. Marcellinus presb. martyr *v. pag. 280 (bis). 284*
Marcellus papa *v. pag. 267*
Marcellus pater Marcelli pp. 43, 2 (= 243 *F. C.*) *cf.* Benedictus

INDEX II.   PERSONAE.   273

Marcellus presb. 42, 1. 7 (= 242 *F. C.*)
Marcianus imp. 101, 8. 9 (= 253 *F.*). 102, 9. 10. 11 (= 253 *F.*). 103, 1. 7 (= 253 *F.*). 104, 11
Marcus (Antoninus) imp. 12, 9 (= 233 *F. C.*). 13, 3 (= 234 *F. C.*). 15, 3 (= 234 *F. C.*). 17, 2 (= 235 *F. C.*)
Marcus papa *v. pag. 267*
Marcus evangelista 2, 10. 11 (= 230 *F. C.*)
Marcus Lucinae maritus 44, 5
s. Marcus m. *v. pag. 280. 283*
s. Maria *v. pag. 278. 283*
Marinus pater Eutychiani pp. 38, 1 (= 241 *F. C.*)
Marinus scribon 178, 20
Martinus I papa *v. pag. 268*
Martinus abbas 177, 3
s. Martinus *v. pag. 284*
Martyrius 141, 4 *v.* Mercurius
Maternus consul [a. 185] 17, 2 (= 235 *F. C.*)
Mauricius cartularius 175, 2. 4. 13. 15. 22. 178, 4. 6. 13. 16. 17. 18. 179, 2. 4
Mauricius pater Doni pp. 192, 1
Maurus ep. Ravennas 201, 15
s. Maurus m. *v. pag. 284*
Maxentius imp. 43, 5 (= 243 *F. C.*). 15. 44, 2. 8. 46, 9 (= 244 *F. C.*)
Maximianus imp. 33, 7. 41, 3. 4 (= 242 *F. C.*)
Maximianus (Galerius) imp. 43, 5 (= 243 *F. C.*). 46, 9 (= 244 *F. C.*)
Maximinus imp. 22, 7. 26, 3 (= 237 *F. C.*). 27, 3 (= 238 *F. C.*)
† Maximinus consul 75, 3 (= 248 *F. C.*)
Maximinus presb. martyr 26, 7 *cf.* Maximus
† Maximinus presb. 238 (*F.*) *v.* Maximus presb.
† Maximinus *v.* Maximianus (Galerius)
Maximus consul [a. 253] 33, 4 (= 240 *F. C.*)
Maximus consul [a. 256] 34, 19 (= 240 *F. C.*)
Maximus consul [a. 523] 132, 1 (= 260 *C.*). 133, 3 (= 260 *F. C.*)
Maximus presb. martyr 26, 7 (= 238 *F. C.*) *cf.* Maximinus
Maximus presb. 27, 8 (= 238 *F.*). 28, 5 (= 238 *C.*)
Maximus pater Anastasii pp. 87, 1 (= 250 *F. C.*)
† Maximus *v.* Maximianus imp.
† Maximus 27, 3 (= 238 *F. C.*) *v.* Maximinus imp.

† Maximus 46, 2 *v.* Maxentius imp.
Mollitus servus dei 161, 9
Menas ep. Constantinopolitanus 143, 10. 146, 8. 195, 7. 8
Mesonus ep. 114, 19 (= 255 *F.*). 115, 6. 7 (= 255 *F.*). 116, 7. 8 (= 256 *F.*)
Mercurius cognomen Iohannis II pp. 141, 4 *cf.* Martyrius
Mezezius intarta 190, 6. 9
Michahelius presb. 222, 22
Miltiades papa *v. pag. 267*
Moyses presb. 27, 8. 11 (= 238 *F.*). 28, 6 (= 238 *C.*)

Narses 153, 18. 154, 3. 5. 155, 7. 157, 7. 9. 12. 158, 1. 2. 4. 5. 9. 11
Nepotianus consul [a. 336] 73, 2 (= 247 *F. C.*)
s. Nereus martyr *v. pag. 280*
Nero imp. 2, 6. 9 (= 230 *F.*). 3, 7. 5, 2 (= 231 *F. C.*) *cf. pag. 281*
Nerva imp. 9, 5 (= 232 *F. C.*)
Nestorius 101, 6 (= 253 *F.*). 102, 6 (= 253 *F.*). 103, 6. 104, 6 (= 253 *C.*). 107, 10. 117, 13. 15 (= 256 *C.*)
— Nestoriana haeresis 101, 7
s. Nicander *v. pag. 278*
Nicetas ep. Silvae Candidae 222, 21. 223, 13
s. Nicomedes *v. pag. 280*
Nicostratus diac. 27, 8 (= 238 *F.*). 28, 4 (= 238 *C.*)
† Nostratus 238 (*C.*) *v.* Nicostratus
Novatianus 27, 10. 28, 4 (= 238 *C.*)
Novatus 27, 10. 28, 4 (= 238 *C.*)

Odobacer 114, 3. 115, 10 (= 255 *F.*)
Olybrius consul [a. 526] 133, 4 (= 260 *F. C.*). 137, 26
Olympius exarchus 182, 11. 183, 1. 11. 15
Orestes consul [a. 530] 138, 3 (= 262 *F. C.*). 140, 5
Orfitus consul [a. 149] 13, 4 (= 234 *F. C.*)

s. Pancratius *v. pag. 283*
Paschalis archidiac. 210, 10. 12. 211, 3. 4. 12. 19. 21
Pastor pater Xysti I pp. 11, 1 (= 233 *F. C.*)
pastor *v.* Hermas
Paternus consul [a. 269] 36, 5 (= 241 *F. C.*). 37, 4 (= 241 *F. C.*)
† Paternus *v.* Maternus consul
Paulinus consul [a. 498] 122, 23 (= 257 *C.*) *cf. prolegg. p. XVII*
Paulinus presb. 90, 14

Paulus apostolus 4, 4 (= 230 *F.*). 29, 5 (= 238 *C.* 239 *F. C.*). 83, 20 (= 250 *C.*). 27. 94, 5 (= 252 *F. C.*). 134, 18 *cf. pag. 279. 280. 281 (saepius). 283*
Paulus patriarca Constantinopolitanus 180, 9. 181, 2. 182, 5. 13. 198, 7. 200, 13
Paulus presb. 222, 22
Paulus pater Leonis II pp. 200, 1
Pelagius I papa *v. pag. 268*
Pelagius II papa *v. p. 268*
Pelagius haereticus 88, 6. 7
Pelignianus consul [a. 231] 24, 4 (= 237 *F. C.*)
Pellurius *v.* Theodorus
Peregrinus ep. Misenensis 127, 2 (= 258 *F.*)
Petronius consul pater Honorii pp. 170, 1
Petrus apostolus *v. pag. 267*
Petrus dux 225, 14. 17. 24. 226, 2. 10.
Petrus ep. 100, 9
Petrus ep. Alexandrinus 112, 15. 21 (= 254 *F.*). 113, 1. 4 (= 255 *F.*). 114, 8. 15. 19 (= 255 *F.*). 116, 11. 17. 26. 126, 12 (= 258 *F.*). 130, 9
Petrus ep. Altinas 121, 18. 19. 22 (= 257 *F. C.*)
Petrus patriarca Constantinopolitanus 185, 6. 198, 7. 200, 13
Petrus archarius 223, 8
Petrus archipresb. 207, 6
Petrus notarius 128, 22
Petrus pater Anastasii II pp. 119, 1 (= 256 *F. C.*)
s. Petrus exorcista martyr *v. p. 280*
Philippicus imp. 222, 2. 224, 21. 226, 4
Philippus apostolus *v. p. 284*
Phocas *v.* Focas
Photinus *v.* Fotinus
Pius papa *v. pag. 267*
Placentinus ep. Veliternus 202, 6
Placidia aug. 92, 5. 96, 12 *v. pag. 277. 279*
† Placidia *v.* Pulcheria aug.
Platon patricius 182, 16
Platon pater Iohannis VII pp. 219, 1
Platyn *v.* Iohannes
Pollio subdiac. 127, 3 (= 258 *F.*)
Polychronius inclausus 198, 4. 200, 14. 201, 1
Pompeianus consul [a. 231] 24, 3 (= 237 *F. C.*)
Pontianus papa *v. pag. 267*
Pontianus pater Urbani I pp. 22, 1 (= 237 *F. C.*)
s. Potentiana 14, 18 *cf. pag. 284*
Praesens consul [a. 153] 15, 4 (= 234 *F. C.*)

35

PERSONAE.

Praesens consul [a. 217] 20, 4 (= 236 F. C.)
Praetextatus v. pag. 280
s. Praxedis 14, 17
s. Primus martyr 180, 1 cf. pag. 280
Priscilla 43, 8 cf. pag. 280
Priscus consul [a. 149] 13, 5 cf. Camerinus
Priscus pater Marci pp. 73, 1 (= 247 F. C.)
Priscus pater Caelestini pp. 94, 3 (= 252 F. C.)
Probinus senator 121, 7. 16. 122, 2
Proiectus pater Marcellini pp. 41, 1 (= 242 F. C.)
Proiectus pater Iohannis II pp. 141, 5
s. Protasius v. pag. 282
Proterius ep. Alexandrinus 113, 2
s. Protus v. pag. 282
Pulcheria aug. 103, 1 (= 253 F.). 2. 8
Purphirius pater Lucii pp. 32, 2 (= 239 F. C.) cf. Lucinus
Pyrrus patriarcha Constantinopolitanus 179, 13. 24. 182, 5. 198, 7. 200, 13

† Quadratus v. Gratus consul [a. 250]
Quintianus consul [a. 235] 24, 6 (= 237 F. C.)
Quintianus pater Leonis I pp. 101, 1 (= 253 F. C.)
Quiriace v. Cyriace
Quiriacus 45, 6 (= 243 F.) v. Iudas
Quirinus 242 (F.) v. Cyrinus

Reparatus ep. Ravennas 192, 10
Rizocopus v Iohannes
Romanus exarchus 161, 5
Romanus ostiarius 35, 2 (= 240 F.)
Romulus pater Anterotis pp. 26, 1 (= 237 F. C.)
s. Rufina v. pag. 284
Rufinianus pater Eugenii I pp. 185, 2
Rufinus consul [a. 153] 15, 4 (= 234 F. C.)
Rufinus consul [a. 197] 18, 4 (= 235 F. C.)
Rufinus consul [a. 311] 46, 3 (= 244 F. C.) cf. Volusianus
† Rufinus 281 (F. C.) v. Rufus consul [a. 67]
Rufinus pater Pii pp. 14, 1 (= 234 F. C.)
Rufinus pater Silvestri pp. 47, 1 (= 244 F. C.)
Rufus consul [a. 67] 5, 3 (cf. 231 F. C.) cf. Rufinus
Rufus consul [a. 83] 6, 5 (= 231 F.)

Rusticus consul [a. 162] 16, 2 (= 235 F. C.)
Rusticus pater Iulii pp. 75, 1 (= 248 F. C.)

Sabellius haereticus 49, 3. 7 (= 244 F.)
Sabinianus papa v. pag. 268
Sabinus consul [a. 84] 8, 3 (= 232 F. C.)
Saiulus diac. vicedominus 223, 6
Sanguinarius v. Iohannes mag. mil.
Saturninus consul [a. 56] 5, 2 (= 231 F. C.)
Saturninus consul [a. 198] 20, 3 (= 236 F.)
s. Saturninus v. pag. 284
s. Savina v. pag. 284
Scipio consul [a. 56] 5, 2 (= 231 F. C.)
Scolasticius exarchus 226, 6
s. Sebastianus v. pag. 280. 284
s. Secundus v. pag. 284
Senator consul [a. 514] 122, 23 (= 258 C.). 126, 3
Sergius I papa v. pag. 268
Sergius patriarcha Constantinopolitanus 182, 5. 198, 7. 200, 12
Sergius abbas 223, 8
Sergius ordinator 223, 8
Sergius scriniarius 223, 1
Sergius magistrianus 212, 11
Severinus papa v. pag. 268
s. Severinus v. pag. 284
Severus (Septimius) imp. 20, 3 (= 236 F. C.)
Severus consul [a. 146] 14, 4 (= 234 F. C.)
Severus consul [a. 235] 24, 6 (= 237 F. C.)
† Severus 15, 3. 16, 2 v. Verus imp.
Severus presb. 35, 1 (= 240 F.)
Sigibuldus pater Bonifatii II pp. 139, 1
s. Silvanus 93, 7
Silverius papa v. pag. 267
Silvester papa v. pag. 267
Simon magus 3, 7. 9. 200, 14
Simplicius papa v. pag. 267
s. Simplicius 201, 19
Sinduald rex Herulorum 157, 6
Siricius papa v. pag. 267
Sisinnius papa v. pag. 268
Sisinnius nomenculator 223, 1
Sofia aug. 157, 11
s. Sofia v. pag. 284
s. Sossius v. pag. 282
Soter papa v. pag. 267
Stephanus I papa v. pag. 267
Stephanus diac. 34, 11 (= 240 F.)

Stephanus subdiac. pater Deusdedit pp. 166, 1
Stephanus Macari discipulus 197, 18. 198, 3. 200, 13. 201, 1
s. Stephanus v. pag. 281. 284
† Stricatus v. Extricatus
s. Susanna 40, 4 cf. pag. 284
s. Symeon 215, 15
Symmachus papa v. pag. 267
Symmachus consul [a. 522] 126, 3. 136, 16. 17. 19 (= 261 F. C.)

Telesphor papa v. pag. 267
Tervelis rex Bulgarorum 220, 2
Theodatus rex Gothorum 142, 7. 9. 144, 2. 3. 8. 11
† Theodoliobollus v. Heliogabalus
Theodolus diac. 10, 4 (= 232 F.)
Theodora aug. 146, 6. 13. 15. 149, 1. 150, 1. 5. 151, 2. 152, 18
Theodoricus rex Gothorum 114, 3. 116, 2 (= 255 F. C.). 119, 3. 120, 2 (= 256 F. C.). 18 (= 257 F. C.). 121, 9. 17 (= 257 F. C.). 126, 2. 15. 17 (= 258 F.). 128, 17 (= 259 F.). 18. 130, 5. 131, 8. 133, 5. 6 (= 260 F. C.). 134, 1. 13 (= 261 F. C.). 135, 5. 136, 4 (= 261 F.). 12. 14 (= 261 F. C.). 30 (= 262 F. C.). 137, 6. 9 (= 262 F. C.). 138, 2. 8 (= 263 C.). 142, 9
Theodorus I papa v. pag. 268
Theodorus exconsul 134, 6 (= 261 F.). 135, 16. 17 (= 261 F. C.)
Theodorus Caliopa exarchus 179, 11. 183, 22
Theodorus exarchus 207, 23
Theodorus Pellurius cubicularius 183, 23
Theodorus patricius 222, 12. 223, 11
Theodorus archiep. Ravennas 193, 4
Theodorus archiep. not. ad 188, 9
Theodorus patriarcha Constantinopolitanus 196, 24
Theodorus archipresb. 207, 7. 210, 10. 11. 211, 1
Theodorus presb. 193, 11
Theodorus presb. Ravennas 193, 12
Theodorus ep. pater Theodori pp. 178, 1
Theophanius patriarcha Antiochenus 198, 2
Theophanius regionarius 223, 16
Theophilactus exarchus 217, 3
Theophilus ep. Alexandrinus 19, 2 (= 236 F. C.). 4
Theophilus strategus Caravisianorum 223, 19
Theophylactus v. Theophilactus
Thomas apostolus v. pag. 282
Thomatus cartularius 178, 20

PERSONAE.

Tiberius I imp. 2, 9 (= 230 *F. C.*)
Tiberius Claudius *v.* Claudius imp.
Tiberius imp. (Constantini Pogonati frater) 193, 6
Tiberius III (Apsimarus) imp. 216, 5. 217, 2. 218, 5. 219, 2. 220, 3
Tiberius imp. (filius Iustiniani II) 223, 21
Tiberius pater Sergii 1 pp. 210, 1
Tiburtius pater Siricii pp. 85, 1 (= 250 *F. C.*)
s. Tiburtius 23, 4 (= 237 *F. C.*) *cf. pag.* 280
Timotheus ep. Alexandrinus 113, 1 (= 254 *F.*)
Titus imp. 6, 3 (= 231 *F. C.*). 7, 3 (= 231 *F. C.*)
Totila rex Gothorum 153, 9. 21
Tragalus (Trachalus) consul [a. 68] 7, 2 (= 231 *F. C.*)
Traianus imp. 7, 15 (= 232 *F. C.*). 9, 5 (= 232 *F. C.*). 10, 2 (= 232 *F. C.*) *cf. pag.* 280. 281
Tuscus consul [a. 258] 34, 12. 13 (= 240 *F. C.*)

Valens consul [a. 96] 9. 5 (= 232 *F. C.*)
Valens presb. (Arrianus) 77, 7. 8. 12 (= 248 *F. C.*). 78, 11 (= 248 *F. C.*). 14 (= 249 *F.*)
Valentinianus III imp. 92, 5. 96, 3 (= 252 *F. C.*). 12. 98, 4. 9. 12 (= 252 *C.*). 99, 1

Valentinus ep. 152, 9
Valentinus notarius 155, 20
s. Valentinus 204, 6 *cf. pag.* 280. 284
Valerianus imp. 32, 6. 10 (= 239 *F. C.*). 33, 4 (= 240 *F.*). 34, 6 (= 240 *F. C.*). 8. 9
Valerianus martyr 22, 10 (= 237 *F. C.*) *cf. pag.* 280
Valerius pater Gelasii pp. 116, 1 (= 255 *F. C.*)
Venantius presb. 126, 19 *cf.* Evantius
Venantius scolasticus pater Iohannis IV pp. 177, 1
s. Venantius martyr *v. pag.* 284
Verus imp. 13, 3 (= 234 *F. C.*) [15, 3 = 234 *F. C.*] [16, 2 = 235 *F. C.*] *v.* Severus
Verus consul [a. 126] 11, 3 (= 233 *F. C.*)
Vespasianus imp. 6, 3. 5 (= 231 *F. C.*). 7, 2. 3 (= 231 *F. C.*)
Vestina inl. femina 88, 11. 15. 90, 1. 15 *cf. pag.* 280
Vetus consul [a. 96] 9, 5 (= 232 *F. C.*)
Vetus consul [a. 116] 10, 2 (= 232 *F. C.*)
Vetus consul [a. 150] 15, 3 (= 234 *F. C.*)
Victor papa *v. pag.* 267
Vigilia neptis Vigilii pp. 150, 14
Vigilius papa *v. pag.* 268
Vilisarius *v.* Belisarius
Vincentius diac. 34, 10 (= 240 *F.*)
Vitalianus papa *v. pag.* 268

Vitalianus mag. mil. 129, 3 (= 259 *F.*)
Vitalis ep. 114, 19 (= 255 *F.*). 115, 6. 7 (= 255 *F.*)
Vitalis diac. 126, 20 (= 258 *F.*)
Unigildus pater Pelagii II pp. 160, 1
Volusianus imp. 32, 5 (= 239 *F. C.*)
Volusianus consul [a. 311] 46, 3 (= 244 *F. C.*). 47, 2. 3 (= 244 *F. C.*) *cf.* Rufinus
Urbanus papa *v. pag.* 267
Ursacius presb. (Arrianus) 77, 7. 8. 12 (= 248 *F. C.*). 78, 11 (= 248 *F. C.*). 14 (= 249 *F.*)
Ursicinus presb. 88, 11
Ursinus antipapa 82, 2. 3

Witigis rex Gothorum 144, 9. 145, 3. 8. 19. 148, 2

Xystus I papa *v. pag.* 267
Xystus II papa *v. pag.* 267
Xystus III papa *v. pag.* 267
Xystus diac. 33, 8 *v.* Xystus II
Xystus subdiac. 147, 12
Xystus pater Xysti III pp. 96, 1 (= 252 *F. C.*)

s. **Y**achintus *v. pag.* 282

Zaccharias protospatarius 212, 13. 19. 213, 4
Zeno imp. 114, 16 (= 255 *F.*). 116, 2 (= 255 *F. C.*)
Zephyrinus papa *v. pag.* 267
Zosimus papa *v. pag.* 267

III. LOCI.

Aegyptus 59,18. 159,8. — Aegyptia civitas 61,10
Afer *v.* Africa
Afilanum territurium 97,22
Afilas possessio 71,9
Africa 27,10. 28,4 (= 238 *C.*). 56, 13. 125,7. 130,17 (= 260 *F.*). 149, 2. 4. 5. 6. 179,13. 190,8. — provincia 188,3. 205,19. — Afer nat. 18,1 (= 235 *F. C.*). 46,1 (= 243 *F. C.*). 116,1 (= 255 *F. C.*). — Afri episcopi 140,1
Afrodisias: cellae in A. (apud Antiochiam) 58,22
Agapi possessio sub civitate Armenia (Aegypti) 59,19
Albanensis civitas 69,3 (= 247 *C.*). — urbs 69,20. — possessio 69,15. 16. — territurium 126,4. — t. Appianum Alb. 56,10. — lacus 69,17. — ecclesia 202,7. — A. natione 88,1 (= 251 *F. C.*). — basilica s. Iohannis baptistae 69,3 (= 247 *C.*)
Albius mons 67,5.6
Alexandria 112,15. 190,13. — episcopus Alexandriae 19,3 (= 236 *F. C.*). 5. — Alexandrinus 112,21. 126, 12 (= 258 *F.*). — episcopus 116,19. — patriarcha 182,4. 212,3
Alpium Cutiarum patrimonium 219,18
Altina civitas 121,19. — Altinas 121, 18. 22 (= 257 *F. C.*)
Amandini possessio territurio Vegentano 90,1
Amartianas possessio territurio Corano 70,1
Amazon massa in Mengaulum 56,26
Ameria 161,7
Amisa vicus 234 (*F. C.*) *v.* Humisa
s. Angeli ecclesia in monte Gargano 116,4
Anglesis possessio sub civitate Nepesina 62,16
Angli *v.* Anguli
Angulas possessio sub civitate Tuder 62,21

Anguli (gens) 161,11 not. ad 188,9
Antium civitas 92,9. — Antianum territurium 54,17
Antiochia 2,5 (= 230 *F. C.*). 210,1. — civitas 58,19. 59,1. — provincia 205,1. — hortum Maronis in civit. A. 58,26. *cf.* 27. — Antiochenus 2,1 (= 230 *F.*). 2. 9,2 (= 232 *F. C.*). 194,19. — ecclesia 198,2. — patriarcha 198,2. 200,12. 212,4
Antoniana possessio territurio Casino 84,17
Antoniana possessio territurio Lodiano 90,3
Antonianus fundus via Claudia 73,19
Aphrodisias *v.* Afrodisias
Appia via 20,14 (= 236 *F. C.*). 21, 13. 23,3 (= 237 *F.*). 25,5 (= 237 *F.*). 26,11 (= 238 *F.*). 27,16 (= 238 *F.*). 31,11 (= 239 *F.*). 32,18 (= 240 *F.*). 33,15 (= 240 *F. C.*). 35,5 (= 240 *F. C.*). 6 (= 240 *F.*). 36,9 (= 241 *F.*). 38,13 (= 241 *F.*). 40,5 (= 242 *F.*). 45,13 (= 243 *F.*). 46,11. 73,20. 99,27. 105,4. 192,4. 236 (*C.*)
Appianum Albanense territurium 56,10
Aquileia civitas 14,1 (= 234 *F. C.*). — Aquileiensis ecclesiae archiepisc. 215,19
Aquilo villa iuxta Nicomediam 80,5
Aquitanicae columnae 108,17
Aranas possessio 65,3
Ardeatina via 73,7. 10. 21. 74,3 (= 247 *F.*). 83,8 (= 250 *F.*). 84,25 (= 250 *C.*). 137,12
Ardeatinum territurium 54,18. 68,13
Argentarius mons 67,15
Armanazon possessio sub civ. Cyro in provincia Eufratense 60,9
Armenia civitas (Aegypti) 59,19. — Hybromii possessio sub civitate Armenia 60,3
Assis insula quod est inter Portum et Hostia 68,10

Athenae 8,1 (= 232 *F. C.*). 13,1 (= 234 *F. C.*). 186,8
Augusti possessio territurio Sabinense 64,13
s. Aureae basilica in Hostis 215,6
Aurelia via 4,6 (= 231 *F. C.*). 21, 12 (= 236 *F. C.*). 37,11. 12 (= 241 *F. C.*). 75,9. 76,3 (= 248 *F.*). 80,7 (= 249 *F. C.*). 81,17. 123,26. 172,9
Auriana massa territurio Laurentino 54,16

Baias monasterium insulae Siciliensis 198,2
Balneolum possessio territurio Ostense 68,15
Barbatianus fundus territurio Ferentis 71,22
Basilea possessio sub civitate Aegyptia 61,17
Bassi fundus 56,6
Bauronica massa territurio Suessano 54,15 *cf.* Gauronica
Bebius mons, qui est in Campania 204,9
Beient- *v.* Veient-
Belliten- *v.* Velliten-
Beneventum 186,9. 217,12
Beruclas fundus territurio Corano 71,24
Bethleem civitas 9,3 (= 232 *F. C.*)
Bethsaida vicus 2,3.4 (= 230 *F. C.*)
Bithynia 48,21 (= 244 *F. C.*). 224,6
Blachernae 194,14
Blera civitas 163,1
Britannia not. ad 188,9. — archiepiscopus 216,2. — Britannicus rex 17,4 (= 235 *F. C.*)
Brittius et Lucaniae patrimonii 208,5
Bucina insula prope Sardiniam 24,6 (= 237 *F. C.*) ['Eadem fortasse Bovenna tab. Peut. ad fretum Gallicum'. Huelsen].
Bulgaria 220,1

INDEX III. LOCI. 277

Caculas fundus territorio Momentano 56, 8
Caeleris possessio territorio Afilano 97, 22
Caene in civitate Antiochia 58, 21
Caieta v. Gaieta
Calabria 214, 23. — provincia 188, 3. — patrimonia Calabriae 205, 12
Calcedon 102, 1 (= 253 *F.*). — Calcedonensis synodus 104, 11. 107, 8. — basilica s. Eufemiae 102, 2 (= 253 *F.*)
Calipolis 223, 13
Camaras massa territorio Crypta lupi (Africa) 56, 17
Campania 26, 10 (= 238 *C.*). 92, 18. 93, 2. 144, 17. 158, 2. 190, 8. 204, 9. 217, 13. — provincia 41, not. ad s. 186, 1. — Campanus nat. 16, 1 (= 235 *F. C.*). 94, 2 (= 252 *F. C.*). 126, 1 (= 258 *F. C.*). 144, 1. 168, 1. 170, 1
Capsis massa territorio Capsitano (Africa) 56, 15
Capsitanum territorium (Africa) 56, 15
Capua: basilica apostolorum (Constantiniana) intra urbem 70, 4 (= 247 *C.*). — territorium Capuanum 70, 17. — episcopus 128, 18 (= 259 *F.*). 19
Caralitanus archiepiscopus 206, 1
Caravisiani 223, 19
Carthaginiensis episcopus 30, 1 (= 239 *C.*). 140, 2
Cartiolanum territorium 56, 7
Casinum territorium 84, 17. — Casinas territorium 89, 26
Castellum Rotundum 129, 4 (= 259 *F.*)
Castis massa territorio Catinense 54, 20
Casulas ager 63, 24
Catafriges 88, 3
Catinensis civitas 152, 7. — territurium 54, 20. 21. — episcopus 126, 18 (= 258 *F.*). 19
Cea insula 223, 19
Cefalina massa in Creta 56, 22. 23
Ceianus fundus territorio Penestrino 71, 28
Celeris v. Caeleris
ad Centum possessio territorio Capuano 70, 17
Centumcellae 29, 1 (= 238 *C.*). 13 (= 239 *C.*). 30, 3 (= 239 *C.*)
Ceratheas in civ. Antiochia: balneum 58, 23. — pistrinum 58, 24. — propina 58, 25. *Cf. (monente Lumbroso) Procopius bell. Pers. 2, 10:* ἀμφὶ τὸ λεγόμενον Κερατεῖον
Cersona 184, 1
Chazaria 220, 1

Cherson v. Cersona
Cilicia 60, 14
Cimbriana possessio 71, 7
Claudia via 69, 1. 78, 19
Clusinum territorium 89, 21. 22
Comitum possessio (sub civitate Tyria) 61, 4
Compsinus 166, 7
Constantiniana basilica v. Capua
Constantinopolis 114, 23 (= 255 *F.*). 116, 18. 128, 3 (= 259 *F.*). 4. 26 (= 259 *F.*). 129, 5 (= 259 *F.*). 133, 8 (= 260 *F.*). 134, 15 (= 261 *C.*). 136, 12. 13 (= 261 *F. C.*). 142, 10. 11. 143, 12. 146, 6. 148, 7. 152, 11. 153, 15. 158, 13. 168, 13. 183, 25. 190, 10. 222, 14. 223, 21. 26. — regia civitas 176, 6. 179, 20. 180, 9. 197, 9. — regia urbs 182, 13. 186, 3. 8. 187, 12. 193, 8. 194, 4. 198, 10. 17. 200, 8. 205, 6. 211, 26. 212, 13. 14. 18. 220, 2. 222, 19. — Constantinopolitanus 195, 24. — urbs 181, 2. — clerus 129, 11 (= 259 *F.*). — ecclesia 164, 3. 195, 16. 201, 6. — episcopus 112, 14. 114, 10. 126, 12 (= 258 *F.*). 13. 14. 129, 12. 142, 16. 143, 2. — patriarcha 179, 15. 182, 5. 185, 6. 194, 18. 200, 11. 212, 3. — bas. s. Eufemiae 153, 2. — bas. s. Mariae semper virginis 184, 3. — palatium imperatoris 194, 6. 17. 197, 2. 200, 10. 220, 6. 224, 3. — Placidiae domus 181, 11. 194, 12. 224, 3. — Blachernae 194, 14
Coranum territorium 48, 14. 56, 1. 11. 70, 1. 71, 24. 25. — civitas 81, 2
Corbianum possessio territorio Clusino 89, 22
Corbinianus fundus territorio Corano 48, 14
Cordionon insula sub Tharso Ciliciae 60, 15
Corsica insula 221, 8
Cotrona 223, 13
Creta 56, 21. 23. — Cretensis episcopus 197, 17
Crispinis fundus via Laurentina 117, 11
Croton v. Cotrona
Crypta lupi territorium (Africa) 56, 17
Cylonis possessio territorio Penestrino 71, 30
Cyprium oleum 60, 1 (= 236 *C.*)
Cyrios possessio (sub civitate Aegyptia) 61, 11
Cyrus civitas (in provincia Eufratense) 60, 8

Dalmatia 177, 2. 6. — Dalmata natione 39, 1 (= 242 *F. C.*). 177, 1

Datiani domus (in civitate Antiochia) 58, 20
Digitus Solis 68, 11
Duas Casas territorio Sabinense: fundus 48, 12. — possessio 67, 16

Ebraice 3, 2 (= 230 *F. C.*)
Ephesinus synodus 107, 8
s. Eufemiae basilica (Constantinopoli) 153, 3. — basilica vel martyrium Calcedone 102, 2 (= 253 *F.*). — basil. in civ. Tiburtina 117, 4. — via Appia 192, 4. 215, 5 *prope Albanum, ubi adhuc dicitur s. Fomia (de Rossi bull. christ. 1869 p. 80; Tomassetti Arch. stor. patr. 2, 147)*
Eufratensis provincia 60, 8
Eutymi caduci possessio (sub civitatem Alexandriam) 59, 16

Falisca civitas 62, 18. 19
s. Felicis praediolum via Portuense 78, 18
Ferentinum 155, 3. — territorium 84, 15
Ferentis territorium 71, 22
Festi massa territorio Penestrino 55, 19
Ficuclas (iuxta civitate Ravennate) 179, 1
Fidelinas civitas 63, 17
Figlinas possessio territorio Casinate 89, 26
Flaminia via 75, 8. 9. 149, 14. 180, 5. 203, 8
Francorum rex 130, 22 (= 260 *F.*). — dux 157, 8
Frisino civitas 126, 1 (= 258 *F. C.*)
Frisonum gens 216, 2
Fronimusa possessio (sub civitate Tyria) 61, 6.
Fundi civitas 16, 1 (= 235 *F. C.*). 26, 10 (= 238 *C.*). — Fundanum territorium 89, 23. — Fundanensis possessio territorio Fundano 89, 23

Gaba massa territorio Gabinense 55, 23
Gabinense territorium 55, 23. 24
Gabus mons 67, 5. 6
Gaietae portus 224, 15. — Gaetanum territorium 70, 15. (97, 19 *v. l.*)
Gallilea provincia 2, 2. 3 (= 230 *F. C.*)
Garganus mons 116, 4
Gargiliana massa territorio Suessano 54, 12. 69, 2
Gauronica possessio territorio Suessano 70, 18 *cf.* Bauronica
Gazitanum territorium 97, 19. *cf.* Gaeta

Gethicus ignis 94,10
Gothi 142, 7. 144, 12. 16. 19. 145, 7. 10. 17. 20. 21. 22. 146, 23. 147, 10. 148, 2. 153, 9. 19. 21. 154, 1. 157, 12. — Gothorum ecclesia in Subora 162, 6
Graecia 7, 16 (= 232 *F. C.*). 56, 21. 57, 6 (= 246 *C.*). 112, 14 (= 254 *F.*). 114, 7 (= 255 *F.*). 116, 17. 126. 7. 8 (= 258 *F.*). 130, 24. 134, 11 (= 261 *F. C.*). 21 (= 261 *C.*). 23. 136, 2 (= 261 *F.*). 29 (= 262 *F.*). 223, 18. 262 (*C.*). — Graeci 126, 10 (= 258 *F.*). 11. 128, 24 (= 259 *F.*). 134, 19. 157, 12. — Graecus natione 8, 1 (= 232 *F. C.*). 9, 1 (= 232 *F. C.*). 12, 1 (= 233 *F. C.*). 13, 1 (= 234 *F. C.*). 17, 1 (= 235 *F. C.*). 26, 1 (= 237 *F. C.*). 34, 2 (= 240 *F.*). 45, 1 (= 243 *F. C.*). 91, 1 (= 251 *F. C.*). 178, 1. 207, 2. 217, 1. 219, 1. — Graeca lingua, eloquium 3, 2 (= 230 *F. C.*). 200, 2. 9. — Graecorum possessio in territorio Ardeatino 68, 13
Gypsus 154, 8

Hebraice *v.* Ebraice
Helenae aug. possessio 67, 7
Heraclea civitas 114, 23
Herculi possessio (sub civitate Falisca) 62, 19
ad s. Hermem in civitate Antio 92, 9
Heruli 157, 6. 8.
Hierusalem (= basil. s. Crucis) 61, 29 (= 247 *C.*). 62, 20. — Hierusolima 1, 16. — civitas 178, 2
Hispanus (Spanus) natione 82, 1 (= 250 *F. C.*)
Histria (Istria) 177, 2. 6. 190, 7
Horrea (Orrea) fundus via Ardeatina 73, 21 cf. *C. I. L. VI 8681 (horrea Nervae)*
Horreas locus 217, 14
Hortae civitas 149, 14. 161, 7
Horti possessio (Alban.) 69, 23
Hostia *v.* Ostia
Humisa vicus 15, 1 (= 234 *F. C.*) cf. Amisa
Hunni (Unni) 105, 6 (= 253 *C.*)
Hybromii possessio (sub civitate Armenia) 60, 3
Hydrontum (Ydrontum) 223, 15

Insula possessio cum castro 71, 11
s. Iohannis basilica in civ. Albanense 69, 3
Isaurica storace 59, 15
Istria *v.* Histria
Italia 105, 7 (= 253 *C.*). 134, 2 (= 261 *F. C.*). 3. 11. 12 (= 261 *F. C.*). 135, 4. 144, 12. 153, 19. 157, 7. 9. 10. 158, 3. 7. 159, 2. 9. 160, 3. 166, 14.

179, 12. 182, 11. 12. 190, 7. 217, 3. — episcopi 182, 19. 183, 2. — exarchus 175, 3. 226, 7. — exercitus 178, 13. — militia 217, 4. — Italus natione 5, 1 (= 231 *F. C.*). 14, 1 (= 234 *F. C.*)
Iudaei 9, 3 (= 232 *C.*). 88, 2. — Iudaeorum heresis 14, 11 (= 234 *C.*)
Iuncis massa territurio Mucario (Africa) 56, 14
s. Iuvenalis monasterium iuxta civ. Hortas 149, 14

Lacus Turni possessio (in civ. Alban.) 69, 11
Langobardi 158, 3. 159, 2. 3. 160, 2. 161, 6. 163, 3. 217, 12. 219, 18. 226, 19
Laninas massa territorio Cartiolano 56, 7
Lardarius fundus via Aurelia 123, 26
Latina lingua, Latino 3, 2 (= 230 *F. C.*). 198, 11. 13. 200, 2. 17. — via 67, 3. 101, 3
Lavicana via 62, 14. 65, 19. 66, 2. 117, 9. 172, 8. 215, 9.
Laurentum civitas 62, 15. — Laurentinum territurium 54, 16. — via Laurentina 117, 11
Lauros: ad duos lauros 65, 19. 21
Leonis possessio 70, 19
Liguria 125, 9. 146, 1
Lodianum territurium 90, 3
Luca civitas 32, 2
Lucania 208, 5
Luciolis 161, 7. — castrum 168, 12
Lucreti mons 67, 16
Luna civitas 38, 1 (= 241 *C.*)

Macari possessio 71, 6
Maccabes insulae possessio (sub civ. Aegyptia) 61, 22
Mallianum massa territurio Sabinense 68, 22
s. Mariae basilica in via Laurentina in fundum Crispinis 117, 11
Marinas possessio 69, 25
Marmorata possessio territurio Penestrino 97, 21
Maronis hortus (in civ. Antiochia) 58, 26
Marsorum natio 165, 1
Matidiae insula (mons Argentarius) 67, 15.
Mediana possessio 70, 3
Mediolanum 92, 6. 125, 9. — civitas 146, 1. — Mediolanensis archiepiscopus 225, 7
Mefontis possessio territurio Albanense 126, 4. 5
Melitum civitas 178, 2

Mengaulum (Graecia) 56, 25
Micinas Augusti possessio 64, 15
Mimnonse territurium (Africa) 56, 16
Minturnense territurium 70, 14
Misonensis episcopus 127, 2
Miseno insula 67, 12
Molae fundus (Alban.) 69, 13
Momentanum *v.* Numentanum
Mucarium territurium 56, 14
Muci ager 63, 21. — massa (Alban.) 69, 18
Murinas massa territurio Appiano Albanense 56, 10

Neapolis 70, 20 (= 247 *C.*). 82, 4. 144, 17. 146, 3. 158, 5. 166, 6. 9. 168, 1. 186, 9. 188, 1. 223, 3. 10. — forma a Constantino facta per mil. VIII 71, 3. — forum a Constantino factum 71, 3. — basilica in urbe Neapolim 70, 20. — Neapolitani cives 144, 18. 20
Nemus massa (Alban.) 69, 26
Nepessina civitas 62, 16. 17. 92, 18 (= 251 *F. C.*)
Nicaea (Bithynia) 48, 21 (= 244 *F. C.*). 224, 6. 7. — synodus Niceni 107, 8
ss. Nicandri Eleutheri et Andreae basil. in villa Pertusa 117, 7. 8. 9
Nicomedia 80, 4. 224, 7. 14. — Nicomediensis episcopus 80, 4
Nicopolis oppidum 17, 1 (= 235 *F. C.*)
Nomentana *v.* Numentana
Nucerina civitas 121, 3 (= 257 *F. C.*). — Nucerinus 121, 23 (= 257 *F. C.*)
Numas massa territurio Numidiae (Africa) 56, 18
Numentana via 10, 8 (= 233 *F. C.*). 171, 3. 180, 2. — Momentanum territurium 56, 8
Numidiae territurium (Africa) 56, 18. 19. 20
Nymfulas possessio 68, 16. 71, 10.
Nymphas possessio (sub civitate Falisca) 62, 18

Obariae possessio sub civitate Cyro (prov. Eufrat.) 60, 10
Occidens 129, 35 (= 260 *F.*). 182, 9
Oriens 102, 2 (= 253 *F.*). 104, 13. 107, 4 (= 254 *F.*). 129, 35 (= 260 *F.*). 134, 11. — dioecesis Orientis 58, 18 (= 246 *C.*). — tractus 116, 25. 182, 9. — partes 179, 25. 192, 11. 14. — Orientales partes 194, 19
Orrea *v.* Horrea
Ostia s. Hostia 68, 10. 155, 3. — civitas 67, 20 (= 247 *C.*). — episcopus

73, 4 (= 247 *F. C.*). — bas. s. Auroae in Hostis 215, 6. — bas. s. Petri et Pauli et Iohannis Baptistae 67, 21. 68, 17. — territurium Ostiense 68, 14. 15. — Ostiensis episcopus 202, 6. 205, 15. 247 *F. C.* (*cf.* 73, 4). — Ostiensis via 29, 6 (= 239 *F. C.*). 172, 4. 192, 3

Pacinianus fundus via Trivana mil. XXVII ab urbe R. 124, 17.
Panormus 210, 1
Papirana possessio territurio Ferentino 84, 15
Paramnense territurium 56, 2
sub parietinas via Salaria 63, 18
Passinopolimse possessio (sub civitate Armenia?) 59, 20
Paternensis episcopus 193, 10
Paternum possessio territurio Suessano 70, 16
Patras possessio sub civitate Laurentum 62, 15
Penestrinum territurium 55, 22. 71, 28. 29. 30. 97, 21. — via Penestrina 67, 3
Pentapolitanus ducatus 212, 17
Percilianus fundus territurio Sabinense 48, 13. 71, 21
Persarum fines 148, 9
Pertusa villa in via Lavicana 117, 9
Perusia 155, 3. 161, 7
s. Petri basil. in fundum Pacinianum via Trivana 124, 17. — basil. Petri et Pauli et Iohannis baptistae in civ. Ostia 67, 21. 68, 17. — oraculum in palatio Constantinopolitano 194, 6. 197, 2
Phronimusa *v.* Froninusa
Pictas massa territurio Gabinense 55, 24
Picturas fundus territurio Velliterno 68, 24. 25
Placidiae domus (Constantinopoli) 181, 11. 194, 12. 224, 3
Polimartie 161, 7
Pontiae insulae 147, 17
Pontica regio 222, 17
Portus urbis Romae, Romanus 67, 20. 68, 10. 145, 21. 222, 21. — Portuensis episcopus 193, 10. 198, 10. 202, 6. 205, 15. 212, 19 222, 22. — via Portuensis 75, 9. 78, 18. 190, 15
Praenestinus *v.* Penestrinus
Proconisus 154, 8

Quiriacetis possessio (in agro Verano) 64, 10
Quiriti possessio territurio Hostense 68, 14

Ravenna 92, 6. 120, 18 (= 256 *F. C.*). 19. 121, 8 (= 257 *F.*). 126, 16 (= 258 *F.*). 130, 5. 133, 6 (= 260 *F.*). 137, 4 (= 262 *F. C.*). 5. 25. 144, 9. 145, 8. 22. 161, 6. 166, 4. 12. 175, 22. 176, 8. 178, 20. 179, 4. 208, 19. 211, 5. 222, 12. 223, 8. 225, 2. 15. 226, 9. — Ravennas: civitas 179, 1. 3. 182, 23. — ecclesia 192, 8. 201, 11. 216, 1. — archiepiscopus 193, 5. 216, 1. 222, 7. — presbiter 193, 12. — milites, militia 168, 12. 212, 16. 25. — circus 179, 5. — Ravennantium cives 222, 10
Regium 188, 1. 223, 13. — Regitanus episcopus 193, 10
Roma 1, 9 (= 229 *F.*). 16. 78, 13 (= 249 *F.*). 93, 1. 115, 3 (= 255 *F.*). 116, 21. 121, 12 (= 257 *F. C.*). 13. 122, 3. 125, 11. 143, 14. 146, 4. 148, 4. 149, 7. 151, 3. 152, 8. 153, 9. 11. 154, 15. 158, 2. 5. 12. 159, 6. 8. 161, 6. 166, 5. 6. 178, 17. 186, 11. 207, 3. 208, 21. 211, 7. 212, 11. 220, 7. 223, 4. 224, 3. 16. 226, 7. 230 *C.* (*cf.* 2, 6) — urbs Roma 1, 10. 2, 6 (= 230 *F.*). 3, 5. 6, 8 (= 231 *F. C.*). 9, 8 (= 232 *F. C.*). 10, 8 (= 233 *F.*). 37, 13. 43, 13. 45, 7 (= 243 *C.*). 48, 16. 49, 5 (= 244 *F. C.*). 52, 7. 56, 3. 71, 12. 72, 3 (= 247 *F. C.*). 73, 5 (= 247 *F. C.*). 7. 74, 1. 75, 6. 76, 1. 78, 19. 23 (= 249 *C.*). 79, 7. 80, 13. 82, 5. 84, 7. 20. 86, 15. 87, 5. 11. 13. 90, 4. 18. 91, 11. 93, 16. 95, 17. 97, 23. 24. 100, 6. 10. 106, 1. 110, 11. 27. 111, 1. 112, 5. 7. 113, 8. 114, 11. 115, 12. 116, 5. 117, 21. 119, 13. 122, 20. 125, 11 (= 258 *F.*). 126, 20. 131, 25. 135, 15. 138, 4. 11. 141, 21. 143, 14. 16. 145, 4. 9. 11. 171, 9. 172, 7. 10. 173, 4. 179, 15. 180, 2. 182, 9. 192, 5. 193, 20. 201, 18. 217, 4. 222, 4 — urbs Romana (*vel* R. urbs) 76, 4. 212, 6. 217, 9. 224, 25. 225, 15 — urbs 46, 6 (= 244 *F. C.*). 73, 12. 80, 8 (= 249 *F.*). 86, 2. 88, 4. 122, 1 (= 257 *C.*). 8. 126, 19. 20 (= 258 *F.*). 127, 3 (= 258 *F. C.*) 249 *F. C.* (*cf.* 78, 19) — civitas Romana 116, 15. 124, 8. 145, 6. 10. 11. 153, 10. 158, 1. 160, 2. 163, 2. 168, 11. 175, 11. 176, 2. 178, 8. 14. 15. 182, 22. 183, 1. 187, 11. 188, 1. 190, 13. 198, 5. 201, 4. 12. 203, 18. 211, 30. 213, 12. 217, 5 — Romani 135, 30. 145, 20. 147, 9. 148, 10. 150, 9. 12. 152, 3. 5. 153, 13. 154, 2. 7. 157, 11 (*bis*). 158, 2. 6 — natione Romanus 6, 1 (= 231 *F. C.*). 7, 1 (= 231 *F. C.*). 10, 1 (= 232 *F. C.*). 11, 1 (= 233 *F. C.*). 20, 1 (=

Roma
236 *F. C.*). 21, 1 (= 236 *F. C.*). 22, 1 (= 237 *F. C.*). 24, 1 (= 237 *F. C.*). 27, 1 (= 238 *F. C.*). 28, 1 (= 238 *F. C.*). 32, 2 (= 239 *F. C.*). 33, 1 (= 240 *F. C.*). 34, 2. 37, 1 (= 241 *F. C.*). 41, 1 (= 242 *F. C.*). 43, 1 (= 243 *F. C.*). 47, 1 (= 244 *F. C.*). 73, 1 (= 247 *F. C.*). 75, 1 (= 247 *F. C.*). 77, 1 (= 248 *F. C.*). 80, 1 (= 249 *F. C.*). 85, 1 (= 250 *F. C.*). 87, 1 (= 250 *F. C.*). 92, 1 (= 251 *F. C.*). 96, 1 (= 252 *F. C.*). 114, 1 (= 255 *F. C.*). 119, 1 (= 256 *F. C.*). 139, 1. 141, 5. 142, 1. 148, 1. 155, 1. 157, 1. 159, 1. 160, 1. 161, 1. 164, 1. 166, 1. 175, 1. 185, 1. 190, 1. 192, 1. 203, 1. — populus Romanus 224, 16. 225, 12. 17; populus Romanae urbis 210, 9. — nomen Romanum 105, 6 (= 253 *C.*). 145, 11. 20. — Romanum imperium 205, 19. — consules Romani 153, 17. — exercitus Romanus 175, 5. 15. 178, 15. 183, 21. 211, 8; Romana militia 210, 15. — ecclesia Romana 102, 7. 104, 2. 3 (= 252 *F. C.*). 14 (= 253 *C.*). 113, 6. 116, 21. 183, 1. 192, 8. 193, 15. 205, 13. 220, 8. — clerus Romanus 105, 15. 153, 7. 154, 5; clerici Romani 197, 20. — Romani monachi 192, 7. — sedes apostolica Romana 11, 7 (= 233 *F. C.*)
topographica urbana:
ager Veranus 35, 10. 11 (= 240 *F.*). 63, 27; fundus Veranus, possessio Quiriacetis 64, 10. *Cf. Stevenson Nuovo bull. di arch. crist.* 1895 p. 104
[arcus Stellae 33, 8 *in loco quem solus habet cod. Vat. 3764* (*E*¹)]. *Cf.* ecclesia S. Laurentii ... *quae est iuxta arcum stillantem in regione scole Grece* (*bull. a.* 1115 *Studi e documenti di storia e diritto* VII, 1886 *p.* 108); arcus stillans *schol. ad Iuvenal.* 3, 11; arcus stillae *vel* stellae *prope Septizonium in Mirabil. U. R. apud Iordanum Top.* 2, 615. *De Rossi bull. comun.* 1886 *p.* 352
balnea: b. iuxta titulum Damasi 84, 18; b. iuxta templum Mamuri 89, 19; b. in vicum Longum, qui cognominatur Templus 90, 10; b. sub aere (ad S. Laurentii?) 110, 23; b. post absidam S. Pauli 124, 7. *De balneis iuxta sacraria christi-*

Roma
  ana extructis cf. Lanciani Pagan and Christian Rome p. 37 sq.
  basilica Iulii, Theodori, Vigilii v. Laterani. Ceteras basilicas scilicet sacras v. infra inter ecclesias
  bibliothecae II ad Lateranum 110, 27
  C(a)elius mons 112, 5. 141, 5. 190, 16
  campus Lateranus 210, 13. Cf. Lanciani monum. dei Lincei 1 p. 534—536
  caput Tauri 119, 3; regio Caput tauri 10, 1 (= 232 F. C.) inter portam Praenestinam et Tiburtinam, quae sequiore aetate Taurina dicitur. Cf. de Rossi bull. comun. 1890 p. 280 sq.
  catabulum 44, 2. 3. 4. 11 prope S. Marcelli in via Lata. Cf. Lanciani monumenti dei Lincei 1, 469. Rostowzew Roem. Mittheilungen 1896 p. 321
  cathedra lapidea Floriana in Quirinali prope S. Vitalis 90, 8
  clivus Mamuri 90, 4 in Quirinali prope S. Vitalis, cf. Huelsen Rhein. Mus. 1894 p. 383. 417
  clivus Salutis 89, 20 in Quirinali prope S. Vitalis. Cf. Huelsen Rhein. Mus. 1894 p. 405
  coemeteria
    cf. de Rossi Roma sott. 1, 176—183; Stevenson Nuovo bull. di arch. crist. 1897 p. 255—275
    Via Appia
      catatymbae 29, 5 (= 239 F. C.). 83, 11. 99, 17
        platoma in c., ubi iacuerunt corpora apostolorum Petri et Pauli 83,22 (= 250 C.). Cf. Marucchi Röm. Quartalschrift 1892 p. 275; de Waal die Apostelgruft ad Catacumbas, Romae 1894; Marucchi Nuovo bull. di arch. christ. 1895 p. 169 sq.; Battandier analecta iuris Pontificii 1896 Dec.
      coem. Callisti 15, 9. 16, 9. 20, 14 (= 236 F. C.). 21, 13. 14. 25, 4. 5 (= 237 F.). 26, 11 (= 238 F. C.). 27, 16 (= 238 F. C.). 31, 11 (= 239 F. C.). 32, 17 (= 240 F. C.). 33, 15 (= 240 F. C.). 35, 5 (= 240 F. C.). 36, 9 (= 241 F. C.). 38, 13 (= 241 F. C.). 40, 5 (= 242 F. C.). 45, 11 (= 243

Roma
  F. C.). 46, 11 (= 244 C.). 105, 4
  arenaria iuxta c. C. 32, 17
  basilica b. Cornelii iuxta c. C. 105, 4
  coemeterium Zephyrini iuxta c. C. 20, 14 (= 236 F. C.)
  crypta Lucinae iuxta c. C. 31, 11 (= 239 F. C.)
  platoma in c. C. 99, 26
  coem. Praetextati 23, 3 (= 237 F. C.). 35, 6 (= 240 F.); c. SS. Tiburtii et Valeriani 158,10
  Via Ardeatina
    coem. Balbinae 74, 3 (= 247 F. C.)
    c. beatorum martyrum Nerei et Achillei 137, 12
    c. beatorum martyrum Marcellini et Marci Damasique sancti pontificis 219, 11; c. Damasi 83, 7. 8 (= 250 F.). 84, 25 (= 250 F. C.). Cf. Stevenson Nuovo bull. di arch. crist. 1897 p. 196.
  Via Aurelia
    coem. a Iulio I constitutum 75, 9
    c. Calipodii 21, 12 (= 236 F. C.). 76, 3 (= 248 F. C.)
    c. Felicis 37, 11 (= 241 F. C.)
  via Flaminia
    c. a Iulio I constitutum [= S. Valentini] 75, 9; ecclesia b. Valentini 180, 5. 203, 8
  via Labicana
    c. beatorum martyrum Marcellini et Petri 172, 8
  via Nomentana
    c. s. Agnes 78, 5 (= 248 C.). 13 (= 249 F.)
    c. s. Nicomedis 168, 7
    arenarium SS. martyrum Primi et Feliciani [lapide a. u. XV] 180, 1. 2
  via Ostiensi
    c. SS. Felicis et Audacti [= Commodillae] 137, 13. Cf. Stevenson Nuovo bull. di arch. crist. 1897, 312—321
  via Portuensi
    c. a Iulio I constitutum [= c. ad insalatos] 75, 9
    c. ad Ursum pileatum 87, 16 (= 251 F. C.). 90, 21 (= 251 F. C.)
  via Salaria vetere
    c. S. Hermetis 160, 8

Roma
  via Salaria
    c. Priscillae 42, 8 (= 243 F. C.). 43, 8. 9. 10 (= 243 C.). 44, 15 (= 243 F. C.). 72, 3 (= 247 F. C.). 79, 10 (= 249 F. C.). 86, 18 (= 250 F. C.). 95, 20 (= 252 F. C.). 137, 13
    c. Iordanorum 125, 6
    c. S. Felicitatis 92, 8. 93, 6. 20 (= 252 F. C.); basilica S. Felicitatis 124, 26
  via Tiburtina
    c. Cyriacetis 35, 9. 10 (cf. 240 F.). Cf. Stevenson Nuovo bull. di arch. crist. 1895 p. 74—105
  domus: d. Arbitrata in clivum Patrici 90, 5; d. Claudi in Sicininum 97, 26; domus Emeriti in clivum Mamuri iuxta basilicam (Vestinae) 90, 4; d. Libiana [fortasse cognominata a diacono Liviano, qui cum Vestina basilicam fecit: Huelsen Rhein. Mus. 1894 p. 382] iuxta basilicam (Vestinae) 89, 18; d. Lucinae 44, 6; d. Palmati iuxta basilicam (Liberianam) 97, 23; d. iuxta basilicam (Vestinae) in vicum Longum, quae cognominatur ad lacum 90, 6
  ad Duas Domos in Quirinali tit. S. Susannae 210, 6
  forma Traiani 81, 6 (= 249 F.)
  forum Traiani 75, 7
  fundus Veranus v. ager Veranus
  fundus Laurentus iuxta formam cum balneum 67, 2. Fortasse iuxta aquam Alexandrinam, non longe a porta Praenestina
  Laterani, in Lateranis 146, 24. 151, 4. 152, 10. 157, 4. 168, 5. 173, 7. 187, 8
    campus 210, 13
    episcopius Lateranensis 175, 2. 6. 12. 14. 176, 4. 180, 7. 182, 3. 207, 14. 210, 21. 212, 26
    patriarchium 210, 12. 22. 213, 1
    basilica Iuli 92, 4. 139, 5. 148, 5; basilica domus Iuliae 210, 13
    basilica domni Theodori papae 213, 7
    basilica Vigilii 187, 9
    oratorium S. Sebastiani 180, 6
    oratorium S. Silvestri 210, 12
  locus Traiani prope portam S. Pancratii 172, 13
  macellum Libiae 79, 4. 5; m. Lybiae 97, 5 (= 252 C.)

INDEX III. LOCI.

Roma
  m(o)ysileum ubi sepulta est Helena Augusta 65, 21; sepulchrum beatae Helene Auguste ex metallo purphyriticus exculptus sigillis 66, 11. *Nunc Tvr Pignattara via Labicana lapide a. u. III*
  monasteria: m. qui appellatur Boetiana *(situs incertus)* 192, 6; m. in domo Bonifatii IIII *(Romae potius quam in Marsis)* 165, 10; m. in Catatymbas *(ad S. Sebastiani)* 99, 17; m. in domo S. Gregorii *(ad clivum Scauri; cf. Lanciani Ruins and excavations of A. R. p. 351)* 162, 9; m. S. Herasmi in Caelio monte 190, 16; m. iuxta Lateranis in honorem b. apostolorum Andreae et Bartholomaei, qui appellatur Honorii 173, 8; m. aput b. Petrum apostolum q. nominatur SS. Iohannis et Pauli 105, 8. 9, 10 (= 254 *C.*); m. ad S. Laurentium *(via Tiburtina)* 110, 22; m. intra urbem ad Luna *(situs incerti)* 110, 27 *(Armellini chiese di Roma² 811 contendit quidem ecclesiae S. Viti in Esquiliis agnomen fuisse ad Lunam, sed auctore nullo adlato et perperam, ut videtur)*
  mons aureus in Vaticano, ubi crucifixus est Petrus 29, 10 (= 239 *F. C.*)
  muri urbis 81, 5 (= 249 *F.*); calcariae pro restauratione m. 221, 6; moenia civitatis 172, 13
  Palatium 151, 4. 225, 20; sacrum palatium 210, 16. 20
  palatium Licinianum 112, 8; *in Esquiliis, iuxta ecclesiam S. Bibianae. Cf. Iordan Top. 2, 319. 517 sq. Rossi bull. arch. comun. 1890, 280 sq.*
  — Neronianum 4, 7 (= 231 *F. C.*); Baticanum pal. N. 29, 10 (= 239 *F. C.*)
  — Pincianum 146, 5; p. Pincis 147, 4. *De nominis origine cf. Huelsen Roem. Mitth. 1889, 269*
  — Sossorianum 61, 25 (= 246 *F. C.*). 62, 13. *Iuxta S. Crucis in Hierusalem; cf. Lanciani Mon. dei Lincei 1, 490—492; Ruins and excavations 399*
  Pallacinae 73, 8
  Pantheon 165, 4 *cf. S. Mariae ad Martyres*
  pistrinum in vico Longo, qui cognominatur Castoriani 90, 9

Roma
  pons Meruli via Portuensi 190, 15 *lapide a. u. X. Cf. de Rossi bull. crist. 1870, 107*
  pons Molbius 145, 9. 163, 9 (Mulbius). 180, 5 (Molvius)
  porta Asinaria 146, 24
  — S. Iohannis 163, 6
  — Numentana 90, 11
  — S. Pauli 153, 11. 180, 8
  — S. Petri *(est ea quae etiam Cornelia vel in Hadrianio cognominatur, ad pontem Aelium)* 212, 25
  — Sossoriana 67, 2
  possessio Aqua Tuscia (in agro Verano) 64, 12
  praedium beatae Luciniae via Ostense *ubi corpus b. Pauli positum est* 29, 6 (= 239 *F. C.*). *Cf. Stevenson Nuovo bull. di arch. crist. 1897, 310 sq.*
  praetorium Sancto Stephano *prope Lateranum* 110, 25
  ptochium Pelagii v. xenodochium P.
  regiones urbis VII 7, 5 (= 231 *F.*). 27, 5 (= 238 *F. C.*).
    regio I: subdiaconus 147, 11; r. prima Aventinensis 185, 1; hebdomas eius ad S. Paulum 112, 12 (= 254 *F. C.*)
    regio II 87, 4 (via Mamurtini)
    regio III 71, 13; hebdomas eius ad S. Laurentii 112, 12 (= 254 *F. C.*)
    regio V (tauma) caput Tauri 119, 1; regio caput Tauri 10, 1 (= 232 *F. C.*)
    regio VI: subdiaconus 147, 14
    regio VI vel VII: hebdomas eius ad S. Petrum 112, 13 (= 254 *F. C.*)
    Hae sunt septem regiones ecclesiasticae, diversae omnino a civilibus Augusti. Vide supra p. XXIII, ubi adde quae de hac quaestione commentatus est de Rossi R. sott. 3, 514 sq. Cf. etiam Stevenson Nuovo bull. di arch. crist. 1897, 189
  regio ad duo amantes 48, 16
  — Celio monte 7, 1 (= 231 *F. C.*)
  — caput Tauri *vide supra*
  — Orfea 48, 17
  — vico Patrici 6, 1 (= 231 *F. C.*)
  — Sicinini 48, 15
  — Via Lata 11, 1 (= 233 *F. C.*). 43, 3
  — Urbe Ravennantium 21, 1 (= 236 *F. C.*)

Roma
  Sicininum 97, 26 *in Esquiliis, ubi basilica S. Mariae Maioris*
  Subora 162, 8
  in Tellure (in Terlude, intellude, in interludem) 30, 9
  templa
    t. Apollonis via Aurelia iuxta locum ubi crucifixus est Petrus 4, 6 (= 231 *F. C.*). 29, 10 (= (= 239 *F. C.*). 57, 1
    t. Mamuri 89, 19 *in Quirinali prope S. Vitalis. Cf. Huelsen Rhein. Mus. 1894, 417*
    t. Palladis (palatii) in Tellude 30, 11. 12; *de praefectura urbis sita prope t. Minervae in foro Nervae et ad templum Telluris cf. Lanciani bull. comun. 1892, 19 sq.*
    t. Martis *(intellegendum videtur M. Ultor in foro Augusti)* 31, 3. 4. 5. 8
    t. urbis Romae 138, 5 (= 263 *F.*); templus qui appellatur Romae 171, 2. *Intellegendam esse basilicam Constantini probavit Duchesne Mélanges de l'éc. franç. 1886 p. 25 sq.*
  theatrum *Pompei* 83, 6
  thermae Domitianae 47, 18; th. Domitianae, quae cognominantur Traianae 71, 13
  — Novati [14, 17 *in loco saec. XI interpolato*]. *Cf. Lanciani Ruins and excavations of anc. Rome p. 392*
  — Traiani 124, 10. 11
  trans Tiberim 21, 9 (= 236 *C.*). 75, 8
  Tria Fata 173, 5
  territurium triumphale 4, 7 (= 231 *F. C.*)
  Vaticanum 4, 7 (= 231 *F. C.*). 119, 16 (= 256 *F.*); Baticanum 5, 7 (= 231 *F. C.*). 6, 10 (= 231 *F. C.*). 29, 10 (= 239 *F. C.*); in B. iuxta corpus b. Petri 9, 12 (= 232 *F. C.*) 11, 17 (= 233 *F. C.*). 12, 13 (= 233 *F. C.*). 13, 9 (= 233 *F. C.*). 14, 15 (= 235 *F.* 234 *C.*). 15, 9 (= 234 *F. C.*). 16, 9. 17, 13. 19, 8.
  via Mamurtini 87, 4 *regione II ecclesiastica: perperam creditur esse clivus Argentarius sub Capitolio (nunc Via di Marforio). Si basilicam Crescentianam recte ut videtur Duchesnius (mél. de l'école franç. 1887 p. 228) eandem statuit esse atque S. Xysti via Appia, via M. pro diverticulo ali-*

282 LOCI. INDEX III.

Roma
quo viae *Appiae habenda erit:*
nam nomen clivi Martis, *quo ap-*
pellabatur aetate antiquiore pars
eius viae prope portam (CIL. VI
1270) *cum hoc conexam esse vix*
crediderim
via Sacra 138, 5; in via Sacra ante
Palatium 225, 20
vicus Longus 90, 6. 9. 10
vicus Patricii [14, 17 *in loco saec.*
XI interpolato]; regio Vico Patrici
6, 1 (= 231 *F. C.*); clivus Patrici
90, 5
Ursus pileatus *via Portuensi* 87, 16.
90, 21
xenodochium Vilisarii in via Lata
149, 14
— (ptochium) Pelagii 160, 7. *Cf.*
pauperum habitacula *ad S. Petri*
et S. Pauli
ecclesiae sive basilicae urbanae:
S. Agapiti iuxta S. Laurentii via
Tiburtina 114, 5. *Praeter locos a*
Duchesnio p. 253 not. 5 allatos
cf. vitam Hadriani I c. 73 et Leo-
nis III c. 112; Stevenson Nuovo
bull. di arch. crist. 1895 p. 91
S. martyris Agathae via Aurelia 123,
26 *in fundo Lardario, lapide ab*
u. II. Cf. bullas Leonis IV ap.
Marin. Papiri dipl. p. 14 (Jaffé [2]
2653) et Leonis IX Bullar. Vatic.
I 22 (Jaffé [2] *4292). Stevenson*
bull. di arch. crist. 1881 p. 105
B. Agathe martyris in Subora 162, 6. 8
S. Agnes (Agnae) via Nomentana
62, 22 (= 247 *F. C.*). 63, 19. 90,
14. 92, 13. 125, 1. 171, 3; absis b.
Agnae 125, 1; sepulcrum S. Agnes
79, 1
S. Andreae apostoli apud S. Petrum
122, 24 (= 258 *C.*). 123, 25. 217,
19; ad b. Andream ap. 170, 10
confessio S. Cassiani et SS. Proti
et Yachinti 123, 6
oratoria: S. Apollinaris 123, 9;
S. Sossii 123, 11; S. Thomae
apostoli 123, 8
Cf. Rohault de Fleury Nuovo bull.
di arch. crist. 1896 p. 41—51
B. apostoli Andreae iuxta S. Mariae 112, 6. *Est basilica Iunii*
Bassi, de qua post Rossium bull.
crist. 1871 p. 1—64 cf. Marucchi
bull. comun. 1893 p. 89—104
oraturium Sancti Andreae apostoli
quod ponitur in Lavicana *pleniore*
nomine appellatur S. Nicandri
Eleutherii et Andreae

Roma
B. Apollenaris martyris in urbe Roma,
in porticum beati Petri qui appellatur Palmata 171, 9. 172, 1. 2
Apostolorum via Ostense 192, 3
B. martyris Bibianae 112, 8; sancta
Viviana 201, 18
S. Ciciliae *trans Tiberim* 151, 6. *Cf.*
Giovenale Nuovo bull. di arch.
crist. 1897 p. 248 sq.
oraculum b. Caesarii quod est intro
palatium 210, 20 *in Palatino monte.*
Cf. Duchesne p. 377 not. 12; Ar-
mellini chiese di Roma [2] *p. 517*
baptisterium Constantiae ad S. Agnetis 62, 24. *De reliquiis piscinae*
baptisterii nuper inventis cf. bull.
arch. comun. 1888 p. 334
B. Cornelii iuxta cymiterium Calisti
105, 4
B. martyrum quattuor coronatorum
172, 5
oraturium SS. Cosmae et Damiani ad
sancta Maria 124, 15. *A latere*
dextro basilicae Liberianae, a
Sixto V destructum. Armellini
chiese di Roma [2] *p. 237*
SS. Cosme et Damiani in loco qui
appellatur Via Sacra 138, 4 (=
263 *F.*). 215, 1. *Cf. de Rossi*
bull. di arch. christ. 1888—89
p. 134—153
basilica Crescentiana in regione II
via Mamurtini 87, 4. *Videtur ea-*
dem ac S. Sixti via Appia. Cf.
Duchesne mélanges de l'école fr.
1887 p. 228
S. Crucis in palatio Sossorianum 61,
25 (= 246 *F. C.*); ecclesia Hierusalem 62, 20 (= 247 *C.*)
S. Crucis in baptisterio Laterano *v.*
S. Salvatoris
B. Cyriaci martyris via Ostiensi mil.
VII 172, 4. *De ea post Duches-*
nium p. 326 not. 12 cf. Armellini
chiese di Roma [2] *p. 943*
titulus Equitii 47, 12. 71, 31. v. S.
Silvestri et Martini in Esquiliis.
Effossionibus nuper institutis par-
tem praedii Equitiani repertum
esse opinatur Lancianius, qui de
eis exposuit bull. comun. 1893
p. 26 sq.
S. Eufimiae 215, 5 *in vico Patricio;*
de situ cf. Lanciani bull. comun.
1891 p. 307
S. Eugeniae 219, 10 *via Latina lapide*
ab u. VII. Cf. De Rossi Roma
sott. 1, p. 180. 181

Roma
oratorium beati Eupli martyris foris
porta S. Pauli 180, 8 *iuxta sepul-*
crum C. Cesti. Cf. Armellini chiese
di Roma [2] *p. 925*
titulus Fasciolae = S. Nerei et
Achillei via Appia 114, 1
B. Felicis via Aurelia *miliarto ab u. II*
80, 7 (= 249 *F. C.*). 81, 14. 15 (=
249 *F.*)
S. Felicitatis 124, 26: oratorium in
coemeterio S. Felicitatis via Salaria 93, 6
S. Georgii ad Velum aureum *v.* S.
Sebastiani
SS. Gervasi et Protasi = S. Vitalis
in vico *Longo*, titul. Vestinae 88, 9.
90, 4. 6. *Cf. Savio Nuovo bull. di*
arch. crist. 1897 p. 176
B. Adriani in Tribus Fatis 173, 5;
sanctus Hadrianus 215, 15. *De*
aedificio vide nunc Lancianium
ruins and excavations of anc.
Rome 265 sq.
Hierusalem *v.* S. Crucis
S. Iohannis   } in baptisterio Late-
    baptistae } rano *v.* S. Salva-
S. Iohannis   } toris
    evangelistae }
ad B. Iohannem et Paulum 124, 13;
presbiter a sanctos Iohannem et
Paulum 122, 17; clericus a S. Iohannem et Paulum 142, 1. *De*
monumentis ad prima Christiani
aevi saecula spectantibus quae
nuper sub basilica effossa sunt,
exposuit P. Germanus a S. Stanis-
lao tam in ephemeridibus variis
(cf. Roem. Mitth. 1889, 261. 1890,
107. 1892, 297) quam in libro pe-
culiari cui inscriptum est 'La
casa dei SS. Giovanni e Paolo'
(Romae 1894). Cf. Lanciani Ruins
and excavations of anc. Rome
p. 350 sq.
basilica Iulii I iuxta Forum (Traiani)
75, 5. 6. 7. *Est b. SS. Apostolorum*
Philippi et Iacobi. Cf. Lanciani
Monum. dei Lincei 1, 474. 475 et
F. U. R. tab. 16
basilica *Iulii I* trans Tiberim = S.
Mariae trans Tiberim 75, 8. 94, 10
basilica (*Iulii I*) via Flaminia 75, 8.
Est S. Valentini, de qua cf. Gatti
Notizie degli scavi 1888 p. 440—
459; Marucchi bull. comun. 1888
p. 240—256. 429—480 et in libro
inscripto 'il cimitero e la basilica
di S. Valentino' (Romae 1890).

INDEX III.   LOCI.

Roma

Mazzanti *Archivio stor. dell' arte 1896 p. 54*

B. Laurentii *in Damaso* iuxta theatrum *Pompei* 83, 4—6 (= 250 *F.*). 84, 7 (= 250 *F. C.*)

B. (*vel S.*) Laurenti martyris quae appellatur Lucinae (titulus Lucinae 215). 203, 7. 12. 215, 17. *Cf.* titulus Lucinae

B. Laurentii in coemeterio Damasi via Ardiatina 83, 7. 8 (= 250 *F.*). 84, 25 (= 250 *F. C.*)

S. Laurentii (in agro Verano) 63, 27 (= 247 *F. C.*). 99, 1. 110, 3. 112, 7. 114, 5. 160, 9. *Cf. Mazzanti Archivio stor. dell' arte 1896 p. 46. 52*

ad S. Laurentium crypta 100, 13 (= 252 *F. C.*). 111, 3 (= 254 *F. C.*); dona oblata 100, 2. 109, 23. 137, 23; hebdomades 112, 10. 12 (= 254 *F. C.*); pauperum habitacula 124, 21 confessio B. Laurenti 98, 16. 119, 4 (= 256 *C.*)

B. Luciae iuxta S. Silvestrum = S. *Luciae in Silice* 173, 4

titulus Lucinae 203, 12. 215, 17. *Cf.* S. Laurentii

ad sanctum Marcellum via Salaria 154, 15. *situs incertus*

S. *Marci* in urbe iuxta Pallacinis 73, 7. 12. 217, 21

S. *Marci* via Ardiatina *in coemeterio Balbinae* 73, 7. 9

S. Mariae (Maioris) 97, 4 (= 252 *C.*). 107, 14. 110, 20. 112, 6. 116, 6. 120, 11. 187, 5. 215, 16; b. Mariae ad praesepe 178, 19. 183, 8. 185, 11. 198, 19; iuxta macellum Libiae 79, 4. 5. *Cf. Crostarosa Nuovo bull. di arch. cristiana 1896 p. 52 sqq.*

baptisterium ad S. Mariam 99, 18

basilica S. Dei Genetricis, qui antiqua vocatur 219, 13; episcopium supra S. Mariae antiquae 219, 15. *Cf. Lanciani Mon. dei Lincei 1 p. 497—499; Grisar Civiltà cattolica 1896 p. 458 sq.*

B. Mariae ad martyres 187, 12. 203, 10; b. Mariae semper virginis et omnium martyrum 165, 5

basilica ad archangelum Michael 124, 14. *Videtur esse S. Michaelis in vico Patricio, cuius mentio fit in vita Leonis III c. 47: propter aetatem excluduntur tam ecclesia S. Michaelis in mole Hadriani ex-*

Roma

tructa a Gregorio I, quam S. Archangeli in porticu Octaviae, quae saec. VII antiquior esse vix potest (cf. de ecclesiis quae aedificiis publicis superstructae sunt, Duchesne mélanges de l'éc. Fr. 1887 p. 236 sq.). Tertium nomen quod citat Duchesnius ad h. l. (p. 268 not. 36) S. Archangeli in Fabiano rectius legendum est in Fagano, et pertinet ad ecclesiam extra urbem sitam: errorem animadvertit ipse Duchesnius vol. 2 p. 565

S. Pancratii via Aurelia 124, 1. 155, 7. 172, 9

B. Pauli 60, 11 (= 246 *C.*). 61, 1. 78, 22. 105, 1 (= 253 *C.*). 115, 16 (= 255 *F. C.*). 162, 5. 217, 22. *Cf. Stevenson Nuovo bull. di arch. crist. 1897 p. 307 sq.*

confessio b. Pauli apostoli 98, 12. 137, 15

absis, matroneum, gradus ante basilicam, cantarus, balneum 124, 3—7; pauperum habitacula 124, 19; cubicula in circuitu basilicae B. Pauli ep. 214, 21

ad B. Paulum apostolum dona oblata 95, 11. 100, 1. 104, 18. 109, 15. 131, 16. 137, 22. 187, 3. — hebdomades 112, 9. 12 (= 254 *F. C.*)

S. *Pauli et Beatricis atque aliorum martyrum* iuxta sancta Viviana 201, 20

b. Petri apostoli 57, 1 (= 246 *C.*). 61, 1. 78, 22. 104, 17 (= 253 *C.*). 123, 18. 139, 14. 151, 3. 163, 7. 164, 5. 170, 11. 179, 22. 203, 7. 211, 11. 217, 19. 224, 26

ad B. Petrum apostolum 112, 9. 13 (= 254 *F. C.*) (hebdomades). 121, 25. 155, 8. 187, 6. 9

ad B. Petrum apostolum dona oblata 95, 5. 99, 30. 104, 17. 109, 9. 113, 6. 123, 12. 124, 24. 130, 23. 131, 8. 11. 137, 22. 141, 11. 149, 7. 161, 14. 170, 3. 175, 19. 186, 5. 187, 1. 213, 25. 214, 1. 7. 18. *Cf. de Waal Roem. Quartalschrift 1893 p. 245 sq.*

sepulturae, pontificum praesertim 97, 3. 106, 4 (= 254 *F. C.*). 113, 11 (= 255 *F. C.*). 118, 1 (= 256 *F. C.*). 119, 16

Roma

(= 256 *F. C.*). 125, 14 (= 258 *F. C.*). 131, 28 (= 260 *F. C.*). 137, 25. 138, 13 (= 263 *F. C.*). 140, 3. 141, 22. 143, 15. 156, 2. 158, 14. 159, 11. 160, 11. 162, 10. 163, 9. 164, 10. 165, 11. 166, 18. 168, 16. 174, 2. 176, 13. 177, 14. 180, 18. 185, 15. 189, 1. 191, 8. 192, 16. 199, 3. 202, 3. 204, 20. 206, 12. 209, 2. 216, 5. 218, 3. 220, 15. 221, 9. 226, 14 absis b. Petri apostuli 176, 9. 214, 6

altare basilicae 211, 16. 214, 10

confessio b. Petri apostoli 98, 3. 7 (= 252 *C.*). 131, 6. 139, 16. 22. 170, 3. 211, 16. 222, 9; corpus beati Petri tabulis argenteis investitum 160, 5; memoria b. Petri 8, 5 (= 232 *F. C.*); sepulturae iuxta corpus B. Petri 5, 7 (= 231 *F.*). 6, 10 (= 231 *F.*). 8, 7 (= 232 *F. C.*). 9, 12 (= 232 *F. C.*). 11, 17 (= 233 *F. C.*). 12, 13 (= 233 *F. C.*). 13, 9 (= 234 *F. C.*). 14, 15 (= 235 *F.* 234 *C.*). 15, 9 (= 234 *F. C.*). 16, 9 (= 235 *F. C.*). 17, 13 (= 235 *F. C.*). 19, 8 (= 236 *F. C.*)

sacrarium b. Petri apostoli 213, 15; secretarium basilicae B. Petri 159, 11. 162, 10. 214, 16

oratoria in S. Petri:

S. Crucis ad fontem 123, 13. *Cf. Kirsch Roem. Quartalschrift 1890 p. 273 sq.*

S. Iohannis evangelistae et S. Iohannis baptistae 123, 15

S. Deae genetricis [a Iohanne VII factum] 219, 4; altare in eo 220, 16. *Cf. Ficker christl. Museum des Laterans p. 20 sq.; De Rossi Musaici christiani fasc. 23 (1892); Berthier revue de l'art chrétien 1894 p. 361*

regiae in ingressu ecclesiae 170, 4 musibum in fronte bas. 214, 13 *Cf. Grisar Roem. Quartalschrift 9 (1895) p. 262 sq. cum tab. II*

atrium b. Petri 123, 20; quadriporticum 123, 19; atrium b. P. a. qui est ante ecclesiam in quadriporticum 192, 2

cantarus b. Petri in quadriporticu 123, 19; alius cantharus foris in campo 123, 23

Roma
  cubicula circum basilicam 214, 11; pauperum habitacula ad S. P. 124, 19
  episcopia ante basilicam dextra laevaque 123, 22
  gradus ante fores basilicae 123, 21; alii gradus sub tigno dextra laevaque 123, 21
  necessitatis humanae usus 123, 13
  porticus B. Petri qui appellatur (ad) Palmata 171, 9. v. S. Apollinaris
  B. Petri quae est via Portuense iuxta ponte Meruli 190, 15
  presbiter a vincula S. Petri apostuli 122, 16
  B. Petri et Marcellini *via Labicana* 65, 19. 20 (= 247 *F. C.*). 66, 15. 67, 1
  apostolorum Philippi et Iacobi 156, 1. 157, 4 *eadem* basilica Iulii, *nunc SS. Apostolorum*
  S. Potentianae [14, 18 *in loco saec. XI interpolato*]. *Cf. Mazzanti Archivio stor. dell' arte 1896 p. 44; Lanciani Ruins and excavations of anc. Rome p. 392*
  episcopus ad sancta Rufina et Secundum 152, 9. *Fortasse praeferenda lectio* episcopum ad sancta Rufina et Secunda
  S. Savinae 100, 10. *Cf. Mazzanti Archivio stor. dell' arte 1896 p. 45 sq.; Berthier La porte de Sainte-Sabine (Friburgi 1892)*
  Salvatoris quae et Constantiniana appellatur [in Laterano] 183, 24. 205, 4. 213, 23; Salvatoris iuxta episcopium Lateranensem 182, 3; basilica Constantiniana 52, 9 (= 245 *C.*), 78, 22. 92, 3. 11. 12. 98, 10 (= 252 *C.*). 99, 20. 104, 17. 105, 3. 109, 1. 110, 20. 120, 11. 122, 21. 130, 13 (= 260 *F.*). 131, 13. 139, 4. 207, 7
    baptisterium basilicae Constantinianae [54, 24]. 107, 16. 110, 26
    oratoria: S. Crucis 107, 17. 108, 4
    S. Iohannis baptistae 107, 16. 19
    S. Iohannis evangelistae 107, 17. 108, 1. 177, 8
    confessio S. Iohannis (ad alterum utrum pertinens) 107, 19; ad S. Iohannem, intra sanctum fontem 108, 22
    b. martyrum Venantii Anastasii et Mauri 177, 5
  S. Stephani 110, 26

Roma
  S. martyris Saturnini via Salaria supra coemeterium *Thrasonis* 138, 6
  S. Sebastiani et Georgii iuxta velum aureum 201, 22. *Cf. Mazzanti Archivio stor. dell' arte 1896 p. 56*
  oratorium S. Sebastiani intro episcopio Laterano v. Laterani
  S. Silvestri 71, 12. 13; 88. Silvestri et Martini 124, 8. *Nunc S. Martini in Montibus. Cf. titulus Equitii. Mazzanti Archiv. stor. dell' arte 1896 p. 42. 48. 56; Crostarosa Nuovo bull. di arch. cristiana 1897 p. 201 sqq.*
  oratorium S. Silvestri in episcopio Laterano v. Laterani
  S. Stephani iuxta S. Laurenti *in agro Verano* 112, 7
  S. Stephani protomartyris in Caelio monte 112, 5. 180, 3. 207, 10. *De aedificio nunc cf. Lanciani Mon. dei Lincei 1, p. 505 sq.; Ruins and excavations of anc. Rome p. 355—359*
  S. Stephani via Latina milliario III 101, 3. *Cf. Fortunati scavi sulla via Latina (Romae 1859) p. 22 sq.*
  S. Stephani in baptisterio Laterano v. S. Salvatoris
  S. Susannae qui et Duns domos vocatur 210, 6. 215, 3
  B. Valentini via Flamminea 180, 5. 203, 8. *Cf. coemeterium Valentini*
  S. Venantii Anastasii et Mauri in baptisterio Laterano v. S. Salvatoris
  S. Vivianae v. Bibianae
Rosarius fundus 73, 11

Sabbatinus lacus 172, 14
Sabinense territurium 48, 10. 11. 12. 13. 56, 9. 64, 13. 67, 16. 68, 22. 71, 22
Salaria via 42, 8 (= 243 *F. C.*). 43, 10 (= 243 *C.*). 44, 15 (= 243 *F.*). 63, 18. 72, 3 (= 247 *F. C.*). 79, 10 (= 249 *F.*). 86, 18 (= 250 *F.*). 92, 8. 93, 20. 21 (= 252 *F.*). 95, 20 (= 252 *F.*). 138, 6. 154, 16
Samnium: Samnita natione 138, 1 (= 262 *F. C.*)
Saraceni 183, 20. 190, 11. 205, 18
Sardinia insula 24, 6 (= 237 *F. C.*). 67, 8. 125, 7. — provincia 188, 3 — S. Africa 190, 8. — Sardus natione 107, 1 (= 254 *F. C.*). 120, 1 (= 256 *F. C.*)
Saxonum: reges 225, 5
Scauriana possessio territurio Gazitano 97, 19

Sclina possessio 71, 8
Sentianus fundus territurio Tiburtino 71, 27
Sentiliana massa territurio Ardeatino 54, 18
Septimiti possessio 65, 4
Sessana civ. v. Suessana
s. Severini ecclesia iuxta civ. Tiburtina mil. ab urbe R. XX 172, 6. 7
Sicilia 56, 2. 144, 13. 152, 7. 154, 14. 183, 19. 188, 2. 190, 6. 8. 11. 207, 3. 210, 1. 217, 4. 222, 12. 223, 10. — provincia 188, 3. — Siciliensis insula 198, 2. 226, 3. — patrimonia Siciliae 205, 12. 208, 6. 10. — Sicula natione 193, 1. 200, 1
Sibylles possessio sub civ. Antiochiam 59, 2
Signensis natione 186, 1
de Silva Candida episcopus 222, 22
s. Sofiae ecclesia maior (Cpli.) 129, 17. — ecclesia 152, 13. 198, 11
Soracte mons [47, 4] v. Syraptin
Sorras possessio territurio Clusino 89, 21
Sponsas possessio via Lavicana 62, 14
Statiana massa territurio Sabinense 56, 9
Statianus fundus territurio Sabinense 48, 11. — territurio Tribulano 71, 23
Statiliana massa territurio Corano 56, 1. — territurio Menturnense 70, 14. — possessio 70, 2
Suessanum territurium 54, 12. 15. 69, 2. 70, 16. 18. [Sessana civitas 41 not. ad 8]
Sulfuratarum possessio 64, 14
Sulphorata massa territurio Numidiae 56, 19
Sulpicianus fundus territurio Corano 71, 25
Surorum fundus via Claudia territurio Veientano 69, 1
Sutrium 161, 7
Syracusae civitas 154, 14. — Syracusana civ. 188, 2. 190, 9. — ecclesia 208, 9
Syraptin mons 47, 4 (= 244 *F. C.*)
Syrus natione 15, 1 (= 234 *F. C.*). 205, 1. 210, 1. 221, 1. 222, 1. — Syri monachi 192, 6

Tarantum 186, 9
Tarsus v. Tharsus
Taurana massa territurio Paramnense (Sicilia) 56, 2
Tauri fundus territurio Belentano 71, 26
Terega possessio sub civitate Nepesina 62, 17

Termulas possessio 65, 1. — fundus territurio Penestrino 71, 29
Tharsus Ciliciae 60, 14
Thessalonica 135, 27. — Thessalonicensis diaconus 119, 10 (= 256 C.)
Thraceseum thema: oriundus patre Traceseo 207, 3
Tiberii Caesaris possessio (Alban.) 69, 24
Tiberis 21, 9 (= 236 C.). 151, 8. 172, 15
Tiburtina civitas 117, 4. 172, 6. — Tiburtinus nat. 112, 1 (= 254 F. C.). — territurium Tiburtinum 71, 27. — via Tiburtina 35, 9. 10 (= 240 F.). 63, 27. 91, 13 (= 251 F.). 100, 12 (= 252 F. C.). — s. Eufemiae basil. in civ. Tiburtina 117, 4
Ticinensis episcopus 126, 18 (= 258 F.). — ecclesia 225, 8. 10.
Timialica possessio (sub civ. Alexandriam) 59, 8

Trapeas massa territurio Catinense 54, 21
Tribulanum territurium 71, 23
Tripolitae columnae 108, 18
Trivana via 124, 16
Trullus (Constantinopoli) basil. intro palatio 194, 17. — regale palatium 200, 10
Tuder civitas 62, 21. 161, 7. — Tudertina civitas 181, 1
Turritana ecclesia 206, 1
Tuscia regio 5, 1. — provincia 181, 1. — Tuscus nat. 32, 2. 38, 1 (= 241 F. C.). 101, 1 (= 253 F. C.). 133, 1 (= 260 F. C.). 163, 1
Tymia possessio (sub civ. Tyria) 61, 5
Tyria civitas 61, 8

Vaccanas fundus via Appia 73, 20
Valeria civitas 165, 1

Valerianus fundus territurio Sabinense 48, 10
Walzari massa oliaria territurio Numidiae 56, 20
Wandali 149, 3. 5. 7. — Wandalica clades 104, 14; bellum 104, 15 (= 253 C.)
Varia Sardana massa territurio Mimnense (Africa) 56, 16
Veientanum s. Beientanum s. Vegentanum territurium 69, 1. 71, 26. 90, 1
Velliternensis s. Belliternensis episcopus 202, 6. 205, 15. — territurium Velliternum 68, 25
Vesuvius v. Bebius
Vicum Pisonis possessio 63, 22
Virginis massa territurio Corano 56, 11
Urbana massa territurio Antiano 54, 17

Ydrontum v. Hydrontum

IV. VOCABVLA.

Abbas 177, 3. 190, 18. 198, 2. 223, 8
absida 52, 12. 64, 1. 98, 20. 124, 3. 7. 13. 125, 1. 171, 7. 214, 6
absis: *absidem* 176, 9
acceptabilis *in conspectu eius* 135, 2
acoluthus *(acolothus, acolotus)* 51, 7 (= 245 F. C.). 168, 4. 5. 210, 5
actio *missae, sacrificii* 11, 11 (= 233 F. C.). 105, 11 (= 254 C.)
adeptus *(passiv.)* 139, 12
adflictio 137, 2. 3 (= 262 F.). 159, 10. 188, 2
adhortare: *adhortatus est (passiv.)* 196, 18
adnuntiatio *domini* 215, 12
adorare 31, 6 (= 239 C.). — *papam* 134, 24 (= 261 C.). 26. 143, 7. — *hostiam etc.* 181, 11. 213, 24. — *proni adorantes* 194, 20
adsertiones *philosophicae* 194, 9. — *pacifica* 194, 16
adulterii *crimen* 83, 3 (= 250 F. C.)
adunare 154, 2. 164, 8. 207, 7. 10
adunatio *ecclesiae* 144, 6. 193, 9
aestimatio v. extimatio
affabilis *omnibus* 185, 3
agenda: *episcopi anniversitas aut agenda* 201, 15
agens in rebus 77, 12
agnus dei *(cantus liturgicus)* 215, 10
alabandinae *gemmae* 52, 16. 17
alapa 150, 13. 152, 19
alimonia 139, 13. 175, 20. 258 (C.)
allegationes 75, 15
altare 38, 5 (= 241 F. C.). 51, 1 (= 245 F. C.). 53, 20. 32. 54, 9. 23. 62, 10. 66, 17. 97, 6. 14. 109, 2. 124, 11. 131, 14. 153, 5. 161, 15. 173, 1. 179, 19. 181, 10. 187, 6. 203, 8. 211, 16. 214, 10. 217, 21. 22. 220, 16
altaris (= *altare*) 58, 10. 66, 10. 98, 16. 17. 109, 33
altarium (= *altare*) 241 (F.)
altercare 3, 9. 210, 17. 225, 8

anna 48, 5. 53, 27. 28. 57, 22. 23. 62, 11. 65, 14. 66, 9. 27. 68, 2. 21. 69, 10. 70, 9. 26. 71, 16. 73, 14. 84, 9. 88, 19. 93, 10. 94, 15. 97, 8. 99, 4. 109, 8. 13. 22. 110, 2. 18. 131, 21
amabilis *deo* 212, 12
amator *pauperum, paupertatis* 116, 12. 176, 11. 178, 3. 200, 5. 203, 5. — *cleri* 116, 13. — *amatores* (= *assectatores*) 152, 6. 198, 3
ambo 155, 9. 215, 1. 217, 21. 219, 14
amiantus (= ἀμίαντος) 55, 7
ampliare *clerum* 116, 14. 192, 5. 193, 14. 204, 12. 258 (C.). — *rogam* 190, 5
amula 157, 3
anachorita 12, 1 (= 233 F. C.)
anaglyfus (= ἀνάγλυφος) 68, 20. 84, 10. 89, 8
anathema 126, 11 (= 258 F.). 139, 8. 142, 4. 164, 6. 179, 23. 182, 8
anathematizare 150, 6. 197, 6. 17. 201, 5. 7. 9
ancilla *dei* 101, 3
angelicus *hymnus* 12, 10 (= 233 F. C.)
angustiae: *sustentavit cum panem tribulationis et aqua angustiae* 147, 17
anniversitas *episcopi* 201, 15
annonocapita *relevata* 205, 12. 208, 4
annositas 213, 16
antartes v. intarta
antefanatim v. antiphonatim
antipathia: *in antipathia ecclesiasticorum* 208, 9
antiphonarium *not. ad* 173, 7
antiphonatim: *psalmos psallere* 94, 5
apocrisiarius 146, 5. 18. 180, 10. 181, 12. 13. 182, 18; *cf. responsales*
apostolicus (= *papa*) 186, 11; *cf.* 224, 1
appallarea *argentea super sedem episcopi* 214, 7
aqua *sparsionis* 10, 5 (= 232 F. C.)
aquamanilis (= *aquamanile*) 89, 13. 94, 19. 97, 13. 99, 9
aranearum *telae (in prodigium acceptae)* 197, 21

arca *pecuniae eccl.* 33, 9
arcariae *causa* 193, 16
arcarius *eccl. Rom.* 193, 15. 17. 223, 8
archidiaconatus 211, 22
archidiaconus 32, 12 (= 239 C.). 33, 9. 34, 15 (= 240 F. C.). 146, 18. 147, 16. 154, 9. 12. 208, 17. 22. 210, 10
archiepiscopus *(papa)* 103, 14. 107, 9. 113, 3. 114, 11. 201, 13. — *Ravennas* 193, 4. 201, 11. 216, 1. 222, 7. 13. 16. 225, 2. — *Caralitanus* 206, 1. 3. 6. — *Aquileiensis* 215, 19. — *Britanniae* 216, 2. — *gentis Frisonum* 216, 2. — *Mediolanensis* 225, 7. — *alii* 201, 13
archipresbyter 207, 6. 210, 10. 11. 211, 1
archivum *(arcibum)* 85, 5. 94, 8. 103, 15. 104, 2 (= 253 F. C.). 117, 17. 130, 2 (= 260 F.). 139, 9. 182, 8. 201, 13. 206, 7
arcus *(aurei etc.)* 108, 7. 123, 1. 5. 8. 9. 16. 27. 124, 1. 11. 24. 131, 14. 17. 173, 1. 177, 9. 180, 4. 215, 17
arenarium: *sepulturae in arenario* 32, 17. 63, 28. 180, 2
argento *clusus* 63, 11. 64, 7. 108, 3. — *interclusus* 54, 10 (= 245 C.)
armiger *exarchi* 183, 14
aromata 59, 4. 12. 24. 60, 5. 61, 8. 14. 18 (= 246 C.). 67, 1. 97, 2. 245 (C.). 246 (C.)
aromaticum *donum* 54, 23
asatus: *scyphus aureus* 110, 13 (*v. l.*). *not. ad* 108, 15
atrium 123, 20. 23. 124, 6. 192, 1. 214, 14
auctoritas *(imperatoris, papae)* 77, 12. 92, 7. 16. 101, 8. 126, 7 (= 258 F.). 130, 6. 181, 14. 206, 1
augmentare *in praedicationem canonis* 161, 12. — *donum cleri* 176, 10. — *nova aedificia* 190, 17
augustalis *pietas* 195, 20
aurichalcus 54, 9 (= 245 C.). 246 (C.)

VOCABVLA.

aurochalcus 57, 15. 63, 8. 11. 97, 18. 99, 11
auroclavus 203, 11
auro clusus 48, 6. 58, 10. 62, 9. 66, 6. — *interclusus* 53, 25. — *textilis* 187, 7. — *textus* 131, 5. 141, 18
autocephalia ecclesiae *Ravennatis* 192, 9. — *typus autocephaliae* 201, 16

Balneata *domus* 89, 20
balneum 48, 15. 58, 23. 67, 2. 78, 24 (= 249 *C.*). 84, 18. 89, 19. 90, 10. 97, 25. 110, 22. 124, 2. 7. 188, 9
balsamum 55, 7 (= 246 *C.*). 59, 6. 12. 27 (= 246 *C.*). 60, 7. 61, 13. 20 (= 246 *C.*). 66, 29
banda 211, 8
baptismus 2, 11. 14, 19. 22, 10 (= 237 *F. C.*). 43, 11 (= 243 *C.*). 47, 8 (= 244 *F.*). 68, 9. 77, 11. 88, 7. 89, 3. 11. 92, 12. 97, 30. 99, 10. 110, 7. 112, 11 (= 254 *F. C.*). — *baptismi ornatus* 89, 3. — *baptismus secundus* 77, 11; *cf. rebaptizare*
baptisterium 55, 9. 62, 24. 99, 18. 20. 107, 16. 110, 26
baptizare 14, 11 (= 234 *C.*). 19. 18, 15 (= 235 *F. C.*). 45, 6 (= 243 *F.*). 47, 6 (= 244 *F. C.*). 49, 9 (= 244 *F. C.*). 11. 54, 24 (= 245 *C.*). 62, 24. 88, 7. 92, 11. 168, 6
barbari 98, 10 (= 252 *C.*)
battutilis: *fastidium argenteum* 52, 10. *not. ad* 53, 18
benedictio in auro *clero a papa data* 208, 17
bibliothecae 110, 27. 117, 15. 195, 17
binati(m) *per lecta ad sepulchra deducere* 194, 1
blasphemare *not. ad* 41, 8
blatteus: *pallia olovera* 131, 5
blattinium: *vestis blattinio facta* 162, 1
boia 178, 19; *cf. inboiare*
Botarea *imago* 224, 25 (*v. not.*)
bucinam *tangere* 153, 12

Caballicare 208, 11
cacabus 152, 4
caducus: *possessio Eutymi caduci* 59, 16
calcaria: *calcarias dequoquere pro restauratione murorum* 221, 6
calculus: *calculi dolorem habens* 154, 14
calices ministeriales 48, 3. 4. 53, 30. 57, 17. 62, 5. 7. 63, 3. 6. 65, 12. 66, 8. 26. 68, 1. 20. 69, 7. 70, 8. 25. 71, 20. 73, 16. 84, 11. 89, 10. 93, 11. 94, 16. 97, 11. 12. 99, 8. 100, 3. 109, 5. 7. 12. 21. 32. 110, 19. 137, 19. 141, 13. 17. 203, 14. 219, 16. — *ad baptismum* 89, 11

calx: *ad calces et fustibus interficere* 153, 2
camara, *camera* 53, 6. 19. 57, 8 (= 246 *C.*). 104, 20. 105, 1. 3. 124, 4. 245 (*C.*)
camelaucum: *apostolicus pontifex cum camelauco, ut solitus est Roma procedere* 224, 1
campester: *campestrorum* 73, 11. — *campestris* 69, 11
cancelli 64, 2. 98, 19. 20. 108, 16
candela 55, 3
candelabra 54, 9 (= 245 *C.*). 57, 15 (= 246 *C.*). 62, 1. 64, 6. 66, 6. 70, 10. 94, 20. 97, 16. 99, 14. 173, 2
canis: *more canis ad proprium impietatis vomitum reppedavit* 179, 20
canon *missae* 161, 12
canones 121, 20. 139, 18. 142, 5. — *apostolorum* 1, 7 (= 229 *F. C.*); *cf. prolegg. p. XXI*
canonicus: *canonica poena* 179, 24. — *canonicae epistulae* 230 (*F. C.*): *cf.* 2, 10 (*catholicus*)
cantharum: 48, 9. 53, 32. 54, 1. 3. 6. 7 *etc.*
cantharus: 123, 19. 23. 25. 124, 6. 211, 15
canticum: *cum ymnis et canticis* 155, 8. 172, 2
cantilena 200, 3. 203, 2. 210, 4
cantorum *prior* 210, 4
capita: *adflictiones per diagrafa seu capita atque nauticatione* 188, 4
capitulare *adversus Rom. urbis habitatores facere* 217, 9
capitulum: *pro quo capitulo* (= *qua de causa*) 191, 5. 192, 14
capsa 213, 15
captivus: *captivos capere* 217, 13. — *redimere* 125, 9. 217, 16. — *captivorum redemptio* 175, 21. 177, 4
caput *senati* 122, 1. — *omnium sacerdotum (papa)* 212, 7
cariophyllum 59, 29 (= 246 *C.*)
caritas *appellatio honorifica* 1, 13 (= 229 *F. C.*)
casale: *casalia conquisivit* 190, 18
casia 59, 25. 60, 5. 61, 9 (= 246 *C.*)
cassare: *quae adversa renuendo c.* 220, 11
cassules (?) 235 *C.* (*cf.* 17, 8)
castra: *castras* (*acc. plur.*) 178, 8
castra, *castella Romana* 159, 3. 178, 8. 194, 3
catabulum 44, 2. 3. 4. 11
catatumbae 25, 4 (= 237 *C.*). 29, 5 (= 239 *F. C.*). 83, 8. 11. 22 (= 250 *C.*)
catholicus 48, 21 (= 244 *F.*). 49, 3 (= 244 *F.*). 72, 4. 78, 15 (= 249 *F.*). 97, 1. 101, 10. 102, 9. 12. 103, 10 (=

253 *F.*). 13 (= 253 *C.*). 107, 6 (= 254 *F.*). 15. 113, 1 (= 254 *F.*). 2 (= 255 *F.*). 116, 20. 119, 9. 127, 28 (= 259 *F.*). 133, 14 (= 260 *F.*). 139, 3. 141, 7. 143, 3. 9. 180, 12. 181, 5. 20. 182, 7. 183, 5. 13. 195, 9. 249 (*C.*). — *catholicae epistulae* 2, 10 (*cf.* 230 *F. C.*). 7, 7
causam *agere, dicere* 50, 5 (= 245 *F.*). 75, 10 (= 248 *C.*)
cautiones 75, 14. 152, 14. 222, 8. 9
cautus *sermo* 117, 17 (= 256 *F. C.*)
cella 58, 22. 91, 8 (= 251 *C.*)
cena *domini* 201, 25
cenacula *aregiae gradorum adherentes basilicae* 98, 1
cera *benedicta* 91, 5 (= 251 *F. C.*)
cereus *benedictus* 91, 5
cereostata (*canthara*) 48, 9. 54, 7. 63, 11. 71, 19. 84, 13. 89, 1. 16. 95, 1. 8. 15. 97, 18. 99, 15. 131, 8. — *cereostati* 149, 10. 170, 7.
cervi *argentei aquam fundentes* 55, 16. 89, 4. 97, 27. 108, 24
charta *decades* 59, 3. 11. 17. 21. 60, 4. 246 (*C.*). — *chartae plumbeae* 215, 2. — *chartae imperatoris* 225, 13
chartophylax (*cartofilax*) *eccl. Constantinopolitanae* 195, 16
chartularius 175, 2. 178, 4. 17. 20
chirographum *v. cyrografus*
chlamys (*clamis*) *imperialis* 131, 5
chrisma: *ab episcopo confectum* 49, 9 (= 244 *F. C.*). — *baptizati a presbytero confectum* 49, 11. — *oleum chr.* 89, 5. — *patenae ad chr.* 89, 7. — *chrisma (fem.)* 89, 5. 7
chrismalis *patena* 48, 6. 68, 8
christianissimus *imperator* 141, 11. 142, 22. 175, 18. 224, 8. 20
christianitas 133, 13
chrysoclavus 203, 9
ciborium *v. cyburium*
cilicium 44, 12. *not. ad* 41, 8
cimelium *v. cymilium*
cinctus *index* 50, 5 (= 245 *F.*)
circulus *paschae* 19, 2
circumtegere 183, 10. 15
circus: *Ravennas* 179, 5. — *Constantinopolitanus* 220, 4
clades 160, 4. 166, 17. — *Wandalica* 104, 14
clamis *v. chlamys*
clanculo 211, 5
clarere: *claruit confessor* 22, 5 (*v. l.*). — *quod coram principe et synodo claruit* 195, 9
clarificare 18, 13
clavus *in vestibus etc.* 203, 9. 11
cleri = *clerici* 18, 7 (= 235 *F. C.*)

clericatus *honos* 87, 8
clericus *a cunabulis* 185, 1. — *transmarinus* 87, 7 (= 250 *C.*). — *crimen clerico illatum* 50, 1 (= 245 *F. C.*)
clerus *venerabilis* 203, 17. — *clerum componere* 13, 6 (= 234 *F. C.*). 126, 3. — *clerum ampliare v. ampliare*
coadunare *(quoadunare)* 183, 2
coartare: *coartatus et tentus* 43, 15
coccinum 214, 11
codices 195, 10. 17. — *Manichaeorum codices incensi* 116, 6. 122, 21. 130, 13 (= 260 *F.*)
coemeterium *v. cymiteria*
coemptum *frumenti* 205, 13
cohaerenter 196, 7. 10
colobium *purpuratum* 38, 8
columba *liturgica* 58, 1. 89, 2. 108, 26
coma *clericorum* 15, 5 (= 234 *F. C.*)
comes 148, 8
commentum *(de haeresi dictum)* 180, 12. 181, 20
commutationes 75, 14
comp- *v.* conp-
conamen 180, 13
conca 99, 11. 108, 14. 15
concilium 19, 1 (= 235 *F. C.*). 48, 18 (= 244 *F. C.*). 77, 6. 7 (= 248 *F. C.*). 78, 12. 14 (= 249 *F. C.*). 82, 2. 96, 4. 102, 1 (= 253 *F.*). 10. 103, 11. 114, 15. 18 (= 255 *F.*). 115, 4 (= 255 *F.*). 198, 9. 206, 5. 211, 26. 215, 20. 22. 220, 10. 224, 24. 226, 8
concilius 115, 9 (= 255 *F.*)
concrescere (= *adolescere*) 190, 17
confessiones *ecclesiarum* 98, 3 (= 252 *C.*). 7. 12. 13. 16. 107, 19. 108, 1. 4. 6. 7. 9. 19. 119, 4 (= 256 *C.*). 122, 27. 123, 4. 6. 9. 11. 13. 16. 124, 4. 5. 12. 131, 6. 137, 15. 139, 15. 22. 170, 3. 10. 180, 4. 211, 16. 214, 10. 222, 9
confessor 22, 5 (= 237 *F. C.*). 27, 11. 28, 5. 6 (= 238 *C.*). 39, 17 (= 242 *F. C.*). 72, 4. 125, 17. 147, 18. 184, 2
confirmatio 29, 2 (= 238 *C.*)
conflare *(igne)*: *conflatae hydriae* 104, 17
confortatoriae *epistulae* 127, 4
confractio *dominici corporis* 215, 10
confusionem *concinnare* 182, 7
connumerare 210, 3
conpaginare 123, 20
conpassio 190, 3
conpatientia 203, 6
conpellare: *conpellabatur subscribere* 211, 27
conpeto: *super quod conpetebat* 193, 14. — *in conpetenti loco* 211, 8
conplex 114, 19 (= 255 *F.*). 128, 2. 201, 8

conpunctio: *ad conpunctionem commovere* 211, 15
consecrare, *consacrare* 3, 11. 46, 7 (= 244 *F. C.*). 73, 4. 5 (= 247 *F. C.*). 85, 8 (= 250 *F. C.*). 133, 15. 143, 9. 158, 11. 205, 15. 225, 11
consecratio 20, 10 (= 236 *F. C.*)
consecratum, *consacratum episcopi* 46, 7 (= 244 *F. C.*). 85, 8. 9 (= 250 *F. C.*)
consignare *baptizatum* 49, 10 (= 244 *F. C.*)
consiliarius *s. sedis* 212, 12
consilium *s. sedis* 114, 14. 119, 7 (= 256 *C.*). 140, 1
constitutio: *relatio ab Afris episcopis de constitutione* 140, 1
constitutum *de ecclesia factum* 14, 12. 19, 1. 20, 7 (= 236 *F. C.*). 48, 18 (= 244 *F. C.*). 73, 5. 75, 19. 83, 35. 85, 2 (= 250 *F. C.*). 87, 3. 88, 2. 91, 3. 94, 4. 8. 101, 2 (= 253 *F.*). 107, 14. 114, 14 (= 255 *F.*). 115, 18. 116, 16. 126, 7 (= 258 *F.*). 139, 14. 15. 22. 164, 5. 172, 1. 201, 13; *cf. prolegg. p. XXI*
constringere *se in sacramento* 178, 9. — *sacramenta* 178, 16
constructor *ecclesiarum* 258 (*C.*)
consuetudo: *nulla consuetudine* 201, 14
contentio 207, 5
contestationes *secretae* 127, 5. 8 (= 258 *F.*)
conversatio (= *ratio vivendi*) 155, 19
cooperculum: *tymiamaterium cum columnis et coperculo* 214, 1
cooperimentum *proprii erroris* 181, 4
coopertorium *altaris* 203, 8. 10. 12. 215, 25. 217, 21
corallum 53, 24
corona *consecrata* 20, 11 (= 236 *F. C.*). — *domini* 30, 18 (= 239 *C.*)
coronare: *imperator a papa coronatus* 135, 9
corpus *catholicae ecclesiae* 181, 20. — *corpora martyrum v. reliquiae*
credulitas 18, 12. 13 (= 235 *F. C.*). 22, 10
cremare (= *torquere*) 137, 1 (= 262 *F. C.*). 2
crimen *clerico illatum* 50, 1 (= 245 *F. C.*)
criminare: *hic criminatur de adulterio* 250 *C.* (*cf.* 84, 3); *cf.* incriminare
crocus 59, 23 (= 246 *C.*). 61, 21
crucifixus 4, 6 (= 231 *F. C.*). 29, 9 (= 239 *F. C.*)
crux *domini* 45, 5 (= 243 *F. C.*). 61, 26 (= 246 *F. C.*). 107, 17. 108, 4.

155, 9. 213, 19. 21. 225, 23. — *cruces* (*vexilla*) 134, 16
crypta 31, 10 (= 239 *F.*). 35, 10 (= 240 *F.*). 39, 16 (= 242 *F. C.*). 42, 11 (= 243 *F.*). 45, 12. 46, 12. 63, 28. 64, 3. 100, 12 (= 252 *F.*). 111, 3 (= 254 *F.*)
cubicularii *apostolorum* 105, 15 (= 254 *C.*). — *imperatoris* 153, 18. 166, 4. 182, 11. 183, 23. 217, 3. 226, 6
cubiculum *sepulchri* 42, 8 (= 243 *F.*). 97, 3. — *ecclesiae* 123, 16. 214, 11. 21. — *palatii* 147, 11. 212, 23. — *praepositus sacri cubiculi* 55, 20
curia: *clericus ne in curiam introeat* 50, 4 (= 245 *F. C.*). — *obnoxius curiae ne clericus fiat* 93, 5 (= 251 *C.*)
cursus *horae tertiae* 12, 7
curvus: *curvi precamur* 1, 3 (= 229 *F. C.*). — *sacerdotes curvi stantes* 87, 3
custos *martyrum* 51, 8 (= 245 *F.*). — *apostolorum* 105, 15 (= 254 *C.*)
cyburium 161, 16. 171, 6. 173, 1. 215, 1. 3; *cf. tiburium*
cymilium 170, 3. 175, 17. 188, 7. 215, 4. — *cymiliam (acc. sing.)* 170, 3
cymiteria 27, 7 (= 238 *C.*). 36, 6 (= 241 *C.*). 73, 9. 157, 2. 3. 210, 7; *v. pag. 280*
cyprinum *oleum* 246 *C.* (*cf.* 60, 1)
cyprum 57, 2
cyrografus *(chirographus)* 48, 22 (= 244 *F. C.*). 87, 9 (= 250 *C.*). 102, 4. 8 (= 253 *F.*). 103, 9. 112, 16. 130, 7. 139, 8. 9. 15. 20. 141, 9. 206, 7

Daemonium: *daemoniis sacrificare* 34, 9. — *sacrificiis daemoniorum humiliari* 44, 1. — *ydola daemoniorum manufacta not. ad* 41, 8
dalmatica 38, 7. 50, 2 (= 245 *F. C.*)
datio 155, 18. 208, 20
deauratus 69, 6. 89, 2. 131, 2. 149, 12. 160, 6. 171, 6
decades 59, 3. 11. 17. 21. 60, 4. 246 (*C.*)
decerpere: *canonicam penam sive depositionem decerpens* 179, 24
decessor 179, 17
decoquere *v.* dequoquere
decretalis (*epistula*) 104, 9 (= 253 *F.*). 107, 4 (= 254 *F.*)
decretum *electionis pontificis* 144, 2. 5. 198, 17. 207, 20. 22. — *synodale* 194, 10
decretus (= *decretum*) 198, 17
dedicare *ecclesiam* 14, 17. 44, 7. 61, 28 (= 247 *C.*). 94, 10. 112, 5. 117, 4. 6. 133, 14 (= 260 *F.*). 157, 5. 162, 6.

168, 7. 172, 6. 7. 173, 4. 6. 180, 6. 190, 16. 192, 4. 201, 20
defensor 114, 13 (= 255 *F.*). 195, 10. 201, 1. — *defensorum primus* 222, 23
delegatio: *ex delegatione* 88, 15
delfini 53, 11. 12. 18. 33. 54, 1. 58, 8. 63, 4. 64, 5. 66, 7. 68, 19. 108, 10. 25. 109, 29
deliberatio: *pontifex levatus sine deliberatione decreti* 144, 2
delimatus *sermo* 117, 18 (= 256 *C.*); *cf. elimatus*
delimpidare 201, 27
demittere: *demittentes Mauricium* 178, 16. — *nec eundum papam demitteret populus vel clerus missas caelebrare* 185, 10. — *vasa sacrata .... abstollentes nihil demiserunt* 188, 7
deo *amabilis* 212, 12
deponere: *deponens mulieres . . de habitaculis suis* 122, 3 (= 257 *C.*)
deputare *exilio* 237 *F. C.* (*cf.* 24, 5). 248 *C.* (*of.* 77, 3)
dequoquere 221, 6
desusceptum 193, 16
devotio *testamenti* 88, 9
devulgare *ad notitiam* 38, 8
diaconi *v. prolegg. p. XXVI*
diaconia 204, 17. 206, 9. 208, 16
diagraphum 188, 4
diluvii *aquae* 160, 4
diocesis 36, 6 (= 241 *F. C.*). 43, 10 (= 243 *C.*). 58, 18 (= 246 *C.*)
diptychum 198, 5
discooperio 187, 12
discussio: *operata est d.* 115, 5. — *patefacta est d.* 143, 2
dispendium *et damnum infigere* 211, 20
dispensator (*Christus*) 200, 16
disponere *civitatem* 208, 21
dispositio 4, 4. 194, 8
dispositores *diversarum causarum ordinare* 4, 1
divalis *iussio* 193, 6. 198, 14. 201, 10. 203, 17. 205, 12. 207, 24; *cf. iussio*
dogma 182, 7. 224, 23. — (*fem.*) 181, 3. 6. 196, 23. — *dogmam* (*acc.*) 181, 6
dolaticium (*dolaticio*) *argentum* 53, 4
dominicum (= *ecclesia*) 88, 16
dominicus *dies* 14, 10 (= 234 *F. C.*). 18, 5 (= 235 *F. C.*). 46, 4 (= 244 *F. C.*). 125, 4. 157, 3. 187, 5. 9. 194, 13. 197, 1. 198, 10. 224, 11. — *dominicum corpus* 86, 6. 215, 10. — *dominica oratio not. ad* 4, 8/9
domnus (*papa*) 175, 3. 13. 213, 7. 220, 7
domuncula 58, 21
domus *civitatis* 69, 20
donarium *apostolicum ad redimendos captivos* 217, 15

donationes 75, 14. 219, 18
donum *clero augmentare* 176, 10
dormitio *s. Mariae* 215, 12
ducatus 212, 17. 225, 15. 226, 10
duces: *scyphi stationales cum duces* 131, 24
dux *Romanorum* 225, 18. 19. — *Francorum* 157, 8

Ebdomada *v. hebdomada*
ecatonpentaicas: *columnae mirae magnitudinis quae dicuntur ec.* 108, 14
ecclesia: *praesente cuncta ecclesia* 86, 13
ecclesiastici 208, 9
eclipsis *lunae* 193, 18. 201, 25
ecthesis *Heraclii imp.* 181, 21
edictum *principis* 205, 11
edocatus 207, 3
effigies *imperatoris* 225, 13
eicere (= *erumpere*): *eicientes de carcere reversi sunt* 179, 10. — *eicere funus* 163, 7. 8. — *a sancto synodo* 197, 20
electrinus *v. helectrinus*
elemosyna 149, 13. 185, 4
elimatus *sermo* 256 (*F.*); *cf. delimatus*
episcopium 123, 22. 175, 12. 14. 17. 23. 176, 4. 180, 7. 182, 3. 205, 5. 207, 14. 210, 21. 212, 26. 219, 15
episcopius 175, 2
epistola *v. epistylia*
epistula *lectio liturgica* 94, 5 (= 252 *F. C.*)
epistylia 99, 22. 24. 108, 17
eregit: *erigit, erexit* (= *amovere*) 77, 7. (*damnare F. C.*). 78, 14. 115, 7. 143, 7. — *erigerunt, eregerunt* 82, 4. 92, 15. [*ubique v. l. eiec- sine dubio interpolata*]. — *se erigerunt a communione* 119, 6 (= 256 *C.*)
erogare: *munera erogare ad populum* 151, 7; *in populo* 179, 19. — *pauperibus pro alimonia erogare* 175, 20. — *presbyteria in integro erogare pauperibus . . .* 185, 8
eructuare: *Bebius mons eructuavit* 204, 9
erudire *clerum* 170, 2. — *clerum psalmis* 126, 4
esca *Christianis permissa* 17, 7 (= 235 *F. C.*)
euangelium: *lectio liturgica* 87, 2 (= 250 *F. C.*). 94, 6 (= 252 *F. C.*). — *libri liturgici* 130, 25. 155, 9. 186, 5. 225, 23. — *IV euangelia* 2, 10. 11 (= 230 *F. C.*). 62, 2. 161, 2
eunuchus 153, 18. 157, 12. 168, 10 (*v. l. exarchus*)
evocitus 11, 6; *cf. vocitus*
exaltatio *s. crucis* 213, 23
examen: *discussis sub examina plagarum* 130, 12 (= 260 *F.*)

examinatio 86, 9. 96, 4. 6. 115, 5 (= 255 *F.*). 130, 12
exaratio: *sacra cum pravi dogmatis exaratione* 224, 23
exarchus 161, 6. 166, 5. 168, 10. 175, 3. 179, 11. 182, 11. 183, 11. 12. 15. 21. 22. 207, 23. 208, 20. 211, 6. 11. 13. 18. 217, 3. 5. 10. 223, 3. 226, 7
excellentissimus *exarchus* 207, 23
exconsules 122, 1. 2. 4. 134, 6 (= 261 *C.*). 136, 13. 16. 23. 24 (= 261 *F.*). 153, 15
excoriare: *per viventem in saecula excoriari te facio* 151, 5
executrix: *eodem tempore fuit ecclesia exec.* 112, 18; *cf. exequens*
exemplaria 182, 9
exequens: *tunc fuit ecclesia exequens* 112, 17 (= 254 *F.*). — *exequente piissimo principe* 200, 9; *cf. executrix*
exercitus *Romanus* 175, 5. 14. 23. 178, 15. 182, 17. 20. 22. 183, 3. 21. 203, 18. 204, 1. 207, 6. 8. 9. 11. 20. 210, 15. 211, 8. — *Italiae* 178, 13. 190, 7. — *Ravennas* 182, 24. 212, 25. — *Orientalis* 190, 6; *cf. milites, militia*
exhortator *bonorum operum* 200, 4
exorcista 39, 12. 51, 7 (= 245 *F. C.*), 65, 20 (= 247 *F. C.*)
exorcizatum *oleum* 89, 6
expatriarcha 196, 24
expensum 194, 11
exquisite *ornare* 171, 4
externere: *iussit plancas externi* 44, 11
exterminare 130, 18 (= 260 *F.*). 145, 1. 16. 204, 10
extimationes 88, 13
extricare *haereticos* 133, 11 (= 260 *F.*). 12
extrumenta *not. ad* 75, 14 *v. instrumenta*
exurgere: *minime exurgebat persolvere* 205, 14

Fabae *benedictae* 38, 5 (= 241 *C.*)
fabricae *per cymiteria* 27, 7 (= 238 *C.*)
faciente: *necessitate* 18, 9 (= 235 *F. C.*). — *peccato* 183, 20. — *protervia* 206, 3
faex *Arriana* 78, 12 (= 248 *F. C.*)
fames 116, 15. 139, 13. 145, 15. 17. 24. 146, 2. 152, 5. 153, 10. 159, 2. 4. 6. 163, 2. 165, 2. 222, 4
familia 146, 2. 185, 4. 208, 6
fara 48, 7. 8. 53, 8. 32. 54, 1. 3. 6. 58, 8 etc.
farales *coronae* 97, 15. 99, 12
fari *v. fatus*
fastidium, *fastigium* (= *cyborium*) 52, 10. 53, 1. 10. 98, 9 (= 252 *C.*). 108, 17

fatus (passiv.): supra fatus 207, 15. 220, 12. 222, 18; cf. praefatus
fecundare doctrinae ecclesiasticae fruge not. ad 188, 9
feriae (= dies hebdomadae) 46, 4 (= 244 F. C.). 186, 10. 187, 13
fermentum 46, 8 (= 244 F. C.). 85, 11
festinus: festinus transmitte cum ad nos 146, 18. — festinus venit Neapolim 158, 4. — festinum se ostendere de aliqua re 115, 21
fiala 55, 3
fides scripta, exposita 49, 1 (= 244 F. C.). 102, 9. 12 (= 253 F.). 103, 3. 9 (= 253 F.). 10. 14 (= 253 C.). 141, 8. 201, 6. 7. — fidei expositiones 225, 4. — fides ecclesiastica 75, 12
figura solidi 225, 13
filius de baptismo 2, 11 (= 230 F. C.). — filii ecclesiae 164, 8
fiscus 64, 10. 145, 14
fistella: coopertorium cum clavos in fistellis 203, 9
fletus: cum fletu 116, 7 (= 256 F.). 134, 5 (= 261 F. C.). 29
fons baptismi 14, 19. 54, 24 (= 245 C.). 55, 3. 8. 18 (= 246 C.). 63, 14. 97, 28. 99, 18. 21. 100, 11. 108, 22. 123, 12. 27. 177, 7
foris qui sunt (= gentiles) 51, 10 (= 245 F.)
forma aquae ductus 67, 2. 71, 3. 81, 6 (= 249 F.). 172, 13. 15
formata (epistula) 11, 9. 10 (= 233 F. C.)
fossatum 145, 5. 217, 7. 14
frugum benedictio 38, 5 (= 241 F. C.)
frumenti pretium 163, 4
fugire (= fugere) 153, 12
fulmen divinum 128, 9. 10 (= 259 F. C.). 137, 10 (= 262 C.)
funus eicere 163, 7. 8
fustes: maceratus fustibus 24, 8 (= 237 F. C.). — caedere, interficere fustibus 122, 5 (= 257 C.). 17. 153, 2. — iactare fustes 152, 4

Gabata 131, 3. 171, 6. 180, 3
gallus: a gallo canto 192, 11. 12. — post gallum cantum 201, 26
gammula: coopertorium cum crucem et gammulas et clavos 203, 11
genealogia 13, 1
generalis decretus 198, 17
generalitas: a generalitate electus papa 205, 4. — generalitas militiae et populi 213, 8
generatio (= genus) 36, 1 (= 241 F. C.)
gentile: homo ex gentile veniens 18, 15 (= 235 F. C.)

gesta, gestae martyrum 7, 5 (= 231 F. C.). 26, 4 (= 237 F. C.). 27, 6 (= 238 F. C.). — pontificum 1, 4 (= 229 F. C.). — synodi 116, 7 (= 256 F.)
gladius: gladio perdere etc. 134, 2 (= 261 F. C.). 144, 4. 21. 145, 15. 261 (F.). — ad gladio, gladium perdere etc. 134, 3. 12 (= 261 F.). — ad gladio mittere 136, 7
gloria: cum gloria 47, 6 (= 244 F. C.). 75, 4. 116, 22. 121, 25 (= 257 F.). 129, 7. 10 (= 259 F.). 134, 24. 135, 9. 136, 24. 137, 5 (= 262 F.). 142, 12. — gloria in excelsis (hymnus) 12, 10 (= 233 F.). 125, 4. — gloria tua (appellatio honorifica) 182, 12
glorificare 143, 5
gloriosus 165, 5. 182, 16. 17. 193, 7. 208, 19. — gloriosus a secretis 193, 7
gratanter 129, 13
gratiosus 120, 8 (= 256 F.)
gremium basilicae 54, 3. 7. 58, 8. 89, 16. 95, 8. 99, 15
grossitudo (57, 4 v. l.)

Habitaculum: aqua sparsionis in habitaculis hominum 10, 5 (= 233 F.). — habitacula mulierum sanctimonialium 122, 4 (= 257 C.). 10. — pauperum 124, 23
habitatores 182, 15. 188, 3. 217 9. 221, 4
haeresis: 183, 13. 197, 22. 201, 1. — Iudaeorum 14, 11. — Arriana 77, 3 (= 248 F. C.). — Eutychiana 101, 6 (= 253 F.). 104, 5 (= 253 C.). 127, 11 (= 258 F.). — Nestoriana 101, 7 (= 253 F.). 104, 6 (= 253 C.). — hereses omnes 85, 3. 6. 103, 12. 107, 11. 130, 10
haereticus: 14, 11 (= 234 C.). 49, 10 (= 245 F. C.). 78, 1. 14. 19 (= 249 F. C.). 80, 2 (= 249 F. C.). 88, 6. 112, 15 (= 254 F.). 120, 3 (= 256 F. C.). 121, 10 (= 257 F. C.). 128, 3 (= 259 F.). 130, 18 (= 260 F.). 133, 11 (= 260 F. C.). 134, 1. 10 (= 261 F. C.). 135, 5. 31 (= 261 F. C.). 136, 5 (= 261 F.). 13. 30. 137, 9. 139, 2. 142, 17. 146, 7. 14. 150, 6. 181, 7. 9. 14. 182, 7. 196, 20. 197, 12. 201, 8. 224, 22. 225, 12. 16. 226, 2. 4. 6. 258 (C.). — haereticorum reconciliatio manus impositione facta 45, 7. (= 243 C.). 86, 11 (= 250 F. C.)
hama, hamula v. ama, amula
hebdomada 12, 3 (= 233 F. C.). 85, 9. 112, 10 (= 254 F. C.). 172, 1
helectrinus 131, 3
hereditare: ut eos hereditaret ignis inextinguibilis 178, 6

hieratici 182, 15
holosericum, holoverus, homilia v. olosiricum, oloverus, omelia
honorificentia 194, 14
horrea 56, 4. — ecclesiae 163, 3
hostia adoranda et immaculata 181, 12
hostis: illum cum sua hoste ad propriis reppedare fecit 217, 16
humanitas ecclesiae 86, 10. 96, 10. 117, 2. 126, 8 (= 258 F.)
hydria 104, 17
hymni 11, 12 (= 233 F. C.). 12, 10 (= 233 F. C.). 42, 8. 44, 7. 117, 13. 14 (= 256 C.). 125, 5. 155, 8. 172, 2
hypapanti, hypati v. ypapanti, ypati

Idolum: blasphemare ydola demoniorum manufacta igitur not. ad 41, 8
ieiunare: sabbato discipuli (domini) ieiunaverunt 90, 13 (= 251 F. C.)
ieiunium: VII hebdomadarum 12, 3 (= 233 F. C.); cf. prolegg. p. XVII. — ter in anno 21, 6 (= 236 F. C.). — die dominico aut V feria celebratum 46, 4 (= 244 F. C.). — sabbati 21, 6 (= 236 F. C.). 90, 12 (= 251 F. C.). — paganorum 46, 5 (= 244 F. C.)
ignis divinus 105, 2 (= 253 C.). — inextinguibilis 178, 6
immobilia loca illic condonavit 215, 4
imperare: imperet deus pietati tuae 154, 10
inbecilles episcopi 48, 23 (= 244 F. C.)
inboiare: inboiatis misit eos 178, 19. — omnes inboiati iussit in carcerem mitti 179, 6. — cf. boia
incantationes 211, 22
incarnatum in virgine 196, 6
incendium 138, 6. 139, 23. 142, 6. 145, 14. 217, 13
incensum 16, 4 (= 235 F. C.). 67, 1. 93, 4 (= 251 F. C.). 214, 2
inclausi 198, 4. 5
incorporaliter 196, 5
incriminare 84, 3 (cf. 250 F. C.). 96, 2 (= 252 F. C.). 121, 7 (= 257 F. C.); cf. criminari
indictio 140, 8. 146, 5. 153, 11. 162, 15. 166, 17. 186, 9. 10. 188, 2. 8. 193, 18. 194, 5. 205, 17. 216, 5. 218, 5. 220, 18. 221, 11. 222, 21. 224, 16
indiculum: quae in scrinio episcoporum fient indicula 225, 4
ineffabilis portio salutaris ligni 213, 21
inextinguibilis ignis 178, 6
infestari: nec permitteret quemquam eius animae infestari 212, 25
initiare 155, 21. 156, 1
inlibatus 208, 3

INDEX IV. VOCABVLA. 291

inlustres *viri* 128, 14 (= 259 *F.*). 15. 129, 1. 2. 8 (= 259 *F.*). 23 (= 260 *F.*). 135, 17. 18 (= 261 *F. C.*). 22. 24 (= 261 *F.*). 136, 12 (= 261 *F. C.*). 24. 26. 32 (= 262 *F. C.*). — *femina* 88, 11. 15. 90, 1
inlustrius 157, 1; *cf. inlustris*
inmaniter *perdurare* 210, 14
inmissio: *ex inmissione malorum hominum* 208, 8
inmutilatus 212, 16
innotitus: *dumque innotitum fuisset* 225, 16
inoboediens 222, 15
inops: *erga inopem provisione sollicitus* 200, 6
inpenitens 211, 25
inpositio *manus in reconciliatione haereticorum* 45, 7. 86, 11 (= 250 *F. C.*)
instrumenta 75, 14 (*v. l. extrumenta*)
intarsia *facere* 157, 6
intarta (ἀντάρτης) 166, 7. 168, 11. 190, 10
intartizare 178, 7. 190, 6
intentio 82, 2. 92, 2 (= 251 *F. C.*). 120, 9. 15 (= 256 *F. C.*). 139, 4. 142, 15. 18. 152, 14. 210, 18
intentum *haereticum* 181, 14
interire (= *interficere*): *voluit cum interire* 183, 9. — *ita ut amplius quam XXX flagellarentur atque intcrirentur* 225, 23
interrogatio: *euangelia ad interrogationem s. Petri firmata* 3, 1 (= 230 *F. C.*). — *fecit constitutum ad interrogatione sacerdotum* 19, 1 (*cf.* 235 *F.*). — *confiteri ad interrogationem papae* 143, 3
interventio 78, 7
intuitu *misericordiae* 121, 4 (= 257 *F. C.*)
invasor *sedis apostolicae* 121, 22 (= 257 *F.*)
invenire: *inveniebatur* 208, 13
investire *confessiones* 170, 3. — *regias* 170, 4
ab invicem 121, 14 (= 257 *F.*)
inundatio 165, 2
iocundus 193, 4
itineraria *via* 67, 3
iucundus *v. iocundus*
iudices 175, 15. 178, 15. 190, 10. 207, 18. 208, 21. 210, 15. 222, 8. 223, 17. — *rei publicae* 166, 5. — *provinciae* 208, 12. 13. — *exarchi* 211, 6
iudicius 115, 6
iunior (*papa*) 141, 2. 200, 1. 203, 1
iussiones *imperatoris* 146, 15. 20. 22. 151, 2. 154, 7. 160, 2. 168, 3. 183, 23. 198,

18. 204, 2. 208, 4. 5. 212, 14. 223, 20; *cf. divalis iussio*

Labium *fontis* 55, 8
lacrimabiliter *deprecans* 212, 24
lacus *porphyreticus* 108, 15
laesio 176, 1
lactania *v. litania*
laicus *ne crimen clerico audeat inferre* 50, 1 (= 245 *F. C.*)
laus: *in laudes et victoriis imperatorum adclamare* 198, 12. — *in laude pontificis adclamare* 207, 19. — *cum laude adclamationibus* 210, 21
lector 29, 3 (= 238 *C.*). 35, 2 (= 240 *F.*). 39, 12. 51, 6 (= 245 *F. C.*)
lectum (= *lectus*) 194, 2
legatum 208, 19
legere: *gestas martyrum et legentium a notariis exquirere* 26, 5 (*v. not.*)
legumina 191, 4
lepra *Constantini Magni* 47, 9 (= 244 *F.*)
levare *papam* 144, 2. — *regem* 144, 8. 157, 6. — *reliquias* 29, 5 (= 239 *F. C.*). 168, 4. 5
levita 20, 5 (= 236 *F. C.*). 33, 11 (= 240 *F. C.*)
libellus *paenitentiae, satisfactionis* 114, 21 (= 255 *F.*). 116, 8 (= 256 *F.*). 10. 117, 1. 121, 13. 126, 24 (= 258 *F.*). 127, 5. 6 (= 258 *F.*). 128, 24 (= 259 *F.*). 129, 31 (= 260 *F.*). 130, 2 (= 260 *F.*). 7. 142, 4. 179, 16. 17. 195, 8
limatus *subtilissima exercitatione* 200, 4
limina *apostolorum* 179, 15
linostema *pallea* 50, 2 (= 245 *F.*). 91, 4 (= 251 *F. C.*)
linteamina 97, 2
linum 59, 28 (= 246 *C.*). 61, 24 (= 246 *C.*)
litania 155, 7. 172, 2. 191, 2. 215, 15
litoraria: *venit de regia urbe per litoraria in Athenas* 186, 8
litterae *nigellae* 57, 14 (= 246 *C.*). — *donatio litteris aureis exarata* 219, 20
locellus 158, 12. 212, 5. 213, 18; *cf. loculus*
loculus 57, 1. 2 (= 246 *C.*). 143, 13; *cf. locellus*
luculus: *pro aliquas incantationes et luculos quos colebat* 211, 22
luminaria 157, 3. 163, 7. 198, 19. 245 (*C.*). 246 (*C.*)
luna 19, 3 (= 236 *F. C.*). 6; *cf. eclipsis*

Macerntus *fustibus* 24, 8 (= 237 *F. C.*). — *adflictione* 137, 3 (= 262 *F. C.*). — *ieiuniis et orationibus* 86, 9

magister *militum* 129, 3 (= 259 *F.*). 148, 3. 178, 14
magistrianus 127, 22 (= 259 *F.*). 212, 11
maiestatis *reus* 139, 20
male *invenire: male invenias ubi vadis* 152, 5. — *si male feci, male inveniam* 158, 2
mallones *capillorum* 204, 1
manomissiones 75, 15
mansionarii 204, 17. 206, 9. 208, 16
mappulus *ad cavalicandum* 208, 10. 223, 24
martyrium 102, 2
matronaeum 124, 4
mausoleum (*mysileum, moysileum*) 65, 21. 147, 6
medicus 45, 1 (= 243 *F. C.*). 165, 1
medimnus 53, 27. 28. 54, 8. 59, 22 (= 246 *C.*). 65, 17
memoria (= *sepulchrum*) 8, 5 (= 232 *F. C.*). 37, 7
metalla: *missi in exilio per diversa metalla incidenda* 153, 8
metallum *porphyreticum* 66, 12. 99, 23. 245 *C.* (*cf.* 55, 1). — *corallum* 53, 24
metreta 54, 8. 57, 20. 65, 16
metropolita 194, 19. 220, 8. 12
milex 175, 7
militare *in ecclesia* 51, 6 (= 245 *F. C.*). — *ecclesiae* 203, 2. 207, 4
milites 166, 12. — *Ravennates* 168, 12
militia 208, 7. 211, 8. 212, 19. 21. 213, 8. — *Romana* 210, 15. — *Ravennas* 212, 17. — *totius Italiae* 217, 4; *cf. exercitus*
ministeria *sacrata* 11, 5 (= 233 *F. C.*). 22, 3 (= 237 *F. C.*). 104, 14. 15 (= 253 *C.*). 110, 11. — *ad baptismum vel paenitentiam* 99, 10. 110, 7
ministri 11, 5 (= 233 *F. C.*). 20, 7 (= 236 *F. C.*). 93, 4 (= 251 *F. C.*)
minus ne (= *excepto quod*) 154, 9
miseria (= *nequitia*) 211, 12. — *miserrimus* 211, 19
missa *secunda in clero* 166, 15
missus *s. sedis* 186, 5. 193, 8. 194, 4. 19. 195, 12. 198, 9
mittere: *misit bellum cum Witigis* 148, 2. — *misit praedam* 144, 20
mola 172, 12
monacha 93, 3 (= 251 *F.*). 105, 12 (= 254 *F. C.*). [*v. l.* 16, 4]
monachica *vestis* 147, 12
monachus 16, 4 (= 235 *F. C.*). 36, 1 (= 241 *F. C.*). 127, 28 (= 259 *F.*). 29. 129, 1 (= 259 *F.*). 147, 14. 15. 161, 10. 190, 1. 192, 6. 7. 193, 2. 12
monasterium 84, 24. 86, 8. 88, 2. 5. 99, 17. 105, 8 (= 254 *C.*). 110, 22. 27.

37*

VOCABVLA.

122, 10. 149, 14. 155, 4. 162, 9. 165, 10. 173, 8. 190, 16. 192, 6. 7. 198, 2. 201, 2. 204, 17. 206, 9. 208, 16. 211, 24

monumenta: *et omnia monumenta in ecclesia confectio celebraretur* 75, 13

mors: *maxima mors subsecuta est* 192, 14

mortalitas 152, 5. 159, 7. 193, 19

mugitus: *cum fletu et mugitu ambulavit* 134, 5 (= 261 *F.*)

mulier: *ne pallam sacratam contingat* 93, 3 (= 251 *F. C.*). — *ut in ecclesia velato capite introiret* 5, 5 (= 231 *F.*). — *pars mulierum in ecclesia* 213, 25

munera *erogare v. erogare*

muri *Urbis* 81, 5 (= 249 *F.*). 163, 8. 172, 13. 221, 6

musibum 108, 17. 123, 19. 171, 7. 176, 9. 214, 13. 219, 5

myxa *v. nixus*

Nardinus 53, 32. 54, 1. 59, 12. 26. 60, 6. 61, 7. 12. 19. 66, 28

nardum 59, 5 (= 246 *C.*). 246 (*C.*)

natale, *natalis: domini* 12, 5. 11 (= 233 *F. C.*). 204, 5. — *s. Caeciliae* 151, 7. — *s. Valentini* 204, 6

natalicia *martyrum* 125, 4

nativitas *s. Mariae* 215, 13

navigium 25, 2 (= 237 *F.*). 212, 27. 222, 20

nauticatio 188, 4

nec dicendus 190, 9. 196, 19. 205, 18

necessitas: *humana* 123, 23. — *necessitate faciente* 18, 9 (= 235 *F. C.*)

nepos (= *neptis*): *dedit nepotem suam Asterio* 150, 14

nigellae *litterae* 57, 14 (= 246 *C.*)

nigredo *annositatis* 213, 16

nixus (= *myxa* -μυξος) 63, 12. 64, 4. 8. 99, 7. 108, 23. 109, 25

nobiles *Romani* 155, 5

nocibilis 181, 21

nomen *Christianorum* 64, 13; *cf. prolegg. p. XXVII l.* — *Romanorum* 105, 7 (= 253 *C.*). 145, 11. 20

nomenculator 193, 16. 223, 1

notarius 7, 5 (= 231 *F. C.*). 26, 6 (= 237 *F.*). 27, 5 (= 238 *F. C.*). 75, 13. 126, 21. 128, 22. 139, 12. 150, 13. 155, 20. — *primicerius notariorum* 75, 13

notitia *quae omnibus pro fide ecclesiastica est* 75, 11

novellus *episcopus* 206, 5

novitates *innectere* 182, 6. — *novitatum errores* 212, 10

noviter 195, 8. 11. 217, 21. 219, 14

nutu *dei etc.* 32, 6 (= 239 *F. C.*). 35, 6. 97, 1. 119, 11. 128, 9. 137, 6 (= 262 *F.*). 144, 8. 179, 7

nymphae (= *fontes*) 145, 18

nymphaeum 108, 12

Oblationes *consacratae* 46, 7 (= 244 *F. C.*). — *oblationem in cymiteria ministrare* 157, 3

obsequiae: *pro obsequias suas* 167, 1. 168, 18

obsequium: *cum obsequio* 194, 15

obumbrare: *desuscepta manu sua obumbratas* 193, 12. — *stella obumbrata veluti luna sub nube* 204, 5

occisio 42, 10 (= 243 *F.*). 190, 12

odor *suavitatis* 214, 3

offerre: *offeruit* 187, 6. — *optulta sunt* 131, 7

officia *ecclesiae persoluta* 201, 14

olearia *massa* 56, 20

oleum *crismae* 89, 5. — *exorcizatum* 89, 6. — *cyprinum* 246 *C.* (*cf.* 60, 1)

olosiricum 203, 11. 13. 213, 18

oloverus: *pallia* 131, 5. 141, 18

omelia (= *homilia*) 161, 2

onychinus *v.* unychinus

oraculum (= *oratorium*) 181, 11. 194, 6. 197, 1. 210, 19

orarium (= *pallium*) 197, 16. 17

oratio: 3, 6. 4, 3. 44, 3. 7. 86, 8. 187, 1. 213, 17. 225, 6. 7. — *orationes liturgicae* 117, 17. 152, 1

oratorium 93, 6. 107, 16. 108, 3. 4. 12. 110, 25. 123, 2. 9. 11. 13. 15. 124, 15. 177, 7. 180, 6. 7. 210, 12. 215, 8. 219, 4. 9

ordinationes *mense Februario celebratae* 113, 8. 117, 22. 125, 11. 138, 11. — *Martio* 138, 11. 216, 4. — *Iunio* 202, 1. — *mense septimo* 162, 12. (*v. l.*). — *in quadragesima* 162, 12. — *cf. prolegg. p. XXV sq. CXII*

ordinator 223, 8. 251 *F. C.* (*cf.* 92, 2)

orthodoxus 101, 8. 9 (= 253 *F.*). 127, 29. 128, 11 (= 259 *F. C.*). 129, 1. 9. 10 (= 259 *F.*). 131, 6. 133, 9. 136, 36 (= 262 *F.*). 180, 12. 181, 15. 18. 182, 2. 10. 19. 183, 10. 197, 10. 15. 198, 8. 224, 20. 226, 4. 5. 8

osculare 213, 24

ostensio 194, 22

ostiarius 35, 2 (= 240 *F.*). 39, 11 (= 242 *C.*). 12. 155, 16

Pacifica *dispositio* 194, 8. — *adsertio* 194, 16

paenitentes 42, 10 (= 243 *F.*). 110, 8. 112, 11. 114, 16. 117, 1

paenitentia 41, 8 (= 242 *F. C.*). 43, 11 (= 243 *C.*). 99, 10. 112, 11 (= 254 *F. C.*). 22. 113, 5. 114, 21. 115, 9 (= 255 *F.*). 117, 2. 225, 2

pagani 43, 11. 46, 5 (= 244 *F. C.*). 88, 3

pagina *testamenti* 88, 12

palergium 203, 9. 11

palla *sacrata* 16, 4 (= 235 *F. C.*). 93, 3 (= 251 *F. C.*)

pallium, *pallenm: episcopi* 73, 4 (= 247 *F. C.*). — *papae* 147, 11. — *pro usu pallei persolvere* 201, 14. — *pallia* 131, 5. 137, 21. 141, 18. 155, 21. — *palleum super altare* 187, 7; *cf. linostema pallea*

pannus *tinctus* 51, 1 (= 245 *F. C.*)

papyrus 60, 2. 61, 23. 246 (*C.*)

parietinae 63, 18

parocia 91, 5 (= 251 *F. C.*). — *episcopi* 11, 8 (= 233 *F. C.*). — *diocesis* 36, 6 (= 241 *F. C.*)

participatio *communionis* 78, 1 (= 248 *F.*).

pascha 12, 3 (= 233 *F. C.*). 14, 9 (= 234 *F. C.*). 18, 5 (= 235 *F. C.*). 19, 2 (= 236 *F. C.*). 3. 7. 55, 6 (= 246 *C.*). 92, 10. 11. 198, 10. 204, 12

passio *domini in praedicatione sacerdotum* 10, 3 (= 232 *F. C.*)

pastoralis *Gregorii I* 161, 3

patenae *vitreae* 20, 7 (= 236 *F. C.*). — *argenteae* 22, 4 (= 237 *F. C.*). 47, 13. 48, 6. 53, 21. 22 etc.

paternae *definitiones* 181, 3

patriarcha 152, 14. 179, 15. 180, 9. 182, 5. 13. 185, 6. 194, 18. 195, 7. 20. 197, 2. 4. 9. 13. 198, 2. 6. 11. 200, 11. 212, 3. 223, 22

patriarchium 210, 12. 22. 213, 1. 11

patricia 147, 6. 8

patricius 122, 1 (= 257 *C.*). 134, 6 (= 261 *F.*). 8. 135, 14 (= 261 *F.*). 136, 17 (= 261 *F.*). 144, 11. 12. 19. 145, 3. 4. 6. 10. 19. 21. 146, 3. 4. 15. 20. 147, 1. 6. 148, 2. 8. 149, 7. 13. 153, 14. 161, 5. 166, 4. 9. 168, 9. 175, 2. 4. 19. 22. 176, 4. 178, 5. 8. 13. 179, 11. 182, 16. 194, 21. 211, 6. 217, 3. 222, 12. 223, 3. 11. 19. 22. 226, 7

patrimonia *ecclesiae Romanae* 205, 12. 208, 5. 10. 219, 18

patrimoniales 208, 12

patrimonius (= *patrimonium*) 208, 5. 6

pauperes 120, 7 (= 256 *F. C.*). 124, 23. 149, 13. 160, 8. 175, 20. 185, 4. 258 (*C.*)

peccato *faciente* 183, 20

peculia (= *pecora*) 191, 2

VOCABVLA.

pocunino *datum* 115, 1 (= 255 *F.*). 144, 3
pedes *pontificis osculari* 224, 9
pelvis *ad baptismum* 68, 9
penitus (= *omnino*) 212, 8
pontecoste *not. ad* 173, 7
perculsus *depositionis ultione* 180, 14. — *anathematis ultione* 182, 8
percussus 119, 11. 128, 9. 137, 10. 11 (= 262 *F. C.*). 179, 9
peregri 182, 15. 190, 3
perennitor 208, 3
perfidi (= *haeretici*) 142, 6
perfidia (= *haeresis*) 197, 14. 15
periculosa *navis* 127, 21
perperus *homo* 208, 10
persecutio 34, 6. 14 (= 240 *F. C.*). 39, 16 (= 242 *F. C.*). 41, 5 (= 242 *F. C.*). 47, 5 (= 244 *F. C.*). 9. 64, 11. 78, 16 (= 249 *F.*). 23 (= 249 *C.*). 130, 19 (= 260 *F.*)
pestilentia 165, 2
petalum 213, 20
phiala v. fiala
philosophus 13, 1 (= 234 *F. C.*). 34, 3 (= 240 *F. C.*)
picturae *ecclesiarum* 124, 4. 198, 6. 219, 14
pietas *appellatio honorifica* 150, 12. 154, 11. 194, 15. 21. 195, 12. 20. 208, 3. 4
pignus: *in pignere a militia detineri* 208, 6. — *pignori tradere* 211, 17
pigritari: *ne pigriteris ad nos venire* 146, 9
piper 59, 23 (= 246 *C.*)
pisma: *per pisma aut furore* 194, 8
pisticus 53, 32. 54, 2. 66, 28
pistrinum 58, 24. 90, 9. 97, 25
planca 44, 11
platoma 79, 1. 83, 15. 22. 98, 15. 19. 99, 26. — *platomum (acc.)* 83, 10 (= 250 *C.*)
plumacium 213, 18
plumbatae: *iussit os ... cum plumbatis cedi* 31, 2. 3 (= 239 *C.*)
pluviae 160, 3. 191, 1. 4
poculum *publicum* (= *caupona*): *ne clericus in p. p. propinetur* 91, 7 (= 251 *C.*)
podagricus *humor* 221, 3
porticus *ecclesiae* 171, 9
possessores 182, 15. 188, 3
possibilitas 211, 15
posterula: *eiecit eos per posterulam* 127, 20
praedam *mittere* 144, 20
praedicare 4, 3. 9, 9 (= 232 *F. C.*). 197, 5. 200, 15
praedicatio: *sacerdotum* 10, 3 (= 232 *F. C.*). — *canonis* 161, 12. — *vacare ad praedicationem* 3, 6. — *mittere in praedicationem ad gentem Anglorum* 161, 10
praedicator *orthodoxae fidei* 226, 8
praefationes *sacramentorum* 117, 16 (= 256 *F. C.*)
praefatus *(passiv.)* 217, 5. 222, 13; *cf. fatus*
praefectianus 127, 23 (= 259 *F.*)
praefectus *urbi (urbis)* 30, 7
praepositus *sacri cubiculi* 55, 20
praesentaliter 3, 4. 180, 11. 223, 17
praesentare 30, 6. 153, 15. 193, 5. 225, 8. — *locum papae* 195, 13; *cf. repraesentare*
praetorium 110, 24
presbyteratus 210, 7
presbyteri *v. prolegg. p. XXVI*
presbyterium (= *stipendium*) *erogare* 185, 5. — *donum presbyterii* 258 (*C.*)
primati, *primates*: *ecclesiae* 176, 3. 223, 24. — *exercitus* 207, 18. — *iudicum* 210, 15
primi *exercitus* 222, 12
primicerius *notariorum* 75, 13
privilegia *ecclesiae* 186, 4. 224, 12. — *episcopi* 49, 9
processio 194, 13
processus: *interdicens ei processum* 195, 21
prodecessor 205, 16
prodigia: 160, 2—5. 165, 2. 166, 15—18. 191, 1—5. 192, 11—14. 193, 18 *sqq.* 197, 20—22. 201, 25—27. 204, 4—10. 222, 5 *sqq.*; *cf. fames, fulmen, nutu dei.*
profligo: *per quos actus ecclesiasticus profligetur* 4, 2
prophetia 21, 7 (= 236 *F. C.*)
propina 58, 25
propinari *in poculum publicum* 91, 7 (= 251 *C.*)
protervia *faciente* 206, 3
protomartyr 180, 3. 207, 10
protospatharius 212, 13
psallere 94, 5 (= 252 *F. C.*). 152, 12
psalmi 84, 23. 94, 4 (= 252 *F. C.*). 126, 4
psalmodia 200, 3
ptochium 160, 7 (*v. l. xenodochium*)
pullulare 198, 8
purgare 84, 3 (= 250 *C.*). 96, 7 (= 252 *F. C.*). 116, 8 (= 256 *F.*). 10. 121, 21 (= 257 *F. C.*)
purificare 250 *F.* (*cf.* 84, 3)

Quadragesima: *ordinationes in Q. factae* 162, 12
quadriporticus 123, 19. 192, 2

quantitas *pro ordinatione pontificis danda* 198, 15
quantocius 182, 23
quaternio *libelli* 195, 8

Racana: *papyru racanas mundas* 60, 2 (= 246 *C.*). 61, 23 (= 246 *C.*)
radia (= *radii*) 192, 12
raiatus: *columna* 108, 14. — *conca* 108, 15
rationalis *esca* 17, 9 (*cf.* 235 *F. C.*)
rebaptizare 77, 11 (= 248 *F. C.*). 78, 1. 20 (= 249 *F. C.*). 80, 2 (= 249 *F. C.*); *cf. baptismus secundus*
recondere *sepulturae* 8, 6 (*cf.* 232 *F. C.*)
rector *patrimonii* 208, 9
reformare (= *restituere*) 219, 20
regiae (= *portae*) 170, 4. 207, 8. 214, 15
regionarius *subdiaconus* 147, 11. 13. 223, 16
regiones 7, 5 (= 231 *F.*). 27, 5 (= 238 *F. C.*). 39, 15 (= 242 *C.*). 71, 12. 87, 4. 112, 12. 13 (= 254 *F. C.*). 147, 11. 14; *cf. pag.* 281
regnum (= *corona*) 130, 21 (*cf.* 260 *F.*). 131, 1. 178, 12. 190, 7. 224, 8
regnus (= *regnum*) 130, 21
regulae *monasteriorum*: *constitutum de r. m.* 88, 2
regulariter 180, 10
relatio 112, 14 (= 254 *F.*). 114, 6. 16 (= 255 *F.*). 116, 16. 121, 16 (= 257 *F.*). 140, 1. 146, 1. 154, 5
relaxare (= *dimittere*) 205, 10. 215, 23
religare *exilio monasterii* 88, 5
religatio *monasterii* 86, 8
religio 7, 4. 94, 8. 133, 10 (= 260 *F. C.*). 11. 141, 8. 142, 13. 24. 144, 7
religiosus 64, 10. 133, 9 (= 260 *F.*). 10. 134, 6 (= 261 *F. C.*). 135, 3. 136, 32. 141, 8. 155, 5. 193, 12. 207, 17
reliquiae: *levare* 168, 4. — *adducere de Dalmatias et Histrias* 177, 6. — *ss. Primi et Feliciani* 180, 1. — *ss. Simplicii, Faustini et Beatricis* 201, 18. 19. — *s. Leonis* 214, 15
remedius (= *remedium*) 145, 18
remuneratio 127, 13 (= 258 *F.*)
reordinare 130, 17 (= 260 *F.*)
reppedare 179, 21. 217, 17
repraesentare *locum* 205, 8; *cf. praesentare*
requisitio 115, 22
resipiscere: *Arrianus resipiscens* 49, 8
respector: *sortes, quas cum aliis respectoribus tractabat* 211, 23 (*an qui daemonia vel numina paganorum respicit? cf. cod. Theodos. XVI* 8, 1 „*qui corum* (scil. *Iudaeorum*) *fugerit sectam et ad dei cultum respexerit*". *Du Cange putat esse h aruspices seu*

extorum vel etiam astrorum inspectores.
respicere: *quia culpa cum respiciebat* 139, 19
responsales *s. sedis* 186, 2; *cf. apocrisiarii*
restauratio *murorum* 221, 6
resurrectio: *ora pro nobis ad s. resurrectionem* 1, 14 (= 229 *F. C.*)
retransmittere 152, 8
retribuente *domino* 213, 13
retributio 179, 23
ritus *ecclesiasticus* 212, 2
roga *militum* 166, 12. 175, 7. — *cleri* 167, 1. 168, 8. 18. 176, 12. 177, 13. 185, 3. 190, 4. 198, 19
rudera: *cubicula stillicidiis et ruderibus disrupta* 214, 12

Sabbatum 187, 5. — *sabbatorum dies* 187, 8. — *sabbati ieiunium* 21, 6 (= 236 *F. C.*). 90, 12 (= 251 *F. C.*). — *laetania sabbato die facta* 172, 1
saccellarius *eccles. Romanae* 223, 1. — *exarchi* 178, 14
saccus 59, 28. 61, 24 (= 246 *C.*)
sacra (*epistola*) 103, 8 (= 253 *F.*). 128, 6 (= 259 *F.*). 220, 9. 222, 13. 224, 6. 23. 226, 7
sacrarium *s. Petri* 213, 15
salutationis *plebis formata, litterae* 11, 9. 10 (= 233 *F. C.*)
sanctificatio *s. crucis not. ad* 4, 8. 9
sanctimoniales *mulieres, virgines* 122, 4 (= 257 *C.*). 8. 145, 2
sanctuarium: *vasa sanctuarii* 245 (*C.*)
sanctus (*hymnus*) 11, 13 (= 233 *F. C.*)
sanguis: *concessit petitionem propter sanguinem Romanorum* 135, 29 (= 261 *F. C.*)
sapientes: *multitudo religiosorum, sapientium et nobilium* 155, 5
sarcofagus *Helenae aug.* 66, 1
scabearum *percussio* 166, 17
scandalum: *ad amputanda scandala* 201, 16
scevrocarnali: *in lucello, quod sc. vocitatur* 212, 5
schenica *deserta* 69, 20; *cf. prolegg. p. XXVII*, 1
schisma 121, 13 (= 257 *F. C.*). 183, 3. — *schismam* (*acc.*) 257 (*C.*)
scholasticus: *ex patre scholastico* 177, 1. — *lingua quoque scholasticus* 200, 4
scribon 151, 2. 6. — *scriboni* (*gen.*) 178, 20
scriniarius 223, 1
scrinium *ecclesiae* 75, 16. 222, 8. 225, 4

scriptio: *scriptione damnare aliquem* 44, 17. 96, 13
scutella 139, 12
scyphus 48, 2. 53, 23. 24. 26. 62, 4. 6. 65, 9. 11. 66, 20. 24. 25. 68, 7. 69, 6. 70, 7. 24. 71, 17. 73, 15. 84, 10. 89, 8. 9. 93, 9. 94, 12. 97, 9. 10. 99, 5. 6. 29. 109, 3. 4. 6. 10. 11. 16. 20. 24. 26. 30. 110, 12. 15. 113, 6. 130, 28. 131, 1. 2. 24. 137, 20. 141, 12. 14. — *stationalis* 131, 24. — *stationarius* 110, 13
secretarium *imperiale* 195, 10. 196, 16. — *basilicarum* 159, 11. 162, 10. 214, 16
a secretis *gloriosus* 193, 7
secundicerius 222, 23
sedes *episcopalis in abside ecclesiae* 213, 8. 214, 7
sellae *inauratae* 223, 24
sellaris (*equus*) *imperialis* 223, 24
senatores 120, 13 (= 256 *F.*). 121, 16. 122, 3. 134, 5. 29. 135, 3. 12 (= 261 *F.*). 136, 15 (= 261 *F. C.*). 24. 32 (= 262 *F.*). 153, 14
senatus 120, 13. 121, 7 (= 257 *F. C.*). 139, 5. 23. — *Constantinopolitanus* 196, 19
sentire (= *consentire*): *nullatenus sentimus sedi apostolicae* 129, 21 (= 260 *F.*)
sepulturae *martyrum* 21, 13. 35, 12. 37, 7 (= 241 *F. C.*). 38, 7 (= 241 *F. C.*). 42, 7 (= 243 *F. C.*). 43, 12 (= 243 *C.*)
sequax 49, 3 (= 244 *F.*). 107, 10
sequentes *clerici* 18, 7 (= 235 *F. C.*). 39, 12. 168, 6. 207, 6
serenissimus *princeps* 196, 22
servi: *ne clerici fiant* 93, 4 (= 251 *F. C.*)
servi *dei* 145, 1. 146, 8. 161, 9. 193, 12
servitium *luminum* 54, 11
sexus *femineus* 122, 5 (= 257 *C.*). 11
si dici est 210, 15
sigillare *vestiarium ecclesiae* 175, 16. 23
sigillatus (= *sigillis ornatus*): *cerostata sigillata* 63, 11
sigillum *expressum* 213, 17. — *imperiale* 223, 15
sigillum (= *sculptura*) 54, 10. 57, 16. 64, 7. 66, 13
signa (= *vexilla*): *nec signa nec banda cum militia Rom. exercitus* 211, 7
siliqua 90, 10. 97, 25
simoniacus 155, 17
simulacra *Manichaeorum* 122, 21
sindon *linea* 51, 3 (= 245 *F. C.*)
siricum 51, 1 (= 245 *F. C.*)
solaciante *domino* 194, 5
sortes *tractare* 211, 23

spatharius 183, 9. 11. 212, 19. 213, 5. 12
specula *ecclesiae* 214, 14
spiritale *consilium* 30, 20. — *monita* 215, 21. — *canticum* 155, 8
sprotus: *in spretum pontificis* 212, 11
stacte 61, 16 (= 246 *C.*)
stationalis *scyphus* 131, 24
stationarius *scyphus* 110, 13
stationes: *ministeria, qui circuirent constitutas stationes* 110, 11. — *fuit statio ad s. Petrum* 187, 9
status (= *statua* (?)): *absidam super cancellos cum statu s. Laurenti* 98, 20
stauracin: *plumacium ex holosirico, quod st. dicitur* 213, 18
stellae 192, 11. 204, 4. 8
stillicidium 214, 12
stilus: *episcopum praedicantem propter stilum veritatis* 9, 9 (= 232 *F. C.*)
stipendium *et damnum inferre* 211, 12
stippa 55, 7
stola *imperialis* 131, 5
storace 59, 15. 24. 61, 15 (= 246 *C.*)
strati *caballi* 194, 14
stratigos 223, 11. 19
striatus 108, 14
suasio *haeretica* 49, 10 (= 245 *F. C.*)
subdiaconi 27, 5 (= 238 *F. C.*). 51, 7 (= 245 *F. C.*). 127, 3 (= 258 *F.*). 139, 12. 166, 1. 193, 12. 223, 1. 2. — *regionarii* 147, 10. 12. (*cf.* 223, 16). — *sequentes* 168, 6
subfiturium *super confessionem* 131, 6
subrepticio *modo* 183, 7
subreptiones *ad coperimentum proprii erroris* 181, 4
subscribere *in episcopatum* 139, 10. 144, 5. 7. — *in typo* 182, 16. — *in synodica* 198, 18. — *in decreto electionis* 207, 20. — *in concilio* 211, 27. 212, 1. 4. 6
substantia (= *bona, res familiaris*) 176, 1. 5. 6. 217, 10
subventus: *et milex iste nihil exinde subventum habent* 175, 7
successor *ordinatus ab ipso pontifice* 139, 14. 19
sufficienter 200, 2
suggerere 150, 12. 157, 11. 182, 12. 16. 198, 14
suggestio 60, 12. 67, 19. 73, 9. 150, 10. 154, 3. 158, 4. 197, 3
superinundare: *quia aquae diluvii superinundaverunt* 160, 4
supportare 20, 8 (= 236 *F. C.*)
sustentatio: *quae ad s. sufficiebant in eorum expensa* 194, 11
sustinere (= *manere*(?)): *clerus substineret omnibus praesentes* 20, 10 (= 236 *F. C.*)

synclitus *Constantinopolitanus* 154, 6. 194, 21. 197, 2. 223, 22
synodaliter 212, 2
synodica *(epistola)* 185, 9. 186, 2. 196, 16. 18
synodicus 185, 6
synodus: *archiepiscopus et synodus, qui sub eo est* 215, 19

Tabulae *(ad conpingendos libros)* 130, 25. — *auro textae* 131, 5. — *argenteae* 160, 6. 10. 170, 10. 180, 4
tarditas: *e vestigio absque tarditate* 203, 19
tegnum (= *tectum*) 214, 11. 21
tegulae *(tigulae) aereae* 171, 1. 187, 12
templus (= *templum*) [90, 10]. 171, 2
tergiversutus: *hominem perperum et tergiversutum* 208, 10
terrae *motus* 166, 15
testamenta 75, 15. 88, 10. 12. 168, 3
testimonium *ecclesiasticum* 32, 9 (= 239 *F. C.*)
tetra *et quasi igni conbusta cautio* 222, 10
tetravela 214, 11
theatrum 83, 6
thecae *cyrei* 131, 4
theophania 201, 6. 204, 5
thronus 197, 18. 225, 3
thymiamateria 54, 22. 55, 17 (= 246 *C.*). 58, 14. 97, 17. 213, 26
tiburium (= *cyburium*) 122, 25. 124, 11; *cf. cyburium*
tignum 123, 21
tituli (= *aedes sacrae*) 9, 8 (= 232 *F. C.*). 43, 10 (= 243 *C.*). 44, 7. 47, 11. 12. 71, 12. 31. 84, 7. 18. 88, 15. 90, 15. 104, 15. 110, 17. 114, 1. 203, 12. 210, 5. 215, 17; *cf. prolegg. p. XXVI*
titulus *scriptus* 55, 13. (57, 10)
tomus 102, 6. 103, 11 (= 253 *F.*). 107, 8. 195, 4. 196, 22. 212, 3. 9. 220, 6
tonitrua 191. 1
trabes *ex argento* 131, 11

tractatus: *fecit tractatos et ymnus* 117, 13
traditio: *sua traditione multos convertit ad baptismum* 22, 10 (= 237 *F.*)
traditiones 75, 15
transenda 98, 16
transgressio 179, 23. 205, 21
translatare *in Latino* 200, 17
transmarinus *clericus* 87, 7 (= 250 *C.*)
tremissium 48, 17. 58, 21. 68, 23. 71, 22. 23. 73, 20. 21. 84, 16. 89, 18. 20. 21. 25. 26. 90, 2. 11. 97, 20. 22
triantus (= *triens*) 246 (*C.*); *cf* 58, 21 *cum not.*
tribulare: *vellens praefatum exarchum tribulare* 217, 5
tribulatio: *hic multas tribulationes et exilio fuit* 75, 3. — *panis tribulationis* 147, 17
trimita: *cameram basilicae ex auro trimita* 53, 19. — *c. bas. trimitam auri fulgentem* 57, 8
triporticum 108, 12
triturare 191, 3
trullus *basilicae* 215, 2
tumba 214, 17
turificare 41, 7 (= 242 *F. C.*)
turris *liturgica* 58, 1. 89, 2. 108, 25. 109, 29
typus *(dogmaticus Constantis II)* 181, 5. 6. 182, 14. 19. — *autocephaliae* 201, 16
tyrannus 144, 2. 8. 166, 10

Valefacere 152, 10. 187, 10
vasa *sacrata* 33, 9. 60, 16 (= 246 *C.*). 104, 19. 155, 21. 177, 9. 188, 7. 215, 25. 245 (*C.*). 254 (*C.*). — *baptismi* 97, 30. — *ad oleum crismae* 89, 5. — *ad oleum exorcizatum* 89, 6
vasum (= *vas*) 89, 5
ubertas 222, 5
vela *palatii* 147, 5. — *ecclesiae* 217, 22
velamen *capitis* 105, 12 (= 254 *F. C.*)
versus: *versibus exornare* 83, 32. 99, 24. 25

vespera 153, 6
vestes *sacratae* 33, 11 (= 240 *F. C.*); *cf. dalmatica, pallium*
vestiarium 175, 16. 23
viaticum 86, 10. 96, 9
vicarianus 155, 1
vicarius *s. Petri* 134, 21 (= 261 *C.*). 23. 135, 7. 150, 7
vicedominus *papae* 152, 9. 223. 7
vices: *vicibus invenimus Silverium scripta mittentem* 146, 23. — *rogas quas imperator vobis per vices mandavit* 175, 8
victorias 149, 10. 198, 19
vidua 44, 5. 151, 1. 153, 2
viduitas 44, 6
vigiliae 152, 11. 204, 4
virgines 122, 9. 145, 1
virginitas 105, 13 (= 254 *F. C.*)
virtus: *cum virtute maiore* 151, 3. — *armans se cum exercitu virtutis* 183, 3. — *exercitus: Gisulfus cum omni sua virtute* 217, 12
visitator 121, 17 (= 257 *F. C.*)
vitineae *columnae* 57, 6 (*cf.* 246 *C.*)
unianimiter 198, 12. 207, 14
unychinae *columnae* 108, 7
voces *sanctorum patrum enervare* 181, 6
vocitus 133, 6; *cf. evocitus*
volo: *volens nolens* 211, 4. — *vellens* 217, 5
vomitus *impietatis* 179, 21
votarca v. Botarca
votiva *gratia* 52, 1 (= 245 *F.*)
usualis *esca* 17, 8 (*cf.* 235 *C.*)
uvae *benedictae* 38, 5 (= 241 *C.*)

Xenodochium 149, 14. 160, 7

Ypapanti *festum* 215, 15
ypati 194, 21

Zelus 7, 4. 77, 6 (= 248 *F. C.*). 121, 5 (= 257 *F. C.*). 189, 7. 213, 10. 224, 24. 225, 17

CODEX LVCENSIS 490.

CODEX LVCENSIS 490.

CODEX LVCENSIS 490.

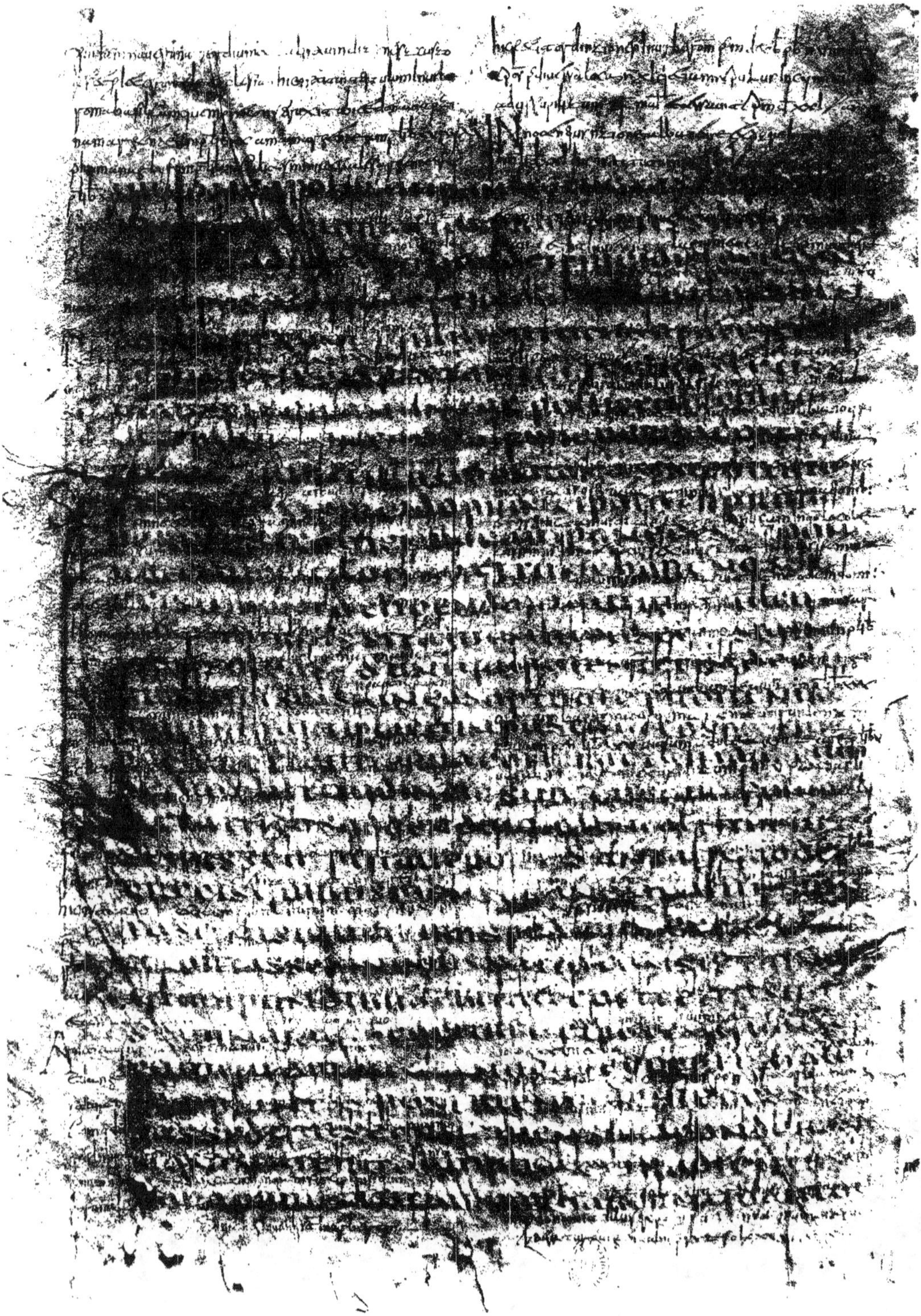

CODEX NEAPOLITANVS IV A 8.